Gislinde Bovet/Volker Huwendiek (Hrsg.)

Leitfaden Schulpraxis

Pädagogik und Psychologie
für den Lehrberuf

4., komplett überarbeitete Auflage

Herausgeber
Gislinde Bovet, Dipl.-Psych., Dr., Fachbereichsleiterin für Pädagogik und Päd. Psychologie am Staatl. Seminar für Didaktik und Lehrerbildung (Gymnasien) in Rottweil (Königstr. 31, 78628 Rottweil)
E-mail: bovet-triberg@t-online.de

Volker Huwendiek, Prof., Fachleiter für Pädagogik und Päd. Psychologie und Direktor des Staatlichen Seminars für Didaktik und Lehrerbildung (Gymnasien) Karlsruhe (Bismarckstr. 10a, 76133 Karlsruhe)
E-mail: volker.huwendiek@seminar-gym-ka.kv.bwl.de

Autoren
Ulrich Abele, Heilbronn; Christiane Boeck, Weingarten; Gislinde Bovet, Rottweil; Wulf Datow, Heidelberg; Jörg Dohnicht, Freiburg; Rolf Dürr, Tübingen; Norbert Edel, Esslingen; Otfried Halirsch, Heidelberg; Birgit Hauck-Bühler, Esslingen; Arthur Haug, Esslingen; Marianne Haun, Heilbronn; Volker Huwendiek, Karlsruhe; Erika Kern-Felgner, Karlsruhe; Klaus Korossy, Heidelberg; Susanne Lin-Klitzing, Stuttgart; Hans Merkel, Karlsruhe; Otto-Walter Müller, Heidelberg; Werner Schulitz, Heilbronn; Claudia Tatsch, Karlsruhe; Günter Trenz, Esslingen; Werner Weißbrodt, Stuttgart; Hans Gert Wengert, Stuttgart; Angelika Wolters, Heilbronn

Weitere Angaben zu den Autoren und ihre E-Mail-Adressen finden Sie bei den Ergänzungen im Internet unter der im folgenden Hinweis angegebenen Adresse.

Hinweis
„Fragen – Aufgaben – Fälle" zu den Beiträgen finden Sie im Internet unter www.cornelsen-berufskompetenz.de (auf der Einstiegsseite links unten).

Informationen über Cornelsen Fachbücher und Zusatzangebote:
www.cornelsen-berufskompetenz.de

Bibliografische Information
Die Deutsche Bibliothek verzeichnet diese Publikation in der Deutschen Nationalbibliografie; detaillierte Daten sind im Internet über http://dnb.ddb.de abrufbar.

| 6. | 5. | 4. | Die letzten Ziffern bezeichnen |
| 08 | 07 | 06 | Zahl und Jahr der Auflage. |

© 2006 Cornelsen Verlag Scriptor GmbH & Co. KG, Berlin

Das Werk und seine Teile sind urheberrechtlich geschützt. Jede Nutzung in anderen als den gesetzlich zugelassenen Fällen bedarf der vorherigen schriftlichen Einwilligung des Verlages. Hinweis zu § 52 a UrhG: Weder das Werk noch seine Teile dürfen ohne eine solche Einwilligung eingescannt und in ein Netzwerk eingestellt werden. Dies gilt auch für Intranets von Schulen und sonstigen Bildungseinrichtungen.

Redaktion: Erich Schmidt-Dransfeld
Technische Umsetzung: Type Art, Grevenbroich
Umschlaggestaltung: Magdalena Krumbeck, Wuppertal
Druck: CS-Druck CornelsenStürtz, Berlin

ISBN-13: 978-3-589-23900-9
ISBN-10: 3-589-23900-X

Inhaltsverzeichnis

Themenblock I: Unterricht **11**

1   **Unterrichtshospitation**   **12**
von KLAUS KOROSSY
1.1   Unterrichtshospitation –
    Weg in die Schulpraxis . . .   12
1.2   Unterrichtsbeobachtung in
    der Schulpraxis   13
1.3   Unterrichtshospitation in
    der Lehrerausbildung   14
1.4   Verfahren der Unterrichts-
    beobachtung   19
1.5   Dokumentation, Aufberei-
    tung, Auswertung   22
1.6   Nachbereitung und
    Beratung   29

2   **Didaktische Modelle** **31**
von VOLKER HUWENDIEK
2.1   Einführung in die
    Allgemeine Didaktik   31
2.2   Pragmatische Unter-
    richtsplanung   35
2.3   Bildungstheoretische
    Didaktik (Wolfgang Klafki)   39
2.4   Das Handlungsorientierte
    Unterrichtskonzept
    (Hilbert Meyer)   47
2.5   Konstruktivistische Didaktik
    (Kersten Reich)   54
2.6   Didaktische Modelle und
    Unterrichtskonzepte im
    Überblick   62

3   **Unterrichtsmethoden** **68**
von VOLKER HUWENDIEK
3.1   Einführung in die Unter-
    richtsmethodik   68
3.2   Der Klassenunterricht
    und seine methodische
    Gestaltung   77

3.3   Formen innerer
    Differenzierung im
    Klassenunterricht   91
3.4   Zusammenfassung   100

4   **Offener Unterricht** **104**
von NORBERT EDEL
4.1   Offener Unterricht in der
    Diskussion   104
4.2   Gründe für die Forderung
    nach Offenerem Unterricht   105
4.3   Was ist Offener Unterricht?   106
4.4   Formen und methodische
    Varianten von Offenem
    Unterricht   110
4.5   Voraussetzungen, Bedin-
    gungen, Wirkungen   113
4.6   … und wie fange ich an? . .   121
4.7   Ausblick   121

5   **Projekt- und Fächerüber-**
    greifender Unterricht **123**
von ANGELIKA WOLTERS
5.1   Projektpädagogik als
    Reformpädagogik   123
5.2   Projekt- und Fächerüber-
    greifender Unterricht
    zwischen didaktischer
    Charakterisierung und
    schulpraktischer Reali-
    sierung   130

6   **Medien im Unterricht** **150**
von JÖRG DOHNICHT
6.1   Einleitung   150
6.2   Wozu Medien im
    Unterricht?   150
6.3   Medien zur Unterstützung
    von Lernprozessen   152
6.4   Medien für selbstständigen
    Wissenserwerb   163

Themenblock II: Lernen 177

7 Die klassischen Lerntheorien 178
von GISLINDE BOVET
7.1 Klassisches Konditionieren 179
7.2 Operantes Konditionieren 182
7.3 Beispiele für komplexe Konditionierungsprozesse 187
7.4 Beobachtungslernen 189
7.5 Überleitung 194

8 Wissenserwerb und Problemlösen 195
von GISLINDE BOVET
8.1 Das Gedächtnis 195
8.2 Die Entwicklung kognitiver Strukturen nach Piaget ... 206
8.3 Aufgaben- und Problemlösen 212
8.4 Neue Lernkulturen 227

9 Lernstrategien und Arbeitstechniken 231
von HANS MERKEL
9.1 Definition 231
9.2 Wissen erwerben und Lernen lernen 231
9.3 Lernstrategien und Arbeitstechniken als wichtiges schulisches Tätigkeitsfeld 232
9.4 Vom Sinn des Wiederholens und Übens – Beispiele der Umsetzung/ Vermittlung .. 239

10 Intelligenz, Begabung und Kreativität 249
von OTTO-WALTER MÜLLER
10.1 Intelligenz 249
10.2 Begabung 256
10.3 Kreativität 263

11 Leistungs- und Lernmotivation 272
von WERNER WEIßBRODT
11.1 Motiv und Motivation 272
11.2 Wissenschaftliche Theorien und Resultate zur Lernmotivation 274
11.3 Motivieren im Unterricht 278
11.4 Zusammenfassung und Ausblick 290

Themenblock III: Beurteilen/ Beraten 293

12 Leistungsbeurteilung in der Schule 294
von HANS GERT WENGERT
12.1 Funktionen der Notengebung 295
12.2 Bezugsnormen 297
12.3 Gütekriterien 299
12.4 Neuralgische Punkte der Notengebung 302
12.5 Notengebung in der Praxis 306
12.6 Schlussbemerkungen 318

13 Beratung und Gesprächsführung 320
von OTTO-WALTER MÜLLER
13.1 Beratungsanlässe 320
13.2 Gespräche mit Schülern .. 321
13.3 Gespräche mit Eltern 327
13.4 Störungen 335
13.5 Bildungsberatung (Schulpsychologische Beratung) 337

14 Schulschwierigkeiten 339
von ERIKA KERN-FELGNER
14.1 Probleme mit Schülern als Belastung für Lehrkräfte .. 339

14.2 Zum Begriff der Schulschwierigkeiten 339
14.3 Bedingungen von Schulschwierigkeiten 341
14.4 Teufelskreis Schul-
schwierigkeiten 345
14.5 Konzentrationsmängel
und Hyperaktivität 347
14.6 Schulstress 350
14.7 Bewältigung von Schulschwierigkeiten 355

Themenblock IV: Interaktion 365

15 **Interaktionsprozesse im
Unterricht** **366**
von GÜNTER TRENZ
15.1 Missverständnisse zwischen
Lehrern und Schülern –
ein unvermeidbares
Problem? 366
15.2 Theoretische Grund-
lagen 367
15.3 Lehrerverhalten 372

16 **Die Schulklasse als
Gruppe** **387**
von ULRICH ABELE
16.1 Zur Orientierung 387
16.2 Die Klasse als Lern-
gruppe 388
16.3 Kooperatives Lernen:
Entwicklungen von
Teams und Gruppen 399
16.4 Klasse als Lebensraum ... 404

17 **Konflikte in der Schule** ... **409**
von WERNER SCHULITZ
17.1 Prävention 410
17.2 Intervention 413
17.3 Konflikte zwischen
Schülern 421

Themenblock V:
Entwicklung/ Erziehung 427

18 **Kindheit und Jugend
heute** **428**
von BIRGIT HAUCK-BÜHLER
18.1 Ansätze der Jugend-
forschung 428
18.2 Kindheit und Jugend
heute – veränderte
Rahmenbedingungen 429
18.3 Jugend als Entwicklungsphase 435
18.4 Ergebnisse aus den Shell-
Studien 1997 – 2002 438
18.5 Jugendliche heute –
Leben mit Wider-
sprüchen 442

19 **Moralerziehung –
Erziehung zur
Demokratie** **444**
von ROLF DÜRR
19.1 Konzepte der Moral-
erziehung 445
19.2 Kohlbergs Theorie der
Entwicklung moralischer
Urteilsfähigkeit 446
19.3 Realisierungsmöglichkeiten in der Schule 454

20 **Koedukation** **459**
von CLAUDIA TATSCH/
CHRISTIANE BOECK
20.1 Die Debatte zu Beginn
des 20. Jahrhunderts:
Höhere Bildung für
Mädchen 460
20.2 Die Debatte zu Beginn
des 21. Jahrhunderts:
Koedukation –
wie gestalten? 463

21 Gewalt und Aggression .. **477**
von SUSANNE LIN-KLITZING
21.1 Schlagzeilen und Realität 477
21.2 Begriffe 477
21.3 Befunde 478
21.4 Aggressionstheorien 481
21.5 Strategien im Handlungsfeld schulischer Gewalt-
prävention 486

**Themenblock VI:
Schule/Gesellschaft** **499**

**22 Bildungs- und
Erziehungsauftrag
von Schule** **500**
von OTFRIED HALIRSCH
22.1 Schulen in der Gesellschaft 500
22.2 Vielfalt der Schulen und
Bildungsgänge 508
22.3 Bildung und Erziehung
am Gymnasium 513

**23 Schule als Sozialisations-
instanz** **519**
von ARTHUR HAUG
23.1 Sozialisation und Schule .. 519
23.2 Sozialisationsaufgaben der
Schule 522
23.3 Sozialisationswirkung der
Schule 526
23.4 Schulqualität 532

**24 Umwelt-Erziehung als
zentrale Zukunfts-
aufgabe** **539**
von WULF DATOW
24.1 Grundsätzliche Gedanken
zur Erziehung 539
24.2 Krise des Systems Erde ... 542
24.3 Wege aus der Krise 546
24.4 Erziehung zu umwelt-
gerechtem Verhalten 549
24.5 Möglichkeiten des
Unterrichts 553
24.6 Umweltethik 557

**25 Schulentwicklung als
Aufgabe der Lehreraus-
bildung** **560**
von MARIANNE HAUN
25.1 Warum Schulentwicklung? 560
25.2 Was ist Schulentwicklung? 562
25.3 Den Wandel auf den Weg
bringen – Kernprozesse
der Schulentwicklung 565
25.4 Schulentwicklung konkret 571
25.5 Mitwirkungsmöglichkeiten
für Referendar/innen in
der Ausbildung 573

Stichwortverzeichnis **579**

Vorwort zur 4. Auflage

„Wo lernt ein Lehrer eigentlich unterrichten? Kann nicht jeder Mensch mit Abitur und pädagogischem Eros Kindern etwas beibringen?" (DIE ZEIT Nr. 27/04, S.28) Kritische Fragen zur Wirksamkeit der Lehrerausbildung und nicht zuletzt des Pädagogikstudiums haben nicht erst seit den PISA-Ergebnissen Konjunktur. In Struktur- und Inhaltsdebatten werden besonders die Zersplitterung und die fehlende Kohärenz der Lehrerausbildung kritisiert. Tatsächlich muss der Ausbildungsauftrag als Ganzes gesehen und weiter gestärkt werden – die Selbstreferenz der Ausbildungsphasen passt nicht zu einer zukunftsfähigen Lehrerbildung. Wenn Gesellschaft und Schulen von einem starken Wandel erfasst sind, müssen sich auch die Institutionen und Wege der Lehrerausbildung auf den Prüfstand stellen lassen. Zusätzlichen Zündstoff birgt der „Bologna-Prozess", demzufolge die Universitäten ihre bisherige Lehrerausbildung in „konsekutive" Studiengänge (Bachelor/Master) einpassen müssen. Die Kritik an der herkömmlichen Lehrerausbildung übersieht aber gerne, dass angesichts geringer Einstellungsquoten in den letzten Jahrzehnten Rückschlüsse von den Ergebnissen internationaler Vergleichsstudien auf die Qualität der Lehrerbildung problematisch sind. Zudem wird eine pauschale Kritik den bisher vorliegenden empirischen Studien keineswegs gerecht. Im Vorab-Protokoll einer OECD-Kommission wird z. B. der Vorbereitungsdienst unter die „Stärken" des deutschen Bildungssystems gerechnet.

Die zweite Phase der Lehrerausbildung, das Referendariat, soll den Übergang von der wissenschaftsbestimmten, vorwiegend fachorientierten ersten Phase (Studium) zur selbstständigen und eigenverantwortlichen Unterrichtspraxis gewährleisten. Für die Seminararbeit in der zweiten Phase ist es deshalb wichtig, sich über grundlegende Standards, Perspektiven und bedeutsames Orientierungs- und Handlungswissen für den Lehrerberuf zu verständigen. Angesichts der häufig bescheidenen pädagogischen und psychologischen Studienanteile und ihrer weithin noch nicht überwundenen thematischen Unverbindlichkeit ergibt sich die Notwendigkeit, in der Seminararbeit bei aller Orientierung an der konkreten Praxis auch auf zusammenfassende Einführungen und systematische Überblicke zurückgreifen zu können. Verstärkt wird diese Anforderung dadurch, dass die Praxisanteile während des Studiums zunehmen und nach einer theoretischen Durchdringung verlangen. Praxisphasen können wesentliche Entwicklungsimpulse für pädagogische und psychologische Kompetenzen geben, sofern sich ihre Wirkung nicht im Nachahmungslernen erschöpft, sondern bei Hinführung, Begleitung und Nachbereitung des Unterrichts eine kompetente Theorie-Praxis-Verknüpfung in den Mittelpunkt rückt. Im Vorbereitungsdienst ist zudem in manchen Bundesländern der bedarfsdeckende Unterricht weiter angestiegen, was die Zeiträume für die Praxisreflexion verkürzt.

In „spannenden" Zeiten erscheint der „Leitfaden Schulpraxis. Pädagogik und Psychologie für den Lehrberuf" in der vierten, komplett überarbeiteten und erweiterten Auflage. Seit der ersten Auflage vor zehn Jahren hat er viel Akzeptanz gefunden und sich zu einem bundesweit verbreiteten Handbuch in der Lehrerausbildung entwickelt. Der Leitfaden bietet praxis- und handlungsrelevante Informationen zu überfachlichen pädagogischen Aufgaben, die sich in der Schule stellen, und zeigt Möglichkeiten zu deren Bewältigung auf. Er versucht, Wissenschafts- und Professionswissen für den Lehrerberuf zu verknüpfen. Was brauchen die Referendarinnen und Referendare, um die Anforderungen des Schulalltags vernünftig bewältigen zu können? Ziel der Ausbildung ist der Aufbau einer breiten und fundierten pädagogischen und psychologischen Kompetenz für den Lehrerberuf, wobei im Referendariat die Theorie im Dienst der Praxisklärung steht. Die berufliche Praxis ist Ausgangs- und Zielpunkt der Arbeit im Seminar. Theoriegeleitetes Handeln und Reflexion der Praxis sind intendiert, was die Verfügbarkeit von Theorien als Bezugsrahmen voraussetzt. Wissenschaftliche Theorien sollen nicht äußerlich bleiben, sondern in subjektive Konzepte überführt werden, Denkanstöße geben, Perspektivwechsel provozieren und Handlungsspielräume erweitern. Theorien sind ja nicht praxisfern, sondern beschreiben verallgemeinernd Praxis. Im Seminar werden theoretisch sinnvolle und in der Alltagspraxis realisierbare Wege erarbeitet, best-practice-Erfahrungen erkundet und in Theorien eingebunden.

Angesichts fehlender oder sehr unterschiedlicher Voraussetzungen im Bereich der Erziehungswissenschaften zu Beginn des Referendariats sollen die Beiträge des Buches eine Entlastung der Seminarveranstaltungen ermöglichen. Alle besprochenen Themen sind entweder Voraussetzung oder Gegenstand der Seminarausbildung in Pädagogik und Psychologie. Das Buch kann dazu beitragen, einzelne Konzepte und Kenntnisse besser einzuordnen und sie damit auch kritischer Reflexion zugänglich zu machen. Es kann zum Ausgleich von Kenntnislücken zu Beginn der zweiten Phase, als Begleit- und Übersichtslektüre zu den Seminarveranstaltungen und als Lernbuch für die Prüfungsvorbereitung gute Dienste leisten. Darüber hinaus lässt es sich in der ersten Phase und im Praxissemester einsetzen, weil es Grundkenntnisse vermittelt und Bezüge zu Schule und Unterricht herstellt.

Wir haben das Inhaltsspektrum des Handbuchs durch die Aufnahme neuer Themen wiederum erweitert. Neu hinzugekommen sind die Themen Unterrichtshospitation, Mediendidaktik und Schulentwicklung, die sich besonderer Aktualität erfreuen und schon länger von uns als Themen geplant waren. Umfangsbedingt mussten zwei andere Artikel entfallen. Die übrigen Beiträge wurden überarbeitet und teilweise um neue Aspekte ergänzt bzw. um inzwischen weniger relevante gekürzt.

Die sechs Themenblöcke sind wie gehabt

- Unterricht,
- Lernen,
- Beurteilen und Beraten,
- Interaktion,
- Entwicklung und Erziehung,
- Schule und Gesellschaft.

Es sind die Themen, die in keiner Lehrerausbildung fehlen sollten. Den ersten Themenblock beginnen wir mit einem neuen Beitrag zur Praxis von Unterrichtshospitation und -beobachtung, der außer bei den Referendaren besonderes Inte-

Vorwort

resse auch bei den Praktikanten finden dürfte. Es folgt eine Einführung in die Allgemeine Didaktik; Unterrichtsplanung und wichtige didaktische Modelle (einschließlich des konstruktivistischen) stehen darin im Mittelpunkt. Die folgenden Beiträge befassen sich mit Unterrichtsmethoden. Angesichts des aktuellen Methodenbooms wollen sie Orientierungshilfen geben und Handlungswissen zum zentralen Bereich der Unterrichtsgestaltung anbieten. In einem Überblick werden Grundfragen der Methodik thematisiert und herkömmliche methodische Vorgehensweisen mit ihren Vor- und Nachteilen beschrieben. Der nächste Beitrag akzentuiert offene Unterrichtsformen und ihre Einsatzmöglichkeiten. Eine vergleichende Übersicht und differenzierte Praxisanleitung zum Projekt- und Fächerübergreifenden Unterricht schließt sich an. Abgerundet wird dieser Block durch eine Darstellung der Möglichkeiten, Lehren und Lernen mit Hilfe von Medien zu verbessern.

Der Themenblock Lernen beginnt mit einer Beschreibung grundlegender Lerntheorien, ihres Geltungsbereichs und ihres Anwendungspotenzials auf schulisches Lernen. Die Themen Gedächtnis, Wissenserwerb und Problemlösen schließen sich an. Darauf folgen praxisnahe Aufarbeitungen wichtiger Lern- und Arbeitstechniken sowie der Konzepte Intelligenz, Begabung und Kreativität. Abschließend werden Theorien und praktische Möglichkeiten zur Lernmotivation präsentiert.

Lehrerinnen und Lehrer sind in der Unterrichtspraxis – heute mehr denn je – als Berater, Beurteiler, Interaktionspartner und Gruppenleiter gefordert. Diagnostische und kommunikative Kompetenzen müssen im Alltag trainiert werden und bedürfen auch der theoretischen Klärung und Bewusstmachung. Im Themenblock Beurteilen/Beraten werden Grundlagen und Probleme der Leistungsbeurteilung dargestellt und Empfehlungen für die Bewertung schriftlicher und mündlicher Leistungen formuliert. Im Beitrag zu Beratung geht es um Eltern- und Schülergespräche und um Bildungsberatung; im Mittelpunkt stehen Prinzipien der Gesprächsführung. Der Beitrag zu Schulschwierigkeiten geht auf Konzentrationsmängel, Hyperaktivität und Schulstress ein; er stellt Hintergründe dar und beschreibt Bewältigungsmöglichkeiten.

Eine Übersicht zur Komplexität unterrichtlicher Interaktionsprozesse und zum Lehrerverhalten eröffnet den nächsten Themenblock Interaktion. Es folgen Beiträge, die sich mit der Klasse als Gruppe und der Disziplin im Klassenzimmer befassen und Möglichkeiten zur Konfliktbewältigung aufzeigen.

Immer größere Bedeutung gewinnen auch Entwicklungs- und Erziehungsfragen in der Schule (Themenblock Entwicklung / Erziehung). Ausgegangen wird von einer Analyse der Kindheits- und Jugendsituation heute. Bedeutsame Erziehungsaufgaben der Schule kommen danach in den Blick: die Moralerziehung in den Spuren Kohlbergs als Erziehung zur Demokratie, die nach wie vor aktuelle Frage der Koedukation, und die Auseinandersetzung mit der Aggression im Dienste der Friedenserziehung.

Die folgenden beiden Beiträge zum Themenblock Schule/Gesellschaft liefern grundlegende Informationen zur vielgestaltigen deutschen Schullandschaft, reflektieren den Bildungs- und Erziehungsauftrag und geben eine Orientierung besonders über die Sozialisationsaufgaben und –wirkungen der Schule. Anhand des gesellschaftlichen Schlüsselproblems Umwelterziehung wird der weite Weg vom Wissen zum Handeln deutlich. Mit Gedanken zur Schulentwicklung und zu den Möglichkeiten, die sie in sich birgt, schließt der Reigen der Beiträge.

Zu allen Beiträgen wurden erstmals mit dieser Auflage Fragen, Fallbeispiele und Aufgaben formuliert, die der Verständniskontrolle und Prüfungsvorbereitung dienen können. Sie sind im Internet unter www.cornelsen-berufskompetenz.de abrufbar.

Die Autorinnen und Autoren sind (oder waren) Fachleiterinnen und Fachleiter für Pädagogik und Psychologie an den Seminaren für Didaktik und Lehrerbildung (Gymnasien) in Baden-Württemberg. Sie leiten und gestalten die Kurse für Pädagogik und Psychologie im Rahmen des Referendariats, arbeiten mit den Vertretern der Fachdidaktiken zusammen, führen Unterrichtsbesuche durch, betreuen Lehrertrainings etc. Sie alle sind neben der Seminarausbildung auch in der Schule tätig und verfügen über eine breite Unterrichtserfahrung im Gymnasium. Sie haben neben oder nach dem Studium ihrer unterschiedlichen Schulfächer ein Zweitstudium in Pädagogik, Psychologie oder auch Soziologie abgeschlossen. Sie sind zudem mit vielfältigen Fortbildungsaufgaben in Baden-Württemberg und teilweise darüber hinaus betraut. Mehrere Kolleginnen und Kollegen führen erziehungswissenschaftliche Lehrveranstaltungen an der Universität durch.

Die Publikation verdankt diesen Unterrichts-, Ausbildungs- und Fortbildungserfahrungen der Autorinnen und Autoren ihr besonderes Profil. Die früheren Auflagen des Leitfadens haben gezeigt, dass er angesichts ähnlicher Bedingungen in anderen Bundesländern und in anderen Lehrämtern generell für junge Lehrerinnen und Lehrer im Vorbereitungsdienst geeignet ist. Des Weiteren richtet er sich aber auch an berufserfahrene Lehrkräfte, die eine Klärung für ihren Unterrichtsalltag anstreben bzw. darüber hinaus informiert werden möchten, welche erziehungswissenschaftlichen Konzepte und Erkenntnisse heute für die praktische Arbeit und deren Reflexion für wichtig erachtet werden; ebenso an Praktikantinnen und Praktikanten, die nach einer ersten theoretischen Vertiefung ihrer praktischen Schul- und Unterrichtserfahrungen suchen. Schließlich ist der Leitfaden auch für Lehrende und Lernende in der ersten Ausbildungsphase an den Hochschulen und für die Kollegenschaft an den Seminaren und in Fortbildungsinstitutionen aufschlussreich.

Wir bedanken uns bei allen, die zum Zustandekommen und Gelingen der vierten Auflage beigetragen haben, vor allem bei den vielen Referendarinnen und Referendaren, Kolleginnen und Kollegen, welche die ersten drei Auflagen positiv aufgenommen und durch ihr Interesse, ihre Kooperation, durch Anregungen und konstruktive Kritik die Arbeit nachhaltig gefördert haben. Die Herausgeber und Autoren freuen sich über Ihre Rückmeldungen: Die Anschriften der Herausgeber finden Sie auf S. 2, die der Autoren auf der Internet-Site. Ein ganz besonderer Dank gilt Herrn Schmidt-Dransfeld vom Cornelsen Verlag Scriptor für seine außerordentlich umsichtige Betreuung der Publikation.

Rottweil/Karlsruhe, im Juli 2004   *Gislinde Bovet/Volker Huwendiek*

Themenblock I: Unterricht

1 Unterrichtshospitation
2 Didaktische Modelle
3 Unterrichtsmethoden
4 Offener Unterricht
5 Projekt- und Fächerübergreifender Unterricht
6 Medien im Unterricht

1   Unterrichtshospitation

Klaus Korossy

1.1   Unterrichtshospitation – Weg in die Schulpraxis

Für Lehramtsstudierende im Schulpraktikum und für angehende Lehrerinnen und Lehrer im Referendariat gehört die Unterrichtshospitation zu den wichtigsten Ausbildungsschritten auf dem Weg in die eigene Unterrichtspraxis. Dabei bezeichnet Unterrichtshospitation die in aller Regel über eine längere Zeitphase andauernde Teilnahme eines Lehramtskandidaten am Unterricht einer erfahrenen Lehrperson; diese Teilnahme kann von anfänglich reiner Beobachtungstätigkeit zu einer zunehmend aktiven Beteiligung des Hospitanten am Unterricht hinführen.

Schon immer spielt die Hospitation in der Ausbildung für das Lehramt eine herausragende Rolle. Dafür gibt es mindestens zwei Gründe: Zum einen bietet die Unterrichtshospitation vielfältige Lerngelegenheiten bei der Neuorientierung im schulischen Tätigkeitsfeld, für die Reflexion und Selbstreflexion auf dem Weg zur Übernahme der Lehrerrolle sowie für den Erwerb allgemeiner und fachgebundener Lehrkompetenzen; zum anderen können im Rahmen der Unterrichtshospitation grundlegende, fachübergreifende Fertigkeiten des Beobachtens, Beurteilens und Beratens erworben oder zumindest angebahnt werden, also solche Kompetenzen, die im Handlungsfeld von Lehrpersonen im Zusammenhang verschiedenster Aufgaben von zentraler Bedeutung sind.

Der vorliegende Beitrag soll dem angehenden Lehrer Anregungen für die Organisation und ertragreiche Gestaltung der Unterrichtshospitation liefern sowie praktische Hinweise geben für die Planung, Durchführung und Auswertung von Unterrichtsbeobachtungen im Rahmen der Hospitation; er soll insbesondere andeuten, welche viel versprechenden, berufsbiografischen Entwicklungschancen mit einer von Hospitant und betreuender Lehrperson gemeinsam gestalteten Hospitation verbunden sind.

Um den Stellenwert des **Beobachtens** im Tätigkeitsbereich von Lehrerinnen und Lehrern hervorzuheben, werden zunächst einige Standardsituationen der Unterrichtsbeobachtung im Schulalltag benannt. Daraus lassen sich Anforderungen an die Kompetenzentwicklung im Hinblick auf den Lehrberuf ableiten, die auch Zielperspektiven für die Unterrichtshospitation vorgeben. Aus den der Hospitation zugeschriebenen Ausbildungsfunktionen resultieren Empfehlungen für die Organisation und Gestaltung von Hospitation. Die Strukturierung einer Unterrichtsbeobachtung bildet die Folie für die weiteren Ausführungen: die Vorbereitung und Planung einer Unterrichtsbeobachtung im Kontext von Beratung und Theoriebezügen, die Darstellung von Verfahren der Beobachtung, der Dokumentation und Auswertung im Hinblick auf die Eignung für Zwecke der Unterrichtsbeobachtung; abschließend finden sich Hinweise zur Nachbereitung der Beobachtung.

1.2 Unterrichtsbeobachtung in der Schulpraxis

1.2.1 Standardsituationen der Unterrichtsbeobachtung

Lehren, Erziehen, Beurteilen, Beraten – diese Hauptfunktionen der Lehrerrolle sind wesentlich mit Beobachtung verbunden. Sofern Beobachtung im Rahmen von Unterricht stattfindet, sprechen wir von **Unterrichtsbeobachtung** – auch wenn der Beobachter zugleich der Unterrichtende ist oder wenn sich die Beobachtung nicht auf den Unterricht als solchen, sondern auf spezifische Teilaspekte der Situation oder des Lehrerhandelns oder auf die Verhaltensweisen einzelner Schüler/innen während des Unterrichts bezieht. Folgende Beispiele zeigen die Vielgestaltigkeit schulischer Beobachtungssituationen in verschiedensten Kontexten:

- Eine Praktikantin nimmt am Fachunterricht eines erfahrenen Lehrers teil und beobachtet die Lehrer-Schüler-Interaktion unter zuvor vereinbarten Perspektiven. Kontext ▶ **Ausbildung/Hospitation**
- Die Ausbildungslehrerin beobachtet einen Praktikanten bei der Inszenierung einer gemeinsam geplanten Stundeneröffnung. Kontext ▶ **Ausbildung/Praktikantenbetreuung**
- Der Fachleiter des Seminars besucht einen Referendar im Unterricht, um in der Nachbesprechung mit ihm Perspektiven der Weiterentwicklung seiner didaktisch-methodischen Kompetenzen zu erarbeiten. Kontext ▶ **Ausbildung/Referendarberatung**
- Eine Prüfungskommission begutachtet die Lehrprobe einer Referendarin, um die erreichte Lehrqualifikation zu beurteilen. Kontext ▶ **Ausbildung/Beurteilung**
- Die Schulleiterin begutachtet den Unterricht eines Kollegen als Grundlage für ein Mitarbeitergespräch. Kontext ▶ **Dienstliche Beurteilung und Beratung**
- Im Rahmen des Konstanzer Trainingsmodells besuchen sich zwei Kollegen gegenseitig im Unterricht, um Möglichkeiten des Umgangs mit aggressiven Schülern zu erproben. Kontext ▶ **Kollegiale Fortbildung**
- Ein Lehrer beobachtet eine Schülerin bei der Lösung einer Aufgabe an der Tafel, um ihren Leistungsstand zu beurteilen. Kontext ▶ **Schülerbeurteilung**
- Eine Lehrerin beobachtet in ihrem Unterricht einen verhaltensauffälligen Schüler im Hinblick auf seine motorische Unruhe, seine Konzentrationsmängel und Ablenkbarkeit; sie wird demnächst mit den Eltern dieses Schülers ein Beratungsgespräch führen. Kontext ▶ **Diagnose und individuelle Förderung/Elternberatung**
- Ein Lehrer beobachtet sich während seines Unterrichts selbst, weil er sein körpersprachliches Ausdrucksverhalten verbessern möchte. Kontext ▶ **Professionelle Weiterentwicklung**
- Ein Team von Unterrichtswissenschaftlern zeichnet den Mathematikunterricht einer Lehrerin mit Videokameras auf, um ihn später hinsichtlich des dem Unterricht zu Grunde liegenden „Skripts" zu analysieren (siehe etwa die Videoaufzeichnungen im Rahmen der TIMS-Studie). Kontext ▶ **Wissenschaftlicher Erkenntnisgewinn**

Offensichtlich bilden Beobachtungen und die damit gekoppelten Aufgaben der Analyse, Diagnose, Beurteilung und Beratung eine zentrale Fassette im schulischen Tätigkeitsbereich. Die Fähigkeit zur kontextangemessenen Beobachtung muss deshalb als eine im Lehrberuf unabdingbare Kompetenz angesehen und als Qualifikation erworben werden.

1.2.2 Beobachtung und Beobachtungskompetenz

Gegenüber der alltäglichen, eher beiläufigen Wahrnehmung hebt sich **Beobachtung** durch folgende Merkmale ab (vgl. Köck 1997, 4. Aufl., 36-37):

- Sie ist aufmerksame, gerichtete Wahrnehmung.
- Sie findet in einem festgelegten und explizierten Kontext statt.
- Sie ist theoretisch reflektiert und bedient sich bestimmter Methoden.
- Sie richtet sich gezielt und selektiv auf Personen, auf Ereignisse oder Prozesse in bestimmten Situationen.
- Die Beobachtungsergebnisse werden in geeigneter Weise festgehalten und dokumentiert.
- Beobachtung ist stets von einer Intention oder einem Interesse geleitet, eine Erkenntnis zu gewinnen oder einen praktischen Nutzen zu erzielen.

Die einzelnen Merkmale lassen sich in verschiedenen Niveaustufen realisieren. Die „Qualität" des Beobachtens kann variieren von der spontanen **alltäglichen Beobachtung** bis hin zur anspruchsvollen **Beobachtung in wissenschaftlichem Kontext**. Je stärker eine spezifische Aufgabenstellung die Kontrolle möglicher Beobachtungsfehler (vgl. z. B. Schwark 1977; Kap. 12 in diesem Band) erfordert, desto höher sind die an die Beobachtungsqualität zu stellenden Ansprüche.

Die Fähigkeit und Fertigkeit, Beobachtung kontextspezifisch und aufgabenangemessen einzusetzen, nennen wir **Beobachtungskompetenz**. Da Beobachtung in der Schulpraxis meist einhergeht mit Diagnose, Beurteilung und Beratung, somit in einem kommunikativen Rahmen stattfindet, sind die **diagnostische Kompetenz**, die **Beratungs- und Beurteilungskompetenz** und die **kommunikative Kompetenz** als Kompetenzen zu benennen, die häufig im Zusammenhang mit Beobachtungsaufgaben gefordert sind. Beobachtungsfähigkeit ist dabei als eine Basiskompetenz anzusehen.

Dass im Lehrberuf hohe Erwartungen an die Fähigkeit zur Beobachtung und die mit ihr verbundenen Fähigkeiten und Fertigkeiten zu richten sind, begründet die Notwendigkeit einer kontinuierlichen Schulung dieser Kompetenzen. Unterrichtshospitation im Rahmen der Lehrerausbildung ist ein Baustein für den Aufbau dieser Kompetenzen.

1.3 Unterrichtshospitation in der Lehrerausbildung

1.3.1 Funktionen und Gestaltung von Unterrichtshospitation

Unterrichtshospitation im Schulpraktikum bietet sich an als höchst wertvolle Lerngelegenheit für die Neuorientierung im sozialen System Schule, zur Einfindung in die Lehrerrolle sowie für den Erwerb erster Lehrfertigkeiten. Im Hinblick auf die grundlegende Bedeutung von Beobachtung im Tätigkeitsfeld des Lehrers sollten Hospitanten darüber hinaus Beobachtungskompetenzen erwerben und Kompetenzen, die bei Beobachtungsaufgaben gefordert sind, entwickeln können. Diese Ausbildungsfunktionen der Hospitation sind auf höherem Anspruchsniveau für die zweite Phase der Lehrerausbildung fortzuschreiben.

Unterrichtshospitation in der Lehrerausbildung

Funktionen der Unterrichtshospitation

- Orientierung im sozialen System Schule
- Reflexion, Selbstreflexion und Einübung der Lehrerrolle
- Entwicklung didaktisch-methodischer Kompetenz
- Entwicklung von Beobachtungs- und Beurteilungskompetenz
- Entwicklung von Kommunikations- und Beratungskompetenz

Wie ist Unterrichtshospitation zu organisieren und zu gestalten, damit sie den Erwartungen an ihre Ausbildungsfunktionen entsprechen kann? Wir fassen einige Empfehlungen für funktionsgerechte Formen in drei Punkten zusammen:

- Unterrichtshospitation im Ausbildungskontext soll die angehende Lehrperson auf ihrem individuellen Weg in die eigenverantwortliche schulische und unterrichtliche Praxis unterstützen. Die Hospitation bedarf einer individuellen Begleitung und Betreuung durch eine erfahrene Lehrkraft und sollte sich nicht in singulären Beobachtungsgelegenheiten erschöpfen.
- Unterrichtshospitation erfordert zwischen den Beteiligten eine mitlaufende Verständigung über den geplanten und durchgeführten Unterricht, über Intentionen, Aufgabenstellungen und Perspektiven der einzelnen Beobachtungen; unerlässlich ist die jeweils nachfolgende Beratung über die Beobachtungsergebnisse, deren Einordnung und Interpretation und deren Konsequenzen. Unterrichtshospitation konstituiert deshalb ein Kontinuum von Beratung und Verständigung.
- Unterrichtshospitation als Prozess sollte steigenden Ansprüchen genügen. Die Beobachtung muss von anfänglich einfachen Beobachtungsaufgaben hinführen zu zunehmend komplexeren Beobachtungen unter Bezug auf theoretische Konzepte bis hin zur Analyse und Beurteilung von Unterricht. Der Weg zum selbstständigen Unterrichten führt über zunehmende Grade aktiv-teilnehmender Unterrichtsbeobachtung, wobei sukzessiv größere Teile des Unterrichts und anspruchsvollere Tätigkeiten unter Anleitung und Supervision übernommen werden.

Die weiteren Ausführungen befassen sich mit der Umsetzung der bisherigen Betrachtungen in die Praxis. Nachdem deutlich geworden ist, dass Hospitation als ein Kontinuum zu sehen ist, richten wir nun den Blick auf die einzelne Unterrichtsbeobachtung im Rahmen der Hospitation.

1.3.2 Strukturierung einer Unterrichtsbeobachtung

Jede einzelne Unterrichtsbeobachtung in der Kontinuität der Hospitation ist grundsätzlich als ein mehrschrittiges Verfahren der Vorbereitung und Planung, der Durchführung und Dokumentation und der Auswertung zu konzipieren. Besonders Vorbereitung und Planung sowie Auswertung und Nachbereitung sollten im Rahmen von Beratung stattfinden. Bild 1.1 stellt die einzelnen Schritte und Aufgaben dar.

Theorie-Praxis-Bezüge

Vorbereitung/Planung	Durchführung/Beobachtungsphase	Dokumentation/Datenaufbereitung	Auswertung/Nachbereitung
Klärung von ■ Kontext ■ Intentionen/Zielen Festlegung von ■ Fragestellung/Aufgabenstellung/Hypothesen Planung von ■ Beobachtungsgegenstand/-inhalt ■ Perspektive der Beobachtung ■ Methode/Instrumentarium ■ Dokumentation ■ Auswertung	■ Beobachtung ■ Protokollierung/Datenerhebung ■ ggf. aktive Teilnahme am Unterrichtsgeschehen	■ Überarbeitung, Ergänzung, Korrektur des Protokolls ■ Aufbereitung der Datensammlung ■ Dokumentation der Beobachtungsergebnisse	Auswertung: ■ Rückbezug auf Intentionen/Ziele ■ Klärung von Fragestellung/Hypothesen Reflexion: ■ zusätzliche Aspekte ■ Rückbezug auf Kontext ■ subjektive Aspekte ■ mögliche Fehler Konsequenzen: ■ für weitere Beobachtungen ■ für die eigene Praxis

Kommunikativer Rahmen: Beratung und Verständigung

Bild 1.1: Strukturierung einer Unterrichtsbeobachtung im Kontinuum von Hospitation

Die folgenden Abschnitte konkretisieren die einzelnen Schritte und Aufgaben.

Unterrichtshospitation in der Lehrerausbildung 17

1.3.3 Vorbereitung und Planung

Eine ergiebige Beobachtung bedarf der gründlichen Vorbereitung und Planung, in der Regel auch der Vertrautheit mit der Unterrichtsplanung. Der Hospitant wird sich insbesondere mit folgenden Fragen auseinander setzen und seine Überlegungen mit der betreuenden Lehrperson beraten:

- Welche Intentionen oder Ziele will ich mit der Unterrichtsbeobachtung verbinden?
- Welche Fragestellung und welche Hypothesen will ich mit der Beobachtung klären?
- Unter welchen Rahmenbedingungen und situativen Umständen wird die Beobachtung stattfinden?
- Welche Theorien oder Modelle kann ich für die Klärung meiner Fragestellung nutzen?
- Was soll unter welcher Perspektive, wann und wie lange beobachtet werden?
- Welches Beobachtungsverfahren, welches Instrumentarium soll eingesetzt werden? Wie sollen Beobachtungen dokumentiert und ausgewertet werden?

Vorbereitung und Planung der Unterrichtsbeobachtung können sowohl von den Intentionen als auch von inhaltlichen Fragestellungen ausgehen; beide sind nicht unabhängig voneinander. Die Klärung der Hauptintention und die Entwicklung einer präzisierten Fragestellung können hier fruchtbar zusammenwirken.

Beispiel 1:

Die Intention **Reflexion/Selbstreflexion/Erfahrung von Perspektivenwechseln** könnte z. B. in folgende Fragestellungen umgesetzt werden:

- Gegeben bestimmte Unterrichtssituationen: Wie hätte ich früher als Schüler diese Situation erlebt? Wie erlebe ich sie jetzt aktuell? (Biografische Selbstreflexion und Selbstbeobachtung eigenen Erlebens) Wie verhalten sich die Schüler/innen in dieser Situation? Wie verhält sich der Lehrer? (Verhaltensbeobachtungen). Dazu Deutungen: Wie erleben vermutlich die Schüler/innen, wie erlebt der Lehrer möglicherweise die entstandene Situation? (Abklärung im Nachgespräch)
- Mir ist durch das Vorgespräch mit dem Fachlehrer die Stundenplanung vertraut. Wie sehe ich aus der Perspektive des methodisch handelnden Lehrers den Unterrichtsablauf? Wie gehen die Schüler/innen mit dem Unterrichtsangebot des Lehrers um? Wie sehe ich das Unterrichtsangebot aus Schülerperspektive?

Beispiel 2:

Mit der Intention **Beobachtung und Aneignung von Lehrfertigkeiten** könnten Fragestellungen wie etwa die folgenden verbunden werden:

- Welche Fragetechniken setzt die Lehrerin ein? Wie reagieren die Schüler/innen auf bestimmte Fragetypen?
- Wie gestaltet die Lehrerin inhaltlich und methodisch die geplante Problematisierungsphase?
- Wie leitet die Lehrerin eine Gruppenarbeit an? Wo sind die kritischen Stellen? Etc.

Beispiel 3:

Die Intention Entwicklung von **Analyse- und Beurteilungskompetenz von Unterricht** könnte zu Fragestellungen etwa der folgenden Art Anlass geben:

- Entsprechen die Unterrichtsschritte, die Aktionsformen des Lehrers, die eingesetzten Sozialformen und die verwendeten Lernmittel den Unterrichtsintentionen, dem Thema, den Lernvoraussetzungen der Schüler/innen etc.?
- Ist die Stunde folgerichtig und transparent aufgebaut? Werden in der Stunde sinnvolle Schwerpunkte gesetzt? Werden Ergebnisse gesichert? Wird der Lernerfolg überprüft? Etc.

Antworten erfordern hier offenbar eine theoretisch fundierte Beobachtung, auf der die anschließende Analyse, Bewertung und Diskussion aufbauen können.

Viele weitere mögliche Fragestellungen für eine Unterrichtsbeobachtung sind z.B. in Schwark (1977, 7. Kap.), in Gramer (1981) oder in Topsch (2002) zu finden.

Angesichts der Fülle sich anbietender Fragestellungen – auch wenn sie durch Intentionen gefiltert werden – entsteht nun freilich ein Problem der Auswahl:

- Wie lässt sich in der Vielfalt der Beobachtungsmöglichkeiten eine Orientierung, eine Systematik finden?
- Können Fragestellungen so entwickelt und in eine systematische Beziehung gebracht werden, dass sie z.B. den Blick auf das komplexe Geschehen „Unterricht" oder die komplexe Dynamik der Lehrer-Schüler-Interaktion strukturieren helfen und dabei eine „Gesamtschau vom Ganzen" eröffnen?

Um Beobachtung gegenstandsgerecht zu strukturieren, ist die **Theorie-Reflexion** unumgänglich. Orientierung und Systematik bieten sich im Zugriff auf praxisrelevante Theorien und theoretische Konzepte, auf didaktische Modelle, pädagogisch-psychologische Theorien u.Ä. an; „subjektive Theorien" (⧉▷ Beitrag 15) allein führen nicht weit. Erst in der gründlichen Theorie-Reflexion klären sich Beobachtungsgegenstand und -perspektiven und tragen ihrerseits zur sinnvollen Auswahl, Präzisierung und Systematisierung beobachtungsleitender Fragestellungen bei. Im Folgenden seien dazu anhand dreier Beispiele einige Hinweise gegeben.

Beispiel: Beobachtungsgegenstand „Unterricht"

Die Unterrichtsbeobachtung kann sich auf den Gegenstand „Unterricht" als solchen richten. **Unterrichtsanalyse** ist Analyse des Unterrichtsgeschehens unter ausgewählten Aspekten oder Perspektiven. Solche Perspektiven finden sich – jeweils in einen systematischen Zusammenhang gebracht – als „Grunddimensionen", „Strukturmomente" oder „Kategorien" von Unterricht in den **allgemein- und fachdidaktischen Modellen** von Unterricht.

Als allgemeindidaktischer Bezugsrahmen für Unterrichtsanalysen im Rahmen der Hospitation eignet sich sicherlich nach wie vor das **Berliner Modell** der Didaktik, das besonders auch für die unterrichtliche Analyse in Hospitationssituationen entwickelt wurde; auch aus der **Bildungstheoretischen Didaktik** oder aus dem **Strukturmodell des Unterrichts** von Jank & Meyer (2002) lassen sich systematisch geordnete Perspektiven zur Unterrichtsbeobachtung und -analyse ableiten. Zur Verständigung auf gemeinsame Perspektiven der Beobachtung und Ana-

Unterrichtshospitation in der Lehrerausbildung　　　　　　　　　　　　　　19

lyse zwischen Fachlehrern und Hospitant kann hier z.B. der **Analysestern** von M. Jung (2000) eingesetzt werden. In den Beiträgen zum Inhaltsbereich Unterricht im vorliegenden „Leitfaden Schulpraxis" findet die Leserin/der Leser Orientierungsmöglichkeiten für die Planung von Unterrichtsanalysen; als ersten Überblick zu empfehlen sind die Beiträge 2 und 3 (🕮 ⇨).

Beispiel: Schülerbeobachtung

Die Unterrichtsbeobachtung kann sich auf einzelne oder mehrere Schüler konzentrieren. Auch hier müssen Fragestellung und Perspektive der Beobachtung theoretisch reflektiert werden. Geht es um die Beobachtung des Lern- und Arbeitsverhaltens – zwecks Lernsteuerung, zwecks Leistungsbeurteilung? Geht es um Sozialverhalten – zwecks individueller Diagnose und Förderung oder zwecks Störungsprävention? In jedem Falle sind theoretische Bezugnahmen zur Fundierung von Fragestellung und Beobachtungsperspektive unerlässlich. Die Beiträge in den Bereichen **Lernen, Beurteilen und Beraten, Entwicklung und Erziehung** des vorliegenden Bandes liefern hierzu vielfältige Anregungen. Darüber hinaus befasst sich eine umfangreiche Fachliteratur mit der Beobachtung in Kontexten von Diagnose, Therapie und Förderung im Falle individueller Schwierigkeiten und Problemlagen (etwa Köck, 1997).

Beispiel: Interaktionsanalyse

Die Lehrer-Schüler-Interaktion ist das von der Unterrichtsforschung zweifellos am intensivsten durchmusterte Untersuchungsfeld. Ein umfangreiches Arsenal verschiedenster Merkmals- und Kategoriensysteme steht zur Beobachtung und Analyse der Lehrer-Schüler-Interaktion zur Verfügung (siehe etwa Merkens 1978; Ziefuß 1978). Wendet sich der Hospitant diesem wichtigen Beobachtungsfeld zu, dann sollte er einige dieser Kategoriensysteme auf ihre Eignung für eigene Beobachtungsaufgaben hin inspizieren und gegebenenfalls für eigene Zwecke adaptieren. Als Einführung in den Bereich **Interaktion** ist der Beitrag 13 über Interaktionsprozesse im vorliegenden Band sehr aufschlussreich.

1.4　　Verfahren der Unterrichtsbeobachtung

Für die Durchführung der Unterrichtsbeobachtung muss ein der Intention und Fragestellung angemessenes Beobachtungsverfahren gewählt werden. Mit Hinweis auf entsprechende Darstellungen in Kretschmer & Stary (1998), Topsch (2002) und Schwark (1977) seien im Überblick die wichtigsten, für eine praxisnahe Unterrichtsbeobachtung infrage kommenden Beobachtungsverfahren vorgestellt. Zur Systematisierung legen wir die folgenden **vier Dimensionen** zu Grunde, in denen jeweils nach Intention und Aufgabenstellung der Beobachtung Verfahrensentscheidungen zu treffen sind.

① Mittelbarkeit/Unmittelbarkeit der Beobachtung: indirekte vs. direkte Beobachtung
② Grad der Partizipation: nicht teilnehmende Beobachtung vs. teilnehmende Beobachtung
③ Planmäßigkeit und Zielgerichtetheit: freie vs. gebundene Beobachtung
④ Grad der Strukturiertheit der Beobachtung: unstrukturierte vs. strukturierte Beobachtung

Beobachtungsverfahren

① Im Hinblick auf die **Mittelbarkeit/Unmittelbarkeit der Beobachtung** werden unterschieden:

Indirekte Beobachtung	Direkte Beobachtung
Sie richtet sich auf die Sammlung, Zusammenstellung, Sichtung und Auswertung von Sekundärmaterialien (Akten, Protokolle, Dokumente etc.).	Sie erhebt Primärmaterial, Daten und Strukturmuster aus der aktuellen Situation. Der Beobachter geht in ein präsentes Feld.

Im Rahmen der Unterrichtshospitation kommt der direkten Beobachtung die Hauptbedeutung zu. Indirekte Beobachtung kann jedoch durchaus wertvolle ergänzende Informationen beisteuern.

② Grundsätzlich kann sich ein Beobachter im Beobachtungsfeld völlig passiv verhalten und sich auf die Beobachtung beschränken, oder er kann in verschiedenen Graden aktiv am Geschehen teilnehmen. In der Dimension **Grad der Partizipation** liegen folgende Beobachtungstypen:

Nicht-teilnehmende Beobachtung	Teilnehmende Beobachtung
Der Beobachter beschränkt sich auf seine Beobachtungsaufgaben. *Vorteil*: Konzentration auf die Beobachtung und kontrollierte Datenerhebung	Der Beobachter nimmt mehr oder weniger aktiv am Geschehen teil. *Vorteil*: Sukzessive Heranführung an die Praxis *Problematik*: methodische Schwierigkeiten der Beobachtung, Protokollierung und Dokumentation

Stehen Aufgaben zielgerichteter Beobachtung und kontrollierter Datenerhebung im Vordergrund, wird die völlige Konzentration auf die Beobachtungstätigkeit gefordert sein. Mit zunehmendem Grad der Partizipation des Beobachters am Geschehen im Beobachtungsfeld sind gravierende methodische Probleme verbunden. Steht andererseits die Unterrichtshospitation im Dienst der Vorbereitung auf das eigene Unterrichten, dann ist die zunehmend partizipierende Beobachtung, in welcher der Hospitant Teilaufgaben im Unterrichtsprozess übernimmt, eine sehr effektive Methode der Hinführung zur eigenen Unterrichtspraxis; die **Fremdbeobachtung** wird dabei zunehmend durch die **Selbstbeobachtung** ergänzt.

③ In der Dimension **Planmäßigkeit/Zielgerichtetheit** der Beobachtung sind grundsätzlich zwei mögliche Verfahrensweisen der Beobachtung zu unterscheiden:

Verfahren der Unterrichtsbeobachtung   21

Freie (spontane) Beobachtung	Gebundene (planmäßige) Beobachtung
Die freie Beobachtung erfolgt zufällig, spontan, selektiv, unstrukturiert; beobachtet wird, was besonders auffällt.	Planmäßige Beobachtung ist theoriegeleitet und folgt festgelegten, präzisen Fragestellungen.
Freies Beobachten hat häufig eine Orientierungs- oder Explorationsfunktion in einem wenig bekannten Beobachtungsfeld und kann dazu beitragen, weitere oder präzisierte Fragestellungen und gezielte Beobachtungsperspektiven zu entwickeln.	Die Beobachtungen werden konzentriert auf definierte Ausschnitte oder Aspekte des Geschehens; andere Aspekte werden weitestgehend ausgeblendet.
Freies Beobachten unterliegt besonders stark der Gefahr von Beobachtungsfehlern. Es steht insbesondere stark unter dem Einfluss subjektiver Vorannahmen, Erwartungen und Wahrnehmungsbereitschaften.	Je weniger Aspekte in einer Zeitspanne zu beobachten sind, desto präziser kann die Beobachtung erfolgen.
	Für eine planmäßige Beobachtung sollten geeignete Beobachtungsunterlagen bereitgestellt werden.

Beide Beobachtungsweisen haben während der Unterrichtshospitation ihre Berechtigung, wobei mit der Klärung der Intention und Präzisierung der Fragestellung die Ansprüche an die Planmäßigkeit der Beobachtung steigen werden. Die in der freien Beobachtung besonders wirkungsvollen **Fehlerquellen** (Schwark, 1977; auch Kap.12 dieses Bandes) müssen bei der gemeinsamen Beratung sorgfältig reflektiert werden.Die gebundene Beobachtung andererseits birgt die Gefahr einer mangelnden Offenheit des Beobachters für wichtige zusätzliche Aspekte oder Vorkommnisse im Beobachtungsfeld.

④ Nicht unabhängig von den Ansprüchen bezüglich Planmäßigkeit / Zielgerichtetheit der Beobachtung ist die Entscheidung über den **Grad der Strukturiertheit der Beobachtung**, der mit dem Einsatz wissenschaftlicher Beobachtungsinstrumente verbunden ist:

Unstrukturierte Beobachtung	Strukturierte Beobachtung
Freie Beobachtung ist zugleich eine unstrukturierte Beobachtung.	Strukturierte Beobachtung erfordert eine minutiöse Planung.
Auch eine planmäßige Beobachtung kann noch weit gehend unstrukturiert erfolgen. Die Beobachtung hat dann meist explorativen Charakter und führt zu ersten Fragestellungen.	Die Beobachtung ist konzentriert auf eindeutig definierte Variablen im Beobachtungsfeld und ist i.d.R. geleitet durch ein wissenschaftlich erprobtes Merkmals- oder Kategoriensystem.
Die Form der Dokumentation ist frei.	Strukturierte Beobachtung und Dokumentation genügen wissenschaftlichen Qualitätskriterien der Objektivität, Reliabilität, Validität etc.
Unstrukturierte Beobachtung erfüllt wissenschaftliche Qualitätsansprüche nicht.	

Die **strukturierte Beobachtung** steht im Kontext wissenschaftlicher Forschungs-
interessen und Fragestellungen. Zu Grunde liegt im Allgemeinen ein expliziertes
Forschungsziel, sie verläuft in einem theoretischen Bezugsrahmen und will Hypothesen prüfen. Strukturierte Beobachtungen werden in einem oft sehr differenzierten System im Voraus festgelegter Beobachtungskategorien/-merkmale auf-
gezeichnet, dessen Handhabung Schulung und Einübung erfordert. Strukturierte
Beobachtung in strenger Form wird im Kontext der Unterrichtshospitation eher
die Ausnahme bleiben. Allerdings gibt es zwischen der unstrukturierten und der
strukturierten wissenschaftlichen Beobachtung fließende Übergänge. In der Praxis bietet sich häufig eine **teilstrukturierte Beobachtung** an, welche durch ein zuvor festgelegtes Strukturschema mit einigen Leitaspekten oder Grobkategorien
gesteuert wird. Solche Grobkategorien lassen sich leicht aus allgemeindidakti-
schen Modellen der Unterrichtsplanung und -analyse ableiten (s. o.). In den einzelnen Fachdidaktiken existieren dazu zahlreiche spezifische Adaptationen.

1.5 Dokumentation, Aufbereitung, Auswertung

Eng mit dem Beobachtungsverfahren hängt die Form der Dokumentation zusammen. Das eingesetzte Beobachtungsverfahren legt zumeist auch eine bestimmte
Form der Protokollierung und Dokumentation nahe. Einige gängige und bei
Unterrichtsbeobachtungen verwendbare Dokumentations- und Auswertungsver-
fahren werden im Folgenden vorgestellt.

1.5.1 Dokumentation quantitativer Daten

Für manche Beobachtungsintention oder Fragestellung bietet sich die Erhebung
quantitativer Daten an. Man beobachtet dann Auftretenshäufigkeiten genau definierter Ereignisse innerhalb festgelegter Zeitspannen des Unterrichtsgeschehens
(z. B. pro Zeiteinheit die Anzahl von Lehrerfragen, die Anzahl von Schüleräuße-
rungen, die Anzahl der thematisierten Unterrichtsstörungen); erhoben werden
können auch Zeitspannen oder Zeitanteile bestimmter Ereignisse oder Verhaltensweisen (z. B. Lehrersprechzeit, Schülersprechzeit). Vor der Beobachtung sollte entschieden sein, was auf Grund der Daten geprüft und wie der Datensatz ausgewertet werden soll. Dafür kann sich die Formulierung von Hypothesen als
nützlich erweisen. Für die Dokumentation und Aufbereitung quantitativer Daten
im Rahmen der Unterrichtsbeobachtung gibt es verschiedene Möglichkeiten:

- Die **Strichliste** ist ein häufig eingesetztes Verfahren, um die „Rohdaten" zu pro-
  tokollieren. Präzise definierte Beobachtungseinheiten werden durch Striche in
  vorbereiteten Tabellen festgehalten.
- Eher wissenschaftlichen Zwecken dienen die erwähnten, z. T. sehr komplexen
  Kategoriensysteme. Für Beobachtungsaufgaben im Rahmen der Hospitation
  eignen sich allenfalls Systeme mit wenigen einfachen Grobkategorien.
- Zur **Visualisierung** können die Daten aufbereitet und in Form von Tabellen,
  Diagrammen oder Grafiken dargestellt werden.

Dokumentation, Aufbereitung, Auswertung

Beispiel: Lehrer-Schüler-Interaktion

Eine Praktikantin interessiert sich während ihrer Hospitation im Fach Geschichte für die Zusammenhänge zwischen unterrichtlichen Aktivitäten und der Dichte der unterrichtsbezogenen Lehrer-Schüler-Interaktion. Sie konkretisiert ihre Fragestellung dahin gehend, dass sie während einer Geschichtsstunde in einer 7. Klasse das Unterrichtsgeschehen unter den Aspekten der Phaseneinteilung des Unterrichts und der eingesetzten Sozialformen beobachten will, während sie die Dichte der unterrichtsbezogenen Lehrer-Schüler-Interaktion definiert („operationalisiert") als die im Fünf-Minuten-Takt erhobene Anzahl der Lehrerfragen und Anzahlen der Schülerantworten. Mit dem Fachlehrer hat sie die Stundenplanung durchgesprochen und ist auf den Ablauf der Stunde didaktisch und methodisch eingestimmt. Für die Erfassung der Beobachtungsdaten hat sie einen Protokollbogen vorbereitet. Zur Protokollierung der Häufigkeit von Lehrerfragen und Schülerantworten wird eine Strichliste in den Bogen integriert, in welcher in Zeitabschnitten von je 5 Min. für jede gestellte Lehrerfrage und gegebene Schülerantwort ein Strich vermerkt wird. Während ihrer Beobachtung der ausgewählten Aspekte des Unterrichtsgeschehens füllt sie den Protokollbogen wie abgebildet aus:

Unterrichtsstunde: 6. Stunde   Fach: Geschichte   Klasse: 7   Datum: ...
Thema: „Menschen in der Altsteinzeit"

Zeit (Min.)	Phase	Sozialform	Häufigkeit von Lehrerfragen	Häufigkeit von Schülerantworten
0–5	Einführung	Klassenunterricht (L-S-Gespräch)	II	–
5–10			IIII	I
10–15	Erarbeitung		IIIII II	IIIII IIIII I
15–20			IIII	IIIII I
20–25	Ergebnissicherung		III	IIII
25–30	Erarbeitung	Gruppenarbeit	–	–
30–35			–	–
35–40		Klassenunterricht (L-S-Gespräch)	II	II
40–45	Ergebnissicherung		IIIII I	IIIII

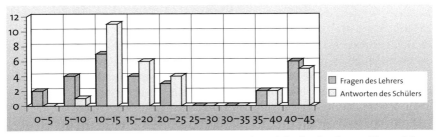

Bild 1.2: Lehrerfragen und Schülerantworten während der beobachteten Unterrichtsstunde. Das Diagramm zeigt – auf der Hochachse aufgetragen – die Häufigkeit von Lehrerfragen und Schülerantworten jeweils in einem Fünf-Minuten-Abschnitt.

Die Auswertung und Interpretation der Beobachtungsergebnisse zusammen mit dem Fachlehrer liefert im Rückbezug auf die Fragestellung interessante Aufschlüsse (diese seien dem Leser überlassen) und gibt zu allerlei weiteren „Forschungen" Anlass. Beobachtungsaufgaben dieser Art schärfen nicht nur den fachlichen Blick für wesentliche Aspekte der Unterrichtstätigkeit und des Unterrichtsgeschehens; sie tragen auch zur Ausbildung der Beobachtungskompetenz bei.

1.5.2 Schätzskalen

Mit Schätzskalen werden Schätzwerte eines Beobachtungsaspektes festgehalten. Während der Beobachter im obigen Beispiel weit gehend auf der Ebene einer objektiven Verhaltensbeschreibung verbleibt, ist die Verwendung von Schätzskalen mit einem hohen Bewertungsanteil verbunden.

Beispiel: Mitarbeitsbereitschaft

Ein im Französisch-Unterricht einer 11. Klasse hospitierender Referendar vereinbart mit der Fachlehrerin zu prüfen, ob die Mitarbeitsbereitschaft der Klasse im Zusammenhang mit den Unterrichtsinhalten (Vokabelarbeit, Grammatikübung, Textarbeit, Analyse eines landeskundlichen Filmes) schwankt. Er könnte mithilfe von Schülerinterviews oder Fragebögen das Interesse an verschiedenen Unterrichtsinhalten erheben, um daraus Rückschlüsse auf die Mitarbeitsbereitschaft zu erhalten. Er entscheidet sich jedoch für eine direkte, nicht-teilnehmende, planmäßige Beobachtung unter Einsatz von Schätzskalen. Über den geplanten Stundenverlauf ist der Referendar informiert und bereitet folgenden Protokollbogen unter Einbeziehung von Schätzskalen vor:

Zeit	Unterrichtsinhalte	Einschätzung der Mitarbeitsbereitschaft
	Vokabelarbeit	sehr niedrig ☐ ☐ ☐ ☐ ☐ sehr hoch
	Grammatikübung	sehr niedrig ☐ ☐ ☐ ☐ ☐ sehr hoch
	Textarbeit	sehr niedrig ☐ ☐ ☐ ☐ ☐ sehr hoch
	Filmanalyse	sehr niedrig ☐ ☐ ☐ ☐ ☐ sehr hoch

Die während der Unterrichtsbeobachtung erfolgten Einschätzungen kann der Hospitant im auswertenden Gespräch mit den Einschätzungen der Fachlehrerin vergleichen. Hier müsste auch ausgetauscht werden, auf welchen Beobachtungen und Vermutungen die Einschätzungen gründen. Dieses Vorgehen bietet eine Chance, nicht nur für unterschiedliche Beobachtungsperspektiven zu sensibilisieren, sondern auch die Einschätzungsfähigkeit im Hinblick auf Beurteilungsaufgaben zu trainieren. Natürlich können an solche Beobachtungen z. B. auch unterrichtsmethodische Betrachtungen angeschlossen werden (etwa zu geeigneten Aktivierungstechniken auf Lehrerseite).

Dokumentation, Aufbereitung, Auswertung 25

Vom frühzeitigen Einsatz solcher Schätzverfahren in der Unterrichtshospitation ist dennoch abzuraten. Erstes und wichtigstes Ziel ist die Entwicklung der Fähigkeit zu möglichst objektiver Beobachtung und Dokumentation.

1.5.3   Protokolle

In Protokollen werden Beobachtungen über Ereignisse oder Verläufe schriftlich festgehalten. Das „fertige" Protokoll entsteht meistens aus einem während der Beobachtungsphase angefertigten **Stichwortprotokoll** durch nachträgliche Ergänzungen und Überarbeitung. In dieser Form dient das Protokoll der Dokumentation der Beobachtungen.

Grundformen des Protokolls sind die folgenden:

- ▪ In einem **narrativen Unterrichtsprotokoll** hält der Beobachter das Unterrichtsgeschehen unstrukturiert so fest, wie er es wahrnimmt.
- ▪ Ein **Wortprotokoll** erfasst die sprachlichen Äußerungen während des Unterrichts Wort für Wort.
- ▪ Ein **teilstrukturiertes Protokoll** fixiert das Unterrichtsgeschehen hinsichtlich bestimmter vorgegebener Aspekte, Perspektiven oder Kategorien.

Der routinierte Unterrichtsbeobachter stützt sich meist auf individuelle Mischformen aus teilstrukturierten Beobachtungsnotizen, wörtlichen Mitschriften wichtiger Äußerungen und Skizzen der im Unterricht entstandenen oder eingesetzten Visualisierungen (Tafelbilder, Folien u. Ä.).

Empfehlungen für Protokolle

- ▪ Verwenden Sie Abkürzungen (L, S, T, H, HA, ...)
- ▪ Unterscheiden Sie **Beobachtung** und **Interpretation**. Vermeiden Sie, während des Protokollierens bereits zu interpretieren und zu bewerten.
- ▪ Ergänzen Sie Ihre Notizen durch Skizzen, etwa des Tafelbildes oder eingesetzter Folien.
- ▪ Nach der Beobachtungsphase überprüfen Sie Ihr Protokoll, berichtigen Fehler, ergänzen Auslassungen.
- ▪ Auswertung: In einer separaten Spalte Ihres Protokolls können Sie kommentieren, Eindrücke notieren, Ideen für alternative Vorgehensweisen notieren, interpretieren, bewerten.

Die folgenden Beispiele veranschaulichen den Einsatz der oben erläuterten Protokollierungsformen.

Beispiel: Narratives Protokoll

Vorwiegend dann, wenn die Beobachtungsintention auf eine erste Orientierung ausgerichtet ist, vielleicht auch im Rahmen einer aktiv-teilnehmenden Beobachtung, werden die Notizen während der Beobachtungsphase in ein narratives Protokoll einfließen. Nachträglich ergänzt und überarbeitet könnte ein narratives Unterrichtsprotokoll z. B. folgende Gestalt annehmen:

Zeit	Beobachtbares Verhalten	Deutungen/Interpretation
9.36	L betritt das Klassenzimmer, schaut sich um, geht zum Pult und legt seine Mappe mit lautem Geräusch auf den Tisch. S reden miteinander und scheinen L nicht zur Kenntnis zu nehmen. L: „So, meine Herrschaften!" Längere Pause (ca. 5 Sek.) L schaut zu fünf S', die eng beieinander stehen; eine hat ein Heft in der Hand und Tränen in den Augen. L: „... ..." ...	L will sich Gehör verschaffen. S hat vielleicht eine Klassenarbeit zurückbekommen und ist jetzt enttäuscht.
9.38	...	...

Beispiel: Wortprotokoll

Darin werden möglichst alle sprachlichen Äußerungen im Verlauf des Unterrichtsgeschehens niedergeschrieben. Ein solches Wortprotokoll entsteht i. a. erst als Transkription von Bild-/Tonaufzeichnungen mithilfe audiovisueller Medien (s. u.). Oft erhält ein solches Transkript eine Standardform wie in folgendem Ausschnitt [S(w) = Schülerin, S(m) = Schüler]:

Zeit	Nr.	Sprecher	Äußerung
...	...	...	...
12.35	24	L	Prüft jetzt bitte mal die Geschichte daraufhin, ob sie sich auch bei uns so abspielen könnte.
	25	S(w)	Nein, das kann ich mir nicht vorstellen. Na ja, vielleicht wenn...
	26	S(m)	Quatsch! Die Geschichte ist doch einfach unsinnig! Das wäre doch bei uns nicht denkbar!
	...	...	...
12.37	...	...	...

Unterrichtsprotokolle dieser oder ähnlicher Form finden sowohl in wissenschaftlichen als auch praxisorientierten Untersuchungskontexten als Grundlage weiterer Analysen und Interpretationen Verwendung; auch für die Fallarbeit in der Lehrerausbildung scheinen sich Wortprotokolle von Unterricht gut zu eignen. Nicht zu unterschätzen ist allerdings der erhebliche Transkriptionsaufwand und der mit der Reduktion des Geschehens auf sprachliche Äußerungen verbundene Informationsverlust. Deshalb muss auch diese Dokumentationsform auf den Verwendungszusammenhang genau abgestimmt sein.

Beispiel: Teilstrukturiertes Protokoll

In diesem Beispiel hat eine Referendarin eines der üblichen Standardraster für die Verlaufsplanung von Unterricht für die Zwecke der Unterrichtsbeobachtung und Dokumentation umfunktioniert. Sie dokumentiert eine Mathematikstunde mit Problemorientiertem Unterricht (stark verkürzt wiedergegeben).

Unterrichtsstunde am ...   **Fach:** Mathematik Klasse: 8b (14 Schülerinnen, 13 Schüler)

Thema: Interpretation von Schaubildern im Koordinatensystem

Zeit	Phasen	Lehrertätigkeiten (Aktionsformen)	Schülertätigkeiten	Sozialformen Interaktionen	Medien Lernmittel
5'	Einstieg	L informiert über den Zusammenhang von Rauchen und Körpertemperatur ...	S stellen Sachfragen	Frontalunterricht Lehrervortrag Gelenktes Unterrichtsgespräch	
20'	Problematisierung Zwei Schaubilder zu den gleichen Daten sehen völlig unterschiedlich aus.	L bittet die S, die Aufg. S.9 Nr.4a) u. b) zu bearbeiten. ...	S zeichnen zwei Schaubilder im Koordinatensystem ...	Einzelarbeit (15 min.) L geht durch die Reihen und arbeitet mit einzelnen S.	Lehrbuch S: Hefte
		L zeigt die richtigen Schaubilder auf Folie	S vergleichen/ berichtigen Einige S zeigen sich irritiert	Frontalunterricht Gelenktes Unterrichtsgespräch	OHP, Folie
10'	Erarbeitung	L: „Wie könnt ihr euch... erklären?" ...	S diskutieren ...	Schülerdiskussion L moderiert ...	...
10'	Ergebnissicherung	...	...	...	...

28   *Unterrichtshospitation*

Wenn der Unterricht und sein Verlauf Hauptgegenstand der Unterrichtsbeobachtung ist, kann die Erstellung eines teilstrukturierten Protokolls nützlich sein. Hierzu empfiehlt sich die Verwendung eines vorbereiteten Protokollbogens, auf welchem für bestimmte Beobachtungsaspekte bereits Spalten vorgesehen sind; in ergänzter und überarbeiteter Fassung kann dieses Raster dann auch zur Dokumentation des Unterrichtsgeschehens verwendet werden (siehe Beispiel S.27).

Die teilstrukturierte Protokollierung leitet perspektivisch die Unterrichtsbeobachtung, die Dokumentation wird strukturiert durch die ausgewählten Grobkategorien von Unterricht. Diese Art der Dokumentation ist eine brauchbare Grundlage für die Nachbesprechung der Unterrichtsstunde; im Hinblick auf das eigene Unterrichten kann sie die Sammlung von Unterrichtsideen nennenswert bereichern.

1.5.4   Aufzeichnung mit audiovisuellen Mitteln

Im Kontext wissenschaftlicher Untersuchungen ist die Aufzeichnung des Unterrichtsgeschehens auf Bild-/Tonträgern (Tonband, Film, Video) ein gängiges Verfahren. Die Aufzeichnung erfasst viele Daten, ist beliebig abspielbar und steht verschiedensten Auswertungsansätzen offen. Allerdings unterliegen auch solche Aufzeichnungen zwangsläufig bestimmten Perspektiven, z.B. durch technische Entscheidungen (Kameraführung, Mikrofonstandorte u.Ä.m.). Deshalb sollten die Ziele der Aufzeichnung (z.B. Dokumentation des Unterrichts, des Lehrerverhaltens, der Lehrer-Schüler-Interaktion) zuvor genau expliziert werden.

Während Film- oder Videoaufzeichnungen für Unterrichtsbeobachtungen in der alltäglichen Schulpraxis kaum relevant sind, können sie im Rahmen der Aus- und Fortbildung außerordentlich wertvolle Dienste leisten (z.B. Lehrertraining, interkollegiale Supervision).

Wenn der Praktikant oder Referendar die Gelegenheit hat, den zu beobachtenden Unterricht oder sogar die eigene Unterrichtstätigkeit aufzuzeichnen, sollten diese Chancen genutzt werden. Die Beteiligten gewöhnen sich erfahrungsgemäß schnell an diese Umstände, sodass reaktive Effekte rasch abklingen. Weniger aufwändig als Bildaufzeichnungen, dennoch häufig sehr aufschlussreich, sind Tonbandaufzeichnungen, etwa als Ergänzung anderer Protokollierungsformen.

1.5.5   Grafische Dokumentationsverfahren

Nur kurz seien hier die grafischen Verfahren als Möglichkeiten der Dokumentation von Unterrichtsbeobachtungen erwähnt. Sie geben das Geschehen im Unterricht gewissermaßen „eingefroren" als bildhafte Struktur wieder. Im Einzelfall und nach Neigung des Hospitanten durchaus nützlich sein kann z.B. die Dokumentation bestimmter Aspekte des Unterrichts mithilfe von **Mind Maps** oder verwandten Verfahren; ein **Sitzplan** der Klasse mit zusätzlich eingetragenen Daten eignet sich möglicherweise zur Dokumentation des Mitarbeitsverhaltens oder von Interaktionsstrukturen innerhalb der Klasse oder zwischen Lehrer und einzelnen Schülern.

Dokumentation, Aufbereitung, Auswertung 29

1.6   Nachbereitung und Beratung

Die Beobachtung sei durchgeführt, die Ergebnisse seien in angemessener Form dokumentiert. In der Nachbereitung wird sich der Hospitant dann mit folgenden Fragen beschäftigen:

- Können die Beobachtungsergebnisse zur Klärung meiner Fragestellung/Hypothesen beitragen? Konnte ich meine Beobachtungsintention realisieren?
- Welche zusätzlichen Aspekte hat die Beobachtung erbracht?
- Gibt es Probleme im Zusammenhang mit der Beobachtung oder den Beobachtungsergebnissen, die unter Bezug auf den gegebenen Kontext (spezifische Rahmenbedingungen, situative Gegebenheiten, besondere Umstände der Beobachtung) zu klären sind?
- Welche subjektiven Aspekte (persönliche Erinnerungen und Erfahrungen, besondere Befindlichkeiten, hervorgerufene Stimmungen und Emotionen etc.) sind mit der Beobachtung verbunden?
- Haben Beobachtungsfehler, Vorinformationen, subjektive Theorien, subjektive Fehlertendenzen etc. die Beobachtungsergebnisse beeinflusst?
- Auf welche Theorien, theoretischen Konzepte oder Modelle kann ich zur Analyse, Interpretation oder vertiefenden Reflexion meiner Beobachtungen Bezug nehmen?

Für die fruchtbare Auseinandersetzung mit diesen Fragen ist die Beratung zwischen Hospitant und betreuender Lehrkraft unentbehrlich. Sie beinhaltet einzigartige Chancen für die Gewinnung von Einsichten und alternativen Interpretationsperspektiven.

Die mit vielen Deutungsmöglichkeiten und subjektiven Aspekten verknüpften Fragen bei der Auswertung der Beobachtungsergebnisse lassen es ratsam erscheinen, für die Kommunikation bevorzugt auf Konzepte **non-direktiver Beratung** zurückzugreifen, wie sie z. B. in Kap. 13 dieses Bandes oder auch in Bovet & Frommer (1999) entfaltet werden. Modell ist der partnerschaftliche, verständnisorientierte Dialog. In einem solchen Gesprächsklima können dann auch Überlegungen für die weitere Gestaltung der Hospitation entwickelt und in gemeinsamer Entscheidung umgesetzt werden.

Der kommunikative Rahmen von **Beratung und Verständigung** und die **theoriegeleitete Reflexion und Organisation** der Beobachtungstätigkeit sollen abschließend in ihrer Bedeutsamkeit für eine ertragreiche Hospitation noch einmal besonders hervorgehoben werden – damit Hospitation zu einer kumulativen Erfahrungsbildung beiträgt, damit sich in der Hospitation tatsächlich die in ihr liegenden Entwicklungschancen wesentlicher professionsspezifischer Kompetenzen des Lehrberufes entfalten können, damit die Hospitation den angehenden Lehrer tatsächlich auf seinem individuell zu gestaltenden Weg in die eigene Unterrichtspraxis unterstützen kann.

Literatur

Beck, C., Helsper, W., Heuer, B., Stelmaszyk, B., Ullrich, H. (2000). Fallarbeit in der universitären LehrerInnenausbildung. Opladen: Leske + Budrich.

Bovet, G., & Frommer, H. (1999). Praxis Lehrerberatung – Lehrerbeurteilung. Konzepte für Ausbildung und Schulaufsicht. Hohengehren: Schneider Verlag.

Gramer, E. (1981). Unterrichtsbeobachtung – Beobachtungen im Unterricht. In: H. Frommer (Hrsg.), Handbuch Praxis des Vorbereitungsdienstes. Band 1, S. 331-348. Düsseldorf: Schwann.

Jank, W., Meyer, H. (2002, 5. A.). Didaktische Modelle. Berlin: Cornelsen Scriptor.

Jung, M. (2000). Analysestern. Eine Strukturierungshilfe für Unterrichtsbeobachtung und Hospitation. Stuttgart: Landesinstitut für Erziehung und Unterricht.

Köck, P. (19974). Praxis der Beobachtung. Donauwörth: Auer Verlag.

Kretschmer, H., Stary, J. (1998). Schulpraktikum. Berlin: Cornelsen Scriptor.

Krummheuer, G., Naujok, N. (1999). Grundlagen und Beispiele Interpretativer Unterrichtsforschung. Opladen: Leske + Budrich.

Merkens, H. (1978). Interaktionsanalyse. Stuttgart: Kohlhammer.

Richter, D. (Hrsg.) (2000). Methoden der Unterrichtsinterpretation. Weinheim, München: Juventa Verlag.

Schwark, W. (1977). Praxisnahe Unterrichtsanalyse. Ravensburg: Otto Maier Verlag.

Topsch, W. (2002). Beobachten im Unterricht. In: H. Kiper, H. Meyer, W. Topsch (Hrsg.), Einführung in die Schulpädagogik. Kap.8, S. 97-108. Berlin: Cornelsen Scriptor.

Ziefuß, H. (1978). Methoden der Unterrichtsbeobachtung. Braunschweig: Westermann.

2 Didaktische Modelle

Volker Huwendiek

2.1 Einführung in die Allgemeine Didaktik

Die Didaktik ist grundlegend für die Professionalität und Berufsidentität der Lehrer und Lehrerinnen. Als Unterrichtsexperten brauchen sie didaktisches Grundwissen und entsprechende Reflexions- und vor allem Handlungskompetenz: Sie sollen Unterricht professionell vorbereiten und planen, durchführen und gestalten, analysieren und auswerten können. Schon in der ersten Phase der Lehrerausbildung an der Universität und bei den Praktika haben Sie sich vermutlich mit der Allgemeinen Didaktik beschäftigt. Im Referendariat wird die didaktische Theorie praxisnah aufgearbeitet und die eigene Praxis theoretisch reflektiert. Das Interesse der angehenden Lehrer/innen gilt dabei besonders den konkreten Konsequenzen für ihren Unterricht, sie suchen eine möglichst alltagstaugliche „Didaktik zum Anfassen" (Jank/ Meyer 1991, 291; Gudjons 1997).

Der Begriff Didaktik wurde zuerst im 17. Jahrhundert von Ratke gebraucht und als „Kunst des Lehrens" verstanden. Er ist etymologisch von griech. **didaktiké téchne**: „Lehrkunst" bzw. **didáskein**: „lehren, unterrichten", im Passiv/Medium auch: „gelehrt werden, lernen"/„lernen lassen" abgeleitet. Im weiten Sinn verstanden, bezeichnet die Didaktik die erziehungswissenschaftliche Teildisziplin vom institutionalisierten Lehren und Lernen oder die umfassende **„Wissenschaft vom Unterricht"** in allen seinen Spielarten (Schulz; Peterßen 1992, S. 20/47). Die Allgemeine Didaktik erforscht den Unterricht ‚an sich' und entwickelt von den Fachdisziplinen unabhängige Analyse- und Planungs-Konzepte für die Lehrenden in der Berufspraxis. Nach diesem üblichen weiten Verständnis ist die Methodik integraler Bestandteil der Didaktik.

Der Beitrag informiert über den Stand der Allgemeinen Didaktik mit besonderer Betonung der Unterrichtsplanung, die natürlich immer schon Analyse voraussetzt. Nach dem Einführungsteil werden eher pragmatische Möglichkeiten der Planung kurz vorgestellt, bevor drei besonders wichtige didaktische Modelle, das bildungstheoretische, das handlungsorientierte und das konstruktivistische, gründlicher referiert und kommentiert werden. Eine abschließende Übersicht zu weiteren Konzepten will den Horizont erweitern, integrative Möglichkeiten aufzeigen und nicht zuletzt dazu ermuntern, sich selbst ein eigenes praxistaugliches Konzept zu erarbeiten.

2.1.1 Didaktische Grundstrukturen, vor allem Ansatz des „Berliner Modells"

Für didaktisches Denken und Handeln ist seit Herbarts „Unterrichtslehre" zu Beginn des 19. Jahrhunderts das **„didaktische Dreieck"** ein wichtiger Ausgangspunkt: Lehrperson – Schüler/innen – Gegenstand.

Unterricht umfasst grundsätzlich mehr als nur Beziehung (L-S) oder Forschung/ Studium (L-G, S-G), mindestens zwischen drei Polen sind Schwerpunkte, Balancen und Wechselwirkungen zu überlegen. Inhaltlich und optisch variabel deut- und darstellbar, ist es jedenfalls eine „grafische Darstellung des Sachverhalts, dass es im Unterricht immer um etwas ‚Drittes' geht" (Diederich 1988, 256). Positionen und Akzente sind in der Geschichte der Unterrichtstheorie und -praxis sehr unterschiedlich gesetzt worden: z. B. der Lehrer als „Sonne" der Erkenntnis bei Comenius, der Schüler als eigenverantwortlicher Lerner in Kleingruppen, die Fachthematik als zentraler Anspruch im wissenschaftspropädeutischen Unterricht.

Zur Orientierung über die unterrichtliche Grundstruktur eignet sich auch das **Berliner Modell**, das in seiner eingängigen Form oft als einführendes ‚Schlüssel'-Konzept genutzt wird. Im Blick auf die damals auffällige Abkehr vom didaktischen Leitbegriff Bildung und die Einbeziehung lernpsychologischer Überlegungen wird das Modell als lern- (später lehr-)theoretisches Modell bezeichnet. Seine Leitgedanken gehen auf Heimann zurück, der phänomenologisch aus der Sicht des Lehrenden ein Grundraster für die spezifische Handlungs- und Kommunikationssituation Unterricht herausfand. „Aller Unterricht ist offenbar so gebaut, dass in ihm immer …formal konstant bleibende, inhaltlich variable Elementar-Strukturen gegeben sind." (Heimann, zit. nach Peterßen 1982, 71) Ausgehend von diesen Überlegungen haben Heimann, Otto und Schulz Ende der sechziger Jahre ihr Berliner Struktur-Modell von Unterricht entwickelt, um Praktikanten ein solides Instrumentarium für Analyse und Planung von Unterricht in die Hand zu geben.

Das im Wesentlichen „wertfreie Beschreibungsmodell" (Schulz) mit seinen strukturellen Konstanten soll die Risiken, etwas Wesentliches zu übersehen, vermindern. Methoden und Medien gehören ganz wesentlich zu dieser Elementarstruktur. „Denken über ‚Inhalte als lehrbare' impliziert das Methodische und die Medienwahl." (Heimann in Kochan 1970, 115 ff., 128) Für die Analyse und Planung des Unterrichts werden so vier konstitutive Entscheidungsfelder angegeben, nämlich die **Intentionen** oder Lernziele (wozu?), die Themen, Unterrichtsinhalte (was?), die **Verfahren**, das unterrichtsmethodische Vorgehen (wie?) und die Unterrichts-**Medien** (wodurch?). Die vier Felder sind wechselseitig aufeinander bezogen, voneinander abhängig, d. h., die Lehrkraft sollte so unterrichten, dass keine Widersprüche zwischen den Feldern entstehen. Hinzu kommen die beiden Voraussetzungsfelder: die **anthropogenen** (wer? wen?) und die **soziokulturellen** Voraussetzungen (wobei?), die den Entscheidungen zu Grunde zu legen sind.

Ausgehend von den Analyse-Erfahrungen kann die Aufgabe der Planung von Unterricht in den Blick genommen werden. Die Unterrichtsdurchführung und die anschließende Reflexion und Analyse ergeben Konsequenzen für die neue Planung. Die drei Elemente sind aufeinander bezogen, ergeben einen zirkulären Prozess. Das Planen hat dabei die Aufgabe der vorausschauenden Strukturierung des Unterrichts, um die ‚überkomplexe' Realsituation zu entlasten.

Das Modell ist insgesamt erheblich umfassender als hier vorgestellt. Für die Unterrichtsplanung werden drei Prinzipien angegeben:

1. Prinzip der Interdependenz: Es verlangt die widerspruchsfreie Wechselwirkung und Kombination der einzelnen Strukturmomente in der Planung.
2. Prinzip der Variabilität: Es fordert elastische Planung und Durchführung – Grundsatz: „Der Unterrichtsplan wird erst unter Mitsteuerung der Schüler fertig."
3. Prinzip der Kontrollierbarkeit: Es bezieht sich vor allem auf die professionelle Auswertung des Unterrichts (z. B. regelmäßiger Vergleich der Dauer der Unterrichtsphasen in Planung und Realität). (Schulz, in: Heimann/Otto/Schulz 1965, 44 ff.)

Mit seiner formalen Grundstruktur, seiner Interdependenz-These, der Aufwertung der Methoden- und Medien-Dimension und der Ermutigung zu selbstständigem didaktischem Denken hatte es größten Einfluß auf Schule, Lehrerbildung und didaktische Forschung. Obwohl später etwas relativiert (Vorrang der Ziele), wurde die Vorstellung, dass alle Felder zuinnerst zusammenhängen, in einem „Implikationszusammenhang" (Blankertz) stehen, zum didaktischen Gemeingut.

Eine weitere Elementarstruktur von Unterricht – neben dem Didaktischen Dreieck und den vier bzw. sechs Feldern der Berliner – ist der **„Fünfzackige Stern"** (Jank/Meyer 2003, 63). Dieses hermeneutische Strukturmodell von Jank/Meyer, das „Knochengerüst" ihrer „Didaktischen Modelle", stellt Grundkategorien für die Analyse, Planung und Realisierung von Unterricht zur Verfügung. Es werden Ziel-, Inhalts-, Sozial-, Handlungs- und Prozessstruktur unterschieden. Jedes Strukturmoment hat eine innere und äußere Seite, das

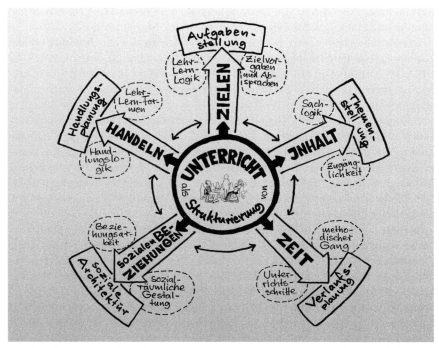

Bild 2.1: Der „Fünfzackige Stern" als Elementarstruktur von Unterricht (Jank/Meyer)

beobachtbare Verhalten bzw. die zu Grunde liegende „Logik". Anders als im Berliner Modell werden die Medien nicht eigens aufgeführt, sie sind sowohl bei der Inhalts- wie der Methodenstruktur mitzubedenken. Auch wenn man darüber streiten mag, ist dieses Grundmodell ein durchaus brauchbares Instrument.

Bei der Analyse lassen sich die verschiedenen Strukturen wechselseitig beleuchten. Die Reihenfolge der Schritte ist dabei nicht vorgeschrieben. Bei der Planung ist die in jeder Dimension enthaltene „Gestaltungsaufgabe" zu lösen. Sie ist in dem Schema vor dem jeweiligen Pfeil platziert. Es gilt bei der Planung das Primat der Aufgabenstellung. Bei der Inszenierung im Unterricht stehen Sozial-, Handlungs- und Prozess-Strukturen im Vordergrund.

2.1.2 Didaktische Modelle/Konzepte in Theorie und Praxis

Das wissenschaftliche Nachdenken über Unterricht schlägt sich vor allem nieder im Entwurf solcher theoretischen Modelle und Konzeptionen, im Herausarbeiten typischer Strukturen und grundlegender Prinzipien. Didaktische Modelle wie das Berliner Modell versuchen systematisch von einer bestimmten Warte aus die Gesamtstruktur des Unterrichts mit dem wechselseitigen Zusammenspiel der verschiedenen Einzelfaktoren in den Blick zu nehmen.

Modelle sind gekennzeichnet durch eine einheitliche Sichtweise, die die Komplexität vermindert, Faktoren hervorhebt und die Struktur transparent macht. Ein didaktisches Modell ist „ein auf Vollständigkeit zielendes Theoriegebäude zur Analyse und Planung didaktischen Handelns" (Jank, Meyer 1991, 17).

Die Modelle der Didaktik stellen dem Lehrenden somit eine „**Denkbrille**" zur Verfügung, die die Komplexität der unterrichtlichen Faktoren ordnet (Peterßen 1983, 35). Die Autoren reflektieren ihre Voraussetzungen, begründen ihr Vorgehen mit wissenschaftstheoretischen Positionen und beziehen sich auf ein bestimmtes Menschen- und Gesellschaftsbild.

Demnach lassen sich verschiedene **Strukturebenen der Didaktik** unterscheiden: die Ebenen der Praxis, der Theorie und der Theorie der Theorie („Metatheorie"). Peterßen nennt die drei Strukturebenen der Didaktik auch die pragmatische Struktur (mit Handlungsanleitungen), die legitimatorische Struktur (Begründungen und Rechtfertigungen hinsichtlich oberster Zielbegriffe) und die paradigmatische oder metatheoretische Struktur (geprägte Gesamtperspektive aus wissenschaftstheoretischer Position).

Der sukzessive Aufbau didaktischer Reflexions- und Handlungskompetenz erfordert neben der konkreten Unterrichtserfahrung die Auseinandersetzung mit theoretischen Ansätzen – im Blick auf praxisbezogenes Denken und theoriegeleitetes Handeln im Lehrer/innen-Beruf. Der mündige Umgang mit den Modellen setzt Hintergrundwissen und die Reflexion über Sinn und Grenzen der verschiedenen Perspektiven voraus. Ziel ist, das Problembewusstsein zu schärfen und zu helfen auf dem Weg zu einem eigenen Konzept weiterzukommen. Die Modelle können als „Katalysatoren" auf dem Weg zur eigenen Didaktik „im Hinterkopf" dienen (Jank/Meyer 1991, 130).

Einführung in die Allgemeine Didaktik 35

„Eine gute Theorie ist das Praktischste, was es gibt." (Dörpfeld) Aber die Vielzahl der Modelle wirkt oft verwirrend und die Untersuchungsperspektiven von Unterrichtsforschern unterscheiden sich von der Handlungsperspektive der Lehrenden . Lütgert erklärt solche Unterschiede pointiert folgendermaßen:

„Didaktik dogmatisch: Unterrichtsplanung als ein rationaler, an keine personellen, materiellen und zeitlichen Restriktionen gebundener Problematisierungs- und Entscheidungsprozess.

Didaktik empirisch: Unterrichtsplanung ist Teil einer Subkultur, die von der didaktischen Dogmatik nicht reflektiert wird. Die Subkultur ist geprägt von Strategien des 'Sich-Durchwurstelns': Lehrer suchen unter Zeitdruck eine konstruktive Antwort auf zwei Fragen: 'Was werde ich unterrichten?' und 'Wie werde ich es unterrichten?' (Lütgert 1981, 582 und 584)

Die implizite Kritik an den Illusionen im Elfenbeinturm der didaktischen Wissenschaft und am „Sich-Durchwursteln" in der Alltagspraxis ist sicher nachvollziehbar. Weiter führender ist es, die Schwierigkeiten beim Aneignen didaktischen Theoriewissens mit einem Prozessmodell des Theorie-Erwerbs zu erklären. In den verschiedenen Phasen der Lehrerlaufbahn – so H. Meyer – sei Didaktik unterschiedlich wichtig und habe ein je eigenständiges Profil:

Von der einführenden „Anfänger-Didaktik" im Praktikum – Rezepte als Ersatz für Erfahrung – seien die prüfungsbezogene und legitimierende „Feiertagsdidaktik" mit ihrem umfassenden Anspruch am Ende des Referendariats und die eher karg-kompakte „Profi-Didaktik" des Unterrichtsroutiniers zu unterscheiden (H. Meyer 1983). „Stichworte auf dem Spickzettel des Routiniers sind Chiffren für eine breite Palette von Handlungsmöglichkeiten im Unterricht, die situationsabhängig verwirklicht werden können." (Meyer 1980, 59)

Vieles spricht für diese These, zumal auch empirische Studien zum tatsächlichen Planungsverhalten erfahrener Lehrer den Modellen immerhin als **„Absink- und Trainingsmodellen"** erhebliche Bedeutung einräumen: Sie können als „rationaler Kern späterer Routinen" dienen (Wengert). Didaktische Theorien wollen ohnehin zumeist nicht direkt handlungsleitend benutzt werden, sondern zum situationsgerechten und selbstständigen Theoretisieren befähigen. Zur Bereitstellung von Denkmöglichkeiten und zum Aufbau einer wissenschaftlich fundierten und „reflektierten Routinebildung" (Meyer) sind sie gerade deshalb unverzichtbar.

2.2   Pragmatische Unterrichtsplanung

Trotz der Bedeutung der Modelle sollen auch einige Überlegungen und Empfehlungen zur eher pragmatischen und organisatorischen Unterrichtsvorbereitung einbezogen werden. Folgende Hinweise blenden die komplexen Hintergrund-Perspektiven der didaktischen Konzeptionen zunächst weitgehend aus, aber selbstverständlich liegen auch hier implizit und explizit Theorie-Annahmen zu Grunde.

36   *Didaktische Modelle*

Planungsprozesse in der Schule beziehen sich auf sehr unterschiedlich lange Zeiträume. Der **Bildungsplan** mit seinem Bildungs- und Erziehungsauftrag, seinen Angaben zu den einzelnen Klassenstufen, Fächern und fächerverbindenden Themen, seinen Standards, Ziel- und Themenvorstellungen, seinem Zeitbudget, mit den Methoden- und Medien-Hinweisen, mit seiner Obligatorik und seinen fakultativen Vorschlägen ist die offizielle Grundlage allen Planens. Er formuliert die Vorgaben für den gesamten Bildungsgang der Schüler/innen.

Aufgrund der enttäuschenden PISA-Ergebnisse deutscher Schüler/innen wurden oder werden diese traditionell mehr inhaltlich orientierten Bildungspläne derzeit bundesweit neu fokussiert als Kerncurricula mit stärker **kompetenzorientierten Bildungs- oder Leistungsstandards.** Standards „benennen Ziele für die pädagogische Arbeit, ausgedrückt als erwünschte Lernergebnisse der Schülerinnen und Schüler" (Klieme 2003, 19). Was sollen die Schüler/innen am Ende können? In Deutsch, Mathematik und Englisch werden fachliche „nationale Bildungsstandards" (Mindeststandard, Kompetenzstufen) fixiert und regelmäßig kontrolliert. Mit dieser stärkeren „Output"- oder Ergebnisorientierung sollen nicht zuletzt die Anteile „trägen Wissens" reduziert und insgesamt die Lernerträge und die Unterrichtsqualität gesichert und verbessert werden.

Die Jahres- oder Gesamtplanung für ein ganzes Schuljahr, die vor allem die Auswahl und Reihenfolge der Unterrichtseinheiten festlegt, gilt als selbstverständliche Voraussetzung der alltäglichen Arbeit. Die Grobplanung auf dem Niveau von Unterrichtseinheiten gehört zu den professionellen Standardsituationen. Die Vorbereitung oder Feinplanung von Einzelstunden ist dem deutlich nachgeordnet, zumal der 45-Minuten-Takt nicht notwendig eine inhaltliche Einheit darstellt. Grundlegend für alle Planungsprozesse ist das Planen eng zu verbinden mit der Unterrichtspraxis: In wiederholten Aktions-Reflexions-Schleifen wird ein stimmiges Konzept für die nächste Unterrichtseinheit oder -stunde gefunden. „Bedingungsanalyse, Planung, Inszenierung und Auswertung des Unterrichts bilden eine logische Einheit." (Jank/Meyer 2002, 93)

Wie komme ich von den Formulierungen des Bildungsplans zur Planung einer Unterrichtseinheit oder einer Einzelstunde? Nach der Auswahl und der Reflexion habe ich im Rahmen meiner „Konkretisierungsverantwortung" (H. Meyer) Entscheidungen zu treffen auf den verschiedenen miteinander verschränkten Planungsebenen. Ich sollte mir dabei auch überlegen, welche Stelle und welchen Stellenwert ‚meine' Unterrichtseinheit im Rahmen des Jahres- oder Halbjahresplanes beanspruchen kann. Beim konkreten Planen kann man unterscheiden zwischen einer inhaltlichen Vorstufe, der eher vorläufigen Strukturplanung, und dem Endergebnis in sequenzialisierter Form, der Verlaufsplanung, die die Planung des methodischen Gangs und des Unterrichtsprozesses mit umfasst.

Das Vorbereiten und Planen im Einzelnen wird sich im Prinzip an den folgenden Punkten orientieren, wobei die Reihenfolge durchaus offen ist und in der Planungsphase ein heftiges Ideen-Geschiebe einsetzt:

Pragmatische Unterrichtsplanung 37

 Die Planung des Unterrichts erhält ihr Profil oftmals nicht durch lineare Abarbeitung, Punkt für Punkt, sondern durch besondere Gewichtungen, simultane Verknüpfungen, plötzliche Gestaltungsideen, intuitive Grundmuster – nicht selten ein durchaus **kreativer Prozess***!*

Beim angeleiteten Unterricht im Referendariat sind besonders bei der Auswahl der Unterrichtseinheit und bei der Zeitgestaltung Absprachen mit dem einführenden Lehrer oder der Lehrerin nötig. Bei den beratenden Gesprächen können unter Einbeziehung der Situation der Klasse und der vorliegenden Erfahrungen mit der Thematik auch weitere Punkte gemeinsam erarbeitet oder festgelegt werden.

Folgende Punkte sollten Sie bei der Planung einer UE für sich klären. Sie werden ...

① ... den Bildungsplan studieren, eine Unterrichtseinheit einer Klassenstufe auswählen und die curricularen Vorgaben reflektieren und konkret auszufüllen versuchen.

② ... sich vertiefend in die ausgewählte Thematik einarbeiten – immer auch schon mit dem pädagogischen und fachdidaktischen Blick für den späteren Unterricht. Und Sie werden sich selbst befragen nach Ihren bisherigen Erfahrungen, Einstellungen und Einsichten zur Thematik sowie Schulbücher, Lehrerbände und andere Unterrichtshilfen kritisch zurate ziehen.

③ ... sich über den Entwicklungsstand der Schüler/innen in diesem Alter kundig machen und über die Vorkenntnisse, Interessen, Motivationslagen und die soziale Lernsituation in der Klasse nachdenken. Sie werden sich die konkrete Klasse und Lerngruppe möglichst plastisch vor das innere Auge rücken.

④ ... die Standards und Grobziele der Unterrichtseinheit in den verschiedenen Bereichen auswählen, gewichten und ansatzweise kleinarbeiten.

⑤ ... in engem Zusammenhang damit die thematische Strukturierung und Portionierung entscheiden.
Sie werden auch innerhalb eines vorgegebenen Rahmens die Schüler/innen bei der Auswahl und Akzentuierung mitwirken lassen.

⑥ ... verschiedene Szenarien überlegen und evtl. mental durchspielen, um das Profil des methodischen Vorgehens (Gewichtung darbietender, erarbeitender und entdecken-lassender Verfahren) und wichtige Aktions- und Sozialformen (Informationsvermittlung, Schülerreferate, arbeitsteilige Gruppenaufträge, Leitfragen, Experimente, längerfristige Hausaufgaben etc.) festzulegen.

⑦ ... die Leitmedien bzw. das Medienarrangement (Lehrbuch, Tafel, Folien, Arbeitsblätter, AV-Medien, Modelle, interaktive Lernprogramme etc.) überlegen und nach praktischen Recherchen (z. B. Lehrmittelsammlung, Bildstelle, Internet etc.) Entscheidungen treffen.

⑧ ... Art, Umfang und Termin(e) der avisierten Erfolgskontrollen (schriftlich/mündlich etc.) oder der vorzulegenden Produkte festlegen.

⑨ ... besondere Aktivitäten, außerunterrichtliche Veranstaltungen und Exkursionen (Praktika, Einladung eines Experten, Theater- oder Museumsbesuch, Wald-Erkundung etc.) mit der Klasse absprechen und evtl. auch mit ihr planen. Bei größeren Ausgaben müssen auch die Eltern informiert werden.

⑩ ... aus den Struktur-Überlegungen die Umriss-Skizze der Verlaufsplanung für die Unterrichtseinheit mit ihren verschiedenen Phasen sowie einen oder mehrere dramaturgische Spannungsbögen für die Unterrichtseinheit entwickeln (besonders wichtig: Gelenkstellen und Variationen).

Bei der Struktur- und Verlaufsplanung der Einzelstunden kann in verkleinertem Maßstab genauso vorgegangen werden. Dabei ist auf Grund von Schüler-Beiträgen oder -Reaktionen, von äußeren Einflüssen und evtl. von Kurskorrekturen der Lehrer/in während des Unterrichts am Ende der Stunde eine gegenüber der Planung häufig neue Situation gegeben. Die aktuelle Basis für die weitere Grobplanung der Unterrichtseinheit und die Feinplanung der nächsten Einzelstunden verändert sich permanent, sodass immer wieder Revisionen, Rück- und Vorgriffe und Aussteuerungen notwendig werden.

Es gibt als Hilfe zur konkreten Unterrichtsplanung einer Einzelstunde diverse Raster oder Formulare (z. B. Meyer 1980, 58 ff.). Für diese gilt, dass der Planungsprozess dadurch nicht normiert, sondern erleichtert und das Risiko einer einseitigen oder unvollständigen Vorbereitung gemindert werden soll.

Im Folgenden finden Sie einige Hinweise zur Planung einer Einzelstunde in Frageform, die sich teilweise an Schemata von Jank/Meyer orientieren (2002, 94 und 345; zur Kurzvorbereitung siehe auch Meyer 2001, 119 ff.):

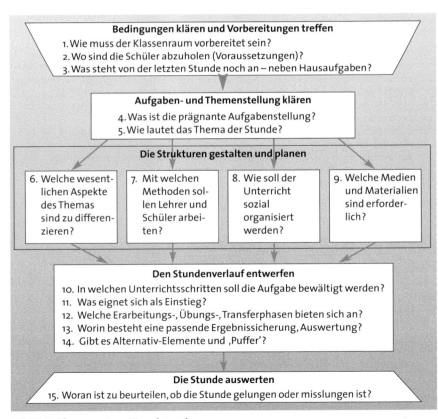

Bild 2.2: Planung einer Einzelstunde

Pragmatische Unterrichtsplanung

Im Alltag stellt sich oft das Problem von Planung und Offenheit: Inwiefern ist die Planung für die Einzelstunde einzuhalten, inwiefern sollte sie flexibel gehandhabt werden? Einerseits sollte das Geplante sicherlich ernsthaft und beharrlich angestrebt und nicht zu rasch zur Disposition gestellt werden. Der Sinn der Planung besteht auch darin, im Unterricht weitgehend frei zu sein von konzeptionellen Überlegungen, um wirklich mit den einzelnen Lernenden und der Gruppe in Kontakt zu kommen. Andererseits darf Planung aber auch nicht als starre Vorgabe und Prokrustesbett missverstanden werden, sondern sollte elastisches Lehrerverhalten ermöglichen. Es gibt einen Perfektionsanspruch an Planung, der sich leicht kontraproduktiv zu lebendigem Unterricht auswirken kann, weil er die Spontaneität und Flexibilität behindert. „Starre Planung und Planlosigkeit sind gleichermaßen unbrauchbar." (Cohn) Vernünftige Planung kann die eigene Sicherheit erhöhen und so auch Räume für spontane Veränderungen eröffnen.

Planung ist wichtig, aber Präsenz und **Offenheit in der konkreten Situation** sind noch wichtiger. Mühlhausen plädiert angesichts der „Überraschungen im Unterricht" für eine situative Unterrichtsplanung: Der Lehrer soll die eigenen Analyse-Erfahrungen aufarbeiten – z.B. durch ein autodidaktisches „Überraschungsarchiv" (Mühlhausen 1994, 203) –, um so alternative Vorgehensweisen und Improvisationsmöglichkeiten stärker mitbedenken und umsetzen zu können. Wiewohl sehr sinnvoll, ist diese situative Planung am Anfang der Ausbildung schwierig und man kann Situationen – die Entscheidung muss meist sehr schnell fallen, eine ‚Auszeit' ist unmöglich – leicht falsch einschätzen oder sich selbst auf Grund der spontanen Veränderungen völlig überfordern.

2.3 Bildungstheoretische Didaktik (Wolfgang Klafki)

Nicht primär um starre „Planerfüllung, sondern um die Ermöglichung produktiver Lernprozesse" (Gudjons 1993, 220) geht es in Klafkis didaktischem Modell – und dies nicht trotz, sondern wegen seiner klaren Zielorientierung: Bildungsprozesse sind nur begrenzt planbar, brauchen Gespräche, fruchtbare Momente und Entdeckungslernen.

Die bildungstheoretische Didaktik, 1958 von ihm formuliert, ist nicht nur der älteste der klassischen Ansätze, sondern auch einer der praktisch ergiebigsten.

Eine „neue Bildungstheorie" bilde „das wahre Fundament, die Bedingung der Möglichkeit der fruchtbaren Ansätze der modernen Didaktik" (Klafki 1963/75, 43). Das geisteswissenschaftliche Modell sieht im Bildungsbegriff die „zentrierende Kategorie für die Didaktik" (Klafki 1964, 77). Eine solche Kategorie sei „unbedingt notwendig, wenn die pädagogischen Bemühungen nicht in ein unverbundenes Nebeneinander von Einzelaktivitäten auseinanderfallen sollen" (Klafki 1991, 252).

Alle didaktischen Entscheidungen sind vor diesem Kriterium zu begründen. Unter dem Einfluss der Kritischen Theorie (Habermas) und der aktuellen didaktischen Diskussion hat Klafki 1980 seinen ursprünglichen Ansatz verändert und erweitert.

2.3.1 Ansatz und Weiterentwicklung

Die geisteswissenschaftliche Didaktik will dem Unterricht dienen („Wissenschaft von der Praxis für die Praxis"), betrachtet aber die Ziel- und Inhaltsfragen gegenüber den methodologischen als vorrangig. Grundlegende Maxime ist die zentrale Bedeutung des Bildungsbegriffs. In der Bildungsgeschichte orientierte man sich dabei entweder mehr an den Inhalten, an einem Kanon bildender Stoffe (z. B. Goethes „Faust") oder an den Methoden des Wissenserwerbs und dem Aufbau persönlicher Kompetenzen (verschiedene Deutungen verstehen und anwenden können). Klafki führt diese traditionell gegensätzlichen materialen und formalen Bildungstheorien zusammen. Er entwirft ein neues Verständnis **„kategorialer Bildung"**, das den Objekt- und Subjektbezug miteinander verschränkt (📖⇨ Halirsch).

„Bildung ist kategoriale Bildung in dem Doppelsinn, dass sich dem Menschen eine Wirklichkeit kategorial erschlossen hat und dass eben damit er selbst – dank der selbstvollzogenen 'kategorialen' Einsichten, Erfahrungen, Erlebnisse – für diese Wirklichkeit erschlossen worden ist." (Klafki 1963 a, 44)

Es geht vor allem um dieses wechselseitige Erschlossensein als wesentliche Aufgabe der Didaktik. In der traditionell geisteswissenschaftlichen Sicht wohnt dem Bildungsinhalt gleichsam eine eigene Kraft inne, die in der Begegnung aufschließend wirken kann. „Jeder besondere Bildungsinhalt birgt in sich also einen allgemeinen Bildungsgehalt."(Klafki 1975, 134). Insofern ist für Klafki Bildung im Kern eine erlebte Sach-Schüler-Begegnung, die die Erschließungs- oder Vermittlungshilfen eines Experten nicht notwendig braucht.

 Kategoriales Bildungsdenken soll zugleich über die Welt orientieren, Kultur und Tradition erschließen wie auch Selbstklärung und Identitätsfindung ermöglichen.

Es geht für Klafki in der Schule nicht darum, einen Wissenskanon weiterzugeben (vgl. neuerdings Schwanitz) oder die Wissenschaften, etwa der Germanistik oder Geografie, in ihrer Fachsystematik zu repräsentieren. Er lehnt die Vorstellung ab, dass die wissenschaftlichen Erkenntnisse und Strukturen im verkleinerten Maßstab den Unterricht direkt bestimmen sollten („Abbild-Didaktik"). Vielmehr sind grundlegende pädagogische und philosophische Fragen an die Unterrichtsgegenstände zu richten, um ihren Sinngehalt zu erschließen. Bildung schließt für Klafki Sinnerfahrung und Verantwortungsbewußtsein mit ein.

Er entfaltet sein Bildungsverständnis unter Rückgriff auf das **exemplarische Prinzip**, das in der Pädagogik nach dem Zweiten Weltkrieg wiederentdeckt wurde (Tübinger Resolution von 1951), um die ausufernde Stofffülle zu reduzieren.

Pragmatische Unterrichtsplanung 41

Aber im Mittelpunkt stand nie nur ein quantitatives Problem. „Mut zur Lücke" war gefordert, aber vor allem auch „Mut zur Gründlichkeit". Das wird daran besonders deutlich, dass Klafki neben den Begriff des Exemplarischen die beiden anderen des Elementaren und des Fundamentalen gestellt hat: Das Exemplarische als Oberbegriff verknüpft die verallgemeinernden Merkmale der Sache (Elementaria) mit den grundlegenden Einsichten der Schüler/innen (Fundamentalia). Als Beispiele für Exemplarität nennt Klafki:

Großbritanniens Weltmachtpolitik im 19. Jahrhundert (für das Zeitalter des Kolonialismus und Imperialismus), die Wüste Sahara (für die Besonderheiten des Wüstenklimas), das Grundgesetz der Bundesrepublik Deutschland (für die Verfassungen – Wesen und Wirklichkeit), die Hausgans (für die Domestikation), Else Lasker-Schülers „Mein blaues Klavier" (für expressionistische Lyrik) (vgl. Aschersleben 1993, 32 f.).

Der bekannteste Vertreter des Exemplarischen ist der Physik-Didaktiker Martin Wagenschein. Ihm verdankt die Didaktik viele eindrückliche Unterrichtsbeispiele und geschliffen aphoristische Einsichten. Exemplarität erklärt er so:

„Die Lösung eines Problems wird dann exemplarisch, wenn der Schüler dabei MEHR versteht als nur die Lösung dieses EINZELNEN Problems. Es wird dann zu einem INITIATIONS-Thema, insofern es einweiht in die Denkweise des Faches und sie bewußt macht." (Wagenschein 1981, 186 ff.)

In den 1970er-Jahren hat Klafki einen wissenschaftstheoretischen Paradigma-Wechsel vollzogen: Der Ansatz wird u. a. in der Spur von Habermas (Kritische Theorie, Ideologiekritik) weiterentwickelt. Der Begriff der Bildung bleibt im Zentrum, wird aber stärker emanzipatorisch zugespitzt: Bildung wird als „selbsttätig erarbeiteter und personal verantworteter Zusammenhang dreier Grundfähigkeiten" verstanden, nämlich der **Fähigkeit zur Selbstbestimmung, zur Mitbestimmung und zur Solidarität** (Klafki, zit. nach Gudjons 1993, 216). Entsprechend wird der Unterricht als Interaktionsprozess verstanden, in dem die Schüler/innen stärker mitbestimmen sollen. Mit Schulz diskutiert und verständigt er sich auf den Vorrang von Zielentscheidungen bei gleichzeitiger Interdependenz der verschiedenen Entscheidungsfelder.

„Mit welchen Inhalten und Gegenständen müssen sich junge Menschen auseinandersetzen, um zu einem selbstbestimmten und vernunftgeleiteten Leben in Menschlichkeit, in gegenseitiger Anerkennung und Gerechtigkeit, in Freiheit, Glück und Selbsterfüllung zu kommen?" (Klafki 1986, 461)

Im Vordergrund sollen solche „emanzipatorischen Themen" stehen, „instrumentelle Themen" haben ein abgeleitetes Gewicht. Allgemeine Bildung bezieht sich nach Klafki immer auch auf das alle „gemeinsam Angehende" und hat somit die übergreifenden Aufgaben und Probleme der Gesellschaft im Blick. Sie ist seiner Meinung nach heute nicht mehr zu gewährleisten durch die Festschreibung von Kultur- und Fachinhalten, über einen obligatorischen Kanon, sondern durch die bewusste Auseinandersetzung aller mit den für die Gegenwart und Zukunft grundlegenden „epochaltypischen **Schlüsselproblemen**" (z. B. Frieden, Umwelt,

Verteilung von Arbeit, Generationen – und Geschlechterverhältnis, Behinderte und Nichtbehinderte; Klafki 1985, 21).

2.3.2   Didaktische Analyse bzw. Perspektiven der Unterrichtsplanung

Klafki hat – ursprünglich für Praktika an der Päd. Hochschule Hannover – seine didaktischen Vorstellungen prägnant zusammengefasst. Der erste und wichtigste Schritt der Unterrichtsvorbereitung ist für ihn die Didaktische Analyse, mit deren Hilfe die Lehrer/innen den Bildungsgehalt der im Lehrplan genannten Unterrichtsthemen erkennen sollen. Die folgenden fünf Leitfragen (zu denen es weitere Unterfragen gibt), sind ursprünglich als offenes Problemations-Schema entworfen. Sie haben vielerorts normativen Charakter angenommen:

1. **Exemplarische Bedeutung**: Welchen größeren bzw. welchen allgemeinen Sinn- oder Sachzusammenhang vertritt und erschließt dieser Inhalt? Welches Urphänomen oder Grundprinzip, welches Gesetz, Krtierium, Problem, welche Methode, Technik oder Haltung lässt sich in der Auseinandersetzung mit ihm exemplarisch erfassen?
2. **Gegenwartsbedeutung**: Welche Bedeutung hat der betreffende Inhalt bzw. die an diesem Thema zu gewinnende Erfahrung, Erkenntnis, Fähigkeit oder Fertigkeit bereits im geistigen Leben der Kinder meiner Klasse, welche Bedeutung sollte er bzw. sie – vom pädagogischen Gesichtspunkt aus gesehen – darin haben?
3. **Zukunftsbedeutung**: Worin liegt die Bedeutung des Themas für die Zukunft der Kinder?
4. **Sachstruktur**: Welches ist die Struktur des (durch die bisherigen Fragen in die spezifische pädagogische Sicht gerückten) Inhaltes?
5. **Zugänglichkeit**: Welches sind die besonderen Fälle, Phänomene, Situationen, Versuche, Personen, Ereignisse, Formelemente, in oder an denen die Struktur des jeweiligen Inhaltes den Kindern dieser Bildungsstufe, dieser Klasse interessant, fragwürdig, begreiflich, anschaulich werden kann? (Klafki 1975, 135 ff.) Konkrete Beispiele für die Didaktische Analyse finden sich z. B. bei Peterßen (1982, 48 ff.: zum „Biologischen Gleichgewicht zwischen Feldmäusen und Mäusebussard") und H. Meyer (1980, 89 ff.: über „Die Deichschließung am Schwarzen Brack"; dabei Vergleich mit zwei anderen Entwürfen).

Wolfgang Klafki hat den Ansatz des exemplarischen Lehrens und Lernens in seine Didaktische Analyse zentral integriert: In der Fassung von 1962 ist die Frage nach der exemplarischen Bedeutung an die Spitze des Kataloges gestellt. Die ersten drei Fragen zeigen Klafkis ablehnende Haltung gegenüber einer unreflektierten Stoffvermittlung, die sich nur noch um die Frage des besseren Weges kümmert. Die Lehrperson muss sich vielmehr der Frage aussetzen, WARUM oder WOZU denn die Schüler/innen dieses Thema bearbeiten müssen. Eine gründliche pädagogische Besinnung soll am Anfang der Unterrichtsvorbereitung stehen. Inwiefern ist das Thema exemplarisch und ermöglicht kategoriale Einsichten? Man muss sich dazu vergegenwärtigen, dass Ende der 1950er Jahre Stoffpläne üblich waren (nicht Curricula oder Bildungspläne mit Zielangaben oder Standards). Die

Bildungstheoretische Didaktik (Wolfgang Klafki) 43

Voranstellung einer fachwissenschaftlichen Sachanalyse hält Klafki weder für notwendig noch für wünschenswert. Kontrovers dazu plädiert Roth nachdrücklich für eine Sachanalyse vor der pädagogischen Besinnung:

„Es geht zunächst nur um die Sache, um das, was größer ist als wir. Was nicht wir zwingen, sondern was uns zwingt: die Wahrheit. Es geht nicht schon um das mögliche Verhältnis des Kindes zu dieser Wahrheit, sondern um das Verhältnis des Lehrers zu dieser Wahrheit..." (Roth 1963, 120).

Für Klafki ergibt sich aus der Didaktischen Analyse (5. Frage) auch weit gehend die methodische Realisierung, die weiteren Planungsschritten vorbehalten bleibt. Er plädiert besonders für entdecken-lassende Verfahren, fruchtbare Momente und originale Begegnungen.

„Alle methodische Kunst liegt darin beschlossen, tote Sachverhalte in lebendige Handlungen zurückzuverwandeln, aus denen sie entsprungen sind: Gegenstände in Erfindungen und Entdeckungen, Werke in Schöpfungen, Pläne in Sorgen, Verträge in Beschlüsse, Lösungen in Aufgaben, Phänomene in Urphänomene." (Roth 1963, 116)

Eine ausführlichere Variante des bildungstheoretischen Planungsansatzes stammt von **Kramp**, der mit den folgenden vier Teilen: Pädagogische Vorbesinnung, Didaktische Analyse, Methodische Vorbereitung und Unterrichtsplanung (d. h. Verlaufsplanung) den Ausgangspunkt der gängigen Grundraster für die schriftliche Vorbereitung von Lehrproben fixierte (häufig: Bedingungs-, Sach-, Didaktische – und Methodische Analyse sowie Verlaufsplan und Anlagen).

Auf Grund der aktuellen Diskussion und der wissenschaftstheoretischen Neuorientierung hat Klafki 1980 auch sein **Vorbereitungsmodell erheblich verändert** und erweitert. Als Basis dient wie im Berliner Modell eine „Bedingungsanalyse", die – über jenes hinausgehend – eventuelle Störungen vorab mitbedenken soll. Im Wechselspiel damit stehen vier große Fragenkomplexe: der Begründungszusammenhang, die thematische Strukturierung, die Bestimmung von Zugangs- und Darstellungsmöglichkeiten und zusätzlich die methodische Strukturierung (siehe dazu Bild 3 auf der folgenden Seite).

Die erste Frage nach der Exemplarität erscheint nun als dritte, präzisiert als Frage nach den allgemeinen Zielsetzungen. Die Bedeutungsdimensionen (1. und 2.) sollen stärker von der konkreten Alltagswelt der Jugendlichen her bedacht werden. Klafkis Leitfrage zum Unterrichtsthema „Gewerkschaften" lautet: „Was kann die Gewerkschaft für uns fünfzehnjährige Schüler im Hinblick auf unsere zukünftige Lebens- und Berufssituation bedeuten?" (in: Gudjons u. a. 1981, 20). Im Anschluss an die thematische Strukturierung ist 5. neu die „Erweisbarkeit und Überprüfbarkeit" hinzugefügt. Diese bisher völlig fehlende Dimension der Lernerfolgskontrolle soll auch als Lehrer- und Schülerselbstkontrolle organisiert sein können. Bei der Festlegung der „Lehr-Lern-Prozessstruktur" soll auch das soziale Lernen berücksichtigt werden.

Didaktische Modelle

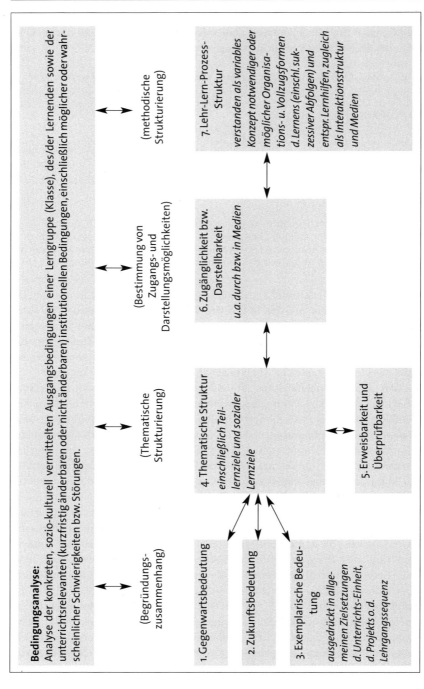

Bild 2.3: Perpektivenschema zur Unterrichtsplanung (Klafki, in: König u. a. 1980, 30)

2.3.3 Überlegungen zur Vertiefung und Diskussion

Der bildungstheoretische Ansatz, Anfang der 1970er-Jahre von manchen Didaktikern schon totgesagt, erfährt seit Mitte der 1980er-Jahre wieder viel Zuspruch. Dafür gibt es gute Gründe: Angesichts der schier unübersehbaren Fülle von schulischen und außerschulischen Lernaktivitäten hat sich die Bildungstheorie als Fundament und orientierender Maßstab für die schulische Arbeit als unverzichtbar gezeigt.

Die in der bekannten Formel „Die Menschen stärken und die Sachen klären" (Hentig) angedeutete Zweiseitigkeit des schulischen Bildungsauftrags mit ihren Konsequenzen für die Kommunikation und die inhaltliche Erschließung scheinen mir außerordentlich zeitgemäß. Bildung bedeutet mehr als das Verfügen-Können über einen gutsortierten Wissensspeicher und ein gründlich trainiertes Instrumentarium zum Lernen und Denken, auch wenn ein (am besten philosophisch) vertieftes Grundwissen und die „Kompetenz zum Kompetenzerwerb" dazugehören.

Der Begriff, der eine anthropologische Dimension, persönliche Verarbeitungstiefe und Wertbasis enthält, zielt auf die humane Befähigung zu Selbstbestimmung, Teilhabe und Mitsprache. Neben Kritik- und Argumentationsfähigkeit sind auch Einfühlungsvermögen und Frustrationstoleranz vonnöten. Bildung hat eine gewisse Affinität zu Begriffen wie Identität und Selbstkonzept, Personalität, Mündigkeit und Menschlichkeit (bzw. der Hilfe dazu), schließt aber bewusst und vorrangig das gründliche Kennenlernen, die Reflexion und die Auseinandersetzung mit Kultur, Tradition und Gesellschaft ein. Insofern ist für den Ansatz eine **dynamische Balance von Sach- und Personorientierung** zentral.

Der Jahresband „Bildung" (1988) skizziert in ähnlicher Weise wie Klafki vier grundlegende Elemente des Bildungsverständnisses heute:

Bildung sei „nur als Prozeß beschreibbar und nicht als Kanon von Inhalten"; Bildung sei „die Fähigkeit, Perspektiven zu wechseln und Fachgrenzen zu überschreiten"; sie brauche „die Kombination differenter Zugriffe" und werde „durch Vereinseitigungen und Fixierungen" verhindert; schließlich geschehe Bildung „in sozialen Kontexten" und sei „gebunden an Selbstreflexion" (Otto/Sauer, in: Bildung 1988, 4 f.).

Ebenfalls in diesem Band rückt der vormalige Kritiker der Bildungstheorie, Wolfgang Schulz, den Begriff der reflexiven Bildung als humane Leitidee von Schule ins Zentrum der Didaktik. Bildung habe eine vierfache Funktion: eine heuristische (neue Aufgaben und Schwerpunkte finden), eine legitimierende (Ansprüche begründen), eine strukturierende (Gewichtungen vornehmen) und eine kritische Funktion (Indienstnahme und Entfremdung verhindern). Nipkow unterscheidet vier oder fünf „Sinndimensionen" der allgemeinen Bildung:

das Leben in der Demokratie, das Leben im 'Haus' der einen Welt, das Leben im Frieden, das Leben im Wandel gesellschaftlicher Werte und – nicht immer hinzugefügt – das Leben im geschichtlichen Bewußtsein (Nipkow 1990, 68).

Didaktische Modelle

Klafkis Ansatz hat die Freiheitsspielräume der einzelnen Lehrpersonen immer erfreulich ernst genommen. Die Lehrer/innen sollen den Unterricht nicht in engem Sinne theoriegesteuert leiten, sondern im Sinne Herbarts den **„pädagogischen Takt"** bei der konkreten Umsetzung entscheiden lassen. Gemeint sind eine Haltung und ein Verhalten, die glaubwürdig sowohl Beeinflussung als auch Freigabe zeigen können.

An der kritischen Einschätzung Klafkis gegenüber einer isolierten Sachanalyse hat sich in der Neufassung nichts geändert. Der Streit dreht sich um zwei grundlegende Prinzipien von Unterricht, die in Spannung zueinander stehen: **das Prinzip der Sach- und der Schülergemäßheit.** Das erste Prinzip will gegen sachfremde Einflüsse und oberflächliche Verkürzungen den objektiven Sachanspruch und die Wissenschaftsorientierung verbürgt sehen. Das zweite Prinzip will demgegenüber das subjektive Recht des Schülers, in seiner Befindlichkeit, seinen Interessen, seinem Kenntnnis- und Entwicklungsstand ernstgenommen zu werden, sichern (vgl. Glöckel 1992, 276 ff.).

Für Lehrer/innen ist das Zusatzgeschäft der didaktischen Reflexion und Transformation zwingend vorgeschrieben. Insofern kann ich nicht im Sinne der Abbilddidaktik bei der Unterrichtsplanung einfach der Sachlogik folgen – getreu dem Motto: „Was für Wissenschaft wichtig und richtig ist, muß auch für den Unterricht gut sein!" (Jank/Meyer 1991, 415) Tatsächlich wird ein fachwissenschaftlicher Inhalt erst unter einer bestimmten pädagogischen Fragestellung zu einem Unterrichtsthema.

Andererseits gibt es abhängig vom Anspruchsniveau der Themen – nicht nur am Anfang der Lehrtätigkeit – häufig die Notwendigkeit einer vorangestellten Sachanalyse. Dabei führt aber zumeist die pädagogische Aufgabe ganz automatisch zu einer gewissen Eingrenzung der Wahrnehmung in Bezug auf die auch didaktisch relevanten Fragen, Erkenntnisse, Wissensbereiche. Sach- und Didaktische Analyse geschehen zum Teil nebeneinander und beeinflussen sich wechselseitig – ohne festgelegte Reihenfolge. Mir ist jedenfalls auch die Erfahrung vertraut, dass sich erst durch intensive fachliche Auseinandersetzung der Bildungswert eines Themas finden lässt. Auch beim Planen fächerübergreifender Einheiten ist in der Regel eine gründliche Erschließung und eine interdisziplinäre Strukturskizze nötig, um die inhaltlichen Konvergenzpunkte zu finden und die fachlichen Perspektiven sinnvoll zuordnen zu können.

Es kommt hinzu, dass der gymnasiale Bildungsgang als Hinführung zum Studium wissenschaftspropädeutische Aufgaben zu erfüllen hat. Die Schüler/innen sollen Interesse an der theoretischen Durchdringung komplizierter Zusammenhänge bekommen. Sie sollen lernen, als Subjekte grundsätzliche und philosophische Fragen zu stellen, in Begriffen und Systemen zu denken und zugleich in ihren Urteilen auch von ihrer Subjektivität absehen zu können.

Klafkis Modell ist aus einem Guss, bei dem der Prozess der inhaltlichen Auswahl und Aufbereitung eng mit der Entscheidung für bestimmte methodische Verfahren verbunden ist. Der methodische Bereich wird aber weniger fokussiert,

Bildungstheoretische Didaktik (Wolfgang Klafki) 47

sodass hier ein gewisses Defizit vorliegt. Es gibt zwar nicht wenige leuchtende Beispiele, aber es liegt keine systematische Aufarbeitung methodischen Handelns
aus dieser Perspektive vor. Gegen die ursprüngliche Didaktische Analyse sind
auch manche anderen Kritikpunkte formuliert worden. Es gibt klar sequenziali-
sierte Wissensbereiche, auf die das Prinzip nicht anwendbar ist (z. B. Grammatik
und sprachliche Grundkenntnisse), und die Repräsentativität der wesentlichen
Merkmale kann im Einzelfall ein großes Problem darstellen. Kann z. B. ein Ge-
dicht-Exempel wirklich genügen (für eine Epoche)? Bewirkt das nicht kaum zu
rechtfertigende Vereinfachungen, die mehr schaden, als dass sie positiven Transfer ermöglichen? Wie soll überhaupt das Verhältnis zwischen Tiefe und Breite der
Erkundung beschaffen sein? Schwierig bleibt die schlüssige Auswahl der geeigneten Themen, die positiven Transfer versprechen, etwas leichter fällt die Ausgrenzung der ungeeigneten (Jank/Meyer 1991, 151). Es leuchtet ein, dass in
dem neuen Schema der exemplarische Ansatz relativiert ist. Klafki und Wagenschein betonen die Notwendigkeit, die exemplarischen Inseln durch weiträumige
Brücken-Phasen „orientierenden" Lernens (Roth) miteinander zu vernetzen.

2.4 Das Handlungsorientierte Unterrichtskonzept (Hilbert Meyer)

„Handeln und Erfahren bilden also einen Zirkel, in dem Handlungen und Erfahrungen immer wieder auf einem neuen Niveau miteinander vermittelt und integriert
werden." (Jank/Meyer 2002, 325)

Von vielen Pädagogen wird eine vertiefte Aneignung durch ganzheitlich-per-
sonale Erfahrung und gemeinsames Tun als heute angezeigte Leitvorstellung
vertreten. Hilbert Meyers handlungsorientierter Unterricht ist sicher der am
gründlichsten entfaltete und praxiswirksamste neuere Ansatz. Auf Grund seiner
starken Orientierung an Praxisproblemen sprechen Jank/Meyer bis heute von
einem Unterrichtskonzept, nicht von einem Modell.

2.4.1 Merkmale des Handlungsorientierten Unterrichts

Das handlungsorientierte Unterrichtskonzept rückt in einem „offenen Prozess"
die Lernenden in den Mittelpunkt:

„Handlungsorientierter Unterricht ist ein ganzheitlicher und schüleraktiver Unterricht, in dem die zwischen dem Lehrer und den Schülern vereinbarten Handlungsprodukte die Gestaltung des Unterrichtsprozesses leiten, sodass Kopf- und Handarbeit
der Schüler in ein ausgewogenes Verhältnis zueinander gebracht werden können."
(Jank/Meyer 2002, 315)

Die Definition wird durch fünf Merkmale näher entfaltet:
1. **Interessenorientierung**: Der Unterricht soll die subjektiven Schülerinteressen
   als Ausgangspunkt nehmen, ohne dort stehen zu bleiben.
2. **Selbsttätigkeit und Führung**: Ziel ist möglichst viel Selbsttätigkeit, aber es
   muss dabei etwas „Vernünftiges" herauskommen.

3. **Verknüpfung von Kopf- und Handarbeit**: Anzustreben ist ein durchgängig „ausgewogenes Verhältnis" und eine „dynamische Wechselwirkung", nicht aber eine „aufsteigende Bewegung von der Hand- zur Kopfarbeit".
4. **Einübung in solidarisches Handeln**: Sprachliche Verständigung und zielgerichtete Arbeit sind so aufeinander abzustimmen, dass solidarisches, am gemeinsamen Nutzen orientiertes Handeln entsteht.
5. **Produktorientierung**: Lehrer und Schüler müssen sich über Handlungsprodukte verständigen, d. h. die „veröffentlichungsfähigen materiellen, szenischen und sprachlichen Ergebnisse der Unterrichtsarbeit". (Meyer 2002, 316 ff.)

Für diesen anspruchsvollen Ansatz wählen Jank/Meyer bewusst die Formulierung „handlungsorientiert" (nicht handelnd). Sie wollen damit deutlich machen, „dass Lernen und Handeln zwar sehr eng miteinander verknüpft werden können, aber nicht ohne Rest ineinander aufgehen" (Jank/Meyer 1991, 353).

Zur Fundierung des Ansatzes verweisen sie immer wieder auf den hohen Stellenwert der Selbsttätigkeit besonders in der Reformpädagogik, auf Gaudigs „der Schüler muss Methode haben" und auf Deweys Leitbegriff der „denkenden Erfahrung" hin. Systematisch unterscheiden sie vier Begründungslinien: entwicklungs-, lern-, sozialisations- und bildungstheoretische Argumente.

Für den Ansatz sind z. B. die entwicklungstheoretischen Arbeiten von Piaget und Aebli zu den kognitiven Operationen wichtig. „Eine Operation ist eine abstrakte Handlung" (Aebli). „Denken: das Ordnen des Tuns": Aus Handlungsprozessen entwickeln sich Denkstrukturen. Das haptische Begreifen und Tun wird verinnerlicht und ermöglicht das Verstehen, den abstrakten Begriff, der wiederum auf das Handeln zurückwirkt.

Eng damit verwandt ist die Einsicht der kognitiven Lernpsychologie, dass die aktive Auseinandersetzung mit der Welt für das Lernen und Behalten grundlegend ist. Wo die Handlungsgrundlage fehlt, werden Begriffe leicht als belanglose Worthülsen empfunden, denen allenfalls zum Zwecke von Leistungsüberprüfungen eine befristete Bedeutsamkeit zugesprochen wird. Den veränderten Sozialisationsbedingungen für die Kinder und Jugendlichen in Familie, Schule und Gesellschaft (z. B. „Mediatisierung", Massenkultur, reduzierte Eigentätigkeit) kommt ebenfalls große Bedeutung zu.

In den Schulen grassiere das „Langeweile-Syndrom", die Verkopfung des Unterrichts begünstige störende Nebentätigkeiten, Orientierungsprobleme in der postmodernen „Risiko-Gesellschaft" (Beck) machten den Aufbau einer eigenen Identität schwieriger. Gudjons stellt in einem Koordinatenkreuz der realen gesellschaftlichen Tendenz zu mehr Sekundärerfahrungen und Konsumorientierung plakativ die pädagogisch anzustrebende Entwicklung zu mehr Primärerfahrungen und Eigentätigkeit gegenüber (Gudjons 1989, 48).

Das Handlungsorientierte Unterrichtskonzept (Hilbert Meyer)   49

Mit dem Erfahrungsbegriff Deweys (s. vorangestelltes Zitat) wird schließlich bildungstheoretisch argumentiert:

„Bildung als Befähigung zu vernünftiger Selbstbestimmung kann jemand nur erwerben, wenn er selbst in der Lernspirale von Erfahrung und Handeln tätig wird und die Verantwortung für sein Handeln im Rahmen des Geflechts gesellschaftlicher Interessen Schritt für Schritt selbst übernimmt." (Jank/Meyer 2002, 326)

Der Lernort Unterricht, der sich traditionell eher durch Handlungsarmut auszeichnet, soll durch sukzessive Anreicherung mit den Handlungsmustern anderer Lernorte eine neue Qualität erhalten. Der Unterricht soll sich stärker orientieren am Lernen, Forschen, Erkunden, Spielen und Leben in der Werkstatt, im Labor, im Theater, auf einer Expedition oder bei einem Fest (Meyer 1987 II, 403).

Meyer hat sein Konzept inzwischen weiter entfaltet und konkretisiert. Seine „T.E.A.M.-Schule", die **t**eilautonome, **e**ntwicklungsorientierte, **a**lternative **M**arktplatzschule, zeichnet sich durch drei Säulen des Unterrichts aus: **Lehrgang, Freiarbeit und Projekt.** Dabei läge es dann nahe, den handlungsorientierten Unterricht „im Fachunterricht selten, in der Freiarbeit hin und wieder und in der Projektarbeit nahezu ausschließlich zu praktizieren" (Jank/Meyer 1991, 362). Allerdings könne Handlungsorientierung als Unterrichtsprinzip in allen drei Grundformen „eine qualitätssteigernde Rolle" spielen, wenn z. B. handlungsaktive Phasen in den Lehrgang integriert werden (Jank/Meyer 2002, 332). Die didaktische Strukturierung des Handlungsorientierten Unterrichts lautet zusammenfassend:

„1. Die Aufgabenstellung [...] ist interessenorientiert und entwicklungsbezogen.
2. Die Handlungsplanung erfolgt produktbezogen.
3. Die soziale Architektur ist kooperativ.
4. Die Themenstellung erfolgt situations- und problemorientiert.
5. Die Prozesssteuerung (Verlaufsplanung) ist offen und produktorientiert."
(Jank/Meyer 2002, 326 f.)

2.4.2   Das Planungsraster als Orientierungshilfe

Meyer hat durch seine Veröffentlichungen nicht nur die didaktische Theorie-Debatte, sondern auch die praktische Gestaltung des Unterrichts nachhaltig beeinflusst. Als Orientierunghilfe für die Unterrichtsplanung wird speziell ein Planungsraster skizziert, das den „idealtypische(n) Ablauf einer handlungsorientiert gestalteten Unterrichtseinheit skizziert" (Jank/Meyer 2002, 327).

Dieses kreativ zu nutzende Schema verbindet zwei „Strukturlinien" oder „Handlungsstränge" miteinander. Lehrer/in und Schüler/innen, die von durchaus unterschiedlichen Intentionen („Lehr-" bzw. „Handlungszielen") ausgehen können, müssen sich über das anzusteuernde Handlungsergebnis verständigen. Nach der Vorbereitungsphase folgen die drei nach einer „inneren Logik" („methodischer Gang") miteinander verknüpften Phasen des Einstiegs, der Erarbeitung und der Ergebnissicherung oder Auswertung,

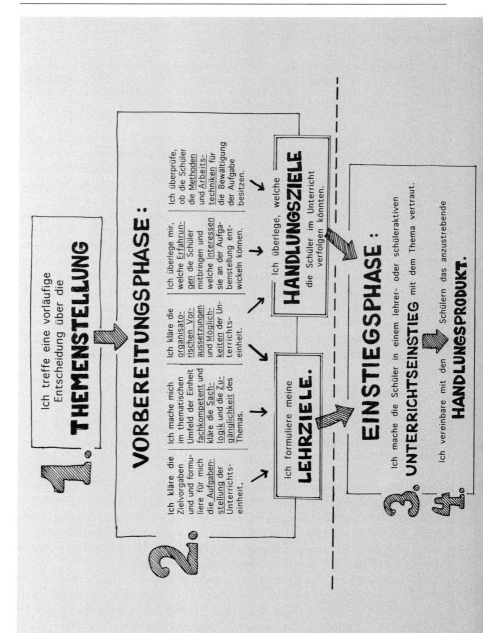

Bild 2.4: Planungsraster (aus Jank/Meyer 2002, 329)

Das Handlungsorientierte Unterrichtskonzept (Hilbert Meyer) 51

Fast immer: eine weitere Vorbereitungs- phase für den Lehrer und die Schüler

ERARBEITUNGSPHASE:

5. Ich präzisiere gemeinsam mit den Schülern die Arbeitsabsprache. Wir diskutieren verschiedene Lösungen und wählen die für unsere Zwecke und Möglichkeiten geeignete Variante aus.

Wir erstellen einen Arbeits- und Zeitplan. Wir entscheiden, was wir gemeinsam, was in Gruppen und was in Einzelarbeit erledigen wollen.

Wir vereinbaren Spielregeln und Qualitätsstandards der Arbeit.

} Wir gehen endlich an die Arbeit.

Zwischendurch (je nach Bedarf): kurze Lehrgangsphasen für alle oder individuelle Qualifizierungen; Pausen, Zwischenauswertungen; Beratungen, Kritik und Belobigungen

AUSWERT-UNGSPHASE:

Wir überprüfen die Qualität der Arbeitsergebnisse. Wo erforderlich, werden Teile zur Überarbeitung zurückgegeben. Falls vorher vereinbart, werden Leistungskontrollen durchgeführt.

Wir testen den Gebrauchswert: Wir spielen mit dem Produkt. Wir erproben seine Gebrauchstüchtigkeit – auch über den Unterricht hinaus. Wir sichern das erworbene Wissen.

Wir klären, ob wir Teile oder das ganze Produkt veröffentlichen wollen, und entscheiden, in welcher Form.

6. Wir fügen die Teilergebnisse zusammen und präsentieren das Produkt im Plenum. Wir reflektieren den Arbeitsprozess.

In der Einstiegsphase wird durch erste praktische Erfahrungen ein „Orientierungsrahmen" eröffnet, der erlaubt, dass anschließend zusammen mit der Schüler/innen-Gruppe das weitere Vorgehen im Blick auf die zu entwerfenden Produkte ausgehandelt werden kann. Die folgende Erarbeitungsphase ist „sicherlich in den meisten Fällen die längste (was im Raster optisch nicht zum Ausdruck kommt)" (Jank/Meyer 2002, 331). Sie ist variabel gestaltbar, umfasst u. U. auch Abschnitte „'normalen' Unterrichts" und das Training von Lerntechniken, ist projektorientiert, dürfte aber insgesamt arbeitsteilige Gruppenarbeit dominieren. Besondere Bedeutung gewinnt die Auswertungsphase, weil erst jetzt für alle Schüler/innen das Ganze in den Blick kommt. Im Rahmen des wechselseitigen Austauschs der Handlungsprodukte und der gemeinsamen Auswertung findet die Sicherung des Gelernten statt.

Wer handlungsorientiert unterrichten möchte, muss nach Meyer Unterricht gründlich vorbereiten. Wenn Lehrer/innen mehr Freiräume eröffnen, entwickelt sich nicht automatisch eine stärkere Selbsttätigkeit oder Eigenverantwortlichkeit.

„Diese Selbsttätigkeit der Schüler kommt nicht von selbst, sozusagen nach dem Laissez-faire-Verfahren zustande...Die Voraussetzungen und der Rahmen für die Selbsttätigkeit der Schüler müssen vielmehr in einem mühsamen, Kraft und Phantasie fordernden Arbeitsprozess vom Lehrer geschaffen werden."
(Meyer 1987 II, 418)

Zur näheren Ausfüllung der Phasen werden viele praktische Anregungen gegeben. Planungsbeispiele zu dem Ansatz finden sich in vielen Veröffentlichungen (z. B. Meyer 1982, 236 ff.: „Deichschließung am Schwarzen Brack"; Hauke in Jank/Meyer 1991, 376 ff.: „Appelbräu e. G.").

2.4.3 Überlegungen zur Vertiefung und Diskussion

Hilbert Meyer kommt das große Verdienst zu, theoretisch anspruchsvoll, praxisnah und verständlich **neue Wege didaktisch-methodischen Denkens** entworfen zu haben. Er vertritt eine konsequente Schülerorientierung, wenn er die Aneignungsdimension schulischen Lehrens und Lernens besonders betont. Es ist wichtig, sich die konkreten Schüler/innen vorzustellen und zu fragen: Was sollen die Schüler/innen tun (auch während ich erkläre, vorlesen lasse, moderiere etc.)?

 Das handlungsorientierte Unterrichtskonzept ist ohne Zweifel sehr hilfreich und anregend, wenn es darum geht, schüleraktive Phasen zu gestalten und in Zusammenhängen zu lernen, neue kooperative Lernformen und alternative Lernorte kennen zu lernen, gemeinsam mit den Schülern und Schülerinnen fächerübergreifende Projekte zu planen oder in einem Fach ein Produkt, z. B. eine Ausstellung oder eine Aufführung, gemeinsam zu erarbeiten.

Der didaktische Ansatz hat sich darüber hinaus als außerordentlich produktive Quelle für unterrichtliche Innovationen erwiesen. Von ihm sind sehr vielfältige Impulse zur Verbesserung der Unterrichtskultur ausgegangen. In Verbindung mit

Das Handlungsorientierte Unterrichtskonzept (Hilbert Meyer)

verwandten Ansätzen ist es Hilbert Meyer und seinen Mitstreitern gelungen, einen Funken von didaktisch-methodischer Aufbruchstimmung zu erzeugen, die der weiteren Unterrichts- und Schulentwicklung zugute kommt.

Ausdrücklich ist keine permissive „Action-and-fun"-Didaktik mit viel vordergründiger Umtriebigkeit beabsichtigt. Die gemachten Erfahrungen müssen solide, gründlich und verantwortlich bedacht werden. Der Lehrer wird also keineswegs überflüssig, er wird im Gegenteil sogar zu einer sehr anspruchsvollen Vorbereitung ermuntert. Zudem soll er sich auch als „Scheuerpfahl" für den Aufbau der Ich-Stärke der Schüler/innen nicht verweigern (Jank/Meyer 1991, 342). Das ist auch nötig, denn zumindest kurzfristig ist der handlungsorientierte Unterricht eher noch störanfälliger als der traditionelle.

Bei einer allgemeineren Angemessenheitsprüfung zeigen sich allerdings einige Probleme, die oft auch von den Autoren selbst gesehen werden. Zum einen ist es die Frage, inwieweit ein Thema durch einen dergestalt organisierten Unterrichtsprozess erschlossen werden kann. Kann es nicht z. B. Bereiche und Verfahren der Thematik geben, die auf Grund der produktorientierten Erarbeitung im Unterricht leicht zu kurz kommen können, weil sie vom Produkt her weniger ‚aktivierbar' sind (Jank 1993)? Es ist z. B. sicher nicht selbstverständlich, bei einem integrativen Umweltprojekt „Mülldeponie" anspruchsvolles chemisches Grundwissen erarbeiten zu lassen, wenn als Produkt eine Müll-Zeitung für alle Schüler/innen der Schule verabredet ist.

Ein anderes Problem bestand in der Vielzahl pädagogischer Hochwertwörter bei den Merkmalen, die mit ihrer diffusen Anspruchsfülle wie „pädagogische Slogans" missverstanden werden konnten. Aber inzwischen wurde die Zahl der Kriterien sinnvollerweise wieder reduziert (von sieben auf fünf) und das Profil des Unterrichtskonzeptes ist dadurch wieder prägnanter geworden.

Eine weitere kritische Anfrage markiert die inhaltliche Füllung der Ziele und ihre bildungstheoretische Legitimation. Es ist immer wieder neu die Frage zu klären, wie aus konkreten und begrenzten Erfahrungen verallgemeinerbare, kategoriale Einsichten erwachsen können. So heben Jank/Meyer auch hervor, dass ihr Konzept durch „eine Theorie allgemeiner Bildung ergänzt werden" müsse, wobei sie ansatzweise an Klafkis Schlüsselprobleme denken (Jank/Meyer 1991, 373). Es gibt sinnvolle Ansätze in diese Richtung (vgl. das Merkmal „Einübung in solidarisches Handeln").

Terhart hat auf die **„Verträglichkeit mit dem Lehrgangsprinzip"** hingewiesen und von der durch die „Kleinräumigkeit der Erfahrung" gegebenen Grenze des handlungsorientierten „integrativen Lernens" gesprochen (Terhart 1989, 172). Auch Gudjons, der große Befürworter und Verbreiter des Konzepts, weist auf die Grenzen des Konzepts hin:

„Es fällt oft schwer, bei handlungsorientierten Unterrichtseinheiten den 'roten Faden' im Blick zu behalten, weil Handlungsprozesse bisweilen eine starke Eigendynamik entfalten. Darum ist es von größter Wichtigkeit, den Bezug der Handlungsergebnisse zu dem übergeordneten Sachgebiet herzustellen, wenn der Handlungsorientierte

Unterricht nicht zum Zufälligkeitslernen und zur Beliebigkeitsdidaktik verkommen soll. Damit bleibt dieser Unterricht auf die Systematik des Fachunterrichtes angewiesen. Seine Grenze liegt darin, daß er den systematisch aufgebauten Lehrgang niemals ersetzen kann." (Gudjons 1997, 127)

Jank möchte statt der „subjektiven Interessen" die „immer schon mitgebrachten Erfahrungen" als Ausgangspunkt wählen. Dies ist ein weiter gespannter Bereich, der deshalb ergiebig sein dürfte, weil den Lernenden der individuelle Erfahrungshorizont gar nicht bewusst zu sein braucht. Jank verweist auf das Konzept von Meyers Oldenburger Kollegen Scheller, das durch seine Betonung der subjektiven Deutungsmuster und „Symbolisierungsformen" bekannt geworden ist.

Es sollte mehr Handlungsorientierung, mehr Projekte und handlungsaktive Phasen, in Schulen geben. Dazu brauchen Kollegien mehr organisatorischen Gestaltungsspielraum, Kooperation und das Bewusstsein, dass die Erfahrung neuer Arbeitsformen für unsere Schüler/innen heute dringlich geworden ist. Eine weitgehende Umgestaltung des Lehrgangssystems zu einem Projektsystem erscheint nach den bisherigen Erfahrungen nicht sinnvoll.

2.5 Konstruktivistische Didaktik (Kersten Reich)

„Die Kunst des Lehrens hat wenig mit der Übertragung von Wissen zu tun, ihr grundlegendes Ziel muss darin bestehen, die Kunst des Lernens auszubilden." (E. von Glasersfeld)

Eine grundsätzliche Revision der Didaktik wird in den 1990er-Jahren von Vertretern des Konstruktivismus gefordert (zuerst Siebert 1994). In ähnlicher Weise hatte schon 1991 Kösel eine subjektive Kehrtwende der Didaktik propagiert. Das nicht auf die Pädagogik beschränkte postmoderne Paradigma des Konstruktivismus bestreitet die Möglichkeit von objektiver Erkenntnis oder äußert zumindest große Skepsis: Die jeweils wahrgenommene Welt ist im Grunde „unsere Erfindung" (von Foerster). Der neue archimedische Punkt im didaktischen Feld ist das individuelle Lernen durch Konstruktion, das im Unterricht ermöglicht werden muss.

Besonders durch die Publikationen und Aktivitäten des Kölner Erziehungswissenschaftlers Kersten Reich hat sich inzwischen eine konstruktivistische Didaktik etabliert. Sein Ansatz steht im Folgenden im Mittelpunkt, gelegentlich verweise ich auch auf verwandte Zugänge.

2.5.1 Ansatz und Sichtweisen

Es gibt nicht *den* Konstruktivismus, sondern viele Spielarten, und an den Theoriegebäuden wird in verschiedenen Wissenschaften intensiv gearbeitet. Manche der „Vorläufer" in den Erziehungswissenschaften wie Piaget und Dewey werden auch von anderen Theorien reklamiert. Die Vielfalt der Quellen und Ansätze konstruktivistischen Denkens ergibt in Reichs Übersicht ein buntes Bild: von der philosophischen Phänomenologie über die konstruktive Psychologie Piagets, die

Konstruktivistische Didaktik (Kersten Reich)

Kommunkationstheorie Watzlawicks und Deweys pädagogischen Pragmatismus bis zum „methodischen" (Kamlah/Lorenzen), „radikalen" (Maturana, von Foerster, von Glasersfeld) und vor allem „interaktionistischen" Konstruktivismus, wie Reich selbst ihn vertritt, sowie der „gemäßigten" Spielart der Lehr-Lernforschung (Mandl).

Auf Grund der erkenntniskritischen Grundhaltung werden die **Wirklichkeitskonstruktionen der Subjekte** grundlegend für alle pädagogische Arbeit. Durch dieses neue Weltbild, mit dieser neuen Theorie-Brille wird der Unterricht neu wahrgenommen. Wie bei einer bildlichen oder sprachlichen Kippfigur kann sich schlagartig eine neue Konfiguration ergeben. In konstruktivistischer Sicht kippt die traditionelle Lehrer- und Inhaltsdidaktik um in eine Lerner- und Beziehungsdidaktik.

Bildliche Kippfigur

Der Rubin'sche Becher (variiert) zeigt je nachdem zwei Personen im Profil oder den Becher, die Sache.

Sprachliche Kippfigur

„Heute so, morgen so."
Diese Äußerung kann – mit Erich Fried – je nach Betonung als „Lob der Konsequenz" oder als „Lob der Inkonsequenz" verstanden werden.

Bild 2.5: Bildliche und sprachliche Kippfigur

Wenn Lernen als „Selbstentwicklung eines kognitiven Systems" (Aufschnaiter, in: Voss 1997, 97) definiert wird, muss die subjektive Anschlussfähigkeit („Viabilität") in den Mittelpunkt rücken. Die Unterrichtenden haben nicht länger die Aufgabe der Vermittlung oder Übertragung, sondern müssen schülerzentriert für möglichst differenzierte Anreizstrukturen und Anstöße von außen („Perturbationen") sorgen und die notwendige soziale Verständigung moderieren.

Die „**Relativierung von Wahrheit und Wissen** (wird) zu einem Grundausgangspunkt heutiger Didaktik" (Reich 2002, 24; Hervorhebung V.H.). Reich hat weiträumig das „Prinzip der Perspektivität" erkundet („Die Ordnung der Blicke", 1998). Am Beispiel einer Krankheit erläutert er die Wahrheitsproblematik.

Wenn Wahrheit 1 als subjektive Interpretation des Kranken (Wahrnehmung, Gefühle, Deutung) und Wahrheit 2 als objektive Interpretation des Arztes gültig sein soll, ergibt sich als Wahrheit 3 nur die konstruktivistische Interpretation eines Beobachters, dem beide Sichtweisen zugänglich sind. Eine absolute Interpretation und Entscheidung zwischen den Wahrheiten 1 und 2 als „eigentlicher", universeller Wahrheit 4 wird ausgeschlossen. Die konstruktivistische Position würde versuchen, zwischen den beiden Wahrheiten „interaktionistisch" zu vermitteln. Das Streben nach einer beobachterunabhängigen Wahrheit 4 gilt von vornherein als Illusion. (Reich 2004)

Selbstverständnis/Grundbegriffe der konstruktivistischen Didaktik im Kontrast zu „traditionellen Vorstellungen"

	„traditionelle Vorstellungen"	konstruktivistische Vorstellungen
BASIS/ZIEL ERKENNTNISTHEORETISCHER ANSPRUCH	(objektive) Wahrheit, Wirklichkeit Wissenschaft, Rationalität Gewissheit, Sicherheit	**(subj.) Wahrheiten, Viabilität (Anschlussfähigkeit)** Kommunikation und Kontingenz, Pluralitätskompetenz, Aushalten von Ungewissheit
LEISTUNG DES GEHIRNS	Repräsentation, Widerspiegelung, mentales Abbild der Wirklichkeit	**mentale Erfindung der Wirklichkeit** autopoetisch, selbstreferenziell
KOMPETENZEN	kognitives Lernen vor allem Sachkompetenz	**ganzheitliches Lernen, persönliches Wachstum** Sach-, Methoden-, Sozial-, Selbstkompetenz
LERNEN	Einschleusung von Fremdwissen Lenkung von außen möglich systematisches Lernen in Lehrgängen	**Selbstentwicklung eines kognitiven Systems** nur begrenzte Perturbation (Anstoß, Anregung) situiertes Lernen in authentischen Lernumgebungen
METHODEN	lehrerzentrierte Instruktion, Lehrgang fremdbestimmte Belehrung Ergebnisorientierung, Kritik des Fehlers	**lernerzentrierte Konstruktion, Re- /Dekonstruktion** Selbstorganisation, -regulierung Prozessorientierung, Lob des Fehlers
SOZIALFORMEN	Frontalunterricht Betonung der Homogenität	**Innere Differenzierung, Individualisierung** Betonung der Heterogenität, Differenz
SCHÜLER/IN	Adressat, Objekt Defizitorientierung	**Subjekt in einem sozialen System, Didaktiker** Ressourcenorientierung

Konstruktivistische Didaktik (Kersten Reich) 57

Die Geltung von Wahrheit ist an Verständigungsgemeinschaften gebunden. Die Tradierung von kulturellen „Symbolvorräten" und „Konventionen" in der Schule wird entsprechend kritisch hinterfragt. Statt „rationalistischer Inhaltsdominanz" werden situiertes Lernen und ganzheitliche Verständigung gefordert. „Didaktik muss lernen, dass sie Inhalte und Beziehungen immer in Wechselwirkung zu beachten hat." (Reich 1996 a, 270) Beziehungsdidaktik stellt das traditionelle „Schema eins" infrage: ein Lehrer, ein Thema, ein Lernziel, eine Methode, eine Zeitvorgabe, ein Ergebnis für 25-30 Individuen mit unterschiedlichen Wissensständen und Werten (Miller 1997, 28).

Reich unterscheidet drei Dimensionen der Wirklichkeit: Neben dem **„Realen"** und dem **„Symbolischen"** (kultureller Austausch) steht das **„Imaginäre"** (inneres Verhalten, Gefühle), das in der Schule oft vernachlässigt wird. Alle drei Bereiche will die konstruktivistische Didaktik entfalten. Die grundlegenden didaktischen Operationen dafür sind **Konstruktion, Rekonstruktion** und **Dekonstruktion**. Die Grundmotti dieser didaktischen Perspektiven und typische unterrichtliche Verhaltensweisen (Handlung, Methoden, Ergebnis) zeigen die Richtung der Bearbeitung: „Wir sind die Erfinder unserer Wirklichkeit." (Erfinden, Begründen, Gestalten) – „Wir sind die Entdecker unserer Wirklichkeit." (Entdecken, Verallgemeinern, Erfahren) – „Es könnte auch noch anders sein! Wir sind die Enttarner unserer Wirklichkeit!" (Enttarnen, Zweifeln, Kritisieren).

Unter Rückgriff auf Metaphern von Dewey konstatiert Reich einen Wandel von einer traditionell-elitären **„Kloster"-Didaktik**, die in ihren „didaktischen Exerzitien" von ewigen Wahrheiten und sicherem Wissen meinte ausgehen zu können, zu einer neuen **„Wühltisch- oder Supermarktdidaktik"**, die die Chance zu eigenen Konstruktionen der Wirklichkeit eröffnen soll (Reich 1996, 256).

Die Konstruktivisten kontrastieren gern ihre Vorstellungen mit „traditionellen" Sichtweisen: Diese fungieren als Negativfolie für den Paradigmenwechsel. Das zeigt die von mir nach diversen Listen in der konstruktivistischen Literatur zusammengestellte Übersicht, die noch erheblich erweitert werden könnte (s. S. 56).

2.5.2 Das Planungsnetzwerk und die Planungsperspektiven

Die konstruktivistische Didaktik Reichs versteht sich als sehr offen im Blick auf das Vorgehen und sucht „möglichst geringen Planungsaufwand bei gleichzeitig hohem Nutzen" (Reich 2002, 214). Eine vollständige Planung wird ohnehin als illusionär abgelehnt. Das Schaubild zu dem so genannten Planungsnetzwerk ist als Orientierungshilfe gedacht.

Sowohl Lehrende als auch Lernende werden als „Didaktiker" mit den drei Rollen Akteur, Teilnehmer und Beobachter verstanden, zwischen denen sie beständig wechseln. Insofern geschieht Unterrichtsplanung immer auf drei Ebenen: als gemeinsame „Handlungsplanung" (der Akteure), als „Verständigungsplanung" der Teilnehmer und als „Beobachtungsplanung". Die nötige Planungskompetenz wird auch bei den Lernenden vorausgesetzt.

Das zirkuläre Handlungsplanungskonzept beschränkt sich idealtypisch auf fünf Punkte, die aber keine starre Schrittfolge markieren sollen:
- **Vorbereiten**: Lehrender oder Lernender bereitet Plan, Information, Material etc. vor.
- **Informieren**: Die Lerngruppe wird informiert, es erfolgen weitere Absprachen.
- **Durchführen**: Entsprechend wird gehandelt, erarbeitet, erfunden, gelöst etc.
- **Präsentieren**: Das Ergebnis des Arbeitens und Lernens wird zum Abschluss vorgeführt.
- **Evaluieren**: Der gesamte Prozess wird über Feed-back, Befragung oder reflecting teams ausgewertet.

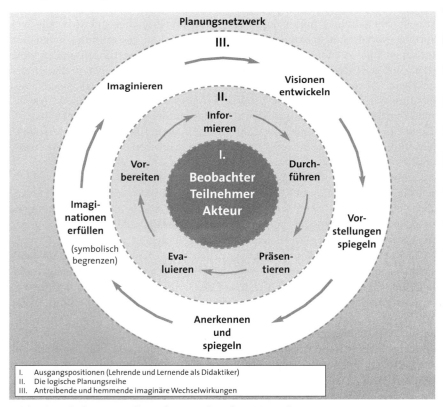

Bild 2.6: Zirkuläres Handlungskonzept (Reich 2002, 215)

Hinter diesen beobachtbaren Handlungen stehen aber nach Reich noch andere Strebungen, Gefühle und kommunikative Bedürfnisse, die er explizit machen möchte. „Im Hintergrund aller Planungen sieht die konstruktivistische Didaktik ein imaginäres Vorstellen, das die symbolische Arbeit der Planungsreihe antreiben oder auch hemmen kann." (Reich 2002, 215)

Konstruktivistische Didaktik (Kersten Reich)

Es sollen Selbstwert erhöhende Vorstellungen und Wünsche imaginiert und (nicht zu utopische) Visionen entwickelt werden. Die imaginären Vorstellungen des anderen werden im Nachfragen nach Gefühlen gespiegelt. Anerkennende Äußerungen oder Gesten sollen Atmosphäre und Selbstwert verbessern. Durch symbolische Realisierung (Handlung, Teilnahme, Beobachtung) sollen die Wunschvorstellungen erfüllt werden.

Fünf Planungsperspektiven werden vorgestellt, von denen das partizipative und konstruktive Lehren und Lernen besonders betont werden.

■ **Partizipatives** Lehren und Lernen:
Dies ist ein „Schlüsselanliegen" von Reich. Es gilt in jedweder Hinsicht, insbesondere im Blick auf Planung und Evaluation sind Absprachen zwischen Lehrenden und Lernenden eine notwendige Aufgabe.

■ **Konstruktives** Lehren und Lernen:
Das zentrale Ziel der konstruktivistischen Didaktik ist es, „'so viel Konstruktion wie möglich' in Unterrichtsprozessen zu verwirklichen" (Reich 2002, 219). Die Konstruktionen müssen erfahren, beobachtet und in eine Handlung überführt werden. Die Konstrukteur-Erfahrung in der eigenen Welt soll Selbstwert zurückgeben.

■ **Inhalte** im Blick auf Beziehungen planen:
In allen Altersstufen sollen Inhalte und Intentionen aus der Sicht der Lehrenden, die zudem den curricularen Kontext kennen, und aus der Sicht der Lernenden erhoben werden. Wechselseitige Offenheit ist notwendig.

■ **Beziehungen** im Blick auf Inhalte planen:
Die in den Inhalten liegende Beziehungsseite soll thematisiert werden. Damit werde erfahrungsgemäß auch die Motivation der Lernenden erhöht.

■ **Methoden** wählen:
Reich will vor allem reformpädagogische Methoden anbieten und weiter entwickeln. Die „methodische(n) Schwächen herkömmlicher Didaktik" will er bekämpfen: Passivität und Abhängigkeit der Lernenden, kaum Vielfalt, viel Frontalunterricht sowie eine Vernachlässigung der Imaginationen.

Für Reichs ganzheitlichen Ansatz typisch ist seine imaginierte **Methodenlandschaft**, die in ihrer Metaphorik den methodischen Raum eher intuitiv erschließen möchte.

Hier gibt es Wege der Konstruktion, Häuser der Rekonstruktion, Ruinen der Dekonstruktion, systemische Brücken, methodische Hügel, Wiesen des Ideenreichtums, den Himmel des Imaginären, das Meer des Begehrens, Wellen der Begeisterung, Klippen des Scheiterns, Winde der Wahrnehmung, Städte der Institutionen, Gebirge des Ungewissen, das Tal der Gewissheiten, Felder der Routinen, den Wald der Wagnisse, Höhlen des Unbewussten und den Horizont des Realen. (Reich 2002, 226 ff.)

„Für Didaktiker ist der Weg immer mehr als das Ziel. Der Weg ist das Ziel." (Reich 2002, 153) Gleichwohl sind Unterrichtsmethoden für ihn kein Selbstzweck, für ihn gelten die Prinzipien der Methodenkompetenz (passend zu Inhalt, Beziehung), der Methodenvielfalt sowie der Methodeninterdependenz (situative Kombination von

Methoden). In seiner Methodenübersicht im Buch (und im Internet) wird neben den klassischen, handlungsorientierten und konstruktiven Methoden auch ein „systemischer Methodenpool" mit besonderen Methoden für die Beziehungsebene aufgeführt.

2.5.3 Überlegungen zur Vertiefung und Diskussion

Diese Lerner- und Beziehungsdidaktik birgt in mancher Hinsicht große pädagogische Chancen.

> Es gilt den Lernenden mit seinen Vorstellungen, Ressourcen, seinem Selbstwertgefühl und ‚Fehlern' ganz ernst zu nehmen und zwischen subjektiven Verstörungen und Visionen seine Lernprozesse und seine biografische Suchbewegung zu begleiten.

Die Differenzen in der Gruppe, Ungewissheit und Verschiedenheit der Sichtweisen müssen ausgehalten werden. Sich reflexiv die eigenen Lernprozesse zu vergegenwärtigen und „gemeinschaftliche Sinnverständigung" (Fink) werden tatsächlich wichtiger als kollektive Belehrungs- oder Bekehrungsversuche. Angesichts der zunehmenden Erfahrung heterogener Lernbiografien wird die Sichtweise eher noch an Bedeutung gewinnen.

Die anschlussfähige und aktive innere Verarbeitung kann gar nicht wichtig genug genommen werden, betonen kognitive Lernpsychologen. Und auch führende Vertreter der neueren Hirnforschung (Singer, Spitzer, Roth) unterstreichen die Bedeutung subjektiver Wissenskonstruktion. Methodisch schon sehr wirksam sind „gemäßigt" konstruktivistische Ansätze (Mandl, Dubs), die neue konstruktive Unterrichtsformen entwickeln und in pragmatischer Offenheit mit traditionellen Verfahren verbinden.

Das Modell ist für die Lehrenden anspruchsvoll und entlastend zugleich. Einerseits wird zwar viel innovatives und Unsicherheiten ertragendes Engagement verlangt, andererseits kann die Verantwortungsbegrenzung auch als Entlastung und Lizenz zur Gelassenheit erlebt werden. Die eigenen Bemühungen sind grundsätzlich begrenzt. Als Lehrender kann ich gar nicht mehr tun, als günstige Anregungsbedingungen zu schaffen. Die Selbstverantwortung der Schüler/innen für ihr Lernen muss ernst genommen werden.

Konstruktivistische Ansätze seien in Deutschland, lassen uns ihre Vertreter gern wissen, umstrittener als in anderen Ländern, die bei internationalen Vergleichsstudien vor Deutschland platziert sind.

Heftig umstritten ist die erkenntniskritische Position, besonders in ihrer radikalen Fassung, wenn Welt und Wirklichkeit nur noch in den Köpfen zu existieren scheinen . Die regulative Idee der Wahrheit und das traditionelle Wissenschaftsverständnis gelten als überholt. Wenn ein Konstruktivist wie von Foerster behauptet, die Wahrheit sei die „Erfindung eines Lügners", ist auch diese Aussage selbstverständlich konstruiert, ohne Beweiskraft ‚von außen'. Die Ernsthaftigkeit des Diskurses gerät in Gefahr, wenn das Bemühen um tiefere Einsicht von Vorn-

Konstruktivistische Didaktik (Kersten Reich)

herein als unsinnig gilt. Wenn ‚Realität' als Reibungsfläche unterschätzt wird, kann die ohnehin verbreitete Tendenz zur Beliebigkeit des Meinens fatal unterstützt werden. Auch Reich kritisiert den radikalen Ansatz, der sachlogisch im Grunde kaum mehr als eine „Autodidaktik" darstellen kann.

Kritische Analysen besonders des Radikalen Konstruktivismus werden oft vereinfachend in die Formel gekleidet, dass das Neue daran nicht gut und das Gute daran nicht neu sei. Terhart sieht keine „in sich homogene neue Theorie der Allgemeinen Didaktik". In neuer Sprache werde eine „aller Inhaltlichkeit weitgehend entkernte Prozessdidaktik" präsentiert, die das situative Lernen überschätze und vom „Instruktivismus" als latentem Gegenbild lebe (Terhart 1999, 644 f.). „Die Sache der Schule" aber – so Terhart sehr pointiert – „ist die Sache". Bei mancher Polemik gegen die Sachlichkeit habe auch ich die Sorge, dass – in der TZI-Sprache – die Balance verloren geht, weil das „Es" zum austauschbaren Lernanlass und Vehikel von Verständigungsprozessen verkommt.

Bei dem Planungsmodell ist der partizipative Ansatz wie seinerzeit in der kommunikativen Didaktik und im Hamburger Modell ganz besonders akzentuiert. Die Schüler/innen werden als gleichwertige „Didaktiker" eingeschätzt, fähig, in allen Rollen auch in der Planung mitzuwirken. Auch Schüler/innen haben Erfahrung und entwickeln Gespür für didaktisch-methodische Fragen, aber dieses Ausmaß an Partizipation sehe ich als Überforderung. Dass der Lehrer bei aller Selbsttätigkeit der Schüler auch die Aufgabe der Führung innehat, tritt völlig in den Hintergrund. Der Planungsprozess bleibt weithin unbestimmt, die beziehungsdidaktischen Imaginationen können das Fehlen inhaltsorientierter Fragen nicht ersetzen. Ohne die methodische Unterfütterung vonseiten der konstruktivistischen Lernpsychologie hätte der Ansatz erheblich mehr Mühe als eigenständig gelten zu können.

Reich bekundet gern seine große persönliche Befreiung durch das konstruktivistische Denken, die ihm als überzeugtem Vertreter der Studentenbewegung einen neuen, toleranteren Umgang mit den Wahrheiten der Anderen eröffnet habe. „Rationalistische Dominanz" lehnt er ab, er schwärmt von „Ekstasen" der Freiheit, des Eigensinns und des Imaginären. Er will „lebendige Gestaltung des Didaktischen", „kreative Lösung für Unterricht", „Variation und Vision", allergisch ist er gegen alle Schematismen und Exerzitien, die er besonders auch im Referendariat vermutet (Reich 2002, 117). Problematisch sind pauschale Abwertungen der traditionellen Didaktik. Die Gegenüberstellung von „Kloster-" und „Supermarkt"-Didaktik wird dem Sachstand nicht gerecht. Reichs m. E. nicht selten ausufernde Konstruktionen geben viele Anregungen, über den üblichen Rahmen didaktischer Modelle hinaus, bleiben aber im Blick auf Orientierung und praktische Anleitung bisher hinter den Möglichkeiten zurück.

Das konstruktivistische Modell stellt weithin eine neue Sprache zur Verfügung, aber die sich daraus ergebenden unterrichtlichen Konsequenzen sind so neu nicht.

62　　　　　　　　　　　　　　　　　　　　　　　　　　　　　　　*Didaktische Modelle*

In seinem Erfurter Vortrag präsentierte Reich das Unterrichts-Exempel „Nachrichten" als Veranschaulichung des konstruktivistischen Ansatzes. Abgesehen vom lehrerzentrierten Unterricht (Schulbuch, Übungen) sieht er drei Wege konstruktivistischen Lernens: Rekonstruktion (Besuch einer Fernsehredaktion mit Interviews, Dokumentation, Ausstellung, Diskussion), Konstruktion (eigene Nachrichten schreiben und mit den „offiziellen" vergleichen) und Dekonstruktion (Weil die Demonstration der Schüler für bessere finanzielle Unterstützung der Schule nicht in der Zeitung stand, kommt es zu einer kritischen Diskussion). Neu an diesem Beispiel sind nur die konstruktivistischen Leitbegriffe. (Reich, 2004, 44 ff.)

Auch Kritiker wie Peterßen attestieren dem Ansatz, dass er „heilsame Unruhe in den gegenwärtigen Schlafzustand didaktischer Theoriediskussion" getragen habe (Peterßen 2001, 131).

2.6　Didaktische Modelle und Unterrichtskonzepte im Überblick

Im Folgenden beziehe ich in einem kurzen kursorischen Überblick auch einige andere bemerkenswerte Entwürfe mit ein, um das vielgestaltige Panorama zu dokumentieren. Zusammenfassend skizziere ich als Resümee den Vorschlag für ein integratives Konzept mit verschiedenen Dimensionen, das den vielfältigen Anforderungen des Schulalltags im Gymnasium genügt.

2.6.1　Knapper Überblick zu dem Profil weiterer didaktischer Ansätze

Bei dieser Tour d´horizon beschränke ich mich auf einige Grundgedanken und versuche aus meiner Sicht Chancen und Grenzen der Konzepte ansatzweise deutlich werden zu lassen. Die Übersicht ist natürlich nicht vollständig, so müssten eigentlich auch noch die „Bildungsgang-Didaktik" von Meinert Meyer, die die längerfristige Bildungs-, Kompetenz- und Identitätsentwicklung in den Mittelpunkt rückt, und die „Evolutionäre Didaktik" von Anette Scheunpflug berücksichtigt werden.

In der didaktischen Theoriebildung nach dem Zweiten Weltkrieg haben auch **kybernetisch-informationstheoretische Ansätze** eine wichtige Rolle gespielt. Grundlegend für das Modell von Felix von Cube ist der **Regelkreis** mit seinen Strategien und Stellgliedern und vor allem seinem Rückmeldungsprinzip, mit operationalisierten Zielen und möglichst häufigen und exakten Lernerfolgskontrollen (auch zwischendrin als „didaktische Stationen"). Das dynamische Modell mit seinen fünf Planungsschritten (Ziel-, Strategie-, Medien-, Kontroll- und Verlaufsplanung) kann durchaus für manche Phasen der Vermittlung, des Wissenserwerbs oder des Trainings genutzt werden, und die Betonung der Rückmeldung und der didaktischen Stationen ist sicherlich bei vielen Lernprozessen hilfreich. Aber das Modell darf nicht verabsolutiert werden zum universalen Programmier- und Steuerungsmodell, das für Selbstreflexion, Beteiligung und inhaltsspezifische Fragen kaum noch Raum lässt. Kontrolle und Rückmeldung im Regelkreis sind wichtig für die weitere Planung, können aber auch leicht zu Übersteuerungseffekten führen.

Unterrichtskonzepte im Überblick 63

Die Reformanstrengungen der **kritisch-kommunikativen Didaktik** gelten dem Unterricht als sozialem Prozess, als Interaktionsgeschehen und gesellschaftspolitischem Erfahrungsfeld. Es wird Ernst gemacht mit der Erkenntnis: „Lehrer und Schüler machen Unterricht" (Boettcher u. a. 1976). Kommunikation und Kooperation werden z. B. in den Modellen von Schäfer/Schaller und Winkel zu neuen kritisch getönten Grundworten einer emanzipatorischen Didaktik. Schüler/innen sollen nicht als Bruchteile der Klasse, als austauschbare Belehrungsobjekte eingeschätzt werden, deren Vorkenntnisse, Interessen etc. von der Lehrperson nur stellvertretend berücksichtigt werden. Sie sind als Subjekte und potenziell ebenbürtige Partner an der Planung ihrer eigenen Lernprozesse unmittelbar zu beteiligen. Winkel und Boettcher gehen aus von einem „Kontinuum schrittweise zunehmender Mitsteuerung der Schüler" (Boettcher u. a. 1976, 133). Stärker noch als der Inhaltsebene gilt der Beziehungsebene die pädagogische Aufmerksamkeit, „symmetrische", also gleichrangige Beziehungen, werden statt üblicherweise „komplementärer" zwischen Lehrenden und Lernenden eingefordert. Mögliche Störungen und die kommunikative Wertigkeit von Verfahren werden so bedeutsam, dass die Sache sehr in den Hintergrund tritt.

Das Nachfolge-Konzept des Berliner Ansatzes von Wolfgang Schulz, das „**Hamburger Modell**" von 1980 (Schulz lehrte inzwischen in Hamburg) markiert fast zeitgleich mit Klafkis Neuansatz den Wandel zu einem kritischen Modell mit veränderten Leitbegriffen und Strukturen der Planung. Die veränderte Grundstruktur zeigt sich als neues Viereck von Unterrichtszielen (Intentionen/Themen), Ausgangslage (Schüler/innen und Lehrer/innen), Vermittlungsvariablen (Methoden/Medien) und Erfolgskontrolle. Im Mittelpunkt steht die kooperative Umrissplanung einer Unterrichtseinheit im Horizont einer stärkeren Projektorientierung. Das anspruchsvolle Modell ist eine „konkrete Utopie", weil die „Grundlage" des Modells „zugleich seine zentrale Forderung" darstellt: „Unterrichtsplanung als Diskurs aller Beteiligten" (Jank/Meyer 1991, 230).

Die **Themenzentrierte Interaktion** (TZI) findet schon seit einiger Zeit verstärkte Aufmerksamkeit im Blick auf Unterricht (Cohn/Terfurth 1993). Die Gespräche in der Klasse sollen sich orientieren an den Kommunikationsregeln der TZI (z. B.: „Sei deine eigene Chairperson!" – „Störungen haben Vorrang."). Jedes Mitglied der Lerngruppe soll sich um ein bewegliches Gleichgewicht von Es, Ich und Wir bemühen. Zu diesen drei Ansprüchen kommt noch das Bedingungen setzende Umfeld („Globe") hinzu.

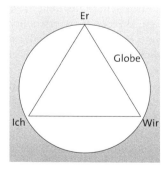

Der Ansatz kann bei Lernenden durch die Erfahrung von Selbstwirksamkeit und Wir-Gefühl in der Gruppe ein hohes Motivationspotenzial freisetzen. Es braucht aber neben einer kooperativen Gesprächskultur eine verantwortliche Absprache, denn: „TZI setzt voraus, daß alle Beteiligten tatsächlich nach diesem

64   *Didaktische Modelle*

Konzept arbeiten wollen. Aber nur ein Teil der SchülerInnen sitzt freiwillig im Unterricht." (Jank/Meyer 1991, 229). Von allen, aber besonders von der Lehrperson wird viel Empathie und Perspektivenwechsel, aber auch Abgrenzungsbereitschaft und Enttäuschungsfestigkeit verlangt, um möglichem Gruppendruck und kommunikativen Belastungen gewachsen zu sein. Die dynamische Balance von Sach-, Person- und Gruppenbezug ist gleichwohl ein sehr förderliches Leitbild.

Andere neuere Ansätze, die ihre Grundlagen ebenfalls im Bereich der **Humanistischen Psychologie und Gestaltpädagogik** haben, treten ein für mehr lebendiges und emotionales Lernen, für Kreativität und persönliches Wachstum (Burow u. a. 1987, Thanhoffer u. a. 1992). „Neurodidaktiken" (Terhart) wie die Suggestopädie , das Neurolinguistische Programmieren (NLP) und die Edu-Kinesiologie wollen z. B. durch mehr rechtshemisphärisches und multisensorisches Lernen, durch besseren Kontakt („Rapport"), Fantasiereisen, „Lernkonzerte" sowie konzentrationsfördernde Entspannungs- und Bewegungsübungen ein hirnbiologisch adäquateres Lernen ermöglichen. Die Verbindung mit kognitiven Lernprozessen kann in den Hintergrund treten.

2.6.2   Versuch einer integrativen Perspektive

Seit den 1980er-Jahren sind die Abschottungen und Alleinvertretungsansprüche der verschiedenen Entwürfe zurückgegangen. Insbesondere zwischen Klafkis Neuansatz, dem Hamburger Modell und der kritisch-kommunikativen Didaktik gibt es viele Ähnlichkeiten und Konvergenzen (vgl. Synopse der klassischen Modelle in Huwendiek 1998, 114). Für die meisten Didaktiker – ausgenommen z. B. manche Konstruktivisten – ist es selbstverständlich, dass die je spezifischen Ansätze nicht universale Geltung beanspruchen können, sondern zum Teil einander ergänzen und entsprechend kombiniert werden können. Es handelt sich bei den verschiedenen Modellen also nicht um einander völlig oder in den wesentlichen Punkten widersprechende Ansätze, was angesichts der verschiedenen ‚Sprachen' und wissenschaftstheoretischen Positionen so erscheinen mag. Diese wechselseitige Akzeptanz ist erfreulich, wenn man Weinert glauben darf: „Je radikaler, monolithischer und rigider ein Lehr-Lern-Modell praktiziert wird, umso größer sind neben den erwünschten Wirkungen die unerwünschten Nebenwirkungen." (Weinert 1997, 24)

Wenn man einen großen Schritt zurücktritt und die didaktische Landschaft überblickt, ergeben sich für mich vier **komplementäre Perspektiven didaktischen Denkens**, die rein oder vermischt in den verschiedenen Ansätzen begegnen:

- ▓ die Dimension der Erschließung und Sachbegegnung,
- ▓ die Dimension der Lenkung, Vermittlung und Instruktion,
- ▓ die Dimension der Beteiligung, Kommunikation und Erziehung und
- ▓ die Dimension der Aneignung, Erfahrung und Konstruktion.

Es scheint mir sinnvoll, diese grundlegenden vier Perspektiven integrativ zusammenzuschauen, um die Vielfalt didaktischer Ansätze fruchtbar werden zu lassen. Für die didaktische Praxis eröffnet sich ein weites Experimentierfeld mit

Unterrichtskonzepte im Überblick

unterschiedlichen Grundlagen und Akzentuierungen. Jedenfalls sind alle vier Dimensionen wichtig, keine kann für sich das gesamte Spektrum didaktischer Ansätze abdecken. Wie bekommen wir eine bessere Passung von geschlosseneren und offenen Formen des Lehrens und Lernens, von Instruktion und Konstruktion, von Person, Sache und Gruppe, von Struktur und Lebendigkeit?

Aus meiner Sicht bleibt die wechselseitige Person-Sach-Erschließung hochbedeutsam, wie es der Bildungstheorie als traditionellem „Herzstück" der Allgemeinen Didaktik entspricht (Heymann in Holtappels/Horstkemper 1999, 209) und auch in der Themenzentrierten Interaktion erkennbar wird. In der Didaktik-Diskussion gibt es Stimmen, die gegen eine Didaktik einseitiger Erfahrungs- und Subjektorientierung zu Recht zu bedenken geben, ob nicht „Distanz zur Alltagserfahrung" und Absehen von der eigenen Subjektivität notwendig seien.

So könnte Unterricht zu einer „Art Bühne des Nachdenkens und der spielerischen Erprobung unterschiedlicher Sichtweisen von Wirklichkeit" werden und auch die Komplexität der sekundären Ordnungen in unserer Welt „zeigen". Bei aller schöpferischen Kraft des Konstruierens sei es auch wichtig, dass die Lernenden die „Realität als ‚Reibungsfläche' für die Eingrenzung konstruktivistischer Beliebigkeit" erleben (Duncker 1999, 48 ff., 53 ff.) .

Auch die Dimension der Instruktion hat ihre grundsätzliche Berechtigung. Empirische Untersuchungen und Schülerbefragungen belegen, wie wichtig auch heute effiziente und differenzielle Vermittlungsformen sind.

Allerdings sollte dieser Ansatz noch stärker als bisher mit den neueren Konzepten verbunden werden. Es ist heutzutage im Blick auf den gesellschaftlichen Wandel, die veränderten Schüler/innen und die veränderten Anforderungen notwendig, auch in den Gymnasien den Beteiligungs- und Aneignungsaspekt erheblich stärker zu gewichten als bisher. Angesagt ist eine weiterentwickelte Lehr-Lern-Kultur, die die grundlegenden Modelle sachkundig realisieren kann, die die Lernenden als handelnde Subjekte ernstnimmt und der gemeinsamen Verständigung – auch über Unterricht – und Kompetenzentwicklung hohen Stellenwert einräumt.

In diesem Sinne brauchen wir eine Erneuerung didaktischen Denkens und Handelns.

Literatur

Aebli, H. (1980/81). Denken: Das Ordnen des Tuns. 2 Bände. Stuttgart: Klett.

Arnold, R./Schüßler, I. (1998). Wandel der Lernkulturen. Ideen und Bausteine für ein lebendiges Lernen. Darmstadt: Wiss. Buchgesellschaft.

Aschersleben, K. (1993). Welche Bildung brauchen Schüler? Vom Umgang mit dem Unterrichtsstoff. Bad Heilbrunn: Klinkhardt.

Bildung (1988). Die Menschen stärken, die Sachen klären. Jahresheft VI im Friedrich Verlag. Seelze.

Böttcher, W. u. a. (1976). Lehrer und Schüler machen Unterricht. München: Urban & Schwarzenberg.

Burow, O. A., Quitmann, H., Rubeau, M. P. (2. A. 1987): Gestaltpädagogik in der Praxis. Salzburg: Müller Verlag.

Cohn, R. (1980, 4. A.). Von der Psychoanalyse zur Themenzentrierten Interaktion. Stuttgart: Klett-Cotta.

Cohn, R., Terfurth, C. (Hrsg.)(1993). Lebendiges Lehren und Lernen macht Schule. TZI und Schule. Stuttgart: Klett- Cotta.

Cube, F. von (1982). Kybernetische Grundlagen des Lehrens und Lernens.Stuttgart: Klett.

Diederich, J. (1988). Didaktisches Denken. Weinheim, München: Juventa.

Duncker, L. (1999). Perspektivität und Erfahrung. In: Holtappels, H. G.,Horstkemper, M. (Hrsg.) (1999). Neue Wege in der Didaktik? Die Deutsche Schule, 5. Beiheft, 44 ff.

Glöckel, H. (2. A. 1992). Vom Unterricht. Lehrbuch der Allgemeinen Didaktik. Bad Heilbrunn: Klinkhardt.

Gudjons, H. (1992, 3. A.). Handlungsorientiert lehren und lernen. Bad Heilbrunn: Klinkhardt.

Gudjons, H. (1993). Pädagogisches Grundwissen. Bad Heilbrunn: Klinkhardt.

Gudjons, H. (1997). Didaktik zum Anfassen. Bad Heilbrunn: Klinkhardt.

Heimann, P., Otto, G., Schulz, W. (1965). Unterricht – Analyse und Planung. Hannover: Schroedel.

Holtappels, H. G., Horstkemper, M. (Hrsg.) (1999). Neue Wege in der Didaktik? Die Deutsche Schule, 5. Beiheft 1999.

Huwendiek, V. (1982). Modelle der Didaktik. In: Frommer, H. (Hrsg.). Handbuch des Vorbereitungsdienstes. Bd. 2. Düsseldorf: Schwann.

Huwendiek, V. (1997). Schule, Lehrerbild und Lehrerbildung in der Diskussion: Wozu wir professionelle Lehrer/innen brauchen… SEMINAR 3/1997.

Jank, W., Meyer, H. (Hrsg.). (1991 und 2002, 5. Aufl.). Didaktische Modelle. Frankfurt/M.: Cornelsen-Scriptor.

Jank, W. (1994). „Veränderte Kindheit" – veränderte Schule. In: Mitteilungen des BAK 3-4/1994, 12ff.

Klafki, W. (1963/1975). Studien zur Bildungstheorie und Didaktik. Weinheim, Basel: Beltz.

Klafki, W. (1980). Zur Unterrichtsplanung im Sinne kritisch-konstruktiver Didaktik. In: König, E. u. a. (Hrsg.). Diskussion Unterrichtsvorbereitung. München: Wilhelm Fink.

Klafki, W. (1985). Neue Studien zur Bildungstheorie und Didaktik. Beiträge zur kritisch-konstruktiven Didaktik. Weinheim, Basel: Beltz.

Klafki, W. (1986). Die Bedeutung der klassischen Bildungstheorien für ein zeitgemäßes Konzept allg. Bildung. In: Zeitschrift für Pädagogik 4/1986, S.455 ff.

Klieme, E. u.a. (2003). Zur Entwicklung nationaler Bildungsstandards. Eine Expertise. Berlin: BMWF/KMK.

Klingberg, L. (1990). Lehrende und Lernende im Unterricht. Berlin: Volk und Wissen.

Kösel, E. (1993). Die Modellierung von Lernwelten. Elztal-Dallau: Laub.

Kron, F. W. (1993). Grundwissen Didaktik. München, Basel: Ernst Reinhardt.

Literatur

67

Lütgert, W. (1981). Was leisten die Modelle der allgemeinen Didaktik? Sechs polemische Thesen und ein Vorschlag. In: Neue Sammlung 21, 578-594.

Meyer, H. (1980). Leitfaden zur Unterrichtsvorbereitung. Königstein/Ts.: Scriptor.

Meyer, H. (2001). Türklinkendidaktik. Aufsätze zur Didaktik, Methodik und Schule. Frankfurt/M.: Cornelsen Scriptor.

Meyer, H. (1987). Unterrichtsmethoden. Bd.II. Frankfurt/M.: Cornelsen-Scriptor.

Meyer, H. (1997). Schulpädagogik, 2 Bde. Frankfurt/M.: Cornelsen-Scriptor.

Meyer, M. / Reinartz, A. (Hrsg.) (1998). Bildungsgangdidaktik. Opladen: Leske + Budrich.

Miller, R. (1997). Beziehungsdidaktik. Weinheim, Basel: Beltz.

Mühlhausen, U. (1994). Überraschungen im Unterricht. Situative Unterrichtsplanung. Weinheim: Beltz.

Nipkow, K. E. (1991). Allgemeinbildung und Unterrichtsfächer. In: Mitteilungen des BAK 1/1990.

Olberg, H.-J. von (2004). Didaktik auf dem Wege zur Vermittlungswissenschaft? Eine Sammelbesprechung neuer Veröffentlichungen. In: Z.f.Päd. 1/2004, 119ff.

Peterßen, W. H. (1982). Handbuch Unterrichtsplanung. München: Ehrenwirth.

Peterßen, W. H. (1992, 3. A., 2001, 6. Aufl.). Lehrbuch Allgemeine Didaktik. München: Ehrenwirth .

Reich, K. (1996). Die Ordnung der Blicke. 2 Bde. Neuwied: Luchterhand.

Reich, K. (1998). Systemisch-konstruktivistische Pädagogik. Neuwied: Luchterhand.

Reich, K. (2002). Konstruktivistische Didaktik. Lehren und Lernen aus konstruktivistischer Sicht. Neuwied: Luchterhand.

Reich, K. (2004). Wahrheits- und Begründungsprobleme konstruktivistischer Didaktik. In: SEMINAR 1/2004.

Roth, H. (1963, 7. A.). Pädagogische Psychologie des Lehrens und Lernens. Hannover: Schroedel.

Scheunpflug, A. (2001). Evolutionäre Didaktik. Weinheim: Beltz.

Schulz, W. (1980). Unterrichtsplanung. München: Urban & Schwarzenberg.

Terhart, E. (1989). Lehr-Lern-Methoden. Weinheim: Juventa.

Thanhoffer, M., Reichel, R., Rabenstein, R. (1992). Kreativ unterrichten. Möglichkeiten ganzheitlichen Unterrichtens. Münster: Ökotopia.

Voß, R. (1997, 2. A.). Die Schule neu erfinden. Neuwied: Luchterhand.

Voß, R. (Hrsg.) (2002). Unterricht aus konstruktivistischer Sicht. Die Welten in den Köpfen der Kinder. Neuwied: Luchterhand.

Wagenschein, M. (1981). Anmerkungen zum exemplarisch-genetischen Prinzip. In: Twellmann, W. (Hrsg.) (1981). Handbuch Schule und Unterricht. Bd. 4.1, 178 ff. Düsseldorf: Schwann.

Weinert, F. E. (1997). Lernkultur im Wandel. In: Beck, E. u. a. (Hrs.) (1997). Lernkultur im Wandel... St. Gallen: UVK.

Winkel, R. (1988, 2. A.). Antinomische Pädagogik und kommunikative Didaktik. Düsseldorf: Schwann.

Winkel, R. (1997). Theorie und Praxis der Schule. Oder: Schulreform konkret – im Haus des Lebens und Lernens. Baltmannsweiler: Schneider Verlag Hohengehren.

3 Unterrichtsmethoden

Volker Huwendiek

3.1 Einführung in die Unterrichtsmethodik

- Wo liegen die Vorzüge und Nachteile der verschiedenen Unterrichtsformen?
- Wie kann ich meine Fragetechnik und Gesprächsführung verbessern?
- Wozu taugt der Frontal- oder Klassenunterricht?
- Inwiefern kann ich andere Formen mit dem Klassenunterricht kombinieren?
- Wie kann ich Gruppenunterricht effektiver gestalten?

Fragen wie diese zur Unterrichtsgestaltung rangieren bei Befragungen am Anfang der Ausbildung an der Spitze der Dringlichkeitsliste, meilenweit vor anderen Fragen der Didaktik oder Pädagogik. In der Erziehungswissenschaft und Lehrerfortbildung ist derzeit durchaus Ähnliches zu beobachten: Methoden-Ratgeber und -Kongresse haben seit einigen Jahren Konjunktur, Methodik ist en vogue, während der Diskurs der Didaktiker in den Hintergrund getreten ist. Dabei ist die „Magie des Methodischen" (Terhart 1989, 7), die Faszination der Lernsteigerung durch neue Methoden oder die neue Methode, Teil didaktischen Denkens von Anfang an. In Comenius´ bis heute beeindruckender „Didactica magna" (1657), dem barocken Eingangsportal zur modernen didaktischen Entwicklung, steht auf dem Titelblatt der verheißungsvolle Satz: „Erstes und letztes Ziel unsrer Didaktik soll es sein, die Unterrichtsweise aufzuspüren und zu erkunden, bei welcher die Lehrer weniger zu lehren brauchen, die Schüler dennoch mehr lernen…" (Comenius 1954, 9).

In den letzten Jahren ist eine ganze Reihe neuer methodischer Formen oder Varianten entwickelt worden – mit entsprechend neuen Begriffen. Im „Kleinen Methoden-Lexikon" von Peterßen werden über hundert „Methoden" vorgestellt von A wie z. B. Aquarium über Brainstorming, Gruppenpuzzle, Lernzirkel, Mind Mapping, Fantasiereisen und Strukturlegetechnik bis Z wie Zukunftswerkstatt. Auch andere Bücher wie das „Methoden-Training" von Klippert, die „neue Lernkultur" von Gasser und die beiden „Methoden-Manuale" von Gugel präsentieren eine Fülle von unterrichtlichen Formen.

Gemeinsam ist den meisten Autoren, dass sie die herrschende „Kultur der Belehrung", wie sie oft genannt wird, überwinden wollen zu Gunsten verstärkter Schüler-, Interaktions- und Handlungsorientierung. Ein Hintergrund dieses Methoden-Booms ist die vielbeklagte „methodische Monostruktur" des alltäglichen Unterrichts, die empirische Untersuchungen zu Tage fördern – und zwar ziemlich unabhängig von Schulart und Fach: reale Methoden-Einfalt statt gepriesener Vielfalt.

So beobachteten Forscher der Fernhochschule Hagen im Fünf-Minuten-Takt 181 Stunden (u. a. Deutsch-, Gesellschafts- und Naturlehre) bei 88 Lehrkräften in fünf Hauptschulen, drei Gymnasien und zwei Gesamtschulen in Nordrhein-Westfalen: Konstatiert wird insgesamt „eine große Gleichförmigkeit und Lehrerdominanz der

Einführung in die Unterrichtsmethodik 69

beobachteten Unterrichtsstrukturen über alle Schulformen und Fächer hinweg". Sie klassifizierten zwei Drittel bis drei Viertel der Unterrichtsereignisse in allen Schulen und Fächern als „direktiven Frontalunterricht": als „gelenkten Sachdialog" (Gymnasium), „gelenkte Beschäftigung" (Hauptschule) und „gelenkten Diskurs" (Gesamtschule). Im Rahmen des Frontalunterrichts dominierte das kleinschrittige fragendgelenkte Verfahren. (Hage u. a. 1985, 147 ff.)

Der Beitrag gibt einen kurzen Überblick zu den Grundfragen der Methodik, informiert über Einsatzmöglichkeiten der klassischen Unterrichtsmethoden (Sozialund Aktionsformen) und skizziert ihre Vorzüge und Nachteile, Chancen und Grenzen. Im Mittelpunkt steht der Klassen- oder Frontalunterricht, der regelmäßig mit anderen Sozialformen kombiniert ist. Der Akzent liegt zunächst stärker bei den Lehrmethoden der Lehrer, aber die Lernmethoden der Schüler spielen ebenfalls eine große Rolle, und zwar nicht nur bei den Formen innerer Differenzierung (besonders Gruppenarbeit). Fachspezifische Methoden bleiben im Allgemeinen außer Betracht.

3.1.1   Definition, Bedeutung, Dimensionen

Gemeinsam ist vielen unterschiedlich akzentuierten Definitionen der etymologische Kern: Danach bezeichnet Methode, ein seit dem 17. Jahrhundert gebräuchliches Fremdwort aus dem Griechischen (meta: nach, hodos: Weg), den „Weg zu etwas hin", das „planmäßige Vorgehen", den „geordneten Gang". Es geht um die Wege zu den Unterrichtszielen, um geeignete Vorgehensweisen, um die Art und Weise der thematischen Aufarbeitung, Vermittlung und Aneignung. Für Unterrichtsmethode ist charakteristisch, dass sie eine Relation vorgibt und beschreibt: Sie verknüpft die Wege, Maßnahmen und Mittel mit anderen Aspekten, vor allem mit den Inhalten, Zwecken und Zielen. Im Sinne der traditionellen „Weg"-Metapher haben die Unterrichtsverfahren dienende Funktion.

Lothar Klingberg, der von zwei „didaktischen Grundrelationen" ausgeht, nämlich Ziele/Methoden und Lehren/Lernen, definiert: Sie ist der „prinzipielle Weg, den Lehrer und Schüler beschreiten, um die im Lehrplan fixierten Ziele des Unterrichts zu erreichen, um die im Lehrplan fixierten Inhalte zu vermitteln bzw. anzueignen". (Klingberg o. J., 280).
Hilbert Meyer, der zudem den strukturellen Kontext der Schule berücksichtigt, definiert: „Unterrichtsmethoden sind die Formen und Verfahren, in und mit denen sich Lehrer und Schüler die sie umgebende natürliche und gesellschaftliche Wirklichkeit unter institutionellen Rahmenbedingungen aneignen." (Meyer 1987 I, 45) – „Unterrichtsmethoden sind Zwangsjacke und Befreiung in einem. Sie treiben durch ihre Widersprüchlichkeit den Unterrichtsprozess voran." (Meyer 1987 I, 54).

Der Begriff „Unterrichts"- oder „Lehr-Lern"- Methode geht ursprünglich davon aus, dass Lehren und Lernen, Vermittlung und Aneignung übereinstimmen oder ganz eng zusammenhängen. Zwischen dem Lehren des Lehrers und dem Lernen der Schüler besteht aber – so Gudjons – „kein kausaler, sondern ein kontingenter Zusammenhang" (Gudjons 2003, 27). Klingberg und Meyer akzentuieren Unterricht als „dialektischen Prozess", in dem Lehr- und Lernpersonen nicht von vornherein das Gleiche wollen und tun. Die Identität zwischen Lehr- und Lernprozess ist nicht selbstverständlich, sondern der Grad der Übereinstimmung ist immer wieder neu zu prüfen.

Außerdem kommt es darauf an, die Lernenden neben der Sachkompetenz auch selbst Methodenkompetenz gewinnen zu lassen – oder, wie der Reformpädagoge Gaudig formuliert: „So paradox das klingen mag: der Schüler muß Methode haben. Dem Lehrer aber muß die Methode, seinen Zögling zur Methode zu führen, eigen sein." (Gaudig) In diesem Sinne wird der Weg selbst ein Ziel des Unterrichts, Methoden transportieren nicht nur Inhalte, sondern können sie auch bestimmen. Hilbert Meyer spricht schon vom „Primat der Methodik" – angesichts der fehlenden Lernbereitschaft der Schüler/innen und der Bedeutung von Methodenkompetenzen und Schlüsselqualifikationen.

Besonders an Grund-, Haupt- und Sonderschulen habe sich „de facto ein Methodenprimat durchgesetzt", die „Frage, an welchen Inhalten Methodenkompetenz vermittelt wird, (werde) nicht belanglos, aber doch tendenziell unwichtiger". Diese „didaktische Außenseiterposition" sei nicht systematisch, sondern schulpraktisch zu verstehen (Meyer II 1997, 159).

Trotz gewisser Angleichungstendenzen in der Schülerschaft ist die Situation im Gymnasium m. E. anders zu beurteilen, und systematisch gilt – auch nach Meyer – immer noch der methodische Grundsatz, dass Unterrichtsformen kein Selbstzweck sind, sondern in einem didaktischen Begründungszusammenhang mit Zielen und Inhalten stehen. Die Frage der Methodenwahl im Unterricht ist demnach nicht ‚methodistisch' zu klären.

3.1.2 Ebenen und Dimensionen methodischen Handelns (bes. Sozial-, Aktions-, Verlaufsformen)

Die Methodik thematisiert die verschiedenen Formen der Unterrichtsgestaltung. Mit Hilbert Meyer können nach Umfang und Reichweite drei Ebenen (oder „Aggregatzustände") der Methodik unterschieden werden:

- die Mikromethodik mit den sinnlich fassbaren Inszenierungstechniken (aufrufen, erklären, verfremden),
- darüber die Mesomethodik mit den Dimensionen (Sozialformen, Handlungsmuster, Verlaufsformen) und
- zuoberst die Makromethodik mit den methodischen Großformen (vor allem Lehrgang, Freiarbeit, Projektarbeit).

> *In der Sprache von Meyers Strukturmodell (⇨ Beitrag 2): Die Beziehungs-, Handlungs- und Prozess-Struktur von Unterricht sind zu thematisieren, und zwar immer im Zusammenhang mit der allgemeinen Zielorientierung, mit der Aufgaben- und Themenstellung.*

Sozialformen: Unterricht kann grundsätzlich in vier verschiedenen sozialen Organisationsformen realisiert werden: Klassenunterricht, Einzelarbeit, Partner-

Einführung in die Unterrichtsmethodik

arbeit, Gruppenarbeit. Wenn darüber hinaus noch weitere Sozialformen genannt werden, gehören diese entweder eher zu den Aktionsformen oder stellen nur spezifische Varianten dieser vier Sozialformen dar. Zwei oder sogar drei dieser Sozialformen können innerhalb einer Unterrichtsstunde miteinander verknüpft werden, wobei der Klassenunterricht im Rahmen des Lehrgangsunterrichts als bleibender Rahmen fungiert. Die wünschenswerte quantitative Verteilung der Sozialformen ist einer der neuralgischen Punkte der pädagogischen Schulentwicklung (obwohl die Quantität nicht automatisch etwas über die Qualität sagt). In der Hagener Studie wurden die nebenstehenden Durchschnittswerte für den Unterricht im Gymnasium (bzw. an allen Schultypen) ermittelt.

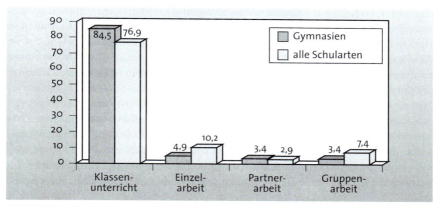

Bild 3.1: Durchschnittswerte für die Sozialformen (Hage 1985)

Aktionsformen/Handlungsmuster: Omne agat magister!" „Alles soll der Lehrer tun." (Ratke 1618; Prange 1986, 161) – „Es gilt, den Schüler aus dem Passivum in das Activum zu übersetzen." (Gaudig 1922; Gudjons 1989, 9) Diese beiden bekannten Zitate aus der Erziehungsgeschichte verdeutlichen das Spannungsfeld unterrichtlichen Handelns.

Mit der Handlungsebene im Unterricht befassen sich die Aktionsformen, die oft auch im engeren Sinne als Methoden bezeichnet werden. Damit sind die „methodisch geplante(n) Tätigkeit(en) des Lehrers und der Lehrerin bei der Vermittlung eines spezifischen Lehrinhalts" gemeint, der die Handlungsweisen der Lernenden entsprechen sollen (Wiater 1997, 239). Statt Aktionsformen werden synonym auch der Begriff „Arbeitsformen" bzw. – von Hilbert Meyer – der Begriff „Handlungsmuster" benutzt, das wie ein Drehbuch die unterrichtliche Inszenierung bestimmt. Als rahmende Oberbegriffe kann man aus der Sicht der Lehrperson drei grundsätzlich mögliche Formen unterscheiden: 1. **darbietende**, 2. **erarbeitende** (oder zusammenwirkende) und 3. **entdecken-lassende** (oder aufgebende) **Lehr-Lern-Verfahren** (Glöckel 1992, 58). Die drei Formen sind beschreibbar als Variationen des didaktischen Dreiecks:

Bei der darbietenden Form vermittelt der Unterrichtende – z. B. durch ein kurzes Impulsreferat – zwischen der Sache, die er sozusagen hinter sich hat, und den Lernenden vor ihm. Bei der erarbeitenden Aktionsform tritt die Lehrperson unter die Schüler/innen und leitet oder moderiert durch verschiedene Gesprächsformen die gemeinsame ‚interaktive' Begegnung mit der Sache. Und bei der entdecken-lassenden Aktionsform tritt die Lehrperson als Arrangeur an den Rand des Geschehens, um die Schüler/innen – zumeist in Formen innerer Differenzierung – in direkten Bezug zur Sache bzw. zum thematisierten Problem zu bringen.

Zum darbietenden Unterricht gehören das Präsentieren und Vormachen, zum erarbeitenden Unterricht die verschiedenen Gesprächsformen, zum aufgebenden Unterricht entdecken-lassende und Problem lösende Verfahren.

Spiele haben, je nachdem, stärker erarbeitenden oder entdecken-lassenden Charakter. Weil sie später nicht näher betrachtet werden, folgen hier einige allgemeine Informationen. (vgl. Meyer 1993 II, 342 ff.) Eines ihrer hauptsächlichen Merkmale, die Zweckfreiheit, ist in der Schule im Grunde nicht gegeben. Spiele dienen der ästhetischen Bildung im weiten Sinne, dem Training, der Anwendung und Vertiefung des Lernstoffs und – kein Spiel ohne Regeln – der Kommunikation und Sozialerfahrung. Spielen im Unterricht kann und soll Spaß machen, aber es geht nicht um noch mehr Fun- und Comedy-Kultur, sondern darum, den Lernenden stärker ganzheitliche, ästhetische und kreative Erfahrungen mit den Themen und den Mitlernenden zu ermöglichen: Spielen als menschliche Grundsituation, der ‚homo ludens', darf auch in der Schule kultiviert werden. Zentrales Kriterium für den Einsatz von Spielen sollte nicht ihr Unterhaltungswert sein, sondern ihr Ertrag für die individuellen und sozialen Lernprozesse und -ergebnisse.

Lernspiele und Rätsel (Kreuzwort-, Schwedenrätsel, Rebus etc.), gerade auch selbst entwickelte, erfüllen eine wichtige Funktion vor allem in Übungsphasen. Sie wecken Neugier und motivieren durch Wettbewerbsorientierung.
Interaktionsspiele können zum besseren persönlichen Kennenlernen, zur Erfahrung von Rollenerwartungen und gruppendynamischen Problemen und zur Weiterentwicklung der Klassengruppe eingesetzt werden.
Darüber hinaus sind gelenkte und freie **Rollenspiele** (ausgehend von literarischen Texten oder sozialen Problemen) grundlegend für die Aneignung von personal-kommunikativen Kompetenzen wie Echtheit, Perspektivenwechsel und Metakommunikation. Die Arbeit an Einstellungen gewinnt durch mehrmaliges Durchspielen und das Reflektieren von Alternativen an Tiefe. Probleme ergeben sich z. B. durch karikierende Übertreibung oder persönliche Scheu. Oftmals ist die Kleingruppe als Forum geeigneter als die große ‚Bühne' der Klasse. Eine pantomimisch-statische Variante ist das **Standbild**. Von einem Lernenden als Regisseur oder einer Gruppe wird zu einem Thema eine „Skulptur" aus Mitlernenden modelliert und ‚eingefroren' präsentiert.
Im **Planspiel** wird die Austragung eines Konflikts in einer zwar modellhaft vereinfachten, aber doch relativ komplexen Situation simuliert, in der verschiedene Gruppen ihre Interessen durchsetzen wollen. Die Rollenträger sollen in dem vorbereiteten sozialen Handlungsraum zu Entscheidungen gelangen. Planspiele sind günstig zur Anwendung und Beurteilung von Fachwissen. Probleme entstehen durch den enormen Zeitaufwand und Schwierigkeiten mit dem vorgegebenen Takt des Stundenplans. (Spiele-Fundus für die einzelnen Fächer z. B. in: Spielerisch lernen o. J.)

Einführung in die Unterrichtsmethodik

Verlaufsformen: Sie bestimmen die Prozess- und Zeitstruktur des Unterrichts. Welche Unterrichtsschritte folgen nacheinander? Gibt es einen Spannungsbogen, eine Dramaturgie – ausgehend z. B. von einer Leitfrage, einem Problem, einem informierenden Unterrichtseinstieg, einem Experiment, einem kognitiven Konflikt? Zur so genannten Artikulation der Unterrichtsstunde oder -einheit sind seit Herbart viele Konzepte ersonnen worden. Von seinem an der Sachstruktur orientierten Formalstufenmodell (Klarheit – Assoziation – System – Methode) mit dem regelmäßigen Wechsel von Vertiefung und Besinnung über das lernpsychologische Konzept von Roth (Stufen der Motivation, der Schwierigkeiten, der Lösung, des Tuns und Ausführens, des Behaltens und Ausübens und der Bereitstellung, Übertragung, Integration) und diverse andere Schemata (z. B. von Tausch, Klingberg, Grell) bis zu Hilbert Meyers flexiblem Konzept (Einstieg – Erarbeitung – Ergebnissicherung), um nur einige Beispiele zu erwähnen. Der von Meyer beschriebene „methodische Grundrhythmus" des Unterrichts sieht idealtypisch so aus, dass „nach einer lehreraktiven Einstiegsphase eine lange und gründliche Phase der schüleraktiven Verarbeitung folgen kann, die dann in die vom Lehrer und den Schülern gemeinsam geleistete Ergebnissicherung mündet" (Meyer 1987 II, 121). Die Einstiegsphase, die sehr variabel gestaltet werden kann – auch schüleraktiv (Greving/ Paradies 1996) – ist zwar auch eine Art „Visitenkarte" (H. Meyer), wird in ihrer Bedeutung aber oftmals überschätzt im Vergleich mit den späteren Erarbeitungsprozessen.

Dimensionen: Hilfreich bei der Analyse des Methodenproblems ist auch Terharts anders begründete Unterscheidung von vier Dimensionen: Er differenziert je nach Betonung und Bezugsgröße (in Klammer) die Dimensionen der „Zielerreichung" (Ziel), der „Sachbegegnung" (Sache), der „Lernhilfe" (Schüler), und der „Rahmung" (Institution). Methoden werden bei ihm immer im didaktischen Horizont betrachtet, Assoziationen mit didaktischen Ansätzen sind nahe liegend.

Ziel: Unterrichtsmethoden werden im Blick auf zu erreichende Lehr- und Lernziele thematisiert. Die Herleitung dieser Ziele und die Kontrolle des Ausmaßes der Zielerreichung werden besonders betont. Ein Problem dieser Dimension ist die behauptete technische Neutralität der Lehr-Lern-Methoden. Die strategische Sichtweise vernachlässigt die Frage der Kompatibilität von Ziel und Methode: Methoden selbst, so betont Terhart, sind nicht frei von „normativen Implikationen", sodass sie nicht ohne weiteres für beliebige Ziele eingesetzt werden können.

Sache: Die Lehrer/innen sollen die förderliche Begegnung des Lernenden mit der Thematik, den „Verständigungsprozess in der Sache" (Pleines) strukturieren. Es gilt im Sinne Klafkis die wechselseitige Erschließung von Person und Sache zu arrangieren. Die Gefahren der wechselseitigen Erschließung sind die jeglicher dynamischer Balance: Statt zu einem beweglichen Gleichgewicht kann es zu einseitigen Unterordnungen kommen.

Schüler: Die Methodik hat sich um günstige Bedingungen für das Lernen der Schüler/innen zu kümmern. Deren kognitive und emotionale, soziale und moralische Förderung ist die entscheidende Bezugsgröße.

Diese Akzentuierung lässt sich in dem Imperativ einer Oldenburger Pädagogischen Woche zusammenfassen, „Belehre mich nicht, lass mich lernen!", ebenso in dem wohl ursprünglich von Wolfgang Schulz stammenden Appell „Wir unterrichten Schüler, nicht Fächer!" Die starke Betonung des lernenden Subjekts gilt besonders auch für die verschiedenen Schulen des Konstruktivismus.

Die Sichtweise der Lernhilfe wird in der aktuellen Diskussion mit vielen Zielbegriffen wie z. B. ganzheitliches und lebendiges, konstruktives und eigenverantwortliches Lernen besonders betont. Das Problem dieser Perspektive liegt nach Terhart darin, Unterrichtsmethodik „vollständig als angewandte Lernpsychologie misszuverstehen" (Terhart 1989, 27).

Institution: Methoden sind im Zusammenhang mit dem schulischen Kontext, den offiziellen Vorgaben und den gewachsenen Traditionen der Lehrer/innen-Arbeit zu sehen. Diese beeinflussen nachhaltig die Schulkultur (Schultyp, Klasseneinteilung, Unterrichtsorganisation und Zeitstruktur), sodass die Methoden-Freiheit begrenzt und relativ erscheint. Die Gefahr dieser Sichtweise liegt in der handlungsleitenden Vorstellung sehr geringer methodischer Spielräume. Die ersten drei Dimensionen sind für die Unterrichtspraxis grundlegend, wobei die „Lernhilfe" heute zu Recht erheblich stärker betont wird.

3.1.3   Empirische Bewertung von Methoden und Kriterien für „guten Unterricht"

Die Vorstellung von der einen grundsätzlich überlegenen Methode ist ein Mythos. Zur Überwindung dieser Annahme trugen auch empirische Untersuchungen bei, die je nach Ansatz zu unterschiedlichen Ergebnissen kamen oder teilweise kaum signifikante Unterschiede hinsichtlich der Effizienz der verschiedenen Methoden zeigten. Bei einer nicht repräsentativen Befragung von deutschen Methodik-Experten 1989/90 wurde die Desillusionierung hinsichtlich der einen „besten Methode" am häufigsten als bedeutsamster Ertrag der neueren Methoden-Forschung angegeben (Terhart/ Wenzel 1993, 36). Empirisch gut belegbar ist die Aussage, dass viele Wege nach Rom führen (Helmke/ Weinert 1997, 130). Andererseits sind große Unterschiede in der Wirksamkeit festzustellen.

Ein älterer Bewertungsversuch von Methoden ist die **Ziele-Methoden-Matrix** von Gage/Berliner (1975/77). Ausgehend von „Forschungsergebnissen, gesundem Menschenverstand und Vermutungen" geben sie eine Grobbewertung einzelner Methoden für verschiedene Zielbereiche und Niveaus (Gage/Berliner 1986, 457).

Für sie ist z. B. individueller Unterricht für kognitive und Bewegungsziele günstig, bei affektiven und höherwertigen kognitiven Zielen empfehle sich die (Gruppen-) „Diskussion", und der „humanistische Ansatz" (z. B. Rollenspiele) sei besonders geeignet bei affektiven Zielen. Die Mischform des Klassenunterrichts bekommt fast immer Angemessenheitsindex B für „gut". Ihr Resümee ist ein vielfältiges Methodenrepertoire im Unterricht einzusetzen. „Es sind die Kombinationen, Sequenzen, Rhythmen und Tempi der Maßnahmen der Lehrer (und damit auch der Handlungsweisen der Schüler), was den Unterschied zwischen einem wirksamen und unwirksamen Unterricht ausmacht." (Gage/ Berliner 1986, 657)

Einführung in die Unterrichtsmethodik

Für ein gutes **Zusammenspiel**, die „„Orchestration' einzelner Lehrmethoden" (Terhart 1989,90) plädiert auch Weinert nachdrücklich. Notwendig sind sowohl ein gut organisierter sachsystematischer Erwerb von Wissen unter Anleitung der Lehrperson als auch die eher selbstständige Nutzung des Wissens in lebensnahen, problemorientierten und fachübergreifenden Situationen. Gegenüber dem anwendungsorientierten Lerntransfer (situiertes Lernen, z. B. in Projekten) und dem Erwerb von Schlüsselqualifikationen (Lernen lernen, z. B. in Gruppen- und Offenem Unterricht) darf der Transfer im gleichen Inhaltsgebiet (Lernen intelligenten Wissens durch direkte Instruktion) nicht unterschätzt werden.

„Direkte Instruktion" ist ein methodisches Arrangement vor allem im Klassenunterricht, das diagnostische und Klassenführungskompetenzen voraussetzt. Sie ist zugleich lehrergesteuert und schülerorientiert, berücksichtigt die individuellen Merkmale der Lernenden (Vorwissen, Lernfähigkeiten, Motivation) und bezieht auch innere Differenzierungsmaßnahmen (bes. Einzelarbeit) mit ein.
Lehrersteuerung und Individualisierung sind wichtig angesichts des „Matthäusprinzips" – „Wer hat, dem wird gegeben" oder „Je mehr jemand weiß, umso mehr Wissen kann er aufnehmen und abrufen (Wissensparadox)"(Weinert). In autonomen Lerngruppen wird der Schereneffekt zwischen den Vorkenntnis-,Reichen' und ,Habenichtsen' verstärkt.

So kamen Weinert/ Treiber (1985) zum Ergebnis, dass besonders für die schwächeren Schüler/innen das Lernangebot nicht ausreicht, die tatsächliche aktive Zeitnutzung stellt einen bedeutsamen Faktor des Lernerfolgs dar. Diese aktive Lernzeit „war höher bei häufigem Frontalunterricht, zielsicherer Kontrolle, straffer Unterrichtsführung, ablenkungsarmer Umgebung und hohem Aufmerksamkeitsgrad" (Glöckel 1992, 208).
Empirische Untersuchungen, ob der traditionell eher geschlossene oder der offene Unterricht zu besseren Ergebnissen führt, zeigen ein differenziertes Bild. Der offene Unterricht ist richtig angewendet und in Verbindung mit traditionellem Klassenunterricht für die leistungsstärkeren Schüler/innen ein „erfolgreiches Lehrverfahren" („etwas bessere Ergebnisse" in punkto Selbstständigkeit, Kooperationsfähigkeit, Wohlbefinden). Demgegenüber zeigen leistungsschwächere, unkonzentrierte und ermutigungsbedürftige Schüler/innen schlechtere Leistungen, weil sie die Offenheit und Optionalität überfordern.

Insgesamt kommt Uhl zu einem angesichts des großen Aufwands bei den neuen Verfahren eher skeptischen Fazit: „Gegen die neuen Lehrverfahren ist so lange nichts einzuwenden, wie sie in Maßen und als Ergänzung und Auflockerung des traditionellen Unterrichts eingesetzt werden. Sie tragen zur Methodenvielfalt bei, die sich oft als motivations- und leistungssteigernd erwiesen hat. Aber sie sind kein Ersatz für den herkömmlichen Unterricht..." (Uhl 1996, 25 f.)

Für eine nachhaltige Verbesserung des ,Normalunterrichts' werden folgende Verfahren von Gasser als „wirksam" bzw. „sehr wirksam" eingeschätzt:

WIRKSAM: „ – mit individuellem Feed-back arbeiten, – die Schüler im (naturwissen-schaftlichen) Unterricht selber handeln und probieren lassen, – entdecken lassen, er-kunden und nachfragen lassen, – mit Medien lernen lassen, – die Lernenden in Klein-gruppen beraten, – die Schüler/innen vermehrt in Kleingruppen lernen lassen, – Lernspiele und Simulation einsetzen".

SEHR WIRKSAM: „– Leitprogramme (für indiv. Lernen; V. H.) zur Verfügung stellen, – die aktive Lernzeit im Sinne tätiger Auseinandersetzung erhöhen, – für Talentierte/ Hochbegabte Förderprogramme einsetzen"(zit. n. Gasser 1999, 35).

Gasser, der nachdrücklich für eine „ganzheitliche Bildung" und „neue Lernkultur" wirbt, betont ein zentrales Ergebnis der Lernforschung: „Der individuelle und so-ziale Lerngewinn ist eine Funktion von Lernzeit mal Verarbeitungstiefe an kultu-rellen Gehalten." (Gasser 1999, 48)

Empirische Untersuchungen zur Unterrichtsqualität bündelnd und kommen-tierend, haben inzwischen verschiedene Autoren Listen und Reflexionen zu den Kriterien „guten Unterrichts" vorgelegt. Besonders gründlich und differenziert ist die Darstellung von Helmke zur Unterrichtsqualität. Meyer und Helmke kommen zu recht ähnlichen Ergebnissen:

Jank/ **Meyer** (2002, 127 ff.):
Gütekriterien des Unterrichts:
1. Klare Strukturierung des Unterrichtsablaufs
2. Hoher Grad „echter" Lernzeit der Schüler
3. Fachliche Korrektheit
4. Klar formulierte und kontrollierte Leistungserwartungen
5. Erfolgreiche Steuerung der Schüleraufmerksamkeit
6. Lernfreundliche Arbeitsatmosphäre
7. Methoden-Vielfalt
8. Regelmäßiges und folgenreiches Schüler-Feed-back
9. Stimmigkeit und Folgerichtigkeit didaktischer Entscheidungen
10. Anbahnung von Mündigkeit

Helmke (2004, 42)
Qualität des Unterrichts:
– Passung, Adaptivität
– Klarheit
– Angemessene Methodenvariation
– Individualisierung
– Motivierung
– Effizienz der Klassenführung
– Quantität des Unterrichts: Unterrichtszeit, Lerngelegenheiten
– Qualität des Lehrmaterials

In einem Vortrag hat Helmke noch hinzugefügt „Konstruktiver Umgang mit Feh-lern (Fehlerkultur, nicht Fehlerkult!)". Merkmale der Lehrperson werden von Helmke gesondert thematisiert: Primär betont er die Expertise in Fachwissen-schaft, Fachdidaktik, Klassenführung und Diagnostik.

Haenischs sechzehn Merkmale erfolgreichen Unterrichts beziehen noch weitere Ele-mente mit ein, von denen ich einige erwähnen möchte: Grundformen des Unterrichts gut ausbalancieren, Selbstgesteuertes Lernen zulassen und unterstützen, Gemeinsa-mes Lernen in Teams und Gruppen ermöglichen, Lernen in sinnstiftende Kontexte einbinden, Lern- und Leistungssituationen trennen, Vertrauen in die Fähigkeiten der Schüler/innen zeigen, Zeit zum Lernen lassen (Haenisch 2000, 2 ff.).

Einführung in die Unterrichtsmethodik

Solche Listen sind hilfreich, aber – nach Ansicht der Autoren – in vieler Hinsicht auch hinterfragbar (Fächer und Kriterien in den Primäranalysen; Güte-Definition; vgl. Helmke 2004, 46 f.). Aus diesen Analysen ergibt sich umrisshaft das Bild einer weiter zu entwickelnden Unterrichtskultur, die auf – gut realisierte – klassische Unterrichtsmethoden keineswegs verzichten kann.

Peterßen macht den Unterrichtenden Mut, ihre eigene Bewertung von Methoden zu finden. Seine Sicht rückt ähnlich wie Gasser das „vollständige Lernen", bestehend aus Sach-, Methoden-, Sozial- und Moralkompetenz, in den Mittelpunkt (Peterßen 1999, 12 ff.). Dem möchte ich beipflichten und Sie ermuntern, Ihre Erfahrungen im Umgang mit Methoden immer wieder zu bilanzieren: Welchen Ertrag für welche Kompetenzen bringen sie, einschließlich der Selbstkompetenz der Lernenden? Wie erleben Sie die atmosphärischen, sozialen und motivationalen Wirkungen der Unterrichtsmethoden?

Dabei werden freilich immer schon didaktische Orientierungen und persönliche Haltungen mitspielen. Ich sehe im Blick auf eine ertragreiche Methodik eine doppelte Herausforderung: Wie können wir über ein größeres Methodenrepertoire verfügen, das effizient eingesetzt werden kann, und Formen und Phasen innerer Differenzierung und Individualisierung erheblich stärker berücksichtigen (hier haben wir großen Nachholbedarf)? Dabei sollte bei der Individualisierung beachtet werden, dass die anzustrebende Personennähe nicht zugleich Inhaltsferne zur Konsequenz hat.

Meines Erachtens sind Ziehes Bedenken gegen eine allzu stark an Ganzheitlichkeit und Subjektivität orientierte Methodik ernst zu nehmen. Er warnt vor banaler Veralltäglichung schulischen Lernens und gibt zu bedenken, dass die Enttraditionalisierung bereits Realität sei: Immer noch mehr Lebensweltnähe, Informalisierung und Subjektivierung liefen ins Leere.

Stattdessen sei eine Einführung von Fremdheitsmomenten wichtig. Die Mühe rationaler Durchdringung dürfe nicht diffuser Lockerheit und Ganzheitlichkeit geopfert werden. Er nennt drei mögliche Gefahren: die „Nähefalle" (Nähe des Neuen zum bereits Vertrauten), die „Evidenzfalle" (Nutzen im Hier und Heute) und die „Lustfalle" (Spaß-Verheißung) (Ziehe 1991, 60 f. und 2000, 23 ff.).

3.2 Der Klassenunterricht und seine methodische Gestaltung

„Der Frontalunterricht ist ein Stiefkind der wissenschaftlichen Didaktik. In der Schulpraxis aber wird er überwiegend praktiziert." Mit diesen beiden Sätzen beginnt zutreffenderweise Herbert Gudjons' gründliche Monographie über den Frontalunterricht (Gudjons 2003, 7).

Im Folgenden wird die Diskussion des Klassen- oder Frontalunterrichts zusammenfassend vorgestellt. Informationen und Empfehlungen zu den Darbietungs- und Gesprächsformen schließen sich an.

3.2.1 Sozialform Klassenunterricht (Frontalunterricht, Plenum)

Beim Klassen- oder Frontalunterricht sind Rhythmus, Tempo und Inhalte des Lernens und Arbeitens für alle Lernenden gleich. Diese Form ist sehr alt, wurde aber erst seit Herbart zum Normalunterricht.

„Frontalunterricht ist ein zumeist thematisch orientierter, überwiegend sprachlich vermittelter Unterricht, in dem der Lernverband (die ‚Klasse') gemeinsam unterrichtet wird und in dem der Lehrer – zumindest dem Anspruch nach – die Arbeits-, Interaktions- und Kommunikationsprozesse steuert und kontrolliert." (Meyer 1993, 183) Statt Frontalunterricht ziehe ich den weniger belasteten Begriff des Klassenunterrichts vor. „Frontalunterricht" ist aber auch verwendbar, denn die abwertende Nebenbedeutung des Kampfbegriffs hat ihre Ursache und sie muss nicht automatisch mitgedacht werden. Außerdem ist „Plenum" möglich und überlegenswert, denn es muss sich bei den Lernenden nicht immer um eine Jahrgangs-Klasse handeln (z. B. Kurs oder AG) und der Begriff legt zudem nahe, dass es nicht sinnvoll ist, fortwährend in dieser Großgruppe zu arbeiten.

Der Begriff Frontalunterricht stammt aus einer Zeit, als eine Lehrperson einer geschlossenen Schüler-Formation gegenüberstand. „Frontal", vom Kopfende her, war der Unterricht gestaltet, wobei die bis nach dem 2. Weltkrieg fest verschraubten Bänke die Form sinnfällig dokumentierten.

Comenius sieht in seiner „Großen Lehrkunst" den Lehrer geradezu als „Sonne", der seine Strahlen über alle Lernenden verbreite, und hält es nicht nur für „möglich, dass ein Lehrer eine Gruppe von etwa hundert Schülern leitet, sondern sogar für nötig, weil dies für den Lehrenden wie für die Lernenden weitaus am angenehmsten" sei – für den Lehrer wegen der Bedeutungserhöhung und für die Lernenden wegen des wechselseitigen Ansporns. (Comenius 67, 122).

Wozu Klassenunterricht? Er sei „besser als andere Sozialformen geeignet, einen Sach-, Sinn- oder Problemzusammenhang aus der Sicht und mit den Mitteln des Lehrers darzustellen". (Meyer 1993, 184) Er ist die klassische Sozialform der Vermittlung: Die Lehrperson bringt in zumeist darbietenden oder erarbeitenden Formen ihre Fach- und Sachkompetenz ins Plenum ein. Klassenunterricht ist nach Hilbert Meyer dann einzusetzen, „wenn eine allgemeine **Orientierungsgrundlage** hergestellt, wenn ein neues **Wissensgebiet dargestellt** werden soll, wenn **Arbeitsergebnisse gesichert** und wenn **Leistungsstände** der Schüler **überprüft** werden sollen." (Meyer 1993, 183)

Um dies wirksam leisten zu können, brauchen die Unterrichtenden geeignete Instrumente. Meyer zählt zum notwendigen „Handwerkszeug" der Lehrer/innen vor allem kommunikative Fähigkeiten wie „Melde- und Drannehmtechniken", den Umgang mit der Tafel, Sensibilität für Über- und Unterforderungen sowie für die Zeitgestaltung (Meyer 1993, 194).

Aschersleben (A) und neuerdings Gudjons (G) betonen, dass der Klassenunterricht eine effektive Unterrichtsform darstellt. Außerdem nennen sie die folgenden **äußeren Vorteile** bzw. unterstützenden Funktionen:

Der Klassenunterricht und seine methodische Gestaltung 79

1. **Zeitökonomie** durch klare Lehrer-Steuerung, Sicherung des Vorwissens (A),
2. **Individualisierung** z. B. durch differenzierende Lehrerfragen (A),
3. **Disziplinierung** durch Stabilisierung des „Ordnungsrahmens" (A),
4. **Lebendige Interaktion**, Beeinflussung auch durch Mimik, Gestik, Körpersprache (A, G),
5. **Entlastung der Lernenden** von überfordernden, frustrierenden Selbsttätigkeitszumutungen (A, G),
6. **Kontrolle** durch Blickkontakt, direkte Rückkopplung (A, G),
7. **Aufbau einer Gesprächskultur** (G),
8. **breite Palette** von verschiedenen unterrichtlichen Lehrtechniken (G),
9. **Ausnutzen der Potenziale** der ganzen Klasse (G),
10. **Gruppendynamik der Gesamtklasse** (Wir-Gefühl, soziale Kohäsion) (G).

(Aschersleben 1999, 64 ff., Gudjons 2003, 47 ff.)

Das entspricht dem Programm erfolgreichen direkten Unterrichts, das von Lehrenden und Lernenden sehr viel Einsatz verlangt.

Es wird an der Liste auch erkennbar, dass den Vorzügen Nachteile entsprechen, dass „die Stärke des Frontalunterrichts...zugleich seine Schwäche" bedeuten kann (Meyer 1993 II, 184). Er bringt eine „gewisse **Normierung** und **Nivellierung**" mit sich und ist „**für beide Seiten anstrengend**" (Glöckel 1992, 76). Die Erfahrung der Selbstwirksamkeit kann sehr in den Hintergrund treten. Die Lehrperson kann nur mit einigen besonders Leistungsorientierten auf der Vorderbühne des Unterrichts agieren. Die äußere und innere Seite des methodischen Handelns können leicht auseinander fallen, d. h., ein Teil der Schüler mimt fassadenmäßig Aufmerksamkeit, bekommt auf Grund fehlender Fähigkeiten oder Motivation die innere Entwicklung aber nicht wirklich mit. Es besteht die Gefahr, dass der Unterricht auf Lehren und Prüfen reduziert wird und die Schüler „gewissermaßen ‚sozial stillgelegt'" sind, während die Lehrkraft in „Sprechdominanz" schwelgt (Gasser 1999, 74). Die „ungebrochene Vorherrschaft" des Frontalunterrichts ist nach Meyer (1993, 188 ff.) darin begründet, dass er

1. „die vermeintlich effektivste Form der Stoffvermittlung, tatsächlich aber nur eine geeignete Form der Darstellung von Sach-, Sinn- und Problemzusammenhängen" sei,
2. „eine oberflächliche Disziplinierung der Schüler" erleichtere,
3. „die Bühne für die Inszenierung von Unterrichtsritualen" sei und schließlich
4. den leistungsstarken Lehrern „(tatsächliche oder auch nur vermeintliche) direkte Rückmeldungen des eigenen Lehrerfolges" liefere.

Schon diese wenigen Überlegungen zeigen, wie umstritten der Klassenunterricht ist. Eine Palette von verbreiteten **Contra-Argumenten** hat Gudjons aufgelistet:

1. Der Lehr-/Lern-Kurzschluss
2. Vernachlässigung sozialer Fähigkeiten und der Lerner-Selbstorganisation
3. Betonung der Lehrerautorität statt des demokratischen Umgangs
4. Lernen im Gleichschritt

5. Rezeptives und passives Lernen
6. Billiger Massenunterricht
7. Macht- und Kontrollbedürfnis der Lehrenden
8. Narzistische Bedürftigkeit der Lehrkräfte
9. Frontalunterricht spiegelt die Zwänge der Institution Schule
10. Bloß äußere Unterrichtsdisziplin   (Gudjons 2003, 28ff.)

Der pädagogische Ruf des Frontal- oder Klassenunterrichts ist oder war tatsächlich erheblich schlechter, als er es verdient. Er war lange Zeit das Negativ- und Schreckbild der Unterrichtsreformer schlechthin, weil er die Lernenden nur als rezeptive Wesen in den Blick nehme. Dabei wird von manchen Theoretikern allerdings zu wenig gesehen, dass individuelle Unterschiede berücksichtigt werden können und das Ausmaß von Lehrerdominanz bzw. Schülerorientierung recht unterschiedlich sein kann (siehe Kreisgespräch, Diskussionsformen).

In seinen älteren Publikationen kritisiert Meyer den Frontalunterricht vehement. Das liest sich inzwischen etwas anders:

Zusammen mit seinem Bruder Meinert Meyer präsentiert er ein „Lob des Frontalunterrichts", weil dieser doch auch dazu beitragen könnte, die Schüler/innen zur Selbstständigkeit zu führen. Und selbstkritisch fügt er hinzu: „Wir haben verlernt, nach den Stärken des Frontalunterrichts zu suchen, und die vielen Schwächen überbelichtet." (Meyer/ Meyer 1997, 34). In seiner „Schulpädagogik" (Meyer 1997 II, 166) bekennt er sich zu einer „ideologischen Kehrtwendung", weil die in der Didaktik übliche Polemik gegen den Frontalunterricht im Schulalltag wenig bewirkt habe: Stattdessen will er seine „verschüttete Kultur" wieder beleben. „Nichts wäre alberner als die absichtliche Demontage des Frontalunterrichts!" Er sollte vielmehr sinnvoll weiterentwickelt und umfangsmäßig verringert werden, wobei eine Reduktion von dem empirischen Ist-Stand der 75 % (S I/ SII) auf 65 % bereits „ein sehr großer Schritt" wäre (ebd.), eine Verringerung auf 50 % sogar „eine radikale Veränderung des Schulalltags" bedeutete. (Meyer/ Meyer 1996, 199)

   Die zusammenfassende These lautet: „Frontalunterricht bleibt auf absehbare Zeit die wichtigste und die häufigste Sozialform der Schule. Er sollte deshalb zugleich verbessert und reduziert werden."
(Meyer/Meyer 1996, 199)

Frontalunterricht kann eine sehr sinnvolle und effektive Sozialform sein. Das Ausmaß des Frontalunterrichts sollte deutlich gesenkt werden. Sie müssen sich nicht an dem Motto orientieren: „So wenig Frontalunterricht wie möglich – so viel Frontalunterricht wie nötig", aber Sie sollten seine Permanenz nicht selbstverständlich voraussetzen, sondern ansatzweise begründungspflichtig machen. Warum ist in der konkreten Situation Klassenunterricht vorzuziehen? Insofern ist immer zu prüfen, inwiefern andere Sozialformen mit dem Klassenunterricht kombiniert werden können. Glöckel hat dies schon in seiner positiven Bewertung des Klassenunterrichts als Muss ausgewiesen:

Der Klassenunterricht und seine methodische Gestaltung

„Gleichwohl macht der Klassenunterricht immer noch, und zwar grundsätzlich zu Recht, die Mitte heutiger Schularbeit aus. Er ist die angemessene Sozialform für die Eingangsstufe der Unterrichtseinheit, die Phasen der Darbietung und gedanklichen Verarbeitung, die vertiefende Besinnung, die Zusammenfassung der Ergebnisse, die Einschulung von Arbeitstechniken. Er muß aber unbedingt durch andere Sozialformen ergänzt werden." (Glöckel 1992, 76)

Es ist sicher möglich, Klassenunterricht in all diesen Phasen einzusetzen, aber er ist nicht von vornherein „die angemessene Sozialform" etwa für die Phase der Verarbeitung und Besinnung. Frontalunterricht hat, wie erörtert, viele Gesichter, kann von den Aktionsformen her sehr unterschiedlich inszeniert werden (z. B. auch Einbeziehung von Interaktions- und Rollenspielen, Fantasiereisen, Entspannungsübungen und anderen Elementen der „Bewegten Schule"). Die Pointe bei Glöckel ist die Ergänzungsbedürftigkeit durch andere Sozialformen. Gudjons rückt diesen Gesichtspunkt zu Recht in die Mitte der Argumentation: Als die einzige und permanente Form, als „Allzweckwaffe" (Gudjons), ist der Klassenunterricht überholt, völlig unverzichtbar ist er aber als **„Unterrichtsphase mit relativem Stellenwert"**: Er ist flexibel zu beziehen auf „schüleraktive Sozialformen". Sein Stellenwert gründet sich darauf, dass „er in einem umfassenderen methodischen Arrangement sinnvolle didaktische Funktionen hat, die nur ein frontales Setting abdecken kann" (Gudjons 2003, 36). Das Schaubild von Gudjons zeigt die didaktischen Funktionen des Klassenunterrichts. Die ersten beiden Funktionen, die traditionell besondere Bedeutung beanspruchen können, werden im Folgenden exemplarisch erläutert.

Bild 3.2: Einsatzbereiche von Frontalunterricht (Gudjons)

3.2.2 Darbietungs- oder Vortragsformen: Vormachen, Präsentieren

Darbieten und Präsentieren kann in verschiedenen Formen erfolgen: einen Vortrag oder ein Impulsreferat halten, eine Schülerin referieren lassen, etwas vormachen (z. B. ein Experiment) oder ein Medium einsetzen. Oft wurden/werden diese darbietenden Formen zu Unrecht pauschal kritisiert, als überholte vordemokratische Formen der Unterweisung und Fremdbestimmung. Die in der Praxis zu beobachtende problematische Konsequenz ist, dass sie nicht selten halbherzig, mit schlechtem Gewissen oder wenig vorbereitet durchgeführt werden.

Die Passung der Methode vorausgesetzt, können Darbietungsformen sehr effektiv sein, sie gehören zu Recht zum „Kernbereich des Unterrichts" (Gudjons 1995, 2). Wenn eine Lehrperson etwas aus ihrem Fach, über das sie souverän verfügt, präsentiert oder vormacht, dann können ohne große Umwege grundlegende Einsichten vermittelt und Fenster in neue Wissensregionen eröffnet werden. Klingberg hat zu Recht darauf hingewiesen, dass die Vortragsmethode nicht automatisch deduktiv vorgeht und ebensowenig Frageverfahren von vornherein Induktion erwarten lassen (Jank/Meyer 1991, 268 f.)

Vormachen und Zeigen sind die elementaren Formen des Präsentierens, die auch heute noch zu den keineswegs überholten Fähigkeiten der Lehrenden gehören sollten.

Das „Zeigen", das Prange in seiner „Didaktik für Lehrer" unter Rückgriff auf Brecht besonders betont, ist so etwas wie eine „pädagogische ‚Ur-Geste'": Schon in grauer Vorzeit haben die erfahrungstüchtigen Alten der heranwachsenden Jugend „– ohne viel Worte – gezeigt ... wie's gemacht wird" (Meyer 1993 II, 211 f.). Lehrer/innen bringen ‚Koffer voll Welt' in die Schule, um daran etwas zu zeigen. Gegen die Dominanz eines oft diffusen Frageunterrichts rät Hilbert Meyer mit Nachdruck: „Mehr sagen – weniger fragen! Mehr zeigen und vormachen – weniger bereden und problematisieren!" (Meyer 1993 II, 206 und 290) Wenn die Methode stimmt, hängt immer noch viel von der Art der Durchführung ab, welche Wirkungen und Nebenwirkungen bei den Lernenden erzielt werden.

Viele Lehrer/innen seien „Weltmeister im Reden und Problematisieren, wahre Verbalradikalisten, aber ärmlich im eigenen, lustbetonten Tun: im Vortragen eines Gedichtes, im Vorsingen eines Liedes, im Vorspielen einer Pantomime, eines Zaubertricks, eines Experiments" (ebd.).

Ohne Zweifel können durch kompetentes Vormachen, zumal wenn sich die Lehrperson nicht allzu übertrieben als Modell präsentiert, enorme Nachahmungspotenziale freigesetzt werden. Was für den Sport und die musischen Fächer ohnehin gilt, hat auch in anderen Fächern große Bedeutung, man denke nur an das Vorsprechen in den modernen Fremdsprachen („pattern drill") und die Demonstrationsexperimente in den Naturwissenschaften, die andere Eindrücke hinterlassen als ‚talk and chalk'-Methoden.

Der Klassenunterricht und seine methodische Gestaltung 83

Der Lehrervortrag dürfte die traditionsreichste Methode in der Schule überhaupt sein. Und dass Lehrer/innen schlüssig und nachvollziehbar erklären und ein prägnantes Kurz- oder Impulsreferat halten können sollen, dies fordern nicht zuletzt die Lernenden. Ein Vortrag ist sinnvoll, wenn von einem Sachkundigen ein Überblick gegeben und Zugang eröffnet wird, wenn anspruchsvolle Einsichten ökonomisch vermittelt werden sollen. Der Unterrichtende braucht dazu gewisse rhetorische und kommunikative Fähigkeiten, die durchaus trainierbar sind. Von Belang sind neben dem allgemein bedeutsamen Vier-Seiten-Modell von Schulz von Thun vor allem auch seine **vier Verständlichmacher**:

1. Einfachheit in Wortwahl und Satzbau (++/+) ,
2. Gliederung, Ordnung im Aufbau (++/+),
3. Kürze, Prägnanz im Umfang (+/0) und
4. zusätzliche Anregung durch den Stil (+/0/–).

Wie die Bewertungen in Klammer (fünfstufige Skala von ++ bis ––) angeben, sind die ersten beiden Kriterien am wichtigsten, während das Merkmal Kürze/Prägnanz nicht übertrieben werden sollte, und das Merkmal zusätzlicher Anreger nicht immer sinnvoll ist und – etwa bei schlechter Gliederung und Weitschweifigkeit – sogar der Verständlichkeit abträglich sein kann. (Schulz von Thun 1981, 142 ff.)

Was heißt dies für den Lehrervortrag?

Der Stoff ist fachlich gründlich vor- und vor allem aufzubereiten: Es geht um eine Transformation und Verlebendigung der Information, nicht um eine schlichte Reproduktion des Wissensstandes. Als Lehrperson muss ich entscheiden, ob bzw. welche Medien meinen Vortrag unterstützen sollen. Anfangs kann es auch ratsam sein, sich mental auf den Lehrvortrag vorzubereiten (Abbau von Stress).

Die Lehrperson stellt verbal – und vorher schon nonverbal durch Blickkontakt – die Beziehung zu den Schülern und Schülerinnen her. Sie unterstützt ihren Vortrag durch Variationen im Sprechstil (z. B. ‚Parlando' bei illustrierender Episode, ‚fett gedrucktes' Präsentieren bei Merksätzen), durch Pausen, Mimik, Gestik, Körpersprache, Raumregie (Trainingsmöglichkeiten bei Heidemann 1996). Freies Sprechen ist wichtig, gelegentliche vergewissernde Blicke auf Karteikarten oder Zettel sind kein Problem, aber ein ‚Vorlesungsstil' ist unbedingt zu vermeiden.

Der Lehrende kann zusätzliche Motivierungshinweise bieten (z. B. Stellenwert, Aktualität) und zum Mitschreiben anregen. Wenn nicht schon im Vorfeld erfolgt, gibt er vorstrukturierende Informationen zum Thema: Übersichtsbemerkung, Erläuterung des Grundproblems, der Ankerbegriffe, Hilfen zur subjektiven Organisation. Diese Strukturierungshilfen („Advance Organizer") erfüllen eine wesentliche Brückenfunktion zwischen dem bisherigen Kenntnisstand und dem neuen Wissen, sie sind ein zentrales Instrument im sinnvoll-rezeptiven Lernkonzept von Ausubel (Einsiedler 99, 35). Zwischenfragen sind möglich, aber nicht unproblematisch, weil sie die Gedankenführung erheblich stören können.

Der Vortragende sollte adressatenbezogen, fundiert, klar und einfach formulieren, ohne entstellende Übervereinfachungen zu verwenden. Der Lehrvortrag sollte übersichtlich strukturiert und eher kurz sein. Sie sollten nicht Ihr ganzes Wissen differenziert präsentieren wollen. Andererseits ist aber auch eine begrenzte Überfülle, eine „dosierte Redundanz" anzusteuern, denn kein Lernender ist immer präsent, gewisse Wiederholungen der Hauptpunkte sind sinnvoll.

Sie können über zusätzliche Anregungen für die Lernenden nachdenken: Verlebendigung durch humorvolle Beispiele, Anekdoten, entsprechende sprachliche Mittel (Metaphern, Personifikationen etc.). Damit sollte aber nicht einem Gag-Stil das Wort geredet werden , der eher von der Sache ablenken kann. Am Ende kann eine pointiert zusammenfassende Frage für die weitere Arbeit (Vertiefung, Auseinandersetzung, Anwendung) im Unterricht stehen.

Hilbert Meyer rät, den Vortrag geradezu zu einer eigenen kleinen „Kunstform" zu entwickeln. Er sollte eigenständig wahrgenommen werden und nicht unmerklich in das nachfolgende Gespräch hinübergleiten. Eine klare Kontur mit Anfang und Ende sei günstiger. Er fasst seine Empfehlungen in der „LKG-Regel" zusammen: „Ein LehrerInnenvortrag soll lebendig vorgetragen werden: er soll kurz und gut gegliedert sein."

Was für den Lehrer/innen-Vortrag gilt, trifft tendenziell auch auf das Schüler/innen-Referat zu. Schüler/innen müssen immer wieder das Referieren üben können und Feed-back erhalten.

Das **Erzählen** ist eine Aktionsform, die nicht nur der Grundschule vorbehalten ist. Viele Lehrer/innen auch im Gymnasium machen die Erfahrung, dass eine sehr unruhige und unkonzentrierte Klasse auf einmal sehr aufmerksam wird und mucksmäuschenstill zuhört, sobald beim Geschichtenerzählen der berühmte Funke überspringt. Hilbert und Meinert Meyer empfehlen das Erzählen geradezu als „didaktische Notbremse in disziplinschwierigen Klassen" (Meyer/Meyer 1996, 205).

Das Narrative, eine in den letzten Jahrzehnten stark unterschätzte Form, kann vieles transportieren und anstoßen. Es kann Wissen und Zusammenhänge, ferne Räume und Zeiten anschaulich vermitteln, eine Biografie in Schlüssel-Episoden konkret erfahrbar machen, abstrakte Begriffe illustrieren, Probleme exponieren und für Einstellungen sensibilisieren. Die Lernenden eine Zeitlang in den Bann einer Geschichte zu ziehen, heißt nicht, sie unkritisch zu machen. Die Meyers bündeln ihre Ratschläge in der LPD-Regel: „Beim Geschichten-Erzählen werden tote Sachverhalte in lebendige Handlungen übersetzt, indem der Sachverhalt lokalisiert, personalisiert und dramatisiert wird." (ebd.)

Manchen Lehrpersonen macht es Probleme, beim Erzählen in expressiver Weise Gefühle und Einstellungen zu zeigen, nicht wissenschaftlich-distanziert Ergebnisse zu präsentieren, sondern sich einfühlen zu müssen in die Vorstellungswelt anderer Menschen. Insofern ist bei dieser Methode eine besondere mentale und inhaltliche Vorbereitung nötig (Detailkenntnisse zu Ablauf, Ambiente, Personen, wörtliche Rede).

Der Klassenunterricht und seine methodische Gestaltung 85

3.2.3 Gesprächsformen

Unterrichtsgespräche dienen dem Lehren und Lernen und können sich inhaltlich um sehr Unterschiedliches bemühen: Kenntnisse erwerben, Zusammenhänge verstehen, Probleme erfassen und lösen, eine in sich stimmige Deutung eines Textes finden, eine eigene Meinung bilden etc. Man kann je nach **Lenkungsgrad bzw. Freiheitsspielraum** verschiedene Typen unterscheiden, wobei die Grenzen zwischen den Formen fließend sind. Höchsten Lenkungsgrad weist das kleinschrittige „fragend-gelenkte Verfahren" auf. Der größte Freiheitsspielraum für die Schüler/innen ist beim tendenziell symmetrischen Kreis- oder Schülergespräch gegeben. Das entwickelnde Unterrichts- oder Lehrgespräch steht dazwischen.

Die Anteile der verschiedenen Formen im Unterrichtsalltag liegen krass auseinander. Nach der Hagener Studie ist das gelenkte Verfahren die häufigste Aktionsform in der Schule überhaupt: Die Hälfte des gesamten Unterrichts und zwei Drittel des Klassenunterrichts finden in dieser Form statt (vgl. auch die Zahlen von Kanders zur Schüler- und Lehrersicht, Kanders 2000, 14 ff.). Möglicherweise ist bei Hage ein Teil des etwas offeneren, entwickelnden Unterrichtsgesprächs mit berücksichtigt, denn diese Kategorie fehlt in der Studie völlig. Das freie Schüler-Gespräch, hier „Schüler-Diskussion" (und auch die „Klassenkooperation") bleiben völlig marginal. Unterrichtsgespräche scheinen einfach zu sein, aber es handelt sich – so Meyer zu Recht –, „um die mit Abstand schwierigste und anspruchsvollste Unterrichtsmethode überhaupt" (Meyer 1993 II, 290).

Warum fragen Lehrende? Sie wollen vor allem Aufmerksamkeit und Denken anregen, steuern und fokussieren – und nicht sich ‚echt' erkundigen, weil sie selbst nicht kompetent sind. Fragen von Lehrenden haben vor allem eine didaktische Funktion wie Impulse und Denkanstöße auch. Man darf die grammatische Form nicht überbewerten, Aufforderungen und Fragen haben die gleiche Funktion und können entsprechend umformuliert werden. Als Impulse bezeichnet man offene und nonverbale Aufforderungen (Thema an der Tafel notieren, mimische und gestische Aufforderungen, Vorzeigen eines Gegenstandes).

Der fragende Lehrer „täuscht nicht vor, etwas nicht zu wissen, was er ganz genau weiß, und er fordert den Schüler nicht auf, über etwas Auskunft zu geben, das ihm unbekannt ist. Er fordert ihn ganz einfach auf, einen vorliegenden Gegenstand unter einem bestimmten Gesichtspunkt zu betrachten." (Aebli 1977, 218) Mit diesem Argument hat Aebli die reformpädagogische Kritik an der Lehrerfrage zurückgewiesen. Besonders Hugo Gaudig hatte als Grundübel moniert, dass in der Schule ein Wissender einen Unwissenden frage und nicht umgekehrt, wie im richtigen Leben. Hintergrund der Kritik war die von den Schülern Herbarts praktizierte Formalstufen-Methodik mit ihren zergliedernden Fragenketten.

Trotz der weithin akzeptierten Klärung durch Aebli gibt es bis heute zu Recht viel Kritik am Frageunterricht: Lehrer/innen-Fragen sind außerordentlich häufig (50 und mehr pro Stunde), während Schüler/innen-Fragen sehr selten sind. Das kognitive Anspruchsniveau der Fragen ist oftmals sehr gering. Nach verschiedenen empirischen Untersuchungen sind 60 % der Fragen Fakten-Fragen, 20 % Denk-

Fragen und weiter 20 % Fragen zu Ablauf und Organisation des Unterrichts (Bk-cker 1980, 100). Bevor ich ein Unterrichtsgespräch ansetze, muss ich für mich die Grundfrage klären, ob ein Unterrichtsgespräch wirklich sinnvoll ist oder ob nicht eine kurze Präsentation oder eine Form innerer Differenzierung geeigneter ist.

„Trotz aller Kritik ist die Lehrerfrage das wichtigste Instrument der Unterrichtsführung geblieben, und es wäre eine Illusion, sie abschaffen zu wollen." (Orth 1996, 2.1, 2). Es sollte aber ein größeres Fragen-Repertoire beherrscht werden. Petersen/ Sommer unterscheiden in ihrem Trainingsbuch (mit Lernsoftware) u. a. folgende **Typen und Funktionen** von **Fra**gen:

- **Wissens**fragen (Wiederholung, Gedächtnisleistung, mit taxonomisch unterschiedlichen Niveaus),
- **Denkfra**gen (Anregung von Denkprozessen, Motivation), darunter konvergente (nur eine Lösung, Erkenntnis) und divergente Fragen („Was wäre, wenn...?", verschiedene Wege, weites Denkfeld, Kreativität),
- **gefühlsgerichtete Fra**gen („Was empfindet ihr, wenn...?" Förderung der affektiven Dimension)
- **Sondierungsfra**gen (Klärung zu Ablauf, Organisation) und
- **rhetorische Fra**gen (Disziplinierung).

‚Behandelte' Denkfragen werden zu Wissensfragen.

Fragen sollten verständlich und eindeutig formuliert sein (auch grammatikalisch korrekt, nicht: „Kosovo liegt wo?"). Wenn zunächst keine Reaktion erfolgt, sollten nicht sofort weitere paraphrasierende Fragen nachgeschoben werden (‚Stapelfragen'). Weite und schwierige Fragen sind nicht automatisch besser als enge und leichte, es hängt vom didaktischen Gesamtzusammenhang ab (Ziele, Thema, Kenntnisstände). Für den Lernerfolg der Schüler/innen ist es besonders wichtig, dass Antworten angemessen verstärkt, insgesamt vielfältige Hinweise und Rückmeldungen gegeben werden und genügend Zeit zum Nachdenken gelassen wird (Petersen/ Sommer 1999, 98f.).

3.2.3.1 Das fragend-gelenkte Verfahren

Dieser Typ von hoch steuerndem Frage-Unterricht, bei dem der Begriff Gespräch fragwürdig wird (Meyer spricht vom „gelenkten Unterrichtsgespräch"), ist wegen seiner Dominanz auf den pädagogischen Wimmelbildern von Meyer als Qualle mit riesigen Tentakeln dargestellt, die in viele andere Formen hineinragen. Ohne Zweifel gibt es viele Fachbereiche und Themen, mit eindeutigen Wissensgrundlagen und konvergenten Fragestellungen, bei denen nicht auf einen kontinuierlichen Wissensaufbau bzw. eine implizite Wiederholung des erarbeiteten Sachwissens verzichtet werden kann. Dafür ist diese Form am ehesten geeignet. Die Methode wird im Unterricht öfter kombiniert mit anderen (Vortrag oder Stillarbeit o. Ä.) Nicht wenige Lehrer/innen haben zudem eine erstaunliche Virtuosität im Ersinnen von Vermittlungshilfen. Aber angesichts vieler Nachteile sollte sie seltener eingesetzt werden, als es zurzeit üblich ist.

Der Klassenunterricht und seine methodische Gestaltung

Formen / Aspekte	Fragend-gelenktes Verfahren	Entwickelndes Unterrichtsgespräch	Kreis- oder Schülergespräch
Ziele	Fachwissen	Fachliche und methodische Kompetenzen	Fachliche, methodische und soziale Kompetenzen
Lehrperson	immer „vorne" Instruktor/in	„vorne" und „mittendrin" Gesprächsleiter/in	in der Runde, „am Rande" Moderator/in, Berater/in
Steuerung Interaktion	hoch/lehrergesteuert wenig S-S-Bezug	lehrergesteuert und schülerorientiert	schülerzentriert viel S-S-Bezug
Gesprächsführung Fragetechnik	sehr viele enge und kleinschrittige Fragen große Vermittlungshilfen direktes Feed-back	eher wenige Leitfragen weite(re) Fragen, Impulse, minimale Vermittlungshilfen, bündelndes Feed-back	offene Fragestellung Fragen der Lernenden keine „Vermittlung" Austausch
Sitzordnung	frontal	Hufeisen, frontal	Kreis (ohne Tische)
Leistungen Chancen	klar strukturierter Wissensaufbau implizite Wiederholung zusätzliche Funktionen, wie das „Einklinken"	transparentes, gemeinsames Durcharbeiten und Problemlösen angeleitetes Entdecken-Lassen	Bewusstmachen eigener Erfahrungen und ihre Weiterentwicklung Akzeptanz verschiedener Sichtweisen, Meinungen
Probleme Gefahren	Gängelung, Ratespiel kein methodisches Lernen	unklare Strukturierung, Gesprächsführung	„Gelaber", scheinbare Offenheit/Symmetrie
Alternativen	Lehrvortrag Entwickelndes U.-G	Teilphase in Form innerer Differenzierung	Moderationsmethode Gruppenarbeit, Projekt
Voraussetzungen der Lernenden	wenige/mittlere Vorkenntnisse, Erfahrungen	wenige/mittlere Vorkenntnisse, Erfahrungen Kooperationsbereitschaft	viele Vorkenntnisse oder Erfahrungen Gesprächsregeln, Kontrakt
Hintergrund	Katechetik	Mäeutik	Reformpädagogik

Visualisierung

Ⓛ Lehrer/in

◯ Schüler/in

◆ symbolischer „Ort" des Themas, der Sache

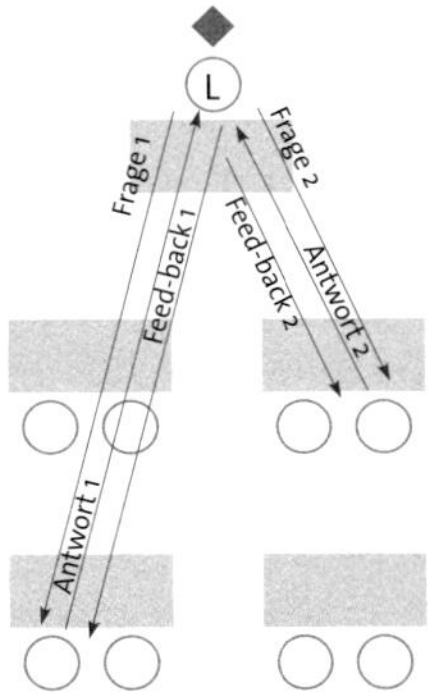

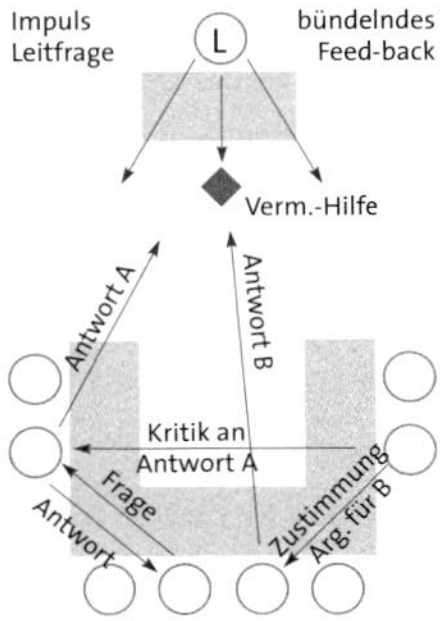

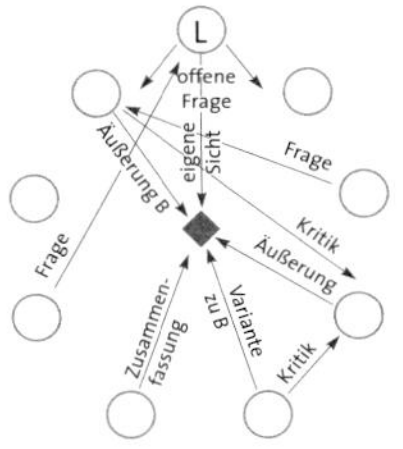

Bild 3.3: Vergleich der Gesprächsformen

Lehrer/innen-Fragen sind, wie dargestellt, keineswegs von vornherein kritikwürdig, aber quantitativ und qualitativ ergibt sich bei dieser Form ein überwiegend negatives Bild: Es herrscht eine Überfülle von zumeist simplen Wissensfragen. Tatsächlich ist das fragend-gelenkte Verfahren häufig nur scheinbar ökonomisch, erarbeitend und schülerorientiert. Grell/Grell haben dieses gängige „Erarbeitungsmuster" mit seiner Tendenz zu quizförmigen Frageserien und Rate-Ritualen mit ätzender Kritik an den Methoden-Pranger gestellt. Ihre Ablehnung ist überzogen formuliert, aber zumindest teilweise und tendenziell durchaus berechtigt.

Die Schülergruppe folgt den Lehrerfragen und -signalen auf verschlungenen Pfaden zu avisierten Lehrziel-Gipfeln, ohne über das Was und Wozu hinlängliche Informationen bekommen zu haben oder den Weg und das Know-how für weitere Gipfeltouren im Gedächtnis behalten zu können. Es besteht tatsächlich die Gefahr, dass die Schüler/innen wenig lernen, weil sie nur noch 'mündliche Lückentexte' ausfüllen dürfen. Die Fixierung auf ganz bestimmte Begriffe, die unbedingt gemeinsam erarbeitet werden müssen, kann zu skurrilen Stau-Effekten führen, wenn die Schüler/innen nicht den verlangten Begriff treffen und die Lehrperson sich immer neue (manchmal abenteuerliche) Vermittlungshilfen ausdenkt, bis irgendwann das erlösende Wort fällt (vgl. Beispiel zum Begriff „Memoiren" über eine Hesse-Kurzgeschichte: Meyer 1993 II, 283 ff.). Die Themen kommen dabei zu kurz, denn das Handlungsmuster erweist sich als „Unterrichtsstoffreduktionsmodell", weil bei strikter Anwendung tatsächlich nur die Seiten eines Themas in den Blick kommen können, die über lehrerzentrierte Frageketten und bereits vorhandenes Schülerwissen erarbeitbar sind (Grell/ Grell 1979, 66).

Meyer weist zu Recht daraufhin, dass Unterrichtsstunden wie die oben angeführte eben auch nicht nur – und vielleicht nicht einmal vorrangig – unter dem Aspekt der Sachklärung zu sehen sind, sondern dass andere latente Funktionen zugleich mit erledigt werden: Neben den offenkundigen Aufgaben der Denksteuerung, Übung und Wiederholung nennt er die Funktionen des „Einklinkens" (Schüler aufwecken und emotional „einschwingen" lassen), der Rückmeldung (Information über Vorwissen einholen) und in enger Verbindung damit die der Vorbereitung (die ausgefallene Unterrichtsplanung nachholen) (Meyer II 1993, 286 f.).

Dieses Frageverfahren steht in der Tradition der kirchlichen Unterweisung, der Katechetik, die dazu neigte, den Gefragten durch kleine Signalwörter („also", „daher") sicher zu den richtigen Antworten zu leiten. Die Antwort-Spielräume sind schon im Vorfeld reduziert worden. Die Frageketten der Herbartianer im 19. Jahrhundert, die die Lehrer auswendig lernen mussten, enthielten neben Wissensfragen nicht selten ebenfalls suggestiv klingende Einstellungs- und Wertungsfragen.

3.2.3.2 Entwickelndes Unterrichtsgespräch

Lehrer/innen, die viele Fragen stellen, halten oft das, was sie tun, für eine andere Form, nämlich ein entwickelndes Unterrichtsgespräch. Bei dieser Gesprächsform herrscht ein mittleres Maß an Lenkung und Denksteuerung, die Lernenden mit ihrem Vorwissen und ihren Kompetenzen sollen wesentlich am Gespräch beteiligt

Der Klassenunterricht und seine methodische Gestaltung 89

werden. Das hat Konsequenzen sowohl für das Fragenstellen und die klimatischen Bedingungen als auch für das Eingehen auf die Beiträge der Schüler/innen. Nicht zuletzt ist die Gesprächshaltung des Leiters oder Moderators wichtig.

Bei dieser Form begegnen deutlich weniger und auch weiter gestellte Fragen und Impulse und mehr sachbezogene Interaktionen innerhalb der Gruppe. Statt einer detaillierten Fragenkette orientiert sich dieses entwickelnde Gespräch z. B. an drei bis fünf Leitfragen (auch an der Tafel fixiert), sodass eine größere Transparenz und Zielorientierung für die Lernenden und mehr Elastizität und dialogische Haltung bei den Lehrenden entstehen können. Sie als Lehrer werden sich bemühen die Fragen prägnant vorzustellen, aber ihren Redeanteil begrenzt zu halten, und zum Besprechen, Reflektieren und Erkunden anzuregen.

Sie sollten – wie die Schüler – gut zuhören können, bei Bedarf eine Rednerliste führen, die Beiträge aufgreifen und sammeln, abgleichen und weiterverarbeiten lassen. Typische Lehrtätigkeiten im Rahmen der **Gesprächsführung** sind Ermutigen, Nachhaken, Akzentuieren und Problematisieren, Folgern, Begründen und Bewerten-Lassen (Einsiedler 1981, 122). Dabei können manchmal minimale Anregungen und Denkhilfen Schüler/innen auch in Klassengesprächen dazu bringen Entdeckungen zu machen. Ein „Wirklich?" oder „Ja?" oder auch nur mimisches Fragezeichen an der richtigen Stelle kann tatsächlich ein förderlicher „Steuerungswink" sein (Petersen/ Sommer 1999, 85). Hier wird die Tradition der sokratischen Mäeutik (‚Hebammenkunst') deutlich. Klassisch ist das Milchbüchsenbeispiel von Copei:

Copei berichtet, wie eine Schulklasse in den zwanziger Jahren bei einer Wanderung die Lösung des Milchbüchsenproblems – fast – selbstständig findet. „Feierlich öffnet der Besitzer die Büchse, indem er an einer Stelle ein Loch in den Büchsendeckel bohrt. Er will die Milch ausgießen – aber keine Milch fließt heraus!...Alles staunt: Wie kommt das nur?" Die Schüler stellen Erklärungshypothesen auf und geben Tipps, kommen aber nicht weiter. Als ein Junge sagt: „Da muß aber doch etwas davorsitzen..." und andere widersprechen „Aber es sitzt doch nichts davor", wirft der Lehrer nur ein Wort ein: „Nichts?" (Petersen/ Sommer 1999, 63 f., Meyer 1993 II, 123 f.)

Damit die Lernenden problemorientiert eine Fragehaltung aufbauen, kann die Lehrperson Äußerungen an die Gruppe zurückgeben („Was meinen die anderen dazu?"). Sie wird Wissenslücken oder Widersprüche bewusst machen, Hypothesen aufstellen lassen und Informationen einbringen (Petersen/Sommer 1999, 71). „Der Lehrer sollte keine Scheu haben, sein Fachwissen und seine Fachkompetenz dort einzubringen, wo die Schüler nicht weiterkommen." (Meyer 1993 II, 290).

Er markiert die Gesprächsetappen, formuliert Zwischenergebnisse oder lässt sie festhalten und gibt den Lernenden Rückmeldung. Dabei wird er eine Mischung von bündelnder und individueller Kommentierung wählen, denn nach einiger Zeit ist nicht mehr jede einzelne Äußerung einzuschätzen. Umgekehrt sollen die Lernenden in etwa erkennen können, was sie geleistet haben. Vieles hängt also an der Lehrperson: Sie hat präsent und wirkungsbewusst das Gespräch in der Großgruppe zu moderieren, die inhaltliche Entwicklung wesentlich mitzusteuern, auf

90　　Unterrichtsmethoden

Gesprächsregeln zu verweisen und Nebengespräche nach Möglichkeit zu unterbinden. Zugleich soll sie ein gutes Gesprächsklima schaffen und jedem Einzelnen das Gefühl geben, sein Beitrag sei förderlich für den Fortgang des Gesprächs. Für diese zentrale Kontakt-Dimension können die Grundhaltungen des Beraters als Orientierungspunkte dienen: Ernstnehmen, Einfühlen, Echtsein. Weitere detaillierte Regeln und Tipps für ein „gutes Klassengespräch" finden sich bei Orth.

3.2.3.3　Kreis- oder Schülergespräch, Moderationsmethode

Beim freien Unterrichts-, Kreis- oder Schülergespräch tritt die Lehrerlenkung noch mehr in den Hintergrund: Lehrperson und Lernende werden zu tendenziell ebenbürtigen Gesprächspartnern, Austausch, Verständigung und Abstimmung in der Klasse als Gruppe sind vorrangig, ohne dass die thematische Orientierung vernachlässigt werden muss. Wenn diese Form gewählt wird, müssen die Schüler/innen schon Wissen, Kompetenzen oder Erfahrungen zu dem Thema oder Problem mitbringen und die Bereitschaft, sich in dieser offenen Form damit zu beschäftigen. Die Lehrperson als zurückgenommener Gesprächsleiter (aber auch das kann delegiert werden) traut der Gruppe zu, weit gehend selbstständig zu Klärungen und Lösungen zu kommen. Bei einem solchen Vorgehen können z. B. die Erkenntnisse der Themenzentrierten Interaktion (TZI) genutzt werden. Die verstärkte Einbeziehung der Ich- und Wir-Perspektive kann auch das Gespräch über das „Es" sehr bereichern. Allerdings ist die deutlich reduzierte Lenkung und Kontrolle durch verstärkte Selbstdisziplin und verabredete Gesprächsregeln („Sei deine eigene Chairperson!") zu kompensieren.

Unruh/Petersen schlagen allgemein für Unterrichtsgespräche folgende Regeln vor. Das gegenseitige Aufrufen kann besonders beim Klassengespräch überlegt werden: „Viele sollen etwas sagen! Damit viele drankommen, spricht jeder Einzelne nur ganz kurz! Bitte nur zum Thema sprechen! Alle zeigen dem Sprecher, dass sie zuhören, indem sie ihn oder sie ansehen! Wir rufen uns gegenseitig auf. Wir sprechen nicht zum Lehrer." (Unruh/ Petersen 2002, 82).

Praktische Tipps, die auch sonst verwendbar sind, sind z. B. die „Pappklasse" (bei der Vorbereitung plastische Vorstellung der einzelnen Schüler/innen und der Gruppe durch Stichworte auf Pappkärtchen), das Blitzlicht in Verbindung mit einem Sprech-Stein (kurze Auskunft über einen Themenaspekt und/oder die eigene Befindlichkeit, wobei der wandernde Stein das Rederecht verleiht), Wollknäuel-Spiel, Metaphern benennen, Motorinspektion. (Gudjons 1997, 81ff.)

　　Für Meyer ist die „Bewußtmachung der eigenen Erfahrungen und ihre reflektierte Weiterentwicklung" grundlegend für das „Schülergespräch".

Nach dem Konzept seines Kollegen Ingo Scheller schlägt er vor, dass die Schüler/innen ihre Erfahrungen in der Klasse veröffentlichen, miteinander bearbeiten und vergleichen, alternative Erfahrungen und wissenschaftliche Analysen kennen lernen, um schließlich ihre ursprünglichen Einstellungen und neue Einsichten kreativ aufzuarbeiten und kritisch zu reflektieren.

Der Klassenunterricht und seine methodische Gestaltung

Der Ansatz bei den eigenen Erfahrungen ist sicher über den Literatur-, Gemeinschaftskunde- und Religionsunterricht hinaus bedeutsam. Wenn Schüler/innen heute auch „Pluralitätskompetenz" (Kösel) lernen sollen, dann müssen sie offen werden für die Bearbeitung eigener und fremder Erfahrungen und fragliche und ungewisse Situationen aushalten lernen.

Zu bedenken ist dabei auch, dass Lehrende in der Regel nicht nur Fach-, sondern auch Klassenlehrer/innen sind und in dieser Funktion oftmals Erfahrungen, Probleme und Konflikte im Schulalltag wie auch gemeinsame Vorhaben in der Gruppe besprechen müssen. Solche Gespräche sind wichtig für die Gruppe, können auch eine Ventilfunktion erfüllen, aber sie sollten begründet eingesetzt und von klaren Gesprächsregeln bestimmt sein. Ziellose Plauder-, Laber- oder ‚Talk'-Runden verschenken Zeit und verderben den Tarif.

Anfügen möchte ich einige Überlegungen zur sog. **„Moderationsmethode"**. Sie umfasst verschiedene Aktions- und Sozialformen und ist eigentlich keine spezifische Gesprächsmethode, obwohl es auch darum geht, gute Fragen zu stellen. Sie kann zu einer Effektivierung und klimatischen Verbesserung von Gesprächen führen, weil sie durch die aktive Einbeziehung aller, durch die durchgängige Visualisierung und die wertschätzende und gruppenorientierte Haltung des Moderators günstige Bedingungen für Gespräche schafft. Entwickelt Ende der sechziger Jahre vom Quickborner Team im Rahmen eines Entscheider-Trainings, ist das Besondere der Methode die garantierte Beteiligung der Schüler: Notieren von Eindrücken Befindlichkeiten, Assoziationen, Wertungen auf Kärtchen (Brainstorming). Durch diese Kartenabfrage ist die verbreitete Engführung auf wenige Schüler/innen außer Kraft gesetzt: Wissen und Meinung jedes Einzelnen werden berücksichtigt. Noch wichtiger als die Technik ist die Haltung des Moderators: Er begegnet den Teilnehmern ermutigend und respektvoll, inhaltlich leitet er nicht, sondern hilft der Gruppe ausschließlich methodisch bei ihrem Meinungs- und Willensbildungsprozess. Auch die Phasen des Bearbeitens, Gliederns, Bewertens und Vereinbarens werden visualisiert (Pin-Wände, Flip-Chart, Tafel). Auf später verschobene Fragen werden im Fragen-Speicher notiert. Moderationskoffer, auch bei anderen Formen gut brauchbar, sind leicht selbst zu bestücken. Problematisch ist der hohe Zeit- und Materialaufwand. Zudem ist die Lehrperson nicht nur Agent der Gruppe, sondern auch ihr Leiter mit Inhaltsvorgaben und eigenen Vorstellungen.

3.3 Formen innerer Differenzierung im Klassenunterricht

Klassenunterricht in Permanenz ist didaktisch nicht zu rechtfertigen, er führt bei den Schülern leicht zu Überdruss und Demotivation und für die Lehrkräfte stellt er unter den heutigen Bedingungen eine fortwährende Überforderungssituation dar. Seine positiven Wirkungen kann der Klassenunterricht dann entfalten, wenn er zugleich offen für andere Sozialformen ist und Formen individuellen, dialogischen und kooperativen Lernens einschließt. Die Frage der Binnen- oder Inneren

Differenzierung, seit den 1970er-Jahren in der Diskussion, stellt angesichts der zunehmenden Heterogenität der Lernenden eine große Herausforderung dar (Paradies/ Linser 2001).

„Recht auf Gleichheit heißt auch Recht auf Differenz." (von Hentig). Wie können wir dem mehr Rechnung tragen, indem wir das individuelle Lernvermögen und das soziale Lernen erheblich mehr berücksichtigen? Inwiefern ist es sinnvoll zeitweise nach Lerntempo, Interessen, nach Inhalten oder Leistungsstand zu variieren? Der erfolgreiche Einsatz von Formen innerer Differenzierung hängt nicht zuletzt davon ab, dass im Plenum ein sinnvoller Wissensrahmen und eine hinlängliche Methodenbasis erarbeitet wurde. Es müssen Fähigkeiten im Bereich von Selbst-, Sozial- und Methodenkompetenz bestehen oder die Lehrperson muss sich um deren Ausbildung und Verbesserung kümmern, denn ansonsten drohen herbe Enttäuschungen (vgl. Klipperts „Mikromethoden", Gudjons 2003, 76 ff.). Bei geringer eigener Erfahrung und in einer wenig geübten Klasse empfiehlt es sich, stufenweise voranzuschreiten: über Einzelarbeit und Partnerarbeit über themengleiche und arbeitsgleiche Gruppenarbeit, arbeitsteilige Gruppenarbeit (innerhalb einer Stunde) und arbeitsteiligen Gruppenunterricht (über mehrere Stunden) bis hin zu der methodischen Großform des Projekts. Der positive Nebeneffekt des Einbaus anderer Sozialformen kann auch sein, dass die Unterrichtsphasen deutlicher getrennt und in ihren unterschiedlichen didaktischen Funktionen auch von den Lernenden besser wahrgenommen werden können.

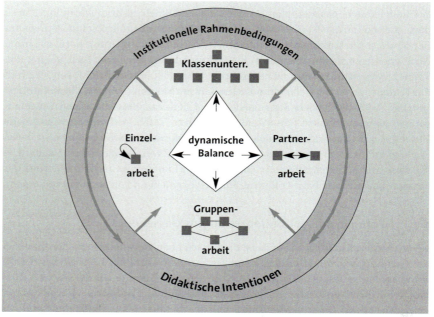

Bild 3.4: Ausbalancieren der Arbeitsformen (vgl. Gudjons 2003, 38 – teilweise geändert)

3.3.1 Einzelarbeit (Allein-/Stillarbeit): individuelles Lernen

Bei der Einzelarbeit (Still-, Alleinarbeit) hat jeder Lernende die Möglichkeit Abfolge, Stil und Geschwindigkeit des Arbeitens selbst zu bestimmen, eigene Kompetenz und Lernmotivation zu erleben.

 Ziel ist neben der unmittelbaren sachlichen Auseinandersetzung die Förderung der Selbsttätigkeit und Selbstständigkeit der Lernenden.

Es gilt eigene Ressourcen zu entdecken und zu aktivieren und auch das Durchhaltevermögen zu schulen. Neben der Fachkompetenz wird dadurch vor allem die Methoden- und Selbstkompetenz ausgebildet. Die „Fähigkeit zu konzentrierter Einzelarbeit" ist gerade auch heute wichtig (Peterßen 1999, 64) – auch als Vorbereitung auf Teamarbeit.

Lehrpersonen müssen sich viel mehr für die individuellen Unterschiede interessieren. Lernen ist vor allem ein individueller Konstruktionsprozess, so sagen auch die eher pragmatischen Konstruktivisten und weisen auf die individuelle „Lernbiografie", den „Lerntyp", die charakteristischen Stärken und Schwächen des einzelnen Lerners hin. Sie plädieren gegen die Normierung des Lernens und für individuelle Passung, sozusagen gegen umstandslose „Massen-Fertigung" und für mehr „Maß-Anfertigung" in der Schule der Postmoderne. Auch Weinert hält diese Sozialform für außerordentlich leistungsfähig:

„Der Stillarbeit und der dabei zu leistenden hochgradig individualisierten Unterstützung der Lernenden durch die Lehrer kommt eine besondere Bedeutung zu. Diese Form des Unterrichts ist für die Erreichung anspruchsvoller Leistungsziele durch möglichst viele Schüler die wirksamste Methode." (Weinert 1998, 27) Dabei kritisiert er zu Recht die Verwechslung von Ziel und Weg, vielfältige Unterstützung ist nötig zum Erwerb der Kompetenzen selbstständigen Lernens.

Einzelarbeit fungiert meistens als 5- bis 15-minütige Unterbrechung des Klassenunterrichts. Die Dauer kann aber auch beim Problemlösen, bei der Bearbeitung elektronischer Lernprogramme, bei informellen Tests, kreativem Schreiben u. Ä. deutlich länger sein.

Die Umstellung von Klassenunterricht zu Einzelarbeit ist sehr leicht zu organisieren. Übliche Einzelarbeit ist zumeist themen- und arbeitsgleich angelegt, d. h., alle Schüler/innen bearbeiten die gleichen Themen auf Grund gleicher Aufträge. Es kann aber auch nach Interesse oder Leistung differenziert werden oder es können wegen des unterschiedlichen Tempos neben dem Pflichtprogramm für alle fakultative Zusatzaufgaben angeboten werden (mit höheren Schwierigkeitsgraden).

Auch im Rahmen von Freiarbeit oder Hausarbeit hat das individuelle Lernen hohen Stellenwert. Sie können z.B. die Schüler/innen ermuntern, ihr Hausheft mehr als „Lernjournal" zu nutzen, subjektive Eindrücke und Reflexionen zu ihrem eigenen Lernprozess zu notieren und zusätzliche Materialien zu integrieren (Gasser 1999, 186; vgl. auch Portfolio-Ansätze).

Als Lang- und Dauerform des Unterrichts existiert diese Sozialform nur akademisch, im Fernunterricht oder in spezifischen Alternativschulen wie Helen Parkhursts Daltonplan-Schulen, die die individuelle Arbeit des Schülers anhand eines auf ihn zugeschnittenen Lernprogramms in den Mittelpunkt rücken. Andere bemerkenswerte individualisierende Theorie-Ansätze waren die ATI-Forschung (Aptitude-Treatment-Interaction; die Passung individueller Fähigkeiten mit Methoden) und das Mastery Learning, bei dem die individuelle Lernzeit als Variable genutzt wird zur Ziellerreichung möglichst vieler Lernenden. Beide Ansätze haben nicht die Serienreife erlangt. Ohnehin können bei längerer Einzelarbeit leicht „Vereinsamungseffekte" (Kösel) entstehen.

3.3.2 Partnerarbeit (Tandemarbeit): dialogisches Lernen

Die Partnerarbeit ist in allen Schularten ein methodisches „Stiefkind" (Nuhn 00, 12). Sich zu einem Text oder Problem zu zweit kurz auszutauschen und zu beraten, bringt dabei neue Aspekte in den Unterricht ein. Nicht nur angesichts des „Egozentrismus" im Wahrnehmen, Denken und Fühlen ist die Suche nach einer gemeinsamen Antwort ein sinnvoller Weg, der viel zu selten beschritten wird. Zweierbeziehungen stellen einen „Grundbaustein" sozialen Lernens dar (Nuhn), dialogische Elemente fördern die Identitätsfindung (M. Buber) .

Partnerarbeit ist angesichts der verbreiteten Zweiertische leicht zu arrangieren und wenig störanfällig. Probleme können entstehen, wenn die „Nebensitzer" nicht zusammenarbeiten wollen oder können oder wenn leistungsheterogene Partner zu sehr aufeinander eingespielt sind und eine ungünstige Arbeitsteilung praktizieren. Es kann auch sinnvoll sein, die Partner sich wählen oder den Zufall entscheiden zu lassen. Beim **„Kugellager"** werden von den Lernenden zwei (Stuhl-)Kreise gebildet, wobei der innere Kreis nach außen und der äußere nach innen blickt. Auf entsprechende Vorgaben (z. B. „Innenkreis: eins nach links") dreht sich mindestens einer der beiden Kreise, sodass sich andere Personen gegenübersitzen oder -stehen. Das kann man mehrfach wiederholen. Die Paare können Vorwissen, Lektüre-Eindrücke oder Erwartungen zu einem neuen Thema miteinander austauschen. Eine wichtige Spezialform ist das **Partner-Interview**, bei dem die selbst gewählten oder ohnehin nebeneinander sitzenden Partner ein Fragenblatt zum bereits besprochenen oder folgenden Thema bearbeiten. Die Fragen, die sich auf das Vorwissen, die Voreinstellungen, die Hausaufgaben oder das behandelte Thema der Stunde beziehen, sollen abwechselnd beantwortet werden. Der jeweils nicht sprechende Partner notiert, sodass die Antworten in Auswahl im Plenum vorgestellt und weiter bearbeitet werden können.

Partnerarbeit dauert meist nur 10-15 Minuten im Kontext des Klassenunterrichts, dessen „willkommene Ergänzung und Abwechslung" (Nuhn) sie darstellt. Als ‚Kleinstgruppenarbeit' kann sie durch die Öffnung der Interaktionsstruktur eine wichtige Etappe hin zur Gruppenarbeit darstellen, ohne den üblichen Ordnungsrahmen anzutasten. Für größere Vorhaben ist sie wegen der kommunikativen Engführung ungeeignet.

3.3.3 Gruppenarbeit/ Gruppenunterricht: kooperatives Lernen

Gruppenarbeit oder (Klein-)Gruppenunterricht ist die in der Erziehungswissenschaft meist thematisierte Sozialform überhaupt. In der Unterrichtsrealität kommt sie dagegen immer noch relativ wenig vor. Die Klasse wird auf Zeit in mehrere Kleingruppen aufgeteilt, die selbstständig ein Thema bearbeiten und hinterher dem Plenum ihre Ergebnisse präsentieren.

Kleingruppenunterricht ist nach Gudjons ein Unterricht „in Kleingruppen (meist 3 – 6 Schüler) einer Klasse; beim selben Lehrer, zur selben Zeit, meist auch im selben Raum; mit Aufgabenstellungen, die in einem unterrichtlichen Zusammenhang stehen und auf die Entwicklung von Kooperationsfähigkeit, auf forschend-entdeckendes Verhalten und gemeinsame Problemlösungen zielen" (Gudjons 1993, 16). Trotz des Helfersystems in früheren Jahrhunderten hat sie erst in der Reformpädagogik zu Beginn des 20. Jahrhunderts große Bedeutung erlangt. Was soll Gruppenarbeit leisten?

> *Als Grundform des sozialen Lernens kann Gruppenarbeit neben fachlichen Zielen besonders Sozialkompetenz in Verbindung mit Methoden- und Selbstkompetenz fördern.*

Beim Gruppenunterricht stehen die vielbeschworenen „Schlüsselqualifikationen" im Mittelpunkt. Es werden vor allem folgende Ziele angestrebt:

- Erhöhung der Interaktionsmöglichkeiten in der Klasse: verbesserte Beteiligung, größerer Sprachumsatz,
- Förderung sozialer und emotionaler Lernprozesse in der Gruppe: Kooperation und Teamfähigkeit, Perspektivenwechsel, Erfahrung des Leistungsvorteils der Gruppe, auch von Konflikten und ihrer Bewältigung,
- Entwicklung reflexiven, kritischen und moralischen Denkens: personale Auseinandersetzung, Meinungs- und Einstellungsbildung, Vergleich und Aufarbeitung der subjektiven mentalen Modelle,
- Förderung explorativer, produktiver und kreativer Prozesse: entdeckendes Lernen, praktische Weiterverarbeitung und Anwendung.

Diese Ziele sind tatsächlich außerordentlich wichtig, auch wenn manche Kritiker sie schon zu sehr funktionalisiert sehen für die Teamarbeit in der Wirtschaft und in manchen Produktionszweigen. Lehrer/innen sollten ihren Beitrag dazu leisten, dass die Ziele erreichbar werden. Das schließt gute Vorbereitung, Training, Unterstützung, aber auch kritische Diskussionen über Ziele und Gruppendynamik mit ein.

Gruppenarbeit hat verschiedene **Unterformen**: Die Kleingruppen können die gleichen oder unterschiedliche Themen bearbeiten (themengleich/ -differenziert, auch Kombination) und innerhalb der Gruppen kann arbeitsgleich oder arbeitsteilig verfahren werden. In der Praxis werden die letztgenannten Begriffe auch als Oberbegriffe für gleiche oder unterschiedliche Aufträge verwandt. In Verbindung mit der unterschiedlichen zeitlichen Dauer und organisatorischen Vorgaben kann man noch weiter differenzieren (Gudjons 1993, 14 f.). Überlegenswert ist, die längerfristige Form (mehrere Stunden bis zu einer ganzen Unterrichtseinheit) begrifflich als „Gruppenunterricht" von der kurzfristigen (innerhalb einer Stunde) als „Gruppenarbeit" abzusetzen. Die längerfristigen arbeitsteiligen Formen versprechen mehr Wirkung, gerade auch im Blick auf Schlüsselqualifikationen, sind aber auch in jeder Hinsicht aufwändiger und riskanter. Kurzfristige Phasen innerhalb des Klassenunterrichts werden demgegenüber in der Literatur abgewertet als „funktionalistische Gruppenarbeit" (Gudjons 1993, 15) oder gar als seine „Krüppelform" (Meyer 1993 II, 242). Meines Erachtens kann auch kurzfristige Gruppenarbeit außerordentlich sinnvoll sein. Zudem bleiben auch beim „Gruppenunterricht" wichtige Einstiegs-, Zwischen- und Schluss-Situationen in der Klasse erhalten. Die Zwischensituationen dienen dem Innehalten, der Verständigung zwischen den Gruppen, Abklärung von Konflikten und ggf. der Modifikation des weiteren Vorgehens. Insofern leuchtet es ein, wenn Gudjons gegen eine „Verabsolutierung des Konzeptes Gruppenunterricht" Stellung bezieht:

„Dabei bleibt der Frontalunterricht wesentlicher Dreh- und Angelpunkt zur Planung und Koordination der Gruppenarbeit, zum Austausch, zur Systematisierung und Verarbeitung von Ergebnissen, zur gezielten Vermittlung von Zusatzinformationen, zu kritischen Nachfragen an die Gruppen, zu Korrekturen, Ergänzungen, Kontrollen und zur Gesamtevaluation einer gruppenunterrichtlich durchgeführten Unterrichtseinheit." (Gudjons 1993, 48 f.)

Gruppenunterricht ist dann angezeigt, wenn Schüler/innen selbstständig/eigenverantwortlich entdeckend und kooperativ lernen sollen und können.

Aufgabenstellung und Lernmaterialien müssen so beschaffen sein, dass in der Selbstarbeitsphase eine hinlängliche Herausforderung zum eigenständigen und kooperativen Lernen besteht, aber auch unnötige Frustrationen und Desorientierung vermieden werden und nicht dauernd Rat bei der Lehrperson eingeholt werden muss.

Insofern kommen in der Schule zumeist Formen angeleiteten Entdeckenlassens vor. Die Arbeitsaufträge sollen Entscheidungssituationen und Anregungen für die Präsentation enthalten. Besonders geeignete Aufgabentypen für Gruppenarbeit sind Diskutieren, Analysieren, Gestalten und Trainieren:
- Diskutieren: nach Film über Verhütungsmethoden Fälle diskutieren (Biologie);
- Analysieren: verschiedene Texte zum gleichen Motiv vergleichen (Deutsch);
- Gestalten: gemeinsames Entwerfen von Design-Objekten (Bildende Kunst);
- Trainieren: Übungen, Anwendungen (Praktika in Naturwissenschaften).

Die Gruppenbildung kann nach Zweckmäßigkeit, Interesse, Zufall, Leistung oder Sympathie erfolgen. Bei kurzfristiger Gruppenarbeit ist es am einfachsten, wenn zwei Nachbartische zusammenarbeiten. Bei arbeitsteiligem und längerfristigem Gruppenunterricht wird man oftmals nach Interessenschwerpunkten wählen lassen. Zur gruppendynamischen Auflockerung können auch Gruppenbildungen nach dem Zufall beitragen. Leistungsdifferenzierung kann in Fächern wie Infor-

Formen innerer Differenzierung im Klassenunterricht

matik unumgänglich werden, sollte sich aber der Gefahr der Etikettierung bewusst sein.

Als **Gruppengröße** ist von 3 – 6 Schüler/innen auszugehen, die Zahl von 5 Lernenden gilt als ideal (keine Pattsituation). Bei größeren Zahlen ist das Kontakt- und Kommunikationsnetz nicht mehr überschaubar. Bei 4 Personen ergeben sich 6, bei 5 Personen 9 und bei 8 Personen – nicht mehr realisierbar – 28 Interaktionsmöglichkeiten.

Dadurch erhöht sich auch die Gefahr der **Verantwortungsdiffusion**, die ohnehin ein großes Problem darstellt. Je größer die Anzahl der Personen, desto geringer der Grad individueller Verantwortlichkeit. Nicht zuletzt deshalb wird seit einigen Jahren die Verbindung von Einzel- und Gruppenarbeit propagiert. Der Einzelne soll in die Kleingruppe schon eigene Ideen, Thesen, Lösungsvorschläge etc. mitbringen, die er in der Gruppensituation vertreten muss. Das Risiko des Ausstiegs aus dem Arbeitsprozess in der Gruppe wird dadurch deutlich verringert.

Es ist wichtig, sich die verschiedenen Phasen des Gruppenprozesses zu vergegenwärtigen, um nicht Gefahr zu laufen, ein Vorhaben schon vorzeitig (in der 2. Phase) für gescheitert zu erklären. Die folgende Übersicht orientiert sich an dem ursprünglichen Ansatz von Tuckman und fügt einige nähere Erläuterungen hinzu (vgl. Pallasch 1993, 114):

Phasen des Gruppenprozesses		
	Inhaltsebene	**Beziehungsebene**
FORMING	Kennenlernen der Aufgabe	Einschätzen der Situation, Kennenlernen und Abtasten
STORMING	Schwierigkeiten mit der Aufgabe, Widerstand gegen die Aufgabe	Entstehen von Konflikten, Spannungen, Positionskämpfe
NORMING	Austauschen von Informationen und Interpretationen zur Aufgabenstellung	Einigung auf Normen, Rollendifferenzierung, Zusammenhalt
PERFORMING	Arbeiten an der Aufgabe, Verständigen auf Lösungen	Kooperation in der Gruppe, informelle Kontakte
INFORMING	Veröffentlichung des Produkts, Austausch mit anderen Gruppen	Festigung der Gruppenidentität, Kontaktaufnahme nach außen

In der **Vorbereitungsphase** der Gruppenarbeit geht es darum, das problemhaltige Thema zu identifizieren, im Hinblick auf seine Teilaspekte zu analysieren und ein elastisches Erarbeitungskonzept mit herausfordernden Lernsituationen zu erstellen. Für die Gruppenarbeit geeignete Materialien (z. B. Leittexte) sind zu sichten bzw. neu zu erarbeiten. Am Anfang steht oftmals eine „multivalente Situation" (Gudjons 1993, 28) oder ein Problem-„Knoten" (E. Meyer). Vor der Selbstarbeitsphase sind in der Regel klare Vorgaben erforderlich (inhaltliche Aufträge und Arbeitsweise, Zeitvorgabe, Präsentationsform, Gruppensprecher/in und evtl. andere Rollen festlegen). Allzu offene und schwammige Aufträge, evtl. ohne hinlängliche Informationsbasis („Diskutiert über ein Einwanderungsgesetz!"), wirken als ‚Pädagogik der leeren Hand', sodass mit schlechter Arbeitsmoral und dürftigen Ergebnissen zu rechnen ist.

Die abschließende **Präsentations-** und Auswertungsphase darf auf keinen Fall fehlen, es drohen sonst die „Produktivitäts-" oder „Verpuffungsfalle" (Gestaltung ohne Nachdenken, ohne Integration; Einecke 1999). Diese Phase ist mit die schwierigste, weil die Schüler/innen auf ihr Gruppen-Ergebnis fixiert sein können und ansonsten abschalten. Welche Möglichkeiten es gibt, anregend und anschaulich Ergebnisse zu präsentieren (Wandzeitungen, Plakate; auch Rollenspiele), sollte im Vorfeld thematisiert und gelegentlich auch geübt werden.

Für die Auswertungsphase kann außerdem eine bessere Integration der Einzelergebnisse durch Vorgabe der übergreifenden Fragestellung und bei Jüngeren eine Vorstrukturierung durch die Lehrperson überlegt werden (z. B. Raster als Folie). Wer die Ergebnisse der Gruppen auch optisch gestaltet sehen möchte, erleichtert durch deren Ausstellung („Marktplatz") eine interessante Auswertung, muss aber mit einem höheren Zeitaufwand rechnen. Weitere Auswertungsmöglichkeiten sind Expertenbefragung, fishbowl (freier Stuhl für Schüler mit Rückfragen), Podiums- und Plenumsdiskussion (gemischtes Podium), oder generelle Mischgruppen (Gudjons 1993, 33).

In enger Verknüpfung mit der Präsentation sollten Auswertung und Rückschau stehen. Die Ergebnisse der Gruppen sind angemessen zu würdigen, aber notwendige Korrekturen und Ergänzungen dürfen nicht vergessen werden. Es ist die Verantwortung des professionellen Pädagogen, dafür behutsam, aber auch mit der nötigen Klarheit zu sorgen.

Die **Rolle des Lehrenden** verändert sich erheblich. Er ist insgesamt weniger Instrukteur als Lernbegleiter, aber die Aufgaben variieren in den verschiedenen Phasen. In der Vorbereitungsphase ist er der Arrangeur von Lernsituationen, in der Hinführungsphase ist er informierend, initiierend und motivierend außerordentlich bedeutsam, während er in der Selbstarbeitsphase als zurückgenommener Beobachter fungieren soll: Hilfe, Beratung oder Intervention nur auf Anfrage oder bei erheblichen Schwierigkeiten und Konflikten in der Gruppe. Die empirisch gut fundierte Empfehlung lautet eindeutig: „Vermeiden Sie invasive Interventionen!" (Nürnberger Projektgruppe 2001, 56). In der Phase der Auswertung wird die Lehrperson vor allem zum Moderator, kann aber auch wieder stärker zum Motor und Lenker des Unterrichts werden.

Formen innerer Differenzierung im Klassenunterricht

Einige wenige Bemerkungen zu **neueren Formen des Gruppenunterrichts**:

- Eine schlichte Kurzzeit-Variante zur Einstimmung oder zum Innehalten ist die „Methode 66": Je sechs Lernende verständigen sich 6 Minuten lang über ein Thema, Problem oder ihre Befindlichkeit.

- Bei der „Vier-Ecken-Methode" (auch Fünf- oder Sechs-Orte-Methode) wird die Gruppenbildung mit der Entscheidung für eine These oder Sichtweise verbunden und zugleich für Bewegung gesorgt. Die Schüler/innen entscheiden sich beim Herumgehen im Raum für eine der Gruppen, deren Thesen (und evtl. Materialien) zum Auswählen in den vier Ecken des Raumes liegen oder an den Wänden hängen. Die Schüler/innen beziehen buchstäblich Position und vergewissern sich über ihre Argumente.

- Bei der „Strukturlegetechnik" sind Kärtchen mit Einzelbegriffen von den Mitgliedern der Gruppe zu erläutern und als Strukturzusammenhang anzuordnen (beweglich auf den Tischen oder durch Aufkleben auf Plakaten, ggf. mit Richtungspfeilen etc.). Sowohl die Erstellung des mentalen Vorab-Entwurfs in der Erarbeitungspahse als auch die der prüfenden Rekonstruktion in der Wiederholungsphase versprechen klärende und vertiefende Einsichten.

Von den verwandten Formen Gruppen-Puzzle, -Rallye und -Turnier (vgl. Peterßen 1999, 127ff.) erscheint mir das **Gruppen-Puzzle** am wichtigsten. Die Leistung des Einzelnen beim Wissenserwerb aus Texten wird bei dieser mehrphasigen Großform besonders eng mit der Leistung des Teams verknüpft.

In der 1. Phase wird nach der Einteilung der Stammgruppen von den Gruppenmitgliedern ausgewählt, wer welchen Teilaspekt des Gesamtthemas bearbeitet. Auf Grund der Entscheidungen konstituieren sich in der 2. Phase die gemischt besetzten Expertengruppen und machen sich ausgehend von geeigneten Texten zu dem Themenaspekt schlau. In der 3. Phase bilden die Stammgruppen ein vorläufiges Ergebnisforum: Nach dem Motto „docendo discimus" oder learning by teaching muss jeder Experte seiner Stammgruppe die Ergebnisse referieren und auf Rückfragen antworten. In der 4. Phase folgt nach dem ursprünglichen Modell (Aronson, Huber) die Evaluation der Ergebnisse vor allem in Form von Tests. Stattdessen kann auch durch die Veröffentlichung von Lernpostern Bewertung und Anerkennung erfolgen. Nacharbeitung im Plenum ist oftmals nötig und sinnvoll, weil die Expertenberichte in den Stammgruppen von sehr unterschiedlicher Qualität sein können. Angesichts der Komplexität des Gruppen-Puzzles sind klare Information und bestimmte Lenkung vor allem am Anfang erforderlich, um unnötige Frustrationen zu vermeiden.

Gruppenunterricht ist nicht automatisch eine günstige Sozialform. Auch als „Hochform des Sozialen Lernens" ist er keine „didaktische Wunderwaffe" (Gudjons 1993, 17). Er muss vielmehr auf Grund großer Störanfälligkeit besonders gründlich geplant und sachkundig und solide umgesetzt werden. Ein besonderes Problem ist, dass er viele Fähigkeiten voraussetzt. Wer hier – so Peterßen – nicht die alte pädagogische Spruchweisheit berücksichtigt, dass sich nur zeigt, was man schon voraussetzt, ist zum Scheitern verurteilt (Peterßen 1999, 139).

3.4 Zusammenfassung

Rückblickend wird deutlich, wie vielgestaltig die Methodenlandschaft ist, auch wenn einige bedeutsame alternative Großformen wie Projekt oder Freiarbeit hier gar nicht zu berücksichtigen waren. Auch die Zeitdimension mit ihren Verlaufsformen und Überraschungsmomenten und viele wichtige didaktische Funktionen des Klassenunterrichts wurden nicht näher entfaltet.

„Es kommt auf den Unterricht an!" (Die Zeit 50/ 2001) Methoden wie Aktions- und Sozialformen haben nicht erst seit PISA eine sehr große Bedeutung, sie sind mehr als nur technische Wege des Wissens-Transports zwischen Lehrenden und Lernenden, sie bestimmen über die Sachbegegnung auch die Aneignungsformen, über die unterrichtliche Inszenierung und die Interaktionsmuster auch das soziale Lernen im Klassenzimmer. Angesichts der herrschenden methodischen Einförmigkeit und der gesellschaftlichen Veränderungen ist eine Vergrößerung des Methoden-Repertoires notwendig. Wir brauchen eine neue oder erweiterte Lehr-Lern-Kultur mit vielen Formen und Fassetten. Das bestätigt eindrucksvoll der erste Bildungsbericht für Deutschland, der einen variationsreicheren Unterricht anregen möchte: mit direkter Instruktion in der Klasse, aber – „ebenso wichtig" – auch mit „Phasen der Eigenaktivität der Schüler und Formen der Differenzierung" (Bildungsbericht 2003, 149). Ein solcher Unterricht ist sicher auch geeignet, dabei mitzuwirken, dass alle vier Zielebenen von Schule, die die UNESCO 1996 formuliert hat, realisiert werden können: „learn to know" (Wissenserwerb und Lernkompetenz), „learn to do" (Handlungskompetenz), „learn to be" (Selbstkompetenz) sowie „learn to live together" (Sozialkompetenz).

Die generell und unstrittig beste, effektivste Methode gibt es allerdings nicht, weder die herkömmlichen noch die neuen Methoden dürfen verabsolutiert werden. Statt der verbreiteten Methoden-Monotonie ist nicht eine einseitig innovative Methoden-Euphorie wünschenswert, sondern ein nüchtern reflektierter und gut realisierter ‚Methoden-Mix' in didaktischer Verantwortung. Die Häufigkeiten der Methoden sollten sich verschieben, aber es ist nichts gewonnen, wenn mehr Gruppenunterricht stattfindet – in mäßiger Qualität. Ein Primat der Methode, wie es sich mancherorts durchgesetzt haben soll, erscheint mir ähnlich schädlich wie das andere Extrem, eine arrogante Fachlichkeit, die die Bedeutung der Methodik notorisch unterschätzt. Unterrichtsformen müssen auch weiterhin im didaktischen Horizont bedacht und entschieden werden. Methodische Beliebigkeit und oberflächliche Moden sind einer seriösen Unterrichtskultur ebenso abträglich wie das bloße Beharren auf fachlicher Souveränität und feinsinniges Bedenkentragen gegen methodische Innovationen jeder Art.

 Für Sie als junge Lehrer/innen ist es wichtig, viele Formen kennen zu lernen und immer wieder selbst zu erproben, differenzierte Rückmeldung zu erhalten und sukzessiv ihre Methoden-Arrangements und ihren eigenen Unterrichtsstil zu entwickeln.

Zusammenfassung

Voraussetzung dafür ist, dass Sie die Methoden nicht nur kennen, sondern auch können: ‚Handwerklich-methodische' Kompetenzen sollten nicht abgewertet werden gegenüber dem ‚Eigentlichen', dem wissenschaftlichen Anspruch, dem Bildungsziel oder der persönlichen Begegnung. Wenn Sie die Lernenden anleiten sollen, sich neben der unverzichtbaren Fachkompetenz verstärkt auch Selbst-, Sozial- und Methodenkompetenzen anzueignen, dann brauchen Sie dafür ein differenziertes Instrumentarium.

Mehr noch: Sie brauchen langen Atem und eine Professionalität, die Persönlichkeit und berufsbiografische Weiterentwicklung einschließt. Sensibilität, Selbstwirksamkeitsüberzeugung und Selbstkritik sind auch bei Ihren methodischen Entscheidungen gefragt. Sie brauchen Antennen und müssen spüren, wie die Methoden schüler- und situationsgemäß umzusetzen sind, denn sie dürfen natürlich nicht blind ‚exekutiert' werden. In einer Situation kann die penible Beachtung des methodischen Vorgehens für das Lernen sehr förderlich sein, in einer anderen kann sich atmosphärisch eher eine gewisse augenzwinkernde Relativierung der starren Abfolge anbieten. Ein professionelles Formen-Repertoire kann auch helfen, die Ansprüche der überkomplexen Situation Unterricht stärker zu dosieren oder sich bei Überforderungen zu entlasten.

Ein völlig neues Leitbild für den Lehrer/innen-Beruf ist nicht erforderlich, die Lehrperson bleibt Anwalt der Sache und der Lernenden, Kultur- und Erziehungsexperte. Mit den zugespitzen Worten von Marga Bayerwaltes:

„Über dem Eingang zum Lehrerberuf sollte vielleicht in Zukunft so etwas wie das delphische *Erkenne dich selbst* stehen, geleitet durch zwei Fragen:
■ Willst du wirklich dein ganzes Berufsleben mit (lauten, frechen, anstrengenden) Kindern verbringen?
■ Kannst du oder weißt du etwas, das dir selbst so wichtig ist, dass du es Kindern und Jugendlichen immer wieder aufs Neue erklären oder erzählen möchtest?
Und nur wer nach langer und gründlicher Selbstprüfung zweimal laut und deutlich ja gesagt hat, der dürfte hinein." (Bayerwaltes 2002, 92)

Aber entsprechend den vier komplementären Didaktik-Ansätzen kann man erweitern, differenzieren und neue Akzente setzen: Neben den Instrukteur und Vermittler sollte zunehmend der Arrangeur von Lernsituationen und Lernbegleiter treten, neben dem Facherschließer wird verstärkt der für Beteiligung sorgende Moderator, der Beziehungs- und Gruppengestalter wichtig.

Die professionelle Grundhaltung und Gesprächskompetenz sollte auch der Zusammenarbeit in der Schule zugute kommen. Statt des Prinzips der geschlossenen Tür sollte eine „Kultur der professionellen Kooperation" (Terhart 1997, 463) angebahnt werden. Bei der pädagogischen Weiterentwicklung von Schule und Gymnasium muss die Entwicklung der Unterrichtskultur im Mittelpunkt stehen. Viele Schulen haben sich schon auf den Weg gemacht, ein eigenes Methoden-Curriculum für ihre Schule zu entwickeln, um die Lehr-Lern-Kultur und die Selbstständigkeit der Schüler/innen zu fördern.

Literatur

Adl-Amini, B. (1994). Medien und Methoden des Unterrichts. Donauwörth: Auer.

Adl-Amini, B./ Schulze, Th./ Terhart, E. (Hrsg.) (1993). Unterrichtsmethode in Theorie und Forschung. Bilanz und Perspektiven. Weinheim: Beltz.

Aebli, H. (1983). Zwölf Grundformen des Lehrens und Lernens. Stuttgart: Klett.

Aschersleben, K. (1999). Frontalunterricht – klassisch und modern. Neuwied: Luchterhand.

Bayerwaltes, M. (2002). Große Pause! Nachdenken über Schule. München: Kunstmann.

Becker, G. E. u. a. (1980, 2. A.). Unterrichtssituationen. München: Urban & Schwarzenberg.

Bildungsbericht für Deutschland (2003). Erste Befunde. Hrsg. von der KMK und dem DIPF. Opladen: Leske und Budrich.

Einecke, G. (1999). Vorsicht Falle! Problemzonen in Deutschstunden. In: SEMINAR 4/1999, 70 ff.

Einsiedler, W. (1981). Lehrmethoden. München: Urban & Schwarzenberg.

Flechsig, K.-H. (1996). Kleines Handbuch didaktischer Modelle. Eichenzell: Neuland.

Gage, N. L./ Berliner, D. C. (1986, 4. A.). Päd. Psychologie. Weinheim: Beltz.

Gasser, P. (1999). Neue Lernkultur. Aarau: Sauerländer.

Glöckel, H. (1992, 2. A.). Vom Unterricht. Bad Heilbrunn: Klinkhardt.

Grell, J./ Grell, M. (1979 u. ö.).Unterrichtsrezepte. München: U & S.

Greving, J./ Paradies, L. (1996). Unterrichts-Einstiege. Berlin: Cornelsen Scriptor.

Gudjons, H. (1989, 2. A.). Handlungsorientiert lehren und lernen. Bad Heilbrunn: Klinkhardt.

Gudjons, H. (Hrsg.) (1994). Handbuch Gruppenunterricht. Weinheim: Beltz.

Gudjons, H. (1997). Didaktik zum Anfassen. Bad Heilbrunn: Klinkhardt.

Gudjons, H. (2003). Frontalunterricht – neu entdeckt. Integration in offene Unterrichtsformen. Bad Heilbrunn: Klinkhardt.

Gugel, G. (1997/98). Methoden-Manual I/II: „Neues Lernen". Weinheim: Beltz.

Haenisch, H. (2000). Merkmale erfolgreichen Unterrichts. Forschungsbefunde als Grundlage für die Weiterentwicklung von Unterrichtsqualität. Arbeitsbericht 55 des Landesinstituts für Schule und Weiterbildung Soest.

Hage, K. u. a. (1985). Das Methodenrepertoire von Lehrern. Eine Untersuchung zum Schulalltag der Sekundarstufe I. Opladen: Leske & Budrich.

Helmke, A. (2004, 2. A.). Unterrichtsqualität erfassen, bewerten, verbessern. Seelze: Kallmeyer.

Heidemann, R. (1996, 5. A.). Körpersprache im Unterricht. Heidelberg: Qu. & M.

Huwendiek, V. (1994a). Didaktisches Denken und Handeln. In: Bovet, G./ Huwendiek, V. (1994). Leitfaden Schulpraxis. Berlin: Cornelsen (Vorlauflage, nicht mehr lieferbar).

Huwendiek, V. (1996). Belastungen und Entlastungen im Lehrberuf. In: SEMINAR 3/1996, S.34ff.

Huwendiek, V. (1997). Schule, Lehrerbild und Lehrerbildung in der Diskussion: wozu wir professionelle Lehrer/innen brauchen. In: SEMINAR 3/1997, 7ff.

Jank, W./ Meyer, H. (2002, 5. Aufl.). Didaktische Modelle. Frankfurt/M.: Cornelsen Scriptor.

Kanders, M. (2000). Das Bild der Schule aus der Sicht von Schülern und Lehrern. Dortmund.

Klingberg (o. J.). Einführung in die Allgemeine Didaktik. Frankfurt am Main.

Klippert, H. (1994). Methoden-Training. Übungsbausteine…Weinheim: Beltz.

Klippert, H. (2000). Pädagogische Schulentwicklung. Weinheim: Beltz.

Literatur

Lehrerfortbildung in Nordrhein-Westfalen (2000, 5. Aufl.). Methodensammlung. Landesinstitut für Schule und Weiterbildung.

Meyer, E./ Winkel, R. (Hrsg.) (1991). Unser Konzept: Lernen in Gruppen.Baltmannsweiler: Schneider Verlag Hohengehren.

Meyer, H. (1993). Reflexionsebenen unterrichtsmethodischen Handelns. In: Adl-Amini, B.u. a. (Hrsg.)(1993). Unterrichtsmethode. Weinheim: Beltz.

Meyer, H. (1987/1993 5. A.). Unterrichtsmethoden. I: Theorieband. II: Praxisband. Cornelsen Scriptor: Frankfurt/Main.

Meyer, H./ Meyer, M. A. (1996). Frontalunterricht und anderes – Versuch einer Unterrichtsmethodik für das Gymnasium. In: Marotzki, W. u. a. (Hrsg.)(1996). Erziehungswissenschaft für Gymnasiallehrer.Weinheim: Dt. Studien Verlag.

Meyer, H./ Meyer, M. A. (1997). Lob des Frontalunterrichts. In: Lehrmethoden – Lernmethoden. Jahresheft des Friedrich-Verlages 1997, 34 ff.

Meyer, H. (1997). Schulpädagogik. 2 Bde. Frankfurt/ Main: Cornelsen-Scriptor.

Nürnberger Projektgruppe (2001). Erfolgreicher Gruppenunterricht. Praktische Anregungen für den Schulalltag. Stuttgart: Ernst Klett Verlag.

Nuhn, H.-E. (1995): Partnerarbeit als Sozialform.... Weinheim: Beltz.

Orth, P. (1996). Regeln für ein gutes Klassengespräch. In: Lehrer-Schüler-Unterricht. Handbuch für den Schulalltag. C 2.1. Stuttgart: Raabe-Verlag.

Peterßen, W. H. (1999). Kleines Methoden-Lexikon. München: Oldenbourg.

Prange, K. (1986, 2.A.). Bauformen des Unterrichts. Bad Heilbrunn: Klinkhardt.

Spielerisch lernen. (o. J.). Persönlichkeitsbildung durch Einsatz spielerischer,bildnerischer und musikalischer Elemente...13 Hefte. Hrsg. vom MKS Stuttgart.

Terhart E. (1989). Lehr-Lern-Methoden. Weinheim und München: Juventa.

Terhart, E./ Wenzel, H. (1993). Unterrichtsmethode in der Forschung... In: Adl-Amini u. a. (Hrsg.) (1993). Unterrichtsmethode Weinheim: Beltz.

Uhl, S. (1996). Zur Wirksamkeit neuer Lehr- und Lernverfahren. In: Lehren und Lernen 12/ 1996, 14 ff.

Unruh, Th./ Petersen, S. (2002). Guter Unterricht. Handwerkszeug für Unterrichts-Profis. Lichtenau: AOL.

Wiater, W. (1997,2. A.).Unterrichten und lernen in der Schule.Donauwörth: Auer.

Weinert, F.-E. (1997). Notwendige Methodenvielfalt. In: Lehrmethoden- Lernmethoden. Jahresheft 1997 des Friedrich-Verlages, S. 50 ff.

Weinert, F.-E. (1997). Lernkultur im Wandel. In: Beck, E., Guldimann, T., Zutavern, M. (Hrsg.)(1997). Lernkultur im Wandel. St. Gallen: UVK.

Weinert, F.-E. (1998). Lehrerkompetenz als Schlüssel der inneren Schulreform. In: Wissen und Werte für die Welt von morgen. Schulreport 2, 24 ff.

Wiechmann, J. (Hrsg.) (1999). Zwölf Unterrichtsmethoden – Vielfalt für die Praxis. Weinheim: Beltz.

Ziehe, Th. (1991). Veränderte Jugend: Gedanken zum kulturellen Wandel. In: Meyer, E./ Winkel, R. (Hrsg.) (1991).

Ziehe, Th. (2000). Schule im Kontext einer Zweiten Moderne. In: SEMINAR 1/ 2000, 23 ff.

4 Offener Unterricht

Norbert Edel

4.1 Offener Unterricht in der Diskussion

Über die Qualität von Schule und Unterricht wird in den letzten Jahren wieder heftig diskutiert und manchmal erbittert gestritten. Ist der traditionelle Unterricht mit seinem Primat der Wissensvermittlung, ist das klassische Lehrkonzept des Vortragens, Vormachens und Vorführens (vgl. Bönsch 1995b, 18 f.) noch geeignet, die Aufgaben einzulösen, denen Schule in einer Gesellschaft des 21. Jahrhunderts verpflichtet ist? In dieser Frage spielt die Diskussion um den „Offenen Unterricht" eine herausgehobene und gleichzeitig schwierige Rolle. Schwierig deshalb, weil der Begriff selbst unklar ist und die mit ihm verbundenen Absichten ganz unterschiedlich sind.

In diesem Beitrag wird „Offener Unterricht" als übergeordneter Begriff für unterschiedliche methodische Varianten des Unterrichtens gebraucht.

In einer ersten Annäherung könnte man Offenen Unterricht als das Arrangieren von Lernwegen bezeichnen, welche die unterschiedlichen Voraussetzungen der einzelnen Schülerinnen und Schüler berücksichtigen und möglichst jede und jeden zu einer aktiven Auseinandersetzung mit dem Lerngegenstand anregen.

Ziel dieser Lernwege, bei deren Gestaltung die Lernenden einbezogen werden, ist die Entwicklung **selbstgesteuerten Lernens**, sodass nicht nur persönlich bedeutsames Wissen, sondern auch die **Kompetenzen zum Wissenserwerb** und **soziale Kompetenzen** erworben werden.

Seine Wurzeln hat der Offene Unterricht in der Reformpädagogik des frühen 20. Jahrhunderts (insbesondere bei M. Montessori, C. Freinet, P. Petersen, H. Parkhurst und J. Dewey), neu entfacht wurde die Diskussion durch die Forderung nach einem „offenen Curriculum" in der Bildungsreform der siebziger Jahre. Seitdem wurde das Bemühen um Öffnung des Unterrichts zu einer Basisbewegung von Lehrerinnen, Lehrern und Eltern zunächst der Grundschule, die inzwischen aber auch das Gymnasium erreicht hat.

Dabei kommt es auch zu Polarisierungen. Gilt Offener Unterricht manchen seiner Verfechter als Zeichen der Innovationsbereitschaft und des „neuen Lernens", so steht er bei seinen Gegnern für unkritische Beliebigkeit und den hektischen Ausverkauf dessen, was gymnasiale Bildung ausmacht.

Allerdings wird eine solche Entgegensetzung weder dem traditionellen Unterricht gerecht, noch fördert sie eine sachliche Prüfung von Veränderungen des Unterrichts und der Schulkultur. Eine Abwertung ihrer langjährigen Unterrichtspraxis dürfte viele Lehrerinnen und Lehrer auch nicht dafür gewinnen, Formen und Konzepte Offenen Unterrichts zu integrieren, sondern Abwehrhaltungen provozieren, die die Entwicklungsfähigkeit einer Schule mindern. Dabei gibt es gute Gründe, die für eine **Öffnung des Unterrichts** sprechen.

4.2 Gründe für die Forderung nach Offenerem Unterricht

4.2.1 Veränderte gesellschaftliche Rahmenbedingungen

Ein Grund dafür, warum eine veränderte Form des Unterrichts und ein anderes Verständnis von Schule gefordert werden, sind die veränderten gesellschaftlichen Rahmenbedingungen (↪ Beitrag Hauck-Bühler: Kindheit und Jugend; vgl. auch Jürgens 1994; Wehr 1998): gewandelte Beziehungsstrukturen in der Familie, verändertes Erziehungsverhalten, Mediatisierung, anderes Spiel- und Freizeitverhalten, Konsumorientierung.

Diese gesellschaftliche Ausgangslage ist für die Schule von weitreichender Bedeutung, weil diese mit berechtigten Ansprüchen konfrontiert wird, aber auch mit Defiziten, die sie nicht ignorieren, allerdings auch nicht ohne weiteres beheben kann. Schule muss damit rechnen, dass wesentliche Sozialfähigkeiten nicht mehr vorausgesetzt werden können. Die umfassende Mediatisierung führt zu einer Überbetonung des Ikonischen und zu einem Verlust an direkter Erfahrung, gleichzeitig zu einer Gewöhnung an starke Reize, Spannung und schnellen Wechsel – dagegen muss sich schulisches Lernen behaupten. Ein durchgeplantes Freizeitverhalten, eine Gettoisierung der kindlichen Spielwelten reduziert die Möglichkeiten, in der Kinder und Jugendliche sich ihre Lebenswelt aus eigenem Antrieb und unkontrolliert aneignen können. Diese Problemlage kennzeichnet weiter, dass die Kinder und Jugendlichen von den beschriebenen Veränderungen unterschiedlich betroffen sind und damit zunehmend **unterschiedliche Voraussetzungen** in die Schule mitbringen.

Schule steht hier vor dem Dilemma, einerseits diese veränderten Bedingungen, in denen Kinder und Jugendliche heute aufwachsen, berücksichtigen zu müssen, um nicht zu überfordern, teilweise aber auch gegensteuern zu wollen, Verluste nicht einfach hinnehmen zu können. Aus diesem Zwiespalt ist die Suche nach einer Form des Unterrichtens zu verstehen, die einerseits die Ausgangssituation, in der sich die Lernenden befinden, zu berücksichtigen weiß, andererseits Gegengewichte und neue Erfahrungsräume schaffen kann. Offener Unterricht ist eine mögliche Antwort auf diese Suche.

4.2.2 Kritik an einseitiger Lehrerzentrierung

Die eben angedeutete veränderte Ausgangslage für Unterricht führt zwangsläufig zu der Frage, ob traditionelle lehrerzentrierte Unterrichtsformen geeignet sind, diesen Herausforderungen zu begegnen. Kritisch wird hier oft angeführt, dass im lehrerzentrierten Unterricht auf den einzelnen Lernenden mit seinen jeweiligen Fähigkeiten und Bedürfnissen nicht angemessen eingegangen werden könne, Kompetenzen des selbstständigen Wissenserwerbs nicht gefördert werden könnten und die Ausrichtung auf die Lehrperson soziales Lernen und die Entwicklung von Teamfähigkeit verhindere und es auch kaum erlaube, dass das vermittelte Wissen in bedeutungsvollen Zusammenhängen erlebt und damit als persönlich wichtig aufgenommen und behalten werde.

Solche kritischen Anmerkungen zu einer Form des Unterrichts dürfen allerdings nicht dazu führen, sie pauschal zu diskreditieren. Vielmehr sollte herausgestellt werden, für welche Ziele eine lehrerzentrierte Unterrichtsphase sinnvoll bzw. notwendig ist; gleichzeitig muss aber auch ihre Begrenztheit deutlich gesehen werden und die Notwendigkeit, andere Ziele auf angemessenere Weise zu erreichen. Einem konstruktiven Gespräch darüber wird die Erkenntnis vorausgehen, dass es die beste Lehrmethode nicht gibt (vgl. Weinert 1996). Offener Unterricht aber ist „gerade wegen seiner vielförmigen Dialektik von Lenkung und Selbstbestimmung eine nötige und sinnvolle Ergänzung bzw. Alternative zum lehrerzentrierten Unterricht" (Jürgens 1994, 67).

4.3 Was ist Offener Unterricht?

Innerhalb der unterschiedlichen Standpunkte zum Offenen Unterricht lassen sich Kriterien identifizieren, die zumindest eine ungefähre Bestimmung seiner Prinzipien und Merkmale erlauben.

4.3.1 Ziele und Prinzipien

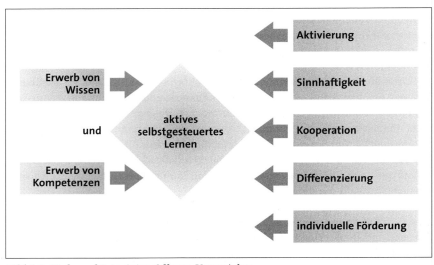

Bild 4.1: Ziele und Prinzipien Offenen Unterrichts

→ *Im Offenen Unterricht wird die Schüleraktivität erhöht und die Lehreraktivität dafür zurückgenommen*

Dies ist der Fall, weil davon ausgegangen wird, dass Unterricht die jungen Menschen so besser befähigt, ihre Welt konstruktiv zu gestalten. Denn zu einer konstruktiven Gestaltung der Lebenswelt reicht es nicht aus, durch eine Anhäufung

Was ist Offener Unterricht? **107**

von Stoffwissen Prüfungen bestanden zu haben. Wissen muss anwendbar und von lebensweltlicher Bedeutsamkeit sein.

Das ist es aber vor allem dann, wenn es in konkreten, komplexen Situationen erworben wird, die für die Lernenden als wichtig angesehen werden (**Prinzip der Sinnhaftigkeit**), und wenn gleichzeitig über eine ausreichende Wissensbasis hinaus Kompetenzen erworben werden, die es den Lernenden ermöglichen, sich selbstständig weiteres relevantes Wissen und relevante Fähigkeiten anzueignen (**Prinzip des Wissens- und Kompetenzerwerbs**).

Ein konstruktives Gestalten der Welt, ein Bewältigen gesellschaftlicher Aufgaben ist nur gemeinsam mit anderen möglich. Deshalb legt Offener Unterricht großen Wert auf Zusammenarbeit (**Prinzip der Kooperation und Solidarität**).

Gleichzeitig aber sind die unterschiedlichen Fähigkeiten und Bedürfnisse des Einzelnen wichtig. Auf sie geht Offener Unterricht differenzierend ein, um die Fähigkeiten jedes Einzelnen optimal zu fördern (**Prinzip der Differenzierung, Prinzip der Förderung**).

Die Orientierung an den Interessen, Bedürfnissen und Fähigkeiten der Schülerinnen und Schüler bedeutet auch, dass sie eine stärkere Verantwortung für ihren Lernprozess bekommen. Indem die Lehrenden Lernprozesse arrangieren, die Auswahl und Ausgestaltung erfordern, wird den jungen Menschen grundsätzlich die Möglichkeit eingeräumt, eigene Wege zu finden (**Prinzip der Selbstverantwortung**).

4.3.2 Merkmale

Diese Prinzipien und Ziele des Offenen Unterrichts bedeuten, dass sich Unterricht in verschiedener Hinsicht öffnen sollte.

4.3.2.1 Öffnung in Bezug auf den Lernbegriff

Lehren und Lernen ist im Offenen Unterricht nicht einfach Wissensvermittlung. Lernen wird aufgefasst als **selbstständiger Akt**, den jede und jeder Einzelne aufgrund der jeweils unterschiedlichen Vorerfahrungen und des unterschiedlichen Vorwissens gemäß der sie und ihn leitenden Motivationen konstruierend vollzieht. Den für alle gleichen Lernweg, das für alle gleiche Lerntempo gibt es nicht, ein ausschließlich lehrerzentrierter Unterricht ist mit diesem Verständnis von Lernen daher unvereinbar. Natürlich gibt es auch im Offenen Unterricht die Notwendigkeit, Informationen zu präsentieren, Wissen weiterzugeben. Ohne ausreichende **Wissensbasis** innerhalb eines Bereichs, einer Domäne, ist das selbstständige Erarbeiten neuen Wissens unmöglich. Gerade im Gymnasium sollte der hohe Standard des Erwerbs **kulturellen Wissens** auch nicht aufgegeben werden. Aber der dem Offenen Unterricht zugrunde liegende Lernbegriff geht davon aus, dass die bloße Präsentation von Informationen noch kein ausreichend verarbeitetes Wissen darstellt, sondern dass es dazu der Aneignung der Lernenden bedarf, die jeweils auf ihre Weise mit dem dargebotenen Wissen umgehen und es integrieren (⊃ Beitrag 8 über Wissenswerb).

Lehren im Offenen Unterricht bedeutet demnach, nicht nur die Ergebnisse, sondern auch die Prozesse des Lernens in den Blick zu nehmen und Situationen zu arrangieren, in denen individuelle Aneignung von Wissen und Kenntnissen und der Erwerb von Kompetenzen, damit sinnvoll umzugehen, möglich sind.

4.3.2.2 Öffnung in Bezug auf Inhalte und Themen

Wenn Lernen interessegeleitet und möglichst von intrinsischer Motivation getragen sein soll (vgl. Jürgens 1994, 71 ff.), müssen die **Lernenden bei der Auswahl** der Inhalte und Themen **beteiligt** werden. Dadurch, dass Unterricht sich ihren Interessen gegenüber öffnet, werden die Schülerinnen und Schüler in ihrer Subjekthaftigkeit ernst genommen. Diese inhaltliche Beteiligung kann heißen, dass Themen (z. B. als Projekt oder innerhalb einer freien Arbeit) frei gewählt werden, sie kann aber auch bedeuten, dass aus vorgegebenen Möglichkeiten ausgewählt wird. Je mehr aber Themen und Inhalte noch von der Lehrperson vorgeschlagen werden, desto intensiver muss diese sich der Mühe unterziehen, diese Planungsentscheidungen an den vermuteten Interessen der Schülerinnen und Schüler zu überprüfen und herauszufinden, wie Themen mit den Interessenslagen der Lernenden verbunden werden können. Und sie muss damit rechnen, dass mit der Öffnung gegenüber den Interessen der Lernenden Gefühle ein stärkeres Gewicht bekommen und Aufmerksamkeit beanspruchen.

 Auch offenes Lernen braucht Ziele.

Geben die Bildungspläne einen bestimmten Rahmen vor, so brauchen doch einzelne Lernabschnitte und Themen die **selbst gesteckten Ziele** des lernenden Subjekts. Welche Ergebnisse die einzelnen Arbeiten erbringen, kann im Offenen Unterricht, vor allem wenn er projektorientiert ist, von der Lehrperson dann nicht mehr vorgegeben werden.

4.3.2.3 Öffnung in Bezug auf Arbeitsformen und Methoden

Arbeitsformen und Methoden werden im Offenen Unterricht so gewählt, dass ein hohes Maß an **Aktivierung** jedes einzelnen Schülers gegeben ist und weitgehend unabhängig von der Lehrperson, aber auch kooperativ gearbeitet werden kann. Unterschiedliche Lernwege brauchen auch unterschiedliche Zugänge und differenzierte Ausgestaltung, um Wahlmöglichkeiten zu eröffnen.

Natürlich kann und braucht nicht jede Arbeitsform diese Kriterien vollständig zu erfüllen. Auf methodischer Ebene entscheiden sich das Maß und die Qualität der Öffnung von Unterricht, hier muss die Lehrperson entscheiden und verantworten, **wie offen** Lernprozesse gestaltet werden können. Die Wahl der Methode muss sich an den jeweils gegebenen Bedingungen und Voraussetzungen orientieren, deshalb ist es hilfreich, ein breites Repertoire an methodischen Varianten zur flexiblen Öffnung von Unterricht zur Verfügung zu haben, um darauf differenziert eingehen zu können.

Was ist Offener Unterricht?

4.3.2.4 Öffnung in Bezug auf den Lernort und die Lernumwelt

Offener Unterricht öffnet, um mit einem Bild zu sprechen, auch die Tür des Klassenzimmers – zum einen, um vielfältige Anregungen von außen hereinzulassen und das Klassenzimmer zu einer **stimulierenden und reizvollen Lernumgebung** zu machen (das beginnt damit, eine Klassenbibliothek anzulegen, damit die Schülerinnen und Schüler z. B. selbstständig nachschlagen und sich Informationen beschaffen können), zum anderen, um dieses Klassenzimmer verlassen zu können und Orte auch außerhalb der Schule aufzusuchen, die Anlass zum Lernen bieten und die direkte Auseinandersetzung mit der Lebenswelt ermöglichen.

Hier ist allerdings die Einwendung von Thomas Ziehe sehr ernst zu nehmen:

„Nicht mangelnde Lebensnähe ist heute das Problem, sondern die subjektive Neigung der Jugendlichen, möglichst alle Themen und Situationen sogleich an die eigene Sichtweise anschließen zu wollen.
‚Öffnung von Schule'? Ja – aber wie gesagt als Er-öffnung. Nicht als Verdoppelung der Alltagsgewohnheiten, sondern als Eröffnung von Möglichkeiten zu *ungewohntem Lernen*. Nicht als Veralltäglichung, sondern als Entselbstverständlichung." (Ziehe 1996, 38, Hervorhebungen im Original)

Bedeutsamkeit und Lernanregungen entstehen nicht einfach durch Wiederholung von Alltagserfahrung, sondern durch ein bewusstes Arrangieren der Wirklichkeit für den lernenden Zugriff. Und bei aller Orientierung an den Interessen der Kinder und Jugendlichen darf bei einer bloß subjektiven Perspektive, die sich ihrer Subjektivität nicht bewusst wird, nicht stehen geblieben werden. Dafür zu sorgen bleibt nach wie vor Aufgabe der Lehrenden.

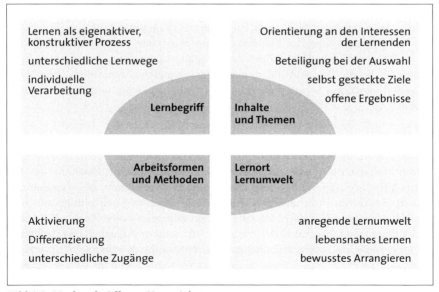

Bild 4.2: Merkmale Offenen Unterrichts

4.4 Formen und methodische Varianten von Offenem Unterricht

Bei den Formen und Methoden, die sich im Bereich des Offenen Unterrichts etabliert haben, werden die Bezeichnungen nicht einheitlich gebraucht. Auch wenn man sich von einem systematischen Standpunkt aus mehr Genauigkeit in der Sprache wünscht und das kollegiale Gespräch dadurch leichter wäre, kommt es für die Praxis doch weniger darauf an, dass das richtige Etikett verwendet wird (ist das nun „Freie Arbeit" oder „Freiarbeit" oder „Wochenplanarbeit"?), als dass der Unterricht selbst einen hohen Standard hat und für die Schülerinnen und Schüler gewinnbringend ist. Insofern sind die folgenden kurzen Charakterisierungen als Kennzeichnung wichtiger Varianten des offeneren Unterrichtens zu verstehen, die in der Praxis noch einmal unterschiedlich realisiert werden. Innerhalb der einzelnen Formen hat sich ein solcher Reichtum an methodischen Spielarten und Materialien (und zahlreiche Literatur dazu) entwickelt, dass das hier nicht einmal angedeutet werden kann.

4.4.1 Wahldifferenzierter Unterricht

„Das Konzept des wahldifferenzierten Unterrichts kann als eine auch im nüchternen Alltag realisierbare Möglichkeit angesehen werden, in recht engem Rahmen interessenfördernden Unterricht zu realisieren." (Bönsch 1995a, 31) Nach einem einführenden Überblick durch die Lehrperson im Klassenverband werden verschiedene Teilbereiche zu dem behandelten Thema vorgeschlagen oder von der Lerngruppe entwickelt, die dann frei gewählt und bearbeitet werden können. Auswertung und Ergebnispräsentation finden dann wieder in der Gesamtgruppe statt. Die strukturellen Vorgaben sind beim wahldifferenzierten Unterricht noch hoch, er ist ein erster Schritt zu einem offeneren Unterricht, kann aber innerhalb der freien Bearbeitung der Teilthemen durchaus viele Prinzipien des Offenen Unterrichts umsetzen und geht über arbeitsteilige Gruppenarbeit hinaus, weil die Lernenden für die Themenwahl, den Arbeitsplan und die Ergebnisse sowie deren Präsentation stärker verantwortlich sind und größere Gestaltungsmöglichkeiten haben.

4.4.2 Planarbeit

Entwickelt wurde die Arbeit mit Plänen in der Reformpädagogik (besonders im Dalton-Plan nach H. Parkhurst, der Jena-Plan-Schule nach P. Petersen, der Arbeitsschule von C. Freinet). Pläne schaffen einen **Zeitrahmen**, sie **organisieren und strukturieren Unterricht**, sie orientieren sich an den Lehrplänen und sind daher lernzielbezogen. Es wird, z. B. für den Zeitraum einer Woche, für jeden Schüler und jede Schülerin ein individueller Arbeitsplan aufgestellt, der Aufgaben aus einem oder aus mehreren beteiligten Fächern beinhalten kann. Im Unterricht wird dann ausreichend Gelegenheit gegeben, diese Aufgaben bis zum vereinbarten Termin zu bearbeiten, um sie dann in der Regel den Lehrpersonen zur Kontrolle zu geben.

Formen und methodische Varianten von Offenem Unterricht 111

Die Selbstständigkeit, die diese Form ermöglicht, liegt also zunächst darin, dass die Lernenden in ihrem persönlichen Arbeitsplan frei wählen können, was sie wann erledigen. Die Aufgaben können dabei zunächst ganz traditionell sein und z. B. den Lehrbüchern oder Arbeitsheften entnommen werden, sie werden von der Lehrperson festgelegt und evtl. von der Schülerin oder dem Schüler in Absprache ergänzt. In dieser Form ist der Arbeitsplan dann ein erster Schritt der Öffnung.

Die Aufgaben können aber auch freier und kreativer sein, kooperative und projektartige Elemente enthalten und die Bearbeitung von **Freiarbeitsmaterial** vorsehen, sie können neben Pflichtaufgaben auch Wahlaufgaben und von den Lernern (in einer gemeinsamen Eingangsphase) selbst formulierte Ziele und Arbeitsprojekte enthalten, sodass das ganze Spektrum an Möglichkeiten offeneren Unterrichtens ausgeschöpft werden kann. Der Plan ist dann lediglich die Zeitklammer einer ansonsten sehr freien Form.

Der eigentliche Wert der Arbeitspläne liegt, neben der Freiheit in der Bearbeitung, in der Möglichkeit ihrer **individuellen Ausrichtung**. Die diagnostischen Fähigkeiten der Lehrperson und das Repertoire an Aufgaben entscheiden dann darüber, ob der Arbeitsplan den Einzelnen wirklich genau da fördert, wo es nötig ist.

4.4.3 Stationenlernen

Beim Stationenlernen, das dem Zirkeltraining im Sportunterricht ähnelt, wird ein Themenbereich in unterschiedliche Teilbereiche portioniert und auf Stationen verteilt, die von den Lernern durchlaufen werden.

Verschiedene Schülerinnen und Schüler arbeiten gleichzeitig an unterschiedlichen Stationen. An diesen Lernstationen wird vorbereitetes Material angeboten, mit dessen Hilfe sich der jeweilige Teilaspekt des Themas selbstständig erarbeiten lässt.

Dafür braucht es eindeutig formulierte und animierende **Arbeitsaufträge**. Wenn möglich, gibt es jeweils unterschiedliche Zugänge und unterschiedliche Anforderungen an Umfang und Schwierigkeit, sodass die Schülerinnen und Schüler nicht nur die Reihenfolge und Dauer der Bearbeitung, sondern auch die ihnen gemäße Aufgabe eigenverantwortlich wählen können. Auch unterschiedliche Kooperationsformen und handlungsorientierte Aufgaben sollten die Stationen enthalten. In seinem Gesamtumfang kann Stationenlernen recht unterschiedlich sein, Teil einer Unterrichtsstunde oder sich über mehrere Stunden erstreckend. Unterschiedliche Anordnungsformen ergeben Varianten des Lernens an Stationen:
- Beim Lernzirkel ist eher eine „bestimmte Folge bei der Bearbeitung der im Klassenraum verteilten Einzelaufgaben, vor allem aber die Vollständigkeit des Zirkel-Durchlaufs" (Peterßen 1999, 185) beabsichtigt.
- Ähnliches gilt bei der Lernstraße, die linear angeordnet ist und die Reihenfolge der Bearbeitung festlegt.
- Bei der Lernzone werden einzelne, thematisch zusammengehörige Stationen zu Lernzonen gruppiert, die wiederum Bausteine eines größeren Komplexes

sind, sodass sich der Zonenzirkel besonders für komplexe, fächerverbindende Themen anbietet.

■ Bei der Lerntheke werden die Aufgaben zwar auch in Stationen geordnet, aber ohne Abfolge oder Gruppierung, frei zur Auswahl.

4.4.4 Freiarbeit

Auch Freiarbeit ist die „Wiederentdeckung einer Arbeits- und Unterrichtsform der Reformpädagogik" (Jürgens 1994, 104). Hier wird unter Freiarbeit ein Zeitraum im Unterricht verstanden, in dem die Schülerinnen und Schüler „Gelegenheit zu **selbständiger Arbeit** nach eigener Wahl und **eigenem Rhythmus** in frei gewählter Sozialform" (Bastian 1993, 7) haben und in dem Arbeitsmittel angeboten werden, die „für die spezifischen Lernbedürfnisse ausgewählt, vorbereitet und eingeführt" (ebd.) sind. Die Lernenden sollen dabei **selbst einschätzen lernen**, welche Lücken sie haben und was sie sich erarbeiten müssen, um einen bestimmten Stand zu erreichen, bzw. welche Kenntnisse und Fertigkeiten sie weiter vertiefen möchten und wie sie die Zeit in der Freiarbeit dafür am besten nutzen. Die angebotenen Materialien sollten deshalb für unterschiedliche Zugänge, Erarbeitungsweisen, Übungs- und Trainingsformen und Verarbeitungstiefen zur Verfügung stehen. Die selbst organisierte Verteilung der Materialien und der Umgang mit ihnen gehören zu dem, was in der Freiarbeit gelernt werden muss.

Wie weitreichend dabei Vorgaben sind und ob die Freiarbeit, wie häufig, nach einem Wochenarbeitsplan organisiert wird, ist unterschiedlich. Je geringer die Vorgaben, desto selbstständiger und selbstkritischer muss die Lerngruppe bereits arbeiten können.

Organisieren lässt sich Freiarbeit so, dass die Fächer, die Teile ihrer Inhalte durch entsprechende Arbeitsmaterialien abdecken können, einen entsprechenden Anteil an Stunden für Freiarbeit zur Verfügung stellen. Je mehr Fächer sich beteiligen und je mehr Inhalte mittels Freiarbeitsmaterial bearbeitet werden können, desto größer ist der wöchentliche Anteil an Freiarbeitsstunden. Einzelne Fächer können sich aber auch nur für eine gewisse Zeit einklinken, wenn sich ein Bereich gerade besonders für die Erarbeitung über Material eignet. In diesen Freiarbeitsstunden haben die Lernenden dann auch die Wahl, für welches Fach oder zu welchem fächerverbindenden Thema sie arbeiten möchten. Diese Möglichkeit entfällt natürlich, wenn in nur einem Fach von nur einer Lehrperson Freiarbeit angeboten werden kann. Viele setzen Freiarbeit vorzugsweise in der Unterstufe ein. In höheren Klassen geht diese Arbeitsform dann mehr und mehr in projektorientiertes Arbeiten über.

4.4.5 Projekt

Die Projektarbeit ist die Form Offenen Unterrichts, die die am weitesten entwickelten Kompetenzen selbstständigen Arbeitens erfordert, den Schülerinnen und Schülern aber auch die größte Entfaltung ermöglicht (➪ Beitrag 5 über Projekt- und Fächerübergreifender Unterricht).

Voraussetzungen, Bedingungen, Wirkungen 113

4.5 Voraussetzungen, Bedingungen, Wirkungen

Gelingender Unterricht hängt von einer Vielzahl von Variablen ab. Auch die hohen Ziele, die für den Offenen Unterricht formuliert werden, müssen auf einem Gelände erreicht werden, in dem vielfältige Einschränkungen und Begrenzungen wirken. Gerade der Idealismus vieler, die mit dem Offenen Unterricht aufgebrochen sind, eine neue Lernkultur zu entwickeln, ist hier in Gefahr. Ein realistischer Blick für das Machbare und das Wissen um Voraussetzungen und Bedingungen des Offenen Unterrichts sind deshalb besonders wichtig.

4.5.1 Wirkungen Offenen Unterrichts

Wird mit Offenem Unterricht das erreicht, was man sich erhofft? Ist Offener Unterricht erfolgreich? Noch gibt es wenig Forschung zu dieser Frage und deren Ergebnisse sind manchmal nur schwer vergleichbar. Trotzdem sind die Ergebnisse der **Wirksamkeitsforschung**, auch die zum traditionellen Unterricht, bedenkenswert (↪ Beitrag 3 über Methodik). Denn auch wenn manches längst nicht abschließend bewertet werden kann, sind doch auch so bereits wichtige Hinweise darauf zu gewinnen, welche Fehler beim Offenen Unterricht gemacht werden können und wo seine Schwierigkeiten und auch Gefahren liegen.

4.5.1.1 Ergebnisse der Wirksamkeitsforschung

In Bezug auf den Wissenserwerb hat sich gezeigt, dass im traditionellen Unterricht besonders in den Klassen viel gelernt wird, in denen die Lehrpersonen die Zeit intensiv nutzen, während der Übungsphasen viel Zeit darauf verwenden, einzelne Schülerinnen und Schüler zu überwachen, sie zu beraten und ihnen zu helfen, und in denen auch schwierige Lerninhalte für alle verständlich erklärt werden (Helmke und Weinert 1987, nach Jürgens 1994, 58). Allerdings zeigt die Untersuchung, dass die Überwachung durch die Lehrperson die Lernfreude einschränkt.

Zumindest für den Wissenserwerb ist **hohe Strukturiertheit** ein wesentliches Kriterium (vgl. Jürgens 1994, 57–67). Besonders schwächere Schülerinnen und Schüler sind auf eine hohe Strukturiertheit angewiesen. Lernende, die bereits ein relativ hohes bereichsspezifisches Wissen und hoch entwickelte Kompetenzen im Bereich der Lernmethodik haben, sind auch ohne weitere Unterstützung in der Lage, sich in komplexen und ungeordneten Lernarrangements (wie dies z. B. für den Projektunterricht typisch ist) zurechtzufinden und sie für weitere Wissens- und Kompetenzgewinne effektiv zu nutzen. Lernende mit ungünstigeren Voraussetzungen sind auf klarere und einfachere Strukturierung (also stärkere didaktische Vorverarbeitung durch die Lehrperson) angewiesen, wenn sie nicht überfordert sein sollen.

Auch Siegfried Uhl führt Untersuchungen an, die nahe zu legen scheinen, „dass der ‚offene Unterricht' und andere alternativpädagogisch orientierte Verfahren nur für eine Minderheit von ohnehin leistungsstarken und gut motivierten Kindern geeignet ist, aber nicht für die Mehrheit der Schüler." (Uhl 1996, 16) Insgesamt seien die Unterschiede im Unterrichtserfolg bei vergleichenden Studien jedoch relativ gering. Wenn sich Offener Unterricht aber in Untersuchungen dem konventionellen überlegen gezeigt hat, dann in Bereichen, die seinen Zielen entsprechen: Selbstständigkeit, Kreativität, Kooperationsfähigkeit, Problemlösefähigkeit, Selbstwertgefühl, der Einstellung gegenüber der Schule (Belege bei Uhl).

„Die neuen Lehrverfahren sind immer dann etwas erfolgreicher oder ähnlich erfolgreich wie der herkömmliche Schulunterricht, wenn

a) die Lehrer gut für den Einsatz der neuen Methode ausgebildet waren und den Unterricht fachmännisch vorbereitet und durchgeführt haben [...];

b) den Schülern klare Arbeitsaufträge und gut strukturiertes, interessantes und nicht zu schwieriges Material gegeben wurde;

c) die Arbeitsergebnisse in herkömmlichen Unterrichtsabschnitten wiederholt, systematisiert und eingeübt wurden; und

d) die Schüler gegenüber den neuen Verfahren aufgeschlossen waren."

(Uhl 1996, 16)

In Alltagsbedingungen allerdings seien diese günstigen Bedingungen nicht anzutreffen, weil von vielen Lehrpersonen der Aufwand unterschätzt, Offener Unterricht „unzureichend geplant und laienhaft durchgeführt" werde und die Einheiten unzureichend mit dem restlichen Unterricht verbunden seien. Außerdem würden die Lernenden „weder auf die neue Methode vorbereitet noch dazu angeleitet, in der Nachbereitungsphase die Arbeitsergebnisse aus dem ‚offenen Unterricht' zu wiederholen und einzuüben" (ebd.).

4.5.1.2 Konsequenzen für Offenen Unterricht

- Auch im Offenen Unterricht muss dafür Sorge getragen werden, dass für alle eine ausreichende Wissensbasis hergestellt wird.
- Auch Offener Unterricht braucht Regeln. „‚Freiere Sozialformen'? – Ja, aber nur zusammen mit neu zu stiftenden Regeln, Kleinstritualen und symbolischen Strukturierungen. Und das heißt für die Lehrer auch: Freieres Arbeiten erfordert einen höheren Aufwand an Regie- und Moderationsarbeit, wenn es nicht einfach im Eintopf der Alltagsgewohnheiten enden soll." (Ziehe 1996, 38)
- Lernen im Offenen Unterricht muss gelernt werden und es bedarf sorgfältiger Einführung in seine Arbeitsformen.
- Ob Offener Unterricht gelingt, ist daran zu messen, ob auch die schwächeren Schülerinnen und Schüler profitieren. „Differenzierung im Offenen Unterricht könnte dann unter dieser Perspektive durchaus bedeuten, für langsame und lernschwächere Schülerinnen und Schüler verstärkt lehrgangsbezogene Elemente einzuflechten, die sich durch eine hohe Intensität direkter Anweisungen und Hilfen bzw. Hilfsmöglichkeiten sowie eine klar gegliederte Sachstruktur und eine engere Kontrolle auszeichnen." (Jürgens 1994, 66)
- Offenere und stärker angeleitete Phasen des Unterrichts müssen organisch vernetzt werden.

4.5.2 Die Rolle der Lehrperson

Insbesondere für die Rolle der Lehrperson ergeben sich im Offenen Unterricht entscheidende Veränderungen (📖➪ Beitrag 5). An sie stellt der Offene Unterricht hohe Anforderungen:

- Sie muss bereit sein, die zentrale Rolle, die ihr der lehrerzentrierte Unterricht zugesteht, zurückzunehmen und die **Schülerinnen und Schüler** auch in die Planung von Unterricht **mit einzubeziehen.** Das ist nicht selbstverständlich: „Viele Bemühungen um eine Neugestaltung von Schule und Unterricht laufen ins Leere, weil es nicht gelingt, die Lehrerrolle nachhaltig in Frage zu stellen. Lehrerinnen und Lehrer verlieren sich immer wieder in alten Gewohnheiten, auch wenn sie ernsthaft bemüht sind, bisherige Grenzen des eindimensionalen Unterrichts zu überwinden." (Allerkamp 1995, 35)
- Sie sollte vertrauensvoll aushalten können, dass **Kinder und Jugendliche ihre eigenen Wege gehen** wollen, und sollte ein Gespür dafür entwickeln, wo Vorgaben und Führung notwendig sind, wo nicht.
- Sie braucht eine gute **Beobachtungsgabe** und **Diagnosefähigkeit.** Voraussetzung für ein auf die unterschiedlichen Bedürfnisse der Lerngruppe abgestimmter Unterricht ist, diese erst einmal wahrzunehmen. Wann ist jemand in der Lage, völlig selbstständig eine komplexe Aufgabe zu bewältigen? Wann braucht jemand Unterstützung? Und von wem? Wann wäre jemand von einer offenen Lernform überfordert und braucht den eng strukturierten Lehrgang?
- Sie sollte **sehr viel gleichzeitig wahrnehmen können.** Auch wenn sie sich immer wieder aus dem Lernprozess herausnehmen und eine beobachtende Position einnehmen kann, muss sie die unterschiedlichen Aktivitäten, die im Unterricht ablaufen, überschauen und beurteilen können. (Allerdings entlastet die Möglichkeit, sich zurückzunehmen, tatsächlich und erlaubt ein organischeres Arbeiten in einem Wechsel von Spannung und Entspannung.)
- Sie sollte in der Lage sein, in der Lerngruppe eine **kooperative Arbeitshaltung,** die von gegenseitigem Respekt getragen wird, aufrechtzuerhalten oder zu fördern. Gelingt dies nicht, wird Offener Unterricht schwierig.
- Sie sollte eine **positive Einstellung** gegenüber Offenem Unterricht mitbringen und diese an die Lerngruppe weitergeben können (und möglichst auch an die Kolleginnen und Kollegen, die in der Klasse und Schule unterrichten).
- Sie braucht ein breites **Methodenrepertoire,** um situationsgerecht neben geschlosseneren Vermittlungsformen vielfältige offene Formen der Aneignung zu ermöglichen.
- Sie muss auch dafür sorgen, dass gelernt wird, wie im Offenen Unterricht gearbeitet wird
    - wie man miteinander in der Gruppe arbeitet,
    - wie man selbstständig mit Texten umgeht,
    - wie man Absprachen bei der Verwendung von Arbeitsmaterial trifft,
    - wie man Ergebnisse kontrolliert,
    - wie man sich Informationen beschafft usw.

- Die Arbeit verlagert sich **stärker** in die **Vorbereitung** und **Planung**: die Konzeption unterschiedlicher Lernwege zum gleichen Thema oder mehrerer Themen, die Erstellung und Zusammenstellung von Material.
- Die Lehrperson muss in der Lage sein, im Offenen Unterricht erbrachte Leistungen zu diagnostizieren und rückzumelden.

... Anforderungen, die umso höher werden, je größer die Lerngruppe ist. So sind große Klassen ein Faktor, der wesentliche Aspekte Offenen Unterrichts, wie die Differenzierung und individuelle Förderung, sehr erschweren kann. Große Gruppen sollten deshalb immer wieder in kleinere segmentiert werden, z. B. indem ein Teil selbstständig einen Lernzirkel bearbeitet, während der andere mit der Lehrperson ein Projektvorhaben entwickelt, oder indem Teilgruppen versetzt mit einer Arbeit beginnen, die in der Ergebnisphase die Aufmerksamkeit der Lehrperson braucht. Hier sind kreative Lösungen besonders wichtig, um nicht von den Anforderungen überfordert zu werden.

4.5.3 Die Rolle der Lernenden

Auch sie verändert sich. Die Schülerinnen und Schüler sind im Offenen Unterricht stärker für den Lernprozess **verantwortlich**, sie werden eher in Planungsentscheidungen eingebunden und wählen die Wege, die sie gehen möchten, nach Möglichkeit aus. Sie sind im Offenen Unterricht meist aktiv und arbeiten häufiger mit anderen zusammen. Sie haben den Vorteil, dass sie sich häufiger mit etwas beschäftigen können, das ihr Interesse hat und sie herausfordert, ohne zu überfordern. Damit ist Lernen weniger mit Anstrengung verbunden, denn wer an einer Sache interessiert ist, verwendet andere Verarbeitungsstrategien und kann das Neue leichter an Vorwissen anschließen (vgl. Befunde bei Jürgens 1994, 82 ff.).

Ist eine Lerngruppe mit offenen Unterrichtsformen aber **noch nicht vertraut** und daran gewöhnt, passiv im lehrerzentrierten Frontalunterricht zu sitzen, kann die Aktivität im Offenen Unterricht zunächst auch als Zumutung empfunden werden und die Gruppe reagiert mit Ablehnung. Hier bedarf es besonders **vorsichtiger und sensibler Umstellung**.

Eine **Abwehrhaltung** eines Teils der Schülerinnen und Schüler kann aber auch entstehen, weil sie zu den Menschen gehören, auf die das Konstrukt „gewissheitsorientiert" zutrifft: Sie suchen eher Situationen auf, die überschaubar und vorhersehbar sind, sie suchen eine Bestätigung dessen, was sie schon verfügbar haben. Dagegen streben „Ungewissheitsorientierte" danach, Neues über sich und die Welt herauszufinden, sie werden von Widersprüchen und komplexen Situationen angezogen. (Zum Konstrukt der Gewissheits- und Ungewissheitsorientierung vgl. Huber/Roth 1999.)

Während damit der traditionelle Unterricht den Gewissheitsorientierten eher entgegenkommt, könnte der Offene Unterricht mit seinen Entscheidungssituationen und der Zusammenarbeit mit anderen verunsichernd wirken:

Voraussetzungen, Bedingungen, Wirkungen 117

„Insgesamt erscheinen kooperative Lernsituationen nachteilig für gewissheitsorientierte Schüler, und zwar in bezug auf ihre Leistung, ihr Gefühl der Kompetenz und ihre Zufriedenheit mit der Lernsituation. […] Wenn man Methoden des offenen, aktiven, selbstregulierenden, kooperativen Lernens aus guten Gründen in Zeiten der Ungewissheit befürwortet […], muss man auch über spezielle Modifikationen für gewissheitsorientierte Schüler nachdenken. Lehrer müssen sich zumindest der Tatsache bewusst sein, dass ihre Schüler auf die Herausforderungen und Anforderungen komplexer, ungewisser Unterrichtssituationen unterschiedlich reagieren." (ebd., 65)

Ein vorsichtiges und überschaubares **Einführen von Veränderungen** kann hier Abwehr vermeiden helfen. Ein günstiges emotionales Klima ist Voraussetzung dafür, dass die neue Wahlfreiheit nicht dazu genutzt wird, Aufgaben zu wählen, die der Ablenkung und Zerstreuung dienen, anstatt solche, die als Herausforderung empfunden werden, weil sie der eigenen Fähigkeitsstruktur entsprechen.

Die Erfahrungen haben gezeigt, dass die **Leistungsschere** im Offenen Unterricht weiter auseinandergehen kann. Im ungünstigen Fall, bei schlecht durchgeführtem Unterricht, liegt das daran, dass die leistungsstarken Schülerinnen und Schüler Nachteile noch kompensieren können, langsamere und leistungsschwächere aber durch die offenere Unterrichtsform noch stärker überfordert werden. Im günstigen Fall, wenn der Unterricht eine hohe Qualität hat, profitieren auch die Leistungsschwächeren, weil sie entsprechend wahrgenommen und durch die Möglichkeit zur Differenzierung individuell gefördert werden, Leistungsstarke dagegen können im Offenen Unterricht ihre Kompetenzen und ihr Vorwissen für einen noch gesteigerten Lernzuwachs nutzen, wenn sie sich entsprechend herausfordernden Aufgaben stellen. Diese Entwicklung kann man nicht bedauern, wenn die möglichst optimale Förderung eines jeden Einzelnen das Ziel des Unterrichts ist, aber umso wichtiger ist der Geist gegenseitigen Respekts und eine kooperative, unterstützende Haltung in der Lerngruppe.

Ist die Lerngruppe insgesamt **leistungsschwach**, sollten offene Unterrichtsformen nur **vorsichtig und dosiert** eingesetzt werden, bis die erforderlichen Kompetenzen für selbstständigeres Arbeiten aufgebaut sind.

4.5.4 Die Bedeutung der Materialien

Materialien haben im Offenen Unterricht einen Teil der Funktion übernommen, die bisher der Lehrperson zukam: Sie animieren zur Auseinandersetzung mit einem Thema, sie fordern zur Bearbeitung auf, laden zum Spiel ein, lassen einen Sachverhalt erarbeiten, sie informieren, sie üben, sie trainieren, sie testen. Manche Formen Offenen Unterrichts leben davon, dass didaktisch gutes Material in ausreichender Zahl zur Verfügung steht, und eine wichtige Aufgabe der Lehrperson ist die Auswahl und Herstellung solcher Materialien.

Wer sie einsetzt, muss sich dabei dessen bewusst sein, dass die **Verlagerung der Instruktion von der Person in das Material** allein noch keinen selbstständigen Lernprozess ermöglicht (manches Arbeitsblatt gängelt mehr als die Frage des Lehrers im lehrerzentrierten Unterricht). Auch für die verwendeten Materialien gilt, dass sowohl Arbeitsmaterialien mit klarer, vorgegebener Struktur ihren Platz haben als auch unstrukturierte, zur kreativen Auseinandersetzung einladende. Einige Kriterien gelten für alle: So sollte der Aufwand an Zeit oder Geld, der für Material im Offenen Unterricht nötig ist, in einem angemessenen Verhältnis zu den Einsatzmöglichkeiten stehen, Materialien sollten unterschiedliche Sinne ansprechen, um differenzierte Zugänge zu eröffnen (ein Text, eine Kassettenaufnahme, ein Bild, etwas Fühl-, Riech- und Schmeckbares, etwas Formbares), sie sollten ästhetisch ansprechend sein, haltbar und natürlich fachlich richtig und altersangemessen.

Anleitungen und Zusatzinformationen helfen dabei, dass ein Material selbstständig benutzt werden kann; ist es so ausgestattet, dass die Lernenden Arbeitsergebnisse selbst kontrollieren können, erhöht das die Unabhängigkeit von der Lehrperson. Auf regelmäßige Leistungskontrollen sollte aber auch im Offenen Unterricht nicht verzichtet werden.

4.5.5 Leistungsbewertung im Offenen Unterricht

Auch für die Leistungsbewertung im Offenen Unterricht gilt zunächst, was grundsätzlich über die Leistungsbeurteilung in der Schule zu sagen ist (⇨ Beitrag 12 über Leistungsbeurteilung). Allerdings sind die für den Offenen Unterricht wesentlichen Prinzipien der Kooperation, der Differenzierung und Förderung und die Prozessorientierung des Lernens ein Rahmen, der die Leistungsbewertung im Offenen Unterricht schwieriger erscheinen lässt als gewohnt.

Bedauerlich wäre, wenn das zu dem Schluss führte, Offener Unterricht sei nicht machbar, weil er nicht beurteilbar sei. Stattdessen geht es darum, **eine Beurteilungspraxis zu entwickeln,** die dem offenen Lernen gerecht wird und nicht nur einen Ausschnitt dessen erfasst, was im Offenen Unterricht gelernt werden kann. Wenn Kompetenzen des Wissenserwerbs und die Fähigkeit zur Kooperation auch für die Selektionsentscheidungen, die Schule zu treffen hat, wichtige Aspekte sein sollen, dürfen offene Unterrichtsprozesse, in denen diese Kompetenzen erworben werden können, nicht aus der Bewertung ausgeklammert werden. Dazu muss der individuelle Lernweg, der jeweilige Lernprozess, stärker berücksichtigt werden. Mit den Leistungsrückmeldungen erhält dann nicht nur der einzelne Lernende Informationen zu Entwicklungsstand und Entwicklungsmöglichkeiten, die eine realistische Fähigkeitseinschätzung ermöglichen, auch die Lehrperson bekommt wichtige Anhaltspunkte dafür, wie das Arrangement der Lernumgebung weiter zu gestalten ist.

Die folgenden Möglichkeiten zur Leistungsbewertung im Offenen Unterricht sind als Anregung gedacht, Modelle für eine veränderte Beurteilungspraxis zu entwickeln.

  Grundlage jeder Beurteilung im Offenen Unterricht ist die sorgfältige, möglichst systematische Beobachtung der einzelnen Schülerinnen und Schüler.

Voraussetzungen, Bedingungen, Wirkungen 119

Dazu muss man sich die Kriterien bewusst machen, nach denen der jeweilige
Lernprozess beurteilt werden soll, und sie den Lernenden transparent machen.
Für die Beobachtung selbst ist ein Beobachtungsbogen mit einem Kriterienraster
hilfreich, das zwar differenziert, aber nicht zu komplex sein darf, wenn er nicht
unhandlich werden soll. Thorsten Bohl (1998, 33) gibt als Beispiel für ein verein-
fachtes Kriterienraster:

In welchem Maße kann der Schüler/die Schülerin ...	++	+	o	–
einen Aufschrieb geordnet und sauber gestalten				
den (Freiarbeits-) Ordner korrekt führen				
Anleitungen selbstständig und vollständig ausführen				
vereinbarte Regeln einhalten				
Pflichtaufgaben zügig und selbstständig erledigen				
Wahlaufgaben selbst auswählen und bearbeiten				
eigene Arbeits- und Lerndefizite einschätzen				
anderen Schülern Hilfe anbieten, selbst Hilfe annehmen				
...				

Schriftliche **Dokumentation** der Auseinandersetzung mit einem Lernbereich ist
die Arbeitsmappe, das Arbeitsbuch, das Lerntagebuch, der Lernbericht, in einer
anspruchsvolleren Form auch als Forschungsbericht. Hier kann sehr subjektiv
(„Sudelbuch", Skizzenbuch) oder reflektiert ein Lernprozess zugänglich gemacht
werden. Auch hier müssen natürlich die Kriterien der Bewertung offen liegen.

Insbesondere im projektorientierten Arbeiten bieten sich solche Darstellungs-
formen an. Sie ermöglichen auch, der Problematik der **Gruppennote** zu begegnen: Bei einer Gruppenarbeit lässt sich das Ergebnis als Leistung der Gruppe
insgesamt werten (Produktorientierung), der einzelne Lernweg mit seinen subjektiven Verarbeitungen, dokumentiert über einen Arbeitsprozessbericht, als
individuelle Leistung (Prozessorientierung), sodass sich sowohl die Gruppenleistung als auch der individuelle Beitrag dazu würdigen lassen.

Ergebnisse von Lernwegen lassen sich **präsentieren**, durch Arbeitsmappen,
Dokumentationen, Ausstellungen oder Vorträge. Werden solche Präsentationsformen gemeinsam in der Lerngruppe erarbeitet und nicht bloß vorausgesetzt,
bieten sie eine weitere Möglichkeit zur Leistungsbewertung, die wichtige Aspekte
des Lernens im Offenen Unterricht erfasst.

Dialogischere Formen, in denen sich Lernwege und ihre Ergebnisse bewert-
bar zeigen und auch das Argumentationsverhalten deutlich wird, sind Kolloquien,
Streitgespräche oder Podiumsdiskussionen. Überhaupt ist im Offenen Unterricht
eine möglichst „öffentliche" Beurteilungspraxis sinnvoll, dadurch werden Leistungen der „argumentativen Kritik anderer ausgesetzt" (Risse 1999, 19).

Diese Möglichkeit der Beurteilung durch die Mitlernenden sollte im Offenen
Unterricht neben der Selbstbewertung und der Fremdbewertung durch die Lehr-

person (oder die Öffentlichkeit) zum Prinzip werden. Die Schülerinnen und Schüler können die Kriterien für die Bewertung sowohl schriftlicher Vorlagen als auch von Präsentationsformen gemeinsam erarbeiten und diese Bewertungen dann durchführen. Je begründeter solche Mitbewertungen abgegeben werden, desto stärker wird sich die Bewertung der Lehrperson daran orientieren.

In den Kommentaren der Lehrperson zur festgestellten Leistung wird im Offenen Unterricht der persönliche Lernfortschritt (und damit die individuelle Bezugsnorm) neben der Orientierung an dem, was in einem bestimmten Lernabschnitt von allen als den Lehrplanstandard sicherndes Lernziel gefordert wurde (kriteriumsorientierte Bezugsnorm), besonders wichtig.

Die so festgestellten besonderen Lernleistungen des Offenen Unterrichts könnten je nach Art und Umfang eine Klassenarbeit ersetzen oder zusätzlich zu den mündlichen, schriftlichen und praktischen Noten die Gesamtnote ergänzen. Auch hier ist der Modus transparent zu machen.

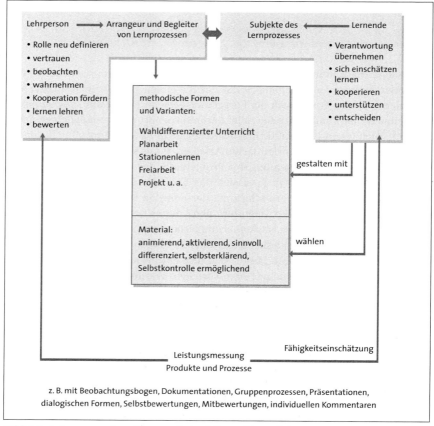

Bild 4.3: Lehrpersonal und Lernende im Offenen Unterricht

4.6 ... und wie fange ich an?

- Überlegen Sie sich, ob Sie bereit sind darauf zu verzichten, als Lehrerin oder Lehrer immer im Zentrum zu stehen, und ob Sie Ihren Schülerinnen und Schülern selbstständiges Lernen zutrauen.
- Informieren Sie sich gründlich über die methodischen Möglichkeiten. Suchen Sie sich Kolleginnen und Kollegen, die schon Erfahrung mit Offenem Unterricht haben. Bitten Sie darum, in deren Unterricht hospitieren zu dürfen.
- Bilden Sie möglichst Teams mit Kolleginnen und Kollegen an der eigenen Schule.
- Sorgen Sie für ein gutes Klima und eine partnerschaftliche Atmosphäre in der Klasse.
- Lernen Sie, Ihre Schülerinnen und Schüler zu beobachten und ihre Eigenheiten und Fähigkeiten zu registrieren. Welche Kompetenzen zum selbstständigen Arbeiten sind vorhanden und welche Lern- und Arbeitstechniken müssen Sie erst noch entwickeln? Wer brauchte besondere Unterstützung?
- Beginnen Sie nicht gleich mit einem großen Projekt, sondern mit Formen, die strukturierter und überschaubarer sind (die Beschreibungen der methodischen Varianten geben dazu Hinweise). Wenn Ihre Klasse noch keine Erfahrung mit Offenem Unterricht hat, führen Sie sie langsam zu offeneren Formen hin (z. B. mit Gruppenarbeit oder längerfristigen und differenzierten Hausaufgaben). Lassen Sie sich von einer anfangs ablehnenden Haltung nicht irritieren: Die Schülerinnen und Schüler sind unter Umständen seit Jahren nur lehrerzentrierten Unterricht gewohnt und durch offene Formen zunächst verunsichert.
- Rechnen Sie auch damit, dass Kolleginnen und Kollegen neuen Formen des Unterrichtens skeptisch gegenüberstehen und Veränderungen des ihnen gewohnten Unterrichts nicht unterstützen. Versuchen Sie, diese Position zu akzeptieren, bitten Sie aber auch für sich um diese Akzeptanz und um die Möglichkeit, Ihre eigenen Erfahrungen zu machen und Ihren Weg des Unterrichtens zu suchen.
- Wenn Sie die Öffnung über erste Schritte hinaus ausweiten: Binden Sie die Eltern mit ein und versichern Sie sich ihrer Unterstützung (z. B. auf einem Elternabend, bei dem Sie zeigen, was Sie vorhaben, und begründen, warum Sie das tun).

4.7 Ausblick

Offener Unterricht gehört zu den wichtigsten Impulsen zur Verbesserung von Schule und Unterricht der letzten Jahre. Die Lernenden werden in dieser veränderten Perspektive als Subjekte ihrer Lernprozesse ernst genommen, die Lehrenden arrangieren, initiieren und begleiten die Lernwege und bleiben damit von entscheidender Bedeutung für gelingendes Lernen. Offener Unterricht braucht deshalb, wenn er seinen Ansprüchen gerecht werden will, Lehrerinnen und Lehrer, die die Bedingungen offenen Unterrichtens als Herausforderung begreifen und bereit sind, sich für eine neue Qualität des Unterrichtens zu engagieren. Unterricht wird sich verändern, und so wie hoch strukturierte und eng geführte Lernabschnitte ihre Funktion behalten werden, so werden offene Lernwege ihre Wirkung für bedeutungsvolles, selbstbestimmtes Lernen entfalten.

Literatur

Akademie für Lehrerfortbildung Dillingen (1994). Freies Arbeiten. Reformpädagogische Impulse für Erziehung und Unterricht in Regelschulen. Donauwörth: Auer.

Allerkamp, W. (1995). Handlungsknoten. Oder: wie reformbereite Lehrer sich in Widersprüche verwickeln. In: Pädagogik 10/95, 34–35.

Bastian, J. (1993). Freie Arbeit und Projektunterricht. Eine didaktische „Wiedervereinigung". In: Pädagogik 10/93, 6–9.

Bauer, R. (2002). Schülergerechtes Arbeiten in der Sekundarstufe I: Lernen an Stationen. 4. Aufl., Berlin: Cornelsen Verlag Scriptor

Bauer, R. (Hrsg.) (2003). Offenes Arbeiten in der Sekundarstufe I. Berlin: Cornelsen Verlag Scriptor

Bohl, T. (1998). Veränderte Formen der Leistungsbeurteilung in der Sekundarstufe I. Überlegungen und Vorschläge zu einer veränderten Leistungsbeurteilung.... In: Lehren und Lernen 1998, Heft 8, 27–39.

Bohl, Th. (2004). Prüfen und Bewerten im Offenen Unterricht. 2., erweiterte Aufl., Weinheim; Basel: Beltz.

Bönsch, M. (1995a). Differenzierung in Schule und Unterricht. Ansprüche, Formen, Strategien. München: Ehrenwirth.

Bönsch, M. (1995b). Variable Lernwege. Ein Lehrbuch der Unterrichtsmethoden. 2. Aufl., Paderborn; München; Wien; Zürich: Schöningh.

Helmke, A., Weinert, F. (1987). Schulleistungen – Leistungen der Schule oder der Kinder? In: Steffens, U., Bargel, T. (Hrsg.). Untersuchungen zur Qualität des Unterrichts. Beiträge aus dem Arbeitskreis ,Qualität von Schule', H. 3, Wiesbaden/Konstanz.

Huber, G.L., Roth, J.H. (1999). Finden oder suchen? Lehren und Lernen in Zeiten der Ungewissheit. Schwangau: Huber.

Jürgens, E. (1994). Die ,neue' Reformpädagogik und die Bewegung Offener Unterricht. Theorie, Praxis und Forschungslage. Sankt Augustin: Academia.

Krieger, C.G. (1998). Mut zur Freiarbeit. 2. Aufl. Hohengehren: Schneider.

Meister, H. (2000). Differenzierung von A-Z. Eine praktische Anleitung für die Sekundarstufen. Stuttgart; Düsseldorf; Leipzig: Klett.

Paradies. L., Linser, H. J. (2001) Differenzieren im Unterricht. Berlin: Cornelsen Verlag Scriptor.

Peterßen, W.H. (1999). Kleines Methoden-Lexikon. München: Oldenbourg.

Risse, E. (1999). Leistung und Qualitätssicherung im offenen Unterricht an Gymnasien. In: Pädagogische Führung 1/99, 17–22.

Sehrbrock, P. (1998). Freiarbeit in der Sekundarstufe I. 3. Aufl., Berlin: Cornelsen Verlag Scriptor.

Uhl, S. (1996). Zur Wirksamkeit neuer Lehr- und Lernverfahren. In: Lehren und Lernen 1996, Heft 12, 14–27.

Wallrabenstein, W. (1994). Offene Schule – Offener Unterricht. Ratgeber für Eltern und Lehrer. Aktualisierte Ausgabe, Reinbek bei Hamburg: Rowohlt Taschenbuch Verlag.

Wehr, H. (1998). Perspektiven schulischer Bildung heute für Erwachsene von morgen? In: Lehren und Lernen 1998, Heft 7, 5–18.

Weinert, F.E. (1996). Für und Wider die „neuen Lerntheorien" als Grundlagen pädagogisch-psychologischer Forschung. In: ZfPP 10 (1), 1–12.

Winter, F., Groeben, A. von der, Lenzen, K.-D. (Hg.) (2002). Leistung sehen, fördern, werten. Neue Wege für die Schule. Bad Heilbrunn/Obb.: Klinkhardt.

Wopp, C. (1991). Offener Unterricht. In: Jank, W./Meyer, H. Didaktische Modelle. Frankfurt am Main: Cornelsen-Scriptor. 322–335.

Ziehe, T. (1996). Adieu 70er Jahre! Jugendliche und Schule in der zweiten Modernisierung. In: Pädagogik 7–8/96, 35–39.

5 Projekt- und Fächerübergreifender Unterricht

Angelika Wolters

5.1 Projektpädagogik als Reformpädagogik

Kaum eine pädagogische Konzeption in unserem Jahrhundert ist mit so vielen schulreformerischen Hoffnungen verbunden worden wie die Projektpädagogik. Sie ist immer dann ernsthaft im Gespräch, wenn auch die Leistungsfähigkeit der Schule generell ins Gerede gekommen ist angesichts von Krisen, die mit „herkömmlichem Unterricht" nicht mehr bewältigbar erscheinen.

Was nun macht die große Attraktion von Projektpädagogik aus, die hohe Erwartungen weckt im Zusammenhang mit einer Schule, die man offensichtlich nicht erst nach PISA wieder „neu denken" muss?

Geschichtlich und didaktisch gesehen waren Projekt- und Fächerübergreifender Unterricht zunächst wenig unterschiedene Realisierungen reformpädagogischer Bildungs- und Erziehungsvorstellungen zu Beginn des 20. Jahrhunderts.

> *Erst im Laufe der pädagogischen und bildungspolitischen Diskussion der letzten beiden Jahrzehnte haben sich Projekt- und Fächerübergreifender Unterricht als relativ eigenständige didaktische Großformen mit zum Teil unterschiedlichen Bezugspunkten und Charakteristika herausgebildet.*

Von der Didaktik als „**offene Unterrichtsformen**" charakterisiert, zielt dabei der **Projektunterricht** mehr auf eine **Öffnung der Schule nach außen**, während der **Fächerübergreifende Unterricht** eher eine **innere Öffnung der Schule** anstrebt. (Vgl. Frommer 1989, 19) Beide, wenn auch mit unterschiedlicher Akzentuierung, scheinen in besonderer Weise zu gewährleisten, dass sich in ihrem Rahmen Selbstständigkeit und Selbsttätigkeit der Schülerinnen und Schüler entfalten, sie in problemorientierter Auseinandersetzung mit einer Sache und in gleichberechtigter Kommunikation mit anderen Menschen, selbstbestimmt und in allen Dimensionen ihres Menschseins gefordert, ein möglichst greifbares, gesellschaftsrelevantes Produkt erstellen und öffentlich machen. So jedenfalls der theoretische Anspruch einer Pädagogik, die auch bzw. gerade am Beginn des neuen Jahrtausends nichts von ihrem schulreformerischen Impetus eingebüßt hat.

5.1.1 Enger Projektbegriff versus weitem Projektverständnis

In den letzten 15 Jahren ist erneut eine Kontroverse um den Projektbegriff entfacht. Er spiegelt einen alten pädagogischen Streit wider, der auf unterschiedlichen Ausdeutungen der Grundidee beruht (die Kontroverse ist dokumentiert in PÄDAGOGIK 7–8/1993, 57–73).

In Europa taucht der Begriff „Projekt" nämlich erstmals bereits im 16. Jahrhundert auf als „Entwurf, Plan, Konstruktion" im Zusammenhang mit einem Architekturwettbewerb an einer römischen Akademie. Bis Ende des 18. Jahrhunderts etabliert sich der Projektbegriff dann im europäischen Ingenieurwesen. (Knoll 1993, 59) Anhänger/innen dieses Projektbegriffs, der sich aus einer 300-jährigen-Tradition herleitet, wollen das Projekt lediglich als Methode „praktisch-konstruktiven Problemlösens" verstanden wissen. Weil sie damit keinen weiter führenden konzeptionellen Anspruch verbinden, sprechen wir hier von einer „eng" an den technologischen Ursprung des Projektes angelehnten Begrifflichkeit. (Knoll 1993, 63 sowie Frey 1993a, 29 ff.)

Demgegenüber beinhaltet ein „weites" Projektverständnis einen umfassenden Bildungsanspruch, der erstmals von den amerikanischen Urvätern der Projektpädagogik zu Beginn unseres Jahrhunderts (s. u.) formuliert wurde und bis heute zahlreiche Pädagoginnen und Pädagogen in ihren Bann zieht.

Die Aufspaltung in diese zwei Projektlager ist symptomatisch für die Gesamtentwicklung des Projektbegriffs seit seiner Entdeckung. Sie führt in zwei unterschiedliche Richtungen mit gegensätzlichen pädagogischen Ausprägungen:

- Zielt das **weite Projektverständnis** eher auf eine Veränderung schulischer und damit gesellschaftlicher Strukturen,
- beschränkt sich das **engere Projektverständnis** auf Verfeinerungen von Problemlösungsstrategien mit den entsprechenden Vermittlungstechniken.

5.1.2 Vom Projektverständnis zum pädagogischen Gesamtkonzept

Es ist und bleibt das Verdienst der zentralen Leitfiguren des „Progressive Education Movement", den amerikanischen Erziehungsphilosophen John Dewey (1859 – 1952) und William H. Kilpatrick (1881 – 1965), den rein praktisch definierten Projektbegriff in einen bildungstheoretischen Begründungszusammenhang gestellt zu haben. Deshalb erscheint es notwendig, sich vorab seine pädagogischen Potenziale zu vergegenwärtigen. **Vier zentrale Anliegen** möchte ich im Folgenden herausstellen. (Vgl. auch Bastian/Gudjons 1993a, 23 f. sowie Bastian 1993, 7)

5.1.2.1 Grundlage für bildende Erfahrung: Handlungsorientierung

„Pragma", im Bedeutungskern „das Getane", aber auch „das, was zu tun ist", steht im Zentrum der lerntheoretischen Vorstellungen der Amerikaner und charakterisiert sich als Handeln des Menschen, das mit der zentralen Verarbeitungskategorie der Erfahrung eng verknüpft ist.

Ein Gramm Erfahrung ist besser als eine Tonne Theorie, einfach deswegen, weil jede Theorie nur in der Erfahrung lebendige und der Nachprüfung zugängliche Bedeutung hat. (Dewey. In Schreier 1986, 145)

Im Modus der „bildenden Erfahrung" sind Welt- und Selbsterkenntnis nach Dewey aufgehoben.(Vgl. Dewey 1916. In Schreier 1986, 146 ff.)

   Handeln als Voraussetzung und Ziel des Denkens (Learning by doing) darf allerdings nicht Selbstzweck sein.

Projektpädagogik als Reformpädagogik 125

Es darf sich nicht in blindem Aktionismus totlaufen, in Beschäftigungstherapie oder gar Wurstelei ausarten, sondern wird nur dann erkenntnisfähige Erfahrung, wenn es ein Denken in Zusammenhängen gewährleistet. Unreflektiertes Handeln ist demnach wenig bildungsträchtig.

5.1.2.2 Offene Schule: am Leben selbst lernen

Während die mehr philosophischen Aspekte des Pragmatismus den Handlungsbezug für die Erkenntnisfähigkeit des Menschen herausstellen, sucht die Pädagogik des Pragmatismus danach, welche Erfahrungen, welche Handlungssituationen dafür notwendig sind. Deweys spezifische Antwort darauf lautet: „active and social occupations" (Dewey, 1909, zit. nach Boutemard 1975, 248). Eine bewusste und aktive Auseinandersetzung des Menschen mit seiner natürlichen und sozialen Umwelt, das ist für Dewey elementare Bedingung für die Ausprägung eines selbstständig handelnden Individuums ebenso wie für die Weiterentwicklung der Gesellschaft, die es umgibt.

Orientierung an der Alltagswirklichkeit im Gemeinwesen bedeutet konsequente Öffnung der Schule nach außen.

5.1.2.3 Demokratische Erziehung als schulische Lebensform

Es ist nicht beliebig, in welcher sozialen Umgebung und für welche Gesellschaftsform dieser Bildungsprozess stattfindet.

Für Kilpatrick stellt sich absichtsvolles Handeln dar als „typische Einheit des wertvollen Lebens in einer demokratischen Gesellschaft. Sie sollte darum auch zur typischen Einheit des Schulverfahrens gemacht werden." (Dewey, Kilpatrick 1935, 165)

Und auch Deweys Vorstellungen von der Auseinandersetzung mit der Welt sind unabdingbar an ein **Verständnis von Demokratie** gebunden, das „mehr (ist) als eine Regierungsform, sie ist in erster Linie eine Form des Zusammenlebens, der gemeinsamen und miteinander geteilten Erfahrung". (Dewey 1916, zit. nach Schreier 1986, 109) Dewey wertet dies als einen **qualitativen Sprung in der sozialen Entwicklung** der Menschheit. Er ist bestrebt, mit seinen Erziehungsvorstellungen zum Ziel der individuellen wie sozialen Höherentwicklung und in diesem Sinne zur Demokratisierung beizutragen. (Dewey 1916, 409 bzw. Hänsel 1988, 22)

5.1.2.4 Experimentelles Problemlösen: learning by doing

Schulisches Lernen im umfassenden Erfahrungszusammenhang nach demokratischem Muster zu organisieren, wird nach Dewey und Kilpatrick durch die **Projektmethode** gewährleistet. Sie ist von der Vorgehensweise her der experimentellen Methode und dem naturwissenschaftlichen Versuch nachgebildet, denen Dewey die größte Erkenntniskraft zuspricht. (Dewey 1916, 289). Er unterscheidet die in der folgenden Übersicht aufgeführten Schritte:

„1. Begegnung mit der Schwierigkeit	„Der Schüler muss eine wirkliche und für den Erwerb von Erfahrung geeignete Sachlage vor sich haben.
2. Lokalisierung (Zielsetzung)	In dieser Sachlage muss ihm ein echtes Problem erwachsen.
3. Lösungsansatz (Planung)	Er muss das notwendige Wissen besitzen und die notwendigen Beobachtungen anstellen, um das Problem zu behandeln.
4. Simulation der logischen Lösungsmöglichkeiten (Ausführung)	Er muss mögliche Lösungen für das Problem entwickeln.
5. Experimentelle Prüfung der Lösungsansätze (Beurteilung)" (Dewey 1933, zit. nach Frey 1993a, 51)	Er muss Möglichkeit und Gelegenheit haben, seine Gedanken durch praktische Anwendung zu erproben, um so ihren persönlichen Sinn und ihre soziale Bedeutung herauszufinden." (Hänsel 1988, 25)

5.1.2.5   Fazit: Learning by Deweying

Die „Methode der bildenden Erfahrung" (1916) konkretisierend und zusammenfassend spricht Dewey 1931 von der „Projekt-, Problem- oder Situationsmethode" und stellt nochmals o. a. „essentials" wie in einem Dreiklang dar, den Kilpatrick 1918 erstmalig in der berühmt gewordenen, aber wenig prägnanten Projektdefinition verdichtet hatte: Ein Projekt ist absichtsvolles/planvolles Handeln von ganzem Herzen,das in einer sozialen Umgebung stattfindet. (Dewey/Kilpatrick 1935, 162)

5.1.3   Projektpädagogik in Deutschland

5.1.3.1   Aufnahme von einzelnen Elementen bei verschiedenen Reformpädagogen vor dem Zweiten Weltkrieg

Im Zuge der allgemeinen, international diskutierten Kritik an der lebensfernen und zwangsbelehrenden Buchschule zu Beginn unseres Jahrhunderts nimmt man auch in Deutschland einzelne Elemente der amerikanischen Projektpädagogik auf bzw. entwickelt eigenständige Formen.

Da werden die **Fächer aufgesprengt** im Epochenunterricht der Waldorfschule Rudolf Steiners, wird **jahrgangsübergreifend kommuniziert** in Berthold Ottos Gesamtunterricht, werden **Schule und Leben** verbunden in den Landerziehungsheimen eines Hermann Lietz. **Projektarbeit** bildet auch das Kernstück des berühmten Jena-Plans von Peter Petersen.

Als pädagogische Gesamtkonzeption kann sich die „Progressive Education" allerdings nicht durchsetzen, stellt sich doch die Rezeption der Projektpädagogik weitgehend in einem anderen gesellschaftspolitischen Licht dar. In Kerschensteiners Arbeitsschulbewegung z.B. dient die produktorientierte Arbeit am Starenkasten in der vorindustriell wiederbelebten Werkstatt des Handwerkers weniger der Befriedigung von Schülerbedürfnissen als dazu, die staatsbürgerliche Erziehung großer Volksmassen „zu unbedingtem Gehorsam und treuer Pflichterfüllung" zu führen. (Kerschensteiner 1931, zit. in Vorbach 1982, 256) Dieser Zu-

Projektpädagogik als Reformpädagogik

griff hat mit dem erziehungsphilosophischen Gesamtkonzept der Amerikaner und ihren Vorstellungen von Demokratie nun gar nichts mehr zu tun und dokumentiert die große Gefahr eines rein **werkunterrichtlichen** Projektverständnisses. Im Faschismus wird die Projektpädagogik als systemwidrig abgelehnt.

5.1.3.2 Zweckentfremdung im geteilten Deutschland nach dem Zweiten Weltkrieg

Nach der politischen Spaltung Deutschlands wird das Projekt in der ehemaligen DDR vordergründig und ideologisch als utilitaristische, wissenschaftsfeindliche und „bürgerliche Lernform" gebrandmarkt, aber hinterrücks im „Arbeitsvorhaben" ebenfalls als methodisches (!) Kernstück polytechnischer Bildung institutionalisiert. Im Westdeutschland der 50er- und 60er-Jahre hingegen findet es als „Vorhabenpädagogik" zunächst fast nur in Grund- und Hauptschulen Eingang. Damit geht die implizite Unterstellung einher, dass Anschaulichkeit und Praxisnähe eher für die „Unterstufe" des Bildungswesens geeignet seien. (Struck 1980,13)

5.1.3.3 Erster Reformschub in den späten 6oer-Jahren: Projektunterricht als Beitrag zur äußeren Schulreform

Erst im Zuge der schulreformerischen Bemühungen (Stichwort: Gesamtschule/ Alternativschule) Anfang der 70er-Jahre erfährt die Diskussion um Projekt- und fächerübergreifenden Unterricht eine Ausweitung und wird im Zusammenhang mit der Neugestaltung der Sekundarstufe II auch für die „Oberstufe" des Bildungssystems gefordert. Im Gefolge dieser Auseinandersetzungen hält die Projektwoche als eine mögliche Organisationsform von Projektunterricht nahezu flächendeckend Einzug in alle Schulen. (Vgl. Meyer 1990, 336)

In dieser bildungseuphorischen Phase traut man dem projektorientierten Lernen die Innovationskraft zu, verkrustete Lehrformen in einer erstarrten äußeren Schulorganisation aufzubrechen und damit eine Bildungsreform „von unten" einzuleiten. Doch dieser an Deweys politischem Anspruch nicht nur orientierte, sondern mit systemkritischen Erwartungen überfrachtete und deshalb <u>zu weit</u> gespannte Projektbegriff als alleiniger „Weg politischer Emanzipation" führte nicht selten in eine schulpraktische Sackgasse. Die in den 70er-Jahren z. T. sehr stark ideologisch geführte, pädagogisch polarisierende Debatte hat bis in die 80er-Jahre hinein verhindert, eine vermittelnde Sichtweise von Projektunterricht zwischen zu engem Begriff und zu weitem Verständnis zu entwickeln.

5.1.3.4 Zweiter Veränderungsschub in den 8oer-Jahren: Projektelemente als Orientierungen im Regelunterricht

Nach der schulpolitischen Desillusionierung, hervorgerufen durch die Stagnation der äußeren Schulreform, setzt in den 80er-Jahren eine Konzentration auf die innere Schulreform ein. In der Besinnung auf die binnenstrukturellen Veränderungsmöglichkeiten von Schule sieht es fast so aus, als versuche man, den Projektunterricht in seine einzelnen Kennzeichen aufzulösen und dadurch in den

„Regelunterricht" zu integrieren, sodass sie diesem generell als **Orientierungs-werte dienen.**

Anstelle von Curriculum und Lernzielhierarchien werden im Zusammenhang mit dem Offenen Unterricht verstärkt praktisches und soziales Lernen, mehr Schüler- sowie **Handlungsorientierung** gefordert. Oder andersherum ausgedrückt: Der Projektunterricht „als gleichermaßen offenes wie in sich strukturiertes Konzept" (Gudjons 1992, 60) stellt den großformatigen, aber schulorganisatorisch auch aufwändigeren Musterfall des Handlungsorientierten Unterrichts dar, der alle genannten Leitideen in sich vereint. Weil erstgenannter aber so anspruchsvoll in Konzeption und Durchführung ist, werden Knoten seines interdependenten Merkmalsnetzes (vgl. Teil 2 dieses Beitrags) aufgeschnürt. Fallen dabei gar einige der Projektkennzeichen durch die Maschen des Merkmalsnetzes hindurch, so spricht man lediglich von projektorientiertem Unterricht.

Diese Entwicklung steht im Zusammenhang mit zwei weiteren Tendenzen:

- Zum einen wird **Kritik** an einer stark Freizeit geleiteten Projektwochenpraxis laut, deren Aktivitäten oft nicht als Lernprozesse begriffen würden und zu wenig Ausstrahlung auf den traditionellen Fachunterricht hätten. „Insofern könnte man diese erste Tendenz als Ausbreitung bei gleichzeitiger Reduzierung der Konzeption kennzeichnen." (Gudjons/Bastian 1993a, 10)
- Dem steuert neben der o. a. generellen didaktischen Perspektivenveränderung eine zweite, seit Mitte der 80er-Jahre einsetzende, entgegen, nämlich den Gesamtcharakter der Projekte nicht aufzulösen, sondern lediglich als **überschaubarere im Schuljahr** und **im Fachunterricht** auch des Gymnasiums anzusiedeln.

5.1.3.5 Didaktische Differenzierungen der 90er-Jahre: Fächerverbindender und -übergreifender Unterricht

Etwa zeitgleich findet speziell eine bildungspolitische Neuaufnahme und -interpretation von Aspekten der Projektpädagogik unter dem Stichwort „Fächerübergreifender Unterricht" (FU) statt. Sie trägt einiges zur terminologischen Klärung, inhaltlichen Differenzierung und zu nicht nur schulorganisatorisch unterschiedlichen Ausprägungen von Projekt- und Fächerübergreifendem Unterricht bei:

Generell verbindet der fächerübergreifende Unterricht „Inhalte, Fragestellungen und Verfahrensweisen traditioneller Schulfächer oder greift als überfachlicher Unterricht Inhalte und Lernintentionen auf, die von den Fächern nicht oder nur teilweise erfasst werden. (Beispiel: Umweltschutz") (E. Neuhaus 1977, 9)

Darüber hinaus leistet die Differenzierung zwischen „Fächerübergreifendem Unterricht" und „fächerverbindendem Unterricht" eine erste Unterscheidung in schulpraktischer Absicht: Mit Letztgenanntem wird gegenüber der didaktischen Großform des FU die **kleinformatigere** und deshalb organisatorisch leichter durchzuführende **Variante** bezeichnet. In dieser greifen mindestens zwei, möglichst mehr Fächer auf Grund vorangegangener Planung zeitlich parallel oder in

Projektpädagogik als Reformpädagogik　　129

enger zeitlicher Folge ein gleich lautendes Thema auf. Oft werden beide Termini noch synonym verwendet, gemeint ist dann allerdings eher die „kleine Lösung" des fächerverbindenden Unterrichts.

Ich selber spreche von „**Fächerübergreifendem Unterrricht**" immer dann, wenn ich damit die besondere **didaktisch-methodische Großform** kennzeichne, die spezifischen personellen und organisatorischen **Rahmenbedingungen** unterliegt. Fächerübergreifender Unterricht liegt also nicht schon vor, wenn in irgendeinem Fach darauf hingewiesen wird, dass anderswo die gleiche Sache aus anderer Sicht zur Sprache kommt. Eine fächerüberschreitende Denk- und Bewusstseinsform, die sich grundsätzlich um eine Ausweitung der fachspezifischen Perspektive bemüht, ist als wünschenswerte **Haltung der Lehrenden** sicherlich eine wichtige Voraussetzung für Fächerübergreifenden Unterricht, stellt ihn aber nicht schon selber dar. Auch grenze ich mich damit von Vorstellungen ab, die „fächerübergreifend" nicht als Unterrichtsform, sondern als durchgängiges **Lernprinzip** begreifen. (Vgl. z. B. K.Mögling 1998)

5.1.3.6　Dritter Innovationsschub: Integrative Perspektiven der Projektpädagogik zur Jahrtausendwende

Die didaktische Verortung des Projekt- und Fächerübergreifenden Unterrichts als eigenständige didaktische Grundformen in den 90er-Jahren erfolgte u. a. in Abgrenzung zu den beiden anderen von Klafki benannten didaktischen Grundformen „Lehrgang" und „Trainingsunterricht". (Klafki 1985, 233 f.) Deren jeweilige Leistung und Eigenart für den Bildungsprozess beschreibbar zu machen und eine entsprechende Integration von verschiedenen Unterrichtsformen anzustreben, wird als eine zentrale Aufgabe zukünftiger Didaktik formuliert.

Bildungspolitiker nehmen diesen Ball auf – auch wenn er vermutlich aus einem anderen Argumentationsfeld als dem didaktischen stammt – und begreifen die den Grundformen Projekt- und Fächerübergreifender Unterricht innewohnenden Möglichkeiten praktisch-methodischen, selbstständigen und interdisziplinären Arbeitens als innovative Chance schulischer Weiterentwicklung, vor allem im Kontext der Neugestaltung der Gymnasialen Oberstufe. Im Gefolge der KMK-Vereinbarungen vom 28.2.1997 werden die inhaltlichen und methodischen Anliegen der Projektpädagogik in verschiedenen Bundesländern in einem neuen Fach verankert: nämlich dem zweisemestrigen, meist thematisch ausgerichteten und abiturrelevanten „Seminarkurs auf der gymnasialen Oberstufe". So soll der Fächerübergreifende- und Projektunterricht gerade auch in der Oberstufe des Gymnasiums den **vertieften Allgemeinbildungsanspruch**, Wissenschaftspropädeutik sowie die **über reine Wissensaneignung hinausgehenden Kompetenzen** in einer den Fachunterricht ergänzenden und komplettierenden Unterrichtsform einlösen helfen.

Umgekehrt ist in allen Schularten und Schulstufen die Tendenz festzustellen, dass (meist affine) Fächer zu **Fächerverbünden** zusammengeschlossen werden. Über die besonders intensive Abstimmung im Hinblick auf Bildungsstandards und

-ziele hinaus sind diese aufgerufen, meist unter Federführung eines Leitfaches, integrative Themen in gemeinsamen Modulen zu entwickeln und durchzuführen.

Damit sind der eingangs von mir skizzierten theoretisch geführten projektpädagogischen Kontroverse große Chancen eingeräumt, zu Beginn des neuen Jahrtausends in Syntheseformen aufgehoben und schulpraktisch wirksam zu werden.

5.2 Projekt- und Fächerübergreifender Unterricht zwischen didaktischer Charakterisierung und schulpraktischer Realisierung

5.2.1 Phänomenologische Annäherung durch Merkmalslisten

Am Anfang der Bemühungen, Projektunterricht als offene und prozessorientierte Lernform zu bestimmen, stehen Merkmalslisten. Auch wenn die Zahl der ausgeführten Merkmale in den jeweiligen Listen schwankt und sie inhaltlich zuweilen unterschiedliche Gewichtungen vornehmen, zeigen sie doch einen grundsätzlichen Weg auf, sich diesem komplexen Phänomen anzunähern.

Auch ich bediene mich im Folgenden einer Merkmalsliste. Diese ist mir Vehikel, in einem ersten Schritt Funktion, Aufgaben und Möglichkeiten des Projektunterrichtes didaktisch einzufangen und in einem zweiten zu überlegen, inwieweit die jeweiligen Merkmale auch für Fächerübergreifenden Unterricht (ideal)typisch sind. Als didaktische Markierungspunkte sollen sie Orientierung in praktischer Absicht geben. Sie dürfen nicht als didaktisches Korsett missverstanden werden, in das sich der Projekt- und Fächerübergreifende Unterricht einzwängen müssen, sondern bilden ein elastisches Netz, das sich den Bedürfnissen des Schulalltags anschmiegt.

Gudjons umfangreiche Merkmalsliste, intoniert in Hänsels Schrittfolge, liefert mir wichtige, z. T. leicht begrifflich und in der Reihenfolge veränderte Fixpunkte im eigenen didaktischen Gehäuse. (Gudjons/Bastian1993a, .28 ff. sowie Gudjons 1992, 67 ff.; Hänsel 1988, 14 – 19 sowie 37 ff.). Dies wird dann mit weiter führenden theoretischen Überlegungen etwa zur Trennschärfe von Fächerübergreifendem Unterricht (im Weiteren auch FU abgekürzt) und Projektunterricht (im Weiteren auch PU abgekürzt) sowie vor allem mit Beispielen und Realisierungshilfen aus der eigenen Schul- und Seminarpraxis ausgestaltet.

Eine scharfe kategoriale Abgrenzung untereinander und gegenüber anderen Unterrichtsformen vermögen die Merkmale dabei nicht immer zu leisten, weil vor allem der Fächerübergreifende Unterricht in seiner Mittlerstellung zwischen Projekt und Lehrgang Integrationsfühler nach beiden Seiten ausstreckt. (Wolters 1989) Auch ist die Liste nicht so missverstehen, dass einzelne Merkmale nach Belieben herausgeklaubt und zur Rechtfertigung der einen oder anderen Unterrichtsform herangezogen werden könnten.

Im stets unterschiedlich gewichteten Zusammenspiel aller Merkmale gewinnen der Projekt- und mit Abstrichen auch der Fächerübergreifende Unterricht ihre wesentlichen Konturen.

5.2.2 SCHRITT I: Auswahl und Inhalte

5.2.2.1 Orientierung an den Interessen der Beteiligten im PU

Einer viel zitierten pädagogischen Weisheit zufolge gilt es, auch im Fachunterricht, die Schülerinnen und Schüler dort abzuholen, wo sie stehen. Doch in den seltensten Fällen gelingt es uns, die individuellen Standorte der Schüler auszumachen. Das von uns angenommene Interessen- und Lernniveau der Schülerinnen und Schüler ist oft eher Ausdruck unserer eigenen Fantasien, Wünsche und Spekulationen, als dass es ihre tatsächlichen Voraussetzungen trifft.

Für projektorientierte und fächerübergreifende Lernzusammenhänge verschärft sich dieses Problem, ist doch für Dewey die Anbindung des PUs an Schülerinteressen zentral, die sich allerdings in Auseinandersetzung mit einer Sache/einem Thema entfalten sollen. Zu diesem Zweck werden in Projekten außerhalb des Fachunterrichtes vielfach die Jahrgangsklassen aufgelöst und in altersheterogene Interessengruppen überführt.

Dabei sind folgende didaktische Fragen zu lösen:

- Wie komme ich an Schülerinteressen und Bedürfnisse heran? Welche methodischen Hilfen gibt es, diese „zur Sprache" zu bringen?
- Wie muss der in Gang gebrachte Prozess der Interessenbildung pädagogisch gestützt werden?
- Worauf richtet er sich, auf Inhalte und/oder die Gestaltung des Unterrichts?
- Welche entwicklungsbedingten, alters- oder sonstigen spezifischen Interessen gibt es zum Infrage stehenden Problem?
- Wie kann dieser äußerst dynamische Prozess von Suchen, Fragen, Nachdenken, Erleben und handelnder Auseinandersetzung aller Beteiligten so offen wie möglich und konkret wie nötig organisiert werden?
- In welcher Form gewährleistet er eine Verständigung über Lehrer- und Schülerinteressen?
- Wie ist eine möglichst hohe Identifikation der Teilnehmer mit ihrem Thema zu erreichen?

> *Der Themenvorschlag mündet erst nach allgemeiner Akzeptanz in eine Projektskizze, die den zeitlichen, organisatorischen und auch gemeinsam vereinbarten Rahmen absteckt.*

5.2.2.2 FU zwischen Adressaten/inneninteressen und Lehrplanvorgaben

Natürlich bezieht auch der Fächerübergreifende Unterricht seine Impulse ganz entscheidend aus o. a. Artikulationsmöglichkeiten von Interessen und Bedürfnissen der Lehrenden und Lernenden. Dennoch ist hier der Rahmen enger gesteckt. Zum einen bleiben die Jahrgangsklassen gewöhnlich beieinander und die Schüler/innen können sich entweder Interessengruppen ihrer eigenen Klasse oder, was ungewöhnlicher ist, der gleichen Jahrgangsstufe zuordnen. Zum anderen ist das thematische Angebot eingeschränkter, denn Fächerübergreifender Unterricht geht in der Regel von festgeschriebenen Inhalten des Lehrplans aus, die miteinander verbunden werden sollen. Die Schüler sind hier also meist nicht unmittelbar an der Themenauswahl, sondern an Schwerpunktsetzungen innerhalb eines gegebenen Themenbereiches beteiligt.

5.2.2.3 Lebensweltbezug im PU

Auf die Frage an Dewey, welchen Auswahlkriterien die Inhalte des Projektunterrichts unterliegen, haben wir noch seine klare Antwort im Ohr: Ausgangspunkt für diese Unterrichtsform bildet eine für die Schüler/innnen und Lehrer/innen „geeignete problemhaltige Sachlage", die sich aus der Komplexität des wirklichen Lebens herleitet und womöglich einer Lösung harrt. Diese liegt meistens quer zu der gewohnten Fachaufteilung, obwohl sie natürlich viele Fachaspekte übergreifend einschließen kann. Daraus allerdings abzuleiten, dass grundsätzlich „alle Erscheinungen unseres Lebens" Gegenstand einer Projektinitiative sein können, Projektunterricht also weit gehend inhaltsneutral ist und nur die Form der Auseinandersetzung über seinen Bildungswert entscheidet, muss wohl als methodische Kurzschlüssigkeit abgetan werden. (Kritik an Frey 1993b, 62) Didaktische Aufgaben in Projekten außerhalb des Fachunterrichtes sind:

- Welche Probleme sind die „echten", für den Erwerb von bildenden und pädagogisch verantwortbaren Erfahrungen geeigneten? Diese liegen nicht immer auf der Hand, sondern müssen in Auseinandersetzung mit allen Beteiligten gefunden und manchmal auch erst entwickelt werden.
- Welche Situationen sind „unterrichtsuntypisch", um in Anlehnung an Dewey die erste Beschäftigung mit jedem Gegenstand in der Schule „so unschulmäßig wie möglich" zu gestalten, (Dewey 1916, 206) z. B. in Erkundungsgängen, Festen, Spielen, Exkursionen, entspannten Gesprächssituationen, Besichtigungen, Klassenfahrten usw.? (Vgl. Hänsel, 38)
- Welche Art von Erfahrungen hält eine außerschulische Wirklichkeit, die sich vor allem durch „Second-hand-Erfahrungen" auszeichnet, überhaupt noch bereit?
- Welche Probleme sind für Schüler lösbar?
- Welche Institutionen, Experten/Expertinnen, Informationsträger/innen könnten zurate gezogen werden?

Auch sollte man bei allem berechtigten Interesse für außerschulische Institutionen die Schule selbst als problemhaltigen, „projektwürdigen" Erfahrungsraum nicht aus dem Auge verlieren. (Bastian/Gudjons 1989, 11)

> *Für Projekte im Fachunterricht stellt sich das Problem der Rückführung der aus dem Fach erwachsenen Thematik in einen Lebenszusammenhang.*

Das ist nicht immer, aber öfter als bisher erprobt, möglich. In welchen Bereichen der Wirklichkeit sind sie aufgehoben, können sie sinnlich erfahrbar gemacht bzw. praktisch angeeignet werden?

Projekt- und Fächerübergreifender Unterricht

Beispiel

So wurde z. B. bei der Lektüre von Judith Kerrs „Als Hitler das rosa Kaninchen stahl"
im Deutschunterricht der 7. Klasse das Bedürfnis artikuliert, etwas über die Zeit des
Nationalsozialismus zu erfahren. Nachdem ein von einer Schülerin unaufgefordert
erstelltes 10-seitiges Geschichtsreferat nicht als geeigneter „Aufklärungsmodus" für
die Mitschülerinnen erschien, suchten wir nach anderen Möglichkeiten. Einer glück-
lichen Fügung war es zu verdanken, dass zu gleicher Zeit am Schulort von der Badi-
schen Landesbühne eine „Sinti-Revue" inszeniert wurde, die die Lage der Zigeuner
im 3. Reich veranschaulichte. In Kooperation mit der ortsansässigen Theaterkritike-
rin, die uns vor der Aufführung im Unterricht besuchte, eine Einführung in das Thea-
terstück gab und uns auch während der Aufführung begleitete, wurden dann zur Verarbeitung dieses problematischen Wirklichkeitsausschnittes von den Schülern kleine
Rezensionen abgefasst und gemeinsam mit der Kritikerin in der lokalen Presse veröffentlicht.

5.2.2.4 Wissenschaftsbezug im FU

Das Merkmal des Lebensweltbezuges grenzt den Projektunterricht auch vom Fächerübergreifenden Unterricht ab. Er hat zwar didaktisch ebenfalls die Schwierigkeit der „Rekonstruktion" eines Problems, aber sein Bezugspunkt ist weniger
die Lebenswirklichkeit als der **Schnittpunkt der verschiedenen Fächer,** unter
dem ein komplexer Sachverhalt beleuchtet werden soll. **Wissenschaftsorientierung** tritt hierbei als ein Korrektiv der bloßen Ausrichtung an der aktuellen Lebenswelt und den gegenwärtigen Erfahrungen der Schüler auf. Allerdings handelt
es sich bei der Wissenschaftsorientierung nicht um die verkleinerte Abbildung des
Erkenntnisstandes der jeweiligen Wissenschaften im Unterricht, „und schon gar
nicht um möglichst vollständige Überblicke, sondern um vereinfachte Exempla
dafür, was Wissenschaften für die Aufklärung von individuell und gesellschaftlich
bedeutsamen Lebensproblemen leisten können und wo ihre Grenzen sind". (Klafki, 1985, 113)

Fächerübergreifender und -verbindender Unterricht bezieht seine Berechtigung daraus, dass er die Erarbeitung vielschichtiger Phänomene, die angemessen
nur im Sach- und Personenverbund zur Darstellung kommen, didaktisch im
Schnittpunkt der Fächer abbildet.

Es gilt also, entweder ein multiperspektivisches Phänomen, z. B. kulturge-
schichtliche Epochen, in seinen vielschichtigen Dimensionen und Bezügen aufzu-
fächern oder umgekehrt unterschiedliche (fachspezifische) Fragestellungen an
ein fächerübergreifendes Problem anzutragen und dazu Antworten mithilfe des je
fachspezifischen Instrumentariums zu finden.

In beiden Fällen muss das in den Fächern eingelagerte Wissen sondiert und gegebenenfalls in Themenaspekte rückverwandelt werden. Die fachlichen Konvergenzpunkte gilt es dann als „didaktische Knotenpunkte" mit übergreifenden Fragestellungen zu bündeln.

Im Folgenden wird ein fächerübergreifendes Beispiel aus der Seminarausbildung zum Thema Aggression vorgestellt.

Fächerübergreifendes Beispiel aus der Seminarausbildung zum Thema Aggression

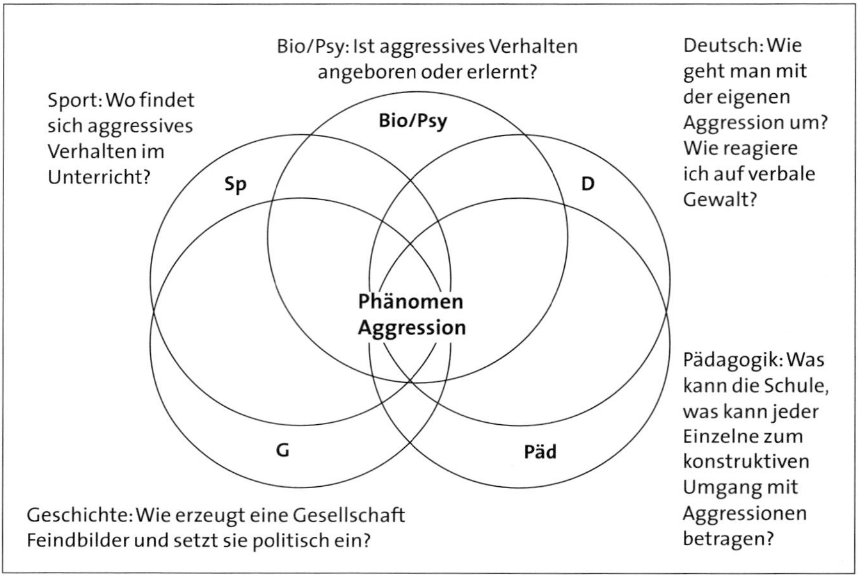

Bio/Psy: Ist aggressives Verhalten angeboren oder erlernt?

Deutsch: Wie geht man mit der eigenen Aggression um? Wie reagiere ich auf verbale Gewalt?

Sport: Wo findet sich aggressives Verhalten im Unterricht?

Bio/Psy

Sp

D

Phänomen Aggression

Pädagogik: Was kann die Schule, was kann jeder Einzelne zum konstruktiven Umgang mit Aggressionen betragen?

G

Päd

Geschichte: Wie erzeugt eine Gesellschaft Feindbilder und setzt sie politisch ein?

Bild 5.1: FU als Schnittpunkt der verschiedenen Fächer (nach Datow 1988, 84; modifiziert und optisch aufbereitet von der Verfasserin)

Didaktische Fragen an die Fachlehrer/innen:

- Wo ist der Stoff im Lehrplan ausgewiesen bzw. wo lassen sich Bezüge zu anderen Fachbereichen herstellen?
- Wie lautet die übergreifende Fragestellung bzw. Hypothese, die das (gemeinsame) Erkenntnisinteresse am Gegenstand bündelt?
- Wo ist welches Wissen in welcher Form in meinem Fach zu dem infrage kommenden Gegenstand eingelagert, das evtl. (Teil-)Antworten auf unsere gemeinsame Fragestellung gibt?
- Wie muss ich mit meinen fachspezifischen Methoden an diesen Stoff herangehen, damit der Arbeitsertrag die gemeinsame Fragestellung erhellt?

Die einzelnen Fragestellungen wurden an folgenden Inhalten exemplarisch konkretisiert:

Sp	Bestandsaufnahme aggressiven Verhaltens in der Schule (Ausgangs- Filmbeispiel aus dem Sportunterricht).
Bio/Psy	Aggressionstheorien zur Ursachenerklärung: Ist aggressives Verhalten angeboren oder erlernt? (Rangordnungsverhalten und Milgram-Experiment)
D	Individualpsychologische Dimension: Literatur als Erziehungsmodell (Lessing, Nathan der Weise II,5 und IV,7)
G/GK	Gesellschaftliche Dimension: Zur Entstehung des Kalten Krieges. (Quellenanalyse: Truman 1947, Schdanow 1947)
Eth/Päd	„Lösungsversuche": Möglichkeiten des Umgangs mit Aggressionen im konkreten (Schul-)Alltag?

Projekt- und Fächerübergreifender Unterricht

135

5.2.2.5 Gesellschaftliche Praxisrelevanz im PU

Dieses Merkmal ist eines der konstitutivsten für PU überhaupt und grenzt ihn in der unmittelbaren Umsetzung und Anwendungsperspektive kategorial am schärfsten gegenüber Fächerübergreifendem Unterricht ab. Dewey hat an vielen Projekten kritisiert, sie seien „zu trivial, um bildend zu sein". (Dewey 1931, 97) Als ein Korrektiv zur Ausrichtung an „Schülerinteressen" beinhaltet es wie kein anderes Kriterium den hohen und umfassenden Anspruch von Projektpädagogik, handelnd und, wenn möglich, verbessernd in gesellschaftliche Prozesse einzugreifen. Dieses Merkmal verleiht dem Lernen Ernstcharakter und begreift es als Methode der Selbst- und Weltveränderung, die auch den Mikrokosmos Schule einschließt. Didaktische Aufgaben in Projekten inner- und außerhalb des Fachunterrichtes sind:

▨ Welche Bereiche gesellschaftlicher Wirklichkeit beinhalten objektiv und subjektiv Probleme, die im schulischen Rahmen aufgegriffen, bearbeitet, ja vielleicht sogar gelöst werden können?

Es liegt auf der Hand, dass ein Kooperationsprojekt einer Schule mit der größten Behinderteneinrichtung im Neckar-Odenwaldkreis, das schon über Jahre hinweg besteht und von gemeinsam mit Gymnasialschülerinnen durchgeführten Skifreizeiten über Patenschaften und immer neuen, z. T. aus den Projektwochen erwachsenen Unternehmungen lebt, praxisrelevant ist.

▨ Wie aber kann ich in Projekten, in denen diese Perspektive zunächst nicht sichtbar und auch nicht mitgedacht ist, eine solche entwickeln?

Grundsätzlich ist es hilfreich, bei der Projektarbeit von vornherein mitzubedenken:
▨ Für welchen Adressatenkreis könnte ein Projektergebnis „nützlich, anregend, brauchbar oder auch anstoßend/provozierend sein?" (Gudjons 1992, 70)
▨ Auf welche spezifische Öffentlichkeit zielt das Projekt?

Im Literaturkurs zum Thema Reisen entstandene Texte wurden z. B. zu Hörcollagen umgestaltet und als „Sondersendung" im hausinternen Radioprogramm des Kreiskrankenhauses ausgestrahlt.

Die Öffnung der Schule nach außen wird in einigen Bundesländern auch kultusministeriell angestrebt, z. B. in der Zusammenarbeit verschiedener Vereine und Institutionen am Ort. „Regionalisierung des Lernens" bzw. „Communitiy education" bezeichnen darüber hinaus pädagogische Bewegungen, die auf politische Handlungs- und Einflussmöglichkeiten im schulischen Umfeld abzielen. (Vgl. Emer 1991, 12/13)

5.2.2.6 Reflexion vor Aktion im FU

Fächerübergreifender Unterricht hingegen thematisiert „gesellschaftliche Praxisrelevanz" zunächst mehrperspektivisch und auf der Ebene der theoretischen Einsichten, unterliegt jedoch nicht dem Anspruch, aktiv verändernd in diese gesellschaftlichen Prozesse einzugreifen. Wie bereits schon angedeutet, liegt sein Korrektiv zur bloßen Ausrichtung an Schüler/inneninteressen im Wissenschaftsbezug. Primäres Unterrichtsziel ist die Reflexionsfähigkeit, die zwar Befähigung zum Handeln nicht ausschließt, aber zunächst nicht intendiert. Gesellschaftliche Praxisrelevanz im FU bedeutet vor allem, die zuweilen eingeschränkten Ausgangsinteressen der Lernenden im Hinblick auf wesentliche, umfassendere Perspektiven gesellschaftlicher Realität zu erweitern und deren Anwendungsaspekte mit zu bedenken.

5.2.3 Schritt II: Planung und Organisation

5.2.3.1 Verantwortliche Planung zur Selbstplanung im PU

„A purposeful activity" nannte Dewey das Projekt, ein deutlicher Hinweis darauf, dass die Offenheit des Projektunterrichtes nicht als Planlosigkeit missverstanden werden darf. Vielmehr findet eine **Verlagerung** der Planungsarbeit weg von der alleinigen Verantwortung der Lehrenden hin zu den Schülerinnen und Schülern statt.

Lehrziele sollen zu Zielen der Lernenden, also Lernzielen mit Handlungsdimension und daraus wiederum Prozessentscheidungen entwickelt werden. Dieser **zweifache Transformationsprozess** stellt allerdings höchste Anforderungen an (Rollen-)Flexibilität und arbeitsmethodische Fertigkeiten aller Beteiligten, die angestrebt, aber nicht vorausgesetzt werden können. Das Planungsmonopol wird von den Lehrenden zwar aufgegeben, dennoch betonen Pädagogen von Dewey bis heute, dass ihnen die Letztverantwortung bleibt:

„Der Lehrer hat die Verantwortung für die Planung der Selbstplanung." (Bastian 1984, 294). Er/sie habe sogar die „Pflicht einer viel intelligenteren, konsequenteren und schwierigeren Planungsarbeit", um einen großzügigen, aber deutlich konturierten Rahmen für die Projektarbeit abzustecken. (Dewey 1938, 87)

Sie zielt – und dies ist wiederum wesentlich für Projektunterricht – auf die Erstellung eines Produktes und begreift die Gesamtplanung als Weg dazu. Auf der Sachebene strukturiert also das Produkt die Planung, die sich im Übrigen an der Zielfestlegung, den Arten und der Übernahme der Tätigkeiten durch bestimmte Personen/Gruppen, ihrer zeitlichen Dauer und Abfolge zu orientieren hat. Charakteristisch für Projektarbeit ist allerdings, dass sich Lehrerinnen und Lehrer sowie Schülerinnen und Schüler gemeinsam kundig machen und daraus die notwendigen Planungen ableiten. (Vgl. auch Gudjons 1991, 19 – 21)

Didaktische Kompetenzen und Rolle der Leitenden von Projekten inner- und außerhalb des Fachunterrichtes bestimmen sich durch folgende Überlegungen:

- ◼ Welche Rolle nehme ich beim Planungsgeschehen (als Planungsverantwortliche/r) des Projektes ein?
- ◼ Von welchen aus dem traditionellen Unterricht gewohnten Rollen muss ich mich verabschieden, welche neu dazulernen?
- ◼ Über welche Planungskompetenzen muss ich verfügen können?

Projekt- und Fächerübergreifender Unterricht 137

Frey, der betont, dass Projektplanung keine einmalige Phase im Projektablauf ist, sondern eine „projektbegleitende Dauerbeteiligung" (Vgl. Frey 1993a, 111f, ‚Zit.136), weist zusätzlich auf die Bedeutung von Fixpunkten und Zwischenreflexionen hin. Fixpunkte sind spontane oder vorher vereinbarte Unterbrechungen, in denen sich die Projektteilnehmer/innen gegenseitig über den Stand der Dinge und weitere Organisationsschritte informieren. (Frey ebd., 149) Der Möglichkeit, innezuhalten und sich selbst einmal auf den Kopf zu gucken, wird durch „Metainteraktion" (ebd., 157) Raum gegeben, indem nicht nur der Umgang miteinander, sondern auch der mit den Projektzielen, Ansprüchen, Erweiterungs- und Übertragungsmöglichkeiten kritisch hinterfragt wird.

52.3.2 Planungsmonopol der Lehrenden im FU

Auch FU ist ohne längerfristige Absprache und Planung gar nicht denkbar. Doch verbleibt hier das Planungsmonopol zunächst fast ausschließlich bei den Lehrenden, verteilt sich aber in der Regel auf mehrere Fachlehrer. Besteht beim PU die Gefahr, dass ihn eine **Sachanalyse**, wie sie üblicherweise dem Unterricht vorausgeht, geradezu verhindern könnte, so ist sie für den FU **unbedingte Voraussetzung**. Die Synthese von Teilantworten der Fächer zu einer inhaltlichen Thematik, nicht das Produkt, bestimmt hier den Planungsprozess. Zum Zwecke der Aufarbeitung der das jeweilige Fach berührenden Thematik ist es notwendig, dass sich die Fachlehrer einer Klasse oder Jahrgangsstufe zusammensetzen und über die pädagogischen Ziele, deren didaktisch-methodische Umsetzung sowie den zeitlichen und organisatorischen Rahmen verständigen. „Im Grunde vollzieht sich die Arbeit auf zwei Ebenen der Realisierung: der Ebene der organisatorischen Planung bzw. Koordination und der Ebene der Kooperation." (Stripf 1988, 46)

   Nach der inhaltlichen Themenfixierung gilt es in einem weiteren Schritt, die schulorganisatorischen und zeitlichen Rahmenbedingungen festzulegen.

Dabei haben sich Organisationsformen herausgebildet, die bestimmte Inhalte gleichlaufend, zeitlich versetzt oder nacheinander behandeln.

   Die gängigste Form bildet der zeitnah-verdichtete Fächerverbindende bzw. -übergreifende Unterricht, in dem die Fachbeiträge unmittelbar aufeinander folgen.

Das kann zeitgleich und/oder getrennt in den einzelnen Fächern geschehen.

Beispiel

In Klasse 11 z. B. mündete das fächerverbindende Unterrichtsanliegen von Kollegen der parallel und zeitgleich unterrichteten Fächer Latein (LP: Plinius) und Geografie (LP: Plattentektonik) in zwei gemeinsam gehaltene Stunden am Ende der Unterrichtseinheit unter der zusammenführenden Perspektive: „Verlauf des Vesuvausbruches - die Plinius-Briefe ep.VI,16 und 20 aus geografischer Sicht".

Aber in der Praxis hat es sich als sehr vorteilhaft erwiesen, dass ein Fach zum „**Leitfach**" erhoben wird bzw. eine Lehrkraft sozusagen die Patenschaft für die Dauer der Durchführung des Unterrichts übernimmt. Ihr wachsen dann in der Vorbereitungs- und Planungsphase besondere Koordinationsaufgaben zu.

Die Kleinform fächerverbindenden Unterrichts kann nochmals gesteigert werden zur Großform Fächerübergreifenden Unterrichtes, nämlich der **fachlich, personell und zeitlich konzentrierten Interaktion**, die im „Team-Teaching" ihren Kulminationspunkt und – wie ich meine – den für diese Unterrichtsform auch passendsten Ausdruck findet. Auch wenn sich diese konzertierte Unterrichtsaktion nicht über den gesamten für Fächerübergreifenden Unterricht vorgesehenen Zeitraum erstrecken kann, so erscheint es mir unerlässlich, dass die einzelnen fachspezifischen Beiträge zwischendurch immer wieder in solchen Integrationsstunden gebündelt werden bzw. in eine der Zusammenschau dienenden Kernphase einmünden.

5.2.3.4 Selbstorganisation und Selbstverantwortung im PU

Dieses Merkmal ist eng mit dem vorangegangenen verknüpft, rückt sozusagen die didaktischen Rollen sowie **Planungs- und Handlungsfähigkeiten der Schülerinnen und Schüler** stärker ins Blickfeld. Vor allem ihre Methoden- und Sozialkompetenzen sollen ja im Projektunterricht erweitert und gestärkt werden.

Um einerseits der Erziehungsphilosophie vom autonomen Individuum gerecht zu werden, andererseits aber einzukalkulieren, dass dieses nicht aufrufbar in unseren Schulen sitzt, gibt Bastian wichtige Hinweise für einen Einstieg in eine kooperative Unterrichtsplanung, die der Konkretisierung eines Problems oder des angepeilten Produktes vorangehen sollte.

Zum Ersten hält er eine **Einführung** der Schüler und Schülerinnen in diese anspruchsvolle Unterrichtsform für unbedingt notwendig.

Zum Zweiten ist als **Mindestvoraussetzung** auf Schülerseite die Beherrschung bestimmter Arbeitstechniken anzusehen. Fähigkeiten wie „Arbeit in Gruppen, Dokumentieren von Erfahrungen, Exzerpieren von Literatur, Verarbeiten von Quellen, Referieren von (Zwischen-)Ergebnissen" (Bastian/Gudjons 1993a, 33) sollten im Regelunterricht vorbereitet, unterstützt, ja regelrecht trainiert werden.

Das bereits angesprochene, erweiterte Rollenverständnis des/der Lehrenden bleibt natürlich nicht ohne Auswirkungen auch auf die Schülerrollen. Nicht nur über den für den Lehrgang charakteristischen Weg von Rezeption und Dialog vollzieht sich die Aneignung bestimmter Problem- und Sachbezüge im Projektunterricht, sondern über die Übernahme verschiedener Rollen, die einem Handlungsziel mit seinen kommunikativen und instrumentellen Erfordernissen verpflichtet sind.

Dabei sind die hier einzuübenden Rollen ungleich vielfältiger als im traditionellen Unterricht. In einer ersten Bestandsaufnahme hat Duncker diesen bisher weniger beachteten Aspekt in drei komplementären Rollenpaaren herausgearbeitet. Neben dem auf Informationszugriff und -verarbeitung ausgerichteten Rol-

Projekt- und Fächerübergreifender Unterricht 139

lenpaar von Journalist und Macher sowie den mehr praktisch sammelnden Tätigkeiten von Bastler und Archivar nimmt das dritte Rollenpaar von Experte und Laie in besonderer Weise auf spezielle Kenntnisse und Fähigkeiten der Schüler Rücksicht. (Duncker 1993a, 65 ff.)

5.2.3.5 Kollegialität und Kooperation im FU

Ein verändertes Rollenverhalten im Fächerübergreifenden Unterricht zielt auf die stärkere Herausbildung **interdisziplinärer kommunikativer Kompetenzen** gerade unter fachsozialisierten Gymnasiallehrern, die mit diesen Pfunden eigentlich wuchern könnten. Dabei wird das Rollenpaar Laie – Experte in der fächerübergreifenden Kommunikation auf andere Weise als im PU virulent, da es hier nicht um Expertentum in besonderen Alltags-, Lebens- und Interessengebieten geht, welche die hierarchischen Hürden zwischen Lehrern und Schülern zuweilen umkehren, sondern zunächst auf Kollegenebene um ein fachbedingtes Wechselspiel der Spezialistenrolle in den eigenen Fächern und dem Laie-Sein in anderen.

„So erläuterte ich als Biologin (in einem FU-Unterrichtsprojekt zum Thema- Bioniks – eine junge Wissenschaft) meinem Sportkollegen beispielsweise Aufbau und Struktur der Haifischhaut, welche dem Wasser auf Grund ihrer so genannten ‚Riblet-Struktur' nur geringen Reibungswiderstand bietet. In der Bionik wird diese Erkenntnis für die Entwicklung einer speziellen Folie für die Oberflächen von Flugzeugen und Schiffen genutzt, wodurch es gelang, den Treibstoffverbrauch stark zu senken. Zwei Tage nach diesem Gespräch kam der Sportkollege ...auf mich zu. Er informierte mich nun seinerseits darüber, dass er einer Fachzeitschrift die Entwicklung eines ‚Haifisch-Anzuges' für Sportschwimmer entnommen habe, der sich offensichtlich im internationalen Schwimmsport durchgesetzt werden soll." (Faust 2000, 108)

Was Selbstverantwortung und -organisation im FU angeht, so sitzen auch kooperierende Kolleginnen und Kollegen – zumal im Gymnasium, das sich traditionell einem eher einzelkämpferischen Selbst- und Fachverständnis verpflichtet sah –, nicht einfach teambereit im Kollegium.

In vielen Schulen hat es sich bewährt, dass sich diejenigen Lehrkräfte, die gerne gemeinsam in einer Jahrgangsstufe fächerübergreifend unterrichten wollen, dies vor Beginn des neuen Schuljahres anmelden und darin von der Schulleitung auch unterstützt werden. An anderen Schulen gibt es für die exemplarische Vorbereitung von speziellen, immer wiederkehrenden FU-Themen ausgewiesene Teams, die – unter der Auflage der hausinternen Multiplikation ihres Konzeptes – dafür Deputatsnachlass erhalten.

5.2.4 SCHRITT III: Methoden und Lernformen

5.2.4.1 Vielsinnlichkeit und Erfahrungsbezug im PU

Erstgenanntes Merkmal ist eine Grundforderung an jeglichen ganzheitlich verstandenen Unterricht, der den Menschen nicht nur als Kopffüßler begreift, sondern als einen mit vielen Dimensionen. Dieser Bildungsanspruch zielt also auf die **Ganzheit der Person**. In einer Welt, in der alles immer mehr auseinander fällt, scheint man sich wieder verstärkt darauf zu besinnen, was den Menschen zusammenhält, (was übrigens schon im Bildungsansatz der neuhumanistischen Klassiker und Ahnväter des Gymnasiums vorgedacht war; weitere Begründungsaspekte dazu finden sich in A. Wolters 1993). Deshalb gelten hier die gleichen allgemeinpädagogischen Überlegungen, wie man sie ebenfalls an einen guten Regelunterricht stellen müsste:

- ▨ Welche besonderen Erkenntnismöglichkeiten haben die jeweils unterschiedlichen Sinneskanäle und was leisten sie „im Ensemble"?
- ▨ Wie kann man sie „multisensorisch" aufbereiten.

Einbeziehung aller Sinne allein grenzt PU also nicht vom Regelunterricht ab. Ganzheitlichkeit im PU lässt sich vielmehr besser begreifen als Idee der Komplementarität von Schule und Leben und stellt dabei folgende Anforderung:

- ▨ Wie kann ich vermeintliche Gegensätze wie Verstand-Sinnlichkeit, Theorie-Praxis, Spielen-Arbeiten, Schule-Leben als Komplementärformen didaktisch „verzahnen"?

Viele Alltags- und Lebensweltsituationen sind „natürlicherweise" ganzheitlich angelegt und beanspruchen in ihrer Aneignung und produktiven Umgestaltung per se vielsinnliche und -sinnige Möglichkeiten des Menschen. Alles ist damit in der inhaltlichen Frage aufgehoben:

- ▨ Welche aus der bunten Palette vielsinnlicher Handlungsformen erlauben es, Erfahrungen zu machen, die obigem Verständnis gemäß „Bildungswert" haben?

Oder in dialektischer Umkehrung dazu: Je handlungsärmer und entsinnlichter unsere Lebenswelt sich darstellt, umso mehr scheinen sich die besonders im PU angelegten Handlungsimperative und Erfahrungsbezüge als „Kontraindikationen" anzubieten, die durch entsprechende didaktische Inszenierungen zur Geltung gebracht werden müssen.

„Wenn Schule als sinnvolle Institution erhalten bleiben soll, wird sie etwas dagegensetzen, was moderne Medien nicht leisten: über Sinnlichkeit, Erfahrung, Tätigkeit/Handeln kognitive Strukturen aufzubauen." (Gudjons 1992, 51)

5.2.4.2 Multiperspektivität und Vernetzung im FU

Auch für guten FU ist ganzheitliches Lernen konstitutiv, hat aber einen anderen Bezugspunkt. Während sich der PU auf die Ganzheit sinnlicher und praktischer Erfahrungsmöglichkeiten des Menschen in seinem Lebenszusammenhang konzentriert, versucht der FU komplexe Phänomene und Probleme im Schnittpunkt verschiedener Wissenschaftsdisziplinen als „Ganze" zu rekonstruieren:

- ▨ Wie aber lässt sich die Mehrperspektivität eines Stoffes als „Ganzheit im erkennenden Subjekt", sprich: den Schülerinnen und Schülern, „abbilden"?
- ▨ Wie können die in den einzelnen Fachdisziplinen gelagerten Informationen, Fertigkeiten, Perspektiven, Schwerpunktsetzungen und Methoden für die Schüler und von den Schülerinnen „sinnvoll" und mit vielen Sinnen angeeignet und problembezogen kombiniert werden?

Projekt- und Fächerübergreifender Unterricht　　　　　　　　　　　　　　　　**141**

Die Lernorganisation im Fächerübergreifenden Unterricht unterliegt integrativen und nicht additiven Gesichtspunkten. (Vgl. zur Unterscheidung integrativer und additiver Verfahren Duncker/Popp 97, 149 f.). Denn dadurch, dass man Themen einfach zeitlich parallelisiert, stellt sich in den Köpfen der Schüler noch längst kein „ganzes Bild" ein. Dies ergibt sich auch nicht aus der bloßen Aneinanderreihung verschiedener Aspekte zum gleichen Thema oder Phänomen. Schüler müssen lernen, Dinge in ihrer subjektiven Bedeutsamkeit und aus mehreren Blickwinkeln zu sehen, dabei Klarheit gewinnen über die Besonderheit und Grenzen ihrer jeweiligen Perspektive und über die Notwendigkeit, sich über unterschiedliche Betrachtungsweisen zu verständigen. (Thurow 1988, 50)

Die dazu nötigen, vielfältigen **Integrationsleistungen** sollten allerdings didaktisch unterstützt und gefördert werden. Aus kognitiver Sicht sind inzwischen zahlreiche Lernstrategien vorgeschlagen worden (📖↬ Beitrag 8). Aus unterrichtsorganisatorischer Sicht sollte mindestens eine der am zeitgleich verdichteten FU beteiligten Lehrerinnen – wenn möglich – nicht nur in den eigenen, sondern in allen diesen Unterricht betreffenden Stunden anwesend sein, um die dort ausgelegten roten Fäden zu einem Netzwerk verknüpfen zu helfen.

Vernetzung versinnbilicht den Prozess der „Bildung von Denkknoten". Wo aber sind denn Knotenpunkte in der Vielperspektivität eines Problems oder Phänomens auszumachen, damit die Schüler „querdenken statt dummdenken." Für die didaktische Unterstützung vernetzten Lernens kommt mir dabei immer wieder das Bild des Zoomens vor Augen. Aus dem großen Bereich der Umweltproblematik oder einer bestimmten Kulturepoche gilt es, auf der „Objektseite" genau die „Knotenpunkte" auszumachen und heranzuzoomen, die im Kleinen das repräsentieren, was auch charakteristisch für das Gesamtsystem ist, ähnlich den fraktalen Strukturen in der Mathematik. Um deren Aneignung im „Subjekt" zu begünstigen, sollte dieses „Fraktal" so repräsentiert werden, dass es in allen hier wichtigen sinnlichen Bezügen zu begreifen ist.

Beispiel

Die Kolleginnen und Kollegen vom Seminar Heidelberg wählten für ihren FU zur Epoche des Barock das „Fraktal" des Schwetzinger Schlossparkes als Gestalt gewordenem Ausdruck einer umfassenden Bildungs- und Kulturidee. Zunächst in fachbezogenen Arbeitsgruppen eigneten sich Referendare /Referendarinnen die hier augen- und damit sinnfällig werdenden Aspekte „ganzheitlich" an, die in eine vielsinnige „Vernetzung" mündeten: „Bei strahlendem Sonnenschein und Vogelgezwitscher im gerade aufblühenden Park hörte man angesichts von Rabatten, Vasen, Hecken, Tempelbauten oder künstlichen Felsen und Ruinen, von Wäldchen und Seen, Reliefs und Skulpturen hier Erklärungen, dort den Vortrag antiker und barocker Texte, oft thematisch einander zugeordnet; und schließlich nahmen alle – mal als Akteure, mal als Publikum – teil an Menuett und Pavane, an Szenen aus der Tragödie „Zaire" von Voltaire und an einem musikalischen Tafelkonfekt beim Picknick." (Müller, Datow 1993, 86, ausführliche Dokumentation ebd.; vgl. entsprechende fächerübergreifende Konzeption zur Epochenbehandlung „Barock" mit ausführlichem Bild- und Quellenmaterial in Brendle, Datow, Deutsch 1994)

5.2.4.3 Interdisziplinarität im PU und FU

Zunächst muss festgestellt werden, dass Interdisziplinarität für PU nicht konstitutiv ist. Denn zum einen können und werden zunehmend Projekte zu Recht auch im Fachunterricht durchgeführt. Und zum anderen sprengt die Behandlung eines komplexen Problems im Situations- bzw. Lebenszusammenhang zwar sehr oft den schulischen Fächerkanon, beleuchtet es aber nicht auch notwendigerweise im Schnittpunkt verschiedener Fachdisziplinen. So lässt sich unschwer bestreiten, dass sich Themen wie „Indianer gestern und heute", „Feste und Feiern", „Wir lernen unsere Schule, unseren Stadtteil kennen", „Klassenraumgestaltung" usw. besonders für Projekte anbieten, sie aber nicht unbedingt das Kriterium der Interdisziplinarität erfüllen müssen.

  Für Fächerübergreifenden und -verbindenden Unterricht hingegen ist Interdisziplinarität schlechthin konstitutiv.

Leitet er doch geradezu seine Existenzberechtigung daraus ab, komplexe Sachverhalte oder Probleme in der integrativen Sichtweise mehrerer Fächer zu beleuchten. Interdisziplinarität bedeutet im schulischen Rahmen Integration fachspezifischer Antworten auf gemeinsam entwickelte überfachliche Fragestellungen. Damit sei aber auf keinen Fall der Auflösung von Spezialistentum und Fachkompetenz das Wort geredet. Als Einsicht aus der interdisziplinären Forschung ist vielmehr festzuhalten, dass Interdisziplinarität stets verwiesen bleibt auf Disziplinarität. Denn Offenheit für Fragen und Antworten aus (benachbarten) Wissenschaften setzt zuallerst Eigenständigkeit und Kompetenz innerhalb der Einzeldisziplinen voraus. Die mit Hentig „richtig verstandene Disziplinarität" schließt Kommunikation und Verständlichkeit untereinander ein im Bewusstsein der eigenen Begrenztheit, aber auch Kompetenz. (Hentig 87, 51)

5.2.4.3 Soziales Lernen im FU: Kommunikation im Team

Bei diesem Merkmal möchte ich mich in meinen Ausführungen auf soziales Lernen im Fächerübergreifenden Unterricht und seine kommunikativen Aspekte konzentrieren. Aus den bisherigen Ausführungen dürfte bereits an vielen Stellen deutlich geworden sein, welche zahlreichen Gelegenheiten der PU zum sozialen Lernen bietet.

Fragt man nach den „Bedingungen der Möglichkeit interdisziplinärer Kommunikation", dann wird spätestens in der schulpraktischen Wirklichkeit deutlich, dass Verständigungsprobleme hier im Vordergrund stehen (Voßkamp 1992, 91).

Beispiel
In einer fächerübergreifenden Arbeitsgruppe zur Epoche der Romantik habe ich erlebt, dass die anwesenden kooperationswilligen und -fähigen KollegInnen der „Nur-Geisteswissenschaften" Kunst, Musik und Deutsch einen ganzen Nachmittag (und das scheint mir nicht zu viel zu sein) dazu benötigten, um einen gemeinsamen kulturgeschichtlichen Verständnis- und Verständigungshorizont aufzuspannen, in dem so etwas wie ein Minimalkonsens über Basis-

Projekt- und Fächerübergreifender Unterricht

begriffe (z. B. zur zeitlichen Einordnung) und vergleichbare bzw. unterschiedliche epochale Strukturelemente festgelegt wurde. Klar eingegrenzte Fragestellungen erleichtern diese Phase der Vorverständigung im interdisziplinären Diskurs.

Das Maß an Offenheit und Bereitschaft, das nötig ist, um sich auf die vielleicht fachfremde und zuweilen auch befremdliche Denk- und Ausdrucksart anderer einzulassen, darf nicht unterschätzt werden. Die (Fach-)Perspektive des anderen sowie dessen Kategorien der Welt- und Menschenerfassung nicht von vornherein als Bedrohung, sondern als potenzielle Bereicherung anzunehmen, das will ebenso gelernt sein wie Missverständnisse als produktive Stimulanz zu begreifen sowie aushalten zu können, dass nicht alles in einen Konsens mündet.

„Produktive Zusammenarbeit", so hat Hubert Markl einmal zu Recht betont, bedeutet dabei, „dass man nicht miteinander reden muss, sondern reden will, und dass man weiß, dass man von dem anderen etwas hat" (Voßkamp 1992, 91).

Koordination und interdisziplinäre Kommunikation erfahren in der Aktionsform des gemeinsamen Team-Teachings auf Lehrerseite ihren konsequentesten Ausdruck. Neben der rein personellen Abwechslung lernen Schüler, bestimmte komplexe Sachverhalte können nur im (Personen-)Verbund angemessen bearbeitet werden. Sie erleben: „Gebildete Experten" zeichnen sich über spezielles Fachwissen hinaus auch dadurch aus, dass sie dies in kooperativen Arbeitsprozessen allgemeinverständlich mitteilen und sozial „aushandeln" können.

Im Klassenzimmer bieten sich neben **interaktiv-kommunikativen Methoden** wie Schüler-Referaten, Erkundungen, Interviews, Expertenbefragungen, Plan- und Rollenspielen, Streitgesprächen, Diskussion und Debatte besonders gruppenunterrichtliche (arbeitsteilige) Verfahren (auch an Lernstationen) an. Darunter stellt vor allem das **Gruppenpuzzle** eine adäquate lernorganisatorische Aktionsform für die didaktischen Anliegen des Fächerübergreifenden Unterrichts dar. (📖↪ Beitrag 3) In dieser kongenialen Abbildung von Teamarbeit der Lehrenden auf die Ebene der Schülerinnen und Schüler und der damit einhergehenden Rollenflexibilität eröffnet der Fächerübergreifende Unterricht ein ebenso breit gefächertes Lernfeld für gruppendynamische Prozesse, wie Projekte es tun, bei denen sie einen Schwerpunkt des sozialen Lernens darstellen und deshalb zum Gegenstand der Reflexion gemacht werden sollten.

5.2.5 SCHRITT IV: Ergebnis und Bewertung

5.2.5.1 Produktorientierung im PU

Im sicht-, hör-, erleb-, fühl- oder anfassbaren Produkt, das in der Regel als „Ergebnis" am Ende eines Projektes steht, findet die Handlungsorientierung des Projektunterrichtes ihren letztlichen Ausdruck. Im Unterschied zum traditionellen Unterricht, der etwa in einer Klassenarbeit eher Reproduktionsleistungen als Ergebnis eines Lernprozesses bewertet, konzentriert sich Projektarbeit stärker auf die **produktiven Prozesse,** die mit der **Herstellung eines Handlungsproduk**tes verknüpft sind.

Im Bewusstsein, dass gerade dieses Kennzeichen den hohen Attraktionsgrad von PU ausmacht, gibt es dennoch – nimmt man es absolut – Anlass zu Missverständnissen. Die Herstellung eines Produktes ist nicht im Sinne rein handwerklichen Lernens Selbstzweck, sondern bemisst sich an seinem „Gebrauchs- und Mitteilungswert" (Duncker, Götz 1984, 139).

Beispiel
Demnach genügt es nicht, wenn ein Schüler seine handgefertigten Lederwaren zum Eigergebrauch mit nach Hause nimmt, sondern zumindest sollten sie auch öffentlich der Beurteilung anderer Lerngruppen zugänglich gemacht werden. Es sei hier nochmals an das Kriterium der gesellschaftlichen Praxisrelevanz erinnert, die in diesem Beispiel darin ihren Ausdruck suchte, dass die Gruppe den Erlös der verkauften Lederwaren den Yanomani-Indianern weiterleitete.

Der Vielfalt der gesellschaftlichen Themen entspricht eine große Bandbreite von Produktformen (Aktions-, Kooperations-, Vorführungs- und Veranstaltungs-, Dokumentations-, Ausstellungs- und Gestaltungsprodukte).

Was die **Bewertungsmöglichkeiten** solcher Produkte angeht, so ist grundsätzlich der Prozess mit zu berücksichtigen, aus dem sie hervorgehen. Zur Beurteilung solcher Lernprozesse liegen inzwischen einige Handreichungen vor. Daran, dass inzwischen auch Klassenarbeiten zu Gunsten von Präsentationsformen ausgesetzt werden können, lässt sich das Bemühen erkennen, neue Lern- bzw. offene Unterrichtsformen ernsthaft in der Schulwirklichkeit zu verankern und dafür Bewertungskriterien zu entwickeln. (▢ ⇨ Beitrag 4) Wichtiger jedoch als die **Außenkontrolle durch Zensuren** erscheinen mir **Formen der den Projektprozess begleitenden Selbstüberprüfung** bzw. -bewertung etwa durch Simultanprotokolle, Tagesberichte, Projekttagebücher und Planungsübersichten (vgl. Heller, Semmerling 1983, 82 – 88). Mit ihrer Hilfe können sich die Schüler „selbst auf den Kopf schauen". Sie reflektieren kritisch Gelingen oder Fehlen der angepeilten Problemlösung sowie Anspruch und Wirklichkeit der jeweiligen Projektarbeit und geben damit Aufschluss über den erreichten Stand von Produktkompetenz (Emer, Horst 1991, 28).

5.2.5.2 Integrationsleistung im FU

Handelnde Eigentätigkeit im engeren Sinn, die mit der Herstellung eines direkt greifbaren Produktes, gar mit gesellschaftlichem Gebrauchswert verbunden ist, kann nicht als unbedingtes Kennzeichen Fächerübergreifenden Unterrichts gelten. Handelnde Eigentätigkeit im weiteren Sinne aber schon; denn sie zielt auf den Gesamtzusammenhang, in dem sich der Mensch die Welt zu eigen macht. (Gudjons 1992, 36) So gesehen wird nämlich im FU im Kleinen aktive Weltaneignung ohne den einengenden Blick der Einzelfächer simuliert. Berücksichtigt man nochmals, dass in dieser Unterrichtsform Erfahrungslernen eher im Wissenschaftskontext steht, so charakterisiert sich seine Handlungsebene als eine der „Möglichkeiten und Probleme der Anwendung wissenschaftlicher Theorieanteile auf ein reales Problem" (Emer, Horst 1991, 28/29). Bei dieser Art der fächerübergreifenden Problembearbeitung bietet es sich vor allem im Oberstufenunterricht an, die divergierenden Fachzugänge mit ihren unterschiedlichen Denk- und Arbeitsweisen mit konvergierenden Überlegungen bei der Erstellung einer Problemschau zu kombinieren. (Vgl. Bastian u. a. 2000, 35)

Auf allem Stufen stellt die Integration von Einzel- bzw. Gruppenbeiträgen am Ende eines FUs sein eigentliches Ergebnis dar. Formen der (Selbst-)Reflexion wie im Projekt sind hier ebenso möglich wie eine benotete Bewertung bestimmter Wissensaspekte. Worauf es aber besonders ankommt, ist das subjektive Gesamtverständnis der Schüler von einem Phänomen oder Problem, sind die von den Schülerinnen und Schülern herausgearbeiteten Vernetzungsaspekte eines komplexen Stoffes. Diese „Syntheseprodukte" reichen dabei von der Darstellung eines Inhaltsnetzes mit fachlichen und thematischen Schnittpunkten etwa in Form von (grafischen) Übersichten über interaktive (szenische) Präsentationen (im Fall des Romantikbeispiels etwa fanden sich die zentralen Figuren der internationalen Romantik zu einer Teestunde in einem der Salons ein) bis hin zu multimedialen Aufbereitungen.

Wenn Fächerübergreifender Unterricht in der ‚Hochform von Projekten" realisiert wird, kann diese Verbindung zweier didaktischer Grundformen zu den „Sternstunden" einer Schule gezählt werden, die sich auch als Kulturträgerin begreift.

5.6.5.2 Zusammenschau

Abschließend möchte ich selbst als „Integrationshilfe" eine Synopse anbieten, damit sich die im zweiten Teil ausgelegten Mosaiksteine zu einem ganzen Bild fügen lassen. Dies geschieht aber unter dem unbedingten Vorbehalt, der allen derartigen Schemata anhaftet, dass sie nämlich zum Zwecke der Prägnanz und Trennschärfe das vereinfachen und typisieren, was insgesamt hoffentlich detaillierter entfaltet und differenzierter begründet wurde. In diesem Bewusstsein ist die zusammenfassende Merkhilfe als eine zu lesen, die Tendenzen und Relativwerte angibt: Mögen sie auf einen Blick nochmals vor Augen führen, wovon der gesamte Beitrag gehandelt hat!

In beiden Fällen ist die Ergänzung durch die geistigen Ordnungsstrukturen und die Methodik des Lehrgangs in Form des spezialisierten Fachunterrichtes unabdingbar.

Denn erst im Zusammenspiel aller menschlichen Dimensionen, in der Dynamik von praktischem Lebensweltbezug und grundsätzlicher Wissenschaftsorientierung im Ensemble mit einer spezialisierten Fachausbildung, entfalten sich nämlich besondere und allgemeine Bildung.

Didakt. Aspekte	Projektunterricht	Fächerübergreifender Unterricht
Unterrichtsform	offen nach außen	offen nach innen
Bezugspunkte	Lebenswelt und Adressaten	Wissenschaft im Schnittpunkt der Fächer
Inhalte und Ziele	Probleme der Alltagswirklichkeit handelnd lösen	komplexe, mehrperspektivische Phänomene und überfachliche Probleme zusammenschauend begreifen und reflektieren
Planung	Mitsprache aller am Projekt Beteiligten: Lehrziele werden zu Lernzielen und diese zu Prozess- bzw. Handlungsentscheidungen	Koordination und Kooperation durch die (Fach)Kolleg/innen
Organisation	– innerfachlich – außerhalb der Fächer – Projekttage und -wochen – Sonderformen, z.B. Landheimaufenthalte, Erkundungen im sozialen Umfeld usw.	parallel, getrennt oder zeitnah verdichtet – in den einzelnen Fächern – in spezifischen Fach- und Personenkonstellationen – in Sonderformen, z.B. Fachtagen, Projekten, Studienfahrten usw.
Lerngruppen	Klassenverband Jahrgangsstufe Interessengruppen – innerhalb einer Klasse – innerhalb einer Klassenstufe – klassenstufenübergreifend – schulformübergreifend	Klassenverband Jahrgangsstufe Interessengruppen innerhalb einerKlasse oder Jahrgangsstufe, selten jahrgangsstufenübergreifend

Projekt- und Fächerübergreifender Unterricht   147

Didakt. Aspekte	Projektunterricht	Fächerübergreifender Unterricht
Selbst-verantwortung	Gleichberechtigung, aber nicht Gleichartigkeit aller Projekt-teilnehmerInnen in der Mode-ration durch eine hauptverantwortliche Leitung	Kooperation der Fachkolleg/innen, meist einer Klassen- oder Jahrgangsstufe, in der Koordination eines (Leitfach-) Lehrers oder der Klassenlehrerin
Rollen	ständig wechselnde flexible und situative Rollen- und Arbeitsteilung	durchlässige Lehrer- und Lernerrollen: – Lehrer/innen als Lernende unter Kolleg/innen, – Schüler/innen als Lehrende unter Mitschüler/innen
Methodische Ausrichtung	anwendungsbezogen	themenbezogen
Lernformen	soziales, praktisches Lernen in variablen Gruppen-formationen selbsttätig und selbstentdeckend	interdisziplinäres Lernen interaktiv-kommunikativ
Zugriffsweisen	ganzheitlich (mit allen Sinnen)	integrierend und syntheti-sierend
Aneignungs-modi	exemplarisch	vernetzend
Ergebnisse	Produktpräsentation	Integrationsleistung
Bewertung	Selbstüberprüfung und Reflexion Binnenkontrolle	Selbst- und Fremdüberprüfung möglich

Literatur

Bastian, J. (1993). Freie Arbeit und Projektunterricht. Eine didaktische Wiedervereinigung. Pädagogik, 1993 (10), 6 – 9.

Bastian, J. & Gudjons, H. (Hrsg.). (1984). Projekte – Bildungsreform von unten. (Themenheft) Westermanns Pädagogische Beiträge, 1984 (4).

Bastian, J., Gudjons, H. (1989). Über die Projektwoche hinaus. Pädagogik, 1989 (7/8), 8 – 13.

Bastian, J., Gudjons, H. (Hrsg.). (1991, 3. Aufl.). Das Projektbuch. Theorie – Praxisbeispiele – Erfahrungen. Hamburg: Bergmann + Helbig Verlag.

Bastian, J., Gudjons, H. (Hrsg.). (1993a, 2. Aufl.). Das Projektbuch II. Über die Projektwoche hinaus. Projektlernen im Fachunterricht. Hamburg: Bergmann + Helbig Verlag.

Bastian, J., Gudjons, H. (1993b). Das Projekt: Projektunterricht. Argumente gegen eine Reduzierung des Projektbegriffs. Pädagogik, 1993 (7/8), 73.

Bastian u. a. (2000). Lernen in Profilen. Pädagogik, 2000 (3), 34 – 3.

Boutemard, B. S. de (1975). Schule, Projektunterricht und soziale Handlungsperformanz. München: Fink.

Brendle, H., Datow, W., Deutsch, U. (1994). Literatur im Zeitalter des Barock. Materialien für einen fächerverbindenden Deutschunterricht. Bildfolien mit Texten und didaktischer Erschließung. Offenbach a.M.: Jünger Verlag.

Datow, W. (1988). Vorbereitung der Lehrer auf fächerverbindenden Unterricht: Beispiele aus der Seminarpraxis. In Philologenverband BW (Hrsg.). Fächerübergreifender Unterricht am Gymnasium. 70 – 86.

Dewey, J. (1916, 3. Aufl. 1964). Demokratie und Erziehung. Braunschweig: Westermann.

Dewey, J., Kilpatrick, W. H. (1931). Der Ausweg aus dem pädagogischen Wirrwarr. In J. Dewey, W. H. Kilpatrick. (1935). Der Projektplan. Grundlegung und Praxis. 85 – 101. Weimar: Böhlau.

Dewey, J. (1938). Erfahrung und Erziehung. In J. Dewey, O. Handling, W. Corell. (1963). Reform des Erziehungsdenkens. 27 – 99. Weinheim: Beltz.

Dewey, J. (1986). Erziehung durch und für Erfahrung. Eingeleitet, ausgewählt und kommentiert von H. Schreier (Hrsg.). Stuttgart: Klett-Cotta.

Duncker, L., Götz, B. (1984). Projektunterricht als Beitrag zur inneren Schulreform. Langenau-Ulm: Armin Vaas Verlag.

Duncker, L. (1993a, 2. Aufl.). Projektlernen. Neue Rollen für die Schüler. Eine schultheoretische Ortsbestimmung. In J. Bastian, H. Gudjons (Hrsg.). Das Projektbuch II. 65 – 80. Hamburg: Bergmann + Helbig Verlag.

Duncker, L./Popp, W. (Hrsg.) (1997): Über Fachgrenzen hinaus. Chancen und Schwierigkeiten des fächerübergreifenden Lehrens und Lernens. Heinsberg.

Emer, W., Horst, U., Ohly, K.-P. (Hrsg.). (1991). Wie im richtigen Leben. Projektunterricht für die Sekundarstufe II. Bielefeld: Arbeitsmat. aus d. Bielefelder Oberstufenkolleg (AMBOS 29).

Faust, Kerstin (2000). Natur macht erfinderisch: BIONIK – ein fächerübergreifendes Unterrichtsprojekt. Seminar (Heft 3): Projekte in Schule und Seminar. Schneider Verlag. Hohengehren

Frommer, H. (1989). Was machen wir eigentlich? Problemanzeige. In H. Frommer, S. Körsgen (Hrsg.). Über das Fach hinaus.9 – 29. Düsseldorf: Schwann-Verlag.

Frey, K. (1993a, 5. überarb. und erw. Aufl.). Die Projektmethode. Weinheim: Beltz.

Frey, K. (1993b). Geschichte der Projektmethode und die Folgen. Pädagogik, 1993 (7/8), 69.

Gudjons, H. (1991, 3. Aufl.). Was ist Projektunterricht. In J. Bastian, H.Gudjons (Hrsg.). (1991). Das Projektbuch. 14 – 29. Hamburg: Bergmann + Helbig Verlag.

Literatur 149

Gudjons, H. (1992, 3. überarb. und erw. Aufl.). Handlungsorientiert lehren und lernen. Schüleraktivierung – Selbsttätigkeit – Projektarbeit. Bad Heilbrunn: Verlag Julius Klinkhardt.

Hänsel, D. (1988). Was ist Projektunterricht, und wie kann er gemacht werden? In D. Hänsel, H. Müller (Hrsg.). Das Projektbuch Sekundarstufe. 11 – 45. Weinheim: Beltz.

Heller, A., Semmerling, R. (1983). Das Prowo-Buch. Leben, Lernen, Arbeiten in Projekten und Projektwochen. Königstein Ts.: Scriptor.

Hentig, H. von. (1987). Polyphem oder Argos? Die Disziplinarität in der nichtdisziplinären Wirklichkeit. In J. Kocka (Hrsg.). Interdisziplinarität. Praxis – Herausforderung – Ideologie. 34 – 59. Frankfurt a.M.: Suhrkamp Taschenbuch Verlag.

Klafki, W. (1985). Neue Studien zur Bildungstheorie und Didaktik. Beiträge zur kritisch-konstruktiven Didaktik. Weinheim: Beltz.

Knoll, M. (1984). Paradoxien der Projektpädagogik. Zur Geschichte und Rezeption der Projektmethode in den USA und in Deutschland. Zeitschrift für Pädagogik, 30 (5), 663ff.

Knoll, M. (1993). 300 Jahre Lernen am Projekt. Zur Revision unseres Geschichtsbildes. Pädagogik, 1993 (7/8), 58 – 63.

Meyer, H. (1990, 3. Aufl.). Unterrichts-Methoden Band. II Praxisband. Frankfurt a.M.: Cornelsen.

Moegling, K. (1998). Fächerübergreifender Unterricht – Wege ganzheitlichen Lernens in der Schule. Bad Heilbrunn: Klinkhardt.

Müller, U., Datow, W. (1993). Schwetzingen – Garten der Symbole. Fächerverbindendes Projekt am Heidelberger Seminar. Mitteilungen des BAK 1993 (1/2), 80 – 88.

Neuhaus, E. (1977). Gesamtunterricht, Fächerübergreifender Unterricht. In Wörterbuch der Pädagogik. Band 2. 7 – 9. Freiburg: Herder.

PÄDAGOGIK (1993). Über die Projektwoche hinaus. Projektlernen im Fachunterricht. (7/8). Weinheim: Beltz.

PÄDAGOGIK (1997). Artikelserie zu: Fächerübergreifender Unterricht in der Sekundarstufe in den Heften 9 – 12. Weinheim: Beltz.

PÄDAGOGIK (1998). Heft 7 – 8: Anders lernen. Projektunterricht – Freie Vorhaben – Lernen an Stationen, 6 – 37.Weinheim: Beltz.

SEMINAR (1996). BAK Heft 4: Interdisziplinarität. Rinteln: Merkur.

SEMINAR (1997). BAK Heft 4: Fächerübergreifendes Arbeiten in der Schule und im Seminar. Rinteln: Merkur.

SEMINAR (2000). BAK Heft 3: Projekte in Schule und Seminar. Baltmannsweiler.

Stripf, R. (1988). Fächerverbindender Unterricht und Lernen in Projekten. Lehren und Lernen, 14 (8).

Struck, P. (1980). Projektunterricht. Stuttgart/Berlin/Köln/Mainz: Kohlhammer.

Thurow, R. (1988). Zehn Thesen zum fächerübergreifenden Unterricht im Gymnasium. Lehren und Lernen, 14 (6), 42 – 55.

Vester, F. (1986). Neuland des Denkens (4. Aufl.). München: dtv.

Vorbach, K. (1982). Projektunterricht. In H. Frommer (Hrsg.). Handbuch Praxis des Vorbereitungsdienstes. Band 2. 247 – 260. Düsseldorf: Schwann-Verlag.

Voßkamp, W. (1992). Grenzüberschreitungen. Interdisziplinarität als Chance der Universität in den 90er-Jahren. Wissenschaft und Fortschritt, 42 (2), 89 – 93.

Wolters, A. (1989). Fächerübergreifender Unterricht: Erziehungswissenschaftliche und bildungspolitische Aspekte. Versuch einer didaktischen Standortbestimmung. Lehren und Lernen, 15 (12), 48 – 80.

Wolters, A. (1993). Persönlichkeitsbildung durch Einsatz spielerischer, bildnerischer und musikalischer Elemente in der Schule. Bildungstheoretische Überlegungen. Einleitung zum Modellprojekt Spielerisch lernen. Ministerium für Kultur und Sport (Hrsg.). Stuttgart.

6   Medien im Unterricht

Jörg Dohnicht

6.1   Einleitung

Der Geschichtsreferendar ist von dem neu eingerichteten Medienraum an der Schule ganz begeistert. Dort hat er eine große helle Projektionsfläche, auf der er Folien präsentieren, Filme vorführen und Dias und Power-Point-Präsentationen zeigen kann. Eine leistungsstarke Stereoanlage ist auch vorhanden. Alle Gerätschaften sind leicht zugänglich und einfach zu bedienen. Sogar für einen direkten Internetzugang an 16 Computerarbeitsplätzen ist gesorgt. Er denkt sich: Das sind ja die besten Voraussetzungen für das nächste Thema, das ich mit Medieneinsatz planen möchte: „Deutsche Einigung".

Wer wie der Referendar Unterricht mit Medieneinsatz planen will, hat im Vorfeld einige Fragen zu klären: Was sind die besonderen Stärken von Unterrichtsmedien? Welche didaktischen Funktionen erfüllen sie? Gibt es ein Zuviel an Medieneinsatz, das sich mit anderen Mitteln einfacher und ökonomischer gestalten ließe? Welchen Platz haben multimediale Lernumgebungen für den Unterricht? Für die Beantwortung dieser Fragen ist es hilfreich, Unterrichtsmedien in den Zusammenhang von **drei Grundüberlegungen** zu stellen:

- Wozu brauchen wir Medien im Unterricht?
- Wie kann eine Lehrkraft den Lernprozess mit Medien am effektivsten unterstützen?
- Welchen Beitrag leisten Medien zum selbstständigen Lernen der Schüler?

6.2   Wozu Medien im Unterricht?

Beim Lernen nimmt – allgemein gesprochen – ein Schüler/eine Schülerin Umwelterfahrungen auf, die er/sie verarbeitet und aktiv in die Struktur des bereits bestehenden Wissens eingliedert mit dem Ziel, auf diese neuen Erkenntnisse zu einem späteren Zeitpunkt zurückgreifen zu können. Umwelterfahrungen können auf unterschiedliche Weise an den Schüler herangetragen werden. Eine Lehrerin, die beispielsweise ihrer Klasse im Fach Biologie „Säugetiere" nahe bringen will, kann einen Unterrichtsgang in einem Streichelzoo durchführen oder ausgestopfte Modelle aus der Sammlung in den Unterricht bringen. Sie kann aber auch Bilder von Säugetieren zeigen, einen Film vorführen oder ein Arbeitsblatt mit Text und Skizzen zur Bearbeitung geben. Im einen Fall wird die Umwelterfahrung direkt für die Schülergruppe erlebbar. Wo dies nicht möglich ist, müssen **Mittler** (lat. „media") bzw. **Unterrichtsmittel** eingesetzt werden. Man kann also in einer allgemeinen Definition sagen, dass der Begriff „Unterrichtsmedien" all diejenigen Hilfsmittel bezeichnet, die als Erfahrungsersatz oder als Stellvertreter für die Wirklichkeit im Klassenraum zum Einsatz kommen. Nun stellt sich natürlich die Frage, ob es bestimmte Medien gibt, die sich für das Lernen besser eignen als andere.

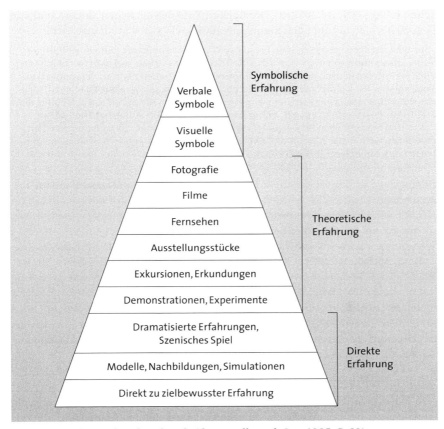

Bild 6.1: Erfahrungskegel nach Dale (dargestellt nach Otto 1985, S. 89)

Es wurde mit Bezug auf den „Erfahrungskegel" von Dale (1954) argumentiert, dass die Eignung eines Lerngegenstandes sich an seiner **Ähnlichkeit mit der Wirklichkeit** bemesse. In Bild 6.1 (Otto 1985, 89) ist diese Realitätsnähe als Kegel dargestellt, die von unten nach oben gelesen, immer geringer wird. Man könnte diese Hierarchie dahin gehend missverstehen, dass Texte („verbale Symbole"), die im Unterricht sehr häufig Verwendung finden, die denkbar schlechteste didaktische Wahl seien. Aber auch der Einsatz von Skizzen, Grafiken und Bildern („visuelle Symbole"; „Fotografie") wäre problematisch. Der Einfluss dieses Modells lässt sich bis in die neuere Literatur zum „Lernen Lernen" nachweisen. Dort findet sich z. B. die Verheißung, dass sich Lernerfolge steigern lassen, wenn man unterschiedliche „Lernkanäle" kombiniert. In diesem Zusammenhang werden für die Aneignung von Lernstoff unterschiedliche Behaltenswerte unterstellt (bei Lesen 10%, bei Hören 20%, bei Sehen 30%, bei gleichzeitigem Hören und Sehen 50% usw.). Für solche quantitative Zusammenhänge gibt es aber **keine empiri-**

schen Belege (Klimsa 2002, 9). Der Rückgriff auf den einzelnen Sinneskanal sagt ja auch noch nichts über den Kommunikationscode aus, der benutzt wird:

„Sprache als die vorherrschende Form der Wissensvermittlung kann in vielfältiger Weise übermittelt werden: schriftlich als Text in einem Buch, auf der Overheadfolie oder als Tafelanschrieb. Sprachliche Informationen können aber auch mündlich als Vortrag oder als Kommentar in einem Lehrfilm dargeboten werden. Die Schriftsprache wird über den visuellen Sinneskanal aufgenommen, die Sprechsprache über den auditiven. Lesen erfolgt visuell. Zuhören auditiv. Nach den Sinneskanälen wären Lesen und Sprachhören also grundverschiedene Lernformen. Es ist jedoch evident, dass lernpsychologisch Lesen und Sprachhören zusammengehören, weil sie an den Lernenden ähnlichere Anforderungen stellen als etwa das (visuelle) Lesen und das (ebenfalls visuelle) Lernen mit Bildern." (Weidenmann 1993, 12).

Demnach ist es sinnvoller, auf die Verarbeitungsprozesse im Umgang mit Medien zu schauen. Grundsätzlich unterscheidet man dabei eine Informationsaufnahme

- über verschiedene **Sinnesmodalitäten** (auditiv: Rede, Musik; visuell: Texte, Bilder) und ihre Kombinationen (audiovisuell: Video),
- vermittels unterschiedlicher **Kommunikationscodes** (analog: Bilder, symbolisch: Sprache) und ihrer Kombinationen (Text + Bilder; Grafik + Beschriftung),
- über verschiedene **Informationsträger** (Medien im engeren Sinne: Lehrer/in, Lehrbuch, Text, Film, PC, Overheadfolie).

Eine Lehrkraft, die einen Lernprozess mit Medien effektiv unterstützen will, muss Kenntnisse über lernpsychologische Zusammenhänge des Lernens mit Medien besitzen und auf diesem Hintergrund eine geeignete Medienwahl treffen können.

6.3 Medien zur Unterstützung von Lernprozessen

„Ein Bild sagt mehr als tausend Worte!", sagt der Volksmund. Eine Erfahrung, die man spontan bestätigen möchte (Straßenverkehrsschilder, Titelfotos in der Zeitung, Abbildungen in der Gebrauchsanweisung). Mit Bildern können wir sofort etwas anfangen, haben wir viele Assoziationen, weitere Erinnerungsbilder werden aktiviert, einen abgebildeten Gegenstand können wir uns besser vorstellen, als wenn er mit Worten beschrieben wird. Trifft das aber grundsätzlich zu? Sind Bilder immer eingängig und damit auch für das Lernen geeigneter als z. B. Texte? Erkenntnisse der Psychologie des Lernens mit Medien legen den Schluss nahe, dass die Veranschaulichung im Unterricht zumindest besonders bedeutsam ist.

6.3.1 „Bildüberlegenheitseffekt" und die Rolle der Veranschaulichung für das Lernen

Bis in die 1980er Jahre ging die Wissenspsychologie davon aus, dass Wissen in einem einheitlichen Symbolsystem von Propositionen gespeichert würde (Schnotz u. a. 2003, 579). Neuere Forschungen legen hingegen beim Begriffslernen ein Zusammenwirken eines verbalen und eines visuellen Systems zu Grunde (☐▷ Beitrag 8). Von besonderem Interesse für das schulische Lernen ist die seit langem bekannte Beobachtung, dass Bilder von Objekten besser behalten werden als deren Begriffe („Bildüberlegenheitseffekt").

Paivio hat dies darauf zurückgeführt, dass Wissen bildhaft und symbolisch gespeichert wird („duale Kodierung") und dass die Darbietung von Bildern automatisch und mit großer Wahrscheinlichkeit zur Aktivierung entsprechender Begriffe bzw. Wortmarken führt. Demgegenüber sei bei der Darbietung von Wörtern eine Aktivierung entsprechender Bilder bzw. Bildmarken weniger wahrscheinlich. (Engelkamp 1990, 123). Während man dieser Erklärung für den Bildüberlegenheitseffekt heute vor allem mit der „multimodalen Gedächtnistheorie" (Engelkamp 1990) widerspricht, bleibt die wechselseitige Aktivierung des verbalen und visuellen Systems beim Wissenserwerb über Texte und Bilder aktuell. Schnotz (1999) nimmt an, dass beim Lesen eines Textes der Inhalt nicht nur in Propositionen abgebildet wird, sondern dass zusätzlich ein bildhaftes Modell des Gelesenen („mentales Modell") entsteht. Umgekehrt werden bei der Verarbeitung eines Bildes auch die zugehörigen Propositionen des wahrgenommenen Objektes abgerufen (Bild 6.2).

  Fasst man die einzelnen Erkenntnisse zusammen, dann kann man feststellen, dass beim Lernen und Lehren der Visualisierung als Mittel der Veranschaulichung eine Schlüsselfunktion zukommt.

Damit ist jedoch noch nicht gesagt, dass Lernen mit Bildern automatisch und ohne Probleme – gleichsam intuitiv – abläuft.

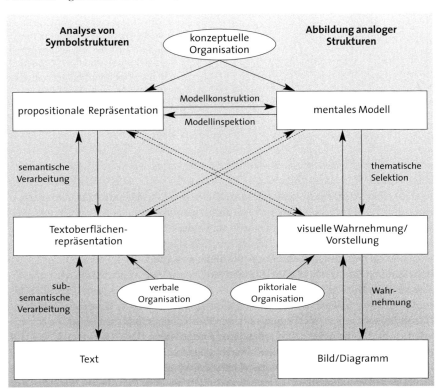

Bild 6.2: Strukturmodell integrierten Sprach- und Bildverstehens (Schnotz 2003, 583)

6.3.2 Lernen mit Bildern

Bild 6.3: „Brautvorführung" (aus: Nebelspalter, Februar 1933/heute: www.nebelspalter.at; abgedruckt u. a. in: Egner, 1989, 179)

Beispiel
Eigentlich hätte es ein eleganter Einstieg in die Wiederholungsstunde für die Geschichtsarbeit zum „Dritten Reich" werden sollen. Referendar Schmidt dachte an die Redensart des Volksmundes „Ein Bild sagt mehr als tausend Worte" und legte das nebenstehende Bild auf, in der Erwartung, dieser Impuls würde seinen Schülern die Zunge lösen. Statt breiter Beteiligung der Schüler, die willig ihr Wissen preisgaben, löste dieses Bild bei der Lerngruppe gar nichts aus. Warum? Er hatte die Schwierigkeit dieses Bildes unterschätzt. Auf Grund seines eigenen Vorwissens hatte Herr Schmidt in dieser Karikatur nicht nur viele Personen wiedererkannt, sondern auch die Stilistik des Malers, der unterschiedliche Größen für die beteiligten Personen verwendet und Symbole verarbeitet hat. Dass die Szenerie allegorisch gemeint war, wusste er zwar auch nicht auf Anhieb, konnte dies aber der Bildunterschrift entnehmen („Brautvorführung").

Je mehr Vorwissen der Betrachter eines Bildes hat, umso leichter fällt ihm dessen Verständnis. Wo das nicht der Fall ist, muss das Bild zunächst entschlüsselt werden. Ein Lerner muss also in der Lage sein, **Bilder zu lesen** („visual literacy", Weidenmann 1988a, 55).
Grundsätzlich unterscheidet man bei Bildern zwischen
- **Abbildern** bzw. realistischen Bildern und
- **logischen Bildern** (Weidenmann 1994, 40).

Zu **realistischen** bzw. **Abbildern** sind, wie der Name andeutet, alle Bilder zu zählen, die eine unmittelbare Ähnlichkeit mit einem realen Objekt besitzen. Das kann eine Fotografie, ein Gemälde, eine Skizze, aber auch ein Film sein.

Demgegenüber werden als **logische Bilder** Visualisierungen bezeichnet, die einen Sachverhalt nicht auf Grund von Ähnlichkeit repräsentieren, sondern auf Grund von abstrakten strukturellen Gemeinsamkeiten. Dazu zählen u. a. Dia-

Medien zur Unterstützung von Lernprozessen 155

gramme, Tabellen und Concept-Maps. Ihr wesentliches Merkmal besteht darin, dass die verschiedenen Informationen im Bild räumlich in Beziehung gesetzt und über konventionelle Zeichen und Symbole miteinander logisch verknüpft werden. In der Regel handelt es sich bei den Informationen um Zahlen oder Begriffe, aber auch Bildinformationen können logische Bilder begründen.

Ein **didaktisches Problem** für das Lernen mit Bildern ist die Tatsache, dass gerade realistische Bilder leicht unterschätzt werden. Da bei ihrer Betrachtung unmittelbar passende Schemata aus der alltäglichen Wahrnehmung abgerufen werden, wird die Information des Bildes schnell als bekannt und scheinbar verstanden aufgefasst. Weidenmann (1988a) nennt dies **ökologisches Bildverstehen**. Weil sich der Sinn eines Bildes also bereits mit einem „flüchtigen Blick" erschließt, besteht aber die Gefahr, dass der Betrachter andere wichtige Elemente des Bildes übersieht, wie bestimmte Mitteilungsabsichten des Bildverfassers, die er z. B. in Symbole kodiert.

Weidenmann nennt ein Bildverstehen, das diese Bestandteile eines Bildes bewusst aufsucht und in die Interpretation einbezieht, **indikatorisches Bildverstehen**. Während sich das ökologische Bildverstehen aus der Alltagswahrnehmung aufbaut, muss das Hintergrundwissen für indikatorisches Bildverstehen erlernt werden. Dieser Lernprozess kann entweder kulturell vermittelt sein, wie z. B. das Wissen über die Tiefe eines Bildes durch die Fluchtpunktperspektive, oder es muss je nach Objekt individuell erst erworben werden.

Beispiel

Wer im Unterricht z. B. das Bild einer barfüßigen antiken Kaiserstatue verwendet, mag seinen Schülern im Unterrichtsgespräch schnell entlocken, dass hier ein Mensch in besonderer Weise herausgehoben wird (ökologisches Bildverstehen).

Um die Darstellungsabsicht des Bildverfassers angemessen erfassen zu können, müssen die Schüler aber u. a. auch die Barfüßigkeit entdecken und wissen, dass diese in der antiken Bildhauerei Göttern vorbehalten war. Erst dann werden sie verstehen, dass der abgebildete Kaiser vom Künstler nicht nur besonders hervorgehoben, sondern sogar zum Gott gemacht wurde (indikatorisches Bildverstehen).

6.3.3 Lehren mit Bildern: Bildbetrachtung und Visualisierung

Wer im Unterricht Bildbetrachtungen einplant, sollte dies nach den Ausführungen des letzten Abschnittes systematisch einüben und die **wesentlichen Elemente der Bildsprache** vermitteln.

Man kann dem „flüchtigen Blick" entgegen wirken, wenn man die Bildbetrachtung mit folgenden Fragen moderiert (Friedrich u. a. 1997, 227):

- Welchen Ausschnitt zeigt das Bild? Was zeigt das Bild nicht?
- Welche Perspektive wird dem Betrachter vorgegeben?
- Welche Objekte bzw. Zusammenhänge sind durch Anordnung oder grafische Auszeichnung hervorgehoben?
- Gibt es mehrdeutige oder unverständliche Bildbestandteile?

- In welcher Weise gehen Einstellungen und Wertungen in die Bildgestaltung ein?
- Welche Hinweise geben die sprachlichen Elemente (z. B. Bilduntertitel) zum Verständnis des Bildes?

Bilder im Unterricht sind in der Regel eingebettet in Sprache. Entweder handelt es sich um ein Bild im Lehrbuch, das eine Textpassage veranschaulicht, oder um eine beschriftete Abbildung, oder die Lehrkraft unterstützt ein Impulsreferat mit einer Visualisierung. In allen genannten Fällen wird das Lernen nur dann optimal unterstützt, wenn einige Grundregeln der Veranschaulichung berücksichtigt werden.

Grundregeln der Veranschaulichung

- Das wichtigste Erfordernis ist eine exakte Abstimmung des Bildes auf den jeweiligen sprachlichen Inhalt. Durch die begrenzten Ressourcen im Arbeitsgedächtnis (📖⇨ Beitrag 8) muss die Darbietung von verbaler und bildhafter Information aufeinander bezogen sein, also semantisch zusammenhängen. Darüber hinaus müssen diese Informationen zeitnah präsentiert werden, damit sie gleichzeitig im Arbeitsgedächtnis zur Verfügung stehen (Schnotz 2003).
- Weiter muss der empirischen Erkenntnis Rechnung getragen werden, dass die Darbietung von Bildern **mit mündlichem Kommentar** deutlich besser verarbeitet werden kann als mit einem schriftlichen Textkommentar. Grund für diese vor allem bei Power-Point-Präsentationen wenig beachtete Tatsache ist, dass im ersten Fall zwei verschiedene Subsysteme des Arbeitsspeichers, das visuelle und das akustische, nebeneinander arbeiten können, während im zweiten Fall die Verarbeitungskapazität eines einzigen Subsystems, des visuellen, beansprucht wird (Schnotz u. a. 2003, 585).
- Ferner muss die Visualisierung eine gewisse **technische und ästhetische Qualität** besitzen und den Sachverhalt authentisch und korrekt darstellen.
- Auch die **zeitliche Platzierung** eines Bildes in Bezug auf die sprachliche Information ist von Belang. So haben Studien zum Lernen mit Texten gezeigt, dass es sich für das Lernen vorteilhafter auswirkt, wenn ein Bild vor dem Text präsentiert wird, als umgekehrt. Das gilt vor allem dann, wenn die Lerner wenig bereichsspezifisches Vorwissen besitzen (Drewniak u. a. 1992, 58). Es lässt sich nachweisen, dass dann, wenn zu Lehrtexten zusätzlich Bilder geboten werden, Leistungsdifferenzen bei Schülern, die sich aus einem unterschiedlichen Kenntnisstand ergeben, verringert werden können (Drewniak u. a. ebenda).

Die **Vorteile von Visualisierungen** für das Lehren und Lernen lassen sich wie folgt zusammenfassen:
- Sie besitzen einen motivationalen Anreizcharakter,
- sie steuern die selektive Aufmerksamkeitsausrichtung (z. B. beim Textlesen),
- damit erleichtern sie Textverständnis bzw. unterstützen die verbalen Erläuterungen in einer Präsentation.

Außerdem ermöglichen sie längerfristiges Behalten und fungieren schließlich durch Erzeugung internaler Vorstellungsbilder während des Lernens als Stütze und Rekonstruktionshilfe für den späteren Wissensabruf.

Visualisierungen übernehmen bei der **Textarbeit** im Einzelnen **folgende Funktionen** (Drewniak 1992):
- **Dekorative Funktion**: Erhöhung der Attraktivität eines Textes bzw. Motivation des Lerners (meistens ohne textrelevante Information)
- **Darstellungs- bzw. repräsentative Funktion** (v.a. bei realistischen Bildern): Konkretisierung oder Veranschaulichung des Textes (Inhalt überschneidet sich mit dem des Textes und ist mit ihm redundant)
- **Organisationsfunktion** (v. a. bei logischen Bildern): das Bild stellt den Bezugsrahmen für den Text her (Abbildung des Aufbaus oder der Makrostruktur des Textes)
- **Interpretationsfunktion**: Verständlichmachen schwieriger Textpassagen durch ein interpretierendes Bild; zugleich Vorstrukturierung des Textes („advance organizer")
- **Transformationsfunktion**: als Gedächtnisstützen (mnemonische Hilfen) für schwierige Begriffe (v. a. im Sprachenlernen)

Exkurs: Begriffslernen mit Concept Mapping

Ein Verfahren, das Sprachlichkeit und logische Bilder in einer Methode zum Begriffslernen zusammenführt, ist das so genannte Concept Mapping.

Hierbei handelt es sich um Begriffsnetzdarstellungen, bei denen Begriffe (engl. „concepts") über beschriftete Linien bzw. Pfeile in einer Weise miteinander verbunden werden, dass eine Art Netz entsteht. Die Beschriftungen enthalten das Argument, das beide verknüpften Begriffe miteinander verbindet (Verben, Präpositionen u.Ä.). Man kann daher Concept Maps als eine Visualisierung von propositionalen Netzwerken bezeichnen (vergleiche dazu die Ausführungen im Beitrag 8).

Mithilfe von Concept Maps können Schüler nach einer Einarbeitungsphase relativ problemlos begrifflich basierte Wissensdomänen darstellen.

Concept Mapping eignet sich zur Aktivierung von Vorwissen, zur Durcharbeitung von gelernten Begriffen, zur Ergebnissicherung sowie zur vertikalen Vernetzung verschiedener Wissenseinheiten in einem Fach bzw. zur fächerübergreifenden horizontalen Vernetzung verschiedener Domänen.

Die Funktionen von Concept Mapping werden noch einmal aus Bild 6.2 auf der folgenden Seite deutlich. Eine Schülerinstruktion für die Erstellung von Concept Maps könnte so aussehen, wie sie auf der übernächsten Seite (nach der Abbildung) dargestellt ist.

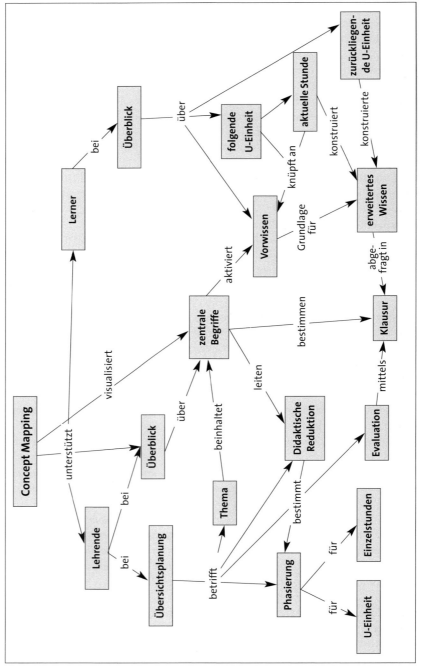

Bild 6.4: Funktionen von Concept Mapping im Lehr-Lern-Prozess

Medien zur Unterstützung von Lernprozessen

Schülerinstruktion zur Erstellung eines Concept Maps

Schritt 1: „Begriffe sammeln":
- Begriffe zu dem Thema sammeln, das strukturiert werden soll
- Vorgehen z. B. mittels Brainstorming
  - ▶ Leitfrage: „Welche Begriffe fallen mir zu dem Thema ein?"

Schritt 2: „Begriffe reduzieren":
- Aus den gefundenen Begriffen diejenigen (ca. 20) heraussuchen, die für das Thema zentral sind.
- Vorgehen: reduzierte Begriffe auf Karteikarten schreiben
- Wichtig!! Pro Karteikarte nur ein Begriff! Keine Sätze! Keine Aufzählungen!
  - ▶ Leitfrage: „Welche dieser Begriffe muss man zu dem Thema kennen?"

Schritt 3: „Begriffe ordnen":
- Die Begriffe umstrukturieren und ordnen.
- Vorgehen: Die auf dem Tisch liegenden Karteikarten werden nun auf einem Poster so umgruppiert und geordnet, dass übergeordnete Begriffe oben liegen, zusammengehörige Begriffe der gleichen Ebene auf einer Höhe. Am weitesten unten in dem Map kann man Beispiele anführen.
  - ▶ Leitfrage: „In welchem Verhältnis stehen die gefundenen Begriffe zueinander?"

Schritt 4: „Begriffe verknüpfen":
- Verknüpfungen zwischen den Begriffen herstellen (sog. „Relationen")
- Vorgehen: Die auf dem Poster liegenden Begriffe werden (mit einem Bleistift) durch Pfeile verbunden, die das jeweilige Verhältnis der Begriffe zueinander anzeigen. Die Pfeile werden beschriftet mit einem Verb oder einer Präposition, die die Beziehung der Begriffe benennen. (z. B. „ist ein..."; „ist Teil von..."; „hat als Folge..."; „hat als Voraussetzung ..."; „tritt auf in ..."; „für"; „über"; „bei"; „in"; „mittels" etc.)
  - ▶ Leitfrage: „Was verbindet Begriffe?"

Schritt 5: „Begriffsnetz durchmustern und revidieren":
- Entstandenes Begriffsnetz auf Stimmigkeit der Zuordnungen und Relationen überprüfen.
- Vorgehen: Die Karteikarten werden bei Bedarf noch einmal „umgebaut", wenn logische oder auch ästhetische Verbesserungen angebracht scheinen. Fällt nun auf, dass wichtige Begriffe fehlen, werden diese eingefügt und die Karten entsprechend umgruppiert.
  - ▶ Leitfrage: „Bildet das entstandene Map das gewählte Thema angemessen ab?"

Schritt 6: „Concept Map veröffentlichen":

Wenn der letzte Schritt vollzogen wurde, kann man die Karteikarten mit einem Metaplan-Kleber fixieren und das Poster veröffentlichen. Es bleibt damit als Ertrag sichtbar und kann zu einem späteren Zeitpunkt weiterentwickelt bzw. mit neu entstehenden Concept Maps verbunden werden.
Für individuelles Lernen mit Concept Maps ist vor allem das Computerprogramm „IHMC Cmap Tools" geeignet, das für nichtkommerzielle Zwecke kostenlos geladen werden kann. Die Instruktionen sind allerdings in Englisch. (http://cmap.ihmc.us/)

6.3.4 Visualisierungsmedien und ihre Verwendung im Unterricht

6.3.4.1 Kreidetafel

Ein wichtiger Faktor gelingender Veranschaulichung im Unterricht ist die Auswahl und der richtige Einsatz geeigneter Visualisierungsmedien.

Was wäre die Schule ohne die **Tafel**? Auch in Zeiten, in denen „moderne Medien" im Unterricht Einzug halten, scheint es undenkbar, dass die Lehrkraft ohne „Tafel, Kreide, Schwamm" auskommt. Hartmut von Hentig (1984) hat dafür einige Gründe auf den Punkt gebracht:

„Hätte ich unter alten und neuen Unterrichtsmitteln ein einziges zu wählen, ich wählte Tafel und Kreide. Was macht dieses Mittel so brauchbar?
- Es ist universal.
- Es ist einfach, in jedem Augenblick und auch ohne Vorbereitung zu handhaben.
- Es erlaubt beispielsweise, während ich rede, ein neues Wort, einen unbekannten Namen, das Gehörte und Gemeinte auch vor das Auge der Schüler zu bringen.
- Es lässt diese miterleben, wie die Erklärung, die ich gebe, zu Stande kommt, wie eine Ordnung entsteht, wie viel Zeit das braucht und wie nützlich und befriedigend Klarheit, Verständlichkeit, Gegensatz und Unterscheidung sind.
- Ich bin vor allem ganz frei in der Verwendung dieses Mittels, ich kann es nebenbei benutzen oder zum Haupteffekt machen; ich kann dazu reden oder dazu schweigen, ohne die Aufmerksamkeit der Schüler zu verlieren; ich kann Fehler schnell beseitigen; ich kann die Schüler an einer gemeinsamen Operation beteiligen: „Und wie fälle ich das Lot? – Willst du's versuchen, Gertrud?"

Ein nicht zu unterschätzender technischer Vorteil der Tafel ist der, dass sie in den meisten Fällen bereits am Platz ist, also nicht gerade von jemandem ausgeliehen wurde oder sich zur Reparatur befindet, was man beim Einsatz von Overhead-Projektoren in der Planung einkalkulieren muss. Auch ist sie ohne Verdunkelung gut lesbar, was selbst bei Tageslichtprojektoren nicht selbstverständlich ist, wenn z. B. die Sonne hereinscheint. Ferner funktioniert die Tafel ohne Strom, man erlebt keine unvorhergesehenen Systemabstürze oder dunklen Bildschirme. Lediglich das unsaubere Arbeiten kann einem die Freude an der Tafel verderben.

Um mit diesem Medium eine sinnvolle Visualisierung zu erstellen, sollte man sich an einige **Grundsätze** halten:
- Tafelbilder sollte man bereits bei der Unterrichtsplanung zu Hause konzipieren und nicht erst spontan. Andernfalls besteht die Gefahr, dass die Lerngruppe einen „vergrößerten Schmierzettel" des Lehrers zu sehen bekommt.
- Schon bei der Konzeption muss man bedenken, dass für die Schüler genügend Zeit eingeplant wird, das Tafelbild, das ja nicht anders gesichert werden kann, abzuschreiben.
- Wenn dem Auge beim Sehen Strukturen angeboten werden, die aufzeigen, wie die einzelnen Wörter an der Tafel zusammengehören, bleibt das Tafelbild besser haften. Daher bieten sich hier vor allem logische Bilder als Visualisierungen an.

Medien zur Unterstützung von Lernprozessen **161**

- Hilfreich ist es auch, Konventionen wie Farben und Symbole einzuführen und diese dann immer in der gleichen Weise zu verwenden. So kann sich das Auge des Einzelnen schneller zurechtfinden.
- Zu einem Protokoll des Lernprozesses wird die Tafel, wenn man ihre Größe bzw. Unterteilungen gezielt einsetzt. Z.B:
  - Linke Tafelhälfte: Informationssammlung zum Thema (z. B. mittels Brainstorming)
  - Tafelmitte: Systematik bzw. Logik des Themas (dynamisches Tafelbild)
  - Rechte Tafelhälfte. Wichtige Lernbegriffe, Merksätze etc.

Praxistipp Kreidetafel: „Tafelbildentwurf zu Hause erstellen"
Es empfiehlt sich, eine Skizze auf einem Papierformat zu entwerfen, bei dem die handschriftliche Schriftgröße und der verfügbare Platz im gleichen Verhältnis stehen wie bei der Tafel im Klassenraum. Damit wird vermieden, dass in der Unterrichtsstunde die Tafel „zu klein" wird.

6.3.4.2 Overhead-Folien

Wo die Tafel an ihre technischen Grenzen stößt, ist der Overhead-Projektor ein wichtiger Ersatz. Legt man z. B. auf präzise Abbilder Wert, die ein sehr realistisches Aussehen haben oder auf motivierende Karikaturen, wird man auf das Kopieren der Bilder auf Folien kaum verzichten können. Die Entwicklung von logischen Strukturen lässt sich gerade mit dem Overhead-Projektor durch verschiedene Techniken abwechslungsreich gestalten (Overlay-Verfahren, Aufdeckverfahren, Figurinen-Technik, d. h. Verwendung kleiner beweglicher Folienteile, Ergänzungsfolie etc.; weitere Ideen siehe Will 1994, 59ff.) Dabei können auch die Schüler/innen aktiv einbezogen werden. Verschiedene Phasen der Unterrichtsstunde lassen sich ökonomisch mit dem Overhead-Projektor unterstützen, sei es

- ein spontaner Motivationsimpuls oder eine Vorwissensaktivierung am Beginn der Stunde mit einem Bild aus der heutigen Tageszeitung,
- die begleitende Visualisierung zu einer kurzen Lehrerinformation,
- eine spielerische Übungsphase mit einem Folienpuzzle oder
- die Zeit sparende Präsentation von Gruppenarbeitsergebnissen am Ende einer Stunde.

In allen diesen Fällen wird der Overhead-Projektor nur kurz in Gang gesetzt, wodurch, abgesehen von der Verringerung von störenden Geräuschen und Ablüften, als zusätzlicher Effekt eintritt, dass das Aufleuchten der Projektionsfläche die Aufmerksamkeit steuert. Dieses Medium ist allerdings trotz seiner vielfältigen Verwendbarkeit etwas in Verruf geraten: Da im Gegensatz zur Kreidetafel die zu visualisierende Information nicht erst angeschrieben zu werden braucht, sondern in perfekter Form schnell aufgelegt werden kann, besteht die **Gefahr**, dass in kurzer Taktung eine Vielzahl von Bildern abgespult wird. Während man in einer

Unterrichtsstunde nur mit Mühe zwei Tafelbilder in Kreide entwerfen kann, mutet mancher Overhead-Präsentator seinen Zuschauern durchaus die fünffache Menge in wenigen Minuten zu („Folienschleuder").

Praxistipp Overhead-Projektor: „Folien inszenieren" (Will 1997, 58):
1. Vorankündigen: „Die nächste Folie zeigt ..."
2. An die Wand werfen: Folie wird aufgelegt.
3. Lesen lassen: Zeit geben, sich auf der Folie zu orientieren.
4. Erklären: auf wesentliche Elemente und Aussagen der Folie zeigen und diese kommentieren (mit Blick zur Klasse).

Nicht besonders hilfreich ist eine Folie, die alle Informationen auf einem Blatt unterbringen will. Nicht selten sieht man kopierte DIN-A-4 Seiten als Folien. Spätestens, wenn der Präsentator dann noch die Frage stellt, „kann man das auch hinten lesen", ist jedem im Raum klar geworden, dass diese Folie als Visualisierung ungeeignet ist. Besser hält man sich da an bestimmte **Regeln der Foliengestaltung**, die als Orienierung dienen können:
- Pro Folie nur ein Thema vorsehen.
- Eher weniger als zu viel Informationen geben, z. B. drei wichtige statt alle denkbaren Argumente.
- Stichwörter, Wortgruppen (oder allenfalls kurze Sätze) verwenden.
- Zahl der Zeilen pro Folie eingrenzen (pro Folie maximal sieben Zeilen oder bei Handschrift bis zu zehn).
- Große Schrift verwenden (z. B. 18 Punkt) und dabei – insgesamt wenige – kräftige Farben verwenden.
- Quellenangaben bei Fremdzitaten oder -visualisierungen nicht vergessen.

6.3.4.3 Beamerpräsentationen

Um Folienkultur braucht man sich bei Beamerpräsentationen weniger Gedanken zu machen, das nimmt einem ein Programm wie „Power-Point" weitgehend ab. Darüber hinaus bieten computerbasierte Visualisierungen die Möglichkeit, Aussagen gezielt zu unterstützen (z. B. mit dynamischen Grafiken und Tabellen) bzw. weitere Medien (Ton-Dokumente, Filmsequenzen, aktuelle Webseiten) einzubinden. Die technischen Möglichkeiten verleiten aber leicht zu einem Feuerwerk an sinnlosen und zum Teil lernwidrigen Effekten (Geräuschuntermalung, kunterbunte Bildhintergründe, in alle Richtungen fliegende, rollende/sich dehnende Wortfetzen).

Statt solchen ablenkenden Beiwerkes sollte man mehr Mühe darauf verwenden, die oben geforderte sinnvolle Kombination von Text und Bildern zu komponieren und vor allem die genannten lernpsychologisch bedeutsamen Zusammenhänge zu beachten.

Medien zur Unterstützung von Lernprozessen 163

Auch was die Menge an Information anbelangt, ist Umsicht geboten. Durch den bequemen Mausklick kann man bei Beamerpräsentationen die „Folienschleuder" des Overhead-Projektors mühelos mit einem „Folienbombardement" am Computer überbieten. 50 Folien in einem 30-minütigen Vortrag sind keine Seltenheit!

Die **didaktischen Funktionen** von Beamerpräsentationen für schulischen Unterricht sind **eingeschränkt,** da

- die Vermittlungsstruktur in erster Linie frontal ist,
- wenig Interaktionsmöglichkeit mit der Lerngruppe besteht,
- praktisch keine Schülerbeiträge direkt übernommen werden können.

Demgegenüber bietet die oben erwähnte Möglichkeit der Integration verschiedener Mediengruppen die Chance, mit geringem Geräteaufwand auf verschiedene Veranschaulichungsmittel zurückzugreifen. Darüber hinaus stellt eine gut gemachte Beamerpräsentation eine didaktisch interessante und anspruchsvolle Herausforderung dar, wenn man sie als Visualisierungsprodukt für Schülerprojekte fordert. Hier müssen nämlich die Lerner nicht nur nach geeigneten Visualisierungsmitteln suchen, sondern auch das Erarbeitete auf wirklich wichtige Elemente hin sichten und reduzieren. Dies führt nebenbei zu einer tieferen Verarbeitung des Stoffes.

Praxistipp Beamerpräsentation: „Weniger, aber richtig!"

1. Stärken gezielt nutzen: höchstmögliche Anschaulichkeit, bestmögliche Abstimmung der Kommunikationskodes (Bild; Text), Integration verschiedener medialer Darbietungsformen (Video; dynamische Grafiken),
2. aber Effektaskese: Animationen nach Funktion wählen, nicht nach Effekt,
3. keine Pastellfarben und keine unruhigen, ablenkenden Bildhintergründe wählen und
4. Entscheidungsfrage: Kann ich bei dem Lerner die gleiche Unterstützung mit einem anderen Medium einfacher erreichen?

6.4 Medien für selbstständigen Wissenserwerb

6.4.1 Texte als Lernmedien

Selbstverständlich sind auch Texte zu den Lehrmedien zu rechnen und zum sinnvollen Umgang mit Texten ist die Frage zu beantworten, was ein Schüler leisten muss, der aus einem Text, z. B. einem Lehrbuch, Wissen für eine Arbeit erwerben will. Lernorientiertes Lesen kann als Abfolge von drei Stufen angesehen werden (Ballstaedt 1994, 2): Erkennen von Wörtern, Verstehen von Sätzen und Satzfolgen und dann Einbau des Gelesenen in das Vorwissen. Lehrer/innen können und sollen dazu Hilfe geben, aber dies soll in diesem Beitrag über Medien nicht weiter vertieft werden, vielmehr wird dazu auf die beiden Beiträge 8 und 9 über Lernen verwiesen.

6.4.2 Filme als Lernmedien

„ …als Einführung in das Thema habe ich euch einen Film…" (noch bevor Herr Wilhelm das Wort ,mitgebracht' ausgesprochen hat, geht bereits ein freudiges Gegrummel durch die Klasse). „Ich werde euch aber nur zehn Minuten zeigen und habe ein Beobachtungsblatt vorbereitet." (Diese Bemerkung dämpft die anfängliche Begeisterung erheblich; vereinzelt ist ein enttäuschtes „OOhhh!" zu vernehmen)

Nein, an Arbeit denken die Schüler dieser Klasse offensichtlich nicht, als Herr Wilhelm sein Vorhaben ankündigt. Sind Filme eher Unterhaltung? „Belohnung" am letzten Schultag? Wenn eine Schülerin bei einem Thema sagt, „dazu habe ich zu Hause einen interessanten Film, soll ich den mal mitbringen?"; ist da mein erster Gedanke, „schön, dass ich eine interessierte Schülerin habe, die mitdenkt", oder kommt mir unwillkürlich in den Sinn: „ja, ja, der Petra ist alles andere recht, nur kein Unterricht!"

Wer diese oder ähnliche Gedanken hegt, dürfte für sich bereits eine Festlegung getroffen haben, dass der Film kein Lernmedium sei. Dabei scheint gemessen an der eingangs genannten Funktion von Unterrichtsmedien als Wirklichkeitsersatz der Film als Folge bewegter „Abbilder" im Vergleich zu stehenden Bildern und Texten deutlich besser für das Lernen geeignet zu sein.

„Sein Symbolsystem kommt der alltäglichen Wahrnehmung am nächsten. Realistisch sind die Farben, die Konturen, die Bewegungen, das Tempo, die begleitenden Geräusche. (…) Die Raumwahrnehmung [fällt] leicht, weil sich die gezeigten Gegenstände und Personen bewegen, weil die Licht–und Schattenverhältnisse deutlicher ausfallen, weil die Kamera –wie ein sich bewegender Beobachter –die Perspektive wechselt. Auch im Lerner vorhandene kognitive Rahmen bzw. Schemata sind durch Film oder Video leichter zu aktivieren, sie wurden ja weitgehend unter natürlichen Wahrnehmungsbedingungen erworben. Dafür spricht die Mühelosigkeit, mit der man in der Regel die vielen Schnitte in Filmen und Videos zu einem kohärenten Ablauf verbindet." (Weidenmann 2001, 443)

Untersucht man auf diesem Hintergrund den Zusammenhang von Wissen und Behalten etwas näher, so macht man die überraschende Beobachtung, dass es bei audio-visuell vermittelten Inhalten ähnliche Vergessenskurven gibt wie beim Lernen aus Texten (Sturm 1987, 100). Gründe dafür sind vielfältig.

So konnte in einer Versuchsreihe mit Sechstklässlern festgestellt werden, dass die Schüler subjektiv davon ausgingen, mit dem Fernsehen besser lernen zu können als mit Texten, obwohl der von ihnen durchgeführte Test selber das Gegenteil belegte. Gleichzeitig räumten die Schüler ein, weniger Anstrengung auf das Lernen mit dem Fernsehen aufgewandt zu haben. Die Einschätzung, das Fernsehen sei ein leichtes Lernmedium, beeinflusst demnach die Verarbeitungstiefe negativ. (Weidenmann 2001, 426)

Hinzu kommt, dass gerade nicht sorgfältig gestaltetes Filmmaterial leicht eine kognitive Überforderung darstellt, weil oft zu viele sprachliche und visuelle Informationen angeboten werden, die zudem mit den Lernzielen nichts zu tun haben und von diesen ablenken (Friedrich u. a. 1997). Ein weiteres Problem stellt die so genannte „Text–Bild-Schere" dar, die z. B. auftritt, wenn der Kommentar in einem

Medien für selbstständigen Wissenserwerb **165**

Film nicht unmittelbar auf die gezeigten Bilder bezogen ist und so schlicht die Verarbeitungskapazität an ihre Grenzen stößt.

Es scheint außerdem beim Medium Film ein ähnliches Phänomen zu geben, wie wir es oben bereits bei realistischen Bildern mit dem ökologischen Bildverständnis gesehen haben. Wenn dem Betrachter keine ausdrücklichen Hinweisreize gegeben werden, die das Verstehen der Bilder unterstützen, wird er

„sich von Bildfolge zu Bildfolge gleichsam ‚entlang[…]hangeln', für ihn schwieriger zu verstehende Moderatorentexte aber aus[…]lassen. Der Zuschauer nimmt dann vorzugsweise das auf, was ihm schnell ‚einsichtig' ist, er folgt den bildhaften Informationen punktuell, vernachlässigt dabei Zusammenhänge und Wertigkeiten der Gesamtinformation. Er ist festgelegt auf Informationen, die er ‚ohnehin versteht'." (Sturm 1971, 301)

Der Film hinterlässt mithin oft Verständnislücken, statt dass er kohärentes Wissen aufbaut. Eine Schlüsselrolle bei diesem Verarbeitungsproblem der dargebotenen Information spielt die Tatsache, dass man im Gegensatz zur Bildbetrachtung und dem Lesen von Texten beim Film nicht innehalten, mit den Augen zurückgehen, Unverständliches noch einmal anschauen und durchdenken kann. Der Film läuft **ohne Rücksicht auf den Lerner** ab. So bleibt keine Zeit für eine „innere Verbalisierung" (Sturm 1987, 97). Hinzu kommt, dass die Übergänge zwischen einzelnen Sequenzen in der Regel „scharf geschnitten" sind. Der Betrachter muss ad hoc ohne Pausen immer neue Kontexte aufbauen und verstehen.

Diesen Überlegungen, die das Lernen mit audiovisuellen Medien kritisch erscheinen lassen, steht das „eigentlich Medienspezifische" (Sturm 1987) gegenüber, welches das Arbeiten mit dem Film im Unterricht besonders interessant macht. Wie kein zweites Unterrichtsmedium kann der Film spontan Faszination, Betroffenheit, Staunen, Erregung, aber auch Stress und Angst erzeugen.

Diese **affektiven Elemente** sind besonders **dauerhaft**. So konnte festgestellt werden, dass, im Gegensatz zu den jeweiligen audiovisuell vermittelten Wissensinhalten, die emotionalen Eindrücke eines Films über einen Zeitraum von drei Wochen absolut stabil bleiben.

„Hier zeigt sich kein Vergessen, keine Abnahme, keine Veränderung der medienvermittelten Emotionen. (…) [Sie] blieben unverändert bestehen, obwohl man weithin vergessen hatte, was der einzelne Film–und Radioredakteur gesagt hatte." (Sturm 1987, 101)

Nun sind Emotionen nicht Widersacher von Kognitionen. Im Gegenteil sind sie eine wichtige Voraussetzung für Lernen (Spitzer 2002). Daher sollte eine Lehrkraft nicht grundsätzlich auf Filme verzichten, sondern gezielt deren affektives Potenzial nutzen und mit sinnvollen Arrangements in einen Lernprozess einbinden.

Folgende **didaktische Hinweise** können dabei eine Hilfe sein (Friedrich u. a. 1997; Hoffmann 2003):

- ■ **Curriculare Einbindung**: Ein Film sollte eingeführt werden und diese Einführung sollte auf den Lernzusammenhang hinweisen.

166   *Medien im Unterricht*

- **Orientierungsfragen** mitgeben: Sie erleichtern das Behalten erheblich und machen nebenbei klar, dass die folgende Unterrichtsphase nicht der Unterhaltung dient.
- **Auswahl wichtiger Sequenzen**: Selbst Lehrfilme decken sich in den seltensten Fällen mit den Unterrichtszielen der Lehrkraft. Daraus ergibt sich folgerichtig die Notwendigkeit einer Fokussierung auf Schlüsselpassagen. Verzichtet man auf das Zeigen des gesamten Filmes, bleibt Zeit, anhand von Standbildern, Wiederholungen, Zeitlupen eigene Schwerpunkte und Akzente zu setzen.
- **Verfremden**: Eine anspruchsvolle, aber motivierende Form des Filmeinsatzes, die ein tieferes Durcharbeiten eines zuvor bereits erarbeiteten Stoffes ermöglicht, ist die, eine kurze Sequenz eines (Lehr)films ohne Ton zu präsentieren und die Lerngruppe den (ausgeblendeten) Kommentar selber verfassen zu lassen.
- Für alle audio-visuellen Medien gilt, dass sie nach ihrer Darbietung **hinreichend nachgearbeitet** werden müssen, um die oben beschriebenen Verstehensdefizite zu kompensieren. Neben Arbeitsblättern können hier strukturierende und aktivierende Methoden eingesetzt werden (Meta-Plan-Technik, Plenumsdiskussion etc.). Hat der gezeigte Film eine Handlung, die für die Unterrichtsziele wichtig sind, kann man das Ende eines Filmes als Rollenspiel „erfinden" und spielen lassen.

Denkbare Orientierungsfragen für den Einsatz von Filmen
(vgl. Friedrich u. a. 1997, 235):
1. In welche Abschnitte gliedert sich der Film?
2. Welches sind die zentralen / eindrücklichen visuellen Aussagen?
3. Welches sind die zentralen sprachlichen Aussagen?
4. An welchen Stellen klaffen sprachliche und visuelle Aussagen auseinander?

6.4.3   Multimediale Lernumgebungen.

In den zuletzt genannten Film-Arrangements besteht die Aufgabe der Lehrkraft darin, die Lernenden **aus einer passiven Rezipientenhaltung heraus zu einer Interaktion mit dem Medium zu bewegen**. Wer dagegen ein Interaktionsangebot sucht, das audio-visuelle Medien als Lernangebot ohne starke Steuerung der Lehrkraft bereitstellt, ist auf multimediale Lernumgebungen verwiesen.

Gerade will Herr Schmidt den Multimediaraum aufschließen, in dem er einige Vorbereitungen zu seinem Internetprojekt „Deutsche Einheit" treffen will, als ihn der erfahrene Französischkollege anspricht: „Ich bewundere ja Ihr Engagement mit den neuen Medien und das der anderen jungen Kollegen, aber ich befürchte, dass wir über kurz oder lang doch wieder beim klassischen Unterricht landen, wenn die erste technische Euphorie verflogen ist. Dieser Raum war vor 30 Jahren unser hochmodernes Sprachlabor. Davon spricht heute auch niemand mehr!"

Medien für selbstständigen Wissenserwerb   **167**

Es spricht einiges dafür, dass den „neuen Medien" das Schicksal des Sprachlabors erspart bleiben wird, selbst wenn vereinzelt sogar Computerexperten (Stoll 2001) die Ansicht vertreten, dass „Computer im Klassenzimmer nichts zu suchen haben". Folgende **Gründe** sind es, die ganze Kollegien von Lehrerinnen und Lehrern dazu motivieren, **sich für Multimedia und Internet als eine Investition in die Zukunft fit zu machen**:

- Es herrscht ein breiter gesellschaftlicher Konsens darüber, dass **Kompetenzen** im Bereich der neuen Medien in der Schule **vermittelt werden müssen**.
- Die Informationsgesellschaft ist mittlerweile Realität. Die technischen Möglichkeiten von **Computer und Internet prägen den Alltag** so weit, dass ihre Handhabung fast den Rang einer **Kulturtechnik** einnimmt.
- Schließlich verheißen multimediale Lernumgebungen in **didaktischer Perspektive** die Einlösung wichtiger Forderungen an **neues** und **lebenslanges Lernen**.

6.4.3.1   Was ist „neu" an „neuen Medien"?

Vieles, was Computer und Internet zu bieten haben, ist bei näherer Betrachtung überhaupt nicht neu. In erster Linie transportieren sie verschiedene Kodes wie Texte und Bilder und sprechen dabei unterschiedliche Sinnesmodalitäten an (auditiv, visuell). Wie wir bereits oben gesehen haben, können diese medialen Angebote auch mit anderen technischen Mitteln verwirklicht werden.

Herr Schmidt könnte sein Vorhaben zur deutschen Einheit so gestalten, dass er zu dem ihm unmittelbar zugänglichen Bild- und Schriftmaterial Arbeitsblätter entwirft und diese außerdem um audiovisuelle Medien, die sich im Angebotsspektrum einer Kreisbildstelle befinden, ergänzt („additives Medienverbundsystem"; Friedrich u. a. 1997, 137).

Kann der Lerner auf alle diese Materialien über ein einziges Medium zugreifen („integratives Medienverbundsystem"; Friedrich u. a. 1997, 149), weil er es beispielsweise komplett auf einer CD-ROM zur Verfügung hat oder dieses aus dem Internet beziehen kann, ergeben sich allerdings völlig neue Möglichkeiten des Lernens:

- Da das Curriculum sozusagen als Ganzes transportiert werden kann (auf CD) oder an verschiedenen Orten erreichbar ist (über Netzzugang), ist ein zeitlich und räumlich unabhängiges Lernen möglich.
- Der Lehrgang kann beliebig oft wiederholt werden.
- Die für das Lernen angebotenen Informationen können sehr viel kompakter (vgl. CD = „compact disc") und damit umfassender bereitgestellt werden, sodass der Lerner eine echte Materialauswahl zur Bearbeitung einer Fragestellung hat.
- Er kann das für ihn Passende auswählen und dadurch sein Lernen weitestgehend selbst steuern.

6.4.3.2 Neue Medien als Lernangebot

Was die Zusammenstellung multimedialer Lernkost für die Gestaltung von Lernmaterialien und -aufgaben bedeutet, wird aus einer Auflistung möglicher **didaktischer Funktionen** dieser Arrangements deutlich (Dörr u.a. 2002, 31). Danach sollen **Lernumgebungen** u.a...

- „...die Lernenden motivieren, indem sie Erwartungen provozieren, die Lernen auslösen.
- ... den Lernenden Rückmeldung über den jeweiligen Lernerfolg geben.
- ... selbstgesteuertes Lernen unterstützen.
- ... im Hinblick auf verschiedene Formen kooperativen Lernens jene Prozesse unterstützen, die zur Entwicklung von Kooperationsfähigkeit beitragen und die Kommunikation in Kleingruppen begünstigen.
- ... Lernende mit authentischen Lernaufgaben konfrontieren, d.h., sie sollen erfahrungsbegründet sein und die zu lernenden Sachverhalte in Alltagskontexte einbetten.
- ... das Identifizieren, Definieren und Lösen von Problemen erleichtern.
- ... nicht in erster Linie die Reproduktion, sondern die Konstruktion von Wissen anzielen.
- ... verschiedene Perspektiven desselben Sachverhaltes bieten, um so die kognitive Flexibilität der Lernenden zu fördern."

Von der technischen Seite her können solche Lernangebote mit lokalen Anwendungen und netzbasierten Systemen realisiert werden. Im ersten Fall spricht man auch von **Stand-alone-Systemen,** da der Benutzer lediglich einen Rechner benötigt mit entsprechenden Peripheriegeräten und die Anwendungsprogramme auf CD oder DVD und diese Elemente ohne Einbindung in eine größere Lerngemeinde off-line einsetzen kann. Stand-alone-Systeme sind daher grundsätzlich begrenzt. Demgegenüber sind **netzbasierte System**e, die als Internet- oder Intranet-Systeme online betrieben werden, prinzipiell offen.

6.4.3.3 Grundtypen von Lernsoftware

Die technischen Möglichkeiten der Kombination von computer- und netzbasierten Lehr-Lern-Arrangements sind sehr vielfältig. Entsprechend unübersichtlich ist der Bereich Multimedia. Dennoch lassen sich bestimmte Grundtypen von digitalen Lehr-Lern-Angeboten benennen, die für das schulische Lernen wichtig sind. Dazu zählen Drill-and-Practice-Programme, Tutorielle Programme, Hypertext und Hypermedia, Simulationen und E-Learning/ Blended Learning.

Drill-and-Practice-Programme

Dies sind Anwendungen, die einen Lernstoff in Form von Aufgaben bereitstellen, die abgearbeitet werden müssen. Wenn eine Aufgabe erfolgreich gelöst wurde, kann man die nächste Lektion bzw. das nächste Niveau erreichen. Typisches Beispiel dafür sind Vokabellernprogramme, bei denen folgende Merkmale anzutreffen sind (Weidenmann 2001, 455):

Medien für selbstständigen Wissenserwerb   **169**

- Es gibt einen Pool von Übungselementen (z. B. Vokabeln).
- Die Elemente des Pools werden per Zufall ausgewählt und dem Lerner vorgelegt.
- Der Lerner erhält sofort ein Feed-back.
- Am Ende des Durchgangs wird ein Gesamtergebnis rückgemeldet.
- Es können verschiedene Schwierigkeitsniveaus voreingestellt werden.
- Trainingsdurchgänge sind beliebig wiederholbar.

Die Architektur der Programme entspricht der einfacher Computerspiele, was viele Eltern dazu veranlasst, solche Paukprogramme anzuschaffen, in der Erwartung, dass ihr Kind auf diese Weise am Computer wenigstens etwas Sinnvolles tut oder mit mehr Freude z. B. Vokabeln lernt. Die Wirkung von Drill-and-Practice-Programmen, die als „Computer-based-training" (CBT) bzw. „Web-based-training" (WBT) auch in der beruflichen Aus–und Weiterbildung Anwendung finden, beruht auf den Prinzipien des **Verstärkungslernens** (behavioristischer Lernansatz; ⌷⇨ Beitrag 7) und dient in erster Linie dem Üben und Festigen von Faktenwissen. Der **didaktische Wert** ist dadurch **begrenzt**, dass der Lerner auf das System nur reagieren kann und weder Einfluss auf die Aufgabenwahl hat, noch eigene Lernwege einschlagen kann. Damit ist das Motivationspotenzial schnell ausgeschöpft. Das gilt in zunehmendem Maße, indem auch Computerspiele komplexer werden.

Tutorielle Programme

Tutorielle Programme sind auf die **selbstständige Erarbeitung** eines Themengebietes ausgerichtet. In kleinen Lerneinheiten werden expositorisch Lernschritte in Erklärungen und Anwendungsaufgaben angeboten. Diese Architektur folgt den Prinzipien der behavioristischen programmierten Unterweisung, für die eine weitestgehende Außensteuerung des Lernens durch eine Festlegung der Lernschritte typisch ist. Die mediale Gestaltung von tutoriellen Programmen kann sehr vielseitig sein, wie man am Beispiel eines netzbasierten Lernprogrammes zur Anatomie eines Frosches sehen kann. Hier seziert der Anwender an Stelle mit dem Skalpell per Mausklick tierschützerfreundlich einen digitalen Frosch und lernt dabei dessen innere Organe kennen: http://curry.edschool.virginia.edu/go/frog/

Hypertext und Hypermedia

Drill-and-Practice-Programme und tutorielle Programme haben in der Regel ein festes Curriculum, innerhalb dessen sich der Lerner bewegt. Für entdeckendes Lernen, das einen individuellen konstruktiven Wissensaufbau ermöglicht, sind Programme mit einer **offenen Struktur** erforderlich, die jeweils die Information bereitstellen, die der Lerner aktuell abfragen möchte. Dies lässt sich mit Hypertexten bzw. Hypermedia realisieren.

Wie oben dargestellt, ist das Typische der Erarbeitung eines Lernstoffes mit einem Lehrbuch die lineare Informationsaufnahme, die der sequenziellen sprachlichen Darbietung folgt. Querverweise im Text wie in diesem Artikel geben die Möglichkeit, diese lineare Informationsaufnahme zu unterbrechen und einen

Aspekt des Themas in einem anderen Kapitel zu verfolgen bzw. zu vertiefen oder einen Fachbegriff im Glossar nachzuschlagen. Hypertexte sind im Grunde die komfortable technische Realisierung eines solchen Lesens am Computer bzw. im Netz.

„Der in Hypertext umgesetzte Gedanke besteht darin, den Inhalt eines Gegenstandsbereiches in einzelne Informationseinheiten aufzugliedern und in Form von Knoten in einer Datenbasis elektronisch in Netzwerkform zu repräsentieren. Hierdurch wird ein flexibler Zugriff auf beliebige Informationsknoten in beliebiger Reihenfolge möglich." (Tergan 2002, 100)

Im Prinzip handelt es sich bei Hypertexten also **nicht um Lernsoftware**, sondern um eine sehr **große Datenbank**, deren Informationen entweder unstrukturiert oder nach bestimmten Prinzipien über Links miteinander verbunden sind. Unstrukturierte Hypertextbasen gründen „auf referenziellen, nicht näher spezifizierten assoziativen Verknüpfungen zwischen den Knoten, die einen Zugriff von jedem Knoten auf jeden anderen Knoten ermöglichen" (Tergan 2002, 102). Bei strukturierten Hypertextbasen unterscheidet man

- **lineare Organisationsstrukturen**, die z. B. für geführte Unterweisungen („guided tours") verwendet werden,
- **hierarchische Strukturen**, die die Darstellung eines Sachverhaltes z. B. in unterschiedlichen Ebenen der Abstraktheit oder Feinkörnigkeit ermöglichen und
- **Netzstrukturen**, die semantische Beziehungen zwischen Knoteninhalten darstellen können.

Gewöhnlich finden diese drei Organisationsstrukturen in gemischter Form Anwendung („hybride Organisationsstruktur"; vgl. Bild 6.5. – Tergan 2002, 103)

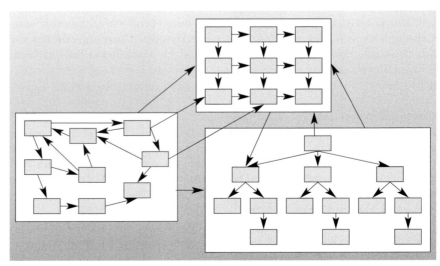

Bild 6.5: Hybride Organisationsstruktur von Hypertexten, nach Tergan 2002, 103

Medien für selbstständigen Wissenserwerb 171

Diese verschiedenen Formen von über Links hergestellten Verbindungen finden nicht nur bei Texten Anwendung („Hypertext"). Die Informationsknoten können auch auf Tondokumente, Bilder und Videosequenzen u. a. verweisen. Dann spricht man von „Hypermedia". Typische Beispiele für diese Architektur sind multimediale **Lexika** auf CD-ROM (z. B. „Encarta") oder das **Internet** selbst.

Das **Hauptproblem** eines Lernens durch freies Bewegen in Hypermedia („Surfen") besteht darin, dass ein Benutzer leicht den Überblick über den zurückgelegten Weg und damit über die Logik der durchlaufenen Informationssequenz („**Lost-in-hyperspace**"-**Phänomen**) verliert. Bei lokalen Hypermedia auf CD sollten daher Orientierungshilfen vorhanden sein, die an Stelle eines Blindfluges eine gezielte „Navigation" möglich machen. Dazu zählen

- Überblicksgrafiken,
- Übersicht über die Plattform („site-maps"),
- Markierung aufgesuchter Knoten („breadcrumps"),
- vorab definierte Pfade,
- Rückwärtslauffunktion („back track"),
- Protokolle der bisherigen Arbeitsschritte („history-protocol").

Für netzbasierte Hypermedia wie das Internet stehen diese Hilfsmittel nicht automatisch zur Verfügung. Dadurch entsteht abgesehen von der unterschiedlichen technischen Kompetenz des Einzelnen im Umgang mit Computer und Internet leicht ein Nachteil für Lerner, die wenig Erfahrung mit Hypermedia oder geringes Vorwissen im jeweiligen Thema mitbringen.

> *Zur Kompensation solcher ungleichen Lernbedingungen empfiehlt es sich, Lerntandems zu bilden, bei denen erfahrene Schüler als Tutoren für Novizen fungieren.*

So mancher Sonderling in der Klasse, der sich außerhalb der Schule hauptsächlich mit dem Computer beschäftigt und deshalb wenig soziale Kontakte hat, kann hier ein Feld der Betätigung finden, das ihm Wertschätzung vermittelt, die er von seinen Gleichaltrigen sonst nicht erfährt.

> *Arbeit mit Hypermedia muss grundsätzlich rückgebunden sein an konkrete curriculare Projekte, da die zur Verfügung stehende Information an sich neutral ist und der Aufarbeitung bedarf.*

Denn: „Online" sein heißt nicht automatisch lernen.

„Das Internet verhält sich zum Lernen wie ein Supermarkt zu einem guten Essen: Im Supermarkt gibt es zwar alles – verglichen mit den Mengen, die wir essen können – in praktisch unbegrenzter Menge. Ein gutes Essen ist jedoch weit mehr als die Zutaten. Erst durch geschickte Zusammenstellung und Zubereitung werden aus Zutaten Speisen und erst deren wiederum geschickte Zusammenstellung und Reihenfolge macht ein gutes Essen aus." (Spitzer 2002, 3)

Für eine solche „geschickte Zusammenstellung und Zubereitung" hypermedialer Informationsangebote lassen sich unterschiedliche, didaktisch reizvolle Konzeptionen finden (lehrerzentriert, modulorientiert, aufgabenorientiert, systemorientiert, entdeckungsorientiert, handlungsorientiert; beschrieben bei Kron u. a. 2003, 122 ff.).

Simulationen

Simulationen nutzen in besonderer Weise die technischen Ressourcen von Computern, vor allem deren Rechenleistung. Bei ihnen werden komplexe Situationen, Strukturen oder Prozesse der Wirklichkeit in einem reduzierten aber realistischen Computermodell abgebildet. Die Lerngruppe kann **handlungsorientiert** direkt auf dieses Modell der Wirklichkeit einwirken, indem sie kollektiv ein Vorgehen berät, recherchiert und schließlich eine Entscheidung fällt. Diese wird in den Computer eingegeben, der der Lerngruppe die Konsequenzen ihres Handelns errechnet.

Beispiel

Ein sehr gelungenes Beispiel einer solchen Simulation ist das von Frederic Vester entwickelte Programm „Ecopolicy". Bei dieser Weiterentwicklung des Brettspieles „Ökolopoly" ist die Lerngruppe in die Situation versetzt, ein Land, dem es wirtschaftlich sehr schlecht geht, mit weisen politischen Entscheidungen zu regieren. Neben Problemlösen in vernetzten Systemen werden dabei u. a. Kommunikationsfähigkeit, Visualisierung und Entscheidungsfindungsstrategien geschult. „Ecopolicy" ist bereits vielfältig mit unterschiedlichsten Lerngruppen erprobt worden. Dabei sind verschiedene Arbeitsmaterialien entstanden, die auch im Netz verfügbar sind: http://www.learnline.nrw.de/angebote/neuemedien/medio/gl/ecopol/oekolo.htm

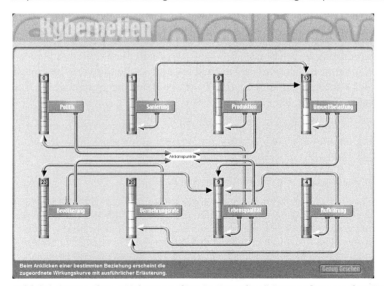

Bild 6.6: Screenshot „Wirkungsgefüge in Ecopolicy" Screenshot aus dem Programm „Ecopolicy®" von Frederic Vester / Westermann multimedia)

Medien für selbstständigen Wissenserwerb   **173**

Der besondere Reiz von Ecopolicy besteht darin, dass der jeweiligen „Regierung" alle Wirkungszusammenhänge der möglichen Entscheidungen auf Abruf zur Verfügung stehen und so keine Folgen des Handelns eintreten, die nicht vorhersehbar waren (Bild 6.6).

E-Learning/ Blended Learning

Gehört die Zukunft multimedialer Lehr-Lernarrangements dem **E-Learning**? Hohe Erwartungen an „Varianten von Lehr–und Lernaktivitäten (…), die das Internet für Information oder Kommunikation nutzen" (Kerres u. a. 2004, 2), als Allheilmittel und Wunderformel für ein Lernen der Zukunft, das gleichsam von alleine wirkt, scheinen mit dem Zusammenbruch der E-Business-Sparte am neuen Markt bereits wieder verflogen zu sein (Reppert 2002). Wenn sich diese Erwartungen in erster Linie auf Profit und nicht auf die Möglichkeiten des Lernens richteten, ist das aus bildungspolitischer Sicht sogar zu begrüßen.

Welche Potenziale bietet das E-Learning aus mediendidaktischer Sicht?

„Höhere Aktualität von Lerninhalten, die engere Verzahnung von Lernen mit Arbeitsprozessen, neue Kommunikations–und Kooperationsmuster, Flexibilisierung von Bildungsangeboten durch Trennung von Lernort und Lehrort sowie Lehr–und Lernzeit" (Kerres 2004, 2) sind nur einige der Möglichkeiten, die in folgenden organisatorischen Formen in der Schule realisiert werden könnten:

- **Schulübergreifende Projekte**: Hierbei arbeiten unterschiedliche Bildungseinrichtungen zu gemeinsamen Leitthemen zusammen und bringen eigene Beiträge ein. (Vgl. z. B.: http://www.globe-edu.de/)
- **Teletutoring**: Als computergestützte Interaktion zwischen Schülern und Lehrern; asynchron durch Austausch von Fragen und Antworten über E-Mail; die synchrone Variante in Form von Videokonferenzen dürfte für die Schule wohl nicht infrage kommen;
- **Lerner-Newsgroups, Chats**: Virtuelle Treffen im Netz, bei denen ein asynchroner Austausch (Newsgroups) über Mailinglisten zu bestimmten Themen erfolgt oder ein synchrones „Schreibgespräch" (Chats). Bei Letzteren werden fortlaufend die eingegebenen Beiträge der Chatpartner für alle sichtbar eingeblendet.

Während bei diesen Arrangements das Lernen rein virtuell bleibt, beginnt sich mit **Blended Learning** („hybrides Lernen") eine für das schulische Lernen besonders interessante, **semivirtuelle Organisationsform** des E-Learnings auszubilden, die mit vergleichsweise geringem Aufwand umgesetzt werden kann (Reinmann-Rothmeier 2003). Wesentliches Merkmal ist hier, dass sich Präsenz-Elemente, Online-Elemente und Offline-Elemente mischen (deshalb: Blended Learning).

Beispiel

Das Thema „Deutsche Einigung" kann in einer Unterrichtsstunde (Präsenz-Element) eingeführt werden. Auf einer CD-ROM wird Lernmaterial als Hypertexte oder Hypermedia bereitgestellt, das selbstständig zu bearbeiten ist (Offline-Element). Das Online-Element besteht aus einer Lernplattform, die auf einem Server installiert ist. Die Lernplattform dient der Ablage

aktueller Informationen und vertiefender Aufgaben. Die Lernplattform fungiert außerdem als virtueller Raum, in den die Schüler ihre Lösungen der Aufgaben stellen und in dem der Lehrer seine Bewertung der Lösungen zugänglich macht. Außerdem bietet ein eigens definierter Bereich auf der Lernplattform die Möglichkeit, Fragen an den Lehrer zu stellen und untereinander (asynchron) zu diskutieren (Reinmann-Rothmeier 2003, 55). Mit der Workgroup-Software BSCW (= Basic Support of Cooperative Work) der Gesellschaft für Mathematik und Datenverarbeitung (GMD) wird von verschiedenen Landesbildungsservern ihren Schulen die Möglichkeit eröffnet, eine solche Lernplattform kostenlos einzurichten.
(http://www.learn-line.nrw.de/angebote/bscw/)

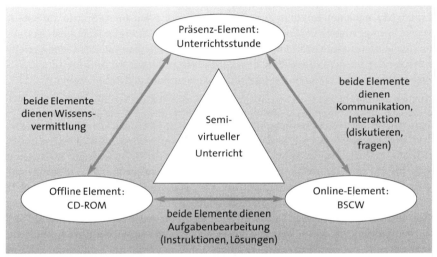

Bild 6.7: Mediales Gerüst des Blended Learnings (vgl. Reinmann-Rothmeier 2003, 55)

Das Beispiel des Blended Learning verdeutlicht, dass das Thema „Medien im Unterricht" nicht auf die falsche Alternative „alte Medien versus neue Medien" oder „schlechte Medien versus gute Medien" verkürzt werden kann. Die Qualität von Medien und ihr Einsatz im Unterricht bemisst sich an ihrer jeweiligen Funktion für den Lernprozess. Hier ist vor allem Vielgestaltigkeit und die richtige Passung für den Lerner das Entscheidende. Das Blended Learning macht zugleich klar, dass alle kulturpessimistischen Sorgen, der Computer und das Internet könnten den leibhaftigen Lehrer verdrängen, unbegründet sind. Im Gegenteil, sein berufliches Profil wird unter dem Eindruck der neuen multimedialen Lehr-Lernarrangements bereichert, insofern seine Moderation bei integrativem, komplexem Arbeiten zunehmend gefragt sein wird sowie seine technischen Kompetenzen und solche im Bereich des Projektmanagements. Die frei werdenden Kapazitäten, die die unterrichtliche Entlastung mit sich brächte, könnten dann genutzt werden für mehr persönliche Begegnungen und erzieherische Begleitung, die durch kein Medium ersetzbar sind.

Literatur

Ballstaedt, St.-P. (1994). Lerntexte und Teilnehmerunterlagen. Mit den Augen lernen. Band 2. 2. Auflage. Weinheim: Beltz Weiterbildung.

Dale, E. (1954). Audio-visual Methods in Teaching. New York: Holt, Rinehart and Winston.

Dörr, G. (2002). Multimedia aus pädagogischer Sicht. In L. J. Issing u. a. (Hrsgg.), Information und Lernen mit Multimedia und Internet. Lehrbuch für Studium und Praxis. Weinheim: Beltz PVU. 3. Auflage. 29-42.

Drewniak, U. u. a. (1992). Verstehensrelevante Bilder in Lehrtexten. Ihre Verarbeitung, ihre Funktionen und ihre Bedeutung für die Förderung des Lernens mit Texten. In: Zeitschrift für Pädagogische Psychologie 6 (1). 49-62.

Egner, A. u. a. (1989). Demokratie und Diktatur. Deutsche Geschichte 1918-1945. Materialien für den Sekundarbereich II Geschichte. Hannover: Schroedel Schöningh.

Engelkamp, J. (1990). Das menschliche Gedächtnis. Göttingen u. a.: Hogrefe.

Friedrich, H.F. u. a. (1997). Strategien für das Lernen mit Medien. In: H. F. Friedrich u. a. (Hrsg.). Multimediale Lernumgebungen in der betrieblichen Weiterbildung. Gestaltung, Lernstrategien und Qualitätssicherung. Neuwied: Luchterhand. 165-265.

Hasebrook, J. (1995). Multimedia-Psychologie. Eine neue Perspektive menschlicher Kommunikation. Heidelberg u. a.: Spektrum Akademischer Verlag.

Hentig, H. v. (1984). Das allmähliche Verschwinden der Wirklichkeit. Ein Pädagoge ermutigt zum Nachdenken über die Neuen Medien. München: Hanser.

Hoffmann, B. (2003). Medienpädagogik. Eine Einführung in Theorie und Praxis. Paderborn u. a.: Schöningh.

Kerres, M. u. a. (2004). Pragmatismus als theoretische Grundlage für die Konzeption von E-Learning. Internet: http://online-campus.net/edumedia/publications/pragma1a.pdf. (5.4.2004)

Klimsa, P. (2002). Multimedianutzung aus psychologischer und didaktischer Sicht. In: Ludwig J. Issing u. a. (Hrsg.). Information und Lernen mit Multimedia und Internet. Lehrbuch für Studium und Praxis. Weinheim: Beltz PVU. 3. Auflage. 1-17.

Kron F.W. u. a.. (2003). Mediendidaktik. Neue Medien in Lehr–und Lernprozessen. München u. a.: Reinhardt Verlag.

Kürsteiner, P. (1999). Reden, vortragen, überzeugen. Vorträge und Reden effektiv vorbereiten und erfolgreich präsentieren. Weinheim: Beltz Weiterbildung.

Otto, G. (1985). Medien der Erziehung und des Unterrichts. In: G. Otto u. a. (Hrsg.) Methoden und Medien der Erziehung und des Unterrichts. Stuttgart: Klett-Cotta. Enzyklopädie der Erziehungswissenschaft. Bd. 4. 74-107.

Reinmann-Rothmeier, G. (2003). Didaktische Innovation durch Blended Learning. Leitlinien anhand eines Beispiels aus der Hochschule. Bern u. a.: Verlag Hans Huber.

Reppert, I. (2002). E-Learning. Versuchen wir es mal mit „Blended Learning". Financial Times Deutschland. Internet: http://ftd.de/tm/it/16305304.html (5.4.2004)

Schnotz, W. u. a. (1999). Einflüsse der Visualisierungsform auf die Konstruktion mentaler Modelle beim Text–und Bildverstehen. In: Zeitschrift für Experimentelle Psychologie. 46 (3). 217-236.

Schnotz, W. (2003). Informationsintegration mit Sprache und Bild. In: G. Rickheit u. a. (Hrsg.). Psycholinguistik. Ein internationales Handbuch. Berlin u. a.: De Gruyter. 577-587.

Seel, N. (2003). Psychologie des Lernens. München: Reinhardt Verlag. 2. Auflage.

Spitzer, M. (2002). Lernen. Heidelberg u. a.: Spektrum Akademischer Verlag.

Stary, J. (1997). Visualisieren. Ein Studien–und Praxisbuch. Berlin: Cornelsen Scriptor.

Stoll, C. (2002). Logout. Warum Computer nichts im Klassenzimmer zu suchen haben und andere High-Tech-Ketzereien. Frankfurt: Fischer Taschenbuch Verlag.

Sturm, H. (1971). Fernsehen und Entwicklung der Intelligenz. Kritische Überlegungen zu medienspezifischen Sozialisationswirkungen. In: F. Ronneberger (Hrsg.). Sozialisation durch Massenkommunikation. Bd. IV. Stuttgart: Ferdinand Enke Verlag. 290-304.

Sturm, H. (1987). Medienwirkungen auf Wahrnehmung, Emotion, Kognition. Eine Grundlage für medienpädagogisches Handeln. In: L. J. Issing (Hrsg.). Medienpädagogik im Informationszeitalter. Weinheim: Deutscher Studien Verlag. 91-115.

Tergan, S.-O. (2002). Hypertext und Hypermedia. Konzeption, Lernmöglichkeiten, Lernprobleme und Perspektiven. In Ludwig J. Issing u. a. (Hrsg.). Information und Lernen mit Multimedia und Internet. Lehrbuch für Studium und Praxis. Weinheim: Beltz PVU. 3. Auflage. 99-112.

Weidenmann, B. (1988a). Der flüchtige Blick beim stehenden Bild. Zur oberflächlichen Verarbeitung von pädagogischen Illustrationen. In: Unterrichtswissenschaft. 16. 43-57.

Weidenmann, B. (1988b). Psychische Prozesse beim Verstehen von Bildern. Bern u. a.: Huber.

Weidenmann, B. (1991). Lernen mit Bildmedien. Psychologische und didaktische Grundlagen. Mit den Augen lernen. Bd. 1. Weinheim: Beltz Weiterbildung.

Weidenmann, B. (1993). Mit Bildern informieren. In: Pädagogik. Heft 5. 8-13.

Weidenmann, B. (2001). Lernen mit Medien. In: A. Krapp u. a. (Hrsg.). Pädagogische Psychologie. Ein Lehrbuch. 4. Auflage. Weinheim: Beltz PVU. 415-465.

Will, H. (1994). Overheadprojektor und Folien. Mit den Augen lernen. Bd. 4. Weinheim: Beltz Weiterbildung.

Will, H. (1997). Mini-Handbuch Vortrag und Präsentation. Weinheim u. a.: Beltz Weiterbildung.

Themenblock II:
Lernen

7 Die klassischen Lerntheorien
8 Wissenserwerb und Problemlösen
9 Lernstrategien und Arbeitstechniken
10 Intelligenz, Begabung und Kreativät
11 Leistungs- und Lernmotivation

7 Die klassischen Lerntheorien

Gislinde Bovet

Was haben Sie in der Schule gelernt? Rechnen, Schreiben, Lesen, Erdkunde, Englisch, Zuhören, Hochdeutsch, logisches Denken, selbstständiges Arbeiten, Abgucken, Schlafen mit offenen Augen, Angst vor Klassenarbeiten, Verhandeln, Solidarität, Sich-Wehren …?

Das Spektrum des in der Schule Lernbaren zeigt an, wie umfassend der Begriff des Lernens ist. Nicht nur Fakten werden gelernt, sondern auch motorische und geistige Fertigkeiten, Einstellungen, Gefühle, Sozialverhalten. Viele dieser Lernprozesse geschehen nicht mit Absicht, noch sind sie den Lernenden immer bewusst; Lernen kann ohne Intention und beiläufig geschehen. Das, was gelernt wird, muss auch nicht wertvoll und der eigenen Entwicklung oder der Gesellschaft dienlich sein. Man lernt auch neurotisches Verhalten. Dieses **weite Verständnis von Lernen** sollten Sie beim Lesen dieses Beitrags vor Augen haben.

Für die verschiedenen Dinge, die man lernt – also Fakten, Fertigkeiten, Einstellungen usw. –, gibt es **verschiedene Theorien**, die beschreiben, wie man sich das jeweilige Lernen prinzipiell vorstellt. Für das Lernen von Angst wird also eine andere Theorie herangezogen als für das Lernen von Sozialverhalten oder den Wissenserwerb. Das ergibt sich aus der Unterschiedlichkeit der Lernprozesse und der Perspektiven, die bei ihrer Beschreibung eingenommen werden.

Behandlung des Themas Lernen in zwei Beiträgen

Im vorliegenden Beitrag und im folgenden Beitrag 8 werden die wichtigsten Lerntheorien mit ihren jeweiligen Geltungsbereichen nacheinander vorgestellt.

- Der vorliegende Beitrag befasst sich mit **Konditionierungstheorien**. Das sind Theorien, die nur das Äußere, Sichtbare fokussieren und Lernen als Reaktionsveränderung verstehen, die durch vorausgehende oder folgende Reize zustande kommt. Aus den Konditionierungstheorien entstand die Theorie des **Beobachtungslernens**, die auch in diesem Beitrag vorgestellt wird.
- In dem folgenden Beitrag geht es dann um die **kognitiven Theorien**, die sich mit den inneren, im Kopf ablaufenden Prozessen beim Lernen befassen.

Die Aneinanderreihung der Theorien dient der Übersichtlichkeit und entspricht auch in etwa der Geschichte der Lernpsychologie. Sie trennt aber, was im realen Lerngeschehen zusammengehört. Man lernt ja – etwa im Unterricht – nicht Wissen getrennt von Affekten und sozialem Verhalten, sondern dieses Lernen geschieht oft gleichzeitig, bedingt sich auch gegenseitig. Das reale Lerngeschehen ist komplexer und vielschichtiger, als es mit einer Lerntheorie, die zwangsläufig reduziert, beschrieben werden kann. Entsprechend kann ein und dasselbe Lerngeschehen auch mit verschiedenen Theorien analysiert werden. Mit jeder Theorie wird aber eine andere Perspektive eingenommen, und es werden andere Facetten aus dem gesamten Lerngeschehen erfasst.

Klassisches Konditionieren 179

7.1 Klassisches Konditionieren

7.1.1 Das Paradigma des klassischen Konditionierens

Iwan Petrowitsch Pawlow (1849 –1936), russischer Physiologe, führte um 1900 Experimente mit Hunden durch, um deren Verdauungsvorgänge zu erkunden. Nach mehreren Experimenten beobachtete er, dass seine Hunde bereits Speichel absonderten, wenn sie die Vorbereitungen zu ihrer Fütterung nur wahrnahmen. Sie geiferten also schon beim Anblick ihres Futters und nicht erst, wenn sie es im Maul hatten. Auf die Untersuchung dieses vorzeitig auftretenden Speichelreflexes konzentrierte Pawlow seine weitere Forschungsarbeit.

Er wählte einen Glockenton als neutralen Reiz und vergewisserte sich zunächst, dass sein Versuchshund darauf nicht mit Geifern reagierte. Der Hund zeigte lediglich eine Orientierungsreaktion, ein Aufmerken. In einer folgenden Konditionierungsphase, die sich über mehrere Tage erstreckte, ließ Pawlow dann jedesmal einen Glockenton erklingen, bevor er seinem Hund Futter gab. Am Ende dieser Konditionierungsphase geiferte der Hund schon, wenn er nur den Glockenton hörte; er hatte gelernt, den Glockenton als Signal für das Futter zu erkennen. Diese konditionierte Geiferreaktion verschwand wieder, wenn Pawlow Glockenton und Futter dauerhaft entkoppelte, also dem Hund wiederholt den Glockenton ohne Futter darbot; sie hielt sich, wenn Pawlow nicht jedesmal, aber doch hin und wieder Futter auf den Glockenton folgen ließ.

Verallgemeinernd spielt sich beim klassischen Konditionieren Folgendes ab: Ein **unbedingter Reiz** (unconditioned stimulus, US, in Pawlows Experiment das Futter im Maul des Hundes) ruft natürlicherweise, also ohne dass der Organismus das erst lernen muss, einen Reflex, eine **unbedingte Reaktion** (unconditioned reaction, UR, die Speichelabsonderung) hervor. Ein **neutraler Reiz** (NS, der Glockenton) wird nun mehrfach mit dem unbedingten Reiz gekoppelt. Das führt dazu, dass auch der neutrale Reiz die Reaktion auslöst, die bis dahin nur auf den unbedingten Reiz hin erfolgte. Aus dem neutralen Reiz (Glockenton) wird so ein **bedingter Reiz** (conditioned stimulus, CS). Die auf ihn folgende Reaktion (die Speichelabsonderung) ist keine angeborene mehr, sondern eine erlernte, eine **bedingte Reaktion** (conditioned reaction, CR). Diese wird gelöscht, wenn der konditionierte Reiz wiederholt ohne den unkonditionierten auftritt; sie stabilisiert sich, wenn der unkonditionierte Reiz nur hin und wieder auf den konditionierten folgt.

US	$\longrightarrow$	UR
US + NS	$\longrightarrow$	UR
(NS) CS	$\longrightarrow$	CR

7.1.2 Emotional-motivationale Konditionierung bei Menschen

Pawlows Befunde vom bedingten Speichelreflex gelten im Prinzip auch für den Menschen – bekanntlich läuft vielen ja schon das Wasser im Mund zusammen, wenn sie sich im hungrigen Zustand ein gutes Essen nur vorstellen. Aber das klassische Konditionieren hätte für das Verstehen menschlichen Erlebens und Verhaltens nur marginale Bedeutung, beschränkte es sich auf das Bedingen von Reflexen. Das tut es aber nicht. Auch emotionale und motivationale Reaktionen werden nach dem Muster des klassischen Konditionierens erlernt.

Grundlegendes Experiment von Watson
Das grundlegende Experiment dazu – ein berüchtigtes, das auf eine Art Kindesmisshandlung hinauslief – lieferte 1920 der amerikanische Psychologe Watson (1878 – 1958). Seine Versuchsperson war ein knapp einjähriger Bub namens Albert. Albert reagierte zunächst furchtlos und interessiert auf eine weiße Ratte, die Watson ihm präsentierte (NS). Dagegen erschrak er und weinte (UR), wenn Watson plötzlich mit einem Hammer auf ein Stahlrohr eindrosch (US). Watson koppelte nun wiederholt Ratte und Krach, und wie erwartet geriet Albert schließlich schon beim Anblick der Ratte in Panik (CR). Er generalisierte diese Reaktion auf andere fellartige Objekte, sogar auf Pelzmäntel. Leider kam Watson nicht mehr dazu, Alberts Furchtreaktion zu löschen. Mit einer einfachen Entkoppelung von Ratte und Krach wäre das vermutlich auch nicht zu leisten gewesen, denn bedingte Furchtreaktionen sind sehr löschungsresistent.

1924 fand eine Fortsetzung von Watsons Experiment durch Jones statt. Jones versuchte einen kleinen Jungen namens Peter von einer bedingten Kaninchenfurcht zu kurieren. Das gelang ihr schließlich durch eine so genannte **Gegenkonditionierung**: Sie gab Peter jedesmal etwas Leckeres zu essen, wenn sie mit ihm arbeitete. Während Peter entspannt aß, führte sie das Kaninchen langsam an ihn heran, aber nur so weit, wie Peter es angstfrei ertragen konnte. Das wiederholte sie mehrfach, wobei immer größere Annäherungen möglich wurden. Schließlich konnte es Peter sogar zulassen, dass das Kaninchen an seinen Fingern knabberte. In seiner ausgefeilten Form nennt man dieses Vorgehen **systematische Desensibilisierung**. Das Prinzip besteht darin, dass eine Reaktion herbeigeführt wird, die mit der konditionierten inkompatibel ist, und zugleich eine allmähliche Annäherung an den angstauslösenden Reiz stattfindet.

Mit dem klassischen Konditionieren lassen sich viele **Gefühle** erklären, Ängste, Aversionen, Vorlieben beispielsweise, aber auch Hunger- und Durstgefühle, sexuelle Gefühle, die in bestimmten Situationen auftreten. Oft wird das klassische Konditionieren auch für **therapeutische Zwecke** eingesetzt, beispielsweise zum Erwerb von Aversionen gegen Nikotin, Alkohol oder andere Drogen, oder zum Verlernen von Furcht und Aversionen gegenüber Objekten und Situationen, die ungefährlich sind.

 Anders als noch zu Pawlows und Watsons Zeit geht man heute jedoch nicht mehr davon aus, dass durch klassisches Konditionieren jeder beliebige neutrale Reiz zu einem bedingten werden kann.

Man weiß inzwischen, dass das Individuum bewusst oder unbewusst mitbestimmt, ob eine Konditionierung zustande kommt und welcher neutrale Reiz aus der gesamten Versuchssituation schließlich zum bedingten wird. Dabei kommen

Klassisches Konditionieren　181

auch stammesgeschichtliche und individuelle Erfahrungen ins Spiel. Es ist einfacher, einem Menschen Furcht vor Ratten oder Kaninchen anzutrainieren als beispielsweise vor Tischtüchern.

Zu den unbedingten Reizen, die bei Menschen natürlicherweise Angst auslösen, gehören überstimulierende Sinnesreize wie plötzliche laute Geräusche, aber auch der weitgehende oder völlige Entzug von Sinnesreizen; Reize, die unvereinbare motivationale Tendenzen hervorrufen, beispielsweise zugleich Annäherungs- und Vermeidungswünsche; Reize, die Schmerzen verursachen; phylogenetisch festgelegte Angstreize wie Schlangen oder Tiefe; Bestrafung und Bedrohung, Bloßstellung durch andere. Im Umfeld solcher Reize ist mit Angstkonditionierungen zu rechnen.

7.1.3　Klassische Konditionierungen in der Schule

Mit dem klassischen Konditionieren lässt sich das Lernen in der Schule nicht optimieren, aber man kann damit viele **motivationale und affektive Reaktionen erklären**, die im Schulalltag vorkommen.

Zwei Beispiele.

- Manche Kinder tun sich schwer, wenn im Mathematikunterricht Sachverhalte in Formeln dargestellt werden. Sie sind noch nicht so weit, dass sie die damit einhergehende Abstraktion verstehen. Wenn sie deswegen bloßgestellt oder bestraft werden, reagieren sie mit Angst. Später befällt sie schon bei der Ankündigung von Mathematikarbeiten Panik, oder ihr Denkvermögen ist generell – also auch in Fächern wie Chemie, Physik – blockiert, sobald sie Formeln sehen.
- Eine Referendarin berichtet, dass ihr beim Betreten des Schulgebäudes oft etwas übel wird durch den Geruch, der ihr entgegenschlägt; sie bezeichnet ihn als schultypischen Butterbrot- und Schweißgeruch. Nach ihren eigenen Erfahrungen als Schülerin befragt, beschreibt sie diese als angstbesetzt. Sie hat sich als Schülerin in der Schule oft unwohl gefühlt, Angst vor Leistungsversagen und sozialer Isolation gehabt. Sie wollte auch nicht Lehrerin werden, entschied sich dann aber doch aus Mangel an anderen Möglichkeiten dafür. Nach einem Jahr erneut befragt berichtet sie, dass sie sich inzwischen im „Dunstkreis der Schule" wohl fühlt und den Mief überhaupt nicht mehr bemerkt. Das Unterrichten gelingt ihr gut, und sie hat im Kollegium gute Freundinnen und Freunde gefunden.

Das zweite Beispiel zeigt, dass Angstkonditionierungen auch auf vegetative Funktionen Einfluss haben. Physiologische Prozesse, die Angsterleben mitbestimmen (Herzklopfen, Magenkontraktionen, Schwitzen) werden mitkonditioniert. Solche bedingten physiologischen Reaktionen sind oft löschungsresistent. Sie können auch dann noch auftreten, wenn die damit verbundene Angst als unangemessen erkannt wurde, und rufen diese dann doch wieder hervor. Sie können auch psychosomatische Beschwerden verursachen, deren Angstgrundlage man nicht mehr erkennt, weil man sie längst überwunden glaubt.

7.2 Operantes Konditionieren

7.2.1 Das Paradigma des operanten Konditionierens

Etwa zeitgleich mit Pawlow führte Thorndike (1874–1949) Lernexperimente mit Katzen durch. Er sperrte eine hungrige Katze in einen Käfig und stellte außerhalb des Käfigs Futter auf. Die Katze versuchte aus dem Käfig zu entkommen, indem sie sich an die Gitterstäbe drängte, festkrallte, kratzte, biss usw. Durch Zufall krallte sie sich irgendwann an eine Drahtschlaufe, mit der im Käfiginnern eine Klapptür verriegelt war. Dadurch öffnete sich die Klapptür, die Katze konnte entweichen und kam an das Futter. Wenn sie in der folgenden Zeit wieder in den Käfig gesperrt wurde, zog sie immer gezielter an der Drahtschlaufe. Sie hatte gelernt, sich damit zu befreien. Das erfolglose Verhalten, das sie noch beim ersten Versuch gezeigt hatte, verschwand allmählich. Ausgehend von diesen Beobachtungen formulierte Thorndike sein Gesetz des Effekts: Verhalten, das mit Erfolg verbunden wird, tritt häufiger auf; Verhalten, das nicht mit Erfolg verbunden wird, wird allmählich eliminiert.

Skinner (1904–1990) experimentierte in ähnlicher Weise mit Tauben und Ratten, jedoch variantenreicher und raffinierter als Thorndike. Er belohnte beispielsweise Tauben systematisch mit Futter, wenn sie kleinste Schritte in eine gewünschte Richtung machten, und dressierte sie so, dass sie komplizierte Bewegungen ausführten, die wie Tänzchen aussahen. Skinner wird heute als Hauptvertreter des operanten Konditionierens angesehen; er gab dieser Lernart auch ihren Namen. Mit „operant" meinte er, dass – anders als beim klassischen Konditionieren – nicht ein Reiz eine bereits verfügbare Reaktion hervorruft, sondern dass neue Reaktionen oder „Operatoren" entwickelt und stabilisiert werden, wenn die folgenden Reizbedingungen sie verstärken.

Das Paradigma des operanten oder auch instrumentellen Konditionierens umfasst vier Prinzipien: die **positive** und die **negative Verstärkung**, die **Löschung durch Ignorieren** und die **Löschung durch Bestrafung**. Verstärkung erhöht die Auftretenswahrscheinlichkeit eines Verhaltens.

 Von einer positiven Verstärkung spricht man, wenn die Verstärkung dadurch zustande kommt, dass dem Verhalten eine Belohnung folgt; von einer negativen, wenn die Verstärkung sich dadurch ergibt, dass etwas Unangenehmes wegfällt.

Die Grenze zwischen positiver und negativer Verstärkung ist fließend; es gibt Fälle, in denen sich nicht eindeutig sagen lässt, ob eine Verstärkung positiv oder negativ ist. Löschung mindert die Auftretenswahrscheinlichkeit eines Verhaltens. Löschung durch Ignorieren findet statt, wenn ein Verhalten abnimmt, weil es nicht die erwarteten angenehmen Folgen nach sich zieht; Löschung durch Bestrafung, wenn es abnimmt, weil es unangenehme Folgen hat. Die Grenze zwischen Ignorierung und Bestrafung ist ebenfalls fließend.

7.2.2 Operantes Konditionieren bei Menschen

Die vier Prinzipien operanten Konditionierens gelten auch für menschliches Verhalten:

- **Positive Verstärkung:** Ein sonst stiller Schüler wird für seine gute Mitarbeit im Deutschunterricht gelobt. In der folgenden Deutschstunde beteiligt er sich noch reger.
- **Negative Verstärkung:** Ein Lehrer hat heftige Kopfschmerzen. Er nimmt eine Tablette; die Schmerzen lassen daraufhin schnell nach. Als sich später erneut Kopfschmerzen ankündigen, greift er vorbeugend zu Tabletten.
- **Löschung durch Ignorieren:** Eine Schülerin sucht Anschluss und gesellt sich deshalb auf dem Pausenhof zu einer Clique von anderen Mädchen. Die beachten sie aber überhaupt nicht; sie überhören, was sie sagt, und schauen sie auch nicht an. Die Schülerin fühlt sich sehr verletzt und nimmt sich vor, so etwas nie wieder zu versuchen.
- **Löschung durch Bestrafung:** Ein Schüler kommentiert während des Unterrichts mehrfach halblaut, was die Lehrerin sagt, und bringt seine Nachbarn zum Lachen. Die Lehrerin fühlt sich durch das Verhalten des Jungen erheblich gestört. Nach zwei vergeblichen Ermahnungen setzt sie den Störenfried nach vorne. Der stellt daraufhin seine Kommentare ein.

Die Beispiele könnten natürlich auch anders ausgehen: Dem stillen Schüler könnte das Lob des Deutschlehrers peinlich sein, er könnte daraufhin wieder verstummen. Der von Kopfschmerzen geplagte Lehrer könnte vorsichtig sein und einen Spaziergang machen, statt erneut Tabletten zu nehmen. Die isolierte Schülerin könnte sich dickfellig zeigen und beharrlich weiter versuchen, Anschluss an die Clique zu finden; der störende Schüler könnte sich durch das Lachen seiner Mitschüler so beflügelt fühlen, dass er mit den Bemerkungen fortfährt.

Die operanten Lernprinzipien ermöglichen also **keine sicheren Vorhersagen**, ob Verstärkungen oder Löschungen wie geplant eintreten werden. Das hat im Wesentlichen zwei Gründe. Zum einen muss man wie beim klassischen Konditionieren einkalkulieren, dass Menschen selbst mitbestimmen, wie die Konditionierungen verlaufen. Es hängt von ihren individuellen Erfahrungen und Sichtweisen ab, wie sie den Zusammenhang zwischen Verhalten und Folgen interpretieren, auf welchen Verhaltensaspekt sie beispielsweise die Folgen beziehen und ob ein Reiz für sie tatsächlich Verstärker- oder Löschqualitäten hat. Zum anderen kann man im wirklichen Leben die Folgen eines Verhaltens weit weniger kontrollieren als im Experiment. Eine Verstärkung oder Löschung, die im abgeschotteten Einzelversuch durchaus funktionieren würde, kann im wirklichen Leben durch unkontrollierbare gegenläufige Einflüsse – beispielsweise durch Verstärkungen von Seiten der Mitschüler oder Eltern – scheitern.

7.2.3 Regeln der Verhaltensmodifikation für die Schule

Obwohl diese prognostische Unsicherheit besteht, hat das operante Konditionieren häufigere Anwendung in allen Bereichen der **Menschenführung** gefunden als jeder andere psychologische Ansatz. Es wurden auch viele Untersuchungen durchgeführt, um die verschiedenen Bedingungen des Verstärkens und Löschens in spezifischen Situationen genauer zu erfassen und um die Kontrolle über Verstärkung und Löschung besser in den Griff zu bekommen.

Die systematische Anwendung der operanten Prinzipien für pädagogische Belange nennt man **Verhaltensmodifikation**.

**Regeln der Verhaltensmodifikation,
die für das Erziehen und Unterrichten in der Schule von Bedeutung sind:**

- Wenn man auf das Verhalten von Schülerinnen und Schülern mittels systematischer operanter Konditionierung Einfluss nehmen will, sollte man zunächst festhalten, welches unerwünschte Verhalten man beseitigen möchte, in welchen Situationen und wie oft dieses Verhalten auftritt und durch welche Folgen es verstärkt wird.

- Das erwünschte Verhalten, das die Schülerinnen und Schüler lernen sollen, sollte man so konkret wie möglich festlegen. Nur dann lässt sich nämlich prüfen, ob man mittels Verstärkungen und Löschungen seinem Ziel näher kommt. Man sollte sich also nicht zum Ziel setzen: „Ich möchte, dass die Klasse mehr Interesse zeigt", sondern: „Ich möchte, dass jeder Schüler und jede Schülerin mindestens einmal pro Stunde etwas sagt."

- Bei den Überlegungen, welche Verstärker man am besten einsetzt, sind die Vorlieben der Schülerinnen und Schüler zu berücksichtigen. Positive Verstärker sind negativen vorzuziehen.

- Das unerwünschte Verhalten kann man manchmal durch Ignorieren löschen. Wenn Ignorieren aber keine Wirkung zeigt, weil das Verhalten per se verstärkend wirkt oder durch andere verstärkt wird, muss man es konsequent bestrafen.

- Parallel zur Löschung des unerwünschten Verhaltens muss der Aufbau des erwünschten stattfinden. Man muss den Schülerinnen und Schülern also deutlich sagen, welches Verhalten man an Stelle des bestraften von ihnen erwartet, und muss das erwünschte Verhalten systematisch verstärken, anfangs auch Ansätze, die in Richtung auf das erwünschte Verhalten gehen.

- Unerwünschtes Verhalten und Bestrafungen lassen sich oft umgehen, indem man deutliche Hinweise – so genannte diskriminative Reize – einsetzt, mit denen man signalisiert, dass jetzt das unerwünschte Verhalten zu unterlassen ist und das erwünschte folgen soll. Das können einfache Gesten oder kurze Ermahnungen sein.

- Anfangs, wenn das erwünschte Verhalten noch ausgeformt werden muss, sollte man viel und zuverlässig verstärken; später, wenn die Schülerinnen und Schüler das erwünschte Verhalten weitgehend beherrschen, ist es günstiger, wenn man nur hin und wieder und in unregelmäßigen Abständen verstärkt, denn unregelmäßige Verstärkungen stabilisieren ein Verhalten und machen es besonders löschungsresistent.

- Ebenfalls sollte man einkalkulieren, dass die kurzfristigen Folgen eines Verhaltens oft wirksamer sind als die langfristigen. Das gilt auch, wenn gedanklich eine Verbindung zwischen Verhalten und langfristiger Folge hergestellt werden kann.

- Man sollte auch einkalkulieren, dass Ignorieren zunächst zu einer Häufung und Intensivierung, dann erst zu einer Reduktion des unerwünschten Verhaltens führt.

Operantes Konditionieren 185

Die **Verhaltensmodifikation** hat gegenüber anderen psychologischen Methoden – etwa dem psychoanalytischen Vorgehen – mehrere **Vorzüge**. Sie richtet ihr Augenmerk nicht auf tiefer liegende und weit zurück reichende Verhaltensursachen, sondern auf aktuelle, äußere, die ein Verhalten stützen. Das bedeutet, dass sie weniger spekuliert und sich mehr auf änderbare Bedingungen konzentriert. Ein weiterer Vorzug ist, dass die Verhaltensmodifikation beobachtbare Verhaltensänderungen fordert, und die tragen zur Lösung eines Problems oft mehr bei als Einsichten darüber, wo in der frühen Kindheit das Fehlverhalten seine ursprünglichen Wurzeln hat. Und schließlich kann man die Verhaltensmodifikation vielseitig anwenden, bei sich selbst, bei anderen und mit anderen. Schülerinnen und Schüler können eingeweiht und einbezogen werden, wenn man eine Verhaltensmodifikation mit ihnen durchführen will. Man kann sie informieren über das, was abgestellt und stattdessen erreicht werden soll, kann mit ihnen geeignete Verstärker und Hinweisreize festlegen, Absprachen treffen, wann diese erfolgen sollen usw. Das gemeinsame Vorgehen ist nicht nur demokratischer, sondern auch effektiver, weil es den Freiheitsspielraum berücksichtigt, den Menschen gerne behalten, wenn es um die Steuerung ihres Verhaltens geht.

7.2.4 Loben, Strafen und Ermahnen

Da in der Schule vorzugsweise mit Lob als positivem Verstärker und mit Strafen und Ermahnungen als Verhaltenslöschern gearbeitet wird, sollen noch einige Untersuchungsbefunde und Regeln dazu wiedergegeben werden:

Eine wiederholt gemachte Feststellung ist, dass in der Schule weniger gelobt wird, als Lehrerinnen und Lehrer selbst vermuten, und dafür mehr ermahnt. Dabei sind die meisten Lehrerinnen und Lehrer vom Wert des Lobens überzeugt und haben Zweifel, was die Wirksamkeit des Mahnens und Strafens betrifft.

Lob wirkt sich verstärkend auf das Schülerverhalten aus, wenn es **kontingent**, **spezifisch**, **glaubwürdig** und **angemessen** ist. Kontingent heißt, dass es in einem Zusammenhang mit dem Verhalten steht, das verstärkt werden soll. Ein Lob sollte also möglichst bald auf das zu verstärkende Verhalten folgen und nicht erst Wochen später. Spezifisch heißt, dass deutlich werden soll, auf welches Verhalten oder welchen Verhaltensaspekt sich das Lob bezieht. „Gut gemacht!" als Kommentar unter einem Aufsatz lässt beispielsweise im Unklaren, was gut ist – der Stil, die Gliederung, die Argumentation? Glaubwürdig ist ein Lob, wenn es eine ernst gemeinte Anerkennung zum Ausdruck bringt und nicht nur als manipulative Technik eingesetzt wird. Angemessen meint, dass das Lob zur erbrachten Leistung im richtigen Verhältnis stehen muss. Ein überschwängliches Lob, das auf eine mäßige Leistung folgt, signalisiert, dass man von den Fähigkeiten der gelobten Person nicht viel hält.

Entsprechend muss **Strafe**, wenn sie unerwünschtes Verhalten unterdrücken soll, kontingent, spezifisch, glaubwürdig und angemessen sein. Zur Angemessenheit ist anzumerken, dass viele intendierte Strafen deshalb nicht wirken, weil sie zu schwach sind.

Je intensiver oder härter ein Strafreiz ist, desto wirksamer ist die Verhaltensunterdrückung (Befunde dazu s. Spada 1990, 345 f.).

Strafen haben wenig Wirkung, wenn dem Verhalten gelegentlich positive Verstärkungen folgen – was in der Schule leider oft vorkommt. Die Verstärkung kann beispielsweise durch die Klasse erfolgen, die einen Übeltäter wegen seines Muts bewundert, aber auch durch einen selbst, weil man nicht immer aufmerksam und konsequent sein kann. Am wirkungsvollsten für die Verhaltensänderung ist es, wenn man ein unerwünschtes Verhalten hart straft und zugleich ein erwünschtes Alternativverhalten aufbaut, das man so positiv verstärkt wie zuvor das unerwünschte Verhalten.

Die Forderung nach harten Strafen zeigt, dass lernpsychologische und pädagogische Erfordernisse nicht immer im Einklang stehen. Aus pädagogischer Sicht ist gegen harte Strafen einzuwenden, dass sie die Beziehungen belasten und bei den Bestraften emotionale und motivationale Reaktionen hervorrufen, die störender als das bestrafte Verhalten sein können.

Lehrerinnen und Lehrer umgehen Strafen oder schieben sie auf, indem sie **Ermahnungen** (auch Tadel, Warnungen, kritisch-ironische Bemerkungen usw.) an ihre Schülerinnen und Schüler richten.

Ermahnungen sind Hinweisreize, die kommende Strafen signalisieren. Sie wirken in der Regel verhaltensändernd, zumindest kurzfristig.

Deshalb wird von ihnen auch so viel Gebrauch gemacht. Lernpsychologisch formuliert: Das Ermahnen wird durch den vorübergehenden Wegfall der Störung und den Aufschub des Strafens negativ verstärkt.

Ermahnungen können das **Störverhalten in den Mittelpunkt stellen**: „Schmier nicht so!", „Wie oft muss ich dir noch sagen, du sollst nicht in die Klasse rufen?", „Auf, auf, ihr seid nicht zum Schlafen hier!", „Hört endlich auf zu schwätzen!" So formuliert führen sie **selten zum gewünschten Erfolg**. Um das zu verstehen, muss man die durch sie ausgelösten Vorgänge im Detail betrachten. Da ist zunächst der Lehrer, der sich auf das Störverhalten konzentriert, indem er es laut beschreibt und abwertet. Das intensiviert sein Gefühl, mit Recht verärgert zu sein. Die Schülerinnen und Schüler hören seine Botschaft, und ihre Vorstellungen und Gedanken kreisen nun auch um das Störverhalten. Zusätzlich müssen sie die Kränkung verdauen, die in der Ermahnung enthalten ist. Das alles verdirbt die Stimmung und provoziert – nach vorübergehender Einschüchterung – **Oppositions- und Rechtfertigungsreaktionen**, welche dem Lehrer neuen Ärger bereiten. Der genervte Lehrer nervt die Klasse im Gegenzug und verursacht damit ungewollt neue Störungen.

Ermahnungen können auch das **gewünschte Ziel hervorheben** „Schreib so sauber wie hier!", „Melde dich. Dann kommst du dran.", „Beteiligt euch. Sagt, was euch durch den Kopf geht.", „Seid jetzt still und hört zu." Derlei Ermahnungen stellen die Schülerinnen und Schüler auf das ein, was zu tun ist, und sie werten nicht ab. Dadurch wird es **leichter zu folgen**. Prinzipiell ist „Lass das" also weniger effektiv als „Mach jetzt", wobei natürlich auch der Ton die Musik macht und jede Aussage vor dem Hintergrund der Beziehung interpretiert wird, die zwischen Sender und Adressaten besteht. Aber man sollte die Macht der Worte nicht unterschätzen!

Weiteres Beispiel
Eine Schülerin, die sehr leise spricht, kann mit „Nicht so leise!" ermahnt werden oder indem man zurückflüstert. Beides führt ihr vor Augen, wie unpassend sie sich verhält. „Lauter bitte!" ist schon besser, verweist durch die Steigerungsform aber noch recht deutlich auf die Schwäche. Geschickt ist eine Formulierung, die nur das gewünschte Verhalten herausfordert: „Sprich jetzt ganz laut". In jedem Fall gilt: Wenn die Schülerin der Ermahnung folgt und ihre Stimme genügend hebt, sollte die Lehrerin sie durch ein Nicken oder Lächeln positiv verstärken.

Bei Unterrichtsstörungen reagieren Lehrer und Lehrerinnen eher impulsiv als durchdacht, weil Zeit- und Handlungsdruck und aufwallende Emotionen ihnen das Nachdenken erschweren. Sie greifen dann gerne – wie alle Menschen in Stresssituationen – auf alte Gewohnheiten zurück, oft auf solche, die sie selbst schon als Schülerin oder Schüler erlebt haben.

 Deshalb ist es wichtig, dass junge Lehrerinnen und Lehrer frühzeitig und bis zur Gewohnheitsbildung lernen, Ermahnungen, Lob und Strafen möglichst effektiv einzusetzen. Dann sind sie auch für Stresssituationen gerüstet.

7.3 Beispiele für komplexe Konditionierungsprozesse

7.3.1 Vermeidungsverhalten
Vor etlichen Jahren passierte mir folgender Unfall: Ich brachte mein Auto an einer Ampel zum Stehen. Während ich bremste, sah ich im Rückspiegel einen Lastwagen von hinten auf mich zurasen und wusste, dass das nicht gut gehen würde. Ein oder zwei Sekunden später fuhr der Lastwagen auf mich auf und schob mich auf das vor mir stehende Auto. Ich wurde dabei leicht verletzt. Seither gerate ich in ängstliche Unruhe, wenn ein Lastwagen dicht hinter mir fährt. Wenn ich nicht nach vorne ausweichen kann, schere ich rechts aus, halte an und lasse den Lastwagen vorbeifahren. Das ist lästig, aber erträglicher als die Angst, die mich nicht mehr klar denken lässt, wenn ich dicht vor dem Lastwagen ausharren muss.

Was liegt hier lerntheoretisch gesehen vor? Zunächst eine klassisch konditionierte Angst vor Lastwagen, die von hinten kommen. Um die drohende Gefahr zu vermeiden, weiche ich dem aversiven Reiz aus. Das Vermeidungsverhalten ist erfolgreich, es beseitigt die Angst. Es wird also negativ verstärkt, und deshalb verhalte ich mich in ähnlichen Situationen wieder so. Die Crux ist nur, dass ich auf diese Weise zwar der Gefahr und der Angst entgehe, aber nie lernen werde, gelassen und ruhig zu bleiben, wenn sich ein Lkw von hinten nähert.

In ähnlicher Weise können **Ausweichmanöver in der Schule** bedingt sein. Ein Schüler kann beispielsweise infolge klassischer Konditionierung Angst vor Leistungsüberprüfungen in Mathematik haben. Um denen zu entgehen, wird ihm mit schöner Regelmäßigkeit vor Klassenarbeiten schlecht. Solche somatischen Ausweichmanöver sind nahe liegend, weil Angst ja meistens mit physiologischen Reaktionen einhergeht, die Unwohlsein, Unruhe hervorrufen. Diese Reaktionen werden dann aber nicht als Angst wahrgenommen, sondern als Anzeichen einer realen, rein somatischen Erkrankung. Wenn der Schüler dann zu Hause gehalten oder aus der Schule heimgeschickt wird, wird das Kranksein als Vermeidungsverhalten verstärkt. Das Problem ist auch hier, dass der Schüler so nicht lernen kann, sich in Prüfungen zu bewähren.

Auch **Verdrängungen** können so erklärt werden: Es sind gedankliche Ausweichmanöver, die dazu dienen, peinliche und angstbesetzte Erinnerungen zu vermeiden.

7.3.2 Hilflosigkeit

In einem Experiment von Hiroto und Seligman (1975, dargestellt in West/Wicklund 1985) wurden Studenten und Studentinnen fünfundvierzigmal hintereinander einem lauten, unangenehmen Lärm ausgesetzt. Zuvor hatte man ihnen gesagt, dass sie den Lärm durch ein bestimmtes Verhalten beenden könnten. Einige (Gruppe 1) fanden bald heraus, dass sie dafür viermal auf einen Knopf drücken mussten. Andere (Gruppe 2) wurden ebenso instruiert, fanden auch einen Knopf an ihrem Tisch vor, mussten aber feststellen, dass sich damit wider Erwarten der Lärm nicht abstellen ließ. Wiederum anderen (Gruppe 3) wurde von vornherein gesagt, dass keine Möglichkeit bestünde, den Lärm abzustellen. Nachdem alle die erste Phase des Experiments überstanden hatten, sollten sie zwanzig Anagramme (ERLCK = Clerk) möglichst schnell lösen. Gruppe 1 brauchte für jedes Wort im Schnitt zwanzig Sekunden, Gruppe 3 fünfundzwanzig Sekunden, Gruppe 2 über vierzig Sekunden. Für Gruppe 2 gilt: Die Entdeckung, dass der aversive Reiz – der Lärm – wider Erwarten nicht kontrolliert werden konnte, beeinträchtigte die nachfolgende kognitive Leistung. Es kam zu einer Generalisierung der zuvor erlebten Hilflosigkeit.

Ähnlich wie den Studentinnen und Studenten der Gruppe 2 ergeht es Schülerinnen und Schülern, die sich bemühen und anstrengen, aber dennoch schlechte Leistungen bringen. Ihr Bemühen bewirkt wider Erwarten nichts, und sie sind Strafen ausgesetzt, die zu dem vorausgegangenen Verhalten in keiner Beziehung stehen. Daraus kann sich ein generelles und grundlegendes Gefühl von Hilflosigkeit in Leistungssituationen entwickeln, das auch dann auftritt, wenn ihnen durchaus bewältigbare Aufgaben gestellt werden.

7.3.3 Drogensucht

Zimbardo (1999) beschreibt, wie das Verhalten Drogenabhängiger konditionierungstheoretisch zu erklären ist:

Beispiele für komplexe Konditionierungsprozesse   189

■ Am Anfang ruft die Droge Entspannung, Euphorie, Aufregung hervor und führt zu Anerkennung in der Gruppe der User. Diese Folgen verstärken den Drogengebrauch positiv.

■ Nach einiger Zeit gewöhnt man sich an die Droge. Sie abzusetzen wird unangenehm. Es treten schmerzhafte Entzugserscheinungen auf, die Strafreizen vergleichbar sind. Ihnen entgeht man, wenn man die Droge weiter nimmt. Der weitere Gebrauch wird also negativ verstärkt.

■ Nach längerem Gebrauch entwickelt man eine Toleranz gegen die Droge; man benötigt größere Mengen, um eine Wirkung zu verspüren. Das liegt an einer nachlassenden Sensitivität der Rezeptoren im Gehirn und an einer klassisch konditionierten Abwehrreaktion, mit der der Körper sich gegen das Gift schützt. Diese Abwehrreaktion tritt bereits ein, wenn die Einnahme der Droge erwartet wird – so, wie Pawlows Hunde bereits geiferten, wenn sie die Klingel hörten. Sie wird ausgelöst durch den Kontext, in dem die Drogeneinnahme gewöhnlich stattfindet, beispielsweise durch ein bestimmtes Vorbereitungsritual oder einen bestimmten Raum. Deshalb kann in einem ungewohnten Kontext dieselbe Dosis, die man sonst erträgt, leicht zu einer tödlichen Überdosis werden. In dem anderen Umfeld tritt die schützende Abwehrreaktion nicht auf.

7.4 Beobachtungslernen

7.4.1 Ein grundlegendes Experiment

In den fünfziger Jahren kamen Zweifel auf, ob mit den Konditionierungsparadigmen das Wesentliche menschlicher Lernprozesse erfasst würde. Da sie auf Tierexperimenten basierten, würden kognitive und Selbststeuerungsprozesse zu wenig berücksichtigt, Dressuren dafür überschätzt. Vor diesem Hintergrund entwarf der amerikanische Psychologe Bandura eine Theorie des Beobachtungslernens.

Eines seiner bekanntesten Experimente wurde im Einzelversuch mit dreiunddreißig Mädchen und dreiundreißig Jungen durchgeführt (Bandura 1965). Die Kinder waren zwischen dreieinhalb und sechs Jahre alt. Eine Mitarbeiterin bereitete sie darauf vor, dass sie gleich in einem „Überraschungsspielzimmer" spielen dürften; sie müssten sich aber noch einen Moment gedulden und sollten erst einmal ein bisschen fernsehen. Den Kindern wurde ein 5-minütiger Film vorgeführt, in dem ein erwachsener Mann – in Banduras Terminologie das Modell – eine lebensgroße Plastikpuppe namens Bobo aufforderte, ihm aus dem Weg zu gehen, und sie dann malträtierte. Genauer: Das Modell führte vier verschiedene Aggressionen an Bobo durch; jede bestand aus einer derben körperlichen Attacke, die verbal untermalt wurde. Die erste Aggression beispielsweise bestand darin, dass das Modell Bobo umlegte, wiederholt auf die Nase boxte und dazu sich selbst anfeuerte mit „Pow, right in the nose, … boom, boom, boom". Das Ende des Films wurde in drei verschiedenen Versionen gezeigt. Ein Drittel der Kinder (Gruppe 1) sah, wie ein erwachsener Mann zu dem Modell hinzutrat, es als tollen Kerl bezeichnete und mit Limonade, Kraftnahrung und Süßigkeiten belohnte. Ein weiteres Drittel (Gruppe 2) sah, wie ein Mann hinzutrat, das Modell schalt und ihm Strafen androhte, es schließlich zum Stolpern brachte und mit einer Zeitung nach ihm schlug. Für ein weiteres Drittel der Kinder (Gruppe 3) endete der Film, ohne dass jemand hinzutrat; die Aggressionen des Modells blieben folgenlos. Unmittelbar im Anschluss an die Filmvorführung ließ man die Kinder – weiterhin im Einzelversuch – im Überraschungsspielzimmer spielen. Darin gab es verschiedenes Spielzeug, darunter die Plastikpuppe Bobo aus dem Film.

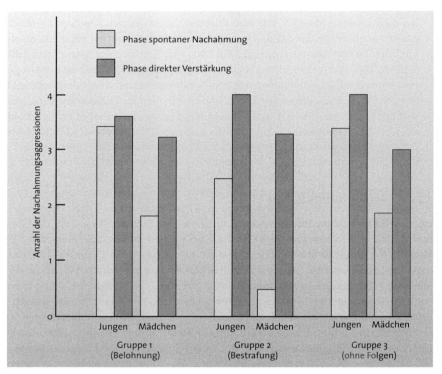

Bild 7.1: Durchschnittliche Zahl nachgeahmter Aggressionen (übersetzt aus Bandura 1965, 592)

Durch einen Einwegspiegel wurde nun beobachtet, ob und wie viele Aggressionen des Modells die Kinder beim Spiel nachahmten (Phase spontaner Nachahmung). Nach zehn Minuten trat Banduras Mitarbeiterin in das Spielzimmer und forderte die Kinder ausdrücklich auf, möglichst viele von den Verhaltensweisen des Modells nachzumachen. Dafür stellte sie ihnen als Belohnung Limonade, Süßigkeiten und Sticker in Aussicht (Phase der direkten Verstärkung). Wieder wurde das Verhalten der Kinder beobachtet. Bild 7.1 gibt wieder, wie viele Nachahmungsaggressionen die Kinder der einzelnen Gruppen in den beiden Phasen durchschnittlich zeigten.

Beispiele für komplexe Konditionierungsprozesse

Die Kinder der Gruppen 1 und 3 zeigen in der spontanen Nachahmungsphase annähernd gleich viele Nachahmungsaggressionen, die Kinder der Gruppe 2 weniger. Offensichtlich reizte das aggressive Modellverhalten die Kinder zum Nachahmen, auch wenn es nicht belohnt wurde; nur wenn es ausdrücklich bestraft wurde, hielten sie sich zurück. In der Phase der direkten Verstärkung treten in allen Gruppen deutlich mehr Nachahmungsaggressionen auf als zuvor in der Phase der spontanen Nachahmung; der Zuwachs ist besonders groß in der Gruppe 2, die sich zuvor ja zurückgehalten hatte. Mädchen zeigen unter allen Bedingungen weniger Nachahmungsaggressionen als die Jungen.

Die Ergebnisse lassen sich nur teilweise mit dem operanten Konditionieren erklären. Für die Reaktionen in der spontanen Nachahmungsphase muss man zur Hilfskonstruktion einer **stellvertretenden Konditionierung** greifen, also zu einer Konditionierung, die am Modell vorgenommen wird, aber auch auf Beobachter wirkt. Gesteht man aber die Möglichkeit einer solchen stellvertretenden Konditionierung zu, so kommt man nicht umhin, auch verschiedene vom Individuum gesteuerte Prozesse wie das aufmerksame Beobachten, Speichern und Übertragen des Modellverhaltens und seiner Folgen auf die eigene Person als notwendige Teile des Lernvorgangs anzusehen, und das tun Konditionierungstheorien nicht. Sie beschreiben Lernen so, als ob es nur von äußeren Bedingungen, von Reizen, gesteuert würde und den Lernenden ohne ihr Zutun widerführe. Die Ergebnisse weisen eine weitere Besonderheit auf, die mit dem operanten Konditionieren nicht zu erklären ist. Die Kinder der Gruppe 2 beherrschen die Aggressionen in der Phase der verstärkten Nachahmung ebenso wie die anderen Kinder. Also haben auch sie die Aggressionen beim Anschauen des Films gelernt. Sie haben sie nur zunächst nicht ausgeführt, weil sie unter dem Eindruck der Strafen standen, die dem Modell widerfuhren. Man spricht von **latentem Lernen** und meint damit ein Lernen, das sich nach außen nicht zeigt. Latentes Lernen ist aber auch nur zu verstehen, wenn man innere Steuerungsprozesse annimmt, die bewirken, dass zwar eine Aneignung des zu Lernenden stattfindet, die Ausführung des Gelernten aber aufgeschoben oder unterlassen wird. Als Resümee aus diesen Erklärungen, jetzt positiv formuliert für das Beobachtungslernen, lässt sich festhalten: Es ist ein Lernen, bei dem ein Modell beobachtet und nachgeahmt wird. Durch äußere Reize kann es forciert oder behindert werden, entscheidend sind letztlich jedoch die kognitiven und motivationalen Prozesse, die sich bei den Lernenden abspielen. Die Lernenden verarbeiten die Informationen, welche ein Modell bereitstellt, entsprechend ihren Fähigkeiten und Befindlichkeiten.

Banduras Ergebnisse werden gerne erwähnt, um die Gefahren einer Aggressionssteigerung durch das Fernsehen zu belegen. Aber man muss mit einer Verallgemeinerung vorsichtig sein. Im Alltag ist es meistens nicht so, dass die Situation, in der man sich nach dem Fernsehen befindet, völlig der entspricht, in der das beobachtete Modell agierte. Auch dürfte die direkte Verstärkung der Nachahmungsaggressionen eher die Ausnahme als die Regel sein. Die Nachahmungsaggressionen werden im Alltag also nicht so nahe gelegt wie im Experiment.

7.4.2 Günstige Voraussetzungen für das Beobachtungslernen

Den ersten Versuchsergebnissen Banduras zum Beobachtungslernen folgte eine Vielzahl von weiteren Experimenten, in denen der Geltungsbereich und die verschiedenen Bedingungen des Beobachtungslernens genauer untersucht wurden.

 Beobachtungslernen spielt besonders beim Erlernen von Sozialverhalten eine Rolle.

Wie man sich beim Einkaufen verhält, U-Bahn fährt, einen Vortrag hält, Streit schlichtet, das alles lernt man in der Regel, indem man es von anderen abguckt. Aber auch das Vorgehen bei Sachaufgaben (z. B. Videoanlage aufbauen, Hummer zerlegen) wird oft per Beobachtung gelernt, wobei sich an die Beobachtung das selbstständige Ausprobieren und Üben anschließt. In den meisten Fällen geschieht das Beobachtungslernen beiläufig, ohne dass es die Modelle und die Lernenden gezielt darauf angelegt hätten. Die Neigung zum Beobachtungslernen ist am größten, wenn man **handlungsunsicher** ist, sich also in Situationen befindet, mit denen man wenig Erfahrung hat oder in denen man bisher erfolglos war. Beobachtungslernen dient der Reduzierung von Handlungsunsicherheit. Folgende Voraussetzungen haben sich für das Beobachtungslernen als günstig erwiesen:

- Die Lernenden verspüren einen Bedarf nach Handlungsorientierung.
- Die Modellperson wird von den Lernenden positiv bewertet.
- Die Modellperson ist „coping model" und nicht „master model", d.h., sie hat auch mit Schwierigkeiten zu kämpfen und ist nicht perfekt.
- Das Modellverhalten ist deutlich erkennbar und abgehoben.
- Das Modellverhalten ist erfolgreich.
- Das Modellverhalten wird nicht nur in bildlicher, sondern auch in sprachlicher Form gespeichert.
- Das Nachahmungsverhalten wird verstärkt.

Man muss aber davor warnen, das Beobachtungslernen allzu gezielt als Instrument einzusetzen, um andere zu beeinflussen. Solche Versuche enden oft mit dem gegenteiligen Effekt. Die Lernenden entziehen oder widersetzen sich und tun oft gerade nicht, was man von ihnen wünscht. Man nennt dieses Phänomen **Reaktanz**. Reaktant verhält man sich vor allem dann, wenn man sich in Bereichen manipuliert fühlt, in denen man ein Recht auf freie Entscheidung für sich Anspruch nimmt und dieses auch wertschätzt. Ein solcher Freiheitsanspruch besteht meistens, wenn es um Entscheidungen über das eigene Sozialverhalten geht.

7.4.3 Beobachtungslernen in der Schule

In der Schule werden viele Sozialverhaltensweisen per Beobachtung gelernt. Schüler und Schülerinnen lernen voneinander, wie man mit einer Lehrkraft verhandelt oder sich beim Zuspätkommen verhält; von Lehrerinnen und Lehrern schauen sie ab, wie man sich ausdrückt oder Kritik übt. Das meiste Lernen dieser Art geschieht beiläufig und ist Teil eines **heimlichen Lehrplans**, der sich so realisiert.

Beispiele für komplexe Konditionierungsprozesse

Beispiel

Ein schönes Beispiel für das Beobachtungslernen von Sozialverhalten stammt von einer Lehrerin, die an einer ihr bis dahin fremden Schule Schulleiterin wurde. Ihr fiel auf, dass an der neuen Schule Lernende und Lehrkräfte einander nicht grüßten. Weil ihr das missfiel, begann sie, laut und deutlich alle Schülerinnen und Schüler, die ihr begegneten, zu grüßen. Sie wurde zurückgegrüßt, und nach einigen Wochen grüßten die Schüler und Schülerinnen auch schon von sich aus. Nach einem Jahr grüßten auch alle Kollegen und Kolleginnen und wurden ebenso zurückgegrüßt. Das Grüßen war durch das Verhalten eines einflussreichen Modells zum Brauch geworden.

Im Unterricht ist der gezielte Einsatz von Beobachtungslernen dort möglich, wo etwas an einem konkreten Verhalten demonstriert werden kann, was dann von den Schülerinnen und Schülern übernommen und geübt werden soll. Gezieltes Beobachtungslernen findet zum Beispiel im Sportunterricht statt, wenn Bewegungsabläufe vorgeführt und nachgemacht werden, im Mathematikunterricht, wenn ein Lösungsweg Schritt für Schritt vorgestellt und übernommen wird, im Englischunterricht, wenn die Lernenden ihre Aussprache der der Lehrkraft anpassen. In der Referendarausbildung wird das Beobachtungslernen gezielt bei der Hospitation und beim Verhaltenstraining eingesetzt.

Da Beobachtungslernen aber auch der **Selbststeuerung durch die Lernenden** unterliegt, hat man die Regie darüber nie ganz in der Hand. Allgemein kann man nur sagen, dass, wenn man einen guten Kontakt zu den Schülerinnen und Schülern hat, man für diese in der Regel auch ein Modell, ein Vorbild darstellt – es sei denn, man legt es allzu deutlich darauf an. Dann besteht Gefahr, dass die zuvor beschriebene Reaktanz auftritt. Umgekehrt gilt: Auch wenn man gar nicht Modell sein möchte – weil man sich selbst auch noch als suchend erlebt und den Modellanspruch als anmaßend empfindet -, wird man von Schülerinnen und Schülern, die einen bewundern oder mögen, zum Modell gewählt; niemand fragt, ob einem das Recht ist.

Und bei keiner Modell-Beobachter-Beziehung ist vorhersehbar, auf welche Ebene des Verhaltens sich Beobachtung und Nachahmung der Lernenden beziehen werden. Das kann die **Programmebene**, die Ebene der konkret beobachtbaren Verhaltenselemente, sein, das kann aber im anderen Extrem auch das ethische **Prinzip** sein, das hinter dem beobachtbaren Verhalten steht. Schülerinnen und Schüler können – und zwar jede und jeder verschieden und wechselnd – das eine wie das andere im Blick haben, wenn sie sich an ihren Lehrkräften orientieren. Es kann rein äußerlich, auf der Ebene des beobachtbaren Verhaltens, zu einer Kontra-Imitation kommen und zugleich auf der Ebene der moralischen Standards zu einer Imitation. Wenn beispielsweise eine Schülerin von ihrer Lehrerin übernimmt, dass man anderen nicht nach dem Mund reden, sondern eine eigene Meinung vertreten soll, kann das auf der Ebene des konkreten Verhaltens dazu führen, dass diese Schülerin ihrer Lehrerin, ihrem Modell, laufend widerspricht und scheinbar nichts von ihr annimmt.

7.4.4 Übernahme von Leistungsstandards

Untersuchungen zur Übernahme von Leistungsstandards – das sind Leistungsniveaus, die man anstrebt – haben zu differenzierten Ergebnissen geführt, welche die zuvor genannten Unwägbarkeiten deutlich erkennen lassen. Halisch (1983; zit. in Halisch 1990) untersuchte, ob die Leistungsstandards, die Kinder sich setzen, per Vorbild und Beobachtungslernen veränderbar sind. Erkenntnissen der Motivationspsychologie zufolge nimmt man eher an, dass die Höhe der selbst gesetzten Leistungsstandards auf Gewohnheiten basiert, die früh in der Kindheit ausgebildet werden und deshalb schwer veränderbar sind.

Halisch fand nun Folgendes heraus: Wenn seine durchschnittlich zehnjährigen Versuchskinder mit einer Aufgabe noch keine Erfahrung hatten, neigten sie dazu, sich die Leistungsstandards des Vorbilds zu eigen zu machen, und zwar eher auf der Prinzipien- als auf der Programmebene. Sie übernahmen also das Prinzip des jeweiligen Vorbilds, sich als gut oder schwach zu beurteilen und das Anspruchsniveau für die folgenden Aufgaben hoch oder niedrig anzusetzen. Hatten sie aber Erfahrung mit den Aufgaben und kannten sie ihr eigenes Leistungsniveau bereits, dann waren sie nur teilweise für die Vorbildwirkung empfänglich. Teilweise bedeutet: Misserfolgsorientierte Kinder passten sich weiter dem Vorbild an und berücksichtigten ihre eigenen Erfahrungen wenig; erfolgsorientierte Kinder dagegen verhielten sich weitgehend vorbildimmun und orientierten sich an ihren eigenen Vorerfahrungen, reagierten teilweise sogar kontraimitativ.

 Diese Ergebnisse bestätigen die Regel, dass Beobachtungslernen stattfindet, wenn Handlungsunsicherheit vorliegt.

Handlungsunsicherheit wiederum entsteht nicht nur bei neuen Aufgaben oder Situationen. Sie kann – wie Misserfolgsorientierung – Merkmal der Beobachterpersönlichkeit sein. Darin zeigt sich die Abhängigkeit des Beobachtungslernens von Gegebenheiten, die nicht manipulierbar und oft auch nicht einkalkulierbar sind.

7.5 Überleitung

Die in diesem Beitrag dargestellten Konditionierungstheorien und die Theorie des Beobachtungslernens beschreiben Lernvorgänge, die weitgehend ohne bewusste Absichten ablaufen. Durch die Einwirkung von außen, durch Sozialisations- und Erziehungsprozesse, wird den Individuen etwas beigebracht, auch ohne dass diese das ausdrücklich wollen oder bemerken. Man spricht auch von **beiläufigem, implizitem Lernen**. **Explizit** ist dagegen **absichtsvolles Lernen**, das mit bewusstem gedanklichen Einsatz einhergeht. Es entspricht in etwa dem, was auch umgangssprachlich mit Lernen gemeint ist: Wissen erwerben, Regeln anwenden, Aufgaben und Probleme lösen. Um explizites Lernen geht es im nächsten Beitrag.

Hinweis: Die Literaturangaben zu diesem Beitrag finden sich mit am Ende von Beitrag 8 (Seite 229)

Das Gedächtnis 195

8 Wissenserwerb und Problemlösen

Gislinde Bovet

Eine Klasse übt Kopfrechnen: „8 x 13?" „104" „Richtig!"… Das allmähliche Beherrschen solcher Rechenaufgaben auf die Verstärkungen („Richtig!") zurückzuführen, die vom Lehrer kommen oder sich aus der Lösung selbst ergeben, wäre ebenso unbefriedigend wie der Versuch, es als Lernen am Modell zu verstehen (Hans übernimmt die richtige Antwort von Fritz). Weiß man doch aus eigener Erfahrung, dass sich beim Kopfrechnen Vorstellungen von den Zahlen und Operationen bilden, die man durchführt, und dass diese Vorstellungen für die Weiterentwicklung der Rechenfähigkeit mindestens so wichtig sind wie Rückmeldungen oder Modelle. Mit Vorstellungen wollten sich die Verhaltenspsychologen jedoch nicht befassen, weil sie der Meinung waren, dass das auf wissenschaftliche Art nicht machbar sei.

Kognitive Psychologen nehmen in Kauf, dass ihr Forschungsgegenstand – Erkenntnisprozesse wie Wahrnehmen, Denken, Verstehen, Erinnern – nicht unmittelbar beobachtbar ist. Sie können sich deshalb dem **expliziten, absichtsvollen Lernen** widmen, das mit aktiver gedanklicher Arbeit einhergeht und das in der Regel auch gemeint ist, wenn im Alltag vom Lernen in Schule und Ausbildung gesprochen wird. Für die Erforschung der inneren Prozesse haben sie Methoden entwickelt, die zu verlässlichen Aussagen führen.

In diesem Beitrag stehen die **inneren Prozesse** im Mittelpunkt, die beim Lernen eine Rolle spielen. Zunächst wird beschrieben, wie Informationen aufgenommen, gespeichert und abgerufen werden. Darauf folgt Piagets Theorie der kognitiven Entwicklung. Sie gibt an, zu welchen gedanklichen Leistungen Kinder verschiedener Altersstufen in etwa fähig sind. Der dritte Teil schließlich befasst sich mit dem Problemlösen und seinen Voraussetzungen.

8.1 Das Gedächtnis

8.1.1 Das Gedächtnismodell

1968 stellten Atkinson und Shiffrin ein psychologisches Gedächtnismodell vor, das sehr populär wurde und das, versehen mit einigen Ergänzungen, heute noch gebräuchlich ist, das so genannte **Drei-Speicher-Modell**. Kerngedanke des Modells ist: Beim Aufnehmen und Einprägen von Informationen werden nacheinander drei Speicher durchlaufen:

- das sensorische Gedächtnis,
- das Kurzzeit- und
- das Langzeitgedächtnis.

Sensorisches Gedächtnis und Kurzzeitgedächtnis sind Durchgangsspeicher mit kurzer Merkzeit und hoher Verlustrate. Der Langzeitspeicher ist ein unbegrenzt aufnahmefähiger, dauerhafter Speicher.

8.1.1.1 Sensorisches Gedächtnis

Die Leistung des sensorischen Gedächtnisses besteht darin, die auf die Sinnesorgane einwirkenden Reize über ihre Darbietungszeit hinaus für kurze Zeit zu speichern, als Nachbild oder Nachhall beispielsweise, dabei die einlaufenden Signale „durchzumustern" und die bedeutsamen herauszufiltern. Wegen seiner geringen Speicherzeit nennt man das sensorische Gedächtnis auch **Ultrakurzzeitgedächtnis**. Seine Aufnahmekapazität ist sehr groß; unsere Sinnessysteme registrieren ja in jedem Moment eine Fülle verschiedener Eindrücke. Allerdings dringen die meisten davon nicht bis in unser Bewusstsein vor, sondern gehen sofort wieder verloren. Nur einige wenige werden zu Wahrnehmungen weiterverarbeitet und ins Kurzzeitgedächtnis übertragen. Das sind die Eindrücke, die sich zu einem Muster oder einer Gestalt fügen, die sich auf Grund ihrer Intensität oder Kontrastwirkung aufdrängen oder auf die wir gezielt unsere Aufmerksamkeit richten.

Die Aktivität des sensorischen Gedächtnisses vollzieht sich automatisch. Willkürlich steuerbar ist lediglich die **Aufmerksamkeit** auf bestimmte Sinnesreize, und zwar durch das wahrnehmende Individuum selbst, das sich willentlich auf Eindrücke konzentriert, aber auch von außen, indem die Reize so gestaltet werden, dass sie die Aufmerksamkeit auf sich ziehen. So können Lehrer beispielsweise durch Stimmführung, Mimik und Gestik erreichen, dass die Schüler sich auf sie konzentrieren, und mit klaren Beispielen dafür sorgen, dass die wesentlichen Elemente eines zu lernenden Sachverhalts „ins Auge fallen".

8.1.1.2 Kurzzeitgedächtnis

Im Kurzzeitgedächtnis werden die Wahrnehmungen zu Bedeutungseinheiten (z. B. Szenen, Aussagen) zusammengefasst. Dabei wird weiter herausgefiltert, was subjektiv bedeutsam ist; Unwichtiges wird ausgeblendet und geht verloren.

Die **Merkzeit** des Kurzzeitgedächtnisses beträgt ca. 30 Sek. Das bedeutet: Ohne Wiederholung oder gedankliche Weiterverarbeitung bleiben Informationen im Kurzzeitgedächtnis nur 30 Sekunden erhalten.

Wenn man also im Unterricht neue Vokabeln vorstellt und die Schülerinnen und Schüler hören sich die nur an, ohne innerlich etwas damit zu verbinden, dann haben sie sie nach 30 Sekunden wieder vergessen. Ebenso eng begrenzt ist auch die Aufnahmekapazität des Kurzzeitgedächtnisses, die so genannte **Gedächtnisspanne**. Sie umfasst etwa **sieben Bedeutungseinheiten oder „Chunks"**; d. h., man kann sich sieben Namen, sieben Posten einer Einkaufsliste, sieben Sätze, sieben Unterpunkte eines Vortrags auf einmal merken. Ein Chunk ist ein Ganzes, das in dieser Gestalt seine Bedeutung hat und sich von anderen Ganzen abgrenzt. Chunks können unterschiedlich informationsträchtig sein, weshalb ein Trick zur Ausweitung des Merkstoffes darin besteht, dass man aus den Einzelinformationen möglichst umfassende Chunks bildet durch Verallgemeinerungen, Zusammenfassungen oder Eselsbrücken.

Angenommen, Sie sollen sich folgende Einkaufsliste einprägen: Zwiebeln, Speck, Rotwein, Sahne, Birnen, Rotkraut, Preiselbeeren, Wacholderbeeren,

Spätzle. Das sind einzeln genommen neun Chunks. Die würden die Kapazität Ihres Kurzzeitgedächtnisses völlig auslasten und keinen Speicherplatz mehr für anderes lassen. Wenn Sie jedoch etwas Ahnung vom Kochen haben, erkennen Sie, dass es sich um Zutaten zu einem Wildgericht handelt. Sie merken sich dann nur „Zutaten zur Rehkeule", also nur eine Bedeutungseinheit, rekonstruieren im Laden, was im Einzelnen dazugehörte, und haben den Kopf noch frei für weitere Merkposten.

Wie viel man sich kurzfristig merken kann, hängt also stark davon ab, ob man Anfänger oder Experte auf einem Gebiet ist; die Chunks der Experten sind umfangreicher als die der Anfänger.

Die Angaben zu Merkdauer und Kapazität des Kurzzeitgedächtnisses – 30 Sekunden / sieben Chunks – gelten nur mit Vorbehalt, denn sie beruhen auf spezifischen experimentellen Anordnungen. Unter anderen Bedingungen ergeben sich Abweichungen von diesen Werten nach oben und unten. Bedeutungsvolle Informationen behält man oft länger als 30 Sekunden, und von zehn sinnlosen Silben (tad, koa, lij ...) behalten Sie vermutlich keine sieben, wenn Sie anschließend noch in der 30-Sekunden-Spanne damit beginnen, das Alphabet rückwärts aufzusagen, wie es manche Experimente verlangen.

 Dauer und Kapazität des Kurzzeitspeichers sind also abhängig von der Qualität und Einbettung des zu behaltenden Materials, von der Lernsituation und auch von persönlichen Faktoren wie Aufmerksamkeit, Motivation, Expertise, Alter.

8.1.1.3 Arbeitsgedächtnis

Wegen dieser Unbestimmtheit ist man dazu übergegangen, den mittleren Speicher als Arbeitsgedächtnis zu bezeichnen, also nicht die Dauer dieses Speichers (kurz), sondern seine Funktion (Verarbeitung) als wesentliches Merkmal herauszuheben. Im Arbeitsgedächtnis werden die aus dem sensorischen Gedächtnis eintreffenden Wahrnehmungen selektiv aufgegriffen und weiterverarbeitet.

Diese **Weiterverarbeitung** geschieht nicht mehr automatisch wie im sensorischen Gedächtnis, sondern **aktiv** und **bewusst**. Das Arbeitsgedächtnis ist der **Ort des momentanen Bewusstseins oder Denkens**. Es leistet die gedankliche Erfassung der von außen eintreffenden Informationen, und zwar unter Einbeziehung bereits gespeicherter Erfahrungen aus dem Langzeitgedächtnis. Diese bilden den Verständnishintergrund für die neuen Informationen. Im Arbeitsgedächtnis wird vorgestellt, ausgemalt, verglichen, verworfen, weiterentwickelt, kategorisiert, gefolgert, bewertet usw.

Dem Arbeitsgedächtnis stehen (mindestens) zwei **sinnesspezifische Subsysteme** zur Verfügung, ein **visuell-räumliches** und ein **akustisch-sprachliches**. Beide können zugleich beansprucht werden, entweder mit disparaten Informationen oder mit sich ergänzenden. Wenn die Subsysteme mit denselben Inhalten befasst sind, führt das natürlich zu besseren Behaltensleistungen. Deshalb ist es gut, beim

Lehren und Lernen beide Subsysteme zugleich einzubeziehen, also ergänzend zur abstrakten Darstellung immer auch bildliche Vorstellungen zu generieren. Dazu taugen konkrete Abbildungen, aber auch anschauliche Analogien und plastische Beispiele. Tabellen und Grafiken, die erst dechiffriert werden müssen, sind weniger geeignet, denn sie beanspruchen mehr das sprachliche als das visuelle Arbeitsgedächtnis.

Die gedankliche Verarbeitung von aufgenommener Information kann oberflächlich bis tief sein. Wenn man nur mechanisch nachspricht, was man zuvor gehört hat, ist sie oberflächlich, bewirkt aber immerhin, dass das Gehörte so lange erhalten bleibt, wie man es vor sich hin sagt. Beim Merken von Telefonnummern verfährt man so: Man wiederholt die Ziffernfolge, bis man sie gewählt hat, um sie dann sofort zu vergessen. Schülerinnen und Schüler wiederholen oft nur oberflächlich, auch wenn sie einen Text mehrmals durchlesen oder eine Formel auswendig lernen. Der momentane Erfolg verleitet sie zu dem Trugschluss, sie beherrschten den Stoff, was sich tags darauf als falsch erweist. Sie beachten nicht, dass oberflächlich Wiederholtes nicht in den Langzeitspeicher übergeht und im Arbeitsgedächtnis nur so lange erhalten bleibt, wie sie sich aktiv damit beschäftigen. Würden sie den Lernstoff mit eigenen Gedanken oder Vorstellungen anreichern und auf ihre Weise ordnen, wären sie erfolgreicher. Nur eine **tiefe, d. h. selbstständige, umfassende und gründliche Verarbeitung** bewirkt, dass Informationen vom Arbeitsgedächtnis in den Langzeitspeicher übertragen und von dort auch wieder abgerufen werden können. Lerntechniken beschreiben solche gründlichen Verarbeitungsprozesse (□⇨ Merkel: Lerntechniken).

8.1.1.4 Langzeitgedächtnis

Das Langzeitgedächtnis speichert alle im Laufe des Lebens erworbenen Erfahrungen. Es ist, zumindest theoretisch, unbegrenzt aufnahmefähig.

Während die Informationsspeicherung im sensorischen und im Kurzzeit- bzw. Arbeitsgedächtnis nur mit einer Aktivierung von Gehirnzellen einhergeht, bewirkt die dauerhafte Speicherung im Langzeitgedächtnis **Veränderungen in der Gehirnstruktur**: Die Synapsen, die Verbindungen zwischen den Nervenzellen, werden durchlässiger.

Dies erklärt, warum man sich immer nur wenige neue Dinge langfristig merken kann – man spricht von der **geringen Zuflusskapazität** oder Bandbreite, die für die Übertragung von neuen Informationen in das Langzeitgedächtnis zur Verfügung steht; die Veränderung der Hirnstrukturen braucht ihre Zeit. Außerdem erklärt es, warum man im Alter langsamer und weniger erkennbar Neues hinzulernt als in der Kindheit. Bei jungen Menschen sind die Synapsen noch nicht so eingeübt, und neue Informationen hinterlassen deshalb deutlichere Spuren. Bei älteren Menschen sind die Synapsen durch die Vielzahl und Vielfalt bereits gespeicherter Erfahrungen so durchlässig, dass Neues weitgehend im Vorhandenen aufgeht und keine großen Veränderungen mehr bewirkt. In ein Bild übertragen: Eine einzelne, neu angelegte Straße verändert ein bis dahin unberührtes Naturschutzgebiet völlig, nicht jedoch eine Region wie das Ruhrgebiet mit seinem dichten Straßennetz.

Das Langzeitgedächtnis ist bei der Aktivierung der anderen Speicher immer mit im Spiel. Der Informationsfluss verläuft also nicht nur bottom-up von der sensorischen Registrierung zum Langzeitspeicher, sondern zugleich top-down vom Langzeit- zum Arbeits- und sensorischen Gedächtnis. Sowohl für die Bildung von Wahrnehmungen als auch für alle weiteren Erkenntnis- und Selektionsschritte werden gespeicherte Erfahrungen aus dem Langzeitgedächtnis herangezogen. Sie ermöglichen die Einordnung und Bewertung der neuen Informationen (Was ist das? Ist es wichtig? ...).

Untergliedert wird das Langzeitgedächtnis in einen **deklarativen** und einen **nicht-deklarativen** Teil. Der deklarative umfasst alles Wissen und ist dem Bewusstsein zugänglich. Man unterteilt ihn weiter in einen **episodischen** und einen **semantischen** Speicher. Der episodische enthält Erinnerungen an konkrete Ereignisse (z. B. an Szenen eines Klassenausflugs), der semantische das Faktenwissen (z. B. dass Schulklassen bei der Bahn Rabatt bekommen). Der nicht-deklarative Teil speichert Bewegungsmuster (z. B. wie man mit einem Koffer in der Hand aus dem Zug aussteigt), aber auch eingeschliffene Wahrnehmungs- und Bewertungsmuster, die auf Konditionierungen beruhen (z. B. Angstgefühle beim plötzlichen Abbremsen des Zuges). Er bleibt weitgehend unbewusst, und man nennt ihn deshalb auch **implizites Gedächtnis**.

Zusätzlich untergliedert man das Langzeitgedächtnis auch noch in bereichs- und **sinnesspezifische Spezialgedächtnisse**, beispielsweise in ein visuelles, ein auditives, ein olfaktorisches, ein verbales, ein orthografisches und sogar ein Gesichtergedächtnis. Man weiß von der Existenz derartiger Spezialgedächtnisse, weil es entsprechende Ausfälle gibt, und man kann diese Spezialgedächtnisse auch in etwa im Gehirn lokalisieren. Eine pauschale Diagnose wie „Mein Gedächtnis ist so schlecht" ist deshalb oft gar nicht gerechtfertigt. Man hat in der Regel nicht generell ein gutes oder schlechtes Gedächtnis, sondern spezifische Gedächtnisstärken und -schwächen.

 Der beschriebene Lauf der Informationen durch das Kurzzeit- und Arbeitsgedächtnis gilt nur für das episodische und semantische Wissen, das im deklarativen Gedächtnis gespeichert wird.

Motorische Erfahrungen, viele Konditionierungen, auch vertraute Informationen, auf die man schon eingestellt ist, gehen nicht diesen Weg, sondern landen, wenn sie nur eindrücklich genug sind, ohne bewusste Verarbeitung gleich im Langzeitgedächtnis, nachdem sie die sensorischen Register passiert haben. So prägt man sich beispielsweise durch „implizites" oder „beiläufiges" Lernen ein, wie man Rad fährt, dass ein Beinbruch wehtut oder wie die erhobene Stimme des Lehrers zu deuten ist. Solche Dinge kann oder weiß man auf Grund von Erfahrungen, auch ohne dass man diese bewusst verarbeitete.

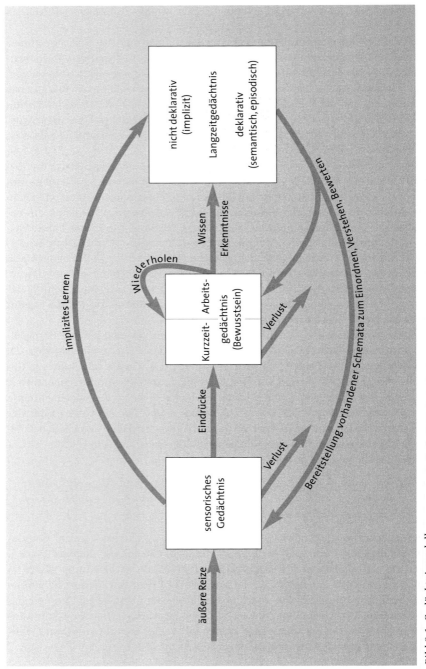

Bild 8.1: Gedächtnismodell

Das Gedächtnis

8.1.1.5   Zur Aktualität des Modells

Das Drei-Speicher-Modell hat überlebt, obwohl die Gedächtnisforschung seit 1968 enorm vorangeschritten ist und detaillierte Erkenntnisse hinzugekommen sind, die teilweise nur mit Mühe in das Modell integriert werden können. Es ist an seine Grenzen gekommen und steht deshalb auch immer wieder zur Disposition.

Vor allem muss man sich vor Augen halten, dass das Modell einen **Prozess** veranschaulicht. Die Speicher sind, anders als die sinnesspezifischen Bereiche des Langzeitgedächtnisses, nicht verschiedene Orte im Gehirn, sind erst recht keine Behälter, von denen sich einer in den nächsten entleert. Sie stehen für nacheinander ablaufende Vorgänge in einem Gesamtsystem, in dem verarbeitende (sensorisches, Kurzzeit- und Arbeitsgedächtnis) und speichernde (Langzeitgedächtnis) Neuronen identisch sind. „Jegliches Wissen ist in der Form von Verbindungsstärken zwischen Neuronen gespeichert, den gleichen Neuronen, die auch die Informationsverarbeitung leisten." (Spitzer 1996, 217)

Deshalb wäre es angemessener, vom Gedächtnis als einem **komplexen neuronalen Netz** zu sprechen, in dem Informationen auf verschiedenen Ebenen oder Niveaus verarbeitet werden. Sensorisches Gedächtnis, Kurzzeit-, Arbeits- und Langzeitspeicher entsprächen verschiedenen Prozessen und Zustandsformen der Informationsverarbeitung bzw. -speicherung in diesem Gesamtsystem.

Dass sich das Modell dennoch gehalten hat, liegt vermutlich an seiner Anschaulichkeit und Bekanntheit. Aber es gibt auch wissenschaftliche Gründe, die gegen ein Gesamtnetz und zumindest für eine Zweiteilung sprechen:

■ Wenn man bei der Aufnahme neuer Informationen zwischen Prozessen neuronaler Aktivierung (sensorisches, Kurzzeit- und Arbeitsgedächtnis) und neuronaler Veränderung (Langzeitgedächtnis) unterscheiden kann, sollte man auch entsprechende Speicher annehmen.

■ Manche Menschen können sich nicht mehr an kurz zuvor Erlebtes erinnern, haben aber Früheres noch parat. Auch das legt die Existenz eines Langzeitspeichers nahe, der unabhängig vom Kurzzeit- und Arbeitsgedächtnis funktioniert. Kommt hinzu, dass das implizite Lernen von dieser Störung nicht betroffen ist, was wiederum stimmig ist, weil für das implizite Lernen nur das Langzeitgedächtnis, nicht aber Kurzzeit- und Arbeitsgedächtnis in Anspruch genommen wird (vgl. Abb. 8.1).

8.1.2   Einprägen und Behalten

Angenommen, Sie wollen sich die in diesem Buch dargestellten Informationen über das Lernen für eine Prüfung einprägen. Dann würde ich Ihnen aus lernpsychologischer Sicht empfehlen, den Stoff zu **organisieren**, zu **elaborieren** und zu **wiederholen**.

■ **Organisieren** bedeutet, dass Sie die Informationen auf das reduzieren, was Ihrer Meinung nach wichtig ist, und das Skelett oder den Aufbauplan des Wichtigen herausarbeiten. Dafür sollten Sie den Text in neue Sinneinheiten zusammenfassen, eigene Überschriften formulieren, Beziehungen zwischen den einzelnen Teilen knüpfen, Skizzen oder Diagramme anfertigen, mit Marginalien das Wesentliche herausstellen. Sie können natürlich auch meine Gliederung übernehmen, aber das wird eine geringere Verarbeitungstiefe bewirken, als wenn Sie selbst neu ordnen und formulieren. Ein selbst erstellter Organisationsplan verhilft zu besserem Einprägen als ein übernommener und ist auch eine gute Orientierungshilfe bei der Wiedergabe der Informationen.

- **Elaborieren** bedeutet, dass Sie die wichtigen Informationen dieses Textes ausarbeiten, indem Sie eigene Beispiele suchen, Vorstellungen oder Assoziationen zu ganz bestimmten Sachverhalten entwickeln, Textteile mit eigenen Worten wiedergeben, sie durch eigene Überlegungen und Fragen ergänzen, evtl. eine Rezension schreiben, sich Eselsbrücken ausdenken usw. Es geht allgemein darum, dass Sie beim Lernen möglichst viel eigenes Wissen aktivieren, um die Informationen dieses Textes zu verstehen, sie somit auf höheren Ebenen zu kodieren und sie auch – möglichst mehrfach – mit dem Vorwissen zu verknüpfen.

- **Wiederholungen** sind unverzichtbar, weil sonst die Vergessensrate bis zur Prüfung zu groß ist. Wiederholungen finden schon beim Organisieren und Elaborieren statt. Sie sollten sie aber auch danach noch vornehmen, vor allem, wenn das Material für Sie neu ist. Am besten wiederholen Sie anhand Ihrer Ausarbeitungen und ziehen den Originaltext nur punktuell hinzu. Gleich nach der Ausarbeitung des Textes sollte eine erste Wiederholung stattfinden, bald darauf eine zweite, weitere dann in größeren Abständen. Es nützt Ihnen wenig, wenn Sie das Organisieren und Elaborieren weglassen und sich darauf beschränken, den Text mehrmals nur durchzulesen, weil dann die Gefahr besteht, dass Sie nur oberflächlich und kurzfristig speichern. Außerdem erfordert mechanisches Einprägen sehr viel mehr Wiederholungen, als in der Folge von Organisieren und Elaborieren nötig sind.

8.1.3 Erinnern und Vergessen

„Dem Langzeitgedächtnis geht nichts verloren."
Diese Behauptung ist falsch, denn Läsionen, Informationsüberlagerungen usw. können sehr wohl dazu führen, dass sicher Gewusstes für immer verschwindet. Andererseits gibt es ganz erstaunliche Erinnerungsleistungen, beispielsweise unter Hypnose, die zeigen, dass man viel mehr behält, als man gemeinhin vermutet. Vieles, was man vergessen hat, ist im Langzeitgedächtnis aufbewahrt, aber momentan nicht zugänglich. Das erlebt man sehr deutlich, wenn einem ein gesuchtes Wort auf der Zunge liegt, man aber trotzdem nicht darauf kommt.

 Wie gut eine Information abrufbar oder zugänglich ist, hängt von der Tiefe ihrer Verarbeitung ab.

Wenn einem für das Abrufen übergeordnete **Kategorien, Vorstellungen oder Beispiele** zur Verfügung stehen, wird man leicht fündig. In diesen Zusammenhang gehört auch das Prinzip der **Enkodierungsspezifität**. Es besagt, dass eine Information immer so erinnert wird, wie sie gespeichert wurde. Hat man sie nur ober-

Das Gedächtnis 203

flächlich akustisch und visuell aufgenommen, kann man Fragen, die auf ihre Bedeutung zielen, schwer beantworten. Man weiß dann bestenfalls, dass das gesuchte Prinzip mit „Klassik oder ähnlich" anfing und rechts oben auf einer Seite stand. Hat man die Informationen tiefer verarbeitet, vielleicht im episodischen **und** semantischen Gedächtnis gespeichert, sind Fragen nach ihrer Bedeutung beantwortbar, und man kann dann über Begriffe wie „Reiz–Reaktion" oder „Lernen von Verhalten" oder über Beispiele wie „geifernder Hund" oder „armer Albert" die gesuchten Informationen rekonstruieren.

Eine weitere Möglichkeit, vergessene Informationen wieder ins Bewusstsein zu holen, besteht im **Wachrufen des Kontextes**, in dem man sich die Informationen eingeprägt hat. Merkmale der Lernsituation werden nämlich mit eingeprägt und können somit einen Zugang zur vergessenen Information darstellen. Baddeley u. a. (1982) fanden beispielsweise heraus, dass Versuchspersonen Wörter, die sie unter Wasser tauchend gelernt hatten, dort auch besser rekonstruieren konnten als auf dem Festland!

Eine sehr sinnvolle, in Prüfungen nicht mögliche Reaktion ist **Abwarten**. Der Begriff, der auf der Zunge liegt, der Erinnerungsblitz, die vage Ahnung – sie verflüchtigen sich unter Druck. Stresshormone behindern die Weiterleitung der Impulse. Wenn man wieder entspannt ist und die bewusste Suche nach der Information aufgibt, stellen sich über Assoziationen die Erinnerungen wie von selbst ein.

Damit sind schon zwei **Gründe für das Vergessen** genannt worden: **unzureichende Verarbeitung** beim Einprägen und **Stress** beim Abrufen. **Interferenzen** können ein weiterer Grund sein. Eine Interferenz liegt vor, wenn ähnliches Material sich beim Speichern vermischt und deshalb beim Abrufen Verwechslungen auftreten. Schließlich gibt es noch die Möglichkeit des **motivierten Vergessens**. Davon spricht man, wenn selbstwerterhaltende Bedürfnisse einen Menschen unbewusst daran hindern, etwas zu erinnern, beispielsweise ein peinliches Ereignis aus der Kindheit. Motiviertes Vergessen entspricht dem **Verdrängen**.

Sich Erinnern bedeutet nicht, gespeicherte Informationen so wiederzugeben, wie sie aufgenommen wurden. Erinnertes Wissen wird **rekonstruiert**, was Veränderungen der Synapsengewichte und der Information einschließt. Die erinnerte Information ist jedes Mal eine andere als die aufgenommene, und zwar infolge ihrer Verarbeitung beim Einprägen und infolge der Abrufarbeit.

8.1.4 Repräsentation von Wissen im Gedächtnis

Aktiviertes, dem Bewusstsein präsentes Wissen ist verbal oder bildlich kodiert oder beides zugleich (vgl. die zwei Subsysteme des Arbeitsgedächtnisses, 8.1.1.3). Es wird also wie ein inneres Sprechen oder eine innere Vorstellung erlebt. Beide Systeme korrespondieren miteinander, und es ist möglich, von Begriffen zu Bildern überzugehen oder umgekehrt. Wegen dieser Korrespondenz wird für beide Systeme eine gemeinsame abstrakte Kodierung angenommen, welche die Verbindung zwischen ihnen herstellt. Dieses übergeordnete System stellt man sich als ein Netzwerk aus Propositionen vor.

Mit Propositionen meint man kleinste, abstrakte Wissenseinheiten, die einen Sachverhalt beschreiben.

Der Satz „Die meisten Schülerinnen mögen die Referendarin, die Sport unterrichtet" enthält beispielsweise drei Propositionen: 1) Die meisten Schülerinnen, 2) Die Schülerinnen mögen die Referendarin, 3) Die Referendarin unterrichtet Sport. Das Netzwerk, das diese drei Propositionen im Gehirn bilden, könnte aussehen wie in Bild 8.2.

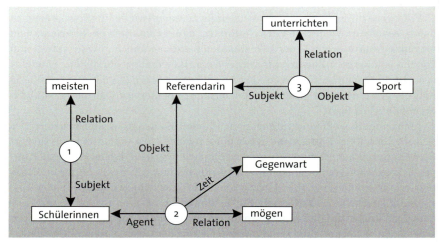

Bild 8.2: Propositionales Netzwerk

Man nimmt an, dass Propositionen die **Bausteine** unseres semantischen und episodischen Gedächtnisses sind und dass nah beieinander liegende Propositionen auch zusammen erinnert werden. Wissenserwerb heißt, dass neue Propositionen gebildet und Vernetzungen erweitert werden.

Schemata und Skripte sind Verknüpfungen von Propositionen. Sie umfassen, was als prototypisch für ein Objekt (Schema) oder ein Ereignis (Skript) angesehen wird. So kann jemand folgendes „Referendar"-Schema haben: „Zwischenstadium zwischen Hochschulstudium und Lehrerberuf, geringes Einkommen, Unterrichten lernen, Seminar, Prüfungen, unsichere Zukunft". In diesem Referendarschema sind Gerichts- oder Forstreferendare nicht enthalten, was zu Konfusionen führen kann, wenn das im Gespräch mit anderen, deren Referendarschema umfassender ist, nicht expliziert wird. Skripte umfassen Folgen von Episoden; das „Restaurant"-Skript beispielsweise: „Eintreten, Tisch wählen, Speisekarte lesen, Bestellen, Essen, Bezahlen, Gehen".

Auch Skripte können abweichen. Watzlawick (1969, 20) berichtet, dass es zwischen amerikanischen Soldaten, die im Zweiten Weltkrieg in England stationiert waren, und englischen Frauen zu Missverständnissen kam, weil in ihrem „Miteinander-Gehen"-Skript die Episode „Küssen" anders platziert war. Bei den Ame-

Das Gedächtnis   205

rikanern stand sie ziemlich weit vorne, bald nach dem Kennenlernen, aber noch
weit weg vom Beischlaf; bei den Engländerinnen weiter hinten, nach längerem
Werbungsverhalten und kurz vor dem Beischlaf.

Als oberste, umfassendste Wissenskategorie werden mentale Modelle oder
subjektive Theorien angenommen. Sie setzen sich aus Schemata und Skripten zusammen und enthalten das gesamte subjektive Wissen über einen komplexen
Sachverhalt, einschließlich persönlicher Stellungnahmen. Ein mentales Modell
oder eine subjektive Theorie kann beispielsweise über „Emanzipation" oder „guten Unterricht" bestehen.

Kognitive Strukturen werden aktiviert, um neue Informationen zu verstehen
und einzuordnen; zugleich werden sie durch diese neuen Informationen auch verändert. Allerdings können vorhandene Strukturen ziemlich veränderungsresis-
tent und durchsetzungsfähig sein. Neue, abweichende Informationen werden
dann in Vertrautes umgemodelt. Bartlett (1932; Wiedergabe in Schwartz 1988)
hat das in Experimenten demonstriert. Er ließ seine Versuchspersonen ein fremd-
artiges Indianermärchen nacherzählen. Dabei vergaßen sie viele Eigenarten des
Originals oder änderten sie in Vertrautes um. Etwas Ähnliches erlebt man, wenn
man Kinder über Zeugung und Geburt informiert. Da die Kinder oft schon eigene,
plausible Vorstellungen über ihre Herkunft entwickelt haben, fällt es ihnen
schwer, die neuen Informationen zu verstehen, und sie bleiben – trotz gründlicher
Aufklärung – zumindest in Teilen bei ihren alten Theorien.

8.1.5   Schlussfolgerungen für das Unterrichten

Aus den bisherigen Informationen über das Gedächtnis und den Wissenserwerb
lassen sich vier allgemeine Schlussfolgerungen ziehen, die für das Unterrichten
wichtig sind.

■ Man muss sich von der Vorstellung lösen, dass sich beim Lernen Informationen
  so im Gehirn einprägen, wie sie objektiv dargeboten werden. Was sich einprägt,
  ist nicht Duplikat des objektiven Lernreizes, sondern ein persönliches Konstrukt, das vorhandene Erkenntnisse einbezieht. Deswegen ist es wichtig, bereits vorhandenes Wissen – Schemata, Skripte, mentale Modelle – explizieren
  zu lassen. Dadurch aktiviert man die Strukturen, an die angeknüpft werden
  soll, erkennt die Differenzen zwischen subjektivem und wissenschaftlichem
  Wissen, kann vorhandene Schemata für Analogien und Kontraste nutzen.

■ Weniger ist mehr: Das Langzeitgedächtnis kann immer nur eine begrenzte
  Menge an Informationen neu aufnehmen; Überfrachtung ist kontraproduktiv.
  Die begrenzte Menge sollte alles Wichtige enthalten. Hilfreich sind dafür klare
  Schemata und eindeutige, anschauliche Beispiele, die das Wesentliche heraus-
  stellen. Auf die Zeitdimension bezogen: Etwas sicher zu lernen braucht Zeit.

■ Informationen, die verfügbar sein sollen, müssen tief (gründlich, umfassend,
  aktiv) verarbeitet werden. Das kann man unterstützen, indem man bei der Darstellung auf Verbalisierung und Anschaulichkeit achtet, damit Gedanken – im
  Sinn inneren Sprechens – und Vorstellungen über das zu Lernende entstehen.

Anschauliche Eindrücke und Verbalisierung können sich ergänzen und Defizite im jeweils anderen System ausgleichen. Sinnvoll ist auch das Tun, konkretes Handeln, das im episodischen und prozeduralen Gedächtnis gespeichert wird. Daraus ergeben sich weitere Verankerungen im Gedächtnis, und es bildet sich eine Basis für Abstraktionen und formallogische Denkmuster, die induktiv daraus abgeleitet werden. Existiert diese Basis nicht, besteht die Gefahr, dass Begriffe und Formeln nur mechanisch gelernt, nicht aber verstanden werden.

■ Der Einsatz von Lern- und Gedächtnisstrategien bestimmt zu einem erheblichen Teil die Qualität von Schul- und Studienleistungen. Deshalb ist es wichtig, Schülerinnen und Schüler mit diesen Strategien vertraut zu machen und sie üben zu lassen (◻ ▷ Merkel: Lernstrategien). Durch Vormachen und durch Instruktionen kann man zeigen, wie Informationen am besten organisiert, elaboriert und wiederholt werden. Die Schülerinnen und Schüler müssen erkennen, dass sich der Mehraufwand an Arbeit, der mit diesen Strategien zunächst verbunden ist, lohnt. Das ist auch eine Frage der Leistungsüberprüfung. Wenn die auf Verständnis, Anreicherung durch eigene Beispiele, Bezugnahmen, Kritik angelegt ist, wird die Effizienz dieser Strategien sehr deutlich.

8.2 Die Entwicklung kognitiver Strukturen nach Piaget

Mit kognitiven Strukturen sind die Erkenntnisse gemeint, die im Langzeitgedächtnis eines Individuums gespeichert sind und die sein Handeln und weiteres Erkenntnissammeln leiten. Es sind die geistigen Instrumente, mit denen beim Denken und Handeln operiert wird. Propositionen, Schemata, Skripte sind Bestandteile davon, Einzelinstrumente sozusagen.

Wie die Entwicklung kognitiver Strukturen vonstatten geht, hat der Schweizer Psychologe Jean Piaget (1896–1980) beschrieben. Er entwickelte seine Theorien auf der Basis von Einzelfallanalysen, d. h., er beobachtete und befragte einzelne Kinder, oft seine eigenen. Er wollte wissen, welche Überlegungen ihnen beim Lösen einer Aufgabe durch den Kopf gingen und warum sie zu einem bestimmten Ergebnis kamen. Dabei passte er seine Fragen variierend den Gegebenheiten an, je nachdem wie das Kind argumentierte und welche Vermutungen seine Argumente bei Piaget auslösten. Die Mitschriften solcher Befragungen analysierte er auf die Sicht- und Denkweisen der Kinder hin, wobei es ihm darauf ankam, das Alterstypische daran zu erfassen.

Piaget erstellte eine **Theorie von den Prozessen und Antriebskräften**, welche die Entwicklung kognitiver Strukturen vorantreiben, und von den **einzelnen Stufen**, die bei der kognitiven Entwicklung im Kindesalter durchlaufen werden.

8.2.1 Prozesse und Antriebskräfte kognitiver Entwicklung

Die Entwicklung kognitiver Strukturen geschieht in Form von zwei gegenläufigen Prozessen: **Assimilation** und **Akkomodation.** Assimilation bedeutet, dass vorhandene Strukturen gefestigt, eingeübt und neuen Situationen und Sachverhalten

Das Gedächtnis   207

übergestülpt werden; Akkomodation, dass vorhandene Strukturen korrigiert, differenziert und erweitert werden und sich so neuen Situationen oder Sachverhalten anpassen. Beide Prozesse lassen sich anhand eines Forschungsgangs verdeutlichen.

Beispiel
Ein Forscher arbeitet mit dem Denkmodell, dass die Sonne sich um die Erde dreht. Eine Zeit lang kann er neue Befunde – neu entdeckte Planeten, ihre Laufbahnen – ganz gut und widerspruchsfrei in dieses Modell einordnen. Das wäre Assimilation. Aber dann häufen sich Neuentdeckungen, die in das alte Denkmodell nicht mehr oder nur mithilfe aufwändiger Zusatzannahmen integriert werden können. Jetzt muss der Forscher das alte Modell verwerfen und durch ein passenderes ersetzen, oder er muss es in wesentlichen Teilen verändern. Das wäre Akkomodation. In ähnlicher Weise deutet sich eine Entwicklung vom Drei-Speicher-Gedächtnismodell zu einem neuen an.

Im Prinzip verläuft jeder Erkenntnisgewinn so. Wenn eine Schülerin als zweite Fremdsprache Latein bekommt und unbewusst ihre im Englischen erlernten Übersetzungsregeln – man muss die Bedeutung der Vokabeln kennen und die Wortstellung berücksichtigen – auf das Lateinische überträgt, kommt sie damit in den ersten Stunden wahrscheinlich ganz gut zurecht. Ihr Vorgehen wäre Assimilation – neue Erfahrungen werden bereits vorliegender Erkenntnis zugeordnet und die vorhandenen Strukturen werden bekräftigt, aber nicht wesentlich verändert. Bald erleidet sie aber mit ihrer Art, zu übersetzen, Schiffbruch. Sie muss zur Kenntnis nehmen, dass anders als im Englischen nicht die Wortstellung, sondern die Endungen der Nomen für die richtige Texterfassung eine grosse Rolle spielen. Sie muss also die Deklinationsreihen und das Wissen um ihren Gebrauch und ihre Bedeutung als neues Denkmodell ausbilden. Das wäre Akkomodation – vorhandene Übersetzungsregeln werden korrigiert, differenziert, erweitert und so den neuen Erfahrungen angepasst.

Assimilation und Akkomodation **finden immer gleichzeitig statt**, aber mit unterschiedlichen Anteilen. Jede neue Erfahrung bewirkt eine Festigung vorhandener Strukturen (Assimilation) und deren Veränderung (Akkomodation). Beide Prozesse dienen der **Adaptation**, d.h. der besseren Interaktion zwischen Organismus und Umwelt. Der Organismus lernt, mit der Umwelt zurechtzukommen und wirksam mit ihr umzugehen.

Die Motoren, welche Assimilation und Akkomodation in Gang setzen, sind Reifung, Erfahrung und soziale Vermittlung.

Reifung bedeutet Entwicklung nach einem genetisch festgelegten Plan. Bestimmte Reifestände müssen abgewartet werden, bevor Lernfortschritte möglich sind. Umgekehrt sind Lernfortschritte leicht und nahe liegend, wenn die Reifungsvoraussetzungen dafür gegeben sind; man denke an das Laufenlernen. Piaget hat mehrfach darauf hingewiesen, dass es nichts bringt, Kindern etwas anzutrainieren, wenn sie die Reife dafür nicht haben, und er hatte dabei nicht nur motorische Leistungen im Auge, sondern auch kognitive, wie das Rechnen, und soziale, wie den Perspektivwechsel. Ein verfrühtes Training führt bestenfalls dazu, dass die Kinder nachmachen, was man ihnen vormacht; sie begreifen das zu Erlernende aber nicht und können es nicht richtig anwenden.

Neben Reifung ist **Erfahrung** der wichtigste Motor der Adaptation, und zwar die aktive, körperliche Handlungserfahrung im Umgang mit einer Sache. Erst wenn man einen Apfel in der Hand hatte, seinen Duft gerochen, in ihn gebissen, ihn geschmeckt, sein Kerngehäuse umknabbert hat, weiß man, was ein Apfel ist. Anschauung allein oder gar nur verbale Belehrung vermitteln diese Eindrücke nicht annähernd.

Belehrung kann helfen, Erfahrungen zu ordnen und zu werten, kann auch dazu anregen, neue Erfahrungen zu suchen, aber sie kann die Primärerfahrungen, die aus dem eigenen Ausprobieren und Umgehen mit den Dingen resultieren, nicht ersetzen.

8.2.2 Stufen der kognitiven Entwicklung

Welche Stufen der kognitiven Entwicklung im Kindesalter gibt es? Piaget unterscheidet grob vier, die aufeinander aufbauen und von allen Kindern in derselben Reihenfolge, wenn auch mit unterschiedlichem Tempo, durchlaufen werden:
- Sensomotorische Stufe (Geburt bis 2. Lebensjahr)
- Präoperationale Stufe (2.– 7. Lebensjahr)
- Konkret-operationale Stufe (7. – 11. Lebensjahr)
- Formal-logische Stufe (ab 11./12. Lebensjahr)

In der sensomotorischen Stufe verfügt das Kind zunächst nur über einfache, **angeborene Reflexe** wie das Saugen oder Greifen, mit denen es auf seine Umwelt reagiert. Diese Reflexe übt es durch vielfache Wiederholung ein und passt sie dabei neuen Gegebenheiten an – das Greifen nach einem Ball erfordert andere Bewegungen und führt zu anderen Empfindungen als das Greifen nach einer Halskette. So und durch die Kombination von Reflexen entwickeln sich **neue, variantenreiche Handlungsmuster**, die das Kind zunehmend aktiv einsetzt. Es entdeckt Ursache-Wirkungs-Zusammenhänge und führt mit seinen Handlungen zielgerichtet bestimmte Wirkungen herbei, etwa indem es einen Gegenstand wiederholt aus seinem Bettchen wirft. Diese Handlungserfahrungen werden allmählich als **Vorstellungen** ins Denken übernommen.

Der Gebrauch von Vorstellungen und Sprache markiert den Übergang auf die präoperationale Stufe. Das Denken kann sich vom eigenen Tun lösen, ist aber noch nicht abstrakt oder logisch oder von äußeren Vorgängen unabhängig. Vielmehr ist es noch **an die aktuellen Wahrnehmungen gebunden**, die das Kind hat. Das zeigen die berühmten Umschüttversuche von Piaget.

Piaget füllte zwei gleich geformte Gläser mit je der gleichen Menge Flüssigkeit. Seine 4-jährigen Versuchskinder bestätigten ihm, dass in beiden Gläsern gleich viel Saft sei. Dann schütte-

Das Gedächtnis

te Piaget vor den Augen des Kindes die Flüssigkeit des einen Glases in ein schmales, höheres Glas. Anschließend fragte er das Kind, ob darin immer noch so viel Saft sei wie im Vergleichsglas. Die meisten Kinder behaupteten, in dem neuen Glas sei mehr Saft, weil der Saftspiegel höher stünde, oder weniger, weil das Glas schlanker sei.

Ihr Urteil war also von der unmittelbaren Anschauung des höheren Flüssigkeitsspiegels oder des geringeren Durchmessers geprägt, wobei sie aber immer nur eine der beiden veränderten Dimensionen erfassten. Dass beim Umschütten nichts hinzugekommen oder verloren gegangen war, hatten sie zwar auch gesehen, aber was sie aktuell vor Augen hatten, beeinflusste sie stärker. Erst gegen Ende der präoperationalen Stufe verlassen die Kinder sich nicht mehr auf den Augenschein, sondern folgen der Logik: Da nichts weggenommen oder hinzugetan wurde, muss es gleich viel Saft sein, auch wenn man einen anderen Eindruck hat.

Die Bindung des Denkens an die aktuelle Wahrnehmung ist Teil des **Egozentrismus**, der Zentrierung des Denkens auf die eigene Sichtweise. Daneben meint Egozentrismus auch, dass das Kind noch nicht in der Lage ist, sich in den Standpunkt anderer hineinzuversetzen und deren Sichtweisen zu übernehmen. Es erlebt sich als Zentrum, und alles, wovon es Kenntnis nimmt, sieht es nur mit seinen Augen und bezieht es auf sich. So ist ein Vierjähriger nicht in der Lage, eine Landschaftsattrappe aus der Perspektive seines Gegenübers zu beschreiben. Er kann auch eine Begebenheit nicht so wiedergeben, dass ein Uneingeweihter sie versteht, weil er sich in dessen Uneingeweihtheit nicht hineinversetzen kann. Er denkt, dass die Sonne, der Wind, die Bäume seinetwegen da sind, dass die Natur belebt und motiviert ist wie er selbst, dass die Wolken beispielsweise es eilig haben oder die Sonne ihn beobachtet. Dieser Egozentrismus wird im Laufe der präoperationalen Stufe überwunden und macht einem mehr objektiven und logischen Denken Platz, aber Reste von egozentrischem Denken findet man auch noch bei Erwachsenen.

Auf der **konkret-operationalen Stufe** kann das Kind sich in seinem Denken von aktuellen Wahrnehmungen lösen. Es erfasst Sachverhalte zunehmend objektiv und logisch und begreift jetzt zum Beispiel, dass bei der Umschütterei die Saftmenge erhalten bleibt, auch wenn der Flüssigkeitsspiegel höher steht, oder dass ein Knetball, der zur einer Wurst umgeformt wird, nach der Umformung genauso viel Gewicht und Masse haben muss wie vorher. Der Grund ist, dass es die Operationen, die an den Gegenständen vorgenommen wurden, geistig nachvollziehen und auch wieder rückgängig machen kann. Deshalb lässt es sich durch den Augenschein nicht mehr so leicht täuschen und erfasst nun auch mehrere Dimensionen. Es ist in der Lage, mit Zahlen zu operieren, Klassenmerkmale zu erfassen, das Prinzip von Serien zu erkennen. Es **beherrscht** also zunehmend **das schlussfolgernde Denken**, das gedankliche „Operieren" mit den Dingen. Allerdings ist sein Denken noch **an konkrete oder potenziell mögliche Dinge gebunden**, d. h., das Kind muss sich anschaulich vorstellen können, was gemeint ist. Deswegen heißt die Stufe auch „konkret"-operational.

Auf der **formal-logischen Stufe** ist das Kind in der Lage, in seinem Denken über das konkret Vorstellbare hinauszugehen, zu abstrahieren und einem formal-logischen Gedankengang zu folgen bzw. diesen selbst zu entwickeln, ohne dass es sich durch die Besonderheiten des aktuellen, konkreten Falls irreführen lässt. Bekannt geworden sind in diesem Zusammenhang die physikalischen und chemischen Versuche, die Piaget mit seinen Versuchskindern durchführte. Er stellte ihnen beispielsweise die Aufgabe, herauszufinden, von welchen Faktoren die Frequenz eines Pendels abhängt, und demonstrierte ihnen Unterschiede im Pendelschwingen mit einem kurzen, schweren Pendel und einem langen, leichten. Vierjährige hatten nur Augen für eine Dimension und sagten, das Pendel schwinge schneller, weil es schwerer bzw. kürzer sei. Achtjährige berücksichtigten die Merkmalskombination schwer und kurz. Zwölfjährige wussten, dass das Herausfinden der richtigen Lösung von weiteren Versuchen abhing, in denen sie den Einfluss der Variablen lang/kurz und leicht/schwer systematisch überprüfen müssen. Sie entwickelten dafür einen Versuchsplan, den sie durcharbeiteten, bevor sie ihre Antwort gaben. Dieses Vorgehen entspricht dem wissenschaftlichen. Es schließt das Hypothesenbilden, das Theoretisieren ein, und zwar nicht nur im naturwissenschaftlichen Bereich, sondern auch im sozialen und ethischen (📖⇨Dürr: Moralerziehung).

8.2.3 Didaktische Konsequenzen

Mit über 500 psychologischen Publikationen (neben zahlreichen biologischen) hat Piaget viel zum Verständnis der kindlichen Denkentwicklung beigetragen, auch spezifischer Denkfähigkeiten, wie sie in der Mathematik und den Naturwissenschaften gefordert sind. Die Umsetzung seiner Erkenntnisse ins Didaktische war jedoch nicht seine Sache; die hat er anderen überlassen, die mehr in der Schule tätig sind, z. B. dem Schweizer Pädagogen und Psychologen Hans Aebli (1968). Im Folgenden werde ich die wichtigsten didaktischen Konsequenzen aus Piagets Entwicklungstheorie vorstellen und einige Ergänzungen zum Akkomodieren anfügen:

▪ Piagets Befunde stützen die Ansicht, dass Lernen, wenn es zu einem wirklichen Verständnis oder zur Beherrschung einer Operation führen soll, auf eigenen praktischen Erfahrungen beruhen muss. Sie sprechen somit für **praktisches Lernen und einen handlungsorientierten Unterricht**.
  Sie zeigen aber auch, dass sich im Jugendalter das Denken aus der Anschauung lösen und die abstrakte Operation gelernt werden muss. Das wirft die Frage nach der richtigen Unterstützung im Unterricht auf. Ist zur Förderung des formalen Denkens von der Anschaulichkeit abzugehen und das logische Operieren ohne konkrete Inhalte gezielt zu üben? Oder ist zur Fundierung des formalen Denkens verstärkt auf Anschaulichkeit und Einbettung in Kontexte Wert zu legen? Die Leistungsvergleichsstudien der vergangenen Jahre (TIMSS, PISA, vgl. 8.3.4) zeigen, dass der Unterricht in unseren Schulen wohl zu sehr in Richtung „Abstraktion fördern" geht, wodurch die Fähigkeit zur praktischen Anwendung des Gelernten auf der Strecke bleibt.

Das Gedächtnis   211

- Lehrende müssen sich vor Augen halten, dass die kognitive Entwicklung eines Kindes ihr **eigenes Tempo** hat, welches auch mit reizvollen und sachdienlichen Angeboten nur begrenzt beschleunigt werden kann; weiter, dass Lernen nicht einfach in der Übernahme des Angebotenen besteht, sondern ein **aktiver, konstruktiver Prozess** ist, bei dem das Kind das, was es lernt, selbst auch gestaltet, und zwar auf der Basis seiner mitgebrachten Erfahrungen und der erlebten Herausforderung. Das schützt vor zu hohen oder falschen Erwartungen, den Unterrichtserfolg betreffend, und vor Frustrationen.
- Lernangebote können unterschieden werden in solche, die mehr der **Einübung** und **Anwendung** (Assimilation) dienen, und solche, die weiterführen und die **Ausbildung neuer Denkstrukturen** erfordern (Akkomodation).

Piaget setzt darauf, dass im Umgang mit den Dingen ein „Disäquilibrium", ein Ungleichgewicht oder eine Diskrepanz zwischen bisherigem Schema und aktueller Erfahrung erlebt und daraufhin gerne akkomodiert wird. Die Motivationspsychologie spricht in solchen Fällen von einem kognitiven Konflikt, der offen für Neues macht (📖⇨ Weißbrodt, Motivationspsychologie). Die Erfahrung lehrt allerdings, dass im Gegensatz zu Piagets Annahme die Bereitschaft zur Akkomodation oftmals schwach entwickelt ist – **es wird assimiliert, wo akkomodiert werden sollte!** Menschen halten an vertrauten Schemata fest, weil diese in ihre bisherigen Erfahrungen, ihr Wissen und ihre Einstellungen integriert sind (vgl. 8.1.4) und weil Schemaveränderungen erst einmal Verunsicherung und Unbequemlichkeit bedeuten. Neue Informationen werden dann abgewertet („zu eng", „falsch", „gilt nicht für mich") oder nur im jeweiligen Lernkontext akzeptiert, nicht aber darüber hinaus. Dazu eine Anekdote:

Professor Barnett erläutert Lehramtsstudierenden, dass man sich einen Lernstoff aktiv zu eigen machen muss, um ihn richtig zu verstehen und zu behalten. Die Studierenden geben ihm Recht: Ja, es ist so; man versteht und behält nur dann etwas richtig, wenn man fragt, sammelt, elaboriert und ausprobiert. Im Anschluss an die Seminarsitzung äußert Barnett Zweifel, dass die Studierenden in seiner Veranstaltung etwas gelernt haben, denn sie haben nur zugehört und zeigten das aktive Lernverhalten gerade nicht. Die Studierenden protestieren: Sie waren aufmerksam, hätten eifrig mitgeschrieben und so durchaus aktiv gelernt. Als sie später noch einmal dazu befragt werden, wiederholen sie: Natürlich habe Barnett mit seiner Auffassung vom aktiven Lernen Recht, aber man dürfe seine Ausführungen nicht zu eng sehen. Sie, die Studierenden, könnten auch durch Zuhören und Mitschreiben gut lernen (Holt-Reynolds 1992, beschrieben in Mietzel 1998, 39)

Die Studierenden haben offensichtlich ein anderes Skript (bei Piaget immer „Schema") vom aktiven Lernen als Barnett, und dessen Belehrung hat sie nicht zu einer Akkomodation veranlasst. Sie haben selektiv aufgenommen, was er sagte, und konnten deshalb das Gehörte mit ihren Vorstellungen vom aktiven Lernen ganz gut vereinbaren. Barnett selbst ist daran nicht unschuldig, weil er durch sein Vortragen implizit zum Ausdruck brachte, dass er seine Theorie vom aktiven Lernen auch nicht ernst nimmt.

Nach Mietzel (1998) wird im Unterricht nicht akkomodiert, wenn Notendruck und laufende Korrekturen die Lernenden daran hindern, ihr Vorverständnis darzulegen, weiter, wenn sich Lehrer die naiven Erklärungen der Lernenden nur kurz anhören und dann in aller Ausführlichkeit ihre wissenschaftliche Erklärung dagegenhalten, wenn die Schüler in ihrem Frageverhalten sehr gelenkt werden und ihnen mit Fremdwörtern, Formeln oder unanschaulichen Aussagen etwas erklärt wird, was sie im Alltag anschaulicher erleben und einfacher umschreiben. Dagegen findet Akkomodation statt, wenn die Lernenden ihr Wissen mithilfe von Fragen, Sammeln von Informationen, Überprüfungen, argumentativen Auseinandersetzungen und sinnfälligen Erfahrungen selbst konstruieren. Professor Barnett hätte seine Lehramtsstudenten in die Schulen schicken sollen. Dort hätten sie im Anschluss an einzelne Unterrichtsstunden Schüler befragen können, inwieweit sich ihr Verständnis auf Grund des Unterrichts verändert hat, um dann zu klären, warum die Akkomodation gelang oder auch nicht.

8.3 Aufgaben- und Problemlösen

8.3.1 Das Paradigma des Problemlösens

Ein Blick zurück in die Psychologiegeschichte. Der deutsche Psychologe Wolfgang Köhler (1887-1967) arbeitete während des ersten Weltkriegs auf Teneriffa mit Schimpansen. Ihn interessierte, wie sich die Affen beim Problemlösen verhielten. Bei einem seiner Experimente befestigte er hoch oben an einer Käfigwand eine Banane und beobachtete, wie Koko, der Käfigbewohner, darauf reagierte:

„(Koko) springt mehrmals unter dem Ziel in die Höhe, versucht dann mit einer Schlinge seines Seiles, die er in die Hand nimmt, das Ziel zu erreichen, kommt nicht an und dreht sich nach einer Reihe solcher Bemühungen, die alle nichts mit der Kiste zu tun haben, von der Wand fort; so scheint er bisweilen die Sache aufgeben, kommt aber schließlich doch immer wieder. Nach einiger Zeit – er ist gerade wieder von der Wand fort – tritt er an die Kiste heran, blickt zum Ziel hinüber und gibt der Kiste einen kurzen Stoß, ohne sie dabei vom Fleck zu bewegen. Seine Bewegungen sind viel langsamer geworden als vorher; er läßt die Kiste stehen, macht ein paar Schritte von ihr fort, kehrt aber sogleich wieder und gibt ihr den dritten Stoß in derselben Art, um danach von neuem langsam umherzugehen; die Kiste ist jetzt im Ganzen um etwa zehn Zentimeter verschoben, und zwar auf das Ziel zu. Dieses wird um ein Stück Apfelsine – darüber geht ihm nichts – verbessert, und wenige Augenblicke danach steht Koko wieder an der Kiste, packt sie plötzlich, zerrt sie in einem Zuge und in gerader Linie bis fast genau unter das Ziel (mindestens drei Meter weit), steigt sofort hinauf und reißt das Ziel von der Wand. Seit Beginn des Versuchs ist eine knappe viertel Stunde vergangen." (Köhler 1963, zit. nach Skowronek 1969, 43)

Die Ausgangssituation enthält die wesentlichen Parameter eines Problems: Einen **unbefriedigenden Ist-Zustand**, einen **angestrebten Soll-Zustand**; die **Prozeduren der Überführung** des Ist- in den Sollzustand **sind unbekannt** und müssen erst herausgefunden werden. Das Experiment zeigt auch, wie ein Problemlöseprozess ablaufen kann: Zunächst wird mit vertrauten Vorgehensweisen ausprobiert, ob

Aufgaben- und Problemlösen 213

man zum Ziel kommt. Wenn das nicht der Fall ist, geht man erst einmal auf Distanz. Aber das Problem lässt einen nicht los, und irgendwann ergibt sich der glückliche Moment, dass man sowohl das Ziel als auch die Mittel, mit denen man es erreichen kann, zusammen im Blick hat. Man ahnt, dass man auf der richtigen Spur ist, wartet noch ein bisschen, bis die Ahnung einer klaren Einsicht weicht, und führt dann zielstrebig aus, was man erkannt hat.

Diese Verlaufsbeschreibung geht zwar von Beobachtungen an Schimpansen aus, aber Vergleichbares findet sich auch bei Menschen, etwa wenn jemand eine Lösung für die Gestaltung einer Unterrichtseinheit oder für eine technische Konstruktion sucht. Allerdings wird das Spektrum möglicher Probleme, die sich Menschen stellen, nicht durch Kokos Bananen-Problem abgedeckt, und deshalb ist der beschriebene Verlauf nicht typisch, wie man lange Zeit annahm, sondern einer unter anderen. Vor allem überkommt einen die Einsicht in den richtigen Lösungsweg nicht immer in Form eines plötzlichen Aha-Erlebnisses. Häufig entwickelt sie sich allmählich in der Folge laufender Rückmeldungen, die sich beim Ausprobieren ergeben. Generell gilt nur, dass sich ein Problem durch einen Ist- und einen Soll-Zustand und ein unbekanntes Vorgehen konstituiert. Um das Vorgehen herauszufinden, müssen **Heuristiken** – das sind sehr allgemeine und unbestimmte Problemlösestrategien – oder **Algorithmen** – das sind feste, für bestimmte Aufgaben geltende Operationen – aus dem eigenen Wissensschatz aktiviert und dann in mehr oder weniger modifizierter Form zur Transformation des Ist- in den Sollzustand eingesetzt werden.

8.3.2 Aufgaben und Probleme

Von einer **Aufgabe** spricht man, wenn die Prozeduren bekannt sind, mit denen man vom Ist- zum Sollzustand kommt. Sie ergeben sich aus der Ähnlichkeit der Aufgaben und aus dem Lernkontext („Im Unterricht sind gerade Gleichungen mit einem x dran. Also wird sich hinter dieser Fragestellung auch so eine Gleichung verbergen."). Vor einem **Problem** steht man, wenn es auf dem Weg zum Ziel Barrieren gibt, die man zunächst nicht zu überwinden weiß.

Bei Problemen muss man die Prozeduren zur Überwindung der Barrieren selbst erst noch entdecken oder entwickeln.

Das bedeutet, dass es immer auch vom Vorwissen und den Vorerfahrungen der Lernenden abhängt, ob eine Situation eine Aufgabe oder ein Problem darstellt. Was dem einen ein Problem, ist dem anderen eine Aufgabe! Die Grenzen zwischen Aufgabe und Problem sind außerdem fließend, weil nicht genau bestimmbar ist, ab wann eine Prozedur als „bekannt" bezeichnet werden kann. So könnte die Aufforderung „Entwerfen Sie eine Unterrichtseinheit zum Thema ....!" für eine Referendarin eine Aufgabe oder ein Problem sein, je nachdem, über welche Vorerfahrungen sie verfügt und wie weit ihr diese präsent sind.

Probleme werden zusätzlich noch in **gut** oder **schlecht definierte** unterteilt. Wenn der Ist- und der Sollzustand klar beschrieben sind, handelt es sich um ein gut definiertes Problem. Ein solches kommt einer Aufgabe sehr nahe, weil durch die klare Zustandsbeschreibung meist auch ein bestimmter Lösungsweg angezeigt wird. Wenn die Zustandsbeschreibungen aber vage sind, handelt es sich um ein schlecht definiertes Problem. Viele Alltagsprobleme sind schlecht definiert. Ihre Struktur ist unübersichtlich und unvollständig und in einen verwirrenden Kontext eingebettet. Eine wesentliche Schwierigkeit besteht darin, erst einmal herauszufinden, wo das Problem steckt und wie es zu strukturieren und gegebenenfalls zu vervollständigen ist. Außerdem handelt es sich meist um Probleme, die mehr als eine Lösung zulassen, so dass mehrere Zielzustände zu präzisieren und zu bewerten sind, was auch nicht immer leicht fällt.

Schlecht definierte Probleme ergeben sich beispielsweise aus Aufforderungen wie „Schauen Sie zu, dass sich das Klima in der Klasse verbessert." „Bilden Sie Schüler und Schülerinnen so aus, dass sie den Anforderungen unserer modernen Mediengesellschaft gewachsen sind."

Im Unterricht werden in der Regel Aufgaben, keine Probleme gestellt. Oder man startet mit einem Problem, formt es aber bald zu einer Aufgabe um. Das ist eine Frage der Zeitökonomie und des gemeinsamen Voranschreitens. Man kann nicht warten, bis alle ihren Lösungsweg gefunden haben, und auch beim Einüben können sich Einsicht und Verständnis entwickeln. Aus dem selbstständigen Erarbeiten von Problemlösungen darf man keinen Fetisch machen!

Dennoch sollten im Unterricht hin und wieder auch Probleme gestellt werden, selbst wenn deren Bearbeitung zeitaufwändig ist, den Gleichschritt stört und manche Schüler überfordert.

„Was würde es kosten, wenn man die Gehwege der Innenstadt nicht gleichmäßig mit Betonsteinen pflastern würde, sondern hier und da mit kleinen, bunten Steinen Muster einlegen ließe?" Mit Hilfe solcher Problemstellungen lernen die Schülerinnen und Schüler verschiedene Vorgehensweisen gegeneinander abzuwägen, Zielzustände selbstständig zu definieren und zu bewerten und nebenbei auch noch etwas über Stadtarchitektur, Pflastertechniken und Arbeitslöhne.

8.3.3 Träges Wissen

Folgende zwei Aufgaben wurden, neben anderen, deutschen Achtklässlern aller Schularten vorgelegt:

a) $3 (x+5) = 30$

b) Der Preis einer Dose Bohnen wird von 60 Cent auf 75 Cent erhöht. Um wie viel Prozent ist der Preis gestiegen?

Aufgabe a) lösten 79 % der befragten Schülerinnen und Schüler, Aufgabe b) nur 32 %. Das wiederholte sich bei ähnlichen Aufgaben. Es zeigte sich, dass unsere Schüler und Schülerinnen sind recht gut darin sind, eingeübte Rechenverfahren durchzuführen, jedoch versagen, wenn sie ein mathematisches Verfahren aus einem Sachkontext herausschälen und mit Verstand einsetzen müssen. Aufgaben der Art b) waren offensichtlich Probleme, keine Aufgaben für sie. „Der ‚normale' deutsche Mathematikunterricht – dies bestätigen Curriculumanalysen und Unterrichtsbeobachtungen – betont stark reproduktiv ausgerichtete Rechenfertigkeiten, während angewandtes Problemlösen relativ zu kurz kommt." (Köhler, Wiegand 1999, 20).

Die Aufgabenbeispiele a) und b) entstammen der **internationalen Schulleistungs-Vergleichsstudie TIMSS** (Third International Mathematics and Science Study), die in den neunziger Jahren in über 40 Ländern durchgeführt wurde. TIMSS wurde noch vor **PISA** zu einem Reizwort für deutsche Lehrer und Bildungspolitiker, weil TIMSS offenbarte, dass unsere Schülerinnen und Schüler in Mathematik nur Mittelmäßiges leisten. Sie kommen klar mit Aufgaben, bei denen sie Schritt für Schritt ein Verfahren so durchführen können, wie sie es im Unterricht geübt haben. Wenn die Aufgaben aber in ungewohnte Kontexte eingebettet sind, Vorstellungen und flexibles Anpassen erfordern oder auch nur vor längerer Zeit im Unterricht behandelt wurden, dann bereiten sie Schwierigkeiten. Das gilt auch für die Oberstufe. Die relativen Stärken deutscher 12.- und 13.-Klässler liegen im Lösen von mathematischen Routineaufgaben, nicht im Verstehen und Anwenden (Blum 1999).

Auf **TIMSS** folgte **PISA** (Programme for International Student Assessment), eine Leistungsvergleichsstudie, die in ihrer ersten Runde vorrangig das Leseverständnis prüfte. Auch bei PISA brachten deutsche Schülerinnen und Schüler im Schnitt nur mittelmäßige Leistungen zu Stande und zeigten im Prinzip die selbe Schwäche: Es fällt ihnen schwer, mit Gelesenem **verständig** umzugehen. Sie haben beispielsweise Schwierigkeiten, aus einem Text Hypothesen abzuleiten, die Informationen eines kontinuierlichen Textes in einem Diagramm wiederzuerkennen oder einen konkreten Fall in ein Diagramm einzuordnen (Deutsches Pisa-Konsortium 2001).

 Wenn Gelerntes nicht genutzt werden kann, spricht man von trägem Wissen.

Träges Wissen bleibt an den schulfachlichen Kontext gebunden, in dem es erworben wurde. Es wird hervorgeholt, wenn im Rahmen einer Klassenarbeit danach gefragt wird, mit Aufgabenstellungen, wie sie die Lernenden kennen. Bei den Lehrkräften entsteht dadurch der Eindruck, dass ihre Schülerinnen und Schüler den Lernstoff „können", und sie sehen sich in ihrer Art zu unterrichten bestärkt. Die Schülerinnen und Schüler übertragen das Gelernte aber nicht auf andere Fächer und nutzen es nicht, wenn sie im Alltag Aufgaben und Problemen gegenüber stehen, in denen das Gelernte praktische Anwendung finden könnte. Träges Wissen ist ein Wissen, das nicht für das Leben, sondern nur für die Schule, für Prüfungen gelernt wird. Der Grund kann sein, dass der Lernstoff per se nicht zur Anwendung taugt oder dass man ihn nicht anzuwenden weiß.

 Das Gegenteil von trägem ist verfügbares oder intelligentes Wissen, mit dem man verständig umzugehen weiß und das man auf neue Sachverhalte transferieren kann.

Wenn eine Schülerin beispielsweise erkennt, dass und wie sie mit dem Satz des Pythagoras operieren muss, um herauszufinden, wie hoch ihr neuer Kleiderschrank maximal sein darf, damit sie ihn in ihrem Zimmer aufbauen kann, dann verfügt sie über intelligentes Wissen.

Mandl, Gruber und Renkl (1993) prüften mit Computersimulationen, wie Hochschülerinnen und -schüler mit Praxisproblemen ihres Berufsfelds fertig werden. So sollten beispielsweise Studierende der Wirtschaftswissenschaften eine Jeansfabrik möglichst Gewinn bringend leiten. Es zeigte sich, dass sie zwar viel Fachwissen für diese Aufgabe mitbrachten, in der Praxis aber nichts damit anzufangen wussten und bei der Lösung des Problems versagten. Dagegen waren Studierende der Sozialwissenschaften trotz geringerer wirtschaftlicher Kenntnisse besser in der Lage, die Jeansfabrik in die Gewinnzone zu führen. Diese Ergebnisse lassen sich folgendermaßen erklären: Um Praxisprobleme zu lösen, braucht man, wenn man noch keine Routinen entwickelt hat, bereichsunspezifische Vorgehensweisen, die man den jeweiligen Problembedingungen anpasst. Auf die haben die Sozialwissenschaftler erfolgreich zurückgegriffen. Die Wirtschaftswissenschaftler dagegen brachten für die Lösung des Problems viele bereichsspezifische Fachkenntnisse mit, wussten diese aus Mangel an Praxiserfahrung aber nicht richtig anzuwenden. Vermutlich verbohrten sie sich daraufhin in das Problem und brachten dann auch nicht die Flexibilität oder Unbefangenheit auf, bereichsunspezifische Vorgehensweisen anzuwenden. Salopper formuliert: Sie besaßen weder das praktische Knowhow, noch ließen sie sich von ihrem gesunden Menschenverstand leiten.

Die Befunde zum trägen Wissen könnten dazu verführen, die Bedeutung von Wissen generell abzuwerten. Es ist wichtiger, so könnte man folgern, Lernenden beizubringen, wie man Probleme löst, als sie mit Wissen auszustatten. Aber die Abwertung von Wissen wäre voreilig und **die Dichotomisierung von Wissen und Problemlösen zumindest fragwürdig,** weil Problemlösungen ja auch als Wissen – als **Veränderungswissen**, als prozedurales (wissen, wie) und konditionales (wissen, wenn) Wissen – gespeichert werden. Abzuwerten ist träges, fest an einen spezifischen Lernkontext gebundenes Wissen und gleichermaßen ein Können, das in neuen Zusammenhängen nicht angewendet wird. Hochzuschätzen ist intelligentes Wissen und Können, das vielfältig genutzt werden kann.

 Das Gegensatzpaar heißt also nicht Wissen versus Problemlösen, sondern träges versus verfügbares Wissen und Können.

8.3.4 Transfer von Wissen und Können

Werden Wissen und Können auf neue Situationen übertragen, spricht man von einem **Wissens- oder Lerntransfer**. Transferleistungen gelten als wichtigste Kennzeichen erfolgreicher Lernprozesse. Sie können mehr oder weniger allgemein und weit reichend sein und zeigen an, dass das Gelernte nicht träge, sondern verfügbar ist, dass man es anzuwenden weiß. Transferannahmen haben im Zusammenhang mit Unterricht immer eine zentrale Rolle gespielt. Wie wären Fächer und In-

Aufgaben- und Problemlösen 217

halte denn auch besser zu rechtfertigen als mit den Transfermöglichkeiten, die sie bieten?

8.3.4.1 Die Transferannahmen der formalen Bildungstheorie

„Im Falle du dein Griechisch und selbst dein Latein vergissest, so sei versichert, dass dennoch der Vorteil dir bleibt, durch beides deinem Geiste jene Bildung, jene Geschmeidigkeit verschafft zu haben, die auch in deinem Geschäfte mit übergeht." (Gedike, preuß. Schulreformer, zit. nach Weinert et al. 1974, 690)

Nicht wenige Gymnasiallehrerinnen und -lehrer vertreten diese Auffassung noch heute. Sie sprechen vom **formalen Bildungswert** ihrer Fächer und sind überzeugt, dass das Lernen von Latein (oder Mathematik, Deutsch …) den Intellekt generell schärft und beispielsweise logisches Denken oder stringentes Argumentieren sachübergreifend fördert. Dass es derart allgemeine Transferwirkungen gibt, stellte Thorndike, der Begründer des instrumentellen Konditionierens ($\Box$⇨ Beitrag 9), aber schon vor achtzig Jahren infrage:

„Wie weit wirkt die erzieherische Beeinflussung irgendeiner geistigen Funktion leistungssteigernd auf andere geistige Funktionen? Wirkt das Studium des Lateinischen oder der Mathematik leistungssteigernd auf die allgemeinen Verstandeskräfte? Stärkt naturwissenschaftliche Laboratoriumsarbeit die Beobachtungsgabe auf allen Erscheinungsgebieten? Wie weit dehnt sich eine Fertigkeit, etwa die des logischen Denkens, wenn sie an dem Stoffe A erworben wurde, auch auf die Stoffe B und C aus?" (Thorndike, 1924, zit. nach Weinert et al. 1974, 693)

Thorndike führte mit mehr als 13.000 Schülerinnen und Schülern der 8. bis 12. Klassen amerikanischer High-Schools Intelligenztests am Anfang und Ende eines Schuljahres durch. Es zeigten sich deutliche Unterschiede bei den Zuwächsen der Intelligenzleistungen, die aber nicht mit den Fächerkombinationen der Schülerinnen und Schüler korrespondierten, sondern mit ihren Ausgangsleistungen. Nicht Latein oder Griechisch gingen also mit höheren Zuwächsen einher, sondern das größere Ausgangswissen und -können der Schülerinnen und Schüler zu Beginn des Schuljahrs, getreu dem Prinzip „wer hat, dem wird gegeben"!

Nun kann man anzweifeln, ob ein Schuljahr reicht, um die unterschiedlichen Auswirkungen von Schulfächern zu erfassen. Aber auch die moderne Transferforschung, die mit ausgeklügelteren Untersuchungsdesigns als seinerzeit Thorndike arbeitet, konnte derart **allgemeine Transferwirkungen**, wie sie die formalen Bildungstheoretiker annehmen, **nicht nachweisen**. Wenn die Altsprachler unter den Schülerinnen und Schülern in ihren Schulleistungen besser sind als andere, dann liegt das an ihrer Vorselektion, und die positiven Transfereffekte von Latein und Griechisch, die nicht in Abrede gestellt werden sollen, sind **spezifischer**: Gelernt und transferiert wird nicht logisches Denken als Allzweckinstrument, sondern werden Wort- und Grammatikkenntnisse und vielleicht das systematische Vorgehen beim Übersetzen. Zu fragen ist, ob es ein generelles logisches

Denkvermögen – unabhängig von Inhalten – überhaupt gibt. Möglicherweise handelt es sich um ein theoretisches Konstrukt, das so allgemein im Leben gar nicht vorkommt. Gibt es doch genug Schüler, die können in Mathematik logisch und folgerichtig denken, aber nicht in Deutsch oder in den Gesellschaftswissenschaften!

In umgekehrter Richtung funktioniert der Transfer übrigens auch nicht. Kinder werden nicht besser in Mathematik oder Latein, wenn sie logische Aufgaben aus Intelligenztests üben, und Trainingsprogramme, die mit einem allgemeinen „Gehirnjogging" die Schulleistungen von Kindern verbessern wollen, sind in der Regel ihr Geld nicht wert. Wer in Mathematik schlecht ist, muss gezielt Mathematik üben, und wer nicht stringent argumentieren kann, muss das trainieren und sollte sich nicht mit lateinischen Texten aufhalten.

Thorndike vertrat folgerichtig eine „Transfertheorie der identischen Elemente". Sie besagt, dass ein Transfer nur zu Stande kommt, wenn Original- und Zielaufgabe dasselbe enthalten, z. B. bestimmte Informationen oder Vorgehensweisen. Je mehr Identisches gegeben ist, desto wahrscheinlicher ist ein Transfer. Diese Theorie gilt heute nicht mehr. Man weiß inzwischen, dass es auf das **Erkennen** von Elementen ankommt, und die müssen auch nicht identisch, sondern nur **ähnlich** sein.

8.3.4.2 Die Ergebnisse der modernen Transferforschung

Die moderne Transferforschung hat sehr spezielle Befunde und Theorien hervorgebracht. Überblicke, welche die schulischen Belange in den Mittelpunkt stellen, finden sich bei Seel (2000), der auch eigene Untersuchungen beigetragen hat, Steiner (2001) und Mietzel (1998). Generell werden für das Gelingen von Transferleistungen **drei Ursachenbereiche** angenommen: die Ähnlichkeit zwischen Basis- und Zielaufgabe, die Ähnlichkeit der Lernkontexte und die Voraussetzungen, welche die Lernenden mitbringen.

Die **Ähnlichkeit zwischen Basis- und Zielaufgabe** knüpft an Thorndikes Theorie der identischen Elemente an. Gemeint sind aber auch ähnliche oder analoge, nicht nur identische Elemente.

Die Ähnlichkeit kann offensichtlich sein, z. B. in der Gleichheit eines mathematischen Ausdrucks oder einer bildlichen Darstellung bestehen. Dann wird sie leicht erfasst und die Leistung entspricht einem **Aufgabenlösen**. Es kann aber auch eine tiefer liegende Strukturübereinstimmung (**Strukturisomorphie**) bestehen. Basis- und Zielaufgabe können äußerlich unähnlich sein und aus verschiedenen Sachgebieten stammen, jedoch dasselbe Vorgehen erfordern, das aber erst identifiziert und dann richtig angepasst werden muss. Tiefer liegende Strukturisomorphien zu erfassen setzt **Erfahrung** und **Flexibilität** voraus. Die geforderte Transferleistung entspricht einem **Problemlösen mittels Analogie**. Die Bezeichnung „Transfer" ist dafür nicht ganz treffend, weil ja nicht von der Basisaufgabe ausgehend etwas auf eine neue Situation übertragen wird, sondern der Suchprozess von der neuen Aufgabe ausgeht.

Aufgaben- und Problemlösen

Die Teilprozesse bei solchen Problemlösungen sind

- das **Erinnern** eines möglichen Analogons,
- das **Abbilden** der bekannten Struktur auf die neue Aufgabe und
- das **Abstrahieren** des Gemeinsamen.

Diese Teilprozesse können durch äußere Anleitungen wirksam unterstützt werden. Resultat ist nicht nur die Problemlösung, sondern auch ein zunehmend generelles Schema, wie mit strukturisomorphen Problemen dieser Art umzugehen ist.

Die **Ähnlichkeit der Lernkontexte** bezieht sich auf die Sachbereiche, denen Basis- und Zielaufgabe entstammen, auf deren Verwendungsmöglichkeit und auf die sozialen Situationen, in denen sie bearbeitet werden. Diese Kontexte werden beim Lernen immer mitgespeichert (vgl. 8.1.3), und je ähnlicher sie sind, umso leichter fällt der Transfer.

Es gibt dafür in der Lernpsychologie den Begriff der **situierten Kognition**. Er meint, dass nicht nackte Fakten oder abstrakte Prozeduren gespeichert werden, sondern Erfahrungen, in welche die Fakten oder Prozeduren eingebettet sind. Die Kontextbindung des Gelernten und die sich daraus ergebenden Transfer-(un)möglichkeiten sind das herausragende Ergebnis der modernen Transferforschung. „Die Übertragung des Gelernten erfolgt überwiegend verwendungs- und bereichsspezifisch" resümiert Seel (2000, 318) in seinen pädagogischen Folgerungen zur Transferforschung. Das heißt, **Transfers finden meistens nicht fach- und bereichsübergreifend statt,** sondern bleiben an die Domänen gebunden, in denen und für die sie gelernt wurden! Das zu betonen, halte ich für wichtig angesichts der manchmal überzogenen Erwartungen, die Lehrkräfte in Bezug auf Transferleistungen hegen. Ihre Erfahrungen gehen zwar in die selbe Richtung – es wird nicht transferiert, Analogien werden nicht entdeckt -, trotzdem halten sie unbeirrt an der Erwartung des weit reichenden und selbstständig zu leistenden Transfers fest und erklären den zur Norm. Vielleicht legen das die Lehrpläne nahe, die ohne jede empirische Basis vorab schon immer wissen, welche wichtigen Transfereffekte ein Unterricht auf Intellekt, Sozialverhalten und Persönlichkeit der Schüler hat!

Schließlich spielen das **Vorwissen und das Können** eine Rolle, das die Lernenden mitbringen. Ganz banal: Wer viel weiß, findet eher Analogien; wer Vorgehensweisen beherrscht, löst locker Aufgaben, wo andere über Problemen brüten. Das funktioniert allerdings nur, wenn im Vorfeld gründlich und mit Einsicht gelernt wurde! Wer hat nicht schon nach einer Denkaufgabe, deren Lösung er glaubte verstanden zu haben, erfolglos an der nächsten, durchaus strukturgleichen herumgebastelt?

Weiterhin entscheiden **Motivation und Anstrengungsbereitschaft** der Lernenden über den Transfererfolg. Wenn die Lernenden keine Lust haben Analogien zu suchen und deren Anpassung auszuprobieren, findet auch kein Transfer statt. Wie beim Lernen sind sie mitverantwortlich für das Gelingen des Transfers.

220 | *Wissenserwerb und Problemlösen*

8.3.4.3 Transferwirksamer Unterricht

Halten wir fest: Transferleistungen über die Fach- und Schulgrenzen hinaus sind keinesfalls selbstverständlich, sondern müssen bewusst geplant, vorbereitet und angeleitet werden. Wie lässt sich das bewerkstelligen? Wie muss unterrichtet werden, wenn man erreichen möchte, dass das Gelernte auf andere Fächer und auf Situationen außerhalb der Schule übertragen wird? Man kann dem best-practice-Ansatz folgend untersuchen, wie das die Lehrerinnen und Lehrer in den Ländern schaffen, die bei den Leistungsvergleichsstudien (TIMSS, PISA) besser abschnitten als wir. Aber dabei kommen viele andere Variablen ins Spiel – unterschiedliche Schulsysteme etwa – sodass es schwer ist, die besseren Erfolge dieser Länder einer anderen Art Unterricht zuzuschreiben. Deshalb greife ich im Folgenden auf experimentelle und pädagogische Transferbefunde zurück.

▪ Routinebildung bei Grundfertigkeiten

Hilfreich ist es zunächst einmal, wenn **Grundfertigkeiten**, die immer wieder gebraucht werden – das sind bestimmte Rechenprozeduren, Lesefertigkeiten, Planungsschritte, Frageformen, Gliederungen, Notationen usw. –, bis zur Routinebildung gelernt werden. Die routinierte Beherrschung solcher Grundfertigkeiten stellt sicher, dass man ohne viel gedanklichen Aufwand über sie verfügt und sich auf die Aspekte der Aufgabe oder Problemstellung konzentrieren kann, die neu sind und der Anpassung bedürfen.

Im Rahmen der Referendarausbildung sollen die Konditionierungstheorien gelernt werden, mit dem (Transfer-)Ziel, dass die Referendarinnen und Referendare diese Theorien als Analysehintergrund und Handwerkszeug im Umgang mit ihren Schülern auch tatsächlich nutzen. Zu den Grundfertigkeiten, die sie mitbringen, gehört das Unterscheiden zwischen beobachtbarem Verhalten und innerem Erleben. In einer Einführung lernen sie – als weitere Grundfertigkeit – die Prinzipien des klassischen und operanten Konditionierens, bis sie diese sicher wiedergeben und an typischen Beispielen erklären können.

▪ Anschauliche, klare Beispiele

Besonders wichtig für das Transfergelingen sind weiterhin gut ausgearbeitete, klare, anschauliche und vielfältige **Beispiele**, die den Schülerinnen und Schülern deutlich machen, wie ein Lerninhalt in der Praxis verschiedentlich genutzt werden kann. Solche Beispiele müssen die Lehrkräfte vorgeben; sie sollten nicht darauf setzen, dass die Schülerinnen und Schüler sie selbst finden! Je vielfältiger die Anwendungen in den Beispielen sind, desto vielfältiger auch die möglichen Transferleistungen. Ein, zwei kurz erwähnte Beispiele, ungenau und unanschaulich formuliert, verbunden mit der Belehrung, dass der Lerninhalt aber auch noch in diesem und jenem Bereich nutzbar ist, reichen nicht.

Die Fachleiterin liefert Fallbeispiele, die analysiert und einer möglichen Lösung zugeführt werden sollen: Ein nörgelndes Kind, eine arbeitsunwillige Klasse, ein Außenseiter in der Klasse, Alkoholgenuss, Raucherentwöhnung, Tierdressuren, psychosomatische Beschwerden, Werterziehung .... Auch von Referendarinnen und Referendaren mitgebrachte Beispiele werden bearbeitet. Gelernt wird so die Übertragung der Kon-

Aufgaben- und Problemlösen   221

ditionierungsprinzipien auf verschiedene Bereiche und ein Frageschema der Verhaltensmodifikation, mit dem man an Fälle herangehen kann.

▨ Authentische Probleme

Die Schülerinnen und Schüler sollten die Anwendung des Gelernten an authentischen, d. h. **lebensnahen oder realen Problemen** erproben können. Dieser Schritt
geht von der unnatürlich klaren Aufgabenstellung der zuvor gelieferten Beispiele
weiter zur unübersichtlichen Lebenssituation, die für die Anwendung des Gelernten typisch ist, aber erst noch aufbereitet werden muss. Gefordert werden darüber hinaus das Zusammentragen der notwendigen Informationen und Hilfsmittel,
die Planung der Vorgehensweise, die Berücksichtigung von Nebenwirkungen, die
Durchführung der Maßnahme, die Bewertung der Ergebnisse, ... Solche Arbeit an
authentischen Fällen wird zunehmend an Computern durchgeführt (vgl. 8.3.5.4),
was den Vorteil hat, dass alle Schülerinnen und Schüler aktiv werden, ihr eigenes
Tempo und ihren eigenen Weg wählen können und nicht wirklichen Schaden anrichten. Projektarbeit, die sich im „wahren Leben" abspielt, ist aber vielleicht
noch transferwirksamer, weil sie die Kontextbindung an die Schule deutlicher löst
und tatsächliche Handlungserfahrungen liefert.

Eine Referendarin beschreibt ihr vergebliches Bemühen, einen Schüler vom Schwätzen und Dazwischenrufen abzuhalten. Zusammen mit zwei Kolleginnen will sie nun
versuchen, mit dem Schüler eine Verhaltensmodifikation durchzuführen. Die beiden
Kolleginnen setzen sich in ihren Unterricht, beobachten das Geschehen und geben
der Referendarin Rückmeldung. Danach erarbeiten sie gemeinsam einen Plan, wie
die Referendarin mittels Verstärkung, Löschung, Strafen und Kontrakt versuchen
soll, das Verhalten des Jungen zu regulieren. Die Referendarin setzt diesen Plan so
gut sie kann in die Tat um, modifiziert das eine oder andere daran und führt ein Tage-
buch über ihr Vorgehen, ihre Erfolge und Misserfolge. Die Kolleginnen kommen
getrennt jede noch einmal zur Beobachtung und besprechen dann gemeinsam ihre
Eindrücke. Alle drei tragen schließlich in der Fachsitzung vor, wie sie aus ihrem
Blickwinkel das Geschehen beurteilen.

▨ Dekontextualisierung

Schließlich ist das mehr oder weniger bewusste **Herausschälen des allgemeinen
Vorgehens** aus diversen Erfahrungen notwendig, das so genannte Dekontextualisieren. Es verdeutlicht die allgemeine Struktur des Lerninhalts und macht sie bewusst. Lehrende können das Dekontextualisieren durch entsprechende Instruktionen unterstützen, sollten aber nicht zu früh damit beginnen. Die Schülerinnen
und Schüler sollen **auf der Basis ihrer Erfahrungen abstrahieren und nicht etwas Abstraktes lernen!** Ähnliches würde vermutlich auch Piaget antworten,
wenn man ihm die Frage nach der Förderung formalen Denkens im Jugendalter
stellte (vgl. 8.2.3)

Die Referendarin bereitet für die Präsentation eine Tabelle vor, in welche sie die wesentlichen Vorgänge ihrer Verhaltensmodifikation formelhaft einträgt. Sie stellt in
Thesen dar, wann sie generell den Eindruck hat, mit Verstärkungen weiterzukommen, und wann sie Strafen für sinnvoller hält.

Diese Empfehlungen (Routine, Beispiele, authentische Probleme, Dekontextualisierung) müssen nicht komplett und auch nicht in dieser Reihenfolge umgesetzt werden, aber zumindest vielfältige Beispiele sind unabdingbar, wenn transferwirksam gelernt werden soll. Wichtig ist auch, dass das erste Erlernen – im Beispiel das Erlernen der Konditionierungsprinzipien – nicht unanschaulich gerät, weil sonst passiert, wovor beim Dekontextualisieren gewarnt wird, dass nämlich Abstraktes gelernt wird. Man kann auch induktiv vorgehen und aus Beispielen das zu Lernende selbst entdecken lassen, was aber selten zu den gewünschten Erfolgen führt und deshalb ein riskantes Unterfangen ist. Orientierende Vor- oder Beigaben, die deutlich machen, um was es geht, sind für Lehrende wie Lernende meistens hilfreicher (vgl. das Beispiel Jasper Woodbury, 8.4).

Erkennbar dürfte der **hohe Zeitaufwand** sein, der für transferwirksames Lernen veranschlagt werden muss. Vielleicht ist das Wissen unserer Schülerinnen und Schüler oft träge, weil wir ihnen zu wenig Zeit geben, das zu Lernende anzuwenden und in verschiedenen Kontexten zu erfahren (und vielleicht liegt das an unseren überfüllten Lehrplänen). Weniger ist mehr – wobei das Wenige dann aber auch das Wichtigste und wirklich verfügbar sein muss.

8.3.5 Problemlösekompetenz

„Worin besteht Problemlösekompetenz?" „Im Prinzip aus transferierbarem Wissen und Können." „Im Prinzip richtig, aber das ist zu wenig." „Was fehlt?" „Eine umfassendere und differenziertere Beschreibung der personalen Voraussetzungen und der transferierbaren Prozeduren, mit denen man beim Problemlösen erfolgreich ist." „Welche sind das?" „Das wird in diesem Abschnitt ausgeführt".

Vorab ist anzumerken, dass es in der Lernpsychologie zur anfangs gestellten Frage zwei Positionen gibt. Die eine sieht Problemlösekompetenz **eng an Sachbereiche gebunden**, was der Kontextbindung aus der Transferforschung entspricht, und vergleicht, um den einzelnen Fähigkeiten auf die Spur zu kommen, das Vorgehen von Experten mit dem von Novizen. Die andere nimmt **generellere, bereichsübergreifende Kompetenzen** an, Allzweckwaffen sozusagen, und vergleicht gute mit schwachen Problemlösern bei der Arbeit an Problemen, die allen neu sind. Die Ergebnisse beider Positionen überlappen sich bei den Kontrollstrategien.

8.3.5.1 Expertise

Expertise bedeutet Könnerschaft auf einem Gebiet. Ein Schulleiter kann **Experte** im Organisieren und Umschichten von Geldern sein; eine Sekretärin Expertin in der Nutzung eines Textverarbeitungssystems. Expertise äußert sich darin, dass man auf einem Gebiet sehr gut Bescheid weiß, auch schwierige Aufgaben routiniert beherrscht und beharrlich an Problemen knobelt, bei denen Laien oder Novizen schnell aufgeben.

Verglichen mit **Novizen** sind Experten nicht generell intelligenter oder besser im Problemlösen. Sie haben nur viel mehr bereichsspezifisches Fakten- und Veränderungswissen und auch ein sicheres Gespür dafür, wann wie zu handeln ist

Aufgaben- und Problemlösen

(konditionales Wissen). Mancher hochintelligente Novize ist einem mittelmäßig intelligenten Experten unterlegen, wenn es um Anwendungsfragen und Praxisprobleme auf dessen Gebiet geht. Der Grund: Experten erfassen auf Grund vorhandener Schemata die bedeutsamen Gegebenheiten einer Sachlage schneller, bilden umfassendere Chunks (vgl. 8.1.1.2) und haben eine größere Menge an Erfahrungen präsent, die Hinweise geben, wie vorzugehen ist. Für viele Probleme haben sie den Lösungsweg oder einzelne Lösungsschritte als Algorithmen gespeichert und müssen diese nicht, wie Novizen, erst suchen und ausprobieren. Situationen, die für Novizen Probleme darstellen, sind für Experten oft Routineaufgaben. Stellt sich Experten ein neues Problem, fällt es ihnen dank ihres Vorwissens leichter, das Wesentliche daran zu erfassen; für die Lösung haben sie mehr Analogien parat, von denen sich etwas transferieren lässt, und schließlich verfügen sie über größere Lösungsmodule, die sie flexibel einsetzen können. **Experten sind gute Problemlöser auf ihrem Sachgebiet.**

Wenn Lehrerinnen und Lehrer nach zehn oder mehr Dienstjahren zum wiederholten Mal einen Sachverhalt erklären, übersehen sie oft, dass sie im Vergleich zu ihren Schülerinnen und Schülern Experten in diesem Unterrichtsstoff sind. Sie schätzen dann die Schwierigkeiten nicht mehr richtig ein, die Anfänger mit dem Lernstoff haben und gewinnen den Eindruck, dass die Kinder heute dümmer sind als früher.

Expertise entsteht, indem man sich – manchmal über Jahre hinweg – mit einem Gebiet befasst und dabei über Lektüre, Gespräche, Herumknobeln, Ausprobieren und Anwenden vielfältige Erfahrungen sammelt, die Fakten- und Handlungswissen zugleich enthalten. Expertise ergibt sich nicht aus Belehrung oder Lesen allein; der richtige Umgang mit dem Wissen gehört immer dazu. Andererseits ist Expertise aber auch nicht nur als kognitive Leistung zu verstehen. Sie hat auch motivationale Wurzeln.

8.3.5.2 Generelle Problemlösestrategien

Ist Problemlösekompetenz allein mit Expertise zu erklären? Es gibt doch auch die scharfsinnigen, findigen Köpfe, die **immer** schnell den Kern eines Problems erfassen, auch wenn sie keine Experten auf dem Gebiet sind, und die müheloser zu guten Lösungen kommen als andere. Was können sie besser? Es liegt nahe, hier auf die **Intelligenz** einer Person zu rekurrieren. Eine hohe Intelligenz erleichtert das Problemlösen und den Erwerb von Expertise. Diese Erkenntnis ist für Lehrerinnen und Lehrer aber unergiebig, weil sich keine Handlungsmöglichkeiten daraus ergeben. Intelligenz ist ein Konstrukt, das sich aus beliebig vielen Einzelfaktoren zusammensetzt, und gilt zu einem guten Teil als anlagebedingt (📖 ⇨ Müller, Intelligenz).

Eher lohnt es sich, die **allgemeinen Strategien oder Heuristiken** zu bestimmen, die beim Lösen verschiedenster Probleme eingesetzt werden. Man kommt ihnen auf die Spur, indem man Versuchspersonen beim Problemlösen laut denken lässt, aus den Protokollen die erfolgreichen Strategien extrahiert, bündelt und verallgemeinert, bis sie nichts Bereichsspezifisches mehr an sich haben. Das Ergebnis ist zwangsläufig abstrakt.

- Eine beim Problemlösen häufig eingesetzte Heuristik ist die **Mittel-Ziel-Analyse**, „welche Vergleiche zwischen einem gegenwärtigen Zustand und dem durch die Einwirkung eines Operators erwartungsgemäß entstehenden neuen Zustand anstellt, und zwar mit der Absicht zu entscheiden, ob dann der neue Zustand näher am Ziel ist. Wenn dies der Fall ist, wird die Operation ausgeführt, wenn nicht, dann muss ein anderer Zug gefunden werden, der zu einer stärkeren Annäherung an den Zielzustand führt." (Mayer 1979, 167)
- Einige Heuristiken zielen auf die **Überwindung von Barrieren**. Schon in der ersten Hälfte des vergangenen Jahrhunderts zeigten Gestaltpsychologen, dass es oft die prägnante, festgefügte Gestalt einer Ausgangslage ist, die eine Problemlösung erschwert. Gemeint ist z. B. bei Streichholz- oder Zeichenaufgaben die symmetrische Ausgangsfigur, die man zerstören muss, um eine Lösung zu finden; oder die logisch zwingende und gefällige Anordnung eines Textes, (einer Unterrichtsreihe, eines Buchbeitrags ...), die man aufbrechen muss, um damit weiterarbeiten zu können. Die allgemeine Lösungsstrategie bei solchen Barrieren heißt „**Umstrukturieren**", d. h. die prägnante Gestalt zerschlagen und über die durch sie gesetzten Grenzen hinausgehen.
- Eine andere Barriere ergibt sich aus der **funktionalen Gebundenheit** der Mittel, was heißt, dass man nur deren herkömmliche Funktion wahrnimmt und nicht erkennt, dass sie zu mehr taugen. In solchen Fällen kann ein kreatives Brainstorming hilfreich sein.
- Eine schon im Zusammenhang mit dem Transfer genannte Heuristik ist das Arbeiten mit **Analogien**. Analogien werden über gleiche sprachliche Bezeichnungen oder über Parallelen in der Problemkonstruktion gefunden. Sie zeigen Lösungen an, die vom bekannten Gebiet auf das unbekannte übertragen werden können (Wie ich einen Seminarkurs leiten kann, weiß ich nicht, aber ich weiß, wie an der Uni Seminare ablaufen – was lässt sich davon übertragen?).
- Das **Denken vom Ziel her** kann bei festgefahrenen Prozessen und bei Verzettelungen weiterführen.

 Heuristiken werden auch „schwache" Strategien genannt, weil sie die spezifischen Merkmale eines Problemfeldes nicht berücksichtigen.

Mietzel (1998, 283) erwähnt, dass sie bei neuen Problemen weiterführen können und dass Ärzte beispielsweise erfolgreich mit Analogien arbeiten, wenn sie ungewöhnlichen Krankheitssymptomen gegenüberstehen. Aus der Gruppenarbeit wissen wir, dass Brainstormings bei der Suche nach Problemlösungen den Horizont erweitern können.

Die Schwäche der Strategien ist ihre unbestimmte und abstrakte Form; es sind Konstrukte, die so inhaltsleer im Alltag gar nicht gedacht werden und, wenn sie in dieser abstrakten Form gelernt werden, auch nicht angewendet werden können. Die meisten Menschen reagieren ratlos, wenn man ihnen empfiehlt, sie sollten im

Aufgaben- und Problemlösen

Rahmen einer Mittel-Ziel-Analyse den „Zug suchen, der zu einer stärkeren Annäherung ans Ziel führt" – ja, wo und welchen denn? Oder wenn man ihnen zum „Umstrukturieren" rät – wie geht das denn bei diesem Problem, was und wo ist denn seine Struktur? Kurzum, derartige Heuristiken helfen wegen ihrer Unbestimmtheit als bewusst eingesetzte Suchstrategien beim Problemlösen eher wenig. Man kann sie aber handhabbarer machen, indem man sie unterteilt und in konkretere Fragen übersetzt, z. B. die Ziel-Mittel-Analyse in eine Zielanalyse (Ist das Ziel klar, komplex, aus Teilzielen zusammengesetzt? ...) und eine Mittelanalyse (Welche Prozeduren kommen infrage, welche Schrittfolge ist sinnvoll?...). Damit rücken sie in die Nähe von Metakognitionen. In beiden Fällen, also sowohl bei den Heuristiken als auch bei den Metakognitionen, geht es um **Kontrollfragen**, die einem sehr allgemeinen Problemkonzept entnommen sind. Heuristiken sind die dabei eingesetzten Suchverfahren, Metakognitionen deren mentale Repräsentation

8.5.3.3   Metakognitionen

Wenn man eine umfangreiche Aufgabe oder ein Problem bearbeitet, ist es hilfreich, sich hier und da aus dem Arbeitsprozess zu lösen und sich auf eine **höhere Warte** zu begeben, von wo aus man den Stand der Arbeit überblicken und das weitere Vorgehen bedenken kann. Man nennt diese höhere Warte die **Metaebene des Lernens**. Die Überlegungen, die man auf der höheren Warte anstellt, werden **metakognitive Prozesse** genannt. Das entsprechende Überblicks- und Steuerungswissen sind **Metakognitionen**; es sind Erkenntnisse über den eigenen Erkenntnisprozess. Metakognitive Prozesse umfassen u. a.

- ▨ die Klärung des Ziels: Wie muss es konkretisiert werden? Welche Teilziele sind wichtig, welche vorrangig? Gibt es widersprüchliche Teilziele? ...
- ▨ die Kontrolle von Wissensbeständen: Was weiß ich bereits? Was davon ist wichtig, was weniger? Was muss ich zusätzlich wissen? Was davon unbedingt? Woher besorge ich fehlende Informationen? ...
- ▨ die Beurteilung von Lern- und Denkstrategien: Welche haben den Arbeitsprozess bisher vorangebracht? Welche waren ineffektiv? Welche Ziele strebe ich als Nächstes an? Welche Lösungswege, welche Strategien bieten sich dafür an? Wie koordiniere ich die weiteren Arbeitsschritte? Wie teile ich die Arbeit ein? ...
- ▨ das Einschätzen der Schwierigkeit und Motivationskraft einer Aufgabe oder eines Problems: Was kann ich in Bezug auf die Arbeit gut, was weniger? Wo muss ich Acht geben, mir evtl. helfen lassen? Warum lasse ich mich auf die Arbeit ein? ...
- ▨ die Diagnose von Barrieren: Woran liegt es, dass ich nicht weiterkomme? Gibt es andere Wege? Kann man das Problem auch anders sehen? ...

Metakognitive Prozesse begleiten und kommentieren das eigene Arbeiten, machen es nachweislich erfolgreicher und sind eine wichtige Voraussetzung für selbst gesteuertes Lernen. Gute Lerner und Problemlöser setzen sie häufiger ein als schlechte (Seel 2000).

Eine metakognitiv versierte Referendarin, die eine Unterrichtseinheit entwickeln will, klärt beispielsweise zunächst, welche wichtigen Teilziele die Arbeit einschließt, wie der Zeitrahmen aussieht und was zuerst zu tun ist. Sie liest wenig, aber gezielt, weil sie weiß, welche Informationen sie braucht, und dass zu viele sie verunsichern. Wenn sie bei ihrer Planung nicht weiterkommt, trägt sie ihre Ideen und Bedenken anderen vor. Allein schon durch die eigene Darstellung – aber natürlich auch durch die Argumente der anderen – verändert sich ihre Problemwahrnehmung und sie findet zu einer Entscheidung. Ihr ist jederzeit klar, wie weit sie mit ihren Vorbereitungen ist und was bis wann erledigt sein muss. Sie registriert bei ihrer Vorbereitung, dass sie sich bei der Erklärung eines bestimmten Sachverhalts leicht verheddert. Deshalb schreibt sie sich diese Erklärung auf eine Karteikarte, die sie mit in den Unterricht nimmt.

8.3.5.4 Emotionale und motivationale Fallstricke

Problemlösen ist nicht nur eine kognitive Angelegenheit, und Vernunft und Logik weisen dabei nicht immer den Weg! Dörner (1992) ließ Versuchspersonen mittels Computersimulationen komplexe Probleme bearbeiten, z. B. ein Kühlhaus regeln oder fiktive Gemeinden (Lohhausen, Tanaland) regieren. Außerdem analysierte er den Atomunfall von Tschernobyl. Er kommt zu der Erkenntnis, dass die Fallstricke beim Lösen komplexer Probleme oft im Emotionalen und Motivationalen liegen. Gefühle und Motive verführen dazu, anders zu verfahren, als die Vernunft es nahe legt.

■ Komplexe Probleme führen leicht zu Unsicherheit; man weiß irgendwie nicht, was man eigentlich soll. Gute Problemlöser lassen sich Zeit, um die Ausgangslage, die Ziele und ihre Zusammenhänge zu analysieren. Schlechte stürzen sich auf die Teilaufgaben, die sie kennen und für die sie Lösungsmethoden parat haben, was sie fast zwangsläufig in die Ausweglosigkeit führt. Aus dieser Verlegenheit versuchen sie sich zu retten, indem sie sich noch weiter in vertraute Problembereiche einkapseln, weil die zumindest kleine Erfolge bescheren.

Eine Versuchsperson von Dörner mit ausgeprägten sozialfürsorgerischen Neigungen überging beispielsweise alle Belange der Gemeinde Lohhausen, kümmerte sich stattdessen um eine Schule, dann um eine Klasse, dann um einen Jugendlichen aus dieser Klasse. Eine andere Versuchsperson verlor sich in der selbst gestellten Aufgabe, öffentliche Telefonzellen so zu platzieren, dass jeder ältere Mitbürger eine in leicht erreichbarer Nähe hatte.

■ Sich gründlich informieren ist eine Maßnahme, um ein Problem in den Griff zu bekommen. Gute Problemlöser wissen in etwa, wann sie genug Informationen haben; schlechte informieren sich entweder zu wenig (s. o.) oder hören gar nicht mehr auf damit. Sie entdecken immer neue Möglichkeiten und Vernetzungen und werden dadurch zunehmend ratloser. Um die Situation in den Griff zu bekommen, beginnen sie detailliert zu planen. Bis sie endlich zum Handeln

kommen, hat sich die Problemlage längst geändert oder die weitere Entwicklung verläuft nicht wie gedacht. Der Wunsch, alles richtig zu machen, führt zum Versagen! Wie viele Diplomarbeiten, Dissertationen, Buchbeiträge sind wohl auf diese Weise nicht entstanden?
- Komplexe Probleme werden vereinfachend auf eine Variable reduziert, die an allem Schuld und deshalb zu verändern ist. Diese Vereinfachung wird dem Problem zwar nicht gerecht, gibt aber Sicherheit und spart kognitive Energie. Anfängliche Vermutungen („so könnte es sein") werden bald wie Fakten („so ist es") gehandelt und nicht weiter überprüft. Auch das spart Energie und erhält die Illusion des Durchblicks. Erklärungen, warum ein Schüler versagt, sind oft derart vereinfachend und bestimmt.
- Negative Folgen werden bagatellisiert oder anderen in die Schuhe geschoben. Man glaubt, man habe richtig gehandelt, allein schon deshalb, weil man gute Absichten hegte.

Offensichtlich ist der menschliche Geist für weit reichende Problemlösungen nicht gemacht!

8.4 Neue Lernkulturen

Zum Schluss des Beitrags noch ein Blick auf die „neuen Lernkulturen". Das sind keine neuen Lerntheorien, sondern mehr oder weniger **neue Lehrkonzeptionen** für das schulische Lernen mit neuen, wohlklingenden Bezeichnungen. „Alter Wein in neuen Schläuchen" sagen manche und verweisen auf die Reformpädagogik und den handlungsorientierten Unterricht. Ganz dasselbe ist es aber nicht, schon deshalb nicht, weil bei den neuen Lernkulturen Computer viel mehr zum Einsatz kommen.

Hauptanliegen der neuen Lernkulturen sind die Erzeugung verfügbaren, intelligenten Wissens und Könnens, die Förderung des Problemlösens und des selbstständigen und kooperativen Arbeitens.

Ausgehend von der situierten Kognition (vgl. 8.3.4.2) wurde das **situierte Lernen** als **Oberbegriff** für die neuen Lehrkonzeptionen kreiert.

Situiertes Lernen wird in Deutschland seit den neunziger Jahren vor allem von der Gruppe um Mandl erforscht. Gemeint ist ein **kooperatives Lernen** an **authentischen Problemen** unter Zuhilfenahme **moderner Medien**, speziell des Computers. „Situiert" nennt man es, weil die Einbettung des Lernstoffs in ein authentisches Problem und in eine Lerngruppe als das Wesentliche daran verstanden wird. Die Kontextbindung des Gelernten an einen Sachbereich wird nicht als Nachteil gewichtet, weil sie Anwendungsgesichtspunkte einschließt und die **Lernumgebung** – auch ein Modebegriff – so gestaltet ist, dass Problemanalyse, Anwendung und Kooperation von Anfang an mitgelernt werden. Das ist besser als wenn ein bereichsunspezifisch und abstrakt gelehrter Stoff an das Schulfach gebunden bleibt und zu trägem Wissen führt.

Computer werden beim situierten Lernen eingesetzt, um das authentische Problem vor Augen zu führen, um Daten zu sammeln und Rückmeldungen zum Lösungsprozess zu geben.

Das Lernen verläuft weitgehend selbst gesteuert und wird nur sparsam durch Instruktionen geleitet. Die Motivation der Schülerinnen und Schüler ergibt sich aus dieser Selbstständigkeit, aus dem Zusammenarbeiten mit anderen und aus der Chance, an dem gesellschaftlichen Wissen und Können teilzuhaben, welches die authentischen Probleme und die Arbeit am PC vermitteln können.

Das bekannteste Beispiel für situiertes Lernen stammt von der Cognition and Technology Group at Vanderbilt in Nashville (1992). Hauptfigur ist der Waldhüter Jasper Woodbury, dessen Probleme von den Schülerinnen und Schülern zu lösen sind. In einer Filmaufnahme wird ihnen beispielsweise gezeigt, wie Jasper in den Bergen einen verletzten Adler findet, der in die Tierklinik muss. Helfen kann nur Emily, die mit ihrem Flugzeug in der Nähe ist, aber die hat nicht mehr viel Benzin. Sie müsste erst den Adler abholen und dann zur Klinik fliegen. Wird ihr Benzin dafür reichen? An dieser Stelle bricht der Film ab und die Kinder müssen jetzt – in Kleingruppen am PC – die eingebetteten Informationen suchen, die ihnen weiterhelfen, und über gemeinsames Argumentieren, Ausprobieren, Veranschaulichen die Lösung finden. Die besteht in der Anwendung des Satzes des Pythagoras, den die Kinder – vorher mittels direkter Instruktion (!) – gelernt haben.

Wenn wie bei diesem Beispiel das authentische Problem in einer Geschichte verankert ist, nennt man das eine **anchored instruction**.

Cognitive apprenticeship ist eine andere Form situierten Lernens. Sie knüpft an die traditionelle Meisterlehre (apprenticeship=Lehre, Ausbildung) an und setzt auf persönliche Betreuung und Anleitung des Lehrlings durch den Meister. Der Meister als Experte zeigt und erklärt dem Lehrling, wie man etwas macht, und bringt es ihm schrittweise bei, so dass ein „learning through guided experience" stattfindet. Die meisterliche Anleitung umfasst das **Modeling** (Vormachen), **Coaching**, (Betreuen), **Scaffolding** (Helfen, Einspringen) und **Fading** (Ausklinken). Im Grunde ist das ein Lernen, wie man es im Alltag oft beobachten kann, etwa, wenn ältere Geschwister den jüngeren etwas beibringen oder Eltern ihren Kindern. Eine Lehrkraft mit 30 Schülerinnen und Schülern schafft diese Art Betreuung nur, wenn sie die Besten unter den Schülerinnen und Schülern auch zu Meistern kürt und gleichzeitig auf ein **Peer-teaching** setzt, was wegen der Gleichrangigkeit der Beteiligten seine Stärken und Schwächen hat. Cognitive apprenticeship ist zugleich **Mastery learning**, wenn die Ziele des Lernens individuell so angepasst werden, dass jeder Lernende zu einem Erfolg kommt.

Die Aufzählung neuer Lehrkonzeptionen mit englischen Bezeichnungen ließe sich seitenlang fortführen – sie sind sehr in Mode. Nicht nur Kritiker, auch Forscher wie Mandl (2001) und Seel (2000), die sich für diese neuen Formen des Lehrens engagieren und selbst Projekte dazu durchgeführt haben, verweisen auf den

Aufgaben- und Problemlösen

geringen Elaborationsgrad, den die Theorien noch haben, auf die Theorielastig-keit und fehlende praktische Basis mancher Konzepte und auf noch ausstehende empirische Evaluationen. Aber solche Defizite sind bei neuen Theorien unver-meidlich und man darf sich ihretwegen nicht davon abhalten lassen, das zu über-nehmen und auszuprobieren, was einen persönlich überzeugt. Auf breiter Basis werden sich diese Konzepte – auch die nachweislich erfolgreichen – nur durch-setzen können, wenn die Rahmenbedingungen an den Schulen, die Lehrpläne, die Leistungsmessung und die Ausstattung, darauf eingerichtet werden.

Literatur zu Beitrag 7 (Klassische Lerntheorien)

Bandura, A. (1965). Influence of models reinforcement contingencies on the acquisition of imitative responses. Journal of Personality and Social Psychology, Vol. 6, 589–595.

Halisch, F. (1990). Beobachtungslernen und die Wirkung von Vorbildern. In H. Spada (Hrsg.). Allgemeine Psychologie. 373–402. Bern, Stuttgart, Toronto: Huber.

Mietzel, G. (1998). Pädagogische Psychologie des Lernens und Lehrens. 5. Aufl. Göttin-gen, Toronto, Zürich: Hogrefe.

Schwartz, S. (1988). Wie Pawlow auf den Hund kam. Die 15 klassischen Experimente der Psychologie. Weinheim, Basel: Beltz.

Spada, H., Ernst, A. M., Ketterer, W. (1990). Klassische und operante Konditionierung. In H. Spada (Hrsg.). Allgemeine Psychologie. 323–372. Bern, Stuttgart, Toronto: Huber.

West, S. G., Wicklund, R. A. (1985). Einführung in sozialpsychologisches Denken. Wein-heim, Basel: Beltz.

Zimbardo, P. G. / Gernig, R. J. (1997). Psychologie. 7. Aufl. Berlin, Heidelberg, New York: Springer.

Literatur zu Beitrag 8 (Wissenserwerb und Problemlösen)

Aebli , H. (1968). Psychologische Didaktik. Didaktische Auswertung der Psychologie von Jean Piaget. 3. Aufl. Stuttgart: Klett.

Atkinson, R.C., Shiffrin, R.M. (1968). Human memory: A proposed system and its control processes. In K.W. und J.T. Spence (Hrsg.). The psychology of learning and motivation: Advances in research and theory. Vol. 2. New York: Academic Press. 89-195.

Baddeley, A. (1982). So denkt der Mensch. Unser Gedächtnis und wie es funktioniert. München: Droemer Knaur.

Baumert, J., Lehmann, R. et al. (1997). TIMSS – Mathematisch-naturwissenschaftlicher Unterricht im internationalen Vergleich. Opladen: Leske und Budrich.

Blum, W. (1999). Unterrichtsqualität am Beispiel Mathematik – Was kann dies bedeuten, wie ist dies zu verbessern? In Seminar, Heft 4. Die Didaktik der Fächer I, Mathematik und Deutsch. 8-16.

Bos, W., Baumert, J. (1998). Fachleistungen in voruniversitärer Mathematik im interna-tionalen Vergleich – Ergebnisse aus der TIMSS-Studie für die gymnasiale Oberstufe. In: Seminar, Heft 4. Bildungswandel in Ost- und Westeuropa. 58-69.

Bovet, G. (1989). Praktisches Lernen aus lernpsychologischer Sicht. In H. Frommer, S. Körsgen (Hrsg.). Über das Fach hinaus. 267-282. Düsseldorf: Schwann.

Cognition and Technology Group at Vanderbilt (1992). The Jasper project: Lessons in cur-riculum, instruction, assessment and professional development. Mahtwal: Erlbaum.

Deutsches Pisa-Konsortium (Hrsg.). (2001). PISA 2000. Basiskompetenzen von Schüle-rinnen und Schülern im internationalen Vergleich. Opladen: Leske + Budrich.

Dörner, D. (1992). Die Logik des Misslingens. Strategisches Denken in komplexen Situationen. Reinbek bei Hamburg: Rowohlt.

Gerstenmaier, J., Mandl, H. (2001). Methodologie und Empirie zum Situierten Lernen. In Schweizerische Zeitschrift für Bildungswissenschaften, Heft 3.

Gruber, H., Mandl, H. (1996). Das Entstehen von Expertise. In Hoffmann, J. et al. Lernen. Kognition. Enzyklopädie der Psychologie, Bd.7, 583-615.

Kluwe, R. H. (1990). Gedächtnis und Wissen. In H. Spada (Hrsg.). Allgemeine Psychologie. 115-187. Bern, Stuttgart, Toronto: Huber.

Köhler, R., Wiegand, B. (1999). Offene Aufgaben als Beitrag zur Qualitätssteigerung im Mathematikunterricht. In Seminar 4, S.17-28.

Krapp, A., Weidemann, B. (Hrsg.) (2001). Pädagogische Psychologie. 4. Aufl., Weinheim: Beltz.

Mandl, H, Friedrich H. F. (Hrsg.). (1992). Lern- und Denkstrategien. Analyse und Intervention. Göttingen, Toronto, Zürich: Hogrefe.

Mandl, H., Gruber, H., Renkl, A. (1993). Das träge Wissen. Psychologie Heute, Heft 9, 64-69.

Mandl, H., Gerstenmaier, J. (Hrsg.) (2000). Die Kluft zwischen Wissen und Handeln. Göttingen: Hogrefe.

Mayer, R. E. (1979). Denken und Problemlösen. Eine Einführung in menschliches Denken und Lernen. Berlin, Heidelberg, New York: Springer.

Mietzel, G. (1998). Pädagogische Psychologie des Lehrens und Lernens. Göttingen, Bern, Toronto, Seattle: Hogrefe.

Pädagogik (1999). 51. Jhrg., Heft 10. Problemlösendes Lernen.

Piaget, J. (1973; Orig.:1936). Das Erwachen der Intelligenz beim Kinde. Stuttgart: Klett.

Putz-Osterloh, W. (1988). Wissen und Problemlösen. In H. Mandl, H. Spada (Hrsg.). Wissenspsychologie. 247-263. München, Weinheim: Psychologie Verlags Union.

Seel, N. M. (2000). Psychologie des Lernens. München, Basel: Ernst Reinhardt.

Skowronek, H. (1969). Lernen und Lernfähigkeit. München: Juventa.

Spitzer, M. (1996). Geist im Netz. Modelle für Lernen, Denken und Handeln. Heidelberg, Berlin, Oxford: Spektrum Akademischer Verlag.

Steiner, G. (2001). Lernen und Wissenserwerb. In A. Krapp, B.Weidenmann (Hrsg.). Pädagogische Psychologie. 4. Aufl., Weinheim: Beltz. 137-205.

Watzlawick, P., Beavin, J. H., Jackson, D. D. (1969). Menschliche Kommunikation. Bern, Stuttgart, Wien: Huber.

Weinert, F. E. et al. (Hrsg.) (1974). Funk-Kolleg Pädagogische Psychologie 2. Frankfurt/M.: Fischer.

Weinert, F. E. (1986). Lernen – gegen die Abwertung des Wissens. In: Lernen – Ereignis und Routine. Jahresheft IV des Friedrich Verlags. 102-104.

Weinert, F.E. (Hrsg.) (1996). Psychologie des Lernens und der Instruktion. Pädagogische Psychologie. Enzyklopädie der Psychologie Bd. 2. Göttingen: Hogrefe.

Zimbardo, P.G., Gerrig, R. J. (1999). Psychologie. 7. Aufl., Berlin, Heidelberg, New York: Springer.

9   Lernstrategien und Arbeitstechniken

Hans Merkel

9.1   Definition

Es gibt derzeit ein großes Angebot an Büchern und Kursen zum Thema Lern- und Arbeitstechniken. Die so genannte Ratgeberliteratur entwickelte sich in den letzten Jahrzehnten so stark, dass von einem „Lern-Boom" gesprochen werden kann. Was sind Lern- und Arbeitstechniken? Lern- und Arbeitstechniken stellen ein **Kompetenzbündel von Einzelfertigkeiten** dar, deren Anwendung es einem Lerner ermöglicht, individuelles Lernen und selbstständiges Arbeiten zunehmend eigenverantwortlich durchzuführen.

Diese Fertigkeiten dienen dem Erwerb, der Verarbeitung und der Weitergabe von Wissensstoff und ermöglichen selbstständiges, rationales Arbeiten.

9.2   Wissen erwerben und Lernen lernen

Wie sieht Ihr Schulalltag aus? Sie bereiten sich gründlich auf Ihre Stunden vor, formulieren Lernziele und bringen diese auf methodisch unterschiedliche Weise im Unterricht den Schülerinnen und Schülern näher. Sie entlassen ihre Lerngruppe mit dem Schlussgong: In Heften und Ordnern, vielleicht aber auch schon als mentales Produkt wird der behandelte Stoff nach Hause getragen und in Form der Hausaufgabe nochmals bearbeitet.

In der nächsten Stunde wird die Hausaufgabe wiederholt, es kommt „neuer Stoff" auf die Schüler zu, der oben beschriebene Vorgang wiederholt sich in Variationen und wir können annehmen, die Schüler reichern Schritt für Schritt ihren Kenntnisstand an und vermehren ihr Wissen.

Gehen wir vom Schulstoff im engeren Sinne aus: Die Schüler wissen in der Folgestunde mehr Vokabeln als vorher, sie haben die Länder Europas gelernt und kennen ihre Hauptstädte. In der Lernpsychologie sprechen wir von **Faktenwissen**. Bei einer Wiederholung im Unterricht zeigen sich Lücken: eine Frage des Lehrers kann nicht beantwortet werden.

Soll dieser Mangel behoben werden, muss der Schüler über das Faktenwissen hinaus auch wissen, wie man etwas tut. Dies bezeichnen wir als **prozedurales Wissen** , also „Wissen, wie…". Im konkreten Fall würde der Schüler u.U. auf folgende Vorgehensweisen/Strategien zurückgreifen können: Rückfragen beim Lehrer, Unterstützung durch Mitschüler oder Eltern, Nachlesen im Heft, Benutzung des Buches, Verwendung des Stichwortverzeichnisses. Ein Schüler, der in der Schule eine vorgegebene Aufgabe lösen soll, wird in der Regel Faktenwissen und prozedurales Wissen abrufen müssen, um zur Antwort zu gelangen. Ist die Prozedur „eingeschliffen", also automatisiert, wird der Schüler u.U. den Lernprozess als Einheit erleben, und die Unterscheidung in Fakten- und prozedurales Wissen ist für ihn zunächst wenig bedeutungsvoll.

232   Lernstrategien und Arbeitstechniken

Für den Lehrer stellt sich die Frage, wie groß die Anteile an Fakten- und prozeduralem Wissen sein sollen. Lege ich mehr Wert auf das Faktenwissen oder stelle ich nach dem Motto „Nicht Resultate, sondern Wege!" mehr das prozedurale Wissen in den Lernmittelpunkt? Es ist die Frage der **Produkt- oder Prozessorientierung beim Lernen**: Soll mehr das Endergebnis der Lernleistung im Mittelpunkt der Überlegung stehen, oder schenke ich dem Motto „der Weg ist das Ziel" mehr Aufmerksamkeit?

9.3 Lernstrategien und Arbeitstechniken als wichtiges schulisches Tätigkeitsfeld

Das Bundesministerium für Bildung, Wissenschaft , Forschung und Technologie hat im Jahre 1997 den Auftrag für die Durchführung der so genannten Delphi-Studie mit dem Titel „Potenziale und Dimensionen der Wissensgesellschaft" erteilt. Bei diesem Forschungsprojekt wurden u. a. 457 Bildungsexperten aus öffentlichen und privaten Bildungseinrichtungen (Schule, Universität, private Bildungsanbieter), Betrieben, Bildungsforschung, aber auch kreative „Querdenker" und Innovateure des Bildungsmarktes befragt. Die Fragen des Bildungs-Delphi greifen weit in die Zukunft und beziehen sich auf die Wahrscheinlichkeit des Eintreffens bis zum Jahre 2020, also eine Generation voraus.

Bezüglich der Lerntechniken bzw. der lernmethodischen Kompetenz votieren die Experten mit einem Wert von + 1,8 innerhalb einer 5-stufigen Skala (die von + 2: Sehr wünschenswert, + 1: Wünschenswert bis − 2: Überhaupt nicht wünschenswert reichte). Formulieren wir diese Wunschvorstellungen um, ergibt sich für unsere derzeitige Schullandschaft die Vermutung, dass diese Aufgaben heute wohl weniger gut vermittelt werden. „Bei großen Unterschieden zwischen und zum Teil auch innerhalb der Schulen bleibt nach wie vor der Erwerb und die Vermittlung von Lernkompetenz hinter dem ‚Abfüllen' mit Fachinhalten zurück" (Delphi-Studie 1998, 62). Neben der Kompetenz selbst attestieren die Bildungsexperten auch dem Kompetenz**erwerb** einen hohen Stellenwert.

„Die konventionelle Lehre und das alltägliche Lernen sind typischerweise völlig produktorientiert. Es interessieren nur die Lernergebnisse und die davon abhängigen Leistungsmöglichkeiten, nicht aber die Prozesse des Lernens und deren systematische Verbesserung. Wiederum ist zu bedenken, dass beides nicht nur notwendig ist, sondern dass es auch einer systematischen Verbindung des Lernen-Lernens mit konkreten Prozessen des Wissenserwerbs bedarf, um beides zu optimieren. Effiziente Lernstrategien sind von großer Bedeutung (vgl. Friedrich & Mandl 1992; Friedrich 1995) – vorausgesetzt allerdings, dass man die Strategien nicht nur kennt, sondern dass ihr situationsangemessener Gebrauch auch in Form von Subroutinen hoch automatisiert erfolgt, und dass man intuitiv (gelegentlich aber auch reflexiv) weiß, unter welchen Bedingungen man welche Strategie zweckmäßig auswählt. Das aber setzt eine weitgehende Verankerung formaler Lernstrategien in inhaltliche Wissenssysteme voraus" (Weinert 1997, 314).

Bei der Anregung von Lernprozessen sollten wir also beide Aspekte berücksichtigen:
- Fundiertes Wissen (Faktenwissen oder „gewusst was") und
- formale Lernkompetenzen (prozedurales Wissen oder „gewusst wie")

in ein verantwortliches Gleichgewicht zu bringen, ist nötig, damit Jugendliche gegenwärtige und nur schwer prognostizierbare zukünftige Aufgaben bewältigen können (nach Weinert/Schrader 1996, 148). Einige Autoren (u. a. Rumpf) warnen vor den Auswüchsen der „an sich so sympathischen Lerneuphorie".

„Die größte Schwäche der in diesen Lerntrainingshilfen immer wieder herangezogenen Lernforschung ist einerseits die Inhaltsneutralität, andererseits ihre sich stumm durchsetzende technisch-ökonomische Leitnorm (schnell ist gut/ mehr ist gut/verfügbares Wissen haben ist gut)" (Rumpf 1990, 36). Goethes „Faust" mit Zeit lesen, einen Text langsam be- und verarbeiten und dabei viele Querverbindungen aufzeigen, ein Klimadiagramm in allen Einzelheiten verstehen kann im Einzelfall eine intensivere Lernleistung darstellen als das stromlinienförmige Wiedergeben von reinen Fakten. Schneller, höher weiter – unsere Leistungsgesellschaft stellt auch für die Schulen Leitnormen auf, die kritisch zu hinterfragen sind.

„Langsam lernen zu müssen, was man (jeweils) können will, oder schnell lernen zu können, was man (in einer konkreten Situation) braucht, das ist inzwischen eine nicht nur von Wissenschaftlern, sondern auch in der breiten Öffentlichkeit viel diskutierte Frage. Natürlich erscheint die zweite Alternative attraktiver. Das gilt für die Berufs- und Erwachsenenbildung in ganz besonderem Maße, ist sie doch stark auf einen (oft schnell wechselnden) bedarfsgerechten Kenntnis- und Fertigkeitserwerb ausgerichtet." (Weinert 1997, 296).

Auch viele Schülerinnen und Schüler haben diese zweckökonomischen Leitnormen schon verinnerlicht: „Zeig' mir den Trick" ist ein Ausspruch, den ich in abgewandelter Form bei Arbeitsgemeinschaften zum Thema „Das Lernen lernen" höre. Gemeint ist von Schülerseite dann meist: Lern- und Arbeitstechniken als Mittel, lästige Lernpflichten abzukürzen und mehr Freizeit zur Verfügung zu haben. Gleichwohl ist die Vermittlung von Lern- und Arbeitstechniken wertvoll, weil wir lernen müssen:

 Lernen muss spezifisch trainiert werden, braucht Zeit und ist mit Anstrengung verbunden.

Ich stimme mit Rumpf überein, dass wir in manchen Bereichen eine Verlangsamung der Lernprozesse anstreben sollten. Lern- und Arbeitstechniken sind dabei für mich ein Mittel, in Ruhe eine (Lern-)Sache aus einer anderen Position wahrzunehmen.

Kursthemen des Zentrums für ‚Studienberatung und Weiterbildung' der Universität Heidelberg im Wintersemester 2003/2004 lauten: „Know-how der Prüfungsvorbereitung", „Lernen lernen", „Lernstrategien und Stressbewältigung", „Motivation fällt nicht vom Himmel!" und „Prüfungsstress bewältigen".

Lernstrategien und Arbeitstechniken

Ein merkwürdiges Phänomen: Der Beratungsdienst einer Universität bietet Kurse zum Erlernen des Lernens an, obwohl in allen gymnasialen Bildungsplänen wissenschaftspropädeutische Ziele stehen und mit dem Abitur die Studierfähigkeit attestiert wird. Zahlreiche Angebote von außerschulischen Beratungsdiensten zeigen, dass die Schule in diesem Tätigkeitsfeld eine eher passive Rolle einnimmt. Die Vermittlung von Lerntechniken findet offenbar weit gehend außerhalb der Schule statt.

„Einerseits wird sich nicht abstreiten lassen, dass Schulen und Hochschulen ganz ungeübt in der Aufgabe sind, Schülern und Studierenden praktische und menschenfreundliche Winke zu geben, wie man sich denn Lernstoffe einverleibt, wie man Aufgaben löst, wie man Arbeiten schreiben kann. Vielleicht sind sich die Einrichtungen, je ‚höher‘ sie sich dünken, zu schade; sie halten es für unter ihrer Würde, wenn sie Ratschläge zur Zeiteinteilung, zur Organisation von Freizeit und Arbeitszeit, zu kleinen Tricks der Selbstbelohnung und Selbstdisziplinierung geben. Noch wahrscheinlicher: Sie setzen voraus, dass das entweder zu Hause irgendwie mitvermittelt wird, […] oder dass ein Student das von selbst herausbekommt, wie er seine Kraft und Zeit vor einem Lehrbuch wirkungsvoll einsetzt." (Rumpf 1990, 35)

Schüler sind beim Lernen meist auf sich gestellt und wenden, mit unterschiedlichem Erfolg, „selbst gestrickte" Techniken an, die sie über Nachahmung, Herumfragen und Ausprobieren erfahren haben. Im Bereich der Schule habe ich besondere Aktivitäten bei den Bildungsberatungsstellen gefunden. Veröffentlichungen von Keller (Bildungsberatungsstelle Ulm) belegen die große Bedeutung von Lernfördermaßnahmen.

Keller berichtet: „Als ich einmal über dieses Thema vor Gymnasiallehrern referiert hatte, kam ein älterer Kollege zu mir und sagte, er sei der Meinung, Gymnasialanfänger bräuchten keine spezielle Förderung. Entweder, sie hätten eine Gymnasialbegabung oder sie hätten keine. Er halte sich an den Spruch, der über dem Portal der Universität von Salamanca stehe und laute: ‚Was Gott dir nicht gegeben hat, kann auch Salamanca dir nicht geben.'"

Wie empfinden Sie die Äußerung dieses Kollegen? Weit abgehoben von seiner Klasse, stark an den Leistungsträgern orientiert und schnell bei der Hand, das gymnasiale Niveau aus seiner Sicht zu definieren? Ich möchte ein anderes Bild aufzeigen: Ein Lehrer als Ratgeber bei Studienfragen, also beim Lernen. Wir könnten seine Berufsbezeichnung auch so verstehen: „Studienrat" als Berater in Studienfragen. Beratung im Sinne einer Hilfe zur Entscheidungsfindung und Problemlösung, nicht als Besserwisserei.

„Die Begabung ist zwar eine notwendige, aber keine hinreichende Bedingung für den Lernerfolg. Damit der Schüler die von der Grundschule attestierte Begabung in gute Schulleistung umsetzen kann, benötigt er viel Entwicklungs- und Lernförderung. Und dies vor allem in der sensiblen Entwicklungsphase der ersten Gymnasialjahre." (Keller 1990, 329)

Bei vielen Beratungsanlässen ist zu prüfen, welchen Anteil die Eltern (z. B. Wahl einer zu hohen Schulstufe) und die Schule zur Problemstellung beitragen. Die Schule wird dann zur Mitverursacherin, wenn sie den Entwicklungsstand beim

Erziehen und Unterrichten zu wenig berücksichtigt bzw. zu wenig Entwicklungsförderung praktiziert. Dabei sind spezielle Lernfördermaßnahmen (selbstständige Lernplanung, Merken komplizierter Sachverhalte, systematisches Problemlösen, Steuerung der Konzentration, Gestaltung der Lernumwelt, Umgang mit Lern- und Arbeitsmitteln) geeignete Mittel, die Entwicklungsförderung zu unterstützen. Möglichkeiten der Umsetzung wären z. B. Seminarkurse, selbstständig zu erbringende Lernleistungen oder eine Behandlung als Projektthema.

Die aufgeführten Beispiele belegen, dass entsprechende Bedürfnisse vorhanden sind, außerschulische Institutionen und Verlage diese Möglichkeiten pragmatisch nutzen und die Schule dieses Tätigkeitsfeld anderen Anbietern wie beispielsweise den Beratungslehrern oder Bildungsberatungsstellen überlässt.

9.3.1 Zugangs- und Umsetzungsmöglichkeiten

Wie könnte der Zugang für die am Lernen Beteiligten und mein Hilfsangebot für meine Schüler/innen aussehen? Die Frage ist nicht so einfach zu beantworten und die Antwort hängt von mehreren Faktoren ab. Wichtig erscheint mir, meine eigene Position und, damit verbunden, meine Einstellung zum Thema Lern- und Arbeitstechniken als Lehrer zu klären sowie die Bedeutung der Thematik für die Schüler und die Erwartungen der Eltern. Mit den folgenden Fragen können wir aus der Lehrerperspektive Teilaspekte des Rahmenthemas erschließen:

1. Mit welchen Lern- und Arbeitstechniken wurde ich als Schülerin bzw. als Schüler konfrontiert? Erhielt ich konkrete Anregungen von Eltern oder Lehrern oder habe ich eher „selbst gestrickte Strategien" angewandt?
   Wende ich z. B. ineffektive Lern- und Arbeitstechniken an, die ich vielleicht bisher nicht kritisch genug hinterfragt habe:
   – Hinausschieben von schwierigen Aufgaben,
   – zu viel auf einmal lernen (z. B. vor Klassenarbeiten, Prüfungen),
   – Lernen immer nach derselben Art an Stelle von variablem Lernen?
2. Welche Bedeutung haben die Lern- und Arbeitstechniken in meinem jetzigen Berufsalltag? Wann und wie bereite ich mich vor? Wie sieht meine persönliche Bilanz bezüglich der Stoffvermittlung und der Vermittlung von Lern- und Arbeitstechniken aus?
3. Welche Lern- und Arbeitstechniken kenne ich überhaupt? Welche davon setze ich in meinem Fachunterricht jetzt schon ein? Wie sind meine Erfahrungen bei diesem Einsatz? Gibt es Möglichkeiten der fächerübergreifenden Bearbeitung dieses Themenbereichs?
4. Wer soll für die Vermittlung zuständig sein? Ist eine Arbeitsteilung mit Kolleginnen und Kollegen machbar? Welche Unterstützung bietet der Beratungslehrer oder ggf. die Bildungsberatungstelle an?
5. Welche Angebote sollten die Eltern erhalten? Bedenken Sie, dass insbesondere in der Unterstufe die Eltern einen Großteil der Lernzeit ihrer Kinder mitverfolgen, beobachten und begleiten. Eine Sensibilisierung der Eltern für diese Frage kann Synergieeffekte hervorrufen.

Zusammenarbeit mit den Eltern

Deshalb biete ich in Unterstufenklassen einen Themen-Elternabend mit dem Motto „5.-Klässler – Das sind noch keine Gymnasiasten / Das Lernen lernen" an. Eltern begleiten und beobachten ihre Kinder besonders in den unteren Klassen über einen beträchtlichen Zeitabschnitt der Lernzeit. Beim häuslichen Arbeiten sind nicht alle Eltern beim Auftreten von Lernschwierigkeiten bzw. bei Fragen der Lern- und Arbeitstechniken so sicher, dass sie geeignete Interventionsmittel an der Hand haben und diese sinnvoll umsetzen können. Mit derartigen Elternabenden möchte ich die Eltern für das Thema sensibilisieren. Dabei werden folgende Bereiche angesprochen:

- Entwicklungsstand der Kinder (mit der sensiblen Übergangsphase von den konkreten zu den formalen Operationen im Sinne Piagets),
- Schwierigkeiten beim Übergang,
- Erwartungen der Eltern und
- welche Hilfe benötigen die Kinder?

Dabei spreche ich auch mit den Eltern die wichtigsten Lerntipps durch und gehe dabei auf die Bereiche Lernplanung, Hausaufgaben, Heftführung, Lernpausen, lernfördernder Arbeitsplatz, mehrkanaliges Lernen, Lernstoffwechsel, Lernkontrolle, Gedächtnisstützen, Wiederholungs-Lernen, Vokabel-Lernen, Mathematik-Lernen und Text-Lernen ein.

Diese Elternabende unterscheiden sich grundsätzlich von „normalen" Elternabenden. Hier steht der Fortbildungs- und Kooperationsgedanke mit dem Elternhaus im Vordergrund.

Möglichkeiten zur Umsetzung

Im Schulalltag gibt es zahlreiche Möglichkeiten, Lern- und Arbeitstechniken zu behandeln. Eine Zusammenarbeit im Kollegium erscheint sinnvoll, da – besonders in der Einarbeitungsphase – die Materialvorbereitung auf mehrere Schultern verteilt werden kann. Klippert fordert für sein Methodentraining als Beitrag zur systematischen Unterrichtsentwicklung eine Zwei-Drittel-Zustimmung des Kollegiums (Klippert 2003, 38). Ich meine, auch im kleineren Rahmen sind Lern- und Arbeitstechniken sinnvoll und umsetzbar.

> **Lern- und Arbeitstechniken können angeboten werden:**
> 1. integriert im regulären Fachunterricht,
> 2. als Arbeitsgemeinschaften,
> 3. als Blockveranstaltung z. B. zu Beginn der 5. Klasse,
> 4. als Seminarkurs.

Nach zahlreichen Anwendungen komme ich zu dem Schluss, dass die **nachhaltigste Wirkung** bei der Integration der Lern- und Arbeitstechniken im eigenen Unterricht in der **Unterstufe** erzielt wird. Unterrichtsthematik und Strategiewissens-Erwerb können hier Hand in Hand parallel bearbeitet werden. Der Lehrer

Lernstrategien und Arbeitstechniken als wichtiges schulisches Tätigkeitsfeld **237**

als Vorbild spielt sicher eine wichtige Rolle in diesem sensiblen Entwicklungsabschnitt der Jugendlichen. Bei allen anderen Angeboten fehlen mir dieser unmittelbare Bezug und die direkten Anwendungsmöglichkeiten.

Widerstände bei der Umsetzung können aber **auch auf der Lehrerseite** vorhanden sein. Ein neues Tätigkeitsfeld, ein anderer Ansatz von Unterricht – weniger Stoff, dafür Lern- und Arbeitstechniken – können die persönliche Balance des Lehrers aus dem Gleichgewicht bringen. Eine Hinwendung zu den Lern- und Arbeitstechniken würde zunächst eine zusätzliche Belastung darstellen, die Früchte dieser Arbeit können sicherlich nicht kurzfristig geerntet werden. Guter Unterricht dreht sich zunächst häufig um den zu vermittelnden Unterrichtsstoff; von Referendarinnen und Referendaren werden das „Was" und das „Wie" im didaktischen und methodischen Sinne meist ausführlich behandelt. Leider bleibt häufig ausgeblendet, wie der einzelne Schüler mit dem Lernstoff umgeht. Das liegt sicherlich mit daran, dass wir uns bei der Unterrichtsvorbereitung an den durchschnittlichen Schülern orientieren. Für eine Würdigung individueller Lernerfahrungen des einzelnen Schülers bleibt im Unterrichtsalltag leider oft zu wenig Zeit. Wir müssen jedoch bedenken, dass wir junge Menschen auf ihrem Lernweg begleiten, die eine individuelle Lerngeschichte hinter sich haben.

Im engen Zusammenhang dazu steht die **starke Stoffzentriertheit** im heutigen Unterrichtsalltag. Die Ausläufer der Abbilddidaktik werden hier sichtbar. Die Fachwissenschaft gilt als die wichtigste Instanz für die Festlegung der Lernziele und Lerninhalte (Meyer 2003, 255).

Besonders der Berufsanfänger orientiert sich zunächst bei seinen Vorbereitungen an seinem fachwissenschaftlich vorgegebenen Inhaltskatalog.

Die wichtige Frage, wie die einzelnen Schüler die Inhalte lernen, wird zu wenig reflektiert, die didaktische Transformation kommt zu kurz. Es braucht gerade in der Anfangsphase des Unterrichtens eine gewisse Zeitspanne, bis die beiden Anliegen der Stoffvermittlung und der Schüleraneignung von Referendaren und Referendarinnen als zusammenhängend erlebt und im Unterricht umgesetzt werden können.

Auch Berufserfahrene erleben dies bisweilen als Defizit bei ihrer Arbeit. Der Tenor bei vielen Diskussionen mit Lehrerinnen und Lehrern bei Pädagogischen Tagen ist: „Ich bin froh, wenn ich die Unterrichtsinhalte in einem Schuljahr durchbringe, für pädagogische Maßnahmen bleibt da wenig Zeit" oder: „Wir brauchten mehr Zeit für die Kinder, ohne den Zwang, Lernstoff zu vermitteln!"

9.3.2   Selbstständiges Lernen als Ziel

Es wird sich nicht vermeiden lassen, den Stoff zu reduzieren. Wir werden lernen müssen, weniger Fachwissen zu vermitteln und dafür mehr auf andere Sachverhalte zu achten. Ich meine damit nicht, dass wir die Schüler am Gymnasium inhaltlich unterfordern sollten. Es geht vielmehr darum, **Handlungsspielräume** zu eröffnen, die es dem Lehrer erlauben, Defizite im Bereich der Lerntechniken abzufangen.

Ein hoffnungsvoller Weg dabei könnte sein, sich mit den Schülern Gedanken über das Lernen zu machen. Wäre es wirklich nicht sinnvoller, dem Schüler Strategien auf seinen Lebensweg mitzugeben, die es ihm ermöglichen, selbstständig zu lernen? Simons (1992) stellt einen Zusammenhang zwischen der Lernauffassung, die Schüler haben, und dem Grad ihrer Selbstständigkeit beim Lernen fest. Er unterscheidet drei Lernauffassungen: Lernen ist

- Aufnehmen und Wiedergeben von Informationen, die man aus Büchern entnimmt oder vom Lehrer erhält (reproduktive Lernkonzeption),
- Aufnehmen von Informationen, die man später gebrauchen kann (Gebrauchswert-Konzeption),
- Auseinandersetzung mit dem Lerngegenstand (konstruktivistische Lernkonzeption).

Spreche ich mit Schülern über diese Konzepte, deuten die meisten Antworten auf ein reproduktives Lernkonzept hin. Das Verständnis von Unterricht ist eng damit gekoppelt: Verantwortlich für den Lernprozess ist der Lehrer, der Lernende kann passiv bleiben.

Wie können wir Selbstständigkeit fördern?

1. Konfrontieren Sie Ihre Schüler mit den subjektiven Lernkonzepten und unterstreichen Sie die Chance der konstruktivistischen Konzeption (siehe Beitrag 8).

2. Tauschen Sie sich mit Ihren Schülern darüber aus, welches Lernkonzept sie bevorzugen und warum.

3. Sprechen Sie mit Ihren Schülern über die Lernziele.

4. Rechnen Sie damit, dass eine Umstellung vom reproduktiven zum konstruktivistischen Konzept Angst auslösen kann. Unterstützen Sie Ihre Schüler dabei durch geeignete Hilfsangebote.

5. Ermutigen Sie Ihre Schüler zur Überwachung und Kontrolle ihrer eigenen Lernaktivitäten.

6. Denken Sie daran, dass wir als Lehrer dazu neigen, das Lernen der Schüler stark extern zu steuern, und damit die Selbstständigkeit blockieren.

7. Unterstützen Sie Schüler, denen das selbstständige Lernen noch nicht vertraut ist. Überlegen Sie bei Ihrer Unterrichtsvorbereitung, welche Folgen Unterrichtsmaßnahmen auf die Lernsteuerung der Schüler haben.

8. Selbst Klassenarbeiten können Elemente der Erziehung zur Selbstständigkeit und Eigenverantwortlichkeit enthalten. In Arbeiten stelle ich die Frage: „Was hast du noch gelernt, was habe ich dich leider nicht gefragt? Stelle dir selbst die Frage und beantworte sie!" Von 24 Gesamtpunkten vergebe ich für dafür 4. Nach Übungsphasen gelingt es bereits 5.-Klässlern, diese anspruchsvolle Aufgabe zu bearbeiten. Für mich ist beeindruckend, dass das Ergebnis einer solchen Teilaufgabe eine hohe Korrelation mit dem Gesamtergebnis der Klassenarbeit aufweist und dazu bestätigt: Gute Problemlöser stellen komplexere Fragen und die Antworten lassen den Schluss auf eine konstruktivistische Lernkonzeption zu.

Lernstrategien und Arbeitstechniken als wichtiges schulisches Tätigkeitsfeld　　239

Die folgenden unterrichtspraktischen Beispiele verwende ich zur Umsetzung der Lern- und Arbeitstechnik-Vermittlung in meinem Unterrichtsalltag. Mit ihnen versuche ich, Schülerinnen und Schüler auf ihrem Weg zum selbstständigen und eigenverantwortlichen Lernen zu fördern und zu begleiten.

9.4 Vom Sinn des Wiederholens und Übens – Beispiele der Umsetzung/Vermittlung

Schüler gehen oft davon aus: Einmal gekonnt ist immer gekonnt. Zu Lerntechniken gehört auch, dass man um die Wichtigkeit des Wiederholens und Übens weiß und sich danach richtet.

Beispiel

Nach dem Erdkundeunterricht in einer 5. Klasse über Küstenformen gehe ich beladen mit Material ins Lehrerzimmer. Mit Fön, Wasser und Sand in einer Schale kann man experimentell die Entstehung von Küstenformen schön zeigen und erklären. Auf dem Rückweg spricht mich ein Schüler meiner 6. Klasse an: „Machen Sie denselben Käs' wie letztes Jahr?" In der nächsten Stunde der 6. Klasse habe ich die Frage thematisiert: „Was wisst ihr noch von dieser Erdkundestunde (vor einem Jahr)?" Die Ergebnisse waren überraschend und ernüchternd zugleich. Ein knappes Drittel der Schüler/innen konnte sich an die Stunde wohl noch gut erinnern: Erklärte Fachbegriffe waren noch abrufbar, die gelernten Sachverhalte waren noch präsent. Eine mittlerer Gruppe konnte mit Unterstützung wichtige Sachverhalte wiedergeben, eine Teilgruppe konnte nichts mehr mit dem Thema anfangen. Das Gelernte war nicht abrufbar.
Mein Anteil an diesem Ergebnis? Als Lehrer hatte ich vermutlich dem stetigen Wiederholen zu wenig Aufmerksamkeit gewidmet und dadurch Schüler in ihrer Haltung, „nur" bis zur nächsten Leistungsprüfung zu lernen verstärkt.

Die Situation war für mich ein Schlüsselerlebnis: Welche Wissensbestände meiner Fächer sind unverzichtbares Basiswissen und sollen auch nach längerer Zeit des Unterrichtens von den Schülern noch beherrscht werden? Welche Rolle spielen dabei Wiederholen und Üben? Seit dem Schlüsselerlebnis lege ich Schülern meist in der Anfangsphase des Schuljahres folgende Frage vor: Wie oft musst du Lernanforderungen wiederholen, um den Lernstoff dauerhaft zu beherrschen?

Angesichts der Heterogenität von Schulklassen ist dies schwer zu beantworten. Nach der Besprechung mit den Einzelaspekten des Schwierigkeitsgrades (zwischen leicht und schwer), des Leistungsvermögens (gering bis hoch) und der Lernbereitschaft (stark – schwach) lasse ich die Schüler schätzen: Meist schwankt die Bandbreite zwischen 2 und 10, beim Mittelwert von 5 bis 6 Wiederholungen. Weitere wichtige Fragen sind für mich:

- ◾ Kommen wir im Unterricht auf 5 bis 6 Wiederholungen?
- ◾ Ist es ein Merkmal „guten Unterrichts", 5 bis 6 Wiederholungen anzubieten?
- ◾ Können wir die Hausaufgaben stärker einbeziehen?
- ◾ Gibt es unterstützende Möglichkeiten, diese Wiederholungen dauerhaft zu thematisieren bzw. zu bearbeiten (z. B. aktuelle Zeitungsmeldungen/Nachrichten/Eigenlektüre)?

Unterstufenschüler brauchen besondere Unterstützung. Bei der Aneignung müssen Schüler den Lerngegenstand so bearbeiten, dass er in ihr jeweiliges mentales Netz eingebunden werden kann. Beim Abrufen dieser gespeicherten Wissensbestände muss der Lernende „das Nichtgegenwärtige hervorrufen" (Evokation).

9.4.1   Heftführung

Seit dem oben geschilderten Schlüsselerlebnis arbeite ich in Unterstufenklassen bei der Heftführung mit der so genannten „GÜTE-Formel".

Heftführung und Notizen: Die GÜTE-Formel

Hand aufs Herz, wie sieht es mit deiner Heftführung aus? Hast du manchmal Probleme damit?

Gehen wir die wichtigsten Dinge gemeinsam durch:

– Welche Hefte für die einzelnen Fächer wichtig sind, sagt dir sicher dein Fachlehrer.
– Bemühe dich – auch wenn es (manchmal) sehr schwer fällt – ordentlich zu schreiben. Sicherlich geht es dir auch so, dass du eine ordentliche, saubere Schrift besser lesen kannst. Denke auch daran, dass dein Heft ein wichtiges und wesentliches Vorbereitungsmittel für Wiederholungen ist. Es wäre wirklich nicht gut, wenn du dich darin nicht zurechtfinden würdest.
– Fehler macht wohl jeder! Hast du einen entdeckt, streiche das falsche Wort einfach durch und setze das richtige darüber.

Damit dein Heft noch übersichtlicher wird, gibt es einen tollen Trick: die GÜTE-Formel.

Die Heftseite teilst du dir dabei wie folgt ein:

G   Grundnotiz: Hier trägst du alles ein, was während des Unterrichts diktiert wird oder was du sonst noch schreiben musst.

Ü   Überschrift: Meistens wird das das Thema einer Unterrichtsstunde sein, es kann aber auch mit einem größeren Kapitel zusammenhängen.

T   Top-Begriffe: also wichtige Begriffe. Hier werden wichtige Begriffe eingetragen, sie werden für dich damit schneller überschaubar.
Querverweise gehören ebenfalls hierher (z.B. Atlas, S. 70). Das erleichtert dir beim Wiederholen die Arbeit.

E   Extra-Feld: Hier solltest du dir zusätzlich Dinge notieren – etwa Kurzerklärungen von neuen Begriffen oder Fragen, die beim Wiederholen aufgetaucht sind.

Wenn du deine Hefte so anlegst, ist es für dich nicht schwierig, die Seiten zu nummerieren und vorne im Heft ein Inhaltsverzeichnis anzulegen. So wird aus deinem Heft plötzlich ein tolles Buch, mit dem dir das Lernen bestimmt Spaß macht.

Vom Sinn des Wiederholens und Übens – Beispiele der Umsetzung/Vermittlung

Damit erarbeiten sich die Schüler ein organisatorisches Grundgerüst, mit dessen Hilfe die Bedeutung des Wiederholens aufgezeigt werden kann.

Beispiel

Nach einem längeren Unterrichtsabschnitt bitte ich die Klasse, zum Hefteintrag vor vier Wochen zurückzugehen und dabei „nur" die Überschrift anzusehen. Das entsprechende G-Feld wird durch die Schüler/innen abgedeckt. Das folgende Gespräch beginnt meist mit der Frage: „Welche Sachverhalte haben wir in dieser Stunde bearbeitet, was hast du damals gelernt?"

Die Ergebnisse sind unterschiedlich, lassen aber vermuten, dass das Wiederholen für die meisten Schüler eher eine lästige Pflicht als eingesehene Selbstverständlichkeit im Schulalltag ist. Sie werden damit auch schnell Schülerinnen und Schüler herausfinden, die „nur" im Hinblick auf Klassenarbeiten lernen. Nach der Arbeit ist der Stoff unwichtig und kann vergessen werden. Diese Haltung ist weit verbreitet, lernpsychologisch jedoch bedenklich und für die Selbstbildung kontraproduktiv. Mit solchen „Rückblicksequenzen" kann Fachwissen und Methodenkompetenz Hand in Hand bearbeitet werden. Besprochen werden kann dabei auch, ob der gesamte Schulstoff permanent wiederholt werden muss. Unverzichtbares Basiswissen (Vokabeln, Rechenregeln, Grammatikregeln, aber auch Problemlösungsstrategien usw.) können organisatorisch hervorgehoben werden.

Diese Art der Heftführung ist natürlich für die Schüler mit Mehrarbeit verbunden und stößt nicht bei allen auf Begeisterung.

Beispiel

In einer neu übernommenen 5. Klasse brauche ich ca. 4 bis 6 Wochen, bis alle Schüler ihr Heft nach dieser Methode selbstständig führen können. Die erlebte Gestaltungsfreude mildert den Widerstand allerdings meistens ab.
Eine „nette Art von Widerstand" verdanke ich einem Schüler einer 6. Klasse, er hat mir ausgerechnet, wie viel Heft er vergeudet durch das Anlegen der zusätzlichen Ränder, sowie der Überschrift und des Ergänzungsfeldes. Ich habe ihm ein neues Heft geschenkt.

Hinweise auf andere Lernstrategien könnten hier folgen: Wichtige Sachverhalte, auf die z. B. dauerhaft zurückgegriffen werden muss, könnten mit einem Lernkasten (mit meist 6 Wiederholungsabteilungen) bearbeitet werden. Querverbindungen zum Vokabellernen können aufgezeigt werden. Wenn Schüler die im Unterricht neu auftauchenden Begriffe zudem in ein alphabetisches Übersichtsblatt eintragen, entsteht ein Stichwortverzeichnis. Wiederholungsarbeit mithilfe dieses Stichwortverzeichnisses ist somit leicht möglich.

Zu bedenken ist allerdings, dass das reine (mechanische) Wiederholen nur bis zu einem gewissen Grad eine sinnvolle Lernstrategie darstellt. Wem über das Gebotene hinaus nichts einfällt, der hat auch nur oberflächlich verstanden (Ballstaedt 1991), wir können hierbei von „flachen Lernprozessen" sprechen. Diese führen jedoch leider nur zu geringeren Gedächtnisleistungen (Anderson 2001).

Die Anwendung der Lern- und Arbeitstechniken entbinden uns also nicht von der Frage des Anteils von Reproduktions- und Transferwissen in unserem Unterricht.

Stelle ich bei solchen Wiederholungs-Rückblicken Defizite fest, hilft mir das diagnostische Interview, den Problemsitz genauer zu analysieren. Ich erläutere es am Beispiel für Mathematik, es ist – mit kleineren Abwandlungen – leicht für andere Fächer nutzbar:

Beispiel

Interviewfrage	Mögliche Fehlerbedingung
1. Lies die Aufgabe (laut) vor. Welche Aufgabenstellung liegt vor? Wenn du ein Wort nicht kennst, kläre es.	LESEFÄHIGKEIT Kann der Schüler die Aufgabe korrekt lesen? Kenntnis von Wörtern? Kenntnis von Symbolen?
2. Erkläre, was die Aufgabe von dir verlangt.	VERSTÄNDNIS Kann der Schüler die Frage verstehen? Allgemeines Verständnis? Verständnis von speziellen Ausdrücken und Symbolen?
3. Erkläre, wie du vorgehst, um die Aufgabe zu lösen.	TRANSFORMATION Kann der Schüler die für die Aufgabenlösung erforderlichen (mathematischen) Verfahren auswählen?
4. Zeige, wie du rechnest, sprich beim Rechnen.	RECHENFÄHIGKEIT Beherrscht der Schüler die notwendigen (mathematischen) Operationen?
5. Beantworte jetzt die in der Aufgabe gestellte Frage.	ENKODIERUNG Kann der Schüler die Antwort auf die Frage geben?

Im Einzelgespräch, aber auch im Unterricht ist es leicht einsetzbar. Es stellt für mich eine elegante Möglichkeit dar, den aktuellen Problemsitz herauszuarbeiten. Damit habe ich eine Möglichkeit, mit dem Schüler gezielt auf eine Veränderung hinzuarbeiten. Über das laute Vorlesen bzw. das Mitsprechen beim Nachdenken kann sogar die Klasse mit in die Analyse einbezogen werden. Mit entsprechenden Hinweisen auf die Bedeutung von dem Umgang mit Fehlern lässt sich auch aus möglichen Fehlern viel lernen.

9.4.2 Lesetechnik

Welche Lern-Strategien wenden Sie beim Lesen von Texten an? Die Bandbreite von Antworten reicht bei Miniumfragen im Seminar von „ohne besondere Strategien" (implizite fallen meist nicht mehr auf) bis zur „5-Schritt-Lesetechnik".

Vom Sinn des Wiederholens und Übens – Beispiele der Umsetzung/Vermittlung   243

Bei der 5-Schritt-Lesetechnik sollte beim Lesen so vorgegangen werden:
1. Sich einen Überblick verschaffen
2. Fragen stellen
3. Lesen
4. Wiedergeben
5. Überprüfen

Dazu ein kleines Experiment. Bitte wenden Sie die 5-Schritt-Lesetechnik beim folgenden Text an:

5-Schritt-Lesetechnik-Experiment

Aufgabe: Suche / Suchen Sie möglichst schnell das Lösungsmotto im folgenden Text!

Willst du Texte effektiver bearbeiten, deine Aufmerksamkeit beim Lesen steigern und die Behaltensrate erhöhen, ist es sinnvoll, die zu verarbeitenden Informationen in dein Netz von bisher vorhandenen Informationen im Gehirn einzubinden. Je engmaschiger du dieses Netz anlegst, desto größer wird die Wiedergabewahrscheinlichkeit. Ich denke, das Wiedergeben kommt in der Schule häufiger auf dich zu. Mit der 5-Schritt-Lesetechnik lernst du ein Verfahren kennen, das anstrengender, aber auch effektiver als das normale Nur-Lesen ist:

1. Sich einen Überblick verschaffen
   Wie ist der Text aufgebaut?
   Informiere dich über Zusammenfassungen.
   Stelle Querverbindungen zu deinem Vorwissen her.
   Mit dem Überblick stimmst du dich auf das Neue ein. Mit den Querverbindungen bahnst du eine Verknüpfung von Informationen aus deinen Erinnerungsfeldern im Großhirn mit den neuen Informationen an.

2. Fragen stellen
   Benutze Überschriften, ggf. das Inhaltsverzeichnis oder das Stichwortverzeichnis, um Fragen zu stellen. Was möchtest du gerne erfahren?

3. Lesen
   Jetzt beginnt die eigentliche Lesearbeit. Versuche immer wieder Bezüge zu deinen Fragen herzustellen. Vielleicht tauchen auch neue Fragen auf, halte auch diese fest.

4. Wiedergeben
   Setze die Informationen in dein eigenes Denk-System um. Durch Sprechen mit deinen eigenen Worten, durch Aufsagen kannst du dies erreichen. Halte wichtige Passagen am besten schriftlich als Notizen fest.
   Du aktivierst dabei neben deinem Sprachzentrum auch das Hörzentrum und bindest die Informationen mehrkanalig in deine Gedankenwelt ein. Die Notizen erhöhen deine Behaltensleistung.

5. Überprüfen
   Kontrolliere, ob die neuen Informationen abrufbar sind. Du erhältst hier Rückmeldung über eventuelle Defizite und lernst auch die eigene Kontrolle über deinen Lernfortschritt.

                                            (... bitte umblättern)

Das Lösungswort finden

Wie bist du vorgegangen? Hast du den oberen Abschnitt nochmals durchgelesen? Wenn ja, war das sicher notwendig für dich, denn du solltest dir ja beim Anwenden der 5-Schritt-Lesetechnik zuerst einen Überblick verschaffen. Deshalb heißt das Lösungsmotto: „Überblick zuerst verschaffen". Bei diesem Experiment beginnen viele Teilnehmer zunächst mit dem Lesen. Wahrscheinlich führt jedoch nur dieser Abschnitt zum Ziel, häufig erledigt man den ersten Schritt des „Überblick-Verschaffens" eher nachlässig.

Das gesuchte Lösungsmotto lautet:
Mein Zeitbedarf zum Finden des Lösungsmottos betrug .... Sekunden.

An diesem Anwendungsbeispiel habe ich gelernt, dass Lernende bisweilen über das nötige Strategiewissen verfügen, es konsequent anzuwenden ist jedoch eine andere Sache. Mit diesem kleinen Experiment wird meist im Unterricht auch deutlich, dass das notwendige Strategiewissen nicht zwangsläufig mit der Anwendung (Handlungswissen) verbunden ist. Lerntechniken und deren Anwendung sind deshalb immer wieder einzufordern und zu üben. Erst damit kann es zur Automatisierung kommen und ggf. zur Aufgabe von „selbst gestrickten" Strategien. Gehört ist noch nicht verstanden, verstanden ist noch nicht einverstanden, einverstanden ist noch nicht eingeübt.

9.4.3   Klassenarbeiten und schriftliche Wiederholungen

Unterstufenschüler können sich mit Unterstützung das notwendige Strategiewissen erarbeiten. Dazu ist Zeit nötig. Bei manchen Anforderungen (Klassenarbeiten, schriftliche Wiederholungsfragen) im Schulalltag beschränken wir bewusst die Zeit. Häufig erlebe ich, dass Schülerinnen und Schüler bei solchen Anlässen die Lern- und Arbeitstechniken nicht so souverän anwenden können, wie sie das vorher gezeigt haben. Ich vermute, diese Beobachtung hängt mit der Bedeutung der Notengebung für die Schüler und deren Eltern zusammen. Unter Zeitnot treten dann Belastungssymptome auf, die für einen Teil unserer Schüler sicherlich „Stress" signalisieren.

Unterstützung und ein besonderer Augenmerk auf die Stabilisierung in diesem Bereich erscheint mir besonders notwendig. Ich benutze dazu das folgende Material zur Besprechung (siehe nächste Seite).

Schriftliche Wiederholungsarbeiten verschärfen manchmal die angesprochene Problematik. Ich vermute, dass wir manchmal mehr die Stressresistenz als das wahre Leistungsvermögen unserer Schüler überprüfen. Wir sollten vor diesem Hintergrund den Ratschlag von Weinert beherzigen: Im Schulalltag sollten bewusst auch überprüfungsfreie Zeiträume eingeplant werden. Immer lässt sich dies nicht umsetzen. Besonders bei den unbeliebten (weil meist nicht erwarteten) schriftlichen Wiederholungsfragen lohnt sich ein zusätzliches Engagement. Ein Beispiel zur Umsetzung ist mein „Test-Training" (siehe übernächste Seite).

Vom Sinn des Wiederholens und Übens – Beispiele der Umsetzung/Vermittlung

Vor und während einer Klassenarbeit

Wir wollen heute besprechen, was du tun kannst, damit du vor und während einer Klassenarbeit mit der Anspannung umgehen kannst.

1. *Diskutiere vor der Arbeit nicht mehr.*
   Lass dich unmittelbar vor der Arbeit oder vor einem Test nicht mehr auf Diskussionen mit deinen Mitschülern ein. Leider gibt es Mitschüler, die glauben, sie müssten ihr Wissen anderen unbedingt mitteilen.
2. *Konzentriere dich.*
   Beobachte nicht deine Klassenkameraden, sondern versuche vielmehr, dich selbst zu sammeln, in dir selbst zu ruhen. Vielleicht hilft dir ein kleines Selbstgespräch: „Ich habe mich – so gut es mir möglich war – vorbereitet, also werde ich es schaffen!"
3. *Lies deine Aufgaben sorgfältig durch.*
   Lies deine Aufgaben sorgfältig und langsam durch – am besten zweimal. Hast du eine Frage, stelle sie dem Lehrer. Scheue dich nicht davor und habe keine Bedenken, dass die Mitschüler dich wegen einer „dummen" Frage auslachen. Vielleicht hat der Lacher nur darauf gewartet, dass jemand die Frage stellt, weil er sie selbst nicht stellen mochte.
4. *Kontrolliere dich auch während der Arbeit.*
   Damit du deine Aufgabe immer im Auge hast, musst du dich selbst mehrmals fragen: Was ist hier gefordert? Habe ich noch den nötigen Überblick? Wenn dir eine Aufgabe unklar bleibt, kontrolliere, ob du beim Durchlesen etwas falsch aufgefasst haben könntest.
5. *Achte auf die Reihenfolge der Beantwortung.*
   Die Reihenfolge der Beantwortung der gestellten Aufgaben ist sehr wichtig. Stelle dir vor, du beginnst mit der schwierigsten Aufgabe und verbeißt dich in einen Lösungsversuch – das wäre nicht sinnvoll. Viele Klassenarbeiten sind vom Lehrer so vorbereitet worden, dass eine deutliche Steigerung der Schwierigkeit der Aufgaben in der Mitte zu finden ist, während anfangs und gegen Ende leichtere Aufgaben stehen.
   Wie das deine Lehrer handhaben, kriegst du am besten heraus, wenn du es mit ihnen besprichst.
6. *Gönne dir kleine Entspannungspausen.*
   Lege zwischen deine Antworten immer wieder kurze Entspannungspausen ein. Lege dein Schreibzeug auf die Seite, atme tief ein und aus und strecke dich – du wirst sehen, dass es dir danach deutlich besser geht. Du verhinderst damit, dass deine Prüfungsanspannung dich verkrampft.
7. *Der Spickzettel – eine wirkliche Hilfe?*
   Mit dem Abschreiben ist das so eine Sache. Die Benützung eines unerlaubten Hilfsmittels („Spickzettel") bringt große nervliche Anspannung mit sich (man nennt das auch Stress), da du damit rechnen musst, dass du erwischt wirst, und die Strafe hierfür ist dir höchstwahrscheinlich bekannt. Die Belastung durch diesen Stress ist meist größer als der Nutzen des Spickzettels!
   Anders sieht es mit der Anfertigung eines Spickzettels (= als Merkblatt) aus. Wer einen guten Spickzettel anfertigt, hat sich eine Kurzzusammenfassung der wichtigsten Sachverhalte zusammengestellt, und das ist eine sinnvolle Sache!

Es ist nicht besonders sc hlimm, wenn du bei der nächsten Arbeit noch nicht alle Punkte erfüllen kannst. Auch hier gilt: Übung macht den Meister, und die fallen bekanntlich nicht vom Himmel. Nimm dir nicht alles auf einmal vor, sondern gehe Schritt für Schritt voran.

Test-Training I

Viele Schüler mögen es überhaupt nicht, wenn sie unerwartet einen Test schreiben müssen. Das ist eigentlich verständlich, denn es gibt sicherlich schönere Dinge in der Schule als diese eher lästige Pflicht.

„So eine Gemeinheit!", „Damit habe ich nicht gerechnet.", „So ein Mist!" sind Äußerungen von Schülerinnen und Schülern, die ich ab und zu höre, wenn diese einen Test zu schreiben haben.

In unserer heutigen Etappe geht es um ein Test-Training, es hilft dir vielleicht, mit Tests besser umzugehen:

Ich glaube, du musst dich mit einem Test „anfreunden", damit er seinen Schrecken verliert, er wird dir nämlich nur dann besonders gefährlich, wenn du ihn nicht erwartest.
Die folgenden Fragen sollen dir helfen, den Test-Schreck zu bezwingen:

1. Wie war deine Beteiligung, deine Mitarbeit in der letzten Unterrichtsstunde?
2. Hast du Fragen gestellt, wenn dir eine Sache nicht klar geworden ist?
3. Hast du die Hausaufgabe erledigt?
4. Zu welchem Zeitpunkt hast du die Hausaufgabe gemacht?
5. Sind dabei Fragen aufgetaucht, die du nicht klären konntest?
6. Hast du deine Fragen notiert und zu Beginn der nächsten Stunde diese Fragen dem Lehrer mitgeteilt?
7. Hast du deinen Stoff vor der nächsten Stunde wiederholt?

Ein Rollen-Spiel-Training für eine angekündigte Klassenarbeit oder auch einen Test ist das Test-Training II:

Test-Training II

Heute spielst du Lehrerin bzw. Lehrer. Die Unterrichtsstunde ist vorbei und du machst dir in dieser Rolle Gedanken, welche Fragen könntest du in der nächsten Stunde in einer Klassenarbeit oder beim Abhören stellen?

Deine Fragen:

Danach kannst du in die Schülerrolle wechseln: Du gibst dir selbst die Antwort. Du bist zuerst Lehrer, dann Schüler und lernst dabei. Probiere es einfach einmal aus. Du wirst sehen, mit der Zeit bekommst du in diesem „Spiel" Übung und kannst recht gut abschätzen, was auf dich zukommt.

Diese Übung kann auch im Unterricht stattfinden. Bei diesem „Probeabhören" eröffnen wir den Schülern die Chance, zu erfahren, wie ich als Lehrer die Fragestellung, die Antwort(en) und den Lernfortschritt beurteile.

Kurze Schlussbetrachtung – Fazit

Mit diesen Beispielen habe ich versucht aufzuzeigen, dass wir die Rituale des Schulalltags so verändern können, dass hochqualifizierte kognitive und metakognitive Strategien regelmäßig angewendet und verlangt werden (Lethinen 1992, 146).

Metakognition ist Wissen darüber, was man weiß und wie gut man dargebotene Informationen versteht. Es ermöglicht uns bis zu einem gewissen Grade, den Ablauf unserer Kognition bewusst zu verfolgen. Es erlaubt uns, unsere Fertigkeiten und unseren körperlichen und geistigen Zustand sowie den anderer beteiligter Personen einzuschätzen, das gespeicherte Wissen nach mehreren möglichen Strategien abzusuchen und diese zu bewerten, zu entscheiden, wie viel Wissen bereits zur Verfügung steht und was noch gebraucht wird und wie viel Beachtung eintreffender Information zu zollen ist.
Metakognition bezieht sich also auf die Frage, wie denken Lernende über ihr Denken nach?
Der Lernende muss dabei auf das folgende Repertoire zurückgreifen können: Fähigkeit zur Introspektion, Wissen über Stärken und Schwächen bei der Verarbeitung, Speicherung und Erinnerung von Informationen, Wissen über Merkmale von Lernaufgaben und über zweckmäßige Bewertung und Korrektur der eigenen Lernaktivität (☐➸ Beitrag 8 sowie Zimbardo 2003).

Gerade weil wir im Schul-/ Berufsalltag mit Situationen konfrontiert werden, die komplex, undurchsichtig und vernetzt sind, sollte das Individuum über ein Strategierepertoire zur Bewältigung solcher Situationen verfügen.

Welch große Bedeutung derartige Lern- und Arbeitsstrategien insbesondere in der Sekundarstufe haben, belegt Keller. Die Schulerfolgsforschung hat nachweisen können, dass Lern- und Arbeitsstrategien bis zu 40 Prozent der Schulleistungsunterschiede erklären. Leistungsstarke Elftklässler unterscheiden sich von leistungsschwachen signifikant in der Qualität der Lernstrategien. Mit seinem Ulmer Lernförderungsprogramm zeigt Keller auf, wie wir Schüler/-innen helfen können, ihre Primärstrategien (Verbesserung der Informationsverarbeitung) und Sekundärstrategien (Selbstmotivierung, Lernorganisation, Konzentrationssteuerung) zu verbessern. Dabei spielt neben der Strategievermittlung auch das Förderklima (das Selbstwertgefühl aufbauende Begleitmaßnahmen, Lernmotivation durch Ermutigung und Lob) eine Rolle.

Wissensvermehrung und Wissen über den Wissenserwerb sind dialektisch miteinander verschränkt, sozusagen die zwei Seiten einer Medaille. Wir sollten uns in unserem Unterrichtsalltag darum bemühen, Wissensprozesse zu fördern und Strategiewissen auszubilden.

Schulisches Lernen sollte weniger nach ökonomischen Gesichtspunkten mit der impliziten Leitnorm der situationsgerechten Effizienz beurteilt werden. Dem schulischem Lernen gestehe ich eine Sonderrolle im Sinne eines Schonraumes zu: Lernen als Mosaikstein zum „Sich bilden".

Literatur

Broschüren für die Hand der Schüler/innen bietet z.B. der Sparkassen-Schulservice.

Anderson, John, R. (2001). Kognitive Psychologie. Heidelberg: Spektrum.

Ballstaedt, St.-P. (1991). Vortrag vom 17.10.1991. Calw: Akademie für Lehrerfortbildung.

Bund-Länder-Kommission für Bildungsplanung und Forschungsförderung. (Hrsg.) (1997): Gutachten zu Vorbereitung des Programms „Steigerung der Effizienz des mathematisch-naturwissenschaftlichen Unterrichts". Heft 60. Bonn.

Deutsches PISA-Konsortium. (2001): Pisa 2000. Basiskompetenzen von Schülerinnen und Schülern im internationalen Vergleich. Opladen: Leske + Budrich.

Edelmann, W. (2000). Lernpsychologie. Weinheim: Psychologie-Verlags-Union.

Endres, W. (1999). Die Endres-Lernmethodik. St. Blasien: Studienhaus.

Friedrich, H.F., Mandl, H. (Hrsg.) (1992). Lern- und Denkstrategien. Göttingen: Hogrefe.

Friedrich, G. / Preiss, G. (2002): Lehren mit Köpfchen. In: Gehirn und Geist 2002, Heft 4. Heidelberg: Spektrum.

Gölz, G. Simon, P. (2003). Besser Lernen. Die wichtigsten Lern- und Arbeitstechniken. 5.- 7. Schuljahr. Berlin: Cornelsen-Scriptor.

Helmke, A., Weinert, F.E. (1997). Bedingungsfaktoren schulischer Leistungen. In Weinert, F.E. (Hrsg.) (1997). Psychologie des Unterrichts und der Schule. Enzyklopädie der Psychologie. Bd. 3. Göttingen: Hogrefe. S. 71-152

Hülshoff, F., Kaldewey, R. (2003). Training Rationeller lernen und arbeiten. Stuttgart: Klett.

Keller, G., (2003). Lernen will gelernt sein! Heidelberg: Quelle und Meyer.

Keller, G., (1990). Der Gymnasiallehrer aus entwicklungspsychologischer Sicht. Die Höhere Schule 12.

Keller, G., (1992). Lernförderung in der schulpsychologischen Beratung. In: Friedrich, H.F., Mandl, H., (1992). Lern- und Denkstrategien. Göttingen: Hogrefe.

Klippert, H. (2003): Vom Methodentraining zur systematischen Unterrichtsentwicklung. In: Pädagogik 2003, Heft 9. Weinheim: Beltz.

Kuwan, H., Waschbüsch, E. (1998). Delphi-Befragung 1996/98. Im Auftrag des BMFT

Meier, R. / Rampillon, J. / Sandfuchs, U. / Stäudel, L. (Hrsg.). (2000): Üben und Wiederholen. Jahresheft XVIII. Seelze: Friedrich-Verlag.

Lethinen, E. (1992). Lern- und Bewältigungsstrategien. In: Friedrich, H.F., Mandl, H., (1992). Lern- und Denkstrategien. Göttingen: Hogrefe.

Merkel, H. (1988). Lernhilfen für die Unterstufe. Beratungslehrer-Informationsdienst. Stuttgart: LEU.

Meyer, H., (2003). Leitfaden zur Unterrichtsvorbereitung. Berlin: Cornelsen-Scriptor.

Pädagogik (1990). Lernen lernen. Heft 9.

Rost, D. (Hrsg.) (1998). Handwörterbuch Pädagogische Psychologie. Weinheim: Psychologie-Verlags-Union.

Rumpf, H., (1990). Lernen – Lernboom mit Fragezeichen. In: Pädagogik Heft 9.

Rumpf, H., (1992). Anfängliche Aufmerksamkeiten. In: Pädagogik Heft 9.

Schräder-Naef, R., (2003). Rationeller Lernen lernen. Weinheim: Beltz.

Simons, P.R.J., (1992). Selbstgesteuertes Lernen. In: Friedrich, H.F., Mandl, H., (1992). Lern- und Denkstrategien. Göttingen: Hogrefe.

Spiel, C., (1992). Behalten und externe Speicher: zum Stellenwert von Notizen. In: Friedrich, H.F., Mandl, H., (1992). Lern- und Denkstrategien. Göttingen: Hogrefe.

Weinert, F. E. (1996). 'Der gute Lehrer', 'die gute Lehrerin' im Spiegel der Wissenschaft. Beiträge zur Lehrerbildung. 14(2). 1996.

Weinert, Franz, E. (1997). Wissen und Denken. Naturw. Rundschau. Heft. 5/1997.

Weinert, F. E. / Schrader, F.-W. (1997). Lernen lernen als psychologisches Problem. In: Weinert, F. E. / Mandl, H. (Hrsg.). (1997). Psychologie der Erwachsenenbildung. Enzyklopädie der Psychologie. Bd. 4. Göttingen: Hogrefe. S. 296 - 328.

Zimbardo, P.G., (2003). Psychologie. Heidelberg: Springer.

10 Intelligenz, Begabung und Kreativität

Otto-Walter Müller

„*Mein Sohn ist sehr lebhaft und sehr intelligent. Er will einmal Medizin studieren.*" Mit diesen Worten leitete die Mutter eines Schülers meiner 7. Klasse das Gespräch ein, zu dem ich sie gebeten hatte, nachdem ihr 13-jähriger Sohn Christian in der allerersten Klassenarbeit in Latein (Anfangsunterricht) mit Abstand die meisten Fehler gemacht hatte. Während 20 von 29 teilnehmenden Schülern und Schülerinnen erwartungsgemäß gute und sehr gute Ergebnisse erzielt hatten, lag Christian mit der Note 4–5 weit hinter den anderen zurück. Das hatte mich mit Sorge erfüllt und motiviert, nach Hilfsmaßnahmen zu suchen.

Die Einleitungssätze der Mutter, mit der sie nach einer kurzen Begrüßung das Gespräch eröffnete, haben mich überrascht. Woher wusste die Mutter, dass ihr Sohn „sehr intelligent" ist?

10.1 Intelligenz

10.1.1 Alltagsbeobachtungen intelligenten Verhaltens

Intelligenz ist ein hypothetisches Konstrukt, d. h. sie kann nicht unmittelbar beobachtet und nicht direkt gemessen werden wie z. B. die Körpergröße oder das Gewicht eines Menschen.

Wir schließen vielmehr aus dem beobachtbaren Verhalten in bestimmten Situationen auf eine dahinter stehende steuernde Fähigkeit, die wir Intelligenz nennen.

Die Mutter wird im alltäglichen Umgang mit Christian solche Beobachtungen gesammelt haben: Vielleicht hat sie gesehen, dass er oft schneller als andere in der Familie eine defekte Maschine reparieren kann, vielleicht kann er sich besonders gut Telefonnummern merken, vielleicht ergreift er überraschend oft das Wort, wenn sich Erwachsene bei Tisch unterhalten. Es können also ganz unterschiedliche Beobachtungen sein, aus denen die Mutter auf besondere Kompetenzen schließt, denen sie den Begriff Intelligenz zuordnet. In der Alltagssprache wird dieser Begriff im Singular verwendet, obwohl verschiedene Fähigkeiten in ganz unterschiedlichen Bereichen zusammengefasst werden, wie hier Verstehen von komplexen Abläufen und räumliche Orientierung (Maschinen), Zahlenlernen (Telefonnummern) sowie sprachliche und soziale Fähigkeiten (Kommunikation). Gemeinsam ist in diesen Beispielen die Kompetenz, Informationen schnell und effektiv zu verarbeiten, abzurufen und mit dem gespeicherten Wissen zu operieren.

Im Gegensatz zu solchen oder ähnlichen Beobachtungen, die Christians Mutter in 13 Jahren gesammelt und zu dem Urteil „sehr intelligent" verdichtet hat, steht die Beobachtung von Christians Verhalten angesichts dieser relativ einfachen sprachlichen Aufgaben, die ich in der Klassenarbeit vorgelegt hatte.

In dieser Situation hat er besonders schlecht abgeschnitten und ist von allen anderen weit übertroffen worden. Offenbar war bei ihm in diesem Bereich in den Anfangswochen und (oder besonders) am Tag der Klassenarbeit die Verarbeitung von sprachlicher Information fehlerhaft und wenig effektiv. Muss das Urteil über Christians Intelligenz jetzt revidiert werden?

10.1.2 Messung der Intelligenz

Fachleute verfügen über Messinstrumente, mit denen sie Intelligenz messen können. Was geschieht, wenn Experten in einer Bildungsberatungsstelle Christians Intelligenz messen?

Sie legen dem Schüler (Probanden) einen **Intelligenztest** zur Bearbeitung vor. Der besteht aus einer Reihe von speziellen Aufgaben, von denen man annimmt, dass zu ihrer zügigen und richtigen Bearbeitung Intelligenz erforderlich ist.

 Beim Bearbeiten zeigt der Proband ein messbares (quantifizierbares) Verhalten, von dem dann auf die dahinter stehende Intelligenz geschlossen wird.

Die Tests, die heute zur Messung der intellektuellen Fähigkeiten Verwendung finden, sind Batterien von spezielleren Subtests, die jeweils verschiedene Intelligenzfaktoren messen, z. B.
- Sprachbeherrschung,
- abstrakt-logisches Denken,
- Wort- und Gedankenflüssigkeit,
- räumliches Vorstellungsvermögen,
- Umgang mit Zahlen.

Die Personen, die sich dem Test unterziehen, markieren auf einem Blatt, was ihnen die richtige Lösung zu sein scheint; bei anderen Aufgaben streichen sie das Element aus, das nicht in eine geordnete Reihe gehört, so wie es die Instruktion vorgibt.

Die Zahl der zutreffenden Lösungen ergibt für jeden Subtest die Rohpunktzahl. Um dieses Teilergebnis (z. B. 35) interpretieren zu können, braucht man eine Tabelle mit Vergleichszahlen, aus denen hervorgeht, wie andere Personen gleichen Alters (die Eichstichprobe) abgeschnitten haben. Mithilfe dieser Tabellen wird der Rohpunktzahl, die ein Proband in einem Subtest erzielt hat, ein Prozentrangplatz (z. B. 84) zugeordnet. Ein Prozentrangplatz (PR) von 84 bedeutet, dass 84 % der Gleichaltrigen ein geringeres Testergebnis in diesem Subtest erzielt haben, aber 16 % ein besseres.

Aufschlussreich bei einer **Testbatterie**, die zur Messung der intellektuellen Fähigkeiten eingesetzt wird, ist, dass bei einem Individuum die Ergebnisse in den einzelnen Subtests in der Regel nicht gleich hoch sind (also nicht denselben Prozentrangplatz haben), sondern ein **Profil mit Stärken und Schwächen** offen legen. Wenn man dieses Profil grafisch darstellt, entsteht ein Bild, das mit dem Bart eines Schlüssels verglichen werden kann. Dieser persönliche Schlüssel schließt dann gut, wenn der Schließzylinder im Schloss diesem Profil entspricht. Das Anforderungsprofil einer weiterführenden Schule mit ihren besonderen Schwerpunkten (z. B. eine, zwei oder drei Pflichtfremdsprachen; mathematischer Zug; Züge mit Musik als Kernfach) kann nun mit dem **Schloss** verglichen werden, zu dem der **Schlüssel** (das Fähigkeitsprofil) des Schülers mehr oder weniger gut passt. In den Klassen 9, 10 und 11 drei Pflichtfremdsprachen nebeneinander zu lernen, ist eine anregende Herausforderung für Schüler und Schülerinnen mit einem entsprechenden Schlüssel, also guten Fähigkeiten speziell im sprachlichen Bereich. Für einen anderen Jugendlichen, der bei den Subtests, die mit sprachlichem Material zu tun haben, geringe Werte (Einkerbungen im Profil) aufweist, in den Bereichen Umgang mit Zahlen, räumliches Vorstellungsvermögen und abstrakt-logisches Denken aber hohe Werte hat, passt das Schloss nicht zu seinem Schlüssel. Das Lernprogramm dieser Institution ist wahrscheinlich wenig geeignet für ihn. Sind seine Schulleistungen in den Sprachen dann so gering, dass Fortkommen und Versetzung in Frage gestellt sind, kann eine Schule mit einem anderen Lernangebot (z. B. mit nur einer Fremdsprache) eine bessere Voraussetzung für Lernfreude, Selbstsicherheit und Erfolg sein als das hartnäckige Verharren in einer Bildungseinrichtung, die zu seinem Schlüssel nicht gut passt.

10.1.3 Anwendung auf die schulische Praxis

In der Alltagspraxis eines Gymnasiallehrers liegen freilich solche Testergebnisse mit den entsprechenden Profilen in aller Regel nicht vor. Auch für meinen Schüler Christian nicht. Mir hat aber die Beschäftigung mit Intelligenz und ihrer Messung geholfen, wesentliche Prinzipien zu erkennen und auf meine Praxis zu übertragen:

1. Das globale Werturteil „Jemand ist (sehr) intelligent" wird ersetzt durch präzisere Aussagen über die zu Grunde liegenden intellektuellen Fähigkeiten, z. B.: „Jemand kann sich besonders gut (schnell) einen Text einprägen und wiedergeben."
2. Diese immer noch sehr umfassend beschriebene Fähigkeit (im sprachlichen Bereich) kann wieder spezifiziert werden in zu Grunde liegende einzelne Fertigkeiten: „Diese Schülerin filtert beim Einprägen eines Textes Schlüsselbegriffe und deren logische Verknüpfung heraus."
3. Welches beobachtbare Verhalten zeigt eine Person konkret, die über diese Fertigkeiten verfügt und sie anwendet? Wenn wir der Schülerin zuschauen, die in diesem Bereich „intelligent" handelt, können wir z. B. sehen: Sie hebt hervor (unterstreicht), zieht Verbindungslinien im Text, verwendet farbige Markierungen für Zusammengehörendes; vielleicht fertigt sie sich eine Skizze über die Zusammenhänge an (optische Kodierung der Information).

 Die professionell gestellte Frage ist also nicht: Ist dieser Schüler intelligent oder nicht? Die für die Praxis relevante Frage lautet vielmehr: Was tut jemand, der sich intelligent (klug, umsichtig, geschickt) verhält?

Je konkreter ich diese Tätigkeiten beschreiben kann, desto besser kann ich einem Schüler helfen, diese konkreten Handlungen zu übernehmen (zu lernen und anzuwenden). Er wird dann mit diesen fortgeschrittenen Techniken seine Resultate verbessern.

Wie kann dem Schüler Christian geholfen werden, in Zukunft bessere Arbeiten zu schreiben?

Ich habe seinen Umgang mit sprachlichem Material anhand des Dokuments in seinem Klassenarbeitsheft studiert und dabei entdeckt, dass er die Buchstaben und Wörter, die in der Fremdsprache aufzuschreiben waren, so klein schreibt und so wenig voneinander unterscheidet, dass halbrunde Bögen manchmal ein u, ein v, ein n oder ein m repräsentieren sollten. Auf diese Weise macht er es sich selber schwer oder unmöglich, zu unterscheiden, zu prüfen und zu korrigieren, was er geschrieben hat. Diese metakognitiven Tätigkeiten (Prüfen und Überwachen der eigenen Arbeit) sind aber wesentliche Teilfertigkeiten, die Experten beim Verfertigen eines fremdsprachlichen Textes einsetzen.

Wenn Christian lernen würde, für jeden einzelnen Buchstaben Verantwortung zu übernehmen, müsste er auch Souveränität gewinnen und sich sagen können: „So (und nicht anders) soll es heißen. Aus dem, was ich weiß, ist es so richtig, nicht anders."

Zum Training dieser mentalen und motorischen Praxis habe ich mich mit Christian immer dann 15 Minuten vor Unterrichtsbeginn im Klassenzimmer verabredet, wenn wir zusammen die erste Stunde hatten. Das war zweimal pro Woche der Fall.

Das Ergebnis war überraschend deutlich: Die Schriftzeichen des Textes, den Christian in der zweiten Klassenarbeit vorlegte, waren deutlich größer, eindeutig zu lesen und strahlten etwas von der gewonnenen Übersicht und Selbstsicherheit aus. Fast alles war richtig; seine Note lautete 1– (eins minus). Für den Erfolg war einerseits das gezielte Schreib- und Unterscheidungstraining verantwortlich, andererseits aber auch die mit dem Training verbundene persönliche Zuwendung und schließlich Christians Entschlossenheit, dem optimistischen Bild gerecht zu werden, das seine Mutter von dem, wozu er fähig ist, gezeichnet hat.

Ich habe dieses Beispiel aus meiner Praxis hier vorgestellt, um zu zeigen, dass es hilfreich ist, bei der **pädagogischen Analyse von Erfolgen und Misserfolgen** in der Schule möglichst weitgehend auf den Gebrauch der informationsarmen Etikette Intelligenz zu verzichten und stattdessen Anstrengungen zu unternehmen, die in der Hierarchie weiter unten stehenden spezifischen, **konkreten und handlungsbezogenen Fertigkeiten** zu beschreiben, die dem einen zur Verfügung stehen und die ein anderer erst noch lernen muss. Die mit dieser Analyse ausgelösten Lehr- und Lernprozesse bringen Ihren Schülern und Schülerinnen auf wirkungsvolle Weise Fortschritte, Ihnen selber Erfolgserlebnisse und Glücksgefühle.

Intelligenz

10.1.4 Was sind Intelligenzquotienten?

Grundkenntnisse aus der Intelligenzmessung können Ihnen auch helfen, Informationen, die aus anderen Quellen an Sie herangetragen werden, angemessen zu interpretieren, z. B. wenn Sie einen Aufsatz in einer Fachzeitschrift lesen oder wenn Sie sich in folgender Situation vorfinden:

Eine Mutter sagte mir in einem Beratungsgespräch: „An der Intelligenz kann es nicht liegen. Ich hab meine Tochter in der Beratungsstelle mal testen lassen. Petra hat einen IQ von 120."

Was bedeutet dieses Messergebnis? Und wieso wird ein Quotient angegeben?

Der französische Psychologe Alfred Binet (1857–1911), einer der Wegbereiter der modernen Intelligenzmessung, hat systematisch die intellektuellen Fähigkeiten von Kindern in Abhängigkeit vom Lebensalter untersucht. 1908 legte er zusammen mit Théodore Simon (1873–1961) eine Skala mit Aufgaben für jede der Altersstufen von 3 bis 15 Jahren vor. Mit diesem Instrument konnte er Kinder herausfinden, die ihrer Altersgruppe voraus (en avance) waren; sie lösten auch schon Aufgaben, die für ältere Kinder vorgesehen waren. Andere Kinder, die im Rückstand waren (en retard), sollten eine besondere Förderung erfahren, die ihnen helfen sollte, den Entwicklungsrückstand aufzuholen. Bei den Kindern dieser letzten Gruppe sagte man, ihr Intelligenzalter sei niedriger als ihr Lebensalter; umgekehrt schrieb man der ersten Gruppe im Vergleich zu ihrem Lebensalter ein höheres Intelligenzalter zu. Um die Abweichung mit einer Zahl ausdrücken zu können, bildete William Stern 1912 den Quotient aus Intelligenzalter und Lebensalter. Das ergab bei einem Intelligenzalter von 9 Jahren und einem Lebensalter von 10 Jahren einen Quotienten von 0,9. Um die wenig handliche Dezimalzahl zu ersetzen, multiplizierte man mit 100; das ergibt 90.

Die Rechenvorschrift für den Intelligenzquotienten (IQ) lautete also: Intelligenzalter (IA) geteilt durch Lebensalter (LA) mal 100.

$$IQ = \frac{IA}{LA} \cdot 100$$

Demnach bedeutete damals also ein Quotient von 110 eines 10-jährigen Kindes, dass das Kind alle Aufgaben seiner Altersgruppe und alle Aufgaben für 11-jährige Kinder löst.

Sie haben bereits gesehen, dass heute nicht mehr auf diese Weise ein Quotient gebildet wird, sondern die **individuellen Testwerte** anhand von Tabellen mit Normen (Vergleichswerte aus der Eichstichprobe) **in Prozentrangplätze übersetzt** werden. Die Bezeichnung IQ wird aber weiterhin für das Gesamtergebnis in einem Intelligenztest verwendet.

Ein IQ von 100 entspricht einem Prozentrangplatz von 50. Umittelbar rechts und links von diesem Mittelwert liegen mehr Fälle als weiter außen in der sanft ausschwingenden Verteilungskurve (Normalverteilung; gaußsche Glockenkurve; Verteilung nach Gauß, siehe Bild 10.1).

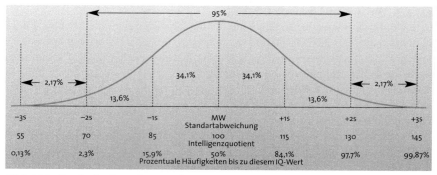

Bild 10.1: Gaußsche Verteilung und Intelligenzquotient

Interpretationsbeispiele

Die IQ-Skala ist so aufgebaut, dass zwischen dem Wert 100 und 115 die Messergebnisse von 34,1 % der Gleichaltrigen liegen. Ein IQ von 115 sagt: Dieses Ergebnis ist besser als das Resultat, das von ca. 84 % der Altersgruppe (50 % + 34 %) erreicht wird; etwa 16 % der Altersgenossen lösen aber mehr Aufgaben in der gleichen Zeit. Ein IQ von 130 entspricht einem Prozentrangplatz von 97,7; also nur 23 von 1000 gleichaltrigen Personen schaffen mehr zutreffende Lösungen unter gleichen Bedingungen.

Den IQ-Wert von 120, der Petra zugeordnet worden ist, können Sie jetzt folgendermaßen interpretieren: Deutlich mehr als 84 % (IQ = 115), grob geschätzt etwa 90 % der Gleichaltrigen, haben geringere Testwerte als Petra; ungefähr 10 % haben bessere Ergebnisse. Das ist in der Tat ein beachtlicher Wert. Allerdings muss bei der Interpretation berücksichtigt werden, dass Petra in ihrer Gymnasialklasse zusammen mit einer ausgewählten Teilstichprobe aus der Grundgesamtheit aller Gleichaltrigen lernt und mit ihnen verglichen wird. Sie dürfte mit ihrem Testergebnis in ihrer Klasse einen guten Platz im Mittelfeld einnehmen. Zum andern haben Sie bereits gesehen, dass für den Schulerfolg in bestimmten Fächern das Profil der Fähigkeiten aufschlussreicher ist als der aus Stärken und Schwächen gemittelte informationsärmere Pauschalwert, den Petras Mutter in dem Gespräch mitgeteilt hat.

Zwischen **Intelligenz und Schulleistung besteht ein mittelstarker Zusammenhang**. Bei Messungen wird im Allgemeinen ein Korrelationskoeffizient von $r = .50$ ermittelt; das heißt: Etwa 25 % der Schulleistungsvarianz wird durch den Prädiktor Intelligenz aufgeklärt. Also sind 75 % Prozent der Schulleistungsvarianz durch andere Variablen (z. B. Motivation, Fleiß, Ausdauer, Interesse, Herkunft, häusliche Unterstützung, gesundheitliche Stabilität, Verhältnis zu Lehrern und Mitschülern, Qualität des Unterrichts und anderes) beeinflusst.

10.1.5 Was ist Intelligenz?

Es gibt keine allgemein anerkannte Definition. Der Verlauf der Erforschung dessen, was Intelligenz genannt wurde, war von pragmatischen Fragestellungen bestimmt: Die Unterschiede zwischen Menschen sollten herausgefunden und mess-

Intelligenz

bar gemacht werden, um Zugänge zu Fördermaßnahmen oder sozialen Positionen (im Beruf) zuzuteilen oder zu verwehren. Die Verwendbarkeit der Ergebnisse, die mit Intelligenztests erhoben werden konnten, war wichtiger als die Eingrenzung des Messbereichs. Die folgenden Sätze zeigen folglich nur verschiedene Aspekte dessen, was gemeint ist, wenn von Intelligenz die Rede ist:

- Intelligenz ist das, was ein Intelligenztest misst (operationaler Aspekt).
- Intelligenz ist das, was dem Menschen hilft, sich an neue Situationen anzupassen und Probleme zu lösen (lerntheoretischer Aspekt).
- Intelligenz ist die Fähigkeit, Informationen schnell und effektiv zu verarbeiten, abzurufen und mit dem gespeicherten Wissen zu operieren (informationstheoretischer Aspekt).
- Intelligenz bezeichnet diejenigen Fähigkeiten, die den innerhalb einer bestimmten Kultur Erfolgreichen gemeinsam sind (gesellschaftlicher Aspekt).

Welche Fähigkeiten aber stehen in einer Kultur in Ansehen? Welche Qualitäten bringen Erfolg? Wer urteilt darüber? H. Gardner (1991) hat an der einseitigen Bevorzugung der sprachlichen Intelligenz und der logisch-mathematischen Intelligenz in unserem Kulturkreis Kritik geübt und das Spektrum der relativ autonomen Kompetenzen erweitert.

Verschiedene Intelligenzen (multiple intelligences) nach Gardner

1. Sprachliche Intelligenz: die Fähigkeit, mit Wörtern und Sätzen (mit Semantik und Syntax) einer Sprache angemessen umzugehen und Probleme kommunikativer und ästhetischer Natur zu lösen.
2. Logisch-mathematische Intelligenz: die Fähigkeit, mit abstrakten nicht-sprachlichen Elementen und Strukturen umzugehen.
3. Räumliche Intelligenz: die Fähigkeit, die sichtbare Welt zu erfassen und zu modifizieren; die Fähigkeit, solche Wahrnehmungen zu speichern und mit Räumen und Formen umzugehen (Beispiele: Orientierung in Städten; Wiedererkennen von Objekten und Szenarien, auch wenn sie teilweise verdeckt oder verändert werden; Gestalt-Sensibilität bei Bildhauern, bei Maschinenbauern).
4. Musikalische Intelligenz: die Fähigkeit, Muster von Tönen, Tonfarben und Rhythmen horizontal (über einen Zeitraum hinweg) und vertikal (mehrere Klänge zur selben Zeit) zu erfassen, zu speichern und zu erzeugen.
5. Körperlich-kinästhetische Intelligenz: die Fähigkeit, die eigenen Körperbewegungen (die Feinmotorik) optimal zu steuern und Objekte geschickt und kunstvoll zu manipulieren (Beispiele: Pantomimen, Tänzer, Schauspieler, Sportler, Pianisten, Zeichner).
6. Personale Intelligenzen:
   a. Intrapersonale Intelligenz: die Fähigkeit, sich selbst zu erkennen, das eigene Gefühlsleben zu erfassen und Identität zu entwickeln;
   b. Interpersonale Intelligenz: die Fähigkeit, Unterschiede im Verhalten und in den Gefühlen anderer Menschen zu erkennen, ihre Intentionen und Motivationen zu verstehen und angemessen damit umzugehen.

➜ Die personalen Intelligenzen sind für Lehrende besonders bedeutsam.

10.2 Begabung

Im ersten Teil konnten Sie sehen, dass es in der schulischen Praxis hilfreich ist, das abstrakte Konzept „Intelligenz" zu ersetzen durch „intellektuelle Fähigkeiten" (im Plural) und dann konkret die einzelnen Fertigkeiten zu bestimmen, die das beobachtbare Verhalten steuern. Je mehr die Lehrenden sich die Mühe machen, für den (einzelnen) Lernenden diejenigen speziellen Fertigkeiten und Verhaltensmuster zu beschreiben, mit deren Hilfe er bei der Bearbeitung der aktuellen Lehrgangsaufgaben besser vorankommt, desto konkreter wird ihre pädagogische Hilfe aussehen und desto deutlicher werden binnen kurzem die Erfolge und Fortschritte zu erkennen sein.

Im Gegensatz zu dieser optimistischen Strategie steht der Umstand, dass Lehrerinnen und Lehrer sich gelegentlich, wenn sie frustriert die Vergeblichkeit ihrer Bemühungen beklagen, Zuflucht nehmen zu einem Konzept, das sich der Besichtigung noch mehr entzieht als Intelligenz. Sie sagen dann, um sich selbst zu entlasten: „Der und der gehört gar nicht hierher. Dem fehlt es an der nötigen Begabung."

10.2.1 Anlage und Umwelt

Begabung bedeutet in der Umgangssprache angeborene Befähigung, natürliche Anlage (Duden. Deutsches Universalwörterbuch. 1989, S. 220). Mit Begabung wird im **Alltagssprachgebrauch** auf eine **genetische**, nicht weiter hinterfragbare **Determination** verwiesen, die bei manchen Menschen zu wunderbaren Leistungen führt – scheinbar ohne wesentliche Beteiligung von Umwelteinflüssen. Angesichts eines solchen statischen Begabungskonzepts kann pädagogisches Wirken eher wenig ausrichten und verläuft folglich bisweilen enttäuschend.

In anderen Fällen kann die Zuschreibung von verdeckten stabilen, im Lernenden selbst verankerten Ursachen (Kausalattribution) die Lehrenden vom Vorwurf eigenen Scheiterns entlasten und ihre Argumente gleichzeitig immun gegen Einwände machen.

Die Sichtweise, welche die Begabung auf die genetische Disposition (natürliche Anlage; angeboren) einschränkt, lässt außer Acht, dass es keinen Menschen gibt, der nicht von Geburt an (und bereits davor im Mutterleib) in einer Umwelt aufgewachsen ist, wo er vielfältige Beeinflussungen erfahren hat, die ihn zu dem gemacht haben, was er ist. Niemand könnte beispielsweise ein noch so bedeutsames genetisches Potenzial für den Umgang mit sprachlichen Zeichen zur Entfaltung bringen, wenn er nicht gesprochene Sprache in seiner Umgebung vorfinden würde und von früh auf bei seinem Versuch, am Austausch sprachlich kodierter Information teilzunehmen, Verstärkung und Korrektur erführe. Dabei zeigt sich, dass manche Umwelteinflüsse förderlich, andere hinderlich und beschränkend für die Entwicklung sind. Die naive Auffassung, wonach Begabung ausschließlich genetisch festgelegt sei (statisches Begabungskonzept), ist wissenschaftlich nicht haltbar.

Begabung 257

Heute wird stattdessen ein dynamisches Begabungskonzept favorisiert, bei dem Anregungen aus der Umwelt einen wesentlichen Beitrag zum Entfalten und Begaben des Individuums leisten.

Neuere mikrobiologische Forschungen (vgl. Bauer 2002) kommen zu dem Ergebnis, dass die Gene kein autistisches Eigenleben führen. Vielmehr werden ihre Programme durch **Umwelteinflüsse** aktiviert und dann wieder vorübergehend abgeschaltet. Die fortwährende Regulation der Aktivität der Gene unter den Anregungs- und Behinderungsbedingungen in einer bestimmten vielgestaltigen Umwelt ist demzufolge höchst bedeutsam für die Unterschiede zwischen den Menschen, in der Regel bedeutsamer als der mit der Zeugung übermittelte genetische Text der DNS-Sequenz.

Begabung ist nicht eine feste Größe, die ein für alle Mal die Fähigkeiten eines Menschen begrenzt und festlegt, sondern ein entfaltetes und sich weiter entfaltendes Ergebnis kumulativen Lernens auf der Basis des menschlichen Genoms.

Bezogen auf die schulische Praxis heißt das für Maria (Klasse 10), die in allen Schulfächern nur gute und sehr gute Noten im Zeugnis stehen hat, dass ihre Lehrer sie für sehr begabt halten und sie bewundern. Maria hat in den vorausgehenden Lernprozessen offensichtlich Routinen erworben, die ihr erlauben, die schulischen Aufgaben in allen Fächern zügig und effektiv abzuarbeiten. Vor Klassenarbeiten bereitet sie sich gewissenhaft auf den Prüfungsstoff vor, sie hätte sonst die Kenntnisse nicht. Während der Klassenarbeit arbeitet sie auffällig langsam; sie bleibt in der Geschwindigkeit hinter den anderen, die flüchtiger arbeiten, zurück. Sie scheint bei jedem Satz zahlreiche Prüf- und Kontrollgänge vorzunehmen, bis sie sich sicher ist, dass ihre Lösungen richtig sind, was in der Regel auch zutrifft.

Bei dem Schüler Udo (Klasse 9) mit der Etikette „Gehört nicht hierher" scheinen etliche seiner Lehrer aufgegeben zu haben. Sie führen ihre bisher fehlgeschlagenen Lehrversuche auf stabile, im Schüler selbst liegende Ursachen zurück, die nach ihrer Auffassung befriedigende Resultate verhindern. Lediglich die Französischlehrerin hält ihm immer wieder vor, durch fleißige Arbeit würde auch er vorankommen. Da erklärt Udo seiner Lehrerin lächelnd, dass bereits sein Vater wie er über mangelhafte Ergebnisse in diesem Fach nicht hinausgekommen sei; es liege offenbar in der Familie. Mit diesem Hinweis will der Schüler der Lehrerin bedeuten, seine geringen Leistungen hätten genetische Ursachen; er selbst sei folglich von Vorwürfen freizustellen; übermäßige Anstrengungen seien vergeblich und fehl am Platz, und auch die Aufregung der Lehrerin gehe an den Tatsachen vorbei.

Es ist offensichtlich, dass dieser Schüler eine defensive Strategie verwendet und dabei mit einer entlastenden Kombination von Tatsachen (des Vaters und sein eigener Misserfolg und die partielle genetische Übereinstimmung zwischen Vater und Sohn) operiert, die ihm jetzt Aufwand und Anstrengung ersparen helfen, ihn aber weiterhin um den Erfolg bringen werden. Je mehr Personen aus seiner Umgebung sich auf ein ähnliches Denkmuster verständigen, desto sicherer werden die Weichen im Sinne einer sich selbst erfüllenden Prophezeiung auf Misserfolg gestellt werden (circulus vitiosus; Teufelskreis). Ein Beweis für die Rückführbar-

258   *Intelligenz, Begabung und Kreativität*

keit auf mangelnde Begabung im Sinne von genetischen Defiziten ist damit aber nicht erbracht.

Allerdings kann Udos Hinweis, wonach die Ursachen für sein Versagen in der Familie zu suchen seien, auch in dem Sinne verstanden werden, dass das sprachliche und motivationale Milieu in seiner Herkunftsfamilie nicht so anregungsreich war wie bei einigen erfolgreicheren Mitschülern. Einem solchen Hinweis auf die Umwelteinflüsse, die ihn in seiner Herkunftsfamilie geformt haben, kommt in Verbindung mit seinen bisherigen Schulerfahrungen größere Bedeutung bei der Aufklärung seiner gegenwärtigen Misserfolge zu als seinem genetischen Programm.

Aus all dem folgt für die pädagogische Praxis:

1. Alle Menschen, denen wir begegnen, sind in ihrer Erscheinung konkret geprägt durch das Zusammenwirken von Anlagen und Umwelteinflüssen, denen sie bislang ausgeliefert waren und die sie zum Teil aktiv aufgesucht oder herbeigeführt haben. Diese Entwicklung und Entfaltung wird durch zukünftige Lernprozesse fortgeführt.

2. Wäre der Spielraum für die gegenwärtige Beeinflussung und für zukünftiges Lernen gering, so müssten umso größere Anstrengungen für eine möglichst günstige Gestaltung dieses Fensters unternommen werden – es ist unsere einzige Einflussquelle.

3. Unser pädagogischer Einfluss ist umso nachhaltiger, je stärker wir als Lehrer und Lehrerinnen davon überzeugt sind, dass die weitere Entfaltung der intellektuellen, sozialen und emotionalen Fähigkeiten und schulischen Fertigkeiten der uns anvertrauten Kinder und Jugendlichen deutlich von uns mitbestimmt wird. In der Praxis ist hier sogar eine gelegentliche Überschätzung und selektive Wahrnehmung der auf unsere Aktivität zurückführbaren Fortschritte nicht nachteilig, sondern eher förderlich für unser Engagement.

10.2.2   Binnendifferenzierung

Angesichts der erheblichen Fähigkeits- und Kenntnisunterschiede zwischen den Lernenden in ein und derselben Schulklasse stellt sich für die Lehrenden das Problem, wie für alle – also für die Kenntnisreichen und für die Schüler mit Kenntnislücken und Kompetenzdefiziten – **geeignete Lernbedingungen** geschaffen werden können, sodass trotz der Verschiedenheit Schlüssel und Schloss zusammenpassen und die Tür aufgeht. Heterogenität macht Binnendifferenzierung und Individualisierung notwendig (Bönsch 1995; Mack 1997; Paradies & Linser 2001; Heterogenität 2004).

Nun ist es weder realistisch noch wünschenswert, dass Lehrende ständig die Schüler ihrer Klasse nach Unterschieden einteilen und verschiedenen Lernprogrammen zuordnen. Produktive Lösungen lassen sich auch finden, wenn der Selbstzuordnung durch die Lernenden bei offenen Aufgabenstellungen größerer Raum gegeben wird.

Die folgende Vierfelder-Matrix zur Binnendifferenzierung hilft, hier erfinderisch zu werden:

Begabung

	Lehrer/Lehrerin ordnet zu	Selbstzuordnung
Lehrer / Lehrerin fertigt die Materialien und stellt die Aufgaben.	**❶** L. ordnet die Aufgaben und Materialien (nach Art und Schwierigkeitsgrad) den Sch. zu. Der Aufgabentyp passt zu den Schülermerkmalen.	**❸** L. gibt Zeit- und Themenplan vor. Die Sch. wählen ein spezielles Thema für sich aus. Sie bilden selbst Arbeitsgruppen.
Die Schülerinnen und Schüler stellen selbst Aufgaben und Fragen zusammen.	**❷** L. kennzeichnet die Aufgaben aus der Sammlung, die die Sch. zusammengestellt haben, nach Art und Schwierigkeitsgrad und gibt Empfehlungen.	**❹** Offene Thematik: Selbstständiges Recherchieren und Dokumentieren. Produktion eines individuellen Themenhefts. [L. gibt eventuell Starthilfen.]

Im Folgenden wird jedes Feld mit einem Unterrichtsbeispiel illustriert:

❶ Eine Lehrerin (Referendarin) hat für eine bilinguale Klasse Materialien zusammengestellt: vier Dossiers zu den verschiedenen politischen Parteien und Parteienbündnissen in Frankreich mit französischen Texten aus dem Internet. Die langsamen Leser in den gemischt zusammengesetzten Gruppen bearbeiten den Basistext, frankophone Leser werten in der gleichen Zeit die sprachlich anspruchsvolleren Texte aus. Die Gruppe führt die Informationen zu einem Bild der jeweiligen politischen Partei zusammen.

❷ Der Lehrer zeigt für die ersten beiden Seiten eines fremdsprachlichen Lektüretextes (kursorische Lektüre), wie pro Seite eine Sammlung von zehn Fragen/Aufgaben zum Textverständnis und zur Interpretation zusammengestellt werden kann. Schüler(-Teams) übernehmen je eine weitere Seite, zu der sie aus eigener Kraft zehn Aufgaben für die Mitschüler (mit Lösungen auf separatem Blatt) generieren und ausdrucken. Der Lehrer kann einzelne Aufgaben markieren und spezifizieren. Die Basisaufgabe ist von allen zu erledigen. Weitere Aufgaben aus der Sammlung können nach Interesse gewählt werden (Selbstzuordnung) oder werden vom Lehrer nach Bedarf Schülergruppen zugeordnet.

❸ Der Lehrer gibt einen Zeitplan mit den Themen (evtl. auch mit Literaturhinweisen) vor. Die Schüler wählen nach ihren Interessen und Fähigkeiten jeweils ein spezielles Thema aus, tragen Informationen zusammen und gestalten eine Präsentation.

❹ Der Lehrer gibt ein offenes Thema (in Klasse 10) vor, z. B. eine Zeitungsnachricht über einen sensationellen archäologischen Fund (Caesar-Büste auf Pantelleria gefunden). Die Schülerinnen und Schüler gehen Fragen nach, die sie selbst aufgeworfen haben. Sie stellen die Ergebnisse ihrer Recherchen in einem Themenheft dar und reichern die Dokumentation mit Illustrationen an.

Es zeigt sich, dass bei der Eröffnung der Möglichkeit, in den Nischen der persönlichen Stärken zu arbeiten, solche Schülerinnen und Schüler aufblühen, deren besondere Fähigkeiten bei traditioneller (und relativ monotoner) Beanspruchung im Verborgenen bleiben. Sie legen dann Arbeiten von beachtlicher Qualität vor, die teilweise weit über den Leistungen liegen, die die gleichen Personen in den Klassenarbeiten erreichen.

10.2.3 Hochbegabte

Haben Sie in einer Ihrer Klassen auch einen Schüler oder eine Schülerin, bei denen Sie immer wieder Folgendes beobachten:

■ Wenn Sie aus didaktischen Gründen eine Regel vorläufig etwas vereinfacht formulieren und sagen: „In den meisten Fällen gilt Folgendes: ...", meldet sich Uwe ein oder zwei Minuten später und erkundigt sich genau nach den von Ihnen ausgesparten Ausnahmefällen: „Wie ist es aber, wenn ...?"

■ Wenn Sie aufgeben, kurz eine Hypothese über den weiteren Fortgang der Kriminalgeschichte zu formulieren, von der Sie bislang nur die ersten beiden Seiten ausgeteilt haben, hat der Schüler Daniel bis zur nächsten Stunde die Geschichte im Stil der Autoren zu Ende geschrieben und legt einen mehrseitigen ideenreichen Text vor.

■ Wenn Sie ein anspruchsvolles französisches Gedicht (z. B. Rimbaud: Le Dormeur du val) Ihrer elften Klasse zum ersten Mal vorlegen und sagen: „Bitte, beschäftigt euch mit dem Gedicht und schreibt auf, was euch dabei wichtig ist. Nehmt euch dafür jetzt eine gute Viertelstunde Zeit", hat Sonja nach 20 Minuten eine Interpretation verfasst, die auf alle wesentlichen Elemente des Kunstwerks sensibel eingeht, sodass sich Ihre eigenen Erläuterungen weitgehend erübrigen.

Wie gehen Sie mit diesen besonders fähigen, talentierten Menschen in Ihrer Klasse um?

■ Mit Uwe, der Ihre kluge Beschränkung aufhebt und Sie veranlassen will, über genau das zu sprechen, was Sie aus Rücksicht auf die anderen Schüler diesmal beiseite lassen wollten? Halten Sie ihn für einen Quertreiber?

■ Mit Daniel? Wie würdigen Sie sein Werk? Hält das nicht auf, wenn Sie ihn bitten, seine Geschichte vorzulesen? Wie werden die Mitschüler diese herausragende Arbeit entgegennehmen? Mit Murren und Abwertung – schließlich ist Daniel über das Geforderte weit hinausgegangen? Oder hat er gar mit seiner überraschenden Leistung an der gestellten Aufgabe vorbeigeschrieben? Schließlich war es weder kurz noch hypothetisch formuliert.

■ Mit Sonja, die das vorweggenommen hat, was Sie zeigen wollten? Sollte sie ihre Erkenntnisse vielleicht eher nicht vortragen und nicht zu Wort kommen, damit Sie mit Rücksicht auf die anderen systematisch Schritt für Schritt vorgehen können?

Erfahrungsberichte zeigen, dass es Hochbegabte nicht selten schwer haben in der Schule: Unterforderung, Verlust von Motivation und Lernfreude, Rückzug von

Begabung

Gleichaltrigen, die ihrerseits Druck und soziale Kontrolle auf die, die aus der Norm ausscheren, ausüben, bis hin zu Leistungsverweigerung und psychosomatischen Störungen.

Gelingt es, so viel Binnendifferenzierung im Klassenzimmer zu praktizieren, dass alle auf ihre eigene Weise lernen und dabei Unterstützung und Anerkennung für ihre Arbeit finden? Dass auch Uwe, Daniel und Sonja mit ihrem Talent Würdigung und Förderung erfahren? Ich habe es folgendermaßen versucht:

Praxisberichte

- Uwe (7. Klasse) hat immer wieder Lehraufgaben (z. B. Besprechung der Hausaufgaben) übernommen und dabei den spontanen Applaus seiner Klassenkameraden geerntet. Bei der Bewältigung dieser anspruchsvollen Aufgabe kamen ihm seine Bescheidenheit, seine Einfühlsamkeit und seine Hilfsbereitschaft entgegen. An anderer Stelle habe ich ihn gebeten, Einblick in die Steuerungsvorgänge beim Analysieren und Abarbeiten eines lateinischen Satzes zu ermöglichen: Er sollte mit der Methode des „lauten Denkens" alles aussprechen, was ihm bei der Übersetzungsarbeit in den Sinn kommt: wie er vorgeht; wie er vorläufige Vermutungen prüft; wie er fortfährt, wenn eine gewählte Strategie versagt und Alternativen vonnöten sind; was er tut, wenn er eine Stelle nicht versteht und er aus einer Sackgasse herauszukommen versucht. Die Leitvorstellung hierbei stammt aus der Experten-Novizen-Forschung: Experten verwenden in der Regel effiziente Formen der Informationsverarbeitung. Sind deren Strategien bekannt, so besteht die Möglichkeit, dass Novizen durch Lernen am Modell ihre eigenen Vorgehensweisen anreichern und fortentwickeln.

- Daniels Initiative war der Anstoß zu einer Idee, auf die ich selbst gar nicht gekommen war: anzuregen, dass immer zwei Personen aus diesem Leistungskurs ein Tandem bilden (wie Boileau und Narcejac, die Autoren des Krimis) und selbst eine Kriminalgeschichte auf Französisch schreiben sollten – als praktische Umsetzung und Erprobung der gemeinsam herausgearbeiteten Erzähltechniken. Diese fantasievollen schriftstellerischen Werke sind dann in kleiner Auflage gedruckt worden.

- Was Sonja und alle anderen in dieser 11. Klasse zu dem Gedicht herausgefunden hatten, konnte ich während der Stillarbeitsphase im Einzelnen sehen und zur Kenntnis nehmen: Der eine hat aus dem Gedicht eine zweizeilige Pressenachricht gemacht; eine andere Schülerin schreibt über den Prozess der zunehmenden Veränderung ihrer Wahrnehmung beim Lesen; andere über Zweifel, wie einzelne Beobachtungen zu deuten seien; bei Sonja schließlich sind die Hinweise und Zeichen im Gedicht zu einer dramatischen Botschaft zusammengefügt. Mir fiel angesichts dieser Zwischenergebnisse die Aufgabe des Dirigenten zu: allen in einer angemessenen Reihenfolge das Wort zu geben, um einerseits jedem an der passenden Stelle seinen Einsatz zu geben, wo er seine besondere Sicht in das Konzert einbringen konnte. Andererseits sollte so die dramatische Entwicklung innerhalb des Gedichts selbst und bei der Lesearbeit zum Vorschein gebracht werden. Als Moderator habe ich gestaunt, was die Gruppe in einer einzigen Unterrichtsstunde – ohne wesentliche inhaltliche Hilfe von mir – zuwege gebracht hat: Jede Person hat nach Kräften ganz verschieden und individuell zum Gelingen beigetragen.

Diese Praxisberichte sollen illustrieren, wie der Umgang mit Hochbegabten in der alltäglichen Arbeit aussehen kann, obwohl „trotz jahrzehntelanger Forschung unser Wissen über die internen und externen Bedingungen von Hochbegabung unzureichend ist" (Weinert/Waldmann 1985, 789). In ihrem Literaturbericht über das Denken Hochbegabter schreiben Weinert/Waldmann (1985, 790) weiter:

„Unabhängig vom jeweiligen Entwicklungsstand psychologischer Theorien kann man sich die alltägliche Erfahrung zunutze machen, dass es auf allen Altersstufen offenkundig und unübersehbar Kinder gibt, die ihren Altersgenossen auf vielen oder einzelnen Gebieten weit überlegen sind: Sie interessieren sich für Dinge, beschäftigen sich mit Problemen, suchen nach Informationen, gewinnen Einsichten und erzielen Leistungen, die den meisten Gleichaltrigen verschlossen sind. Ihnen genügend Gelegenheit zu geben, das zu tun, was sie tun wollen und können, ihnen Hilfe angedeihen zu lassen, wenn sie Fragen haben oder nach Erfahrungsmöglichkeiten suchen, und sie zu fördern, ohne sie zu gängeln – dazu bedarf es nicht unbedingt wissenschaftlicher Theorien, sondern es genügt in vielen Fällen die psychologische Sensibilität und das pädagogische Fingerspitzengefühl von Erziehern."

Bedeutsame Forschungsfragen, die zu einem besseren Verständnis der Denkprozesse Hochbegabter führen sollen, sind zahlreich:
Was findet statt, wenn jemand in einer Situation ein lösungsbedürftiges Problem sieht, während andere achtlos daran vorbeigehen? Wie planen, organisieren und überwachen Hochbegabte lösungsrelevante Teilstrategien? Welche Rolle spielt dabei der Vorrat an flexibel einsetzbarem problemspezifischem Wissen, über das Experten im Unterschied zu Novizen verfügen? Welcher Grad an zeitweiliger Toleranz gegenüber unfertigen Lösungen ist günstig? Wie ist der Entwicklungsverlauf für kognitive Teilkompetenzen? Gibt es Lebensabschnitte, in denen Training und Förderung effektiver informationsverarbeitender Operationen besonders vielversprechend sind („Zeitfenster")?

Angesichts des bescheidenen Erkenntnisstandes ist gegenwärtig eine frühe, systematische und verbindliche Selektion hochintelligenter Kinder mit dem Ziel isolierter und spezifischer Förderung nicht zu vertreten. Auch aus gesellschaftlichen, pädagogischen und ethischen Gründen ist eine Segregation solcher Kinder und Jugendlicher nicht erstrebenswert.

Für eine pragmatische Hochbegabtenförderung sind vielmehr Programme wünschenswert, die ein Maximum an Offenheit (Zugänglichkeit) und an Vielfalt (in der Thematik) aufweisen, um zu vermeiden, dass begabte Kinder, die als solche zu einem bestimmten Zeitpunkt nicht identifiziert werden können, von der Förderung ausgeschlossen sind, und um unterschiedlichen Begabungen und verschiedenen Interessenrichtungen gerecht werden zu können (Waldmann/Weinert 1990, 185).

Folgende Entfaltungsmöglichkeiten und Lernangebote für besonders motivierte und leistungsfähige Schüler sind an der Schule etabliert (vgl. Rost/Albrecht 1992, 298):

Begabung 263

1. Innere Differenzierung (Binnendifferenzierung) im Rahmen des gesamten Klassenverbands mit Verbreiterung und Niveauanhebung des Unterrichtsstoffes für die Hochbegabten (enrichment, vertieftes Lernen);
2. Früheinschulung und Überspringen von Klassen (acceleration, beschleunigtes Lernen);
3. Teilunterricht in höheren Klassen in ausgewählten Fächern;
4. Arbeitsgemeinschaften für besonders befähigte Schülerinnen und Schüler;
5. Ferienkurse und Sommerakademien (mit internationaler Beteiligung);
6. Wettbewerbe auf lokaler, regionaler und überregionaler Ebene;
7. Schüleraustauschprogramme; Besuch einer Schule im Ausland (für drei Monate, ein halbes oder ein ganzes Jahr);
8. Schulen mit bilingualem Zug.

10.3 Kreativität

Über seine eigenen Lernerfahrungen im Studium schreibt der Physiker und Nobelpreisträger Gerd Binnig (*1947) Folgendes:

„Meine ursprüngliche Motivation, mich mit Kreativität auseinander zu setzen, war meine Enttäuschung im Studium der Physik. Ich empfand sehr stark, dass üblicherweise bei der Lehre an der Universität die Kreativität zu kurz kam. Das Hauptgewicht lag darauf, Stoff – also Wissen – zu vermitteln, während das spielerische Umgehen mit diesem Stoff kaum eine Rolle spielte oder vollkommen übergangen wurde." (Binnig 1992, 13) Aus diesen Erfahrungen zieht er Schlussfolgerungen:

„Ich denke, dass unser Schulsystem in den nächsten Jahren bzw. Jahrzehnten selbst einen sehr dynamischen Prozess durchlaufen wird und auch durchlaufen muss. Kreativitätsfördernder Unterricht wird mehr und mehr betont werden. [...] Ich bin sicher, dass unser gesamtes Ausbildungssystem sich beschleunigt erneuern wird. Die Mastgans-Methode ist die falsche. Ein spielerisches, kreatives Selbsterarbeiten des Stoffes ist der richtige Weg." (Binnig o.J., 12)

10.3.1 Was ist Kreativität?

Kreativität ist die Fähigkeit, Ideen, Informationen und Dinge auf originelle, d. h. ungewöhnliche und neuartige Weise produktiv miteinander zu verbinden (Holling et al. 2003, S. 16).

Aus Selbstzeugnissen von Menschen, die über kreative Schaffensperioden bei sich selber berichten, wissen wir, dass sich bei dem **kreativen Prozess im Wesentlichen vier Phasen** (Stadien) unterscheiden lassen:

1. Stadium der Präparation: Sammlung von Informationen;
2. Stadium der Inkubation: Fortschritt der unbewussten geistigen Arbeit durch inneres Umstrukturieren und unzensiertes Ausprobieren;
3. Stadium der Illumination: Auftauchen der Lösung, Heureka-Erlebnis;
4. Stadium der Verifikation: Prüfung und Ausarbeitung der Lösung.

So praktisch diese Einteilung ist:
- Nicht notwendigerweise immer und nicht nur so werden kreative Produkte hervorgebracht.
- Es besteht kein Widerspruch zwischen der Fähigkeit zu analytischem Denken und Kreativität, etwa in dem Sinne, dass ein Mehr des einen zu einem Weniger des anderen führen müsste.
- Harte Arbeit und Beharrungsvermögen, triviale Begleitumstände wie Zufall und Glück, die Nutzung der sich bietenden Chancen erweisen sich oft als förderlich und machen die kreative Produktion nicht selten erst möglich.

Die Entmystifizierung der Kreativität trägt dazu bei, im Alltag Situationen, in denen schöpferische Prozesse gedeihen können, aufzusuchen oder herbeizuführen – statt auf Genialität und Inspiration zu warten.

Kreativität ist nicht auf eine kleine Gruppe begnadeter Persönlichkeiten beschränkt.

 Kreativität ist ein Bündel von Fähigkeiten, über die wir alle verfügen, freilich in unterschiedlichem Ausmaß.

Das hängt auch damit zusammen, dass diese Fähigkeiten z. B. durch rigide Lernerfahrungen blockiert sein können. Es kommt also darauf an, hemmende Barrieren abzubauen.

Beispiel: Brainstorming
Dabei geht es darum, Ideen frei fließen zu lassen und diesen Prozess nicht zu früh durch Beurteilungsprozesse (Kritik, Zensur im Kopf) zu paralysieren. Gleichzeitig ist die Stimulation durch die Ideen anderer Teilnehmer willkommen und förderlich. Allerdings werden dabei zwar mehr Ideen zu Tage gefördert, aber nicht unbedingt bessere als die des besten Teilnehmers.

Begabungen, erworbenes Expertenwissen und Beharrlichkeit sind wichtige Persönlichkeitsmerkmale, die die Wahrscheinlichkeit, dass kulturell bedeutsame kreative Produkte hervorgebracht werden, erhöhen.

10.3.2 Kreativität fördern
Guilford (1970) unterscheidet:
- konvergentes Denken: Die Aufgabe führt zu einer richtigen oder anerkannt besten Lösung;
- divergentes Denken: Die Aufgabe regt an, in verschiedene Richtungen zu denken; viele Lösungen sind möglich.

Guilford war daran interessiert, Tests zur Erfassung der divergenten Produktion zu entwickeln. Er konstruierte praktische Aufgaben, um Verhalten zu provozieren, aus dem auf den Ausprägungsgrad relevanter Fähigkeiten geschlossen werden konnte. Auf diese Arbeiten können Lehrer und Lehrerinnen aufbauen, wenn sie die kreative Produktion bei ihren Schülerinnen und Schülern fördern wollen. Für sie heißt die Aufgabe dann: Arrangiere Lernsituationen, in denen divergentes Produzieren freigesetzt wird.

Kreativität   **265**

Folgende Faktorengruppen charakterisieren die divergente Produktion:
1. **Flüssigkeit:** Das ist die Leichtigkeit, mit der die gespeicherte Information abgerufen werden kann. Beispiele:
   - In kurzer Zeit möglichst viele Wörter mit der Nachsilbe „-heit" nennen.
   - Möglichst viele Substantive im Deutschen (oder in einer Fremdsprache) suchen, in denen die drei Buchstaben „r, d, a" vorkommen.
2. **Flexibilität:** Das ist die Leichtigkeit, mit der von einem Bereich zu einem anderen gewechselt werden kann. Das Gegenteil davon wäre Gebundenheit oder Rigidität. Beispiel:
   - Backsteinaufgabe: Suche in kurzer Zeit möglichst viele verschiedene Verwendungsmöglichkeiten für einen Backstein. Werden die Ergebnisse nur nach ihrer Menge ausgewertet, so erhält man ein Maß für Flüssigkeit. Schaut man danach, wie oft in andere Bereiche übergegangen oder umgeschaltet wird, so ergibt sich daraus ein Wert für Flexibilität. (Die Übung lässt sich natürlich auch mit anderen Gegenständen durchführen.)
3. **Originalität:** Das ist die Fähigkeit, seltene Antworten, denen neuartige, ungewöhnliche Ideen anstelle von benachbarten, nahe liegenden, trivialen Gedanken zu Grunde liegen, hervorzubringen. Beispiel:
   - Dir ist der Name für „Zelt" in einer Fremdsprache entfallen. Wie könntest du stattdessen sagen? – Mit der Frage wird angeregt, auch Metaphern einzubeziehen. Lösungen, die im statistischen Sinne seltener genannt werden, werden als origineller angesehen.
4. **Sensibilität für Probleme:** Das ist die Fähigkeit, Lücken und Veränderungsbedarf überhaupt zu erkennen und auf suboptimale Systeme erfinderisch und mit Lösungsperspektiven zu reagieren. Beispiel:
   - Wie kann dieser Gebrauchsgegenstand (Regenschirm; Tachometer; ein bestimmtes Werkzeug; Kinderspielzeug) verbessert werden?

10.3.3 Motivationale Tendenzen und Präferenzen bei kreativen Menschen

Bei Menschen, die fantasievoll und schöpferisch sind, treffen Sie in der Regel folgende Qualitäten häufiger oder stärker ausgeprägt an:
- hohe Neugier, verbunden mit spielerisch-explorativer Problembehandlung;
- hohes Anspruchsniveau gegenüber eigenen Zielen und Leistungen;
- Mut zu abweichenden Vorstellungen, Nonkonformismus;
- Toleranz gegenüber widersprüchlichen Elementen in einer Situation;
- Bereitschaft, mit kognitiven Konflikten umzugehen;
- produktive Verarbeitung von Misserfolgen;
- Zähigkeit beim Ausbleiben von schnellen Erfolgen, Hartnäckigkeit.

Der Umgang mit Menschen mit solchen Präferenzen und Verhaltensmustern im Klassenzimmer ist nicht immer leicht. In der Praxis können sich Abweichen und Querdenken belastend auf den geplanten Ablauf des Unterrichts und auf die Lehrer-Schüler-Beziehung auswirken.

Tipp:

Statt solchem Schülerverhalten die Diagnose „Störung des Unterrichts" zuzuordnen, kann Reframing hilfreich sein. Reframing bedeutet, dass einem Verhalten ein anderer Rahmen zugeordnet wird, in dem es eine neue, wertvollere Bedeutung erhält. Der neue Rahmen könnte hier sein: Quertreiben ist ein Zeichen von Kreativität. Quertreiben wird jetzt in einem positiven Licht gesehen. Damit können Sie eine spannungsreiche Situation entlasten und gelassener im Umgang mit diesem Schüler arbeiten.

10.3.4 Kreativität im Unterricht

Joerger hat eine nützliche Liste für die Arbeit in der Schule zusammengestellt. Sie enthält viele Anregungen, die für ein **Klima, in dem sich Kreativität entfalten kann**, bedeutsam sind. Sie selbst können Ihren Unterricht so arrangieren, dass folgende Aspekte und Situationen häufiger vorkommen:

„1. Problemsichtigkeit (Sensibilität für Probleme) erzeugen. (Stimmt das überhaupt? Kann das überhaupt sein? Könnte es nicht auch anders sein? Spannungen wirken lassen, Barrieren nicht abräumen, Paradoxien anbieten, zum Widerspruch provozieren.)

2. Durchbrechen von konventionellen Ansätzen und Sichtweisen. (Man könnte das auch anders sehen, machen, verstehen. [...] Verfremdung von Bekanntem.)

3. Keine einzelne Methode überlernen [lassen ...]. Keine zu starren Lern-Einstellungen aufkommen lassen. (Wer findet das Ergebnis auch auf andere Weise? Nicht auf einer Methode beharren, starres Regeldenken abbauen.)

4. Scheinbar (!) Unzusammengehöriges in Beziehung bringen. [...]

5. Vermutungen und Hypothesen der Schüler nicht blockieren durch zu frühe Kritik. („Brainstorming", keine (!) Antwort eines Schülers ist falsch innerhalb seines Denkprozesses.)

6. Hinweis-Signale bereitstellen. (Visuelle Hilfsmittel, nebenher eingestreute Bemerkungen u. dgl., die den Weg zur Umstrukturierung unauffällig anzeigen, aber nicht das Ergebnis vorwegnehmen!)

7. Zeit zum „Probieren" lassen. Leistungsdruck suspendieren. (Stress erzeugt Perseveration und vermindert Flexibilität, Ängstliche brauchen noch mehr Zeit, Ehrgeiz und ichhafte Einstellung erschweren das Umstrukturieren.)

8. Phasen der Lockerung und Entkrampfung einfügen. [...]" (Joerger 1976, 140 f.)

Sie werden in dieser Checkliste sicher viele Erkenntnisse aus der Kreativitätsforschung wiedererkannt haben. Gleichzeitig sind diese Hinweise sehr praxisorientiert. Wenn Sie kreatives Verhalten bei Ihren Schülerinnen und Schülern fördern wollen, werden Sie solche Anregungen in Ihrem Unterricht häufiger verwirklichen, als wenn Ihnen Kreativität nicht so wichtig ist.

Sie werden jetzt gewiss fragen: Geht das überhaupt? Steht mir im Unterrichtsalltag überhaupt so viel Zeit zur Verfügung? Wird nicht gerade bei Unterrichtsbesuchen von mir erwartet, dass ich zügig und ohne große Umwege zu Ergebnissen komme? Ist das alles noch vereinbar mit gutem Unterricht?

In einer Münchener Studie sind Weinert und Mitarbeiter der Frage nachgegangen, was erfolgreichen Unterricht auszeichnet. Sie haben dabei u. a. Klarheit des Unterrichts, Zeitnutzung und individuelle fachliche Unterstützung in Beziehung gesetzt zu den mittelfristigen Effekten in den Bereichen Lernfreude und Selbstvertrauen. Sie sind zu Ergebnissen gekommen, die auf den ersten Blick überraschend sind:

„Während das Merkmal ‚Klarheit des Unterrichts‘ durchweg förderlich ist, erweist sich eine intensive Zeitnutzung als zwiespältig. Zwar stärkt sie das Selbstvertrauen des Schülers, dämpft aber seinen Spaß am Lernen. [...]
Wie kann man sich dieses Ergebnis erklären? Es könnte sein, dass ein sehr effektiv unterrichtender Lehrer bei den Schülern ein Gefühl permanent kontrollierten Lernens erzeugt, so dass Bedürfnisse nach spontanem Handeln, privater Zuwendung und entspannter Atmosphäre unbefriedigt bleiben. Unser Fazit: Die ‚beste‘ Lehrmethode gibt es nicht. Bei der Verschiedenheit der Kinder und der Vielfältigkeit der von der Schule verfolgten Ziele ist es am günstigsten, wenn der Lehrer engagiert, sachbezogen, kind-orientiert und flexibel unterrichtet. Notwendig ist die Balance von Spannung und Entspannung, von Leistungsorientierung und persönlicher Zuwendung, von Kontrolle und Spontaneität." (Weinert/Helmke 1987, S. 70, 72)

In dieser **Balance** muss Raum geschaffen werden für **Risikofreude** und **Offenheit** für Unerwartetes. Eine einseitige Ausrichtung auf die Vermeidung von Fehlern wäre für die Entfaltung neuer Ideen tödlich. Ebenso die ständige Angst, Zeit zu verlieren. Machen Sie die Gegenprobe: Was wissen Schüler nach zwei oder zehn Jahren noch von dem mit der „Mastgans-Methode" (Binnig) dargebotenen Stoff? Und welche Gefühle sind an diesen Stoff gekoppelt?

10.3.5 Zensurengebung und Kreativität

Kann und soll man kreative Produkte und kreatives Tun in der Schule in die Beurteilung miteinbeziehen? Im Fach Bildende Kunst ist das geübte Praxis, aber in den anderen Fächern? Ich will Ihnen an ein paar Beispielen ganz pragmatisch zeigen, wie ich mit dieser Frage im Schulalltag umgehe.

> *Günstig für die Entfaltung von Kreativität sind Situationen, in denen möglichst wenig Leistungsdruck und keine Prüfungsangst herrschen.*

Erfreuliche Beobachtungen zum kreativen Verhalten von Schülern während der entspannten alltäglichen Arbeit lassen sich zu einem bewertenden Bild zusammenfassen, das ich, ohne dem eine Ziffer als Note zuzuordnen, mit einer **verbalen Beschreibung** in meinem Notenbuch festhalten und bei der Zeugnisbeurteilung positiv in die Waagschale werfen kann, z.B.: großer Einfallsreichtum, oder: S. verwendet geschickt Metaphern, um seine Gedanken angemessen auszudrücken.

Für die Klassenarbeiten überlege ich mir meistens eine Zusatzaufgabe, die dann bearbeitet werden soll, wenn alle anderen Aufgaben gelöst sind. Diese fakultative Aufgabe bringt Zusatzpunkte, die kompensatorisch verrechnet werden, aber nicht für das Erreichen der besten Note erforderlich sind.

Beispiele:

- Ein aus dem Lehrbuch bekannter lateinischer oder französischer Text ist durch Tinte, die aus einem umgefallenen Tintenglas ausgelaufen ist, teilweise zerstört worden. Es geht darum, ihn möglichst vollständig zu rekonstruieren.
- Die Geschichte im Teil A der Klassenarbeit bricht nach dem Höhepunkt ab. Die Zusatzaufgabe kann dann heißen: Wie könnte die Geschichte weitergegangen sein?

Bei der Bewertung der Qualität einer Fortsetzung vergebe ich dann Pluspunkte. Kriterien sind z. B. innere Stimmigkeit; Originalität; Sensibilität für die Probleme, die im bekannten ersten Teil der Geschichte angedeutet sind, sowie Elaboriertheit (angemessene Ausschmückung und Detailreichtum).

10.3.6 Die Kreativität und Spielfreude von Lehrern und Lehrerinnen

Wir können eine Atmosphäre, in der Kreativität gedeiht, nicht herbeizwingen oder verordnen. Obwohl ich viel von guten Handlungsplänen und professionellem Know-how halte, bin ich der Auffassung, dass es mit Kreativitätstechniken allein nicht getan ist. Menschen, die in diesem Bereich eingeschränkt sind, können Kreativität kaum bei anderen Menschen anregen.

Wir müssen also als Lehrende Kreativität mit Risikobereitschaft und Spielfreude zuallererst bei uns selbst verwirklichen. Dann gelingt es uns leichter, zu einer kreativen Arbeitsatmosphäre beizutragen. Und wir sind selbst ein positives Modell, das auf die Lernenden ansteckend wirkt.

Hier sind ein paar Beispiele aus meiner eigenen Praxis als Französisch- und Lateinlehrer, mit denen ich Sie anregen möchte, kreative Möglichkeiten bei sich selbst zu entfalten:

Beispiele

1. **Recycling** (Einfälle aus Abfällen): Ich versuche, den Materialien aus meiner Umgebung, die scheinbar wertlos sind, neue nützliche Aspekte abzugewinnen und sie wiederzuverwenden, z. B.:

   - Ein gebrauchter Briefumschlag mit einem lateinischen Poststempel: „SURREXIT CHRISTUS DE SEPULCRO – ALLELUJA" aus dem Vatikan.
     Ich gebe den Schülern eine Kopie des Dokuments und sage nur: „Meine Tochter hat gestern einen Brief bekommen. Schaut mal: Das stand auf dem Umschlag." Die Situation provoziert jetzt Fragen, die die Schüler und Schülerinnen selbst aufwerfen, z. B.: Wo wurde der Brief abgeschickt und gestempelt? Das ist doch Latein: Was könnte das heißen? Und warum gerade Latein? Versteht das noch jemand? Wäre nicht eine andere Sprache geeigneter?
   - Anzeige in einer Tageszeitung: Anzeigen sollen die Aufmerksamkeit der Leser und Leserinnen auf das Produkt lenken. Das gelingt, wenn sie Neugier wecken und kreativ gemacht sind. Beim Zeitunglesen fallen mir manchmal Bezüge zu Fragestellungen aus meinen Fächern auf. Ich schneide sie dann aus und rege die Schüler und Schülerinnen an, damit eine Seite in ihrem Heft zu gestalten.

2. **Tafelbilder**: Im Verlauf meiner eigenen Praxis habe ich herausgefunden, dass ich dann gut vorbereitet bin und einen neuen Sachverhalt gut erklären kann, wenn es mir gelungen ist, den Stoff optisch zu kodieren. Bei dieser Übersetzung von einem linear gedruckten oder gesprochenen Text in eine grafische Darstellung (Tabelle, Flussdiagramm, Entwicklungslinie mit Höhepunkt) oder in ein konkretes Bild muss nämlich die relevante von der irrelevanten Information getrennt werden. Das kann ich nur, wenn ich alles gut verstanden habe. In der Stunde ist es dann für mich leichter, wenn ich meine Gedanken fixieren und an beliebigen Stellen ergänzen kann. Und die Schüler haben es leichter, wenn sie gleichzeitig hören und sehen können.

- Sie können das trainieren: Versuchen Sie, in Texten den optischen Kern zu entdecken, um den sich die Detailinformationen gruppieren lassen.
- Wenn Sie Ihre Fähigkeiten, naturalistisch z. B. Personen, Tiere an die Tafel zu zeichnen, weiterentwickeln wollen, empfehle ich Ihnen, das Buch von Bühs (1999) durchzuarbeiten. Ich habe noch nie Schüler gehabt, die partout nicht hätten zeichnen können. Im Gegenteil: Mit etwas pädagogischer Unterstützung fertigen sie Schulhefte, die auch ästhetischen Ansprüchen genügen. Versuchen Sie also nicht, sich einzureden: Zeichnen kann ich nicht. Verzichten Sie darauf, eine Tafelzeichnung mit solchen Worten einzuleiten. Das wirkt unprofessionell und so, als wollten Sie Ihr Licht unter den Scheffel stellen. Zeichnen Sie einfach! Mut und Risikobereitschaft sind ja Teil des kreativen Verhaltens. Bei der häuslichen Vorbereitung können Sie probieren und verwerfen und verändern, sodass Sie vor der Stunde einigermaßen wissen, wie Sie alles anordnen wollen. Seien Sie nicht irritiert, wenn dann der Kopf mit Sprechblase im Heft Ihrer Schüler Ähnlichkeiten mit Ihrem eigenen aufweist. Das ist als Kompliment gemeint.

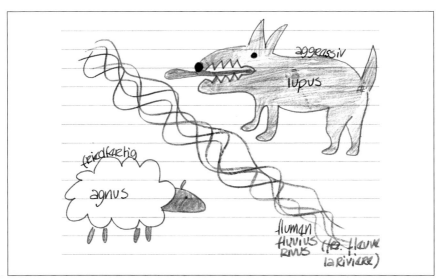

Bild 10.1: Tafelbild zur Einführung der Fabel vom Wolf und vom Lamm (Phaedrus) – wie es eine Schülerin (Klasse 10) in ihr Lateinheft abgemalt hat

3. **Inszenieren, Experimentieren mit Live-Situationen**: Manchmal bringe ich ein Requisit, z. B. ein ausrangiertes Telefon, einen Hut, eine Baguette, eine Pflanze mit zum Unterricht. Es entsteht dann schnell und unmittelbar ein Handlungszusammenhang, der mit den zur Verfügung stehenden Mitteln, den fremdsprachlichen und nonverbalen Kommunikationsmitteln, von allen Beteiligten zu bearbeiten ist. Diese Situationen sind auch für Komik, Witz und Überraschungen gut. So genau weiß keiner, wie es ausgeht, weil offen ist, wie die Einzelnen – die Schüler und der Lehrer – die Stituation ausgestalten wollen.

4. **Ideen und Inkubationszeit**: Die besten Ideen für meinen Unterricht kommen mir oft beim Geschirrspülen, bei der Gartenarbeit, beim Aufwachen, manchmal erst bei der Fahrt zur Schule, also meist gerade dann nicht, wenn ich mich besonders anstrenge, eine gute Idee zu finden. Manchmal fällt mir zufällig etwas in die Hände, was ich für meinen Unterricht brauchen kann. Oder ein Geruch – von Lavendel z. B. – steigt mir plötzlich in die Nase, und mir fällt ein, dass ich eine solche Pflanze mit in die Klasse nehmen könnte, die Blätter von den Schülern, die es wollen, zerreiben lassen könnte und so die Provence, von der die neue Lektion handelt, den Schülerinnen und Schülern vor Augen führen und unter die Nase reiben könnte.

Tipps:

▪ Beschäftigen Sie sich so früh wie möglich mit den Elementen des Unterrichtsthemas und machen Sie einen vorläufigen Grobplan für die Unterrichtssequenz. Gehen Sie dann anderen Beschäftigungen nach oder genießen Sie es ganz einfach, zu entspannen und nichts zu tun. Sie haben dann gute Voraussetzungen für Einfälle und Ideen geschaffen. Erzwingen können Sie Einfälle ohnehin nicht, auch kaum beschleunigen. Und manchmal kommt es vor, dass die Inkubationszeit länger ist als die Zeit bis zum Unterricht. Das ist auch kein Drama; vielleicht lässt sich ja doch noch etwas anfangen mit dieser Idee in der nächsten Stunde oder in einem anderen Zusammenhang.

▪ Machen Sie sich öfter von neuem klar: Wir haben als Lehrer und Lehrerinnen einen kreativen Beruf. Künstlerisches Gestalten von sozialen Situationen ist Teil unserer Aufgaben. Wir erfüllen unsere Aufgaben nicht dann besonders gut, wenn wir uns ständig im Stress befinden, statt uns von dem, was entbehrlich ist, zu befreien. Es darf schließlich von uns erwartet werden, dass wir uns einigermaßen entspannt, offen und gelassen den Lernenden präsentieren, gleichzeitig neugierig und gespannt auf das, was kommt, also in einer Verfassung, in der Kreativität gedeihen kann.

Literatur

Literatur

Bauer, J. (2002). Das Gedächtnis des Körpers. Wie Beziehungen und Lebensstile unsere Gene steuern. Frankfurt / M.: Eichborn.

Binnig, G. (1992). Aus dem Nichts. Über die Kreativität von Natur und Mensch. 4. Aufl. München: Piper.

Binnig, G. (o.J.). Freies Spiel für unseren Kreativitätsmuskel. In: Kreativer Unterricht in der Grundschule. München: Domino, S. 5-13.

Bönsch, M. (1995). Differenzierung in Schule und Unterricht. München: Ehrenwirth.

Bühs, R. (1999). Tafelzeichnen kann man lernen. 4. Aufl. Hamburg: Bergmann und Helbig.

Gardner, H. (1991). Abschied vom IQ. Die Rahmen-Theorie der vielfachen Intelligenzen. Stuttgart: Klett.

Guilford, J. P. (1970). Grundlegende Fragen bei kreativitätsorientiertem Lernen. In: Mühle, G., Schell, C. (Hg.). Kreativität und Schule. München: Piper, S. 139-164.

Heterogenität (2004). Jahresheft XXII des Friedrich Verlages. Hgg. von G. Becker, K.-D. Lenzen, u. a. Seelze: Friedrich.

Holling, H. et al. (2003). Begabte Kinder finden und fördern. Ein Ratgeber für Elternhaus und Schule. Hgg. vom Bundesministerium für Bildung und Forschung. Bonn.

Joerger, K. (1976). Einführung in die Lernpsychologie. Freiburg: Herder.

Mack, W. (1997). Heterogenität und Bildung. Leistungsförderung und Integration im Gymnasium. In: Liebau, E., Mack, W., Scheilke, C. (Hg.). Das Gymnasium. Alltag, Reform, Geschichte, Theorie. Weinheim: Juventa, S. 353-370.

Paradies, L., Linser, H. J. (2001). Differenzieren im Unterricht. Berlin: Cornelsen.

Rost, D. H., Albrecht, H. T. (1992). Hochbegabung. In: Asanger, R., Wenniger, G. (Hg.). Handwörterbuch Psychologie. 4. Aufl. Weinheim: Beltz, S. 294-300.

Roth, E., Oswald, W. D., Daumenlang, K. (1972). Intgelligenz. Stuttgart: Kohlhammer.

Waldmann, M., Weinert, F.E. (1985). Intelligenz und Denken. Perspektiven der Hochbegabungsforschung. Göttingen: Hogrefe.

Weinert, F. E., Waldmann, M. (1985). Das Denken Hochbegabter. Intellektuelle Fähigkeiten und kognitive Prozesse. In: Zeitschrift für Pädagogik, 6, S. 789-804.

Weinert, F. E., Helmke, A. (1987). Die Münchener Studie: Schulleistungen – Leistungen der Schule oder der Kinder? In: Bild der Wissenschaft, 1, S. 62-73.

11 Leistungs- und Lernmotivation

Werner Weißbrodt

11.1 Motiv und Motivation

Beginnen wir mit einer kleinen Fallstudie, wie wir sie alle kennen.

Beispiel

Im zweiten Schulhalbjahr lässt Studienrat H. in seiner 7. Klasse des Öfteren Basketball spielen. Einer der Schüler fällt dabei immer wieder durch Unlust und geradezu aufreizende Untätigkeit auf. Er bewegt sich wenig, weicht Ballkontakten nach Möglichkeit aus, scheint sogar Genugtuung zu empfinden, wenn das Spiel völlig an ihm vorbeiläuft.

Der Sportlehrer seinerseits versucht, über Varianten in der Spielgestaltung, durch zusätzliche Anreize, durch Verstärkungen und Ermahnungen, auch diesen Schüler zu aktivieren, in das Spiel mit einzubeziehen. Doch der Erfolg bleibt zunächst aus. Daran ändert auch die drohende schlechte Sportnote nichts.

Herr H. behält die Klasse. Auch im 8. Schuljahr steht Basketball auf dem Programm. Und zum Erstaunen aller ändert sich das Verhalten unseres Schülers schon während der ersten Wochen zunehmend. Er zeigt, dass er Technik und Taktik des Spiels durchaus beherrscht. Immer häufiger versucht er, sich ins Spiel einzuschalten, ist ständig in Bewegung und macht durch Zurufe auf sich aufmerksam. Von den Klassenkameraden wird er schließlich voll akzeptiert, und auch beim Korbwurf hat er immer wieder Erfolg. Der Lehrer ist geradezu verblüfft und nimmt diese Veränderung natürlich mit Genugtuung zur Kenntnis. Aber er fragt sich auch nach den Ursachen. Wie er selbst gelegentlich im eigenen Unterricht beobachten konnte und wie ihm im Gespräch mit Kollegen deutlich wurde, mangelt es dem Schüler offensichtlich nicht an grundlegender Leistungsbereitschaft.

In diesem Fallbeispiel sieht Herr H. also hinter dem Schülerverhalten eine situationsüberdauernde Antriebskraft; er spricht von einem Motiv – hier dem Leistungsmotiv –, das wirksam wurde. Doch es drängen sich weitere Gedanken auf. Hatte vielleicht das Bemühen um eine gute Unterrichtsgestaltung jetzt auch bei diesem Schüler Erfolg gezeigt? An gezielter Verstärkung hat es ja auch nicht gefehlt. Andererseits hat sicher der Vater, der selbst aktiv Sport getrieben hat, nach der Vier im letzten Zeugnis seinem Sohn ein paar passende Worte gesagt. Möglicherweise haben aber auch Spott und Vorwürfe der Klassenkameraden eine Rolle gespielt. Und dann ist der Schüler ja auch in den letzten Monaten mindestens zehn Zentimeter gewachsen. Vielleicht hat er jetzt überhaupt erst die körperlichen Voraussetzungen, um auch in dieser Sportart Selbstbestätigung zu finden.

Mehrere Faktoren könnten also mögliche Ursache dafür gewesen sein, dass sich die Unterrichtssituation und die in ihr enthaltene Leistungsforderung für den Schüler geändert hat. Damit hat sich offensichtlich eine neue Wechselwirkung zwischen dem relativ überdauernden Motiv und den Anreizbedingungen der Situation ergeben.

Motiv und Motivation

Wenn ein Motiv in dieser Weise aktualisiert wird, spricht man von Motivation. Unter Motivation versteht man also aktuelle kognitive und emotionale Prozesse, die vor, während und nach einer Handlung auftreten.

Dazu gehören z. B. Erwartungen, Bewertungen, Ursachenerklärungen, Hoffnungen, Befürchtungen, Freude oder Enttäuschung.

Bleiben wir noch kurz bei unserem Beispiel. Beobachtet hat der Sportlehrer lediglich das **offene Verhalten** seines Schülers. Die **dahinter stehenden Ursachen**, die Beweggründe, hat er erschlossen. „Motiv" und „Motivation" sind also **hypothetische Konstrukte**, Erklärungsbegriffe. Sie werden aus realisiertem Verhalten und Situationsgegebenheiten abstrahiert. In der Alltagsverwendung – und mit unterschiedlicher theoretischer Akzentsetzung auch in der Wissenschaft – lässt sich **„Motiv" als relativ stabile Antriebskraft** im Innern der Person definieren, eine Antriebskraft, die mehr oder weniger bewusst Ziele festlegt sowie Dauer und Intensität der Bemühungen regelt, die auf die Erreichung eines Ziels verwendet werden.

Der Begriff umfasst heute alles, was früher als Instinkt, Trieb, Bedürfnis, Absicht usw. bezeichnet wurde, selbst Emotionen rechnen dazu, sofern sie Antrieb für zielgerichtetes Verhalten sind.

Schon die Tatsache, dass es ganz verschiedene Motive gibt (z. B. biologische, soziale, psychische wie die Erhöhung des Selbstwertgefühls oder kognitive wie Neugier und Leistungsmotiv) weist aber darauf hin, dass in einer konkreten Situation oft nicht nur ein Motiv unsere Entscheidung und unser Handeln bestimmt, dass es vielmehr immer wieder zu Motivkonflikten kommen kann.

Wenn es um die Übertragung motivationspsychologischer Erkenntnisse auf die Schule geht, ist Vorsicht geboten.

Theoriegeleitete empirische Forschung orientiert sich immer an partikulären Fragestellungen. Ihre Ergebnisse sind spezifisch und statisch, die erkannten Gesetzmäßigkeiten in der Regel kontextabhängig. Dem steht der **Schulunterricht** als **komplex vernetztes, dynamisches System** mit – zumindest im Längsschnitt – sehr variablem Lehrerverhalten gegenüber. Das Handeln des Lehrers findet in einem Kontext statt, der nicht allgemein definierbar ist und jeweils eigene konkrete Wirkungen hervorbringt – bedingt durch Persönlichkeitsmerkmale von Lehrern und Schülern, durch deren Befindlichkeit, durch Klassenklima, Reaktionen der Mitschüler, Lehrinhalte, Unterrichtsstrategien usw. Trotzdem ist eine sensible und reflektierte Orientierung des Lehrerhandelns an Forschungsergebnissen unverzichtbar. Wissenschaftliche Erkenntnisse können der Beschreibung und Erhellung unterrichtlicher Ereignisse dienen, sie geben Anregungen und lassen Defizite erkennen. Allerdings müssen sie auf die jeweiligen situativen Bedingungen bezogen werden und sind nur ein Baustein bei der pädagogischen Reflexion des Lehrers.

11.2 Wissenschaftliche Theorien und Resultate zur Lernmotivation

11.2.1 Zwei Rahmenmodelle

Ende der 60er-Jahre hat sich Heinz Heckhausen (1968) in einem damals viel beachteten Beitrag zur „Förderung der Lernmotivierung" geäußert. Auch wenn dieser Beitrag später häufig kritisiert wurde, gelten drei Grundpositionen auch heute noch:

- Zum einen ist Lernmotivation in der Schule kein stabiles Persönlichkeitsmerkmal des Schülers, sondern das **Ergebnis einer Wechselwirkung zwischen Schülermotiven und situativen Anregungsbedingungen** des Unterrichts.
- Zweitens ist das Prinzip der **Passung** wichtig, d. h. die motivationsfördernde Angleichung des Schwierigkeitsgrads des Unterrichts an die Vorkenntnisse des einzelnen Schülers.
- Drittens wird Lernmotivation im Unterricht nicht nur vom Leistungsmotiv, sondern **auch von anderen Motiven** (u. a. Neugier und Sozialmotiven) und deren situativer Anregung **beeinflusst**.

Krapp (1993) hat die Frage nach den motivationalen Bedingungen schulischen Lernens wieder aufgeworfen. Er untersucht intentionales, bewusst gesteuertes und auf bestimmte Ziele gerichtetes Lernen. Mit dem Begriff **„Lernmotivation"** bezeichnet er Strukturen und Prozesse, die das Zustandekommen und die Effekte des Lernens erklären. In diesem Zusammenhang entwickelt er ein Rahmenmodell, das erlaubt, pädagogisch bedeutsame Sachverhalte der Lernmotivation übersichtlich zu ordnen. Es soll an dieser Stelle nur knapp skizziert werden (vgl. Bild 11.1):

Im Mittelpunkt des Modells steht die Lernmotivation, die in einer konkreten Situation aktualisiert wird (1). Sie wird von drei globalen Bedingungsfaktoren beeinflusst (2):

- von Bedingungen in der Person des Schülers, z. B. Motiven, Erwartungen, Einstellungen, Wertorientierungen (2a),
- von Bedingungen im sozialen Umfeld des Schülers, z. B. gruppendynamischen Faktoren in der Schulklasse und Lehrerverhalten (2b),
- von Bedingungen der Lernsituation und des Lerngegenstands, z. B. Interessantheit oder Schwierigkeitsgrad des Lernstoffs (2c).

Diese Bedingungen sind ihrerseits oft nur erklärbar, wenn man weiß, wie sich in vorausgegangen Sozialisationsphasen Motive und Motivierbarkeit des Schülers entwickelt haben (3).

Die Lernhandlung spielt sich vor allem auf der emotionalen und der kognitiven Ebene ab (4): Der Schüler freut sich, ist enttäuscht, gespannt oder gelangweilt; er aktualisiert seine Vorkenntnisse, entwickelt Strategien, beschafft sich Informationen, versucht etwas zu veranschaulichen usw. Sowohl seine Gefühle als auch seine informationsverarbeitenden Prozesse und deren Wechselwirkung werden nach Stärke und Ausrichtung von der individuell aktualisierten Lernmotivation bestimmt.

Wissenschaftliche Theorien und Resultate zur Lernmotivation

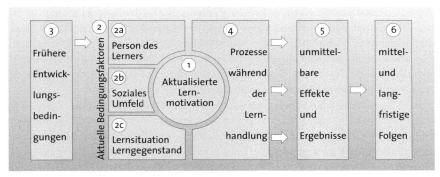

Bild 11.1: Rahmenmodell der Lernmotivation

Die unmittelbaren Resultate einer Lernhandlung liegen – auf den schulischen Unterricht bezogen – vor allem im kognitiven Bereich (5). Oft sind sie für den Schüler nur Mittel zum Zweck, instrumentelle Voraussetzung für das Erreichen langfristiger Ziele: Anerkennung des Lehrers, gute Noten, Überwindung des Numerus Clausus usw. (6).

11.2.2 Wichtige Forschungsperspektiven vor dem Hintergrund der Unterrichtspraxis

Fragen nach den Ursachen menschlichen Verhaltens sind so alt wie die schriftliche Überlieferung. Doch wenn Hermann Ebbinghaus in den Anfangszeiten experimenteller Forschung über die Psychologie allgemein gesagt hat, sie habe eine lange Vergangenheit, aber eine kurze Geschichte, so gilt dies auch für die Motivationsforschung. Heckhausen (1984) hat Entwicklungslinien dieser Forschungsrichtung in einer zusammenfassenden Übersicht dargestellt. Im Hinblick auf die pädagogische Praxis sollen in der Folge wichtige Ansätze der Lernmotivationsforschung skizziert werden. Diese Forschungsperspektiven können in das oben erläuterte Rahmenmodell Krapps eingeordnet werden.

Eine Gruppe von Theorien erklärt Lern- und Leistungsunterschiede in der Schule durch relativ stabile Merkmale der Schülerpersönlichkeit. Infrage kommen vor allem kognitive Lernvoraussetzungen und motivationale Faktoren. Kataloge von Lernmotiven oder Bedürfnissen, die auf dieser Basis entstanden sind, muten oft spekulativ an. Man hat aber auch mithilfe von Fragebogen grundlegende Faktoren schulischer Lernmotivation empirisch zu bestimmen versucht, z. B. Pflichtgefühle gegenüber gesellschaftlichen Forderungen, Identifikation mit Eltern, Lehrern und der eigenen Klasse, Leistungsstreben, egoistische Motive und Wissbegier. Untersuchungen des Zusammenhangs zwischen Lernmotivation und Lernleistung orientieren sich dabei an der Frage, ob sich Motive zur Vorhersage und Erklärung von Schul- und Studienerfolg eignen.

Behavioristische Lern- und Verhaltenstheorien (⌕ ➪ Beitrag 7 über klassische Lerntheorien) vertreten dagegen die Überzeugung, dass Ausmaß und Richtung der Lernmotivation durch die äußeren Konsequenzen bestimmt werden, die im

Gefolge einer Lernhandlung auftreten. Belohnung, Bestrafung oder Ignorieren steuern demnach das Lernverhalten. Dieser Ansatz erklärt allerdings nicht, dass schon Tiere auch ohne erkennbare Verstärkung exploratives Verhalten zeigen, also allein in der Ausführung einer Tätigkeit hinreichende Befriedigung finden. Gerade diese Beobachtung, diese offensichtlich angeborene Neugier, wurde zum Ansatzpunkt für Theorien intrinsischer Motivation.

Als Konsequenz aus der behavioristischen Blickverengung auf äußere Reiz-Reaktions-Muster vollzog sich die so genannte kognitive Wende in der Psychologie. Kognitive Theorien gehen davon aus, dass Menschen sich bewusst Ziele setzen, dass sie Resultate vorwegnehmen, Kosten und Nutzen abschätzen usw. Aus solchen Prozessen resultiert dann die Motivation. In diesem Zusammenhang sind beispielsweise die von Heckhausen seit den sechziger Jahren entwickelten Modelle zu sehen, die der Leistungsmotivation zentrale Bedeutung zumessen. In diesen Modellen werden Einschätzungen betont, die sich mit dem erwarteten Erfolg oder Misserfolg einer Lernhandlung beschäftigen.

Mit motivationalen Bedingungen und Faktoren selbstbestimmten Handelns sowie den Folgen für die Persönlichkeitsentwicklung haben sich in jüngster Zeit vor allem Deci und Ryan auseinander gesetzt. Sie bezweifeln, dass die Ursachen motivierten Handelns allein durch Intentionen, Erwartungen oder Selbsteinschätzungen bzw. durch bloße Gegenüberstellung von intrinsischer und extrinsischer Motivation bestimmt werden können. Als entscheidender Motivationsfaktor wird vielmehr die subjektiv erlebte Autonomie des Einzelnen betrachtet.

Die sich in einer konkreten Situation ergebende Wechselwirkung von intrinsischer und extrinsischer Motivation hängt dabei von den jeweils vorgenommenen Attribuierungen ab (Rudolph 2003). So kann eine versprochene oder erhaltene Belohnung sehr unterschiedliche motivationale und Handlungskonsequenzen haben: Wird ein eigenes Verhalten als durch Belohnung kontrolliert erlebt, führt dies zur Schwächung einer vorhandenen intrinsischen Motivation; wird die Belohnung dagegen lediglich als Information über einen eigenen Erfolg gesehen, so sieht man sich weiter als Verursacher der erfolgreichen Handlung. Zwei neuere veröffentlichte Untersuchungen beleuchten spezifische Aspekte dieser Thematik.

- Im einen Fall wurde der Frage nachgegangen, welche **familialen Sozialisationsbedingungen** mit der Lernmotivation von Schülern in Beziehung stehen (Wild/Wild 1997). Grundlagen waren Daten einer Befragung von ost- und westdeutschen Neuntklässlern sowie deren Eltern. Die Ergebnisse weisen darauf hin, dass schulische Lernmotivation in erster Linie durch ein autonomieförderliches und unterstützendes elterliches Erziehungsverhalten positiv beeinflusst wird.

- Im Zentrum einer zweiten Studie (Konrad, 1997) steht die Analyse wichtiger **persönlichkeitsbezogener Determinanten** selbstgesteuerter Lernprozesse, die an Lehramtsstudentinnen und -studenten untersucht wurden. Dabei wurde festgestellt, dass die erlebte Selbststeuerung (selbsttätiges Verwirklichen eigener Interessen und Wünsche) mit intrinsischen motivationalen Orientierungen, angenehmen emotionalen Empfindungen und metakogintiven Planungs-, Überwachungs- und Regulationstätigkeiten einhergeht und dass intrinsische Motivation ihrerseits eng mit Gefühlen der Kompetenz und Selbstbestimmung verbunden ist.

Wenden wir uns schließlich noch der Frage des „Interesses" zu, mit dem in der Schulpraxis häufig Unterschiede der Lernmotivation bei Schülern erklärt werden. Seit Mitte der 80er-Jahre hat die pädagogisch-psychologische Forschung verstärkt den Einfluss individueller Interessen auf das Lernen bzw. die Entstehung und Veränderung von Interessen analysiert. Das **Interessenkonstrukt** umfasst heute **Merkmale der Person** (individuelles Interesse) und **Merkmale der Lernumgebung** (Interessantheit) sowie aktuelle **psychische Zustände** während einer interessenorientierten Handlung. Entscheidende Definitionskriterien dieses Konstrukts sind die Ausrichtung der Person auf einen bestimmten Gegenstand und die über die aktuelle Handlungssituation hinausgehende Bedeutung.

Nach fast allen Untersuchungen bewirken sowohl individuelle Interessen als auch die durch äußere Anregungsbedingungen hervorgerufenen situationalen Interessen eine höhere Lernleistung, dies hinsichtlich differenzierter und tief verankerter Wissensstrukturen und schulischer Leistungsnachweise. Krapp (1998) gibt dafür diese Erklärung: Lernen aus Interesse ist zunächst eng mit der motivationalen Orientierung verbunden, sich mit einer Sache um ihrer selbst willen auseinander zu setzen, sich für die Lernaktivität verantwortlich zu fühlen, die eigene Kompetenz weiterzuentwickeln. Außerdem besteht die Tendenz, anspruchsvolle und lernwirksame Lernstrategien zu verwenden. Bei Interesse für die Lerninhalte werden auch Lerntechniken eingesetzt, die zusätzliche Assoziationen schaffen, Querverbindungen oder die Zusammenfassung mit eigenen Worten ermöglichen.

Interessensteuerung führt zu unwillkürlicher, spontaner Aufmerksamkeit. Das Lernen läuft anstrengungsloser, rascher und effektiver ab; es ist auch mit einem günstigeren Aktivierungsniveau verbunden und von positiven emotionalen Prozessen begleitet. Schließlich führt es häufiger zum so genannten **Flow-Erleben** mit all seinen positiven Auswirkungen.

Als „Flow" wird eine Erlebnisweise bezeichnet, die eine Tätigkeit intrinsisch belohnend macht. Eine Person ist dabei voll auf eine Aufgabe konzentriert, geht in der Handlung auf und ist von äußeren und inneren Störreizen kaum mehr beeinflussbar.

Sie fühlt sich weder über- noch unterfordert und befindet sich auf ihrem höchsten Leistungsniveau. Eine Theorie des Flow-Erlebens hat Csikszentmihalyi entwickelt. Ihm geht es vor allem um intrinsische Motivation in natürlichen Umwelten und um die Frage, in welcher Weise diese Form der Motivation auf die Qualität des während der Tätigkeit auftretenden Erlebens zurückgeführt werden kann. Als wichtige Elemente des Flow-Erlebens werden hervorgehoben: Verschmelzen von Handlung und Bewusstsein; Zentrierung der Aufmerksamkeit auf einen beschränkten Umweltausschnitt; Selbstvergessenheit; Ausüben von Kontrolle über Handlung und Umwelt. Diese Elemente sind nach den vorliegenden empirischen Untersuchungen für die verschiedenartigsten Tätigkeiten in gleicher Weise relevant. Csikszentmihalyi bezieht seine Aussagen auch auf schulisches Lernen. Die Qualität des Erlebens beim Unterricht sei vor allem davon abhängig, ob Lernvoraussetzungen und Anforderungen nicht zu weit auseinander klaffen, ob Zielsetzungen, Arbeitsanweisungen und Rückmeldungen eindeutig sind und ob der Schüler die angemessenen Lernstrategien und -techniken anwenden kann.

Der Überblick über wichtige Entwicklungslinien der Motivationsforschung sollte deutlich machen, dass Lernmotivation ein komplexes Geschehen ist, das sich auf verschiedenen Ebenen abspielt und unter ganz unterschiedlichen Gesichtspunkten betrachtet werden kann. An die in diesem Zusammenhang angesprochenen kognitiven und emotionalen Vorgänge, an die Aussagen zu sozialen Rahmenbedingungen und motivierenden Gegenständen sollen im folgenden Teil dieses Beitrags unterrichtspraktische Überlegungen angeknüpft werden.

11.3 Motivieren im Unterricht

Von allen Faktoren, die die intellektuelle Leistungsfähigkeit eines Schülers bedingen, kann in einer gegebenen Lernsituation allein die Motivation beeinflusst werden. Was können Lehrerinnen und Lehrer in ihrem Unterricht konkret tun, um Motivation für unterrichtliches Lernen zu schaffen, zu erhalten oder – sofern bereits vorhanden – auszunützen? Um einer Antwort auf diese Frage näher zu kommen, sollen im Folgenden Bedingungen untersucht werden, die im Lehrerverhalten, in der Person des Schülers und in der Unterrichtsgestaltung liegen. Zur Sprache kommen dabei die Schaffung notwendiger Rahmenbedingungen und der Einsatz gezielter motivationaler Maßnahmen, die sich an Persönlichkeit und sachstrukturellem Entwicklungsstand des Schülers orientieren.

11.3.1 Lehrerverhalten

Gezielte motivationale Maßnahmen und Techniken des Lehrers können nur innerhalb eines Kontextes greifen, der es Schülern überhaupt möglich macht, sich darauf einzulassen bzw. sich dadurch anregen zu lassen. Dazu gehört primär:

- ein **entspanntes, angstfreies Lernklima** und
- ein **Unterrichtsstil**, der den Bedürfnissen und Gefühlen der Schüler mit Verständnis begegnet, positive Beziehungen der Schüler untereinander nicht einem unangemessenen Konkurrenzdenken opfert und auf rationalem Umgang mit Konfliktsituationen basiert.

Nicht weniger wichtig ist das **persönliche Engagement des Lehrers** im Unterricht – gerade in schwierigen Klassen. So haben Untersuchungen gezeigt, dass bestimmte Lehrerverhaltensweisen, die auch mit der Bereitschaft zum vollen Einsatz zusammenhängen, Voraussetzung für gute Arbeitsatmosphäre und geringere Störanfälligkeit des Unterrichts sind. Der Lehrer sollte z. B. den Eindruck vermitteln, dass er auf jedes Vorkommnis zu reagieren in der Lage ist, dass er sich auch zwei Dingen gleichzeitig widmen kann und seinen Unterricht nicht durch jeden Störversuch unterbrechen lässt. Er sollte dem Gefühl der Anonymität bei einzelnen Schülern entgegenwirken, das aus dem Eindruck erwachsen kann, zu wenig beachtet zu werden oder sich in der Klasse verstecken zu können. Blickkontakt, gelegentliche individuelle Ansprache oder spontan geäußerte Freude über Lernerfolge versprechen hier oft rasche Wirkung.

Wenn es schließlich – in welcher Form auch immer – um die Auseinandersetzung mit dem Lerngegenstand geht, so kann das Arbeitsverhalten der Schüler durch vorbildhaftes Lehrerengagement in besonderer Weise beeinflusst werden: Der Lehrer sollte sich souverän und kompetent zeigen (was nicht heißt, dass er sich allwissend geben muss); er sollte seinen Unterricht klar strukturieren, zielstrebig arbeiten und gleichzeitig auf Schülerbeiträge flexibel reagieren; er sollte in schwierigen Unterrichtsphasen auch mittel- und langfristige Ziele einsichtig machen; er sollte schließlich immer wieder die Freude an seinem Fach deutlich werden lassen und nie den Eindruck erwecken, dass es sich für ihn um bloße Routine handle oder dass ihn das, was er tut, selbst wenig interessiere.

Eine wichtige Funktion haben bei alledem der **körpersprachliche Ausdruck** – unterstreichende, akzentuierende Gestik und Mimik, angemessene Ortsveränderung – und die Variationsmöglichkeit in Sprache und Stimmführung.

Was hier in knappen Worten zum Ausdruck kam, bedeutet für Lehrerinnen und Lehrer in der Unterrichtsrealität großen persönlichen Einsatz und besonders in schwierigen Klassen einen hohen Aufwand an Zeit und Nervenkraft.

Es wäre aber andererseits unehrlich, den Eindruck zu erwecken, dass die Kenntnis von Motivierungstechniken diesen Einsatz überflüssig machen könne.

11.3.2 Methodische Gestaltung des Unterrichts

Ein Lehrervortrag kann spannend sein und zu aktiver Auseinandersetzung anregen, wenn er die Voraussetzungen der Schüler berücksichtigt, wenn er klar strukturiert ist, die nötige Redundanz und auch Entlastungsphasen aufweist, wenn schließlich Blickkontakt, offene Gestik und Mimik und die entsprechende Stimmführung das Gesagte unterstreichen.

Eine Lehrerdemonstration kann Staunen hervorrufen und zu Aha-Erlebnissen führen, wenn der visuelle Eindruck das Wort in angemessener Weise ergänzt, wenn das, worauf es ankommt, ins Zentrum der Aufmerksamkeit gerückt wird, wenn Alltagserfahrungen geklärt und in ihren Zusammenhängen deutlich gemacht werden.

Auch fragend-entwickelndes Verfahren und Gespräch können motivierte Informationssuche und Beschäftigung mit Problemen provozieren. Entscheidend ist dabei die Fähigkeit des Lehrers, in adressaten- und sachangemessener Weise zwischen engen und weiten Fragen zu wechseln, mit so genannten didaktischen Fragen den Blick auf anders nicht zu erkennende Sachverhalte zu lenken und vor Verunsicherung zu bewahren, durch Impulse weite Denkfelder zu eröffnen und dort, wo offene Lernsituationen entstehen, sich ernsthaft mit Schülermeinungen auseinander zu setzen und Schüler-Schüler-Interaktionen nicht durch vorschnelles Lehrerurteil abzuwürgen.

Freilich sollte man sich der in der alltäglichen Praxis immer wieder lauernden Gefahren gerade des fragend-entwickelnden Unterrichts bewusst sein, die oft motivationstötend sind.

Dazu gehören das (zu) kurzschrittige Fragen nach Sachverhalten, die dem Schüler oft noch weitgehend unbekannt sind bzw. deren Tragweite er nicht überschauen kann; das Vorgehen nach einem „geheimnisvollen" Plan und die dadurch verursachte Konzentration der Schüler auf die Lehrerreaktion und nicht auf den Stoff; und schließlich die Gefahr, die Mitarbeit eines Teils der Klasse bereits als Erfolg zu betrachten, ohne zu registrieren, dass vielleicht die Mehrzahl der Schüler längst „abgeschaltet" hat. Eine generelle Gefahr lehrerzentrierter Unterrichtsverfahren besteht in der **Überschätzung der Konzentrationsfähigkeit** der Schüler (vgl. Beitrag 14 über Schulschwierigkeiten) und in der **räumlichen Distanz** zwischen Lehrer und Schülern, wobei besonders die weiter entfernt Sitzenden sich durch störende Einflüsse ablenken lassen.

Auf der anderen Seite ist es natürlich keineswegs so, dass schülerzentrierte Unterrichts- und Sozialformen per se als motivierend betrachtet werden können. Allerdings: Wo entdeckendes Lernen eine erfolgreiche Problemlösung aus eigener Kraft verspricht, wo Gruppen- oder Partnerarbeit individuelles Lerntempo und befriedigendes Arbeiten ermöglichen, sind sicher nicht so viele motivierende Anstöße nötig wie bei frontalunterrichtlichen Verfahren. Dies wird immer dann der Fall sein, wenn spontane Interessen und Bedürfnisse der Schüler aufgenommen werden, wenn geeignete Themen gewählt werden, die von einer ausreichenden Wissensgrundlage ausgehen, in Einzelaspekte gegliedert werden können und so eine Antwort auf eine komplexe Ausgangsfrage ermöglichen, und wenn schließlich förderliche Gruppenprozesse das einzelne Gruppenmitglied entlasten und zu einer am gemeinsamen Ziel orientierten Kooperation führen.

Umgekehrt wird Motivation ausbleiben, wenn mangels grundlegender Kenntnisse oder durch fehlendes Problembewusstsein auf der Grundlage von Versuch und Irrtum gearbeitet werden muss, wenn Themen für Gruppenarbeit der Bewältigung der Stofffülle dienen sollen und das Interesse auf Seiten des Lehrers und nicht der Schüler liegt oder wenn gruppendynamische Prozesse Konflikte auslösen, deren Bewältigung die vorhandenen Energien weitgehend absorbiert.

Grundsätzlich gilt auch und gerade für den methodischen Bereich: Abwechslung motiviert.

Motivieren im Unterricht 281

Dies betrifft sowohl die Gestaltung der einzelnen Unterrichtsstunde und die mittel- und langfristige Planung in einem Fach wie auch den gesamten Unterricht, den ein Schüler an einem Morgen oder im Verlauf eines Jahres erlebt. Auch die Behandlung fächerübergreifender Themen und die Projektarbeit müssen unter diesem Gesichtspunkt betrachtet werden. Denn sowohl Unterrichts- und Sozialformen, die zur Gewohnheit werden, als auch jeder Unterrichtsverlauf, der in Einförmigkeit oder gar Routine erstarrt, verlieren an motivierender Kraft.

Im Hinblick auf Abwechslung gilt Ähnliches auch für den Einsatz von Medien im Unterricht. Grundsätzlich eröffnet die Veranschaulichung durch Medien dem Schüler die Möglichkeit, über mehrere Zugangskanäle zu lernen, schafft zusätzliche Vernetzungsmöglichkeiten und kann so die Lernmotivation erhöhen.

11.3.3 Entwicklung und Ausrichtung der Leistungsmotivation

Schüler haben, bevor sie in unseren Unterricht kommen, immer schon wesentliche Stationen ihrer Motiventwicklung hinter sich. Diese Feststellung gilt besonders für das Leistungsmotiv, dessen Ausprägung bereits bei Schulanfängern relativ stabil ist. Betrachten wir die Entstehungs- und Entwicklungsbedingungen.

Beim normal entwickelten Kind sind die Voraussetzungen für leistungsmotiviertes Verhalten bis zum Beginn des vierten Lebensjahrs gegeben. Dazu gehören vor allem die Fähigkeiten, einen Gütemaßstab an eigene Handlungsergebnisse anzulegen, sich also mit anderen zu vergleichen und internal zu attribuieren, d. h. ein Handlungsergebnis auf sich selbst als Urheber zurückzuführen. Für die weitere Entwicklung des Leistungsmotivs ist die Wechselwirkung verschiedener Einflussfaktoren entscheidend, etwa Temperament, Sachumwelt und elterlicher Erziehungsstil. Erziehungseinflüsse sind besonderers bedeutsam. Gelernt wird über Bekräftigung, Identifikation und Nachahmung. Eine wichtige Rolle spielt das Gewähren einer entwicklungsangemessenen Selbstständigkeit, z. B. bei der Auswahl von Freunden oder der Entscheidung für eigene Aktivitäten. Dazu gehört auch, die eigenen Grenzen entdecken zu lassen und darauf zu verzichten, alle auftretenden Schwierigkeiten und Hindernisse sofort aus dem Weg zu räumen.

Ungünstige Voraussetzungen für die Entwicklung des Leistungsmotivs sind dort gegeben, wo Eltern Erwartungen an das Kind richten, denen es noch nicht gerecht werden kann, wo sie erfolgreiches Handeln des Kindes nie oder nur selten verstärken oder das Kind der Möglichkeit berauben, vielleicht auch auf Umwegen selbsttätig ein Ziel zu erreichen, weil sie ihm – oft in bester Absicht – zeigen wollen, wie man es besser oder schneller machen kann.

Sowohl Stärke als auch Ausrichtung des Leistungsmotivs werden durch das elterliche Erziehungsverhalten beeinflusst:

■ Wird ein **Kind permanent unterfordert** und verwöhnt, so ist die Wahrscheinlichkeit groß, dass sich ein schwaches Leistungsmotiv entwickelt und die später so wichtige Fähigkeit zum Aufschub der Befriedigung von Bedürfnissen nicht erworben wird. Die Kinder bleiben ich-schwach, lassen sich alle Hindernisse aus dem Weg räumen und möchten im Mittelpunkt stehen. Die Bereitschaft zum Lernen in der Schule sinkt zunehmend; sobald intensive Übungsarbeit erforderlich wird, erfolgen deutliche Leistungseinbrüche. Keller (1995) hat auf der Grundlage fallstatistischer Auswertungen festgestellt, dass von den durch familiäre Einflüsse verursachten Motivationsstörungen bei Schülern allein 40% auf Verwöhnung zurückzuführen waren.

- Umgekehrt wird **häufige Überforderung** den Grund dafür legen, dass das Kind immer wieder eigenes Versagen, nur selten aber das Gefühl des Stolzes erlebt, das mit der Realisierung eigener Fähigkeiten und Anstrengungen verbunden ist. In diesem Fall besteht die Gefahr, dass Misserfolgsangst dominierend wird, dass sich eine generelle Haltung gegenüber Leistungssituationen entwickelt, die gekennzeichnet ist von der Furcht vor einem Misserfolg und weniger von der Hoffnung oder der Vorfreude auf einen Erfolg. Es braucht wohl nicht betont zu werden, dass sich auch daraus für schulisches Lernen gravierende Folgen ergeben, zumal der Lehrer in der konkreten Lernsituation, für die er motivieren soll, die Stärke und Ausprägung des Leistungsmotivs eines Schülers kaum ändern kann.

11.3.4 Angepasste Leistungsanforderungen

Wie aus der Definition der Begriffe „Motiv" und „Motivation" am Anfang dieses Beitrags hervorging, entsteht Motivation erst, wenn das individuelle Motiv die ihm entsprechenden situativen Anregungsbedingungen vorfindet.

 Im Falle des Leistungsmotivs hieße dies: Die Aufgabenschwierigkeit muss der individuellen Motivausprägung der Schüler angepasst sein.

Wenn sich ein Schüler weder über- noch unterfordert fühlt, die Schwierigkeit der Aufgabe vielmehr an der oberen Grenze seiner Leistungsfähigkeit liegt, müssten die Voraussetzungen dafür geschaffen sein, dass die Lösung der Aufgabe in Angriff genommen wird (Prinzip der Passung). Doch hier sind Einschränkungen zu machen. Schwierigkeiten können sich daraus ergeben, dass der Lehrer es ja innerhalb einer Klasse mit Schülern unterschiedlicher Motivausprägung zu tun hat, zum andern aber auch daraus, dass sich erfolgsmotivierte und misserfolgsängstliche Schüler in Leistungssituationen unterschiedlich verhalten.

Bei diesen Voraussetzungen sollten zunächst einmal alle realistischen Möglichkeiten der **Binnendifferenzierung** genutzt werden, von individuellen Lernhilfen über methodische und mediale Differenzierung bis hin zur Variierung des Schwierigkeitsgrads von Aufgaben.

Doch bei misserfolgsängstlichen Schülern liegen die Probleme tiefer. Dort, wo bei erfolgszuversichtlichen Schülern die Motivation zur Bearbeitung einer Aufgabe am größten ist, reagieren misserfolgsängstliche mit dem höchsten Meidungsverhalten – nämlich bei Aufgaben, die subjektiv als mittelschwer eingeschätzt werden. Bei als schwer oder leicht empfundenen Aufgaben nimmt das Meidungsverhalten dagegen ab. Dies hängt mit einem unrealistischen Anspruchsniveau zusammen und bewirkt, dass in Bezug auf den erreichten Leistungsstand bei Wahl-

Motivieren im Unterricht 283

möglichkeit zu leichte oder zu schwere Aufgaben gewählt werden. So ergeben sich dann häufig negative Konsequenzen im Selbsterleben; die so wichtige Selbstbekräftigung bleibt aus.

Auch in der individuellen Ursachenerklärung von Erfolg und Misserfolg unterscheiden sich Erfolgs- und Misserfolgsmotivierte, besonders wenn Handlungsergebnisse eintreten, die so nicht erwartet wurden. Erfolgszuversichtliche erklären Erfolge bevorzugt internal, also mit Fähigkeit und Anstrengung, Misserfolg mit dem variablen Faktor „mangelnde Anstrengung". Misserfolgsängstliche dagegen führen Erfolg eher auf externe Faktoren wie geringe Aufgabenschwierigkeit oder Glück zurück und erleben so keinen positiven Affekt. Bei Misserfolg wiederum neigen sie zu stabil-internaler Erklärung; sie suchen die Ursache für das Versagen in mangelnder Fähigkeit; die Erwartung wird in Richtung auf weiteren Misserfolg beeinflusst. Oder anders ausgedrückt: Bei steigender Misserfolgsangst wächst die empfundene Verantwortlichkeit für Misserfolg, während die für Erfolg tendenziell sinkt.

Darüber hinaus muss festgestellt werden, dass es unterschiedliche Formen von **Misserfolgsangst** gibt, nämlich die – nur sehr schwer zu überwindende – Angst vor dem Leistungshandeln an sich und die Angst vor den Folgen des Versagens, die sehr viel leichter von außen beeinflusst werden kann.

Misserfolgsangst ist nicht gleichzusetzen mit mangelnder Leistungsfähigkeit. Dennoch kann sie Ursache für negative Lehrererwartungen sein, durch die dann ein verhängnisvoller Kreislauf in Gang gesetzt wird, der letztlich zum Leistungsversagen führt und das – vielleicht unzutreffende – Bild des Schülers von sich selbst sowie die – vielleicht ebenso ungerechtfertigte – Erwartungshaltung des Lehrers bestätigt (vgl. Weißbrodt 1982).

Was kann nun der Lehrer tun, um einem Schüler mit erkennbar schwachem Selbstkonzept, mit Symptomen der Leistungsangst eine bessere Selbstregulation seines Leistungsverhaltens zu ermöglichen?

Er sollte auf keinen Fall das unrealistische Anspruchsniveau eines solchen Schülers übernehmen oder gar auf Leistungsforderung überhaupt verzichten. Denn eines bleibt zu bedenken: Erfolg und Misserfolg bei mittelschweren Aufgaben liefern am ehesten Informationen über Fähigkeit und aufgewandte Anstrengung – was gerade für Misserfolgsmotivierte wichtig ist – und ermöglichen fähigkeitsangemessene Anspruchsniveau-Setzungen. Nur so sind positive Affekte, das Bewusstsein der Eigenverantwortlichkeit für ein Handlungsresultat, die damit verbundene Selbstbekräftigung und die Verbesserung des Selbstkonzepts der eigenen Begabung zu erreichen.

Selbstverständlich sind a**uch für erfolgsmotivierte Schüler,** die mittelschwere Aufgaben mit unsicherem Ausgang als motivierende Herausforderung empfinden, **entsprechende Unterrichtsarrangements** nötig.

Für misserfolgsängstliche Schüler bedarf es allerdings zusätzlicher Maßnahmen, um ihnen bessere Voraussetzungen für leistungsmotiviertes Verhalten zu verschaffen. Einige Möglichkeiten seien stichwortartig genannt.

Mögliche Zusatzmaßnahmen für misserfolgsängstliche Schülerinnen und Schüler

- Die Heranführung an mittelschwere Aufgaben kann über die erfolgreiche Erledigung leichterer Aufgaben erfolgen, wobei aber auch die Unterstützung durch zusätzliche Motivationen, z. B. über Lob und Ermutigung, wichtig ist.

- Erfolge sollten mit Lob und Anerkennung von Seiten des Lehrers verbunden sein, jedoch immer auch als Gelegenheit genutzt werden, Selbstbekräftigung und das Erleben eigener Kompetenz zu ermöglichen.

- Nach Erfolg sollten deshalb Kommentare des Lehrers immer die Selbstverantwortlichkeit des Schülers betonen, nach Misserfolgen dagegen auf mangelnde Anstrengung oder gegebenenfalls auf die Schwierigkeit der Aufgabe hinweisen.

- Ängstlichen Schülern sollten häufigere Kontakte zu Mitschülern ermöglicht werden, die leistungsfördernde Ursachenerklärungen verwenden (Modelllernen).

- In der täglichen Unterrichtsarbeit sollten individuelle und sachliche Bezugsnormen den sozialen Vergleich stärker in den Hintergrund drängen.

- Die Struktur von Leistungssituationen sollte für den Schüler vorhersagbar und kontrollierbar sein, da sonst im Extremfall sogar „erlernte Hilflosigkeit" eintreten könnte.

- Klassenarbeiten und andere Prüfungssituationen sollten gründlich vorbereitet werden, z. B. dadurch, dass der Prüfungsstoff in den Mittelpunkt des Unterrichts gestellt wird und Prüfungsaufgaben schon bei der Planung berücksichtigt werden, dass Übungsarbeiten geschrieben und häufige Fehlerquellen bewusst gemacht werden, dass zusammenhängende Stoffbereiche geprüft, präzise Angaben zur Vorbereitung gemacht und Bewertungskriterien genannt werden.

- Die Annäherung an ein Lernziel sollte vom Schüler beurteilt werden können; es sollten im Verlauf einer Unterrichtseinheit Teilziele gesetzt und gezielte Lernhilfen gegeben bzw. Lerntechniken vermittelt werden.

- Wo Nichthandeln in einer Leistungssituation auf der Furcht vor den Konsequenzen eines möglichen Misserfolgs, z. B. sozialer Missbilligung oder negativer Selbstbewertung, beruht, kann der Lehrer auf eine Neueinschätzung der Situation durch den Schüler hinwirken. Dies kann geschehen durch häufigere Rückmeldung bei Erfolgen jeder Art, durch sachlich begründete beruhigende Hinweise oder durch glaubhafte Information, die die Bedrohlichkeit für die Selbstbewertung reduziert.

- Die Zahl möglicher Erfolgsfelder sollte vergrößert und der Zusammenhang von Schulerfolg und sozialer Anerkennung entkoppelt werden.

Noch ein Letztes: Wenn Lehrer ihre Schüler zum Lernen, zur Leistung motivieren wollen, dann kommt es nicht in erster Linie auf noch so begründbare Forderungen und Erfordernisse der Leistungsgesellschaft an, auch nicht auf die Wirksamkeit oder leichte Handhabbarkeit der Mittel, sondern allein auf deren pädagogische Legitimation. Schulische Leistungsforderung kann deshalb nur gerechtfertigt werden, wenn sie der Entwicklung der Persönlichkeit und der Fähigkeiten des heranwachsenden Menschen dient.

Motivieren im Unterricht 285

Schuckert (1986) nennt wichtige Begründungen für eine pädagogisch legitimierte Leistungsforderung:

- Sie fördert die Fähigkeit zur Selbstbeanspruchung aus eigenem Willen, zur freiwilligen Übernahme von Verantwortung und Anstrengung.
- Sie schafft – als Mittel und nicht als Zweck – Wachstumsanreize, Bereitschaft und Fähigkeit zur Selbststeigerung.
- Sie kann durch das Erlebnis und die Gewissheit des Könnens das Selbstwertgefühl ausbilden und steigern, kann durch Selbstherausforderung und Selbsterprobung den wichtigen Prozess der Identitätsfindung fördern.

Damit ist deutlich geworden, dass bei der Erziehung zur Leistungsfähigkeit nicht auf jedes Mittel zurückgegriffen werden kann, dass häufige Überforderung und die damit verbundenen Misserfolgserlebnisse sowohl das Leistungsverhalten als auch die Persönlichkeitsentwicklung des jungen Menschen nachhaltig beeinträchtigen.

11.3.5 Lob und Tadel im Unterricht

Von allen Motivierungsmitteln, die dem Lehrer zur Verfügung stehen, ist das Lob am leichtesten anzuwenden. Lerntheoretiker erheben den Vorwurf, dass dies jedoch viel zu selten geschehe (⊞ ⇨ Beitrag 7 über klassische Lerntheorien). Es gibt auch Untersuchungen in Schulklassen, die darauf hinweisen, dass der Verzicht auf Lob und Tadel ein ungünstiges Lernklima schaffe. Nicht so einfach aber ist die Frage zu beantworten, wie Lob und Tadel angemessen und effektiv eingesetzt werden sollen – nicht in manipulativer Absicht, sondern orientiert an den Voraussetzungen und Bedürfnissen des Schülers. Zunächst muss auch hier wieder nach unterschiedlichen Schülerpersönlichkeiten differenziert werden. **Intrinsisch motivierte Schüler** benötigen **wenig Fremdbekräftigung**; ihnen genügt die umgehende Rückmeldung über ein erzieltes Handlungsergebnis zur Selbstbekräftigung. **Extrinsisch motivierte Schüler** und solche, die sich an unrealistischen Gütestandards orientieren, sind dagegen **von Fremdbekräftigung abhängig**. Bei ihnen können Lob und Tadel zur besseren Motivierung beitragen, wenn der Lehrer den individuell erreichten Leistungsstand berücksichtigt und Tadel an ungenügende Anstrengung, Lob an realisierte Fähigkeiten knüpft. Der Tadel darf dann aber nicht zu häufig oder in heftiger Form erteilt werden; er darf nie die Persönlichkeit des Schülers infrage stellen, sondern muss sich auf ein konkretes Fehlverhalten beziehen. Am ehesten wird er akzeptiert, wenn er in ein geringeres Lob eingebettet ist („das machst du sonst besser"). Unterschiedliches Verhalten zeigen auch extravertierte und introvertierte Schüler. Die einen reagieren eher auf Tadel, die anderen eher auf Lob.

Zahlreiche Untersuchungen beschäftigen sich mit Form, Funktion und Auswirkungen des von Lehrern erteilten Lobs. Dieses kann verbal oder nonverbal, im Zusammenhang mit einer Belohnung, einer materiellen Verstärkung oder der anerkennenden Reaktion auf einen Schülerbeitrag zum Ausdruck gebracht werden. Das Lob des Lehrers kann sowohl hohe als auch niedrige Erwartungen beinhalten

– Letzteres, wenn es um einen Beitrag geht, den der gelobte Schüler selbst nicht für lobenswert hält. Lehrer setzen das Lob allerdings nicht nur zur Verstärkung, sondern auch in anderer Funktion ein, z. B. zur Schaffung einer angenehmen Atmosphäre, als Friedensangebot nach einem vorausgegangenen Streit, als Ironie oder Sarkasmus, als Trost oder Ermunterung, als Übergangsritual oder als „stellvertretende Verstärkung", wobei ein Schüler gelobt wird, um das Verhalten anderer Schüler zu beeinflussen.

Brophy (zit. nach Gage/Berliner 1986) hat in einer breit angelegten Untersuchung umfangreiche Aussagen über Effektivität und Ineffektivität von Lob in der Schule gemacht. Die wichtigsten Erkenntnisse seien kurz zusammengefasst:

Effektives Lob

- wird „kontingent", in unmittelbarem Zusammenhang mit dem positiven Verhalten erteilt;
- spezifiziert die Einzelheiten der Leistung bzw. belohnt das Erreichen spezifischer Leistungsziele;
- ist spontan, variabel und glaubwürdig;
- informiert den Schüler über seine Kompetenz/den Wert seiner Leistung;
- führt den Schüler zu einem besseren Verständnis seiner Arbeitsweise und seines problemlösenden Verhaltens;
- beurteilt die gegenwärtigen Leistungen des Schülers im Zusammenhang mit seinen früheren Leistungen;
- schreibt Erfolge der Anstrengung und Begabung des Schülers zu, was impliziert, dass in Zukunft ähnliche Erfolge zu erwarten sind;
- vermittelt dem Schüler den Eindruck, dass er sich bei einer Aufgabe anstrengt, weil er diese Aufgabe gern macht und dabei bestimmte Fähigkeiten und Fertigkeiten entwickeln will;
- lenkt die Aufmerksamkeit des Schülers auf sein eigenes aufgabenbezogenes Verhalten und fördert die Anerkennung dieses Verhaltens und wünschenswerte Ursachenzuschreibungen auch nach Abschluss des Lernprozesses.

Ineffektives Lob dagegen

- wird zufällig oder unsystematisch erteilt;
- ist auf globale positive Reaktionen beschränkt;
- wird gewohnheitsmäßig, gleichförmig und mit geringer Aufmerksamkeit verteilt;
- belohnt allein die Mitarbeit an einer Aufgabe, ohne Leistungsprozess und Ergebnisse zu berücksichtigen;
- hat keinen Informationswert oder gibt lediglich Auskunft über den Status des Schülers;
- vergleicht die gegenwärtigen Leistungen eines Schülers mit denen der Mitschüler und fördert Konkurrenzdenken;
- berücksichtigt nicht die aufgewandte Mühe und Bedeutung der Leistung für den Schüler;
- schreibt Erfolg der Fähigkeit des Schülers oder externalen Faktoren wie Glück oder Leichtigkeit der Aufgabe zu;
- vermittelt dem Schüler den Eindruck, dass er sich bei einer Aufgabe wegen externer Gründe anstrengt, etwa um dem Lehrer zu gefallen oder um einen Wettkampf zu gewinnen;
- lenkt die Aufmerksamkeit des Schülers auf den Lehrer als externe Autoritätsfigur, die ihn manipuliert;
- stört ablaufende Lernprozesse und lenkt von aufgabenbezogenem Verhalten ab.

Motivieren im Unterricht

Abschließend bleibt festzustellen, dass die Motivation der Schüler in jedem Fall auch durch Anreize beeinflusst werden kann, die **nicht aus der Beschäftigung mit der Aufgabe** selbst, sondern aus den damit verbundenen angenehmen und unangenehmen **Begleiterscheinungen** hervorgehen. Dazu gehören u. a. neben der Anerkennung durch Mitschüler und der nicht unproblematischen Orientierung an Noten oder Strafandrohung eben auch Lob und Tadel. In der konkreten Unterrichtssituation sind Lehrer ohnehin nicht in der Lage zu entscheiden, ob die engagierte Mitarbeit eines Schülers auf intrinsische oder extrinsische Motivationsfaktoren zurückzuführen ist.

Zweierlei sollte bedacht werden: Zum einen ist in vielen Fällen nicht zu erwarten, dass die Wirkungen verschiedener Motivationsfaktoren sich summieren; vielmehr ist oft nicht auszuschließen, dass sie sich überlagern und gegenseitig aufheben. Zum Zweiten sollten Lehrer durch ihr Verhalten im Unterricht nicht dazu beitragen, dass einzelne Schüler nur noch um der mit der Erledigung einer Aufgabe verbundenen, von außen gesetzten Konsequenzen willen lernen und der Weg von der Fremd- zur Selbstbekräftigung so verbaut wird.

11.3.6 Sachbezogenes Motivieren im Unterricht

Für Lehrerinnen und Lehrer gehört es zu den positiven Erfahrungen, wenn sie die Gewissheit aus einer Unterrichtsstunde mitnehmen, dass ihre Schüler sich von der Faszination des Lerngegenstands mitreißen ließen, dass sie intrinsisch motiviert waren. Die Forschung bietet zur Erklärung dieser Art von Motivation eine Fülle unterschiedlicher Konstrukte und Theorieansätze, die sich u. a. auf Neugier, Exploration, auf Kongruenz und kognitive Dissonanz beziehen. Berlyne ist es gelungen, das menschliche Explorationsverhalten mit bestimmten, situativ bedingten Reizen in Beziehung zu bringen, die man als Neuheit, Komplexität, Unklarheit, Verwirrung, Widersprüchlichkeit und Zweifel zusammenfassen kann und aus denen kognitive Konflikte hervorgehen (vgl. Weißbrodt 1986). Solche Konflikte setzen ein Neugierverhalten in Gang, das auf Wissenserwerb mit dem Ziel der Beilegung des Konflikts ausgerichtet ist. Schüler sollen vor diesem Hintergrund an die Lösung von Problemen herangehen, indem sie genaue Beobachtungen anstellen, Fragen stellen, sich unter Benutzung aller erreichbaren Hilfsmittel Informationen besorgen und Hypothesen prüfen und das Ziel nie aus dem Auge verlieren.

Wie kann nun aber der Lehrer in der Schule Neugier wecken und für unterrichtliche Arbeit nutzen, wo doch schon die Ziele und Inhalte des Lernens im Gegensatz zum außerschulischen Bereich vorgegeben sind?

Leicht ist diese Aufgabe heutzutage nicht, man denke nur an die vielfältigen Freizeit- und Medienangebote. Es muss also schon im Rahmen der Unterrichtsplanung gründlich darüber nachgedacht werden, **wo an die persönliche Situation** und **außerschulische Erfahrungen** des Schülers, an **aktuelle Ereignisse** angeknüpft werden kann, wie die Vorteile, die die Unterrichtssituation durch die intensive personale Begegnung von Lehrer und Schüler bietet, ausgenutzt werden können, wie durch die methodische Gestaltung des Unterrichts, durch einen geschickten Einstieg Fraglichkeiten provoziert, die Problematisierung von bisher Selbstverständlichem möglich werden kann und Entdeckungen für den Schüler mit- und nachvollziehbar werden.

Einige grundsätzliche Wege zur Konkretisierung dieser Überlegungen im Unterricht, die ausgearbeitet und in aktuelle Kontexte integriert werden müssen, seien angedeutet:

- Der Lehrer kann **Inkongruenzsituationen** schaffen, in denen ein Widerspruch zwischen Erwartungen und Erfahrungen der Schüler wirksam wird: Er gießt Flüssigkeit aus einer Kaffeekanne und versucht das Gleiche ohne Erfolg aus einer Dose mit nur einer Öffnung. Oder er lässt die Schüler Kriterien für die Beurteilung von Literaturgattungen entwickeln, indem er sie zunächst einen aus einem literarisch anspruchsvollen Werk und einem Schundroman zusammengesetzten Text analysieren lässt, dessen Uneinheitlichkeit sie als störend empfinden.

- Der Lehrer **nutzt vorhandene Interessen** und lässt die Schüler fremdsprachige Liedtexte übersetzen, die Geschichte des Heimatortes erforschen oder die Wasserqualität eines an der Schule vorbeifließenden, stark verschmutzten Baches untersuchen.

- Der Lehrer ermöglicht „**originale Begegnungen**": Er lässt einen Urlaub planen oder er verdeutlicht vor dem Besuch einer Gerichtsverhandlung die Problematik von Zeugenaussagen, indem er eine kleine Szene vor der Klasse vorspielen lässt und dann drei Schüler – getrennt voneinander – detailliert über ihre Beobachtungen befragt. Schiefele (1974) spricht hier vom „Gegenstand als Prozess".

- Der Lehrer versetzt seine Schüler in **Entscheidungssituationen**, denen Menschen ausgesetzt sind: Welche Gedanken bewegten Friedrich d. Gr., wie sah das Für und Wider für ihn, den Verfasser des „Antimachiavell", aus, als er die Schlesischen Kriege begann? Was kann Familie Meyer tun, die unter den Abgasen einer chemischen Fabrik in ihrer Nachbarschaft leidet und deren Kinder bereits Gesundheitsschäden davongetragen haben?

Natürlich muss bei allen sachmotivierenden Maßnahmen bedacht werden, dass sich ihr Neuigkeitsgehalt abnutzt und dass der Lehrer immer eine Klasse oder einen Kurs zu unterrichten hat, d. h. also eine relativ große Zahl von Schülern, die sehr unterschiedliche Erfahrungen und Fähigkeiten mitbringen können. Dies wirkt sich besonders bei dem Versuch aus, durch Inkongruenzen zu motivieren. Denn zum einen gibt es Unterschiede zwischen Menschen, was die Motivierbarkeit durch Inkongruenzen überhaupt betrifft. Zum andern hat jeder Mensch in einer entsprechenden Situation sein eigenes Inkongruenzoptimum, wo er mit sachmotivierter Informationssuche reagiert. Es wird also nicht immer möglich sein, im Unterricht Inkongruenzen hervorzurufen, die bei allen Schülern einer Klasse optimale sachbezogene Motivation bewirken. Andererseits haben Untersuchungen ergeben, dass auch noch in einem relativ breiten Bereich ober- und unterhalb des Inkongruenzoptimums Informationssuchverhalten zu erwarten ist. In jedem Fall sollte der Lehrer sich vor der Behandlung eines bestimmten Gegenstandes über die relevanten Vorkenntnisse seiner Schüler informieren und versuchen, einen Ausgleich hinsichtlich jener Ereignisse zu schaffen, die Inkongruenzen hervorrufen können.

11.3.7 Selbstbestimmung und Selbsttätigkeit der Schüler

Selbstbestimmung und verantwortliche Selbsttätigkeit der Schüler im Unterricht hängen eng mit sachbezogener, mit intrinsischer Motivation zusammen – als Ursache und als Folge. Und Erfolg aus eigenem Tun motiviert nachhaltig zum Weiterlernen.

Schiefele (1974) verweist in diesem Zusammenhang auf de Charms Aussagen über „Origins" und „Pawns" (Schachfiguren). Was für alle Menschen in den unterschiedlichsten Situationen zutrifft, gilt auch für den Schüler im Unterricht:

 Die Schülerin, der Schüler, muss selbst zum Ursprung seiner Motivation, seines Handelns werden; das Erleben der Außensteuerung, der Abhängigkeit von anderen darf nicht beherrschender Faktor seines schulischen Arbeitens sein.

Es müssen dem Schüler Möglichkeiten aufgewiesen werden, selbst Richtung, Inhalt und Form seines Handelns zu beeinflussen, seinem Tun Sinn zu verleihen. Dies schließt freilich nicht aus, dass Lehrerinnen und Lehrer Tätigkeiten ihrer Schüler auch durch äußere Anstöße in Gang setzen bzw. anregen oder dass es Situationen gibt, in denen es vernünftig ist, sich anleiten zu lassen. Bei alledem muss aber bewusst bleiben, dass sachbezogene Motivation nie fremdbestimmt sein kann. Erwähnt werden sollte schließlich, dass eine Unterrichtskonzeption, die sich an den genannten Zielsetzungen orientiert, auch positiven Einfluss auf die Selbstwahrnehmung der eigenen Leistungstüchtigkeit und die Selbstwirksamkeitserwartung der Schüler nehmen sowie häufiger zu dem durch nichts zu ersetzenden Erfolg in der Sache führen kann.

Wie sieht es nun mit der Umsetzung der Forderung nach Selbstbestimmung und Selbsttätigkeit der Schüler in der alltäglichen Unterrichtspraxis aus?

Hier darf zunächst nochmals an die Möglichkeiten erinnert werden, die sich aus einem Unterricht ergeben, der so oft wie möglich auf Schülerinteressen aufbaut oder auf die Bildung von Interessen hinwirkt. Krapp (1992) weist darauf hin, dass zahlreiche empirische Belege die Aussage zulassen, dass interessenorientierte Auseinandersetzung mit einem bestimmten Themengebiet sehr intensive und wirkungsvolle Lernprozesse in Gang setzt und es dem Schüler leichter macht, ganz in der Beschäftigung mit einer Sache aufzugehen.

Keller und Thewalt (1990) machen eindringlich klar, dass es im Körper eines Schülers, der zu stundenlanger rezeptiver Wissensaufnahme verdammt ist, zu einem Aktivitätsstau kommt, der sich in Langeweile, Tagträumen und Unterrichtsstörungen äußert.

Einige der hier geäußerten Vorschläge, Schülern Selbsttätigkeit zu ermöglichen, seien zum Schluss genannt und können vom Leser im Hinblick auf seine Fächer präzisiert und ergänzt werden:

- eigene Erzählungen verfassen und bebildern;
- eine Klassenzeitung herstellen;
- eine Collage anfertigen;
- eine Lektüreszene im Rollenspiel darstellen;
- eine Reportage machen;
- ein Stadtsanierungsmodell entwickeln;
- Sammelmappen anlegen;
- eine Fragebogenaktion durchführen und evtl. mithilfe eines selbst programmierten Statistikprogramms auswerten.

11.4 Zusammenfassung und Ausblick

Im vorliegenden Beitrag wurde zunächst versucht, wichtige Fragestellungen der Motivationspsychologie und ihre Relevanz für die pädagogische Praxis zu beleuchten. Lernmotivation im Unterricht wurde als Ergebnis einer Wechselwirkung von Person- und Situationsvariablen dargestellt, unterrichtsrelevante Perspektiven der Lernmotivationsforschung wurden kurz skizziert. Vor diesem Hintergrund wurden praktische Fragen des Motivierens im Unterricht erörtert. Dabei ging es um die Schaffung grundlegender Rahmenbedingungen, um die individuelle Förderung der Leistungsmotivation, um den angemessenen Einsatz von Lob und Tadel, um sachbezogenes Motivieren und die Rolle von Selbstbestimmung und Selbsttätigkeit der Schüler. In den Blick gerückt wurden in diesem Zusammenhang immer sowohl die Möglichkeiten einer motivierenden Unterrichtsgestaltung durch den Lehrer als auch die Orientierung an individuellen Voraussetzungen auf Schülerseite. Dabei mag deutlich geworden sein, dass uns das Thema Motivation „nicht in einem kompakten und umfassenden theoretischen Ansatz, sondern in einer Fülle verschiedenster Begriffe, Konstrukte und Teilaspekte einzelner Theorien" (Keller 1981) begegnet, dass „Motivation" zu den komplexesten, am wenigsten strukturierten und umgrenzten Bereichen der Psychologie gehört. Da auf der anderen Seite in einer Zeit, in der das Motivieren von Schülern immer schwerer fällt, der Ruf aus der schulischen Praxis nach wirksamen und wissenschaftlich legitimierten Maßnahmen und Techniken der Verhaltensbeeinflussung zunehmend lauter wird, besteht die Gefahr eines unreflektierten und wahllosen Eklektizismus im Gebrauch motivationspsychologischer Erklärungen statt einer sensiblen, an die Bedingungen der jeweiligen Situation angepassten Orientierung des Lehrerhandelns. Zu bedenken bleibt auch, dass jede Maßnahme, die auf die Motivierung von Schülern gerichtet ist, in ihrer Wirkung immer abhängig ist vom gesamten Kontext. Und in einem ist Monika und Jochen Grell (1999) sicher Recht zu geben: Ein Lehrer, der glaubt, durch die bloße Beherrschung von Techniken oder gar durch Wunder wirkende Tricks Motivation

Zusammenfassung und Ausblick

einfach „einschalten" zu können, nimmt Schüler nicht ernst und vergisst, dass sie sich auch aus Interesse an einer Sache und aus der Eigentätigkeit selbst motivieren können; er macht ihnen und sich selbst ein schlechtes Gewissen.

Es liegt – und das sei am Schluss ganz deutlich betont – nicht allein in der Verantwortung von Lehrerinnen und Lehrern, ob motiviertes Arbeiten im Unterricht stattfindet oder nicht. Eine Klasse besteht aus vielen Schülerindividuen; es wäre vermessen zu glauben, dass man sie zur gleichen Zeit, in gleicher Intensität für den gleichen Lerngegenstand begeistern, ihre individuellen Bedürfnisse zu einem gegebenen Zeitpunkt in gleicher Weise ansprechen kann. Darüber hinaus gilt es zu berücksichtigen, dass auch Inhalte und Organisationsformen der Schule die Möglichkeiten des einzelnen Lehrers beschneiden können. Am schwersten zu beeinflussen sind schließlich soziokulturelle Faktoren, die die Lernmotivation – und hier wiederum jedes einzelnen Schülers einer Klasse – fördern oder beeinträchtigen können. Erinnert sei beispielsweise an unterschiedliche Erziehungs- und Kommunikationsstile im Elternhaus, an die Veränderung der Sprachkultur und der Lesegewohnheiten, an Fernsehgewohnheiten und allgemeine Reizüberflutung oder an die Zunahme der Gewaltbereitschaft in unserer Gesellschaft. Der Beitrag kann also mit einem Trost gerade für angehende Lehrerinnen und Lehrer schließen: Wenn Sie sich um eine sorgfältige und engagierte Planung und Durchführung Ihres Unterrichts bemüht haben und trotzdem am Ende einer Stunde den Eindruck haben, nichts „bewegt" zu haben, dann verzichten Sie zwar nicht auf eine selbstkritische Analyse, aber resignieren oder verzweifeln Sie auch nicht! Sie sollten bei dieser Analyse auf keinen Fall die Faktoren vergessen, die sich Ihrem Einfluss entziehen und die Sie mental entlasten können.

Literatur

Aschersleben, K. (1977). Motivationsprobleme in der Schule. Stuttgart: Kohlhammer.

Brunnhuber, P. (1972). Prinzipien effektiver Unterrichtsgestaltung. Donauwörth: Auer.

Csikszentmihalyi, M. (1992). Flow. Das Geheimnis des Glücks. Stuttgart: Klett-Cotta.

Csikszentmihalyi, M. Schiefele, U. (1993). Die Qualität des Erlebens und der Prozess des Lernens. Zeitschrift für Pädagogik. 39. 207–221.

Deci, L. E., Ryan, R. M. (1993). Die Selbstbestimmungstheorie der Motivation und ihre Bedeutung für die Pädagogik. Zeitschrift für Pädagogik. 39. 223–238.

Gage, N.L., Berliner, D.C. (1986, 4. neubearb. Aufl.). Pädagogische Psychologie. Weinheim, München: Psychologie Verlags Union.

Grell, J., M. (3. Aufl. 2000). Unterrichtsrezepte. München, Wien: Urban & Schwarzenberg.

Heckhausen, H. (1968). Förderung der Lernmotivation und der intellektuellen Tüchtigkeiten. In H. Roth (Hrsg.). Begabung und Lernen. 193–228. Stuttgart: Klett.

Heckhausen, H. (1974). Leistung und Chancengleichheit. Göttingen: Hogrefe.

Heckhausen, H., Rheinberg, F. (1980). Lernmotivation im Unterricht, erneut betrachtet. Unterrichtswissenschaft. 8. 7–47.

Heckhausen, H. (1989, 2. überarb. u. erg. Aufl.). Motivation und Handeln. Berlin: Springer.

Held, J., Plaum, E. (1995). Geschlechterdifferenzen bei Leistungsmotivationsvariablen. Psychologie in Erziehung und Unterricht. 42. 115–130.

Keller, G., Thewalt, B. (1990). Praktische Schulpsychologie. Vorbeugung und Erste Hilfe im Schulalltag. Heidelberg: Asanger.

Keller, G. (1995). Motivationsstörungen im Schulalter. Donauwörth: Auer.

Keller, J.A. (1981). Grundlagen der Motivation. München: Urban & Schwarzenberg.

Konrad, K. (1997). Metakognition, Motivation und selbstgesteuertes Lernen bei Studierenden. Psychologie in Erziehung und Unterricht. 44. 27–43.

Krapp, A. (1993). Die Psychologie der Lernmotivation – Perspektiven der Forschung und ihre Bedeutung für die Pädagogik. Zeitschrift für Pädagogik. 39. 187–206.

Krapp, A. (1992). Interesse, Lernen und Leistung – Neue Forschungsansätze in der Pädagogischen Psychologie. Zeitschrift für Pädagogik. 38. 747–770.

Krapp, A., Prenzel, M. (Hrsg.) (1992). Interesse, Lernen, Leistung. Münster: Aschendorff.

Kuhl, J. (1983). Motivation, Konflikt und Handlungskontrolle. Berlin u. a.: Springer.

Lind, G. (1975). Sachbezogene Motivation im naturwissenschaftlichen Unterricht. Weinheim, Basel: Beltz.

Möller, J., Köller, O. (1997). Nicht nur Attributionen: Gedanken von Schülerinnen und Schülern zu Ergebnissen in Klassenarbeiten. Psychologie in Erziehung und Unterricht. 44. 125–134.

Rheinberg, F., Krug, S. (1993). Motivationsförderung im Schulalltag. Konzeption, Realisation und Evaluation. In A. Knapp, D.H. Rost (Hrsg.). Ergebnisse der Pädagogischen Psychologie. Bd. 8. Göttingen: Hogrefe.

Rheinberg, F., Fries, S. (1998). Förderung der Lernmotivation: Ansatzpunkte, Strategien und Effekte. Psychologie in Erziehung und Unterricht. 45. 168–184.

Roth, H. (1973, 14. Aufl.). Pädagogische Psychologie des Lehrens und Lernens. Hannover u. a.: Schroedel.

Schiefele, H. (1974). Lernmotivation und Motivlernen. Grundzüge einer erziehungswissenschaftlichen Motivationslehre. München: Ehrenwirth.

Schlag, B. (1995). Lern- und Leistungsmotivation. Opladen: Leske + Budrich.

Schuckert, L. (1986, 3. überarb. Aufl.). Erziehen als Beruf. In H. Frommer (Hrsg.). Handbuch Praxis des Vorbereitungsdienstes Bd. 1. 13–32. Düsseldorf: Schwann.

Weißbrodt, W. (1986, 3. überarb. Aufl.). Motivation im Unterricht. In H. Frommer (Hrsg.) Handbuch Praxis des Vorbereitungsdienstes Bd. 1. 155–175. Düsseldorf: Schwann.

Weiner, B. (3. Aufl. 1994). Motivationspsychologie. München, Weinheim: Psychologie Verlags Union.

Weinert, F.E. (1980). Lernmotivation – Psychologische Forschung und pädagogische Aufgabe. Unterrichtswissenschaft. 8. 197–205.

Wild, E., Wild, K.-P. (1997). Familiale Sozialisation und schulische Lernmotivation. Zeitschrift für Pädagogik. 43. 55–77.

Ziegler, A., Dresel, M., Schober, B. (2000). Prädiktoren des Selbstvertrauens von Mädchen und Jungen vor dem erstmaligen Chemieunterricht am Gymnasium. Psychologie in Erziehung und Unterricht. 47. 66–75.

Themenblock III: Beurteilen/Beraten

12 Leistungsbeurteilung in der Schule
13 Beratung und Gesprächsführung
14 Schulschwierigkeiten

12 Leistungsbeurteilung in der Schule

Hans Gert Wengert

Bei der Beurteilung von Schülerleistungen handelt es sich um einen hoch sensiblen Bereich im Lehrer-Schüler-Verhältnis. Befragt man Schüler, welche Lehrereigenschaften ihnen besonders wichtig sind, so steht an erster Stelle fast immer der Wunsch nach dem gerechten Lehrer – und die Gerechtigkeit des Lehrers kommt für die Schüler in besonderer Weise in der Notengebung zum Ausdruck.

Lehrer müssen ihre Schüler nicht nur unterrichten, fördern und beraten, sie müssen auch deren Leistungen feststellen und bewerten. Viele können diese Aufgabe aber nur mit latentem Unbehagen erfüllen, weil sie zum einen wissen, dass Zensuren in mancherlei Hinsicht höchst fragwürdig und, wie jegliche Messung, fehlerhaft sind, zum andern, weil ihnen der Zwiespalt ihrer Doppelrolle als Helfer und Richter hier in besonderer Weise bewusst wird. Andere Lehrer verdrängen dieses Unbehagen aber mehr oder weniger erfolgreich und verlassen sich in der Routine des Schulalltags ganz auf „bewährte" Rezepte zur Notengebung.

Das war nicht immer so. In den 70-er Jahren des 20. Jahrhunderts gehörte das Problem der Zensurengebung zu den „heißen Eisen" der Schulpädagogik. Harte Kritik wurde an nahezu allen Aspekten der herkömmlichen Benotungspraxis geübt, der Ruf nach gänzlicher Abschaffung der Noten wurde laut oder aber der nach grundlegender Reformierung durch die Einführung wissenschaftlich erprobter Messverfahren. In der pädagogischen Literatur war man sich weitgehend einig, dass das alte Benotungswesen die Note „ungenügend" verdiente.

Diese Diskussion hat sich in den 80-er Jahren merklich beruhigt, ohne dass sich Spektakuläres geändert hätte. Abgesehen von den Anfangsklassen der Grundschule wurden, wie jedermann weiß, die Noten keineswegs abgeschafft, auch haben moderne Testverfahren zur Erfassung von Schülerleistungen nicht in nennenswertem Umfang Eingang in den Schulalltag gefunden. Wohl aber versuchten viele Lehrer, durch die damaligen Auseinandersetzungen um die „Fragwürdigkeit der Zensurengebung" (Ingenkamp 1971) sensibilisiert, einige „vernünftige" Elemente der testtheoretisch fundierten Forderungen und Empfehlungen in ihr Alltagshandeln zu integrieren.

Ein solcher pragmatischer Standpunkt muss nicht von vornherein ein Nachteil sein, eher im Gegenteil: Vielleicht ist das pädagogisch verantwortungsvolle Handeln des erfahrenen Praktikers, der die problematischen Seiten der Notengebung kennt, wertvoller als das „Verabreichen" von wissenschaftlichen Tests durch einen „Unterrichtstechnokraten". Der Lehrer, der seine Klassenarbeit oder schriftliche Wiederholung selbst zusammenstellt, kann damit in besonderem Maße das zentrale Gebot nach unterrichtlicher Gültigkeit der Überprüfung erfüllen. Daher ist nach Möglichkeit an dem Grundsatz **„Wer lehrt, der prüft!"** festzuhalten.

Der vorliegende Beitrag ist von diesem Standpunkt bestimmt. Zunächst wird in knapper Form über die unterschiedlichen Funktionen der Notengebung, über Bezugsnormen, Gütekriterien, sowie über Gefahrenquellen und Probleme bei der Leistungsbeurteilung informiert.

Der Schwerpunkt wird danach ganz auf der Behandlung praktischer Fragen liegen. Allerdings gibt der Text keine Handlungsanleitungen für stets gültige und „richtige" Verfahren der Schülerbeurteilung. Vor einer unkritischen Bindung an starre Benotungskonzepte muss vielmehr ausdrücklich gewarnt werden, sie käme einer teilweisen Selbstentmündigung des Lehrers gleich. Die Verantwortung für eine angemessene, gerechte und faire Leistungsbeurteilung liegt beim unterrichtenden Lehrer selbst – und da muss sie auch bleiben!

12.1 Funktionen der Notengebung

In der heute bekannten Form sind Schulzensuren erst im 19. Jahrhundert üblich geworden. Historisch betrachtet ist ihr Entstehungsort die höhere Schule und es stand zunächst eindeutig ihre Berechtigungsfunktion im Vordergrund. Als ein wichtiger Vorläufer der Zensuren gilt das so genannte Benefizienzeugnis, das lediglich bei Bedarf ausgestellt wurde. Mit ihm wurde einem Gönner gegenüber bezeugt, dass ein Kind mittelloser Eltern eines Freiplatzes oder eines Stipendiums würdig war. Zumeist standen weniger die Lernerfolge des Zöglings im Mittelpunkt der Auskünfte, als vielmehr sein Fleiß, sein Wohlverhalten und seine Gottesfürchtigkeit.

Erst allmählich wurde aus der formlosen Bescheinigung ein amtliches Dokument, mit dem jedem Schüler, nicht nur dem Bedürftigen, seine individuellen Lernerfolge und seine allgemeine schulische Leistungsfähigkeit attestiert wurden. Dazu hatte in Preußen zu Beginn des 19. Jahrhunderts die Einsicht geführt, dass die alte Führungsschicht des Adels nicht mehr ausreichte, um die Leitungspositionen eines modernen Staates adäquat zu besetzen. In dieser Situation konnte sich das Leistungsprinzip als demokratische Leitvorstellung des liberalen Bürgertums allmählich durchsetzen: Nicht Geburt, Religion, Geschlecht, Rasse usw. sollen den Zugang zu gesellschaftlichen Positionen bestimmen, sondern die individuelle Leistung. Unter den administrativen Maßnahmen, mit denen dies umgesetzt werden sollte, sind im Zusammenhang mit der Entwicklung der Zensuren besonders die Einführung der allgemeinen Schulpflicht zu nennen (Zeugnisse sollten ihre Erfüllung dokumentieren), ferner die Einführung von Jahrgangsklassen mit der jährlichen Versetzung nach den Leistungen in allen Fächern (Zensuren sollten die relative Homogenität der Lerngruppen gewährleisten) und schließlich die Regelung des Zugangs zur Universität über das Reifezeugnis.

Bekanntlich hat sich aus diesen Ansätzen nach und nach unser gesamtes heutiges schulisches **Berechtigungswesen** entwickelt. Nach wie vor hat das **Leistungsprinzip** dabei Gültigkeit, es kommt ausschließlich auf die individuelle Leistung an. Und diese wird im Bereich der Schule zumeist auf die bekannte Noten- oder Punkteskala abgebildet, mit der verschiedene Leistungen intra- wie interindividuell vergleichbar gemacht werden. Jahres- und Abschlusszeugnisse sind maßgeblich für die Versetzung in die nächsthöhere Klasse, für den Übergang zu weiterführenden Schulen, für den Hochschulzugang, für den Eintritt in eine qualifizierte Berufsausbildung. Stehen den „Abnehmern" zu viele Aspiranten zur Verfügung, die das geforderte formale Kriterium erfüllen (beispielsweise Mittlere Reife oder Abitur), können auf der Grundlage von Noten Auswahlentscheidungen getroffen werden.

Es ist also festzuhalten, dass diese Berechtigungs-, Zuteilungs- und Selektionsfunktion der Ausgangspunkt des gesamten Notenwesens war; Noten wurden also ursprünglich nicht aus genuin pädagogischen Gründen eingeführt (vgl. auch Rauschenberger 1999).

Schulnoten haben zudem eine wichtige **Sozialisierungsfunktion**. Mit dem Schuleintritt lernen die Kinder neue Leistungsnormen kennen, die sich von denen der Familie, der Spielgruppe und des Kindergartens deutlich unterscheiden: Nicht die gute Absicht, das Bravsein oder Sympathie und Liebe bestimmen die Noten, sondern einzig die Handlungsresultate. Die Einsicht entsteht erst allmählich, dass Leistungen selbst verursacht sind und dass es beispielsweise als gerecht gilt, wenn unterschiedliche Leistungsergebnisse auch unterschiedlich bewertet werden. (Noch in den Anfangsklassen des Gymnasiums sind für manche Schüler gute Noten ein Zeichen auch für die Zuneigung des Lehrers, schlechte Noten werden auch als Liebesentzug erlebt.) Im weiteren Verlauf der Schulzeit haben die Schulnoten immer größeren Einfluss auf die Entwicklung und Stabilisierung des Leistungsselbstbildes und des Selbstwertgefühls. Sie können mitbestimmend dafür sein, dass eine Person in leistungsbezogenen Situationen eher ein zuversichtliches, in Angriff nehmendes Verhalten zeigt, weil sie sich Erfolg erhofft, oder aber aus Furcht vor Versagen Bewährungssituationen eher zu vermeiden versucht.

Natürlich werden den Schulnoten auch pädagogische Funktionen im engeren Sinne zugeschrieben. Von besonderer Bedeutung ist die **Rückmeldefunktion** für Schüler und Lehrer: Der Schüler bekommt durch die Noten Auskunft über den Stand seiner Lernbemühungen und indirekt erhält auch der Lehrer Informationen über Qualität und Erfolg seines Unterrichts.

Diese Ursachenzuschreibungen sind allerdings nicht zwingend, die Noten müssen von den Betroffenen entsprechend interpretiert werden. Nun weiß ein älterer Schüler im Allgemeinen, ob er eine Zensur auf eigene Anstrengung und eigenes Können zurückführen kann oder auf die Schwierigkeit des Unterrichts bzw. der Aufgabenstellung, oder aber ob in erster Linie der Zufall (Glück oder Pech) im Spiel war; im einen oder anderen Fall mag er auch eine Bevorzugung oder Benachteiligung durch den Lehrer vermuten. Und natürlich weiß er auch, wenn er eine Note mit Hilfe unerlaubter Mittel bekommen hat. Auch ein Lehrer hat verschiedene Möglichkeiten, die Zensuren in einer Klasse zu erklären. Er muss sie nicht notwendigerweise auf die Qualität seines Unterrichts zurückführen, er kann die Ursachen auch in erster Linie in den Lernenden selbst sehen, in ihrer Begabung, in ihren Vorkenntnissen und in ihrer Anstrengungsbereitschaft etwa. In verschiedenen Untersuchung wurde die Neigung von Lehrern festgestellt, gute Lernerfolge der Schüler eher auf die Qualität des eigenen Unterrichts, schlechte Lernergebnisse dagegen eher auf mangelnde Begabung und fehlenden Fleiß der

Funktionen der Notengebung

Schüler zurückzuführen. Hierin verhalten sich Lehrer völlig normal, denn solche ich-bestätigenden und ich-schützenden Attribuierungen sind in emotional bedeutsamen Zusammenhängen ein allgemein menschliches Phänomen.

Für die Eltern schließlich haben Zensuren eine wichtige **Berichtsfunktion**: Sie bekommen durch Noten Mitteilungen über den momentanen Leistungsstand ihrer Kinder, die in gewisser Weise Hochrechnungen hinsichtlich des zu erwartenden Jahres- oder Abschlusszeugnisses und der mit ihm verbundenen rechtlichen Folgen (Versetzung, Abitur) erlauben.

Neben der Aufgabe der Information haben Noten natürlich auch eine **Anreiz- und Disziplinierungsfunktion**: Durch die Aussicht auf Belohnung durch gute bzw. die Furcht vor Bestrafung durch schlechte Noten sollen die Schüler dazu gebracht werden, sich mit dem Lernstoff auseinander zu setzen. Aber Vorsicht ist geboten, die Sache selbst tritt oft in den Hintergrund: „Grundsätzlich ergibt sich bei der Motivierung durch Ziffernnoten die Gefahr, dass das Streben nach der guten Note über das Streben nach der guten Leistung gestellt wird". (Weiss 1971a, 55)

12.2 Bezugsnormen

Für die Beurteilung schulischer Leistungen können unterschiedlich geartete Maßstäbe zugrunde gelegt werden. Im Wesentlichen spricht man von der sozialen, der individuellen und der kriteriumsorientierten Bezugsnorm. Der Unterschied zwischen den beiden erstgenannten Maßstabsarten soll zunächst an einem Beispiel aus der Psychologie verdeutlicht werden:

Beispiel
Angenommen, ein zwölfjähriger Schüler erzielt bei der Bearbeitung eines Intelligenztests den Rohpunkt-Gesamtwert 235. Um diesen Wert interpretieren zu können, wird er verglichen mit den Leistungen aller Zwölfjährigen. Der Vergleich mit einer Normtelle zeigt, dass dem Gesamtwert 235 der Prozentrang 84 entspricht. Das bedeutet, dass nur 16 % der Zwölfjährigen einen noch höheren Gesamtwert erreichen. Der getestete Schüler bekommt daraufhin den IQ 115 zugesprochen.
Wir nehmen weiter an, dass der gleiche Schüler sechs Jahre später mit dem gleichen Test wieder den IQ 115 erzielt. Sein Intelligenzquotient ist also konstant geblieben, aber selbstverständlich kann er als jetzt Achtzehnjähriger mehr. Dies wird in einem sehr viel höheren Gesamtrohwert (seinem individuellen Zuwachs) deutlich. Wenn er dennoch wieder den IQ 115 hat, bedeutet das, dass sich seine Rangposition in der Gruppe der Gleichaltrigen weder verbessert noch verschlechtert hat (sozialer Vergleich). Seine Intelligenz hat sich quasi im Gleichschritt mit seinen Altersgenossen weiterentwickelt.

Bei der **sozialen Bezugsnorm** wird die Leistung des Einzelnen mit den Leistungen der Referenzgruppe verglichen und vor diesem Hintergrund bewertet.

Während bei einemm Intelligenztest die Bezugsgruppe beispielsweise aus allen Zwölfjährigen besteht, deren Leistungen durch eine große repräsentative

Normstichprobe erhoben wird, bildet **bei den Schulnoten normalerweise die Klasse die Vergleichs**gruppe.

Lehrer sind in aller Regel in der Lage, die Schüler ihrer Klasse nach ihren Schulleistungen verlässlich in eine Rangreihe zu ordnen. Bei schriftlichen Überprüfungen geschieht das zumeist durch die Bestimmung der Fehler- oder Punktezahl. Ein ständiges Problem der Notengebung ist nun die Abbildung einer solchen Rangreihe auf die Notenskala. Eine konsequente Umsetzung der sozialen Bezugsnorm ist die Anwendung von Quotenmodellen der Benotung, wie sie aus der Testtheorie übertragen werden können. In Anlehnung an die Gaußsche Normalverteilungskurve wird in einem solchen Modell etwa empfohlen, den besten 10 % der Klasse die Note 1, den schlechtesten 10 % die Note 5 (oder 6), den mittleren 34 % die Note 3 und den rechts und links daneben liegenden jeweiligen 23 % die Note 2 bzw. 4 zu geben. Eine weitere Unterteilung der Notenstufen ist natürlich ohne weiteres möglich. Bei einer solchen Benotung würde jede Klassenarbeit, ob schwer oder leicht, „gleich gut ausfallen", der Durchschnitt wäre stets 3,0. Das mag vorteilhaft erscheinen, es kann aber in Extremfällen schnell ad absurdum geführt werden: Kein Lehrer kann beispielsweise nur 10 % seiner Schüler die Note 1 geben, wenn 20 % die Höchstpunktzahl erreicht haben. Allgemeiner gesagt ist die **quotierte Ausschöpfung** der gesamten Notenskala dann **nicht möglich**, wenn die **Punkt- oder Fehlerzahlen nur sehr gering streuen**, weil andernfalls minimale Leistungsunterschiede zu großen Notendifferenzen führen würden.

> *Ein Lehrer kann also der Leistungsverteilung in seiner Klasse nicht so ohne weiteres die Normalverteilung überstülpen, denn dazu sind die entsprechenden Voraussetzungen meist nicht erfüllt.*

Bei standardisierten Tests ist die Normalverteilung stets auf sehr große, unausgelesene Gruppen oder Populationen bezogen.

Dennoch gilt die Normalverteilung von Schulleistungen in der Vorstellung vieler Lehrer wie auch Schüler, Eltern und Schulaufsichtsbeamter als etwas quasi „Natürliches". Es entspricht der allgemeinen Beobachtung, dass es in den unterschiedlichsten Leistungsbereichen stets einige besonders gute und einige ausgesprochen schwache Schüler gibt, und dass sich der Großteil der Schüler im Mittelbereich befindet. Diese zunächst auf die Gesamtverteilung bezogene Erwartung wird oft mehr oder weniger unreflektiert auf die einzelne Schulklasse übertragen, obgleich dort die Verhältnisse ganz anders liegen können. Das hat dann etwa zur Folge, dass die Verteilung der Noten einer Klassenarbeit meist als angemessen gilt, wenn sie ungefähr der Normalverteilung entspricht. Ein paar schlechte Noten werden insbesondere dann ohne weiteres akzeptiert, wenn auf der anderen Seite auch gute Noten („Alibi-Eins") dabei sind. Nach weit verbreiteter Meinung ist erst eine stärkere Abweichung von der Normalverteilung erklärungsbedürftig, wenn etwa eine Klassenarbeit „zu schlecht" oder „zu gut" (!) ausgefallen ist.

Dabei könnte man sich auch auf den umgekehrten Standpunkt stellen und sagen, dass man als Lehrer mit einem Unterrichtsergebnis wenig zufrieden sein

Bezugsnormen 299

sollte, wenn die Lernleistungen „normal" verteilt sind und es immer einen gewissen Anteil an Versagern gibt. Ein erfolgreicher Unterricht, in dem auch die schwächeren Schüler hinreichend gefördert werden, wäre demnach gerade durch eine schiefgipfelige, von der symmetrischen Normalverteilung deutlich abweichende Leistungsverteilung charakterisiert.

Bei der **individuellen Bezugsnorm** werden die momentanen Lernleistungen eines Schülers mit seinen eigenen zu früheren Zeitpunkten verglichen. Dies geschieht oft in Form einer verbalen Beurteilung, die für jeden Schüler einzeln erstellt wird. Individuelle Lernfortschritte können soauch dann sichtbar und mitteilbar gemacht werden, wenn sich die Rangposition des Schülers innerhalb der Lerngruppe nicht geändert hat. Obwohl immer wieder heftig diskutiert, hat sich die Ersetzung der Ziffernnote durch verbale Beurteilungen im staatlichen Schulwesen nur auf die Anfangsklassen der Grundschule übertragen lassen.

Bei der **kriteriumsorientierten Bezugsnorm** schließlich wird die Lernleistung des einzelnen Schülers mit dem Lernziel, dem Kriterium, verglichen. Die Distanz zum Lernziel gibt einerseits Rückmeldung über den Erfolg der bisherigen Lernbemühungen und andererseits Auskunft über die noch zurückzulegenden Lernschritte. Bei strikter Orientierung am Lernziel hat der Lehrer bei der Lernkontrolle mit Hilfe eines so genannten kriteriums- oder lernzielorientierten Tests letztlich nur zwischen den beiden Möglichkeiten „Lernziel erreicht" und „Lernziel (noch) nicht erreicht" zu entscheiden. Kommt er zu dem Urteil „Lernziel noch nicht erreicht", müssen zusätzliche individualisierende Instruktionsbemühungen einsetzen, sodass schließlich der Lehrer allen Schülern die Einheitsnote „Lernziel erreicht" bzw. „bestanden" attestieren kann. Daran wird deutlich, dass die übliche Notenskala hier fehl am Platze ist. Es wird daher empfohlen, auf Noten ganz zu verzichten und die lernzielorientierten Tests lediglich als eine besonders gut geeignete Form der gezielten Rückmeldung für Lehrer und Schüler zu betrachten, aus der für den weiteren Gang des Lernens und Lehrens unmittelbare Schlüsse gezogen werden können.

12.3 Gütekriterien

In der psychologischen Testtheorie wurden die so genannten Testgütekriterien entwickelt. Als die drei wichtigsten Qualitätsnormen werden
- die Objektivität,
- die Reliabilität (oder Zuverlässigkeit) und
- die Validität (oder Gültigkeit)
  genannt.

Diese lassen sich an einzelnen Punkten zwar relativ leicht auf Schulleistungstests oder sonstige Verfahren der schulischen Leistungsmessung übertragen. Man darf dabei aber nicht aus dem Auge verlieren, dass neben einigen **Gemeinsamkeiten** auch grundsätzliche **Unterschiede** zwischen psychologischen Tests, die ausschließlich dem Ziel dienen, auf verlässliche Weise Merkmalsdifferenzen zwischen Individuen aufzuzeigen, und pädagogischen Verfahren zur Feststellung von schulischen Lehr- und Lernerfolgen, bestehen. Diese schränken die Bedeutung der testtheoretischen Gütekriterien für die Verfahren zur schulischen Leistungsmessung ein.

Objektivität:

Ein Test ist dann objektiv, wenn das Testergebnis vom Beurteiler unabhängig ist, wenn also beispielsweise verschiedene Beurteiler beim gleichen Schüler unabhängig voneinander zum gleichen Ergebnis kommen.

Je größer der Beurteilungsspielraum ist, den der Lehrer bei der Korrektur hat, desto geringer ist die Objektivität. Zur Einschränkung dieses Ermessensspielraums müssen bei Aufgabenstellungen mit frei zu formulierenden Antworten möglichst präzise Kriterien und Gewichtungen (beispielsweise bei Aufsätzen) oder Musterlösungen samt detaillierter Punkteverteilung („Erwartungshorizonte") festgelegt werden. Natürlich gibt es auch Überprüfungsverfahren und Aufgabenarten, die in relativ hohem Maße objektiv auswertbar sind. So dürfte es beispielsweise bei der Korrektur eines Diktates oder einer Vokabelarbeit oder auch bei der Antwort auf die Frage etwa nach den Bestandteilen einer Tulpenblüte einen geringen Ermessensspielraum geben. Vollständig objektiv auswertbar schließlich sind alle gebundenen Aufgabenformen (beispielsweise Mehrfachwahl-Aufgaben).

Reliabilität (Zuverlässigkeit):

Die Reliabilität eines Tests gibt die Genauigkeit an, mit der gemessen wird, mit der man also dem „wahren" Wert nahe kommt.

Allgemein gilt der Grundsatz: Je mehr voneinander unabhängige Einzelaufgaben zu einem Lernziel oder Lernbereich gestellt werden, desto zuverlässiger ist das Testergebnis. Ein etwas übertriebenes Beispiel soll das verdeutlichen: Wenn ein Lehrer überprüfen will, ob ein Schüler seine Vokabeln gelernt hat, wird er sich nicht mit dem Abfragen von ein oder zwei Wörtern begnügen. Er wird vielmehr zu einem einigermaßen zuverlässigen Urteil erst kommen, wenn er ihn zehn, besser noch zwanzig Vokabeln abgefragt hat. Oder wenn ein Deutschlehrer in der Unterstufe überprüfen will, ob seine Schüler in der Rechtschreibung verlässlich zwischen „das" und „dass" unterscheiden können, ist ein herkömmliches Diktat, in dem diese Unterscheidung nur drei- oder viermal getroffen werden muss, weniger reliabel als beispielsweise ein Lückentext, in dem die Schüler an fünfzehn oder zwanzig Stellen ihre Entscheidung eintragen müssen. (Über den allgemeinen Wert von Lückendiktaten ist damit nichts gesagt.) Problematisch hinsichtlich der Reliabilität sind komplexe, in sich zusammenhängende Aufgaben, wie sie beispielsweise im Fach Mathematik auf der Oberstufe gestellt werden. Wenn der erste Teil einer solchen Aufgabe nicht gelöst wird, können oft die nachfolgenden Teile gar nicht erst in Angriff genommen werden. Man wird im Mathematikunterricht aus guten Gründen auf solche Aufgaben nicht verzichten, möglicherweise lässt sich aber die Reliabilität (und damit auch die Validität!) durch die Angabe von Zwischenergebnissen oder das Bereithalten von Ersatzaufgaben erhöhen.

Validität (Gültigkeit):

 Ein Test ist dann valide, wenn er das, was er zu messen vorgibt, auch tatsächlich misst.

Ein Beispiel aus der Schulpraxis für eingeschränkte Validität ist etwa ein Deutschdiktat in der Unterstufe, bei dem die Fehlerzahl nicht nur von den Orthographiekenntnissen einzelner Schüler, sondern auch stark von deren noch sehr geringen Schreibgeschwindigkeiten abhängt. Allgemeiner gesagt wird die Validität von Klassenarbeiten oft durch eine zu große Zeitbeschränkung beeinträchtigt: Wenn die Bearbeitungszeit so knapp bemessen ist, dass ein erheblicher Teil der Schüler manche Aufgaben schon gar nicht mehr in Angriff nehmen kann, lassen die Testergebnisse natürlich keine Rückschlüsse auf den betreffenden Lernstand zu. Auch der unkontrollierte Einfluss von Handschrift, Rechtschreibung, Art der Darstellung usw. auf die Note gehört hierher. (Wohlgemerkt, der unkontrollierte Einfluss! Wenn nämlich von Anfang an klargestellt ist, dass die genannten Aspekte Einfluss auf die Note haben werden, sind sie Teil dessen, was gemessen werden soll!) Bei standardisierten Schulleistungstests, die nach strengen testtheoretischen Kriterien erstellt werden, wird die Gültigkeit hauptsächlich als Übereinstimmung mit dem Lehrplan definiert; man spricht dann von „curricularer Validität". Ein valider Schulleistungstest misst demnach das, was laut Lehrplan zu lernen war.

In der Praxis reicht der Bezug auf den Lehrplan aber keinesfalls aus. Um Lernergebnisse von Schülern valide überprüfen und beurteilen zu können, muss Klarheit darüber bestehen, was im konkreten Unterricht gelernt werden sollte. Nun wird sich der Lehrer aber nicht erst bei einer anstehenden Überprüfung der Schulleistungen Gedanken über Lernziele machen, vielmehr muss er diese schon früh reflektieren und festlegen, um geeignete Lerngelegenheiten für die Schüler schaffen zu können. Er wird also bereits in seiner Vorbereitung und in der konkreten Unterrichtsgestaltung mehr oder weniger explizit Entscheidungen treffen, etwa über die Lernzielbereiche (kognitiv, affektiv, psycho-motorisch) und über die Taxonomiestufen (im kognitiven Bereich etwa die bekannten Stufen Wissen, Verständnis, Anwendung, Analyse, Synthese, Evaluation), und er wird auch Überlegungen zur Operationalisierung von Lernzielen (Was sollen die Schüler nach erfolgreichem Lernen konkret können?) anstellen. Wenn er dann am Ende der Unterrichtseinheit ein passendes Überprüfungsverfahren auswählt oder selbst zusammenstellt, ist der wichtigste Punkt die Gültigkeit in Bezug auf den zugrunde liegenden Unterricht. Der Lehrer muss sorgfältig darauf achten, dass die wichtigen Lernziele des Unterrichts adäquat (also auch in ihrer Gewichtung) abgebildet sind. In diesem Sinn könnte man von „unterrichtlicher Validität" sprechen.

Wenn dies beachtet wird, kann es beispielsweise nicht passieren, dass in einem Geschichtstest nur Einzelfakten abgefragt werden, während es im Unterricht in erster Linie um das Verstehen historischer Zusammenhänge ging. Allgemein gesprochen ist die Beeinträchtigung der unterrichtlichen Validität durch die unangemessen starke Betonung von leicht überprüfbaren Lernzielen eine große Gefahr. Nochmals: Es muss ein enger Zusammenhang zwischen dem konkreten Unterricht und seiner Überprüfung bestehen, der auch für die Schüler klar erkennbar ist. Nur dann ist die Überprüfung fair und nur dann kann sie zu validen Ergebnissen führen! Der bekannte Satz, wonach in einem guten Unterricht den Schülern möglichst vielfältige Gelegenheiten geboten werden, das zu lernen und zu üben, was Gegenstand der Prüfung ist, kann umgedreht werden. Dann sagt er aus, dass in einem gültigen Überprüfungsverfahren das zum Prüfungsgegenstand gemacht wird, was im Unterricht tatsächlich gelehrt und eingeübt wurde.

12.4 Neuralgische Punkte der Notengebung

Die Unterrichtsforschung hat eine ganze Reihe von Schwachstellen der Notengebung ausfindig gemacht (vgl. Ingenkamp 1971). Einige besonders wichtige sollen an dieser Stelle genannt werden. Zunächst sollen zwei systembedingte Schwachstellen angesprochen werden, danach wird es um das weite Feld der subjektiven Fehlerquellen gehen.

12.4.1 Systembedingte Schwachstellen der Notengebung

12.4.1.1 Skalenqualität:
Da die Noten lediglich eine **Rang- und nicht eine Intervall**skala bilden, sind die Abstände zwischen den Noten nicht interpretierbar.

Man kann also zwar sagen, dass die Note „Eins" besser ist als die „Zwei" und dass die „Fünf" schlechter ist als die „Vier", man kann aber nicht sagen, dass die „Zwei" von der „Eins" gleich weit entfernt ist wie die „Fünf" von der „Vier".

Da sich bei Rängen aber keine Mittelwerte bestimmen lassen, ist **die Berechnung von Notendurchschnitten streng genommen unzulässig.** (Man stelle sich vor, unsere Noten würden mit den Buchstaben A, ..., F bezeichnet. Wie wäre dann der Notendurchschnitt von drei Klassenarbeiten mit den Beurteilungen A, D, und E?). Dennoch erlauben die üblicherweise berechneten Notendurchschnitte gewisse Rückschlüsse; sie sind zwar ungenau, aber nicht völlig sinnlos. Jedenfalls kann man aber nicht behaupten, dass ein Schüler nach zwei Klassenarbeiten mit den Noten „Zwei" und „Vier" „genau auf 3.0 steht". Ein weiterer Aspekt kommt hinzu: Viele Lehrer erteilen bei schriftlichen Überprüfungen Viertelnoten, begnügen sich bei mündlichen Noten aber auf eine Unterteilung in Halbnoten. Beim Zusammenrechnen entsteht dann durch das Mitteln unterschiedlich exakt gemessener Werte eine weitere Ungenauigkeit.

Neuralgische Punkte der Notengebung

Es ist also vor einer **Überinterpretation** des numerischen Aspekts von Noten **zu warnen**! Ziffernnoten sind weit weniger exakt, als allgemein angenommen wird, sie gaukeln oft nur eine Scheingenauigkeit vor. Jedenfalls sind mathematische „Veredelungen" wie etwa die Durchschnittsbildung höchst problematisch, ein „Dezimalfetischismus" ist absurd. Oder positiv gesagt: Bei „Zwischen"-Fällen entscheidet nicht die Stelle hinter dem Komma, sondern die pädagogische Verantwortung des Lehrers!

Angefügt sei, dass die **gegenseitige Verrechnung von Noten aus versch**iedenen Fächern noch **weit problematischer** ist. Wenn ein Schüler in die nächsthöhere Klasse versetzt wird, weil er eine „Fünf" in Fach A mit einer „Drei" im Fach B „ausgleichen" kann, dann lässt sich das nur so verstehen, dass man dem Schüler aufgrund seines „Polsters" im Fach B die Chance einräumt, ohne Klassenwiederholung die Lücken im Fach A durch zusätzliche Lernbemühungen zu schließen.

12.4.1.2 Der klassenbezogene Maßstab

Untersuchungen haben gezeigt, dass Lehrer im Allgemeinen zwar in der Lage sind, die Schüler ihrer Klasse mit Hilfe der Noten zuverlässig in eine Rangreihe zu bringen, dass die **Noten aus verschiedenen Klassen** aber nur **schwer vergleichbar** sind. Der Grund ist, dass dem Lehrer für die Beurteilung der Schülerleistungen meist nur seine eigene Klasse als Referenzgruppe zur Verfügung steht, und die ist, statistisch gesehen, natürlich sehr klein und keinesfalls repräsentativ. Jeder Lehrer weiß, dass es leistungsstarke und -schwache Klassen gibt. Für die Noten des einzelnen Schülers kann die Klassenzugehörigkeit von großer Bedeutung sein, denn während ein mittelmäßiger Schüler in einer schwachen Klasse gute Noten bekommt, muss er bei gleichen Leistungen in einer sehr guten Klasse vielleicht um die Versetzung bangen! Streng genommen ist die Vergleichbarkeit von Schulnoten über Klassen hinweg (und natürlich erst recht über Schulen oder Bundesländer hinweg) eine Fiktion.

Natürlich wird der Beurteilungsmaßstab des einzelnen Lehrers mit zunehmender Berufserfahrung sicherer, insbesondere dann, wenn eine Klassenstufe zum wiederholten Male unterrichtet wird. Auch das **gleichzeitige Unterrichten von zwei Parallelklassen** ist in dieser Hinsicht vorteilhaft, weil es die Größe der Referenzgruppe verdoppelt und zugleich die Chance bietet, Unterschiede zwischen zwei Klassen wahrzunehmen, die sonst nicht so klar zu erkennen wären. Zur Erweiterung und Stabilisierung der eigenen Bezugsnorm ist der Blick über den Tellerrand der eigenen Klasse wichtig, wo immer er möglich ist: In vielen Fächern geben Schulbücher, Übungsmaterialien und Aufgabensammlungen interessante Orientierungen, ganz besonders natürlich Aufgaben, die bei Abschlussprüfungen zentral gestellt oder genehmigt wurden. Das Gespräch mit Fachkollegen bei Lehrerfortbildungsveranstaltungen und an der eigenen Schule, der Austausch von Klassenarbeitsblättern, der direkte Vergleich mit Parallelklassen, vielleicht sogar gelegentliche gemeinsame Klassenarbeiten, all das kann zur Angemessenheit des Beurteilungsmaßstabes beitragen.

304 *Leistungsbeurteilung in der Schule*

12.4.2 Subjektive Fehlerquellen

Die Sozialpsychologie zeigt, dass jede Personenwahrnehmung von meist unkontrollierten und teilweise unbewussten Erwartungen und Einstellungen des Beobachtenden beeinflusst und gesteuert ist. Psychologisch gesehen ist das sinnvoll, denn es erlaubt rasche Orientierung und Verhaltenssicherheit. Bei einer auf Objektivität und Vergleichbarkeit zielenden Leistungsbeurteilung müssen einige dieser Einflüsse aber als Fehlerquellen gelten.

1. Der Einfluss von Vor- und Zusatzinformation:
   In einer viel zitierten Untersuchung (Weiss 1971b) wurde gezeigt, dass positive oder negative Zusatzinformationen über einzelne Schüler die Korrektur und Benotung von Arbeiten durch den Lehrer beeinflussen können – und das sogar in scheinbar so problemlos zu bewertenden Bereichen wie Rechtschreiben und Mathematik. Das hat enorme Bedeutung für die alltägliche Benotungspraxis, denn bei der Korrektur einer konkreten Arbeit weiß der Lehrer ja, ob es sich um das Heft eines Spitzenschülers, eines Sitzenbleibers, eines fleißigen oder eines häufig unaufmerksamen Schülers handelt. Auch hat er oft Zusatzinformationen über außerschulische Bedingungen. All dies kann die Korrektur beeinflussen. Man stelle sich beispielsweise vor, ein Lehrer weiß, dass der Vater eines Schülers Kollege, vielleicht sogar Fachkollege ist!
2. Der Einfluss von Sympathie und Geschlecht:
   In einer Untersuchung (Hadley 1971) wurde bestätigt, dass etliche Lehrer diejenigen Schüler, die ihnen sympathisch sind, zu günstig, und die ihnen unsympathischen zu ungünstig benoten. Als Maß für die tatsächliche Leistung der Schüler diente das Ergebnis eines standardisierten Schulleistungstests. Allerdings hat sich in der Untersuchung auch gezeigt, dass sich Lehrer hierin stark voneinander unterscheiden. Während bei manchen die Noten extrem stark mit der Sympathieeinstufung korrelierten, gab es andererseits auch Lehrer, die in dieser Hinsicht völlig immun waren.
   Häufig wird auch ein Befund berichtet, wonach bei objektiv gleicher Leistung Mädchen günstiger benotet werden als Jungen – und zwar von Lehrern wie von Lehrerinnen! In Befragungen geben Lehrerinnen wie Lehrer an, Mädchen im Vergleich zu Jungen als fleißiger, angepasster, ordentlicher usw. wahrzunehmen.
3. Der Einfluss von subjektiven Theoriebeständen:
   Das pädagogische Überzeugungswissen eines Lehrers ist Teil seiner berufsbezogenen „subjektiven Theorie". Hinsichtlich einzelner Aspekte der Lehrertätigkeit können subjektive Theoriebestände in hohem Maße handlungsleitend sein. Im Falle der Schülerbeurteilung wird die Wahrnehmung und Einschätzung von Schülerleistungen oft sehr stark von ausgeprägten Überzeugungen über das Zustandekommen von Schulleistungsunterschieden beeinflusst. Denn die allgemeine Tatsache, dass man bevorzugt das wahrnimmt, was man wahrzunehmen erwartet, führt häufig zu Beobachtungsverzerrungen und -einsei-

Neuralgische Punkte der Notengebung 305

tigkeiten. Beispiele für solche Grundüberzeugungen sind etwa Sätze wie „Jungen sind sprachlich weniger begabt als Mädchen" oder „Lateinklassen sind besser".

4. Halo-Effekt und logischer Fehler:
Wenn von einem hervorstechenden Merkmal oder vom Gesamteindruck auf andere, nicht direkt beobachtbare Merkmale geschlossen wird, spricht man vom Halo-Effekt. Das Leitmerkmal oder der vorherrschende Eindruck überstrahlt gewissermaßen die anderen Merkmale. (Mit Halo bezeichnet man die Hof-Erscheinung um eine Lichtquelle.) In Bezug auf die schulische Leistungsbeurteilung können solche Leitmerkmale von Schülern etwa die Mitarbeit, die Sprachfertigkeit, die Handschrift, die Heftführung und die Ordentlichkeit, auch die Höflichkeit im Auftreten usw. sein.
Der **logische Fehler** ist verwandt mit dem Halo-Effekt und oft von diesem kaum zu unterscheiden. Beim logischen Fehler wird von einem beobachteten Merkmal auf ein anderes geschlossen, das als quasi „logisch" mit dem beobachteten verbunden angenommen wird. Logischer Fehler und Halo-Effekt sind Ausdruck der subjektiven Überzeugungen des Beurteilenden, also seiner diesbezüglichen „subjektiven Theorie". Weil sie sich auf Persönlichkeitseigenschaften beziehen, spricht man hier auch von der „impliziten Persönlichkeitstheorie" des Beurteilenden. Beispiele: „Wer sich gut ausdrücken kann, kann auch klar denken" , „Wer in Mathematik gut ist, hat auch in Latein gute Noten" , „Dummheit und Stolz wachsen auf einem Holz."

5. Stabile Urteilstendenzen:
Untersuchungen haben ergeben, dass manche Lehrer bei der Notengebung stabile Beurteilungstendenzen haben. Vom Milde- bzw. Strengeeffekt spricht man, wenn ein Lehrer versucht, die Vergabe von sehr schlechten bzw. sehr guten Noten zu vermeiden. Eine Tendenz zur Mitte liegt vor, wenn ein Lehrer Extremausprägungen zu vermeiden versucht und stattdessen mittlere Noten bevorzugt.

6. Reihenfolgen-Effekte:
Werden mehrere Beurteilungen nacheinander durchgeführt, können Reihenfolgen- und Positionseffekte auftreten. Bei aufeinander folgenden mündlichen Prüfungen etwa (beispielsweise im Abitur oder beim „Abfragen" mehrerer Schüler) kann es für die Note eines Schülers erhebliche Auswirkungen haben, wenn er unmittelbar nach einem sehr guten oder sehr schwachen Mitschüler geprüft wird. Die erste Note in einer Reihe von Prüfungen, das wissen alle, die häufiger mündliche Prüfungen abnehmen müssen, setzt meist den Maßstab, mit dem die nachfolgenden Prüfungsleistungen verglichen werden.
Bei der Bewertung schriftlicher Arbeiten kann man häufig feststellen, dass sich der Beurteilungsmaßstab im Laufe der Korrektur langsam, für den Lehrer selbst zumeist unbemerkt, verändert. Zunächst hat der korrigierende Lehrer nur seinen eigenen Erwartungshorizont, d. h. die Ideallösung, mit der er die

Schülerantworten vergleicht. Im Verlauf der Korrektur sieht er immer mehr, was alles falsch gemacht werden kann, und wird vielleicht nachsichtiger in der Bewertung. Auch das Umgekehrte ist denkbar: Wenn im Lehrer während der Korrektur die Befürchtung entsteht, die Arbeit könnte zu gut ausfallen, wird er möglicherweise unbewusst die Anforderungen erhöhen.

12.5 Notengebung in der Praxis

In der Schule werden sehr unterschiedliche Lernbereich benotet. Ging es lange Zeit vor allem um die Lernresultate im kognitiven, aber auch im psycho-motorischen und künstlerisch-kreativen Leistungsbereich (etwa in den Fächern Sport, Bildende Kunst und Musik) rückt man heute den Erwerb einer umfassenden Handlungskompetenz in den Mittelpunkt: Neben dem Lernen im fachlich-inhaltlichen Bereich geht es auch um den Aufbau von sozial-kommunikativen und methodisch-strategischen Kompetenzen sowie um die Entwicklung von Selbst- und Persönlichkeitskompetenz. Im Zusammenhang mit dem so beschriebenen „ganzheitlichen" oder „erweiterten Lernbegriff" (Bohl 2001) kommt es zu einer immer stärkeren Ergänzung des herkömmlichen Unterrichts durch neue, offene Unterrichtsformen.

Unterschiedliche Lernbereiche bedingen unterschiedliche Formen der Leistungsfeststellung und Benotung. Neben die traditionelle Überprüfung der Lernleistungen in schriftlicher und mündlicher Form treten nun Verfahren der Beurteilung und Bewertung von Schülerleistungen im offenen Unterricht.

Die amtlichen Verordnungen zur Notengebung legen nur Rahmenbedingungen fest, beispielsweise eine Höchst- oder Mindestzahl von schriftlichen Arbeiten für einzelne Fächer und Klassenstufen.

Dem Lehrer bleibt ein sehr großer Gestaltungsspielraum, den er pädagogisch verantwortungsvoll nutzen muss. Er kann die Art der Leistungsüberprüfung in weiten Grenzen selbst festlegen, wie auch die Gewichtung der Einzelkomponenten (schriftlich, mündlich, ggf. praktisch) zur Gesamtnote. In vielen Fällen kann er sogar selbst bestimmen, ob er von seinen Schülern überhaupt schriftliche Leistungsnachweise verlangt oder ob er Zensuren nur aufgrund mündlicher und sonstiger Leistungen vergibt. Allerdings ist er selbstverständlich verpflichtet, zu Beginn des Schuljahres die Art seiner Notengebung für Schüler und Eltern transparent zu machen.

12.5.1 Einige Anmerkungen zur Gestaltung schriftlicher Überprüfungen

Die Klassenarbeit steht in der Regel am Ende eines längeren Unterrichtsabschnitts. Sie wird zumeist angekündigt, die Schüler können sich gezielt auf sie vorbereiten. Kurzarbeiten (oft spricht man in missverständlicher Weise von „Tests") oder schriftliche Wiederholungen beziehen sich in der Regel nur auf den Stoff der letzten Unterrichtsstunden. Sie sind deutlich kürzer als Klassenarbeiten und häufig unangekündigt.

Wenn im Folgenden Anmerkungen zur Gestaltung von Klassenarbeiten gemacht werden, so gelten diese zumeist auch entsprechend für Kurzarbeiten und schriftliche Wiederholungen. Wegen der großen Unterschiede zwischen den einzelnen Fächern und Klassenstufen können sie zudem nur sehr allgemein gehalten sein. Die Ausführungen beziehen sich, dem Ablauf entsprechend, auf den der Klassenarbeit vorauslaufenden Unterricht, auf die Planung, die Bearbeitung in der Klasse, die Korrektur und Benotung und auf die Rückgabe der Arbeit.

 Der vorauslaufende Unterricht sollte klar an Lernzielen ausgerichtet sein und den Schülern genügend Lern- und Übungsmöglichkeiten für die Inhalte bieten, die Gegenstand der Überprüfung sind.

Die grundlegenden Lernziele, die zumeist auch für ein erfolgreiches Weiterlernen unverzichtbar sind, bilden das Basiscurriculum, ihre Beherrschung legt die Note „ausreichend" fest. Hinzu kommen die anspruchsvolleren Ziele des Aufbaucurriculums. Eine solche Unterteilung kann die Grundlage für eine differenzierende Unterrichtsgestaltung schaffen, die die schwächeren Schüler fördert und zugleich auch die leistungsstarken Schüler in genügendem Ausmaß herausfordert, und sie kann damit auch Basis für eine differenzierte Notengebung sein.

Rechtzeitig vor der Klassenarbeit wird der Lehrer seinen Schülern klare und hinreichende Informationen über Inhalt, Umfang und Art der Überprüfung geben. Vage und lückenhafte Informationen können Verunsicherung und Angst auslösen. Beispielsweise ist der Satz „Es kann alles drankommen, was wir behandelt haben" oft weniger informativ als vielmehr Angst induzierend.

Natürlich ist es zu vermeiden, dass in der letzten Unterrichtsstunde vor der Klassenarbeit bis zum letzten Augenblick neuer Stoff behandelt wird, der dann auch noch „drankommen" soll. Hilfreicher kann da eine abschließende Frage- oder Wiederholungsstunde mit gezieltem Fehlertraining sein.

Bei der Planung und Zusammenstellung der Klassenarbeit wird sich der Lehrer zunächst die wichtigsten Aspekte und Lernziele seines tatsächlich durchgeführten Unterrichts klarmachen, um bei der Formulierung oder Auswahl der Aufgaben **zentrale Unterrichtsinhalte** zu berücksichtigen. Diese **Sicherstellung der unterrichtlichen Validität** erfordert viel Sorgfalt. Manchmal besteht nämlich die Gefahr, dass der Lehrer von einer spontanen Idee oder von einer raffinierten oder eleganten Aufgabenstellung fasziniert ist und diese in die Klassenarbeit aufnimmt, obwohl sie zum Unterricht nicht unbedingt passt.

Im Einzelnen sollten die folgenden Punkte beachtet werden:
- Wegen der Reliabilität ist, wenn möglich, eher eine größere Anzahl voneinander unabhängiger Aufgaben zu stellen.
- Bei der Formulierung ist auf die geeigneten Taxonomiestufen (Wissen, Verstehen, Anwenden, Analyse, Synthese, Evaluation) und Aufgabenarten (mit gebundenen Antworten, mit frei zu formulierenden Kurzantworten, mit längeren Einlassungen) zu achten. Da die Konstruktion von sinnvollen und attraktiven Alternativen für Multiple-choice-Aufgaben überaus schwierig

ist, werden Lehrer für die höheren Taxonomiestufen oft Aufgaben wählen, deren Antworten frei formuliert werden müssen, und damit den Nachteil einer aufwendigen und wenig objektiven Auswertung in Kauf nehmen. Umgekehrt besteht beim Festhalten an gebundenen Aufgabenformen die Gefahr, dass niedrige Taxonomiestufen unangemessen bevorzugt werden.

- Die Aufgaben sollen klar und eindeutig formuliert sein und ggf. auch Angaben zur Art der verlangten Antwort enthalten (beispielsweise „Drücke in eigenen Worten aus …").

- Die Aufgaben sollten „schwierigkeitsgestaffelt" angeordnet sein: Den Anfang bilden einfache Aufgaben („Eisbrecher"), die auch schwächeren Schülern Mut machen.

- Der Umfang der Arbeit ist so zu bemessen, dass sich möglichst jeder Schüler mit allen Aufgaben befassen kann. Eine zu enge Zeitbegrenzung verleitet die Schüler zu schlampiger Arbeit, erzeugt bei einzelnen Stress und Angst und schränkt die Validität der Ergebnisse ein.

- Ist die Note „ausreichend" durch bestimmte Basiskenntnisse definiert, muss der Lehrer darauf achten, dass diese in einem solchen Ausmaß in der Klassenarbeit repräsentiert sind, dass die Note „ausreichend" auch tatsächlich erreicht werden kann.

- Sollen die verschiedenen Aufgaben unterschiedlich gewichtet werden, so wird häufig gleich auf dem Aufgabenblatt die pro Aufgabe maximal erreichbare Punktzahl angegeben. Die Schüler können damit ihre Arbeitsbemühungen besser einteilen.

- Eigentlich eine Selbstverständlichkeit: Die Aufgabenblätter sollten nach Möglichkeit maschinengeschrieben sein. Haben sie handschriftliche Zusätze, muss sich der Lehrer um besondere Sorgfalt bemühen.

- Zu überlegen ist ferner auch, ob zur Verminderung von Abschreibmöglichkeiten Parallelgruppen gebildet werden können und sollen. Die Entscheidung darüber hängt von mehreren Faktoren ab (Verhältnis zur Klasse, Gewohnheiten, Klassenstufe, Fach, konkreter Stoff der Klassenarbeit, Größe der Klasse, räumliche Gegebenheiten usw.), sodass dazu keine einheitliche Empfehlung gegeben werden kann. Wenn aber für die Klassenarbeit zwei Fassungen erstellt werden, muss der Lehrer peinlich genau auf die Gleichwertigkeit von Aufgaben achten!

Beim Schreiben der Klassenarbeit muss der Lehrer für eine freundliche und zugleich sachliche Atmosphäre in der Klasse und für eine störungsfreie Umgebung sorgen, in der die Aufregung der Schüler eher gedämpft als noch angeheizt wird. Wenn die Schüler arbeiten, sollte sich der Lehrer möglichst ruhig und unauffällig verhalten. (Beispielsweise sollte der Lehrer nicht laut zu einzelnen Schülern sprechen, sondern er sollte, wenn es unumgänglich ist, zu ihnen hingehen und mit ihnen flüstern, er sollte ferner rasche Bewegungen vermeiden, nicht ins Heft der Schüler schauen usw.)

Notengebung in der Praxis

Die Frage nach dem rechten Maß an Kontrolle und Aufsicht ist schwer zu beantworten. Einerseits muss der Lehrer dafür Sorge tragen, dass keine unerlaubten Mittel eingesetzt werden, andererseits sollte er kein übertriebenes Misstrauen an den Tag legen. Wenn es dennoch zu unkorrektem Schülerverhalten kommt, gibt es eine ganze Palette abgestufter Maßnahmen. Häufig genügt es bei kleineren Unkorrektheiten, wenn der Lehrer durch Blickkontakt, Annäherung oder direkte kurze Ermahnung seine Wachsamkeit signalisiert. Bei groben Verstößen muss er aber auch den Mut zu härteren Maßnahmen haben, die vom Nichtwerten der momentan bearbeiteten Aufgabe über einen Notenabzug oder dem sofortigen Wegnehmen der Arbeit bis hin zu der Note „ungenügend" reichen können.

Werden ernsthafte Verstöße entdeckt, so ist das zumeist auch für den Lehrer unangenehm. Manche Lehrer neigen dazu, den Schwierigkeiten durch Wegsehen oder Verharmlosen aus dem Weg zu gehen – und halten das sogar noch für eine besondere Form der Liberalität. Doch die erzieherischen Folgen können im Sinne des heimlichen Lehrplans fatal sein: Die Schüler lernen aus solchem Lehrerverhalten nicht nur „Erlaubt ist, was nicht rauskommt" und „Skrupellosigkeit ist erfolgreicher als Ehrlichkeit", sondern auch „Man wäre dumm, wenn man sich an Regeln halten würde, die nicht einmal dem wichtig sind, der sie vertritt". Natürlich sollte man sich davor hüten, das Mogeln zu kriminalisieren, es entspringt ja einer gewissen Notsituation des Schülers, aber Täuschungsversuche dürfen nicht einfach übersehen werden. Es muss eine Selbstverständlichkeit im Rollenverständnis eines jeden Lehrers sein, mit der nötigen Klarheit und Eindeutigkeit für eine faire, gültige und gerechte Notengebung zu sorgen.

Korrektur und Bewertung von Klassenarbeiten

Die Korrektur der Arbeit sollte **möglichst umgehend** erfolgen, um eine rasche Rückgabe zu gewährleisten. Sie steht unter dem Gebot, subjektive Einflüsse des Lehrers so gering wie möglich zu halten. Bei Aufgaben, die längere Einlassungen des Schülers erfordern, wird der Lehrer eine Musterlösung („Erwartungshorizont") mit detaillierter Aufschlüsselung der Punktvergabe erstellen. Wenn er im Verlauf der Korrektur über unvorhergesehene Antworten entscheidet, muss er den Erwartungshorizont natürlich entsprechend ergänzen.

Der Lehrer kann sich auch bemühen, die Namen der Schüler nicht zur Kenntnis zu nehmen und anonym zu korrigieren. Denn auch der Lehrer, der sich bewusst um Objektivität bemüht, ist in Gefahr, bei vergleichbaren Fällen unbewusst ungleich zu entscheiden, je nachdem, ob es sich beispielsweise um einen fleißigen, angepassten Schüler handelt oder um einen, der faul und desinteressiert ist. Häufig wird eine anonyme Korrektur nicht möglich sein, weil der Lehrer die Handschriften seiner Schüler kennt, hie und da mag sie auch aus anderen Gründen nicht angebracht sein. In vielen Fällen ist sie aber möglich und der Lehrer kann sich ihrer bedienen, wenn er für sich selbst eine Schutzmaßnahme einbauen will.

Wegen bekannter Reihenfolgeneffekte sollte der Lehrer die Arbeiten vor der Korrektur nicht in irgendeiner Weise ordnen, sondern in zufälliger Folge bearbeiten. Häufig ist es auch sinnvoll, „aufgabenweise" zu korrigieren. Wenn der Lehrer zunächst bei allen Schülern die erste Aufgabe korrigiert und danach erst, möglichst noch in umgekehrter Reihenfolge, die zweite Aufgabe usw., werden ihm seine jeweilige Musterlösung und seine konkreten Korrekturentscheidungen gut im Gedächtnis sein. Zudem besteht bei Unterbrechungen (am Ende einer Aufgabe) kaum die Gefahr von Ungleichbehandlung durch unkontrollierte Maßstabsverschiebungen.

Ein besonderes Problem stellt der **Übergang von der Leistungsfeststellung zur Leistungsbewertung** dar, also die Abbildung der Punkte- oder Fehlerverteilung auf die Notenskala. Es gibt dazu keine bindenden amtlichen Vorschriften, vieles beruht auf Überlieferung und Erfahrung.

Die strikte Anwendung eines Normalverteilungsmodells mit festen Quoten für die Notenstufen ist wegen der bekannten und oben schon diskutierten Nachteile nicht zu empfehlen.

Wichtige Orientierung können die Maßstäbe bringen, die bei zentralen Prüfungen (Abitur, zentrale Klassenarbeiten usw.) angelegt werden. Sehr häufig wird die Note 3,5 oder die Note 4 bei der Hälfte der maximal erreichbaren Gesamtpunktzahl festgemacht, Entsprechendes lässt sich bei sprachlichen Arbeiten (z. B. Diktat, Übersetzung) mit einem Fehlerquotienten festlegen, der die Fehlerzahl auf die Gesamtwortzahl bezieht. Bei einer solchen Festlegung ist im Allgemeinen eine hinreichende Differenzierung nach „oben" und nach „unten" möglich, auch wird dieser Maßstab zumeist allseits problemlos akzeptiert. Es sei aber nochmals darauf hingewiesen, dass bereits bei der Zusammenstellung der Arbeit eine inhaltliche Festlegung der Notenstufe „ausreichend" stattfinden sollte und dass daraufhin die Aufgaben so ausgewählt werden müssen, dass die für diese Zensur notwendige Punktzahl auch erreicht werden kann.

Kann oder darf der einmal so festgelegte Maßstab durch das konkrete Ergebnis der Klassenarbeit noch abgeändert werden?

Diese Frage wird oft mit dem Hinweis verneint, dass dies eine unzulässige Manipulation sei. Dieser Vorwurf greift aber zu kurz, denn es kann ja nicht gemeint sein, dass ein Lehrer jedes gewünschte Ergebnis herbeiführen kann. Vielmehr ist an den Fall zu denken, in dem ein Lehrer im Verlauf der Korrektur feststellt, dass er durch Aufgabenschwierigkeit oder Umfang seine Schüler deutlich unter- oder überfordert hat. Dann kann sich die Trennung von Leistungsfeststellung und Leistungsbewertung als günstig erweisen. Waren die Aufgaben „zu" leicht, ist die Problematik natürlich nicht sehr groß. Der Lehrer kann bei der Korrektur die Teilpunkte vielleicht etwas weniger großzügig vergeben als üblicherweise, ansonsten wird er aber nicht viel tun können (und wollen) und seinen Schülern die guten Noten gönnen. Bei der nächsten Arbeit wird er dann stärker auf die angemessene Schwierigkeitsstreuung der Aufgaben achten. Im Fall einer deutlichen Überforderung der Schüler durch unangemessen schwierige oder zu viele Aufgaben besteht ein größerer Handlungsbedarf, denn schließlich können die Schüler für den Missgriff des Lehrers nicht verantwortlich gemacht werden. Der Lehrer könnte

Notengebung in der Praxis 311

sich dann beispielsweise dazu entschließen, Teilpunkte großzügiger zu vergeben oder besonders schwierige Aufgabenteile schwächer zu gewichten als ursprünglich vorgesehen, er kann auch erwägen, eine Aufgabe, die kein Einziger lösen konnte, überhaupt nicht zu werten, oder auch den gesamten Maßstab zu verschieben.

In jedem Fall handelt es sich um unangenehme Notmaßnahmen, deren Nachteile in Kauf genommen werden müssen, um Schlimmeres zu verhindern. Man denke an einen Schüler, der nach langer Mühe eine sehr schwere Aufgabe gelöst hat und bei der Rückgabe erfährt, dass die Gewichtung dieser Aufgabe reduziert wurde. In einem solchen Fall wäre wohl die Vergabe von Zusatzpunkten angebracht.

Die Korrektur wird mit der Note abgeschlossen. Da der Notendurchschnitt der Klasse in geeigneter Form ebenfalls mitgeteilt werden muss, wird er von vielen Lehrern auf der Arbeit mit vermerkt. Lobende oder ermutigende Kommentare unter den Arbeiten können sehr motivationsfördernd sein. Sie müssen aber individuell formuliert und „echt" sein und dürfen nicht inflationär verteilt werden.

Rückgabe von Klassenarbeiten

Die Rückgabe der Klassenarbeit muss stets mit einer mehr oder weniger ausführlichen **Besprechung** verbunden sein. Der Lehrer wird in geeigneter Form seinen Erwartungshorizont bekannt geben und insbesondere auf typische Fehler, Irrtümer oder Missverständnisse eingehen, die ihm bei der Korrektur aufgefallen sind. Je schneller die Klassenarbeit wieder an die Schüler zurückgegeben wird, desto wirkungsvoller ist die Rückmeldung. Bedauerlicherweise nehmen es viele Lehrer mit diesem Punkt nicht sehr genau. Dabei ließe sich oft bei einer sorgfältigen Terminplanung die starke Häufung von Korrekturarbeiten vermeiden.

Bei der Rückgabe muss der Lehrer behutsam und taktvoll vorgehen. Das Vorlesen der Noten sollte ebenso unterbleiben wie das Austeilen der Arbeit in der Reihenfolge der erzielten Noten. Im Allgemeinen ist es zu empfehlen, jedem Schüler seine Arbeit persönlich in die Hand zu geben, denn dabei kann der Lehrer kurze Kommentare, beispielsweise Zeichen des Lobs, der Zufriedenheit und Anerkennung, auch des Bedauerns, der Ermutigung oder Aufmunterung geben oder auch Gesprächsangebote machen – allerdings nicht mit erhobener Stimme für alle, sondern nur an den jeweiligen Schüler gerichtet. Den Klassenarbeitsdurchschnitt wird der Lehrer vor der Klasse vielleicht nennen. Es ist aber im Allgemeinen davon abzuraten, der Klasse die gesamte Notenverteilung („Notenspiegel") bekannt zu geben. Das Wissen etwa, dass in der Klasse zwei Noten unter „mangelhaft" liegen, dient nicht der Transparenz, es führt höchstens zum Anprangern der oft ohnehin schon bekannten „Schlusslichter". Transparenz recht verstanden bedeutet vielmehr, dass der Lehrer seine Beurteilungskriterien offenlegt, sodass jeder Schüler die Korrekturmaßnahmen in seiner Arbeit nachvollziehen kann. Fragen zu konkreten Korrekturentscheidungen dürfen vom Lehrer nicht als Belästigung verstanden und „abgewimmelt" werden. Jeder Schüler hat das Recht, bei Unklar-

312 Leistungsbeurteilung in der Schule

heit um Auskunft zu bitten, und in berechtigten Fällen muss der Lehrer natürlich auch bereit sein, eine Korrekturmaßnahme abzuändern.

12.5.2 Einige Anmerkungen zur Benotung mündlicher Leistungen

Mündliche Leistungen liefern einen eigenständigen Beitrag zur Jahreszensur. In den so genannten Nebenfächern kann der Lehrer zumeist auf schriftliche Leistungsnachweise ganz verzichten und die Noten ausschließlich nach den mündlichen Schülerbeiträgen erteilen. Das Umgekehrte ist in keinem Fach möglich. Mündliche Noten müssen unabhängig von den schriftlichen erhoben werden. Es ist insbesondere nicht zulässig, die mündlichen Leistungen nur bei Bedarf zum Auf- oder Abrunden der durch Klassenarbeiten erhobenen Noten heranzuziehen.

Zur Feststellung der mündlichen Leistungen gibt es sehr unterschiedliche Verfahren, und Lehrer können weitgehend frei entscheiden, welche sie für angemessen halten und im Unterricht einsetzen wollen. Eines aber muss bei allen Verfahren gewährleistet sein: Sie müssen sich auf echte mündliche und nicht etwa auf verkappte schriftliche Leistungen beziehen.

Das heißt allerdings nicht, dass überhaupt nicht geschrieben werden darf. Für eine mündliche Leistungserhebung ist die Gesprächssituation ausschlaggebend, in der Einhilfen, Nachfragen usw. möglich sind, und in der der Lehrer flexibel auf die Antworten des Schülers eingeht. Ist diese Interaktion gewährleistet, ist es völlig unerheblich, wenn dabei auch einiges – beispielsweise an der Tafel – schriftlich fixiert wird (vgl. Zielinski 1981, 657).

Mündliche Leistungen müssen unter Umständen vom Lehrer eingefordert werden. Ein Schüler darf nicht mit der Begründung eine schlechte mündliche Note bekommen, er habe sich im Unterricht nie gemeldet. In einem solchen Fall muss der Lehrer den Schüler bei verschiedenen Gelegenheiten von sich aus aufrufen.

Mündliche Noten eröffnen im Vergleich zu schriftlichen Noten große Vorteile und Chancen, sie bergen andererseits aber auch besondere Nachteile und Gefahren. Darauf soll kurz in Stichworten eingegangen werden:

Vorteile und Chancen mündlicher Noten:

- Mündliche Noten eignen sich oft besser als punktuelle schriftliche Prüfungen zur Erfassung der Kontinuität und Ganzheit des Lernens.
- Durch Aufgaben „passender" Schwierigkeit und durch die Möglichkeit zu flexiblem Nachfragen und Einhelfen kann man bei der mündlichen Überprüfung die Leistung des einzelnen Schülers genauer feststellen als bei der Klassenarbeit, in der alle Schüler die gleichen Aufgaben bearbeiten müssen und in der nicht eingeholfen werden kann.
- Bei mündlichen Prüfungen erfolgt in aller Regel eine unmittelbare Rückmeldung.
- Mündliche Noten können einen Chancenausgleich schaffen für Schüler, die bei schriftlichen Überprüfungen wegen Angst oder großer Aufregung häufig unter ihren Möglichkeiten bleiben.

Notengebung in der Praxis   313

- Bei mündlichen Überprüfungen besteht im Allgemeinen kein dauernder Zwang zu direktem sozialem Vergleich. Der einzelne Schüler kann stärker „an sich selbst" gemessen werden, die individuelle Bezugsnorm spielt eine größere Rolle.
- Besondere Beiträge, kreative Leistungen „außer der Reihe" etwa, können gewürdigt und mit guten mündlichen Noten belohnt werden.
- Mündliche Noten können Anreiz zur Unterrichtsbeteiligung sein.

Probleme und Nachteile mündlicher Noten:

- Der Urteilsprozess vollzieht sich in einer sozialen Situation, in der der Lehrer einer der Hauptakteure ist. Er kann sich nicht auf die Rolle eines unbeteiligten Beobachters zurückziehen.
- Die Situation, auf die sich die mündliche Leistungsüberprüfung bezieht, ist „flüchtig", d. h. einmalig und einzigartig. Sie erlaubt keinen direkten Vergleich mit anderen Leistungen und erfordert die rasche Entscheidung des Lehrers.
- Mündliche Noten beruhen auf Schätzurteilen und sind damit meist weit weniger exakt und valide als schriftliche Noten, die sich meist aus der Anzahl der Punkte bzw. der Fehler ergeben. Zudem können schriftliche Noten durch wiederholte Korrektur, auch durch andere, überprüft werden, mündliche Noten nicht. Wegen der geringen Validität mündlicher Noten schlägt Birkel (1978, 642) vor, nur die wirklichen sprachlichen und sprecherischen Leistungen mündlich, alle anderen dagegen nach Möglichkeit schriftlich zu überprüfen (vgl. auch Ingenkamp 1992, 102ff.).

  Auch in den Augen von Eltern und Schülern ist die Genauigkeit der mündlichen Noten gering und der Ermessensspielraum für den Lehrer dadurch entsprechend groß.

  Wenn sich beispielsweise bei einzelnen Schülern gegen Ende des Schuljahres eine Gefährdung der Versetzung abzeichnet, meinen Eltern oft, der Lehrer solle dem Schüler mündlich „noch eine Chance geben". Da sich die mündliche Note auf die Leistungen im gesamten Schuljahr bezieht, ist dieses Ansinnen nichts anderes als eine verbrämte Aufforderung, die mündliche Note heraufzusetzen. Umgekehrt: Bekommt ein Schüler wegen sehr schwacher mündlicher Leistungen die Note „ausreichend" (4), obwohl seine schriftlichen Leistungen einen Durchschnitt von 3,2 ergeben, so erfordert das einen gewissen Mut und der Lehrer muss sich seiner Sache sehr sicher sein.

- Erinnerungslücken oder -verfälschungen durch besonders herausragende Ereignisse können die Benotung mündlicher Leistungen verfälschen, da zwischen der Leistung selbst und der Benotung oder dem Aufschreiben der Note ein mehr oder weniger langer Zeitraum liegt.
- Bei der mündlichen Notengebung ist die Gefahr unbewusster subjektiver Einflüsse besonders groß, da der Lehrer mündliche Noten ja nicht „ohne Ansehen der Person" erteilen kann.

  Insbesondere der Halo-Effekt ist eine große Gefahr: Ein Schüler, der gut reden und flüssig formulieren kann, wird oft besser eingeschätzt als ein Schüler, der inhaltlich zwar dasselbe sagt, dessen Ausdrucksfähigkeit aber geringer ist. Gleiches wie für die Verbalisationsfähigkeit gilt auch für die Mitarbeit im Unterricht: Obwohl bei mündlichen Noten nur die Qualität der Beiträge zählen soll, sind für die beurteilenden Lehrer Qualität und Quantität oft kaum zu trennen. In aller Regel wirkt sich die hohe Unterrichtsbeteiligung eines Schülers nicht nur auf die Mitarbeitsnote günstig aus, sondern auch auf die mündliche Fachnote (vgl. Birkel 1984, 234).

■ Mündliche Noten unterliegen häufig einem gewissen Erwartungseffekt: Liegt ein Schüler aufgrund seiner schriftlichen Leistungen in einem gewissen Bereich, wird der Lehrer die mündliche Note oft im gleichen Bereich erwarten. Nur bei sehr offensichtlichen Diskrepanzen werden stark unterschiedliche schriftliche und mündliche Noten gegeben. Dadurch kommt es oft dazu, dass die mündlichen Noten de facto doch nur den Ausschlag für das Auf- oder Abrunden der schriftlichen Noten geben.

■ Mündliche Noten sind häufig beeinflusst von einem Milde-Effekt: So lange ein Schüler nicht völlig stumm bleibt, ist die Wahrscheinlichkeit, die Note „ungenügend" zu bekommen, sehr gering. Es gibt sogar Lehrer, die mit Hinweis auf die große Ungenauigkeit bei der Feststellung mündlicher Noten starke Hemmungen haben, überhaupt schlechtere mündliche Noten als „ausreichend" zu vergeben.

Dem Lehrer stehen **viele verschiedene Möglichkeiten** zur Verfügung, um zu mündlichen Noten zu gelangen. Alle Verfahrensweisen haben Vor- und Nachteile, viele sind nur für bestimmte Fächer und Inhalte geeignet.

Für die Entscheidung, ob der Einsatz jeweils möglich oder sinnvoll ist, können die folgenden Prüffragen hilfreich sein:

■ Ist die Überprüfung eher kontinuierlich oder ist sie punktuell?
■ Beziehen sich die Noten auf konkrete Einzelleistungen oder eher auf eine Gesamtleistung?
■ Wird für die mündliche Leistungserhebung gesonderte Unterrichtszeit benötigt?
■ Kann die mündliche Überprüfung in die didaktische Konzeption der Stunde einbezogen werden?
■ Hat das Verfahren zur mündlichen Leistungserhebung Auswirkungen auf Motivation und Mitarbeit der Schüler im Unterricht?
■ Ist die Überprüfung angekündigt oder unangekündigt?
■ Ist die Überprüfung offen oder verdeckt?
■ Besteht die Gefahr, dass die Überprüfung Angst induzierend wirkt?
■ Besteht eine besondere Gefahr von Beurteilungsfehlern durch:
    – mangelnde Vergleichbarkeit?
    – Vermischung von Qualität und Quantität?
    – Erinnerungslücken?
    – Sympathie/ Antipathie?

Zum Abschluss sollen einige häufige Verfahren zur Feststellung mündlicher Leistungen kurz genannt und stichwortartig skizziert werden.

Notengebung in der Praxis 315

Häufige verwendete Verfahren zur mündlichen Leistungsfeststellung

- Abfragen einzelner Schüler. Tipp: Schüler durch Zufall bestimmen lassen; Einstiegsfragen schon vorher bereitlegen; versuchen, die Klasse mit einzubeziehen; hinterher Note mit Datum (!) notieren.

- Eindrucksnoten über einen bestimmten Zeitraum. Der Lehrer ist nicht verpflichtet, eine Begründung zu notieren, muss auf Anfrage die Note aber näher erläutern können. Tipp: Zeitraum notieren! Nicht zu große Zeitabschnitte wählen, da die Gefahr von Erinnerungsverzerrungen geringer ist und sich die Reliabilität mit der Anzahl der voneinander unabhängigen Messpunkte erhöht.

- Einleitendes Wiederholungsgespräch mit der ganzen Klasse zu Beginn des Unterrichts, wobei man auf zwei oder drei zuvor vorgemerkte Schüler besonders achtet, um für diese mündliche Noten aufschreiben zu können. Tipp: Zufallsauswahl der zwei oder drei Schüler, Einstiegsfragen bereitlegen, hinterher Noten mit Datum notieren, also wie beim Abfragen. Der Unterschied zum Abfragen ist die verdeckte Form. Die Schüler sind zwar über das Vorgehen informiert, wissen im konkreten Fall aber nicht, wer „dran" ist. Damit soll die Klasse stärker einbezogen werden.

- Dialogische Bearbeitung von Kontrollaufgaben: Der Lehrer legt zu Beginn des Unterrichts ein Arbeitsblatt mit wiederholenden Kontrollaufgaben vor, die die Klasse in Stillarbeit löst. Der Lehrer ruft einen Schüler zu sich, um im Gespräch mit ihm die gleichen Aufgaben zu bearbeiten. (Tipp: Ist das Arbeitsblatt auf Folie kopiert, kann diese bei der dialogischen Bearbeitung beschriftet werden. Dies erleichtert die anschließende Besprechung der Aufgaben beträchtlich.)

- Strichliste. Der Lehrer notiert unmittelbar nach jeder Stunde anhand der Klassenliste Striche für besonders gute mündliche Leistungen. Nach längeren Zeitabschnitten macht er dann unter Zuhilfenahme der Strichliste Eindrucksnoten.

- Protokoll der letzten Stunde. Der Schüler trägt frei vor, der Lehrer stellt Zusatz- und Anwendungsfragen. Es handelt sich hierbei um eine besonders liberale Form der mündlichen Überprüfung, weil der Schüler im voraus weiß, dass er drankommen wird, und sich gezielt vorbereiten kann. Es ist darauf zu achten, dass nicht nur ein vorbereiteter Text wiedergegeben wird, sondern der Schüler in ein Gespräch verwickelt wird. Das Verfahren ist vor allem für die Oberstufe geeignet.

- Mündlich vorgetragenes Referat zu einem vorgegebenen oder selbst gewählten Thema, zu dem Rück- und Zusatzfragen gestellt werden können und das ggf. anschließend diskutiert wird. Bewertungsgrundlage für die mündliche Note ist nicht nur das vorbereitete Referat, sondern auch die Reaktionen des Schülers auf Fragen und sein Verhalten in der Diskussion.

  Bei vielen Verfahren ist der Zeitabschnitt, in dem mündliche Leistungen erhoben werden, vom übrigen Unterricht mehr oder weniger deutlich getrennt. Das ist gut so, denn der „normale" Unterricht soll nicht durch die dauernde Angst vor ungünstiger mündlicher Benotung belastet sein. Selbstverständlich können außergewöhnliche mündliche Beiträge jederzeit zusätzlich als gute mündliche Note vermerkt werden.

12.5.3 Anmerkungen zur Notengebung im Offenen Unterricht

Das Prüfen und Bewerten im Offenen Unterricht bringt neue Probleme. Sind die traditionellen Verfahren zur Leistungsbeurteilung ausschließlich produktorientiert (was kann der Schüler zum Zeitpunkt der Leistungserhebung?), kommt es beim Offenen Unterricht auf den Lernprozess selber an. Um fundierte Urteile über die methodisch-strategischen und sozial-kommunikativen Kompetenzbereiche abgeben zu können, muss das selbstständige Arbeiten der Schüler beobachtet und begleitet werden. Denn auch das zielgerichtete Planen, das Nutzen von Informationsquellen, das Arbeiten im Team sowie die Präsentation und die Dokumentation sind nun Gegenstand der Bewertung. Der Lehrer soll in die Rolle des Lernberaters schlüpfen und dem Schüler gezielte individuelle Rückmeldung über sein Lern- und Arbeitsverhalten geben. Allerdings müssen auch im Offenen Unterricht letztlich Ziffernnoten gegeben werden – und spätestens hier fangen die Probleme an.

Wie ist zu verfahren? Bei der Benotung methodischer und sozialer Kompetenzen gelten im Prinzip die selben Regeln und Anforderungen an das Urteil wie bei der Notengebung mündlicher und schriftlicher Leistungen. Die Schwierigkeiten, die mit einer – möglichst objektiven, reliablen und validen – Erfassung der Kompetenzen verbunden sind, erfordern darüber hinaus aber besondere Achtsamkeit und besondere Maßnahmen.

▪ Besonders Acht zu geben ist auf Transparenz, denn die geht durch die Vielzahl der zu berücksichtigenden Prozessvariablen leicht verloren. Es müssen die verschiedenen Aspekte benannt und die Kriterien erläutert werden, die bei der Benotung eine Rolle spielen. Und es müssen auch geeignete Lerngelegenheiten für die relevanten Verhaltensbereiche geschaffen werden, weil nur das, was im Unterricht gelehrt und geübt werden konnte, Gegenstand der Benotung sein darf.

▪ Um zu fundierten Einschätzungen zu kommen, muss der Lehrer viele Gelegenheiten schaffen, um seine Schüler beim Arbeiten zu beobachten. Für seine Beobachtungen sollte er Beobachtungsbögen, Schätzskalen, Kriterienkataloge, Fragenlisten oder ähnliche Instrumente hinzuziehen, die er der Lernsituation in der Klasse und seiner Lehrintention angepasst hat. Solche Beobachtungs- und Erhebungsinstrumente werden derzeit vielerorts erprobt. (Bohl 2001, Grunder und Bohl 2001, Jürgens 1999). Sie erleichtern das Beobachten, indem sie den Blick auf das Wichtige lenken – was das ist, kann der Lehrer selbst bestimmen und auch wieder verändern – und sie ermöglichen eine schnellere und sparsamere Notation der Eindrücke. Die werden dadurch weniger differenziert, dafür umso häufiger festgehalten, was der Reliabilität dienlich ist.

▪ Dennoch kann der Lehrer vieles, was etwa bei einer Projektarbeit in den Gruppen an Kommunikations-, Entscheidungs- und Arbeitsprozessen abläuft, nicht selber beobachten oder verfolgen. Aus diesem Grund schlagen manche Autoren vor, dass die Schüler ihren individuellen Anteil am Zustandekommen des Ergebnisses selbst oder wechselseitig einschätzen und bewerten. Das läuft auf

Notengebung in der Praxis 317

eine kommunikative Validierung hinaus. Von einer kommunikativen Validierung spricht man, wenn mehrere Menschen – hier Schüler und Lehrer – sich über das zu erfassende Merkmal – hier die methodischen und sozialen Kompetenzen, die jeweils eingebracht wurden – austauschen, indem sie ihre subjektiven Eindrücke zusammentragen, korrigieren, ergänzen, nach dem Motto „vier Augen sehen mehr als zwei". Es geht nicht darum, dass jeder einen Notenvorschlag macht und dann der Mittelwert berechnet wird, sondern aus verschiedenen durchaus subjektiven Sichtweisen soll sich eine breite Basis für die Beurteilung ergeben, die dadurch objektiver und valider wird. Aus sozialpsychologischer Sicht würde man von der Nutzung der Gruppenvorteile sprechen, würde aber auch darauf hinweisen, dass – wenn Schüler daran beteiligt sind – Gruppendruck, Freundschafts- und Konkurrenzdenken, Rollenverteilungen und Unwissenheit mit ins Spiel kommen. Ein Lehrer sollte deshalb die Selbst- und Fremdeinschätzungen von den Schülern einholen und in seine Überlegungen einbeziehen, sich aber keinesfalls daran binden. Er allein verantwortet die Noten; er kann nicht darüber abstimmen lassen und sich einem Votum der Schüler unterwerfen.

Ein großes Problem ist die Bewertung der Arbeitsergebnisse, die ein Team vorlegt, denn die Vergabe von Kollektivnoten ist rechtlich nicht möglich. Unser gesamtes Zensierungswesen ist ausschließlich für die individuelle Benotung ausgerichtet. (Selbst wenn es eine Note für ‚Teamfähigkeit' geben würde, müsste sie für jeden Schüler individuell erstellt werden.) In der Bonner Vereinbarung der KMK zur Gestaltung der gymnasialen Oberstufe vom 28.2.1997 heißt es dazu: „Bei Arbeiten, an denen mehrere Schülerinnen und Schüler beteiligt waren, ist die Bewertung der individuellen Schülerleistung erforderlich."

In besonderer Weise kann dies bei der Präsentation der Arbeits- und Lernergebnisse geschehen: Die Gruppe präsentiert ihr Projektergebnis ‚mit verteilten Rollen', und jedes Gruppenmitglied steht für kritische Rückfragen zur Verfügung. Die ‚Rollenverteilung' kann man entweder der Gruppe überlassen, dann ist es für die Schüler relativ einfach, denn jeder kann ‚seinen Teil' vorbereiten, oder aber der Lehrer bestimmt während der Präsentation, wer welchen Teil darstellt, wann gewechselt oder ergänzt wird, wer eine zusätzliche Anwendung schildert, wer erklärt, welche Überlegungen zu dem Vorgehen geführt haben und welche Alternativen verworfen wurden usw. In diesem Fall kann der Lehrer zusammen mit der Klasse alle Mitglieder der Projektgruppe quasi in ein Kolloquium einbeziehen. Man kann dann rasch erkennen, welche Gruppenmitglieder bei dem gesamten Projekt intensiv mitgearbeitet haben und welche nicht. Wenn eine solche Präsentation und Disputation den Abschluss der Projektarbeit bildet, muss jeder Schüler über das Gesamtprojekt Bescheid wissen. Es ist klar, dass bei dieser Vorgehensweise nicht nur das Fachlich-Inhaltliche und das Methodisch-Strategische zum Gegenstand der Beurteilung werden, sondern auch die Art und Weise der Präsentation und Kommunikation.

12.6 Schlussbemerkungen

Die Bewertung von Schulleistungen gehört nicht nur zu den zentralen, sondern auch zu den schwierigsten Aufgaben des Lehrers. In diesem Bereich gibt es vieles zu wissen, zu bedenken und zu beachten. Von einigen wichtigen Aspekten war hier die Rede, allerdings nur auf allgemeiner Ebene. Die Übertragung auf die konkreten Gegebenheiten des einzelnen Schulfaches und der jeweiligen Klassenstufe muss noch geleistet werden. Und vor allem müssen vielfältige eigene Erfahrungen gesammelt und reflektiert werden. Denn in den Ausführungen ist wohl deutlich geworden, dass es nicht in erster Linie um die pure Anwendung von theoretischen Modellen geht, sondern vielmehr um die Gewinnung von Handlungskompetenz in der „Schmuddeligkeit des schulischen Alltags", wie es H. v. Hentig einmal ausdrückte.

Auch in der Routine des Berufsalltags muss sich der Lehrer immer wieder klarmachen, dass die Noten, die er vergibt, oft weit reichende Folgen haben. Sie eröffnen oder versperren Ausbildungswege und entscheiden so letztlich mit über Lebenschancen. Aus diesem Grund ist gerade hier höchste Sorgfalt geboten.

Aber man darf in der Beurteilung von Schülerleistungen nicht nur ein technisches Problem sehen. Für die Schüler ist die Notengebung deutlicher Ausdruck der Machtposition des Lehrers, und sie beobachten äußerst genau, wie er diese ausfüllt. Sie sehen, ob er ein offenes Ohr für ihre berechtigten Anliegen hat oder ob er rigoros demonstriert, wer letzlich am längeren Hebel sitzt und das Sagen hat. Sie sehen auch, ob der Lehrer zwischen Person und Leistung trennen kann oder ob nur der gute Schüler etwas zählt. Sie registrieren genau, in welchem Maß er sich um Klarheit und Eindeutigkeit, um Objektivität, Gerechtigkeit und Fairness bemüht. Sie erleben auch seine menschliche Anteilnahme, die Echtheit seiner Mitfreude und Anerkennung bei gelungenen Leistungen, wie auch, wenn es nicht geklappt hat, sein Bedauern und das Anbieten von Hilfe und Unterstützung, oder auch die Ernsthaftigkeit seiner Ermahnung, wenn Fleiß und Anstrengung zu gering waren, oder aber sie erleben Indifferenz oder gar ablehnende Distanz und kalte Gleichgültigkeit gegenüber ihren Erfolgen und Fehlschlägen. Jeder Lehrer sollte sich immer wieder bewusst machen, welche besondere Vorbildfunktion für die Schüler sein Verhalten gerade in diesem sensiblen Bereich hat.

Literatur

Birkel, P. (1978). Mündliche Prüfungen. In K. J. Klauer (Hrsg.). Handbuch der Pädagogischen Diagnostik Band 3. 633–645. Düsseldorf: Schwann.

Birkel. P. (1984, 4., völlig neubearb. Aufl.). Beurteilung mündlicher Prüfungsleistungen. In K. A. Heller (Hrsg.). Leistungsdiagnostik in der Schule. 229–236. Bern, Stuttgart, Toronto: Huber.

Bohl, Th. (2001). Prüfen und Bewerten im Offenen Unterricht. Neuwied: Luchterhand

Grunder, H.-U. und Bohl, Th. (Hrsg.) (2001). Neue Formen der Leistungsbeurteilung in den Sekundarstufen I und II. Hohengehren: Schneider

Schlussbemerkungen

Hadley, S.T. (1971). Feststellungen und Vorurteile in der Zensierung. In K. Ingenkamp (Hrsg.). Die Fragwürdigkeit der Zensurengebung. 134–141. Weinheim, Berlin, Basel: Beltz.

Heller, K.A. (Hrsg.) (1984, 4., völlig neubearb. Aufl.). Leistungsdiagnostik in der Schule. Bern, Stuttgart, Toronto: Huber.

Ingenkamp, K. (Hrsg.) (1971). Die Fragwürdigkeit der Zensurengebung. Weinheim, Berlin, Basel: Beltz.

Ingenkamp, K. (1992, 2. Aufl.). Lehrbuch der pädagogischen Diagnostik. Weinheim, Basel: Beltz.

Jürgens, E. (1999). Zeugnisse ohne Noten. Ein Weg zur differenzierten Leistungserziehung. Braunschweig: Westermann.

Rauschenberger, H. (1999). Umgang mit Schulzensuren. In: B. Grünig etal. (Hrsg.). Leistung und Kontrolle. 11–99. Weinheim und München: Juventa

Weiss, R. (1971a). Aufgaben der Zensuren und Zeugnisse. In K. Ingenkamp (Hrsg.). Die Fragwürdigkeit der Zensurengebung. 52–55. Weinheim, Berlin, Basel: Beltz.

Weiss, R. (1971b). Die Zuverlässigkeit der Ziffernbenotung bei Aufsätzen und Rechenarbeiten. In K. Ingenkamp (Hrsg.). Die Fragwürdigkeit der Zensurengebung. 90–102. Weinheim, Berlin, Basel: Beltz.

Zielinski, J. (1981). Mündliche Prüfungen und praktische Prüfungen. In W. Twellmann (Hrsg.). Handbuch Schule und Unterricht Band 4.2. 653–704. Düsseldorf: Schwann.

13 Beratung und Gesprächsführung

Otto-Walter Müller

13.1 Beratungsanlässe

In der Schulpraxis gibt es verschiedene Situationen und Fragestellungen, die Anlass für Beratungsgespräche sein können:

1. **Schullaufbahnberatung**

   Situation 1: Eine Schülerin braucht Informationen darüber, welche Fächer sie in welcher Kombination in der gymnasialen Oberstufe belegen kann.

   Situation 2: Ein Schüler der Klasse 9 eines neusprachlichen Gymnasiums möchte wissen, ob er mit nur zwei Fremdsprachen oder sogar nur mit Englisch das Abitur machen kann und an welchen Schulen seines Wohnorts das möglich ist.

> *Bei der Schullaufbahnberatung geht es in erster Linie um den Austausch von Informationen.*

Als Lehrerin oder Lehrer kennen Sie die Details und geben Ihr Wissen weiter. Beratung ist hier schwerpunktmäßig Entscheidungshilfe.

2. **Psychosoziale Beratung**

   Situation 3: Ein Schüler scheint wenig Kontakt zur Klasse zu finden. Seine Schulleistungen sind hingegen befriedigend.

   Situation 4: Eine Schülerin hat große Lücken in einem Hauptfach. Allgemeine aufmunternde Anregungen hatten bisher keinen sichtbaren Erfolg. Möglicherweise liegt es an unzureichenden Arbeitstechniken.

   Situation 5: Eine Schülerin der Klasse 11 ist seit längerer Zeit bedrückt. Ein Kollege teilt Ihnen mit, die Schülerin habe ihm unter Tränen eröffnet, dass sie zu Hause geschlagen wird.

   Situation 6: Die Mutter eines Schülers besucht Sie in der Schule. Sie möchte von Ihnen wissen, warum ihr Sohn in Ihrem Fach nicht bessere Noten nach Hause bringt.

> *Die psychosoziale Beratung hat zum Ziel, bei Lern- und Arbeitsschwierigkeiten, bei sozialen Konflikten und bei psychischen Störungen zu helfen und neue Handlungsperspektiven für die an dem Problem Beteiligten zu eröffnen.*

Anders als die Psychologen in einer schulexternen Beratungsstelle sind die beratenden Lehrerinnen und Lehrer immer selbst mit in diese Schwierigkeiten und Störungen, die sich auf die tägliche Arbeit und die Begegnung im Klassenzimmer auswirken, eingebunden und mit belastet.

Beratungsanlässe 321

3. Systemberatung

Situation 7: An Ihrer Schule soll ein bilingualer Zug für Französisch eingerichtet werden. Für die Planung, Begleitung und Auswertung des Schulversuchs werden schulexterne Fachleute herangezogen.

Wenn Experten geholt und konsultiert werden, um zu helfen, schulische Innovationen durchzuführen oder Konflikte und schulinterne Reibungsverluste aufzuarbeiten, spricht man von Systemberatung.

Leider spielt sie im Schulalltag nicht die Rolle, die ihr zukäme. Dabei ist professionelle Systemberatung vor Ort für den jeweils individuellen Organismus Schule lohnend und für die Psychohygiene ihrer Mitglieder hilfreich (innere Schulentwicklung).

4. Beratung im Rahmen der Referendarausbildung

Situation 8: Eine Fachleiterin besucht Sie im Unterricht und bespricht mit Ihnen, was sie beobachtet hat.

Auch wenn die Fachleiterin sich bemüht, partnerschaftlich mit Ihnen über Ihre Arbeit zu reden, ist diese Gesprächssituation deutlich **hierarchisch** (komplementär) angelegt, also **nicht symmetrisch** (Watzlawick/Beavin/Jackson 1974, 70). Die Beteiligten wissen, dass Besuch und Beratung nicht aus freien Stücken verabredet werden, sondern in Erfüllung dienstlicher Pflichten zustande kommen. Beratung wird hier von Ihnen erlebt und erfahren; Rat wird Ihnen zuteil auf der Grundlage einer Begutachtung und Beurteilung Ihrer Arbeit, die abweichen kann von Ihrer eigenen Sicht. Wünschenswert wäre mehr gegenseitiges, symmetrisches Beraten innerhalb der Referendargruppe einer Schule oder eines Faches. Für ein solches Coaching (Training, Betreuung) können Sie selbst Trainingstandems bilden und sich gegenseitig im Unterricht besuchen und anschließend beraten. Anregungen finden Sie im Trainingshandbuch zum Konstanzer Trainingsmodell (Tennstädt u. a. 1990).

Beratung kommt also in verschiedenen Formen in der Schulpraxis vor. Was ist das Gemeinsame?

Beratung ist eine soziale Interaktion zwischen Ratsuchenden mit dem Ziel, im Beratungsprozess Entscheidungshilfen zur Bewältigung von aktuellen Problemen gemeinsam zu erarbeiten.

13.2 Gespräche mit Schülern

Im Folgenden möchte ich Sie einladen, Lehrern bei ihren Gesprächen mit Schülern über die Schultern zu schauen. Es handelt sich dabei um Werkstattberichte und nicht um eine Ausstellung perfekter Modelle. Es sind Ausschnitte aus längeren Prozessen, die vor den berichteten Gesprächen begonnen haben und die dort, wo die Einblicke enden, durch weitere Beratung fortgesetzt wurden.

13.2.1 Förderliches nicht-direktives Gespräch

Eine Referendarin berichtet aus ihrer Praxis folgendes Fallbeispiel:

Fallbeispiel

Die Referendarin teilt im Verlauf ihrer Unterrichtsstunde Arbeitsblätter über ein Thema aus der Gemeinschaftskunde aus. Da sieht sie, wie eine Schülerin das Arbeitsblatt, das sie gerade erhalten hat, zerreißt. Das Verhalten der Schülerin kommt für die Referendarin unerwartet und bleibt zunächst rätselhaft. Statt aber die Schülerin sofort zur Rede zu stellen, zu kritisieren oder zu bestrafen, handelt sie spontan sehr umsichtig: Sie gibt ihr ohne Kommentar von den wenigen übrig gebliebenen Blättern ein Ersatzexemplar und fährt mit der Arbeit fort. Nach dem Ende der Stunde bittet sie die Schülerin zu einem Gespräch. Sie sagt zu ihr (in nicht bedrohlichem Ton): „Du hast vorhin dein Arbeitsblatt zerrissen." Da eröffnet ihr die Schülerin, ihre Wut habe eigentlich nicht diesem Arbeitsblatt gegolten. Vielmehr habe sie das Blatt sofort an das Aufgabenblatt aus der Mathematikarbeit erinnert, die eine Stunde zuvor geschrieben worden sei. Die Lösungen seien ihr sehr schwer gefallen, und sie habe nicht viel zustande gebracht.

Die überraschende Aufklärung des aggressiven Verhaltens der Schülerin ist dem Umstand zu verdanken, dass sich die Referendarin besonders geschickt verhalten hat:

1. **Rahmenbedingungen**: Die Referendarin hat die Bearbeitung der emotional aufgeheizten Situation zeitlich von dem Ereignis getrennt (Handlungsaufschub).
   Sie selbst und die Schülerin konnten in der Zwischenzeit etwas Distanz gewinnen und sich über das Ereignis und seine Ursachen Gedanken machen (Abkühlung). Sie hat die Schülerin etwas beiseite genommen, um den Eindruck zu vermeiden, die Schülerin müsse sich vor einem Publikum rechtfertigen (Gespräch unter vier Augen).

2. **Türöffner**: Die Lehrerin fasst das Ereignis mit einem nicht wertenden Aussagesatz zusammen. Damit wird die Schülerin eingeladen, Stellung zu nehmen, und ermutigt, über das, was in ihr vorgegangen ist, zu sprechen. Vorwurfsvolle Fragen wirken dagegen bedrohlich und hätten dazu führen können, dass die Schülerin sich verschließt.

3. **Neuformulierung des Problems**: Im Verlauf des Gesprächs wird den Beteiligten klar, dass ein Kurzschluss zu der fehlerhaften Gleichsetzung geführt hat: Das Arbeitsblatt roch noch nach der Umdruckerflüssigkeit, mit der der Text vervielfältigt worden war, genauso wie das Aufgabenblatt des Mathematiklehrers (olfaktorischer Kanal). Beide Texte waren auf ähnlichem Papier in blauer Schrift geschrieben (visueller Kanal). Die Schülerin wollte nicht die Arbeit der Lehrerin treffen; sie hat vielmehr mit dem aggressiven Akt ihre Wut und ihre Versagensängste in einem ganz anderen Fachbereich hier stellvertretend zum Ausdruck gebracht. Damit werden Themen für weitere Beratungsgespräche, in die auch der Mathematiklehrer einbezogen werden sollte, definiert.

Gespräche mit Schülern
323

4. **Lösungshilfe**: Zum Schluss des Gesprächs war noch Folgendes zu bedenken: Die Schülerin hat das Blatt, das die Lehrerin entworfen und hergestellt hatte, vor aller Augen und – wie es zunächst schien: demonstrativ – zerstört und musste damit rechnen, dass die Lehrerin die Botschaft auf sich selbst und ihre Arbeit bezieht. Die Schülerin erkennt dies im Verlauf des Gesprächs und bringt zum Ausdruck, dass ihr das Leid tut. – Manchmal allerdings sehen Schüler nicht, dass auch durch Handlungen ohne Worte viel gesagt werden kann. Und manchmal haben sie auch keine sprachlichen Instrumente zur Verfügung, einen angerichteten Schaden zu heilen und ihr Bedauern auszudrücken. Dann können in dem Beratungsgespräch hilfreiche und notwendige Brücken gebaut werden.

Der Gesprächsverlauf in dem berichteten Beispiel ist durch die **Offenheit** und durch den **Verzicht auf rasche Beurteilung** seitens der Lehrerin sehr begünstigt worden. So konnte die Schülerin die Vorgänge, die sich in ihr abgespielt haben und die für die Lehrerin nicht erkennbar waren, aufarbeiten und zur Sprache bringen. Dabei hatte die Lehrerin nicht eine Nebenrolle, sondern eine gleichwertig wichtige Aufgabe: die einer Hebamme (Mäeutik, mäeutische Methode).

13.2.2 Lenkende Gesprächsführung

In anderen Beratungssituationen im Schulalltag übernehmen Lehrer eine stärker lenkende Rolle, wenn sie mit einem Schüler unter vier Augen sprechen.

Beispiel

Anton (Klasse 10) beherrscht die aufgegebenen lateinischen Vokabeln nicht zureichend: Von fünf Wörtern kennt er nur eines, bei der Aufforderung, noch weitere Vokabeln aus der aufgegebenen Liste aufzuzählen, weiß er nicht ein einziges zu nennen. Er sagt dann zu seinem Schutz, er habe aber gestern wirklich gelernt. Offenbar ist aber Antons Tun, wie schon zuvor, nicht erfolgreich gewesen.

Ich bitte Anton nach dem Unterricht zu beschreiben, wie er beim Lernen von Vokabeln vorgeht. Es stellt sich heraus, dass er die Liste jeweils so lange anschaut, bis ihm die Vokabeln bekannt vorkommen. Elaborative (anreichende) und organisierende (komprimierende oder hervorhebende) Strategien verwendet er nicht. Rekonstruktive Methoden (Reproduzieren bei geschlossenem Buch) bringt er nicht zum Einsatz. Prüfverfahren (sich abfragen lassen), mit denen er sich bestätigen (lassen) könnte, dass sein Lernen erfolgreich war und abgeschlossen werden kann, sind nicht Teil seines Arbeitsprozesses.

Nach dieser Diagnose, die auf zwei Datenreihen beruht (Verhaltensbeobachtung im Unterricht; Selbstbeschreibung des häuslichen Arbeitsprozesses), schreibe ich dem Schüler als ersten Schritt vor, jeweils die schwierigsten Vokabeln (mindestens fünf aus zwölf) auf eine Karteikarte herauszuschreiben und diese Karte am nächsten Tag vorzulegen, damit ich ihm anhand dieser Auswahl den Lernerfolg für diesen Teil des Pensums bestätigen kann.

Dabei stellt sich allerdings heraus, dass Anton beim Herausschreiben der Wörter Buchstaben weglässt oder gegen andere austauscht, also vermutlich bereits beim Lesen die fremdsprachlichen Wörter unvollständig wahrnimmt. Die veränderten Wortkörper hat er sich allerdings genau eingeprägt. Anton erhält seine Karte korrigiert zurück mit der Aufforderung, den für ihn sehr mühevollen Lernprozess fortzusetzen. Die offenkundigen Schwierigkeiten bei der Wahrnehmung und Verarbeitung von sprachlich kodierter Information auch in anderen Handlungszusammenhängen führen zu der Frage, ob für Anton die Ausbildung an einem neusprachlichen Gymnasium (mit drei Fremdsprachen in der Mittelstufe) geeignet und gewinnbringend ist. Dies muss in weiteren Beratungsgesprächen mit Anton und seinen Eltern zur Sprache gebracht werden, zumal er die Klasse 10 bereits wiederholt.

13.2.3 Konstruktive Beeinflussung von Denkmustern im Beratungsgespräch

In der praktischen Arbeit mit Schulklassen können wir uns in aller Regel nur ein unzureichendes und lückenhaftes Bild von den Vorgängen machen, die sich im Inneren einer jeden Schülerin und eines einzelnen Schülers abspielen. Wie sie ihre Arbeit einschätzen, kommentieren, bewerten und steuern, hat freilich erheblichen Einfluss auf die Begegnung im Klassenzimmer und den individuellen und kollektiven Lernerfolg.

Beispiel

Die Schülerin Laura (Klasse 10, Latein) zeigt in ihrem Auftreten viel Energie und Eloquenz. Ihre Auffassungen trägt sie mit Bestimmtheit und Durchsetzungskraft vor. Sie verhält sich kooperativ, auch wenn sie gelegentlich, während ich Neues erkläre, der gerade genesenen Nachbarin den versäumten Stoff erläutert („Wann soll ich das sonst machen?"). Immer wieder hat mich verblüfft, wie affirmativ und konform sie Normen aus der Erwachsenenwelt vorträgt und sich mit ihnen identifiziert: „Es ist selbstverständlich, dass man sich im Leben anstrengen muss. Ohne eine gute Schulausbildung hat man später wenig Chancen im Leben."
Zu Beginn des Schuljahres hat sie befriedigende Ergebnisse in den schriftlichen Wiederholungsarbeiten erzielt. In der ersten Klassenarbeit liegt ihre Leistung allerdings nur zwischen ausreichend und mangelhaft, bei der zweiten Klassenarbeit ist sie krank. Vielleicht hatte sie Angst zu versagen, was sich in einer psychosomatischen Reaktion geäußert haben könnte.
Nach drei Monaten Unterricht konfrontiert mich Laura, als ich nach der Stunde vor dem Unterrichtsraum im Weggehen kurz ein paar Worte an sie richte, mit einer überraschenden Nachricht. Das Gespräch, das ich im Folgenden zusammenfasse, hat gut zwanzig Minuten gedauert; für diese Zeit habe ich den Mathematiklehrer um Beurlaubung der Schülerin gebeten.
Lehrer: „Wie kommst du in der letzten Zeit mit deiner Arbeit zurecht, Laura?"
Laura: *„Ich werde die Klasse 10 wiederholen. Es ist klar, dass ich das Schuljahr nicht schaffe."*
Lehrer: „Dann bist du in einem Jahr genau dort, wo du heute bist: in Klasse 10, im ersten Halbjahr."
Laura: *„Ja, dann werde ich das wohl schaffen."*
Lehrer: „Das Problem ist nur, dass du dann im nächsten Jahr in Klasse 10 genau die Aufgaben zu bewältigen hast, die dir auch jetzt vorgelegt werden."
Laura: *„Ja, es liegt daran, dass mir so viel aus dem vergangenen Jahr fehlt. Da war ich nur happy und hab mich um die Schule nicht gekümmert."*
Lehrer: „Dann müsstest du jetzt in die Klasse 9 zurückgehen."
Laura: *„Das geht doch nicht. Ich muss das jetzt aufholen. Aber dafür brauch ich Zeit. Das geht nicht von heut auf morgen. Wie soll ich das alles in so kurzer Zeit schaffen?"*

Gespräche mit Schülern

325

Lehrer: „Du hast dir doch diese Trainingshefte zum Lehrbuch (Begleitmaterialien mit Lösungen) besorgt.

Laura: „Ja, da hab ich auch schon was gemacht. Aber es ist so viel.

Lehrer: „Wenn du viele kleine Teile zusammensetzt, kommt allmählich ein großes Stück zusammen.

Laura: „Aber das ist doch auch eine Frage der Zeit.

Lehrer: „Studenten, die sich darauf konzentrieren, schaffen es, in sehr kurzer Zeit sich Lateinkenntnisse anzueignen und dann eine Prüfung zu bestehen. Die machen das Latinum in einem Semester. Und du hast so viel Energie wie ein Student.

Laura: „Meinen Sie wirklich, dass ich das kann? Ich könnt es ja vielleicht mal versuchen.

Lehrer: „Du hast so viel Kraft und bist so stark, dass du sagen kannst: Ich will es, ich kann es, ich mach es.

Laura ging von dem Denkmuster aus:

▧ *Längere Verweildauer führt zum Ziel.*

Die Handlungspläne, die sie daraus abgeleitet hat, sind für sie vorläufig entlastend: Sie braucht zunächst nicht ihre Gewohnheiten zu ändern, sie muss jetzt keine besonderen Anstrengungen zeigen, insbesondere keine zusätzlichen Lernzeiten in ihr Wochenprogramm einplanen. Im Gespräch sollte die Bereitschaft gefördert werden, das derzeit benutzte Denkmuster zu hinterfragen, als nicht stimmig zu erkennen und durch ein konstruktives Denkmuster zu ersetzen, welches etwa so lauten könnte:

▧ *Effektive Zeitnutzung und Lücken schließendes Arbeiten führen zum Ziel.*

Es werden noch viele begleitende und unterstützende Beratungsgespräche notwendig sein, bis Laura das realistische, aber anstrengendere neue Denkmuster stabilisiert hat und konkrete Handlungspläne daraus ableiten kann.

Vor Weihnachten bittet Laura um Fristverlängerung für die Abgabe ihrer Musterlösung zur zweiten Klassenarbeit und gibt folgenden Plan bekannt: Sie wolle sich in den Ferien mit dem Schüler D. treffen und alle schwierigen Stellen der Arbeit mit ihm besprechen. Es komme ihr darauf an, alles selbst zu verstehen und nachvollziehen zu können. „Ich könnte es ja auch einfach bei jemandem abschreiben, aber das will ich nicht. Ich will ja was davon haben." Ein Stein fällt ihr vom Herzen, als ich ihr sage: „Das ist ein guter Plan. Mach es so."

Sie werden vielleicht einwenden, Laura habe die Nichteinhaltung des gesetzten zeitlichen Rahmens lediglich beredt verschleiert und mit geschickten Worten für mich akzeptabel gemacht, ohne dass sich tatsächlich etwas verändert hätte. Ich gebe aber zu bedenken, dass der detaillierte Handlungsplan zur effektiven Nutzung der Zeit aus dem zweiten, konstruktiven Denkmuster abgeleitet ist und, wenn er so verwirklicht wird, zur Lösung der Arbeitsprobleme von Laura beitragen kann.

Der Schüler D. ist im übrigen ein sehr geeigneter Lernpartner. Er hat die Aufgaben der Klassenarbeit souverän gelöst. Über ihn sagt ein anderer Mitschüler, der sich schwer tut, voller Bewunderung: „D. ist ein Glücksfall. Er arbeitet zu Hause kaum und kann es trotzdem."

Dieser These liegt folgendes Denkmuster zugrunde:

■ *Schulerfolg hängt von großem häuslichem Fleiß oder vom Glück ab.*
Ein solcher Ansatz ist eher entmutigend und wenig geeignet zur Steuerung der konkreten Arbeit. Günstiger ist es, folgendes Denkmuster an die Spitze zu stellen und daraus geeignete Handlungspläne abzuleiten:

■ *Schulerfolg hängt von der Qualität der Arbeit während des Unterrichts ab.*
Ich gehe davon aus, dass D. nach diesem Ansatz seine erfolgreiche Arbeit im Klassenzimmer organisiert und während der Unterrichtsstunden seine Wissenbestände anreichert und umbaut.

Schwierige Situationen erweisen sich immer dann als bearbeitungsresistent, wenn sie durch **hemmende Denkmuster** aufrechterhalten werden, aus denen dann lösungsirrelevante Handlungspläne abgeleitet werden (Müller 1993). Daher ist die Bearbeitung und Veränderung von Denkmustern, die einer Lösung im Wege stehen, auch für das Beratungsgespräch eine fruchtbare Perspektive (Müller 1999).

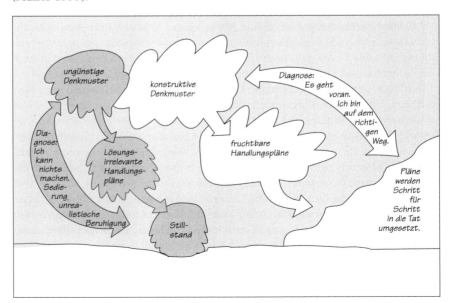

Bild 13.1: Ungünstige Denkmuster durch konstruktive Denkmuster ersetzen

Gespräche mit Schülern 327

Art des Gesprächs	Ausgangslage	Ziel
nicht-direktiv, offen, stützend	Konflikte; Störungen. Emotionale Zusammenhänge sind bedeutsam, aber noch undeutlich.	Arbeit auf der Ebene der Gefühle. Hilfe zur Selbsterkundung.
lenkend, vorschreibend	Die wesentlichen Daten liegen zutage (auf der Hand).	Wegweisung. Tipps geben. Bessere Arbeitstechniken etc. „verschreiben".
beeinflussend, aufdeckend, konfrontierend	Ungünstiges Verhalten wird von übergeordneten kognitiven Vorgaben gesteuert, günstiges Verhalten wird dadurch blockiert.	Hilfe beim Umbau von behindernden Denkmustern

Zusammenfassung

In der Synopse (vergleichende Übersicht) finden Sie noch einmal wichtige Merkmale aus den drei Schülergesprächen auf einen Blick.

In der Praxis sind Überschneidungen, Übergänge und Kombinationen die Regel. Das Merkmal „mäeutisch" passt zum ersten Gespräch, bei dem verborgene emotionale Zusammenhänge ans Licht gebracht wurden. Es beschreibt aber auch die Beeinflussungstechnik im dritten Gespräch: Mit der sokratischen Methode wurde versucht, die in der Schülerin schlummernden Einsichten sowie neue Denkmuster und Handlungsmöglichkeiten zutage zu fördern.

13.3 Gespräche mit Eltern

Im folgenden Abschnitt möchte ich Ihnen einige elementare Kompetenzen und Methoden vorstellen, die Sie als professionelle Berater brauchen. Ich werde Ihnen das anhand von Situationen zeigen, in denen Eltern die Gesprächspartner sind. Nach meiner Erfahrung lassen sich in dieser Situation wesentliche Qualifikationen leichter einüben und verwirklichen, weil Eltern als erwachsene Beratungspartner autonomer und unabhängiger sind als Schüler und Schülerinnen, die wir gleichzeitig noch zu unterrichten und zu beurteilen haben. Für die Gespräche mit Eltern nehmen wir uns meist mehr Zeit und suchen einen Ort auf, wo wir in Ruhe reden können. Das ist bei Gesprächen mit Schülern und Schülerinnen, die leider oft zwischen Tür und Angel und unter zeitlichem Druck stattfinden, meist nicht so günstig. Auf der anderen Seite sind die positiven Grundfähigkeiten, die wir in Gesprächen mit erwachsenen Partnern entwickeln können, übertragbar auf Lehrer-Schüler-Gespräche.

13.3.1 Sind Gespräche mit Eltern nötig?

Referendarinnen und Referendare sind durch Unterricht und Unterrichtsvorbereitung und die anderen täglichen Geschäfte so stark in Anspruch genommen, dass sie eine Einladung an Eltern zu einem Gespräch in der Regel als zusätzliche Belastung ansehen und anderen Aufgaben Priorität einräumen, was ich gut verstehen kann.

Auf der anderen Seite zeigt die Erfahrung, wie hilfreich es für den Umgang mit Schülern und Schülerinnen ist, wenigstens einen kleinen Einblick in ihre individuelle Geschichte und ihre gegenwärtige Umgebung zu haben.

> *Das Gespräch mit der Mutter oder dem Vater oder mit beiden Eltern ist wie ein kleines Fenster, das hilft, Probleme und schwierige Situationen neu zu sehen und besser zu verstehen.*

Wir können danach umsichtiger und behutsamer mit dem Kind, dem Jugendlichen oder dem jungen Erwachsenen im Klassenzimmer reden und arbeiten. Unser Unterricht wird reicher und persönlicher, wenn wir die Hintergründe kennen, die mit den Problemen im Klassenzimmer in Zusammenhang stehen.

Wenn Sie sich auf dieses Arbeitsfeld einlassen, werden Sie rasch sehen, dass ein solches, etwa halbstündiges Gespräch oft mehr bringt als dreißig Minuten für die weitere Konzentration auf den Inhalt der nächsten Unterrichtseinheit.

Ich möchte einige **Barrieren** ansprechen, die sich in den Weg stellen können:

Erstes Denkmuster: *Mit den Eltern reden ist erst notwendig, wenn es wirklich schlimm kommt. Wegen einer Fünf braucht man nicht gleich die Eltern zu alarmieren.*

Das Gespräch mit den Eltern hat leider in den Köpfen von Lehrenden und Lernenden manchmal eine dramatische Einfärbung. Eine Einladung wird nicht selten als Hinweis auf etwas Bedrohliches missverstanden. Dabei ist der Gedankenaustausch zwischen den an der Erziehung eines jungen Menschen beteiligten Erwachsenen als wünschenswerte Standardsituation anzusehen.

> *Versuchen Sie diese erste Barriere dadurch aus dem Weg zu räumen, dass Sie die Besprechung mit Eltern entdramatisieren und als willkommene und zwanglose Begegnung ansehen.*

Zweites Denkmuster: *Mit den Eltern reden ist nicht so wichtig. Ich kann ja direkt mit dem einzelnen Schüler sprechen. Das ist mir auch lieber als hinter dem Rücken der Schüler über sie zu reden.*

Beide Gespräche haben ihren eigenen Wert; sie können einander nicht ersetzen. In aller Regel werden Sie dem Schüler oder der Schülerin auch eröffnen, dass Sie die Eltern zu einem Gespräch einladen möchten, weil Ihnen eine solche Unterredung hilfreich und nützlich erscheint. Wenn Sie die Einladung über die Schülerin oder den Schüler ausrichten lassen wollen, kann es auch dann, wenn Sie vorab mit ihr oder ihm die Situation besprochen haben, zu hinhaltenden Manövern („Ich glaube nicht, dass meine Mutter Zeit hat") kommen, die vor dem Hintergrund des ersten Denkmusters verständlich sind. Es bedarf dann einer gewissen Zähigkeit Ihrerseits.

Nicht selten habe ich erlebt, dass in der Zeit vor der erwarteten Zusammenkunft ein Schüler oder eine Schülerin alles getan hat, um in einem möglichst günstigen Licht zu erscheinen. Gelegentlich war ich sogar überrascht zu erleben, dass sie in dieser Situation offenbar über genau die erstrebenswerten Verhaltensmuster (gute Mitarbeit, Interesse, Konzentration und themenbezogene Beteiligung) verfügen konnten, die ich zuvor vermisst hatte. In solchen Fällen hat das Gespräch schon im Vorfeld förderliche Auswirkungen gehabt und günstige Entwicklungen in Gang gesetzt.

Drittes Denkmuster: *Mit den Eltern reden kann ich erst, wenn ich noch mehr weiß und mehr Erfahrung habe.*

Manchmal setzen sich Lehrer oder Lehrerinnen dadurch unter Druck, dass sie meinen, es komme bei einem Beratungsgespräch darauf an, schnell und zielstrebig den richtigen Rat zu erteilen. Dieses Missverständnis hängt damit zusammen, dass „beraten" im Deutschen zwei verschiedene Bedeutungen hat, nämlich erstens **„jemandem einen Rat geben"** und zweitens **„beratschlagen"**.
Beratung kann also verstanden werden als
1. Erteilung eines Rates oder als
2. Besprechung, Unterredung.

 Für das Eltern-Lehrer-Gespräch in der Schule ist es angemessen, die zweite Zielvorstellung in den Vordergrund zu rücken und die erste in den Hintergrund treten zu lassen.

Sie sind dann gut für ein Gespräch vorbereitet, wenn Sie selbst eher offene Fragen und ungelöste Probleme sehen als fertige Antworten bereits im Kopf haben und wenn Sie sich selbst von der Begegnung einen Gewinn und neue Erkenntnisse versprechen. Experten sind wir nicht besonders dann, wenn wir in allen Lebenslagen schlagfertig Bescheid wissen und vorgefertigte Ratschläge den Eltern erteilen, sondern wenn wir gut zuhören können und offen sind für die Begegnung.

13.3.2 Kompetenzen und Methoden

13.3.2.1 Aktives Zuhören
Wenn eine Mutter oder ein Vater oder – was selten ist – beide zusammen mich zu einem Gespräch in der Schule aufsuchen, freue ich mich darauf, sie kennen zu lernen und etwas von der Welt, in der sie mit ihrem Kind leben, zu erfahren. Zu dieser persönlichen Welt gehören die äußerlichen Verhältnisse wie die Familiensituation, aber auch die Erwartungen und Perspektiven, die Sorgen und

Enttäuschungen, die sozialen und kommunikativen Muster und Gewohnheiten. Wie sieht der Schlüssel zu dieser Welt aus?

Ein weit verbreitetes Missverständnis ist es, den Schwerpunkt auf Fragen zu legen und in ihnen das geeignete Mittel zu sehen, möglichst viel herauszubekommen. Fragen führen aber leicht eine Situation herbei, in der der Befragte sich wie in ein Verhör verwickelt vorkommt und nur das Notwendige und für ihn Günstige preisgibt. Außerdem lenken Fragen die Aufmerksamkeit einseitig auf die Aspekte, die dem wichtig sind, der die Fragen stellt. Damit kann der Kern des Problems, so wie es sich für die Eltern darstellt, verfehlt werden.

 Versuchen Sie stattdessen, möglichst wenig Fragen zu stellen. Sorgen Sie vielmehr für ein Klima, in dem gegenseitiges Vertrauen entsteht und die Bereitschaft wächst, sich zu öffnen und zu dem vorzudringen, was Ihren Partnern am Herzen liegt.

Denen fällt es leichter, auch über ihre eigenen Gefühle zu reden, wenn sie merken, dass Sie aufmerksam mitdenken und annehmen, was Ihnen eröffnet wird. Wie geht das?

Der Schlüssel heißt aktives Zuhören (reflektierendes Zuhören; Spiegeln; Verbalisieren emotionaler Erlebnisinhalte; einfühlendes Verstehen). Beim aktiven Zuhören **spiegeln Sie, wie die Botschaft Ihrer Gesprächspartner oder -partnerinnen bei Ihnen angekommen ist und was Sie wahrgenommen haben**. Dabei kommt es auf die verbalen und auf die nonverbal verschlüsselten Anteile der Mitteilungen an. Die Gefühle sind oft als Kommentar zu dem Gesagten nonverbal kodiert und sehr wichtig für die Bearbeitung des Problems.

Sie können lernen, aktiv zuzuhören, wenn Sie zuerst einmal anhand von Beispielen (Wagner 1982, 182–198) üben, den Inhalt der Nachricht zu paraphrasieren. In einem zweiten Schritt können Sie dann im Rollenspiel trainieren, zusätzlich die Gefühle, die vermittelt werden, in Worte zu fassen.

Beispiel zu Situation 3 (siehe Beratungsanlässe):
Die Mutter und der Vater eines 15-jährigen Schülers aus der Klasse 9 haben mich wie vereinbart um 7.45 Uhr zu einem Gespräch in der Schule aufgesucht. Ihre Wohnung liegt etwa zwei Kilometer vom Gymnasium entfernt.
Die Mutter sagt im Verlauf des Gesprächs: „Ich kann ihn doch nicht alleine gehen lassen. Seit der Sexta muss ich ihn täglich zur Schule fahren."
- *Paraphrase des Inhalts:* „Er wird von Ihnen jeden Tag mit dem Auto hergebracht."
- *Verbalisierung der Gefühle:* „Sie machen sich Sorgen, es könnte ihm unterwegs etwas zustoßen, wenn er zu Fuß geht oder mit dem Fahrrad zur Schule fährt." Oder: „Ohne Ihre Hilfe würde er das nicht schaffen."

Die Mutter spürt, dass ihre Befürchtungen und Ängste ernst genommen werden. Sie kann anschließend das wahrgenommene und gespiegelte Bild ihrer Botschaft annehmen oder verändern. Hier sagt sie zunächst: „So schusselig und kopflos, wie der ist … Ich hätte Angst, dass er überhaupt nicht ankommt. Der kann das nicht allein."

Gespräche mit Eltern

- *Aktives Zuhören (Paraphrasieren des Inhalts und Verbalisieren der Gefühle):* „Sie wollen ihn nicht morgens mit dem Fahrrad losschicken. Sie trauen ihm nicht zu, dass er mit dem Verkehr zurechtkommt."

Die Mutter sagt: „Das war von Anfang an so, dass er mich für alles braucht. Praktisch seit seiner Geburt. Es war eine schwierige Geburt."

Der Mutter liegt am Herzen, die behütende Beziehung zu ihrem Sohn bis zur Geburt zurückzuverfolgen und Einzelheiten über die dramatischen Umstände bei der Geburt mitzuteilen. Sie sieht darin den Ursprung ihres stark beschützenden Verhaltens. Im weiteren Verlauf des Gesprächs geht sie selbst der Frage nach, wie sie die wechselseitige Abhängigkeit in diesem Mutter-Sohn-Verhältnis allmählich abbauen könnte, und hält nach Lösungsmöglichkeiten Ausschau.

Das aktive Zuhören war für die Selbstexploration und die Entfaltung eigener Handlungsperspektiven hilfreich. Ich gehe davon aus, dass vorschnelle Vorschläge für eine Verhaltensänderung von der Mutter möglicherweise als Bevormundung aufgefasst worden wären. Sie wären vielleicht zurückgewiesen worden. So sind sie von der Mutter selbst auf der Basis ihrer eigenen Erkenntnisse und Wünsche in Erwägung gezogen worden. Solche selbst entwickelten Pläne sind leichter zu verwirklichen als fremde Vorschläge, so gut diese auch objektiv sein mögen.

Während dieses Gesprächs hatte der Vater geschwiegen, die Mutter fast pausenlos geredet. Mehrmals sagte sie, sie müsse selbst gleich zum Dienst und habe nur zehn Minuten Zeit. Nach zwanzig Minuten verabschiedete sich die Mutter und ging. Der erste Satz, den der Vater dann sagte, war: „So, jetzt komm ich auch mal zu Wort."

In dieser Situation sind Muster des kommunikativen Verhaltens zwischen den Angehörigen der Familie abgebildet worden. Dieser Einblick hat mir geholfen zu verstehen, weshalb Franz im Unterricht schweigt und sich an der Kommunikation nicht beteiligt. Und warum er isoliert ist und am Rand steht. Er hat vermutlich nicht lernen können, seine kommunikative Kompetenz auszubilden, weil er zu Hause auch nicht ausreichend zu Wort kommt. Ich verstehe jetzt auch besser, warum er sich nicht bei andern erkundigt, wenn er Hilfe braucht. Vielleicht verfügt er einfach nicht über die nötigen sozialen Fertigkeiten, um sich in Situationen Hilfe zu besorgen, in denen sie ihm nicht aufgezwungen wird.

Hat das Gespräch etwas gebracht? Als Lehrer kann man doch nicht die Kommunikation in der Familie verändern, mag vielleicht jemand einwenden. Das ist richtig. Aber die **Kommunikation im Unterricht ist durch das Gespräch verändert worden**. Meine eigenen Möglichkeiten, Franz angemessen und helfend zu begegnen, sind durch das neu gewonnene Verständnis angeregt und gefördert worden. Die Beziehung ist entkrampft worden, weil ich den gelegentlich schwer erträglichen Wechsel zwischen infantilem und brüskem Verhalten jetzt leichter verstehen und nachvollziehen kann und umsichtiger handeln kann.

Ich nehme jetzt auch vermehrt Gelegenheiten für Gespräche außerhalb des Unterrichts wahr, in denen Franz ausführlicher zu Wort kommen kann und reden lernt. Es sei für ihn zu anstrengend, mit seinen Klassenkameraden zu sprechen. Nur wenn er etwas brauche, rede er mit ihnen. Das sei selten der Fall. Er denkt offenbar nur an materielle Hilfe. Dabei ist er sehr empfänglich für soziale Zuwendung, kann sie aber von sich aus nicht herbeiführen.

13.3.2.2 Eigene Gefühle mitteilen

Beim aktiven Zuhören versuchen Sie, sich in den anderen hineinzuversetzen (Perspektivenwechsel, Empathie) und mit seinen Augen die Lage zu sehen.

Bei der Mitteilung eigener Gefühle und Eindrücke sprechen Sie aus, wie Ihnen zumute ist, wenn Sie mit Franziska, Ihrer Schülerin, arbeiten. Dabei ist es günstig, wenn Sie strikt darauf verzichten, Franziska wegen ihres Verhaltens anzuklagen. Versuchen Sie vielmehr, Ihre eigenen Sorgen bei der Arbeit in Worte zu fassen. Es kann nützlich sein, wenn Sie darlegen, was Sie unternommen haben, um Franziska zu helfen, und welche Fortschritte Sie erkennen können. Auch wenn Sie enttäuscht sind und noch nicht sehen können, dass Ihre Bemühungen angeschlagen haben, können Sie das aussprechen und so in die gemeinsame Beratung einbringen.

Das Eltern-Lehrer-Gespräch stellt eine starke Versuchung dar: Manchmal lassen sich Lehrende verführen, die Anwesenheit von anderen erwachsenen Bezugspersonen, die auch mit dem Verhalten des Jugendlichen unzufrieden sind, auszunutzen und klagend ihrem Ärger Luft zu machen. Aus dem Gefühl der eigenen Ratlosigkeit und Schwäche heraus setzen sie auf die Solidarität der Erwachsenen, mit denen sie eine Art Bündnis gegen den Jugendlichen eingehen, der sich ihren Bemühungen zu widersetzen scheint.

 Ich empfehle Ihnen, diese Gefahr, die im Arrangement der Situation liegt, ernst zu nehmen und der Versuchung entgegenzuarbeiten.

Erstes Beispiel

Ungünstig: „Franziska macht keine Hausaufgaben. Ich habe schon alles versucht. Es hat alles keinen Wert."

Günstiger: „Ich habe mir Gedanken gemacht, wie ich Franziska bewegen könnte, mehr Zeit auf die Hausaufgaben zu verwenden. Ich hatte aber bisher noch nicht viel Erfolg damit und bin jetzt etwas enttäuscht."

Zweites Beispiel

Ungünstig: „Franz lässt immer einen Platz zwischen sich und seiner Nachbarin frei. Er ist ein richtiger Eigenbrötler."

Günstiger: „Ich habe ihn schon gebeten, sich auf den freien Platz zwischen seiner Nachbarin und ihm zu setzen. Franz hat das abgelehnt. Ich habe noch keinen Weg gefunden, diese Mauer zu durchbrechen, und mache mir jetzt Sorgen, weil er sich so von den andern isoliert."

Bei der Mitteilung eigener Gefühle sind Echtheit und Selbstkongruenz wichtig.

Was wir sagen, muss mit dem, was wir empfinden, übereinstimmen.

Wenn Sie Bewunderung oder Sympathie für eine Schülerin oder einen Schüler empfinden, können Sie das so in das Beratungsgespräch einbringen. Wenn das

Gespräche mit Eltern 333

nicht der Fall ist, sollten Sie sich nicht verstellen. Aber es kann helfen, diese anderen, eher unangenehmen Gefühle als Teil der Problemsituation in Worte zu fassen und in die Besprechung einzubringen. Sie können z. B. sagen: „Ich habe das Gefühl, dass Barbara mir und dem, was ich mache, starke Ablehnung entgegenbringt. Ich möchte diese Barrieren abbauen. Aber ich habe noch keinen Weg gefunden." Wir müssen aber auch nicht alle unsere Gefühle in Worte fassen, sondern können auswählen. Man spricht dann von selektiver Authentizität.

Ich habe bisher Bezug genommen auf die drei **Grundkonzepte der klientenzentrierten Beratung** (Rogers 1972):

1. Akzeptieren, Anteilnahme und Wertschätzung,
2. einfühlsames Verstehen und Empathie,
3. Echtheit und Kongruenz.

Das sind günstige Bedingungen für ein Klima, das für Veränderungen, Entwicklungen und inneres Wachstum förderlich ist.

13.3.2.3 Konkretisierung

Ich bereite mich auf Gespräche, zu denen ich Eltern einlade, so gut ich kann, vor:

1. Ich spreche vorher mit Kolleginnen und Kollegen über meine und deren Erfahrungen mit diesem Schüler oder der Schülerin.
2. Ich hole mir Informationen über die Ergebnisse in den Kernfächern, z. B. aus den Übersichtslisten im Lehrerzimmer.
3. Ich bringe konkrete Arbeitsstichproben zur Besprechung mit, z. B. das Klassenarbeitsheft, in dem auch die Berichtigungen eingetragen sind, das Hausheft oder die Blätter mit den schriftlichen Wiederholungsarbeiten. Diese Materialien lege ich der gemeinsamen Besprechung zugrunde. Bei der Diagnose können sich daraus wichtige Hinweise ergeben.
4. Ich wähle aus der Erinnerung einzelne Situationen und Erfahrungen aus, die ich in die Beratung einbringen will, vielleicht eine für mich belastende Situation, in der ich das Verhalten des Schülers oder der Schülerin als schwer verständlich oder provozierend erlebt habe, oder eine Situation, die besonders angenehm und wohltuend war.

13.3.2.4 Gesprächsstrukturierung

Die an dem Gespräch Beteiligten haben den Wunsch, die Beratung als nützlich und erfolgreich zu erleben und am Ende zu sehen, was dabei herausgekommen ist. Es hat sich in der Praxis bewährt, die **Beratung in zwei Phasen** zu gliedern:

Phase A: **Exploration**
Auskundschaften der Lage. Offenheit für Neues, für Gefühle, Eindrücke, Stimmungen, für Fragen, auch für Ratlosigkeit. Nach und nach ergibt sich eine Art Landkarte: Verbindungen zwischen den Einzelbeobachtungen und Begründungszusammenhänge werden allmählich sichtbar.

Phase B: **Handlungsplanung**

Ein Programm für die Intervention wird gemeinsam zusammengestellt. Was kann – auf der Basis der bis jetzt gesammelten Erkenntnisse – in nächster Zeit getan und verändert werden?

Der Übergang zu dieser Phase kann z. B. mit folgenden Worten eingeleitet werden: „Wir sollten uns jetzt überlegen, was in Zukunft zu tun ist." Oder: „Es haben sich jetzt schon mehrere Ansatzpunkte gezeigt. Das war einmal ... Und dann ..." Ich greife dabei auf Linien zurück, die bereits in Phase A zutage getreten sind, zurück und verlängere sie zu praxisnahen Handlungsplänen

- für die Eltern,
- für den Schüler oder die Schülerin,
- für mich selber.

Die Reihenfolge ergibt sich aus der konkreten Gesprächssituation. Auch die Verknüpfung der einzelnen Handlungspläne und das Zusammenwirken der beteiligten Personen wird besprochen. Die Handlungspläne für die Eltern, die diese selbst für sich im Verlauf des Gesprächs vorbereitet und entwickelt haben, werden zusammengefasst und in das Handlungsnetz eingefügt. Vorschriften („Sie sollten einmal ...") sind in der Regel nicht sehr geeignet, etwas in Bewegung zu bringen. Was in der Phase A nicht von den Eltern selbst – wenigstens in Umrissen – gesehen wurde, sollte in Phase B nicht von außen aufgezwungen werden. Das, was unsere Gesprächspartner oder -partnerinnen nicht selbst herausgefunden haben und für wünschenswert ansehen, werden sie schwerlich in die Tat umsetzen können. Wenn sie aber in dem Gespräch **Ansatzpunkte für Veränderungen bei sich selbst** herausarbeiten, werden sie leichter die Energie, die Beständigkeit und Enttäuschungsresistenz aufbringen, die erforderlich sind, um das zu verwirklichen, was ihnen vorschwebt. Und sie werden mit Interesse beobachten, wie sich ihre Erwartungen allmählich erfüllen.

In manchen Situationen werden Sie **Problemlösungen** auch **zusammen** mit Ihrem Gesprächspartner **erarbeiten** und dabei stärker mitwirken. Sie können versuchen, Verbindungen zu dem, was Ihre Partner herausgefunden haben, herzustellen. Auch die Handlungspläne, die ich selbst in der nächsten Zeit – angeregt durch das gemeinsame Beratungsgespräch – verwirklichen will, lege ich so konkret wie möglich dar.

Es hat erfahrungsgemäß wenig praktische Auswirkungen, wenn ein Lehrer oder eine Lehrerin zur Mutter einer Schülerin aus der Unterstufe sagt: „Sagen Sie ihr, dass sie sich im Unterricht unbedingt mehr melden muss!" Oder wenn die Mutter dem Lehrer folgenden allgemeinen Handlungsplan ans Herz legt: „Nehmen Sie sie doch bitte öfter dran!"

Erfolgversprechender sind hingegen folgende Pläne: „Ich werde morgen Claudia bitten, einmal für einige Stunden Buch zu führen, wie oft sie sich im Lateinunterricht meldet. Für jedes Melden soll sie sich in ein besonderes Heftchen einen

Strich, für jedes Drankommen ein Kreuz machen. Wenn sie so ihr eigenes Verhalten registriert, kann sie es besser steuern und beeinflussen. Ich werde dann mit ihr über die Ergebnisse sprechen. Davon verspreche ich mir, dass sie sich allmählich immer häufiger zu Wort melden wird."

Bei der Verwirklichung dieses Planes zeigte sich übrigens in meiner Praxis in einer fünften Klasse ein erfreulicher Ausstrahlungseffekt: Nicht nur Claudia, sondern auch ihre Nachbarinnen führten Strichlisten über ihre Meldefrequenz und hatten Spaß daran, sich immer häufiger zu Wort zu melden. Mit den Strichen und Kreuzen, die sie sich selbst notierten, verstärkten und belohnten sie sich für ihre Beteiligung. Das war sehr wirkungsvoll und ansteckend.

Zum Abschluss verabrede ich in der Regel eine erneute Begegnung in ein paar Wochen, um dann zu besprechen, welchen Erfolg die ins Auge gefassten Maßnahmen hatten und was nunmehr zu tun ist.

13.4 Störungen

Gelegentlich kommt es auch vor, dass ein Beratungsgespräch ergebnislos, enttäuschend oder unerfreulich verläuft. Das ist nicht überraschend; denn ein Beratungsgespräch ist – wie jede andere Kommunikation auch – anfällig für Störungen. Bei der Beantwortung der Frage, wie es im konkreten Fall dazu kommen konnte, ist es sinnvoll, die vier Seiten einer Nachricht (Schulz von Thun 1981) zu beleuchten und abzusuchen: Sachinhalt, Beziehungsaspekt, Selbstkundgabe und Appell (📖 ➪ Beitrag 15).

Beispiel

Bei einem Elternsprechtag war das Gespräch mit einem Vater deswegen unergiebig, weil dieser nicht bereit war, über seine eigenen Beobachtungen als Vater und über die Erfahrungen seiner Tochter zu sprechen. Was seine Tochter angehe, so habe er keine Klagen vorzutragen. Er sagte, er teile lediglich mit, was andere Eltern dächten, die ihrerseits seine Frau, die Elternvertreterin sei, ins Bild gesetzt hätten. Seine Frau sei aber am Kommen gehindert und habe ihn daher beauftragt zu sagen, was andere sich nicht zu sagen getrauten.

Die Selbstkundgabe kann aber weder delegiert noch ausgeblendet werden ohne Schaden für die Begegnung. Der Vater in dem Beispiel hat versucht, sich selbst von den mitgeteilten Gefühlen zu distanzieren, und sich angestrengt, lediglich als Referent fremder Gefühle aufzutreten. Er hat sich beständig geweigert, sich selbst als Vater seines Kindes, meiner Schülerin, einzubringen. Vielleicht hat er gefürchtet, er würde seine Mitteilungen dann selbst abschwächen und unterlaufen.

Auch der Beziehungsaspekt war beim Scheitern des Gesprächs mit im Spiel: Wie kommt der Mann dazu, so mit mir zu reden, überheblich, von oben herab?

Den Sachinhalt trug er „uneigentlich" vor. Statt Kritik direkt zu äußern, versuchte er, die Vorwürfe indirekt und allgemein vorzutragen, um sie unwiderleg-

bar zu machen und sie so von vornherein gegen entgegenstehende Hinweise zu immunisieren: „Man kann sich durchaus vorstellen, dass ein Lehrer eine Schülerin beim Abfragen fertig machen kann", sagte er und meinte damit ganz konkret mich.
Was hätten Sie in dieser Situation getan?

Ich habe dem Vater zweimal erklärt, dass ich es als unwürdig empfinde, wenn nicht offen und klar geredet wird, sondern versteckt und indirekt, wobei beide Beteiligten genau wüssten, was gemeint, aber nicht gesagt werde. Er hat sich dann bald verabschiedet. Die Eltern der übrigen Schülerinnen und Schüler dieser Klasse, die ich zum Gespräch eingeladen hatte, konnten sich dann mit mir beraten. Alle waren sie meiner Einladung gefolgt.

Ich habe Ihnen dieses Beispiel berichtet, um Sie etwas zu entlasten und den Erfolgsdruck abzubauen.

 Alle am Gespräch beteiligten Personen tragen durch ihr Mitwirken zum Gelingen eines Beratungsgesprächs bei und sind für die Ergiebigkeit verantwortlich.

Nach diesem Gespräch habe ich mich allerdings selbstkritisch gefragt, ob ich vielleicht auf dem Beziehungsohr (vgl. Schulz von Thun 1981, 51) überempfindlich war.

Was können Sie tun, um Störungen möglichst gering zu halten und zu dem Gelingen eines Gesprächs beizutragen?

1. Seien Sie empfänglich für alle vier Seiten der Nachricht. Versuchen Sie, mit „vier Ohren" zu empfangen (Schulz von Thun 1981, 44), statt einseitig zu hören und zu riskieren, manches zu überhören oder in den falschen Hals zu bekommen.
2. Beziehen Sie die nonverbal verschlüsselten Botschaften und Kommentare Ihrer Gesprächspartner und -partnerinnen in die Versuche, sie zu verstehen, mit ein. Hören Sie zum Beispiel auf den Klang einer Stimme. Schwingen da Befürchtungen oder Kummer oder Freude mit? Manchmal steht hinter einem brüsk geäußerten Vorwurf das Gefühl eigener Unzulänglichkeit oder die Angst zu versagen.
3. Sorgen Sie für ein unterstützendes und wohltuendes Klima, in dem sich Ihre Partnerinnen und Partner angenommen fühlen und bereit sind, aus sich herauszugehen, ohne Gefahr laufen zu müssen, sich preiszugeben oder sich bloßzustellen.
4. Versuchen Sie, sich unvoreingenommen zu öffnen für die individuelle Welt Ihrer Gesprächspartner und für die persönlichen Bedeutungen, die sie den Problemen zuordnen. Machen Sie sich frei von dem Druck, schnell Ordnung schaffen zu müssen und nach Etiketten zu suchen, die zu dem Gehörten passen könnten.

Bildungsberatung (Schulpsychologische Beratung)   337

13.5   Bildungsberatung (Schulpsychologische Beratung)

Was können Sie tun, wenn Sie mit einer schwierigen Situation nicht mehr allein weiterkommen? Sie können auf die Hilfe von speziell geschulten Beratern und Beraterinnen zurückgreifen, die Sie an Ihrer Schule oder in den schulexternen Beratungsstellen finden.

Die in den Bildungsberatungsstellen tätigen Schulpsychologen sind nicht direkt in das Problemfeld involviert und können aus der Distanz beobachten. Das kann in manchen Fällen für die Problemlösung nützlich sein. Die Fachleute an den Bildungsberatungsstellen helfen Schülern, die wegen Lern- und Arbeitsstörungen sowie aufgrund von Beeinträchtigungen im sozialen und emotionalen Bereich Schwierigkeiten in der Schule haben.

Als Lehrende können Sie Kontakte zwischen den Schülern oder ihren Eltern und der Beratungsstelle vermitteln.

Sie können aber auch selbst oder zusammen mit einer Gruppe von Lehrerinnen und Lehrern Ihrer Schule dort Rat und Unterstützung einholen oder Fachleute von dort an Ihre Schule einladen.

Außer den Fachkräften in den schulexternen Beratungsstellen nehmen auch die schulinternen Beratungslehrer oder -lehrerinnen, die eine besondere Ausbildung erhalten haben, an der Bildungsberatung teil. Der Beratungslehrer ist ein Kollege an Ihrer Schule, dessen Rat und Hilfe Sie oder die Schüler oder deren Eltern in Anspruch nehmen können. Neben seiner besonderen Qualifikation bringt er einen wichtigen Vorteil ins Spiel: Er ist wie Sie Lehrer an Ihrer Schule und kennt die Verhältnisse. Gleichzeitig ist er aber nicht in das spezielle Problemfeld in Ihrer Klasse direkt eingebunden und kann von den Ratsuchenden als unbelasteter Helfer angesehen und bei Lösungsversuchen hinzugezogen werden. Hier sind zwei Beispiele für typische Situationen, in denen es gut zu wissen ist, dass Sie sich an die Beratungslehrerin oder den Beratungslehrer Ihrer Schule wenden können:

Erstes Bespiel
Ein Schüler hat Lernschwierigkeiten und schreibt schlechte Noten. Das hat bereits eine lange Vorgeschichte. Sie haben schon öfter mit ihm geredet, aber nichts bewegen können. Sie haben nun den Eindruck, dass Sie mit Ihrem Latein am Ende sind. Sie fühlen auch, wie Enttäuschung, Frustration und Ärger in Ihnen aufsteigen, was für die ohnehin schwierige Beziehung nicht gerade förderlich ist.

Zweites Beispiel
Das Arbeitsklima in einer Ihrer Klassen ist unerquicklich. Es kommt immer wieder zu Spannungen unter den Schülern und auch im Verhältnis zu Ihnen. Sie haben das Gefühl, dass das, was Sie an Ideen in den Unterricht einbringen, ohne Resonanz bleibt und dass eine Art Mauer zwischen der Klasse und Ihnen steht. Sie machen der Klasse den Vorschlag, den Beratungslehrer einzuladen: Er könnte die Gesprächsleitung und die Moderation bei dem Konfliktgespräch übernehmen und als Mediator willkommen sein.

Beratung in der Schule hat mehrere Seiten.

 Je nach Situation kann Beratung für Lehrerinnen und Lehrer bedeuten: Hilfe gewähren oder Hilfe gemeinsam erarbeiten oder Hilfe in Anspruch nehmen und sich beraten lassen.

Zur professionellen Kompetenz von Pädagogen und Pädagoginnen gehört die Fähigkeit, Probleme und Schwierigkeiten sensibel zu erkennen, ernst zu nehmen und angemessen zu bearbeiten. Das schließt die Möglichkeit ein, Hilfe von anderen bei der Bewältigung von Problemen, in die man selbst verwickelt ist, einzubeziehen, und zwar gerade aufgrund von kompetenten Entscheidungen und ohne die Befürchtung, das Gesicht zu verlieren. Es ist für Menschen allerdings nicht immer leicht, sich selbst als Ratsuchende zu definieren, besonders nicht für Lehrende. Dabei kann genau das der erste Schritt zur Bearbeitung und Meisterung einer schwierigen und belastenden Situation sein.

Literatur

Affeldt, M., Gudjons, H., Lüttge, D., Raulinat, A. (1991). Beraten in der Schule. In: Pädagogik, Heft 10, S. 6-28.

Bachmair, S., Faber, J., Hennig, C., Kolb, R., Willig, W. (2002). Beraten will gelernt sein. Ein praktisches Lehrbuch für Anfänger und Fortgeschrittene. 5. Aufl. Weinheim: Beltz.

Beratung und Kommunikation (1999). Themenheft der Zeitschrift Seminar – Lehrerbildung und Schule, hgg. vom Bundesarbeitskreis der Seminar- und Fachleiter/innen, Heft 1, 1999. Hohengehren: Schneider.

Kranz, D., Teegen, F. (1973). Psychologisch hilfreiche Gespräche mit Schülern und Eltern. In: Nickel, H., Langhorst, E. (Hg.). Brennpunkte der Pädagogischen Psychologie. Bern: Huber, S. 348-358.

Müller, O.-W. (1993). Denkmuster und Handlungssteuerung in der Schule. Schwierige Situationen neu sehen lernen. Bad Heilbrunn: Klinkhardt.

Müller, O.-W. (1999). Beratung als konstruktive Beeinflussung von Denkmustern. In: Seminar – Lehrerbildung und Schule, hgg. vom Bundesarbeitskreis der Seminar- und Fachleiter/innen, Heft 1, 1999. Hohengehren: Schneider, S. 139-135.

Pallasch, W. (2002). Pädagogisches Gesprächstraining. 5. Aufl. Weinheim: Juventa.

Rogers, C. R. (1972). Die nicht-direktive Beratung. München: Kindler.

Schulz von Thun, F. (1981). Miteinander reden: Störungen und Klärungen. [Band 1: Allgemeine Psychologie der Kommunikation]. Reinbek: Rowohlt.

Schwarzer, C., Buchwald, P. (2001). Beratung. In: Krapp, A., Weidenmann, B. (Hg.). Pädagogische Psychologie. 4. Aufl. Weinheim: Beltz.

Tennstädt, K.-C. u. a. (1990). Das Konstanzer Trainigsmodell (KTM). Neue Wege im Schulalltag. Ein Selbsthilfeprogramm für zeitgenäßes Unterrichten und Erziehen. Band 1: Trainingshandbuch. 2. Aufl. Bern: Huber.

Wagner, A. C. (Hg.) (1982). Schülerzentrierter Unterricht. 2. Aufl. Weinheim: Beltz.

Watzlawick, P., Beavin, J., Jackson, D. (1974). Menschliche Kommunikation. Formen, Störungen, Paradoxien. 4. Aufl. Bern: Huber.

14 Schulschwierigkeiten

Erika Kern-Felgner

14.1 Probleme mit Schülern als Belastung für Lehrkräfte

Wodurch fühlen sich Lehrerinnen und Lehrer im Berufsalltag besonders belastet? Zahlreiche Studien belegen, dass zu den hauptsächlichen Stressfaktoren der Umgang mit als schwierig empfundenen Schülern gehört: Schülern, die als **unkonzentriert** oder **unmotiviert** erlebt werden, die ausgeprägte Lern- und Leistungsprobleme haben, nicht mit Belastungen und Enttäuschungen umgehen können, sich aggressiv verhalten, den Unterricht stören oder die Aufmerksamkeit der Lehrer und der Mitschüler in extremer Weise auf sich ziehen (Bickhoff 2000, 21 ff, Böhm-Kasper et al. 2001, 48). Von Fölling-Albers im Rahmen einer empirischen Arbeit befragte Grundschullehrer nehmen viele der heutigen Kinder als konzentrationsschwächer, unruhiger und weniger ausdauernd wahr als Schüler, die sie mindestens zehn Jahre zuvor unterrichtet haben, und betonen gleichzeitig die sich weitende **Entwicklungsschere**, die dadurch bedingt sei, dass ein Teil der Schüler im Elternhaus intensiv gefördert werde, während andere Kinder in hohem Maße sich selbst überlassen blieben (Fölling-Albers 1995, 45). Von herausragender Bedeutung für unsere Tätigkeit als Lehrer ist auch das Ergebnis, „dass heute die einzelnen Kinder stärker ihre je individuelle Beachtung einforderten. Nahezu alle Lehrerinnen und Lehrer (95,9 %) gaben an, dass sie heute jeden einzelnen Schüler stärker berücksichtigen müssten“. (Fölling-Albers 1995, 49)

Den Hintergrund bilden gewandelte Lebensbedingungen der Kinder und Jugendlichen in den Familien im Kontext einer pluralistischen, medien- und konsumgeprägten Wissens- und Informationsgesellschaft, die viele Wahl- und Gestaltungsmöglichkeiten bietet, aber gerade Heranwachsende auch verunsichern und überfordern kann. In einem Beitrag mit dem programmatischen Titel „Das eigene Leben in die eigene Hand nehmen“ beschreibt der Soziologe Ulrich Beck die Anforderungen, mit denen sich Menschen heute konfrontiert sehen: „…aktiv, findig und pfiffig werden, Ideen entwickeln, schneller, wendiger, kreativer sein, um sich in der Konkurrenz durchzusetzen – und dies nicht nur einmal, sondern dauernd, tagtäglich.“ (Beck 1996, 42) Das Aufwachsen in einer sich rasch wandelnden Gesellschaft ist für Kinder und Jugendliche nicht einfacher geworden; damit sind auch neue Herausforderungen für uns als Lehrerinnen und Lehrer verbunden.

14.2 Zum Begriff der Schulschwierigkeiten

Unter Schulschwierigkeiten verstehen wir Probleme, die ein Schüler in und mit der Schule hat. Er ist, was seine kognitiven, psychomotorischen, motivationalen, lern- und arbeitsmethodischen sowie seine emotionalen und sozialen Kompetenzen betrifft, den von der Schule gestellten Anforderungen nicht gewachsen. Seine Überforderung kann sich im **Leistungs-** wie auch im **Verhaltensbereich** zeigen.

14.2.1 Lern- und Leistungsprobleme

Um die Leistungsergebnisse eines Schülers adäquat einschätzen zu können, muss man sie zu einem Vergleichsmaßstab in Beziehung setzen. Hierbei sind zwei Arten von **Bezugsnormen** wesentlich: individuelle Bezugsnormen, bei denen die Leistungen einer Person mit ihren früher erbrachten Leistungen in Beziehung gesetzt werden, und soziale Bezugsnormen, bei denen die Leistungen eines Individuums mit der Leistungsverteilung in einer Bezugsgruppe verglichen werden.

> *Kennzeichnend für die Leistungsbewertung in der staatlichen Schule als Institution innerhalb der Leistungsgesellschaft ist die Ausrichtung an sozialen Bezugsnormen.*

Spricht man von Leistungsschwierigkeiten, so ist dies immer eine relative Aussage, die auch das individuelle Anspruchsniveau eines Schülers und seiner Eltern betrifft. Die für das Alltagserleben des Kindes oder Jugendlichen wichtigste Bezugsgruppe ist seine Klasse. Besonders deutlich werden Leistungsprobleme, wenn ein Schüler das Klassenziel nicht erreicht, also nicht versetzt wird; sie sind aber auch zu konstatieren bei einem Schüler, der bislang gute oder befriedigende Noten erzielt hat, innerhalb eines Schuljahrs, vielleicht sogar in wenigen Monaten leistungsmäßig aber erheblich nachlässt.

Doch nicht nur Leistungsergebnisse, sondern auch die Lernprozesse, die zu diesen Resultaten führen, sind ernst zu nehmen. Lernprobleme liegen bei einem Schüler vor, der wegen fehlender Lerntechniken völlig ineffektiv arbeitet, und noch viel deutlicher bei einem Gymnasiasten, der unter dem ständigen Druck seiner Eltern viel Zeit mit Lernen verbringt, zusätzlich Nachhilfe erhält und dennoch bei aller Anstrengung nur schwache Leistungsergebnisse erzielt. Besonders problematisch ist in einem solchen Fall, dass das Selbstwertgefühl angegriffen und Lernen nur noch als Belastung erlebt wird.

14.2.2 Verhaltensauffälligkeiten

Die meisten Bestimmungen der Begriffe „Verhaltensauffälligkeit" und „Verhaltensstörung" orientieren sich an einer **Norm** durchschnittlichen Verhaltens. Wir gehen von folgender Arbeitsdefinition aus:

> *Unter einer Verhaltensauffälligkeit verstehen wir ein über einen längeren Zeitraum hinweg immer wieder auftretendes Verhalten, das von relevanten Bezugspersonen – Lehrern, Eltern, Mitschülern – als störend oder beeinträchtigend bewertet wird, da es von ihren Erwartungen über ihre Toleranzgrenze hinaus abweicht.*

Die Grenze zwischen tolerablem und abweichendem Verhalten wird je nach Erfahrungshintergrund und Beurteilungsmaßstab unterschiedlich gezogen. So wird ein Lehrer, der an einer Sonderschule für Erziehungshilfe oder an einer Förderschule für Lernbehinderte tätig ist, sicherlich andere Maßstäbe anlegen als ein Lehrer an einem Gymnasium. Aber auch innerhalb der Gruppe der Gymnasiallehrer klaffen die Vorstellungen auseinander. Hier sind Verständigungsprozesse – etwa auf Klassenkonferenzen – notwendig. Betroffene Schüler selbst können in sehr unterschiedlichem Maße unter ihrem eigenen Verhalten leiden.

Zwischen Verhaltensstörungen und -auffälligkeiten sehen wir lediglich einen graduellen Unterschied. Abweichungen von einer gedachten Norm sind bei den Verhaltensstörungen stärker ausgeprägt, in anderen Worten:

 Verhaltensauffälligkeiten sind die mildere Form von Verhaltensstörungen.

Folgende Verhaltensprobleme spielen in der Schule eine wichtige Rolle:
- Aufmerksamkeitsdefizite,
- Hyperaktivität,
- Aggressionen gegen Personen und Sachen,
- extrem gehemmtes Verhalten,
- Überempfindlichkeit,
- geringe Fähigkeit, mit Frustrationen umzugehen,
- von Stress bzw. Angst geprägtes Verhalten,
- Clownerien.

Ob ein Verhalten von der Umwelt als auffällig beurteilt wird, hängt davon ab, wie es sich konkret äußert, mit welcher Häufigkeit und Intensität es auftritt und in welchen Situationen es zu beobachten ist. Lern- und Leistungsschwierigkeiten sind häufig eng mit Verhaltensauffälligkeiten verschränkt. „Bei Gruppenvergleichsuntersuchungen zeigt die Schülergruppe mit Verhaltensstörungen signifikant schlechtere Schulleistungen als unbeeinträchtigte Schülerinnen und Schüler. Zudem weisen Langzeitstudien auf einen Schereneffekt hin: Die Kluft zwischen der Schulleistung von verhaltensgestörten und unauffälligen Kindern und Jugendlichen vergrößert sich im Verlauf mehrerer Schuljahre zunehmend." (Rolus-Borgward 2002, 96)

14.3 Bedingungen von Schulschwierigkeiten

14.3.1 Ein multifaktorielles Erklärungsmodell

Nur selten ist ein Einzelfaktor als eindeutige Ursache von Schulschwierigkeiten auszumachen, wie dies z. B. bei einer unfallbedingten Hirnverletzung der Fall sein kann. Doch selbst hier kommt es zu Wechselwirkungen zwischen person- und umweltbezogenen Variablen. Auch bei einschneidenden Erlebnissen, die scheinbar direkt schulische Probleme hervorrufen, greifen monokausale Erklärungen zu kurz. Ein Ereignis (Umzug in eine neue Umgebung, eine schwere Erkrankung, die Scheidung der Eltern oder der Tod eines Familienmitglieds o. a.) führt nicht unmittelbar zu bestimmten Schulschwierigkeiten; es wird vielmehr in Interaktion mit den familialen, schulischen und sonstigen Lebensbedingungen von der einzelnen Schülerpersönlichkeit individuell erfahren und verarbeitet. Bei Überforderung kann es zu Lernschwierigkeiten und Verhaltensauffälligkeiten kommen.

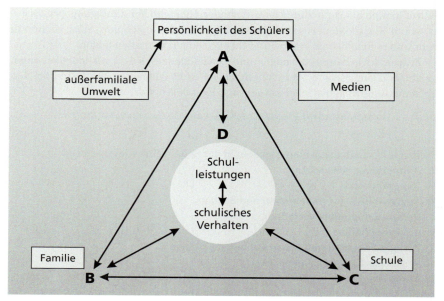

Bild 14.1: Bedingungsgefüge von Schulleistungen und schulischem Verhalten

Obiges Modell repräsentiert das Bedingungsgefüge von Schulleistungen und schulischem Verhalten. Drei **zentrale Bedingungsbereiche** lassen sich unterscheiden:
- Persönlichkeit des Schülers,
- Familie und
- Schule.

Hinzu kommen weitere Einflussfaktoren, die hier durch die **Medien** und die **außerfamiliale Umwelt** – gemeint sind Menschen und Institutionen außerhalb der Familie und der Schule – vertreten sind. Zwischen den Bedingungsfaktoren finden vielfältige Einflussprozesse statt, sodass ein **komplexes interdependentes Wirkungsgefüge** entsteht.

14.3.2 Bedingungsbereiche

14.3.2.1 Schülerpersönlichkeit

Die somatischen, kognitiven, affektiven und sozialen Voraussetzungen der Schüler sind teils anlage-, teils umweltbedingt, wobei die genetischen und die Umweltfaktoren von Anfang an in ihrer Wirkung ineinander greifen, was bei den psychischen Merkmalen besonders deutlich wird. Fähigkeiten und Eigenschaften sind Konstrukte, die nur über beobachtbare Verhaltensweisen erschlossen werden können. Gerade bei **Alltagsbeurteilungen** ist mit subjektiven Tendenzen zu rechnen. **Psychologische Tests** wiederum berücksichtigen nicht oder zumindest nicht genügend den Bezug zu konkreten Schulsituationen. In jedem Fall sind **vorschnelle Diagnosen zu vermeiden**.

Bedingungen von Schulschwierigkeiten

Ein für die Schulleistung wichtiger Faktor ist die **Intelligenz**. Von Interesse ist dabei nicht nur die geschätzte Intelligenz bzw. der mithilfe eines Tests ermittelte Intelligenzquotient als globales Maß, sondern vor allem das **Intelligenzprofil** (vgl. Beitrag 10), das eine Aussage über einzelne kognitive Teilfähigkeiten wie Wortflüssigkeit, Gedächtnis, logisches Denken und numerische Fähigkeiten ermöglicht. Entspricht die Intelligenzstruktur nicht den Anforderungen der betreffenden Schulart, kann es zu Leistungsschwierigkeiten kommen. Aber auch Hochbegabte haben oft mit erheblichen Problemen zu kämpfen; sie können zu Außenseitern und sogar zu Schulversagern werden.

Nicht zu vernachlässigen ist die **emotionale Intelligenz**; wenn die Selbst- und Fremdwahrnehmung, die Fähigkeit zum Umgang mit belastenden Gefühlen, die Selbstkontrolle und die Empathie unterentwickelt sind, kann es zu ernsthaften Schwierigkeiten im Umgang des Schülers mit sich und anderen kommen.

Schulrelevant ist auch der Ansatz der **kognitiven Stile**, d. h. typischer Arten und Weisen des Wahrnehmens, des Erinnerns, des Urteilens und des Problemlösens. Als Beispiel soll der Stil der kognitiven Reflexivität/Impulsivität angeführt werden. Bei der Aufgabenbearbeitung lassen sich durch Kombination der Kategorien „benötigte Arbeitszeit" und „Fehlerhäufigkeit" vier **Sorgfaltsgruppen** unterscheiden, von denen in diesem Zusammenhang zwei von Bedeutung sind: Reflexive arbeiten eher langsam und richtig, Impulsive dagegen eher schnell und falsch. Es konnte nachgewiesen werden, dass impulsive Schüler signifikant mehr schulische Leistungsprobleme haben als ihre reflexiven Mitschüler (Schwarzer 2000, 45).

Was die Entwicklung des **Leistungsmotivs** angeht, so hat es seine Wurzeln in früher Kindheit und differenziert sich im Schulalter weiter aus. Entscheidend sind die bisherigen **Erfolgs-** und **Misserfolgserlebnisse** und die Reaktionen der Umwelt. Konnte sich kein stabiles Vertrauen in die eigene Leistungsfähigkeit aufbauen, wird das Kind misserfolgsängstlich und neigt zur Resignation, was sich beeinträchtigend auf sein Selbstkonzept und auf diesem Wege auch auf künftige Leistungen auswirkt.

Auch überängstliche und ablehnende **Einstellungen** gegenüber der Schule, einzelnen Fächern, Lehrern oder Mitschülern können das Lernen blockieren und den Aufbau befriedigender sozialer Kontakte behindern.

14.3.2.2 Familie

In der Familie sammelt das Kind grundlegende persönlichkeitsrelevante Erfahrungen. Fühlt es sich zu Hause nicht geborgen und angenommen, wird es vernachlässigt, ist das Familienklima langfristig von Streit und Spannungen geprägt oder ist die Familie durch Krankheit, Tod oder durch die Trennung der Eltern überlastet, so kann sich dies massiv auf das Sozial- und Lernverhalten des Kindes auswirken.

Auch der elterliche **Erziehungsstil** kann einen negativen Einfluss haben, beispielsweise eine ausgesprochen autoritäre Erziehung, ein Gleichgültigkeit ausstrahlendes Laissez-faire, ein für das Kind undurchschaubares, inkonsequentes Verhalten, fehlender gegenseitiger Respekt, die mangelnde Vermittlung notwendiger Regeln des Zusammenlebens oder eine ehrgeizige, überfordernde Haltung, die sich dann fatal auswirkt, wenn sie im Falle der Nichterfüllung der elterlichen Erwartungen mit Liebesentzug verbunden wird.

Von erheblicher Bedeutung sind auch die **Anregungsbedingungen** innerhalb der Familie, die sich durch folgende Fragen umreißen lassen: Gibt es fantasieförderndes Spielzeug, wird das Kind zu eigener Aktivität ermutigt? Lernt es, sinnvoll und kontrolliert mit Medien – etwa Fernsehen, Videos, Computerspielen – umzugehen, erhält der Jugendliche schrittweise die Verantwortung für den eigenen Medienkonsum? Wie weit ist der Bildungs- und Interessenhorizont der Eltern? Wie viel wird in der Familie gelesen und diskutiert, wie werden Regelungen getroffen und Konflikte gelöst?

14.3.2.3 Schule

Die allgemeinen **Rahmenbedingungen** werden schulpolitisch und -organisatorisch gesetzt. Wichtige Faktoren sind neben der Dreigliedrigkeit des Sekundarschulsystems die Lehrpläne bzw. verbindliche Bildungsstandards, Versetzungs- und Prüfungsordnungen. Für Lehrer wie Schüler unmittelbar spürbar sind etwa die Klassengrößen und die Lehrerversorgung, Deputats- und Stundenplanregelungen.

Innerhalb dieses Rahmens hat der **Lehrer erhebliche Gestaltungsmöglichkeiten**. Es gibt Fälle, in denen Lehrer ihrem Beruf missmutig oder resigniert nachgehen, ihren Unterricht nur oberflächlich vorbereiten, das Vorwissen ihrer Schüler nicht genügend berücksichtigen, den Unterricht nicht klar strukturieren, methodisch inadäquat oder monoton vorgehen, zu wenig Wert auf die Vermittlung von Arbeitstechniken legen oder ihre Schüler nur als Rezipienten von Fachwissen sehen und die Beziehungsebene vernachlässigen. Ab und zu sind Lehrkräfte anzutreffen, die einzelne Schüler im Spaß, im Ernst oder in dazwischen schwebender Ironie leistungs- oder verhaltensbezogen etikettieren, indem sie sie wiederholt beispielsweise als Viererschüler, Superhirn, Klassenclown, Lügnerin oder Störenfried bezeichnen, und nicht wahrnehmen, wie stark sie damit manche der betroffenen Schülerinnen und Schüler in ihren Entwicklungsmöglichkeiten beschneiden. Auch wenn die genannten Negativa nur eine Minderheit betreffen, sind sie ernst zu nehmen, da sie auf Schüler sehr belastend wirken können.

Eine starke Beeinträchtigung stellen auch **schwierige Beziehungen zu den Mitschülerinnen und Mitschülern** dar. Von diesen ignoriert, abgewertet oder ausgegrenzt zu werden beeinträchtigt das Selbstwertgefühl und erschwert das Lernen. „So werden zum Beispiel Informationen besser aufgenommen und erinnert, wenn mit ihnen zugleich eine Verknüpfung mit Wohlbefinden in der Gruppe gegeben ist. In einer unangenehmen, bedrohlichen oder gar offen feindseligen Atmosphäre wird alles schlechter behalten, dafür lieber und leichter verdrängt und vergessen." (Dambach 1998, 57)

14.4 Teufelskreis Schulschwierigkeiten

14.4.1 Aufbau einer negativen Lernstruktur

Im Folgenden befassen wir uns nicht mit schwierigen Lernprozessen, die mühselig vonstatten gehen oder vorübergehend erfolglos verlaufen, sondern mit Lernstörungen, bei denen „der Lernprozess selbst angegriffen ist. Dies bedeutet, dass Variablen, die wir in direkter Verbindung mit dem Lernen sehen, über längere Zeit ungünstig verändert sind" (Betz, Breuninger 1998, 3; siehe dazu auch Beitrag 15 über Interaktionsprozesse).

Zu diesen Variablen gehören Erwartungshaltungen, Kausalattributionen, soziale Wahrnehmungen, Etikettierungsvorgänge, Emotionen sowie soziale Positionen. Durch das Zusammenwirken dieser Faktoren kann sich eine positive oder eine negative Lernstruktur etablieren. Betz und Breuninger stellen den Aufbau einer negativen Struktur so dar, wie dies im folgenden Bild 14.2 veranschaulicht wird.

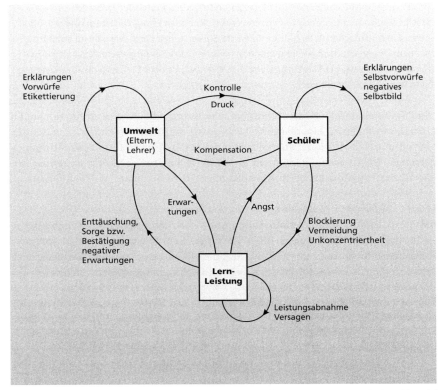

Bild 14.2: Aufbau einer negativen Lernstruktur. Nach: Betz/Breuninger, 1998, 41 u. 46

Ein Fallbeispiel möge dies verdeutlichen.

Fallbeispiel

Die Schulleistungen des zwölfjährigen Peter haben sich im Verlaufe des sechsten Schuljahrs deutlich verschlechtert. Vor allem das Fach Mathematik bereitet ihm zunehmend Schwierigkeiten. Seine Eltern versuchen, ihre Enttäuschung vor Peter zu verbergen, doch er spürt ihre Sorge wohl. Sie meinen, der Mathematiklehrer kümmere sich im Unterricht nicht genügend um den Jungen, und sehen eine Lösung in intensivem Nachhilfeunterricht. Außerdem kontrolliert Peters Mutter nun regelmäßig seine Hausaufgaben; sind sie nicht korrekt, muss Peter sie nochmals schreiben. So sitzt er täglich stundenlang am Schreibtisch, wodurch seine Kontakte mit Freunden sich reduzieren.

Nach einer kurzfristigen Verbesserung lassen Peters Leistungen wieder nach. Vor Klassenarbeiten schläft er schlecht und kann nicht frühstücken, während er sonst einen guten Appetit hat; auch klagt er über Bauchschmerzen. An solchen Tagen würde er am liebsten zu Hause bleiben; auf diesen Wunsch gehen seine Eltern aber nicht ein. Sie hören von den Lehrern übereinstimmend, dass ihr Sohn im Unterricht in letzter Zeit nicht aufpasse, dass er vielmehr die Rolle des „Klassenkaspers"spiele, indem er durch alberne Bemerkungen, Grimassenschneiden und Faxen seine Mitschüler zum Lachen reize, und dass er dadurch den Unterricht störe. Gespräche wie Strafmaßnahmen zeigen nur vorübergehenden Erfolg. Die Eltern sind nun offen enttäuscht und machen Peter heftige Vorwürfe. Sie verstehen nicht, weshalb ihr Sohn trotz aller Bemühungen leistungsmäßig immer schwächer wird. Der Junge selbst hält sich inzwischen für einen Versager. Das Einzige, was ihm in der Schule noch bleibt, ist die Anerkennung durch seine Klassenkameraden.

„Das System hat sich selbstständig gemacht, es braucht keine ‚Zufuhr' von außen mehr, sondern ist zu einem Teufelskreis geworden. Mehr noch: es ist eigentlich eine ‚Teufelsspirale', denn das System arbeitet mit Verstärkung." (Betz, Breuninger 1998, 36). Es finden ineinander greifende zirkuläre Verstärkerprozesse statt, die zur Verfestigung des Leistungsversagens führen.

14.4.2 Alltagstheoretische Interpretationsmuster

In einer Längsschnittstudie über Schulerfolg und Schulversagen im Jugendalter, in deren Verlauf Jugendliche, ihre Eltern und Lehrer befragt wurden, konnten Hurrelmann und Wolf nachweisen, dass die Alltagstheorien von Lehrern, Schülern und Eltern zum Schulversagen systematisch voneinander abweichen.

„Die Schüler verarbeiten das Ereignis in einem ersten Schritt überwiegend dadurch, dass sie auf ihre unzureichenden Lernaktivitäten, ihr mangelndes unterrichtliches Interesse und ihren fehlenden Fleiß hinweisen. Aber diese unzureichende persönliche Arbeitshaltung ... ist nach Einschätzung der Schüler abhängig von schulischen Bedingungen und vor allem vom Verhalten der Lehrer... Auch für die Eltern stehen die schulischen Bedingungen, insbesondere das Lehrerhandeln, im Zentrum der Erklärung... Die alltagstheoretischen Interpretationsmuster der Lehrer unterscheiden sich von denen der Schüler (und Eltern) sehr deutlich. Das Versagen ist für die Mehrheit der Lehrer ein in der Person des Schülers liegendes Problem, das letztlich rein außerschulische familiale Verursachung hat." (Hurrelmann, Wolf 1986, 28 f.)

Teufelskreis Schulschwierigkeiten 347

Schüler, Eltern und Lehrer interpretieren also das Leistungsversagen jeweils so, dass sie selbst nicht die Hauptverantwortung dafür tragen müssen.

Zwar ist diese Tendenz zur eigenen Entlastung menschlich verständlich, doch ist sie nur unproblematisch, solange sie nicht mit Etikettierungen im Sinne von Schuldzuweisungen verbunden ist. Außerdem kann sie dazu führen, dass die nötigen Schritte zum Auffangen sich abzeichnender Leistungs- und Verhaltensprobleme nicht rechtzeitig unternommen werden und dass auf diese Weise ein Schüler im „circulus vitiosus" seiner Schulschwierigkeiten gefangen bleibt. Zur Aufrechterhaltung dieses Teufelskreises tragen Konzentrationsmängel und Hyperaktivität sowie Schulstress in besonderem Maße bei.

14.5 Konzentrationsmängel und Hyperaktivität

14.5.1 Zum Begriff der Konzentration

Konzentration ist ein hypothetisches Konstrukt, mit dem erklärt wird, weshalb Menschen in der Lage sind, eine kognitive oder eine kognitiv gesteuerte motorische Aktivität über eine gewisse Zeit hinweg aufrechtzuerhalten und „bei der Sache zu bleiben", ohne dass es zu erheblichen Leistungseinbußen kommt.

Unter Konzentration versteht man die Ausrichtung der Aufmerksamkeit auf einen Gegenstand, eine Fragestellung oder eine Aufgabe, um bestimmte Ziele zu erreichen.

Damit verbunden ist die Fähigkeit, irrelevante Reize auszublenden. Erfolgreiche Lernprozesse sind ohne konzentrative Aufmerksamkeit nicht möglich. Je komplexer der Unterrichtsgegenstand, umso wichtiger ist die länger anhaltende Konzentration. Schulleistungsmängel werden sehr häufig mit Konzentrationsschwierigkeiten erklärt.

14.5.2 Die Konzentrationsspanne in verschiedenen Altersstufen

Wie lange können sich Kinder und Jugendliche in den einzelnen Altersstufen durchschnittlich auf eine Aufgabe bei gleicher methodischer Form konzentrieren? Verschiedenen empirischen Untersuchungen zufolge beträgt die **Konzentrationsspanne** bei sieben- bis zehnjährigen Kindern im Durchschnitt etwa 20 Minuten, bei Zehn- bis Zwölfjährigen 25, bei Zwölf- bis Fünfzehnjährigen circa 30 Minuten (Hennig/Keller 2000, 49). Dabei ist allerdings zu beachten, dass es deutliche Unterschiede zwischen Gleichaltrigen gibt. Außerdem kann die Konzentrationsspanne in der Vorpubertät und zu Beginn der Pubertät vorübergehend noch einmal kürzer werden, ehe sie sich dann bei durchschnittlich 30 Minuten stabilisiert. Auch spielen Bedingungen der Situation und der Person eine wichtige Rolle, besonders die Art der Aufgabenstellung und im Zusammenhang damit die Motivation der Kinder und Jugendlichen.

14.5.3 Indikatoren von Konzentrationsmängeln im Schulalltag

In der großen Pause unterhalten sich mehrere Kollegen über ihre sechste Klasse, die sie übereinstimmend als ausgesprochen unruhig und unkonzentriert und dadurch als sehr anstrengend erleben. Welche Verhaltensweisen der Schüler fallen den Lehrern besonders auf?

Typische Verhaltensbeispiele von Schülerinnen und Schülern

- Jan schaut gerne aus dem Fenster oder lässt seinen Blick im Klassenzimmer umherschweifen. Danach beugt er sich zu seinem Sitznachbarn hinüber, um sich von diesem erklären zu lassen, woran die Klasse gerade arbeitet.
- Silke beteiligt sich aktiv am Unterricht; bei ihren Beiträgen zeigt sich aber immer wieder, dass sie zuvor offenbar nur flüchtig hingehört hat. Zuweilen meldet sie sich schon, ehe eine Frage oder Aufgabe vollständig gestellt ist. Auch geschieht es immer wieder, dass Silke nicht die aufgegebenen Hausarbeiten, sondern versehentlich andere Aufgaben erledigt.
- Stefan ist ein richtiger „Zappelphilipp": Er rutscht ständig auf seinem Stuhl hin und her und wippt mit den Beinen. Häufig spielt er mit einem Gegenstand; er dreht beispielsweise einen Bleistift zwischen den Fingern, radiert ziellos auf der Pultfläche umher oder holt Schreibutensilien, die überhaupt nicht gebraucht werden, aus seinem Mäppchen.
- Seine Mitschülerin Hanna beginnt manchmal mitten in der Stunde, in ihrem Ranzen zu kramen. Auf die Frage, was sie suche, antwortet sie verlegen, sie wisse es nicht.
- Thomas lässt sich leicht ablenken. Erzeugt die Kreide an der Tafel ein kratzendes Geräusch, hört man Schritte auf dem Gang, niest ein Mitschüler – schon ist Thomas nicht mehr bei der Sache.
- Sabine gibt sich zwar viel Mühe, scheint aber bereits nach kurzer Arbeitsdauer erschöpft zu sein. Bei schriftlichen Aufgaben erledigt sie den ersten Teil meist gut, während ihr im zweiten Teil viele Fehler unterlaufen.
- Nicole schaut oft verträumt in die Luft; sie beteiligt sich kaum am Unterricht. Wird sie aufgerufen, weiß sie meist nicht, worum es geht. Bei schriftlichen Aufgaben vergeht viel Zeit, bevor Nicole überhaupt beginnt. Sie arbeitet langsam und scheint mit ihren Gedanken immer wieder von der Aufgabe abzugleiten.
- Während Nicole mit der zur Verfügung stehenden Zeit fast nie auskommt, ist Mario meist als erster fertig. Beim Durchsehen seiner Arbeiten zeigt sich, dass diese viele Flüchtigkeitsfehler enthalten.

Wird im schulischen Alltag über mangelnde Konzentration geklagt, so ist damit ein breites Spektrum an Phänomenen gemeint. Die wichtigsten Formen der Unkonzentriertheit in der Schule sind

- erhöhte Ablenkbarkeit durch Außenreize in der Umgebung,
- erhöhte Ablenkbarkeit durch Innenreize wie Tagträume oder andere Gedanken,
- Zerstreutheit und Vergesslichkeit,
- kognitive Impulsivität, zu verstehen als Tendenz, bei Aufgaben vorschnell zu reagieren und hastig sowie fehlerhaft zu arbeiten,
- mangelnde Ausdauer, fehlendes Durchhaltevermögen.

14.5.4 ADS mit und ohne Hyperaktivität

„Ich habe zwei ADS-Kinder in meiner fünften Klasse", sagt eine Lehrerin. Zunächst ist zu fragen, ob die Feststellung auf eigenen Beobachtungen der Lehrkraft beruht, ob sie sich auf Aussagen der Eltern bezieht und ob die Diagnose eines Arztes oder klinischen Psychologen mit einschlägiger Fachkompetenz vorliegt.

Zwei Formen der Aufmerksamkeitsstörung lassen sich unterscheiden: ADS (Aufmerksamkeitsdefizitsyndrom) ohne Hyperaktivität, wovon Jungen und Mädchen gleichermaßen betroffen sind, und ADHS, also ADS mit Hyperaktivität und Impulsivität, wovon Jungen zwei- bis dreimal häufiger betroffen sind als Mädchen (Wender 2002, 14).

Beiden Typen gemeinsam sind eine auffallend geringe Konzentrationsspanne, leichte Ablenkbarkeit, Schwierigkeiten bei der Selbstorganisation und Selbstkontrolle, vorschneller Arbeitsbeginn, häufig unsystematisches Vorgehen, Schwierigkeiten beim Erledigen von Aufgaben in einer vorgegebenen Zeitspanne, Flüchtigkeitsfehler, Probleme beim Einhalten von Regeln und emotionale Labilität; als Folgeerscheinungen häufig quälend sich hinziehende Arbeit an den Hausaufgaben, Vergesslichkeit, Unpünktlichkeit und ein negatives Selbstbild.

Vorwiegend **unaufmerksame ADS-Kinder** träumen häufiger als andere, arbeiten langsamer, sind eher zurückhaltend, verhalten sich weitgehend angepasst und bereiten ihren Lehrern keine Disziplinprobleme, weshalb sie häufig wenig Förderung erfahren. **Hyperaktive Kinder** ziehen die Aufmerksamkeit von Lehrern und Mitschülern schnell auf sich; es fällt ihnen schwer still zu sitzen, sie reden gern viel, hantieren häufig mit Gegenständen oder lassen sie fallen, haben oft auf Grund feinmotorischer Probleme eine unleserliche Schrift, sind begeisterungsfähig, haben aber wenig Durchhaltevermögen und zeigen häufig kein altersangemessenes Sozialverhalten. Sie werden von anderen als wenig berechenbar erlebt und lösen nicht selten Stress und Überforderungsgefühle aus. Sie finden nicht leicht Freunde und werden wegen ihres auffallenden Verhaltens oft ermahnt und getadelt und selten gelobt. (Krowatschek 2002, Bd. 1, 12-14 u. Bd. 2, 8)

Mittels neurobiologischer und -psychologischer Untersuchungsverfahren lassen sich in vielen Fällen **cerebrale Beeinträchtigungen** nachweisen; es handelt sich dabei um Schwierigkeiten bei der Aufnahme und Verarbeitung von Informationen und mangelhafte Fähigkeiten, das eigene Verhalten situationsgerecht und selbstkontrolliert zu steuern. Allerdings ergibt die Durchsicht einschlägiger Studien, „dass es derzeit noch keine hinreichend unstrittigen biologischen Kennwerte gibt, mit denen man aufmerksamkeitsgestörte von unauffälligen Kindern verlässlich unterscheiden kann." (Lauth, Schlottke 2002, 47) Die **Diagnose** setzt voraus, dass Auffälligkeiten bereits vor dem siebten Lebensjahr aufgetreten sind, dass mindestens sechs Symptome festgestellt werden, dass sie in mehr als einem Lebensbereich – Familie, Schule, Freizeit – beobachtet werden und dass sie mindestens sechs Monate andauern. (Lauth, Schlottke 2002, 12; Krowatschek 2002, Bd. 1, 15)

Beispiele für Verhaltenssymptome zur Unaufmerksamkeit:

- Beachtet häufig Einzelheiten nicht oder macht Flüchtigkeitsfehler
- Scheint häufig nicht zuzuhören, wenn andere ihn/sie ansprechen
- Verliert häufig Gegenstände, die er/sie für Aufgaben oder Aktivitäten benötigt
- Beschäftigt sich häufig nur widerwillig mit Aufgaben, die länger andauernde geistige Anstrengungen erfordern

Beispiele für Verhaltenssymptome zur Hyperaktivität und Impulsivität:

- Zappelt häufig mit Händen oder Füßen oder rutscht auf dem Stuhl herum
- Steht in der Klasse oder in anderen Situationen, in denen Sitzenbleiben erwartet wird, häufig auf
- Kann nur schwer warten, bis er/sie an der Reihe ist
- Unterbricht und stört andere häufig, platzt z. B. in Gespräche oder Spiele anderer hinein

(Lauth, Schlottke 2002, 13)

Zwillingsstudien legen eine genetische Disposition für ADS nahe. Minimale Hirnschädigungen, etwa durch Sauerstoffmangel bei der Geburt oder Hirnhautentzündung werden in einem Teil der Fälle als mögliche Ursache diskutiert. (Krowatschek 2002, Bd. 1, 15) Manche Ärzte vertreten die Auffassung, dass ADHS durch eine Lebensmittelallergie hervorgerufen werden könne (Wender 2002, 80). Auf jeden Fall spielen für Stärke und Ausprägung von ADS Lebensbedingungen und Umweltfaktoren eine wesentliche Rolle, beispielsweise Bewegungsmangel, übermäßiger Medienkonsum, einseitig fette und süße Ernährung und Nahrungsmittelzusatzstoffe, Hektik im Alltag, Unter- oder Überforderung, Spannungen in der Familie, eine völlig inkonsequente Erziehung (Krowatschek 2002 Bd.1, 15).

14.6 Schulstress

14.6.1 Begriffliche Klärung

Unter Schulstress verstehen wir Belastungen sowie Gefühle der Anspannung, des Gefordert- und Überfordertseins, die im Zusammenhang mit der Schule erlebt werden. Zwar stehen die negativen Konnotationen des Stressbegriffs meist im Vordergrund, doch dürfen mögliche positive Folgen individuell angemessener Stresseinwirkung nicht übersehen werden. In Anlehnung an den von der Physiologie herkommenden Stressforscher Selye werden in der Stresspsychologie zwei Arten von Stress unterschieden (Reisch 2003, 8 f.):

- **Eustress:** anspornender, leistungsfördernder, als positiv empfundener Stress als Reaktion auf vom Individuum selbst gesuchte oder von der Umwelt gebotene Herausforderungen, wobei letztere sinnvoll, ja lebensnotwendig sind, damit der Mensch sein Potenzial entwickeln kann.
- **Distress:** negativer, durch vorübergehende oder lang anhaltende Überlastung bzw. Überforderung entstandener Stress, der mit einer wesentlichen Beein-

Schulstress

trächtigung des Wohlbefindens verbunden ist und langfristig zu erheblichen schädlichen Folgen im physischen wie im psychischen Bereich führen kann. Sieht sich ein Schüler häufig mit Anforderungen konfrontiert, denen er sich nicht gewachsen fühlt und die sein Selbstwertgefühl bedrohen, kann er mit Angst reagieren.

Ein gewisses Maß an Erregung ist zum Erzielen von Leistungsfortschritten notwendig. Ist der Lernende passiv und gleichgültig – möglicherweise unterfordert –, so beeinträchtigt dies seine Leistungen. Stress ist mit einer Zunahme an Erregung verbunden. Ein Stressniveau, das zu einem mittleren Grad an Aktivierung führt, wirkt lernfördernd (Gage/Berliner 1996, 662).

14.6.2 Indikatoren von Schulstress
Wir betrachten wieder einige Fälle.

Typische Verhaltensbeispiele
Der zehnjährige Klaus hat den Wechsel von der ihm vertrauten Grundschule auf das Gymnasium noch nicht verkraftet. Er wirkt häufig erschöpft. Seine Mutter teilt der Klassenlehrerin besorgt mit, Klaus habe zur Zeit Einschlafschwierigkeiten und sei sehr krankheitsanfällig; zuweilen sei er ungewöhnlich aggressiv im Ton, zu anderen Zeiten wiederum besonders anlehnungsbedürftig.

Die sechzehnjährige Anke macht sich seit einigen Monaten Gedanken darüber, ob sie das Gymnasium am Ende des Schuljahrs verlassen soll, um eine Berufsausbildung zu beginnen. Sie äußert, sie fühle sich unsicher und stark unter Druck. Ihre Mutter berichtet, dass bei Anke in letzter Zeit verstärkt psychosomatische Beschwerden wie Kreislaufstörungen, Erbrechen und Kopfschmerzen auftreten.

Uta, Schülerin der siebten Klasse, erbringt gute mündliche Leistungen, denen die Ergebnisse der Klassenarbeiten jedoch in keiner Weise entsprechen. Uta sagt selbst: „Ich habe furchtbare Angst vor jeder Klassenarbeit. Manchmal habe ich ein richtiges Brett vor dem Kopf – warum, weiß ich nicht. Meine Eltern schimpfen nicht mit mir, wenn ich eine schlechte Note habe; sie sind nur enttäuscht."

Zwei Monate vor dem Abitur vertraut Michael seinem Tutor an: „Ich weiß überhaupt nicht, wie ich die Vorbereitung auf die Prüfung schaffen soll. Der Lernstoff steht wie ein riesiger Berg vor mir."

Die Sechstklässlerin Birgit würde am liebsten überhaupt nicht mehr in die Schule gehen. Sie sitzt stundenlang an ihren Hausaufgaben, hat oft Bauchschmerzen und hat meist nicht einmal mehr Lust, sich mit ihrer besten Freundin zu treffen.

Der fünfzehnjährigen Evelyn fallen schriftliche Arbeiten leicht. Wird sie aber an die Tafel gerufen, so begibt sie sich mit hochrotem Kopf nach vorne. Vor der Klasse stottert sie häufig. Hat sie die Aufgabe endlich erledigt, geht sie schweißgebadet an ihren Platz zurück.

Der zwölfjährige Wolfgang, ein dicker, unsportlich wirkender Junge, geht auf dem Schulweg und in den Pausen zwei Mitschülern deutlich sichtbar aus dem Weg. Doch er entrinnt ihnen nicht; immer wieder machen sie sich über ihn lustig, beschimpfen, bedrohen und verprügeln ihn. Er lebt in ständiger Anspannung.

Beanspruchungssymptome können sich auf **drei Ebenen** zeigen (vgl. Tanjour/ Reschke 2002, 101):

1. Auf der physiologisch-vegetativen Ebene: Kopf- und Bauchschmerzen, Übelkeit, Appetitlosigkeit, Schlafstörungen, Erschöpfungszustände,
2. auf der kognitiv-emotionalen Ebene: sorgenvolle Gedanken, Beeinträchtigung des Denkvermögens und des Gedächtnisses, Gefühle der Angst und der Hilflosigkeit, Lust- und Antriebslosigkeit,
3. auf der Verhaltensebene: Konzentrationsstörungen, körperliche Unruhe, Ausweich- und Vermeidungsverhalten, impulsives Verhalten, Aggressivität.

14.6.3 Schulbezogene Stressoren

Folgende Faktoren können Schulstress auslösen:

- Als überfordernd erlebte Leistungssituationen wie Klassenarbeiten, mündliches Abfragen, Prüfungen,
- befürchtete oder erlebte Misserfolge in Leistungssituationen: subjektiv unbefriedigende und objektiv schlechte Noten, Versetzungsgefährdung, Nichtversetzung, Prüfungsversagen,
- Schwierigkeiten bei der häuslichen Arbeit,
- Überforderung durch als schwierig empfundenen Stoff,
- Unterforderung durch subjektiv zu geringe Anforderungen,
- elterlicher Leistungsdruck,
- Schwierigkeiten bei der Interaktion mit Mitschülern, vor allem die Erfahrung, ausgelacht, verspottet, bloßgestellt und ausgegrenzt zu werden.

Wenn mehrere Belastungen zusammenwirken (z. B. zusätzlich kritische Lebensereignisse auftreten), „kommt es zu einer deutlichen Erhöhung des Belastungspotentials, die zu einer Destabilisierung einer zuvor im Alltag erreichten Balance führen kann ... Auch eine Fülle kleinerer Alltagsanforderungen kann so weit kulminieren, dass eine erfolgreiche Bewältigung nicht mehr möglich ist. Wenn schon ein kritisches Gleichgewicht erreicht ist, können auch kleinere Zusatzbelastungen zu einer Überforderungssituation führen." (Tanjour/Reschke 2002, 101)

14.6.4 Modelle zur Erfassung schulischer Belastung

Schulstress lässt sich nicht mit einfachen Ursache-Wirkungs-Modellen, sondern nur mit systemischen Konzepten erfassen, die von einem **dynamischen Zusammenwirken der beteiligten Variablen** und von **komplexen Rückwirkungsprozessen** ausgehen. Ein solches Konzept stellt das Modell zur schulischen Belastung und Beanspruchung dar, nach dem die Fragebögen des „Erfurter Belastungs-Inventars" für Lehrer und Schüler an Gymnasien konzipiert wurden (Böhm-Casper et al. 2001, 25f.), nachfolgendes Bild 14.3.

Zu den **objektiven Anforderungen** gehört zentral die zeitliche Belastung durch Unterricht, schulbezogene häusliche Arbeit und regelmäßige außerschulische Aktivitäten; auch schulische Rahmenbedingungen wie Größe, Ausstattung, Profil und Leitbild der einzelnen Schule spielen eine Rolle.

Schulstress 353

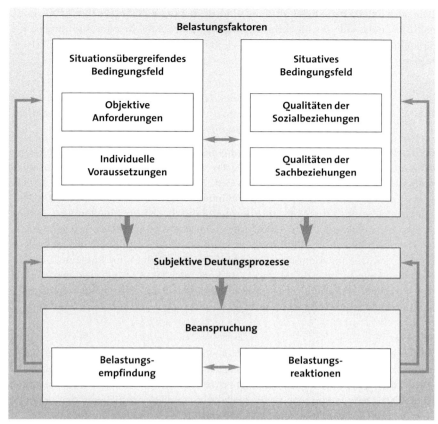

Bild 14.3: Erfurter Belastungs-Inventar (EBI)/Theoretisches Konzept „Schulische Beanspruchung" (Böhm-Casper et al. 2001, 26)

Individuelle Voraussetzungen beziehen sich auf familiale Bedingungen, kritische Lebensereignisse, persönliche Merkmale wie Selbstwertgefühl, optimistische bzw. pessimistische Grundstimmung oder Ängstlichkeit sowie Stressverarbeitungsstrategien. Die Qualitäten der Sozialbeziehungen betreffen das Verhältnis zu Lehrern, Mitschülern und Eltern, die Qualitäten der Sachbeziehungen beinhalten das Schulklima – bezogen auf die Erfüllung des Auftrags der Schule – und die Relevanz der schulischen Lerninhalte für die Schüler. Die genannten Faktoren führen erst über **subjektive Deutungsprozesse** zur tatsächlichen Beanspruchung der Schüler (vgl. Schwarzer 2000, 14f). Die Belastungsempfindungen betreffen Begleitemotionen wie Angst, Ärger und Gefühle des Bedrängtseins, die selbst wiederum das Individuum zu Neueinschätzungen seiner Lage veranlassen können. Belastungsreaktionen umfassen im Erfurter Modell psychosomatische Beeinträchtigungen.

„Die persönliche Belastbarkeit eines Kindes oder Jugendlichen in der Schule kann nicht losgelöst von der objektiven Belastung betrachtet werden und umgekehrt die objektive Belastung nicht losgelöst von der subjektiven Belastbarkeit." (Hurrelmann 1994, 139)

 Die Beziehung zwischen subjektiven und objektiven Faktoren steht im Mittelpunkt des kognitiven Modells von Schwarzer, dem die Stressverarbeitungstheorie von Lazarus zu Grunde liegt. Von zentraler Bedeutung sind die subjektiven Deutungs- und Bewertungsprozesse.

Beurteilt eine Person eine Situation, zum Beispiel eine Prüfung, als stressrelevant, so kann sie diese als herausfordernd oder als beeinträchtigend bzw. bedrohlich auffassen. Hierbei spielt das Selbstmodell, zu verstehen als die kognitive Repräsentation des eigenen Ich, die entscheidende Rolle (Schwarzer 2000, 15). Die Person vergleicht die situativen Anforderungen mit ihren individuellen Ressourcen, in unserem Fall mit ihren Fachkenntnissen, Arbeitstechniken und bisherigen Erfahrungen in prüfungsähnlichen Situationen. Von den im Laufe des bisherigen Lebens erworbenen Kompetenzerwartungen hängt der nun folgende Bewältigungsprozess ab, der in der Stresspsychologie auch als **„Coping"** bezeichnet wird. Wie verschieden dieser Prozess ablaufen kann, soll am Beispiel stressbelasteter Schüler vor dem Abitur gezeigt werden.

Beispiele
Martin beteiligt sich intensiver als bisher am Unterricht und achtet besonders auf prüfungsrelevante Hinweise der Lehrer. Britta stellt genau fest, wo sie noch fachliche Lücken hat, und arbeitet diese gezielt auf. Christian beruhigt sich selbst, indem er sich immer wieder sagt, die schriftlichen Abiturprüfungen seien im Grunde nichts anderes als die üblichen Klausuren. Doris fühlt sich hilflos, bis ihre Freundin ihr anbietet, sich gemeinsam mit ihr auf die Prüfungen vorzubereiten.

All diesen Schülern gelingt es, mit dem Stress vor dem Abitur fertig zu werden; hilfreich ist dabei das **Gefühl der Selbstwirksamkeit** und der **eigenen Kontrolle** über die Situation (vgl. Schwarzer 2000, 173ff.).

Auch in der kontroversen Diskussion über den acht- bzw. neunjährigen Bildungsgang am Gymnasium spielt die Stressproblematik eine Rolle. Eine Hilfestellung könnte die Erfurter Belastungsstudie geben, bei der Lehrer und Schüler aus Gymnasien verschiedener Bundesländer befragt wurden: aus Thüringen (12 Jahre bis zum Zentralabitur), aus Bayern (bislang 13 Jahre bis zum Zentralabitur) und Brandenburg (bislang 13 Jahre bis zum dezentralen Abitur). Die Titelfrage „Sind 12 Schuljahre stressiger?" lässt sich nicht generell mit einem klaren „Ja" beantworten, auch wenn einige Ergebnisse dies nahe zu legen scheinen. Zusammenfassend lässt sich feststellen, „dass das Gymnasium in Thüringen ‚ernster' genommen wird. Die Schulzufriedenheit ist niedriger als in den anderen beiden Ländern, die Prüfungsangst höher und die Schüler scheinen nur dann in der

Schulstress   355

Schule zu fehlen, wenn es wirklich nicht zu vermeiden ist. Diese Befunde geben
aber keine Hinweise, dass die Schüler übermäßig psychisch beansprucht sind.
Auch die Ergebnisse zu den innerschulischen Bedingungen geben Hinweise darauf, dass die Thüringer Schulen von den Schülern als leistungsfordernd erlebt
werden: der Leistungsdruck ist am höchsten, an den Schulen wird am meisten auf
Ordnung und Disziplin geachtet, das Schulklima wird allerdings eher etwas
schlechter eingeschätzt." (Böhm-Casper 2001, 244f.) Ein gewisser Arbeitsdruck,
der zum Ernstnehmen der Schule führt, ist kein Problem, solange sich der einzelne Schüler den Anforderungen gewachsen fühlt und genügend Zeit und Energie
zur Entspannung, für ausgleichende Aktivitäten, für soziale Kontakte und zur
Persönlichkeitsentwicklung hat.

In einer breit angelegten Untersuchung, bei der Schüler der sechsten und achten Klassen in Hauptschulen, Realschulen und Gymnasien in Baden-Württemberg
befragt wurden, antworteten auf die Globalfrage „Wie sehr fühlst du dich durch
das belastet, was in der Schule von dir verlangt wird?" etwa zwei Drittel im mittleren Bereich; 15 % fühlen sich von der Schule nicht oder kaum belastet, weitere
15 % fühlen sich stark belastet (Frank et al. 1998, 72).

14.7 Bewältigung von Schulschwierigkeiten

14.7.1 Beitrag des Lehrers zur Prophylaxe und zum Abbau von Schulschwierigkeiten

14.7.1.1 Möglichkeiten pädagogischen Handelns

Das in einer Klasse herrschende sozio-emotionale Klima ist von wesentlicher Bedeutung für das fachliche, persönliche und soziale Lernen, für die Selbstakzep-
tanz der Heranwachsenden und für das Wohlgefühl von Lehrern und Schülern.
Nach Rogers ist eine positive Interaktion durch folgende drei Aspekte geprägt
(vgl. Strittmatter 1997):

■ **Wertschätzung und Achtung:** Der Lehrer nimmt jede Schülerin und jeden
  Schüler wahr, nimmt sie als individuelle Persönlichkeiten ernst, akzeptiert und
  achtet sie und vermittelt ihnen, dass jeder einzelne wichtig ist. Die Wertschätzung eines Schülers darf nicht von dessen fachlichen Leistungen abhängen.
  Ist das Verhalten eines Schülers aus Lehrersicht problematisch, so sollte dies
  dem Schüler deutlich vermittelt werden. Dabei ist es wichtig, klar zwischen
  Person und Verhalten zu unterscheiden und dem Schüler zu signalisieren, dass
  er menschlich weiterhin akzeptiert wird, auch wenn ein bestimmtes Verhalten
  zurückgewiesen, möglicherweise eine Sanktion verhängt wird. Kritik sollte
  möglichst sachlich und konstruktiv erfolgen; dabei darf der Schüler nicht bloßgestellt, gedemütigt oder blamiert werden. Eine tragfähige Beziehung zu unseren Schülern können wir nur aufbauen, wenn wir uns – so weit dies der
  Schulalltag zulässt – Zeit für sie nehmen und ein offenes Ohr haben. Natürlich
  verändert sich die emotionale Bedeutung der Lehrer mit zunehmendem Alter
  der Schüler erheblich. Wir sollten gegenüber Jugendlichen immer gesprächs-
  bereit bleiben, aber auch in der Lage sein, Distanz zu halten.

- **Einfühlendes Verstehen und Empathie**: Das Verhalten eines Lehrers ist von Empathie geprägt, wenn er seinen Schülern aktiv zuhört, versucht, ihre Perspektive zu erfassen, und dazu bereit ist, sich auch über den Kommunikationsprozess selbst mit ihnen zu verständigen. „Einschätzungen und Etikettierungen von Schülern nach dem ersten Eindruck ... müssten offen gehalten und ergänzt werden. Das bedeutet aber auch, dass der Lehrer eine höhere Toleranz, Unsicherheit in der Einschätzung der Schüler zu ertragen, entwickeln müsste" (Strittmatter 1997, 36).
- **Echtheit und Aufrichtigkeit**: „Echt" und „aufrichtig" ist ein Lehrer dann, wenn sein verbales wie nonverbales Verhalten mit seinen tatsächlichen Gedanken und Gefühlen übereinstimmt. Er hat es nicht nötig, sich hinter einer täuschenden Fassade zu verbergen. Im Sinne selektiver Authentizität bringt er aber nicht alles zum Ausdruck, was er denkt und empfindet.

Schüler, die Schwierigkeiten haben, müssen gefördert und ermutigt werden.

„Alles schulische Lernen von Kindern und Jugendlichen mit Verhaltens- und Lernstörungen muss so gestaltet werden, dass die Veränderung der negativ geprägten subjektiven Theorien über die eigene Leistungsfähigkeit durch das wiederholte Erleben eigener Stärken erreicht werden kann." (Rolus-Borgward 2002, 105) Der individuelle Leistungsstand ist abzuklären, damit Defizite aufgearbeitet werden können. Eine unserer grundlegenden Aufgaben besteht darin effektive Lernstrategien und Arbeitstechniken zu vermitteln, die Schülern helfen, gezielt und systematisch vorzugehen, Defizite auszugleichen, selbstverantwortlich zu arbeiten.

Die effektive Selbstregulation des Lernens – so die PISA-Studie – trägt erheblich zum Arbeitserfolg von Schülern bei, muss aber zunächst einmal erlernt werden.

„Die Anleitung zur bewussten und reflexiven Steuerung des eigenen Lernens kann auch zur Ausbildung eines positiven Selbstkonzepts und damit zu einer produktiven Beziehung zu sich selbst als Lernendem beitragen." (Baumert et al. 2001, 297). Manche Schulen haben eigene Methodencurricula erstellt und halten Methodentage für ihre Schüler ab. Der Erfolg solcher Ansätze steht und fällt mit der Integration der Vermittlung und des Einübens methodischer Kompetenzen in den Unterrichtsalltag. „Die schulische Förderung soll es den Schülerinnen und Schülern ermöglichen, ihre Reflexivität weiter zu entwickeln und ihr Lernen als einen beeinflussbaren Prozess zu erfahren... Lernen, Verstehen und Problemlösen sind kognitive Vorgänge, die mit Schwierigkeiten behaftet sein können, welche es zu überwinden gilt." (Rolus-Borgward 2002, 106) Damit soll bei den Schülern eine aktive Haltung angebahnt werden, die vor Resignation schützt. Fehler sind dann keine Katastrophe mehr, sondern zeigen auf, wo beim Lernen angesetzt werden kann. Lehrer wie auch betroffene Schüler selbst sollten auch kleine Fortschritte anerkennen.

Im Unterricht sollte immer wieder nach Möglichkeiten gesucht werden, an den Erfahrungen der Schüler anzuknüpfen, auf ihre Interessen und Bedürfnisse einzugehen und fächerübergreifend auf die Erfassung komplexer Lebens- und Problemsituationen hinzuarbeiten.

Entwickeln sich bei einem Mädchen oder Jungen Schulprobleme, so kann zunächst versucht werden, durch persönliche Zuwendung, individuelle Arbeitshinweise, Ermutigung und differenzierende Aufgabenstellungen – etwa im Rahmen offenen Unterrichts und bei Hausaufgaben – eine Verbesserung zu erzielen. In jedem Fall ist es sehr wichtig, auf schulische Schwierigkeiten **rechtzeitig zu reagieren**, ehe sie sich verfestigen, sich zu unüberwindbar erscheinenden Barrieren auftürmen, zu Leidensdruck, Hilflosigkeit und Aggressionen führen, ehe sich eine negative Lernstruktur etabliert und der Schüler ein problematisches Selbstbild entwickelt.

Je jünger die Schüler sind, desto wichtiger ist eine enge Zusammenarbeit mit ihren Eltern. Bei Gesprächen sind vorschnelle Bewertungen und „gute Ratschläge" in Rezeptmanier zu vermeiden; stattdessen sollten wir aktiv zuhören können, Gedankenanstöße und, wenn möglich, konkrete Lern- und Arbeitshinweise geben (⌨⇨ Beitrag 9).

14.7.1.2 Konzentrationsförderung

Wie können wir als Lehrer die sachbezogene Konzentration unserer Schüler fördern? Ungeeignet sind allgemeine Hinweise („Jetzt konzentriere dich doch endlich!"), lautes Sprechen über längere Zeit hinweg, tadelnde Bemerkungen („Muss ich dir denn alles dreimal sagen?" „Weißt du schon wieder nicht, wo wir sind?"), Nörgeln, Lamentieren oder Strafpredigten.

Vorschläge für einen die Konzentration fördernden Unterricht
- Hilfreich ist eine **klare Strukturierung des Unterrichts** im Sinne einer deutlichen Phaseneinteilung, die die altersspezifische Konzentrationsspanne berücksichtigt.
- Der **Wechsel von Anspannung und Entspannung** sollte von vornherein in die Unterrichtsplanung mit einbezogen werden. Nach Erledigung einer Aufgabe, die die ungeteilte Konzentration verlangt, folgt am besten eine Auflockerung durch eine reizvolle Aufgabe, die den meisten Schülern leicht fällt, oder eine entspannende Phase in Form einer Arbeitspause, in der die Schüler eine lockere Sitzhaltung einnehmen und tief ein- und ausatmen können; vielleicht führt der Lehrer mit ihnen ab und zu auch eine kleine Entspannungsübung durch. Nützlich ist auch kurzes Lüften zwecks Sauerstoffzufuhr.
- Auch ein **abwechslungsreicher Unterricht** kann dazu beitragen, der Ermüdung und Übersättigung vorzubeugen. Zunächst ist hier an den **Lernstoffwechsel** zu denken: Verschiedene Lerngebiete oder Aspekte eines Themas werden behandelt, Wiederholungen und möglichst vielseitige Übungen werden eingeplant, die Schüler haben die Möglichkeit, eigene Erfahrungen und persönliche Meinungen einzubringen oder über Fragen des schulischen Alltags zu sprechen. Auch **Lern- und Denkspiele** und ausgesprochene **Konzentrationsübun-**

gen können ab und zu für stoffliche Abwechslung sorgen und zugleich auf motivierende Weise die Konzentration trainieren. Aufmerksamkeitsfördernd wirkt auch **methodische Abwechslung**; hierzu können unterschiedliche **Sozialformen**, variierende Lehr- und Lernverfahren und der Einbezug verschiedener Sinneskanäle beitragen. Anschaulichkeit ist vor allem bei jüngeren Schülern wichtig, hilft aber auch Jugendlichen, konzentriert und motiviert zu arbeiten.

- Als bezüglich der Schüleraufmerksamkeit wirkungsvolle Variable hat sich die **Lehrerexpressivität** erwiesen. Gemeint ist damit eine ausdrucksstarke Mimik und die Worte unterstreichende Gestik, häufiger Blickkontakt mit einzelnen Schülern, nuancenreiches Sprechen, also Variation in Tempo, Tonfall, Ausdruck und Lautstärke. Es empfiehlt sich, so oft wie möglich individuellen Kontakt mit den Schülern aufzunehmen, deren Konzentration leicht nachlässt. Ein Kopfnicken, ein Blick oder direktes freundliches Ansprechen sind geeignet, sie wieder in den Unterricht einzubinden.

- Sind die Schüler durch ein für sie aufregendes Ereignis, etwa eine Klassenarbeit oder ein besonderes Vorkommnis, abgelenkt, so wird es ihnen besser gelingen, sich auf den Unterricht der nächsten Stunde konzentriert einzustellen, wenn der Lehrer am Anfang der Stunde **Verständnis** äußert und den Jungen und Mädchen die Gelegenheit gibt, kurz über das betreffende Ereignis zu sprechen.

- Je mehr eigene **unterrichtsbezogene Aktivität** Schüler entfalten können, umso leichter wird ihnen die aufmerksame Mitarbeit fallen. Der Lehrer sollte daher möglichst viele Schüler in das Unterrichtsgeschehen einbeziehen, sie zu Fragen und eigenständigen Beiträgen ermuntern, realisierbare Vorschläge seitens der Schüler aufgreifen und sie auf dem Weg zu eigenverantwortlichem Arbeiten unterstützen.

Natürlich müssen wir als Lehrer auch selbst ein positives **Verhaltensvorbild** für zielgerichtetes, konzentriertes Arbeiten darstellen.

Wie können wir **Schüler mit ADS** wirkungsvoll unterstützen?
(Vgl. zum Folgenden Aust-Claus 1999, 220 ff.; Krowatschek 2002, Bd. 1, 22 ff. u. 46 ff.; Lauth, Schlottke 2002, 361 ff.)

Wichtig sind klare Strukturen, wie sie sich in einer wohlüberlegten Phasengliederung des Unterrichts, in verlässlicher Routine und in Sicherheit schaffenden Ritualen zeigen. Wenige eindeutige Regeln, deren Sinn vermittelt und für deren Einhaltung konsequent gesorgt wird, sind effektiver als ein unübersichtliches Regelwerk.

Auf genaue Arbeitsanweisungen, gut strukturierte Tafelbilder und Hervorheben von Wichtigem ist zu achten. Überforderung durch zu große Freiräume ist zu vermeiden. Bei offenen Unterrichtsformen sollten ADS-Kinder besonders im Auge behalten und, wenn nötig, kontrolliert und unterstützt werden. Hilfen zur Selbstorganisation sollten nicht nur bei Aktivitäten im Unterricht, sondern auch für die häusliche Arbeit – etwa zum Führen eines Hausaufgabenheftes, eines Kalenders oder zur Zeiteinteilung – gegeben werden.

Jüngeren Kindern hilft es oft, entfernt von Ablenkungsquellen in der Nähe des Lehrerpults zu sitzen, jedoch möglichst nicht alleine. Dies erleichtert dem Lehrer auch den unterstützenden, regulierenden Blickkontakt mit dem Schüler, ohne ihn in der Klasse zu isolieren. Ablenkende Gegenstände sollte man dem Schüler ruhig und ohne Vorwurf wegnehmen. In diesen Verhaltensweisen zeigt sich eine freundliche und gleichzeitig bestimmte Grundhaltung des Lehrers.

Der Bewegungsdrang hyperaktiver Kinder lässt sich durch körperliche Aktivität teils kanalisieren. Aus einem inneren Bedürfnis heraus sind sie oft gerne bereit, Arbeitsblätter auszuteilen, die Tafel zu putzen oder etwas außerhalb des Klassenzimmers zu erledigen; dazu sollte ihnen die Gelegenheit gegeben werden.

Lehrer sollten gerade bei aufmerksamkeitsgestörten Schülern ihren Blick für die kleinen Erfolge und die richtigen Schritte auf dem Weg zu größeren Zielen schärfen und erwünschtes Verhalten bewusst positiv verstärken. Dies gilt auch für die langsamen, verträumten Schüler, die beachtet und gefördert werden müssen (siehe auch Beitrag 7 über Lerntheorien).

Für beide ADS-Typen ist die Vermittlung von Strategien zur kognitiven Selbststeuerung nützlich. Die Schüler erlernen beispielsweise die Aufgabenanalyse, die Formulierung von Zwischenzielen, die Bewältigung von Frustrationen, die Selbstaufforderung, sich Zeit zu lassen bzw. die Zeit gut einzuteilen, und die Selbstverstärkung für bewältigte Teilaufgaben. Auf diese Weise können sie sich selbst sinnvolle Handlungsanweisungen geben.

Übungen und Spiele zum sozialen Lernen können zum Aufbau von Interaktionsfertigkeiten beitragen (Lions Quest 2003; Krowatschek 2002, Bd.2).

Besonders bei jüngeren Schülern ist die enge Zusammenarbeit mit den Eltern von großer Bedeutung. Die gegenseitige Information über das Verhalten des Kindes ist ebenso wichtig wie eine vorwurfsfreie Kommunikation ohne Schuldzuweisungen. Lehrer sollten auch informiert sein, wenn ein Schüler Medikamente einnimmt. Am häufigsten wird bei ADS Ritalin verordnet; die Wirksubstanz Methylphenidat verbessert in schweren Fällen die Aufmerksamkeitssteuerung und die Impulskontrolle und verringert die motorische Unruhe so weit, dass zielgerichtetes Arbeiten ermöglicht wird. Wegen möglicher Nebenwirkungen sollte nur nach sorgfältiger Diagnose und unter strenger Kontrolle mit Stimulanzien behandelt werden und gleichzeitig ein Training bzw. eine Verhaltenstherapie stattfinden.

 ADS verschwindet nicht mit dem Eintritt in die Pubertät, doch nimmt die äußerlich sichtbare Unruhe meist erheblich ab.

Was häufig bis ins Erwachsenenalter bleibt, sind Probleme beim Zeitmanagement, bei der konsequenten Planung und Durchführung größerer Arbeiten, Sprunghaftigkeit und Schwierigkeiten, Begonnenes zu Ende zu führen (Krause 2000, 122 f.). Jugendlichen hilft es, wenn sie beim Erwerb effektiver Strategien zum Umgang mit diesen Problemen unterstützt werden.

14.7.1.3 Hilfe zur Stressbewältigung

Stress und Angst in mäßiger Ausprägung erfüllen wichtige Funktionen: Aktivierung, produktive Spannung, Schaffung von Anstrengungsbereitschaft und damit Anreiz zur Weiterentwicklung. Daher kann es nicht darum gehen, die stressfreie Schule zu schaffen, was ohnehin eine Fiktion wäre. Schule soll zwar immer wieder Spaß machen, muss aber – will sie ihren Auftrag ernst nehmen und selbst ernst genommen werden – den Schülern auch etwas abverlangen: Anstrengung, Leistung, verantwortungsvollen Umgang mit sich und anderen.

 Unser Anliegen ist die Verminderung von schulischem „Distress" und die Unterstützung unserer Schüler bei der konstruktiven Stressbewältigung.

Dieser Zielsetzung dienen alle oben angeführten Möglichkeiten pädagogischen Handelns.

Die unterschiedlich ausgeprägte Stressanfälligkeit unserer Schüler erfordert eine **differenzierende Behandlung**. Bei manchen ist ein gewisser Arbeitsdruck zur Aktivierung notwendig, während bei stressempfindlichen Kindern und Jugendlichen der Druck vermindert werden muss, damit sie sich persönlich entfalten und effektiv arbeiten können. Die Art, wie wir mit unseren Schülern sprechen, wie wir sie ermutigen, loben und kritisieren, wie wir ihnen Leistungsrückmeldungen geben, sollte abgestimmt sein auf ihre unterschiedliche Sensibilität.

Von Schülern empfundene Belastungen sollten keineswegs geleugnet oder verharmlost werden.

 Schüler sollten lernen, Stresssituationen als lösbare Probleme und nicht als persönliche Bedrohungen zu bewerten.

Diese Grundüberzeugung liegt auch **Stressbewältigungstrainings** zu Grunde (Hampel, Petermann 2003, 49ff.). Wenn Kinder und Jugendliche lernen, sich selbst realistische Ziele zu setzen, können sie sich als tüchtig und erfolgreich erleben, was ihr Selbstwertgefühl und ihre künftige Anstrengungsbereitschaft fördert. Ein Schüler, der durch konsequentes Arbeiten in Französisch eine Vier schafft und damit versetzt wird, eine etwas ängstliche Schülerin, die vor der Klasse ein zehnminütiges Referat hält, ein Schüler, der sich im Schwimmunterricht überwindet und einen Kopfsprung vom Startblock schafft – sie alle können stolz auf ihre persönliche Leistung sein.

Eine Stressquelle im Leben vieler Schüler und Eltern stellen die **Hausaufgaben** dar. Sie sollten eng an den Unterricht angekoppelt sein, klar und eindeutig gestellt und rechtzeitig bekannt gegeben werden, damit bei Bedarf noch Gelegenheit zu Nachfrage und Erläuterung besteht. Der Sinn der Hausarbeiten muss erkennbar sein; keinesfalls dürfen sie in bloß routinemäßige Beschäftigung ausarten. Vielleicht lässt sich zuweilen eine Differenzierung nach Schwierigkeitsgrad, Übungsschwerpunkt oder Thematik vornehmen; in manchen Fächern kann die Chance genutzt werden, Interessen und Erfahrungen der Schüler bei unterschiedlichen

Bewältigung von Schulschwierigkeiten 361

Aufgaben zu berücksichtigen oder kleinen Gruppen gemeinsame Arbeitsaufträge zu erteilen. In jedem Fall sollten die Hausaufgaben so gestellt sein, dass sie auch von jüngeren Schülern ohne elterliche Hilfe erledigt werden können. Hat ein Schüler die häusliche Arbeit einmal nicht bewältigt und teilt dies dem Lehrer vor der Besprechung mit, so sollte dieser bei schriftlichen Aufgaben darauf bestehen, einen Lösungsansatz bzw. eine lückenhafte Ausführung zu sehen, gleichzeitig aber auch die Bereitschaft erkennen lassen, den nicht verstandenen Unterrichtsstoff noch einmal aufzugreifen.

Stress- und Angstempfindungen in der Schule konzentrieren sich häufig auf den Bereich der **Leistungsbeurteilung**. Wissen Schüler nicht, was in einer Klassenarbeit geprüft oder in einer mündlichen Leistungssituation von ihnen erwartet wird, so fühlen sie sich unsicher. Um dies zu verhindern, sind Leistungsbewertungsprozesse transparent zu gestalten. Bei Klassenarbeiten sollten die Schüler wissen, welcher Stoff und welche Arbeitsformen verlangt werden, wie viel Zeit zur Verfügung steht und welche Hilfsmittel zugelassen sind. Klare, eindeutige Arbeitsanweisungen sollten selbstverständlich sein. Ein ritualisierter Ablauf zu Beginn einer Arbeit – z. B. Eintrag ins Inhaltsverzeichnis, kurzes Durchsprechen der Aufgaben, Möglichkeit zu Rückfragen – schafft Sicherheit. Bei der Rückgabe von Klassenarbeiten ist taktvolles, einfühlsames Verhalten angebracht. Schüler mit schwachen Leistungen dürfen keinesfalls bloßgestellt werden. Bei einer für einen Schüler schlecht ausgefallenen Arbeit ist vor allem deren Rückmeldefunktion zu betonen. Eine Fehleranalyse kann aufzeigen, wo der Schüler beim Arbeiten effektiv ansetzen kann. Ein persönlich formulierter, ermutigender Kommentar, verbunden mit Lerntipps, wird von den meisten Schülern als hilfreich begrüßt. Im Gespräch kann ausführlicher auf Maßnahmen zur Aufarbeitung von Lücken und auf Ausgleichsmöglichkeiten eingegangen werden (siehe Beitrag 12 über Leistungsbeurteilung).

Es ist wichtig, die Leistungsentwicklung des einzelnen Schülers im Sinne der individuellen Bezugsnorm im Auge zu behalten. Bei Schülern, die vorübergehend oder langfristig Leistungsprobleme haben, sollten auch Fortschritte, die sich notenmäßig noch kaum niederschlagen, anerkannt werden; das Lob bedeutet gerade hier einen wichtigen Ansporn.

Entspannungstraining kann eine wirksame Hilfe zur Verringerung von Belastung sein. Kleinere Übungen lassen sich gut in den Unterricht integrieren.

Ist ein Schüler in die Klasse als informelle Gruppe integriert, so verschafft ihm dies einen emotionalen Rückhalt und hilft ihm bei der Stressbewältigung. Hierzu können **kooperative Arbeitsformen** beitragen. Auch gemeinsame **Konfliktlösung** und **Streitschlichtung** können einen hervorragenden Beitrag zu einem stressarmen sozialen Miteinander leisten.

Dem Fach **Sport** kommt ebenfalls eine wichtige Funktion zu: Sport, Spiel und regelmäßiges Laufen können in hohem Maße zum Stressabbau beitragen. Der **Musik**- und der **Kunst**unterricht bieten die Chance, kreative Kräfte freizusetzen und innere Spannungen zu lösen.

362 Schulschwierigkeiten

Des Weiteren kann das **außerunterrichtliche Schulleben** zum Wohlgefühl in der Schule beitragen und Stress reduzieren. Zu denken ist hier beispielsweise an Klassen- und Schulfeste, Sportveranstaltungen, Schultheater, Konzerte, Ausstellungen von Schülerwerken, Exkursionen und Schullandheimaufenthalte.

14.7.2 Möglichkeiten der Schule

14.7.2.1 Reaktionen auf Leistungsschwierigkeiten

Wenn Schüler bei sich abzeichnenden Leistungsschwierigkeiten frühzeitig gefördert werden – dies zeigt die PISA-Studie am Beispiel Finnlands –, lassen sich gravierende Probleme meist verhindern. Dies kommt nicht nur dem Selbstwertgefühl und den Lernergebnissen des einzelnen Schülers, sondern auch dem Leistungsniveau der Schülerschaft insgesamt zugute. An einem Teil der deutschen Schulen wird in begrenztem Umfang in einzelnen Fächern **Stütz- und Förderunterricht** angeboten. Dieser erfüllt seinen Zweck dann, wenn in Kleingruppen gezielt auf Schwächen und Lücken einzelner Schüler eingegangen wird. Ein Ausbau des Förderunterrichts, verbunden mit Lehrerfortbildungsmaßnahmen über spezifische Trainingsmöglichkeiten im Bereich des Arbeitsverhaltens, ist wünschenswert.

Erbringt ein Schüler im Verlaufe eines Schuljahrs nicht die Leistungen, die erwarten lassen, dass er den Anforderungen der nächsthöheren Klasse gewachsen sein wird, reagiert die Schule mit **Nichtversetzung**. Bei dieser Maßnahme wird davon ausgegangen, dass der Schüler durch Wiederholen einer Klasse seinen Leistungsrückstand aufarbeiten kann. Daneben mag das „Sitzenbleiben" auch eine Signalwirkung für Jugendliche haben, die zu wenig Zeit und Energie in die Schule investieren. Die Nichtversetzung ist **pädagogisch** jedoch **umstritten**.

Schließlich kommt bei lang anhaltenden Leistungsproblemen, die auf wirkliche Überforderung hindeuten, auch ein **Schulartwechsel** in Betracht. Ein Gymnasiast beispielsweise, der durch ständige Misserfolge entmutigt ist, kann durch rechtzeitigen Übergang auf eine Realschule – ehe er durch wiederholte Nichtversetzung dazu gezwungen wird – zu einem positiven Leistungsselbstbild finden. Natürlich darf hier nicht übersehen werden, dass ein solcher Schulwechsel für betroffene Schüler unter Umständen auch erhebliche Selbstwertprobleme mit sich bringen kann.

Für Schüler und Eltern kann es hilfreich sein, sich zum Zwecke der **Schullaufbahnberatung** oder der Unterstützung bei Lern- und Leistungsproblemen an den zuständigen Beratungslehrer zu wenden, der seine Beratungstätigkeit neben seinem Unterrichtsauftrag an der Schule ausübt, oder einen Schulpsychologen aufzusuchen, der je nach Bundesland an einer Schule oder an mehreren Schulen bzw. an einer schulpsychologischen Beratungsstelle in einem Expertenteam tätig ist.

14.7.2.2 Reaktionen auf Verhaltensprobleme

Auf Verhaltensauffälligkeiten, die ohnehin häufig mit Lernschwierigkeiten gekoppelt auftreten, sollte möglichst **frühzeitig** pädagogisch reagiert werden, bevor sie sich zu gravierenden Störungen auswachsen.

Erziehungs- und Ordnungsmaßnahmen wie Nachsitzen, Überweisung in eine Parallelklasse, zeitweiliger Ausschluss vom Unterricht oder gar Ausschluss aus der Schule können als Signal im Einzelfall sinnvoll sein, kommen aber nur infrage, wenn pädagogische Mittel nicht ausreichen. Ohne erzieherisch-beratende Begleitung berühren derartige Sanktionen nur die Oberfläche des jeweiligen Problems.

Liegen im Falle eines Schülers psychosoziale Belastungen vor, welche die Kompetenz der Lehrer überschreiten, sollte dem Schüler und seinen Eltern geraten werden, die **Hilfe von Fachleuten** in Anspruch zu nehmen. Die erste Anlaufstelle wird meist der Beratungslehrer bzw. Schulpsychologe sein. Schulpsychologische Beratungsstellen bieten häufig gezielte Förder- und Trainingsprogramme an und leiten therapeutische Maßnahmen ein. Bei Bedarf kann auch Kontakt mit Erziehungs- und Drogenberatungsstellen, mit Jugend- und Sozialämtern, mit Psychotherapeuten oder anderen Personen bzw. Institutionen aufgenommen werden, die an der Beratung und Betreuung von Kindern und Jugendlichen sowie deren Familien mitwirken.

14.7.2.3 Schulklima und Kooperation

Das Schulklima wird dadurch bestimmt, wie Lehrer, Schüler, Eltern und Schulleitung miteinander umgehen, wie Regeln vereinbart, vermittelt und durchgesetzt werden und wie Konflikte gelöst werden.

> *Es muss einen Grundkonsens über Ziele, Regeln und Umgangsformen zwischen Lehrern, Schülern und Eltern geben.*

Einen solchen Konsens herzustellen ist keine punktuelle, sondern eine anspruchsvolle langfristige Aufgabe.

Sinnvoll ist es auch, die **Rolle des Klassenlehrers** zu stärken, etwa durch eine fest etablierte Klassenlehrerstunde in der Unterstufe. In diesem Rahmen lässt sich das sozio-emotionale Lernen und das Entstehen einer guten Klassengemeinschaft fördern. Dabei kann ein erprobtes Programm wie „Lions Quest: Erwachsen werden" (Lions Quest 2003) eine wertvolle Hilfe darstellen.

Auf lange Sicht gesehen können wir unsere Schüler nur dann wirksam unterstützen, wenn wir unsere Berufsmotivation und Schaffenskraft erhalten. Dazu bedarf es der Kooperation, des ständigen Austauschs und der gegenseitigen Unterstützung innerhalb des Kollegiums. Untersuchungen zeigen, dass die Fähigkeit zum erfolgreichen Umgang mit Schülern und deren Problemen in engem Zusammenhang mit der **beruflichen Zufriedenheit von Lehrern** steht (Böhm-Kasper et al. 2001, 57). Letztlich dient damit die Weiterentwicklung dieser Fähigkeit nicht nur unseren Schülerinnen und Schülern, sondern auch unserem eigenen Wohlbefinden als Lehrerinnen und Lehrer.

Literatur

Aust-Claus, E., Hammer, P. (1999, 2. Aufl.). Das ADS-Buch: Aufmerksamkeits-Defizit-Syndrom. Ratingen: Oberstebrink.

Baumert, J. et al. (Hrsg.) (2001). PISA 2000. Basiskompetenzen von Schülerinnen und Schülern im internationalen Vergleich. Opladen: Leske & Budrich.

Beck, U. (1996). Das eigene Leben in die eigene Hand nehmen. In: Pädagogik 7–8/96, 41–47.

Bickhoff, M. (2000). Psychische und körperliche Belastung bei Lehrkräften. Eichstätt: diritto Publikationen.

Betz, D. & Breuninger, H. (1998, 5. Aufl.). Teufelskreis Lernstörungen. Weinheim: Beltz Psychologie Verlags Union.

Böhm-Kasper, O., Bos, W., Körner, S., Weishaupt, H. (2001). Sind 12 Schuljahre stressiger? Belastung und Beanspruchung von Lehrern und Schülern am Gymnasium. Weinheim, München: Juventa.

Dambach, K. (1998). Mobbing in der Schulklasse. München, Basel: Ernst Reinhardt.

Fölling-Albers, M. (1995, 2. Aufl.). Schulkinder heute. Auswirkungen veränderter Kindheit auf Unterricht und Schulleben. Weinheim, Basel: Beltz.

Frank, A., Peschl, V. et al. (1998). Belastung in der Schule? Eine Untersuchung an Hauptschulen, Realschulen und Gymnasien Baden-Württembergs. Weinheim: Deutscher Studien Verlag.

Gage, N. L., Berliner, D. C. (1996, 5., überarb. Aufl.). Pädagogische Psychologie. Weinheim: Beltz Psychologie Verlags Union.

Hampel, P., Petermann, F. (2003, 2., erweiterte Aufl.). Anti-Stress-Training für Kinder. Weinheim: Beltz Psychologie Verlags Union.

Hennig, C., Keller, G. (2000, 3. Aufl.). Lehrer lösen Schulprobleme. Donauwörth: Auer.

Hurrelmann, K. (1994, 2. Aufl.). Familienstress, Schulstress, Freizeitstress. Weinheim, Basel: Beltz.

Hurrelmann, K. Wolf, H. (1986). Schulerfolg und Schulversagen im Jugendalter. Weinheim, München: Juventa.

Krause, J. (2000). So sind sie! Erscheinungsbild und Behandlung Erwachsener mit ADS. In: Fitzner, Th., Stark, W. (Hrsg.) (2000). ADS – verstehen, akzeptieren, helfen. Weinheim, Basel: Beltz, 118–131.

Krowatschek, D., Krowatschek, G., Hengst, U. (2002). Das ADS-Trainingsbuch. 2 Bände. Lichtenau: AOL.

Lauth, G., Schlottke, P. (2002, 5. Aufl.). Training mit aufmerksamkeitsgestörten Kindern. Weinheim: Beltz Psychologie Verlags Union.

Lions Quest „Erwachsen werden" (2003, 5. Aufl.). Material nur in Verbindung mit Einführungsseminaren erhältlich; E-mail: sekretariat@lions-clubs.de.

Mand, J. (2003). Lern- und Verhaltensprobleme in der Schule. Stuttgart: Kohlhammer.

Reisch, R. (2003). Schulstress gekonnt meistern. Praktische Tipps für LehrerInnen und Eltern. Wien: öbv&hpt Verlag.

Rolus-Borgward, S. (2002). Der Einfluss metakognitiver und motivationaler Faktoren auf die schulische Leistung von Kindern und Jugendlichen mit Lern- und Verhaltensstörungen. In: Wittrock, M. et al. (Hrsg) (2002). Lernbeeinträchtigung und Verhaltensstörung: Konvergenzen in Theorie und Praxis. Stuttgart, Berlin, Köln: Kohlhammer.

Schwarzer, R. (2000, 4., überarb. Aufl.). Stress, Angst und Handlungsregulation. Stuttgart: Kohlhammer.

Strittmatter, P.(1997, 2. Aufl.). Schulangstreduktion. Abbau von Angst in schulischen Leistungssituationen. Neuwied: Luchterhand.

Tanjour, I., Reschke, K. (2002). Stress und Stressbewältigung bei Kindern. In: Schumacher, J., Reschke, K., Schröder, H. (Hrsg.) (2002). Mensch unter Belastung. Erkenntnisfortschritte und Anwendungsperspektiven der Stressforschung. Frankf./M.: VAS – Verlag für Akademische Schriften, 99–121.

Wender, P. (2002). Aufmerksamkeits- und Aktivitätsstörungen bei Kindern, Jugendlichen und Erwachsenen. Stuttgart: Kohlhammer.

Themenblock IV:
Interaktion

15 Interaktionsprozesse im Unterricht
16 Die Schulklasse als Gruppe
17 Konflikte in der Schule

15 Interaktionsprozesse im Unterricht

Günter Trenz

15.1 Missverständnisse zwischen Lehrern und Schülern – ein unvermeidbares Problem?

Beginnen wir mit einer kleinen Episode aus der Klasse.

Beispiel

In einer Englischstunde in Klasse 6 wird das Grammatikthema „Steigerung der Adjektive" wiederholt. Auf eine Lehrerfrage hin meldet sich eine Schülerin eifrig und schreibt, ihrer Sache sicher, „easy – easier – easiest" an die Tafel. „Are you sure?", fragt sie der Lehrer mit ernstem Gesicht, und sie antwortet, schon ein wenig unsicher, „Yes." Aus der Klasse kommen Zwischenrufe: „mit y"; der Lehrer schaut überlegend: „Well, let's have a close look at the spelling again", und beginnt eine Wiederholung der Schreibregeln. Die Schülerin geht an ihren Platz zurück und beteiligt sich nicht mehr am Unterricht. Als sich ihre Lösung nach einiger Zeit als richtig herausstellt, bemerkt sie zu ihrer Nebensitzerin: „Das habe ich doch gleich gesagt."

Was hat den Lehrer zu seiner Reaktion veranlasst? Wahrscheinlich hat er während der schnellen und sicheren Problemlösung in der Klasse Reaktionen wahrgenommen, die es ihm geboten erscheinen ließen, den Stoff noch einmal zu systematisieren. Um die Spannung in der Klasse aufrechtzuerhalten, wollte er die richtige Lösung nicht sofort verraten. Die Schülerin andererseits wurde durch dieses Verhalten verunsichert, frustriert und schließlich verärgert. Was für viele Schüler der Klasse motivierend wirkte, hatte für sie den gegenteiligen Effekt.

Nun kann man sagen, als Lehrer könne man es ohnehin niemals allen recht machen, und dies trifft in gewisser Hinsicht auch zu. Trotzdem wird an diesem Beispiel deutlich, dass zielgerichtete und durchaus wohlmeinende Handlungen beim Gegenüber einen nicht intendierten, vielleicht sogar gegenteiligen Effekt bewirken können. Bei häufiger Wiederkehr ähnlicher Interaktionsmuster kann dies zu tiefgreifenden Missverständnissen zwischen Lehrer und Schüler führen.

Drei weitere, oft beobachtete und analysierte Phänomene belegen die Vermutung, dass scheinbare Kleinigkeiten im Interaktionsprozess problematische Lehrer-Schüler-Beziehungen mitbedingen:

- Lehrer loben vermeintlich schwache Schüler bei der Lösung leichter Aufgaben häufig über Gebühr. Bei den Betroffenen verfestigt sich die Etikettierung „schlechter Schüler".
  Sie denken möglicherweise, dass sie nicht für sonderlich intelligent gehalten werden, weil diese doch leichte Lösung kein so überschwängliches Lob verdient hätte, und folgern weiter, dass sie für eine solch leichte Aufgabe gerade gut genug seien.
- „Lieblinge" werden bei gleichem Verhalten anders behandelt als Schüler, die Lehrer „auf dem Kieker" haben.

Missverständnisse zwischen Lehrern und Schülern – ein unvermeidbares Problem? 367

■ Schülerleistungen werden oft wenig objektiv beurteilt:
So ist bekannt, dass in den Klassen 5 und 6 des Gymnasiums Rechtschreibfehler in Diktaten von Mädchen mit ordentlichem Schriftbild am häufigsten übersehen werden.

Guter Wille allein reicht also nicht aus, um Missverständnisse im Klassenzimmer auszuschließen und den Wunsch nach Herstellung und Aufrechterhaltung eines positiven und für den Lernprozess förderlichen Unterrichtsklimas zu realisieren. Dies kann dauerhaft nur gelingen, wenn die Grundzüge des komplexen Interaktionsgeflechtes in der Schulklasse entwirrt, wenn Einsichten in Ursachen von Schüler- und Lehrerverhalten gewonnen und wenn die theoretischen Erkenntnisse für die Praxis nutzbar gemacht werden. Darum geht es in diesem Kapitel.

15.2 Theoretische Grundlagen

Interaktion kann definiert werden als **wechselseitige Beeinflussung** von Individuen und Gruppen hinsichtlich ihrer **Einstellungen**, **Gefühle** und **Handlungen**. Sie geschieht auf der Basis von zwischenmenschlicher Kommunikation: Eine Person, der „Sender", teilt eine Nachricht in verschlüsselter Form mit, z. B. im Zeichensystem der Sprache. Der „Empfänger" entschlüsselt die Botschaft und gibt dem Sender eine Rückmeldung über Empfang und Verständigung. Der Sender kann dann wiederum kontrollieren, ob das von ihm gewünschte Kommunikationsziel mit dem erzielten Ergebnis übereinstimmt, er kann gegebenenfalls korrigieren oder wiederum bestätigen.

15.2.1 Paul Watzlawick: Menschliche Kommunikation

Der aus Österreich stammende und in Palo Alto (USA) forschende Psychologe Paul Watzlawick hat mit seiner Untersuchung „Patterns of Human Communication" (1967, dt. 1985) richtungsweisende Erkenntnisse der Kommunikationspsychologie vorgelegt. Bis heute vertritt er seinen in der Tradition Gregory Batesons stehenden und in Deutschland beispielsweise durch die soziologische Forschung Niklas Luhmans bekannt gewordenen „radikalen Konstruktivismus" vehement.

Es gibt zwar, so betont Watzlawick, durchaus eine Art „Wirklichkeit", die auf Wahrnehmung und Anschauung beruht. In letzter Konsequenz jedoch **wird unsere Realität durch subjektive Deutungen**, durch kognitive und emotionale Zuschreibungen **bestimmt**, von denen niemand sagen kann, ob sie „wahr" sind.

Watzlawicks zentrale These, die besagt, dass Wirklichkeit im Kommunikationsprozess entsteht, ist philosophiegeschichtlich keineswegs neu, und auch Watzlawick zitiert gerne Epiktet: „Es sind nicht die Dinge, die uns beunruhigen, sondern die Meinungen, die wir von den Dingen haben." In den letzten Jahren allerdings haben die konstruktivistischen Forschungen in vielen wissenschaftlichen Disziplinen erneut an Bedeutung gewonnen, beispielsweise in den Erkenntnissen der gegenwärtigen interdisziplinären neurobiologischen und lernpsychologischen Forschung (☐ ⇨ Beitrag 8, Wissenserwerb und Problemlösen).

Was Watzlawicks Arbeiten gerade für den Lehrberuf interessant macht, sind die praktischen Konsequenzen, die er in fünf „pragmatischen Axiomen" zusammenfasst.

Die fünf Axiome Watzlawicks

1. Axiom:„Man kann nicht nicht kommunizieren" (S. 53).
Handeln, Nichthandeln, Sprechen, Schweigen, Hin- oder Wegsehen, alles hat im Kommunikationsprozess Mitteilungscharakter. Ob Schüler sich am Unterricht aktiv beteiligen, ob sie aufmerksam sind oder träumen, ob sie den Lehrer bewusst ignorieren oder ihn stören wollen, immer senden sie Nachrichten im kommunikationstheoretischen Sinn, die vom Empfänger aufgenommen und interpretiert werden und schließlich zu einer Rückmeldung führen.

2. Axiom:„Jede Kommunikation hat einen Inhalts- und einen Beziehungsaspekt" (S. 56).
Während auf der inhaltlichen Ebene die reine Sachinformaton vermittelt wird, deutet der Beziehungsaspekt darauf hin, wie der Sender seine Botschaft vom Empfänger verstanden haben möchte und wie er seine Beziehung zum Empfänger sieht.
Die Qualität einer Beziehung beruht oft auf impliziten Annahmen über Ursache-Wirkungs-Zusammenhänge, im Konfliktfall auch auf Schuldzuschreibungen („Interpunktionen"). Die Partner gliedern den Kommunikationsablauf unterschiedlich. Sie neigen dazu, das Verhalten des anderen als Ursache und das eigene Verhalten als Folge zu sehen. Im Interaktionsgeschehen werden die Ausnahmen nur selten explizit verbalisiert („Metakommunikation"), sondern meist durch die Art der Formulierung, durch Betonungen sowie non-verbale Kommunikationsanteile wie Gestik und Mimik definiert („digitale und analoge Kommunikation").

Die Axiome 3 und 4 betonen diese Zusammenhänge, während das fünfte Axiom noch einmal die Struktur der Beziehungsformen thematisiert.

3. Axiom:„Die Natur einer Beziehung ist durch die Interpunktionen der Kommunikationsabläufe seitens der Partner bedingt."

4. Axiom:„Menschliche Kommunikation bedient sich digitaler und analoger Modalitäten. Digitale Kommunikationen haben eine komplexe und vielseitige logische Syntax, aber eine auf dem Gebiet der Beziehungen unzulängliche Semantik. Analoge Kommunikationen dagegen besitzen dieses semantische Potenzial, ermangeln aber der für eindeutige Kommunikation logischen Syntax." (S. 68)

5. Axiom:„Zwischenmenschliche Kommunikationsabläufe sind entweder symmetrisch oder komplementär, je nachdem, ob die Beziehung zwischen den Partnern auf Gleichheit oder Unterschiedlichkeit beruht."(S. 70)

Theoretische Grundlagen 369

Das Lehrer-Schüler-Verhältnis ist aus einer gesellschaftlichen Konvention heraus als komplementäre Beziehung zu verstehen, in der unterschiedliche Verhaltensweisen sich gegenseitig ergänzen und den Interaktionsprozess bestimmen. Hierbei wird in der Regel nicht ein Interaktionspartner dem anderen eine entsprechende Verhaltensweise aufzwingen, vielmehr setzt jede Interaktion das Verhalten des anderen voraus und bedingt es gleichzeitig: Schüler verhalten sich in ihrer Rolle so, wie sie glauben, dass sich Schüler verhalten müssten, und Lehrer reagieren auf dieses Verhalten so, wie sie glauben, dass es von ihnen in ihrer Lehrerrolle erwartet würde.

Als klinischer Psychologe interessiert sich Paul Watzlawick in erster Linie für therapeutische Konsequenzen seiner Erkenntnisse. Für ihn liegt die Pathologie eindeutig nicht beim Einzelnen, sondern im gestörten System der Kommunikation. Auf eine plakative Kurzformel gebracht heißt sein Therapieransatz: „Lerne die Sprache des anderen." Systemische Therapieformen haben den Erkenntnissen der auf Watzlawick beruhenden Kommunikationspsychologie viel zu verdanken.

15.2.2 Friedemann Schulz von Thun: Miteinander reden

Die Intentionen des Hamburger Psychologen Friedemann Schulz von Thun sind weniger therapeutischer als vielmehr prophylaktischer Natur. Schulz von Thun möchte Kommunikationsabläufe optimieren, um Störungen des Interaktionsprozesses zu vermeiden bzw. entstandene Konflikte zur Zufriedenheit aller Beteiligten zu lösen. Seine praxisorientierten Ideen haben sowohl im betrieblichen Bereich als auch zunehmend bei einem mit Lehr-Lern-Prozessen befassten Personenkreis Anklang gefunden.

Schulz von Thun beruft sich explizit auf Watzlawick, erweitert jedoch dessen Vorstellung von Inhalts- und Beziehungsaspekt. Er sieht ein Geflecht von vier in einer Nachricht enthaltenen Botschaften: **Sachinhalt, Selbstoffenbarung, Beziehung und Appell** (1981, 25 ff.).

Beispiel

Beim Abschreiben des Tafelanschriebs beschwert sich ein Schüler lautstark bei der unterrichtenden Referendarin: „Ihre Schrift kann doch kein Mensch lesen." Die Sachinformation dieser Nachricht ist eindeutig, steht aber sicherlich weniger im Vordergrund als die Selbstoffenbarungsseite, aus der zunächst hervorgeht, dass der Schüler die Schrift an der Tafel nicht lesen kann, und die wohl weiter beinhaltet, dass er aufmerksam ist, den Tafelanschrieb tatsächlich abschreiben möchte, über ein gutes Maß an Selbstvertrauen verfügt und anscheinend keine Angst hat, seine Lehrerin mit einer solchen Aussage zu konfrontieren. Interessant ist auch die Beziehungsebene, auf der deutlich wird, wie der Sender zur Empfängerin steht und was er von ihr hält. Im gewählten Beispiel könnte die Botschaft zum einen lauten: „Ich halte Sie für so humorvoll und partnerschaftlich, dass ich mir eine solche Bemerkung zutraue." Zum anderen könnte sie die Kritik umfassen: „Sie müssen noch dazulernen und Ihre Schrift verbessern." Die Appellebene schließlich beschreibt, wozu der Sender die Empfängerin veranlassen möchte, und beinhaltet hier die Forderung, deutlicher zu schreiben.

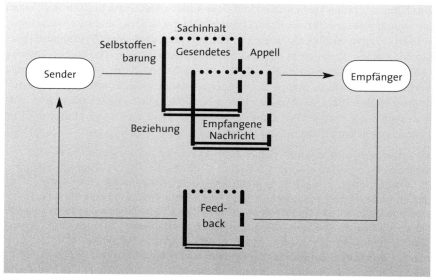

Bild 15.1: Vollständiges Kommunikationsmodell (Schulz von Thun 1981, S. 81)

Wie schon Watzlawick weist auch Schulz von Thun auf die Bedeutung zum einen der die Interaktionsprozesse prägenden **Kommunikationsstile** (Band 2), zum anderen der den Verbalisierungen inhärenten „**Qualifikationen der Nachricht**" (S. 36) hin: Kontext, Art der Fomulierung, Mimik und Gestik, Tonfall sind entscheidende Teile der Botschaft.

Eine Vorstellung von der tatsächlichen **Komplexität menschlicher Kommunikation** bekommt man, wenn man sich vor Augen hält, dass auch auf der Seite des Empfängers vier entsprechende Ebenen bestehen – Schulz von Thun nennt sie „**Ohren**" –, auf denen die jeweilige Nachricht entschlüsselt und je nach Prämisse der Wahrnehmung unterschiedlich interpretiert werden kann. Schließlich ist auch die Rückmeldung vom Empfänger zum Sender als Nachrichtenquadrat zu verstehen, sodass sich das vollständige Kommunikationsmodell sehr umfassend darstellt (Bild 15.1).

Missverständnisse sind im Kommunikationsprozess angelegt: Wenn die Referendarin im obigen Beispiel die Schüleräußerung etwa zuvörderst auf dem Beziehungs- und Appellohr hören würde, könnte sie aufnehmen, dass der Schüler sie für unfähig hält, verunsichern und provozieren will, und würde vielleicht äußerlich auf der Inhaltsebene reagieren, eigentlich aber die Beziehungsebene meinen: „Vielleicht brauchst du eine Brille."

„**Metakommunikation**" ist im Modell Schulz von Thuns der **Schlüssel zur Konfliktlösung**. Das Gespräch **über** die Nachricht, **über** die Intentionen des Senders und die Interpretationen des Empfängers kann Missverständnisse im Interaktionsprozess klären und ist wichtiger als die Beantwortung der Frage nach Ursa-

Theoretische Grundlagen

che und Wirkung, nach Aktion und Reaktion oder nach Interpunktion. Schulz von Thun umschreibt seine diesbezüglichen systemtheoretischen Überlegungen mit der Formel „1 + 1 = 3" (S. 87), man könnte ebenso gut im Sinne kybernetischer Regelkreise davon sprechen, dass das Ganze mehr ist als die Summe seiner Teile.

Menschen neigen bekanntermaßen dazu, das eigene Verhalten eher als Reaktion denn als Aktion zu sehen. „Weil ihr faul seid, muss ich Druck ausüben", sagt der Lehrer und der Schüler denkt: „Weil er Druck ausübt, habe ich keine Lust zum Arbeiten." (s. o. 3. Axiom)

Kommunikation verläuft also nicht linear, sondern ist kreisförmig angelegt, sodass aus ganzheitlicher Sicht folgende Fragen für eine Analyse mit dem Ziel der Verbesserung des Interaktionsverhaltens gestellt werden müssen: Nach welchen Regeln (offen oder verborgen) wird im System (beispielsweise der Schulklasse) gespielt, welche Rolle spielen die jeweiligen Beteiligten dabei, und vor allem, welche Vorteile hat jeder Einzelne im gegebenen Rahmen? Mit anderen Worten, es geht um die **Analyse von offenen und verdeckten Kreisläufen**, die sich durchaus zu Teufelskreisen ausdehnen können, wie das Beispiel in Bild 15.2 zeigt.

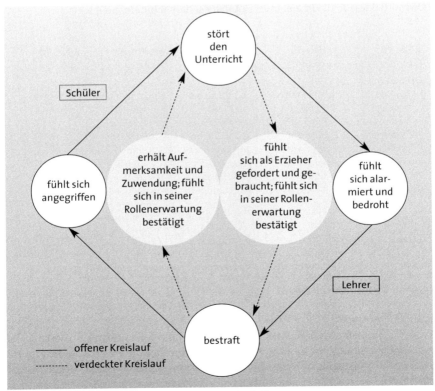

Bild 15.2: Beispiel für einen Teufelskreis im Schulalltag

15.2.3 Die Unterrichtssituation

Aufgrund der ihnen eigenen Komplexität sind Interaktionsprozesse schon in der Beziehung zwischen zwei Menschen nicht einfach zu analysieren. Um ein Vielfaches problematischer ist die entsprechende Analyse der Unterrichtssituation:

Schüler sind als Mitglieder der Schulklasse **Rollenkonflikten** ausgesetzt, Machthierarchien und sozialer Status stehen auf dem Spiel. Auch Lehrer leben in Rollenkonflikten, denn sie wollen Freund und Berater ihrer Schüler sein, sind jedoch gleichzeitig Vertreter der Institution Schule. Sie sind in jeder Phase des Unterrichts mit vielfältigen, divergenten Anforderungen – z. B. Stoffvermittlung, Beurteilung, Förderung, Konfliktmanagement – konfrontiert, die in der täglichen Praxis ihre ganze Aufmerksamkeit und ein hohes Maß an Routinisierung und Typisierungen erfordern.

Weiterhin ist die individuelle emotionale Befindlichkeit von Bedeutung. Es ist ein Trugschluss anzunehmen, persönliche Probleme und Gefühle blieben außerhalb des Klassenzimmers, auch wenn Lehrer durch Professionalisierung und Schüler durch Erfahrungen und äußeren Druck gelernt haben mögen, sich bis zu einem gewissen Grad davon zu lösen. Tabelle 1 gibt einen Überblick über die vielfältigen Faktoren, die in das Interaktionsgeschehen hineinspielen.

situative Faktoren	soziale Faktoren	persönliche Faktoren	strukturelle Faktoren	inhaltliche Faktoren
Ort und Zeit: – Klassenzimmer – Stellung der Stunde am Vormittag Ereignisse der vorangegangenen bzw. kommenden Stunde; äußere Einflüsse, z. B. Unruhe	Schüler in der Gruppe; Schülerrolle; Lehrerrolle; Sozialisation: – außerhalb und – innerhalb der Schule	kognitive und emotionale Befindlichkeit; Erwartungen und Bewertungen; Ursachenzuschreibungen	Funktionen von Interaktion im Unterricht: – persönlich (Lehrer-Schüler-Beziehung) – unpersönlich (Wissensvermittlung) Ziel: Effektivität	Sachinhalte; Themen

Tabelle 15.1: Determinanten von Interaktionsprozessen im Unterricht

15.3 Lehrerverhalten

15.3.1 Überblick

Wissenschaftliche Untersuchungen, die das Verhalten und Handeln von Lehrern zum Thema haben, reichen von behavioristischen Analysen und sozialpsychologischer Führungsstilforschung über Überlegungen der schülerzentrierten, humanistischen Psychologie bis zu kognitiv orientierten Attribuierungs- und Motivationstheorien. Gegenwärtiger Untersuchungsschwerpunkt kognitiver Psychologie sind individuelle Ursachen von Lehrerverhalten, von denen man annimmt, dass sie prinzipiell analysierbar und damit veränderbar sind. Auf einer abstrakten Ebene kann man sagen, dass das Lehrerverhalten eine konkrete Folge von rationalisierbaren, komplexen kognitiven und emotionalen Prozessen ist, deren Basis in den kognitiven Konzepten zu suchen ist, die dem Lehrer zur Verfügung stehen. Komplexität und Vernetzung sind in Bild 15.3 dargestellt.

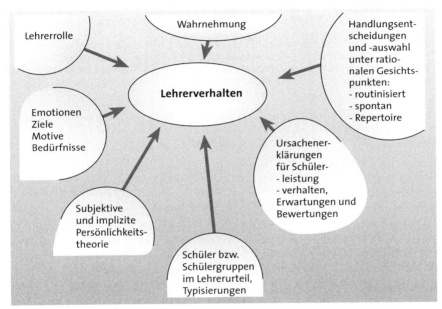

Bild 15.3: Übersicht über Ursachen des Lehrerverhaltens (vgl. Dobrick/Hofer 1991)

Im Folgenden sollen, nach einem Blick auf die wegweisenden klassischen Forschungen zu Führungsstilen, die zentralen Punkte dieses Beziehungsgeflechts erläutert werden.

15.3.2 Die klassischen Untersuchungen zum Lehrerverhalten – Lewin und Tausch

Der nach Amerika emigrierte deutsche Psychologe Lewin setzte in den 30er-Jahren mit sozialpsychologischen Experimenten und Analysen Maßstäbe im Bereich Führungsstilforschung. Geprägt von den Erfahrungen des Faschismus erforschte er die Frage nach der bestmöglichen Erziehung zur Demokratie. Er untersuchte die Auswirkungen dreier **Typenkonzepte von Führungsstilen** auf das soziale Klima und das Verhalten von Jugendlichen und Kindern in Gruppen. Dabei ließ Lewin (1939) alle drei Stile von einem Erzieher praktizieren und zeigte, dass Führungsstile erlernbar sind, auch wenn ein Stil bevorzugt wird. Lewins Führungsstile werden in der folgenden Tabelle im Zusammenhang mit Merkmalen und Auswirkungen typischen Lehrerverhaltens idealtypisch dargestellt.

Autokratischer / autoritärer Stil	Demokratischer / partnerschaftlicher Stil	Laissez-faire-Stil
Merkmale	**Merkmale**	**Merkmale**
Lehrer bestimmt über alles	Was und Wie werden gemeinsam beschlossen	kein gemeinsames Thema festgelegt, Lehrer macht lediglich auf Arbeitsmaterial aufmerksam
Unterricht streng dirigiert, z. B. Vormachen–Nachmachen oder einfaches Frage-Antwort-Verfahren	eher offener Unterricht, Klassengespräch, Partner- und Gruppenarbeit, eigenständiges Bemühen um Lösungen wird gefördert	keine Unterrichtskonzeption, völlige Freiheit für Schüleraktivitäten, keine Gruppenstruktur
Kritik fast ausschließlich durch den Lehrer, häufig auch persönlich	sachbezogene, konstruktive Kritik, auch gegenseitig, z. B. als „Manöverkritik"	keine Leistungsbeurteilung oder Rückmeldungen
Anweisungen, Befehle, Strafandrohungen, Lob angepasster Schüler	wenig Drohungen und Strafen, höfliches Eingehen des Lehrers auf Einzelne und Gruppen	keine Drohungen oder Strafen, Lehrer weitgehend passiv, freundliches Verhältnis zu Schülern
pessimistische Auffassung vom Lernwillen und der Urteilsfähigkeit der Schüler, Misstrauen	optimistische Auffassung vom Wollen und Können der Schüler, Vertrauen	eher gleichgültige Auffassung vom Wollen und Können der Schüler
Auswirkungen	**Auswirkungen**	**Auswirkungen**
Gefühl von Druck und Unfreiheit bei Schülern, die sich bezüglich ihrer Wünsche und Interessen nicht verstanden fühlen, bestimmte Schüler identifizieren sich mit dem Verhalten des Lehrers	größere Zufriedenheit, Entspanntheit, Gefühl des Verstandenwerdens, autoritär erzogene Schüler fühlen sich verunsichert, zu sehr auf sich selbst gestellt und Gleichaltrigen ausgesetzt	Unzufriedenheit mit sich selbst und mit Lehrer, Aggressivität und Verunsicherung
Gehorsam und Anpassung oder versteckte (seltener offene) Opposition	Anregungen zur Gestaltung des Unterrichtsgeschehens kommen von Schülern und/ oder werden von ihnen aufgenommen	Vorschläge für gemeinsame Aktivitäten werden gemacht, die Realisierung scheitert aber oft an mangelnder Konsensfähigkeit
Isolation gegenüber Mitschülern, ehrgeizige Wettbewerbsstimmung, feindliche Cliquen	stärkere Integration und Kooperation von Gruppen, wechselseitige Kritik auf sachlicher Ebene	keine Bildung einer Gruppenstruktur, eher aggressives Verhalten untereinander

Tabelle 15.2

Autokratischer autoritärer Stil	Demokratischer / partnerschaftlicher Stil	Laissez-faire-Stil
Auswirkungen (Forts.)	Auswirkungen (Forts.)	Auswirkungen (Forts.)
Distanz zwischen Lehrer und Schüler	Zuneigung und persönliches Vertrauen zum Lehrer	Unzufriedenheit mit Lehrer, oft Aggressivität
latente Spannungen brechen bei Abwesenheit des Lehrers aus: Unhöflichkeiten, Aggressionen, Drohungen untereinander	Lösung von Spannungen durch Diskussion, Übereinkunft, Gruppenklima höflicher, hilfsbereiter, gewaltlos	Spannungen werden nicht gelöst, häufig chaotisches, unkontrolliertes Verhalten
rasche Unterordnung, die verschwindet, sobald äußere Kontrolle entfällt	wenig Unterordnung, durch Einsicht und Freiwilligkeit geprägte Einstellung, die langsamer erreicht wird, aber dauerhafter ist	Recht des Stärkeren
hohe Schulleistungen im Bereich gelernten Wissens, weniger geistige Selbständigkeit, Tendenz zur Übernahme der Autoritätsmeinung, schematisches Denken	höherer Zeitaufwand, Menge des Gelernten zunächst geringer, Behalten jedoch dauerhafter, größere Selbständigkeit, kritisches Denken und Prüfen vorgegebener Ansichten	geringe Arbeitsleistung, wenig Lernergebnisse

Tabelle 15.2 – Fortsetzung

Lewins Untersuchungen wurden in der jungen demokratischen Gesellschaft der Bundesrepublik Deutschland aufmerksam rezipiert. In den fünfziger und sechziger Jahren entwickelten Reinhard und Anne-Marie Tausch, der Tradition der humanistischen Psychologie Rogers verhaftet, Lewins Typenkonzept durch analytische Verfahren weiter. Auch Tausch/Tausch (1970) geht es in erster Linie um den Unterschied und die Auswirkungen der drei Führungsstile. Intensiver als Lewin jedoch stellen sie durch Lehrer initiierte Interaktionsprozesse in den Vordergrund ihrer Überlegungen, denn erst ein gutes Unterrichtsklima in einem schülerzentrierten, offenen Unterricht ermöglicht in ihren Augen demokratische Erziehung. Konsequenterweise sprechen sie dann auch vom **sozialintegrativen** Führungsstil. Tausch und Tausch gelangen durch die Zusammenfassung vieler Einzelmerkmale mit hohem Zusammenhang zu vier Hauptdimensionen des Lehrerverhaltens:

- Dimension der emotionalen und sozialen Zuwendung,
- Dimension der Lenkung, Dirigierung und Kontrolle,
- Dimension der Aktivität / Passivität und
- Dimension der Klarheit und Deutlichkeit / Verschwommenheit und Unbestimmtheit.

Sie gehen weiter davon aus, dass Lewins Führungsstile diesen vier Dimensionen zugeordnet werden können, und verdeutlichen dies am Beispiel der ersten beiden Dimensionen.

Dies leuchtet unmittelbar ein und bietet eine sinnvolle Ergänzung zu den Lewinschen Kategorien. Problematisch aber ist die Zuordnung konkreten Lehrerverhaltens zu den Dimensionen, denn in aller Regel verhalten sich Lehrer nicht typengerecht, sondern variieren ihr Verhalten von Situation zu Situation, von Schüler zu Schüler, von Klasse zu Klasse. So stellten auch Tausch und Tausch Lehrerverhaltenskomplexe fest, die den globalen Typenkonzepten nicht oder nicht präzise zuzuordnen waren (Bild 15.4).

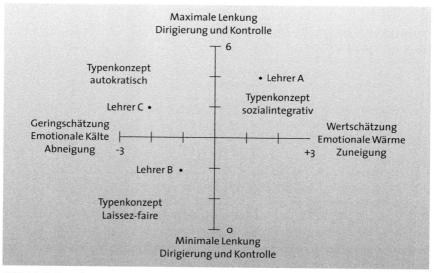

Bild 15.4: *Koordinatensystem der emotionalen Dimension und der Lenkungsdimension des Lehrerverhaltens: Globale Typenkonzepte und drei individuelle Lehrerverhaltenskomplexe (nach Tausch/Tausch 1970)*

Sowohl Typenkonzepte als auch die Beschreibung von Lehrerverhalten durch Dimensionen leisten abstrakte und grundsätzlich zutreffende Beschreibungen, sie liefern aber keine über allgemeine Raster hinausgehende exakte Darstellungen. So kann zwar mit Recht festgestellt werden, dass ein sozialintegrativer Erziehungs-/Führungsstil zu größerer Zufriedenheit, angenehmerem Unterrichtsklima und dauerhaften Behaltensleistungen führt, warum aber trotzdem Disziplinkonflikte, Leistungsversagen und Unzufriedenheit an der Tagesordnung sind, wird nicht hinreichend beantwortet. Weiterhin sind die von Tausch und Tausch angebotenen praktischen Verhaltensregeln zum Erreichen des sozialintegrativen Führungsstils vergleichsweise eindimensional und beziehen die Persönlichkeit des unterrichtenden Lehrers nicht in ausreichendem Maße mit ein.

Die klassischen Untersuchungen sind somit als nützliche Voraussetzungen zum Verständnis des Lehrerverhaltens und seiner Auswirkungen auf die Schüler zu bewerten. Das Beziehungsgeflecht der Lehrer-Schüler-Interaktion aber ist komplexer, und seine Analyse muss die Ursachen des Lehrerverhaltens, die Schülerpersönlichkeit und den für die Schule zentralen Problembereich der Stoffvermittlung berücksichtigen.

15.3.3 Wahrnehmung

„Wahrnehmen" bedeutet, mit Hilfe von Sinnessystemen Reize aus der Umwelt und aus dem eigenen Körper aufzunehmen und zu verarbeiten.

Wie alle Wahrnehmungsprozesse sind auch die im Unterricht ablaufenden selektiv und von situativen sowie persönlichen Faktoren bedingt.

So fühlen sich Lehrerinnen und Lehrer durch bestimmte Schüler oder Schülergruppen aufgrund von äußeren oder angenommenen inneren Merkmalen (Geschlecht, physische Attraktivität, Schichtzugehörigkeit, Sprache, Gestik, Mimik, Leistungsniveau) besonders gestört, angeregt oder bestärkt. Emotionale und kognitive Befindlichkeit beeinflussen die Wahrnehmung wie auch eher stabile, verhaltenstypische Eigenschaften, z. B. die individuell bevorzugte Blickrichtung in die Klasse.

Stark beeinflusst werden Wahrnehmungsprozesse auch durch die **Körpersprache** der Interaktionspartner. Sie bringt als Element nicht bewusst eingesetzter, non-verbaler Kommunikation die eigentliche Intention der Nachricht häufig klarer zum Ausdruck als der verbalisierte Kommunikationsanteil (vgl. Inhalts- und Beziehungsaspekt, 15.2.2).

Trainingsprogramme aus der Wirtschaft nutzen diese Erkenntnisse intensiv, und auch für die in Schule und Hochschule stärker in den Mittelpunkt rückende Vermittlung von **Präsentationsfähigkeit** können sie sinnvoll angewandt werden. Wie in allen Bereichen des Trainings menschlichen Interaktionsverhaltens sollte es hierbei nicht um das Lernen von Verhaltensweisen zum Zwecke der Täuschung oder Manipulation gehen. Vielmehr sollte das Ziel darin bestehen, authentisches Verhalten zu begünstigen.

Auch Schüler nehmen **selektiv wahr**, fühlen sich individuell durch verschiedene Lehrertypen mehr oder weniger angesprochen, akzeptiert oder motiviert. Sie gehen mit unterschiedlichen Erwartungen in eine Unterrichtsstunde und müssen ihre jeweilige kognitive und emotionale Befindlichkeit den an sie gestellten Anforderungen anpassen. Häufig überwiegt hier die Vorstellung, sie seien der schulischen Situation eher passiv ausgesetzt und Lehrer könnten qua Rolle die momentanen Bedürfnisse ohnehin nicht erfüllen. Stark abhängig ist die Wahrnehmung unterrichtlicher Ereignisse und des Lehrerverhaltens auch vom jeweiligen Unterrichtsfach: Verhalten von Lehrern, die ein bevorzugtes Fach unterrichten, wird vergleichsweise wohlwollend wahrgenommen und interpretiert.

15.3.4 Subjektive und implizite Theorien, Typisierungen

Subjektive Theorien beziehen sich auf menschliches Handeln und können als stark verfestigte Denkstrukturen beschrieben werden. Sie beruhen auf Kenntnissen – gleichgültig ob falsch oder richtig – und individuellen Erfahrungen. Sie sind zumindest teilweise bewusst verfügbar.

Wenn sich subjektive Theorien aufgrund von kontinuierlicher Bestätigung so weit verfestigen, dass sie nicht mehr bewusst zugänglich sind, spricht man von impliziten Theorien. Subjektive und implizite Theorien sind handlungsleitend.

Eine bei Lehrern weit verbreitete subjektive Theorie ist die Ansicht, auf störendes Schülerverhalten könne man bis zu einem gewissen Grad mit Nichtbeachtung reagieren, weil dann dieses Verhalten im Sinne der Reiz-Reaktions-Theorie nicht verstärkt würde. Wie sich in vielen Unterrichtsstunden zeigt, trifft dies nur teilweise zu, was aber die scheinbare Gültigkeit der subjektiven Theorie kaum tangiert. Sie wird sich erst dann verändern, wenn neue Kenntnisse über das Problem erworben, verarbeitet und durch Handlungserfahrungen bestätigt werden – ein komplizierter und langwieriger Prozess, der unter den hohen Anforderungen des Schulalltags nicht ohne weiteres leistbar ist.

Subjektive und implizite Theorien bilden eine Grundlage, auf der Schüler nach Typen klassifiziert werden. Je nach Typisierung kann die gleiche Schülerhandlung verschieden erklärt werden und entsprechend unterschiedliches Lehrerverhalten nach sich ziehen. Beispiele für Typisierungen sind in Tabelle 15.3 auf der folgenden Seite zusammengestellt.

Solche Typisierungen sind die kognitive Basis, die es Lehrern ermöglicht, in der hoch differenzierten Unterrichtssituation die blitzschnell erforderlichen Entscheidungen zu treffen.

Typisierungen sind in der kognitiven Struktur **stark verfestigt**. Sie mögen von Fall zu Fall zutreffend sein, wie alle routinisierten Handlungen werden sie allerdings kaum noch hinterfragt. Hinzu kommt, dass sich Schüler dem im Lehrerverhalten zum Ausdruck kommenden Wunsch tendenziell annähern. Dieser „**Pygmalion-Effekt**" (vgl. 15.3.7) verstärkt die Typisierungen.

Die individuell zur Verfügung stehenden subjektiven oder impliziten Theorien und Typisierungen können Lehrern und Lehrerinnen keine Gewähr dafür geben, sich situationsadäquat und so zu verhalten, dass das Ziel einer guten Lehrer-Schüler-Beziehung erreicht wird. Offenheit und die Bereitschaft, eigene subjektive Theorien zu hinterfragen und zu verändern, sind demgegenüber wichtige Voraussetzungen für die unbedingt anzustrebende Überwindung des „Schubladendenkens".

Lehrerverhalten 379

Häufige Typen	Zugeschriebene Eigenschaften	Erklärungsmuster bei a) richtiger Antwort b) falscher Antwort	Beispiel für Lehrerhandlung bei a) richtiger Antwort b) falscher Antwort
Intelligenter Schüler	begabt, fleißig, aktiv, meistens diszipliniert	a) Wissen, Begabung, Konstanz, Interesse b) punktuelle Unaufmerksamkeit, „Aussetzer", „Blackout"	a) positive Rückmeldung geben, loben, weiterverarbeiten b) zum Weiterarbeiten ermuntern, nachfragen, Zusatzinfo anbieten
„Arbeitsbiene"	zuverlässig, motiviert, ausreichend intelligent, extrem fleißig	a) Vorarbeit, Aufmerksamkeit, Bemühen b) mangelnde Fähigkeit, trotz intensiver Arbeit	a) loben, bestärken, Vorbild herausstellen b) übergehen, ermuntern, Hilfen geben
„cooler" Typ	selbstsicher, lässig, indifferent, unzugänglich, verunsichernd	a) Intelligenz, Unterrichtsqualität (!), Angabe vor der Klasse b) Unaufmerksamkeit, Desinteresse, Provokation	a) intensiv loben, weiter motivieren, auf die eigene Seite ziehen b) ignorieren, kritisieren (auch persönlich)
schlechter Schüler	nicht genug begabt, überfordert, mangelnde Mitarbeit, Desinteresse	a) leichte Frage, Anstrengung, Zufall („blindes Huhn …") b) mangelnde Intelligenz, geringe Arbeitsbereitschaft	a) intensiv loben, aufmuntern, durch leichte Fragen einbeziehen b) übergehen, kritisieren, eher unstrukturierte Hilfen

Tabelle 15. 3: Beispiele für Typisierungen von Schülern durch Lehrer, ihnen zugeschriebene Eigenschaften sowie typische Lehrerantworten bei richtiger bzw. falscher Antwort

15.3.5 Kausalattribuierung

Der Grundgedanke der Kausalattribuierung ist es, eigenes und beobachtetes Verhalten zu erklären, indem ihm bestimmte Ursachen zugeschrieben werden. Heider nahm in den fünfziger Jahren mit den Begriffen „Können (can)" und „Bemühen (try)" zwei allgemeine innerpersonale Kausalfaktoren an. In den sechziger Jahren erweiterte dann der amerikanische Motivationspsychologe Weiner (1975) Heiders Gedanken um externale Faktoren. Weiner postulierte mit seiner Vierfeldertafel ein Modell, welches es ermöglichen soll, jede existierende Handlungsentscheidung durch Rückführung auf Kombinationen der vier Kausalfaktoren begründen zu können. Tab. 4 verdeutlicht dieses Modell der Kausalattribuierung.

Stabilität über die Zeit	Beeinflussungsbereich	
	internal	external
stabil	Fähigkeit, Begabung	Aufgabenschwierigkeit
variabel	Anstrengung	äußere Umstände (z. B. Glück, Pech, Zufall)

Tabelle 15.4: Modell der Kausalatrribuierung (nach Weiner 1997)

15.3.5.1 Selbstbewertung

Die Kausalfaktoren, auf die jeder Mensch Erfolg bzw. Misserfolg einer Handlung zurückführt, sind stark vom individuellen Selbstkonzept abhängig. Dieses beinhaltet Wahrnehmung und Bewertung eigener Einstellungen, Urteile und Werthaltungen im Hinblick auf Verhalten, Fähigkeiten und Eigenschaften. Es bildet sich im Austausch des Einzelnen mit der umgebenden sozialen Umwelt, wobei Familie, Gleichaltrige und Schulklasse wichtige Faktoren sind.

Positives Selbstkonzept	Negatives Selbstkonzept
hohes Maß an Selbstvertrauen	geringes Selbstwertgefühl
Erfolgszuversicht, geringe Ängstlichkeit	höhere Ängstlichkeit, pessimistische Zukunftserwartung
frühe Entwicklung zur Autonomie	Autonomiebestrebungen später und weniger erfolgreich
Leistungsmotiv stark und erfolgszuversichtlich ausgeprägt; erbrachte Leistung wird auf persönlichkeitsspezifische Faktoren zurückgeführt; intrinsische Motivierung, größere Unabhängigkeit von Außenkontrollen	Misserfolgsorientierung, schnelle Entmutigung; selbstwertabträgliche Erklärungsmuster: Erfolg eher durch Zufall oder leichte Aufgaben; Motivierung kaum intrinsisch, hohes Maß an Abhängigkeit von Außenkontrollen
Kritikfähigkeit; Beeinträchtigungen des Selbstkonzepts werden nicht resignativ hingenommen; Versuch der positiven Verarbeitung	starke Neigung zur Resignation bei angebrachter Kritik und zu starrer Abwehr von Beeinträchtigungen
negative Reaktionen und Sanktionen auf eigenes nonkonformistisches Verhalten werden ausgehalten	geringe Reserven gegen selbstwertabträglichen Situationsdruck

Tabelle 15.5: Auswirkungen und Erscheinungsformen eines positiven bzw. negativen Selbstkonzeptes bei Schülerinnen und Schülern (nach Baus/Jacoby 1976)

Lehrerverhalten   381

Man unterscheidet zwischen einem **positiven und einem negativen Selbstkonzept**. Mischformen sind vorherrschend, die signifikant in die eine oder andere Richtung tendieren.

Die praktischen Konsequenzen erfolgs- bzw. misserfolgsorientierter Kausalattribuierung im Schulalltag sind offensichtlich: Ein Schüler, der falsche Antworten auf die eigene, zu geringe Anstrengung zurückführt, wird als Folge davon vielleicht größere Ausdauer und verstärktes Bemühen an den Tag legen. Die Attribuierung mit dem Kausalfaktor „mangelnde Fähigkeit" hingegen führt leicht zur Aufgabe und Resignation.

Ähnliches gilt für Lehrer: Je nach Persönlichkeit und Selbstkonzept werden sie eigenen Erfolg oder spezifische Schulprobleme auf unterschiedliche Kausalfaktoren zurückführen. Dies hat Auswirkungen nicht nur auf das Selbstbild sondern auch auf das Bild vom Schüler und führt wiederum zu unterschiedlichen Handlungsweisen: So können anhaltende Disziplinkonflikte auf die eigene Unfähigkeit im Umgang mit der Klasse zurückgeführt werden, was zu Resignation, übergebührlicher Strenge oder sehr hohen Leistungsanforderungen führen kann. Sie können aber auch als unglückliche Konstellation äußerer Umstände aufgefasst werden und damit psychisch entlastend wirken.

15.3.5.2 Fremdbewertung

Sowohl für Schüler wie auch für Lehrer sind die dem Interaktionspartner zugeschriebenen Kausalfaktoren von großer Bedeutung.

Die Schüleräußerung „Das interessiert mich alles nicht" beispielsweise kann zu völlig unterschiedlichen Lehrerreaktionen führen: Als pubertäre Trotzreaktion einer Schülerin mit Liebeskummer extern/variabel attribuiert, wird sie vielleicht ein mildes Lächeln, eine sanfte Ermahnung oder ein tröstendes Gesprächsangebot nach sich ziehen. Wird sie demgegen-über als Provokation einer engagierten und kritischen Schülerin eher stabil/internal gesehen, reagiert man eher abwehrend bis aggressiv.

Fremd- und Selbstbewertung bedingen einander stark, und so wird mancher Lehrer mit eher negativem Selbstkonzept eine solche Schüleräußerung kaum auf äußere Umstände zurückführen, sondern eher seinen Unterricht, unter Umständen gar sich selbst als Person, gefährdet sehen und entsprechend reagieren.

Häufig untersucht wurden Kausalattribuierungen von Lehrern im Bereich der Schülerleistungen. Typisierte Situations- und Persönlichkeitsraster verleiten Lehrer tendenziell dazu, erbrachte Leistungen in erster Linie auf stabile/internale („Intelligenz") und kaum auf variable/externale Faktoren („Bemühen, Glück") zurückzuführen. Nicht von ungefähr sind deutliche Leistungsverbesserungen oder auch -verschlechterungen eines Schülers bei einem Lehrer selten, nach einem Lehrerwechsel jedoch eher möglich.

Zahlreiche Untersuchungen bestätigen diese Tendenz und erweitern sie in zweierlei Hinsicht (Dobrick/Hofer 1991). Zunächst wird deutlich, dass Merkmale, die von einer durch die Alltagserfahrung definierten „normalen" Ausprägung abweichen, verstärkt zur Ursachenattribuierung herangezogen werden.

So wird eine durchschnittliche Schülerleistung weniger zu erklären versucht als eine sehr gute oder sehr schlechte, und durchschnittliche Begabung wird seltener als Faktor der Kausalattribuierung für die Erklärung von Schulleistungen herangezogen als über- oder unterdurchschnittliche.

Die zweite Ergänzung der „klassischen" Attribuierungstheorien bezieht sich unmittelbar auf das Verhältnis von Ursachenzuschreibung und Verhalten. Ergänzend zum Erklärungsmuster stabil/variabel erweist sich die Beeinflussbarkeit von angenommenen Ursachen als handlungsleitend im Verhältnis von Lehrern und Schülern. Lehrer suchen vorzugsweise in denjenigen Faktoren nach Ursachen für Schülerleistung, die sie glauben beeinflussen zu können: „Begabung" wird dann subjektiv weniger wichtig als Aufgabenschwierigkeit, Interesse, Anstrengung oder die Art der Darstellung. Lehrer versuchen meist, ihr Verhalten in erster Linie auf Modifikationen im Bereich dieser Faktoren abzustimmen, um bessere Leistungen bei den Schülern ihrer Klasse bewirken zu können. Dies geschieht wiederum in enger Abhängigkeit zum angenommenen Schülertypus (vgl. Tabelle 15.3). Interessant ist in diesem Zusammenhang auch, dass beim „schlechten Schüler" kaum Ansatzpunkte für Verbesserungen angenommen werden. Seine Leistungsschwäche wird meist als „mangelnde Begabung" stabil/internal attribuiert und verfestigt sich damit (□ ⇨ Beitrag 10).

15.3.6 Erwartungen und Bewertungen

Erwartungs-Bewertungs-Theorien wollen erklären, warum Menschen in bestimmten Situationen spezifische Handlungen aus dem ihnen zur Verfügung stehenden Handlungsrepertoire wählen (Heckhausen 1974, Heckhausen/ Rheinberg 1980).

Lehrerverhalten erfordert die Kompetenz, auf vielen Ebenen in der Unterrichtssituation ständig **Entscheidungen zu treffen**, sie zu reflektieren und erneut zu handeln. Dies geschieht auf der Basis blitzartig auflaufender kognitiver und emotionaler Prozesse (Erwartungen und Bewertungen).

Situationsbewertungen sind stark durch Emotionen wie Angst, Ärger oder gute Laune, vor allem aber durch die dem wahrgenommenen Verhalten zugeschriebenen Ursachen **beeinflusst**.

Die Vermutung eines Lehrers, eine Störung erfolge, um ihn zu ärgern oder gar um ihn lächerlich zu machen, wird zweifellos zu einer anderen Reaktion führen als die Ursachenzuschreibung „Störung wegen punktueller Langeweile". Weiterhin werden subjektive Persönlichkeitstheorien herangezogen: Störungen von vermeintlich wohlerzogenen, guten und sympathischen Schülerinnen und Schülern werden anders beurteilt als solche von vermeintlich schlechten und wenig kooperativen (vgl. 15.3.3).

Auch Schüler bewerten das beobachtete Lehrerverhalten auf dieser Basis: Die Kritik an einem Schülerbeitrag – „Du hast die Frage offensichtlich nicht richtig verstanden" – wird, wenn sie von einem Lehrer geäußert wird, der für fachlich und pädagogisch kompetent, für gerecht und einfühlsam gehalten wird, durchaus akzeptiert werden. Das subjektive Bild eines inkompetenten, sich hinter Notendruck versteckenden Lehrers wird demgegenüber eher zu einer ablehnenden Reaktion führen.

Die Entscheidung darüber, ob es überhaupt nötig ist, in einer gegebenen Situation etwas zu tun, geschieht auf der Grundlage der subjektiven Einschätzung des erwarteten Situationsverlaufs.

Die erwähnte Unterrichtsstörung „wegen punktueller Langeweile" wird dann keinen Handlungsbedarf signalisieren, wenn sie von einem vermeintlich guten, sympathischen Schüler kommt („er ist gleich wieder bei der Sache"), während sie massiv eine Handlung fordert, wenn sie durch einen scheinbar schlechten, wenig kooperativen Schüler ausgeübt wird („das ist sicherlich nur der Anfang ...").

In ähnlicher Weise wird eine Schülerin, die aufgrund ihrer subjektiven Erfahrungen und Einschätzungen der Überzeugung ist, sie könne durch rege Beteiligung ihre mündliche und damit ihre Zeugnisnote verbessern, eher auf eine Frage antworten als im umgekehrten Fall.

Je größer das individuelle Repertoire an Lehrerverhaltensweisen, desto effektiver kann auf eine spezifische Situation reagiert werden. Routinen erleichtern hierbei die blitzartig zu fällenden Entscheidungen sehr.

Auswahlkriterien können unmittelbar angestrebte Ziele sein, also etwa Ruhe, Ordnung, Motivation oder rege Beteiligung, weiterhin mittelfristig die Erwartung der Folgen der zu wählenden Handlung. Auch langfristig angestrebte Erziehungsziele sind von Bedeutung: Lehrer, die ihre Aufgabe zuerst in der Stoffvermittlung sehen, werden beispielsweise Disziplinkonflikte vorzugsweise durch didaktisch-methodische Maßnahmen zu lösen versuchen; demgegenüber werden Lehrer, denen gute Beziehungen zu Schülern wichtiger sind, sich eher bemühen, die Konfliktursachen durch Gespräche und soziale Maßnahmen zu beseitigen.

Auch bei Schülern ist die Handlungsauswahl von entsprechenden Faktoren bestimmt, wobei ihnen in der Unterrichtssituation als eher reagierendem und abhängigem Interaktionspartner weniger Möglichkeiten offen stehen. Sie werden meist den an sie gestellten Handlungsaufforderungen zu entsprechen versuchen.

Nach Heckhausen/Rheinberg bestehen drei Ebenen von Erwartungs-Bewertungsprozessen: Es geht darum, ob eine Handlung überhaupt angezeigt ist, weiter um die Möglichkeit, das gewünschte Ergebnis mit ihr erzielen zu können, und schließlich um das Abschätzen weiterer Folgen der gewählten Handlung. Heckhausen und Rheinberg sprechen von Situations-Ergebnis- (S-E), Handlungs-Ergebnis- (H-E) und Ergebnis-Folge-Erwartung (E-F) (Bild 15. 5).

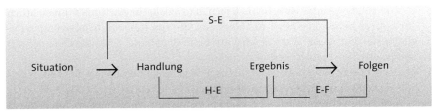

Bild 15.5: Drei Arten von Erwartungen im kognitiven Entscheidungsprozess (nach Heckhausen/Rheinberg 1980)

384   *Interaktionsprozesse im Unterricht*

Alle drei Erwartungen werden im Verlauf des in Sekundenbruchteilen unter komplexen, belastenden Bedingungen ablaufenden kognitiven Entscheidungsprozesses auch bewertet. Dabei kommt Routinen eine besondere Bedeutung zu, weil diese von wenig Unsicherheit gekennzeichnet sind und aus den individuellen Erfahrungen heraus den größten Nutzen versprechen. Nicht immer wird also die der Situation adäquate Handlung gewählt, sondern manchmal auch auf die am leichtesten zugängliche zurückgegriffen.

15.3.7   Sich-selbst-erfüllende Prophezeiungen

Sowohl die tägliche Unterrichtspraxis als auch wissenschaftliche Erkenntnisse zeigen, dass sich Schüler/innen dem in ihren Augen vom Lehrer gewünschten Verhalten, also seinen Erwartungen, anpassen. Dies ist zum Teil zurückzuführen auf die institutionalisierten Hierarchien und Zwänge der Schule, muss aber auch verstanden werden als Ausprägung des bekannten **„Pygmalion-Effekts"**, der **„Sich-selbst-erfüllenden Prophezeiungen"**.

Die Psychologen Rosenthal und Jacobson wollten mit ihrer bahnbrechenden Untersuchung „Pygmalion im Klassenzimmer" (1971) zeigen, dass sich Schülerleistungen durch spezifisches Lehrerverhalten signifikant verbessern lassen:

„Die Lehrer … übernahmen zu Beginn des Schuljahres neue Klassen, kannten also die Schüler noch nicht. Ein Intelligenztest wurde durchgeführt, der – wie den Lehrern gesagt wurde – zur Feststellung der Aufblüher dienen sollte. In Wirklichkeit wurden die dem Lehrer als Aufblüher prophezeiten Schüler nicht auf Grund der Testdaten, sondern nach dem Los bestimmt … Nach einem dreiviertel Jahr wurde der gleiche Intelligenztest wieder angewandt. Die Zuwachswerte des Intelligenzquotienten in der Gruppe der Aufblüher wurden den Werten aller übrigen Schüler, die als Kontrollgruppe dienten, gegenübergestellt. Der Vergleich zeigt einen größeren IQ-Zuwachs in der experimentellen Gruppe der vermeintlichen Aufblüher als in der Kontrollgruppe." (Dobrick/Hofer 1991, 2)

Trotz berechtigter Kritik am geschilderten Experiment, die in erster Linie seine enge Bindung an das Konzept Intelligenz und die daraus resultierenden Verallgemeinerungsprobleme thematisiert (vgl. Brophy/Good 1974), bleibt das Phänomen an sich unbezweifelt. Am Beispiel einer angenommenen Leistungsverbesserung soll der Prozess noch einmal veranschaulicht werden:

1. Auf Grund von Vorerfahrungen, subjektiven und impliziten Theorien sowie Typisierungen prägen sich bei Lehrern spezifische Erwartungen hinsichtlich der Leistungsfähigkeit eines Schülers aus, die von Kausalattribuierungen begleitet werden. Gute Leistung wird auf hohe Begabung, Leistungsbereitschaft und positives Arbeitsverhalten zurückgeführt.
2. Das Lehrerverhalten entspricht diesen Erwartungen. Folgende Lehrerverhaltensweisen könnten hieraus resultieren:
   – Aufbau eines warmen und sozial verträglichen emotionalen Klimas, etwa durch Lächeln, Kopfnicken, Hinbeugen zum Schüler, durch Augenkontakte sowie freundliche Äußerungen, die nicht-schulische Aspekte einbeziehen;

Lehrerverhalten

385

- Lehrerimpulse und -fragen berücksichtigen den angenommenen Leistungsstand des Schülers, knüpfen dort an und führen weiter. So wird ständiges Mit- und Weiterdenken gefordert und gefördert, ohne dass durch Misserfolgserlebnisse dauerhaft demotiviert wird; auch das Selbstkonzept des Schülers wird somit verstärkt;
- Schülerreaktionen werden nicht überhastet eingefordert, es bleibt ausreichend Zeit nachzudenken, Rückfragen zu stellen und die gewünschte Antwort auch ausformulieren zu können;
- inhaltliche Rückmeldungen an den Schüler enthalten ein hohes Maß an Rückkoppelung über den Lernfortschritt, beispielsweise durch sachliche Korrektur falscher oder die Bestätigung richtiger Antworten, die adäquat gelobt werden; häufig werden auch konstruktive Hilfen gegeben, die den Schüler zum Weiterdenken anregen.
3. Der Schüler bemerkt das Bild, das der Lehrer von ihm hat, und die kontinuierliche Bestärkung wird ihn ermuntern, sich selbst entsprechend einzuschätzen. Die Fremdbewertung überträgt sich auf die Selbstbewertung: „Ich bin im Fach X gut, weil ich intelligent bin. Falls es einmal nicht so gut klappt, habe ich Pech gehabt und muss mich mehr anstrengen." Verstärkt wird die typische Kausalattribuierung durch Mitschüler und Eltern.
4. Veränderte Selbstbewertung kann die sich verbessernden schulischen Leistungen weiter unterstützen. Der Erfolg wird mehr und mehr auf das eigene Verhalten zurückgeführt und überträgt sich ggf. auf andere Schulfächer.
5. Im schulischen Interaktionsprozess bemerkt wiederum der Lehrer, dass sich sein Bild vom Schüler als richtig erweist. Er wird sein Verhalten weiter darauf abstimmen und evtl. versuchen noch intensiver zu helfen. So schließt sich der Kreis, auf höherer Ebene kann der Prozess erneut beginnen.

Literatur

Bateson, G. (1991). Ökologie des Geistes. Frankfurt: Suhrkamp.

Brophy, J. E., Good, T. L. (1976). Die Lehrer-Schüler-Interaktion. München: Urban & Schwarzenberg.

Dann, H.D. (1989). Was geht im Kopf des Lehrers vor? Lehrerkognition und erfolgreiches pädagogisches Handeln. Psychologie in Erziehung und Unterricht, 36, 81–90.

Dann, H. D., Tennstädt, K. Ch. (1987). Subjektive Theorien und erfolgreiches Handeln von Lehrern/-innen bei Unterrichtskonflikten. Unterrichtswissenschaft, 3, 306–320.

Dobrick, M., Hofer, M. (1991). Aktion und Reaktion. Die Beachtung des Schülers im Handeln des Lehrers. Göttingen: Hogrefe.

Gage, N. L., Berliner, D. C. (1986). Pädagogische Psychologie. Weinheim: Beltz.

Heckhausen, H. (1974). Lehrer-Schüler-Interaktion. In: F. Weinert, C. F. Graumann, H. Heckhausen u. a. (Hrsg.). Funkkolleg Pädagogische Psychologie (547–574). Frankfurt: Fischer.

Heckhausen, H. (1974). Motive und ihre Entstehung. In F. Weinert, C. F. Graumann, H. Heckhausen u. a. (Hrsg.). Funkkolleg Pädagogische Psychologie (133–172). Frankfurt: Fischer.

Heckhausen, H., Rheinberg, F. (1980). Lernmotivation im Unterricht erneut betrachtet. Unterrichtswissenschaft, 11, 7–47.

Hirsch, G. (1990). Biographie und Identität des Lehrers. Eine typologische Studie über den Zusammenhang von Berufserfahrung und beruflichem Selbstverständnis. Weinheim, München: Beltz.

Kraak, B. (1987). Was Lehrerinnen und Lehrer denken und tun, erklärt mit der Handlungs-Entscheidungs-Theorie. Unterrichtswissenschaft, 3, 274–284.

Krapp, A., Weidemann, B. (2000). Pädagogische Psychologie. Weinheim: Beltz

Lewin, K. u. a. (1939). Patterns of aggressive behavior in experimentally created social climates. Journal of Social Psychology, 10, 271–299.

Mandl, H., Huber, G. L. (1983). Subjektive Theorien von Lehrern. Psychologie in Erziehung und Unterricht, 30, 98–112.

Miller, R. (1995). „Das ist ja wieder typisch." Kommunikation und Dialog in Schule und Schulverwaltung. 25 Trainingseinheiten. Weinheim: Beltz.

Molcho, Samy (1999). Alles über Körpersprache. Sich selbst und andere besser verstehen. München

Perrez, M., Huber, G. L. , Geißler, K. (1986). Psychologie der pädagogischen Interaktion. In B. Weidenmann, A. Krapp (Hrsg.). Pädagogische Psychologie (361–446). München: Urban & Schwarzenberg.

Rogers, C. (1974). Lernen in Freiheit. München: Kösel.

Rosenthal, R., Jacobson, L. (1971). Pygmalion im Klassenzimmer. Weinheim: Beltz.

Schulz von Thun, F. (1981). Miteinander reden, Störungen und Klärungen, Bd. 1 u. 2. Reinbek: Rowohlt.

Tausch, R., Tausch, A. (1970). Erziehungspsychologie. Göttingen: Hogrefe.

Weber, E. (1970). Erziehungsstile. Donauwörth: Auer.

Wahl, D., Weinert, F. E., Huber, G. L. (1984). Psychologie für die Schulpraxis. München: Kösel.

Watzlawick, P., Beavin, J. H., Jackson, D. D. (1985, 7. Aufl.). Menschliche Kommunikation. Bern, Stuttgart: Huber.

Weiner, B. (1975). Wirkung von Erfolg und Misserfolg auf die Leistung. Bern: Huber.

Weidenmann, B., Krapp, A. (Hrsg.) (1986). Pädagogische Psychologie. München: Urban & Schwarzenberg.

Weißbrodt, W. (1981). Lehrer-Schüler-Klasse. In: H. Frommer (Hrsg.). Handbuch des Vorbereitungsdienstes (349–389). Düsseldorf: Schwann.

Zur Orientierung

16   Die Schulklasse als Gruppe

Ulrich Abele

16.1   Zur Orientierung

Was macht eine Anzahl unterschiedlichster Kinder und junger Menschen zu einer Schulklasse? Was geschieht, wenn sich Schüler einer Anfangsklasse zum ersten Mal im Klassenzimmer begegnen? Welche Verwandlung geht in dieser Ansammlung von Individuen vor, wenn die Lehrerin oder der Lehrer in die Klasse eintritt und den Beginn des Unterrichts signalisiert? Was zwingt das oft unübersichtliche Treiben in ein System, welches Unterricht ermöglicht und manche Kinder wie ausgewechselt erscheinen lässt? Obwohl jeder Lehrer weiß, dass sich Klassen extrem unterscheiden, gibt es augenscheinlich auch vergleichbare Strukturen.

Die Beschäftigung mit dem Thema „Gruppe" und „Schulklasse" hat in Psychologie und Pädagogik viele Ausprägungen und Intensitätsstufen erlebt. Bedeutsame Einflüsse und Erkenntnisse kommen aus ganz unterschiedlichen Forschungsansätzen, die sich nicht in einer klaren Entwicklungslinie zusammenfassen lassen. Das Thema berührt viele Fragestellungen und Ergebnisse, die in diesem Beitrag nicht behandelt werden können. Eingangs sollen einige wenigstens erwähnt werden, um die Breite und Vielseitigkeit des Themas zu umreißen.

Bis ins erste Drittel des 20. Jahrhunderts widmeten die Reformpädagogen in Deutschland und Amerika der **Schulgemeinde**, dem Gemeinschaftsgefühl, dem Gruppenverhalten und der Führungsaufgabe große Aufmerksamkeit. Später richteten sich Untersuchungen von Lewin auf die Folgen des **Führungsstils** in Gruppen (autoritär demokratisch, laisser faire), was durch Vermittlung des Ehepaares Tausch auf die Demokratieerziehung übertragen wurde. Unter dem Eindruck der Gehorsamsbereitschaft gegenüber angeblichen Autoritäten wurden **Gruppendruck**, Gewalt- und Konformitätsbereitschaft und prosoziales Verhalten untersucht. Das kürzlich unter anderen Vorzeichen replizierte Gefängnisexperiment von Zimbardo zeigte, welchen Einfluss auf das Verhalten die zugeloste Gruppenmitgliedschaft haben kann und was Menschen einer anderen Gruppe denen einer anderen Gruppe anzutun in der Lage sind. Nach 1968 rückte die **Gruppendynamik** mit der Hoffnung auf eine Befreiung des Menschen von repressiven Strukturen und verinnerlichten Zwängen durch Selbstbeobachtung und Bewusstmachung in den Vordergrund. **Soziales Lernen** wurde auf der theoretischen Basis von Kritischer Rollentheorie und Symbolischem Interaktionismus forciert. Die **Themenzentrierte Interaktionsanalyse** (TZI) zielt auf das dynamische Gleichgewicht von Ich, Wir und Aufgabe. Gegenwärtig führen eher Problem- und Defizitanzeigen zur Beschäftigung mit dem Thema. **Gruppenarbeit** soll z. B. Methodenkompetenz und selbstgesteuertes Lernen fördern und soziale Defizite ausgleichen. Maßnahmen der Erlebnispädagogik sollen die Gewaltbereitschaft vermindern.

Prinzipiell ist zu vielen Forschungsergebnissen aus Laborgruppen und inszenierten Planspielen festzuhalten, dass sie nur mit Einschränkungen auf natürliche Gruppen zu übertragen sind und dass die Analyse der komplexen Verhaltensströme in natürlichen Gruppen wissenschaftlich große Schwierigkeiten bereitet.

16.2 Die Klasse als Lerngruppe

In den meisten Schulformen ist die (Jahrgangs-)Klasse die organisatorische Grundeinheit des Schulsystems und wird durch unfreiwillige Rekrutierung der ‚Stichtagsgleichen', welche denselben Bildungsgang bzw. dasselbe Bildungsprofil wählen, zusammengesetzt. Der Begriff Klasse lässt so Unterschiedliches assoziieren wie Klassenlehrer und Klassenzimmer, Klassensprecher und Klassenclown, Klassenziel und Klassenarbeiten, Klassenführung und Klassenpflege, Klassengemeinschaft und Klassenkonferenzen, Klassenfahrten und Klassengeschäfte. Bis zum Abgang der Schüler von der Schule bildet die Klasse zugleich die Stufen der Schulkarriere. Sie ist als **soziales Zwangsgebilde** auf einen bestimmten **Zeitraum** angelegt, aber die zwangsweise Entfernung durch Sitzen-Bleiben ist ein tiefer Einschnitt im Leben eines Schülers.

Mit zunehmendem Lernalter weitet sich der schulische Lebensraum: Er ist durch Sprachenfolge und freie Fächerwahl bestimmt, wird auf Wahl-Kurse ausgedehnt, erstreckt sich auf freiwillige Sport- und Arbeitsgemeinschaften, findet Mitverantwortungsmöglichkeiten in SMV und im Ergänzungsbereich sowie in einer Vielzahl von musischen Gruppen.

Zeitlich ist die „Klasse" **nach der Familie der wichtigste Lebensraum** im Schulzeitalter, wo sich die Gleichaltrigen nicht nur zum Messen der intellektuellen Kräfte treffen und wo das Klima, das in ihr herrscht, die sozial und psychologisch bedeutsamsten Erfahrungen der Kindheit und Jugend bestimmt. In ihr werden Lebenschancen verteilt, kann sich Lebenszuversicht entwickeln, werden manchmal aber auch Erfahrungen erlitten, die lebenslang als Stachel im Fleisch wahrgenommen werden, wie dies in Literatur und Film Niederschlag findet.

Doch auch, wenn die Jugendforschung konstatiert, dass sich (heute) die Lebenskontexte der Kinder und Jugendlichen entflechten und die Kopplung der Schule mit den anderen Lebenswelten der Schüler lockerer wird, so bleibt doch die Bewährung im Schulalltag die wichtigste Aufgabe des Kindes und Jugendlichen. Erfahrungen, die man in Klassensituationen macht, wirken nachhaltig auf die Persönlichkeit.

16.2.1 Merkmale von Gruppen

Während im Alltag der Begriff Gruppe sehr offen verwendet wird (wie z. B. bei der „Fan-Gruppe"), definieren sozialpsychologische und soziologische Modelle die Gruppe über notwendige Merkmale. Eine Gruppe besteht aus einer **begrenzten Anzahl** von Personen, deren Verbundenheit sich durch ein **Wir-Gefühl** äußert, die sich zu einem bestimmten Zweck und Ziel treffen, „von Angesicht zu Angesicht" miteinander in Verbindung treten (könnten) und als Gruppe eine **eigene Identität** entwickelt haben. Als soziale Formation wird die Gruppe von der rein zufälligen Ansammlung von Menschen, der Menge, unterschieden. Die Menge kann durch eine äußere Veranlassung (z. B. plötzlicher Regenguss) zur Masse werden und gemeinsam agieren (sich unter den Unterstand drängen). Erst, wenn sich aber eine

Die Klasse als Lerngruppe

interne Rollenstruktur und eine **dauerhafte Ausdifferenzierung** ergibt, spricht man von einer Gruppe.

Unterschieden werden **formelle Gruppen**, wo die Mitgliedschaft nicht frei wählbar ist, wie bei der Kindergartengruppe, der Schulklasse und dem Arbeitsumfeld (z. B. dem Lehrerkollegium oder der Fachgruppe am Gymnasium) von den **informellen Gruppen** wie Freundschafts-, Interessen- und Freizeitgruppen, die freiwillig aufgesucht werden. Die soziale Identität des Einzelnen wird auch aus der Zugehörigkeit zu bestimmten Gruppen bezogen. (Im weitesten Sinne können dies auch Schulen sein: „Ich gehe auf die XYZ-Schule") Wenn Gruppen mit anderen (outgroup) in sozialem Wettbewerb interagieren, rücken die Personen, die sich mit der Gruppe hoch identifizieren, zusammen, entwickeln Verhaltenshomogenität, die bis zur Einstellungs- und Wahrnehmungsverzerrung gehen kann. Innerhalb der Gruppe wiederum gibt es unterschiedliche Positionen wie Gruppenführer, Mitläufer und Außenseiter. Die Mitglieder der Gruppe sind damit beschäftigt, ihren Status zu erhöhen und auszubauen. Personen mit hohem Status werden mehr Handlungsmöglichkeiten eingeräumt und sie haben mehr Macht, die Entwicklung der Gruppe zu bestimmen.

Die Gruppenforschung hat viele Merkmale identifiziert, in denen sich Gruppen unterscheiden (können). So differieren die Ausprägung des **Wir-Gefühls** und der erforderliche Grad der Zustimmung zu den Gruppenzielen je nach Gruppe erheblich. Auf den Gruppenmitgliedern lastet geringer oder starker **Konformitätsdruck**. Es gibt Unterschiede darin, ob die Gesamtgruppe oder Einzelne (der Gruppenführer) die Verantwortung tragen und wie die Macht und Führung verteilt ist. Es gelten unterschiedliche Normen und Werte und die **Gruppenregeln** können unterschiedliche Verbindlichkeit haben. Es können offene Rollenverteilungen oder Rollenfestschreibungen vorliegen, wie auch relative Selbstständigkeit oder Unterordnung des Einzelnen unter die Gruppe gefordert sein können. Vom Einzelnen her variieren die Erwartungshaltungen an Gruppen (z. B. Klasse und Jugendgruppe) stark. Grenzziehungen nach außen können rigide oder locker sein (Wer nicht für uns ist, ist gegen uns). Gruppen unterscheiden sich in den Stilen der Kommunikation und Kooperation, dem Grad von Wahrhaftigkeit bzw. Diplomatie und der Gruppensemantik (Bedeutungszuweisungen mit gruppenspezifischen Symbolen). Die Gruppenleistung und die Arbeitszufriedenheit, das Klima in der Gruppe, der Respekt voreinander und die Konfliktvermeidung können unterschiedliche Wertigkeit haben. Einige Merkmale oder Gruppenphänomene sollen in Bezug auf Schulklassen kurz vorgestellt und kommentiert werden.

Merkmale und Gruppenphänomene in Bezug auf Schulklassen

- So ist die Schulklasse als **formelle Gruppe** zu beschreiben, da Ziele und Zusammensetzung vorgegeben sind. Fast gleichzeitig bildet sich aber auch eine informelle **„Parallelgruppe"** aus denselben Mitgliedern sowie eine Menge von informellen Cliquen.
- Die **Dauer** einer Klassenmitgliedschaft kann mitunter sehr kurz sein, aber auch einen ganzen Lebensabschnitt ausmachen. Die Zuordnung zur Klasse und der Verbleib in ihr werden

durch administrative Maßnahmen geregelt. Der formale **Gruppenausschluss** steht anders als bei der Freundschaftsgruppe nicht in der Macht der Gruppenmitglieder, wohl aber die Nichtbeachtung der Wünsche und Bedürfnisse des Einzelnen im **informellen** Bereich.

- **Nach außen** ist die Klasse mehr oder weniger klar **abgegrenzt**. Die Zahl der Mitglieder einer Klasse ermöglicht **persönliche Bekanntheit** und unmittelbare (face to face) Kontakte zu allen Mitgliedern, die allerdings im Unterricht sehr reglementiert sind.

- Kennzeichnend für die Klasse als Gruppe ist, dass ihre **Ziele** durch Bildungspläne vorgegeben werden, nicht selbst setzbar und nur wenig veränderbar sind. Sie werden von den einzelnen Mitgliedern aber unterschiedlich angenommen und interpretiert. Zwar wollen alle das „Klassenziel" erreichen, aber die Anspruchsniveaus sind unterschiedlich. So ist das äußere Ziel gesetzt, das Verhältnis zu den einzelnen Fächern und inhaltlichen Zielen unterscheidet sich bei den einzelnen Schülern aber sehr.

- Für die Steuerung der Interaktion im Unterricht sind primär die Lehrer **verantwortlich**, die **Normen** und **Regeln** für angemessenes Verhalten sowie **Sanktionen bei abweichendem Verhalten** festlegen. Außerhalb des Unterrichtsgeschehens entwickeln sich Normen und Regeln des Umgangs miteinander dagegen meist selbstregulativ ohne den direkten Einfluss der Lehrerschaft.

- Im **Soziogramm** lässt sich die so entstandene Beziehungsstruktur abbilden. Sie wird durch Leitfragen wie etwa: „Neben wem würdest du am liebsten sitzen?", „Mit wem würdest du am liebsten arbeiten?" oder: „Mit wem würdest du gerne das Wochenende verbringen?" erhoben. Visualisiert werden so Beziehungsnetze und Anwahlen der Beliebtheit (informeller emotionaler Führer), aber auch die Aktions- bzw. Meinungsführerschaft. Es lässt sich die Rolle bestimmen, welche einzelne Schüler innehaben, also zum Beispiel die nicht angewählte Außenseiterrolle oder die bewunderte Mittelpunktsfigur. Ein unprofessioneller Einsatz dieses Instrumentariums kann viel Schaden anrichten (Problem der Negativ-Wahlen), und Maßnahmen zur Verbesserung der Beziehungsstruktur können sehr wohl auch ohne Soziogramm auskommen.

Außer zur empirisch-deskriptiven Beschreibung lassen sich diese Kriterien auch als pädagogisch begründbare Ziele nutzen: So ist wünschenswert, dass sich die Gesamtklasse zu einer **informellen Gruppe** mit positiven persönlichen Beziehungen und mit hoher Zustimmung zu den vom Lehrplan gesetzten Zielen entwickelt. Dies erhöht ihre Attraktivität und die Identifikation mit ihr und mindert das **Konfliktpotenzial** für die Mitglieder. Es steigert auch den **emotionalen** Wert der Zugehörigkeit und die gegenseitige Bedürfnisbefriedigung. Die Zustimmung der informellen Anführer (und ihrer Gefolgschaft) zu dem formellen Ziel hat Folgen für die Gruppenprozesse und die Effektivität der Arbeit. Die vorherrschenden Regeln für den Umgang mit Konflikten haben sowohl Einfluss auf die ausschöpfbaren Entwicklungspotenziale wie auf die seelische Gesundheit. Denn oft wird zwar die Klassengemeinschaft beschworen, nicht selten wird die Mitgliedschaft in einer Klasse für den Einzelnen zu einer seelischen Belastung. In manchen Klassen ist das Klima von (verbaler) Gewalt geprägt und es herrscht eine feindselige Stimmung zwischen einzelnen Cliquen. Gerade dies macht die Institution Klasse als

Die Klasse als Lerngruppe　　　　　　　　　　　　　　　　　　　　　　　　　391

Lebensraum aus pädagogischer Sicht bedeutend, weil Einstellungen, Werte, Interessen und Motive von ihr mitgeprägt werden. Durch Gruppendruck bzw. Kohorteneffekt werden Meinungen angepasst. In vielen Klassen entwickeln sich lebenslang wirksame Kontakte und Freundschaften (Klassentreffen), während andere Klassen auseinander laufen wie Söldner eines Heeres nach verlorener Schlacht.

16.2.2　Entwicklung von Gruppen

Gruppen sind nicht statisch, sie entwickeln sich und können beeinflusst werden. Welche Rolle jemand in der Klasse zu spielen vermag oder spielen muss, wird ihn psychologisch ein Leben lang begleiten. Insgesamt gibt es also viele Gründe, die Klasse zu entwickeln. In Orientierung an Stanford und Caple (1978) können folgende Phasen isoliert werden. Selbstverständlich werden immer wieder Schleifen notwendig, da sich die Schüler wie auch der schulische Kontext ständig ändern.

Phasen der Gruppenentwicklung: eine Klasse entsteht

1. In der **Orientierungsphase** geht es darum, die Mitglieder für die Mitarbeit zu gewinnen und die Beziehungsebene zu klären. Unsicherheiten über die eigene Rolle und Ängste sollen durch Offenheit, die Erwartung neuer Erfahrung und Interesse am (näheren) Kennenlernen der Kameraden ersetzt werden. Hilfreich dazu sind strukturierte Übungen und Orientierungsfragen zum Themenkomplex: Worum geht es? Was macht man zusammen? Wie findet man seine Aufgabe?

2. Ohne Regeln läuft nichts! **Klärung und Konsolidierung**: In dieser Phase gibt die Gruppe sich Normen und verteilt Rollen. Dies beinhaltet auch Konflikte, die ohne Verletzungen zu lösen sind. Zu achten ist auf Zufriedenheit und Unzufriedenheit mit Gruppenverläufen, die ritualisiert ablaufen, auf Dominanz und feindseliges Schweigen, Abwertung der Wortführer, Übermächtigkeit von Allianzen und Machtpositionen.

3. **Integrationsphase**: Es wird ein Ausgleich gefunden. Die Teilnehmer beachten sich gegenseitig. Die Polarisierung nimmt ab. Der Umgang mit Konflikten geschieht rational.

4. **Produktivität**: Auf der Basis von Zielklarheit und gegenseitiger Akzeptanz wird konstruktiv gearbeitet.

5. **Auflösung** der Bindungen und Beziehungen. Diese Phase wird meistens vernachlässigt. Das Potenzial der Persönlichkeitsbildung, welches in der Abschlussphase liegt (z. B. Abitur), wo die erreichten Fortschritte gefestigt werden und die Wertschätzung wachsen könnte, wird nicht selten durch abrupten Abbruch verschenkt.

Ruth Mitschka überträgt die Überlegungen Stanfords zur Gruppenentwicklung in die Sichtweise der Themenzentrierten Interaktion (TZI), wo sich Ichs zu einem Wir in der Arbeit an einer Sache unter bestimmten Rahmenbedingungen verbinden. Die Phasen Orientierung, Gärung und Produktivität formen den Weg zur Sachspitze hin, wobei sie in Schlangenform vom Ich zum Wir mäandern.

　In den einzelnen Zonen des Dreiecks liegen die möglichen Konfliktherde und Wachstumserfordernisse des Einzelnen und der Gruppe. Persönlichkeitsentwicklung ist die Voraussetzung zur besseren Zusammenarbeit, Rolle und Position müssen in der Funktion für die Gruppe aufgehen. Selbstmanagement und Eindruckssteuerung sind zu erlernen. In der Zusammenarbeit, der Zieldefinition und Zielereichung sind Wahrnehmungsfähigkeiten und soziale wie kommunikative Kompetenzen erforderlich. Sach- und Ressourcenkompetenzen wiederum spielen in der Phase der Produktivität die Hauptrolle.

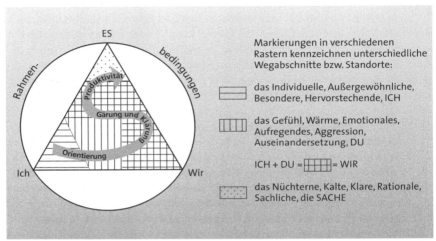

Bild 16.1: Veranschaulichung der Phasen (nach Ruth Mischka, 1997, 16)

16.2.3 Das Klima in Schulklassen

Neben dem systematischen Wissens- und Kompetenzerwerb liegt das zentrale Ziel der Schule im Erziehungs- und Bildungsauftrag. Dieser ist nach unserem heutigen Verständnis nur in einer aktiven Auseinandersetzung mit den kulturellen Leistungen und den Erwartungen der Gesellschaft an die Jugendlichen zu erfüllen. Die Schüler begegnen diesem im eingegrenzten Handlungsraum, dem Klassenzimmer, vermittelt durch den Klassenlehrer, die Fachlehrerschaft und durch die Mitschüler in der gemeinsamen Inszenierung von bedeutsamer Wirklichkeit. So entsteht der (manchmal lebensferne) **Lebensraum „Schulklasse"**, der für die Entwicklung der Schüler ebenso wichtig ist wie der eigentliche Unterricht. Die von den Betroffenen wahrgenommene „Konfiguration bedeutsamer Merkmale innerhalb der jeweiligen schulischen Umwelt" wird als **Klassenklima** beschrieben und erfasst. (Eder 2001, 578). Es umfasst sowohl die subjektiv erlebte Umwelt als auch die subjektiven Urteils- und Bewertungsprozesse.

Als individuelles Phänomen kann die erlebte Lernwelt nur durch Selbstberichte erfasst werden. Die eigene Wahrnehmung verschränkt sich aber auch mit dem wahrgenommenen Erleben der anderen Schüler in der Klasse und ist gleichzeitig Teil des kollektiven Bewusstseins. Das Klassenklima umfasst erstens also die Wahrnehmungen und die daraus abgeleiteten Überzeugungen der einzelnen

Die Klasse als Lerngruppe   393

Schüler und Lehrer. Zweitens ergibt sich als statischer Mittelwert das aggregierte Klassenklima. Wenn hohe Übereinstimmung in der Klasse herrscht, spricht man drittens vom kollektiv geteilten Klassenklima (alltagssprachlich Klassengeist), welches Wertungen und kommunikativ geäußerte Überzeugungen einschließt.

Das Klassenklima wird nach Eder üblicherweise in den folgenden vier Dimensionen erfasst, wobei die Besonderheiten der Alters- und Fachspezifität ebenfalls zu beachten sind (z. B. Kunst und Mathematik):

- **Lehrer-Schüler-Beziehung**: Sie beinhaltet Faktoren wie individuelle Unterstützung, persönliches Eingehen, Gleichbehandlung, Gerechtigkeit, Mitbestimmungsmöglichkeiten der Schüler und den Führungsstil (z. B. Rigidität?).
- **Beziehung der Schüler untereinander**: Sie wird im Blick auf allgemeine Zufriedenheit, Hilfsbereitschaft (Kooperation), Aggression, Konkurrenzverhalten, Diskriminierung und Bullying differenziert.
- **Qualität des Unterrichts**: Es wird der erlebte Leistungsdruck, die Zufriedenheit mit dem Unterricht, die Vermittlungsqualität, die Schülerbeteiligung und die Differenzierung erhoben.
- **Lernhaltungen der Schüler**: Sie werden durch Lern- und Störbereitschaft erfasst.

Die empirischen Untersuchungen ergeben einige gesicherte Auswirkungen des Unterrichtsklimas:

- Insgesamt wird durch ein positives Klassenklima das **Selbstkonzept** (Eigenverantwortlichkeit) und das Selbstwertgefühl gestärkt und die Selbstwirksamkeitserwartung erhöht. Solche Schüler fühlen sich kompetent und sind zuversichtlich, ohne überzogene Angst und Leistungsdruck zu erleiden, das Unterrichtsziel (Überprüfung) zu erreichen.
- Mit besserem Unterrichtsklima treten (meist) **weniger Schulangst** und **Stress** auf, das physische und psychische Wohlbefinden der Schüler steigt. Schulleistungsprobleme verringern sich. Da in das Klassenklima die Qualität der Interaktion einfließt, ist dieser Befund nicht verwunderlich.
- Die Auswirkungen eines guten Klassenklimas auf die Leistungsergebnisse bzw. deren Verbesserung sind empirisch nicht deutlich nachgewiesen. (Helmke 2003)
- Mit der Schulzufriedenheit steigt die **Beteiligung im Unterricht** deutlich. Sie dient als Voraussetzung für weiteres Lernen. Das **Störverhalten** ist deutlich geringer. Generell ist im internationalen Vergleich aber die Unterrichtszufriedenheit eher gering. Sehr verallgemeinert: Nur ein Drittel der Schüler in Deutschland empfindet den Unterricht als interessant, der Rest übt Kritik und äußert Langeweile.
- Die **Lernfreude** ist in Deutschland im Vergleich zu anderen Ländern niedriger und wird beim Übergang in die Jugendjahre und in die Sekundarstufe nochmals erheblich geringer (Pisa-Ergebnisse).

Folgerungen für den Schulalltag: Auch unabhängig von der Unterrichtsqualität hat das Klassenklima für die personale Entwicklung eine Eigenberechtigung.

Die Unterrichtssituation sollte in den oben erwähnten vier Dimensionen evaluiert werden und offenkundig gewordene Defizite sollten durch geeignete Maßnahmen und Strategien ausgeglichen werden. Zudem gibt es Hinweise, dass ein positives Klassenklima Voraussetzung für die Gestaltung einer neuen Lernkultur ist (Dubs, 1995) und zumindest in einigen Dimensionen (Förderung von Meinungsvielfalt) auch die Demokratiefähigkeit positiv beeinflusst.

Das Klassenklima kann durch transparentes Entscheidungsverhalten des Lehrers, durch die qualifizierte Beteiligung der Schüler am Unterrichtsgeschehen sowie durch Mitbestimmungskonzepte wie Klassenrat und Klassenparlament und die Vielzahl von außerunterrichtlichen Unternehmungen mit Schülerverantwortung positiv verändert werden. Ebenso empfehlen sich Methoden, Übungen und Spiele, welche die Klassen altersspezifisch bei der Gestaltung eines guten Unterrichtsklimas unterstützen. Geeignet dazu sind viele „Spielesammlungen" mit interaktionspädagogischer Ausrichtung aus der gruppendynamischen Tradition (z. B. Christian, 2003).

16.2.4 Die Schulklasse als Motivationshintergrund

Wenn man von privaten Bildungsanstrengungen und Hobbys absieht, ist die Ausbildung, Aktualisierung und Stabilisierung der Lern- und Leistungsmotivation am stärksten auf die Verwirklichung im Klassenraum verwiesen. Neben der Motivation im Unterricht ist die Motivierung für lebenslanges Lernen als zentraler Schlüsselqualifikation eine der wichtigsten Aufgaben der Schule (⌑⇨Beitrag 11). Deshalb gebe ich – als Exkurs – einige Hinweise zur Motivation und damit verbundener Probleme im sozialen Kontext der Klasse.

Exkurs
Damit Schule erfolgreich ist, muss sie für die Schüler vor allem einen Sinnhorizont eröffnen, der die Mühe lohnt, sich der Anstrengung des Lernens zu unterziehen. Die im Unterrichtsalltag noch weit verbreitete Vorstellung, dass allein der Lehrer die Schüler motivieren könne, greift zu kurz. Die Motivation ist (als hypothetisches Konstrukt) eine subjektive und aktive Leistung der betroffenen Person und steht in starker Wechselwirkung mit den Motivationen der anderen Schüler, wie sie sich in der konkreten Klassensituation ergeben.
Der einzelne Schüler kann unterschiedlichste Quellen zur Motivation benutzen. Wenn Sachverhalte interessieren, braucht es wenig an äußerer Anregung, es kann dagegen leicht zu Störungen durch andere kommen. Aber auch die Unterrichtsmethode kann den Schüler fesseln, langweilen oder überfordern, Motivation kann auch durch die besondere Beziehung des Lehrers zu den Schülern entstehen, er kann statt Aufmerksamkeit und Zuwendung, aber auch Distanz und Abwehr erzeugen. Angst kann ebenfalls ein starker Antreiber sein, da bei schulischem Lernen die Selbstachtung, die Anerkennung bei den Eltern und bei Gleichaltrigen, der Erfolg auf dem weiteren Ausbildungsweg auf dem Spiel stehen. Motivation durch Ziele beginnt im Rahmen der Identitätsfindung in der Adoleszenz sehr wichtig zu werden. Die Vertei-

Die Klasse als Lerngruppe

lung all dieser Faktoren trägt ihrerseits wieder zum Lernklima in der Schulklasse bei. In der Schule werden ständig in einer Vielzahl von Situationen Motive wie Leistung, Macht, Anschluss, Anerkennung und Aggression angeregt und es werden ständig Erfahrungen aus Handlungsfolgen gesammelt. Motivationen und kognitive Konzepte (Selbstkonzepte, Erwartungen, Situationseinschätzungen und -bewertungen) werden in der Klasse stetig angepasst. Dabei muss das Individuum lernen, Motivationen, die unter den gegebenen Bedingungen in Konkurrenz zueinander treten, in einen Ausgleich zu bringen.

Helmut Fend identifiziert für die unterschiedlichen Motivationsarten **Gefahrenquellen, durch welche die Lernmotivation gefährdet werden kann** (Fend 2000). Subjektiv sind Misserfolge und fehlende Anerkennung der Leistungen Hemmfaktoren. In der Gruppe taucht der Konflikt zwischen sozialer Geltung unter Gleichaltrigen und schulischem Erfolg auf, wenn die in der Klasse entwickelten Einstellungen nicht leistungskonform sind. Eine dritte Gefährdung tritt ein, wenn die geforderte Leistung keine Lebens- oder Sinnperspektiven eröffnet.

Ein **intrinsisches Anreizsystem** kann unwirksam werden, wenn der Stoff von der Gruppe als langweilig empfunden wird und das Bedürfnis nach attraktiven Inhalten frustriert wird. Die sozialen Anreize können unwirksam werden, wenn die Bezugspersonen nicht geschätzt werden oder wenn in der informellen Gruppe der Peers konkurrierende Maßstäbe herrschen. Schließlich sind auch selbstbezogene Anreize gefährdet, wenn die Leistungsfähigkeiten in einzelnen Bereichen keine positive Bewertung zulassen bzw. sogar die Integrität der Person durch verletzende Kognitionen und Gefühle bedroht wird. Positive instrumentelle Anreize verschwinden, wenn Leistungen keine neuen Möglichkeiten eröffnen. Wenn es irrelevant wird, ob man sich anstrengt und gut ist, dann bricht insbesondere gegen Ende der Schulzeit eine wichtige Motivationsquelle zusammen.

Abschließend lässt sich sagen, dass der Lehrer durch sein Handeln in vielfacher Weise eine stabile Lernmotivation fördern oder gefährden kann. Der Lehrer muss damit rechnen, dass seine Motivierungsangebote je nach dem aktualisierten Motivationssystem bei Einzelnen (z. B. bei Hochmotivierten) sogar korrumpierend sein können. Je differenzierter die Motivationslagen der einzelnen Schüler sind, umso weniger wird er allen entsprechen können und muss gerade deshalb auf die Selbststeuerung der Schüler setzen. Durch den Stil, wie er mit dem Erfolg oder Misserfolg einzelner Schüler umgeht, wie er ihn bewertet und attribuiert, gibt er aber ein Beispiel für die Verarbeitung von Leistungsergebnissen und legt den Grund für das Leistungsklima der ganzen Klasse wie für das Motivationssystem der einzelnen Schüler.

Bislang ist rivalisierendes Lernen und Ergebniskontrolle in isolierter Situation die Regel, was natürlich auch die Teamfähigkeit und Teamwilligkeit sowie das Lernverständnis der Schüler beeinflusst. In Übernahme und Ablehnung der offiziellen Leistungsanforderungen entwickeln Schüler in dieser oftmals ambivalenten Situation individuelle Werte, Einstellungen und Motive. Dem Benotungssystem angepasst, für Lernen und Bildung aber sinnwidrig, entwickeln vor allem die Schüler der Mittel- und Oberstufe Wissensegoismen und Routinen, um den eigenen Vorteil zu optimieren oder ökonomische (Vermeidungs-)Strategien, um nicht akzeptierten Anforderungen lediglich formal oder mit wenig Aufwand zu entsprechen. Nach der Logik der Institution wird die Note zum Ziel des Lernens.

Da die Normen und Ansprüche zwar an den einzelnen Schüler gerichtet sind, doch immer auch die Gemeinschaft aller Anwesenden als Lernverband treffen, werden kollektive Deutungsmuster und Strategien entwickelt, eine korrespondierende Subkultur zu den wichtigsten Anforderungen, welche die Gesellschaft über die Schule an sie richtet. Fend spricht von der Konvergenz/ Divergenz von Einstellungen bzw. Konformität/Abweichung des Verhaltens mit dem normativen Komplex der Schule. Welche Entwicklung sich aber in der Klasse und im speziellen Fach ereignet, ist von einem Bündel von Ereignissen abhängig und für den Schüler ganz nebenbei eine wichtige Lerngelegenheit, die Zusammenhänge in Sozialsystemen zu begreifen. Dieser muss sein Verhalten auf die vorherrschenden Normen abstimmen und sich mit seinen Interessen und Bedürfnissen arrangieren. Die klassenspezifische Wert- und Interessenbildung kann für den Einzelnen eine Hilfe oder eine Hürde zur Bewältigung seiner Lernaufgabe darstellen, für den Lehrer aber oft ein schwer zu überwindendes Hindernis bei der intrinsischen Motivierung seiner Schüler für ein bestimmtes Thema. Diese Phänomene machen einen Teil dessen aus, was als heimlicher Lehrplan bezeichnet wird und mit einer kooperativen Lernkultur überwunden werden könnte.

16.2.5 Klassenführung und die schwierige Klasse

Während das Konzept „Klassenklima" nur schwach mit (Schul-)Leistung korreliert, zeigt die internationale Unterrichtsforschung, dass „kein anderes Merkmal so eindeutig und konsistent mit dem Leistungsniveau und dem Leistungsfortschritt von Schulklassen verknüpft ist wie die Klassenführung" (Helmke 2003, 78). Klassenführung wird dabei als „classroom management" (im Sinn der amerikanischen Unterrichtslehre) verstanden. In Deutschland wird Klassenführung weder in der Forschung noch in der Lehrerbildung sonderlich beachtet, der Begriff scheint den Konzepten des Lernpartners, Lernberaters oder Moderators zu widersprechen. Neuerdings wird die Frage nach der richtigen Lenkung der Klasse jedoch im Zusammenhang zunehmender Störungen und Gewalt sowie wegen der Ergebnisse in internationalen Vergleichsstudien wieder aufgeworfen.

Erfahrene Lehrer werden den Sinn konsequenten Klassenmanagements nicht bezweifeln, es ist aber fraglich, ob nachhaltig positive Wirkungen erzielt werden können. Der Lehr-Lern-Kontext ist zumeist zu komplex, als dass er sich auf einfaches Management reduzieren ließe. Erfolgsrezepte im Sinne von Heilslehren (Erfolgslehrer) kursieren gegenwärtig wieder. Je nach pädagogischem Credo und subjektiver Theorie schwanken die Positionen zwischen Disziplinierung einerseits sowie Vereinbarungspädagogik in Verhaltensverträgen andererseits. Gegenüber solchen Vereinseitigungen ist Vorsicht zu üben. Wissenschaftlich versteht man unter Führungsstil die Disposition für ein konkretes Führungsverhalten bezüglich Lenkung (Steuerung) des Unterrichts und Wertschätzung der Schüler. Dabei ist festzuhalten, dass nachweislich weder bestimmte Methoden (Offener Unterricht) noch bestimmtes Führungsverhalten (Führungsstil) alleine einen Fortschritt in Bezug auf höhere und bessere Unterrichtsqualität bringen.

„Die **Wahl der geeigneten Kombination** von Unterrichtsverfahren, Lehrmethoden, Lernformen, Unterrichtsverhalten und Lehrerverhalten hängt mindestens von sechs Faktoren ab: (1) den Lernzielen und Lerninhalten, (2) der Qualität bei der Anwendung aller dieser Formen, (3) den Eingangsvoraussetzungen der Schülerinnen, (4) den verfügbaren Unterrichtsmaterialien, (5) den spezifischen Bedingungen des Lehr-Lern-Umfeldes sowie (6) der Einstellung der Lehrkraft zu den einzelnen Formen und ihrer persönlichen Überzeugung über die Wirksamkeit der betreffenden Form." (Dubs 95, 52)

Die Klasse als Lerngruppe

So ist vor allem die Variabilität, die Passung, die Kohärenz und Konsequenz des Führungsverhaltens von Bedeutung und es ist nicht grundsätzlich z. B. das indirekte Führungsverhalten besser als das direkte. Das Gleichgewicht zwischen Ich, Wir und Sache muss ständig in einem Sinnhorizont neu hergestellt werden, wobei die Klasse als konstruktive Lern- und Gesprächgemeinschaft durch ihr Feed-back steuernd beteiligt sein sollte.

Was steckt eigentlich dahinter, wenn Lehrer eine Klasse für schwierig halten oder wenn Schüler Unterricht für unfruchtbar ansehen und ihn gar verweigern?
Nach der Durchsicht von Lehreräußerungen kristallisieren sich Tendenzen heraus: Lehrer beklagen sich zunehmend über schwer zu unterrichtende Klassen in der Unterstufe, leiden an chaotischen Zuständen, betreten in der Mittelstufe ein „Minenfeld" und kämpfen gegen freundliches Desinteresse oder Feindseligkeit in der Oberstufe. Dabei fällt vielen Lehrern immer wieder auf, dass Klassen intern zerstritten und in Kleinstgruppen zerfallen sind, als Ganzes nicht mehr ansprechbar und gemeinsame Unternehmungen nicht mehr organisierbar sind. Im Konfliktfall setzen Schüler ihre Interessen und Bedürfnisse auf Kosten anderer Schüler durch. Alle wollen im Mittelpunkt stehen. Sie sind gleichzeitig empfindlich und anspruchsvoll. Sie verkrachen sich leicht, bei Diskussionen kommt es zu keiner Einigung. Offen wird Missgunst wegen der Noten der Mitschüler geäußert. Bei der Erläuterung der Notengebung durch den Lehrer wird eifersüchtig darüber gewacht, dass keine auch noch so pädagogisch gerechtfertigte Ungleichbehandlung stattfindet. Schüler agieren als Agenten des Elternehrgeizes und ihres Berufsplanes, interessieren sich nur für die Noten. Einschüchterung und Druck von Kameraden bringen Schüler zum Verstummen, ja, schließen sie geradezu von der Unterrichtsteilnahme aus. Schüler trauen sich nicht, gegen erlittene Gewalt vorzugehen und gehen in freiwillige Isolation, fürchten Machtkämpfe. Wünsche zum Unterricht werden nicht geäußert, weil Invektiven von weniger Engagierten befürchtet werden. Schüler trauen Lehrern nicht mehr zu, dass diese ein gewaltfreies Klima erzeugen könnten.

Zwar ist dieses **Stimmungsbild** für die meisten Klassen , besonders wenn sie in der Eingangsstufe gut geführt werden, unrealistisch und **überscharf verdichtet**, doch sind Entwicklungen in diese Richtung nicht zu leugnen und setzen sich in der öffentlichen Meinung zunehmend fest. Eine Sichtweise, welche einzelne Störungen in ihrem Kontext untersucht und dabei auf problematisches Schüler- oder missglücktes Lehrerverhalten zurückführt, ist sicherlich hilfreich, scheitert aber in Fällen, wo es nicht mehr um isolierbare Störungen geht, sondern wo Gruppenprozesse für fehlschlagenden Unterricht und allgemeines Kommunikationschaos verantwortlich sind. Eine immer wieder zu erlebende Grundtatsache ist, dass der Schüler, der einzeln mit dem Lehrer spricht, sich ganz anders gibt, als er sich kurz danach in der Klasse verhält, wo er sein Verhalten von anderen Zusammenhängen abhängig macht (Person-Ich und Gruppen-Ich). Den Schülern wie den beobachtenden Lehrern ist meist nicht bewusst, welche Kräfte die Gruppendynamik am Laufen halten bzw. wie man sie ändern könnte. Die Klasse funktioniert als System quasi „blind" oder ist „wild" geworden. Auffällig ist, dass solche Zustände sich als relativ stabil erweisen. Wenn Schüler darauf angesprochen werden, erklären sie häufig, dass die Weichen anfangs falsch gestellt worden seien. Sie fürchten, sich auf die Seite des Lehrers zu stellen, weil sie Sanktionen von Mitschülern erwarten. Weiteres Kennzeichen ist, dass beide Parteien im persönlichen Gespräch äußern, sich gegenüber den misslichen Umständen relativ hilflos zu fühlen.

Ein typisches Problem in Gruppen ist, dass sich **Teilgruppen bekämpfen**. Wenn eine Klasse in solche Kleingruppen zerfallen ist, ist destruktives Verhalten an der Tagesordnung. Die sozialpsychologischen Merkmale einer Gruppe sind negativ ausgefüllt: Das Verhalten der Beteiligten ist unabgestimmt und unüberschaubar und wird von Vorurteilen gelenkt. Desgleichen können Lehrern Steuerungsmöglichkeiten fehlen, die erkennbaren Erfolg zeitigen. Oberflächlich mag für einige Schüler der Zustand Spaß oder Vorteile verschaffen, jedoch wird bei tieferem Nachforschen offenbar, dass die Schüler selbst über den Stress klagen. Ihre Störungslust ist eher zu deuten als ein Sich-Schadlos-Halten in der unangenehmen Situation, für die sie hauptsächlich den Lehrer verantwortlich machen und für den sie ihn eventuell sogar verachten. In dieser verfahrenen Situationen stellen sich Gefühle ein, die weitere Erschwerungen zur Folge haben und wiederum schädigendes Verhalten zum Teil erklärbar machen. Misstrauen führt zu Missverständnissen, Scheitern schafft Ohnmacht, Verletzungen werden mit Beleidigungen, Boshaftigkeiten, Hänseleien und Intrigen pariert. Nichtbeachtung und offenes Gegeneinander schaffen eine Stimmung der Rachsucht. Demonstratives Desinteresse verletzt Schüler und Lehrer. Die Schüler glauben nicht mehr an den Unterrichtserfolg als ein gemeinsames Unterrichtsziel. Bewusst vorgenommene Ausgrenzungen, Missachtung und Rivalitäten brechen zwischen Gruppierungen auf.

In der allgemeinen Verunsicherung werden Entwicklungsschwierigkeiten, pubertäre Probleme, Kompensationen für unsicheres Selbst und massive Ängste ausagiert. Die Situation gewinnt eine nicht mehr zu bremsende **Eigendynamik**. Wenn die Gruppe ihre auf ein gemeinsames Ziel gerichteten Rollen so weit aufgegeben hat, dass chaotische Strukturen herrschen, regiert der Kampf um den eigenen Vorteil. In regellosen Aktionen wird die Position der Stärke ausgenutzt, Wünsche Schwächerer werden systematisch übersehen und übergangen, offene und versteckte Angriffe auf die Person der Mitschüler und Lehrer lenken von der eigenen Person ab. (Mobbing, Bullying ☐⇨ Beitrag 21)

Solche Situationen produzieren weitere Konflikte zwischen Jugendlichen, zwischen Jugendlichen und Lehrern, Konflikte der Lehrperson mit sich selbst, Konflikte zwischen Sachanspruch und Selbstanspruch. Die eingangs gestellte Frage lässt sich so auch verstehen als die Frage, warum die Klasse als Gruppe nicht mehr funktioniert.

Sherif (1966, vielfach variiert und repliziert) hat in einer berühmt gewordenen Ferienlager-Untersuchung gezeigt, dass in Konkurrenzsituationen, welche durch Spielformen erzeugt wurden, die Wahrnehmung der Eigen- und der Fremdgruppe deutlich verändert wird. Insgesamt herrscht Blockdenken vor, wobei die eigene Gruppe positiv gesehen wird, wohingegen die fremde Gruppe negativ verzerrt und feindlich wahr-

Die Klasse als Lerngruppe   **399**

genommen wird. Dabei wurden sogar frühere freundschaftliche Beziehungen zwischen nun „verfeindeten" Gruppenmitgliedern abgebrochen. Diese Wahrnehmungstendenz führt bis zu einem Verhalten, das der anderen Gruppe selbst um den Preis der Selbstschädigung keinen Vorteil gönnt. Sherif hat in seinem Experiment auch gezeigt, wie sich die erzeugten Konflikte wieder reduzieren lassen. Er hat besondere Aufgaben gestellt, die sich nur durch Kooperation beider Gruppen lösen ließen. Die Bewältigung dieser von den Gruppen als sinnvoll angesehenen Aufgaben verminderte die feindseligen Einstellungen, Selbst- und Fremdbild näherten sich sehr stark an. Sherif fand heraus, dass vier arrangierte Gemeinsamkeiten die Integration in Gruppen fördern: der gemeinsame Gegner, der gemeinsame Vorteil, die gemeinsame Freude, die gemeinsame Not.

Schwierige Klassen lassen sich durchaus mit der von Sherif induzierten Phase der Rivalität vergleichen, denn in ihnen herrscht ebenfalls Ressourcenknappheit von Führungsrollen, sozialer Anerkennung sowie von Leistungserfolg, sodass Konflikte unter ehrgeizigen Schüler(-gruppe)n eigentlich vorprogrammiert sind. Dazu kommt, dass Leistungsverweigerer und sogar Leistungsängstliche ebenfalls Vorteile in der chaotischen Situation sehen können. Schwieriger als im Ferienlager dürfte allerdings die Einsicht zu kooperativen Anstrengungen wieder zu erlangen sein. Denn der gemeinschaftlich zu erreichenden Lösung eines Problems im Ferienlager entspricht im Unterricht die Erfahrung des fruchtbaren Unterrichts selbst sowie der erfreulichen Zusammenarbeit aller. Und an diese Erfahrung wird nicht mehr geglaubt. Wichtig ist deshalb, die destruktive Eigendynamik zu durchbrechen und elementare Kooperation durch Klärung der Rollen wieder herzustellen: durch gemeinsame Projekte, Aufführungen, Exkursionen etc. Möglich sind gruppendynamische Übungen außerhalb des problematisch gewordenen Unterrichtskontextes, flankiert von Maßnahmen zur Steigerung der Verantwortlichkeit für das Unterrichtsgeschehen, wie sie in den folgenden Konzepten als Prävention vorgeschlagen werden. Häufig vernachlässigt, aber generell wichtig ist eine kontinuierliche präventive Teampflege vor allem in den kritischen Klassen der beginnenden Pubertät.

16.3 Kooperatives Lernen: Entwicklung von Teams und Gruppen

16.3.1 Schlüsselqualifikation Teamfähigkeit im schulischen Kontext

Das Leitziel Teamfähigkeit hat eine enge und eine weite Definition: Es kann als eher technische Fähigkeit bestimmt werden, in Gruppen effektiv arbeiten zu können, aber es kann auch als ganzheitliche soziale Kompetenz aufgefasst werden.

Die Wiederentdeckung des Themas und die Forderung nach Teamfähigkeit der Schüler ist auch eine Folge von gesellschaftlichen Entwicklungen. Darin scheinen sich alte (reform-) pädagogische Wünsche und aktuelle wirtschaftliche Erfordernisse zu treffen.

Angesichts rasch sich wandelnder Markt- und Wettbewerbsverhältnisse sehen sich Unternehmen mit neuen Aufgaben konfrontiert. Die Probleme in betrieblicher und gesellschaftlicher Hinsicht werden komplexer und die notwendigen

Interventionen in ihren Folgen immer schwerer einschätzbar, wodurch Zusammenarbeit auch zwischen verschiedenen Disziplinen und Institutionen notwendig wird. Zugleich veralten Fachkenntnisse wegen immer kürzerer Innovationszyklen schnell. Solche komplexen Handlungssituationen sind durch Dynamik, Vernetztheit und Unvollständigkeit der Information gekennzeichnet. In der globalisierten Informations- und Dienstleistungsgesellschaft ist der flexible und mobile Mensch besonders gefragt, der neben Fachwissen und Methodenreichtum vor allem auch soziale Kompetenz mitbringt. Wenn dieses Szenario zutrifft, ist **Teamfähigkeit die zentrale Zugangsfähigkeit zum Arbeitssektor** und die **Schlüsselqualifikation** schlechthin.

Die Didaktik wird sich der Frage stellen müssen, ob und wie solche Verschiebungen der beruflichen Fähigkeiten in schulisches Lernen Eingang finden. Anders als in den Unternehmen, wo ein Produkt erzeugt wird, geht es in der Schule um Kompetenzerwerb für eine ferne Zukunft. Warum soll etwa im Team gelernt werden, wenn schulischer Kompetenzzuwachs ein individueller Vorgang ist? Ist die schulische Lernsituation mit der betrieblichen Erfordernis überhaupt zur Deckung zu bringen? Neben dieser generellen Frage gibt es ernst zu nehmende Einwände, welche die Forderung nach Teamfähigkeit als eine Scheindebatte abtun: Ich beschränke mich auf einige thesenartige Schlaglichter, die die Bedeutung, aber auch die Problematik der Forderung nach mehr Selbst-, Sozial- und Teamkompetenz kurz beleuchten.

- Schulische Sozialerziehung wird als Kompensation von Defiziten in der Primärsozialisation (Familie) unvermeidlich.
- Gruppenentwicklung kann helfen, die Unzufriedenheit mit Schule zu verringern.
- Die Balance von direktivem Unterricht und offeneren Formen des Lernens in Selbstlernsystemen sowie mit selbst verantworteter Gruppenarbeit ist neu zu finden.
- Wann ist die Verantwortungsübernahme durch die Lernenden eine fortgeschrittene demokratische Partizipationsform, ab wann wird sie zur Verantwortungsflucht der Lehrenden?
- Zwänge zur Eigenverantwortung in der Berufs- und Lebensgestaltung erfordern Selbstorganisationsfähigkeiten. Aber: Globalisierung der Köpfe für virtuelle Firmen?
- Teamfähigkeit im Beruf meint vor allem effektive Arbeit in abgestimmten Aufgabenfeldern bei gleichzeitiger Durchsetzungsfähigkeit und nicht eine sozialromantische Gemeinschaftsveranstaltung. Was ist Teamwork mehr als Arbeitsteilung, die in sozialen Gebilden immer schon praktiziert wurde? Was ist die (neue) Qualität von Gruppenarbeit?
- Mythos Teamfähigkeit: Unter diesem Schlagwort wird die These vertreten, dass Teamfähigkeit nicht wirklich gebraucht werde, sondern nur ein Mythos oder gar das Feigenblatt sei, mit welchem der ‚neue Kapitalismus' im Zeichen der Globalisierung den Verlust von Solidarität verdecke.

Kooperatives Lernen: Entwicklung von Teams und Gruppen

- Unter dem Stichwort Teamlüge wird Skepsis gegenüber den Ergebnissen von Teamwork gehegt: Es wird bezweifelt, dass in Gruppenarbeit Synergien frei gemacht werden, welche der Einzelarbeit überlegen seien. Steigt die Arbeitszufriedenheit durch Kooperation tatsächlich? Spielen Teams nur in der Managementrhetorik eine Rolle?

Trotz der genannten Einwendungen bleibt Konsens, dass wichtige Schlüsselqualifikationen der Zukunft, so genannte Soft skills, sich nicht im Frontalunterricht erwerben lassen. Gefordert ist eine **neue Mischung** mit individuellen Lernformen, Partnerarbeit und vor allem Gruppenarbeit. Außerdem ist zu berücksichtigen, dass die Gruppenentwicklung in der Klasse sowohl eine Voraussetzung als auch eine Folge von sachlicher Arbeit, also nie von dieser zu trennen ist.

Als Orientierung und Diskussionsgrundlage kann folgende Liste dienen, die in einem neuen multimedialen Testverfahren sechs Dimensionen sozialer Kompetenz erfasst (Runde 2000):

- die Fähigkeit, Situationen und Personen angemessen wahrzunehmen und Signale korrekt zu interpretieren;
- die Fähigkeit, Initiative zu ergreifen und die eigene Meinung anderen gegenüber durchzusetzen;
- die Fähigkeit, situationsangemessen mit Konflikten umzugehen, Kritik zu äußern und anzunehmen;
- die Fähigkeit, soziale Kontakte aufzunehmen und gegebenenfalls zu vertiefen oder abzubrechen;
- die Fähigkeit, aufgaben- und zielorientiert im Team zu kooperieren;
- die Fähigkeit, Mitarbeiter zu motivieren, Gruppen produktiv anzuleiten und Teamprozesse konstruktiv zu steuern.

Aus konstruktivistischer Sicht ist „Lernen" ein individuelles Ereignis. In der Schule wird traditionell auch streng kontrolliert, ob die Leistung selbst erbracht ist. Während aber z. B. bei Sportmannschaften trotz aller Rivalität und Konkurrenz Kooperation für den Erfolg entscheidend ist, so ist die Kooperation der Schüler im traditionellen Unterricht weniger erforderlich. Zusammenarbeit mag für einzelne Schüler zwar hilfreich sein, ist aber im System nicht angelegt. Schüler müssen dazu das abstrakte Leistungsprinzip relativieren und den inneren Widerspruch mit Motivationen sozialen Verhaltens aushalten lernen. Kooperationsfähigkeit wird außer im Sport nur in alternativen oder erweiterten Unterrichtsformen belohnt. Dies mag daran liegen, dass Kriterien für die Güte von Kooperation nur schwer zu definieren und noch schwieriger zu handhaben sind, dies auch deshalb, weil die Zusammenarbeit der Schüler in selbst gesteuerten Lernprozessen dem Lehrer nicht sichtbar wird. Moderierte Gespräche zur Schülerselbst- und Schülerfremdbeurteilung verbessern die Transparenz der Kriterien und können helfen, neue Aspekte einzubeziehen, überfordern aber leicht die Schüler mit der Selbstverleugnung ihrer Interessen oder führen zu falsch verstandener Solidarität, vor allem, wenn die erzielbare Note Schullaufbahn und Berufschancen beeinflusst. Unbefriedigend bleibt auf der anderen Seite die Individualnote bei Gruppenarbeit, wenn Ergebnisse nicht einzelnen Schülern zuzuordnen sind. Schulversuche, in denen gemeinschaftliche Leistungen gefordert sind, bergen zudem nach Ansicht mancher Kritiker die Gefahr, dass pädagogisch wünschenswerte Arbeitsformen nun ebenfalls dem Benotungsdruck unterworfen werden und so ihren „Charme" verlieren könnten. Die Ausweitung der Benotung auf soziale Kompetenzen bzw. soziales Verhalten führen ebenso wie der Verzicht darauf zu nicht leicht auflösbaren Widersprüchen. Ohne die Problematik zu verleugnen, sollten deshalb Teamleistungen eingefordert, die (Gruppen-)Ergebnisse aber durch ein Werkstattbuch einzelnen Schülern zugeordnet werden. Die Leistung, welche der Schüler für die Gruppe als solche erbracht hat, lässt sich meiner Erfahrung nach mit gebotenem Takt am besten durch eine prozessbegleitende Beobachtung des Lehrers und durch ein moderiertes Abschlussgespräch ermitteln.

16.3.2 Zwei wirkungsmächtige Trainingskonzepte der Teamentwicklung: Klippert und Stanford

Angesichts der in der Schule üblicherweise praktizierten Gruppenarbeit sind sowohl Stanford als auch Klippert zu Recht skeptisch (Team: = Toll, ein anderer macht's). Die Erfahrung zeigt, dass gelegentliche Gruppenarbeit im Fachunterricht nicht automatisch ein Erfolgsrezept ist: Streit um Inhalte, Methoden und Rollen, Pseudoaktivitäten und Ausweichbewegungen können abwechseln mit ungesteuertem Aktivismus, der Vermeidung von Arbeit bzw. Delegierung an wenige Lernwillige. Lehrer sind gezwungen, sich mit Störungen zu beschäftigen oder kämpfen mit den Widrigkeiten fehlender Rahmenbedingungen. Weder der inhaltliche Ertrag noch die Arbeitszufriedenheit von Schülern und Lehrern machen Kleingruppenarbeit zum Selbstläufer, wie die gängige Praxis und empirische Untersuchungen deutlich genug demonstrieren. Zweifel am Sinn von Gruppenarbeit beruhen nach Klippert darauf, dass die Voraussetzungen für effektive Gruppenarbeit nicht gelegt werden.

16.3.2.1 Der Ansatz von Stanford: Gruppendynamik

Als Pädagoge und Praktiker definiert Stanford: „Erfolgreiche Klassengruppen sind kurz gesagt – produktive Arbeitsgemeinschaften." In der Gruppendynamik sieht er die geeignete Methode dafür. Aus der Vielzahl möglicher Konstellationen hebt Stanford Merkmale für erfolgreiche Klassengruppen hervor. Damit die Gruppe erfolgreich arbeitet, sollten folgende Regeln (Normen) eingeführt sein.

Regeln für eine erfolgreiche Gruppe

1. Selbstverantwortlichkeit der Gruppe – die Gruppe selbst übernimmt Leiterfunktionen, jeder muss etwas zur Gruppenarbeit beitragen.
2. Auf andere eingehen – Gruppenmitglieder müssen sich gegenseitig genau zuhören und ihre Ideen aufeinander abstimmen, damit ein gemeinsames Produkt zu Stande kommen kann.
3. Interdependenz – Gruppenmitglieder kooperieren miteinander, um gemeinsame Ziele zu

Kooperatives Lernen: Entwicklung von Teams und Gruppen 403

erreichen anstatt gegeneinander zu konkurrieren.

4. Entscheidungen treffen durch Konsens - Die Gruppen gelangen zu einer für alle befriedigenden Entscheidung, anstatt einer Minderheit die Meinung der Mehrheit aufzuzwingen.

5. Konfrontation mit Problemen - Meinungsverschiedenheiten werden akzeptiert anstatt sie zu ignorieren, und Lösungen sollen gemeinsam gefunden werden.

(Stanford, 60)

In seinem Buch stellt er praktisches Anweisungsmaterial über gruppendynamische Methoden vor, die ein Lehrer im Klassenraum verwenden kann. Für die oben skizzierten Phasen der Gruppenentwicklung arbeitet er allgemeine Gesetzmäßigkeiten heraus, die helfen, Gruppenentwicklung zu steuern. Es kann immer wieder notwendig werden, einzelne Phasen zu wiederholen.

16.3.2.2   Das Trainingsprogramm von Klippert

Klippert plädiert für eine Pädagogische Schulentwicklung. „Das neue Haus des Lernens" orientiert sich an der Vermittlung fachlicher Kompetenzen und ruht auf dem Fundament von Methodentraining, Kommunikationstraining und der Teamentwicklung, was seinem erweiterten Lernbegriff entspricht. Die kognitiven Lernziele werden in inhaltlich-fachliches Lernen und methodisch-strategisches Lernen differenziert, womit der Methodenkompetenz ein eigenes Gewicht verliehen wird, entsprechend Gaudigs Prinzip, dass der Schüler Methode haben müsse.

Teamentwicklung ist für Klippert ein Grundbaustein im Neuen Haus des Lernens mit der **eigenverantwortlichen Arbeit (EVA) im Mittelpunkt**. Sie dient also dazu, konstruktive und regelgebundene Gruppenarbeit zu ermöglichen. Damit rückt er sein Konzept der „Teamentwicklung im Klassenraum" von den älteren gruppendynamischen Konzepten ab, da sie die Möglichkeiten sozialen Lernens in der Schule überschätzten. So lehnt er Selbsterfahrung mit psychologisch-therapeutischer Ausrichtung ab. Diese Skepsis ist, wo soziales Lernen als Primärziel gesetzt wird, sicher nicht unbegründet. Um die unterschiedlichen Rollen und Aufgaben in Gruppen wirksam zu erlernen, ist ein spezifisches Training auf der Basis komplementärer Rollenverteilung erforderlich.

„Teamfähigkeit verlangt das ebenso gezielte wie kleinschrittige Einüben elementarer Teamkompetenzen. Da diese Sensibilisierungs- und Qualifizierungsarbeit erfahrungsgemäß nicht beiläufig im Fachunterricht zu leisten ist, der in aller Regel viel zu sehr vom Stoff dominiert wird und Lehrer wie SchülerInnen den Blick für die teamspezifischen Lernziele und Erfordernisse verstellt, ist das Teamtraining phasenweise zu separieren, d. h., es ist aus dem regulären Fachunterricht auszugrenzen und als eigener Lerngegenstand zu behandeln." (Klippert, Skript zur Trainerausbildung)

Im eigenständigen Blockmodul finden also eine Rollensensibilisierung und ein Rollentraining statt, wo verschiedene Aufgaben und Pflichten bei der Gruppenarbeit erarbeitet und rollierend auf die Gruppenteilnehmer übertragen werden. Zeitlich ist das einwöchige Sockeltraining (Trainingsspiralen) etwa auf Klasse 5 und 9 verteilt, wo auf vier Trainingsetappen folgende Grundkompetenzen für Teamarbeit erworben werden:

- für Gruppenarbeit motivieren,
- Gruppenprozesse durchsprechen und reflektieren,
- Regeln entwickeln und einüben sowie
- alternative Grundformen der Gruppenarbeit durchspielen. Dabei werden abwechselnd die Aufgaben des ,Gesprächsleiters', ,Fahrplanüberwachers', ,Regelbeobachters', ,Zeitwächters' und ,Präsentators' wahrgenommen. Nachfolgend werden die Kompetenzen regelmäßig im Fachunterricht des Kernlehrerteams weiterentwickelt und als Routine gefestigt.

Klippert bietet in vier Trainingsfeldern eine Vielzahl von getesteten und ansprechenden „Übungsbausteinen für den Unterricht", um Gruppenarbeitsfähigkeiten zu fördern. Sein Modell erfährt außer durch den notwendigen zeitlichen Aufwand dort Einschränkungen, wo Ablehnungen, Feindschaften und Animositäten der Schüler das Klassenklima beherrschen. Diese Störfelder sind ohne Beziehungsarbeit kaum aufzulösen, was bei Stanford im Mittelpunkt steht.

16.4   Klasse als Lebensraum

16.4.1   Jugendkultur und Lebensgefühl – Kampf um die Köpfe?

In der Klasse oder der Lerngruppe werden nicht nur leistungsthematische Motive realisiert. Neben der Auseinandersetzung mit Bildungsvorstellungen der Schule entstehen mit zunehmender Eigenständigkeit der Schüler auch Erfahrungsfelder für informelle Beziehungen, für Freundschaften sowie andererseits für kulturelle Deutungen. Da die Schule wenig auf Lebensfragen der Schüler eingeht, entstehen Freiräume wie etwa für den Umgang mit Gefühlen, mit der Geschlechtsrolle, mit Identität und Lebensplanung. Diese Zeit vor, neben und nach dem eigentlichen Unterricht (Hinterbühne) liegt meist außerhalb der Definitionsmacht der Lehrer und sogar der Eltern. Es ist deshalb sinnvoll, die selbst gestaltete Lebenswelt der Schüler eigens zu betrachten, die als ein Labor eigenständigen Kulturschaffens anzusehen ist. Neben dem von der offiziellen Schulkultur geförderten Werte- und Kommunikationssystem etablieren sich Szenen, die Bedürfnisse und Wünsche der Schüler (besser) erfüllen.

Nach der Bindung in der Familie, die durch Intimität und Ganzheitlichkeit sowie durch fraglose Zugehörigkeit und Annahme ausgezeichnet ist, stellt der Lebensraum Schule neue Aufgaben an die Heranwachsenden. Sie müssen sich in eine Gleichaltrigengruppe integrieren, wo sie ihre Position als Klassenmitglied erkämpfen und durchsetzen müssen. Manche werden in ungeliebte Rollen gedrängt, verändern sich unter diesem Einfluss und verändern andererseits auch die Beziehungsqualität der anderen Mitschüler.

In den ersten Schuljahren lösen sich Werthaltungen und Orientierungen von der Familie und wenden sich dem bewunderten Verhalten von Kameraden oder Idolen zu. Ablösungsprozesse und Autonomiestreben beanspruchen die Energie

Klasse als Lebensraum **405**

der Schüler. Die beste Freundin oder der beste Freund werden oft im Umfeld der Klasse gefunden. Während Jungen eher in der Gleichaltrigengruppe die Ablösung suchen, finden Mädchen häufiger in Freundschaften eine Stütze. In der Adoleszenz übernehmen die Peers und Freundschaftsgruppen dann eine bestimmende Rolle für den Übergang von familialen zu sozialen und individuellen Bezugsnormen. Die Mitgliedschaft in Jugendgruppen, Vereinen, Cliquen und Szenen ermöglicht die Bildung von Einstellungen und Visionen, von gesellschaftlichen und persönlichen Zukunftsbildern und von Vorstellungen zur eigenen Lebensführung. Immer bedeutsamer werden dabei die „virtuellen Gruppen" in allen Erscheinungsformen von Jugendzeitschrift (z. B. Bravo) bis zum Internetchat und -flirt. In der Auseinandersetzung um Macht und sozialen Rang wird die Teilnahme an der Erwachsenen- und Arbeitsgesellschaft vorbereitet. Es entwickeln sich generelle Einstellungen zum Problemlösen und zur Austragung von Machtkämpfen.

In den gegenwärtigen Zeit- und Lebensumständen, die verallgemeinernd als post-ideologisch bezeichnet werden könnten, gibt es nur diffuse, wenig verlässliche Orientierungen. Der Jugendstatus selbst ist unsicher geworden und auch die Erwachsenen können wenig Sicherheit für die Zukunft vermitteln. Starken Einfluss auf diese Freiräume nehmen die omnipräsenten Medien mit ihren Angeboten. Sie dienen als Vorbild, Schablone und Materiallieferant für die Selbstdarstellung der Jugendlichen. Die mediale Wirklichkeit aus Musik, Film, Kultur, Unterhaltung und Werbung wird in immer schnelleren Zyklen assimiliert und zu eigenen Erfahrungs- und Konsumwelten umgebaut. Jugendliche Identität manifestiert sich (immer mehr?) in und durch von Medien „geliehenen" Versatzstücken und Identifikationsangeboten, wie sie etwa durch Logos, Marken, Abzeichen und Life-style-Werbung produziert und suggeriert werden. Die Gruppenidentität wird durch die Symbolwelten aus der Werbekultur gestützt. Allerdings darf man sich die Beeinflussungsrichtung nicht zu einseitig vorstellen, sondern eher im Sinne einer dialektischen Durchdringung, wo Erfindungen der Jugendlichen, von so genannten Trendscouts aufgespürt, von der Konsum- und Medienwirtschaft begierig aufgenommen und kommerzialisiert werden. So ist die Lebenswelt der Jugendlichen geprägt von Cliquen, Szenen und Jugendgruppen, von Erlebnis- und Fun-Kultur, Multimediakonsum und wenig von der Arbeitswelt.

Letztlich befindet sich die Lern- und Bildungswelt der Schule in einer Konkurrenzsituation um die Beeinflussung der Schüler. Empirische Untersuchungen zum Bildungserfolg, zu Einstellungen und zur Lebensgestaltung zeigen immer wieder die fundamentale Bedeutung der familiären Sozialisation und Unterstützung. Auch gegenüber dem Unterhaltungs- und Spaßmonopol der Medien scheint die Schule lediglich ausgleichende Wirkungsmacht zu haben.

16.4.2 Sich orientieren lernen: Identität und Gruppenrollen in Klassen, Soziale und Personale Identität

Teil einer Gruppe zu sein ist ein anthropologisches Grundbedürfnis. Als soziales Wesen sucht der Mensch seinen Platz in der Gruppe und gewinnt sein Selbstbild durch die Interaktion mit den anderen. Die Klasse und ihr Umfeld mit ihren Deutungs- und Erfahrensräumen ist ein wichtiges Experimentierfeld für die Selbstentwürfe des Schülers. Seine Fähigkeit zur Selbstbehauptung entscheidet über den Grad des Erfolgs der eigenen Vorstellungen und der Selbstwert wird mitbestimmt durch die Anerkennung und Aufmerksamkeit, welche die Gruppe gewährt. So wird jeder versuchen, die geeignete Gruppe für seine Bedürfnisse und Interessen zu finden und auch bestehende Gruppen umzuformen. Für diese Absichten ist die Gesamtklasse aber meist zu groß. Eine intensive Kommunikation mit so vielen Mitgliedern ist nicht zu führen, auch ist die Gesamtgruppe vom Einzelnen selten willentlich beeinflussbar. Die Klasse spaltet sich deshalb in informelle Untergruppen mit unterschiedlich tiefen Beziehungen, wobei jeder Schüler in verschiedenen Zusammenhängen durchaus an unterschiedlichen Gruppen teilhaben kann. Vielleicht ist er im Sport in einer anderen Gruppe als im Mathematikunterricht bzw. bei Freizeitaktivitäten (Wohnortteilgruppe). Durch solche Wechsel sind die Teilsysteme aneinander gekoppelt. Die Dynamik der einzelnen Gruppen in der Klasse und in Jugendszenen besteht aber nicht zuletzt auch in der Abgrenzung von anderen Teilgruppen. So muss der Einzelne eine Balance zwischen den verschiedenen Rollen, die er spielt, und den Erwartungen der anderen herstellen. Über das Ausbalancieren und Finden einer Entwicklungslinie mit Brüchen und Rückschritten kristallisiert sich Identität heraus, wobei die in dieser sensiblen Phase gemachten Erfahrungen selbst Erwachsene noch prägen (können).

Es scheint für je entstehende Bedürfnislagen und Konflikte im Biotop Schulklasse mehrere generationenbeständige „Lösungsmuster" mit typischen **Rollen** zu geben, denn bei der Bewältigung der verschiedenen Interessens- und persönlichen Konflikte entstehen immer wieder ähnliche Rollenensembles in Klassen. Gemeint ist dabei sowohl die Rollenerwartung der anderen als auch die Rollenauslegung des Einzelnen. Da manche Rollen attraktiver und passender sind als andere und manche erwünschte möglicherweise auch schon besetzt sind, entsteht Dynamik in der Gruppe, die durchaus auch gewaltsam entarten kann. Der Schüler, der sich mit den zugewiesenen Rollenzuweisungen und Rollenzumutungen nicht abfinden will, muss sich mit großer Energie dagegen wehren und trotzdem oftmals kapitulieren. Einige Rollen finden sich in fast jeder Klasse, andere werden nur nach Bedarf aktualisiert. Prominente Beispiele sind: der Anführer in Sport- und Meinungsfragen, der Sündenbock, der Klassenclown, der Klassensprecher, der stille Unbekannte, der schüchterne Schüler, der Außenseiter, der Missverstandene, der Streber, der Rebellische, der Casanova, der Störer und der Ordner, der Stille, der Geniale und der Leistungsstarke, der liebste Schüler, der stille, kooperative Schüler, der Ausgeglichene und Verlässliche, der Spätentwickler, der Draufgänger etc. Wie real solche Rollen sind, lässt sich leicht ermessen, wenn man Schüler des entsprechenden Alters Rollenkarten (Rollenbeschreibungen) anfertigen lässt.

Nicht alle Rollen sind freiwillig gewählt, selbst wenn es so scheint. Manche Rolle wird trotzig als die eigene ausgegeben, weil Widerstand zwecklos wäre.

Klasse als Lebensraum

Viele sind auch seelisch belastend, etwa wie Außenseiter den Schulalltag erleben: Sie werden ausgelacht, bleiben allein, werden geärgert, werden beschimpft, bleiben ohne Hilfe, bekommen entwürdigende Namen, werden nicht eingeladen.

Besonders in der Zeit der beginnenden Selbstständigkeit während des Pubertätseintritts wird bis dahin Selbstverständliches infrage gestellt. In dieser Phase der Rollendiffusion tritt insgesamt das Thema Schule deutlich zurück und gleichzeitig erhöht sich der Gruppendruck auf das Verhalten der Schüler. Die eigene Autonomie wird durch Pubertätsrituale und Mutproben „bewiesen". Die Spannung durch den Pubertätseintritt dauert zeitverschoben insgesamt fast zehn Jahre und dadurch fast die ganze Gymnasialzeit.

Jetzt sind die Peers, nicht verwandte Kinder oder junge Erwachsene ähnlichen Alters, die wichtigste Bezugsgröße des Jugendlichen. Wenn man von der Bedeutung der Gleichaltrigen für die Entwicklung spricht, sollte man im Auge haben, dass sie in der Multioptionsgesellschaft keine homogene Gruppe darstellen. Die 13. Shell Studie findet vor allem Unterschiede des Jung-Seins. Unbestritten hat die Gruppe oder Clique ihre Bedeutung vor allem bei der Orientierung zum anderen Geschlecht und der Entwicklung einer eigenen Geschlechtsrollenidentität.

Während in der Psychoanalyse die Gleichaltrigen ignoriert wurden und bei Piaget vor allem die Bedeutung der symmetrischen Beziehung für die subjektive kognitive und moralische Entwicklung betont wird, sind sie aus der Sicht der Lerntheorie Peers vor allem als Modelle und Verstärker von Verhalten interessant. Sie sind soziale Spiegel bei der Entwicklung des Selbstkonzeptes und Selbstwertgefühls. Relevante Dimensionen sind Intimität, Liebe, Sexualität, Bindung und Unterstützung bzw. Solidarität. Über den Wunsch der Zugehörigkeit zur Gruppe werden Normen, Einstellungen zu Personen und kulturellen bzw. gesellschaftlichen Inhalten internalisiert.

Im spannungsreichen Miteinander muss die Fähigkeit zum Handeln nach Regeln und nach Vereinbarungen und später nach Wissen und Gewissen entwickelt werden. Auch auf dem Feld der Werteentwicklung, der Entwicklung von Subjektivität und Reflexivität gibt die Klasse den Hintergrund für die individuelle Selbstklärung. Vorstellungen von Gerechtigkeit müssen sich in der Welt der Klasse bewähren oder gegen sie durchgehalten werden. Die Erwartungen der Gruppe und die Absichten des Schülers müssen diplomatisch ausbalanciert werden.

Mädchen entwachsen durch ihre frühere Reifung manchmal mental der Klassengemeinschaft und suchen ihre Geschlechtsrolle mit älteren Jugendlichen. Konfliktträchtig für die Mädchen und zunehmend auch für die Jungen ist, dass ihr Wert stark von körperlicher Attraktivität bestimmt wird.

In der Abwehr von eigener Verunsicherung und Hilflosigkeit kann sich (häufig bei Jungen) eine Verachtung gegenüber allem, was selbst den Anschein von Schwächen erweckt, entwickeln. Jungen müssen soziale Männlichkeit beweisen, da sie reifungsspezifisch noch nicht sichtbar ist. Handlungen, die auf Kosten anderer oder des anderen Geschlechts das eigene Selbstbild aufpolieren, treten vermehrt auf. Durchsetzungsfähigkeit muss um jeden Preis bewiesen werden.

Vieles von dem, was in Klassen an Rollentheater aufgeführt wird, ist lediglich eine kurze Premiere ohne Wiederaufführungschance. Vieles trägt jedoch auch zur Identitätsbildung bei und bleibt dem Erwachsenen verfügbar. Wichtiger noch als die Virtuosität des Rollenspiels ist jedoch die Erfahrung der Sinnhaftigkeit sozialen Lebens, welche den Jugendlichen erst die Gestaltungskraft für das weitere Leben eröffnet.

Literatur

Abele, U. (2003). Lehren und Lernen außerhalb der Schule. In: Diepold, S. Die Fundgrube für Klassenlehrer. Berlin: Cornelsen.

Christian, Hatto (2003). Das Klassenklima fördern. Ein Methodenhandbuch. Berlin: Cornelsen-Scriptor.

Diepold, S. (2003). Die Fundgrube für Klassenlehrer. Berlin: Cornelsen.

Dubs, R. (1995). Lehrerverhalten. Ein Beitrag zur Interaktion von Lehrenden und Lernenden im Unterricht. Zürich: Verlag des Schweizerischen kaufmännischen Verbandes.

Eder, Ferdinand (2001). Schul- und Klassenklima. In Rost (Hrsg.). Handwörterbuch Pädagogische Psychologie. Weinheim: Beltz PVU.

Fritz, J. (1993). Methoden des sozialen Lernens. Weinheim: Juventa.

Glasl, F. (1999 5.Aufl.). Konfliktmanagement. Stuttgart: Freies Geistesleben.

Klippert, H. (1999). Teamentwicklung im Klassenraum.

Klippert, H. (2000). Pädagogische Schulentwicklung. Planungs- und Arbeitshilfen zur Förderung einer neuen Lernkultur. Weinheim und Basel: Beltz.

Körbitz, Achim, Zajonc, Nadja, Hartog, Renko. Teamkompetenz - Eine Schlüsselqualifikation entwickeln. In: PÄDAGOGIK Heft 4/01.

Langmaack, B., Braune-Krickau, M. (1989). Wie die Gruppe laufen lernt. Weinheim: Psychologie Verlag.

Martin, L. (1996). Klassenlehrer und Tutorinnen. Bad Heilbrunn: Klinkhardt

Meyer, E. (1996). Gruppenunterricht. Baltmannsweiler: Schneider Verlag Hohengehren.

Mitschka, R. (1997).Die Klasse als Team. Linz: Veritas Verlag.

Nürnberger Projektgruppe (2001). Erfolgreicher Gruppenunterricht. Praktische Anregungen für den Schulalltag. Stuttgart: Klett.

Redlich, Alexander. Konfliktmoderation. Handlungsstrategien für alle, die mit Gruppen arbeiten. Mit vier Fallbeispielen. Hamburg 1996.

Runde, B. (2000). Interaktives System zur Identifikation sozialer Kompetenzen (ISIS). Dargestellt in: G. Unverzagt. Wer ist sozial kompetent? In: Psychologie heute. Heft 3. 18.

Schulz v. Thun, F. (1998). Miteinander Reden 3. Reinbek: Rowohlt.

Stanford, Gene (1998). Gruppenentwicklung im Klassenraum und anderswo. Aachen: Hahner Verlag.

Themenheft Lernende Schule: Klasse werden 3/98.

Tillman, Klaus Jürgen u. a.: Schülergewalt als Schulproblem. Weinheim 2000.

Ulich, Klaus (1974). Gruppendynamik in der Schulklasse. München.

Walker, J. (1995). Gewaltfreier Umgang mit Konflikten in der Sekundarstufe 1. Berlin: Cornelsen-Scriptor.

17 Konflikte in der Schule

Werner Schulitz

Ein Konflikt, so sagt das Lexikon der Psychologie bei „wissenschaft-online", ist gegeben, wenn die Betroffenen unterschiedliche Interessen, Meinungen, Werte, Handlungspläne oder Ziele haben, diese nicht gleichzeitig in einem für alle befriedigenden Maße realisiert werden können und sich die Konfliktparteien dieser Diskrepanzen bewusst sind.

Konflikte gibt es in der Schule immer, sei es
- zwischen Schülern und Lehrern,
- zwischen Schülern und Schülern,
- zwischen Eltern und Lehrern,
- auch zwischen Lehrern untereinander und Lehrern und Schulleitung.

Konflikte zwischen Lehrern und Schülern treten in der Regel als Disziplinprobleme auf, wenn beispielsweise eine Klasse auf die Angebote des Lehrers nur mit Verweigerung und demonstrativer Langeweile reagiert oder wenn einzelne Schüler sich in den Augen des Lehrers unverschämt verhalten, stören oder ihren Aufgaben nicht nachkommen. Schüler charakterisieren Lehrer oft über ihren Umgang mit Konfliktsituationen.

Beispiel

Ein Schüler der 12. Klasse beschreibt einen seiner Lehrer so: „Heute hatten viele Schüler keine Hausaufgaben. Herr X ärgerte sich und sagte: ‚Ich bin eigentlich gegen solche Maßnahmen und will damit erst gar nicht anfangen. Aber wenn ihr euch so benehmt, muss ich mir überlegen, ob ich nicht eine Strichliste führe. Dann bekommt jeder, der dreimal seine Hausaufgaben nicht hat, eine Strafarbeit.' Damit hatte der bei uns verspielt. So harmlos kann man doch gar nicht sein!"

Diese Charakterisierung drückt aus, dass Schüler es nicht schätzen, wenn sich Lehrer konfliktscheu und zaghaft verhalten. Sie schreiben dieses Verhalten festliegenden Persönlichkeitseigenschaften zu – was problematisch ist, denn es gibt genug Beispiele, die zeigen, dass der erfolgreiche **Umgang mit Konfliktsituationen trainierbar** ist. Auch vorsichtige und in ihrer Grundhaltung eher ängstliche Menschen können lernen, sich durchzusetzen oder mit Konflikten besser umzugehen. Das zu können, ist ein fester Bestandteil des Lehrerberufs und zeugt von professioneller Kompetenz.

Im Folgenden werden drei Aspekte behandelt:
- **Prävention** : Wie können Konflikte oder Störungen im Vorfeld vermieden werden?
- **Intervention**: Wie können Konflikte mit der Klasse analysiert werden? Welche Handlungsmöglichkeiten versprechen Erfolg?
- **Konflikte** zwischen Schülern: Wie können Lehrer Schülern helfen, ihre Konflikte selbst zu regeln, und was kann man bei Mobbing unternehmen?

410   *Konflikte in der Schule*

17.1   Prävention

17.1.1   Prävention durch Klassenmanagement

Jeder weiß, bei manchen Lehrern kommen Unterrichtsstörungen häufig vor, bei anderen eher selten. Schüler stellen fest, dass man sich bei Frau A oder Herrn B nichts erlauben kann, und oft müssen gerade diese Lehrerinnen und Lehrer auch wenig ermahnen oder strafen.

Was sind das für Fähigkeiten, die bewirken, dass keine Disziplinstörungen im Unterricht auftreten? Setzen solche Lehrer besonders geschickte Maßnahmen ein, die störende Schüler stoppen, bevor die Störung um sich greift und andere Schüler mit einbezieht?

In einer aufwändigen Untersuchung versuchte Jacob Kounin (1976) herauszufinden, welche disziplinierenden Maßnahmen bei Unterrichtsstörungen erfolgreich sind. Dabei ergaben sich verwirrende Ergebnisse. Offenbar hing der Erfolg nicht von der Art der Intervention ab, denn die gleiche Maßnahme konnte in der einen Klasse bei dem einen Lehrer sehr effektiv sein, in einer anderen Klasse bei einem anderen Lehrer völlig wirkungslos. Es gab also keine eindeutigen Zusammenhänge zwischen disziplinierenden Maßnahmen und ihren Wirkungen. Man konnte auch nicht feststellen, dass harte Zurechtweisungen oder gar Strafen generell wirkungsvoll waren. Lediglich in Fächern, in denen Schüler eine hohe Leistungsmotivation mitbrachten, erhöhten Strafen die Aufmerksamkeit. Dennoch gab es deutliche Unterschiede in der Störungshäufigkeit bei verschiedenen Lehrern.

Kounin analysierte daraufhin seine Videoaufnahmen erneut und fand **vier Faktoren**, die schon im Vorfeld dafür sorgen, dass wenige Störungen auftreten und die Schüler sich gut am Unterricht beteiligen. Lehrer, die diese Faktoren realisieren, werden im Folgenden „gute" **Lehrer** genannt.

Faktor 1: Dabeisein, Überlappung

Gute Lehrer wissen, was in der Klasse geschieht, auch wenn sie sich gerade auf etwas anderes konzentrieren. Sie haben praktisch Augen im Hinterkopf. Bei einer sich entwickelnden Unterrichtsstörung greifen sie bei dem richtigen Schüler ein, bevor sich die Störung ausweitet. Überlappung meint, dass sie auf mehrere Dinge zugleich achten. Diese Multi-tasking-Fähigkeit unterstützt die des Dabeiseins.

Faktor 2: Flüssigkeit, Zügigkeit

Gute Lehrer steuern die Unterrichtsabläufe angemessen schnell und störungsfrei. Sie lassen sich nicht von untergeordneten Details ablenken und stören den Unterricht selbst nur wenig durch Abschweifen oder Unterbrechungen.

Faktor 3: Gruppenmobilisierung, Rechenschaftsprinzip

Gute Lehrer aktivieren gleichzeitig viele Schüler. Es geht ihnen darum, die ganze Klasse anzusprechen und den Gruppenfokus auch dann zu wahren, wenn man sich mit Einzelnen beschäftigt. Mit Rechenschaftsprinzip ist gemeint, dass möglichst viele Schüler das Gefühl haben, dass ihre Arbeit überprüft wird.

Prävention   411

Faktor 4: Überdrussvermeidung

Damit bezeichnet Kounin die intellektuelle Herausforderung und Abwechslung des Unterrichts. Gute Lehrer geben an Überleitungsstellen stimulierende Anstöße und vermeiden damit negative Motivation. Mit wechselnden Sozial- und Arbeitsformen, Methoden und Arbeitsmitteln sorgen sie für einen lebendigen Unterricht. Sie setzen auf die Eigenverantwortlichkeit der Schüler.

Kounins Befunde waren zunächst recht überraschend: Nicht die Fähigkeit der Lehrenden zu disziplinieren, sondern die Fähigkeit, alles im Blick zu haben und gut zu unterrichten, sind entscheidend. Kounins Techniken der Klassenführung kommen ohne Strafen aus und verlangen auch keine Festlegung auf eine Unterrichts- oder Sozialform. Effektives Klassenmanagement ist die beste Vorbeugung gegen Disziplinprobleme!

Kounins Untersuchungen sind inzwischen recht alt, doch nie widerlegt worden. In neuerer Zeit geht **Nolting** (2002) von Kounins Erkenntnissen aus und beschreibt **vier Bereiche präventiven Lehrerverhaltens**. Er will zeigen, mit welchem Verhalten man es erreichen kann.

1. Prävention durch breite Aktivierung

Didaktisch-methodisch gut gestalteter und abwechslungsreicher Unterricht verhindert Störungen. Wenn aber doch welche auftreten, stellt sich der Lehrer weniger die Frage, wie er auf die Störung reagieren soll, sondern eher, wie er den Unterricht anders gestalten kann. Er versucht, den Gruppenfokus zu wahren, sodass alle Schüler einbezogen werden. In Stillarbeitsphasen können alle Schüler nebeneinander aktiv sein, und wenn die Aufgabenstellung gut ist, kann es in einer solchen Phase auch wirklich still sein. Eine breite Kontrolle während der Arbeit oder stichprobenartig zeigt allen Schülern, dass ihre Arbeit wahrgenommen wird. Mit einem aktivierenden Frageverhalten, bei dem der Lehrer den Blick durch die Klasse schweifen lässt und je nach Art der Frage Zeit zum Nachdenken lässt, vermittelt er auch allen Schülern das Gefühl, immer aufgerufen werden zu können, selbst wenn er oft nur Schüler drannimmt, die sich gemeldet haben. Positive Kommentare zeigen, dass sich Leistung lohnt.

2. Prävention durch Unterrichtsfluss

Wer Prävention durch Unterrichtsfluss erreichen will, muss möglichst viel der Unterrichtsstunde dem Unterricht widmen und möglichst wenig Zeit für Organisation, Aufbau von Geräten, Verteilen von Material und Herstellen von Ruhe und Ordnung aufwenden. Denn je höher der Anteil der Zeit ist, der nicht für effektiven Unterricht genutzt wird, umso leichter können sich Schüler mit anderem beschäftigen und umso häufiger gibt es Störungen im Unterricht. Um Wartezeiten für die Schüler zu vermeiden, muss man überlegen, wie man organisatorische Aufgaben möglichst Zeit sparend erledigt oder wo man allgemeine Mitteilungen im Unterricht einplant. Auch ein zügiger Wechsel von einer Unterrichtsaktivität zur anderen spart Wartezeit, ebenso klare Instruktionen, die gut sichtbar auf Tafel, Folie oder Arbeitsblatt stehen. Oft sind die Lehrer selbst Unterrichtsstörer, wenn sie Schüler im Unterricht langatmig zurechtweisen. Es kann besser sein, kleine, isolierte Störungen zu ignorieren oder sie nonverbal, etwa mit einem strafenden Blick, zu beenden, als den Unterrichtsfluss zu unterbrechen. Allerdings muss der Lehrer das richtige Gespür dafür haben, wie gewichtig oder bedeutsam der Konflikt ist und ob ein Gespräch nach dem Unterricht erforderlich ist.

3. Prävention durch Regeln

Damit Regeln überschaubar bleiben und eingehalten werden können, darf es nur wenige geben. Sie sollten den Schülern einsichtig sein, was man am ehesten dadurch erreicht, dass man sie sie selbst formulieren lässt. Die Formulierungen sollten positiv sein – Gebote sind besser als Verbote. Statt „wir wollen niemanden beim Reden unterbrechen" ist es besser zu sagen „wir lassen jeden ausreden". An der Entstehung von Regeln sollten die Schüler natürlich beteiligt werden. Regeln sind möglichst frühzeitig im Schuljahr zu erarbeiten, aber man kann auch im Laufe des Jahres und je nach Anlass auch neue Regeln einführen oder alte diskutieren, präzisieren, verändern oder abschaffen: Wichtig ist, dass die Lehrperson auch auf das Einhalten der Regeln achtet. Wer verlangt, dass Schüler sich erst melden, bevor sie etwas sagen, darf nicht auf Zwischenrufe eingehen. Wer vereinbart hat, dass im Unterricht nicht geschwätzt wird, darf nicht gegen Privatgespräche anreden und sie zu übertönen hoffen

4. Prävention durch Präsenz- und Stoppsignale

Nonverbale Signale unterstreichen, dass der Lehrer präsent ist. Während er unterrichtet, zeigt er Übersicht in der Klasse, indem er aufkommende Störungen durch Blickkontakt, Mimik oder Handbewegungen dämpft. Fühlen sich Schüler beobachtet, unterlassen sie Fehlverhalten oder brechen es ab. Verbale Signale sollten kurz und knapp sein und zum Unterricht hinlenken. Der Lehrer spricht bei aufkommender Unruhe knapp den Namen des Störers aus oder lenkt einen unaufmerksamen Schüler einfach zum Thema hin, ohne den Schüler bloßzustellen. Wenn die Störung beseitigt ist, kann eine kurze positive Reaktion das erwünschte Verhalten fördern.

Nolting (2002) stellt fest, dass es vor allem eher **unauffällige, kaum merkliche Handlungsweisen** sind, die ein **gutes Lernmanagement** bewirken. Sie stellen sich oft mit Erfahrungen und damit einhergehender Souveränität im Unterricht ein und sind trainierbar.

17.1.2 Prävention durch Akzeptanz

Konflikte verschärfen sich dort am leichtesten, wo die Lehrer-Schüler-Beziehung nicht stimmt. Der Lehrer muss versuchen, eine **Balance zwischen Nähe und Distanz einzuhalten**, verbindlich und bestimmt, aber nicht kalt und bestimmend

Prävention 413

aufzutreten. Wo die Verständigung klappt, auch über Kommunikation geredet werden kann, und wo sich der Lehrer echt und taktvoll verhält, entstehen weniger Konflikte, und wenn doch, werden sie leichter beigelegt. „Echt" meint, dass der Lehrer von seiner Kritik und seinen Vorschlägen auch überzeugt ist; pädagogischer Takt verlangt Rücksichtnahme auf den Partner. Eine solche Kommunikation ist getragen von der Akzeptanz der Schüler als Person und von einem respektvollen Umgang miteinander.

Wichtig ist in diesem Zusammenhang die geschickte Formulierung der Vorwürfe und Forderungen:

Statt dem Störer vorzuwerfen, wie er ist („Du bist unverschämt!") oder ihn mit generalisierenden Adjektiven zu attackieren („Immer kommst Du zu spät!"), ist es besser, ihn mit einer so genannten **Ich-Botschaft** zu konfrontieren: Eine solche enthält die möglichst neutrale oder sachliche Beschreibung des störenden Verhaltens („Du kommst zu spät"), die Konsequenzen, die dieses Verhalten für den Lehrer hat („Ich werde unterbrochen") und die dadurch ausgelösten Gefühle („Das ärgert mich"). Anstatt die Schuld dem Schüler zuzuschreiben und ihn möglicherweise zu einem Gegenangriff zu verlocken, zeigt man seinen eigenen Anteil an dem Konflikt und trennt Person und Handlung. Die Person und ihre Sichtweisen und Gefühle werden auch akzeptiert und respektiert, wenn man mit ihren Handlungen nicht einverstanden ist.

17.2 Intervention

17.2.1 Konflikte analysieren

„Andy und Markus schwätzen schon wieder. Dabei habe ich sie schon zweimal aufgefordert, endlich mitzuarbeiten. Denen ist einfach nicht zu helfen. Aber wenn sie so weitermachen, wird noch der schwierige Martin und dann die ganze Klasse unruhig ..."

Wie alle Menschen neigen Lehrer dazu, Konflikte zu personalisieren, sie mit bestimmten Schülern zu verbinden und die eigene Beteiligung daran zu verdrängen. Aber wenn es auch Schüler mit ausgeprägt problematischem Verhalten gibt, sind an einem Konflikt doch immer auch Lehrer beteiligt.

Lehrer, die wenig Disziplinprobleme haben, tendieren dazu, die Schuld für Störungen und Konflikte bei sich und ihrem Unterricht zu suchen. Sie überlegen beispielsweise, ob die Unruhe daher kommt, dass eine Sozialform zu lange durchgeführt wurde oder eine Methode ungeeignet ist. Ihre Überlegungen setzen an Punkten an, die sie auch ändern können. Sie sehen insgesamt mehr Ursachen und Reaktionsmöglichkeiten, sicher auch deshalb, weil sie sich in die Perspektive der Schüler versetzen können. Sie erfassen gleich, warum es zu dieser Störung gekommen ist. Was ihnen leicht fällt, kann der Anfänger lernen, wenn er nach Konflikten eine Situationsanalyse durchführt.

Nolting (2002) schlägt dafür das auf der folgenden Seite dargestellte Verfahren vor:

> **Hinweise für eine Situationsanalyse nach Konflikten**
>
> 1. Beschreibung: der Lehrer fertigt nach der Stunde eine genaue, möglichst wertungsfreie Beschreibung der Ereignisse an. Die kann zur Erklärung des Verhaltens beitragen und ergibt möglicherweise, dass das vermeintliche Personenproblem auch ein Interaktionsproblem ist.
>
> 2. Selbstreflexion: Der Lehrer überlegt, wie er das Problem empfindet und warum es ihm etwas ausmacht. Er denkt darüber nach, ob er selbst zu dem Problem beigetragen hat und welches Ziel er erreichen will.
>
> 3. Perspektivenwechsel: Er versetzt sich in die anderen beteiligten Personen und versucht das Problem aus deren Warte zu sehen. Damit kann er das Verhalten erklären und eventuell neue Ansatzpunkte gewinnen. Er kann beispielsweise überlegen, ob die Lehrerreaktionen vom Schüler als Erfolg erlebt werden.
>
> 4. Beobachtung: Bei lang andauernden Konflikten kann eine genaue Beobachtung der Schüler und des Lehrers hilfreich sein, die genau festhält, unter welchen Umständen das störende Verhalten auftritt, wer beteiligt ist und wie der Lehrer dann reagiert. Einen Kollegen zur Hospitation in die Klasse einzuladen, kann dabei hilfreich sein.
>
> 5. Befragung: Die Schüler selbst zu fragen, ist oftmals schwierig. Wenn man einen Schüler nach der Stunde zu sich bestellt, erwartet er vielleicht eine Standpauke und ist zu einem klärenden Gespräch nicht bereit. Deshalb ist es sinnvoll, Klärungsgespräch und Disziplinierungsgespräch deutlich voneinander zu trennen. Klärungsgespräche erfordern ein prinzipiell gutes und vertrauensvolles Lehrer-Schüler-Verhältnis.

Gespräche mit der ganzen Klasse können sehr hilfreich sein und sind oft schon ein Weg dazu, das Problem zu lösen. Sie müssen aber gut geplant und vorbereitet werden. Oft wird vorgeschlagen, Wandzeitungen zum Thema oder Partnerinterviews zur Strukturierung eines solchen Gesprächs zu benutzen. Der Einsatz solcher Methoden hängt aber von der Klasse und den Konflikten ab.

Auch andere Personen können bei der Analyse eines Konfliktes helfen; Klassenlehrer, andere in der Klasse unterrichtende Lehrer, Eltern oder Mitschüler tragen oft neue Aspekte bei.

17.2.2 Für Handlungsaufschub sorgen

Wenn ein Konflikt in der Klasse entsteht, hat der Lehrer immer gleichzeitig mehrere Dinge zu tun: Er denkt weiter an seinen Stoff und wie er die Unterrichtssequenz beenden soll; er schaut auf die störenden Schüler und versucht zu ermitteln, wer alles an der Störung beteiligt ist; er bemüht sich, den Rest der Klasse nicht aus dem Auge zu verlieren; er ist angespannt und versucht seinen Ärger zu kontrollieren. Besonders in emotional aufgeputschten Situationen fällt es schwer, sich die besten Reaktionsmöglichkeiten zu überlegen. Man erklärt die Situation mit überkommenen subjektiven Theorien (📖 ⇨ Beitrag 15) und greift zu alten Verhaltensmustern.

Intervention   415

Emotionen in Konfliktsituationen sind notwendig und sinnvoll; denn sie lassen den Beteiligten erst die Bedeutung der Situation erleben. Becker (1997) unterscheidet Konflikte nach dem **Grad der emotionalen Betroffenheit** der Konfliktparteien. Je stärker die Störung die Beteiligten berührt, umso ernster ist der Konflikt und umso mehr Schritte werden nötig, um ihn beizulegen. Dabei kann es durchaus sinnvoll sein, wenn die Schüler wahrnehmen, dass ein bestimmtes Verhalten den Lehrer ärgert, aber der Ärger sollte nicht die Handlungsweise des Lehrers bestimmen. Zu seiner Professionalität gehört es, überlegt und ‚sine ira et studio' zu entscheiden.

Viele Lehrer gewinnen dadurch Zeit, dass sie nach einer „Untat" die Schülerin / den Schüler auffordern, nach der Stunde zu ihnen zu kommen. Oder sie befragen die Schüler zu ihren Beobachtungen und Vorschlägen und teilen ihnen mit, dass sie selber erst einmal über die Situation nachdenken müssen. So bleibt allen Beteiligten etwas Zeit, in der sie ihre Positionen noch durchdenken können, um dann in einer weniger aufgeheizten Situation zu reagieren.

Es gibt aber auch Störungen, bei denen der Lehrer gleich eingreifen muss, beispielsweise, wenn zwei Schüler sich prügeln. Aber mit dem Erstverhalten, in diesem Fall die Schüler zu trennen, sind die Lehrerhandlungen noch nicht beendet. Vor weiteren Maßnahmen kann man sich oft noch Zeit lassen. Handlungsaufschub ist immer dann wünschenswert, wenn der Konflikt ernst ist und wenn die Erregung so groß ist, dass eine vernünftige Steuerung des Verlaufes nicht möglich erscheint. Bei kleinen Störungen ist es ökonomischer, spontan zu reagieren.

17.2.3 Eskalationen vermeiden

Kommt es zum Konflikt, eskaliert dieser oft sehr schnell; aus einer „normalen" Störung wird ein Machtkampf, den die Beteiligten mit verbalen und nonverbalen Mitteln führen. Grewe (2002) beschreibt dies wie folgt:

„Vergrößerte Pupillen, ein lange aufrecht erhaltener Blick (‚anstarren') und eine Verringerung der körperlichen Distanz signalisieren Kampfbereitschaft und fordern den Partner zum Angriff oder zur Flucht auf. Von den meisten Menschen werden außerdem ein steigender Tonhöhenverlauf, eine ansteigende Lautstärke, kombiniert mit einem schnellen Sprechtempo als Signal des Zorns verstanden. Aus diesen Signalen wird z. B. geschlossen, ob der Kommunikationspartner Verständnis für die gehörten Argumente zeigt, deeskalieren oder einen Machtkampf bis zum Ende führen will."

Lehrer erhöhen schrittweise die Sanktionen, bis die Übeltäter eingeschüchtert sehen, dass sie nicht die Sieger in dieser Auseinandersetzung sind; andere Schüler werden zugleich davor abgeschreckt, sich auf einen Machtkampf mit dem Lehrer einzulassen, und die baldige Rückkehr zum Unterricht wird möglich. Das alles reizt Lehrer, diese Methode einzusetzen. Aber sie hat auch Nachteile:

- Wenn die Störung nicht schnell beendet wird, muss weiter eskaliert werden.
- Man kann bald an Punkte kommen, an denen der Lehrer die Eskalation alleine nicht mehr weiter treiben kann. Bei schärferen Strafen müssen Schulleiter, Klassenkonferenzen oder andere Gremien beteiligt werden, die andere Inte-

ressen haben können. Damit verlieren die Maßnahmen an Schnelligkeit und Unmittelbarkeit und manchmal verliert der Lehrer sein Gesicht, wenn er seine Sanktionen nicht wie angedroht durchsetzen kann.
- Schüler können auf den Machtkampf eingehen und damit weitere Eskalationsschritte herausfordern.
- Vor ihren Mitschülern bloßgestellte Mitschüler können ihre Niederlage an anderer Stelle (zum Beispiel durch Aggression in der Pause) kompensieren .
- Schüler können eingeschüchtert werden, die Lehrer-Schüler-Beziehung leidet und es wird schwieriger, auf die Schüler erzieherisch einzuwirken.
- Vor allem lernen die Schüler, dass diese Art der Auseinandersetzung normal und erfolgreich ist.

Lehrer sollten bei Konflikten immer deeskalieren. Sie sollten den Schülern deutlich machen, dass das Hauptziel die Rückkehr zur Arbeit ist und sie kein Interesse an einer unkontrollierten Konflikteskalation haben.

Sie zeigen Bereitschaft zur Deeskalation, indem sie Schüler nur kurz anschauen, anstatt durch langes Fixieren Konfliktbereitschaft zu signalisieren, und indem sie die Stimme höchstens kurz anheben und dann normal weitersprechen. Negative Gefühle sind als Ich-Botschaften leichter zu ertragen und Schüler fühlen sich nicht gleich persönlich abgewertet

17.2.4 Auf Störungen reagieren

Wie soll der Lehrer auf eine Störung reagieren? Lohmann (2003) stellt Regeln auf, an die sich Lehrer halten sollten, wenn Interventionen notwendig werden. Jede Intervention ist zugleich selbst eine Störung. Sie sollte nicht größer werden als der Anlass – oft reichen nonverbale Signale oder bewusstes Ignorieren. Moralpredigten sind in Konfliktsituationen meist wirkungslos, und Vorhaltungen gegenüber einzelnen Schülern können diese bloßstellen und das Verhältnis noch stärker beeinträchtigen. Konfliktgespräche mit der Klasse sollte der Lehrer nur dann führen, wenn er es auch für richtig hält, sich aber nicht zwingen lassen.

Andererseits sollte er sich und der Klasse klar machen, welches Verhalten er auf keinen Fall dulden wird. Wenn er dann eingreifen muss, ist Konsequenz erforderlich und er darf keine Ausnahmen machen. Jetzt ist der Moment ungeeignet, um über Regeln und Ausnahmen zu diskutieren. Deshalb sollte ein Lehrer nichts drohend ankündigen, was er nicht umsetzen will oder kann. Dagegen ist möglich zu sagen „Das war jetzt bereits die zweite Ermahnung. Du weißt, dass die dritte Ermahnung diese Folge ... hat", denn hier handelt es sich nicht um eine Drohung, sondern der Schüler ist einer Konsequenz ein Stück näher gekommen.

Lehrer und Schüler vertrauen oft auf die Wirksamkeit von Strafen. Wenn man Regeln mit Klassen aushandelt, muss der Lehrer oft mäßigend eingreifen, weil manche Klassen für Regelverstöße verhältnismäßig harte Maßnahmen fordern. Strafen können kurzfristig helfen, unerwünschtes Verhalten zu unterdrücken, sie

Intervention   417

lösen aber negative Gefühle im Schüler aus und belasten die Beziehung. Besser ist es, Schüler mit den logischen Konsequenzen ihres Verhaltens zu konfrontieren, also beispielsweise bei Beschädigungen von Schulmaterial die Wiederherstellung zu fordern. Wenn die Folgen einer Regelmissachtung im Konsens mit der Klasse geklärt sind, handelt der Lehrer nicht als strafende Autoritätsfigur, sondern als Schiedsrichter, der die Beschlüsse der Klasse umsetzt. Wenn der Lehrer aber strafen muss, dann muss die Strafe für den Schüler unangenehm sein. Eine zu milde Strafe wird als lächerlich empfunden und lädt eher zu weiterer Störung ein.

Es gibt **viele Möglichkeiten der Intervention**, aber gerade die häufig angewandten wie Ermahnen, Drohen oder Strafen werden oft ineffektiv eingesetzt.

- **Ermahnen** : Es ist besser, Schülern zu sagen, was sie tun sollen, als ihnen zu sagen, was sie nicht tun sollen, also statt „Markus, hör auf zu schwätzen!" besser „Markus, löse bitte die Aufgabe und stelle uns das Ergebnis nachher vor. "
- **Aufrufen**: Es ist gut, die Schüler wieder in den Unterricht einzubinden, aber einen Störer dann aufzurufen, wenn er gar nichts wissen kann, weil er gerade nicht aufgepasst hat, stellt den „Missetäter" bloß. Man kann ankündigen, dass man den Schüler bei den nächsten Fragen drannimmt.
- **Umsetzen** der Schüler kann effektiv sein, sollte aber nur nach reiflicher Überlegung (und eventuell nach Absprache mit der Klasse) vorgenommen werden. Man sollte wissen, wer neben wem sitzen kann, ohne dass es zu neuen Störungen kommt. Für manche Schüler hat Umsetzen einen starken Strafcharakter und schürt neue Konflikte. Manchmal ist es sinnvoll, eine solche Änderung der Sitzordnung mit dem Klassenlehrer für alle Fächer zu vereinbaren.
- **Störende Objekte entfernen**: Nicht zum Unterricht gehörende Gegenstände, die zur Ablenkung oder zum Spiel benutzt werden, kann man oft einfach in Gewahrsam nehmen und sie nach der Stunde wieder zurückgeben. Aber auch hier ist Fingerspitzengespür verlangt: Schüler können einen solchen Eingriff verweigern und damit zu einem Machtkampf herausfordern. Manchmal bieten sie auch Gegenstände regelrecht als Köder an.
- **Sonderaufgaben**: Sie sind sinnvoll, wenn sie dem Schüler ermöglichen, am Unterricht teilzunehmen und ihm eine besondere Rolle zukommen lassen. Reine Strafarbeiten können kontraproduktiv sein.
- **Erwünschtes Verhalten belohnen**: Anreize für erwünschtes Verhalten sind oft die stärksten Verhaltensmodifikatoren. Dem einzelnen Schüler werden seine Grenzen aufgezeigt. Wenn er sie eine Zeit lang nicht überschreitet, wird er belohnt. Für die Klasse kann das je nach Alter bedeuten, dass man weniger Hausaufgaben gibt oder am Ende der Stunde eine Spielphase einlegt.
- Einen **Vertrag** machen: Mit manchen Schülern kann man nach der Stunde einen Vertrag schließen. Das setzt aber voraus, dass die Schüler ihr Verhalten selber auch ändern wollen.
- Eine **Auszeit** geben: Das ist sinnvoll, wenn die Auszeit mit einer Problemlösung verbunden ist. Einfaches Rausschmeißen kann die Situation auch verschärfen.

17.2.5 Auszeit geben

An manchen Schulen haben sich Kollegien auf die Einrichtung von besonderen Räumen für Schüler geeinigt, die im Unterricht massiv stören. Solche „Time-out"-Räume haben Namen wie Trainingsraum, Konzentrationsinsel, Arizona usw. Ziel einer solchen, aus dem angelsächsischen Sprachraum stammenden Maßnahme ist, Lehrern und Schülern das Recht auf ungestörten Unterricht zu gewähren und die Stunde von uneffektiven Auseinandersetzungen zu entlasten. Der betroffene Schüler hat Gelegenheit, sich in einer anderen Umgebung wieder zu sammeln, den Vorfall zu reflektieren, Verantwortung für sein Verhalten zu übernehmen und zu planen, wie zukünftige Auseinandersetzungen verhindert werden können.

Wenn ein Schüler gegen eine Regel verstößt, wird er in den Trainingsraum geschickt. Er kann aber auch auf eigenen Wunsch dahin gehen. In diesem Raum muss der Schüler ein Arbeitsblatt oder einen Vertrag ausfüllen, in dem er klarlegt, warum er den Klassenraum verlassen musste, gegen welche Regel er verstoßen hat und was sich ändern muss, damit er wieder am Unterricht teilnehmen kann. Im Raum sitzt ein Betreuer, der mit dem Schüler den Vorfall durchspricht und ihm hilft, den Vertragsentwurf zu erstellen. Vom pädagogischen Geschick des Betreuers hängt der Erfolg dieser Maßnahmen ab, aber auch davon, dass der Lehrer klare und faire Klassenregeln vereinbart hat und die Maßnahme nicht als Machtdemonstration missbraucht. Bisher werden Trainingsräume erfolgreich vor allem an Brennpunktschulen (oft Haupt-, Real- und Gesamtschulen) eingesetzt, an denen es viele schwere Konflikte gibt und wo oft auch Schulsozialarbeiter oder Schulpsychologen die Aufgaben des Betreuers übernehmen. Vielen Schülern fällt es leichter, mit einem neutralen Mitarbeiter zu reden als mit einem Lehrer. An anderen Schulen, vor allem an Gymnasien, müssen sich Kollegen darauf einigen, dass Lehrer im Wechsel als Ansprechpartner im Auszeitzimmer sitzen. Das Kollegium muss so offen sein, dass es selbstverständlich ist, wenn auch andere Lehrer die Schwierigkeiten ihrer Kollegen erfahren und an ihrer Lösung mitarbeiten. Nur in größeren Schulen gibt es so viele Störungen, die den ständigen Einsatz von Betreuern rechtfertigen. In kleineren bleibt es der Fantasie der Kollegen überlassen, wie eine reduzierte Form zu realisieren ist. Nolting (2003) schlägt verschiedene kleinere Lösungen, bis hin zu einem Rückzugsbereich im Klassenraum, vor.

17.2.6 Hilfe von Kollegen holen

Unterrichtsbeobachtungen durch vertraute Kollegen im Unterricht führen zu ganz neuen Einsichten. Das in der Lehrerfortbildung oft genutzte **„Konstanzer Trainingsmodell"** (Tennstädt et al. 1990), das in einer Kompaktversion (Dann/Humbert 2001) angeboten wird, beruht auf der Bildung von **Lehrertandems**, die sich gegenseitig im Unterricht besuchen und gemeinsam den Umgang mit Störungssituationen reflektieren und trainieren. Das Verhältnis zwischen den Kollegen muss offen und freundschaftlich sein, damit auch wirklich die kritischen Punkte angesprochen und verbessert werden können. Aber auch ohne Teilnahme an dieser Lehrerfortbildungsmaßnahme helfen Unterrichtsbesuche durch ver-

Intervention

traute Kollegen weiter. Selbst wenn in der Stunde, in der der Beobachter anwesend ist, kein offensichtlicher Konflikt auftritt, kann eine Analyse des Interaktionsverhaltens in der Klasse hilfreiche Hinweise liefern.

Als geeignet haben sich auch **Fallbesprechungsgruppen** erwiesen, in denen Kollegen nach festgesetzten Regeln eigene Problemfälle besprechen und nach Lösungen suchen. Oft werden Vorgehensweisen in Rollenspielen erprobt. Fallbesprechungsgruppen nehmen auch die Anteile des beteiligten Lehrers in den Fokus und stärken den Lehrer und seine Professionalität.

17.2.7 Konflikte nach der niederlagenlosen Methode lösen

Bisher ging es vor allem um Konfliktmanagement, also darum, wie Lehrer Konflikte vermeiden oder welche Maßnahmen sie ergreifen können, um mit entstandenen Konflikte so umzugehen, dass Unterrichten wieder möglich ist. Damit ist der Konflikt aber noch nicht gelöst. Je größer ein Konflikt ist, je mehr Lehrer und Schüler darin eingebunden sind, umso eher wird man nach **kooperativen Formen von Konfliktlösung** suchen, da die Bewältigung von Konflikten dann größere Nachhaltigkeit verspricht, wenn alle Beteiligten gemeinsam versuchen, das Problem nicht zu verdrängen, sondern wirklich zu bewältigen. Inzwischen gibt es viele Strategien, wie die Klasse und der Lehrer so etwas angehen können, sei es über einen Klassenrat, sei es über eine kooperative Verhaltensänderung oder sei es über einen Lösungsversuch, wie ihn Thomas Gordon (1999) in seinem Buch ‚Lehrer-Schüler-Konferenz' vorschlägt.

Drei Möglichkeiten der Konfliktentscheidung (nach Gordon)
Gordon unterscheidet drei Möglichkeiten, wie Konflikte entschieden werden können:

- ▨ Entweder gewinnt der Lehrer den Konflikt, indem er seine Macht durchsetzt (Methode I), oder
- ▨ der Schüler setzt sich durch, weil der Lehrer es vielleicht nicht auf einen Streit ankommen lassen will (Methode II). In beiden Fällen gibt es einen Verlierer, der Unmut und vielleicht sogar Feindseligkeit empfindet, und einen Sieger, der gelernt hat, dass die Anwendung von Zwang Erfolg verspricht. Statt ein offenes Klima zu schaffen, werden hier eher Angst und Anpassung erreicht.
- ▨ Methode III vermeidet, dass es Gewinner oder Verlierer gibt. Man sucht nach einer Lösung, die für alle Teilnehmer akzeptabel ist, bei der also niemand unterliegt. Statt sich auf eine „Win-lose-Situation" einzulassen, sucht man Lösungen, mit denen alle zufrieden sind, in denen also alle gewinnen („win-win").

Diese ursprünglich aus der Wirtschaft stammende Vorstellung ist in der Schule schwer umzusetzen und die in der Literatur geschilderten Beispiele wirken oft gekünstelt und unrealistisch. Denn in der Schule gibt es große Machtunterschiede zwischen Lehrer und Schüler, sodass der Lehrer sich fast immer nach Methode I durchsetzen kann. Eine niederlagenlose Lösung nach Methode III zu vereinbaren, ist daher nur möglich, wenn der Lehrer freiwillig Teile seine Macht aufgibt.

Beispiel

Wenn ein Schüler nach dem Verlesen der mündlichen Noten empört zum Lehrer kommt und die Bewertung für falsch hält, kann der Lehrer nach Methode I einfach feststellen: „Ich verantworte hier die Noten und halte diese für angebracht. Basta!" Nach Methode II könnte der Schüler einen besser bewerteten Klassenkameraden mitbringen, der gleich bestätigt, die Note sei nicht angemessen, schließlich habe er ja eine bessere Bewertung, obwohl der andere doch mehr und Besseres sage. Wenn der Lehrer jetzt unsicher wird und die Note ändert, dann hat der Schüler nach Methode II gesiegt. Der Lehrer muss dann damit rechnen, dass in Zukunft seine Noten als verhandelbar gelten.

Nach Methode III könnte der Dialog so ablaufen:

S.: Das ist ungerecht. Mit dieser Note bin ich nicht einverstanden.

L.: Du hast dir eine bessere Note erhofft?

S.: Ja, ich brauche eine bessere Note, weil ich mich mit diesem Zeugnis bewerben will.

L.: Ich habe mir die Note gut überlegt und deine Leistung mit den Mitschülern verglichen. Ich kann sie nicht einfach ändern.

S.: Vielleicht kann ich noch ein Referat machen und Sie bewerten es und nehmen die Note zu der mündlichen Noten dazu.

L.: Das muss ich dann aber allen Schülern anbieten, damit die die gleichen Chancen haben. Da brauche ich dann viel Unterrichtszeit dafür.

S.: Sicher wollen nicht viele davon Gebrauch machen, weil sie mit ihren Noten zufrieden sind und weil sie die Schule jetzt nicht verlassen.

L.: Gut, dann werde ich allen Schülern anbieten, noch ein Referat zu machen, um ihre Note zu verbessern. Bist du mit diesem Vorgehen einverstanden?

S.: Ja, das finde ich gut so.

Eine solche Regelung ist zu erreichen, weil der Lehrer diese Möglichkeit einräumt. Wenn mehr Personen an einem Konflikt beteiligt sind, wird es schwerer, einen Konsens zu finden. Gordon empfiehlt für solche Fälle folgendes kooperative Verfahren, das auch auf eine niederlagenlose Lösung zielt.

Kooperatives Verfahren nach Gordon

1. Definition des Problems
   Hier soll erarbeitet werden, welche Bedürfnisse den Konflikt bilden.
2. Sammlung möglicher Lösungen
   Alle möglichen Lösungsideen sollen in einem Brainstorming ohne Bewertung oder Begründung gesammelt werden.
3. Wertung der Lösungsvorschläge
   Die beste Lösung wird zusammen mit den Beteiligten gesucht.
4. Entscheidung
5. Realisierung der Entscheidung
6. Beurteilung des Erfolgs

Intervention   421

Die Gestaltung eines solches Prozesses verlangt auf jeden Fall vom Lehrer, am besten aber von allen Beteiligten, dass **aktiv zugehört** wird und **Ich-Botschaften** verwendet werden. Es wird auch deutlich, dass ein solches Vorgehen recht zeitaufwändig ist. Wenn man jedes Alltagsproblem auf diese Weise lösen wollte, käme
man nicht mehr zum Unterrichten. Aber bei größeren Problemen kann man auf
diese Art versuchen, Konflikte dauerhaft zu vermeiden.

17.3　Konflikte zwischen Schülern

Die bisherigen Ausführungen bezogen sich vor allem auf Konflikte zwischen Lehrer und Schülern. Es gibt natürlich auch Konflikte, die nur zwischen den Schülern
bestehen und die sich nur auf der – dem Lehrer oft nicht sichtbaren – Hinterbühne des Unterrichts abspielen. Um solche Konflikte geht es in diesem Abschnitt.

17.3.1　Mobbing

Fallbeispiel

Der Schüler Johannes geht in die 6. Klasse und stammt aus einer Familie von Russlanddeut-
schen. Seine deutschen Sprachkenntnisse sind perfekt, er schreibt und formuliert auch sehr
gut, aber er ist unsportlich und wenig modisch gekleidet. Er verfügt in allen Sachfächern über
großes Wissen und wird von seinen Lehrern als altklug empfunden. In der 5. Klasse nannten
ihn die Schüler spöttisch „Professor".
In der 6. Klasse kommt der neue Schüler Janis aus einem anderen Gymnasium in die Klasse.
Janis ist sportlich und gut aussehend und binnen kurzem der Anführer einer Jungengruppe.
Janis ist verbal sehr gewandt und auch leistungsstark, zeigt aber bei Leistungsanforderungen
Widerstand und gibt sich gegenüber den Lehrern aufsässig.
Die Klassenlehrerin merkt, dass Johannes ab jetzt nur noch „der Russ" genannt wird. Auf
Nachfragen beklagt sich Johannes bei der Lehrerin darüber, dass er von Schülern gehänselt,
geschlagen und schikaniert wird. Auch seine kleine Schwester in der 5. Klasse wird von Johannes' Klassenkameraden gequält. Johannes muss Aussprüche hören wie:„Scheiß-Ruski",„Ich
töte Deine Schwester, verbrenne sie und werfe sie auf den Müll." usw. Er wird im Unterricht
beworfen, ohne dass die Lehrer etwas merken, seine Schulsachen verschwinden und einige
Male wird er auch geschlagen. Außer Janis nahmen vier weitere Schüler immer an den Quälereien teil, einige machten nur manchmal mit.
Als die Klassenlehrerin mit den Schülern spricht, können sie nicht präzisieren, was sie an Johannes stört. Er sei „komisch". Janis findet, dass alle Handlungen von Johannes provoziert
worden seien. Ein anderer erklärt, er möge Johannes nicht, weil er ein Russe sei und weil er
aus einem anderen Gemeindeteil komme.

Was ist typisch an diesem Fall? Johannes litt schon ein halbes Jahr unter häufigen
verbalen und öfters auch physischen Attacken, ohne dass die Lehrerin etwas
merkte. Die Angriffe erfolgten hauptsächlich in der Schule und von seinen Mitschülern. Der Konflikt selber hatte sich verfestigt, die Täter wussten zum Teil gar
nicht mehr, warum sie so handelten. Einige hielten es für Spaß. Johannes war seinen Peinigern hilflos ausgeliefert, und das umso mehr, als sich die Aggressionen
auch gegen seine kleine Schwester richteten, die er nicht verteidigen konnte.

An Johannes sieht man all die für Mobbing typischen Merkmale. Olweus definiert den Begriff Mobbing so:

„Ein Schüler oder eine Schülerin ist Gewalt ausgesetzt oder wird gemobbt, wenn er oder sie wiederholt und über eine längere Zeit den negativen Handlungen eines oder mehrerer anderer Schüler oder Schülerinnen ausgesetzt ist." (Olweus 1996, S. 22)

Es ist weniger typisch, dass Johannes aus Russland stammte, als ein sehr leistungsbewusster Schüler in den Ruch eines Strebers kam oder wenig modisch gekleidet war. Jeder kann Opfer werden, und dann wird die Gruppe der Mobber immer Eigenschaften finden, die ihn zum Außenseiter machen. Das Ziel des Mobbens ist, **das Opfer aus der Gruppe auszugrenzen**, und folglich findet man Merkmale, die anders sind als bei anderen. Das einzige statistisch gesicherte Merkmal ist, dass männliche Opfer oft den Tätern physisch unterlegen sind. Johannes war, wie die meisten Mobbingopfer, ein passives Opfer; also jemand, der sich eher zurückzieht und bei Angriffen ängstlich reagiert. Es gibt aber auch, wenn auch wesentlich seltener, das provozierende Opfer, das mit aggressivem Verhalten zu Gegenreaktionen einlädt.

Die Täter haben oft gar kein Unrechtsbewusstsein. Die Anführer neigen schon immer zu aggressivem Verhalten, andere haben erfahren, dass aggressives Verhalten ihnen Erfolg bringt und wieder andere freuen sich daran, Mitglied einer Gruppe zu sein, die Einigkeit durch aggressives Verhalten gegenüber anderen gewinnt. Manche haben eher eine schwache Stellung und sind lieber Täter als Opfer. Die Statistik zeigt, dass viele Täter Mobbing auch schon als Opfer erlebt haben.

Horst Kasper hat die Häufigkeit von Mobbing in Deutschland untersucht.

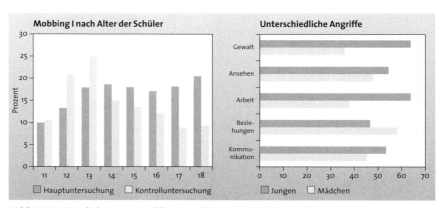

Bild 17.1: Häufigkeit von Mobbing nach Kasper (2001, 54, 63)

In seine Hauptuntersuchung hat Kasper auch Berufsschulen einbezogen, weshalb die Alterskurve hier zeigt, dass Mobbing mit zunehmendem Alter öfter auftritt. Für allgemein bildende Schulen ist die Alterskurve der Kontrolluntersuchung zutreffender.

Konflikte zwischen Schülern 423

Mädchen werden nicht öfters gemobbt als Jungen, sie sind aber auch nicht seltener Täterinnen. Allerdings unterscheiden sich die Arten der Quälereien. Unter Mädchen finden gewalttätige Angriffe wesentlich seltener statt, dafür werden sie öfter von Kontakten mit anderen ausgeschlossen, geschnitten, isoliert usw.

Olweus (1996) hat in seinen Untersuchungen festgestellt, dass die Größe der Schule oder der Klasse ebenso wenig Einfluss auf die Häufigkeit von Mobbingvorkommen haben wie die Frage, ob die Schule auf dem Land oder in der Stadt ist.

Solche und ähnliche Vorkommnisse kommen nicht nur in der Schule vor. Aber die **Klasse** ist eine **Zwangsgemeinschaft**, aus der sich das Opfer nicht einfach zurückziehen kann. Er ist dauerhaft seinen Peinigern ausgesetzt und verdient daher in besonderem Maße den Schutz und die Fürsorge seiner Lehrer. Allerdings wenden sich die Opfer häufig nicht an den Lehrer oder an andere Erwachsene.

Woran kann man als Lehrer erkennen, dass ein Schüler möglicherweise Opfer ist?

Sichere Hinweise gibt es nicht. Aber wenn Schüler oft gehänselt, beschimpft, ausgelacht werden, in aussichtslose Kämpfe verwickelt werden, Schulsachen vermissen oder verlieren, Spuren von gewalttätigen Auseinandersetzungen zeigen, sollte man misstrauisch werden. Keine so sicheren Zeichen sind es, wenn die Schüler oft allein sind und keine Freunde haben, oft in der Nähe des Lehrers sind oder Unsicherheit zeigen.

Wie kann man auf Mobbing reagieren?

Im Fall von Johannes sprachen seine Eltern die Vorfälle beim Elternabend an und stellten dadurch Öffentlichkeit her. Es war noch schwierig, aber möglich, Einigkeit bei betroffenen Eltern und Lehrern darüber herzustellen, dass man ein solches Verhalten nicht dulden will. Die Klasse thematisierte die Vorkommnisse und gab sich Regeln, wie man das Ausgrenzen Einzelner verhindern wollte. Einige Schüler, die schon in Klasse 5 mit Johannes zu tun hatten, wurden von ihren Eltern ermuntert, sich mehr um ihn zu kümmern, und sie konnten ihn stärken. Janis verliebte sich in ein neu in die Klasse gekommenes Mädchen und konzentrierte sich auf sie. Einige der Mittäter zogen sich unter dem Eindruck der Maßnahmen zurück. Wirklich geholfen hat, dass Öffentlichkeit hergestellt wurde, dass Täter und Opfer mit Namen genannt wurden und dass Eltern, Lehrer und Schüler zeigten, dass sie Mobbing nicht dulden wollen.

Olweus (1996) unterscheidet drei Ebenen, auf denen reagiert werden kann:

- **1. Schulebene**: Ein Programm gegen Mobbing kann zu einem Thema der Schulentwicklung (vgl. Beitrag 25)) werden; mit Fragebogenerhebungen und einem Pädagogischen Tag „Mobbing und Gewaltprävention" kann für das Thema sensibilisiert werden. Die Kooperation Eltern und Schule kann ebenso präventiv wirken wie verbesserte Pausenaufsicht.
- **2. Klassenebene**: Das Kernstück von Maßnahmen auf Klassenebene ist das gemeinsame Aufstellen von Regeln gegen Gewalt und Ausgrenzung. Wenn die ganze Klasse sich für die Regeln verantwortlich fühlt, kommt es immer wieder zu Gesprächen. Gemeinsame Klassenaktivitäten, kooperatives Lernen, bei dem

der Lehrer darauf achtet, dass niemand ausgegrenzt wird, und das Behandeln von sozialen Konflikten können Elemente von klassenbezogenen Aktionen sein.

- ■ **3. Individuelle Ebene** : In Gesprächen mit den Gewalttätern müssen die Ereignisse soweit wie möglich aufgeklärt und es muss die Botschaft „Wir dulden keine Gewalt an unserer Schule" vermittelt werden. Gespräche mit Eltern und Einbeziehung der Schulleitung können hilfreich sein. Dem Opfer muss zugesichert werden, dass es vor weiterem Mobben geschützt wird. Manchmal ist es möglich, den Beteiligten Paten zuzuordnen, die beim Einhalten der Regeln helfen. Ist die Situation schon sehr verfahren, muss man an den Wechsel der Klasse oder gar der Schule denken. Zuerst sollte das aber als Maßnahme für den Täter gedacht werden. Nur wenn man keine andere Möglichkeit sieht, kann es besser sein, das Opfer zu seinem Schutz in eine andere Klasse zu versetzen.

Mobbing gedeiht gut im Verborgenen, lebt von der Hilflosigkeit des Opfers und der Ahnungslosigkeit der Umwelt. Wenn sich das Opfer um Hilfe bemüht, ist schon viel gewonnen. Die Taten werden öffentlich und die Schule, die Lehrer und die Klasse können klarmachen, dass sie solches Verhalten nicht dulden wollen.

Oft trauen sich die Unterlegenen aber nicht, ihre Klassenlehrer um Hilfe zu bitten, weil sie fürchten, dass die ihnen nicht wirklich helfen werden. Ansprechpartner können dann vor allem Beratungs- oder Verbindungslehrer sein. Über das Internet findet man die Nummern von regionalen **Mobbingtelefonen**. Wenn es an der Schule **Schülerstreitschlichter** gibt, können auch die ein Anlaufpunkt sein.

17.3.2 Mediation

Die Fähigkeit, mit Konflikten umzugehen und Lösungen zu entwickeln und umzusetzen, ist ein wesentlicher Bestandteil einer sozialen Kernkompetenz. Für viele Schulen ist das ein so wichtiges Ziel, dass sie **Streitschlichtungsprogramme** einrichten. Darin werden Schüler, die sich freiwillig melden, in der Streitschlichtung ausgebildet. Sie lernen, mit Aggression und Konflikten umzugehen, und erwerben einige zentrale Gesprächsführungskompetenzen, um ihrer Rolle als Konflikthelfer gewachsen zu sein. Die Hilfe von Gleichaltrigen kann von vielen Schülern leichter angenommen werden als die Vermittlung durch einen Lehrer.

Streitschlichter haben keinen Schiedsspruch zwischen den streitenden Schülern zu fällen, sondern **helfen selbst eine Lösung für ihr Problem zu finden**. Eine Schlichtung kommt dann zu Stande, wenn die Streitenden selbst eine Vermittlung suchen; manchmal aber auch, wenn Lehrer oder Mitschüler einen Gang zu den Konfliktlotsen empfehlen oder wenn die Schüler-Mediatoren von einem Konflikt erfahren und ihre Hilfe anbieten. Die Streitschlichter verpflichten sich, Neutralität und Vertraulichkeit zu wahren. Ihre Hilfe kann angenommen werden, wenn sie glaubhaft machen, dass sie nicht darüber urteilen, wer Schuld hatte, und dass sie keine Lösung diktieren. Sie bemühen sich, die Kontrahenten bei der Lösungssuche zu unterstützen, sorgen dafür, dass vereinbarte Regeln eingehalten werden und halten eventuelle Abkommen fest.

Konflikte zwischen Schülern 425

Arbeitsblatt: „Die fünf Phasen des Mediationsgesprächs"

1. Das Gespräch einleiten
- Die Streitpartner begrüßen und sich vorstellen
- Die eigene Rolle erläutern: Vertraulichkeit und Neutralität zusichern; Hilfe bei der Suche nach Lösungen ...
- Ablauf des Gespräches erläutern
- Gesprächsregeln erläutern
- Einverständnis einholen

2. Sichtweisen nacheinander klären: Wie sieht die Sache aus der Sicht der jeweiligen Konfliktpartner aus?
- Wer fängt an?
- Sichtweisen nacheinander erzählen lassen
- Wiederholen, zusammenfassen, nachfragen
- Auf Einhaltung der Gesprächsregeln achten
- Gemeinsamkeiten/Unterschiede hervorheben

3. Konflikterhellung: Die persönliche Bedeutung des Konfliktes verstehen
- Ich-Botschaften fördern
- Auf Gefühle, Bedürfnisse und Interessen konzentrieren
- Augenblickliche Stimmung ausdrücken
- Kommunikation zwischen den Beteiligten fördern

4. Gemeinsam nach Lösungen suchen: Wer bietet etwas an?
- Lösungsmöglichkeiten sammeln und aufschreiben
- Vorschläge vorlesen
- Lösungs-Check: Ist der Lösungsvorschlag: realistisch, fair, angemessen, genau genug?

5. Einigung und Abschluss
- Sich auf eine gemeinsame Lösung verständigen
- Einigung schriftlich festhalten
- Vereinbarung unterschreiben lassen und jedem eine Kopie aushändigen
- Ein weiteres Treffen in ein bis zwei Wochen vereinbaren
- Für die Mitarbeit bedanken und verabschieden

Bild 17.2: Gesprächsphasen der Streitschlichterausbildung (Walker, 2001)

426 · Konflikte in der Schule

Die Ausbildung zum Streitschlichter wird von den Schülern gerne angenommen. Meist gibt es mehr Bewerber als zur Verfügung stehende Plätze. Manchmal ist es schwieriger, Schüler dazu zu motivieren, das Angebot der Streitschlichter anzunehmen. Wenn aber einige Schülerinnen und Schüler die Peer-Mediation erprobt haben und damit zufrieden waren, können Werbeaktionen bei den Schülern und Informationen an das Kollegium für entsprechende Nachfrage sorgen. Die Programme sorgen nicht nur dafür, dass Konflikte seltener gewaltsam ausgetragen werden; Ratsuchende wie Schlichter lernen auch, eigene Konflikte besser zu bewältigen, und sie erwerben Fähigkeiten zur Führung von Konfliktgesprächen.

Es gibt aber eine Reihe von Fällen, die durch Streitschlichtungsprogramme kaum zu bewältigen sind. Auseinandersetzungen zwischen mehr als zwei Personen, anhaltend schwelende Gruppenkonflikte oder verfestigte Mobbingstrukturen können Peer-Mediatioren überfordern. Die Mediatoren können dann die Schlichtung abbrechen und die Konfliktregelung gegebenenfalls an andere Stellen weiterleiten.

Jamie Walker zeigt in dem umseitig abgedruckten Arbeitsblatt aus der Streitschlichterausbildung auch die Phasen eines solchen Gesprächs.

Literatur

Becker, B. E. (1997, 8. Aufl.). Lehrer lösen Konflikte. Ein Studien und Übungsbuch. Weinheim, Basel: Beltz.

Dambach, K.E. (1998). Mobbing in der Schulklasse. München, Basel: Reinhardt.

Dann, H. D., Humpert, W. (2001). KTM (2001), W. KTM kompakt. Bern: Huber.

Gordon, T. (1999, 13.Aufl.). Lehrer-Schüler-Konferenz. Wie man Konflikte in der Schule löst. München: Heine.

Grewe, N. (2002). Deeskalieren! Lehrerverhalten in Disziplinkonflikten, in: Disziplin. Sinn schaffen – Rahmen geben – Konflikte bearbeiten. Friedrich Jahresheft XX, 2002.

Jefferys-Duden, K. (2000). Konfliktlösung und Streitschlichtung, das Sekundarstufen-Programm. Weinheim, Basel: Beltz.

Kasper, H. (2001). Streber, Petzer, Sündenböcke – Wege aus dem täglichen Elend des Schülermobbings. Lichtenau: AOL.

Kounin, J. (1976). Techniken der Klassenführung. Bern.

Lohmann, G. (2003). Mit Schülern klarkommen, Professioneller Umgang mit Unterrichtsstörungen und Disziplinkonflikten. Berlin: Cornelsen Scriptor.

Müller, O.W. (1993). Denkmuster und Handlungssteuerung in der Schule- Schwierige Situationen neu sehen lernen. Bad Heilbrunn: Klinkhardt.

Nolting, H.P. (2002). Störungen in der Schulklasse, Ein Leitfaden zur Vorbeugung und Konfliktlösung, Weinheim. Basel: Beltz.

Olweus, D. (1996, 2. Aufl.). Gewalt in der Schule: Was Lehrer und Eltern wissen sollten – und tun können, Bern. Göttingen: Huber.

Tennstädt, K.Ch., Krause, F., Humpert, W., Dann, H.D. (1990, 2. Aufl.). Das Konstanzer Trainingsmodell. Bern: Huber.

Walker, J. (Hrsg.) (2001). Mediation in der Schule, Konflikte lösen in der Sekundarstufe I. Berlin: Cornelsen Scriptor.

Themenblock V:
Entwicklung/Erziehung

18 Kindheit und Jugend heute
19 Moralerziehung – Erziehung zur Demokratie
20 Koedukation
21 Gewalt und Aggression

18 Kindheit und Jugend heute

Birgit Hauck-Bühler

18.1 Ansätze der Jugendforschung

„Versucht nicht, uns zu verstehen.

Ihr könnt uns untersuchen, befragen, interviewen, Statistiken über uns aufstellen, sie auswerten, interpretieren, verwerfen, Theorien entwickeln und diskutieren, Vermutungen anstellen, Schlüsse ziehen, Sachverhalte klären, Ergebnisse verkünden, sogar daran glauben. Unseretwegen. Aber ihr werdet uns nicht verstehen." (P. König in Kursbuch 113, 1993)

Die Schwierigkeiten, vor denen Jugendforschung steht, sind keineswegs neu, denn ihr Gegenstand ist schwer zu fassen. Sanders zitiert den Soziologen und Psychoanalytiker Siegfried Bernfeld, der bereits zu Beginn des vorigen Jahrhunderts von dem Problem spricht, „die mannigfaltigen Phänomene, die der Sprachgebrauch mit dem Wort ‚Jugend' zusammenfasst, wissenschaftlich zu erfassen" (Sanders 2003, 44). Zwar hat die Jugendforschung bereits eine hundertjährige Tradition und nutzt quantitave wie qualitative Forschungsmethoden, um Bilder der Jugend, einzelner Jugendlicher und einzelner Teilkulturen zu beschreiben, aber ihr Forschungsgegenstand bleibt vieldeutig, flüchtig, **liminal**, d. h. an der Schwelle angesiedelt. „Die Liminalität der Jugend gleicht einem Grat, der Kindheit vom Erwachsensein trennt. Die einfachste Bestimmung von Jugendlichen ist folglich eine doppelt negative. Sie sind keine Kinder mehr und noch nicht erwachsen. Sie sind überhaupt nicht, sie werden. Genau das zeichnet die Jugend aus. Vielleicht ist dieses Werden auch schon alles, was sich über die Jugend seit der Antike sagen lässt." (Sanders 2003, 45)

Neben der **akademischen Jugendforschung**, die Jugendliche vorwiegend aus der **Außensicht** beschreibt, hat sich ein **außerakademischer Diskurs** über Jugend und ihre Stile und Kulturen herausgebildet, der sich vermehrt um deren **Innenperspektive** bemüht. Die Integration beider Forschungsansätze könnte zu einer Jugendtheorie führen, die Jugendliche nicht nur als Objekte der Forschung, sondern auch als handelnde Subjekte begreift, die ihre Umwelten mitgestalten und nicht nur von ihnen geprägt werden (Sanders 2003).

Die Jugend gibt es nicht, wohl aber eine enorme **Vielfalt von Lebensstilen und Identifikationsmustern**. Wenn hier dennoch von „Jugend" die Rede ist, geschieht dies unter Bezug auf Forschungsergebnisse aus den Erziehungswissenschaften und den jüngeren Shell-Studien, die Entwicklungstendenzen beschreiben. Der Eindruck der Einheitlichkeit ist nicht gewollt, aber wahrscheinlich unvermeidbar. Die Jugendforschung widmet sich zwei Schwerpunkten:

■ Bei dem einen wird Jugend als **subjektive biografische Lebensphase** verstanden und untersucht, eine Zeit starker physischer, kognitiver und psychosozialer Veränderung, in der eine Umorientierung hin zum Status eines Erwachsenen angestrebt wird. Sie umfasst teilweises Lösen aus vertrauten Bindungen,

Ansätze der Jugendforschung **429**

Hinwendung zu Gleichaltrigen, kurz- oder längerfristige neue Bindungen, experimentelle Selbstentwürfe, Probehandeln, Identitätssuche sowie die allmähliche Übernahme von Aufgaben, Rollen und damit von Verantwortung im Sozialsystem. In keinem anderen Lebensabschnitt wandeln sich Orientierungen und Wertvorstellungen so schnell wie in der Jugendphase.

- Bei dem anderen ist Jugend die **gesellschaftlich bestimmte Lebenslage** von Heranwachsenden, auf die sich unter bestimmten sozioökonomischen Bedingungen die Erwartungen der Gesellschaft vor allem in Bezug auf Integration in die Arbeitswelt richten. Es konnte gezeigt werden, dass den im Zuge der Bildungsexpansion der letzten 30 Jahre investierten Anstrengungen und Kosten beachtliche ökonomische und kulturelle Erträge gegenüberstehen (Klemm 1997). Die erweiterte Teilhabe an Bildung hat nicht nur der Gesellschaft insgesamt und den Einzelnen ökonomische Vorteile gebracht, sondern auch ein größeres Spektrum individueller Lebensgestaltung und biografischer Entwürfe ermöglicht. Aber auch die Kehrseite gilt: Dass die Jugendlichen, auch schon die Kinder, von negativen sozio-ökonomischen Bedingungen belastet werden und – so das Fazit der Shell-Studie – die gesellschaftliche Krise die Jugend erreicht hat. „Wenn die Arbeitsgesellschaft zum Problem wird, dann muss auch die Jugendphase als Phase der biografischen Vorbereitung auf diese Gesellschaft zum Problem werden." (Deutsche Shell 1997, 13)

Jugendliche sind ein Spiegel der Gesellschaft. Farin fasst dies so zusammen: „Die Jugend denkt und agiert fast genauso spießig, (anti-)rassistisch, rechts oder links, pazifistisch oder gewaltbereit, ‚unpolitisch' und konsumtrottelig wie ihre ausgewachsenen Vorbilder" (Farin 1996). Die neueste Shell-Studie scheint diesen Befund zu bestätigen: Die Jugendlichen zeigen ein „exaktes Abbild unserer gesellschaftlichen Entwicklung" (Linssen, Hurrelmann 2003, 8). Von einer Anpassung der Jugendlichen an die Gesellschaft ist die Rede – oder gilt das Umgekehrte? Die Frage ist keineswegs nur als Pointe zu verstehen.

18.2 Kindheit und Jugend heute – veränderte Rahmenbedingungen

18.2.1 These vom Verschwinden der Kindheit

Ariès (1975) hat in seiner „Geschichte der Kindheit" sehr anschaulich die Entstehung von Kindheit und Jugend als eigenständige Lebensphasen innerhalb einer Gesellschaft auf den Beginn der Neuzeit datiert. Die Familie als Erziehungsinstanz hat bis heute ihre Bedeutung bewahrt, wenn auch in vielfacher Abwandlung. Für die Bedürfnisse einer sich ausdifferenzierenden Arbeitswelt wird die Qualifizierung der nachwachsenden Generation bedeutsamer, so dass historisch zunächst Unterricht, Universitäten, später Schulen, Kindergärten und andere Bildungseinrichtungen die Vorbereitung auf das Berufsleben ergänzten oder ganz übernahmen. Es entstand mit diesen Institutionen eine Art „Schonraum" des Aufwachsens, der Kindheit und Jugend als eigene Lebensphasen erst ermöglichte.

Allerdings scheinen sich diese sozialen Konstruktionen heute so grundlegend zu verändern, dass von einem „Verschwinden der Kindheit" (Postman 1986) die Rede ist. Folgende Gründe werden dafür genannt:

- Auflösungserscheinungen der traditionellen Familien,
- Mediatisierung der Lebenswelt von Kindern und Jugendlichen,
- Konsumentenstatus der Heranwachsenden,
- ökologische und in deren Folge gesundheitliche Gefährdung,
- neue Armut.

Postman begründet seine These vom Verschwinden der Kindheit vor allem mit der Ausbreitung medialer Information. Mit dem Vordringen der Bild- und Informationsflut in den entlegensten territorialen und häuslichen Winkel sieht er einerseits den Verlust jeglicher Privatheit, andererseits die prinzipielle Chance, an alle nur denkbaren Wissens- und Informationsbestände heranzukommen. Damit sei ein intellektueller und sozialer Führungsanspruch als Voraussetzung für ein hierarchisches Erziehungsverhältnis nicht mehr aufrecht zu erhalten.

Die These lässt sich auch noch anders stützen. In einer Multioptions-Gesellschaft, in der Werte und Normen verhandelbar, Verhaltensmuster individuell gestaltbar sind, können Handlungsziele und Lösungswege nicht verbindlich vorgegeben werden, sie sind allenfalls Verhaltensangebote für die Auseinandersetzung mit Interessen und Konflikten unserer Lebenswelt (vgl. auch Beitrag 19). Für die Legitimierung eines hierarchischen Erziehungsverhältnisses reicht dies kaum.

Kinderärzte und Psychologen machen darauf aufmerksam, dass sich Krankheitsbilder bei Kindern denen von Erwachsenen angleichen: Beinahe ebenso viele Erwachsene wie Kinder erkranken an ehemals typischen Kinderkrankheiten; umgekehrt zeigen heute zunehmend mehr Kinder solche Krankheitssymptome, die bisher den Erwachsenen vorbehalten waren (Hurrelmann 1997, 543). „Bei vielen Kindern kommt es heute zu Erschöpfungszuständen, Nervosität und Unruhe, Magenverstimmungen und Schlafstörungen, die nicht auf eine einzelne Ursache zurückgeführt werden können. Es sind unspezifische Erkrankungen, die ganz offensichtlich mit der Überforderung der körperlichen, seelischen und sozialen Regelkreise zu tun haben .... Viele dieser Beschwerden können als psychosomatisch oder soziosomatisch bezeichnet werden." (544)

Als größte Belastung geben Ende der 90er Jahre fast die Hälfte der Jugendlichen die Arbeitslosigkeit an, viele sind über ihre Familien kurzzeitig oder längerfristig damit in Berührung gekommen. Die Zahl derer, die unter Armut, Perspektivverlust, Ohnmacht und Zusammenbruch eigener Initiative leiden, nimmt weiter zu. Zu gleicher Zeit präsentieren sich aber auch die Gegenbilder: materieller Überfluss, Vervielfachung der Bildungsangebote, Machbarkeit von Karrieren.

Von Armut sind in Deutschland zunehmend mehr Familien betroffen. Laut Statistischem Bundesamt lag die Sozialhilfequote (Anteil der Hilfebezieher an der jeweiligen Bevölkerung) zum Jahresende 2002 auf Bundesebene bei 3,3 %, wobei Kinder unter 18 Jahren mit 6,6 % relativ häufiger zu dieser Gruppe gehören als beispielsweise ältere Menschen (65 Jahre und älter: 1,3 %) (Pressemitteilung vom 25.9.03).

Kindheit und Jugend heute – veränderte Rahmenbedingungen 431

Die Auswirkungen auf die Gesellschaft können bisher noch gar nicht abgeschätzt werden. Arm sein in einer reichen Gesellschaft veranlasst viele Betroffene, die eigene schlechte Lage möglichst zu verheimlichen. Neben den fehlenden materiellen Grundlagen zum Leben bedeutet Armut eine Beeinträchtigung der Bildungschancen, eine Einschränkung der Lebensperspektiven. Klemm (1997) zeigt den Zusammenhang zwischen Armut, schlechter Schulausbildung und geringerem Gesundheitsbewusstsein, was zudem die Wahl von Berufen mit höherer Gesundheitsgefährdung nach sich zieht. Er schlussfolgert daraus, dass die Bildungspolitik wesentlich mehr Fürsorge für die Benachteiligten zeigen müsse. Die Pisa- und die Shell-Studie zeigen, dass das Bildungsniveau in Deutschland nach wie vor in hohem Maße „vererbt" wird: So streben drei Viertel der Kinder, deren Väter oder Mütter das Abitur besitzen, aber nur ein Viertel der Kinder aus Familien mit Volksschul- oder einfachem Hauptschulabschluss das Abitur oder eine fachgebundene Hochschulreife an. (Deutsche Shell 2002)

 Wir können zusammenfassen: Kindliches Leben wird in unserer Gesellschaft immer unkindlicher, steht immer früher unter der Erwartung von Leistung und Erfolg.

Von einem Schonraum für Entwicklung und eine differenzierende Förderung vor allem von Kindern mit ungünstigen Lernvoraussetzungen kann kaum gesprochen werden.

Auf der anderen Seite können wir auch von einer **Gegentendenz** sprechen: Wir erleben eine **fortschreitende Pädagogisierung** aller Lebensbereiche, und speziell kindliche und jugendliche Lebensräume werden durch immer mehr Bildungs- und Betreuungsangebote verfügbar gemacht – das reicht von Säuglingstreffs über Ernährungs-, Bewegungs- bis hin zu Freizeitbetreuung, wobei Pädagogisierung und Kommerz nicht immer leicht zu trennen sind.

Dies ist aber nur scheinbar ein Gegensatz. Giesecke (1996) sieht die fortschreitende Pädagogisierung als Tendenz der Anbindung Jugendlicher an Institutionen der Gesellschaft, als eine Form des Abhängighaltens. Diese wird scheinbar notwendig, wo die Verbindlichkeit normativer Orientierung verloren geht. Giesecke setzt sich daher vehement für ein Aufgeben des Erziehungsanspruchs spätestens ab dem 6./7. Lebensjahr ein, also ab dem Zeitpunkt des Schuleintritts der Kinder. Stattdessen fordert er die aufmerksame und interessierte Teilnahme der Erwachsenen am Sozialisationsgeschehen der aufwachsenden Generation. Wo die Lebenswelten von Kindern und Erwachsenen einander immer ähnlicher werden, ist eine Belehrung der Kinder durch die ältere Generation überholt, zumal die Sozialisationseffekte außerhalb von Familie und Schule erheblich an Bedeutung gewonnen haben.

Die Behauptung vom allmählichen Verschwinden der Kindheit einerseits und die alle Lebensbereiche überziehende Pädagogisierung als gesellschaftliche Tendenz andererseits können also als zwei aufeinander bezogene Prozesse gesehen werden.

18.2.2 Bedingungen des Aufwachsens von Kindern und Jugendlichen heute

18.2.2.1 Variable Familienstrukturen

Heutige Familien weisen eine Vielfalt an Strukturen auf. Die Tatsache, dass etwa ein Drittel aller Ehen geschieden werden, hat zu neuen Konstellationen des Zusammenlebens geführt; beispielsweise das Zusammengehen zweier Teilfamilien, gleichgeschlechtliche Paare oder ein allein erziehender Elternteil. Folgende Minimaldefinition von Familie berücksichtigt die ganze Palette ihrer Erscheinungen: Es sind „Lebensgemeinschaften, in denen Kinder in einem gemeinsamen Haushalt mit einem oder beiden Elternteilen aufwachsen und betreut werden" (Münch 1997, 551).

Die Zahl der Geburten und damit die Chance, mit Geschwistern aufzuwachsen, hat sich deutlich verringert. Die Müttererwerbstätigkeit ist erheblich gestiegen. Ganztagsbetreuungen werden gefordert, Tagesmütter und andere Betreuungspersonen zunehmend eingesetzt. Es wird von „elternreichen Familien" gesprochen. Wenn von Vater und Mutter die Rede ist, verstehen zwei Kinder unter Umständen Verschiedenes darunter.

Die Bedeutung solcher Veränderungen ist noch schwer einzuschätzen. Familien haben zweifellos an Dauer eingebüßt; andererseits bleiben Familien heute seltener als belastende Zwangsaggregate bestehen, weil Rechtsprechung und öffentliche Meinung die Möglichkeiten der Trennung erleichtert haben.

18.2.2.2 Veränderungen des Erziehungsstils

Fragen nach der angemessenen Erziehung haben Geschichte, die Verunsicherungen über das „Wie" und „Wozu" haben zugenommen, was positiv gesehen werden kann, manchmal aber auch als „Erziehungsnotstand" und in dessen Folge gar als „Erziehungskatastrophe" bezeichnet wird.

 Insgesamt ist das Erzieherverhalten permissiver, liberaler, offener geworden.

Heutige Eltern betonen eher Ziele, die auf Stärkung und Durchsetzungsfähigkeit ihrer Kinder ausgerichtet sind; Kreativität und Kooperation rangieren vor Selbstbeherrschung und Disziplin. An die Stelle bestimmenden, anweisenden Erziehungsverhaltens ist das Aushandeln von Modalitäten des Zusammenlebens getreten. Soziologen sprechen vom Übergang des Befehlshaushalts in einen Verhandlungshaushalt, Pädagogen vom Übergang der Er-ziehung zur Be-ziehung. Dies bedeutet allerdings nicht, dass Eltern damit wichtige Entscheidungen aus der Hand geben. Vielmehr konzentrieren sich ihre Erwartungen und ihre Einflussnahme besonders auf das Lern- und Leistungsverhalten ihrer Kinder. Deren Lernerfolge bzw. -misserfolge bestimmen häufig das Familienklima und vermitteln Kindern einen hohen Grad an Erwartungsbelastung. Dabei ist nicht einmal entscheidend, in welchen Bereichen die Leistung erwartet wird, vielmehr gilt der abstrakte Maßstab, der oder die Beste zu sein, zumindest besser als die meisten anderen: Zielwert ist „das perfekte Kind" (Brater 1997).

Kindheit und Jugend heute – veränderte Rahmenbedingungen 433

18.2.2.3 Spiel- und Freizeitangebote für heutige Heranwachsende

Eine große Zahl von Spiel-, Sport-und Medienangeboten haben das Freizeitverhalten heutiger Kinder grundlegend verändert. Allerdings gilt auch das nicht generell, denn die Unterschiede sind entsprechend den Lebensverhältnissen der Kinder beträchtlich: Das Spektrum reicht vom Kind, das im elterlichen Betrieb mit arbeitet, bis zu dem, das unter materieller Verwahrlosung leidet.

Die Untersuchung des Deutschen Jugendinstituts München (2000) zum Freizeitverhalten von 8- bis 12-jährigen Kindern in drei unterschiedlichen Regionen (Großstadt, ländliches Gebiet, stadtnahes Wohndorf) belegt, dass die Mehrzahl der Kinder sich noch immer regelmäßig in **öffentlichen Freiräumen** aufhält, wobei allerdings deutlich mehr Jungen als Mädchen den „Lernort Straße" aufsuchen. Mädchen sind eher in halböffentlichen Räumen anzutreffen, und .während viele Jungen nur <u>ein</u> Sportangebot wahrnehmen, nutzen Mädchen mehrere Freizeitangebote wie Sport, Musik und schulische Arbeitsgemeinschaften, was zu einer **Verregelung ihres Freizeitverhaltens** führt. Das Aufsuchen solcher Veranstaltungen erfordert genaues Planungs- und Organisationsverhalten, nimmt mehr Zeit in Anspruch, bedeutet einen häufigen Wechsel in verschiedene inhaltliche und soziale Kontexte und verlangt damit auch einen Einstellungswechsel auf andere Bezugspersonen und deren pädagogische Konzepte. Möglicherweise macht das die Mädchen sozial kompetenter.

Nach wie vor liegen die Ziele der **Freizeitaktivitäten im näheren Wohnumfeld** und werden zu Fuß oder mit dem Fahrrad erreicht. Es nimmt aber auch die Tendenz bei Mittelschichtsfamilien zu für die eigenen Kinder weiter entfernt liegende Freizeitangebote aufzusuchen; hierfür notwendige Autofahrten werden organisiert und in Kauf genommen.

Ein Wechsel von einem Angebot zu einem anderen ist meist unproblematisch, da es zumindest im städtischen Raum eine Fülle von Freizeitmöglichkeiten gibt. Für Kinder und Jugendliche aus materiell gesicherten Verhältnissen können Spiel-, Sport- und Freizeitangebote zu austauschbaren Dienstleistungen werden.

Ganz anderes gilt für **Kinder aus ökonomisch benachteiligten Elternhäusern**. Auswahl und Nutzung von Bildungsmöglichkeiten hängen stark mit der Schichtzugehörigkeit zusammen; Bildungsabstinenz trifft vor allem für solche Gruppen zu, die selbst nur einen geringen Bildungsabschluss haben, durch mangelnde Sprachkenntnisse, Arbeitslosigkeit, Krankheit, Scheitern bedroht sind und zudem ihre materielle Not zu verheimlichen suchen. Das bedeutet, dass sich die Unterschiede von Kindern und Jugendlichen im kognitiven, musisch-ästhetischen und sozialen Bereich weiter vergrößern. Es sei ein brandaktuelles Problem, den Beitrag zu untersuchen, „den damit das Bildungssystem zu der immer neuen Produktion von Ungleichheit leistet" stellte Klemm (1997) fest.

Die PISA-Studie bestätigt seine Befürchtung auf drastische Weise: „Der Unterschied zwischen den Leistungen von Kindern aus sozial „starken" und denen aus sozial „schwachen" Familien ist in fast keinem Land größer als bei uns" (Klemm in FR vom 6.12.01).

18.2.2.4 Medienangebote und deren Nutzung

Heutige Kinder sind selbstverständlich und umfassend mit der Medienwelt vertraut. Die Mehrheit der Kinder geht mit Medien durchaus wählerisch um. Sie hat präzise Kenntnisse von Hard- und Software, Programmen und Anbietern. Für die meisten Kinder bedeuten Medien jederzeitige Verfügbarkeit von Unterhaltung, Spannung, Zerstreuung, jederzeit abrufbare Informations- und Beschäftigungsangebote. Nur ein kleiner Teil der Kinder zeigt extensiven Medienmissbrauch mit all den schädlichen Nebeneffekten, die immer wieder einmal angeprangert werden: das Überwiegen der Sekundärerfahrung, Bewegungsarmut, Mangel an Kontakten, an Ansprache, Unterentwicklung der Sprachkompetenz, mangelnder Realitätsbezug. Was für die Nutzung außerschulischer Bildungsangebote gesagt wurde, gilt entsprechend für die Mediennutzung: Sie lässt die Entwicklungsschere zwischen Kindern aus höheren und niederen Sozialschichten weiter aufgehen.

18.2.2.5 Kinder und Jugendliche als Konsumenten

Kinder und Jugendliche wachsen heute in einer Gesellschaft auf, welche die Befriedigung der grundlegenden Bedürfnisse scheinbar entproblematisiert hat. Nahrung, Kleidung, Sport-, Spiel- und Gebrauchsartikel, elektronische Geräte, Freizeit- und Reiseangebote, ebenso Hobbyzubehör und Dienstleistungen aller Art stehen zum Kauf an, und viele Kinder und Jugendliche fühlen sich über die Beteiligung am Konsum ernst genommen. Zugleich gilt aber auch, dass die Bedürfnisbefriedigung auf dem **Umweg über die Kommerzialisierung** aller Lebensbereiche eine hohe Abhängigkeit erzeugt, Zeit und persönlichen Einsatz erfordert. Die **Verschuldung jugendlicher Käufer** hat inzwischen ein solches Ausmaß angenommen, dass in Schulen und Seminaren über die „Schuldenfalle" und den problematischen Umgang mit Geld aufgeklärt wird.

Die Formel: „Ich kaufe, also bin ich" bestimmt unser Erwachsenenverhalten in hohem Maß. Kaufen verspricht Macht, Individualisierung und Flexibilität, die Verführung zum Kauf wird als „Erlebnis" mit verkauft. Wie viel mehr gelten solche Effekte für Heranwachsende, die ihr „Ich bin" auf vielerlei Weise zu konstituieren versuchen. Ihr Kaufen hat deswegen in einem noch höheren Grad als bei Erwachsenen die Funktion der Selbstdefinition.

Kinder als Käufer und Konsumenten sind ein geläufiges Bild unserer Warenwelt. Sie verfügen über viel Taschengeld, kennen das Warenangebot häufig besser und genauer als ihre Eltern, entscheiden früher über das, was gekauft werden soll und sind – entgegen anderslautender Meinung – durchaus preisbewusst: Der Kauf teurer Markenartikel, den viele Eltern und Erzieher bedauern, ist Ausdruck dieses Preisbewusstseins. Im Warenangebot werden **Identifikationsentwürfe** möglich, das Teure ist das in der Gesellschaft Wertvolle. Wie wollen Heranwachsende ihre Selbstwertschätzung anders zum Ausdruck bringen als durch die Wertmaßstäbe, die ihnen die erwachsene Generation vorlebt? Identifikationen sind Spielformen der Selbstdefinition, sie haben infolgedessen auch Übergangscharakter.

Kindheit und Jugend heute – veränderte Rahmenbedingungen   435

18.2.2.6 Ökologische Bedingungen – Zeitumgang

Angesprochen wurde bereits, wie sehr heutige Kinder mit Krankheit auf Belastungen ihrer physischen Umwelt reagieren. Als soziale, kulturelle und gesundheitliche Seismografen (Hurrelmann 1997, 549) zeigen sie uns den Zustand unserer Lebensorganisation. Einbezogen in die Lebensvollzüge der Erwachsenenwelt, fehlen ihnen häufig noch Strategien, um Schäden von sich fernzuhalten.

Dies gilt auch für unseren Zeitumgang, dem die Kinder durch Arbeits- und Freizeitorganisation voll ausgesetzt sind. Die ständige Ausrichtung an optimaler Zeitnutzung lässt Muße und Langeweile kaum mehr zu. Auch sind die gesellschaftlichen Lern- und Leistungsanforderungen in Elternhäusern und Kindergärten spürbar. Die Angst vor Versagen wird sich nach dem schlechten Abschneiden des deutschen Bildungssystems im Ländervergleich noch verschärfen, sodass bildungsinteressierte Eltern eine besondere Förderung ihrer Kinder selbst in die Hand nehmen und mehr bildungsrelevante Angebote nutzen; damit gerät ein Teil der Kinder weiter unter Zeitdruck, ein anderer bildungsmäßig ins Hintertreffen.

18.2.2.7 Fazit

„Das Kind wird nicht erst ein Mensch, es ist schon einer." Dieser Satz J. Korczaks (Anfang des 20. Jahrhunderts), gemünzt gegen eine zu selbstherrliche, von sich eingenommene Erziehergeneration, kann in unserem Zusammenhang noch eine weitere Bedeutung erhalten. Das Menschen-Kind, damals wie heute, ist den Herausforderungen und Belastungen seiner Lebensumgebung ausgesetzt wie ein Erwachsener, ohne aber über die gleichen Mittel des Selbstschutzes, der Abhärtung, Verdrängung, Dickhäutigkeit zu verfügen, ohne genau so ernst genommen zu werden wie dieser. Korczak hat sich nicht zufällig für elementare Kinderrechte stark gemacht, deren oberstes er das „Recht auf Achtung" nennt.

18.3   Jugend als Entwicklungsphase

18.3.1   Biologisch-psychologische Reifung

Mit dem Begriff „Akzeleration" wird die Tatsache bezeichnet, dass heutzutage die biologische Reifung früher einsetzt. Das bedeutet die Vorverlagerung der Geschlechtsreife und ein beschleunigtes und größeres Wachstum. Die Gründe hierfür werden in einer ausgewogeneren Ernährung und geringeren körperlichen Belastung, besonders auch in der Zeit der Pubertät, gesehen. Ob daran entsprechend auch eine frühere kognitive Entwicklung gekoppelt ist, bleibt in der Jugendforschung umstritten. Einige Psychologen (Baacke 1993, Kohnstamm 1994[2]) gehen davon aus, dass auch die kognitive Entwicklung akzeleriere. Die Befürworter dieser Annahme stützen sich auf Untersuchungen, aus denen hervorgeht, dass

- Kinder heute visuelle Informationen schneller aufnehmen können als Erwachsene;
- Kinder mit den Inhalten zugleich die Technik der Übermittlung lernen; selbst wenn sie darüber keine Auskunft geben können, verstehen sie sie ab dem 10. Lebensjahr vollständig;

- der schnelle Bildwechsel die Aufmerksamkeit der Kinder erhöht;
- die Computertechnik die Vorteile der visuellen Schulung mit der Aktivität des Kindes verknüpft und
- die Augen-Hand-Koordination fördert, was eine Grundvoraussetzung kognitiven Lernens ist (Berücksichtigung zweier oder mehrerer Aspekte zu gleicher Zeit).

Papert, ein Schüler Piagets, geht davon aus, dass die Art des Bild- und Spielmaterials die Art des Denkens und die Denkentwicklung beschleunigen kann (Kohnstamm 1994, 106f und 124f).

Auffällig bei Jugendlichen, auch schon bei den 11- bis 13-jährigen, ist die Fähigkeit zu **Selbstreflexion und Reflexion der Motive anderer**. Neuere Untersuchungen zu den Fähigkeiten des Kleinkinds belegen, dass bereits ab dem 2. Lebensjahr Empathie entwickelt, soziales Handeln verstanden, Mitgefühl und Hilfsbereitschaft gezeigt und damit die Voraussetzung für moralisches Verhalten gelegt wird. Es ist meines Erachtens wichtig, den von Piaget und anderen Psychologen konstatierten kindlichen Egozentrismus (vgl. Beitrag 8 über Lernen)nicht als alleinige Wahrnehmungs- und Denkweise des Kindes zu unterstellen, sondern die gleichzeitig sich entwickelnde Empathiefähigkeit in den Blick zu nehmen und von klein auf zu fördern.

Mit der vorverlagerten Reifung geht eine **frühere Sozialorientierung** einher. Peer-groups gewinnen heute schon bei den 9- bis 10-jährigen an Einfluss, ohne dass die Orientierung an den Eltern dafür aufgegeben würde, sie wird nur früher relativiert. Möglicherweise ist dies ein Grund dafür, dass viele Jugendliche früher und mehr interaktive Kompetenz entwickeln.

Entscheidend für das Datum des ersten Geschlechtsverkehrs ist, wann der Zeitpunkt der sexuellen Reifung eintrat; je früher er liegt, desto eher werden intime Beziehungen zum anderen Geschlecht aufgenommen. Das Durchschnittsalter für den ersten Intimverkehr hat sich auf 16 Jahre vorverlagert (Baacke 1993, 141).

Für die männlichen Jugendlichen ist eine **Frühentwicklung** – im Vergleich zum Durchschnitt – von einigem Vorteil, sie wirken ausgeglichener, selbstbewusster und sicherer als ihre gleichaltrigen Geschlechtsgenossen. Dagegen haben es die **Spätentwickler** außerordentlich schwer, da sie eben noch als kindlich, wenig attraktiv, verkrampft oder unsicher gelten. Für die Mädchen ist die Sache komplizierter. Das hängt mit den verschiedenen **weiblichen Attraktivitätsmodellen** zusammen. Jedenfalls stehen frühentwickelte Mädchen unter hohem und vor allem widersprüchlichem gesellschaftlichen Erwartungsdruck. „Obwohl ‚Keuschheit' kein Ideal mehr darstellt, sondern ins soziale Abseits führt, bestehen die Pole – ‚sexuelle Freizügigkeit' auf der einen und ‚Verklemmtheit' auf der anderen Seite – doch weiter. Die Mädchen müssen irgend etwas dazwischen finden, ohne Bilder dafür zu haben, wie das aussehen könnte. Die eigenen Wünsche stehen dabei selten im Vordergrund. Immer noch gilt es, den ‚guten Ruf' zu bewahren (Düring 1993, 77). Zugleich besteht ein immenser Druck, ab einem gewissen Zeitpunkt se-

Jugend als Entwicklungsphase

xuelle Erfahrungen gemacht zu haben, um sich im Vergleich mit anderen noch als ‚normal' einzustufen.

18.3.2 Unsicherheiten und Ängste

Wichtigstes Merkmal von Jugend ist ihre **Statusunsicherheit**. Eine frühzeitigere Hinwendung zu Gleichaltrigen bedeutet eine frühere Neuorientierung außerhalb der Familie, was mit Chancen ebenso wie mit Risiken verbunden ist. Unsicherheit besteht auch hinsichtlich der **Formen des Zusammenlebens**. Nicht nur als Angehörige von Lebensgemeinschaften, sondern auch als junge Erwachsene stehen sie vor der Frage, welche Lebensform ihnen zukünftig angemessen erscheint. Eine Rolle spielen dabei auch gleichgeschlechtliche Partnerschaften.

Die Vielfalt, z. T. Widersprüchlichkeit geltender **Werte** unserer Gesellschaft ist für Heranwachsende eine schwierige Herausforderung. Einerseits werden Disziplin, Leistungsbereitschaft und die Fähigkeit zum Aufschub von Bedürfnissen verlangt, andererseits ist die Waren- und Dienstleistungsgesellschaft auf Konsum, Wohlleben und Genuss-sofort-Mentalität angewiesen.

Der problemlose **Zugang zu allen Informationen** weltweit konfrontiert Jugendliche täglich mit Gewalt, Krieg, Katastrophen, die ihnen ihre Lebensgrundlagen äußerst unsicher erscheinen lassen. Die Ängste unter Heranwachsenden entstehen aus der Kenntnis über den Zustand unserer Biosphäre und einem gestiegenen Bewusstsein ihrer Bedrohung. Sie entstehen zugleich aus dem Wissen um die globale Vernetzung aller Probleme. Die Shell-Studie (2002) hebt hervor, dass Sicherheitsdenken bei Jugendlichen einen hohen Stellenwert einnimmt und Ängste sich sehr konkret auf die Bedrohung eigener Ziele richten (189 ff.).

Jugendliche wachsen wie selbstverständlich mit Angehörigen **anderer Kulturen und Religionen** auf, haben über Reisen und Medien mehr Kontakte zu fremden Nationalitäten. Die Chance der Verständigung können viele Jugendliche nutzen, aber es sind auch diejenigen unübersehbar, denen das Fremde immer auch das Bedrohliche ist – meist für ihre eigene als schwach erlebte Existenz -, die sich daher in Vorurteil, Hass und Gewalt zu retten suchen.

Zentrales Problem ist – auch nach Aussagen der Jugendlichen selbst – die immens angewachsene **Arbeitslosigkeit**. Wenn der Status des Erwachsenen in erster Linie durch seine ökonomische Unabhängigkeit definiert ist, so zeigt sich darin für die kommende Generation die ganze Paradoxie ihrer Lage. Das Gefühl der Ohnmacht nimmt zu, weil auch dieses ein globales Problem ist und die politischen Systeme sich außerstande sehen, effektive Maßnahmen dagegen zu treffen.

18.3.3 Bedeutung der Jugendkulturen

Die Forschung konstatiert eine Entstrukturierung der Jugendphase und meint damit, dass die traditionelle Abfolge bestimmter Zeitabschnitte wie Schule – Berufsausbildung – Beruf – Heirat allenfalls noch relative Gültigkeit hat. Die Jugendzeit dehnt sich aus; für immer mehr Menschen reicht sie ans 30. Lebensjahr heran, wobei mehr und längere Ausbildungsphasen aneinandergereiht werden, ohne dass der oder die Jugendliche je im Arbeitsprozess war.

Die **Verlängerung der Jugendphase** steht auch im Zusammenhang mit der Herausbildung von Jugendkulturen. Sie sind Ausdruck von Haltungen, die Jugendliche gegenüber der gesellschaftlichen Realität einnehmen, im Kern also eine Form der Auseinandersetzung mit ihr. Bereits seit den 50er Jahren bilden sich zunächst wenige, dann immer mehr **jugendkulturelle Stile** heraus, und ihre Spontanität und Kurzlebigkeit entspricht in vielem dem Bedürfnis Heranwachsender, sich für eine kurze Zeit in die eine oder andere Szene, oft auch in mehrere gleichzeitig, einzuklinken, ohne sich aber für längere Dauer binden zu wollen. Heute sind im Zugriff von Industrie und Kommerz die Moden, Szenen, Trends der jungen Generation für viele Erwachsene kaum mehr überschaubar. Farin (1996) spricht von bis zu 400 Jugendkulturen, die die Werbung aufgespürt haben will, zu deren Entstehung sie teilweise sogar kräftig beigetragen hat.

Die große Bedeutung dieser Jugendkulturen liegt darin, dass sich in ihnen ein Potenzial kultureller Produktivkraft äußert, die in früheren Gesellungsformen nicht derart ausgeprägt war.

In ihnen zeigen Jugendliche, „wie angesichts fehlender allgemeinverbindlicher Normen eigene Normen entstehen und 'von unten' gebildet werden können. Die Jugendkultur ist ein Entwicklungsschritt auf dem Weg zur Selbstfindung, ambivalent, aber in vielen Fällen wohl die entscheidende Stütze in der allgemeinen Auflösung der bisher geltenden Welt" (Brater 1997, 152). Dies gilt meines Erachtens auch dann noch, wenn man die starke Vergesellschaftung vieler dieser Moden und Trends berücksichtigt. Ein kurzes Engagement, probeweises Mittun, schneller Wechsel der Szenen entsprechen vielen Jugendlichen mehr als die Zugehörigkeit zu traditionellen Vereinen. Die Mitgliederzahlen organisierter Gruppen nehmen daher immer weiter ab, dies gilt für politische, gewerkschaftliche, konfessionelle Gruppierungen ebenso wie inzwischen auch für Sportvereine. Es wurde schon gesagt, dass heute bereits 9-11jährige sich an Gleichaltrigen orientieren, auch sie werden früh Mitglieder in Clubs, Cliquen und Fan-Gemeinden, um diese eventuell genauso schnell wieder zu verlassen.

18.4 Ergebnisse aus den Shell-Studien 1997–2002

18.4.1 Zukunftssorgen statt Generationenkonflikt

Die Studie 1997 kommt bei der Untersuchung der Hauptprobleme der heutigen Jugendlichen zu diesem Schluss: Auffällig ist, „dass also nicht irgendein Problem, irgendeine Schwierigkeit der jugendlichen Entwicklung, Konflikte mit Älteren, psychosoziale Krisen, Identitäts- oder Orientierungsprobleme oder ähnliches, die gemäß den Lehrbüchern der Entwicklungspsychologie oder Sozialisationstheorie im Jugendalter zentral stehen, sondern das gesellschaftlich-ökonomische Pro-

Ergebnisse aus den Shell-Studien 1997 – 2002 439

blem der Krise der Erwerbsarbeit erlebt wird. Die gesellschaftlichen Krisen haben das Jugendalter erreicht" (ebd., 279).

Dieser Befund wird in der 13. Shell-Studie (2000) dahingehend erweitert, dass Jugendliche angesichts wahrgenommener gesellschaftlicher Probleme nicht etwa resignieren, sondern offenbar gelernt haben, mit der Krise umzugehen. Noch deutlicher spricht die 14. Studie von Zuversicht und einem Optimismus, der sich aus der Möglichkeit eigener Einflussnahme erklären lässt: „Obwohl die Jugendlichen die Gesellschaft von vielen Problemen belastet sehen, entwickeln sie eine positive persönliche Perspektive" (2002, 19). Diese Einstellung solle aber nicht, so warnen die Autoren, als unbedarfter Optimismus gegenüber der eigenen Zukunft missverstanden werden, vielmehr würden die Herausforderungen realistisch gesehen und zu meistern versucht. Eine zweite Einschränkung ist gravierender: Es gibt kein einheitliches Bild bezüglich dieser Einstellung unter den Jugendlichen.

Die Autoren finden im Blick auf Zukunftsorientierung vier verschiedene Einstellungsmuster, die jeweils gleich stark repräsentiert sind und grob gesagt Modernisierungsgewinner von -verlierern unterscheiden.

Zu den Gewinnern rechnen sie die „selbstbewussten Macher" und die" pragmatischen Idealisten". Während die erste Gruppe sich durch besonderen Ehrgeiz und Leistungswillen auszeichnet, ist die zweite eher durch Sensibilität gegenüber gesellschaftlichen Problemen wie Arbeitslosigkeit, Ausländerfeindlichkeit, Umweltschutz etc. und einem pragmatischen Ansatz zu deren Bearbeitung gekennzeichnet. In dieser Gruppe bilden Mädchen und junge Frauen die Mehrheit. Beide Gruppen kommen insgesamt mit ihren Anforderungen gut bis sehr gut zurecht, haben gute Zukunftsperspektiven und sind dementsprechend optimistisch.

Das lässt sich über die beiden übrigen Einstellungstypen „Zögerliche Unauffällige" und „Robuste Materialisten" nicht sagen .Die Gruppe der „Zögerlichen Unauffälligen" kommt mit Leistungsanforderungen in Schule und Beruf weniger zurecht, zeigt wenig Engagement, weil die Verhältnisse nicht als selbst steuerbar erlebt werden (Muster der „gelernten Hilflosigkeit") und reagiert mit Resignation und Apathie. Im Gegensatz dazu reagieren die „Materialisten", die sich weitgehend aus den unteren Schichten rekrutieren und überwiegend männlichen Geschlechts sind, auf ihre ungünstigen Lebenschancen mit Aggressivität und Abwertung gesellschaftlicher Randgruppen. Aufgrund ihres mangelnden Sozialverhaltens und der schlechten Bildungsqualifikationen haben sie kaum Chancen auf dem Arbeitsmarkt – und eigentlich auch nicht viel zu verlieren, was sie zusätzlich gefährdet. Wenn es – wie diese Ergebnisse nahe legen – eine Halbierung der Jugendlichen in eine begünstigte und eine benachteiligte Gruppe gibt, dann sind alle Aussagen über gestiegene Zuversicht, über Vertrauen in die eigenen Kompetenzen, über Machbarkeit/Gestaltbarkeit der Verhältnisse immer nur zur Hälfte zutreffend.

Die Studien 2000 und 2002 bestätigen auch: Es scheint wenig Konfliktpotenzial zwischen den Generationen zu geben. Familien werden nicht nur hoch geschätzt, drei Viertel der Jugendlichen zwischen 12 und 25 Jahren wohnen noch bei der Herkunftsfamilie (2002, 18), 90 % geben an, mit den Eltern gut klar zu kommen und knapp 70 % wollen elterliches Erzieherverhalten für den eigenen Nachwuchs übernehmen.

Die Liberalisierung der Umgangsformen, der weitgehende Verzicht auf Ge- und Verbotsstrukturen, häufig auch fehlende Grenzen gestehen Jugendlichen insgesamt große Freiräume zu. Sie müssen für die Durchsetzung eigener Lebensstile nicht kämpfen, sie leben sie einfach.

Noch ein anderer Gesichtspunkt kommt ins Spiel: Die **Grenzen zwischen den Altersphasen verwischen zunehmend.** Die Suche nach Orientierung teilen heute die Erwachsenen mit den Jugendlichen, und es ist keineswegs entschieden, wer Vorbild für den anderen ist. Der Adaptionsprozess jugendlicher Lebensformen geht jedenfalls so weit, dass von „Verjugendlichungstendenzen" der Gesellschaft gesprochen wird. Genau so berechtigt wäre dann auch die gegenteilige Hypothese: „Die Jugend wird erwachsen – und das nicht nur bezogen auf die bundesrepublikanische Gesellschaft, sondern gleich global" (Sanders 2003, 47). Er führt weiter aus, dass beide Tendenzen, wenn sie denn zutreffend sind, zum Verschwinden von Differenzen führen, was er als Schwächung des sozialen Wandels und gesellschaftlicher Dynamik sieht.

18.4.2 Werthaltungen und politisches Engagement

Die Untersuchung der Wertvorstellungen Jugendlicher ist deshalb interessant, weil sie als die Statusunsicheren sehr sensibel auf gesellschaftliche Veränderungen reagieren. Sie liefern ein Spiegelbild gesellschaftlicher Entwicklungen und antizipieren globale Tendenzen.

Hurrelmann (2003) stellt fest, dass sich Jugendliche ihren „Wertecocktail" aus sehr widersprüchlichen Ingredienzien zusammenmixen. Traditionelle und moderne Werte werden nebeneinander gelebt, wobei konservative Orientierungen – z. B. die sogenannten Sekundärtugenden – weit vorn liegen. Familienleben (85 %), Gesetz und Ordnung (81 %), Sicherheit (von 69 % auf 79 % gestiegen), Fleiß und Ehrgeiz (gestiegen auf 76 %) rangieren weit vorn und lassen politisches Engagement (22 %) und Althergebrachtes (20 %) in der Achtung der Jugendlichen verblassen. Die Wichtigkeit umweltbewussten Verhaltens – Mitte der 80er Jahre noch bei 83 % – ist nun auf 59 % zurückgegangen.

Zugleich haben die Werte Eigenverantwortung (84 %), Unabhängigkeit und Freiheit (80 %), Lebensgenuss (71 %) hohe Zustimmung; so versuchen sie den „Wertespagat", nämlich annehmbare konservative Werte mit eigenen Ideen und Vorteilen in Einklang zu bringen. „Augenscheinlich wollen die Jugendlichen nicht mehr gegen „das Establishment" oder gar die Gesellschaft protestieren, sondern sich einen möglichst guten Platz in ihr sichern" (10). Die Mentalität der Jugendlichen tendiert in Richtung gesellschaftliche Mitte und selbst die eher kritisch eingestellten Studenten nähern sich dem gesellschaftlichen Mainstream.

Ob die simultane Verwirklichung von alten und neuen Werten tatsächlich gelingt, muss sich in der Zukunft erweisen.

„Nicht die Politikverdrossenheit der Jugend, sondern die Jugendverdrossenheit der Politik" war das Schlagwort der Shell-Studie 97 (17). Damit sollte verdeutlicht werden, dass Jugendliche andere Zugangsformen zu politischen The-

Ergebnisse aus den Shell-Studien 1997–2002 441

men und Aktivitäten suchen als über den etablierten Politikbetrieb. In der Studie von 2000 hieß es: „Das politische Interesse auf Seiten der Jugendlichen sinkt weiter". Die Studie 2002 resümiert: „Das allgemeine Interesse an Politik ist in der heutigen Jugend weiter rückläufig. Inzwischen bezeichnen sich nur noch 30 % der Jugendlichen zwischen 12 und 25 Jahren als politisch interessiert" (21).

Unterschieden werden – in Abhängigkeit vom Bildungsniveau – vier Gruppen politischen Interesses unter Jugendlichen: Knapp ein Viertel (22 %) gehören zu den 'mitwirkungsbezogenen' Jugendlichen, die überproportional besser gebildet und schon etwas älter sind. Ihnen gegenüber stehen etwa 24 % Politikkritischer, die große Distanz zur Politik aufweisen, wenngleich sie sich für politisch kompetent halten. 31 % rechnen sich zu den „politisch Desinteressierten", vor allem sehr junge Jugendliche, die weder Interesse noch Kompetenz für sich reklamieren. Eine relativ inhomogene Gruppe von 23 % wird als „ordnungsorientiert" bezeichnet und ist der Auffassung, dass politische Angelegenheiten ohne große Debatten geregelt werden sollten.
Das besonders geringe politische Interesse von Mädchen und jungen Frauen wird mit dem unterschiedlichen Selbstbild und Lebensstil der Geschlechter zu erklären versucht: „Während Jungen und junge Männer egozentrisches Verhalten zeigen …und Einfluss auf die Gestaltung ihrer Umwelt ausüben möchten, tendieren Mädchen und junge Frauen eher zu einem zurückgezogenen, auf soziale Integration, Harmonie und Gemeinschaft orientierten Verhalten" (40).

Dennoch wäre eine Schlussfolgerung auf allgemein verbreitetes politisches Desinteresse und Mangel an sozialem Engagement falsch. Bereits die Studie 1997 zeigt politisches Interesse und Engagement als „nutzen-" oder als „zielorientierte Motivation" bei Jugendlichen (18).
Dieses **stärkere Realitätsbewusstsein** und eine **Orientierung an persönlich Sinnvollem** und objektiv Machbaren, wie es die frühere Studie erkennen ließ, führt m. E. konsequent zur Haltung von „selbstbewussten Machern" und „pragmatischen Idealisten". Beide Gruppen zeichnen sich dadurch aus, dass sie sich einmischen wollen und dabei auch persönlichen Gewinn verfolgen. Sie zeigen Interesse an bildungspolitischen Fragestellungen, wenn und solange sie den eigenen Ausbildungsweg unmittelbar betreffen, sie haben Meinungen und beziehen Stellung zu Themen aus dem Bereich der Wirtschafts- und Sozialpolitik, die ihre eigenen Zukunftsperspektiven berühren. Sie äußern sich zu Fragen des Wehr- und Zivildienstes, aber eben dann, wenn Änderungen oder Entscheidungen anstehen.
Hier geht es also nicht um ein von Prinzipien geleitetes oder an Laufbahn orientiertes Aktivsein, sondern um die Verknüpfung von Persönlichem und Öffentlichem. Für ein solches nicht den politischen Traditionen folgendes Engagement der Jugend hat sich der Begriff „Entgrenzung der Politik" etabliert, womit gemeint ist, dass sowohl die Überschreitung zu anderen gesellschaftlichen (Kunst, Bildung) und zu privaten Bereichen möglich ist, als auch die Überwindung nationalstaatlichen Denkens und Handelns zugunsten weltweiter Interessen (amnesty international, Greenpeace-, Attacbewegung). Durch die Art der Beteiligung an

442   *Kindheit und Jugend heute*

solchen Bewegungen werden die Grenzen des Politischen selbst mit verändert. Die Autoren der Studie 2002 schließen ihr Resumee mit den Worten: „Mit der Orientierung an einem 'entgrenzten' Politikbegriff ...sollen auch Anhaltspunkte für neue Umgangsweisen mit einer gewiss nicht unpolitischen, aber eben anders politischen Jugend aufgezeigt werden" (51).

18.5   Jugendliche heute – Leben mit Widersprüchen

Jugendliche leben heute weitaus weniger in einem Schonraum, der ihnen Zeit und Schutz für das Kennenlernen und die Aneignung einer klar strukturierten Welt gewährt. Stattdessen sind sie von klein auf konfrontiert mit Chancen und Gefährdungen einer Zeit des Umbruchs, über dessen Ausgang alle im Ungewissen sind. Jugendphase ist auch kein transitorischer Abschnitt mehr zwischen den relativ klaren und festen Welten der Kindheit und des Erwachsenenalters, weil deren Grenzen immer unschärfer werden. In einer entwicklungsoffenen Gesellschaft finden Jugendliche Bedingungen vor, denen höchstens eine vorübergehende Bedeutung für die Gestaltung ihres eigenen Lebens zukommt. „Die Erwachsenen verkörpern nicht mehr die Zielwelt des Erwachsenenseins schlechthin, sondern allenfalls eine bestimmte individuelle Lösung der Probleme des Erwachsenwerdens ohne kollektive Verbindlichkeit, dagegen oft mit auch für die Jugendlichen erkennbaren Grenzen und Widersprüchen" (Brater 1997, 150).

Einen Teil dieser Widersprüche, denen Jugendliche aufgrund veränderter gesellschaftlicher Lebensbedingungen ausgesetzt sind und die sie zum Teil in ihrem Verhalten reproduzieren, möchte ich abschließend tabellarisch einander gegenüberstellen:

Bewegungs- und Erfahrungsverlust aufgrund der Dominanz neuer Medien	Erweiterung von Erfahrung und Kommunikation durch neue Medien, Sport- und Jugendkulturen
Tendenz zur Vereinheitlichung, Uniformierung durch Mode und Trends	Vielfalt der Lebensstile, Individualisierungsdruck
Sensibilität gegenüber globalen Gefährdungen wie Krieg, Umweltzerstörung, Arbeitslosigkeit	Orientierung an Lebensgenuss und Gestaltbarkeit der Lebensverhältnisse
Engagement in neuen sozialen Bewegungen	Verfolgen eigener (Karriere-)Interessen
früher einsetzende kulturelle Selbstständigkeit	länger andauernde ökonomische Abhängigkeit
gewachsenes Sicherheitsstreben	erhöhte Risikobereitschaft

Jugendliche heute – Leben mit Widersprüchen

Diese Widersprüche werden nicht nur ausgehalten, sondern wie selbstverständlich gelebt. „Traditionelle und moderne Werte sind für sie [die Jugendlichen] kein Antagonismus mehr, im Gegenteil: sie wollen alles, und zwar gleichzeitig" (Linssen, Hurrelmann 2003, 10). Damit konstituieren sie auch gesellschaftliche Wirklichkeit.

Literatur

Ariès, Ph. (1975). Geschichte der Kindheit. München, Wien.

Baacke, D. (1976). Die 13-18jährigen. München, Wien, Berlin: Urban + Schwarzenberg.

Baacke, D. (1993). Jugend und Jugendkulturen. Weinheim und München: Juventa Verlag.

Block, R., Klemm, K. (1997). Lohnt sich Schule? Aufwand und Nutzen: Eine Bilanz. Reinbek: Rowohlt Verlag.

Brater, M. (1997). Schule und Ausbildung im Zeichen der Individualisierung. In: Beck, U. Kinder der Freiheit. Frankfurt am Main: Suhrkamp Verlag, S. 149 - 174.

Deutsche Shell (Hrsg.) (1997). Jugend 97, Zukunftsperspektiven, Gesellschaftliches Engagement, Politische Orientierungen. Opladen: Leske + Budrich.

Deutsche Shell (Hrsg.) (2000). Jugend 2000, Bd.1 und 2. Opladen: Leske + Budrich.

Deutsche Shell (Hrsg.) (2002). Jugend 2002. Zwischen pragmatischem Idealismus und robustem Materialismus. Frankfurt/M.: Fischer.

Deutsches PISA-Konsortium (Hrsg.) (2002). PISA 2000 - Die Länder der Bundesrepublik Deutschland im Vergleich. Opladen: Leske + Budrich.

Farin, K. (1996). Handout zu einem Vortrag in der Ev. Akademie Bad Boll zum Thema: Die Zukunft der Bildung in der Zivilgesellschaft.

Fend, Helmut (2003). Entwicklungspsychologie des Jugendalters. Opladen: Leske + Budrich.

Giesecke, H. (1996). Das Ende der Erziehung. Stuttgart: Klett-Cotta.

Hurrelmann, K. (1997). Kleine Erwachsene. Das unkindliche Leben unserer Kinder. In: Universitas, Zeitschrift für interdisziplinäre Wissenschaft, Jg. 52/Nr. 612, Stuttgart.

Hurrelmann, K. (1997). Lebensphase Jugend. München: Juventa Verlag.

Hurrelmann K. Linssen, R. (2003). Was wissen wir über Jugendliche? In: Pädagogik 10/03, 8ff.

Klemm, K. (1997). Mehr Beachtung für die Kellerkinder. In: Zeitschrift "Erziehung und Wissenschaft" 10/97, 25f.

Kohnstamm, R. (1994). Praktische Psychologie des Schulkindes. Bern, Göttingen, Toronto, Seattle: Verlag Hans Huber.

Korczak, J. (1973). Das Recht des Kindes auf Achtung. Göttingen: Vandenhoek und Rupprecht.

Linssen, R., Hurrelmann K. (2003). Was wissen wir über Jugendliche? In: Pädagogik 10/03, 8ff.

Michel, K. M., Spengler, T. (1993). Kursbuch Deutsche Jugend, Heft 113. Berlin: Rowohlt.

Münch, U. (1990). Familienpolitik in der Bundesrepublik Deutschland. Freiburg i. Br., 13f.

Nissen, U. (1992). Freizeit und moderne Kindheit - Sind Mädchen die moderneren Kinder? In: In Zeitschrift für Pädagogik, 28. Beiheft. S.281f.

Postman, N. (1986). Das Verschwinden der Kindheit. Frankfurt: Fischer.

Sanders, Olaf (2003). Jugend in Bewegung. Aufsatz-Serie in: Pädagogik 1-7 / 2003.

19   Moralerziehung – Erziehung zur Demokratie

Rolf Dürr

Einführung

Eine demokratische Gesellschaft, in der keine autoritäre Macht Regeln des Zusammenlebens vorschreibt und deren Einhaltung erzwingt, ist auf die Kooperation ihrer Mitglieder angewiesen. Der Umgang mit einer Vielfalt von konkurrierenden Werten, Interessengegensätzen sowie sachlichen und moralischen Konflikten kann nur gelingen, wenn die Mitglieder dieser Gesellschaft neben grundlegenden fachlichen Wissensbeständen und Fähigkeiten auch über moralische Kompetenzen verfügen. Die Bereitschaft und die Fähigkeit, Diskurse zu führen, zu reflektierten moralischen Urteilen zu gelangen und danach zu handeln, sind zentrale Grundlagen einer funktionierenden Demokratie.

Zunehmende Sachbeschädigungen an Mobiliar und Gebäuden, Diebstähle, Nötigung und Erpressung von Mitschülern bis zu Psychoterror und Körperverletzungen an vielen Schulen sind ein Spiegelbild gesellschaftlicher Probleme und lassen eine Gefährdung unserer demokratischen Gesellschaftsordnung befürchten. Die Ursachen dieser Entwicklung sind vielfältig und bis heute noch nicht befriedigend erforscht. Als wesentliche Faktoren gelten:

- Erziehungsaufgaben werden immer weniger von der Familie wahrgenommen. Ursachen sind vermehrte berufliche Beanspruchung der Eltern, hohe Scheidungsraten und die zunehmende Anzahl von Alleinerziehenden. Viele Kinder sind Einzelkinder mit einem Defizit an Erfahrungen mit anderen Kindern.
- Viele Jugendliche sind oder fühlen sich sozial benachteiligt. Gründe sind Probleme bei der Lehrstellensuche, ein gescheitertes Studium, Arbeitslosigkeit oder drohende Arbeitslosigkeit, Konkurrenzdruck in Schule, Ausbildung und Beruf, immer weniger Geld für Ausbildungsprojekte und Beschäftigungsprogramme. In ihrer unmittelbaren Umgebung erfahren die Jugendlichen, dass traditionelle Modelle der Lebensbewältigung in Beruf und Familie unbrauchbar werden.
- Die immer mehr kommerzialisierten Medien vermitteln ein Zerrbild der Wirklichkeit. Gewalt ist zum alltäglichen (Bildschirm-)Erlebnis der Jugendlichen und sogar der Kinder geworden. Angebote zur sinnvollen Freizeitgestaltung als Alternative zum übermäßigen Medienkonsum gibt es zu wenige.
- Das Bild unserer Welt wird immer komplizierter. Zusammenhänge in Natur und Technik, aber auch in Politik und Gesellschaft sind oft kaum mehr zu durchschauen, Entscheidungen nicht mehr nachvollziehbar. Globale Bedrohungen wie die sich möglicherweise anbahnende Klimakatastrophe, Ozonloch und Vergiftung von Boden, Wasser und Luft sowie unsere Unfähigkeit, auf Hunger, bittere Armut und Kriege angemessen zu reagieren, verunsichern zutiefst und stellen unser Wertesystem infrage.

Diese Liste mutmaßlicher Ursachen zeigt deutlich die begrenzten Einflussmöglichkeiten der schulischen Erziehung. Dennoch ist unbestritten, dass die Schule eine zentrale Rolle bei der Moralerziehung spielen muss.

Einführung   445

Auf welche Weise Moralerziehung in der Schule verwirklicht werden sollte, ist allerdings umstritten. Im folgenden ersten Abschnitt werden dazu drei idealtypische Konzepte vorgestellt und bewertet. Die entwicklungspsychologischen Grundlagen des von mir bevorzugten kognitiv-entwicklungsorientierten Ansatzes werden im zweiten Abschnitt beschrieben. Konkrete Möglichkeiten für die Umsetzung dieses Ansatzes in den Unterricht stelle ich im letzten Abschnitt vor.

19.1 Konzepte der Moralerziehung

19.1.1 Charaktererziehung

Die Grundidee dieses Ansatzes besteht darin, den Schüler von einem **Kanon allgemein anerkannter Werte** wie Respekt vor dem Leben, Ehrlichkeit, Fleiß, Freundschaft **zu überzeugen** und ihn zu einem von diesen Werten geleiteten Handeln zu erziehen. Hinter dieser Konzeption steckt die Vorstellung, dass der Mensch als ein formungsbedürftiges, seinen asozialen Trieben folgendes Wesen zur Welt kommt und daher nur durch äußere Lenkung und Druck zu einem akzeptablen Mitglied der Gesellschaft wird (Kultur- und Wertübermittlungsansatz: Oser/Althof 1992). Diese Konzeption weist entscheidende Mängel auf:

- In einer pluralistischen Gesellschaft wie der unseren ist es nicht möglich, sich auf einen verbindlichen Wertekanon zu einigen. Ein oberflächlicher Konsens ist zwar möglicherweise erreichbar, aber bei der Definition der Tugenden und der Abwägung zwischen einzelnen Tugenden wird deutlich, dass es keinen universell gültigen Wertekanon gibt. Ist Ehrlichkeit ein höherer Wert als das Ziel, eine Freundschaft nicht zu zerstören? Ist Tyrannenmord trotz der Achtung vor dem Leben moralisch gerechtfertigt?
- Das negative Menschenbild, von dem dieser Moralerziehungsansatz ausgeht, kann leicht zu drastischen Erziehungsmaßnahmen anregen und zu ihrer Rechtfertigung dienen.
- Forschungen der letzten Jahre (Lind 2003) zeigen, dass moralische Entwicklung mehr bedeutet als Anpassung an soziale Normen und sich nicht durch sozialen Druck in Form von Belohnung und Bestrafung bewirken lässt.

▶ **Fazit:** Das Konzept der Charaktererziehung tendiert zur Indoktrination und ist in seiner Wirkung zweifelhaft.

19.1.2 Wertklärung

Der Gegenpol zum Kultur- und Wertübermittlungsansatz ist der **Reifungsansatz**. Er geht davon aus, dass „der Mensch von Natur aus gut ist", wie schon J. J. Rousseau im 18. Jahrhundert postulierte, oder dass er wenigstens zum Gutsein veranlagt ist. Auf dieser Grundidee bauen Erziehungskonzepte wie die **Antipädagogik** auf, die nicht in die **„natürliche" moralische Entwicklung** eingreifen will, oder der Wertklärungsansatz, der sich damit begnügt, beim Kind ein Wertebewusstsein zu wecken.

Die **Grundidee des Wertklärungsansatzes**, dass es in der Abwägung zwischen konkurrierenden Werten keine „richtige" Entscheidung gibt, bedingt das unterrichtliche Vorgehen. Der Lehrer regt zu Diskussionen an, welche die unterschiedlichen Werte der Schüler sichtbar werden lassen. Er weist auf die verschiedenen Werte hin, ohne selbst Stellung zu beziehen. Auf diese Weise entgeht der Lehrer der Gefahr der Indoktrination, lässt aber seine Schüler ohne Orientierung. Rassistische Argumente können gleichberechtigt neben der Befürwortung der Menschenrechte stehen, egoistische Motive neben der Idee der Nächstenliebe. So ist es nicht verwunderlich, dass die Forschungsergebnisse dieses pädagogischen Konzepts nicht sehr überzeugend sind.

19.1.3 Kognitiv-entwicklungsorientierter Ansatz

Die beiden beschriebenen Ansätze wurden lange Zeit vorwiegend mit den Mängeln des jeweils anderen Ansatzes gerechtfertigt. Wenn aber Menschen sich nicht von alleine moralisch entwickeln, andererseits aber auch Belehrung, Druck und Zwang wenig Erfolg zeigen, liegt ein dritter, vermittelnder Ansatz nahe: Moralentwicklung ist nur durch geeignete pädagogische Förderung zu erreichen.

Wie der Wertklärungsansatz geht auch der kognitiv-entwicklungsorientierte Ansatz von **offenen, freien Diskussionen** über Entscheidungen in Konfliktsituationen aus und meidet so die Gefahr der Indoktrination.

Dabei verschweigt der Lehrer jedoch seine Meinung nicht, drängt sie aber den Schülern auch nicht auf. Es werden **Veränderungen beim Schüler angestrebt**, die aber nicht die in den Äußerungen der Schüler enthaltenen Werturteile betreffen, sondern die Art des moralischen Urteilens. So soll der Schüler z. B. nicht lernen, ob Tyrannenmord moralisch gerechtfertigt ist oder nicht. Er soll vielmehr lernen, die in solchen Konfliktsituationen konkurrierenden Werte zu erkennen, sie gegeneinander abzuwägen und zu einem an Prinzipien wie „Gerechtigkeit" orientierten Urteil zu kommen. Ziel dieses Ansatzes ist also die **Stimulierung und Förderung einer Entwicklung**, die zu komplexeren Urteilsstrukturen und einer differenzierten Urteilsfähigkeit führt. Dieses Konzept geht auf den amerikanischen Psychologen und Pädagogen Lawrence Kohlberg (1927–1987) zurück und beruht auf seinen Theorien und Befunden zur Entwicklung der moralischen Urteilsfähigkeit, die im folgenden Abschnitt beschrieben werden.

19.2 Kohlbergs Theorie der Entwicklung moralischer Urteilsfähigkeit

19.2.1 Grundgedanken der Theorie

Eingangsbeispiel

Stellen Sie sich bitte folgende Situation vor: Sie sind ein Mitarbeiter des Technischen Hilfswerks irgendwo an der Nordseeküste. Bei einer Springflut ist Ihre Aufgabe, einen gefährdeten Deich, der ein Krankenhaus schützt, zu überwachen. Mit dem Fernglas sehen Sie, dass in zwei

Kohlbergs Theorie der Entwicklung moralischer Urteilsfähigkeit

Kilometer Entfernung der Bruch eines nicht überwachten Deiches unmittelbar bevorsteht. Hinter diesem Deich liegt Ihre Wohnung, in der sich Ihre kranke Frau mit den beiden Kindern befindet.

Was würden Sie tun und wie würden Sie Ihr Verhalten begründen?
Nahe liegend sind pragmatische Lösungsversuche, wie z. B. die Einsatzzentrale über Telefon zu bitten, sich um die gefährdete Familie zu kümmern. Kohlberg geht es aber in seiner Entwicklungspsychologie um Erkenntnisse über moralische Urteilsfähigkeit und nicht um Erkenntnisse über Problemlösefähigkeiten. Es sollen also in dieser Situation nur zwei Reaktionen möglich sein: zur Familie gehen oder an der Einsatzstelle bleiben. Für die Begründung der Entscheidung gibt es allerdings viele Möglichkeiten (vgl. Gage/Berliner 1996):

1. Bleiben, da sonst eine Strafe durch die Behörden droht.
2. Gehen, da in solchen Notsituationen Ihre Frau Ihnen auch helfen würde.
3. Gehen, da gute Ehemänner sich um ihre Familie kümmern.
4. Bleiben, da die Dienstvorschrift es verlangt. Wenn jeder sich über Vorschriften hinwegsetzen könnte, würde die öffentliche Ordnung zusammenbrechen.
5. Bleiben, da Sie sich dazu verpflichtet haben. Unter besonderen Umständen wäre aber das Verlassen des Postens zu rechtfertigen.
6. Bleiben, da sonst die Sicherheit weniger über die Sicherheit vieler gestellt wäre, was nicht richtig ist. Würden Sie gehen, so würden Sie sich Ihr Leben lang Vorwürfe machen.

An diesem Beispiel lassen sich wesentliche Grundgedanken Kohlbergs zur Entwicklung moralischer Urteilsfähigkeit aufzeigen. Ausgangspunkt seiner Theorie ist das **„moralische Dilemma"**. Er versteht darunter eine Situation, in der verschiedene Wertorientierungen aufeinander treffen und in der eine Entscheidung zwischen diesen Wertorientierungen mit Folgen für andere Menschen getroffen werden muss. In dem Eingangsbeispiel steht das Recht auf Leben von vielen unbekannten Menschen gegen das Recht auf Leben der Familienangehörigen. In Kohlbergs bekanntestem Beispiel steht ein Mann vor der Entscheidung, ob er für seine schwer kranke Frau ein unerschwinglich teures lebensrettendes Medikament stehlen soll. Er muss also zwischen dem Recht auf Leben seiner Frau und dem Recht auf Eigentum eines Apothekers abwägen. Kohlberg kommt es in solchen Dilemmasituationen nicht darauf an, welche konkrete Entscheidung getroffen wird, sondern ihn interessiert das begründende Nachdenken über die Entscheidung. Es geht ihm also nicht um den Inhalt, sondern um die Struktur des moralischen Urteils.

Im obigen Beispiel kann der Dammwächter die Entscheidung, seinen Posten nicht zu verlassen, mit der Furcht vor einer Strafe, mit der Achtung vor dem Gesetz oder mit ethischen Prinzipien begründen.

Kohlberg legte vielen Personen verschiedenen Alters und kultureller Herkunft moralische Dilemmasituationen vor. Mit der Analyse ihrer Äußerungen arbeitete er typische **Strukturen des moralischen Urteilens** heraus und konnte damit die Entwicklung der moralischen Urteilsfähigkeit beschreiben.

19.2.2 Notwendige Voraussetzungen für die Entwicklung moralischer Urteilsfähigkeit

Analysiert man Äußerungen zu moralischen Dilemmasituationen, so findet man Unterschiede in den Formen des Wahrnehmens und Denkens (kognitive Voraussetzungen) und in der Art und Weise, wie die soziale Umwelt gesehen wird (soziale Perspektive). Die Entwicklung dieser beiden Teilaspekte betrachtet Kohlberg als notwendige, aber nicht hinreichende Voraussetzung für die Entwicklung moralischer Urteilsfähigkeit.

Bei der Formulierung seiner Theorie baut er auf Erkenntnissen der Psychologie über die Entwicklung dieser beiden Aspekte auf, die ich in den beiden folgenden Unterabschnitten kurz skizziere.

19.2.2.1 Entwicklung von Denkfähigkeiten

Der Schweizer Biologe und Psychologe Jean Piaget (1896–1980) beschreibt den Prozess der kognitiven Entwicklung als ein dauerndes Streben nach einem Gleichgewicht zwischen dem gegenwärtigen Wissen und Denken des Kindes und dem, was es an einer neuen Erfahrung, Beobachtung oder Problemstellung wahrnimmt. Piaget bezeichnet diese Anpassungsprozesse als Assimilation und Akkomodation. Unter Assimilation versteht er den Prozess, mit dem das Wahrgenommene so interpretiert und verändert wird, dass es zu den aktuellen Wissens- und Denkstrukturen passt. Akkomodation dagegen ist der Prozess, der die gegenwärtigen Wissens- und Denkstrukturen so verändert , dass sie im Einklang mit dem Wahrgenommenen stehen.

Als Triebfeder der geistigen Entwicklung kann also die Verarbeitung von Erfahrungen angesehen werden. Dabei lassen sich nach Piaget vier Stufen mit relativ stabilen Verarbeitungsmustern unterscheiden, wobei die Übergänge zwischen den Stufen fließend sind. Beim Durchschreiten dieser Stufenfolge ist das Denken immer weniger an die konkrete Erfahrung, die Anschauung und die eigene Perspektive gebunden. Es wird also formaler, flexibler und objektiver (vgl. Beitrag 8 über Problemlösung und Wissenserwerb).

19.2.2.2 Entwicklung der sozialen Perspektive

Erkenntnisse über die Entwicklung der sozialen Perspektive gehen auf Überlegungen des amerikanischen Philosophen und Sozialpsychologen George Herbert Mead (1863–1931) über die Fähigkeit zur Rollenübernahme zurück. Neuere Untersuchungen legen eine fünfstufige Abfolge von verschiedenen sozialen Perspektiven nahe (Aufenanger u. a. 1981).

Zu Beginn der Entwicklung sieht sich der Einzelne nur in seiner Beziehung zu konkreten anderen Personen. Im weiteren Verlauf erkennt er sich zunächst als Mitglied einer Gruppe, dann der Gesellschaft mit jeweils wechselseitigen Beziehungen zu anderen, um schließlich eine Perspektive einzunehmen, aus deren Sicht sich der Einzelne und die Gesellschaft gegenüberstehen. Das Verhältnis ist jetzt bestimmt durch Prinzipien und vertragliche Vereinbarungen.

19.2.3 Stufen der Moralentwicklung

19.2.3.1 Beschreibung der Stufen

Erste Versuche, Stufen der moralischen Entwicklung zu definieren, gehen auf Dewey und Piaget (vgl. Kohlberg 1987) zurück. Vor dem Hintergrund der Erkenntnisse über die kognitive Entwicklung und die Entwicklung der sozialen Perspektive erweiterte Kohlberg diese Ansätze zu einer Abfolge von drei Ebenen, zu denen jeweils zwei Stufen gehören:

I. Präkonventionelle Ebene

„Moralische" Entscheidungen werden auf dieser Ebene mit drohenden Strafen und mächtigen Autoritäten oder mit eigenen Interessen begründet.

1. Stufe: Vermeidung von Strafe und Unterordnung unter die Autorität gelten als Werte an sich. Dahinter steht keine tiefer liegende Moralordnung. Ob eine Handlung gut ist, wird nur anhand der unmittelbaren Konsequenz für den Handelnden beurteilt.

2. Stufe: Handlungen sind an den eigenen Bedürfnissen orientiert. Erste Ansätze von Gegenseitigkeit sind zwar vorhanden, dienen aber der Durchsetzung eigener Interessen nach dem Motto „Eine Hand wäscht die andere" und sind keine Frage von Gerechtigkeit oder Dankbarkeit.

II. Konventionelle Ebene

Diese Ebene ist gekennzeichnet durch die Tendenz zur Erhaltung wichtiger Sozialbeziehungen. Das Erfüllen der Erwartungen der Gruppe, der man angehört, oder der Erwartungen der Gesellschaft ist von Wert, unabhängig von unmittelbaren Konsequenzen. Das Befolgen von Regeln beruht jetzt nicht auf „Gehorsam", sondern auf einem „Motiviertsein".

3. Stufe: Richtiges Verhalten ist, was anderen (der Familie, anderen Primärgruppen) gefällt oder ihnen hilft. Kohlberg nennt dieses Verhalten „good boy – nice girl"-Orientierung. Die „gute Absicht" wird zum ersten Mal wichtig.

4. Stufe: Die Orientierung erweitert sich von der Gruppe auf übergreifende Systeme (Staat, Religionsgemeinschaft). Rechtes Verhalten besteht darin, dass man seine Pflicht tut und zum Erhalt der sozialen Ordnung um ihrer selbst willen beiträgt.

III. Postkonventionelle Ebene

Es ist ein Bemühen festzustellen, Prinzipien und Werte zu definieren, die unabhängig sind von der Autorität einzelner Personen oder Gruppen. Gesetze werden verteidigt, Verstöße gegen Gesetze sind aber gerechtfertigt, wenn diese die Menschenrechte nicht gewährleisten.

5. Stufe: Das Verhältnis zur Gesellschaft wird als ein Sozialvertrag gesehen, der prinzipiell zwischen den Beteiligten vereinbar ist und daher auch verändert werden kann. Die Relativität persönlicher Wertungen und Meinungen wird deutlich gesehen. Die Menschenrechte sind nicht verhandelbar. Es tritt ein neuer Aspekt der Gerechtigkeit auf, nämlich die Gerechtigkeit des Verfahrens bei der Entscheidungsfindung.

450   *Moralerziehung – Erziehung zur Demokratie*

6. Stufe: Das Recht wird definiert durch eine bewusste Entscheidung in Übereinstimmung mit selbst gewählten, logisch widerspruchsfreien und umfassenden ethischen Prinzipien. Ein solches Prinzip könnte zum Beispiel Kants Imperativ in der folgenden Fassung sein: „Ohne zu wissen, welcher der Betroffenen ich selbst bin, überlege ich aus ihrer aller Positionen heraus, ob ich einer Regel zustimmen könnte." Handlungsleitend sind also die universalen Prinzipien der Gleichheit, Gerechtigkeit und Solidarität. Solche Prinzipien sind keine konkreten Moralregeln wie die Zehn Gebote oder die Werte, die die Charaktererziehung postuliert. Diese sind eher in die vierte Stufe einzuordnen.

Beispiele für Argumentationen, wie sie auf den einzelnen Stufen geäußert werden, sind die im Abschnitt 19.2.1 aufgeführten möglichen Reaktionen in dem „Deichwächter-Dilemma". Ihre Reihenfolge entspricht dabei den ansteigenden Kohlberg-Stufen. Eine **typische Schulsituation**, in der Argumente und Handlungsweisen verschiedener Moralstufen aufeinander treffen, wird in Aufenanger et al. (1981) beschrieben:

Beispiel

Peter, ein Schüler, der wegen verschiedener Vergehen unmittelbar vor dem Schulausschluss stand, stahl in der Pause die Geldbörse seines Lehrers. Der Lehrer bemerkte den Verlust seiner Börse sofort und gab dem Dieb die Gelegenheit, sie zurückzugeben, ohne bestraft zu werden. Nachdem diese Chance nicht genutzt wurde, kündigte der Lehrer an, den Vorfall dem Direktor zu melden. Peters bester Freund Hans beobachtete am Ende der Unterrichtsstunde, wie Peter schnell eine Geldbörse in seiner Schultasche verschwinden ließ. Am nächsten Tag teilte Hans dem Lehrer unter vier Augen mit, dass er den Dieb kenne, seinen Namen aber nur nennen würde, wenn er ihm verspreche, dass dieser nicht bestraft werde. Der Lehrer willigte nach kurzem Zögern ein, sprach Peter in der nächsten Pause an und erhielt seine Geldbörse zurück. Daraufhin meldete der Lehrer dem Direktor, dass der Fall erledigt sei. Der Direktor bestand jedoch darauf, den Namen des Diebes zu erfahren, um ihn bestrafen zu können. Der Lehrer gab den Namen jedoch nicht preis, obwohl er wusste, dass er damit seine anstehende Beförderung gefährdete. Die Beteiligten bewerteten die Situation folgendermaßen:

Peter: Hans ist gemein. Er hat auch schon viel angestellt, und ich habe ihn noch nie verraten. (Stufe 2)

Hans: Was würden denn die Lehrer und die Mitschüler von uns denken, wenn man bei uns beklaut wird. (Stufe 3)

Direktor: Das Verhalten des Lehrers war nicht richtig. Man kann nicht in einer großen Gemeinschaft wie unserer Schule zusammenleben, ohne dass es eine gewisse Ordnung und Regeln gibt, an die sich alle halten müssen. (Stufe 4)

Lehrer: Man muss in bestimmten Situationen abwägen, ob einem Versprechen grundlegendere Bedeutung zukommen kann als der Schulordnung. Ich glaube, dass es in diesem Fall gerechtfertigt ist, sich nicht so wörtlich an die Buchstaben der Schulordnung zu halten. (Stufe 5)
     (vgl. Aufenanger et al. 1981, 41 f.)

19.2.3.2 Das Stufenkonzept und der Zusammenhang mit dem Lebensalter

Kohlberg konnte nachweisen, dass die so definierte Entwicklungssequenz alle drei charakteristischen Merkmale einer Stufenfolge, wie sie schon Piaget forderte, besitzt.

- Jede Stufe ist eine strukturierte Ganzheit.
  Nachweis: Ca. zwei Drittel des moralischen Urteilsverhaltens einer Person zu einem bestimmten Zeitpunkt können einer Stufe zugeordnet werden. Das restliche Drittel gehört zu einer der angrenzenden Stufen.
- Die Stufen bilden eine invariante Sequenz.
  Nachweis: In mehreren Längsschnittuntersuchungen, die sich zum Teil über dreißig Jahre erstreckten und in verschiedenen Ländern (USA, Türkei, Israel) stattfanden, waren die Personen zu jedem Untersuchungszeitpunkt auf der gleichen oder der um eins höheren Stufe wie beim vorherigen, drei Jahre früheren Zeitpunkt. Das Überspringen einer Stufe oder ein Stufenrückschritt wurden nicht beobachtet.
- Die Stufen sind „hierarchische Integrationen", d.h., Denken auf einer höheren Stufe schließt das Denken auf einer darunter liegenden Stufe ein.
  Nachweis: Jugendliche konnten schriftliche Äußerungen auf oder unterhalb der eigenen Stufe richtig wiedergeben. Dieses gelang ihnen nicht bei Äußerungen, die mehr als eine Stufe über ihrer eigenen lagen.

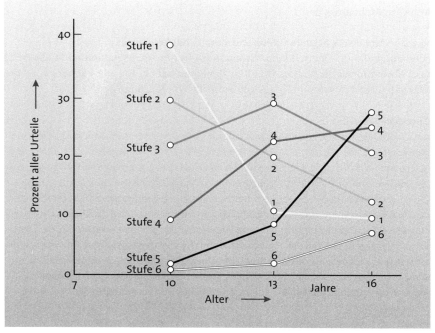

Abb. 19.1: Entwicklungsverlauf des moralischen Urteils (aus R. Oerter 1987, 755)

Moralerziehung – Erziehung zur Demokratie

Als logische Folge dieses Stufenkonzeptes müssten bei einer Querschnittuntersuchung die Anteile der höheren Entwicklungsstufen mit zunehmendem Alter der untersuchten Personen größer werden. Dieser Zusammenhang konnte auch nachgewiesen werden, wie Bild 19.1 (bitte zurückblättern) verdeutlicht. Die Prozentangaben im Bild variieren mit dem kulturellen Hintergrund der befragten Personen und dem Bereich, aus dem das vorgelegte moralische Dilemma stammt.

19.2.3.3 Moralentwicklung und Moralphilosophie

Kohlbergs Stufenschema beschreibt den empirisch nachgewiesenen Verlauf der moralischen Entwicklung. Es macht jedoch keine Aussage darüber, ob dieser Verlauf auch wünschenswert ist. Diesbezügliche Aussagen sind Aufgabe der Moralphilosophie. Kohlberg beruft sich hier auf die liberale und rationale Tradition von Kant bis Habermas (vgl. Kohlberg 1987). Ihr zufolge ist eine angemessene Moral prinzipienorientiert. Moralurteile sollten sich also auf universelle Prinzipien stützen und nicht auf konkrete Regeln (Gebote und Verbote). Allerdings decken sich in den meisten Fällen prinzipiengeleitete Entscheidungen mit Entscheidungen auf der Grundlage konventioneller moralischer Regeln. Dem Verhalten, das Eigentum des Nachbarn nicht anzutasten, kann der Kant'sche Imperativ, aber auch die Achtung des Strafgesetzbuches oder des biblischen Gebotes zugrunde liegen.

Akzeptiert man diese Ideen der Moralphilosophie, so können die beschriebenen Entwicklungsstufen der Moral auch als **Qualitätsstufen moralischen Denkens** angesehen werden.

19.2.4 Moralische Argumentation und moralisches Verhalten

Die Fähigkeit, auf einem hohen Niveau moralisch urteilen zu können, muss nicht unbedingt moralisch rechtes Handeln zur Folge haben. Für die Pädagogik ist die Klärung dieses Zusammenhangs von zentraler Bedeutung.

Verschiedene Studien

In einer **Studie von Krebs und Kohlberg** (Kohlberg 1987) wurde den Teilnehmern an einem moralpsychologischen Test die Gelegenheit geboten, vermeintlich unbemerkt zu betrügen. Diese Gelegenheit zum Betrug nutzten 70 % der Personen auf dem präkonventionellen Niveau, von den konventionellen Personen 55 % und von den postkonventionellen nur 15 %.

In einer **Studie von Haan et al.** (Oerter/Montada 1987) mit amerikanischen Studenten wurde der Zusammenhang zwischen der Zugehörigkeit zu einem Niveau des moralischen Urteilsvermögens und der Beteiligung an politischen Protestaktionen (Vietnamkrieg bzw. Bürgerrechte für Farbige) untersucht. Von den 109 befragten engagierten Studenten argumentierten 56 % auf postkonventionellem Niveau, 34 % auf konventionellem und 10 % auf vorkonventionellem Niveau, während bei der Kontrollgruppe der „Nicht-Protestierenden" (n=284) der Anteil der konventionell Argumentierenden mit 85 % deutlich überwog (vorkonventionell 3 %, postkonventionell 12 %).

Im **Milgram-Experiment**, bei dem Versuchsteilnehmer in einer angeblichen Untersuchung über „Bestrafung und Lernen" Partner mit immer stärker werdenden (natürlich fingierten)

Elektroschocks traktieren sollten, weigerte sich nur ein Drittel der Teilnehmer, den Versuch zu Ende zu führen (Wellhöfer 1993). Diese Teilnehmer befanden sich alle auf dem postkonventionellen Niveau.

Aus diesen und weiteren Untersuchungen lässt sich folgendes Fazit ziehen:

 Reifes moralisches Urteilen ist eine notwendige, aber noch keine hinreichende Bedingung für reifes moralisches Handeln. Aber Urteilen und Handeln sind umso enger verknüpft, je höher die Stufe des moralischen Urteilsvermögens ist.

Eine wichtige Rolle spielt natürlich auch der Kontext, in dem gehandelt werden muss. Eine harte Konkurrenzsituation im Betrieb oder zwischen Betrieben erzwingt oft eine vorkonventionelle Handlungsorientierung. In der Schule kann durch eine starke Reglementierung ein Handeln nahe gelegt werden, das einen auf ein niedrigeres Niveau verweist, als man intellektuell moralisch erreicht hat und in Situationen, in denen man selbstverantwortlich ist, auch zeigt. (vgl. 19.3.3)

19.2.5 Neuere Untersuchungsergebnisse

Neuere Forschungsergebnisse, vor allem auch für den deutschsprachigen Raum, die mit verbesserten Diagnoseinstrumenten (dem so genannten Moralisches-Urteil-Test MUT) gewonnen wurden, stammen von Georg Lind. Sie stützen zu einem beträchtlichen Teil die Theorie Kohlbergs, legen aber auch einige Revisionen nahe. Lind nennt wesentliche Erkenntnisse: (vgl. Lind 2003).

- Moralisches Verhalten bedarf nicht bloß der „richtigen" **Einstellung**, sondern auch einer entwickelten **Urteilsfähigkeit**. Es muss ein Mittelweg zwischen einem moralischen Rigorismus und der Unfähigkeit, Entscheidungen zu treffen, gefunden werden. Dazu ist die Fähigkeit notwendig, eigene Entscheidungen begründen und abweichende Begründungen anderer auf ihre ethische Gültigkeit hin überprüfen zu können („Diskursfähigkeit").
- Moralisches Versagen in realen Situationen beruht selten auf dem Fehlen moralischer Haltungen, sondern häufiger auf einer **mangelnden oder verzerrten Wahrnehmung** der moralischen Intentionen und Kompetenzen anderer an der Situation Beteiligter („pluralistische Ignoranz"). Das kann durch kommunikationsfördernde Maßnahmen abgebaut werden.
- Ohne allgemeine **Bildungserfahrungen** findet kaum eine Entwicklung der moralischen Urteilsfähigkeit statt; es kommt sogar nachweislich zur Rückentwicklung dieser Fähigkeit – ein deutlicher Gegensatz zu Kohlbergs Befunden.
- Gut geeignet für die Förderung der gewünschten Entwicklung sind **Diskurse** über hypothetische oder reale **moralische Dilemmasituationen**.

Während Kohlberg die beste Förderung darin sah, die Schüler mit Argumenten zu konfrontieren, die bis zu einer Moralstufe über ihrem eigenen momentanen Niveau liegen („+1-Intervention", Oser 1987, 48), zeigt die neuere Forschung, dass die Konfrontation mit Argumenten, die der Schülermeinung widersprechen, wesentlich wirkungsvoller ist (Pro- und Kontradiskussion; Lind 2003).

454 Moralerziehung – Erziehung zur Demokratie

19.2.6 Folgerungen für die Moralerziehung

Aus den bisherigen Ausführungen folgt fast zwingend die Aufgabe der Moralerziehung: Sie sollte den Gang der von Kohlberg beschriebenen und pädagogisch wünschenswerten „natürlichen" Entwicklung anregen und unterstützen. Ziel der erzieherischen Bemühungen ist also, bei jedem Schüler **die Entwicklung zur jeweils nächsten Stufe des moralischen Denkens zu stimulieren**, bis er möglichst Stufe 5 erreicht. Diese Auffassung von Moralerziehung ist die Grundidee des im Abschnitt 19.1.3 beschriebenen kognitiv-entwicklungsorientierten Ansatzes. Bezieht man die Erkenntnisse von Lind mit ein, dann wird die Moralerziehung zu einer Förderung von demokratischen Grundkompetenzen:

„Die Schüler/innen sollen lernen, individuelle Ansprüche und Vorstellungen mit denen anderer abzugleichen, die eigenen emanzipatorischen Interessen mit konkurrierenden Vorstellungen in Beziehung zu setzen und an sozialen Institutionen mitzuwirken, die Interessengegensätze ausgleichen und produktiv gestalten können." (Lind; persönliche Mitteilung).

Dieses Ziel findet sich in unterschiedlicher Formulierung in den Bildungsplänen aller Bundesländer.

Auch wenn die Schule mit einer so orientierten Erziehung nicht alle Probleme, wie sie in der Einführung beschrieben wurden, lösen und ihre Ursachen beseitigen oder kompensieren kann, so sollte ihr Einfluss aber auch nicht unterschätzt werden. Konkrete Vorschläge, wie das Konzept „Erziehung zur Demokratie" im Unterricht umgesetzt werden kann, stelle ich in den folgenden Abschnitten vor.

19.3 Realisierungsmöglichkeiten in der Schule

Konzepte der Moralerziehung, die auf den Forschungen und Ideen Kohlbergs aufbauen, wurden in Schulen und außerschulischen Einrichtungen mit Erfolg erprobt. Zwei groß angelegte Projekte sind dabei besonders hervorzuheben:

- Kohlberg und seine Mitarbeiter gestalteten in den USA die institutionellen Rahmenbedingungen verschiedener High Schools so um, dass Lehrer und Schüler sich durch moralische Diskussionen eigene Wertpositionen erarbeiten und diese über demokratische Entscheidungsfindungen in Regeln und Normen des Verhaltens in der Schule umsetzen konnten („Just Community Schools", Higgins 1987).
- In einem 1986 in Nordrhein-Westfalen begonnenen Modellversuch „Demokratie und Erziehung in der Schule – Förderung moralisch-demokratischer Urteilskompetenz" wurden vor allem die Möglichkeiten der Förderung dieser moralisch-demokratischen Urteilskompetenz im Rahmen des Fachunterrichts verschiedener Schulformen untersucht (Landesinstitut 1991).

Aus den Erfahrungen solcher Versuche lassen sich drei verschiedene Klassen von besonders geeigneten Vorgehensweisen für den Schulunterricht ableiten.

a) Stimulation der Entwicklung der Voraussetzungen moralischer Urteilsfähigkeit. Neben Förderung der allgemeinen kognitiven Entwicklung sollte

Realisierungsmöglichkeiten in der Schule 455

die Entwicklung der sozialen Perspektive durch kooperative Lernformen, insbesondere durch Rollenspiele, angeregt werden.

b) Diskussionen über moralische und soziale Dilemmasituationen. Die zu diskutierenden Dilemmata können wie das „Deichwächter-Dilemma" konstruiert sein, dem Schulleben entstammen oder auch Inhalt des Fachunterrichts sein.

c) Schaffung demokratischer Schulstrukturen, die mehr Mitbestimmung, aber auch mehr Mitverantwortung ermöglichen.

19.3.1   Rollenspiele

Für die Durchführung eines Rollenspiels hat sich folgender Verlaufsplan bewährt (Aufenanger et al. 1981).

- Besprechung des Spielanlasses und der Ziele des Rollenspiels: sich in andere hineinversetzen können, das eigene Handeln aus der Sicht der anderen beurteilen können usw.

- Beschreibung der Situation: Sie sollte einfach strukturiert und für jeden Beteiligten durchschaubar sein wie im folgenden Beispiel: Petra kommt um 23 Uhr von ihrer Freundin nach Hause, obwohl sie eigentlich schon um 21 Uhr zurück sein sollte. Ihre Eltern erwarten sie ...

- Charakterisierung der Rollen: Für Anfänger ist es wichtig, klare Vorgaben für das Handeln der einzelnen Personen, eventuell sogar schriftlich zu haben („role taking"). Im freien Rollenspiel für Geübtere können die Rollen kreativ ausgestaltet werden („role making").

- Auswahl der Mitspieler und Aufgaben für die Beobachter: Hier ist besonders darauf zu achten, dass kein Schüler langfristig auf eine bestimmte Rolle festgelegt wird, sondern im Lauf der Zeit verschiedenartige Rollen spielen kann.

- Durchführung des Rollenspiels: Anfänger sollten eine Weile durchspielen können. Kommen die Spieler zu weit vom geplanten Verlauf ab oder fassen sie ihre Rolle falsch auf, muss der Lehrer das Spiel unterbrechen. Ein Rollenspiel sollte höchstens 15 Minuten dauern.

- Diskussion: Die Gefühle und Erlebnisse der Spieler werden mit den Beobachtungen der Zuschauer in Zusammenhang gebracht und mit den zu Beginn besprochenen Zielen verglichen.

Durch die Analyse der Äußerungen der Spieler kann der Lehrer beurteilen, aus welcher sozialen Perspektive sie argumentieren, und damit in den folgenden Rollenspielen die Rollen so gestalten, dass sie die Entwicklung der sozialen Perspektive noch besser fördern.

19.3.2   Dilemma-Diskussionen

Der Grundgedanke dieses Vorgehens ist, durch Präsentation eines überzeugenden, Betroffenheit auslösenden moralischen Konflikts die Schüler dazu anzuregen, Argumente zu formulieren, Argumentationsmuster durchzuhalten und nach einem Konsens zu suchen. Der Lehrer sorgt dabei gemäß der +1-Intervention oder der Pro-und-Kontra-Intervention für eine möglichst kontroverse Diskussion.

456 · *Moralerziehung – Erziehung zur Demokratie*

Bei richtigem und konsequentem Einsatz von Dilemma-Diskussionen konnten Fortschritte bis zu einer halben Entwicklungsstufe innerhalb eines Schuljahres nachgewiesen werden. Die folgenden Beispiele sollen die Anwendungsbreite der Dilemma-Diskussionen aufzeigen.

Beispiele

a) Konstruierte Dilemma-Situationen

Hans begeht einen Ladendiebstahl. Sein Freund Dieter, der mit ihm im Kaufhaus war, wird zurückgehalten, während Hans entkommen kann. Soll Dieter den Namen seines Freundes angeben?

b) Dilemma-Situationen aus dem Schulleben

Anja findet neben dem Kopiergerät in der Schule die Mathematikarbeit, die am nächsten Tag in ihrer Klasse geschrieben werden soll. Soll sie sie für sich behalten, um endlich einmal eine gute Arbeit schreiben zu können? Soll sie ihre Freundin an diesem kostbaren Wissen teilhaben lassen oder soll sie den Mathematiklehrer verständigen?

c) Dilemma-Situationen aus dem Fachunterricht

– Erdkunde:

Der Besitzer einer kleinen Skiliftanlage in den Alpen kann mit deren Betrieb seinen Lebensunterhalt nicht mehr verdienen. Soll er die Anlage vergrößern, obwohl er um die Umweltgefährdung eines solchen Projekts weiß?

– Biologie:

Sind Tierversuche für die medizinische Forschung gerechtfertigt?

– Mathematik:

Müssen die Ergebnisse statistischer Erhebungen immer vollständig und objektiv veröffentlicht werden, oder ist es gerechtfertigt, zu Werbezwecken eine subjektive Auswahl zu treffen?

– Geschichte:

Die Bauernkriege – ist Gewalt für eine „gerechte Sache" legitim?

– Chemie:

Darf eine Firma ein Labor, mit dem Giftgas produziert werden kann, an eine Diktatur verkaufen?

Neben der Grundform „Diskussion im Klassenverband" sollten auch **Variationen** wie Gruppenarbeit, Pro-und-Kontra-Abstimmungen, Gerichtsverhandlungen und andere Planspiele eingesetzt werden. Viele weitere Beispiele und hilfreiche Anregungen zur Gestaltung einer Dilemmastunde sind in dem Werkstattbericht „Schule und Werteerziehung" (Landesinstitut für Schule und Weiterbildung 1991) und bei Lind (2003) zu finden.

19.3.3 Demokratie als Mittel der Erziehung

Die konsequenteste Umsetzung des kognitiv-entwicklungsorientierten Ansatzes ist der Versuch, die Schule als Lebenswelt so umzugestalten, dass die moralische Kompetenz der Schüler herausgefordert und weiterentwickelt wird. Dazu müssen

Realisierungsmöglichkeiten in der Schule   457

Strukturen geschaffen werden, in denen Schüler und Lehrer im ernsthaften Diskurs Regeln und Normen für ihr Zusammenleben und -arbeiten in der Schule finden und auftretende Konflikte gemeinsam lösen können. Die Idee ist also, Demokratiefähigkeit durch demokratische Mitbestimmung, Verantwortung durch Übernahme von Verantwortung zu lernen. Sie beruht auf der simplen Einsicht, dass nur durch Handeln im weitesten Sinne und durch Erfahrung wirklich etwas gelernt wird.

Als Konsequenz solcher Überlegungen gründete Kohlberg mit einigen Mitarbeitern so genannte **„Gerechte-Gemeinschaft-Schulen"** („Just Community Schools"). In diesen Schulen wird Wert gelegt auf informellen Umgang miteinander, Abbau von hierarchischer Bürokratie und mehr Gleichberechtigung zwischen Lehrern und Schülern. Durch die Einrichtung von verschiedenen institutionellen Komponenten wie Beratungsgruppen zur Besprechung persönlicher Probleme, Fairness-Komitees (zwei Lehrer und sechs bis acht Schüler) zur Diskussion und Entscheidung bei Disziplinproblemen und Streitfällen, Vollversammlungen als letzte Instanzen mit vollem Stimmrecht der Schüler wird dieses praktische Lernen ermöglicht und ein Gemeinschaftssinn geschaffen.

Die in den USA gewonnenen positiven Erfahrungen mit dem „Just Community"-Ansatz konnten in dem nordrhein-westfälischen Schulversuch „Demokratie und Erziehung in der Schule" in modifizierter Form auch auf deutsche Schulverhältnisse übertragen werden (Landesinstitut 1991 und Lind 2003, Kapitel 11).

19.3.4   Aktuelle Projekte

Angesichts zunehmender Streitigkeiten unter Schülern, Mobbing bis hin zu gewalttätigen Auseinandersetzungen wurde in den letzten Jahren die Idee der **Peer-Mediation** an vielen Schulen aufgegriffen und weiterentwickelt. (www.sich-vertragen.de)

Dabei werden Jugendliche von Mediationsleitern sorgfältig als **Streitschlichter** ausgebildet , um dann bei Konflikten zwischen Schülern als unparteiische Dritte zu vermitteln. Streitschlichter geben keine Lösung vor, sondern helfen den Konfliktpartnern dabei, sich über ihre Interessen und Gefühle klar zu werden und diese der Gegenpartei verständlich zu machen. Das Ziel der Schlichtung ist eine gemeinsame Lösung, die von allen Beteiligten akzeptiert werden kann.

Peer-Mediation kann dazu beitragen, dass aufkommende Konflikte frühzeitig bearbeitet werden und damit nicht eskalieren. Gleichzeitig wird die moralische Urteilsfähigkeit und die demokratische Handlungskompetenz der Schüler, insbesondere der Streitschlichter, gefördert.

Noch weiter gehende Ziele verfolgt das von der Bund-Länder-Kommission für Bildungsplanung und Forschungsförderung getragene Schulentwicklungsprogramm **„Demokratie lernen & leben"**, an dem ca. 160 Schulen aus 12 Bundesländern teilnehmen. (www.blk-demokratie.de) Im Zentrum dieses Programms steht die Förderung demokratischer Handlungskompetenz und die Entwicklung einer demokratischen Schulkultur. In regionalen Netzwerken von sechs bis acht

Schulen werden Angebote aus den vier Modulen Unterricht, Lernen in Projekten, Schule als Demokratie und Schule in der Demokratie erprobt und gemeinsam weiterentwickelt. Dabei werden langfristig angelegte Lernprozesse, die Erfahrung, Handeln, Wissen und Urteilsvermögen miteinander verknüpfen, initiiert und begleitet.

Trotz des großen Aufwandes und vieler zu erwartender Widerstände führt meines Erachtens kein Weg an einer Demokratieerziehung durch die Schule im Sinne Kohlbergs oder des BLK-Programms vorbei, denn nur die Schule kann Demokratie so lehren, dass die Jugendlichen aktiv beteiligt sind.

Literatur

Aufenanger, S., Garz, D., Zutavern, M. (1981) Erziehung zur Gerechtigkeit. Unterrichtspraxis nach L. Kohlberg. München: Kösel.

Gage, N., Berliner, D. (1996). Pädagogische Psychologie. München, Weinheim: Psychologie Verlags Union.

Higgins, A. (1987). Moralische Erziehung in der Gerechte Gemeinschaft-Schule. In Lind, G., Raschert, J. (Hrsg.). Moralische Urteilsfähigkeit. 54 – 72. Weinheim, Basel: Beltz.

Kohlberg, L. (1987). Moralische Entwicklung und moralische Erziehung. In Lind, G., Raschert, J. (Hrsg.). Moralische Urteilsfähigkeit. 25 – 43. Weinheim, Basel: Beltz.

Landesinstitut für Schule und Weiterbildung (Hrsg.) (1991). Schule und Werteerziehung – ein Werkstattbericht. Soest: Soester Verlagskontor.

Landesinstitut für Schule und Weiterbildung (Hrsg.) (1995). Werteerziehung in der Schule – aber wie? Soest: Landesinstitut.

Lind, G., Raschert, J. (Hrsg) (1987). Moralische Urteilsfähigkeit. Eine Auseinandersetzung mit Lawrence Kohlberg. Weinheim, Basel: Beltz.

Lind, G. (2000). Ist Moral lehrbar? Berlin: Logos.

Lind, G. (2003). Moral ist lehrbar. München: Oldenbourg.

Oerter, R., Montada, L. (2002). Entwicklungspsychologie. München, Weinheim: Psychologie Verlags Union.

Oser, F. (1987). Möglichkeiten und Grenzen der Anwendung des Kohlberg'schen Konzepts der moralischen Erziehung in unseren Schulen. In Lind, G., Raschert, J. (Hrsg.). Moralische Urteilsfähigkeit. 44 – 53. Weinheim, Basel: Beltz.

Pfeifer, V. (2003). Didaktik des Ethikunterrichts. Wie lässt sich Moral lehren und lernen? Stuttgart: Kohlhammer.

Wellhöfer, P. (2001). Gruppendynamik und soziales Lernen. Stuttgart: Enke.

Internetadressen

www.uni-konstanz.de/ag-moral/
www.democracyeducation.net
www.sich-vertragen.de
www.blk-demokratie.de

20 Koedukation

Claudia Tatsch, Christiane Boeck

Mit der Umwandlung von monoedukativen Schulen in koedukative Systeme während der 1960er- und 1970er-Jahre war die Hoffnung verbunden, **Chancengleichheit für Mädchen und Jungen** auf dem Weg ins Berufsleben und in diesem selbst zu erreichen. Die in den 80er-Jahren vor allem von der feministisch orientierten Pädagogik vorgetragene, später von der Gender- und Unterrichtsforschung bestätigte Kritik stellte den Erfolg dieser Maßnahme allerdings infrage: Der gemeinsame Unterricht würde nicht nur die bestehenden Ungleichheiten bestätigen, sondern sie noch verstärken. In den 80er-Jahren wurden v.a. von engagierten Wissenschaftlerinnen und Lehrerinnen die Mädchen als Verliererinnen des Systems proklamiert: Ihre Berufschancen seien schlechter als die der Jungen. Festgemacht wurde dies v.a. an der geringen Teilhabe von Mädchen an naturwissenschaftlichen und technischen Qualifizierungsangeboten.

Seit Anfang der 1990er-Jahre wird beklagt, dass die Zahl der Jungen in den Haupt- und Sonderschulen erheblich gestiegen ist, während in den Gymnasien – zumindest von der Mittelstufe an – die Mädchen zahlen- und leistungsmäßig dominieren. Beispielsweise in Baden-Württemberg stellten im Jahr 2001 Mädchen einen Anteil von 54,1 % der Abiturienten an den allgemein bildenden Gymnasien, Jungen einen Anteil von 66 % der Hauptschulabgänger (vgl. Landesamt für Statistik, Stand 08/2003). Die PISA-2000-Studie (Baumert u. a. 2001, 253) verweist im Hinblick auf fachliche Leistungen bzw. Leistungsunterschiede auf bessere Lesekompetenz von Mädchen und auf – geringe – Leistungsvorteile von Jungen in Mathematik; in den Naturwissenschaften haben sich allerdings keine bemerkenswerten Unterschiede feststellen lassen. Baumert et al. heben darauf ab, dass die Geschlechterdifferenzen in den Teilnehmerstaaten der Studie verschieden stark ausgeprägt sind und offensichtlich von den jeweiligen gesellschaftlichen und bildungspolitischen Konstellationen abhängen.

> *Dass Mädchen und Jungen unterschiedlich lernen, ist ein inzwischen allgemein anerkannter Tatbestand; inwiefern dies im Kontext eines koedukativen Bildungssystems zwangsläufig zur Benachteiligung des einen oder anderen Geschlechts führen muss, wird jedoch kontrovers diskutiert.*

Die Suche nach Lösungen dauert an – und das ist gut so, denn durch sie entsteht eine nicht zu unterschätzende **Schubkraft** im Hinblick auf Schulentwicklung und Bildungsreform(en), auch wenn sich Unterrichts- und Bildungsqualität natürlich nicht allein an der Berücksichtigung der Geschlechterfrage festmachen lassen (Ludwig 2003, 650).

> *„Reflexive Koedukation" ist eine der Forderungen, die aus der Koedukationsdebatte hervorgegangen ist, Gender Mainstreaming eine weitere.*

In Forschungsprojekten wird seit einigen Jahren geprüft, ob bzw. inwieweit solche Programme helfen können, die geschlechtsbezogene Ungleichheit an Schulen, die sich als soziale Ungleichheit ausweist, zu überwinden. Sie sollen hier vorgestellt werden. Ein Ende der Diskussion um Vor- und Nachteile der Koedukation ist jedoch nicht in Sicht. So will und kann dieser Aufsatz auch nicht die zukunftsweisende Lösung aufzeigen. Er wird lediglich Argumente, die die Koedukationsdebatte tragen, vorstellen und Ansätze aufzeigen, die sich auf wissenschaftlich begleitete Einzelinitiativen von Schulen wie auch auf Förderprogramme verschiedener Bundesländer begründen und die aus deren Ergebnissen eigene bzw. weiterführende Orientierungslinien entwickelt haben.

Die Koedukationsdebatte ist nicht zu verstehen ohne ihre „Vorgeschichte", d. h. ohne die Auseinandersetzungen, die um die Frage der (höheren) Mädchenbildung im ausgehenden 19. und beginnenden 20. Jahrhundert geführt wurden. Deshalb werden im ersten Teil des Aufsatzes einige „Stationen" beleuchtet, die diese Entwicklung aufzeigen. Sie können als Folie dienen, um die Argumente der aktuellen Diskussion kritisch zu hinterfragen.

20.1 Die Debatte zu Beginn des 20. Jahrhunderts: Höhere Bildung für Mädchen?

20.1.1 Bildungsziele für Mädchen im ausgehenden 19. Jahrhundert

Die wirtschaftlichen und gesellschaftlichen Veränderungen im Kontext der Industrialisierung wirkten sich auf die Schulen aus bzw. auf die Bildung, mit der die Kinder und Jugendliche für „den Ernst des Lebens" gerüstet sein sollten.

Für die Volksschule ergab sich aus der Industrialisierung die Notwendigkeit, die Mädchen – mehr als 90 % der weiblichen Jugend besuchten diese Schulart – nicht mehr nur wie bisher auf die Bestimmung „Ehefrau, Mutter und Hausfrau", sondern nun auch auf die der „lohnabhängigen Arbeiterin" vorzubereiten. Im letzten Drittel des 19. Jahrhunderts wurden deshalb Fächer wie Handarbeiten, Hauswirtschaftslehre, Säuglingspflege, kaufmännisches Rechnen und Mädchenturnen in den Lehrplan integriert. Allerdings war die Qualität des Unterrichts oft mangelhaft, sodass die Mädchen durch die neuen Fächer nicht besser als zuvor auf das berufliche Arbeiten vorbereitet waren.

Dieses Manko bestimmte auch die höhere Mädchenbildung. Davon betroffen waren vor allem Töchter „aus gutem Hause", die infolge der Umstrukturierungen der bürgerlichen Haushalte – im Falle, dass sie unverheiratet blieben oder Witwen wurden -nicht mehr davon ausgehen konnten, von männlichen Verwandten versorgt zu werden, und deshalb eine berufsorientierte Ausbildung wünschten. Die sog. „Höheren Töchterschulen" boten diese nicht. Am Ende ihrer Schulzeit verfügten die jungen Frauen weder über eine Befähigung noch Berechtigung für einen Beruf oder eine akademische Ausbildung. Nicht wenige entschieden sich, in Lehrerinnenseminaren, die oftmals Höheren Töchterschulen angeschlossen waren, sich zu Lehrerinnen ausbilden zu lassen. Da allerdings die Lehrtätigkeit an

Die Debatte zu Beginn des 20. Jahrhunderts: Höhere Bildung für Mädchen? **461**

öffentlichen Mädchenschulen und Jungenschulen ein Studium voraussetzte und dies nur Männern offen stand, blieb den Absolventen der Lehrerinnenseminare lediglich der Weg in schlecht bezahlte Volksschulen oder private Mädchenschulen.

20.1.2 Positionen in der Auseinandersetzung um die Bildungsreform

Es waren die männlichen Lehrkräfte der höheren Mädchenschulen, die als erste auf politischer Ebene eine Reform der Mädchenbildung forderten: Sie verlangten 1872 in einer Denkschrift, dass ihre Schulart wie die der Jungenschule anerkannt wurde, ohne dass die „Spezifika" der Mädchenbildung aufgegeben werden müssten. Was sie darunter verstanden, zeigt das Zitat:

> „Es gilt dem Weibe eine der Geistesbildung des Mannes in der Allgemeinheit der Art und der Interessen ebenbürtige Bildung zu ermöglichen, damit der deutsche Mann nicht durch die geistige Kurzsichtigkeit und Engherzigkeit seiner Frau am häuslichen Herd gelangweilt und in seiner Hingabe an höhere Interessen gelähmt werde, dass ihm vielmehr das Weib mit Verständnis dieser Interessen und Wärme des Gefühls für dieselben zur Seite stehe." (zit. n. Faulstich-Wieland 1991, 16)

Mädchenschulen sollten wissenschaftlich gebildete Schulleiter vorstehen. Der Unterricht in der Oberstufe sollte den akademisch ausgebildeten Lehrern vorbehalten sein, während die weiblichen Lehrkräfte nur in den unteren Klassen eingesetzt würden.

Dagegen forderte im Oktober 1887 eine Frauengruppe um Helene Lange eine Reform der Mädchen- und Lehrerinnenausbildung, durch die es künftig auch Frauen möglich sein sollte, (Mädchen-)Schulen zu leiten und den wissenschaftlichen Unterricht in der Mittel- und Oberstufe zu übernehmen. Theoretische Grundlage von Langes politischen Aktivitäten war ihr Bildungskonzept der „geistigen Mütterlichkeit": Es wies der Frau ganz spezifische Kräfte zu, die sich aus ihrer „naturhaften, inhärenten Mütterlichkeit" ableiteten, und stellte diese „seelische Produktivität" der belehrenden, rational-logischen des Mannes gegenüber (Nieswandt 1996, 111). Koedukativen Unterricht lehnte Helene Lange ab.

Auf ihre Initiative hin wurden in Berlin von 1889 an zweijährige „Realkurse für Frauen" angeboten, deren Abschlüsse jungen Frauen das Studium (im Ausland) ermöglichten. Der Schwerpunkt lag auf Fächern wie Mathematik, Naturwissenschaften, Ökonomie, Geschichte, modernen Sprachen und Latein. Gegen diese Kurse gab es aufseiten männlicher Lehrkräfte und Abgeordneter heftige Kritik.

Während sich der Kreis um Helene Lange gegen die gemeinsame Erziehung von Jungen und Mädchen aussprach, forderte der radikale Flügel der bürgerlichen Frauenbewegung, dem Hedwig Dohm zuzurechnen ist, diese mit Nachdruck ein; denn seiner Ansicht nach konnte nur die Koedukation die Diskriminierung von Mädchen bzw. Frauen verhindern.

Hedwig Kettler und der von ihr 1888 gegründete „Frauenverein Reform" favorisierten die Einrichtung von Mädchengymnasien. Für Hedwig Kettler war die Gleichberechtigung von Mann und Frau ein naturgegebenes Menschenrecht. Deshalb forderte sie für Jungen und Mädchen die gleichen Bildungsmöglichkeiten, d.h. Abitur und Hochschulstudium auch für Frauen. Der Weg dorthin sollte über Gymnasien führen, die analog zu denen der Jungen organisiert wären.

Die Frage „Mono- oder Koedukation?" zog sich wie ein roter Faden durch die Bildungsreformdebatte. Immer wieder gab es Vorstöße einzelner Gruppen zu Gunsten der Koedukation. Vielfach bedingten jedoch finanzielle Schwierigkeiten ihre Einführung: Kleine Kommunen waren nicht in der Lage, Mädchenschulen einzurichten; deshalb konnte eine Verbesserung der höheren Mädchenbildung nur erreicht werden, wenn Mädchen die Jungengymnasien besuchten.

20.1.3 Die Bildungsreform und ihre Weiterführung

Die Initiativen von Helene Lange in Berlin und die Gründung eines Mädchengymnasiums durch Hedwig Kettler in Karlsruhe waren Startzeichen für eine umfassende Bildungsreform. Das Berufsspektrum für Schulabgängerinnen erweiterte sich allerdings nur sehr langsam. So wurde z.B. die Forderung, Frauen zum Hochschulstudium in allen Fakultäten zuzulassen, in Baden – mit Einschränkungen – bereits im Jahr 1900, in Preußen erst 1908 erfüllt. Eine berufliche Chancengleichheit von Akademikerinnen und Akademikern ergab sich aus dieser „Öffnung" jedoch nicht.

Die Bildungsreform, deren zentrales Element die Neugestaltung der Mädchenbildung war, wurde zwischen 1903 und 1908 in allen Ländern des Deutschen Reichs realisiert. Neu geschaffen wurde das Lyzeum, eine zehnjährige höhere Mädchenschule, die Schülerinnen bis zum vollendeten 16. Lebensjahr besuchten. Es umfasste drei Elementarklassen als Unterstufe, eine dreijährige Mittelstufe und vier Klassen in der Oberstufe. Die bereits bestehenden Mädchenschulen wurden als höhere Schulen anerkannt, wenn sie die staatlichen Auflagen z.B. für Klassen- und Schülerzahl, Stundentafel und Lehrplan erfüllten.

An das Lyzeum schloss sich das Oberlyzeum an; es bot zwei Ausrichtungen: die zweijährige Frauenschule mit einem „frauenspezifischen" Kursangebot und das vierjährige Höhere Lehrerinnenseminar, das mit einer Lehramtsprüfung endete. Seine Absolventinnen konnten sich ohne Abitur für eine akademische Lehrerausbildung an einer philosophischen Fakultät einschreiben.

Innerhalb der höheren Mädchenschule gab es die Möglichkeit, nach dem siebten bzw. achten Schuljahr den Weg zum Abitur einzuschlagen: über die Studienanstalt, die in sechs bzw. fünf Jahren zur allgemein anerkannten Hochschulreife führte.

Kritisiert wurde die Reform des Mädchenbildungssystems aus den Reihen der Frauenbewegung, weil sie nicht die Gleichstellung von Mann und Frau zum Erziehungs- und Bildungsziel erhob. Auch die Koedukationsdebatte wurde weitergeführt.

In der Weimarer Republik war die Schulpflicht für Jungen und Mädchen verfassungsmäßig verankert. Festgelegt war auch, dass der Weg zum Abitur für Jungen und Mädchen gleich lang, nämlich neun Jahre, sein sollte. Die Frage, ob mono- oder koedukativ zu unterrichten sei, wurde nicht einheitlich entschieden.

Grundsätzlich war die Koedukation zugelassen; sie setzte sich als allgemeines Unterrichtsprinzip jedoch nicht durch. Ausnahmen bildeten reformpädagogisch orientierte Schulen, wie z. B. die Odenwald- und Waldorfschulen; in ihnen wurde seit ihrer Gründung koedukativ unterrichtet.

Die Entwicklung unter dem NS-Regime ist speziell im Hinblick auf die Mädchenbildung als „Rückschritt" zu bewerten, zumal das NS-Frauenbild nicht vereinbar war mit frauenbewegten Forderungen nach beruflicher Chancengleichheit von Mann und Frau. 1937 wurden getrennte Oberschulen für Jungen und Mädchen eingeführt, die auch unterschiedlichen Lehrplänen folgten.

20.2. Die Debatte zu Beginn des 21. Jahrhunderts: Koedukation – wie gestalten?

20.2.1 Mädchen und Jungen gemeinsam auf der Schulbank

„Unsere gegenwärtige koedukative Schule verkörpert keineswegs den Sieg von Koedukation als pädagogischer Idee, also eines Konzepts zur Kultivierung des Geschlechterverhältnisses, der Erziehung zur Partnerschaft. Diese Schule ist schlicht die verwaltungstechnisch einfachste Umsetzung des Postulats gleicher Bildungschancen in Form gleicher Versorgung mit Schulangeboten. Sie hält ein formal gleiches Angebot für alle bereit und überlässt es dem Einzelnen, Lehrer und Lehrerin ebenso wie Schüler und Schülerin, was er oder sie daraus macht. Das Ausklammern der Kategorie Geschlecht aus dem Reflexionshorizont unserer Schulen hat aber fatale Folgen für Mädchen wie für Jungen." (Knab 1994, 38)

Wer sich heute in der Lehramtsausbildung befindet, blickt in der Regel auf eine koedukative Schulzeit zurück, hat gemeinsam mit Männern und Frauen studiert und unterrichtet nun in koedukativen Schulen. Koedukation erscheint als Selbstverständlichkeit. Dass sie jedoch nicht frei von Problemen war und ist, machte D. Knab in ihrer Publikation 1994 deutlich, aus der das obige Zitat stammt. Und auch aktuell ist die Koedukation als schulisches Erziehungs- und Organisationsprinzip umstritten, wie wir zu Beginn unseres Artikels skizziert haben.

20.2.1.1 Benachteiligung der Mädchen?

In den 60er- und 70er-Jahren herrschte in der Bundesrepublik eine „Koedukationseuphorie" (Jahnke-Klein 1997, 193). Reine Jungen- und Mädchenschulen galten als Anachronismus, die Koedukation wurde bundesweit eingeführt und als Meilenstein auf dem Weg zur Gleichberechtigung der Geschlechter und zur Chancengleichheit gefeiert. Manche Schulen in freier, meist kirchlicher, Trägerschaft hielten jedoch am Prinzip der gleichgeschlechtlichen Unterrichtung fest.

Schon 1970 wies D. Knab auf Probleme im Kontext der Koedukation hin, die entstehen könnten, wenn weder pädagogische Konzepte noch gesicherte wissenschaftliche Befunde deren Einführung unterstützten. Sowohl das Festhalten an unüberprüften Positionen als auch das Ausblenden der Problematik durch rein schulorganisatorische Entscheidungen würden durch diesen Mangel begünstigt.

Die Koedukation würde, so Knab, in erster Linie auf Grund bestimmter Vorstellungen von den Geschlechterrollen und ihrem Wandel beurteilt. Je nach Position erhoffte man sich durch sie gegenseitige Anregung und Bereicherung oder befürchtete man eine Nivellierung geschlechtsspezifischer Interessen und Leistungen sowie Rollenunsicherheit. Die Autorin forderte dazu auf, stärker als bisher Rollenproblematik und Rollenvielfalt beider Geschlechter zu berücksichtigen und sich vor schematischen Lösungen zu hüten.

Mitte der 80er-Jahre wurde von Seiten der pädagogischen Frauenforschung Kritik laut: Zwar wiesen immer mehr Mädchen höhere Bildungsabschlüsse und gute Abgangszeugnisse vor, ihre Benachteiligung sei jedoch auf anderer Ebene im Schulalltag zu belegen – z. B. durch die „Konzentration von Schülerinnen auf den sprachlichen Bereich, von Schülern auf den mathematisch-naturwissenschaftlichen Bereich" (Faulstich-Wieland/Nyssen 1998, 167) – und wirkte sich vor allem in der Berufsausbildung, im Studium und im Hinblick auf berufliche Aufstiegsmöglichkeiten aus.

Als Problemfelder wurden u. a. die einseitige Ausrichtung der Bildungspläne und Schulbücher auf männliche Interessen (Brehmer 1991), der Zusammenhang zwischen Schule, Geschlecht und Selbstvertrauen (Horstkemper 1992), die unkritische Übernahme von Geschlechtertypologien (Faulstich-Wieland 1987), sowie „Geschlechterreviere des Wissens" (Kreienbaum u. a. 1992) genannt. Moniert wurde darüber hinaus, dass es in Schulen und Hochschulen zu wenige berufliche Vorbilder für Mädchen, nämlich Frauen in leitenden Positionen, gäbe, dass auch in Schulen die „klassische" Rollenverteilung vorherrsche: Männer in führenden, Frauen in „dienenden" Funktionen (Rustemeyer 1998).

Fragen betitelten die Veröffentlichungen: „Abschied von der Koedukation?" (Faulstich-Wieland 1987), „Zurück zur Mädchenschule?" (Pfister 1988), „Koedukation – enttäuschte Hoffnungen?" (Faulstich-Wieland 1991); populistische Titel provozierten thesenartig: „Die Schule macht die Mädchen dumm" (Stahlmann 1991), „Macker und Miezen" (Der Spiegel 19/96) oder „K.O.-Edukation" (Slogan der Zeitschrift „Emma").

Die Kritik an der in der Bundesrepublik vorherrschenden unreflektierten Koedukation, die durch zahlreiche Beispiele belegt werden konnte, wurde in verschiedenen Bundesländern mit Förderungsprogrammen und schulischen Modellversuchen zur Chancengleichheit von Mädchen und Jungen beantwortet (vgl. Faulstich-Wieland/Nyssen 1998, 179 ff.).

Für den Unterricht im mathematisch-naturwissenschaftlich-technischen Bereich, im Umgang mit Computern sollte der eigene Aktionsradius erweitert werden, im Hinblick auf Selbstverständnis, Durchsetzungsfähigkeit und Selbstvertrauen wurde die Einrichtung von Mädchengruppen, Selbstverteidigungskursen und von zeitweilig geschlechtlich getrenntem Unterricht empfohlen. Auch methodisch-didaktische Modifizierungen im naturwissenschaftlich-technischen Unterricht wurden erprobt und auf ihre „geschlechtergerechte" Effizienz hin ausgewertet.

Die Debatte zu Beginn des 21. Jahrhunderts: Koedukation – wie gestalten?　465

20.2.1.2　Die Not der „kleinen Helden"

Die Probleme der Jungen – insbesondere im Kontext ihrer (männlichen) Identitätsfindung – innerhalb und außerhalb der Schule wurden erst Anfang der 90er-Jahre thematisiert und sind seit Mitte der 90er-Jahre auch Gegenstand der Schulentwicklungsforschung. „Die schwierigen Kinder unserer Gesellschaft sind in der Mehrzahl Jungen, ohne dass über diese Tatsache weiter nachgedacht oder geforscht würde", konstatierten Schnack und Neutzling (1991, 133). Die Autoren nahmen Ergebnisse der pädagogischen Frauenforschung auf, um daraus Fragen für den Umgang mit Jungen abzuleiten:

> „Die Benachteiligung von Mädchen bedeutet nicht unbedingt, dass die Jungen im Vorteil sind. (...) Offenbar wissen viele Jungen die Vorteile, die ihnen die Schule gewährt, nicht wahrzunehmen. Jungen bekommen in der Schule (...) zwei Drittel der Aufmerksamkeit. Nur: Ist es wirklich ein Zuckerschlecken, ständig Aufmerksamkeit einzufordern?" (ebenda, 133f.)

Die Autoren resümierten, dass viele Jungen mit dem Konzept von Männlichkeit, dem „Mythos des angstfreien Helden", der ihnen allerorten – insbesondere durch die Medien – vermittelt und dem „nachzueifern" ihnen abverlangt würde, überfordert seien. Außerdem transportierte dieses Männlichkeitsideal in vielerlei Hinsicht traditionelle Rollenmuster: „Der Opa (...) erzieht kräftig mit." (ebda.,134 f.). Die Autoren veröffentlichten Thesen und Beobachtungen zur Jungensozialisation unter dem Titel „Kleine Helden in Not. Jungen auf der Suche nach Männlichkeit", der seit seiner Erstauflage 1990 eine breite Wirkung erzielt hat.

　Analog zur Forderung nach Mädchenförderung, nach von Frauen geleiteten Mädchengruppen bzw. partieller Trennung der Geschlechter, die von der feministischen Schulforschung erhoben worden war, folgte der Erkenntnis von der „Not" der Jungen die Forderung nach Jungenförderung, nach von männlichen Lehrkräften geleiteten Jungengruppen und nach der Aufhebung der Koedukation zu Gunsten der Jungen. Erfahrungen des getrennten Unterrichts machten aber deutlich, dass dieser – auch wenn es sich nur um eine zeitweise Trennung handelte – keine Lösung des Geschlechterproblems in Schulen bieten würde (Zimmermann, 1997, 75): Zum einen will nämlich die Mehrheit der Jugendlichen das gemeinsame Lernen und zum anderen verstärkt gerade die Trennung stereotype Einschätzungen des jeweils anderen Geschlechts und im Falle der Jungen den Druck, traditionelle geschlechtsspezifische Verhaltensweisen zu „leben" (ebda., 119).

　Preuss-Lausitz setzte 1999 gegen den seit den 80er-Jahren forcierten feministischen Ansatz des ‚Mädchenstärkens' den des ‚Kinderstärkens'. Denn seiner Ansicht nach trifft jede wie auch immer begründete Abwertung von Schülern Kinder beiderlei Geschlechts: „dicke, dumme, hässliche, ‚schlecht' gekleidete, fremdartige, leistungsschwache, abweichende Kinder" (1999, 11). Darunter sind, so Preuss-Lausitz, mindestens so viele Jungen wie Mädchen.

　Auch in der pädagogischen Frauenforschung ist seit dem letzten Drittel der 90er-Jahre ein Paradigmenwechsel (Kaiser 1997, 6) erfolgt: Die vermeintlichen Defizite von Frauen und Mädchen stehen nicht mehr im Vordergrund; die Problematik männlicher Sozialisation heute gerät mehr in den Blick, sowie die Frage, wo sich Anknüpfungspunkte zur Förderung beider Geschlechter ergeben.

20.2.2 Der „heimliche Lehrplan" – Maßnahmen zu seiner Überwindung

Im Zusammenhang mit Problemen der Koedukation fällt häufig das Stichwort vom „heimlichen Lehrplan (der Geschlechtererziehung)"; es soll an dieser Stelle kurz erläutert werden. Hilbert Meyer definiert folgendermaßen:

„Der heimliche Lehrplan der Schule besteht aus den ungewollten Lernergebnissen, die bei den Schülern durch die institutionell-organisatorischen Rahmenbedingungen des Unterrichts und durch die hierarchische Struktur der Verkehrsformen hervorgerufen werden" (1996, 290).

Um welche Aspekte handelt es sich konkret?

Beispielsweise wird Schülerinnen und Schülern durch die Tatsache, dass Funktionsstellen und höhere Positionen in der Schulhierarchie nur in geringem Maße von Frauen besetzt sind, „vermittelt", dass Macht „männlich" ist: „Männer machen Entwürfe und leiten, Frauen führen die Entwürfe aus und konkretisieren sie praktisch" (Fischer u. a. 1998, 8). Dieses Bild von Arbeitsteilung in der Schule und Schulentwicklung entstand – und besteht – durch die ungleiche Repräsentanz der Geschlechter auf den einzelnen schulischen Hierarchiestufen. Außerdem fehlen dadurch den Mädchen, wie bereits angesprochen, weibliche Vorbilder für die eigene Berufsorientierung (vgl. Schüßler 1997, 12).

Diese Verhältnisse sind veränderbar, nicht nur dadurch, dass Frauen mehr Leitungspositionen besetzen, sondern auch durch einen anderen Führungsstil und damit einen anderen Umgang mit Macht: Gefordert ist die Abkehr von der monokratischen Führung hin zu einer Führung in kooperativer Grundhaltung (Kansteiner-Schänzlin 2003, 133).

Waren Frauen noch vor 15 – 20 Jahren in Lehrbüchern und Unterrichtsmaterialien marginalisiert, so wird heute in Schulbuchgutachten auf ausreichende Identifikationsmöglichkeiten für beide Geschlechter geachtet. Diese Entwicklung kann als Fortschritt betrachtet werden. Benard und Schlaffer dagegen bewerten derartige Schritte dann als zwiespältig, wenn sie nur pflichtgemäß erfolgen. Sie sprechen von einer „Verfußnotisierung von Frauen" (1996, 18), wenn Frauenthemen deutlich nur als Zusatzinhalte in den Anhang eingefügt würden oder auf Projekttagen einen Sonderstatus erhielten. Sie sehen darin einen schwächeren Erziehungs- und Bildungseffekt und vermuten auch Widerstand gegen derart behandelte Themen.

Diese Kritik sensibilisiert dafür, dass allein das Aufgreifen bislang vernachlässigter Themen noch keine Überwindung des „heimlichen Lehrplans" darstellt.

Knab weist darauf hin, dass Lehrpläne zwar ein bestimmtes Lernangebot garantieren können, bestimmte Ergebnisse jedoch nur, soweit es sich um Kenntnisse und Fertigkeiten handle (1995, 35). Wichtig sei auch, „nicht einfach Männer und Frauen zu zeigen, sondern die Rolle, die das Geschlecht und das Geschlechterverhältnis unter den verschiedenen Bedingungen spielt oder eben nicht spielen

Die Debatte zu Beginn des 21. Jahrhunderts: Koedukation – wie gestalten?

muss" (ebenda). Der Kontext, in dem diese Beispiele stehen, trage zu ihrer Wirkung bei, gibt Knab zu bedenken. Wenn der „heimliche Lehrplan" der Sozialerfahrungen in der Schule die Leitbilder der Gleichberechtigung Lügen strafe, dann könnten sie nicht produktiv verarbeitet werden.

Eine Sichtung der Baden-Württembergischen Bildungspläne zeigt, dass die Koedukationsproblematik in den Lehrplänen aller Schularten über die Inhaltsebene hinaus in verschiedener Weise thematisiert wurde (vgl. Schülke 1995) und wird. So heißt es im grundlegenden Abschnitt „Erziehungs- und Bildungsauftrag des Gymnasiums" von 1994 unter dem Stichpunkt „Aufgaben und Ziele":

„Im Unterricht müssen sich Mädchen und Jungen bei aller Verschiedenheit als gleichberechtigt und gleichwertig wahrnehmen, indem ihre unterschiedlichen Lebenserfahrungen, Interessen und Bedürfnisse ernst genommen werden und sie zu kooperativem Umgang miteinander angehalten werden" (11).

Der gymnasiale Bildungsplan 2004 formuliert im analogen Kontext:

„Die Schule (beachtet) die geschlechtsspezifischen Unterschiede von Mädchen und Jungen im Lernen und sozialen Miteinander. Sie ermöglicht durch die Reflexion verschiedener geschlechtsspezifischer Rollen in Familie, Beruf und gesellschaftlichem Umfeld eine Auseinandersetzung mit der eigenen geschlechtlichen Identität" (7).

Dass dieser Auseinandersetzung künftig mehr Beachtung beigemessen werden soll, wird an vielen Stellen des neuen Lehrplans deutlich; so ist sie beispielsweise dem Erziehungs- und Bildungsziel „Personale Kompetenz" folgendermaßen zugeschrieben:

„Es ist grundlegende Aufgabe der Schule, Schülerinnen und Schülern Raum zur Selbstfindung zu geben. Sie geschieht nicht nur in der Reflexion des eigenen Lebens, sondern genauso in der Auseinandersetzung mit verschiedenen Kulturen und Religionen, Haltungen und Geschlechterrollen. Selbstfindung ist an aktive Planung und Mitgestaltung der eigenen Lernprozesse, des Zusammenlebens in der Klasse und der Schule gebunden. Diese Auseinandersetzung fördert individuelle Prägungen und Kreativität, Konfliktfähigkeit und -verarbeitung" (10).

Geschlechterbezogene Unterrichtsforschungen haben ergeben, dass viele Lehrende der Gefahr erliegen, ihre Klassen mithilfe stereotyper Vorstellungen der Geschlechterrollen wahrzunehmen, dass sie schablonenhaft urteilen. Festgestellt wurde in diesen Studien auch, dass Lehrkräfte Jungen ungeachtet ihrer tatsächlichen Leistungen als kreativ, fantasievoll und intelligent einstuften. Und obwohl Jungen häufiger als Mädchen kritisiert wurden, erhielten sie kaum Rückmeldungen über ihre mangelnden Fähigkeiten, sondern moniert wurden lediglich Verhaltensweisen, z.B. Unordentlichkeit und Faulheit. Mädchen dagegen erhielten eher Rückmeldungen, die sich auf mangelnde intellektuelle Fähigkeiten bezogen. Horstkemper (1992, 182) macht deutlich, welche Wirkung dies auf die geschlechtsspezifischen Verarbeitungsmuster von Erfolg und Misserfolg bei Kindern und Jugendlichen haben kann:

„Jungen können gute Leistungen besser als Mädchen in ein positives Selbstbild umsetzen, gegenüber schulischen Mißerfolgen ist es weniger anfällig. Kurz: Sie „verwerten" die Beurteilungen der Institution „selbstwertdienlicher". Für Mädchen dagegen ist ein gutes Abschneiden eine notwendige, aber keineswegs hinreichende Bedingung für die Entwicklung von Selbstbewusstsein."

Auch auf die Konsequenzen verschiedenartiger „Beziehungsfallen" in der schulischen Interaktion für das Selbstkonzept und das Selbstvertrauen der Jugendlichen weist Horstkemper (1992, 179) hin: Kommt es zu konflikthaften Auseinandersetzungen, in denen eine Partei nachgeben muss, geht die Lehrkraft einen „Pakt mit den ‚Pflegeleichten'" (179) ein. Meist zeigen die Mädchen Empathie, sind als „die Vernünftigen" bereit, eigene Interessen zurückzustellen. Bei Mädchen werden dadurch Verhaltensweisen verstärkt, die sich letztlich zu ihren Ungunsten auswirken, während bei den Jungen nicht die sozialen Fähigkeiten gefordert und gefördert werden, die ihnen offenbar fehlen (vgl. 179 f.).

Die Tendenz, Naturwissenschaften und Mathematik als „männliche Domäne" zu definieren, wird in doppelter Hinsicht verstärkt: Zum einen schreiben Lehrpersonen den Jungen bessere mathematische Fähigkeiten zu, zum anderen bewerten die Jungen – bei gleichen Leistungen – ihre eigenen Fähigkeiten und Fertigkeiten höher als die der Mädchen.

Die wesentlichen Erklärungsansätze seien hier ausgeführt (Ziegler u. a. 1998, 4-6):

- **Rollenhypothese**: Naturwissenschaftlich interessierte Mädchen leiden wegen ihres „abweichenden Rollenverhaltens" unter den Vorurteilen ihrer Mitschülerinnen und Mitschüler. Jungen werden eher bestärkt, praktische Versuche zu unternehmen, Mädchen werden seltener aufgerufen und schon für geringere Leistungen gelobt. Mädchen stufen ihre eigene Kompetenz geringer ein, für die Jungen wird das weibliche Rollenklischee von der scheinbar ‚weniger begabten Frau' verstärkt. (Ziegler, 5).

- **Vorerfahrungshypothese**: Im mathematisch-naturwissenschaftlichen Bereich verfügen Mädchen über weniger fachspezifisches Vorwissen als Jungen, die einen Erfahrungsvorsprung aufweisen.

- **Konkurrenzhypothese**: Die Dominanz der Jungen im koedukativen Unterricht führt oftmals zu einem konkurrenzorientierten Lernklima, in welchem die eher kooperationsbereiten Mädchen benachteiligt werden.

Ziegler nennt als Schwachstelle aller drei Hypothesen, dass sie die negativen Wirkungen koedukativer Unterweisung direkt dem naturwissenschaftlichen Unterricht zuschreiben, da nur der Unterricht selbst in den Blick genommen, aber nicht z. B. die Bedeutung bzw. Wirkung von Erwartungen berücksichtigt werde, die sich in dessen Vorfeld aufgebaut haben. Tatsächlich haben verschiedene Studien erwiesen, dass bereits die Erwartungshaltung gegenüber dem Unterricht bzw. gegenüber bestimmten Methoden und Themen(aspekten) insbesondere das Lernverhalten von Mädchen im mathematisch-naturwissenschaftlichen Unterricht beeinflusst und damit auch – gewissermaßen als sich selbst erfüllende Prophezeiung

Die Debatte zu Beginn des 21. Jahrhunderts: Koedukation – wie gestalten? 469

– das Interesse, das Motivationsset und selbstbezogene Kognitionen stärkt oder
mindert. Auf Grund von positiven Erfahrungen im Kontext von Modellversuchen
wird deshalb z. B. eine „mädchengerechte Didaktik" (Faulstich-Wieland/Nyssen
1998, 185 ff.) empfohlen – von der auch Jungen profitieren; sie soll Aspekte
berücksichtigen wie beispielsweise die unterschiedlichen Vorerfahrungen von
Mädchen und Jungen, eine für beide Geschlechter verständliche sprachliche Gestaltung, alltagsbezogene Kontextuierung der Lehrstoffe und kooperativ-kommu-
nikative Arbeitsformen; darüber hinaus sind die Lehrkräfte aufgefordert, den
Unterricht so zu gestalten, dass er der häufig bei Mädchen auftretenden Neigung,
Misserfolge auf mangelnde Begabung und Erfolge auf günstige äußere Umstände
zurückzuführen, entgegenwirkt.

20.2.3 Koedukation aus der Sicht von Schülerinnen und Schülern

Wie denken die Betroffenen, die Mädchen und Jungen selbst, über ihre Schulsituation in koedukativen bzw. in monoedukativen Schulen? Eine empirische Untersuchung von Faulstich-Wieland und Horstkemper (1995) fragte danach, wie Schülerinnen und Schüler ihre Schul- und Unterrichtsformen sehen. „Trennt uns bitte,
bitte nicht!" lautet der Titel – ein Schüler-Zitat, das das Ergebnis der Untersuchung vorwegnimmt: Der überwiegende Teil der Befragten an koedukativ geführten Schulen – nach Altersgruppen getrennt – sprach sich für die Beibehaltung
der Koedukation aus; an reinen Mädchen- oder Jungenschulen äußerte sich zumindest ein großer Prozentsatz dem eigenen Schultyp gegenüber ambivalent. Die
„Lebensqualität", die eine koedukative Schulform bietet, der Wunsch nach Sicherheit und Unbefangenheit im Umgang mit dem anderen Geschlecht wurde
nach der Auswertung hunderter von Schüleraufsätzen deutlich. Die Autorinnen
folgern daraus: „Wenn man sich an der subjektiven Bedürfnislage heutiger Schülerinnen und Schüler orientieren will, muss man sich also die Frage nach der Gestaltung koedukativer Lernprozesse stellen" (255).

Im Abschnitt 20.2.1.2 wurde auf ein weiteres Ergebnis dieser Studie (das andere bestätigt haben) hingewiesen: Die institutionelle Trennung von Jungen und
Mädchen fördert Typisierungen, bietet wenig Möglichkeiten zur Erweiterung
eigener Perspektiven und regt nur bedingt zur selbstbewussten Kompetenzein-
schätzung an.

Die folgenden Details mögen das verdeutlichen:

Die Selbstbeschreibungen der befragten Schülerinnen und Schüler verweisen auf unterschiedliche Situationsdefinitionen des Schulalltags: Jungen sehen die Chance, ihre Kompetenzen darzustellen, während Mädchen Angst vor dem eigenen Scheitern verspüren. Die Schülerinnen des
Mädchengymnasiums schilderten als unangenehme Vorstellung, Jungen könnten sie auslachen, wenn sie einen Fehler machen. Die Schülerinnen koedukativer Schulen konstatierten solches Verhalten, jedoch weniger, als von den Mädchenschülerinnen vermutet. Sie kritisierten
das Verhalten ihrer Mitschüler, deutlicher jedoch kritisierten sie ihre Lehrkräfte dafür, dass sie
die Mitschüler zu wenig in ihrem Dominanzgebaren bremsten. Bedeutsam wird nun die

Schlussfolgerung: „Die Mädchen an koedukativen Schulen akzeptieren die Geschlechterhierarchie nicht, sondern stellen sie deutlich infrage. Die in ihren Selbsteinschätzungen eher unsicheren Schülerinnen der Mädchenschule tun diesen Schritt gerade nicht". Auch Jungen, besonders in der Jungenschule, fürchten sich davor, von Mädchen ausgelacht zu werden. Die Autorinnen folgern: „Gerade weil ihnen die Vorstellung unangenehm ist, an der Einlösung des Überlegenheitsanspruchs zu scheitern, plädieren sie für eine Trennung der Geschlechter. Die Mehrheit der Jungen in koedukativen Schulen lässt in unseren Aufsätzen kaum Überlegenheitsphantasien erkennen. Zuweilen wird sogar selbstkritisch das eigene Dominanzverhalten hinterfragt".

Außerdem betrachten viele Jugendliche der koedukativen Schulen die Geschlechterkonkurrenz als Ansporn und Herausforderung. Schülerinnen der Mädchenschule bewerten dagegen Konkurrenz mit Jungen durchgängig als negativ. (nach Faulstich-Wieland u. a. 1995, 248-250)

20.2.4 Zukunftsweisende (Heraus-)Forderungen für die Schule

In den vergangenen zehn Jahren hat im Kontext der Schulentwicklungsdiskussion und dabei vor allem durch die Frage nach Schul- und Bildungsqualität die Koedukationskritik und die Suche nach Lösungen Raum und Gewicht erhalten: Die Überlegungen (und Forschungen) beziehen sich nun nicht mehr nur auf den Unterricht, sondern auf das Gesamtsystem Schule. Hier sind es vor allem zwei „Konzepte", die diskutiert und durch Studien auf ihre Eignung geprüft werden: **Reflexive Koedukation** und **Gender Mainstreaming**. Sie sind nicht als getrennte „Konzepte" zu verstehen, sondern bedingen sich gegenseitig. Sie sollen abschließend – und zukunftsweisend! – hier vorgestellt werden.

20.2.4.1 Reflexive Koedukation

Vielleicht sind manche Leserinnen und Leser durch unsere Ausführungen zur „Problemlage" Koedukation unsicher geworden darüber, ob sie „geschlechtergerecht" unterrichten; vielleicht fragt sich der Physik-Referendar während seines Unterrichts, ob es richtig und den Jungen gegenüber fair ist, den Unterricht an Mädchen seiner Klasse zu orientieren, vielleicht zögert nun die Deutsch-Referendarin, eine Unterrichtseinheit zum Thema Frauenliteratur durchzuführen. Aber auch wenn dies der Fall sein sollte, hat das Nachdenken über Geschlechterrollen und den eigenen Umgang mit der Koedukation die Wahrnehmung geschärft und die Rituale, die Männlichkeit und Weiblichkeit auch in pädagogischen Prozessen konstruieren, kritisch in den Blick genommen. Solche Fragen nach pädagogischen Zielvorstellungen und dem eigenen Rollenverhalten stellen sich immer von neuem und berühren den Kern beruflicher und persönlicher Identität (Faulstich-Wieland u. a. 1995, 259).

 Das Bemühen, unterschiedliche Perspektiven von Mädchen und Jungen, Männern und Frauen in der Schule zu beachten und zugleich Selbstvertrauen und soziale Kompetenz im Umgang mit dem eigenen und dem anderen Geschlecht zu fördern, wird als „Reflexive Koedukation" bezeichnet (vgl. Jahnke-Klein 1997, 195).

Die Debatte zu Beginn des 21. Jahrhunderts: Koedukation – wie gestalten?   471

Alle pädagogischen Gestaltungsaufgaben werden daraufhin überprüft, ob sie die bestehenden Geschlechterverhältnisse bestätigen oder ob sie eine kritische Auseinandersetzung mit diesen fördern und damit Veränderungsprozesse anregen. Integriert sind alle handelnden Personen und Ebenen der Schule, denn der Ansatz ist konstituierender Bestandteil der Schulentwicklung und setzt eine „lernende Organisation" (Fullan 1999) voraus. D. h., an diesem umfassenden Lernprozess sind Schülerinnen und Schüler, Lehrkräfte, Schulleitung, Eltern und das nicht lehrende Personal beteiligt; Maßnahmen, die zur Entwicklung der Organisation oder einzelner Bestandteile (z. B. Unterricht, Klassenplanung, Stufen- und Fachbereichsorganisation, schulspezifisches Curriculum, außerunterrichtliche Aktivitäten, Rhythmisierung, Elternmitarbeit, Raumgestaltung und -nutzung) durchgeführt werden, beziehen sich auf alle diese Gruppen, beziehen diese aber auch aktiv ein. In Bezug auf Koedukation ist vor allem die Arbeit mit und von Eltern wichtig, denn geschlechtsspezifische Rollenbilder und -erwartungen begegnen Kindern nicht erst in der Schule, sondern Schülerinnen und Schüler bringen diese „von zu Hause" mit; sie werden ihnen unreflektiert, oft auch unbewusst von Erwachsenen – von der Gesellschaft – „vorgelebt" und vorgegeben.

Als Eckpfeiler der Reflexiven Koedukation nennt Tolle (1999, 5) folgende Lernziele:
„Mädchen und Jungen sollen
- in gleicher Weise ein positives Verständnis von weiblicher und männlicher Identität gewinnen,
- Gleichheit und Differenz erfahren und als Chance erkennen,
- individuelle Unterschiede selbstbewusst vertreten lernen und dies nicht auf Kosten anderer,
- grundsätzliches Vertrauen in die eigenen Stärken und Fähigkeiten entwickeln."

Auf der Unterrichtsebene sollen diese Ziele zum einen erreicht werden durch eine Reflexion der Inhalte, zum anderen durch eine Reflexion der Methodik und Didaktik. Für den ersten Bereich wird gefordert, dass künftig koedukative Fragen in alle Fächer integriert werden, dass fächerübergreifende Themen Gegenstand des Unterrichts sind, dass in Projekten gearbeitet wird und diese wie auch Betriebspraktika den Jugendlichen Orientierungshilfen für ihre Zukunftsplanung bieten sollen. Für den Bereich der Methodik und Didaktik wird z. B. angeregt, die bestehenden Formen und Prinzipien der Unterrichtsorganisation daraufhin zu prüfen, ob sie den Forschungsergebnissen zur Koedukation Rechnung tragen, themenbezogen Mädchen und Jungen phasenweise getrennt zu unterrichten, bei Leistungsbewertungen und Prüfungen die geschlechtsspezifisch unterschiedlichen Zugänge zu berücksichtigen und verstärkt kommunikative und kooperative Arbeitsformen in den Unterricht zu integrieren, die v. a. die sozialen Kompetenzen der Jungen fördern (helfen).

Reflexive Koedukation kann allerdings nicht nur Aufgabe von weiterführenden Schulen sein, in denen sich Schülerinnen und Schüler im Kontext der Pubertät der Entwicklungsaufgabe, ihre „geschlechtliche Identität" zu entwickeln, stellen müssen; nein, sie muss bereits in der **Grundschule** pädagogische Orientierungslinie sein, um dem Entstehen von Vorurteilen und der Verfestigung von Stereotypen entgegenzuarbeiten.

Reflexive Koedukation muss aber auch ihren Platz haben in der **Lehrerausbildung und -fortbildung** und sie sollte stärker als bisher in den **Lehrplänen** und **Schulbüchern** berücksichtigt werden (z. B., indem die historischen und kulturellen Leistungen von Frauen häufiger als bisher thematisiert und positive Beispiele für „neue" weibliche und männliche Rollen gezeigt werden).

20.2.4.2 Gender Mainstreaming

Gender Mainstreaming, ein ursprünglich im Verwaltungsbereich angesiedelter Terminus technicus, für den es keine griffige Übersetzung gibt, hat einen **europolitischen Hintergrund**: 1999 verpflichteten sich die EU-Mitgliedsstaaten im Amsterdamer Vertrag zur Umsetzung von „GM". Herfel (2004, 30) kennzeichnet ihn folgendermaßen:

> *„Der Begriff stützt sich auf die Unterscheidung zwischen ‚sex' als biologischem Geschlecht und ‚gender' als der soziokulturell geprägten Geschlechtsrolle. Das Geschlecht soll in den „Hauptstrom" (mainstream) gesellschaftlicher Entscheidungsprozesse eingebunden werden."*

GM fordert, dass in alle Entscheidungsprozesse die Perspektive der Geschlechterverhältnisse einbezogen werden soll, aber nicht – wie Kritiker unterstellen –, dass die Unterschiede zwischen den Geschlechtern im Mittelpunkt stehen sollen. Es sollen durch GM auch nicht Stereotypien und Vorurteile über die Geschlechter transportiert werden; vielmehr sollen diese gerade deutlich gemacht, hinterfragt und es soll nach Alternativen gesucht werden: GM muss verstanden werden als Prozess, der neues Denken und Handeln fördert (Wienholz, 2004, 4).

Es ist nachgewiesen, dass Jungen und Mädchen unterschiedliche Fächer und AGs wählen, dass sie unterschiedliche Verhaltensweisen zeigen und Selbstkonzepte haben, dass sich ihr Lernen und ihre Leistungen unterscheiden. Man geht außerdem davon aus, dass männliche und weibliche Lehrkräfte unterschiedliche inhaltliche und methodische Schwerpunkte in der Unterrichtsgestaltung haben. Daher ergeben sich über die Einbindung von GM in der Schule Ansatzpunkte, um Ursachen und Hintergründe dieser Tatbestände zu erfragen, sie bewusst zu machen und ggf. nach „neuen Wegen" bzw. Alternativen zu suchen. Das kann z. B. dadurch erfolgen, dass Förderprogramme für Mädchen in Naturwissenschaften und Mathematik, die in den letzten Jahren umgesetzt wurden, auf die Eignung für die eigene Schule oder auf eine mögliche modifizierende Passung hin geprüft werden. Oder es wird nach vergleichbaren Programmen für Jungen, bezogen auf sprachliche Fächer und soziales Verhalten, gesucht und diese werden wiederum auf die eigene Schule „zugeschnitten". GM kann aber auch dadurch realisiert werden, dass die an der eigenen Schule bestehenden Strukturen und Organisationsprinzipien auf den Gender-Aspekt hin kritisch geprüft werden, dass wissenschaftliche Erkenntnisse beispielsweise über unterschiedliches Leitungs-, Kom-

Die Debatte zu Beginn des 21. Jahrhunderts: Koedukation – wie gestalten?

munikations- und Kooperationsverhalten von Männern und Frauen genutzt werden, um aus dem Amalgam von spezifischer Bestandsaufnahme und „allgemein gültiger" wissenschaftlicher Erkenntnis ein genderbezogenes Schul(entwicklungs)programm zu gestalten – und zu realisieren.

An zwei konkreten Beispielen sei dies verdeutlicht:

1. Auf der Schulebene kann eine „geschlechtergerechte Schule" so gestaltet sein, wie es H. Schrodt (2003, 37 f.) skizziert. In dem von ihr geleiteten Gymnasium wird seit mehr als zehn Jahren „Entwicklungsarbeit" geleistet, um den Schwerpunkt „geschlechtergerechte Schule" zu realisieren:

   - Mädchen werden gezielt ermuntert, sich für Funktionen wie Klassen- oder Schulsprecherinnen zur Verfügung zu stellen.
   - Bei der Klassensprecher/innenwahl ist per Wahlordnung vorgegeben, dass ein „gemischtes Tandem" gewählt wird.
   - Neben Bildungsberater/innen gibt es an der Schule Mädchenvertrauenslehrerinnen, die als Mädchenbeauftragte wirken und Ansprechpartnerinnen für Probleme sind wie aber auch Koordinatorinnen für Mädchenprojekte.
   - Für Jungen stehen männliche Lehrkräfte als „Bubenbeauftragte" und „Bubenvertrauenslehrer" zur Verfügung. Sie vermitteln und beraten in Konflikten, in die Jungen involviert sind, bei disziplinären Problemen und sie organisieren Projekttage für Jungen.
   - Außerdem gibt es (inzwischen zum zweiten Mal) eine monoedukativ geführte Mädchenklasse (was z.T. heftigen Widerstand unter den Lehrerinnen ausgelöst hat).
   - Unterricht findet an manchen Projekttagen nach Geschlechtern getrennt statt.
   - Für Mädchen werden Selbstverteidigungskurse angeboten.
   - Mädchen der 1. und 2. Klasse können an dem Programm „Mädchen in Bewegung" teilnehmen, das ihr Selbstbewusstsein stärken soll.
   - Mädchen und Jungen werden nach einem fächerübergreifenden Lehrplan in textilem und technischem Werken unterrichtet, z.T. in geschlechtshomogenen Gruppen.
   - Alle drei Jahre findet ein Projekttag für die gesamte Schule statt, bei dem in geschlechtlich getrennten Gruppen gearbeitet wird.
   - In der 3. und 4. Klasse des Realgymnasiums bietet die „Lernwerkstatt" Jungen und Mädchen (z.T. in getrennten Gruppen) über selbstbestimmte Arbeitsformen erste Zugänge zu eigenständiger Forschung im Bereich Naturwissenschaften.
   - Mit wissenschaftlicher Unterstützung ist für die Unterstufe ein Gender-Training-Programm entwickelt worden.
   - Die Ausbildung und der Einsatz von Streitschlichtern gehört zu den Schwerpunkten der Schularbeit.
   - Das Fach KOKOKO (Kommunikation, Kooperation, Konfliktlösung) in den unteren Klassen ist ebenfalls geschlechterorientiert.

   Schrodt resümiert die Erfahrungen des zehnjährigen Entwicklungsprozesses als konfliktreich: Widerstände gab es innerhalb der Schule und von Seiten verschiedener Behörden. Andererseits zeigen positive Erfahrungen gerade im Kontext der „Gender-Projekttage", dass (inzwischen) der gesetzte Schwerpunkt breite Zustimmung findet.

474   *Koedukation*

2. Konkret für den Unterricht, einen geschlechtergerechten Sportunterricht, bietet I. Blum (2004, 29 ff.) eine Konzeption an, mit der sie der Forderung, „Jungen stärken" und „Mädchen stärken", nachkommen will: Sie will mit ihrer Unterrichtskonzeption, für die sie die Sportarten Ringen und Fußballspielen wählt, u. a. folgende Lernziele erreichen:

A. Die Jungen lernen, z. B. indem sie beim Ballspiel Regeln, die schwächere Schüler besser integrieren, neu gestalten und indem sie diese ausdiskutieren, üben sie, sich in eine Gemeinschaft einzuordnen, konstruktiv zu kommunizieren und Regeln einzuhalten.

B. Die Jungen lernen ihre Kraft und Geschicklichkeit einzuschätzen z. B. durch Ringkämpfe auf der Matte, Fallübungen, Ausbrechen aus dem Kreis und Aikidoübungen.

C. Sie lernen Angst zuzugeben, Gefühle zu zeigen, indem sie beim Ringen auf Körpersprache der anderen und bei sich selbst achten, indem sie über Angsterfahrungen reden, Hilfen geben und annehmen und mit Aggressionen konstruktiv (deeskalierend) umgehen.

D. Die Mädchen trainieren ihre Selbstbehauptung, indem sie z. B. durch eine entsprechende Übungsauswahl positive Erfahrungen in Bezug auf ihr Selbstbewusstsein machen; so trainieren sie ihre Geschicklichkeit durch Fang- Werf- und Ausweichübungen, üben sich spielerisch im Kämpfen, Sich-Wehren, lernen durch Ballspielübungen, sich raumgreifend zu bewegen und einen Raum zu verteidigen.

E. Die Mädchen lernen situationsgerecht mit Angst und Schwäche umzugehen z. B. durch (vertrauensbildende) Fallübungen auf Weichböden, durch partnerschaftliche Hilfe in Hindernisparcours, durch Kletterübungen.

Blum resümiert, dass durch an den Stärken und Schwächen der Jungen bzw. Mädchen orientierte Zielsetzungen – auch mit gleichen Übungen – im Sportunterricht geschlechterspezifisch gearbeitet werden kann. Voraussetzung aufseiten der Lehrkraft ist die Auseinandersetzung mit geschlechtsspezifischen Rollenklischees und mit der eigenen Rolle.

Und die Lehrkraft sollte ihrem (Sport-)Unterricht folgendes Leitbild zuweisen: Den Jungen und Mädchen soll durch vielfältige Aufgaben geholfen werden, „das in ihnen angelegte Fähigkeits- und Verhaltenspotenzial zu entwickeln, ihre männliche und weibliche Identität zu gestalten und so ihre Gleichwertigkeit bewusst zu leben" (ebenda, 31).

Literatur

Hinweis: Einige der hier aufgeführten Bücher sind mittlerweile in neueren Auflagen erschienen. Wenn hier eine ältere genannte wird, so hat dies den Grund, dass die Titel teils im historischen Zusammenhang ausgewertet wurden.

Baden-Württemberg Bildungsplan 2004 Gymnasium, Stuttgart.

Baumert, J. u. a. (Hrsg.) (2001). PISA 2000. Opladen: Leske + Budrich.

Benard, C./Schlaffer, E. (1996). Das Patriarchat auf dem Lehrplan. In: Kaiser, A. (Hrsg.): FrauenStärken – ändern Schule. Bielefeld: Kleine-Verlag, S. 18–32.

Bildungsplan für das Gymnasium in Baden-Württemberg (1994). Stuttgart.

Blum, I. (2004). „Mädchen sind besser – Jungen auch": Mädchen und Jungen im Schulsport. In: Lehren und Lernen 1/2004, S. 28–31.

Boldt, Uli (2001). Ich bin froh, dass ich ein Junge bin. Baltmannsweiler: Schneider Hohengehren.

Brehmer, I. (1991). Schule im Patriarchat – Schulung fürs Patriarchat? Weinheim: Beltz.

Literatur

475

Diefenbach, H./Klein, M. (2002). „Bringing Boys Back In". In: Z.f.Päd. 6/2002, S. 938–958.

Enders-Dragässer, U. (1997). Jungenarbeit aus Frauensicht – am Beispiel Schule. In: Kaiser, A. (Hrsg.). Koedukation und Jungen. Weinheim: Deutscher StudienVerlag, S. 87–96.

Faulstich-Wieland, H./Güting, D./Ebsen, S. (2001). Einblicke in „Genderism" im schulischen Verhalten. In: Z.f.Päd. 1/2001, S. 67–79.

Faulstich-Wieland, H./Horstkemper, M. (1995). Trennt uns bitte, bitte nicht. Koedukation aus Mädchen- und Jungensicht. Opladen: Leske + Budrich.

Faulstich-Wieland, H./Nyssen, E. (1998). Geschlechterverhältnisse im Bildungssystem. In: Rolff, H.-G. u. a. (Hrsg.). Jahrbuch der Schulentwicklung Bd. 10, Weinheim: Juventa, S. 163–199.

Faulstich-Wieland, H. (Hrsg,) (1987). Abschied von der Koedukation? Frankfurt: Materialien zur Sozialarbeit und Sozialpolitik Bd. 18.

dies. (1991). Koedukation – enttäuschte Hoffnungen? Darmstadt: Wiss. Buchgesellschaft.

Fischer, D./Schratz, M./Seidel, G. (1998). Schulentwicklung weiblich – männlich. In: journal für schulentwicklung 3/1998, S. 4–10.

Fullan, M. (1999). Die fünfte Disziplin. 7. Aufl., Stuttgart: Klett-Cotta.

Gieß-Stüber, P. / Gramespacher, E. (2004). Überwindung geschlechtsbezogener sozialer Ungleichheit an Schulen in Baden-Württemberg durch Gender Mainstreaming? In: Lehren und Lernen 1/2004, S. 5–10.

Herfel, C. (2004). Frauenbildung in Genderzeiten ... In: Lehren und Lernen 1/2004, S. 27–33.

Horstkemper, M. (1992). Neue Mädchen – neue Jungen? Schule, Geschlecht und Selbstvertrauen. In: Glumpler, E. (Hrsg.). Mädchenbildung – Frauenbildung, Bad Heilbrunn: Klinkhardt, S. 178–187.

Jahnke-Klein, S. (1997). Reflexive Koedukation. In: Meyer, H. Schulpädagogik Bd. II. Berlin: Cornelsen Scriptor, S. 192–195.

Kaiser, A. (Hrsg.) (2001). Praxisbuch Mädchen- und Jungenstunden. Baltmannsweiler: Schneider Hohengehren.

Kansteiner-Schänzlin, K. (2002). Personalführung in der Schule. Bad Heilbrunn: Klinkhardt .

dies. (2003). Führen Frauen anders als Männer? In: Pädagogische Führung 3/2003, S. 129–133.

Kessels, U. (2004). Mädchenfächer – Jungenfächer? In: Jahresheft 2004. Seelze: Friedrich, S. 90–94.

Kleinau, E./Opitz, C. (Hrsg.). Geschichte der Mädchen- und Frauenbildung, Bd. 2., Frankfurt/M: Campus.

Knab, D. (1994). Koedukation – Problem und Aufgabe der Schule. In: Pädagogik 9/94, S. 38–41.

dies.: (1970). Artikel „Koedukation". In: Pädagogisches Lexikon Bd. II. Gütersloh, Sp. 80–83.

Koch-Priewe, B. (1997). Schulreform aus weiblicher Sicht. In: Liebau, E./Mack,W./Scheilke, C. (Hrsg.). Das Gymnasium. Weinheim: Juventa, S. 251–261.

Matthes, E.(1997). „Kampfzeiten". In: Liebau, E. u. a. (Hrsg.). Das Gymnasium, S. 203–217.

Ludwig, P.H. (2003). Partielle Geschlechtertrennung – enttäuschte Hoffnungen. In: Z.f.Päd. 5/2003, S. 641–656.

Meyer, H. (1993, 12. Aufl.). Leitfaden zur Unterrichtsvorbereitung. Frankfurt/M: Cornelsen Scriptor.

Niederdrenk-Felgner, C./ Krahn, H. (1995). Chancengleichheit im koedukativen Unterricht. In: Ministerium für Familie (...) Baden-Württemberg (Hrsg.): Schule der Gleichberechtigung, Stuttgart, S. 93–110.

Preuss-Lausitz, U. (1999). Die Schule benachteiligt die Jungen!? In: Pädagogik 5/1999, S. 11–14.

Rustemeyer, R. (1998). Lehrberuf und Aufstiegsorientierung. Münster: Waxmann.

Schnack, R./ Neutzling, D. (1990). Kleine Helden in Not: Jungen auf der Suche nach Männlichkeit. Reinbek: Rowohlt.

Schrodt, H. (2003). Geschlechtergerechte Schule. Zum Umgang mit geschlechtsspezifischer Heterogenität. In: journal für schulentwicklung 4/2003, S. 35-41.

Schülke, U. (1995). Das Thema „Gleichberechtigung" in den Bildungsplänen von Grundschule, Hauptschule, Realschule und Gymnasium. In: Ministerium für Familie (...) Baden-Württemberg: Schule..., S. 9–22.

Schüßler, I. (1997). Geschlechterdifferenz in der Schule ... In: dies. (Hrsg.). Koedukation auf dem Prüfstand. Kaiserslautern: Pädagogische Materialien der Universität Kaiserslautern, S. 4–20.

Tolle, M.-L. (1999). Zauberwort „Reflexive Koedukation" In: Schulmagazin 5 bis 10, 5/1999, S. 4–9.

Ziegler, A. u. a. (1998). Pygmalion im Mädchenkopf. In: Psychologie in Erziehung und Unterricht. 45. Jg., 1998, S. 2–18.

Zimmermann, P. (1998). Junge, Junge! Dortmund: IFS.

Wienholz, M. (2003). Gender Mainstreaming in der Schule. In: Lehren und Lernen 4/2003, S. 3–11.

Wilhelm, B. (2003). Gewaltprävention macht Schule – geschlechtsbezogene Pädagogik noch nicht. In: Lehren und Lernen 4/2003, S. 12–19.

Schlagzeilen und Realität   477

21   Gewalt und Aggression

Susanne Lin-Klitzing

21.1   Schlagzeilen und Realität

Gewalt an Schulen, hier beschrieben unter dem Aspekt Schülergewalt, ist und
bleibt leider ein relevantes Thema. Jedoch: „Nicht ‚die' Schüler/innen sind gewalttätig, sondern hauptsächlich eine kleine Minderheit von 5 bis 10 %, größten-
teils Jungen und meist aus problematischem Erziehungsmilieu (…) Die große
Mehrheit der Schüler/innen wird kaum einmal gewalttätig, sondern allenfalls verbal aggressiv" (Nolting 2000, 310).

Gleichwohl soll in diesem Beitrag nicht einer Verharmlosung das Wort geredet
werden, denn mindestens die Erfahrung von Disziplinlosigkeit, von Unterrichtsstörungen, mangelnder Mitarbeit, Unruhe in den Klassen und von aggressivem
Verhalten Sachgegenständen, Schülern und möglicherweise auch Lehrern gegenüber bleibt vermutlich keinem Referendar und keiner Referendarin, aber auch
keinem Lehrer und keiner Lehrerin erspart. Aber es gibt vielfältige Möglichkeiten,
sowohl individuell im Unterricht bei verbaler Aggression den so genannten **Disziplinkonflikten** zu begegnen als auch kollektiv auf schulischer Ebene Konzepte
für **Gewaltprävention** anzuwenden. Wie sind aktuelle Aggressions- und Gewalt-
phänomene einzuordnen, wie können wir, Lehrerinnen und Lehrer, ihnen begegnen?

21.2   Begriffe

Es gibt in der psychologischen Forschung nicht den einen wissenschaftlich unum-
strittenen Aggressionsbegriff. Man kann einen eher weiten von einem eher engen
Begriff unterscheiden. Der weite meint jede gerichtete, offensive Aktivität und
schließt beispielsweise auch Selbstbehauptung und tatkräftiges Handeln ein. Dieser **weite Aggressionsbegriff** ist in der Psychoanalyse und in der Verhaltensfor-
schung gebräuchlich.

Der **enge Aggressionsbegriff** dagegen meint ein zielgerichtetes Schädigen,
z. B. andere Menschen bedrohen, verletzen, töten. Es ist sinnvoll, von dem engen
Aggressionsbegriff auszugehen, der die **zielgerichtete Schädigung** meint. Er umfasst immer noch eine Vielzahl verschiedener Verhaltensweisen: Die Aggression
kann aus körperlichen Attacken, Verletzungen und Beschädigungen (körperliche
Aggression), aus Vorwürfen, Diffamierungen, Beleidigungen (verbale Aggression), aus Geringschätzung, Ignoranz und Ausgrenzung (psychische Aggression)
bestehen. Die Aggression kann sich nach außen, gegen andere richten, aber auch
nach innen, gegen die eigene Person. Objekte aggressiven Verhaltens können sowohl Menschen als auch Sachen sein.

Gewalt ist eine Teilmenge der Aggression. Als Gewalt sind schwere, körperliche Aggressionen zu bezeichnen, die sich gegen Menschen richten.

Gewaltanwendung gegenüber Sachen nennt man **Vandalismus**. In der Literatur werden die Begriffe Aggression und Gewalt leider häufig synonym verwendet; so spricht man beispielsweise von „verbaler Gewalt" oder „Gewalt durch Sprache". Durch diese Ausweitung verliert der Gewaltbegriff an Prägnanz und Schärfe. Das halte ich für problematisch. Zwischen **Aggression und Gewalt** sollte korrekt **unterschieden** werden, und zwar dahin gehend, dass Gewalt eine Teilmenge der Aggression bezeichnet, nämlich die zielgerichtete, physische Schädigung eines Menschen. Darüber hinaus sollte man differenzieren zwischen Aggression, die aggressives Verhalten meint, und inneren aggressiven Gefühlen oder Impulsen, die durchaus nicht immer mit aggressivem Verhalten einhergehen müssen. Gleichwohl wird diese Sprachregelung selbst in diesem Beitrag nicht konsequent durchgehalten, weil sie unüblich ist.

21.3 Befunde

In der Zusammenschau der bisherigen Forschungsergebnisse zum Thema „Gewalt an der Schule" zeigt sich, dass zu

- den Häufigkeiten von Gewalterscheinungen,
- den Unterschieden nach Schulform, Alter und Geschlecht und
- den Beziehungen zwischen „Opfer-Sein" und „Täter-Sein" (vgl. Tillmann et al. 1999)

mittlerweile differenzierte Befunde vorliegen:
Strafrechtlich relevante Delikte wie schwere Körperverletzungen, Erpressungen, Bandenschlägereien kommen selten vor, verbale Attacken, Beschimpfungen und Beleidigungen zwischen Schülern hingegen wesentlich häufiger. Sie scheinen den alltäglichen Kommunikationsstil in allen Schulformen zunehmend zu beeinflussen. Gewaltbeteiligung und Gewaltbilligung sind mehrheitlich männlich, jedoch findet sich auch bei der Ausübung schwerer körperlicher Attacken eine kleine Minderheit von beteiligten Mädchen. Bezüglich ausgeübter körperlicher Aggressionen ist die Sonderschule am stärksten betroffen; danach die Hauptschulen, die Realschulen und die Gesamtschulen. Am geringsten betroffen ist das Gymnasium. Gleichwohl gibt es Unterschiede zwischen den einzelnen Schulen der verschiedenen Schulformen, wobei „schlechte" Schüler in höherem Ausmaß an Gewalthandlungen beteiligt sind als „gute". Jugendliche zwischen 13 und 15 Jahren, zwischen der 7. und der 9. Klasse, verzeichnen die höchsten Häufigkeitswerte bei Gewalthandlungen. In besonderer Weise neigen also männliche Jugendliche zwischen 13 und 15 Jahren mit schulischen Leistungsproblemen zu Gewalt.

Insgesamt sind bezüglich der Täter-Opfer-Problematik tendenziell zwei Schülergruppen zu unterscheiden: Eine eher unauffällige, die weder als Täter oder Opfer in Erscheinung tritt; eine eher häufig an Prügeleien, Bedrohungen und Waffenbesitz beteiligte, von denen die einzelnen (auch wechselweise) sowohl Opfer als auch Täter sein können (vgl. Tillmann et al. 1999, 16 – 18).

Befunde 479

Entgegen der in der Öffentlichkeit häufig zu findenden Darstellung, dass die Schulen gegenüber einer gewalttätigen Schülerschaft hilflos dastehen würden, zeigt sich anhand einer vergleichenden Schulleiterbefragung, dass Schulen der Gewaltproblematik mit einer **konkreten Staffelung bzw. Rangreihung von Maßnahmen** begegnen; es handelt sich um „Aussprache mit einem Lehrer, schriftlicher Verweis, Überweisung an eine Beratungsstelle oder das Jugendamt, Einschalten der Polizei, Versetzung in eine Parallelklasse, Umschulung in eine andere Schule der gleichen oder einer niedrigeren Schulform" (Ackermann 1996, 206/207). Die Schulen sind allerdings bestrebt, Konflikte im Kontext von Gewalt vor allem innerhalb der eigenen Institution, also intern zu lösen. Auch hier zeigen sich schulartspezifische Unterschiede, da die Gymnasien angeben, nur selten, und wenn, nur mit bestimmten der vorgegebenen Formen zu intervenieren, nämlich mit den Aussprachen mit Lehrern, mit schriftlichen Verweisen (vgl. auch Korte 1993; ferner Regelungen in Schulgesetzen der Länder) und mit dem Einschalten der Polizei.

Sinnvoll ist es natürlich, **präventiv** zu arbeiten. Hier können die primäre, die sekundäre und die tertiäre Prävention unterschieden werden.

■ Im Rahmen der primären Prävention geht es hauptsächlich um eine ‚gute Erziehungs- und Bildungsarbeit', in der soziale Kompetenzen gestärkt werden sollen.

■ Die sekundäre und die tertiäre Prävention beschäftigen sich mit begrenzten Zielgruppen (sekundär mit gefährdeten Personen in kriminellen Gelegenheitsstrukturen, tertiär mit bereits auffällig, gewalttätig bzw. straffällig Gewordenen) und erfordert spezifische Qualifikationen der „Trainer" (vgl. Gugel 2003, 11).

Die **primären Präventionskonzepte** der Schulen – exemplarische Darstellung unter 21.5.1 – verteilen sich auf verschiedene **Handlungsfelder**, schwerpunktmäßig auf die außerunterrichtliche Arbeit, darüber hinaus auf Elternarbeit, Aktivitäten des Kollegiums wie Fortbildungen und pädagogische Tage, Maßnahmen zur Kontrolle und Bestrafung, so beispielsweise die Erarbeitung einer Hausordnung, deren konsequente Durchsetzung und die Einrichtung von Schülerordnungsgruppen, die Durchführung von Unterrichtseinheiten zu den Themen Gewalt, Aggression, Ausländerfeindlichkeit, abwechslungsreiche Unterrichtsgestaltung, der Einsatz von Beratungslehrern und Schulpsychologen sowie die Zusammenarbeit mit städtischen und kirchlichen Institutionen (vgl. Ackermann 1996, 211/212).

Trotz vorhandener Maßnahmenkataloge und Präventionskonzepte muss jedoch davon ausgegangen werden, dass Lehrerinnen und Lehrer zumindest in manchen Fällen Hilflosigkeit empfinden, weil die praktizierten Maßnahmen nicht unbedingt zum Erfolg führen. Dies verwundert letztlich nicht, da es für das Auftreten von Gewalt an Schulen schulische sowie außerschulische Bedingungsfaktoren gibt und Letztere oft nur schwer veränderbar sind.

So werden als Ursachen für Gewalt in der Schule sowohl schulspezifische Einflussfaktoren als auch schulexterne Einflussfaktoren diskutiert.

Schulspezifische Einflussfaktoren sind beispielsweise
- „negative Einstellung zur Schule,
- schlechter baulicher Zustand und mangelhafte Ausstattung von Schulen,
- schlechtes Betriebsklima innerhalb der Lehrerschaft,
- Leistungs- und Konkurrenzdruck,
- Unterdrückung des kindlichen Bewegungsdrangs durch den 45-Minuten-Rhythmus,
- Probleme sozialer Integration,
- autoritäre Strukturen des Schulsystems." (Nordelbisches Jugendpfarramt 2000, 68)

Schulexterne Einflussfaktoren sind beispielsweise
- „soziale Probleme (z. B. Arbeitslosigkeit, Wohnverhältnisse),
- Erziehungsstil der Eltern,
- Medieneinflüsse (Brutalvideos, Gewaltdarstellungen im Fernsehen) mit ihren Nachahmungs-, Gewöhnungs- und Verstärkungseffekten,
- negatives Modellverhalten von Erwachsenen (z. B. brutale Auseinandersetzung im Straßenverkehr), (Nordelbisches Jugendpfarramt 2000, 68/69); ferner werden diskutiert:
- Desintegrationshypothese: Jugendliche müssen heute die komplexen Lebensaufgaben (z. B. Identitätsfindung) ohne Rückhalt stabiler Strukturen, wie z. B. die Familie, bewältigen (Heitmeyer 1995).
- Hegemoniale Männlichkeit: Rückgriff auf archaische männliche Muster des „Krieges", der Situationen auch mit Gewalt klärt, z. T. mit dem Anspruch, „Schwächere" zu schützen (Grüner 1995).

Auch Franz Petermann geht von verschiedenen Ursachen aggressiven Verhaltens aus (Bild 21.1) und hält dieses Verhalten – gemäß empirischer Untersuchungen – für sehr stabil und nur schwer beeinflussbar (vgl. Petermann 1995).

Zu den durch die Schule nicht oder nur kaum veränderbaren Ursachen aggressiven Verhaltens gehört das Elternhaus. Petermann schreibt den Eltern aggressiver Kinder zu, dass sie nur gering über den Alltag ihres Kindes informiert seien, ihre Kinder nur unzureichend beaufsichtigten, nur wenig Anteil an deren Aktivitäten und Interessen nähmen und selbst ein antisoziales bzw. delinquentes Verhalten zeigten und Unstimmigkeiten in ihrer Ehe aufwiesen. Gleichwohl hält er es durch pädagogische Trainings und therapeutische Hilfen für möglich, aggressives Verhalten von Kindern mithilfe der Einbeziehung der Eltern abzubauen und ihnen zu einer differenzierten Fremd- und Selbstwahrnehmung, angemessener Selbstbehauptung, zu Kooperation und Hilfeverhalten, einer besseren Handlungssteuerung und zu positivem Einfühlungsvermögen zu verhelfen (vgl. Petermann 1995, 1018–1023).

Befunde 481

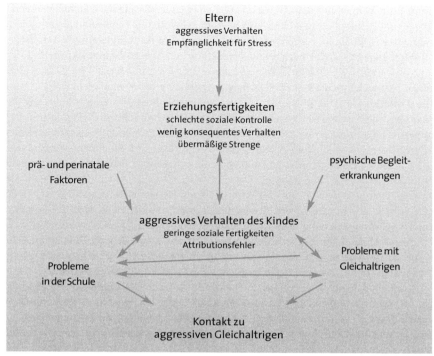

Bild 21.1: Ursachen aggressiven Verhaltens, Petermann 1995, 1020

21.4 Aggressionstheorien

Es gibt unterschiedliche theoretische Erklärungsansätze für Aggression und Gewalt, so z. B. psychologische, soziologische, kriminalsoziologische und integrative Ansätze (vgl. Schubarth 2000, 5). Hier wird aggressives Verhalten zunächst klassisch psychologisch, nämlich triebtheoretisch, lerntheoretisch und/oder durch die Frustrations-Aggressions-Theorien erklärt. Die jeweilige Theorie sollte allerdings nicht als Erklärung für aggressives Verhalten schlechthin rezipiert werden, sondern eher unter dem Gesichtspunkt, dass mit ihr jeweils bestimmte, verschieden motivierte Aggressionen erklärt werden können, nämlich die Ärger-Aggression oder die instrumentelle Aggression (vgl. Nolting 1993 und 1993a). Nolting hält die Ärger-Aggression und die instrumentelle Aggression für die zwei Hauptaggressionstypen und ordnet ihnen die „verselbstständigte" Aggression (persönliche Neigung zu Grausamkeiten o.Ä.), die er später mit „spontaner" Aggression bezeichnet, unter.

Aggressionen, die auf Ärger, Wut, Zorn beruhen und als Folge von Frustration entstehen, sind **Ärger-Aggressionen**. Diese Ärger-Aggression kann mithilfe der Frustrations-Aggressions-Theorie, aber auch lerntheoretisch erklärt werden, denn man kann – je nach Aussicht auf Erfolg und Misserfolg – lernen, seinem Ärger unterschiedlich Ausdruck zu verleihen, sowohl mit Schimpfen als auch mit gespielter Höflichkeit. Aggressionen instrumenteller Art hingegen, die aus Nutzeffekten angestrebt werden, lassen sich primär lerntheoretisch erklären.

21.4.1 Die triebtheoretische Erklärung von Aggression

Die Triebtheorie geht davon aus, dass im Organismus eine angeborene Quelle existiert, die aggressive Impulse produziert. Diese angeborenen Triebimpulse müssen sich entladen; sie müssen sich, allerdings nicht unbedingt zerstörerisch, in Verhalten umsetzen können, da sie sonst zu psychischen Störungen führen. Die bekanntesten Vertreter dieser Auffassung sind Sigmund Freud (Psychoanalyse) und Konrad Lorenz (Ethologie).

Freud geht davon aus, dass der Todestrieb letzten Endes auf Selbstvernichtung gerichtet ist und nur durch die Mischung mit dem Sexualtrieb nach außen gelenkt wird, was der Entlastung des Triebhaushaltes dient.

Lorenz hingegen nimmt bei Mensch und Tier einen spezifischen, gegen die Artgenossen gerichteten Kampftrieb an und bewertet diesen im Prinzip positiv, da er der Auslese der Stärkeren und dem Schutz der Nachkommenschaft diene.

Eine vermittelnde Rolle nimmt der Verhaltensforscher Irenäus Eibl-Eibelsfeldt ein, der zwar einerseits aggressives wie auch liebevolles Verhalten als genetisch vorprogrammiert betrachtet, andererseits jedoch mehr Veränderungsmöglichkeiten des Menschen durch Lernen sieht als Freud und Lorenz. Am triebtheoretischen Ansatz ist zu problematisieren, dass es keine empirischen Belege für die Annahme eines Selbstaufladungsvorganges beim Menschen gibt; viel eher ist zu fragen, wie sich denn ein spontanes Aggressionsbedürfnis als allgemeines Menschheitserbe mit den großen individuellen Unterschieden zwischen Menschen in dieser Hinsicht vereinbaren lässt (vgl. Nolting 1993, 13).

21.4.2 Die Frustrations-Aggressions-Theorie

Nach der Frustrations-Aggressions-Theorie beruht aggressives Verhalten auf aggressiven Impulsen, die durch Frustrationen entstanden sind. Unter einer Frustration wurde zunächst nur die Störung einer zielgerichteten Aktivität verstanden; später erweiterte sich dieser Begriff auf alle unangenehmen Ereignisse, wie z. B. auch auf Belästigungen und Entbehrungen, sodass drei Typen von Frustrationen unterschieden werden: die Störung einer zielgerichteten Aktivität (Hindernisfrustration), Mangelzustände (Entbehrungsfrustration) und Angriffe, Provokationen und Belästigungen (Belästigungsfrustration).

Das Aggressionsbedürfnis entsteht nach dieser Auffassung also nicht von selbst, sondern in der Folge von Frustrationen, die sich in irgendeiner Form entladen müssen.

Insofern wird mit der Frustrations-Aggressions-Theorie auch ein Energiemodell der Aggression vertreten. In der neueren Forschung wird die Rolle der Frustration als Aggressionsauslöser relativiert. Zum einen wird darauf verwiesen,

Aggressionstheorien

dass es aggressive Handlungen wie Gewalthandlungen auf Befehl, gedankenlose Nachahmung aggressiven Verhaltens in einer Gruppe oder Gewalttaten zur Bereicherung gibt, die instrumentellen oder zweckdienlichen Charakter haben und nicht aus Frustrationen heraus entstehen. Zum anderen hat man festgestellt, dass aggressive Reaktionen in der Folge von Frustrationen nur dann auftreten, wenn „...

- das Frustrationsereignis den Charakter von Angriffen und Provokationen oder (...) von Hindernissen hat,
- das Ereignis als ‚frustrierend‘ interpretiert und bewertet wird (...),
- daher auch Ärgergefühle auslöst,
- die betreffende Person für solche Situationen aggressive Verhaltensgewohnheiten mitbringt,
- keine oder nur schwache Hemmungen geweckt werden,
- die Situation aggressive Modelle oder Signale bietet" (Nolting 1993a, 70).

Die so relativierte Frustrations-Aggressions-Theorie nimmt einen bestimmten Ablauf vom Frustrationsereignis hin zur aggressiven Handlung an. Das Frustrationsereignis wird von der Person nämlich zunächst interpretiert und bewertet. Erst darauf stellt sich Ärger ein, der dazu führt, das erlernte aggressive Verhaltensrepertoire und fehlende Hemmungen zu aktivieren, um dann aggressiv zu handeln. Eine durch Frustrationen hervorgerufene Aktivierung des Organismus setzt sich nur in die aggressiven Verhaltensweisen um, die das Individuum erlernt hat.

Ihre besondere Bedeutung hat die Frustrations-Aggressions-Hypothese dadurch erhalten, dass sie die **Aggressivität** einzelner Menschen oder Gruppen **als Ergebnis der Summe** von Unterdrückungen, Entbehrungen, Misserfolgen im Kindes- und Jugendalter oder aus sozialen oder wirtschaftlichen Notlagen deutete. Bei einer solchen Interpretation der Frustrations-Aggressions-Hypothese wird allerdings ein problematischer Bedeutungswandel im Verständnis der Frustration vorgenommen, denn Frustrationen werden nun als Entbehrung im weitesten Sinne und Aggressivität als relativ überdauernde Eigenschaft verstanden.

Die **Katharsis-Hypothese**, die Annahme einer möglichen vorbeugenden Senkung des Aggressionspotenzials zur Vermeidung eines aggressiven Ausbruchs, wird zwar vorwiegend von Triebtheoretikern wie Konrad Lorenz vertreten, sie gehört aber auch zum ursprünglichen Bestand der Frustrations-Aggressions-Hypothese. Lorenz und andere Vertreter der Katharsis-Hypothese haben jedoch keine eigenen Versuche dazu durchgeführt, und die Katharsis-Hypothese wird von vielen Sozialpsychologen **infrage gestellt**. Auch Nolting kommt zu dem Schluss, dass Ärger reduzierende Effekte (also „kathartische Effekte") sich wohl nur dann einstellen, wenn die eigenen Reaktionen auf erfahrene Frustrationen zu einem subjektiv befriedigenden Ergebnis führen. Dieses subjektiv befriedigende Ergebnis kann jedoch sowohl durch aggressives als auch durch nichtaggressives Verhalten erreicht werden (vgl. Nolting 1993a, 190).

21.4.3 Die lerntheoretische Erklärung von Aggression

Die Lerntheorie erklärt das Auftreten und Lernen aggressiven Verhaltens nach Prinzipien, die auch sonst für das Lernen von Verhalten gelten. Gelernt wird einerseits, was man an körperlichen und sprachlichen Verhaltensformen, Interpretationsweisen, Begriffen, Vorlieben, Problemlösefertigkeiten usw. anwenden kann, also Inhalte und Situationsbezüge, und andererseits, wann bzw. in welchen Situationsbezügen, beispielsweise bei welchen Anlässen, gegenüber welchen Personen, an welchen Orten diese gelernten Inhalte aktiviert werden können (siehe Beiträge 7 und 8).

Nolting unterscheidet innerhalb der lerntheoretischen Überlegungen verschiedene Lerntypen: das Lernen am Modell, das Lernen am Effekt, also ein Lernen an Erfolg und Misserfolg, kognitives Lernen im Sinne von Wissensbildung und das Signallernen (⮞ Beitrag über klassische Lerntheorien).

Beim **Lernen am Modell** wird das aggressive Verhalten, z. B. eine gewalttätige Konfliktlösung, an Menschen, die man beobachtet, erlernt. Häufig wird das beobachtete Verhalten lediglich im Gedächtnis gespeichert, manchmal wird es sofort nachgeahmt. Als Leitbilder dienen hierbei die eigenen Eltern, Menschen aus dem Freundeskreis, andere Bezugspersonen und Medien.

Beim **Lernen an Erfolg und Misserfolg** wird aus den Konsequenzen des eigenen Tuns gelernt. Wenn man sich z. B. erfolgreich durch Gewalt bereichert hat, ist dieser Erfolg möglicherweise handlungsbestimmend, da man sich in aller Regel auch zukünftig für ein Handeln entscheidet, das belohnt wird. Auch „angenehme innere Effekte wie Nervenkitzel (z. B. bei Fußballrowdies) und positive Selbstbewertungen (z. B. Stolz über die eigene Stärke und Tapferkeit)" wirken als Verstärker für ein Verhalten (vgl. auch im Folgenden Nolting 1993, 15). – Das Lernen am Modell macht mit neuartigen Verhaltensweisen vertraut; Erfolge führen dazu, es verschiedentlich einzusetzen.

Beim **kognitiven Lernen** werden aggressionsrelevante Begriffe, Denkweisen, Handlungspläne und Methoden erlernt: So können Volksweisheiten wie „Strafe muss sein" bestimmen, wie wir gewisse Dinge auffassen und damit unser Handeln anleiten. Beim Signallernen können dann diese kognitiv gelernten Bewertungen wirksam werden, sodass beispielsweise immer ein aggressives Gefühl entsteht, wenn man eine bestimmte Person sieht.

21.4.4 Integrierendes Erklärungsmodell zur Aggression

Nolting versucht, die Annahmen der dargestellten Aggressionstheorien, vorzugsweise jedoch lerntheoretische und frustrationstheoretische Annahmen, in ein Erklärungsmodell zu integrieren. Er geht davon aus, dass die Entwicklung der Aggression eines Menschen **zum Teil durch die Erbanlagen und zum Teil durch Lernvorgänge bestimmt** wird, weiterhin davon, dass „vermutlich eine ‚ungestüme' körperlich-affektive Reaktion bei aversiven Ereignissen (‚Frustrationen') samt der Fähigkeit zu einfachen Verhaltensweisen wie schreien, treten, stoßen usw." ebenso angeboren ist wie die Fähigkeit zu lernen. Sicherlich werden auch

Aggressionstheorien   485

„Unterschiede in den Erbanlagen (...) für die individuellen Aggressivitäts-Unterschiede mitverantwortlich sein (...)" (Nolting 1993, 17).

Entscheidend für das Nolting'sche Erklärungsmodell ist, dass aggressive Handlungen als **von gedanklichen Vorgängen gesteuert** aufgefasst werden. Eine konkrete aggressive Handlung und die dahinter liegenden inneren Prozesse sind sowohl von der jeweiligen Person abhängig als auch von den jeweiligen Situationen. Nur so ist es möglich, zu erklären, dass derselbe Mensch sich unterschiedlich je nach Anlass, nach Anwesenheit bestimmter Personen usw. einmal aggressiv, dann wieder friedlich verhält (Einfluss der Situation), und dass sich in derselben Situation verschiedene Menschen unterschiedlich verhalten (Einfluss der Person). Die am aggressiven Verhalten beteiligten Prozesse lassen sich – wie bei anderem menschlichen Verhalten auch – untergliedern in einen aufnehmenden, situationsverarbeitenden und einen verhaltensbezogenen, situationsverändernden Teil. Zur Aufnahmeseite gehören das Wahrnehmen, das Interpretieren und Verstehen und die emotionalen Reaktionen. Zur verhaltensbezogenen Seite gehören die Motivation, das planende, zielbezogene Denken und das äußere Handeln (vgl. Nolting 1993a, 138/139).

In Noltings integrativem Modell werden die unterschiedlichen theoretischen Ansätze zur Erklärung aggressiven Verhaltens miteinander verbunden, indem sie vier Kategorien zugeordnet werden, die das aggressive Verhalten des Einzelnen bestimmen.

Zu den vier Faktoren, die nach Nolting (1993a) das aggressive Verhalten des Einzelnen bestimmen, gehören die

a) **Entwicklungslinien einer Person**, also ihre Erziehung, Erfahrung mit bestimmten Personen, angeborene Grundlagen etc.,

b) **personalen Dispositionen**, also Voraussetzungen der Person wie Einstellungen und Fähigkeiten;

c) **aktuellen Prozesse**, also die aktuellen, inneren Prozesse der Person wie Absichten und Gefühle;

d) **Situationsfaktoren** bzw. das jeweilige Ereignis (äußerer Faktor) wie beispielsweise die Gegenwart bestimmter Personen.

Diesen vier, das aggressive Verhalten bestimmenden Faktoren ordnet Nolting jeweils bestimmte Fragen in einem „Leitfaden zur Fallanalyse von Fallbeispielen" zu, um eine schwierige Situation zu analysieren, ggf. besser verstehen zu können und danach Entscheidungen über Verhaltenskonsequenzen zu treffen.

Um eine schwierige Unterrichtssituation zu analysieren, verursacht oder beeinflusst durch aggressives Schülerverhalten, fragt Nolting u. a. bezüglich der

a) **Entwicklungsbedingungen**: Welcher alterstypische Reifungsstand, welche persönlichen Anlagen können bedeutsam sein?

b) **Personalen Dispositionen**: Neigt zu Vergeltungsbedürfnis? Hat eingeschliffene aggressive Gewohnheiten? Beherrscht aggressive Fertigkeiten gut? Hat intellektuelle, kommunikative Defizite für alternatives Verhalten?

c) **Aktuellen Prozesse**: Was ist Ziel? Welche Befriedigung wird gesucht? Ist Verhalten genau geplant und gesteuert oder „automatisch"? Was genau tut (auch Mimik und Gestik) oder sagt die Person?

d) **Situationsfaktoren**: Welche Frustrationen, Anreize und Gelegenheiten, Modelle usw. regen das Verhalten an? Welche Effekte in der Umwelt (Nachgeben o.Ä.) ruft es hervor? Welche gegenläufigen Faktoren (z. B. Strafandrohung, Appelle) gibt es? (vgl. Nolting 1993a, 139).

Einige seiner Anregungen werden in die folgenden Strategien zum präventiven und intervenierenden Umgang mit Disziplinschwierigkeiten, aggressivem und gewalttätigem Verhalten integriert. Darüber hinausgehend haben Nolting/Knopf 1997 ein eigenes Programm zur Gewaltverminderung in der Schule entworfen, das unter Punkt 20.5.1, Kollektive Strategien, vorgestellt wird.

21.5 Strategien im Handlungsfeld schulischer Gewaltprävention

Da sowohl schulspezifische als auch schulexterne Einflussfaktoren zur Erklärung von Gewalt und aggressivem Verhalten in der Schule angenommen werden, ist für die Veränderung eines anderen schädigenden Verhaltens letztlich ein umfassendes schulinternes wie auch -externes Programm notwendig. Günther Gugel (2003) fasst die verschiedenen Bereiche folgendermaßen zusammen:

Handlungsfeld schulische Gewaltprävention (Gugel 2003, 19)	
Unterrichtsbezogene Programme	**Intervention/ Konfliktbearbeitung**
Unterrichtskommunikation	*Prävention*
Unterrichtsformen	Mentoren/ Patenschaften
Soziales Kompetenztraining	Klassenverträge
Förderangebote	Pausengestaltung
Gewalt und Konflikt als Unterrichtsthema	
Medienpädagogik	*Intervention*
Noten und Leistung	Interventionsprogramme bei Gewalt
Entspannungsübungen	Streit-Schlichter-Programme
„Was ist guter Unterricht?" (Lernkultur)	*Aufarbeitung*
	Täter-Opfer-Ausgleich
	Wiedergutmachung
	Opferschutz, Stärkung von Opfern
	Täterbezogene Maßnahmen
	„Etablierung einer Konfliktkultur"

Auf gesamte Schule bezogen	Baulichkeiten
Regeln zum Umgang miteinander Regeln zum Umgang mit Gewalt Schulprogramm Gewaltprävention Mitbestimmung/ Mitverantwortung Schule öffnen, Begegnungen organisieren (internationale Projekte) Gerechte Schulgemeinschaft Schule als Haus des Lernens Schulethos/ Schulkultur *„Was ist eine gute Schule?"*	Gebäude und Räume Schulhofgestaltung Schulwege/ Fahrschüler Warteräume *„Schule als Lebensraum"*
Zusammenarbeit und Netzwerke	**Schule in der Kommune**
Kontakte, Austausch, Öffnung Vereine Jugendarbeit, Jugendhilfe Jugendpolizei Elterntrainings, Elternbriefe	Außerschulische Lernorte Integration ins Gemeinwesen Sozialpraktika Über den Unterricht hinaus Freizeitangebote Arbeitsgemeinschaften Musik, Theater, Zirkus, Medien Sport Kreative Gestaltungsmöglichkeiten

Ich beschränke mich an dieser Stelle auf die Darstellung einiger kollektiver Strategien für Schulkollegien und Schulen sowie auf einige individuelle Strategien für den einzelnen Lehrer/die einzelne Lehrerin.

21.5.1 Kollektive Strategien

Ein **gutes Schulklima**, die Vorbildwirkung von Lehrerinnen und Lehrern im Bezug auf Konfliktlösung und Konsensbildung, Solidarität untereinander, Beratung über wichtige Regeln des Miteinanders und die Herstellung eines Konsenses zumindest in Schlüsselfragen, der von allen beobachtet und eingehalten werden sollte, sind nötig.

> *Besonders wichtig ist jedoch, dass es in jeder Schule klare und eindeutige Regeln gegenüber Gewalt und aggressiven Verhaltensweisen gibt.*

Um diesem Verhalten an Schulen präventiv und intervenierend gegenüberzutreten zu können, müssen solche **Regeln aufgestellt** werden, die sowohl das Verhalten der Lehrer/innen als auch das des Schülers betreffen.

 Auf gewalttätige Konflikte muss von Lehrerseite aus reagiert werden, und zwar nicht individuell, sondern kollektiv im Rahmen einer kollegialen Strategie.

Ziehen sich die Kolleginnen und Kollegen zurück, ignorieren sie derartige Vorkommnisse, scheuen sie Gespräch und Auseinandersetzung mit den Schüler/innen, dann verlieren sie in den Augen der Schüler/innen an Autorität und ermutigen damit indirekt zur Fortsetzung aggressiven Verhaltens (vgl. Bründel/ Hurrelmann 1994, 132).

Beispiel
Regeln von und für Schüler und ihren Umgang mit aggressivem Verhalten könnten lauten: „Wir tyrannisieren oder schikanieren unsere Schulkameraden nicht. – Wir helfen Mitschülern, die von anderen schikaniert werden" (Bründel/ Hurrelmann 1994, 128).

Für das Kollegium bedeutet eine solche Verpflichtung der Schüler, mit ihnen kooperierend auf die konsequente Durchsetzung der gegebenen Prinzipien zu achten.

Einzelne notwendige Faktoren werden in verschiedener Weise in umfassenden Ansätzen zur Gewaltverminderung miteinander vermittelt. Dies wird im Folgenden beispielhaft dargestellt.

21.5.1.1 Schulumfassendes Interventionsprogramm: Das Maßnahmenpaket „Kooperierende Intervention" von Nolting, H.P./ Knopf, H. (1997)

Nolting und Knopf haben die empirisch überprüften positiven Erfahrungen des aufwändigen Programms zur Gewaltverminderung von Olweus (1997) in Norwegen aufgegriffen und in ihrem Konzept der „kooperierenden Intervention" weiterentwickelt: bislang mit vorläufig gutem Erfolg an einigen Grundschulen, wenngleich der Erfolg vollkommen abhängig ist vom dauerhaften Engagement des betreffenden Schulkollegiums.

„Im Mittelpunkt stehen regelmäßige Gesprächsrunden in der Schulklasse. Dabei soll auch die Aktivierung von Zuschauern ein wichtiger Punkt sein. Auf der individuellen Ebene wird das nichtaggressive Stoppen als Akutreaktion und die Förderung von erwünschtem Verhalten als die eigentliche Erziehung betont. Auf der Ebene der Schule sind überdies Maßnahmen zur Entschärfung kritischer Situationen vorgesehen, etwa die Entzerrung kollidierender Aktivitäten auf dem Schulhof durch Bildung von Zonen (Fußballzone, Ruhezone etc.) oder neue Regelungen für Wartesituationen (z. B. vorm Klassenraum)" (Nolting 2000, 311).

In Kurzform präsentieren Nolting und Knopf ihr Programm unter folgenden Überschriften und Hinweisen (Nolting 2000, 313):

Aggressionstheorien

Gesprächsrunden einer Schulklasse

Grundregeln
1. Wie greifen andere nicht an (Schlagen usw. ist verboten)
2. Wir versuchen, Angegriffene zu schützen
3. Wie beziehen alle Kinder ein (Wir lassen kein Kind allein)

Nachbesprechung ernster Vorfälle:
- Befragung von Täter, Opfer und Zeugen
- Erfragen von Lösungsideen
- Unterscheidung: sich wehren vs. Vergeltung

Anleitung der Zuschauer:
- Schützen, Trennen, kooperatives Eingreifen usw. besprechen und einüben (Rollenspiel)
- Herbeiholen von Hilfe

Anleitung und Stärkung typischer Opfer
- Klarstellung: Gewalt melden ist kein Petzen
- Kooperation von Kindern, „Schutzengel"
- Ermutigung zu Verhalten, das „beliebt" macht

Soziale Erziehung für alle
- Kommunikative Fähigkeiten (Ich-Botschaften, Zuhören usw.)
- Anleitung zur Einfühlung (reale Fälle, Rollenspiele, Geschichten)

Direkter Umgang mit aggressivem Verhalten

Akute Intervention
- Nichtaggressives Stoppen, Behindern von Tätern
- Zuwendung zum Opfer

Erziehungsverhalten
- Vormachen, Vorschlagen von positivem Verhalten
- Lob, Zuwendung, Belohnung für erwünschtes Verhalten
- Ermutigung durch Ansetzung an „positiven Seiten"
Einzelgespräche mit Täter, Opfer, beiden zusammen, Eltern

Situative Veränderungen

- Strukturierung des Schulhofs, „Entzerrung" von Aktivitäten
- Regelungen von Wartesituationen

21.5.1.2   Schulumfassende Maßnahme: Schulprogramm am Beispiel der Schillerschule
in Frankfurt

Teil eines schulumfassenden Interventionsprogramms kann ein Schulprogramm sein, das aber nicht zwangsläufig in ein solches Konzept eingebunden sein muss wie das vorgestellte von Nolting/ Knopf. Die Schillerschule in Frankfurt am Main hat ein solches Schulprogramm entwickelt und in ihrer Schulkonferenz beschlossen (Gugel 2003, 17):

Kooperative Schulordnung/ Schillerschule Frankfurt/M.

Leitvorstellungen in diesem Sinne sind:

Toleranz und Gleichberechtigung
Weiblich oder männlich, deutsch oder ausländisch, jung oder alt, stark oder nicht so stark - wir sind alle gleichberechtigt. Wir lassen Menschen in ihrer Eigenart gelten.
Respekt und Rücksicht
Wir hören einander zu. Wir setzen niemanden herab oder bringen ihn in Misskredit. Wir sind Schwächen anderer gegenüber aufmerksam. Wir nutzen Vertrauen nicht aus. Wir berücksichtigen die Lern- und Ruhebedürfnisse der anderen.

Hilfsbereitschaft und Courage
Wie sehen nicht weg, sondern setzen uns ein. Wir helfen, wo es nötig ist. Verantwortung, Mitbestimmung, Kritikfähigkeit. Wir sind zuständig, wir kennen unsere Rechte und Pflichten, Wir halten uns an das verbindliche Ergebnis demokratischer Abstimmungen.

Konfliktbewältigung
Jedes Mitglied der Schule vermeidet körperliche, verbale und seelische Gewalt. Konflikte werden besprochen. Wir versuchen sie gemeinsam zu lösen.

Umweltbewusstsein
Wir behandeln Bücher, Mobiliar und Schulgebäude pfleglich. Wir sind uns bewusst, dass in diesen Gegenständen Rohstoffe verarbeitet sind. Wir vermeiden Müll und Verschmutzungen. Dadurch kann auch der Einsatz von Chemikalien verringert werden.

Entdeckungslust, Kreativität, Fantasie
Wir fördern wissenschaftliche, künstlerische, politisch angeregte und aufklärende sowie sportliche Veranstaltungen und Aktivitäten. Vorbild sein: Eltern, Lehrerinnen und Lehrer sowie ältere Schülerinnen und Schüler sollen mit gutem Beispiel vorangehen.

Damit diese Hausvereinbarung anerkannt wird und im Bewusstsein bleibt, müssen wir die Absprachen und Regeln immer wieder auf ihren Sinn, ihren praktischen Nutzen und ihre Folgen hin befragen.

Mit dem Eintritt in die Schillerschule akzeptieren die Schülerinnen und Schüler, die Lehrerinnen und Lehrer und die Eltern diese Hausvereinbarungen als verbindlich.

Diese Hausvereinbarungen wurden beschlossen von der Schulkonferenz der Schillerschule zu Frankfurt am Main am 5. Juni 1997.

Aggressionstheorien

20.5.1.3 Schulumfassende Maßnahme: Schulinterne Lehrerfortbildung (SchiLf)
Ebenfalls Teil eines schulumfassenden Interventionsprogramms müssen vermutlich verschiedene Lehrerfortbildungen sein, sowohl offene als auch schulinterne. Sie sind zunächst nicht zwangsläufig in ein umfassendes Konzept eingebunden. Intensive Zusammenarbeit mit den Eltern sollte bei den diversen Aktivitäten des Lehrerkollegiums mitbedacht werden, ebenso wie der Kontakt mit anderen Institutionen wie Suchtberatungsstellen und Kirchen.

Wahrgenommene Gewalt an der eigenen Schule führt ggf. zu weiteren Schritten wie: (1) Wollen wir eine SchiLf zur Gewaltprävention durchführen?, (2) Untersuchung der Gewaltprobleme an unserer Schule, (3) Gemeinsame Auswertung der Untersuchungsergebnisse und Beginn der Handlungsplanung, (4) Umsetzung der Handlungspläne, (5) Gemeinsame Auswertung der Arbeitsergebnisse und ggf. Weiterarbeit (vgl. Priebe 1995, 10 - 13).

Die Otto-Rommel-Realschule, Holzgerlingen, hat sich – wie viele andere Schulen auch – in diesem Sinne zu einem ersten Schritt für ihren Pädagogischen Tag entschieden (Gugel 2003, 53):

Otto-Rommel-Realschule, Holzgerlingen
Pädagogische(r) Tag(e) am Mittwoch, 14.2 und Donnerstag, 15.02.01
Thema; Wege der Gewaltprävention

Mittwoch
TeilnehmerInnen: Lehrerkollegium

14.00 - 14:15 Uhr:	Einführung (Musiksaal)
14:20 - 15:20 Uhr:	Drei parallele Arbeitsgruppen:
	Erlebnispädagogische Möglichkeiten (Sporthalle)
	Deeskalation von Gewalt (Klassenzimmer 7b)
	„Halt´s Maul, du dumme Sau!" (Klassenzimmer 7c)
15:25 - 16:25 Uhr:	Wechsel der Gruppen
16:30 - 17:30 Uhr:	Wechsel der Gruppen

Donnerstag
TeilnehmerInnen: Schüler, Eltern, Lehrerkollegium

8:00 - 9:00 Uhr:	Ausgewählte Aspekte der Gewaltprävention, Impulsreferat „Gewalt" - Was sagen uns die Statistiken?, Kurzreferat
9:00 - 9:20 Uhr:	Video: Beispiel aus der Schulpraxis
9:20 - 9:30 Uhr:	Gruppeneinteilung, Kaffeepause
9:30 Uhr:	Gruppenarbeit: Definitionen, Ursachen und Handlungsmöglichkeiten zum Thema „Gewalt"
11:15 - 12:30 Uhr:	Berichte der Gruppen, Ausblick auf den Nachmittag

Nachmittag:
TeilnehmerInnen: Lehrerkollegium

14:00 Uhr:	Perspektiven für die Arbeit an der Schule

20.5.1.4 Schulumfassende Maßnahme: Einführung von Schülerprogrammen

Bei den meisten Gewaltvorfällen sind Lehrer/innen zunächst nicht dabei. Es ist also unbedingt notwendig, die Schülerinnen und Schüler in umfassende Programme mit einzubeziehen, wie dies bei Nolting/ Knopf 1997 der Fall ist und/ oder sie z. T. in eigenen Schüler- (und Lehrer) programmen wie dem Streit-Schlichter-Programm (Jefferys-Duden 1999) oder zu „Konfliktlotsen" auszubilden. Die stark ritualisierten Schüler-Streit-Schlichtungs-Programme werden von speziell ausgebildeten Schüler/innen bei Schüler-Schüler-Konflikten angewandt und orientieren sich formalisiert an den Punkten:

„Einleitung: Begrüßen, Ziele verdeutlichen, Grundsätze benennen, Schlichtungsprozess erklären, Gesprächsregeln erläutern, Gesprächsbeginn vereinbaren.

Klärungen: Berichten, Zusammenfassen, Nachfragen, Befindlichkeiten ausdrücken, Anteile am Konflikt artikulieren, Überleiten.

Lösungen: Lösungsmöglichkeiten überlegen und aufschreiben, Lösungen auswählen, Lösungen vereinbaren.

Vereinbarungen: aufschreiben, unterschreiben, verabschieden" (Gugel 2003, 18).

Bei der beispielhaften Darstellung von Möglichkeiten zur Veränderung aggressiven und gewalttätigen Verhaltens in Schulen soll an dieser Stelle nicht „geschönt" werden. Der Verfasserin ist bewusst, wie mühselig solche Prozesse sein können, wie viel Zeit, die eigentlich dem Unterricht gewidmet sein sollte, genommen wird und wie viel zusätzliche Belastung den Schulkollegien und damit den einzelnen Lehrer/innen zugemutet wird.

So sollen auch typische Probleme schulischer Gewaltprävention nicht verschwiegen werden. Schubart nennt folgende:

- „das Problem der Mobilisierung, wie kann man die Mitglieder der Schulgemeinschaft dazu bringen sich mit dem Thema langfristig zu befassen?
- die relativ hohe Belastung der Lehrkräfte,
- die Folgenlosigkeit einmaliger Veranstaltungen (z. B. Pädagogischer Tage),
- Probleme des mangelnden Konsenses innerhalb der Lehrerschaft
- das Fehlen von Prozesshelfern (z. B. Experten, Moderatoren, Berater),
- das Problem der Einbeziehung und der Motivierung der Schülerschaft und Eltern und
- das Problem, dass mit den Projekten gerade die gewalttätigen Schüler meist nicht erreicht werden" (vgl. Schubarth 2000, 185).

21.5.2 Individuelle präventive Strategien

Es ist notwendig, sich individuelle Strategien zum Bestehen von schwierigen Unterrichtssituationen, zum vorbeugenden Agieren und fortwährenden Reagieren während des Unterrichts zu entwerfen. Dies kann und muss präventiv geschehen, damit Agggressionen möglichst gar nicht erst entstehen (vgl. dazu Handke 1997, 68 ff.):

Aggressionstheorien 493

■ Wichtig ist die Gestaltung der sozialen Beziehungen zwischen Lehrern und Schülern. Lehrerinnen und Lehrer sollten Ansprechpartner für Schülerinnen und Schüler sein, ohne dabei gleich in die Rolle des Therapeuten schlüpfen zu müssen. Insbesondere als Klassenlehrer bietet es sich an, Regeln mit und für die eigene Klasse aufzustellen, die das Kommunikations- und Interaktionsverhalten betreffen, aber auch Hilfen zu geben, wie Schüler sich bei Gewalt verhalten sollen:

„Wie soll ich mich als Schüler bei Gewalt verhalten?
1. Ich reize Mitschüler nicht durch beleidigende Äußerungen.
2. Ich vertraue nicht auf Waffen, Sprays etc.
3. Wenn ich angemacht werde, gehe ich nicht darauf ein.
4. Ich muss mich nicht prügeln, um meine Ehre zu verteidigen.
5. Ich versuche, den anderen in ein Gespräch zu verwickeln oder abzulenken.
6. Ich gebe nach, wenn es aussichtslos erscheint, mich zu wehren.
7. Erpressungen und Bedrohungen lasse ich nicht auf sich beruhen, sondern vertraue ich mich dem Klassenlehrer bzw. einem anderen Lehrer an" (Gugel 2003, 16).

■ Unterricht muss sorgfältig, klar in den Arbeitsabläufen, abwechslungsreich in den Methoden und Sozialformen geplant werden. So ermöglichen Rituale beispielsweise zu Beginn der Unterrichtsstunde eine innere Sammlung der Schüler und den Aufbau von Konzentration. Auch der Einsatz von Bewegungsmöglichkeiten, motivationsschaffenden Spielen, Entspannungs- oder Konzentrationsübungen – je nach Unterrichtsstunde, Klassenstufe und Situation, z. B. mit stets vorbereiteten und ad hoc durchführbaren Fantasiereisen oder ähnlichen Übungen – sollte versucht werden.

■ Die unterschiedlichen Lerntempi der Schülerinnen und Schüler sollten so weit wie möglich berücksichtigt werden. Zusatzaufgaben, möglicherweise mit Belohnung, sollten für die schnelleren vorausplanend bereitgestellt, Selbstkontrollen ermöglicht werden, um die in einer Stillarbeitsphase herrschende Arbeitsruhe nicht unterbrechen zu müssen. Darüber hinaus lohnt es sich, auf die unterschiedlich ausgeprägten Fähigkeiten und Kenntnisse der Schülerinnen und Schüler, Aufgaben zu erfassen und zu bearbeiten, durch differenziert zusammengestellte Materialien einzugehen. Die so genannte Binnendifferenzierung des Unterrichts fordert und fördert Schülerinnen und Schüler – gerade in Bezug auf ihre kognitiven Fähigkeiten – individuell und verbessert damit ihre Lernerfolgsbedingungen. Allerdings verlangt eine solche Binnendifferenzierung eine gute Kenntnis der Schülerinnen und Schüler und einen höheren, weil differenzierteren Vorbereitungsaufwand bezüglich der Unterrichtsgestaltung (↷ Beitrag 3 über Methodik).
Eine solche Leistungsförderung kann eine Präventionsmaßnahme sein, da ein Zusammenhang zwischen Schulversagen und Gewaltbereitschaft gegeben ist. Damit einhergehen sollten transparente und gerechte Beurteilungsregeln im fachlichen Leistungs- und im sozialen Beziehungsbereich.

494   *Gewalt und Aggression*

- Vom Lehrer/von der Lehrerin erwünschtes Arbeitsverhalten sollte positiv verstärkt (Lob, Unternehmungen ...), nicht erwünschtes Arbeitsverhalten ignoriert, bestraft oder angemahnt werden, möglichst in Verbindung mit der Verstärkung des erwünschten Verhaltens. So sollte z. B. ein Schüler, der wegen seines unkontrollierten Dazwischenredens ermahnt oder ignoriert wurde, gelobt und bestätigt werden, wenn er sich meldet und mit dem Reden wartet, bis er aufgerufen wird. Es ist sinnvoll, individuell und nicht kollektiv zu ermahnen. Ändert sich jedoch eine als disziplinlos empfundene Unterrichtssituation in mehreren aufeinander folgenden Stunden nicht, ist es geboten, sich einen angemessenen Sanktionskatalog (auf die erste Ermahnung folgt ...) zu überlegen, der den Schülerinnen und Schülern mitgeteilt und nach erfolgter Mitteilung konsequent umgesetzt werden sollte.

- Mit Schülern, die häufig durch ein bestimmtes, für sich und die Klasse nicht förderliches Mitarbeitsverhalten auffallen (Langeweile, innere Abwesenheit, Unterrichtsstörungen etc.), sollten nach einem persönlichen Gespräch kooperative Verträge ausgehandelt werden, wie ihre Mitarbeit gesteigert werden kann (siehe Beitrag 7).).

- Gespräche mit Kollegen und Kolleginnen können Hilfen für subjektiv nicht erträgliche Unterrichtssituationen bieten und sollten wahrgenommen bzw. gesucht werden. Problematische Unterrichtssituationen haben häufig mehr mit der Lehrerrolle zu tun als mit den Unzulänglichkeiten der eigenen Person. Diese Einsicht ist auch die Grundlage, auf welcher der Austausch von Kollegen und Kolleginnen über problematische Unterrichtssituationen geführt werden sollte.

21.5.3   Fallanalyse

Im Alltag werden die Ursachen für Konflikte oft nicht gründlich genug analysiert. Sie sind in der Regel vielfältiger Natur, ein konkretes aggressives Verhalten ist selten auf nur eine Ursache zurückzuführen. Mit dem Fallanalyseschema von Nolting kann man versuchen, die verschiedenen Bedingungen einer konkret beobachteten Aggression zu untersuchen.

Nehmen wir folgenden Fall an:

Lehrer X unterrichtet neu in Klasse 8 einstündig; der Unterricht fällt durch Feiertage öfter aus, der Kontakt zur Klasse ist deshalb nicht intensiv. Ein Schüler fällt besonders durch sein demotiviertes Verhalten und aggressiv-abwertende Äußerungen dem Lehrer gegenüber auf. Am Ende des ersten Halbjahres ist die Leistung des Schülers mit Fünf zu beurteilen, bei der Halbjahreskonferenz stellt sich heraus, dass der Schüler auch in einem anderen Fach mit Fünf beurteilt wird und Schwierigkeiten hätte, am Ende des Schuljahres einen Notenausgleich zu finden. Herr X beginnt gründlich über den Schüler und sein eigenes Verhalten nachzudenken und könnte, Noltings Schema folgend (vgl. dazu die Fragen unter „Aktuelle Prozesse" und „Situationsfaktoren"), nun fragen:

Aggressionstheorien

Schema zur Fallanalyse

Was genau tut der Schüler?
„Der Schüler sitzt in der letzten Bank, ist von beiden Seiten abgelenkt, vergisst öfter sein Heft, beschäftigt sich mit seiner Frisur und mit seinem auf dem Boden liegenden Rollerskate, wirft halblaute abwertende, aggressive Bemerkungen über mich und meinen Unterricht in den Raum."

Gemeinsam mit wem wird die Aggression ausgeübt? Im Beisein von wem?
„Häufig gibt er allein abwertende und provozierende Kommentare ab, manchmal aber auch zusammen mit seinem Bankkollegen. Immer findet diese negative Art von Kommunikation vor der ganzen Klasse bei fragend-entwickelndem Unterrichtsgespräch statt, während der Gruppenarbeiten nicht."

Was fühlt, sieht, denkt er vermutlich? Ist sein Verhalten geplant?
„Er fühlt sich wahrscheinlich abgelehnt, weil er einen Unterricht sieht und erlebt, der in inhaltlicher Hinsicht ohne ihn abläuft. Seine mangelnde Sachkenntnis wird in mündlichen Abfragesituationen deutlich und wird durch seinen Misserfolg in der Klassenarbeit bestätigt. Er fühlt sich wahrscheinlich gelangweilt, aber auch gereizt und provoziert. Um sich zu wehren und um vor der Klasse besser dazustehen, muss er versuchen, sich auf eine andere Art darzustellen. Seine konkreten aggressiv-abwertenden Bemerkungen ergeben sich dann aus der Situation, sind nicht genau geplant, erwachsen eher reflexhaft aus seiner negativen Haltung gegenüber dem Unterricht und mir.""

Bühler/Tolksdorf (1996) schlagen vor, in ähnlicher Weise für die Analyse einer andauernden Konfliktsituation vorzugehen. Sie ergänzen jedoch die Fragen, die sich auf das Schülerverhalten beziehen (Frage A: Was kann ich real beobachten? Was tut der/die betreffende Schüler/in?), durch Fragen, die der Lehrer/die Lehrerin sich selbst stellen muss. Lehrer X reflektiert weiter:

Frage B (Interpretation): Was denke ich darüber? Zuschreibung von Eigenschaften, Etikettierung, Ursachen usw.
„Der Schüler hat kein Interesse am Unterricht, er ist faul, nicht intelligent genug, nicht anstrengungs- und anregungsbereit, hat vermutlich eine schwierige pubertäre Phase."

Frage C (Gefühl): Wie fühle ich mich dabei?
„Ich ärgere mich, fühle mich durch sein offensichtliches Desinteresse gestört und achte empfindlich auf seine Äußerungen."

Frage D (Gesellschaftliche Analyse): Welches sind (wahrscheinlich) die sozialen und gesellschaftlichen Hintergründe?
„Möglich ist, dass die Eltern ihren Jungen unbedingt das Gymnasium besuchen lassen wollen und übersehen, dass er an seine Grenzen kommt. Andererseits kann es sein, dass sich der Jun-

ge auf Grund seiner Pubertät in einer schwierigen Phase befindet und auch die Eltern keinen rechten Zugang zu ihm haben."

Frage E (Ursachenanalyse): Welche Ursachen kann ich feststellen und überprüfen?
„Ich kann den Notenspiegel des Schülers ab Klasse 5 überprüfen, mit der Mutter bzw. den Eltern ein Gespräch über das Verhalten des Schülers zuhause und sein Verhalten und seinen Leistungsstand in der Schule führen. Vielleicht hat sein Verhalten aber auch etwas mit meinem Unterricht und meiner Unterrichtsplanung zu tun – kann ich ihn abwechslungsreicher und interessanter gestalten?"

Frage F (Zielplanung): Was möchte bzw. muss ich erreichen?
„Ich möchte die Situation verändern, sein unangemessenes Verhalten mir gegenüber. Ich brauche eine bessere Kenntnis der Situation, in der sich der Schüler befindet, um ihn möglicherweise in seinen Fähigkeiten stützen zu können."
Frage G (Handlungsmöglichkeiten): Welche Möglichkeiten habe ich, um mein Ziel zu erreichen?
„Ich kann a) nach wie vor mit Sanktionsmaßnahmen auf sein Verhalten reagieren, eine gewisse Ignoranz zeigen. Ich könnte b) ein Gespräch mit dem Schüler, der Mutter/den Eltern, mit den Kollegen führen und seinen bisherigen Leistungsstand in den vorhergehenden Jahren überprüfen."

Frage H (Folgenabschätzung): Welche wahrscheinlichen Folgen (und Nebenfolgen) haben diese Möglichkeiten?
„Bleibe ich bei meinem bisherigen Verhalten, wird sich sein Verhalten nicht ändern. Führe ich die genannten Gespräche und verschaffe mir damit einen Überblick über die Situation des Schülers, könnte das der Beginn einer besseren Beziehung zu dem Schüler sein, möglicherweise auch der Beginn einer besseren Beziehung des Schülers zu sich selbst."

Frage I (Entscheidung): Für welche Handlungsalternative entscheide ich mich?
„Ich verfolge Plan b), also Gespräche, Überprüfung des bisherigen Leistungsstandes etc."

Frage J (Handlung): Wie handle ich daraufhin?
„So wie bereits formuliert: Ich werde zunächst ein Gespräch mit dem Schüler (Verständnis – Verhalten – Leistung) führen, dann möglicherweise mit der Mutter/den Eltern, auf jeden Fall mit den Kollegen, und seinen bisherigen Leistungsstand in den vorhergehenden Jahren überprüfen. Außerdem überprüfe ich meinen Unterricht auf Integrationsmöglichkeiten für diesen Schüler."

Dieses Problemanalysemodell von Bühler/Tolksdorf eignet sich meines Erachtens für die individuelle Reflexion, aber auch für das Gespräch zwischen Kollegen und Kolleginnen. Nach einer so gründlichen Analyse vor sich selbst und einem Kollegen dürfte der Weg gebahnt sein, eine Entscheidung zur Veränderung der Kon-

Aggressionstheorien   497

fliktsituation zu treffen und auch die darauffolgenden Handlungen immer einmal wieder mit einem Kollegen zu besprechen.

Gesellschaftlich bedingte Ursachen, die verantwortlich sind für die immer schwieriger werdende Umsetzung des schulischen Erziehungs- und Bildungsauftrages, werden Referendare und Lehrer leider weder durch die oben beschriebenen kollektiven noch durch die individuellen Maßnahmen beseitigen können. Sie können und müssen sich jedoch den aus aggressivem und gewalttätigem Verhalten resultierenden Konsequenzen und Problemen in der Schule stellen und dort zu einer Gewaltverminderung beitragen - und dies unter den gegebenen Voraussetzungen begrenzter finanzieller Aufwendungen für Erziehung und Bildung in der Schule.

Literatur

Ackermann, Ch. (1996). Interventions- und Präventionspraxis an Schulen – Ergebnisse einer vergleichenden Schulleiterbefragung. In: Schubarth/ Kolbe/ Willems (1996). 205 – 216. Opladen: Leske und Budrich.

Baiser, H./Schrewe, H./ Schaaf, N. (Hrsg.) (1997). Schulprogramm Gewaltprävention. Ergebnisse aktueller Modellversuche. Neuwied: Luchterhand.

Bründel, H./Hurrelmann, K. (1994): Gewalt macht Schule. Wie gehen wir mit aggressiven Kindern um? München: Droemer Knaur.

Bühler, C./Tolksdorf, R. (1996). Hilfen für die Lehrerin/ den Lehrer im Vorbereitungsdienst zum besseren Umgang mit Schülerinnen und Schülern in schwierigen Lern- und Erziehungssituationen. In: SEMINAR. Lehrerbildung und Schule. Bundesarbeitskreis der Seminar- und Fachleiter e.V. (Hrsg.) Umgang mit schwierigen Schulsituationen 3/96.6 – 20.

Dann, H.D./ Heubeck, E./Strak, R. (1994). Aggressionen und Störungen im Unterricht. Bericht über eine empirische Untersuchung. In: Unterrichten und Erziehen. Nr. 1/94. 53 – 57.

Gugel, G. (2003) Seminar „Gewaltprävention" bei Konflikten in und zwischen Gruppen. Weiterbildungsangebot am Zentrum für Konfliktmanagement, 29 – 30.08.2003. Hrsg. vom Institut für Friedenpädagogik Tübingen e.V. Corrensstraße 12, 72076 Tübingen.

Hagedorn, O. et al. (2000). Von Fall zu Fall. Pädagogische Methoden zur Gewaltminderung. Berliner Institut für Lehrerfort- und -weiterbildung und Schulentwicklung. Berlin.

Handke, U. (1997). Der Mutmacher. Ratgeber für den pädagogischen Berufseinstieg. Berlin: Cornelsen-Scriptor.

Holtappels, H.G./Heitmeyer, W./Melzer, W./Tillmann, K.-J. (Hrsg.) (1999). Forschungen über Gewalt an Schulen. Erscheinungsformen und Ursachen, Konzepte und Prävention. Weinheim/München: Juventa.

Innenministerium Baden-Württemberg (Hrsg.) (1999). Herausforderung Gewalt. Programm polizeiliche Gewaltprävention der Länder und des Bundes. Stuttgart: Zentrale Geschäftsstelle. Taubenheimstraße 85, 70372 Stuttgart.

Institut für Friedenpädagogik Tübingen e.V. et al. (Hrsg.) (2002). Doppel-CD-Rom Konflikte XXL_GLOBAL. Konfliktbearbeitung als Gewaltprävention. 43 Lernräume aus 2 CD-Roms. Corrensstraße 12, 72076 Tübingen.

Institut für Friedenspädagogik Tübingen e.V. (Hrsg.) (2004). CD-Rom „X-Krisen". Gewaltprävention, Krisensituationen, Amokläufe. Corrensstraße 12, 72076 Tübingen.

Jefferys-Duden, K. (2000). Konfliktlösung und Streitschlichtung. Das Sekundarstufenprogramm. Weinheim/Basel: Beltz.

Martin, L.R. (1999). Gewalt in Schule und Erziehung. Grundformen der Prävention und Intervention, Bad Heilbrunn: Klinkhardt.

Neubauer, W./Gampe, H./Knapp, R./Wichterich (1999). Konflikte in der Schule. Aggression – Kooperation – Schulentwicklung. 5. völlig überarb. u. erw. Aufl. Neuwied/Kriftel: Luchterhand.

Nordelbisches Jugendpfarramt, Arbeitsbereich EV. Schülerinnen- und Schülerarbeit. (Hrsg.) (2000). Konflikte - Leben – Lernen – Umgang mit Gewalt und Konflikten im (Schul-) Alltag, ein Arbeitsbuch. Plön/Hamburg 2000: Nordelbisches Jugendpfarramt.

Nolting, H.P. (1993). Kein „Erklärungseintopf". Ein Überblick aus psychologischer Sicht. In. Aggression und Gewalt. Landeszentrale für politische Bildung Baden-Württemberg. 9 – 23. Stuttgart/ Berlin/ Köln: Kohlhammer.

Ders. (1993a). Lernfall Aggression. Wie sie entsteht – wie sie zu vermindern ist. Ein Überblick mit Praxisschwerpunkt Alltag und Erziehung. Reinbek bei Hamburg: rororo.

Ders. (2000). Lernfall Aggression. Wie sie entsteht - wie sie zu vermindern ist. Ein Überblick mit Praxisschwerpunkt Alltag und Erziehung. Reinbek bei Hamburg: rororo.

Ders./Knopf, H. (1997). Gewaltverminderung in der Schule. Erprobung einer kooperativen Intervention. Praxis der Kinderpsychologie und Kinderpsychiatrie. Heft 46/ 1997. 195 – 205.

Olweus, D. (1996). Gewalt in der Schule. Was Lehrer und Eltern wissen sollten - und tun können. 2. korr. Aufl. Bern/ Göttingen/ Toronto/ Seattle: Verlag Hans Huber.

Petermann, F. (1995). Aggressives Verhalten. In. Oerter/ Montada: Entwicklungspsychologie. Ein Lehrbuch. 3. vollständig überarbeitete und erweiterte Auflage. 1016 - 1023. Weinheim: Beltz.

Priebe, B. (1995). Eine Herausforderungen für alle! Gewaltprävention durch schulinterne Lehrerfortbildung. In: Praxis Schule 5 – 10. Heft 5/ 1995. 10 - 13.

Schubarth, W./Kolbe; F.-U./ Willems, H. (1996) (Hrsg.). Gewalt an Schulen. Ausmaß, Bedingungen und Prävention. Quantitative und qualitative Untersuchungen in den alten und neuen Ländern. In der Reihe Schule und Gesellschaft: F. Hamburger, M. Horstkemper, W. Melzer, K.-J. Tillmann (Hrsg.). Band 11, Opladen: Leske und Budrich.

Schubarth, W. (2000). Gewaltprävention in Schule und Jugendhilfe. Theoretische grundlagen. Empirische Ergebnisse. Praxismodelle. Neuwied: Luchterhand.

Tillmann, K.-J./Holler-Nowitzki, B./Holtappels H.G./Meier, U./ Popp; U. (1999). Schülergewalt als Schulproblem. Verursachende Bedingungen, Erscheinungsformen und pädagogische Handlungsperspektiven. Weinheim/ München: Juventa.

Hilfreiche Internetadressen:
Arbeitsgemeinschaft Friedenspädagogik e.V.: www.fassmichnichtan.de
Arbeitsgemeinschaft Jugend und Bildung e.V.: www.basta-net.de
Deutscher Kinderschutzbund: www.dksb.de
Heidelberger Präventionszentrum: www.faustlos.de
Institut für Friedenspädagogik Tübingen: www.friedenspaedagogik.de
Kino gegen Gewalt: www.kino-gegen-gewalt.de
Präventionsinformationssystem: www.praevis.de
Programm Polizeiliche Kriminalprävention der Länder und des Bundes: www.polizei.propk.de
Schüler-Mobbing: www.schueler-mobbing.de
Unesco-Projektschulen: www.proday.org
Weißer Ring: www.weisser-ring.de

Themenblock VI:
Schule/Gesellschaft

22 Bildungs- und Erziehungsauftrag von Schule
23 Schule als Sozialisationsinstanz
24 Umwelterziehung als zentrale Zukunftsaufgabe
25 Schulentwicklung als Aufgabe
der Lehrerausbildung

22 Bildungs- und Erziehungsauftrag von Schule
Otfried Halirsch

22.1 Schulen in der Gesellschaft

22.1.1 Gesellschaftliche Einflussfaktoren

Die Schule hat die Aufgabe, jeden jungen Menschen durch Erziehung und Ausbildung auf die Wahrnehmung von Verantwortung, Rechten und Pflichten in Staat und Gesellschaft sowie in der ihn umgebenden Gemeinschaft vorzubereiten.

Dabei nehmen nicht nur der Staat als Ganzes oder die Bundesländer als seine in Bildungsangelegenheiten zuständigen Teile Einfluss auf die Schule. Auch verschiedene Teilbereiche der Gesellschaft, neben den Eltern z. B. politische Parteien, Religionsgemeinschaften, die Wirtschaft und die Wissenschaft mit verschiedenen, oft erheblich differierenden Vorstellungen von Schule und von Bildungspolitik versuchen jeweils spezifische Interessen durch Beeinflussung des politischen Entscheidungsprozesses durchzusetzen.

Die Schule, ihre Struktur, ihre Bildungsziele und Bildungsgänge stehen daher permanent in der politischen Diskussion. Zur Problemlösung werden dabei häufig **Veränderungen** dieser Strukturen vorgeschlagen. Beispiele dafür sind die Gesamtschuldiskussion, die Reform der gymnasialen Oberstufe, die autonome Schule und das achtjährige Gymnasium. Mit der Schaffung der Europäischen Union wurden in Maastricht Richtlinien einer **europäischen Bildungspolitik** erarbeitet, deren Umsetzung die Zusammenarbeit zwischen den Mitgliedstaaten im Bereich allgemeiner und beruflicher Bildung fördern wird.

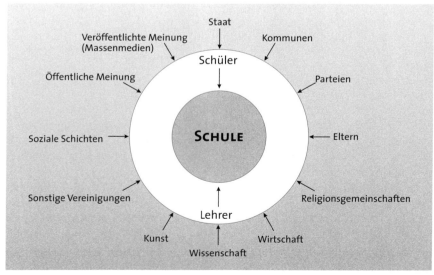

Bild. 22.1: Gesellschaftliche Einflussfaktoren nach Oblinger 1981, S. 18

Schulen in der Gesellschaft 501

22.1.2 Grundlagen des deutschen Bildungssystems

Die Schule ist eine Institution unseres demokratischen Rechtsstaates. Aus bildungsgeschichtlicher Sicht geht dies auf die preußische Reformepoche zu Beginn des 19. Jahrhunderts zurück.

Historischer Exkurs

Unter der Leitung von Wilhelm von Humboldt (1767–1835) wurden die Schulformen durch den Staat festgelegt. Unter Federführung des Staatsrats Süvern wurde ein neuer Lehrplan in staatlicher Verantwortung erstellt. Die Facultas Docendi, eine Staatsprüfung für das höhere Lehramt, wurde 1810 eingeführt und damit der examinierte und juristisch definierte Gymnasiallehrer geschaffen. Für die Schüler der Gymnasien wurde im Jahr 1812 eine Abgangsprüfung, das Abiturientenexamen, eingerichtet, das zum Studium an den Universitäten berechtigte.

Heute sind die wichtigsten rechtlichen Grundlagen für das Schulwesen das Grundgesetz für die Bundesrepublik Deutschland sowie die Verfassungen und Schulgesetze der Länder. Im Grundgesetz von 1949 ist festgelegt, dass das gesamte Schulwesen unter der Aufsicht des Staates steht, wobei die Bildungspolitik nicht zentralistisch, sondern föderativ gestaltet wird: Nicht der Bund, sondern die Länder sind in ihrem Bereich für die Bildungspolitik zuständig. Diese Kulturautonomie der Länder ist im Grundgesetz nicht expressis verbis festgelegt. Sie ergibt sich aus Art. 70 GG, demzufolge die Länder das Recht der Gesetzgebung haben, soweit das Grundgesetz nicht dem Bunde Gesetzgebungsbefugnisse verleiht, was für die Bildungspolitik jedoch nicht der Fall ist.

Wie die Länder in ihren Verfassungen und Schulgesetzen das Bildungswesen regeln, soll exemplarisch für Baden-Württemberg dargestellt werden: In der Landesverfassung (Teil III, Artikel 11 bis 22) sind Bestimmungen über Erziehung und Unterricht enthalten und der Erziehungs- und Bildungsauftrag der Schule verankert. Die Schulorganisation wird jedoch nicht genauer geregelt. Der Aufbau und die Gliederung des Schulwesens findet sich im Schulgesetz (vertikale und horizontale Gliederung in Schularten und Schulstufen, die charakteristisch für das gegliederte Schulsystem ist).

Die europäische Einigung verändert diese Grundlagen nicht. Mit dem Vertrag von Maastricht erhielt die Bildungspolitik der EU ihre rechtliche Grundlage. Vereinheitlichung der Bildung oder gar Zentralisierung der Bildungseinrichtungen wird nicht angestrebt. Harmonisierung der Bildungssysteme bleibt ausgeschlossen. Ein Europa der Regionen, der Erhalt kultureller Vielfalt ist das Ziel. Das Subsidiaritätsprinzip ist von zentraler Bedeutung: Die EU soll die Maßnahmen der Mitgliedstaaten nur ergänzen und unterstreichen!

22.1.3 Auftrag: Bildung und Erziehung

22.1.3.1 Zum Verständnis der Begriffe Bildung und Erziehung

Fragt man nach den Zielen von Unterricht und Schule, herrscht sowohl im geschichtlichen Rückblick als auch in der Gegenwart weitgehend Einigkeit darüber, dass keinesfalls eine bloße Anhäufung von Wissen anzustreben ist. Einige wenige Stellen mögen dies verdeutlichen:

502 | *Bildungs- und Erziehungsauftrag von Schule*

In Platons Dialog „Menon" stellt Sokrates fest: „...dass nicht dann allein, wenn die Erkenntnis herrscht, die Angelegenheiten der Menschen richtig und gut gehen." (Platon, Menon 95e) Für Sokrates hat die moralische Dimension, die Frage nach der Tugend (arete) Vorrang. Comenius schreibt in seiner Großen Didaktik: „Niemand glaube also, dass wirklich Mensch sein kann, wer sich nicht als Mensch zu verhalten gelernt hat, d.h. zu dem, was den Menschen ausmacht, herangebildet worden ist." (Comenius, 46) „Pestalozzi und Herbart haben einen ‚erziehenden' Unterricht von einem anderen Unterricht unterschieden, der keine erzieherische Wirkung beabsichtigt und beinhalte". (Ramseger 1991, 9) Herbart schreibt in „Allgemeine Pädagogik aus dem Zweck der Erziehung abgeleitet": „Und ich gestehe gleich hier, keinen Begriff zu haben von Erziehung ohne Unterricht, sowie ich ... keinen Unterricht anerkenne, der nicht erzieht." (Herbart 1806, 22) Die Reformpädagogik hat in den Landerziehungsheimen Erziehung in den Mittelpunkt schulischer Tätigkeit gestellt. Die „bildenden Lern- und Lebenserfahrungen" (Odenwaldschule Oberhambach, 27) sind die Ziele von Unterricht und Internatsleben. Schließlich lesen wir in einem der derzeit gültigen Bildungspläne für das Gymnasium: „Lehrerinnen und Lehrer am Gymnasium verwirklichen in pädagogischer Verantwortung den Erziehungs- und Bildungsauftrag dieser Schulart." (Bildungsplan 1994, 11)

Auf die erheblichen Unterschiede im Bildungsbegriff, die aus den diesen Zitaten sprechen, möchte ich nicht weiter eingehen. Stattdessen sollen die Begriffe Bildung und Erziehung, wie ich sie verwenden möchte, kurz erläutert werden:

- **Bildung** bezeichnet einen Zustand geistiger Geformtheit des Menschen. Diese bezieht sich auf seine kulturelle Verankerung, seine soziale Einbettung und seine persönliche Identität und Perspektive.
  - Zur **kulturellen Komponente** gehören die Vertrautheit mit der Geschichte unserer Zivilisation, entwickelte Vorstellungen der Welt, Grundeinsichten in Wissenschaften, Verständnis für Ausdrucksmöglichkeiten von natürlichen und künstlichen Sprachen, Beschäftigung mit Kunst und Musik und Auseinandersetzung mit Ethik und Religion.
  - Zur **sozialen Komponente** gehört das sich Zurechtfinden in Staat und Gesellschaft sowie deren Gesetzen und Regeln, die Beherrschung von Kommunikations- und Kooperationsformen und die Bereitschaft sich aktiv zu beteiligen und Verantwortung für andere zu übernehmen.
  - Zur **personalen Komponente** gehört eigenständiges Lernverhalten zu entwickeln, Lebensziele zu überdenken und zu setzen, Identität zu entwickeln und dabei mit Sinnfragen, aber auch mit der eigenen Beschränktheit umgehen zu lernen.
- Unter **Erziehung** sollen hier die Tätigkeiten verstanden werden, die durch einen selbst oder durch andere ausgelöst und geleitet den Zustand der Bildung anstreben und dessen Realisierung fördern.

Bildung ist ein idealtypischer Begriff von erheblichem Umfang: Erziehung benennt den Weg sich diesem Ideal zu nähern.

22.1.3.2 Materiale, formale und kategoriale Bildung

Bei den **Bildungstheorien** wird zwischen materialen und formalen Bildungstheorien unterschieden. Klafki hat diesen seine Theorie der kategorialen Bildung hinzugefügt (vgl. Klafki 1963; BÌ Huwendiek: Didaktik).

Schulen in der Gesellschaft 503

Materiale Bildungstheorien gehen davon aus, dass Bildung durch die **Aufnahme von Inhalten** erfolgt, dass also geeigneter Lehrstoff der Träger der Bildung sei. Bei der Auswahl des Stoffes ist entscheidend, dass die Inhalte gefunden werden, in denen sich unsere Kulturgüter am besten manifestieren. In Lehrplänen, Bildungsplänen, Curricula kann dieser Stoff dann auf Altersstufen und Schularten verteilt und verbindlich vorgeschrieben werden. Besondere Bedeutung kommt, vor allem im Gymnasium, den Wissenschaften zu. Die Lehrer sind Fachleute in ausgewählten Wissenschaften, die Schüler müssen die verschiedenen Wissensbereiche durch Schulfächer, die sich an den entsprechenden Wissenschaften orientieren, jeweils repräsentativ abdecken, um so Allgemeinbildung erwerben zu können. Der materiale Aspekt spielt in der heutigen Schulpraxis eine erhebliche Rolle.

Die Kritik an der materialen Bildungsauffassung stellt in Abrede, dass in unserer heutigen pluralistischen Gesellschaft hinreichender Konsens darüber besteht, welche Kulturgüter und welcher Lehrstoff auszuwählen wären. Auch die starke Bindung an die Wissenschaften wird von manchem Kritiker abgelehnt. „Die Fragehaltung des jungen Menschen kann ... aber noch gar nicht durchgehend die des forschenden Wissenschaftlers sein" (Klafki 1963, 29). Die schnelle Entwicklung der Wissenschaften führt dazu, dass immer mehr neuer Stoff relevant wird, der, zusätzlich in die Lehrpläne hineingepresst, zur Anhäufung von Wissensinhalten bei gleichzeitiger Abnahme einer adäquaten Verarbeitung führt.

Bei den **formalen Bildungstheorien** ist nicht das Erlernen von Inhalten das Wesentliche, sondern die **Formung, Entwicklung und Reifung** von körperlichen, seelischen und geistigen Kräften. Ist Bildung erst an exemplarisch ausgewählten Inhalten erworben worden, so können durch Anwendung der erlernten Fähigkeiten und durch Übertragung auch neuartige Problemsituationen bewältigt werden. Die entscheidende Frage bei der Auswahl von Bildungsinhalten ist hier, durch welchen Lehrstoff die geistigen und seelischen Kräfte mit dem größten Erfolg entwickelt werden können. Für das humanistische Gymnasium Humboldtscher Prägung waren dies z. B. die alten Sprachen und die Mathematik. Besonders aktuell erscheint heute die formale Bildung als methodische Bildung: Bestimmte Methoden werden erlernt und als geistige Werkzeuge bei den anstehenden Problemlösungen eingesetzt. Formale Bildungsziele wie das Lernen lernen, in der Freiarbeit eigenständiges Arbeiten praktizieren, Kommunikation- und Teamfähigkeit entwickeln stehen in der heutigen Diskussion stark im Vordergrund.

Zur Kritik der formalen Bildungsauffassung sind Zweifel angemeldet worden, ob sich Inhalt und Form so trennen lassen, dass formales Wissen sich unabhängig vom Inhalt erlernen und sich auf beliebige Inhalte übertragen lässt. „Gewöhnlich verabsolutiert man dabei die Methode eines Bereichs und unterwirft ihr dann alle Inhalte anderer Bereiche". (Klafki 1963, 37) Auch wirft die Existenz von Spezialbegabungen die Frage auf, warum z. B. ein einseitig mathematisch begabter Schüler seine geistigen Kräfte nicht auf den sprachlichen Bereich übertragen kann. Vielleicht ist das Erlernen von Methoden doch stärker an bestimmte Fachbereiche gebunden. Das Vorgehen beim Erwerb formaler Bildung wird neuerdings z. B. von Schwanitz bezogen auf den Geschichtsunterricht kritisiert: „Deshalb ist es nötig, die ‚große Erzählung' von der Geschichte unserer Gesellschaft neuzufassen und sie auch als ‚zusammenhängende Geschichte' wieder zu lehren." „Dabei muss man den Schwachsinn vergessen, mit dem die Bildungsreformer die chronologische Ordnung als Leitfaden des Geschichtsunterrichts zerschnitten und durch solche Trümmer wie Unterrichtseinheiten über ‚die mittelalterliche Burg' oder ‚den Reisanbau in Vietnam' ersetzt haben." (Schwanitz 1999, 29) Offenbar benötigt formale Bildung eine ausreichende materiale Basis.

Klafki hat vorgeschlagen, materiale und formale Bildung dadurch zu verknüpfen, dass exemplarische Inhalte ausgewählt werden, die im Schüler bildend wirksam werden, und nennt diese Form der Bildung **kategoriale Bildung**. „Bildung ist kategoriale Bildung in dem Doppelsinn, dass sich dem Menschen eine Wirklichkeit ‚kategorial' erschlossen hat und dass eben damit er selbst – dank der selbstvollzogenen ‚kategorialen' Einsichten, Erfahrungen, Erlebnisse – für diese Wirklichkeit erschlossen worden ist." (Klafki 1963, 44)

22.1.3.3 Leitbilder für Schulen

„Leitbilder bringen die handlungsleitende Philosophie einer Schule auf den Punkt." „Leitbilder sind inhaltlich bestimmte Gesamtentwürfe für die Inszenierung von Schule und Unterricht", definiert Meyer (Meyer 1997, 87). Er charakterisiert Schulen durch das vorrangige Bildungsanliegen, das die jeweilige Schulgemeinschaft realisieren will. Meyer unterscheidet die Wissenschaftsschule, die Lebenshilfeschule, die Erfahrungsschule, aber auch die Schule als Faktenschleuder, die Lust-und-Laune-Schule, die Action-and-Fun-Schule, die Brüll-und-Schreischule, die Schule als Gefängnis. Er träumt von der teilautonomen, entwicklungsorientierten, alternativen Marktplatzschule und beschreibt das Leitbild lernende Schule.

Die drei Leitbilder – Wissenschaftsschule, Lebenshilfeschule und Erfahrungsschule – sollen ihrer historischen und modellhaften Bedeutung wegen genauer dargestellt werden.

Das Leitbild **Wissenschaftsschule** hat als vorrangiges Bildungsanliegen die Vorbereitung auf das Studium. Um diese allgemeine Studierfähigkeit zu vermitteln, wird der Unterricht von wissenschaftlich und pädagogisch ausgebildeten Lehrern erteilt. Der Unterricht ist fächerbezogen, aber auch fächerübergreifend. Die Entwicklung von effizientem, eigenständigem Lernverhalten und von sozialen und personalen Kompetenzen auch in der Schule darf meiner Meinung nach bei diesem Leitbild nicht ausgeschlossen werden. Es ist wichtig, dies zu betonen, da es durchaus Autoren gibt, die dieses Leitbild gerne auf die wissenschaftliche Stoffvermittlung beschränken möchten, um es dann leichter als unpädagogisch abqualifizieren zu können. (vgl. Meyer 1997, 91–93). Natürlich werden nicht alle Schüler ein Studium anstreben und nur ein Teil der Schulen das Leitbild Wissenschaftsschule zu realisieren versuchen. Traditionsgemäß ist es eines der Leitbilder gymnasialer Bildung.

Das Leitbild **Lebenshilfeschule** hat als vorrangiges Bildungsanliegen die Förderung der sozialen und personalen Kompetenzen und das Aufarbeiten von Sozialdefiziten. „Beziehung ist wichtiger als Erziehung, Erziehung ist aber wichtiger als Bildung, denn der richtig erzogene junge Mensch bildet sich vor allem selbst, am Anfang unter Anleitung seines Lehrers und schließlich mit den ihm zur Verfügung gestellten Mitteln selbst." (Struck 1996, 239) Am besten lässt sich dieses Leitbild realisieren, wo Schüler und Lehrer in Gemeinschaft leben und so soziales Lernen permanent stattfindet. Eine wichtige Wurzel für dieses Leitbild liegt wohl in der Reformpädagogik und die Landerziehungsheime sind für mich die Schulen, die dieses Leitbild überzeugend zu realisieren versuchen. Von dieser Tradition angeregt hat man versucht es auch als Leitbild für „großstädtische Grund- und Hauptschulen in sozialen Brennpunkten" einzuführen (Meyer 1997, 94).

Das Leitbild **Erfahrungsschule** weist der Schule die vorrangige Aufgabe zu, Lernumgebungen bereitzustellen, mit deren Hilfe Kinder frei und selbstständig soziale und personale Kompetenz gewinnen, aber auch ihr Wissen mehren können. Maria Montessori hatte bereits auf die Bedeutung selbstgesteuerten Lernens gegenüber der Belehrung hingewiesen. Ihr Leitspruch, der Schülerwunsch „hilf mir, es selbst zu tun", soll beachtet werden. Als Paradigma für das Leitbild Erfahrungsschule sieht Meyer die Bielefelder Laborschule und nennt von Hentig als Repräsentanten (Meyer 1997, 94). Dessen Formel „die Menschen stärken und die Sachen klären" (von Hentig 1996, 57) zeigt, dass er Bildung nicht auf den sozialen und personalen Bereich (die Menschen stärken) beschränkt sieht. Schule muss auch den Erwerb von Wissen, das Heimisch-Werden in unserer Kultur (die Sachen klären) zum Ziel haben, will sie nicht zu einem „sozialpädagogischen Heim" degenerieren. Aber eine Schule, die die kognitive Komponente überbetont, würde nach von Hentigs Meinung zu einer bloßen „Berufsvorbereitungsanstalt" werden und damit ebenfalls das Ziel Bildung verfehlen (von Hentig 1997, 58). „Schule als Lern- und Lebensraum", Schule als „Haus des Lernens" sind die Vorstellungen der Bildungskommission NRW von einer „Schule der Zukunft" (Bildungskommission NRW 1995, 77).

 Die genannten Leitbilder sind idealtypische Konstrukte, mögliche Wunschbilder modellhafter Vorstellungen.

Ihre Bedeutung liegt darin, durch strikte Vereinfachung der komplexen sozialen Wirklichkeit grundsätzliche Ziele oder Strukturen besser hervortreten zu lassen. In diesem Sinn sind obige Hinweise auf real existierende Schulen zu verstehen, die den Leitbildern zugeordnet wurden. In der Realität können solche Leitbilder immer nur näherungsweise erreicht werden. Die Faktoren, die vernachlässigt wurden, könnten durchaus eine größere Rolle spielen als die Modelle ahnen lassen. Vernachlässigt wurden z. B. die knappen Güter Geld und Zeit, unterschiedliche Voraussetzungen der Schüler und die Bedeutung der Schule für die Arbeitswelt. Außerdem ist es ein Merkmal gesellschaftlicher Realität, dass konträre Ziele gleichzeitig verfolgt werden müssen. So müssen wir z. B. in der Schule der Chancengerechtigkeit wegen Schüler durch Noten beurteilen, obwohl wir wissen, dass dadurch Konkurrenzdenken gefördert werden kann und die Erziehung zu Kooperationsfähigkeit und Teamfähigkeit eher behindert wird. Daher sind idealtypische Betrachtungen oft nur begrenzt anwendbar. Ein Lehrer, der in die Klasse geht, ein Bildungspolitiker, der über die Reform der Schule nachdenkt, wird die Faktoren Zeit und Geld sicher nicht vernachlässigen können.

22.1.4 Unterrichts- und Schulqualität

22.1.4.1 Evaluation von Unterrichts- und Schulqualität

Es ist ein Verdienst der Curriculumsforschung, dass die Evaluation, die ständige Erprobung, Überprüfung und Bewertung der curricularen Ziele und ihrer Realisierung, als integraler Bestandteil des Curriculums verankert wurde. An deutschen Schulen ist derzeit noch überwiegend nur die Ermittlung der **Schülerleistung** durch Klassenarbeiten und Tests üblich, die auch Rückschlüsse auf den Unterrichtserfolg zulässt. Dagegen findet überwiegend keine externe Beurteilung mit zentraler Aufgabenstellung, ähnlich dem Abitur, oder durch standardisierte Tests in den verschiedenen Klassenstufen statt. Auch das Zentralabitur ist nur in einigen wenigen Bundesländern etabliert. Erst als Folge von TIMSS und PISA (siehe 22.1.4.2) wurden von der KMK Bildungsstandards beschlossen.

Die **Beurteilung des Unterrichts** geht häufig nicht über eine kurze Selbstevaluation hinaus. Rückmeldungen der Klasse mit Hilfe von Fragebögen, wechselseitiger Besuch der Lehrer im Unterricht, Aufarbeitung von Problemsituationen in Diskussions- und Selbsthilfegruppen sowie regelmäßige Unterstützung der Lehrer, z. B. durch Studienseminare, finden nur in geringem Umfang statt. Der Leistungsvergleich von Schulen ist in Deutschland nicht üblich, abgesehen von Schuldurchschnitten beim Abitur. Der Leistungsvergleich von Bundesländern fand erstmals im Rahmen von PISA statt. Hinsichtlich Evaluation und empirischer Schulforschung fällt Deutschland im internationalen Vergleich eher durch Zurückhaltung auf. Vor allem von internationalen Leistungsvergleichen gehen derzeit auch in Deutschland Impulse aus.

22.1.4.2 Internationale Leistungsvergleiche

TIMSS (Third International Mathematics and Sience Study) von 1994/95 war der erste internationale Leistungsvergleich, der eine Beurteilung des deutschen Schulsystems in globalem Maßstab erlaubte. Das durchschnittliche Abschneiden Deutschlands löste in Presse und Politik Entsetzen aus. Sogar vom „TIMSS-Schock" war in Anspielung an den Sputnik-Schock die Rede: Ein führendes Exportland wird keine Zukunftschancen haben können, wenn sein Schulsystem nur Durchschnitt ist und kreative Impulse in Forschung und Entwicklung nicht im nötigen Umfang zu erwarten sind. Es bedurfte offenbar eines solchen Schocks, um einzusehen, dass mit Sparpolitik und dem Primat der Kostenneutralität im Schulbereich eine wirtschaftliche Spitzenstellung nicht zu halten sein wird. Auch für die Schulorganisation und die Unterrichtsgestaltung gingen Anregungen von dieser Studie aus. TIMSS wurde von der IEA (International Association for the Evaluation of Educational Achievement) durchgeführt. Es wurden die Mathematik- und Naturwissenschaftsleistungen von Schlüsseljahrgängen untersucht.

„Mit der Beteiligung an TIMSS werden in der Bundesrepublik seit 25 bzw 30 Jahren zum ersten Mal wieder verlässliche Daten verfügbar, die Auskunft über den Ausbildungsstand ausgewählter Schülerjahrgänge in den mathematisch-naturwissenschaftlichen Fächern geben." (Baumert, Profil 11/97, 16)

Schulen in der Gesellschaft 507

Inhalt und Ergebnisse von TIMSS

Getestet wurden in Deutschland Schüler/innen der beiden Klassenstufen, die zum Testzeitpunkt den größten Anteil der 13-jährigen aufweisen (7. und 8. Jahrgangsstufe) und Schüler/innen im Abschlussjahr der allgemeinbildenden oder beruflichen Voll- und Teilzeitschulen. Untersucht wurden mathematische und naturwissenschaftliche Fachleistungen, ergänzend auch Curricula und Schulbücher, Schulorganisation und Schulkultur, das Unterrichtsgeschehen im Klassenzimmer und die Bedeutung von soziokulturellen Faktoren wie Schulverwaltung, Elternhaus und Jugendkultur. (Baumert, Lehmann 1997; Baumert, Profil 11/97, 17). Deutschland lag der durchschnittlichen Leistung aller Schüler der Mittelstufe im Fach Mathematik nach in einer mittleren Leistungsgruppe, in der sich z. B. auch Kanada, England, die USA und Schottland befanden (ausführliche Darstellung vgl. Baumert, Profil 11/97, 22).

Mit **PISA** (Program for International Student Assessment), Teil des Indikatorenprogrammes INES (Indicators of Education Systems) der OECD, folgte ab 2000 ein weiterer internationaler Vergleich. Alle drei Jahre werden in 32 der wichtigsten Industriestaaten die Leistungen von 15-jährigen Schüler/innen in den Bereichen Lesekompetenz (Reading Literacy), mathematische Grundbildung (Mathematical Literacy) und naturwissenschaftliche Grundbildung (Scientific Literacy) gemessen. Dabei sollen auch Kompetenzen erfasst werden, die für methodisches Vorgehen, selbstständiges Lernen und kooperatives Arbeiten notwendig sind.

Inhalt und Ergebnisse von PISA

Bei dem ersten Zyklus (PISA 2000) wurde dem Bereich Lesekompetenz als Hauptbereich zwei Drittel der Testzeit zugeteilt. In den beiden anderen Bereichen wurden jeweils nur zusammenfassende Leistungsprofile erfasst. Beim zweiten Zyklus im Jahr 2003 war mathematische Grundbildung der Hauptbereich, beim dritten Zyklus im Jahr 2006 wird naturwissenschaftliche Grundbildung der Hauptbereich sein. Die anderen beiden Bereiche werden jeweils ergänzend erfasst. Das zentrale Ergebnis aus Pisa 2000 ist, dass Deutschland für alle drei Bereiche unter dem OECD-Durchschnitt der beteiligten Staaten lag. Für Lesekompetenz wurde ein Platz etwa am Ende des zweiten Drittels erreicht. (Vergleiche die ausführliche Darstellung der Ergebnisse in: Deutsches Pisa-Konsortium (Hrsg.), Pisa 2000.)

Von der KMK wurde eine Erweiterung Pisa-E 2000 in Auftrag gegeben, in der zusätzlich die unterschiedliche Situation in den einzelnen Bundesländern erfasst wurde. Es wurde eine breite Streuung der Leistung festgestellt: Bayern und Baden-Württemberg waren die leistungsstärksten Bundesländer, die überwiegend über dem OECD-Durchschnitt aus Pisa 2000 lagen. Viele Bundesländer erreichten nur Plätze im leistungsschwächsten Teil. (Deutsches Pisa-Konsortium, Pisa 2000 Ein differenzierter Blick auf die Länder der Bundesrepublik Deutschland, 61).

Um die Tragweite von Pisa richtig einzuschätzen, muss man sich vor Augen halten, dass nur ein sehr geringer Teil der Bildungsbereiche untersucht wurde: Fremdsprachen, Alte Sprachen, die geschichtliche Dimension, Bildende Kunst und Musik, weite Bereiche von Interaktion und Sozialverhalten, und viele weitere

Bildungsbereiche wurden nicht in den Blick genommen. Pisa ist auch keine Langzeitstudie: Wie das Lernverhalten der Probanden sich entwickeln wird und welche Arbeitsleistung sich im Erwerbsleben ergeben wird, bleibt unklar. Pisa ist eine **Momentaufnahme** eines sehr **kleinen Ausschnitts** des Bildunsgeschehens. Für Aussagen über den Bildungsstand der Nationen oder Urteile über die jeweiligen Schulsysteme reicht das meiner Meinung nach nicht aus.

Genauso unzulässig ist es, die Ergebnisse von Pisa als Zukunftsprognosen wirtschaftlicher Entwicklung umzudeuten und gar zu befürchten, dass Deutschland als Wirtschaftsstandort in Frage steht. Das Bruttoinlandsprodukt, die Anzahl neuer Patente, die Qualität der wissenschaftlichen und wirtschaftlichen Eliten sind eher aussagekräftigere Indikatoren für wirtschaftliche Entwicklung als beispielsweise der Durchschnittswert für Reading literacy bei den Fünfzehnjährigen.

Zu den postiven Folgen von Pisa gehört ohne Zweifel die Wiederbelebung der Bildungsdiskussion. So hat die KMK verbindliche **Bildungsstandards** beschlossen. Bei der empirischen Erfassung der Realität ist auch nicht verborgen geblieben, dass Deutschland beim Einsatz von finanziellen Mitteln ähnlich weit hinten liegt wie seine Fünfzehnjährigen beim Lesen. Der Übergang von „einem stark selektiven zu einem primär fördernden Bildungswesen" (Bulmahn 2003, 33) würde sicher auch ein finanzielles Umdenken bei Bund und Ländern erfordern.

22.2 Vielfalt der Schulen und Bildungsgänge

22.2.1 Das gegliederte Schulsystem

Die Teilbereiche des Schulsystems werden als **Schularten** bezeichnet. Schularten sind zum Beispiel die Grundschule, die Hauptschule, die Realschule, das Gymnasium, das Kolleg, die Berufsschule, die Berufsfachschule, das Berufskolleg, die Berufsoberschule, die Fachschule und die Sonderschule.

Aufeinanderfolgende Abschnitte des Bildungsweges werden **Schulstufen** genannt. Schulstufen sind die **Primarstufe**, die **Sekundarstufe I** mit Orientierungsstufe und die **Sekundarstufe II**. Der Kindergarten als Elementarbereich kann freiwillig besucht werden. Träger dieser Einrichtung sind z.B. die Komunen oder die Kirchen, jedoch nicht die Länder. Zum **tertiären Bereich** gehören z.B. die Universitäten oder Einrichtungen zur allgemeinen oder berufsbezogenen Weiterbildung.

Die grundsätzliche Struktur ist in Bild 22.2 auf der folgenden Seite gezeigt. Abweichungen in einzelnen Bundesländern, etwa ein zweigliedriges System, nur mit Realschule und Gymnasium, sind ebenso zu beachten wie die Verkürzung der Gymnasialzeit bis zum Abitur auf acht Jahre. In Studium und Referendariat sollten Leser/innen eine aktuelle Übersicht ihres jeweiligen Bundeslandes heranziehen (meist beim Kultuministerium erhältlich).

Die Gliederung in Schularten, die je nach Interesse und Qualifikation alternativ besucht werden können, wird als vertikale Gliederung bezeichnet. Die Gliederung in Schulstufen, die zeitlich im Entwicklungsprozess des Schülers aufeinander folgen, wird horizontale Gliederung genannt. „Gegliedertes Schulsystem" ist die kur-

Vielfalt der Schulen und Bildungsgänge

ze Bezeichnung für das vertikal gegliederte, dreigliedrige Schulsystem, bei dem in Sekundarstufe I der Besuch der Hauptschule, der Realschule oder des Gymnasiums je nach Leistungsfähigkeit und Interesse alternativ erfolgt. Ziele einer vertikalen Gliederung sind die Schaffung leistungsmäßig homogener Klassen sowie das Eingehen auf die Interessen der Schüler. So ist das Profil der Hauptschule stärker auf eine praktische Tätigkeit, das der Realschule eher auf Berufe mit theoretischen Anforderungen ausgerichtet. Das Gymnasium führt über das Abitur zur allgemeinen Hochschulreife und vermittelt den Schülern eine breite, vertiefte Allgemeinbildung.

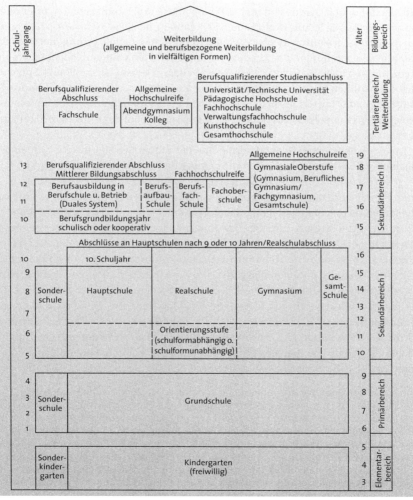

Bild 22.2: Prinzipielle Struktur des Bildungswesens der Bundesrepublik Deutschland

510   *Bildungs- und Erziehungsauftrag von Schule*

22.2.2 Gesamtschulen

Die Gesamtschule wurde Mitte der 60er-Jahre des 20. Jahrhunderts als Alternative zum gegliederten Schulsystem entwickelt und in den 70er- und 80er-Jahren erprobt. Die **horizontale Gliederung** ist hier das vorherrschende Strukturmoment. Die Schüler eines Jahrgangs werden so weit wie möglich ohne leistungsmäßige Differenzierung unterrichtet. Der Leitgedanke der Chancengleichheit und der Gleichheit der Bürger in einer Demokratie wird in den Vordergrund gestellt. Hinsichtlich der Organisationsform ist zwischen **kooperativen und integrierten Gesamtschulen** zu unterscheiden.

Kooperative Gesamtschulen sind Zusammenschlüsse von Hauptschulen, Realschulen und Gymnasien und enthalten diese drei Schularten als Abteilungen einer Schule. Die Schule besitzt einen Schulleiter und ein gemeinsames Kollegium, dem Hauptschullehrer, Realschullehrer und Gymnasiallehrer angehören. Schüler, die wegen mangelnder Leistungen nicht im gymnasialen Zweig bleiben können, müssen nicht die Schule verlassen, sondern wechseln in den Realschulzweig. Schüler können auch in einzelnen Fächern bei entsprechender Qualifikation am Unterricht der jeweils anspruchsvolleren Schulart teilnehmen. Trotz dieser weitreichenden Kooperation bleibt das pädagogische Profil der einzelnen Schularten erhalten.

In der **integrierten Gesamtschule** sind die Schularten Hauptschule, Realschule und Gymnasium des gegliederten Schulsystems zu dem alternativen System „integrierte Gesamtschule" verschmolzen. Die vertikale Gliederung ist zugunsten einer rein horizontalen aufgehoben. Differenzierung nach Neigung und Leistungsvermögen ist vielfältig durch Wahl aus einem Unterrichtsangebot oder Zuweisung zu Kursen möglich. Im Kursunterricht erfolgt eine Zuweisung zu unterschiedlich anspruchsvollen Kursen je nach Leistungsvermögen. Typische Fächer für Kursunterricht sind Englisch oder Mathematik. Der Wahlpflichtunterricht wird aus einem Angebot gewählt und ist verbindlich. Beispiele dafür sind die zweite Fremdsprache oder verstärkter naturwissenschaftlicher Unterricht. Der Wahlunterricht ist dagegen freiwillig besuchter Unterricht, wie etwa Chor oder Orchester. Neben differenziertem Unterricht gibt es Kernunterricht, bei dem die Schüler unterschiedlicher Leistungsfähigkeit in Klassen zusammengefasst sind. Typische Fächer für den Kernunterricht sind Gesellschaftskunde, Kunst, Musik und Sport.

Vorläufer der Gesamtschule finden sich in Deutschland in der ersten Hälfte des 20. Jahrhunderts im Rahmen der Reformpädagogik. Als Peter Petersen in den 20er-Jahren den Jena-Plan entwickelte, hatte er eine freie, allgemeine Schule im Auge, bei der keine Auswahl unter Leistungskriterien stattfand. Auch die Odenwaldschule in Hessen, ein deutsches Landerziehungsheim, 1910 von Paul und Edith Geheeb gegründet, kann als Vorläufer der Gesamtschule angesehen werden. Die erste Waldorfschule wurde von Rudolf Steiner 1919 in Stuttgart eingerichtet. Sie war eine Gesamtschule für Jungen und Mädchen verschiedener sozialer Schichten und unterschiedlicher Begabungen. Vorbilder aus dem Ausland waren das englische Comprehensive-System, die US-High-School und die seit 1962 in Schweden eingeführte 9-jährige Grundschule.

Vielfalt der Schulen und Bildungsgänge **511**

Die Diskussion um die Gesamtschule stellt inzwischen ein Stück Schulgeschichte in Deutschland dar. Früh geriet, was ursprünglich pädagogische Argumentation war, zur parteipolitischen Auseinandersetzung: Die CDU/CSU hielt am gegliederten Schulsystem fest, während die SPD dieses durch Gesamtschulen ersetzen wollte. Heute ist die Situation in den Bundesländern sehr unterschiedlich. Im Ganzen gesehen hat sich die Gesamtschule mit ihrem ursprünglichen Anspruch, das gegliederte Schulsystem abzulösen, nicht durchgesetzt. Die Argumentationsschiene der Befürworter des Gesamtschulgedankens verläuft etwa wie folgt:

- Eine demokratische Gesellschaft muss für die soziale Integration der Jugendlichen sorgen und sie zu gegenseitigem Verständnis, wechselseitiger Achtung und zur Kooperation erziehen. Dies ist eher möglich, wenn alle Kinder dieselbe Schule besuchen.
- Im gegliederten Schulsystem ist die Chancengleichheit nicht genügend gewährleistet.
- In integrierten Schulsystemen ist die Durchlässigkeit des Differenzierungssystems besser zu realisieren.
- Im 4. Schuljahr können Eltern und Lehrer noch keine Entscheidung über den zukünftigen Bildungsweg treffen.
- Sitzenbleiben sollte vermieden werden. Ein Wechsel in einen Kurs mit geringeren Anforderungen erspart dem Kind das Repetieren.

Andererseits wirft die Idee und die Praxis der Gesamtschule auch viele Probleme auf. Das Leistungsvermögen bei Kindern und Jugendlichen ist weit gestreut und die Interessen divergieren stark. Will man nicht auf Leistung verzichten, so wird es ohne Differenzierung im Unterricht weit stärker zu Über- und Unterforderungen kommen, als es im gegliederten Schulwesen der Fall ist. Unsere Gesellschaft ist aber auf die Erbringung von Leistung in einem arbeitsteiligen Produktionsprozess angewiesen. Hier erlaubt ein gegliedertes Schulsystem eher, die besonderen Begabungen jedes Kindes, auch im Hinblick auf den späteren Beruf, zu entfalten. Sicher sieht auch die Gesamtschule teilweise Differenzierung vor und ist insofern von der Idee einer undifferenzierten Einheitsschule abgerückt. Damit stellt die Gesamtschule aber auch keine prinzipielle pädagogische Alternative zum gegliederten Schulsystem dar, sondern strebt nur etwas weniger Differenzierung oder auch Differenzierung in anderer Organisationsform an. Ob soziale Integration bei häufig wechselnden Gruppierungen besser zu erreichen ist als bei fester Klassengemeinschaft, darf zumindest bezweifelt werden.

Die Erprobung der Gesamtschule hat gezeigt, dass sie keineswegs dem gegliederten Schulsystem überlegen ist. Aurin kommt nach Auswertung verschiedener Schulvergleichsuntersuchungen zu dem Schluss: „Stärker als die Wirkung des Faktors „Schulsystem" erwies sich in allen vier Ländern die des Faktors „Einzelne Schule" (einer jeden Schulform/-art)." (Aurin 1987,183) Auch der Anspruch, dass die Gesamtschule benachteiligte Schüler besonders fördert und dadurch die Chancengleichheit erhöht, konnte nicht bestätigt werden. „Durch die Analysen der vier neuesten Vergleichsuntersuchungen werden keine eindeutigen und insbesondere keine durchgängigen Befunde ausgewiesen, die dafür sprächen, dass Schüler bestimmter Sozialgruppen generell in einem der beiden Schulsysteme deutlich bessere Fördererfolge erreichten." (Aurin 1987, 185) Hinsichtlich der Leistungsfähigkeit wird festgestellt, dass „im Leistungsbereich auf dem mittleren und oberen Anforderungsniveau die höheren Förderwirkungen bei den Schulen des gegliederten Schulsystems" liegen. (Aurin 1987, 190)

Der noch in den 80er-Jahren heftig geführte Streit war am Ende des 20. Jahrhunderts abgeklungen. Die Perspektive hatte sich von der Wirksamkeit von Schulsystemen hin zur pädagogischen Wirksamkeit einzelner Schulen verschoben. Die Misserfolge bei TIMSS und Pisa haben diese Diskussion neuerdings wieder belebt.

22.2.3 Freie Schulen

Die Existenz Freier Schulen wird durch das Grundgesetz garantiert. Dies ist auch darauf zurückzuführen, dass einige dieser Schulen dem Naziregime Widerstand entgegengesetzt hatten und darauf hin geschlossen wurden. Freie Schulen besitzen heute einen beträchtlichen Freiraum bei der Gestaltung des Unterrichts, der Organisation der Schule, der Auswahl der Lehrer und der Aufnahme von Schülern und konnten sich erfolgreich als Alternative zum staatlichen Schulsystem etablieren. Dabei haben sich vor allem die Schulen, die ihre Wurzeln in der Reformpädagogik haben, um die Pflege und Weiterentwicklung pädagogischer Ideen verdient gemacht. So entlasten Freie Schulen heute nicht nur den Staat, sondern sind auch kompetente Partner in der Reformdiskussion.

Das staatliche Bildungswesen hat viele Ideen und Formen übernommen, die von Freien Schulen erprobt und praktiziert wurden: In allen Schulen werden der **Erziehungsauftrag** und das **Schulleben** stärker betont. **Projektunterricht** oder projektorientierter Unterricht findet, wenn auch noch in geringem Ausmaß, auch an der Regelschule statt. **Ganzheitlichere Verfahren** bei der Unterrichtsgestaltung haben etwa in Form des fächerübergreifenden Unterrichts Einzug in den Alltag der staatlichen Schulen gehalten und auch praktisches Lernen wird zunehmend im Unterricht eingesetzt. Die teilweise Ersetzung von stundenplanmäßigem Unterricht im 45-Minuten-Takt durch **Epochenunterricht** wird an Waldorfschulen praktiziert und ist auch für die Regelschule in die Diskussion gekommen. Für mich war der Besuch von Freien Schulen und die Diskussion mit den Kollegen, die dort unter anderen Rahmenbedingungen arbeiten, stets lehrreich und anregend.

Ein vollständiger Überblick über die Freien Schulen würde den Rahmen dieses Beitrags sprengen (vergl. Handbuch Freie Schulen, 1984, oder Röhrs, 1986) Ein kurzer, exemplarischer Hinweis auf zwei Beispiele soll daher genügen.

In **Landerziehungsheimen** wird eine Form der Internatserziehung verwirklicht, die auf Hermann Lietz (1868-1919) und die Reformpädagogik zurückgeht. Mit Absicht wurden diese Schulen in ländlicher Umgebung eingerichtet. Das Internat ist das Heim der Schüler. Leben und Schule sollen zu einer Einheit verschmolzen werden. In der Praxis wird dieses Programm an Landerziehungsheimen mit unterschiedlichen Organisationsformen realisiert (z. B. die Schule Schloss Salem

Vielfalt der Schulen und Bildungsgänge   513

und der Birklehof als staatlich anerkannte Gymnasien für Jungen und Mädchen, die Odenwaldschule, in Hessen als Gesamtschule).

Auch die **Freien Waldorfschulen** gehen auf die große Reformperiode zu Beginn des letzten Jahrhunderts zurück. Rudolf Steiner (1861-1925), ein engagierter Pädagoge, Goethe-Forscher und Anthroposoph, gründete die erste Freie Waldorfschule 1919 in Stuttgart. Steiner ging es um eine ganzheitliche Erziehung, um die Entwicklung und Entfaltung aller Fähigkeiten, die im Menschen angelegt sind. Er postulierte ein Phasenmodell der Entwicklung, das von siebenjährigen Reifungsphasen ausgeht (vgl. Leber 1992, S.65ff). Der Unterricht muss bei ihm diese Entwicklung des Schülers berücksichtigen und unterstützen. Die Freien Waldorfschulen haben sich im Laufe der Zeit nicht nur in ganz Deutschland verbreitet, sie sind darüber hinaus zu einer internationalen Bewegung geworden.

22.2.4   Das duale System als Grundlage beruflicher Ausbildung

Generell ist das berufliche Schulwesen durch die Verbindung von beruflicher und allgemeiner Bildung gekennzeichnet, wobei die Spezialisierung in der Berufsausbildung (nach Berufen) Vorrang hat und die Allgemeinbildung ergänzend vertieft und erweitert werden soll. Die Ausbildung erfolgt überwiegend im dualen System: Die Berufsausbildung in Form der Lehre ist eine praktische Ausbildung im Ausbildungsbetrieb, die durch den Unterricht in der Berufsschule ergänzt wird.

Das duale System hat sich bewährt und galt lange Zeit als beispielhafte Lösung. Es ist jedoch davon abhängig, dass die Wirtschaft genügend Ausbildungsplätze bereitstellt und dass die Abschlüsse von Hauptschule und Realschule als Eingangsvoraussetzung anerkannt werden. In den letzten Jahren sind aus Rationalisierungsgründen Ausbildungsplätze gestrichen worden, sodass heute Jugendliche nicht mehr sicher sein können einen geeigneten Ausbildungsplatz zu finden. Außerdem sind die Anforderungen in vielen Bereichen deutlich gestiegen. Das Abitur ist heute nicht mehr nur die Eingangsvoraussetzung für ein Studium sondern zunehmend auch für eine Lehrstelle. Die Folge ist eine ständig steigende Anzahl an Gymnasiasten bei gleichzeitiger Verringerung der Zahl der Hauptschüler.

22.3   Bildung und Erziehung am Gymnasium

22.3.1   Allgemeinbildung als Ziel

Die Diskussion der Lernziele der Schulen und insbesondere des Gymnasiums reicht weit zurück.

Zu Beginn des 19. Jahrhunderts, als unter Wilhelm von Humboldt das Schulwesen in Preußen neu geregelt wurde, war das Ziel allseitiger Bildung fundamental für die Neubegründung des Gymnasiums. Griechisch, Latein, Deutsch und Mathematik waren vor allen anderen die Fächer, in denen die Kräfte des Geistes entfaltet werden sollten, die Bildung des Gemüts zur Freisetzung der schöpferischen Kräfte im Menschen führen sollte. Spezialisierung, die auf die Bedürfnisse des Lebens oder einen Beruf hin ausgerichtet ist, sollte erst nach vollendetem allgemeinen Unterricht erfolgen. So allgemein geschult, erwirbt man nach Humboldts Meinung die besonderen Fähigkeiten eines Berufs später umso leichter und behält immer die Freiheit, sich bei Bedarf in neue Berufe einzuarbeiten und den Tätigkeitsbereich zu wechseln. Außerdem kommt die Erlernung schöpferischen Arbeitens auch der Ausübung des Berufs zustatten. Denn auch hier ist nicht nur nachzuahmen, was andere vorab getan haben, sondern Erweiterungen und Verbesserungen, die der schöpferischen Arbeit entspringen, sind ständig erforderlich.

Im weiteren Verlauf des 19. und 20. Jahrhunderts wurde auch den Realien ein wichtiger Beitrag zur Allgemeinbildung zugestanden. Physik, Chemie, Biologie, Erdkunde und Geschichte wurden nicht wegen der Vorbildung für ein Fachstudium, sondern wegen ihrer Bildungsfunktion unterrichtet. Nach Beendigung des Zweiten Weltkriegs, in der Zeit des Wiederaufbaus, fand eine starke Rückbesinnung auf Humboldtsches Gedankengut statt. Auch heute wird in der allgemeinen Bildung das Ziel gymnasialen Unterrichts gesehen.

Die Prinzipien
- ganzheitliche Betrachtung von Problemstellungen,
- Förderung der Selbständigkeit / Selbsttätigkeit,
- Förderung des Verantwortungsbewusstseins"

und die Nennung der Schlüsselqualifikationen „Kooperationsfähigkeit, Teamfähigkeit, Kommunikationsfähigkeit, das Denken in Zusammenhängen, Kreativität, Problemlösungsvermögen, aber auch das Bewusstsein für lebenslanges Lernen" (Fächerverbindendes Lehren und Lernen als Zukunftsaufgabe der Schule, K. u. U. 1991, 401) kann man als zeitgemäßen Versuch verstehen, den Begriff der Allgemeinbildung zu spezifizieren und zu konkretisieren.

Nicht die Aneignung detaillierten Tatsachenwissens steht im Vordergrund. Wesentlich ist, spezifische Arbeitsweisen und Denkstrukturen in den verschiedenen Fächern und Aufgabenfeldern zu verstehen und Methoden der Aneignung und Durchdringung des Stoffes in selbstständiger und eigenverantwortlicher Arbeit zu erproben und zu erlernen. Die Spezialisierung in den Wissenschaften ist so weit vorangeschritten, neues Wissen kommt in so großem Umfang hinzu und neue Forschungsrichtungen entwickeln sich so schnell, dass das Gymnasium selbst schon mit groben Überblicken über den aktuellen Wissensstand überfordert wäre. Die Ausbildung in den Wissenschaften muss die Aufgabe der Universität bleiben. Die **Allgemeinbildung** als das Ziel gymnasialer Bildung schließt aber nicht aus, dass das Gymnasium **auch berufsorientierende Bildungsinhalte** vermitteln und zu berufsbezogenen Bildungsgängen führen kann. Die Typen der beruflichen Gymnasien können zusätzlich zu berufsqualifizierenden Abschlüssen hinführen.

Eine darüber hinausgehende Integration von gymnasialer Bildung und beruflicher Ausbildung muss man mit Skepsis beurteilen. Es erscheint mir kaum realisierbar, dass ohne Minderung des Anforderungsniveaus in drei Jahren die Inhalte der gymnasialen Oberstufe und zusätzlich die Inhalte einer Berufsausbildung gelernt werden können. Deshalb ist es wünschenswert, das Gymnasium und das berufsbildende Schulwesen als eigenständige Teile des Schulsystems mit eigenen Zielen zu erhalten.

Bildung und Erziehung am Gymnasium

22.3.2 Die reformierte Oberstufe

22.3.2.1 Die Ziele der Oberstufenreform

Die Grundlage der Oberstufenreform war die „Vereinbarung zur Neugestaltung der gymnasialen Oberstufe in der Sekundarstufe II" der Ständigen Konferenz der Kultusminister vom 7. 7. 1972. Zwei Jahrzehnte der Vorbereitung und der Diskussion über Abituranforderungen und Organisation der gymnasialen Oberstufe waren dieser Vereinbarung vorausgegangen. So entstand eine Reform, die Westphalen als „ohne Zweifel die einschneidendste Veränderung der sogenannten höheren Schulbildung seit der Gymnasialreform Wilhelm von Humboldts aus dem Jahre 1809" bezeichnete (Westphalen 1979, 51).Bei dieser Reform wurde von folgenden allgemeinen Zielen der gymnasialen Oberstufe ausgegangen:

- Selbstverwirklichung in sozialer Verantwortung,
- wissenschaftspropädeutische Grundbildung mit Vertiefung in Schwerpunktsbereichen,
- Studierfähigkeit und
- Erwerb von Grundlagen für eine berufliche Ausbildung oder Tätigkeit.

Neu war eine starke Betonung der Selbstverantwortung der Schüler, wie sie in der Möglichkeit einer Wahl oder Abwahl von Fächern zum Ausdruck kommt. Neu war auch das Bestreben im Wahlbereich weitere Fächer in den Bildungskanon aufzunehmen und dadurch der Allgemeinbildung eine breitere Basis zu verleihen.

22.3.2.2 Strukturelle Grundzüge der reformierten Oberstufe

Um die oben genannten Ziele zu erreichen, wurde eine umfassende Strukturreform durchgeführt:

1. Die Fächer wurden drei verschiedenen Aufgabenfeldern zugewiesen:
   - dem sprachlich-literarisch-künstlerischen Aufgabenfeld mit den Fächern Deutsch, Englisch, Französisch, Latein, Griechisch, Russisch, Musik und Bildende Kunst;
   - dem gesellschaftswissenschaftlichen Aufgabenfeld mit den Fächern Geschichte, Erdkunde und Gemeinschaftskunde;
   - dem mathematisch-naturwissenschaftlich-technischen Aufgabenfeld mit den Fächern Mathematik, Physik, Chemie und Biologie.

   Sport ist ohne Zuordnung zu einem Aufgabenfeld. Katholische und evangelische Religionslehre sowie Ethik sind dem gesellschafts-wissenschaftlichen Aufgabenfeld zugewiesen worden.

   Die Aufgabenfelder sind Kernbereiche der Allgemeinbildung. Durch Regelungen, die den Besuch von Kursen in allen drei Aufgabenfeldern sicherstellen, soll eine hinreichende Allgemeinbildung und die Studierfähigkeit gewährleistet werden. Durch Wahlmöglichkeiten innerhalb der Aufgabenfelder wird der Selbstverantwortung der Schüler Rechnung getragen und eine Individualisierung der Schullaufbahn ermöglicht.

2. Mit Grund- und Leistungskursen im selben Fach wurde Unterricht auf verschiedenen Niveaus eingeführt. Grundkurse dienen der allgemeinen Orientierung innerhalb eines Faches sowie der Sicherung einer breiten Grundbildung.

516 *Bildungs- und Erziehungsauftrag von Schule*

Leistungskurse sollen ein vertieftes wissenschaftspropädeutisches Verständnis vermitteln und dienen so besonders der Vorbereitung auf das Studium.

3. Das Unterrichtsangebot wurde in einen Pflichtbereich und einen Wahlbereich gegliedert. Während der Pflichtbereich oben unter 1. dargestellt ist, umfasst der Wahlbereich die Fächer Astronomie, Darstellende Geometrie, Geologie, Informatik, Literatur, Philosophie, Psychologie und weitere Fremdsprachen. Dieser Wahlbereich und die außerdem vorhandenen Arbeitsgemeinschaften wie z. B. Chor und Orchester ermöglichen es einer Schule, ein individuelles und unverwechselbares Profil zu entwickeln, durch das die vormals vorhandenen Gymnasialtypen abgelöst wurden. Für den Schüler bietet der Wahlbereich verstärkt die Chance, ein individuelles Lernprogramm nach seinen Neigungen und Fähigkeiten zusammenzustellen.

Die Oberstufe beginnt mit der Klasse 11 als Einführungsphase, in der der Klassenverband erhalten bleibt. Vorbereitungskurse dienen im Bedarfsfall dazu, den nötigen Leistungsstand für die Leistungskurse in Klasse 12 zu erreichen. Durch Kurswahlen wird die Kursstufe (Jahrgangsstufen 12 und 13) vorbereitet. Mit der Versetzung Ende Klasse 11 erfolgt der Übergang in die Kursstufe mit vier halbjährigen Kursen, die mit der Abiturprüfung abschließt. In dieser wird der Schüler in vier Fächern geprüft (schriftlich Prüfung in den beiden Leistungsfächern und in einem vom Schüler gewählten Grundkursfach, die mündlich Prüfung erstreckt sich auf die Fächer der schriftlichen Prüfung und ein weiteres vom Schüler gewähltes Grundkursfach). Durch die vier Prüfungsfächer müssen alle drei Aufgabenfelder abgedeckt sein. In der Gesamtqualifikation werden die in der Kursstufe erzielten Ergebnisse in den Leistungskursen und in bestimmten anrechenbaren Grundkursen sowie die Ergebnisse der Abiturprüfung zusammengefasst, die maßgebend für die Zuerkennung der allgemeinen Hochschulreife ist.

Über drei Jahrzehnte sind nun seit der KMK-Vereinbarung von 1972 vergangen. Im Wesentlichen hat sich die Oberstufenreform sicher bewährt. Es gibt aber auch ernst zu nehmende Kritik, die kurz zusammengefasst werden soll:

▪ Vom Schüler wird verlangt, dass er die richtigen Wahlentscheidungen für seinen Bildungsgang treffen kann. Durch die Zulassungsbeschränkungen, die an den Universitäten für die meisten Studiengänge heute bestehen, entsteht ein starker Druck, durch taktisches Punktesammeln, die Zulassungschancen für das angestrebte Studium zu erhöhen. Nicht immer werden die Kurse gewählt, die am ehesten zur Allgemeinbildung beitragen oder für die Interesse und Fähigkeiten vorhanden wären. Oft werden diejenigen Kurse gewählt, von denen man sich die höchsten Punktezahlen verspricht. Damit aber wird der Sinn der gewährten Wahlfreiheit pervertiert.

▪ Es ist auch in Zweifel gezogen worden, ob die individuell zusammengestellte Kursauswahl bei allen Schülern in gleicher Weise den Erwerb der Voraussetzungen für ein Studium sicherstellt. Die gegebene Wahlmöglichkeit zwischen gewissen Fächern setzt voraus, dass diese Fächer als gleich schwierig und als gleich wichtig für die Ausbildung anzusehen sind.

▪ Durch die Organisationsform der reformierten Oberstufe werden ein Stück weit die Bedingungen des Studiums vorweggenommen und ein Übergang von der Schu-

Bildung und Erziehung am Gymnasium

le zur Universität hergestellt. Es ist eine kontrovers diskutierte Frage, ob der Verlust der sozialen Einbettung in die Klassengemeinschaft nicht zu früh kommt. Muss das Gymnasium wirklich eine Einübung in universitäre Organisationsformen bereitstellen? Der Organisationsaufwand von Seiten der Schule ist jedenfalls beträchtlich.

22.3.2.3 Weiterentwicklung der gymnasialen Oberstufe durch die KMK

Zum Ende des Jahres 1995 hat sich die Kultusministerkonferenz mit der Weiterentwicklung der gymnasialen Oberstufe beschäftigt und hat in ihrem Beschluss vom 1.12.1995 „Richtungsentscheidungen zur Weiterentwicklung der Prinzipien der gymnasialen Oberstufe und des Abiturs" verabschiedet:

- Danach bleiben die allgemeine Hochschulreife als Zugangsberechtigung für alle Studiengänge und die beschriebene Struktur der Oberstufe erhalten.
- Zum Ausgleich von individuellen Lerndefiziten sollen in der Einführungsphase verstärkt Intensivkurse in Deutsch, Fremdsprache und Mathematik angeboten werden. Auslandsaufenthalte und Betriebspraktika sollen die personalen, sozialen und fachlichen Kompetenzen fördern.
- Die Fächer Deutsch, Fremdsprache und Mathematik sind durchgehend zu belegen und in die Gesamtqualifikation einzubringen.
- Fächerübergreifendes und -verbindendes Lernen sollen gestärkt werden. Die Länder können die Belegung solcher Kursangebote verbindlich festlegen.
- Zur Weiterentwicklung der Oberstufe sind den Ländern zeitlich befristete Abweichungen von den Richtungsentscheidungen gestattet.
- Die Länder können vorsehen, dass wahlweise eine besondere Lernleistung im Rahmen eines zweisemestrigen Kurses erbracht wird, die mit einem Fünftel in die Gesamtpunktzahl der Abiturprüfung eingeht.
- Transparenz, Vergleichbarkeit und Einheitlichkeit zwischen den Ländern sollen gesichert werden. Dazu dienen Austausch von schriftlichen Aufgaben und Ergebnissen, Offenlegung der Bewertungsmaßstäbe und gegenseitige Teilnahme bei mündlichen Abiturprüfungen. Die Leistungsfähigkeit der Schule an zentralen Gelenkstellen von Bildungsgängen und die Aussagekraft der Abiturzeugnisse sollen durch Forschungsaufträge regelmäßig geprüft werden.

Die Schulzeit bis zum Abitur dauert nach dem Hamburger Abkommen dreizehn Jahre. Das Abitur nach zwölf Jahren wird anerkannt, wenn ein Gesamtvolumen von mindestens 265 Wochenstunden für die Sekundarstufe I und die gymnasiale Oberstufe nachgewiesen wird. Dabei ist den Vereinbarungen der KMK in quantitativer und qualitativer Hinsicht zu entsprechen.

518   *Bildungs- und Erziehungsauftrag von Schule*

Literatur

Arbeitsgemeinschaft Freier Schulen (Hrsg.). (1984). Handbuch Freie Schulen. Reinbek: Rowohlt Verlag.

Aurin, K. (Hrsg.). (1987). Schulvergleich in der Diskussion. Stuttgart: Klett - Cotta.

Aurin, K. (1978). Sekundarschulwesen. Stuttgart: Verlag W. Kohlhammer.

Baumert, J. (1997). Leistungsvergleich ist keine „Schulleistungsolympiade". in: Profil 11/97. S. 16-25.

Baumert, J. (1997). „Keine einfachen Lösungen für komplexe Probleme". in: Profil 12/97 S. 16-19.

Baumert, J., Lehmann, R. (1997). TIMSS. Mathematisch-naturwissenschaftlicher Unterricht im internationalen Vergleich. Opladen: Leske + Budrich.

Bildungsplan für das Gymnasium (1994). K. u. U. Baden-Württemberg. Lehrplanheft 4/1994

Bildungskommission NRW, (1995). Zukunft der Bildung - Schule der Zukunft. Berlin: Luchterhand.

Bulmahn, E. (2003). Lernen aus internationalen Erfahrungen. in: Seminar Lehrerbildung und Schule. 3/2003. Hohengehren. Schneider Verlag

Comenius, J.A. Grosse Didaktik. Düsseldorf: Verlag Helmut Küpper

Deutsches Pisa-Konsortium (Hrsg.). (2001). PISA 2000 Basiskompetenzen von Schülerinnen und Schülern im internationalen Vergleich. Opladen. Leske + Budrich.

Deutsches Pisa-Konsortium (Hrsg.). (2002). PISA 2000 – Die Länder der Bundesrepublik Deutschland im Vergleich. Opladen. Leske + Budrich.

Deutsches Pisa-Konsortium (Hrsg.). (2003). PISA 2000 Ein differenzierter Blick auf die Länder der Bundesrepublik Deutschland. Opladen. Leske + Budrich.

Fahrholz, B. (2002). Nach dem Pisa – Schock. Plädoyers für eine Bildungsreform. Hamburg. Hoffmann & Campe.

Hentig, H. von (1996). Bildung. München: Carl Hanser Verlag.

Herbart, J. F. (1806). Allgemeine Pädagogik aus dem Zweck der Erziehung abgeleitet. Göttingen: Röwer; zitiert nach W. Asmus (1965). Bd. II, S. 9-155.

Humboldt, W. v. (1993). Schriften zur Politik und zum Bildungswesen (Werke in V Bänden, Band IV, 4. unveränderte Auflage). Darmstadt: Wissenschaftliche Buchgesellschaft.

Klafki, W. (1963). Studien zur Bildungstheorie und Didaktik. Weinheim: Beltz Verlag.

Kluge, J. (2003). Schluss mit der Bildungsmisere. Frankfurt. Campus Verlag.

Konferenz der Kultusminister (Hrsg.). (2003). Bildungsbericht für Deutschland. Opladen. Leske + Budrich.

Leber, L. (1992, 3. Überarb. Aufl.). Die Pädagogik der Waldorfschule und ihre Grundlagen. Darmstadt: Wissenschaftliche Buchgesellschaft.

Meyer, H. (1997, Band II). Schulpädagogik. Berlin: Cornelsen Scriptor.

Ministerium für Kultus, Jugend und Sport Baden-Württemberg (2004). Bildungsplan 2004. Allgemein bildendes Gymnasium. Ditzingen. Philipp Reclam Jun.

Oblinger, H. (1981). Die Schule in der Gesellschaft. Donauwörth: Verlag Ludwig Auer.

Platon, Sämtliche Werke. Hamburg: Rowohlt.

Profil (1996). Im Wortlaut: Die „Richtungsentscheidungen" der Kultusminister. Heft 1-2. Seite 8.

Ramseger, J.(1991). Was heißt „durch Unterricht erziehen"? Weinheim: Beltz Verlag.

Röhrs, H. (Hrsg.). (1986). Die Schulen der Reformpädagogik heute. Düsseldorf: Schwann.

Schwanitz, D. (1999). Bildung - Alles, was man wissen muss. Frankfurt am Main: Eichborn.

Struck, P. (1996). Die Schule der Zukunft. Darmstadt: Wissenschaftliche Buchgesellschaft

Westphalen, K. (1979). Gymnasialbildung und Oberstufenreform. Donauwörth: Verlag Ludwig Auer.

Zacharias, T. (1991). Deutschlands Schularten im Überblick. Leipzig: Militzke Verlag.

23 Schule als Sozialisationsinstanz
Voraussetzungen, Aufgaben, Wirkungen, Qualität

Arthur Haug

Einleitung

Bis zu zwanzigtausend und mehr Stunden ihres Lebens verbringen Kinder und Jugendliche in der Schule. Die Unausweichlichkeit, mit der dies geschieht, macht Schule zu einem höchst bedeutsamen Faktor im individuellen und kollektiven Lebenslauf der Heranwachsenden. Die Tatsache wiederum, dass die Gesellschaft sich dies sehr viel kosten lässt, zeigt, dass dabei massive Interessen im Spiel sind.

Vor diesem Hintergrund werden im folgenden Beitrag Überlegungen angestellt zur Stellung der Schule im Sozialisationsprozess, zu Zielen der Schule und – soweit das möglich ist – zu ihren Wirkungen. In einem weiteren Abschnitt wird schließlich versucht, unter dem Stichwort Schulqualität Merkmale einer guten Schule zu erfassen und zu benennen.

23.1 Sozialisation und Schule

23.1.1 Der Begriff Sozialisation

Der Begriff Sozialisation soll hier den Prozess des Hineinwachsens des Kindes in die es umgebende Gesellschaft bezeichnen mit dem Ziel einer verantwortungsvollen Teilnahme am kulturellen, politischen und wirtschaftlichen Leben der Erwachsenen.

> *Formal lässt sich der Sozialisationsvorgang als Lernprozess beschreiben. Dieser umfasst alles organisierte und nichtorganisierte Lernen.*

Dabei bedeutet Lernen nicht nur das mühselige und anstrengende Aneignen bestimmter Lernpensen, sondern umfasst auch alle **Erfahrungen**, die der Mensch in ständiger – aktiver – Auseinandersetzung mit der sozialen, materiellen und ideellen Umwelt macht, der er angehört. Dieses Lernen ist ein lebenslanges Lernen, besonders wichtig sind jedoch die Kindheit und das Jugendalter: Hier geschehen die grundlegenden Lernvorgänge, auf denen alle weiteren aufbauen. Beteiligt ist auf der Basis genetischer Dispositionen das ganze Ensemble der – vielfach miteinander verschränkten – Lernarten vom Reiz-Reaktions-Lernen bis zu den komplizierten Formen sozialen und kognitiven Lernens.

> *Inhaltlich umfasst der Sozialisationsprozess das Erlernen des kulturellen Grundbestands einer Gesellschaft in einer aktuellen historischen Situation.*

Dazu gehören die – mehr oder weniger für verbindlich gehaltenen – sozialen, moralischen und ästhetischen Standards ebenso wie psychomotorische Fertigkeiten, kognitive Fähigkeiten und Kenntnisse und emotional-affektive Reaktionsweisen.

Je komplizierter und reicher der angesammelte kulturelle Grundbestand einer Gesellschaft ist, desto intensiver muss gelernt werden, je komplexer, differenzierter und pluralistischer eine Gesellschaft ist, desto verschachtelter und mit mehr Widersprüchen behaftet ist der Lernprozess.

Lernorte sind in unserer Gesellschaft: die Familie, der Kindergarten, die Gruppe der Gleichaltrigen ... die Disco und die Jugendherberge, Kino und religiöse Zentren ebenso wie Bundeswehr oder Ehe oder Altersheim oder Arbeitsplatz; alle Orte eben, an denen freiwillig oder erzwungenermaßen, allein oder im Umgang mit anderen, mit und ohne Medien teils spezifische, teils übereinstimmende, teils sich ergänzende und teils konkurrierende Erfahrungen im oben beschriebenen Sinne gemacht werden können und Erwünschtes oder Unerwünschtes, Beiläufiges und Wichtiges gelernt wird. In unserem Zusammenhang ist der besonders interessierende Lernort die Schule.

Die **Unumgänglichkeit des Sozialisationsprozesses** ergibt sich zunächst einmal aus der Perspektive des einzelnen heranwachsenden Kindes daraus, dass durch diesen Prozess sein ureigenes Überleben gesichert oder wenigstens befördert wird, und zwar zunächst im Wortsinn, umfassender aber im Sinne einer geglückten und erfüllten Lebensgestaltung. Aus der Perspektive der Gesellschaft, der das Kind angehört, ergibt sich die Unausweichlichkeit aus dem Bestreben, die Strukturen der Gesellschaft zu erhalten und womöglich zu verbessern durch eine entsprechende Formung der nachwachsenden Generation. Es liegt auf der Hand, dass diese beiden Perspektiven – hier das Wohl des Individuums, dort das der Gesellschaft – keineswegs deckungsgleich sein müssen, ja, es ist evident, dass das „Wohl des Kindes" selbst sehr unterschiedliche Auslegungen finden kann ebenso wie das „Wohl der Gesellschaft".

23.1.2 Besonderheiten schulischer Sozialisation

Schule ist also ein Sozialisationsort unter vielen anderen, der nur einen Teil eines umfassenderen Lernprozesses ermöglicht und organisiert, und zeichnet sich durch einige spezifische Gegebenheiten aus, darunter diese:

▪ **Schule ist ein künstliches/„kultürliches" Ereignis.**

Schulen werden immer dann eingerichtet, wenn der überlebenssichernde kulturelle Grundbestand einer Gruppe oder einer Gesellschaft Sachverhalte und Ideenkomplexe enthält, die nicht mehr beiläufig im Leben selbst durch Dabeisein, Mittun, Nachahmen und Belehrung aus der Situation heraus von den heranwachsenden Mitgliedern dieser Gruppe/Gesellschaft angeeignet werden können. Es wird eine eigene Vermittlungsinstanz geschaffen, und die Sorge für die Weitergabe des Kulturgutes wird Spezialisten anvertraut. Dafür werden Zeit, Räume und Materialien zur Verfügung gestellt. Die Heranwachsenden selbst, an die das Kulturgut weitergegeben werden soll, werden zeitweise freigestellt vom Produktionsprozess und somit mehr oder weniger deutlich herausgenommen aus unmittelbaren Handlungs- und Lebensvollzügen. Schule bedeutet eine künstliche Isolation des Lernens aus der Lebenswelt.

Sozialisation und Schule

- **Hauptzweck der Schule ist Unterricht.**
„Das Besondere der pädagogisch gemeinten Kommunikation in der Schule (...)
ist, dass sie hauptsächlich in Form von Unterricht stattfindet." (Schulz 1969,
31) Unterricht aber bedeutet systematisches Lehren und Lernen nach Absicht,
Plan und Methode in vorgegebenen Zeiteinheiten und in stufenweisem Fortschritt und, sofern Unterricht in Gruppen stattfindet, auch im Gleichschritt.
Vorschriften und Richtlinien, Lehrpläne und Curricula regeln seinen inhaltlichen Gang und seine äußere Verlaufsform seit alters her.

Vgl. dazu folgende Definitionsversuche: „Von gelegentlicher absichtsvoller Belehrung unterscheiden wir Unterricht als einen Prozess, in dem zum Zweck planmä-
ßiger Einflussnahme der Lebenszusammenhang, in dem Lernanlässe auftreten,
verlassen wird, in der Annahme, dass der Lernanlass sich wegen seiner Komplexität nicht mehr in der aktuellen Situation vermitteln lässt." (Wolfgang Schulz,
Unterricht. In: Wörterbuch der pädagogischen Psychologie, 3. Aufl., Freiburg i.Br.
1976, 284f.) – „Unterricht kann bestimmt werden als ein aus dem Zusammenhang
des Gesamtlebens ausgegliederter Lehr- und Lernprozess, in dem über den konkreten Lernanlass hinaus komplexere Sachzusammenhänge durch einen Lehrer
an einen oder mehrere Schüler vermittelt werden, wobei das Interesse des Lehrenden nicht nur auf die Präsentation der Lerninhalte, sondern auch auf deren
Aneignung durch den Schüler und eine darauf bezogene Erfolgskontrolle gerichtet
ist." (G. Steindorf, 1985, 18)

- **Besuch der Schule ist Privileg und Pflicht.**
Die weit überwiegende Zahl der Heranwachsenden in Deutschland besitzt das
Privileg des regelmäßigen Schulbesuchs und damit auch die Freistellung von
der „Kinderarbeit" erst seit rund zweihundert Jahren, nachdem aus wirtschaftlichen und politisch-sozialen und schließlich auch pädagogischen Gründen die öffentliche Staatsschule eingerichtet wurde. Zugleich ist das Zur-
Schule-Gehen zu einer Pflicht geworden und wird in seiner Dauer und in
seinem Verlauf geregelt durch Gesetze und Verordnungen.
- **Der Umgang in der modernen Schule basiert auf Gleichheit und Leistung
und macht das Kind zum Schüler.**
In jeder Gemeinschaft unterliegt der Mensch bestimmten Maßstäben der Wertschätzung. Diese Maßstäbe sind in der Schule gleichsam normiert und stan-
dardisiert. Eigenschaften, die in anderen Lebensvollzügen hoch geschätzt werden, sollen vor dem Gebot der Gleichheit und Leistung zurücktreten. „Niemand
darf wegen seines Geschlechtes, seiner Abstammung, seiner Rasse, seiner
Sprache, seiner Heimat und Herkunft, seines Glaubens, seiner religiösen oder
politischen Anschauungen benachteiligt oder bevorzugt werden." (Art. 3.3 GG)
Für alle Kinder und Jugendlichen soll in der Schule Leistung – als Manifesta-
tion von Begabung – als Kriterium der Beurteilung gelten. Dabei bedeutet die
„demokratische Leistungsschule" unzweifelhaft einen gewaltigen Fortschritt
gegenüber der Ständeschule vergangener Zeit.

Lernen in der Schule ist auf eine Zukunft hin ausgerichtet.
Lernen in der Schule mag und soll für den Einzelnen immer auch erfüllte Gegenwart bedeuten. Ihrem Zweck nach aber ist Schule ausgerichtet auf ein erfolgreiches Erwachsenenleben. „Non scholae, sed vitae discimus." Man muss sich daher darüber klar sein, dass der Staat nicht Schulen (für alle) ausschließlich zur privaten Ergötzung und Bereicherung einrichtet und die Gemeinschaft die gewaltigen finanziellen Kosten dafür trägt. Schule bereitet in wesentlichen Teilen vor aufs Nichtprivate, auf die Übernahme von öffentlichen, gesellschaftlichen Aufgaben.

23.2 Sozialisationsaufgaben der Schule

Theodor Ballauff (1982), einer der bedeutendsten Vertreter der moderneren geisteswissenschaftlichen Pädagogik, hat in einer groß angelegten historisch-systematischen Analyse über 30 Funktionen der Schule herausgearbeitet, „triviale/ pervulgate", „kommunikative", „projektive" und „paideutische", so dass sich ein äußerst widersprüchliches Bild von der Schule ergibt, in dem die verschiedenen Aspekte von der Kinderbewahranstalt bis zur Stätte höchster Menschenbildung reichen. Das facettenreiche Bild soll hier vereinfacht werden. Wir unterscheiden im Folgenden gesellschaftliche und personale Aufgaben der Schule.

23.2.1 Gesellschaftliche Funktionen
Dass Schule Teil einer geschichtlich gegebenen Gesellschaftsformation ist und als solche in einen gesellschaftlichen Funktionszusammenhang eingebunden ist, weiß man schon lange. Was die Aufgaben im Einzelnen sind, die dem modernen Schulsystem für wichtige Bereiche des gegenwärtigen gesellschaftlichen Lebens gestellt sind, haben die struktur-funktionalen Analysen der Schule (im Anschluss an Talcott Parsons) herauszuarbeiten versucht. Insbesondere Helmut Fend hat diese Analysen für Deutschland adaptiert und in seinen Beiträgen zur Theorie der Schule (zusammenfassend: Fend 1980) dargestellt, ohne allerdings bei dem struktur-funktionalen Ansatz stehen zu bleiben.

Kurz zusammengefasst ergibt sich: Die Schule hat in der modernen Industrie- und Dienstleistungsgesellschaft unter anderem die Aufgabe, durch die Vermittlung von Wissen und Fertigkeiten und entsprechendem Arbeitsverhalten wichtige **Sockel-Qualifikationen für das Beschäftigungssystem** bereitzustellen. Aufgrund der Leistungsbeurteilung verteilt sie Berechtigungen für unterschiedliche Schullaufbahnen und damit **Ränge und Positionen in der Sozialstruktur**, jedenfalls an die Kinder bestimmter Bevölkerungsgruppen. Weiterhin sorgt sie durch Unterricht und das gesamte schulstrukturelle Arrangement dafür, dass diese Verteilung und die damit einhergehende Teilhabe am kulturellen und ökonomischen Besitz der Gesellschaft als **gerecht und legitim erachtet** wird und auch die übrigen **Werte und Normen anerkannt** werden. Fend spricht in diesem Zusammenhang von den drei Funktionen

- der Qualifikation,
- der Selektion (beziehungsweise Allokation) und
- der Integration (beziehungsweise Legitimierung).

In Bild 23.1 wird dieser funktionale Zusammenhang zwischen dem Schulsystem und der Gesellschaft verdeutlicht.

Fend fasst diesen Teil seiner Arbeit so zusammen: „Charakterisiert man Schulsysteme im Lichte dieser gesellschaftlichen Funktionen, die sie erfüllen oder erfüllen sollen, dann erhalten Schulsysteme eine ganz andere Bedeutung als die rein formale, nämlich Anstalten zur systematischen Organisation von Lernprozessen zu sein. Ihre wirtschaftliche, soziale und politische Relevanz wird deutlich (...)." (Fend 1980, 18)

Fend hat mit seiner markanten Begriffs-Trias einen alten Tatbestand und Gegenstand pädagogischen Nachdenkens für die Gegenwart und für das gegenwärtige Schulsystem in Deutschland aktualisiert. Obwohl er bei dieser Analyse keineswegs stehen bleibt, sei an dieser Stelle – der schärferen Konturierung wegen – zunächst der Gewährsmann für das Weitere gewechselt.

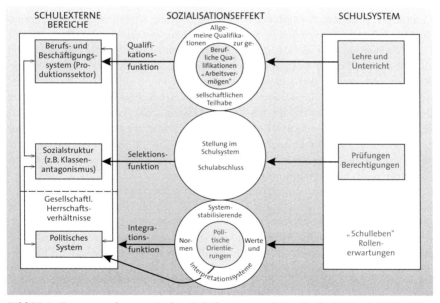

Bild 23.1: Zusammenhang zwischen Schulsystem und Gesellschaft (Fend, 1980, 17)

23.2.2 Die Aufgabe der Persönlichkeitsbildung

   „Und wie steht es um die Personalität, die Selbstbestimmung des Einzelnen, seine Mündigkeit? Sollte ihm die in Schule ermöglichte Bildung nicht die Befreiung aus gesellschaftlicher Prägung und Normierung ge-

währen? Sollte er nicht Werk seiner selbst werden, wie die humanistische Bildungstheorie diese Zielsetzung seit Pico della Mirandola formulierte und postulierte?" (Ballauff 1982, 234)

Theodor Ballauff hat in seiner erwähnten historisch-systematischen Analyse der Funktionen der Schule die drei von Fend herausgestellten – erweitert um eine beträchtliche Anzahl von in ihrer Orientierung auf die Gesellschaft korrespondierenden bzw. „konvenienten" Funktionen – bis auf die Anfänge der Schulgeschichte zurückverfolgt und fasst dies so zusammen (Ballauf, 1982, 340):

„Streng genommen haben die gängigen – traditionell-trivialen – Funktionen mit der Schule nur ‚akzidentell', nicht ‚substanziell' zu tun. Für den von außen kommenden Betrachter, z. B. den Soziologen, fallen jene zunächst ins Auge; bleibt man bei ihnen stehen, kommen wir nie ‚in die Schule', in ihren konstitutiven Sinnhorizont, der das Ergebnis einer langen Geschichte ist.

Die Schule qualifiziert. Sicher, aber sie ist doch nicht bloß Ausbildungsstätte, Trainingslager, Kaderschulung … Die schulischen Funktionen in sozio-politischem Sinn werden ihr abverlangt, aufgezwungen und mit der legitimierenden Funktion verbunden, die dadurch in ihrer Bedeutung eingeschränkt oder umgedeutet wird. Der Sinn der Schule kann sich auch nicht darin erschöpfen, ‚sozialer Filter' zu werden oder die Menschen als Bürger und Arbeitskräfte zu lenken und zu ordnen. Die Schule kann auch nicht bloß ‚vorbereiten' für etwas, das zugegebenermaßen gar nicht recht absehbar ist. Ebenso wird man von ihr nicht erwarten, dass sie nur ‚sozialisiert' im Sinne von ‚Disziplinierung', Moralisierung (Internalisation von Normen und Werten), Zivilisierung (soziales Lernen, Umgangsformen, kommunikative Kompetenz); auch nicht dass sie vor allem die Jugend ‚bewahrt' oder die Erwachsenen vor ihr ‚schützt'… Daher betreten wir erst ‚die Schule selbst', wenn wir die Konversion all jener Funktionen erreicht haben und ihren paideutischen Sinn verstehen."

Die „Konversion" ist eine „Wende" von den „trivialen/pervulgaten" gesellschaftlichen Funktionen zu den „paideutischen". Deren Mitte ist für Ballauff die eruditive Funktion. Um sie herum ist ein Kranz „flankierender" Funktionen – z. B. die asketische, die emanzipatorische, die partizipatorische – geflochten. Diese paideutischen Funktionen zusammen intendieren und aktualisieren „Bildung". (340 f.)

Vereinfachend und verkürzend lässt sich das Gemeinte unter dem Begriff der Personalisation zusammenfassen.

Dies ist umschreibbar als ein Überschreiten der gesellschaftlichen Funktionstüchtigkeit, Befreiung aus vorgegebener Prägung und Normierung, Emanzipation von einem unangemessenen Vorstellungs- und Empfindungskreis, Selbstverwirklichung, Selbstbestimmung und Mündigkeit: „Selbstständigkeit im Denken aufgrund eines weiten Interpretationshorizontes".

Sozialisationsaufgaben der Schule

23.2.3 Das Verhältnis zwischen gesellschaftlichen Funktionen und personalbildendem Auftrag

Hier soll nicht und kann gar nicht Ballauff gegen Fend ausgespielt werden. Es ging bei dem Wechsel der Perspektive – wie erwähnt – um die möglichst scharfe Konturierung zweier Traditionslinien. Fends Ausgangspunkt ist die strukturfunktionale, soziologische Position von Parsons, deren zentrales Anliegen die theoriegeleitete empirische Erforschung des Verhältnisses zwischen sozialen Institutionen und gesamtgesellschaftlichem System und dessen Strukturen ist. Ballauffs Ausgangspunkt ist die Tradition der geisteswissenschaftlichen, hermeneutisch-philosophischen Pädagogik, deren Zentralgedanke die optimale Förderung jedes Kindes und Jugendlichen und die Entfaltung aller in ihnen liegender Kräfte und Möglichkeiten vor aller gesellschaftlicher Brauchbarkeit ist. Ohne die Unterschiede einebnen zu wollen, die nach wie vor zwischen Ballauff und Fend bestehen, ist zu betonen, dass beide Autoren sich zumindest einander annähern und damit diese beiden Traditionslinien miteinander mehr oder weniger eng verknüpfen.

Fend stellt die Doppelaufgabe schulischer Sozialisation, die Erhaltung der Gesellschaft und die Förderung des Individuums, immer wieder deutlich in den Vordergrund. Ballauff seinerseits erkennt die notwendige Vereinnahmung der Schule auch für gesellschaftliche Zwecke an, betont aber die Individualbesorgung als die eigentliche pädagogische Aufgabe der Schule und als Zielpunkt aller pädagogischen Bemühungen in der Schule.

Das Verhältnis zwischen den beiden Aufgabenbereichen ist kein alternatives, aber auch nicht einfach ein additives, sondern ein integratives.

Der Begriff Personalität verweist auf die Besonderheit des Individuums, das zwar nicht aufgeht in den von außen zugemuteten Rollen, diese aber auch nicht einfach abstreift, sondern jeweils in einer spezifischen Identitätsleistung sich aneignet und dabei umgestaltet. Man muss sich z. B. mit Josef Derbolav klarmachen, „dass hier nicht der Mensch, die persona, jenseits der beruflichen und gesellschaftlich-politischen Rollen, gleichsam vorbei an ihnen und für sich selber kultiviert wird, sondern nur im Durchgang durch sie zu ihrer Verarbeitung und Ausbalancierung gelangt." (Derbolav 1977, 26) Mit Recht warnt Derbolav davor, „Individualität und Rollenträger so auseinanderzureißen, wie Kant das transzendentale vom empirischen Ich oder Heidegger das Selbst-Sein vom Man-Sein getrennt hat". Man muss sehen, „dass Personalität, Individualität keine Qualifikation neben anderen ist, sondern eher ein synthetisches Arrangement unter den erworbenen Qualifikationen, das das Individuum an sich selber vornimmt. Die Fähigkeit zu solchen Identitätsleistungen und ihrer balancierenden Synthese könnte man dabei als Metaqualifikation ansprechen, die zwar nicht auf dieselbe Weise wie andere Qualifikationen vermittelt werden kann, aber auch nicht jenseits aller Belangbarkeit durch Vermittlung steht".

526   *Schule als Sozialisationsinstanz*

23.3   Sozialisationswirkungen der Schule

Es ist eine Sache, Aufgaben der Schule zu bestimmen oder zu reklamieren. Eine andere ist es, zu überprüfen, inwieweit Schule diese Aufgaben erfüllt. Wenn im Folgenden der Versuch unternommen wird, unter Beibehaltung der Kategorien des vorausgehenden Abschnitts ansatzweise Wirkungen der Schule aufzuzeigen, soll das der Übersichtlichkeit der Darstellung dienen. Wir sind uns im Klaren darüber, dass die Isolierung der einzelnen Funktionsbereiche angesichts ihrer Interdependenz ein sehr künstliches Unterfangen darstellt.

23.3.1   Qualifikation

Unabhängig von der Frage, ob alle Abnehmer mit dem Ergebnis zufrieden sind oder nicht: Die Schule vermittelt tatsächlich jeweils schulartspezifisch und auf unterschiedlichen Niveaus fachlich und überfachlich **Wissen, Fähigkeiten und Fertigkeiten**, über die die Schüler zuvor nicht verfügt haben und die für die spätere Arbeitskraft im ökonomischen System der Gesellschaft als Sockelqualifikationen wichtig sind. Sicher ließe sich ein Teil dieser Leistungen auch durch andere denkbare Systeme erbringen, und Lernfortschritte sind auch nicht ausnahmslos auf die Schule zurückzuführen. Gleichwohl nennen neuere Arbeiten große schulbezogene Wirkungen.

In einer Untersuchung von Mortimer und Mitarbeitern erwies sich beispielsweise der Einfluss der (englischen) Grundschule auf den Lernfortschritt in Mathematik als zehnmal so bedeutsam wie der des Elternhauses. „Sogar beim Fach ‚Lesen‘, welches wahrscheinlich in hohem Maße vom allgemeinen kulturellen Hintergrund der Familie abhängt, war der Schuleinfluss viermal größer als der des Elternhauses." (Reynolds 1990, 91)

Durch den funktionalen und formalisierten Tagesablauf und die in der Schule herrschende Rollenverteilung werden **wichtige soziale Lernerfahrungen** gemacht und Arbeitstugenden vermittelt: Ordentlichkeit, Pünktlichkeit, Verantwortlichkeit für das, was man selbst tut, für einmal übernommene Pflichten, und viele andere sozial erwünschte Verhaltensweisen werden eingeübt und verstärkt.

23.3.2   Selektion

Äußerst umstritten ist die Bewertung der Selektionsfunktion der Schule und im Zusammenhang damit die Frage, ob die bei der Selektion verwendeten Instrumente und die zum Zuge kommenden Mechanismen gerecht oder diskriminierend sind. Tatsache aber ist: Durch das schulische Auslesesystem werden Plätze in der Sozialstruktur der Erwachsenengesellschaft zugewiesen.

Zu keiner Zeit waren weiterführende **Ausbildungsgänge und berufliche Karrieren** enger **an Schullaufbahnen gekoppelt** als heute. Nur wenige spezifische Begabungen werden sich unabhängig vom Schulabschluss eine der angesehenen Positionen erobern können, z. B. Models oder Fußballstars; und nur wirklich Pri-

Sozialisationsaufgaben der Schule   527

vilegierte können fehlende Schulabschlüsse kompensieren, wenn diese Privilegien eng an die Herkunft gebunden sind und familial vererbt werden.

Dass für die konkrete Berufsposition des Einzelnen neben der Schulbildung zusätzliche Faktoren wie z. B. Glück oder Protektion eine Rolle spielen, kann die grundsätzliche Wirksamkeit schulischer Selektion nicht in Frage stellen. Dies ist ein Tatbestand, der sich höchst ausgeprägt in den Bildungsaspirationen aller Bevölkerungsgruppen widerspiegelt und das anhaltende Streben nach höherwertigen und möglichst vielseitig verwertbaren Schulabschlüssen erklärt. Leider freilich bedeutet Schule vor diesem Hintergrund für immer mehr Schülerinnen und Schüler lediglich eine unvermeidbare **Durchgangsstation zum Erwerb von Berechtigungen** für den Eintritt in das (Berufs-)Leben, hat also keinen Eigen-Sinn. Dieser Aspekt ist von großer Durchschlagskraft auf Integration und Persönlichkeitsbildung.

23.3.3 Integration

Die spezifische Wirksamkeit der Schule gerade in diesem Bereich ist nur schwer einzuschätzen oder empirisch zu überprüfen.

Sowohl über den offiziellen Lehrplan als auch durch das gesamte schulstrukturelle Arrangement versucht Schule für wichtig gehaltene **Werte** und **Normen** und daraus resultierende **Haltungen** – zentral z. B. die Leistungsideologie und das Leistungshandeln – und über diese wiederum politische Loyalität gegenüber dem Gesellschaftssystem zu vermitteln. Immer dringender werden die Appelle an die Schule, auch Verhaltensweisen, die früher fraglos von der Familie eingeübt wurden, der nachwachsenden Generation nahe zu bringen. „Wegen der Komplexität der notwendigen Einstellungsmessungen, welche die ‚Tiefenstruktur‘ der Einstellungen und Wahrnehmungen von Schülern erschließen sollen, ist es außerordentlich schwierig, diesen gesamten Bereich zu untersuchen.“ (Reynolds 1990, 98)

Groß ist auch die **Abgrenzungsproblematik**: Andere Sozialisationskräfte greifen ein, teils die Anstrengungen der Schule korrumpierend, teils diese verstärkend. Auch darf nicht übersehen werden, dass zumal die strukturelle Seite der Schule auch gegenläufige Auswirkungen auf das Wert- und Haltungsgefüge von Kindern und Jugendlichen haben kann. Die partikularistische Darbietung etwa des Unterrichtsstoffs in 45-Minuten-Einheiten erschwert das Denken in Zusammenhängen, erschwert überhaupt die Erkenntnis vom Wert des Wissens, indem sie es als etwas Beliebiges erscheinen lässt, für das sich zu engagieren nicht lohnt.

Das Benotungs- und Beurteilungsverfahren in der Schule kann Vorstellungen von der Wettbewerbssituation der Menschen bestärken, in der der Vorteil des einen durch den Nachteil des anderen erkauft werden muss. Ein durch das Auslesesystem sich ergebender ständiger Degradierungsdruck kann zur Anpassung führen, aber auch zu Loyalitätskrisen und schließlichem Loyalitätsentzug.

23.3.4 Persönlichkeitsbildung

Wie steht es um die Wirksamkeit der Schule im Bereich der Persönlichkeitsbildung? Ausdrücklich sei gerade hier noch einmal auf die Künstlichkeit der Trennung der Funktionsbereiche hingewiesen. Es wäre absurd zu glauben, die bisher berichteten Wirkungen seien ohne Einfluss auf die Persönlichkeitsentwicklung, zumal ja Persönlichkeit – wie weiter oben zu zeigen versucht wurde – keine Qualifikation neben anderen ist, sondern eher deren „synthetisches Arrangement".

Von dieser Problematik abgesehen: Die geisteswissenschaftliche Pädagogik, die die Persönlichkeitsbildung ja in das Zentrum ihrer schultheoretischen Betrachtungen gerückt hatte, hat im Wesentlichen auf die Tradierung der Kultur und der in ihr verborgenen Bildungswerte im Medium des Lehrer-Schüler-Bezugs gesetzt. Eine Überprüfung der Wirksamkeit dieses Modells hat sie im Übrigen souverän vernachlässigt. Nicht ganz zu unrecht wirft man ihr gelegentlich vor, angesichts eines eher tristen Schulalltags von unerfüllbaren Wunschvorstellungen beherrscht gewesen zu sein.

Anmerkung:
Dieses Defizit blieb übrigens auch der geisteswissenschaftlichen Tradition selbst nicht unverborgen, wie das folgende Zitat zeigt: „Durch die Schulgeschichte zieht sich die Klage, dass allen hohen Zielsetzungen und Proklamationen der Aufgaben der Schule, der Lehrer und Schüler das klägliche Zerrbild der faktischen Schule gegenüberstünde." (Ballauff 1982, 404)

Es sind die Human- und wiederum die Sozialwissenschaften, die versuchen, aufgrund von Plausibilitätserwägungen und neuerdings auch aufgrund von präzisen empirischen Untersuchungen persönlichkeitsbildende Sozialisationsprozesse in der Schule fassbar zu machen. Dabei erwies sich ein globaler Persönlichkeitsbegriff mit Merkmalsbeschreibungen wie „Weite des Erlebnishorizontes", „Selbstständigkeit im Denken", „Mündigkeit" als wenig praktikabel, die Differenzierung in psychologische Persönlichkeitsmerkmale als unumgänglich.

Als außerordentlich schwierig erweist sich auch hier immer mehr die Abgrenzungsproblematik: Wie sind die Wirkungen der Schule abzugrenzen von Einflüssen anderer sozialisierender Umwelten, z. B. der Familie, der Gruppe der Gleichaltrigen, der Medien; werden die Wirkungen der Schule verstärkt oder kompensiert oder konterkariert; welchen Stellenwert haben die der Schule vorauslaufenden Sozialisationserfahrungen, genetische Dispositionen; wie verändern sich die Einflussmöglichkeiten mit steigendem Entwicklungsalter, mit zunehmenden intellektuellen Fähigkeiten?

„Wer ein abgeschlossenes Bild zum Persönlichkeitseinfluss der Schule erwartet, der wird von der vorliegenden Forschung enttäuscht sein: Sie liefert erste Antworten und manchen Stoff für Spekulation, aber vorerst nur in begrenztem Umfang erhärtete Wahrheiten. Erst im Prozess solcher Forschung nämlich stellte sich heraus, mit welcher Komplexität sozialer Wirklichkeit wir beim Aufwachsen von Kindern und Jugendlichen tatsächlich zu rechnen haben." (Vgl. Pekrun/Fend 1991, 3)

Sozialisationsaufgaben der Schule

Oben wurde bereits in einem anderen Zusammenhang darauf hingewiesen, dass Personalität nicht auf dieselbe Weise wie andere Qualifikationen vermittelt werden kann, aber auch nicht jenseits aller Belangbarkeit durch Vermittlung steht.

Außer im offiziellen Bildungsangebot, in den Methoden des Unterrichtens und im lebendigen Vorbild des Lehrers – drei Einflussgrößen, die keineswegs gering eingeschätzt werden sollen, auch wenn sie an dieser Stelle nicht thematisiert werden können – sind persönlichkeitswirksame Faktoren auch zu suchen, wie bei der Integration, in den strukturellen Arrangements der Schule.

Nur wenige – auf diesen Sachverhalt zutreffende – Ergebnisse können hier kurz herausgestellt werden:

Leistung und Persönlichkeitsentwicklung

Das in wesentlichen Teilen auf sozialem Vergleich beruhende und durch Sozialvergleich konkretisierte Leistungsprinzip in der Schule erweist sich als „Dreh- und Angelpunkt" nicht nur der Eröffnung oder Verschließung schulischer wie nachschulischer (Lebens-)Chancen und als wichtiger Faktor der Integration, sondern ebenso der Entwicklung der Schülerpersönlichkeit. (Vgl. dazu Pekrun/Fend 1991, 328)

Aufgrund der Dauerbeurteilung können Schülerinnen und Schüler Gleichgültigkeit und Desinteresse gegenüber den Inhalten ihres Lernens entwickeln; sie lernen die Gegenstände unabhängig von ihrem aktuellen Lebensbezug, weil das Lernen an sich, also vor allem die Gedächtnisleistung, belohnt wird; ihre Motivation ist nicht (oder nur selten) inhaltlich, sondern auf Leistung orientiert; es geht um gute Noten.

„Genau darin, nämlich in der Forderung und Förderung einer abstrakten, eben inhaltsunabhängigen Leistungsbereitschaft, liegt der wahrscheinlich wichtigste Sozialisationseffekt von Schule ... Im Vergleich mit außerschulischen Einflüssen auf die Interessenentwicklung Jugendlicher hat jedenfalls die Schule nur marginale Bedeutung." (Ulich 1991, 388)

Darüber hinaus aber haben nun die durch die Dauerbeurteilung kumulierten Erfolgs- oder Misserfolgsbilanzen der Schülerinnen und Schüler nachweislichen – fördernden oder hemmenden – Einfluss auf die Entwicklung ihres Selbstkonzepts mit Merkmalen wie Erfolgszuversicht, Selbstwirksamkeitserwartungen, Leistungsängstlichkeit und Hilflosigkeit mit unmittelbaren Auswirkungen auf das körperliche und psychische Wohlbefinden und mit weitreichenden schulischen und außerschulischen Konsequenzen.

„Eine als negativ eingeschätzte Schulkarriere kann zu einem Belastungsfaktor für die weitere Lebensplanung und zu einem schwierigen Topos der Biographie werden." (Holler/Hurrelmann 1991, 270) Lehrer bieten gerade in dieser Lage offensichtlich wenig Unterstützung: Schüler beklagen beim pädagogischen Engagement der Lehrer vor allem das mangelnde Eingehen auf schwächere und auffällige Schüler. (Vgl. Ulich 1991, 386) Wiederholer sehen weniger Chancen auf gute Noten und Abschlüsse, erfahren weniger Hilfe durch die Lehrer und fühlen sich häufiger als Abweichler typisiert. (Vgl. ebd. 390)

Schulische Sozialumwelten und Persönlichkeitsentwicklung

Eine wichtige Sozialisationsbedingung in der Schule stellt auch das – stark vom Lehrer beinflusste – Unterrichtsklima dar.

Jerusalem und Schwarzer z. B. haben in einer Untersuchung an Schülern der 5. und 6. Klassen (N = 808) deutliche Zusammenhänge zwischen Schülermerkmalen wie Leistungsängstlichkeit, Schulunlust, Selbstwirksamkeitserwartung und Hilflosigkeit einerseits und Klassenklima andererseits (verstanden als kollektive subjektive Wahrnehmung von Leistungsdruck, Konkurrenzdruck, Anonymität und Regellosigkeit in einer Schulklasse aus der Schülerperspektive) gefunden. „Auf längere Sicht finden sich … in klimanegativen Klassen Schüler mit einem schwächeren Selbstkonzept als in klimapositiven." (1991, 127) Das Klassenklima selbst ist vor allem durch die wahrgenommenen Lehrerverhaltensweisen wie individualisierende Lehrerbezugsnormorientierung, Objektivität, Hilfsbereitschaft, Toleranz, Gelassenheit, Tadel und Lob bestimmt.

Für die Persönlichkeitsentwicklung von Kindern und Jugendlichen wird Schule nicht zuletzt deshalb höchst bedeutsam, weil sie auf formeller und informeller Ebene die Begegnung von Gleichaltrigen mit verschiedenen biografischen und sozialen Hintergründen ermöglicht und erzwingt. „Dieser ‚Nebeneffekt' der Schule ist umso wichtiger geworden, als Nachbarschaften soziales Kinderleben wegen der ‚Unwirtlichkeit' öffentlicher Räume, wegen baulicher Gestaltung, Verkehr, normativer Spielrestriktionen oder auch schlicht wegen Mangels gleichaltriger Kinder in der näheren Umgebung nicht mehr sicher garantieren." (Oswald/ Krappmann 1991, 202). Die Bedeutung der Schülergruppe für die soziale Entwicklung als Teil der Persönlichkeitsentwicklung, ihr „Entwicklungspotenzial" beschreibt Petillon (1991, 183):

„Die Gruppe bietet die Möglichkeit,
- sich mit anderen zu vergleichen (Aspekt: Bezugsgruppe);
- sich einen Status in Hinsicht auf Einfluss, Beliebtheit u. a. zu erwerben (Aspekt: Gruppenstruktur);
- Normen mitzubestimmen und befolgen zu lernen (Aspekt: Gruppennormen);
- Zugehörigkeit zu erleben (Aspekt: Sozialklima);
- Gedanken auszutauschen, sich selbst darzustellen (Aspekt: Kommunikation);
- Sozialbeziehungen aufzunehmen (Aspekt: Beziehung);
- sich in Publikumssituationen zu bewähren (Aspekt: soziales Selbstbewusstsein);
- Selbsterfahrungen zu machen (Aspekt: Identität);
- Auseinandersetzungen zu bestehen (Aspekt: Konflikt);
- intensive Bindungen einzugehen (Aspekt: Freundschaft);
- gemeinsam zu arbeiten und zu spielen (Aspekt: Kooperation);
- Andersartigkeit zu erfahren (Aspekt: Toleranz);
- sich für Gruppeninteressen zusammenzuschließen (Aspekt: Solidarität)."

Sozialisationsaufgaben der Schule

Das Potenzial der Gruppe der Altersgleichen für entwicklungspsychologische Prozesse ist hier positiv beschrieben. Aber Petillon stellt anlässlich seiner Untersuchung über soziale Erfahrungen in der Schulanfangszeit auch fest:

„Viele Befunde sprechen dafür, dass es in den Schülergruppen Kinder gibt, deren ungünstige soziale Stellung eine befriedigende Sozialentwicklung als äußerst gefährdet erscheinen lässt. Etwa 15 % aller Kinder werden von keinem Mitschüler als Freund genannt … Auch bei Spielkontakten und Sitznachbarschaft finden sich jeweils in 10 % der Fälle Kinder, die man als sozial isoliert betrachten kann. Besonders alarmierend ist die Tatsache, dass solche Außenseiterpositionen sehr stabil bleiben." (S. 192; bezogen sind die Prozentangaben auf eine Längsschnittuntersuchung an 171 Kindern in 13 Klassen der ersten beiden Schuljahre).

Wenn man bedenkt, dass sozialer Erfolg und soziale Zugehörigkeit für die meisten Kinder und Jugendlichen ein zentrales Thema und geradezu ein Identitätsproblem sind, bietet das Gruppenleben für einen beträchtlichen Teil der Schülerinnen und Schüler also alles andere als entwicklungsfördernde Bedingungen. Dabei werden die Weichen offensichtlich schon früh in den ersten Grundschulklassen gestellt. In vielen Fällen zeigen sich übrigens die Lehrer über das Sozialleben der Schüler nur unzureichend informiert! (Vgl. Petillon, 196).

Auf die wichtigen Arbeiten zum Thema Schule und Entwicklung der Schülerpersönlichkeit aus psychoanalytischer und interaktionistischer Sicht kann hier nur verwiesen werden.

Zusammenfassung zur Frage der Wirksamkeit von Schule

Man hat ausgerechnet, dass Kinder und Jugendliche heute bis zu zwanzigtausend und mehr Stunden ihres Lebens in der Schule verbringen. Auch auf diesem Hintergrund ist Schule für die meisten Schülerinnen und Schüler – objektiv und subjektiv – ein zentrales Ereignis im Lebenslauf mit weitreichenden Konsequenzen.

Besonders die – noch in den Anfängen stehenden und hier nur in Ansätzen dokumentierten – Untersuchungen zum Thema Schule und Persönlichkeitsentwicklung geben zu denken.

- Schule und Schulklasse **können** für Kinder und Jugendliche ein **Podium für glänzende Selbstentfaltung** mit daraus resultierenden Konsequenzen für eine geglückte Persönlichkeitsentwicklung sein. Darüber kann kein Zweifel bestehen.
- Für **nicht wenige Kinder und Jugendliche aber** stellen Schule und Schulklasse **Risikoumwelten** für ihre Entwicklung dar.
  Offensichtlich ist die Annahme der geisteswissenschaftlichen Pädagogik, Schulbesuch könne auf die jungen Menschen in ihrer Persönlichkeitsentwicklung nur positive Wirkungen haben, falsch, so dass gerade von diesen Forschungen starke Impulse zur Schulkritik ausgegangen sind und ausgehen.

23.4 Schulqualität

Was ist eine „gute" Schule? Was macht eine gute Schule „gut"? In den letzten Jahren rückt zunehmend das Thema Schulqualität in den Betrachtungshorizont der Schulforschung. Ausgelöst hat diesen Forschungszweig u. a. die Rutter-Studie (M. Rutter u. Mitarb., Fifteen Thousand Hours. Secondary Schools and their effects on Children. London 1979). – Inzwischen ist international und in Deutschland ein umfangreiches Schrifttum dazu entstanden.

Auf abstrakter Ebene lässt sich diese Frage relativ leicht beantworten: Eine gute Schule ist diejenige, der es gelingt, die ihr gestellten Aufgaben mit humanen Mitteln erfolgreich zu erfüllen. Schwierig wird es, wenn man daran geht, konkret Merkmale für Schulqualität zu benennen: Die unmittelbar Beteiligten – Eltern, Schüler und Lehrer, im weiteren Sinn auch die Schulverwaltung – haben naturgemäß **unterschiedliche Erwartungen** an die Schule, die verschiedenen gesellschaftlichen Gruppen und ihre bildungspolitischen Repräsentanten aufgrund ihrer unterschiedlichen Interessenlagen und ideologischen Positionen erst recht. Der Begriff **„Schulqualität" ist somit vieldeutig** und umfasst neben bildungs- und schultheoretischen Komponenten unter anderem wirtschafts-, arbeitsmarkt- und sozialpolitische Aspekte und außerdem viel Atmosphärisches und darunter wieder viel subjektive Befindlichkeit.

Festzustehen scheint, dass **Systemunterschiede** – z. B. Gesamtschulsystem gegen dreigliedriges Schulsystem – weniger Bedeutung für die Qualität der einzelnen Schule besitzen als **spezifische Bedingungen vor Ort.** Kurt Aurin stellt hierzu fest:

„Es kommt daher darauf an, wie die systemspezifischen Bedingungen einer Schule von ihren Handlungsträgern gestaltet und für das Erreichen der Schulziele genutzt werden. Insofern sind wirksame oder gute Schulen innerhalb vieler Schulformen oder ‚Schulsysteme' möglich. Die Art der von einer Schule realisierten pädagogischen Handlungs-, Einstellungs-, Verhaltens- und Beziehungsstrukturen bestimmt ihre Qualität." (Aurin 1990, 74) Es hat sich immer wieder gezeigt, „dass auch unter ungünstigen Bedingungen als gut einzuschätzende Schulen zustande kommen können". (75)

In der neueren Literatur wird in diesem Zusammenhang das Konzept der Schulkultur immer wichtiger: Jede Schule hat – im Rahmen ihres gesetzlichen Bildungsauftrags – aufgrund ihres Standortes, ihrer Schulgeschichte, der Zusammensetzung des Lehrerkollegiums und der pädagogischen Vorstellungen der Lehrerinnen und Lehrer, aufgrund der Art, wie die Schule geleitet wird, und aufgrund des Engagements und der Bildungsvorstellungen der Eltern und Schüler ihr eigenes **Profil,** ihre eigene **„Schulkultur".** Diese exakt zu beschreiben ist schwierig, weil sie sich aus vielen wechselseitig interagierenden Variablen jeweils spezifisch zusammensetzt. Immerhin ergeben sich in einer Vielzahl ausländischer und deutscher Untersuchungen ähnliche, zum Teil übereinstimmende Merkmale.

Besonders wichtig für die Kultur der einzelnen Schule ist danach – bei allen Interessenunterschieden der unmittelbar Beteiligten – ein möglichst hoher Konsens in den pädagogischen Vorstellungen bezüglich der hier und jetzt zu erreichenden Ziele und der dabei zu beschreitenden Wege, eine von allen getragene Erziehungsauffassung. Damit ist nicht Uniformität gemeint, sondern Gleichsinnigkeit.

„Durch Konsens wird für alle Beteiligten, Lehrer, Schüler und Eltern, der Handlungsrahmen abgesteckt, werden Prinzipien pädagogischen Handelns verbindlich gemacht, auf deren Basis individuelle Kompetenz und Originalität zur besseren, weil gleichsinnigen Auswirkung gelangen. Zielklarheit und Einheitlichkeit der Zielausrichtung einer Schule sowie eine auf ihnen beruhende Stimmigkeit des Unterrichts- und Erziehungsgeschehens geben auch Kindern und Jugendlichen für ihr Verhalten Orientierung und Sicherheit." (Aurin 1990, 78)

Dieser Konsens ist nur herzustellen bei gegenseitiger Zusammenarbeit und Offenheit für die Interessen der anderen und setzt Konfliktbereitschaft und demokratische Strategien der Konfliktbewältigung voraus.

Eine Schlüsselrolle bei der Herstellung eines solchen möglichst hohen Konsenses spielen die Schulleiterin bzw. der Schulleiter.

Nach einer Zusammenstellung von Kleinschmidt (1993, 33) zeichnen sich erfolgreiche Schulleiterinnen und Schulleiter unter anderem durch diese Fähigkeiten aus:
- Sie „verfügen über eine eigene Schulphilosophie und wissen, welche Ziele der ‚Schulkultur' für sie erstrebenswert sind;
- sie orientieren sich am kooperativen Führungsstil und legen auf die Offenlegung von Konflikten großen Wert;
- sie sind an neuen schulpädagogischen Konzepten, neuen Lehrstilen und Unterrichtsformen interessiert und versuchen, diese in ihrer Schule zu erproben;
- sie sind offen für konstruktive kollegiale Kritik und an einer Aufarbeitung von Problemen und Konflikten stark interessiert;
- sie schützen ihre Lehrer vor unberechtigter Kritik und sind an der weiteren Qualifizierung des Kollegiums besonders interessiert;
- sie beteiligen die Eltern intensiv am Schulleben;
- sie legen auf die Beteiligung der Schule am Leben der Gemeinde großen Wert und lassen außerschulische Institutionen am Schulgeschehen teilhaben (Öffnung der Schule)…"

Sie stärken – so ist hinzuzufügen – die Rolle der Schülermitverantwortung und Schülermitverwaltung im gesamten Bereich des Schullebens.

Neben dem gewichtigen Faktor Konsens – einer Grundvoraussetzung einer positiven Schulkultur und damit der Schulqualität – und der Rolle der Schulleitung bei der Herstellung desselben werden vielfach die folgenden Merkmale genannt, hier zusammengestellt nach Aurin (1990, 85 f.):

- Ordnungen als notwendige Voraussetzung für Handlungs- und Orientierungssicherheit,
- ein auf Kooperation beruhendes Netz von Arbeitsbeziehungen und mitmenschlichen Verbindungen,
- humane Kultur mitmenschlichen Umgangs,
- Balance von Fordern und Fördern,
- leistungs- und wertbezogene Persönlichkeitsbildung,
- Redlichkeit pädagogischen Handelns,
- die konstruktive Kooperation der Lehrer,
- die Zusammenarbeit zwischen Schule und Elternhaus,
- Unterstützung von Seiten der Eltern,
- die Planung und Umsetzung des Curriculums entsprechend den Zielen und Erfordernissen der Schule und
- die Lehrerfortbildung.

Mit anderen Autoren unterscheidet Aurin dabei zwischen **Strukturelementen** und **Prozessvariablen**. Strukturelemente „durchdringen das Interaktions- und Handlungssystem ‚Schule' auf allen Organisations- und Gestaltungsebenen und bestimmen die Ausrichtung und den Ablauf aller Prozesse des Erziehungs- und Unterrichtsgeschehens ... (Sie) bewirken das spezifische Klima einer Schule und beeinflussen ihre Wirksamkeit." (ebd., 85) Es sind im Wesentlichen die gemeinsamen verhaltensrelevanten Überzeugungen und Wertvorstellungen eines Schulkollegiums, z. B. der oben beschworene Konsens.

Prozessfaktoren sind solche Faktoren, die die Realisierung der Strukturelemente erleichtern bzw. vermitteln – in der Liste der aufgezählten Merkmale die letzten fünf, in ihrer Funktion oben beispielhaft verdeutlicht an der Rolle der Schulleiterin oder des Schulleiters.

Eine besonders wichtige Prozessvariable in diesem Sinne dürfte für die Entwicklung einer eigenen Schulkultur die relative Schulautonomie sein.

Darunter ist die Verlagerung von administrativen Entscheidungen von der zentralen Steuerung durch Ministerium und (Ober-)Schulämter nach unten in die Schulen und in die Lehrer- und Schulkonferenzen hinein zu verstehen sowie die Verringerung der „Regulierungsdichte" bei der Gestaltung der Schulpraxis. Dies erhöht nicht nur die Arbeitsplatzzufriedenheit der Lehrer und der Schüler, mehr Anatomie motiviert auch zu Eigeninitiative und Innovationsbereitschaft und nutzt die Problemlösekapazitäten vor Ort. (Vgl. Kleinschmidt 1993, 32)

Dieser Aspekt ist umso wichtiger, als immer deutlicher hervortritt, dass Verbesserungen der Schulqualität **nicht einfach von oben nach unten verordnet** werden können.

Schulqualität

„Neuere Forschungen und Theorieeinsichten haben die Vorstellung widerlegt, dass Schulen klassische bürokratische Organisationen seien, die hierarchisch strukturiert und einer rationalen Kontrolle zugänglich sind, und dass auf der untersten Ebene, der Schulklasse, im hohen Maße Zugänglichkeit für die Ziele besteht, die von der Schuladministration gesetzt werden." (Purkey/Smith, 1990, 33)

Die Bildungspolitiker sind also weniger in der Hinsicht gefordert, dass sie permanent Reformen verordnen, als dass sie einen institutionellen Rahmen schaffen, in dem den unmittelbar Betroffenen innerhalb einer verstärkten Schulautonomie mehr Spielraum bei Entscheidungen zugestanden und das Bewusstsein vermittelt wird, dass sie wirklichen Einfluss haben auf das Schulgeschehen. Dann freilich sind es die Betroffenen selbst, die sich in die Pflicht zur Selbsthilfe nehmen lassen müssen. Neben der Schulleiterin bzw. dem Schulleiter sind das in erster Linie die Lehrerinnen und die Lehrer, die an ihrer eigenen Schule überzeugende Leitfiguren einer – auf der Basis der lokalen Gegebenheiten – je neu zu schaffenden Schulkultur sein müssen, die das Geschehen in Unterricht und Schule für die Beteiligten in humaner Weise erlebbar und ertragbar macht.

Darüber nämlich soll kein Zweifel bestehen: Mit dem **Konzept der Schulkultur** ist mancher beliebten Ausflucht in Form von Hinweisen auf ungünstige äußere Bedingungen der Boden entzogen. Anders gewendet: Jeder einzelne Lehrer und jede einzelne Lehrerin können – im Konsens mit den Kollegen und Kolleginnen – hier mithelfen, dass ein im angedeuteten Sinne gedeihliches Klima an ihrer Schule herrscht. Es ist keineswegs gleichgültig, ob Projekte an einer Schule stattfinden oder nicht, wie mit Leistungsschwächen umgegangen wird oder mit Verstößen gegen die Schulordnung, welchen Stellenwert Lob und Tadel haben, wie Pausenaufsicht durchgeführt wird, wie Feste gefeiert werden, wie das Schulhaus und die Umgebung gestaltet sind, welche Stellung die Schülervertretung hat ... Lehrer und Lehrerinnen müssen diesen „heimlichen Lehrplan" bewusst gestalten, und sie müssen sich darüber im Klaren sein, dass gerade auch von nicht kontrolliertem Lehrerverhalten in der täglichen Interaktion mit den Schülern und im Umgang mit Sachen und Sachverhalten, mit Ideen und Ideologien sehr disfunktionale Wirkungen ausgehen.

Fest steht:

„Die Lehrer sind selbst das wichtigste Mittel, das für die Durchführung ihrer beruflichen Aufgaben vorhanden ist." (Brezinka 1990, 21) – Es gibt zu denken, dass von Schülerinnen und Schülern das Verhältnis zu den Lehrern als versachlichte, wenig persönliche Beziehung erlebt, die Lehrermacht bei der Durchsetzung von Situationsdefinitionen und Entscheidungen deutlich gespürt und die Formen der sozialen Kontrolle überwiegend restriktiv erfahren werden. Ulich (1991, 386) zieht daraus den wenig tröstlichen Schluss: „Jahrelange Erfahrungen in dieser Rolle tragen zu einer Internalisierung von Hierarchie-Strukturen bei, die für andere gesellschaftliche Bereiche (Arbeit, Politik) durchaus funktional ist."

Merkmale von Schuleffektivität

Abschließend und kommentarlos noch eine Liste mit Merkmalen für **„Schuleffektivität"**, bezogen auf den Leistungsaspekt. Diese ist zwar nicht identisch mit Schulqualität, aber doch ein wichtiger Teilbereich derselben.

Bei einer vergleichenden Analyse ergeben sich nach Kleinschmidt (1993, 33) die folgenden Punkte als bedeutsame Kriterien für „effektive Schulen":

- „▦ Effektive Schulen zeichnen sich durch ein eigenes Schulethos und eine besondere ‚Schulkultur' aus.
- ▦ In effektiven Schulen ist der ‚kooperative Führungsstil' entscheidend. Diese Schulen sind innovationsfreudig. Kennzeichnend sind Formen der schulpädagogischen und didaktischen Selbstevaluation.
- ▦ Effektive Schulen haben Schulleiter/innen, die sehr stark an qualitativen Verbesserungen ihrer Schule interessiert sind.
- ▦ Effektive Schulen entwickeln Strategien zur Verbesserung des Schulklimas und der Arbeitsatmosphäre.
- ▦ Effektive Schulen legen auf ein hohes Leistungsniveau besonderen Wert.
- ▦ Effektive Schulen verfügen über einen Grundkonsens in den Erziehungszielen und haben Vorstellungen über die Werterziehung und Wertvermittlung (Höflichkeit, Umgangsformen, einfache Sittlichkeit usw.).
- ▦ Effektive Schulen legen auf eine enge, vertrauensvolle und möglichst konfliktarme Zusammenarbeit mit den Eltern großen Wert.
- ▦ Effektive Schulen messen dem Lernklima, der Lerneffektivität und der Unterrichtsatmosphäre große Bedeutung zu. Dies bedeutet, dass die Lehrer auch über verschiedene Lerntechniken verfügen, die sie den Schülern bei der Stoffaneignung vermitteln. Die Lehrer verfügen nicht nur über Lerntechniken, sondern kennen auch die verschiedenen Lerntypen und stimmen diese mit den Lehrstilen und Unterrichtsformen ab.
- ▦ Effektive Schulen sind bereit, auch neue didaktische Konzepte zu erproben und dabei mit besonders befähigten Schülern ungewöhnliche Wege zu gehen (didaktische Kreativität)."

Die Fragen, die in diesem Kapitel angeschnitten sind, haben mittlerweile insbesondere durch die (überraschenden?) Ergebnisse der PISA-Studien eine große Resonanz in der Öffentlichkeit erlangt und damit wiederum auch die erhöhte Aufmerksamkeit der Politiker gewonnen. Erste Schritte im Bemühen um eine Anhebung der Qualität und der Effektivität von Deutschlands Schulen sind getan. Die bundesweite Einführung von Standards und Kriterien zu deren Evaluation sowie die Einräumung von mehr Schulautonomie in verschiedenen Bundesländern sind positiv zu werten. Zu hoffen ist allerdings, dass über den anstehenden strukturellen und technischen Reformen die unmittelbar menschliche Aufgabe der Persönlichkeitsbildung in der Schule nicht zu kurz kommt. Qualität ist mehr als Effektivität.

Schlussbemerkung

Die Existenz der Schule in der Lebenswelt der Kinder und Jugendlichen ist nicht wegzudenken. Ihre Relevanz für deren Zukunft – das ist die Zukunft der Gesellschaft – ist unbestreitbar. Welcher Ernst ihr zukommt, macht am besten ein Wort von Adorno deutlich, gesprochen 1967, von erstaunlicher und zugleich erschreckender Aktualität auch heute noch.

Theodor W. Adorno, der den beschränkten Bereich und die begrenzten Möglichkeiten der Schule und auch die möglichen Deformationen von Lehrern sehr wohl gekannt hat, hat gesagt: „Das Pathos der Schule heute, ihr moralischer Ernst, ist, dass unmittelbar, inmitten des Bestehenden nur sie, wenn sie sich dessen bewusst ist, auf die Entbarbarisierung der Menschheit hinzuarbeiten vermag. Mit Barbarei meine ich nicht die Beatles, obwohl ihr Kult dazu gehört, sondern das Äußerste: wahnhaftes Vorurteil, Unterdrückung, Völkermord und Folter; darüber soll kein Zweifel sein. Dagegen anzugehen, ist, so wie die Welt im Augenblick aussieht, in der, zumindest temporär, keine weiter reichenden Möglichkeiten sichtbar sind, vor allem anderen an der Schule. Deshalb ist es … so eminent wichtig, dass sie ihre Aufgabe erfüllt …" (Adorno 1973, 127 f.)

Literatur

Adorno, Th. W. (1973). Tabus über dem Lehrerberuf. Vortrag, gehalten am 21. Mai 1965 im Institut für Bildungsforschung in Berlin. Abgedruckt in B. Gerner (Hrsg.). Der Lehrer und Erzieher. 115–128. Bad Heilbrunn: Verlag Julius Klinkhardt.

Aurin, K. (1990). Strukturelemente und Merkmale guter Schulen – Worauf beruht ihre Qualität? In: K. Aurin (Hrsg.). Gute Schulen – Worauf beruht ihre Wirksamkeit? (64–87). Bad Heilbrunn: Verlag Julius Klinkhardt.

Ballauff, Th. (1982). Funktionen der Schule. Historisch-systematische Analysen zur Scolarisation. Weinheim und Basel: Beltz.

Brezinka, W. (1990). Die Tätigkeit der Lehrer erfordert eine verbindliche Berufsmoral. Die Deutsche Schule, 82 (1), 17–21.

Derbolav, J. (1977). Entwurf einer bildungspolitischen Rahmentheorie. In: J. Derbolav (Hrsg.). Grundlagen und Probleme der Bildungspolitik. 17–66. München: R. Piper & Co. Verlag.

Fend, H. (1980). Theorie der Schule. München: Urban & Schwarzenberg.

Giesecke, H. (1990). Die Berufsethik des Lehrers ist seine Professionalität. Die deutsche Schule, 82 (1), 21–24

Holler, B. u. Hurrelmann, K. (1991). Die psychosozialen Kosten hoher Bildungserwartungen: Eine Vier-Jahres-Studie über das Bildungsverhalten im Jugendalter. In: R. Pekrun, H. Fend (Hrsg.). Schule und Persönlichkeitsentwicklung. 255–271. Stuttgart: Ferdinand Enke Verlag.

Jerusalem, M., Schwarzer, R. (1991). Entwicklung des Selbstkonzepts in verschiedenen Lernumwelten. In: R.Pekrun, H. Fend (Hrsg.). Schule und Persönlichkeitsentwicklung. 115–128. Stuttgart: Ferdinand Enke Verlag.

Kleinschmidt, G. (1993). Schulautonomie und Schulqualität. Pädagogische Führung, 4 (1), 33–34.

Nipkow, K. E. (1971). Beruf und Person des Lehrers. In: K. Betzen, K.E. Nipkow (Hrsg.). Der Lehrer in Schule und Gesellschaft. München: Piper.

Oswald, H., Krappmann, L. (1991). Der Beitrag der Gleichaltrigen zur sozialen Entwicklung von Kindern in der Grundschule. In: R. Pekrun, H. Fend (Hrsg.). Schule und Persönlichkeitsentwicklung. 201–216. Stuttgart: Ferdinand Enke Verlag.

Pekrun, R., Fend, H. (1991). Einführung. In: R. Pekrun, H. Fend (Hrsg.). Schule und Persönlichkeitsentwicklung. 1–5. Stuttgart: Ferdinand Enke Verlag.

Petillon, H. (1991). Soziale Erfahrungen in der Schulanfangszeit. In: R. Pekrun, H. Fend (Hrsg.). Schule und Persönlichkeitsentwicklung, 183–200. Stuttgart: Ferdinand Enke Verlag.

Psychologie Heute. 1996, 1, 44–49. Schule in der Krise? Antworten von Peter Struck und Wulff Rehfus.

Purkey, St. C., Smith, M.S. (1990). Wirksame Schulen – Ein Überblick über die Ergebnisse der Schulwirkungsforschung in den Vereinigten Staaten. In: K. Aurin (Hrsg.). Gute Schulen – Worauf beruht ihre Wirksamkeit? 13–45. Bad Heilbrunn: Verlag Julius Klinkhardt.

Reynolds, D. (1990). Forschung zu Schulen und zur Wirksamkeit ihrer Organisation – das Ende des Anfangs? In: K. Aurin (Hrsg.). Gute Schulen – Worauf beruht ihre Wirksamkeit?. 88–100. Bad Heilbrunn: Verlag Julius Klinkhardt.

Schulz, W. (1969). Umriss einer didaktischen Theorie der Schule. In: Zur Theorie der Schule. 27–45. Weinheim, Basel: Beltz. (Pädagogisches Zentrum. Veröffentlichungen Reihe B: Diskussionsbeiträge. Bd. 10.)

Ulich, K. (1991). Schulische Sozialisation. In: K. Hurrelmann u. D. Ulich (Hrsg.). Neues Handbuch der Sozialisationsforschung. 377–396. 4., völlig neubearb. Aufl. Weinheim, Basel: Beltz Verlag.

Grundsätzliche Gedanken zur Erziehung 539

24 Umwelt-Erziehung als zentrale Zukunftsaufgabe

Wulf Datow

24.1 Grundsätzliche Gedanken zur Erziehung

Wir leben in einer Zeit, in der von allen Seiten mehr Erziehung gefordert wird. Insbesondere die so genannten „Bindestrich-Erziehungen", wie z. B. Verkehrs-Erziehung, Friedens-Erziehung usw. spielen eine große Rolle; eine der besonders zukunftsträchtigen ist die Umwelt-Erziehung. Damit der Gesamtkontext der Erziehungsthematik besser wahrgenommen werden kann, seien grundsätzliche Gedanken zur Erziehung vorangestellt.

Der Mensch ist ein soziales Wesen. Für das Leben in Gruppen ist er einerseits mit genetisch verankerten Verhaltensdispositionen ausgestattet, andererseits mit sehr vielfältigen Lernfähigkeiten. Er ist nicht in enger Weise instinktgebunden, sondern hat einen verhältnismäßig großen Freiraum für sein Verhalten. Zugleich kann er mögliche Verhaltensunsicherheiten ausgleichen, indem er lernt, was in seiner Gruppe gilt. Diesen Prozess und seine Ergebnisse bezeichnen wir als **Erziehung**. Sie soll im Folgenden als **zielgerichteter, verantwortlicher Vorgang** abgegrenzt werden gegen die eher beiläufigen und unreflektierten **Sozialisationsprozesse** (vgl. dazu Beitrag 23). Erziehung beeinflusst Wollen und Handeln und kann so von **Instruktion** abgegrenzt werden, die Wissen und Können beeinflusst, zum Beispiel im Unterricht. Erziehung bewirkt zweierlei: sie hilft bei der Personwerdung des Einzelnen (**Personalisation**) und sie hilft bei der „**Sozialwerdung**" in der Gesellschaft („Um ein Kind zu erziehen, braucht man ein ganzes Dorf" – afrikanisches Sprichwort). Dadurch wird drittens insgesamt eine **Sicherung des Kulturzusammenhangs und der Tradition** erreicht.

Durch Tradition werden Erziehungssysteme von Generation zu Generation weitergegeben. Dieser mit jeder Geburt stets neu notwendige Vorgang bietet Gesellschaften und Individuen Überlebensvorteile durch die Möglichkeit „flexibler Stabilisierung": Einerseits kann das **Normensystem** bewahrt werden, andererseits kann es auch an veränderte Lebensumstände angepasst werden. Dies gilt aber nur so lange, wie die Traditionen nicht abreißen oder erstarren. Die globale Gefährdung des Systems Erde, das auch uns Menschen trägt, verlangt neuartige Verhaltensstandards für die Erziehung, nämlich das Leitprinzip der „**Nachhaltigkeit**".

Jeder, der an der Erziehung beteiligt ist, hat die Möglichkeit, Einfluss zu nehmen, seien es Medien, Bildungskommissionen, Gutachter, Lehrer, Eltern, die Gruppe der Gleichaltrigen und vor allem der Erzogene selbst, insofern er zunehmend seine Erziehung mit steuert – aus Einsicht und Entschluss (**Autonomie**). Neben der empirisch-analytischen Beschreibung des Menschen und seiner Erziehung stehen andere Auffassungen von Erziehung, die diese aus einer vorgegebenen Ethik heraus entwickeln und den Menschen nach einem Idealbild formen wollen. Dem steht die Vorstellung wieder anderer gegenüber, dass jedes Individuum das Ziel seiner Verwirklichung in sich selbst trägt und auch aus sich selbst heraus anstrebt (**Entelechie**). Hier versucht der Erzieher am werdenden Menschen selbst abzulesen, was für dessen Entwicklung förderlich ist; es werden keine Erziehungsprinzipien von außen an ihn herangetragen.

Erziehung richtet sich stets auf ein spezifisches Menschen- und Weltbild und bezieht von dort her die Normen für die angestrebten Verhaltensweisen. Auf dieser Grundlage werden **Erziehungsziele** formuliert. Sie können von der Gesellschaft vorgegeben sein oder sich im Dialog der Erziehungspartner artikulieren oder vom Erzogenen selbst entworfen und angestrebt werden. Die ethischen **Normen** und die ihnen zu Grunde liegenden Werte („Das, was gut ist", z. B. alles Lebendige) werden letztlich religiös, philosophisch oder weltanschaulich begründet und sollten in einem Diskurs der Betroffenen legitimiert werden können. Letztbegründungen, besonders metaphysische, sind einem Diskurs nicht mehr zugänglich. Sie verleihen feste Positionen, tragen aber auch eine Tendenz zur Intoleranz in sich. In einer postmodernen, pluralistischen Gesellschaft, die den Heranwachsenden die unterschiedlichsten Lebensentwürfe anbietet, ist aber **Toleranz** als Wert unabdingbar, damit der Friede zwischen den verschiedenartigen Gruppierungen bewahrt werden kann. Toleranz, gepaart mit Ich-Stärke (Ja- und Nein-sagen können), Wahrhaftigkeit und Lebenszuversicht, lässt Menschen heranwachsen, die demokratiefähig sind.

Was dem Pluralismus in unserer Gesellschaft Grenzen setzt und die gemeinsame Grundlage für unterschiedliche Erziehungskonzepte bildet, ist die Verbindlichkeit von **Verfassung** und **Menschenrechten** für alle.

Erziehungsprozesse (Ziel: Impulskontrolle) werden z. B. als „Internalisierung sozialer Normen" beschrieben oder als fortschreitende und schließlich dauerhafte Veränderungen von Verhaltensdispositionen durch Erfahrung oder als das Bilden der Gewohnheit, das Rechte zu tun.

Internalisierung führt zu „**Einstellungen**". Mit diesem Erklärungsbegriff, der in vielen psychologischen Modellvorstellungen eingeführt ist, soll ein komplexer Einflussfaktor auf das Verhalten beschrieben werden.

Einstellungen

Eine Einstellung wird bestimmt als Disposition einer Person zur Stellungnahme gegenüber einer Sache, einer Idee oder einer anderen Person, verbunden mit einer Wertung auf Grund des individuellen Wertesystems. Es werden dabei drei Komponenten unterschieden:

- was die Person über die Sache weiß (**kognitive** Komponente),
- was sie im Zusammenhang mit der Sache oder Person fühlt (**affektive** Komponente) und
- ihre Bereitschaft zu handeln (**konative** Komponente).

Im Hinblick auf den Zusammenhang von Erkennen des Richtigen, Entschluss und Handeln bekommen die Ausbildung von Willenskraft, Frustrationstoleranz und Zivilcourage in der Erziehung große Bedeutung. Gelernt wird vor allem durch das Handeln durch Nachahmung (z. B. Rücksichtnahme auf Lebewesen) und durch

*Grundsätzliche Gedanken zur Erziehung*541

Konditionierung, etwa Übertragung von positiven Gefühlen auf ursprünglich neutrale Reize (z. B. sich im Freien bewegen macht Freude, Blumen und Tiere sind „schön"). Gerade die frühe, mit eigener Körpererfahrung verbundene Ausbildung ästhetischer Wertungen der natürlichen Umwelt formt jene emotionalen Anteile der Einstellungen, die später für die Stärke der Handlungsbereitschaft mit entscheidend werden (z. B. in Bezug auf die Umwelt, die sinnliche Erfahrung von Nacht/Himmel, frischem Wasser, Wind, Duft). Wichtig für die Handlungskomponente der Einstellung ist ferner das langfristige Lernen von Lebens- und Konsumgewohnheiten in der Familie und ganz besonders ein spezielles Verhaltensmuster des Erziehers, bei dem er das Kind auf die Auswirkungen seiner Handlungen hinweist. Es fördert Empathie und erhöht die Bereitschaft zu prosozialem Handeln (z. B. „Wenn wir den Kröten nicht helfen, sicher auf die andere Straßenseite zu kommen, werden sie totgefahren."). Das gleichzeitig erworbene Wissen macht diskursfähig auf der Sachebene. Hier nun liegt die **Stärke schulischen Lernens**: In der strukturierten Wissensvermittlung.

Unterricht kann dann am ehesten erzieherisch, d. h. handlungssteuernd wirken, wenn die Kinder schon aus der vorschulischen Entwicklungszeit Einstellungen mitbringen, die in ihren emotionalen und konativen Komponenten gut ausgebildet sind. Bei positiven Einstellungen kann der Unterricht den kognitiven Anteil systematisch differenzieren und ausbauen. Schwierig ist die Beeinflussung von negativ getönten Einstellungen, z. B. von Vorurteilen („Chemie ist schlecht für die Umwelt"), wenn die emotionalen Elemente dominieren.

Bei den **Erziehungsmethoden** findet man die aus langer Erfahrung gewonnenen pragmatischen Konzepte (Alltagstheorien wie „Der nicht geschundene Mensch wird nicht erzogen."). Diese und die damit verbundenen impliziten Theorien sind oft mit sehr starker subjektiver Gewissheit verbunden. Daneben gibt es die Ergebnisse der empirischen pädagogischen Psychologie und die Konzepte der pädagogischen Anthropologie.

Bei allen Ansätzen gilt ein Hauptaugenmerk der Interaktion zwischen Erzieher/in und zu Erziehendem, z. B. in der empirischen Forschung den Erziehungsstilen und ihren Auswirkungen. Aus der anthropologischen Pädagogik stammt das **Prinzip der „Begegnung"**. Es könnte für unsere medial beeinflusste Kindheit und Jugend kompensatorisch sehr wichtig werden. In einer Begegnung kommt es zu einer „existenziellen Berührung" mit dem anderen Menschen. Sie kann besonders im lebendigen Dialog zwischen Ich und Du angebahnt und angeboten werden. Lehrer und Schüler erfahren sich trotz ihrer asymmetrischen Rollenkonstellation als gleichwertige Personen.

Für den Werdegang professioneller **Erzieher/innen** ist es günstig, nicht nur Erziehungsmethoden zu kennen, sondern sich den eigenen Erziehungsweg, die am eigenen Leib erfahrenen Methoden und vor allem die eigenen subjektiven Theorien und Leitbilder, bewusst zu machen (z. B. der Lehrer als „Gärtner", „Regisseur", „Dompteur"). Sie können so auf ihre Angemessenheit im eigenen Erziehungshandeln mit der nächsten Generation und in neuen Situationen überprüft werden. Lehrer, Eltern und Schüler sollten mehr miteinander über Ziele und Methoden der Erziehung sprechen, zur Klärung, Vergewisserung und Bündnisbildung. Eine solche Erziehungsgemeinschaft lässt Synergieeffekte erwarten und würde vielleicht dem Rückzug mancher Eltern aus der Erziehung entgegen wirken. Nicht zuletzt könnte so auch die Erziehungsarbeit wieder Ansehen gewinnen. Sorgfältig erzogene und ausgebildete junge Menschen sind eine unserer wichtigsten Ressourcen.

Einer der ersten Schritte könnte das Gespräch zwischen Vertretern unterschiedlicher Fächer in der Ausbildung sein.

Fragen für eine Runde junger Lehrer

1. Was ist mir aus meinem Fach so wichtig, dass ich es meinen Schülerinnen und Schülern unbedingt mitgeben möchte?
2. Wie weit bin ich bereit und fähig, als Fachlehrer auch die persönliche Entwicklung meiner Schüler zu fördern?
3. Welche leitenden Erziehungsprinzipien sind mir wichtig? Wie würde ich sie rechtfertigen?
4. Welche erzieherischen Wirkungen traue ich dem Unterricht in meinem Fach zu?
5. Wo kann ich meine Schüler/innen in ihrer Selbstbestimmung und Selbsterziehung unterstützen?
6. In welcher Weise kann ich mit den Kollegen, den Eltern und Schülern erzieherisch zusammenwirken?
7. Was aus unseren Traditionen lässt sich für die Zukunft aktivieren?
8. Welche Werte, welche Prinzipien sind uns, in welcher Rangfolge, gemeinsam wichtig? (Nennen Sie z. B. sieben solcher Werte!)
9. Mit welchen Widerständen müssen wir rechnen?
10. Damit wir rasch anfangen und nicht zu Großes langfristig verschieben – welche „kleinen Brötchen" können wir gleich morgen backen?

24.2 Krise des Systems Erde

24.2.1 Situation

Aus der Sicht der Evolutionsbiologie erleben wir die wohl größte Umweltzerstörung seit Beginn des Lebens . Die Evolutionsrate, d. h. die Bildung neuer Arten, sinkt weit hinter die Aussterberate zurück. Die Krise ist global und sie ist von einer einzigen Art verursacht: dem Homo sapiens. Wir kennen die Ursachen, den Verlauf und die Konsequenzen der kritischen Entwicklung, und wir könnten ihr wohl noch Einhalt gebieten. Denn der Homo sapiens verfügt über einzigartige Lern- und Problemlösefähigkeiten, die Teil seiner Anpassungsmöglichkeiten sind.

Umweltschutz ist ein weltweiter Versuch, der Krise zu begegnen. Aber die Maßnahmen wirken zu langsam. Und manchmal scheint es, als betrieben wir die Umweltzerstörung wissentlich, vorsätzlich, unberührt von den Konsequenzen. Werden wir die Entwicklung anhalten? Können wir es wirklich? Sollen wir es tun? Wollen wir es tun?

Krise des Systems Erde 543

Es erscheint als „…. die höchste Ironie der organischen Evolution: dass Leben in dem Augenblick, da es durch den Geist des Menschen zur Selbsterkenntnis gelangt, seine schönsten Schöpfungen dem Untergang geweiht hat. So schließt der Mensch die Tür zu seiner Vergangenheit." (Wilson 1997)

24.2.2 Ursachen

Ursache der Umweltkrise ist letztlich die Befriedigung unserer Bedürfnisse nach Nahrung, Kleidung, Wohnung, Gesundheit, Unterhaltung, Anerkennung und Erkenntnis. Jahrmillionenlang konnte die Erde genug geben für den Bedarf der wenigen Menschen; giftige Abfälle fielen problemlos in die großen natürlichen Kreisläufe zurück. Es konnte ein Bewusstsein von der „unendlichen Natur" entstehen. Heute übersteigt der wachsende Bedarf allmählich die vorhandenen Ressourcen, und die Wirkungen der Abfallmengen überschreiten die Pufferfähigkeiten der Böden, Ozeane und der Atmosphäre. Diese Übernutzung und beginnende Zerstörung des uns tragenden Systems entsteht durch die Bevölkerungsexplosion in der „dritten Welt" und durch intensive, ständig ansteigende Pro-Kopf-Umweltnutzung in den Industriestaaten. So hat sich z. B. die Wohnfläche je Einwohner in Deutschland (altes Bundesgebiet) von 1960 bis 1993 fast verdoppelt.

Motor dieser Entwicklung ist unser Streben nach Perfektionierung der Befriedigung unserer materiellen Bedürfnisse. Aus dieser Perfektionierung entsteht die Forderung nach ständigem wirtschaftlichem Wachstum, die in unserer Kultur weithin eine Selbstverständlichkeit ist.

24.2.3 Hintergründe

24.2.3.1 Kulturelle Einbettung umweltschädigenden Verhaltens

Unsere umweltschädigenden Konsumgewohnheiten sind ein bestimmendes Merkmal unseres Lebensstils (Wegwerfgesellschaft), der fest in unsere Kultur eingebettet ist. Das bedeutet, dass Verhaltensmuster wie z. B. Konsum über das Notwendige hinaus, Konsum als Statussymbol (Auto, Reisen, Kleidung)

- zusammen mit den sie steuernden Einstellungen sehr früh gelernt werden,
- als Sinn gebende Selbstverständlichkeit erfahren werden,
- unter hohem Konformitätsdruck stehen (Sanktionierung durch Verlust von Ansehen bei Abweichungen, Anerkennung von Anpassung),
- Teil unserer kulturell bedingten Identität werden,
- durch vorherrschende „Ideologeme" verankert sind und stabilisiert werden (z. B. Selbstwert von Kapitalwachstum),
- durch die gesamte gesellschaftliche Organisation (z. B. Interessenverbände) und durch die materiellen Bedingungen dem Einzelnen auch gegen bessere Einsicht „aufgedrängt" werden, wie etwa auf Verschleiß hin konstruierte „Verbrauchsgüter" statt technisch möglicher langlebiger Gegenstände.

Ein Infragestellen des Lebensstils kann zu erheblichen individuellen Verunsicherungen und Ängsten führen. Nötig wäre ein umfassender Kulturwandel, wie er z. B. von Amery, Jonas oder Fromm („Sein" statt „Haben") gefordert wird.

Jedes kulturelle System braucht für seinen Fortbestand die Tradierung seiner Verhaltensmuster (Sozialisation), es braucht aber auch die Fähigkeit zur Anpassung an neue Gegebenheiten. Ansatzpunkte hierfür sind der Nonkonformismus Einzelner und die Erziehung der nächsten Generation. Hier liegt die Chance und Notwendigkeit der Umwelterziehung. Insbesondere in der Pubertät, in der mit den gewachsenen kognitiven Fähigkeiten und den Prozessen der Identitätsbildung eine kritische Auseinandersetzung mit den traditionellen Normen stattfindet, könnten neue, umweltgerechte Verhaltensmuster in die Kultur eingebracht werden (Leitbild „Nachhaltigkeit"; Langner 1998 und 2001).

24.2.3.2 Historische Ursachen naturvergessenen Verhaltens

Ursachen umweltschädigenden Verhaltens liegen auch in der Qualität des Verhältnisses Mensch – Natur. Natur erfahren wir zum einen als die uns umgebende, uns gegenüberstehende, zum anderen erfahren wir sie über unseren Körper. Er ist Natur, wir selbst sind Natur. Entfremdung von der Natur bedeutet auch Entfremdung von uns selbst.

In der Geschichte der westlichen Kultur verschmolzen antike und christliche Naturvorstellungen zu einem Weltbild von Harmonie und Zweckmäßigkeit des göttlichen Weltplanes, von Unerschöpflichkeit der Natur und deren Bestimmung und Nützlichkeit für den Menschen. Technische Nutzung der Natur wurde so schöpfungs- und heilstheologisch gerechtfertigt. In diesem anthropozentrischen Weltbild konnte Natur zum Objekt technischer Ausbeutung werden und der Mensch wurde, geblendet von den Erfolgen der Machbarkeits-Ideologie und Naturmanipulation, blind für ihre Zerstörung.

Alte Vorstellungen von der beseelten Natur, in der die Götter wohnen, wurden verdrängt. Ausnahmen und Gegenbewegungen seien hier nur erwähnt, z. B. Franz von Assisi, Paracelsus, die Mystik, die Romantik und die zeitgenössische ökologische Theologie (Altner 1989; Alt 2002). Natur als bloße Materie ist entwertet, das betraf auch die Leiblichkeit des Menschen.

Entfremdung von der Natur führte zugleich zu einer Entfremdung vom Körper und zu einer Geringschätzung und Verkümmerung der Sinne. Dies wird heute verstärkt durch eine weit gehend mediale Welterfahrung. Eine Folge ist die Naturvergessenheit unserer Lebensweise. Wir können Natur nur schwer wahrnehmen als unsere Lebensgrundlage, als Gesamtzusammenhang (System), als uns übergreifendes Ganzes und Großes, auch Bedrohliches, als Wert an sich, als spirituelle Größe.

Natur ist weit gehend Mittel zum Zweck geworden, ein rechtloser Ressourcensack. Es ist ein gefährlicher Irrtum, anzunehmen, die durch Ökonomie induzierte globale Eigendynamik der Naturzerstörung sei unvermeidlich. Sie wird dann hingenommen wie früher das „Walten Gottes" oder eine Naturgesetzlichkeit. Trotz Sachzwängen und Marktmechanismen bleibt der Mensch Gestalter seiner Geschichte und auch seines Umgangs mit der Natur.

24.2.3.3 Psychische Ursachen ökologischer Unvernunft

Der Widerspruch zwischen ausgeprägtem Umweltbewusstsein und Umwelt schädigendem Verhalten kommt u. a. daher, dass unsere Einstellungen unser Handeln nicht allein lenken (Bild1). Unrealistisch hohe Erwartungen an die Erziehung überschätzen daher den handlungsbestimmenden Einfluss von Einstellungen und sie unterschätzen den Einfluss äußerer Faktoren, z. B. von Verhaltensangeboten wie dem Nahverkehr. Bei Energiespar-Projekten in der Schule werden diese Zusammenhänge berücksichtigt (vgl. Bolscho/Seybold 1996, 182; zu Öko-Audit: Bormann/Erben 2000).

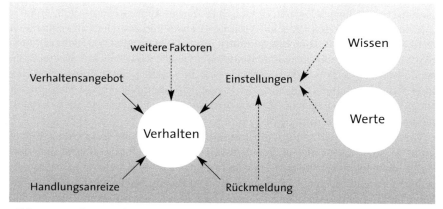

Bild 24.1: Einflüsse auf umweltrelevantes Verhalten (nach: Schahn/Giesinger 1993)

Unsere Sinnesorgane und die Verarbeitung der von ihnen gelieferten Informationen durch das Denken sind auf einen „Mesokosmos" ausgerichtet, d. h. auf überschaubare Räume und soziale Gruppen sowie auf kurze bis mittlere Zeitspannen. Viele Umweltprobleme sind jedoch global, die Ursachen oder Wirkungen liegen außerhalb unserer Naherfahrung, und viele Folgen bewegen uns nicht, da sie unvorstellbar weit in der Zukunft liegen (Erfahrungsdistanz, z. B. Halbwertszeit von Plutonium: 29.000 Jahre).

Schleichende Umweltveränderungen sind zu langsam für unsere Fähigkeit, Reizveränderungen wahrzunehmen (z. B. Luftverschmutzung). Manche Reize sind für unsere Sinne zu schwach, oder sie sind überhaupt nicht wahrnehmbar, nur durch Geräte messbar (Radioaktivität, „neue" Gifte). Beeindruckt werden wir aber durch das, was „wir selbst sehen". Dem trauen wir auch, es wird handlungsrelevant. Hinzu kommt, dass wir vornehmlich das wahrnehmen, was wir wünschen, befürchten und erwarten. Wir merken z. B. gar nicht, dass Tiere und Pflanzen aussterben, weil wir sie nicht kennen.

Die evolutionär neue Situation der Umweltkrise braucht neue Denkformen. Unsere tradierten Problemlösestrategien, z. B. unerträgliche kognitive Dissonanzen durch Vereinfachung oder Verdrängung aufzulösen und dann zu handeln,

546 *Umwelt-Erziehung als zentrale Zukunftsaufgabe*

sind häufig nicht mehr zielführend. So ist es etwa in den Dilemmasituationen mit einem Widerspruch zwischen Individual- und Allgemeininteresse („Allmende-Problem", z. B. Luftverschmutzung durch Autofahren). Typische Denkabläufe wie: „Was kann es schon schaden, wenn ich eben mal…" bzw. „Wenn alle …, dann ist es ja egal, wenn ich auch …" führen in soziale Fallen. Die Allmende ist kahl gefressen und zertrampelt, ehe wir es merken (Treibhauseffekt). Mögliche Auswege bietet hier die Kommunikation, wie sie z. B. in Rollen- und Planspielen bei Problemanalysen geübt wird (vgl. das „Fischerei-Spiel" in: Politik und Unterricht 1, 1995, 7 ff. und Bolscho/Seybold 1996, 165 ff.). Unsere vorhandenen Denkfähigkeiten und unser tradiertes Risikoverhalten müssen sich an die neue Situation anpassen (vgl. Hellbrück/Fischer 1999, 513 f.; Dörner 2003; Kösters 1993, 365 ff.), z. B. vom einsträngigen Ursache-Wirkungs-Denken hin zu einem „vernetzenden Denken", in dem z. B. auch Interaktionen mitgedacht werden (vgl. Beitrag Lernpsychologie II). Computer-Simulationsspiele nach dem Zeitraffersystem, die schnell mit Fehlern konfrontieren, helfen z. B. mit den Kapazitätsgrenzen unserer Informationsaufnahme umgehen zu lernen. Eine komplementäre Methode im Umgang mit hoch komplexen Phänomenen bietet möglicherweise die Symboldidaktik (vgl. u. Religionsunterricht).

Denk- und Verhaltensgewohnheiten ändern ist mühsam und erzeugt Unlust und Abwehr, z. B. als Entschuldigung und Rechtfertigung für das Beibehalten umweltschädigenden Verhaltens („Da könnte man ja gar nicht mehr …"). Deshalb erscheint es wichtig, sich z. B. für einen Konsumverzicht „psychischen Ausgleich" zu holen und mit seinen Gefühlen so umzugehen, dass man auch kleine, individuelle Verhaltensänderungen ohne große Effekte als Erfolg bewerten kann. Gruppen Gleichgesinnter können Rückhalt geben. Erfolg versprechend ist eine „Strategie der kleinen Schritte" (Hellbrück/Fischer 1999, 565 f.).

Unsere ökologische Unvernunft ist so hartnäckig, dass man annehmen muss, die Verhaltensmuster zur Bedürfnisbefriedigung beruhen auf genetisch fest liegenden Grunddispositionen, ähnlich wie beim Wahrnehmen und Denken. „Wesentliche Instinktreste bestehen darin, dass fast allen unseren Verhaltensweisen die Tendenz zu Grunde liegt, das Ziel zentrisch perfektionierter Bedürfnisbefriedigung zu verfolgen" (Kösters 1993, 393). „Zentrisch perfektioniert" heißt: „Ich, Sofort, Alles", und daraus folgt die ständige Steigerung des Wohlstandes, des Wachstums und der Umweltzerstörung, auch gegen besseres Wissen.

24.3 Wege aus der Krise

24.3.1 Ökologische Zivilisierung
In allen Gesellschaften ist es gelungen, Sexualität und Aggression kulturell unter Kontrolle zu bekommen. Ebenso müsste es möglich sein, den mächtigen Antrieb zu materieller Bedürfnisbefriedigung zu „zivilisieren", so Kösters' zentrale These. Fromm spricht vom Lebensmodus des „Seins" im Gegensatz zu dem des „Habens". Der Weg aus der Krise, in die wir durch Verschwendung geraten sind, führt also

Wege aus der Krise

über eine neue Kultur umweltbewusster Bescheidung (plain living – high thinking). Ein technisches Mittel ist dabei effizientes Wirtschaften (Weizsäcker 1997). Die Hauptschwierigkeit liegt jedoch darin, die sehr stabilen Verhaltensweisen unserer perfektionierten Bedürfnisbefriedigung zu modifizieren. Dazu muss die sie stützende kulturelle Einbettung geändert werden, und der Einzelne muss durch Erziehung und Selbsterziehung die „umweltbewusste Bescheidung" internalisieren, genauso wie die Kontrolle über Sexualität und Aggressivität. Voraussetzung ist der gesellschaftliche Konsens über einen Verhaltenskodex, der u. a. folgende Elemente enthält:

- eine höhere Wertschätzung des Allgemeinwohls, die Individualinteressen als Korrektiv zulässt;
- eine höhere Wertschätzung der Gleichheit, die keine Privilegien zu vermehrter Umweltnutzung für ökonomisch starke oder politisch einflussreiche Bürger oder Organisationen zulässt;
- eine Hochschätzung der Bescheidung als einer intrinsisch motivierten Begrenzung der Bedürfnisbefriedigung;
- eine höhere Wertschätzung immaterieller Werte, z. B. von Persönlichkeitsmerkmalen und sozialen Beziehungen.

Die Werteerziehung wird dadurch erschwert, dass in unserer Gesellschaft materielle Befriedigungen schneller und leichter zu haben sind als immaterielle (vgl. Weizsäcker 1997, 327). Folgende Möglichkeiten der politischen Verhaltenssteuerung als einer „sanften Hilfe zur Selbststeuerung" sind auch für die Umwelterziehung in der Schule anregend (Kösters 1993): soziale Anerkennung für umweltgerechtes Verhalten, Ächtung von Abweichungen; Förderung engagierter Einzelner (Psychologie des Engagements, Hellbrück/ Fischer 1996, 566); das soziale Bedürfnis nach Anerkennung und Zugehörigkeit nicht mit materiellen Ersatzbefriedigungen abspeisen („Zeit für Kinder"); Förderung immaterieller Statussymbole; Trendsetzen durch Modellpersonen. Solche einzelnen Maßnahmen brauchen die integrierende Kraft eines Leitbildes wie dem der „nachhaltigen Entwicklung".

24.3.2 Nachhaltige Entwicklung

Der Terminus Nachhaltigkeit stammt ursprünglich aus dem Forstwesen und bezeichnet eine Wirtschaftsweise, bei der nicht mehr geerntet wird, als jeweils nachwächst. Nachhaltige Entwicklung (sustainable development) ist ein gesellschaftliches Leitbild: Die Sicherung der natürlichen Lebensgrundlagen soll in Einklang gebracht werden mit der Verbesserung der ökonomischen und sozialen Lebensbedingungen aller Menschen. Dieses Leitbild zeigt nicht nur das ökologische Ziel: „nicht mehr ernten, als nachwächst", sondern auch das ökonomische und ethische Ziel: gerechte Verteilung des Wohlstandes. Nachhaltige Entwicklung ist noch kein Lösungskonzept, sondern ein Auftrag, ein umweltethischer Imperativ. Der grundlegende Wert, der ihn rechtfertigt, ist nicht eine heile Natur, die Schöpfung, das intakte Ökosystem Erde, sondern das auf den Menschen bezogene Prinzip der Gerechtigkeit.

548 Umwelt-Erziehung als zentrale Zukunftsaufgabe

Durch die UN-Konferenz zu „Umwelt und Entwicklung" (Rio de Janeiro 1992) wurde nachhaltige Entwicklung zum Leitbild der Umweltpolitik, dem sich über 150 Regierungen in dem Aktionsprogramm „Agenda 21" verpflichtet haben, so auch 1994 nochmals ausdrücklich die Enquetekommission des Deutschen Bundestages „Schutz des Menschen und der Umwelt".

Die drei Hauptdimensionen der nachhaltigen Entwicklung bestimmen die Aufgabenfelder für die Umwelterziehung: Ökonomische, ökologische und soziale Prozesse sind untereinander vernetzt (Retinität). Problemraum ist die ganze Erde (Globalität). Die jetzt Wirtschaftenden tragen die Verantwortung für die kommenden Generationen (Intergenerationalität).

Will man der Gerechtigkeit folgen, dann zeigt das Leitbild der nachhaltigen Entwicklung, welche Interessenausgleiche gefunden werden müssen und dass diese in einem „Sustainability"-Diskurs aller Betroffenen erarbeitet werden müssen (zur Problematik: Jüdes 1997; Beyer 2000 und 2002).

Die Umsetzung des Prinzips der nachhaltigen Entwicklung könnte zu einer der größten gesellschaftlichen Aufgaben werden. Die schulische Umwelterziehung muss daher diese Aufgabe durch Bereitstellen des Sachwissens zum Verständnis des Leitbildes (naturwissenschaftlich, ethisch, sozial-politisch) und durch Einüben der Diskursfähigkeit vorbereiten.

24.3.3 Frieden mit der Natur

Die Behandlung der Umweltproblematik kann bei Schülern starke Betroffenheit und heftige Gefühle von Bedrohung und Angst auslösen. Anders als Erwachsene haben Kinder weniger Schutzmechanismen, und auf Grund von Identifikationen und Projektionen leiden sie u. U. intensiv mit anderen Menschen, aber auch mit Tieren und Pflanzen. Deshalb ist es hilfreich, wenn der Lehrer geprüft hat, ob er bereit und fähig ist, den Gefühlen der Schüler einen Raum zu geben oder sie sogar mit ihnen zu teilen. Ist der Umgang mit Angst zugleich rational (Information) und emotional (Zulassen von z. B. Wut und Trauer), dann können Angst auslösende Erfahrungen leichter in das Wissen integriert werden (vgl. Rest-Hartjes 1996).

Angst ist grundsätzlich eine sinnvolle Reaktion, da sie hilft, realen Bedrohungen auszuweichen oder sie zu beseitigen. Angst auslösend ist vor allem die Unbestimmtheit von Umweltgefahren. Es kann zur Angstabwehr kommen (Verleugnen, Verharmlosen, Verdrängen), aber auch zu Schuldverschiebung auf andere oder zu Abstumpfung, z. B. durch Sensationsberichterstattung oder durch planlose Wiederholung der Thematik in verschiedenen Fächern (Überdruss). Unterricht kann am besten dadurch gegen die Angst arbeiten, dass er Wissen und Handlungsfähigkeit vermittelt, dass er Handlungsmöglichkeiten zeigt und selbst nutzt. Dabei sollte man übersteigerte Erwartungen hinsichtlich schneller ökologischer Verbesserungen vermeiden. Es muss vielmehr auf Schwierigkeiten und Widerstände aufmerksam gemacht werden, damit bei Misserfolgen, besonders wenn auf großes Engagement Enttäuschung folgt, nicht Hilflosigkeit gelernt wird, mit den möglichen Folgen von Selbstzweifel, verstärkter Angst und Resignation.

Wege aus der Krise

Für manche kann der Weg aus der Krise nur beginnen, wenn wir Frieden mit der Natur geschlossen haben (Meyer-Abich 1990), denn die Umweltzerstörung entspringt dem falschen, anthropozentrischen Denken, das Kultur gegen Natur stellt. Es macht blind dafür, dass die Kultur der Beitrag des Menschen zur Geschichte der Natur ist. Wir haben uns unsere Kultur gemacht, sie ist uns gewachsen, wir wohnen darin, und um uns herum ist die große Natur. Wenn wir das wahrnehmen, wird sich unsere Haltung zur Natur ändern, wir werden anders denken und anders handeln aus einer holistischen Ethik heraus (Gorke 1999). Frieden mit der Natur sucht auch der Schöpfungsglaube. Für ihn ist es ein Frieden zwischen dem Menschen und seinen Mitgeschöpfen. Er „ahnt die Nähe Gottes bei den Dingen" (Altner 1989, 423).

24.4 Erziehung zu umweltgerechtem Verhalten

24.4.1 Aufgaben

Das Verhältnis Mensch – Natur ist der zentrale Gegenstand der Umwelterziehung. Angesichts der ökologischen Krise ist es ihr Ziel, Wahrnehmungsfähigkeit, Problembewusstsein, Sachkompetenz, Handlungsfähigkeit und -bereitschaft zu schaffen für umweltgerechtes Verhalten, nicht zuletzt auch in der Gestalt von Gewohnheiten (Lebensstil). Grundlagen dafür sind Einsichten in das Ökosystem Erde, in psychosoziale Bedingungen menschlichen Verhaltens und in ökonomische und politische Zusammenhänge. Ein gesellschaftliches Leitbild für umweltgerechtes Verhalten ist das Prinzip der nachhaltigen Entwicklung. Die zu Grunde liegenden Werte klärt und reflektiert die Umweltethik (Brenner 1996; Schlitt 1992).

Umwelterziehung braucht Sachkompetenz als Voraussetzung für Entscheiden und Handeln. Das Wissen muss aber mit der Ausbildung des Willens verbunden werden. Der Einzelne klärt und festigt die Ziele seines Wollens, er bildet und schult die Kraft seines Willens. Wollen und Handeln werden erst auf der Grundlage von Wissen verantwortbar. Wissen ohne selbstständiges Wollen ist manipulierbar.

Die traditionelle Stärke der Schule liegt in der Vermittlung von Wissen. Lehrer können z. B. durch die Freiheit der Methodenwahl die Bedingungen des Lernprozesses so gestalten, dass das dabei erworbene Wissen für Schüler handlungsrelevant werden kann (Projekt, handlungsorientierter Unterricht). Die erzieherische Wirkung des Unterrichts kann verstärkt werden durch Zusammenarbeit mit Eltern und Gemeinde. Für die Schüler erweitert sich dann der Handlungsraum der Schule in den persönlichen (Familie) und den öffentlichen Nahbereich.

24.4.2 Konzepte der Umwelterziehung

Seit den siebziger Jahren entstanden auch außerhalb der Schule, bei Umweltverbänden, Kirchen, Jugendorganisationen, vielfältige, eigenständige umweltpädagogische Aktivitäten und der Versuch ihrer Vernetzung (UNESCO-Verbindungsstelle 1986; Jüdes 1995, 15). Inzwischen lassen sich drei Hauptkonzepte unterscheiden, die das Feld umweltpädagogischer Möglichkeiten umreißen:

550 _Umwelt-Erziehung als zentrale Zukunftsaufgabe_

■ Ökologische Grundinformation liefert lediglich Wissen als eine der Voraussetzungen für umweltgerechtes Verhalten, das aber in der Verantwortung des Einzelnen und der Gesellschaft liegt.

■ Ökopädagogik will, ähnlich der Friedenserziehung, eine grundlegende ökologische Neuorientierung der Gesellschaft durch Erziehung. An die Stelle der Naturausbeutung soll die Verantwortung für das Lebenssystem Erde treten (z. B. Kleber 1993, Bölts 1995, Becker 2001, Rode u. a. 2002).

■ Umwelterziehung beabsichtigt Wissensvermittlung, Ausbildung eines Umweltbewusstseins und einer entsprechenden Handlungskompetenz im gegebenen gesellschaftlichen Kontext (Umweltkompetenz als neue Kulturtechnik, vgl. Frank 2002).

24.4.3   Didaktische Ansätze

Umwelterziehung wird als eine Querschnittsaufgabe in allen Bildungsbereichen gesehen. Abhängig davon, wo die Hauptursachen für die Umweltkrise gesehen werden und auf welchem Wege am ehesten Abhilfe vermutet wird, ergeben sich didaktische Ansätze mit unterschiedlichen Gewichtungen, die sich z. B. im Hinblick auf Altersgemäßheit untereinander ergänzen:

■ Erlebnis der Natur: Durch sinnliche Erfahrung soll die für die Krise letztlich verantwortliche, krank machende Entfremdung zwischen Mensch und Natur überwunden werden (Gefahr: ökonomische Aspekte sind weit gehend ausgeschlossen).

■ Verantwortlichkeit des Einzelnen: Ausgehend von lokalen Problemen und persönlicher Betroffenheit wird die ökologische Bedeutsamkeit der individuellen Verhaltensweisen, z. B. der Konsumgewohnheiten, bewusst gemacht (interne Verantwortlichkeit; Gefahr: einseitige Schuldzuweisungen).

■ Ökonomie und Ökologie: Die Verflechtung ökologischer, ökonomischer, militärischer, sozialer und kultureller Faktoren und deren historische Hintergründe werden betrachtet (externe Verantwortung; Gefahr: Ohnmachtserfahrung, Entschuldigung des Einzelnen; Peters 2000).

Die Ansätze der Umwelterziehung haben eine Reihe gemeinsamer Merkmale: Sie arbeiten problembezogen, exemplarisch, handlungsorientiert, vom Lokalen zum Globalen fortschreitend, fächerübergreifend, systemisches Denken fördernd; sie sind kognitiv wie emotional orientiert, wertbetont, zukunftsgerichtet; sie berücksichtigen Alternativen, fördern Anpassungsfähigkeit und betonen einen frühestmöglichen Beginn und lebenslange Dauer.

Trotz dieser Gemeinsamkeiten fehlt den umweltpädagogischen Bemühungen noch eine gemeinsame, stringente Theorie. Sie sind häufig geleitet von impliziten Motiven und individuellen Alltagstheorien über Natur, Mensch und Gesellschaft. Eine der Gefahren, die aus einer zu wenig kritischen und zu wenig selbstkritischen Praxis entstehen können, ist die ungewollte Stabilisierung der Ursachenlage von Umweltschädigungen, etwa durch einseitige Schuldzuschreibungen auf Industrie oder Verbraucher. Weitere Schwierigkeiten liegen in der noch ungenügenden Wir-

Erziehung zu umweltgerechtem Verhalten 551

kungsforschung. Welchen Anteil haben sachlich-analytische, künstlerisch-ästhetische oder emotionale Elemente beim Zugehen auf die Natur? Der Umstand, dass Umwelterziehung in der Schule als „Querschnittsaufgabe" für alle Fächer bestimmt wurde, führt in der Praxis häufig dazu, dass sie sich auf wenige Fächer wie Biologie oder Geografie beschränkt und dass selbst Projekte meist fachspezifisch angelegt sind.

24.4.4 Lehr- und Bildungspläne

Seit der Empfehlung der KMK(1980) ist Umwelterziehung eine der Aufgaben der Schule geworden. Im Sinne eines fächerübergreifenden Unterrichtsprinzips wurden allgemeine Ziele formuliert: Beobachtung und Untersuchung der Umwelt; Einblick in ökologische Zusammenhänge und Ursachen von Störungen; Einsicht in die Tatsache, dass Artenvielfalt heutige und zukünftige Lebensgrundlage des Menschen ist, dass Umweltbelastung ein internationales Problem ist bei besonderer Verantwortung der Industriestaaten, dass notwendig Interessenkonflikte entstehen und auszugleichen sind, dass verantwortungsbewusstes Handeln des Einzelnen und der Gesellschaft nötig ist; Kenntnis der Rechte und Pflichten des Bürgers sowie Bereitschaft zur politischen Mitarbeit. Die Lehr- und Bildungspläne nennen konkrete Themenbereiche.

24.4.5 Ganzheitliches Lernen

Pädagogisches Leitbild ist das „Pflegerische" (Winkel 1995). Von klein auf sollen Kinder zu einem rücksichtsvollen, fürsorglichen, liebe- und ehrfurchtsvollen, „vernünftigen" Umgang mit Pflanzen, Tieren, Landschaften, Ökosystemen, Ressourcen und mit der eigenen physischen und psychischen Gesundheit hingeführt werden. In altersgemäßer Weise können Schüler dabei immer den eigenen Körper erleben und die Natur direkt mit ihren Sinnen wahrnehmen. Der Weg zum schonenden Umgang mit der Natur läuft vom Kennenlernen, Vertrautwerden, Sich-Wohl-Fühlen in der Natur zum Erforschen, Erkennen, Wertschätzen, zu Rücksichtnahme und Bereitschaft zur Konfliktlösung. Angepasst an den Entwicklungsstand der Schüler integriert der ganzheitliche Unterricht mehrere Aspekte:

- sinnliche Erfahrung (Entwicklung und Schulung der Sinne als Voraussetzung für den Umgang mit der Natur – nutzend, wissenschaftlich analysierend, ästhetisch, kreativ oder kontemplativ; vgl. Cornell 1991),
- ästhetische Erfahrung (Erlebnis der Schönheit in der Natur mit unmittelbarer Überzeugungskraft, was handlungsrelevante Einstellungen bildet),
- religiöse und mythische Erfahrung (Sonne, Quelle, Baum, Garten u. a. in ihrer Symbolfunktion),
- Wissen,
- Umgang mit Konflikten.

Der in den ersten Schuljahren übliche Gesamtunterricht kann diese Aspekte gut realisieren und so erzieherisch wirken. Im Idealfall kann man in der 5. Klasse darauf aufbauen, dass die Kinder mit der „freien" Natur vertraut sind, sich in ihr gut

552   Umwelt-Erziehung als zentrale Zukunftsaufgabe

zurechtfinden und sie kennen (Artenkenntnis). Systematischer Fachunterricht benötigt die isolierende Betrachtungsweise; er darf aber den ganzheitlichen Ansatz nicht vergessen und sollte ihn altersgemäß weiterentwickeln.

24.4.6 Umweltkompetenzen aus dem Leitbild der nachhaltigen Entwicklung

Über alle Fächer und Klassenstufen hinweg sind eine Reihe von Fähigkeiten/ Kompetenzen anzustreben:

- **Diskursfähigkeit:** Z. B. in Dilemmasituationen, zur Konsensbildung und als Voraussetzung zur Ideologiekritik (z. B. bei der Berücksichtigung fremder Kulturen).
- **Umgang mit Komplexität, Unsicherheit und Risiko:** U. a. grundsätzliches Misstrauen gegenüber der Faszination scheinbar einfacher Lösungen und monokausaler Erklärungsmuster, Ambiguitäts- und Fehlertoleranz, Geduld, Hartnäckigkeit, Zivilcourage.
- **Antizipations- und Partizipationsfähigkeit:** U. a. zur Überwindung der Raum- und Zeitdistanzen bei der Wahrnehmung und bei Verantwortung (Betroffenheit, Fernethik), „global denken – lokal handeln".
- **Umweltbezogene Selbstkompetenz:** D. h. „die Menschen stärken"; zum Aufbau von Zuversicht auf Grund von Sachwissen, Entscheidungs- und Handlungsfähigkeit; Fähigkeit zum Umgang mit Angst und Zukunftshoffnung.
- **Reflexive Handlungskompetenz:** D. h. grundsätzliche Bereitschaft zur situationsgerechten Revision aller Strategien.

24.4.7 Ergänzende Angebote

In den letzten zehn Jahren entstand eine große Zahl von Schulbiologiezentren, Naturschutzzentren, Freilandlaboren, Umweltjugendherbergen, Waldlandheimen (Liste und Adressen in: Kochanek u. a. 1996; Winkel, 1995). Der schulischen Umwelterziehung bieten sie Ergänzungen durch ihre speziellen Möglichkeiten: Ausstattung (Laborplätze, Geräte und Werkstätten für ganze Klassen), für Freilandarbeit geeignetes Gelände, originale Naturbegegnung, erlebnis- und handlungsorientierte Methoden, fertige Programme, Fachleute, Zeit. Schwierigkeiten können u. U. daraus entstehen, dass sich Mitarbeiter und Schüler nicht kennen. Das Arbeiten an außerschulischen Lernorten muss nicht nur von der Sache her vorbereitet werden, sondern auch im Hinblick auf die Personen (pädagogische Mitarbeiter, Experten).

„Kann man sich ein beflügelnderes Unternehmen vorstellen als die Wiederherstellung der Natur, die Erneuerung der wunderbaren Vielfalt des Lebens, die uns noch immer umgibt?" (Wilson 1997, 429)

Gebraucht werden Vordenker, Aktivisten, Initiativgruppen. Diejenigen zu finden, die sich „beflügeln" lassen, ist Ziel des jährlichen „Bundesumweltwettbewerbs". Teilnehmer sind Jugendliche ab der 9. Klasse bis 21 Jahre. Aufgabe: An einem Beispiel aus dem eigenen Erfahrungsbereich die Ursachen eines Umweltproblems untersuchen, die Zusammenhänge darstellen und Lösungen für ein verantwortliches Handeln entwickeln. Träger ist das Bundesministerium für Bildung, Wissenschaft, Forschung und Technologie, Veranstalter das Institut für Pädagogik der Naturwissenschaften, Kiel. Darüber hinaus gibt es in Deutschland über 100 Umweltwettbewerbe mit unterschiedlichen Zielsetzungen, z. B. den der Tutzinger Stiftung für Umweltbildung, bei dem insbesondere die Verbindung von ökologischen, sozialen und pädagogischen Aspekten im Vordergrund steht. Der Fachlehrer spielt hier eine Schlüsselrolle als Anreger und Förderer.

24.5 Möglichkeiten des Unterrichts

24.5.1 Fächerverbindender Unterricht

Für den Schüler ist es wünschenswert, dass er in jeder Stufe einmal an einem großen, fächerverbindenden Projekt teilnehmen kann, in dem ein Thema exemplarisch umfassend behandelt wird. Dabei kann er seine Lehrer als Modelle des interdisziplinären Arbeitens an einem Umweltproblem erleben (□ ⇨ Beitrag 5).

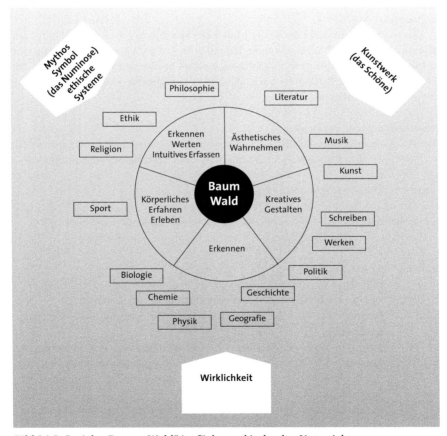

Bild 24.2: Projekt „Baum – Wald" im fächerverbindenden Unterricht

Die Geografie betrachtet die Erde als Ganzes und den Menschen innerhalb dieses Systems. Die Biologie betrachtet lebendige Systeme und ihre Rahmenbedingungen.die philosophische und religiöse Ethik zeigt, dass in der Natur selbst keine handlungsleitenden Normen für den Menschen gefunden werden können, sondern dass er selbst Normen setzen oder akzeptieren muss. Psychologie, Soziologie, Politik betrachten die Möglichkeiten, Bedingungen und Grenzen menschlichen Handelns. Kunst, Musik, Deutsch und Sprachen können die ästhetische, Religion die metaphysische Dimension der menschlichen Existenz in der Natur, mit ihr und ihr gegenüber, zu erschließen versuchen.

Für den Lehrer stellt sich die Frage, was für ihn machbar ist: manchmal Projekte leiten, öfter Beiträge liefern, vor allem „Bausteine" seines Faches entwickeln und bereithalten, Kollegen der traditionellen Leitfächer unterstützen. Im eigenen Fachunterricht gilt es, fachüberschreitend die jeweils fehlenden Aspekte, z. B. die politischen im Biologieunterricht, zumindest zu nennen, wenn nicht in bescheidener Form zu integrieren, durch Schülerreferate oder Besuche von Kollegen.

Dieses Zusammenspiel der Fächer mit ihren spezifischen Beiträgen kommt am Thema „Baum/Wald" (Klasse 8 oder 10) gut zum Tragen (siehe Bild 24.2 auf der vorhergehenden Seite). Die Möglichkeiten eines größeren Projekts werden am Thema „Schutz der Erdatmosphäre" (Klasse 10) aufgezeigt, siehe Tabelle auf der gegenüberliegenden Seite.

Hinweise zum Ablauf des Projekts

Herbst: Lehrer informieren über Ziel und Themen; Zustimmung der Klasse; Absprache der Fachlehrer, Erarbeiten der Grundlagen für die Projektthemen im Fachunterricht

Januar: Schülergruppen wählen ihre Themen [1 bis 9]

Feb/März: Ausgabe der Materialien in einer gemeinsamen Stunde aller Beteiligten; Fachunterricht nach Lehrplan und Arbeit der Gruppen zu Hause

Mai/Juni: Projekttage

1. Tag Einführung durch Lehrer: Ziele, Vorwissen, Organisation; Präsentationsform für die Ergebnisse: Stellwand; Gruppenarbeit: Aufbereitung der Inhalte

2. Tag Gruppenarbeit: Fertigstellen der Schautafeln (Bilder, Texte, Folien), Kurzvorträge, Experimente;
Planung und Probelauf der Präsentation vor der eigenen Klasse, Verbesserungen

3./4. Tag Präsentation der Ergebnisse vor einer Parallelklasse; pro Gruppe 10–40 Min., dazu Fragen und Diskussion; je nach Anzahl der Themen auch 2 Tage; alternativ: nur Ausstellung und/oder Projektheft
später: Präsentation vor anderen Klassen, Eltern; Aufstellen der Schauwände im Schulhaus; Exkursion zu Energieversorgungsunternehmen, Energiesparhaus etc.;
gemeinsames Essen als Abschluss; Aktion Solarkocher

Projekt: Schutz der Erdatmosphäre

Aspekte des Themas	Hinweise	Vorausgehender Fachunterricht	Projekt: 3–4 Tage im zweiten Halbjahr
• Energieversorgung in Industrie- u. Entwicklungsländern • Primärenergieträger • Bevölkerungswachstum, Lebensstandard u. Energiebedarf • Probleme: Emissionen CO_2, SO_2, NO_x; Ressourcenverbrauch	• Vorkommen, Entstehung, Vorrat • Kontrolle v. Geburten und Pro-Kopf-Nutzung; umweltökonomische Gesamtbilanzen • Lebensqualität durch techn. Fortschritt; Folgen für die Biosphäre	Stellt Grundlagen bereit / Erdkunde	Mögliche Themen für die Gruppenarbeit der Schüler (1–9) mit Experimenten:
Erdatmosphäre: Zusammensetzung, Aufbau, Strahlungshaushalt; natürlicher u. anthropogener Treibhauseffekt, Ursachen und Folgen	• Entwicklung der Atmosphäre; Vulkanismus; Energienutzung, FCKW, Rodung, Landwirtschaft; Klimaänderungen, Meeresspiegelanstieg, Naturkatastrophen	Erdkunde oder Physik in Absprache	**1) Was ist der Treibhauseffekt?** Exp.: Absorption von Infrarotstrahlung durch CO_2
Kohlenstoff-Kreislauf CO_2-Quellen CO_2-Senken	• Karbonate: Bildung und Zersetzung • Auswirkung auf die Biosphäre • Löslichkeit v. CO_2 in H_2O, Photosynthese, Dissimilation	Chemie Biologie	**2) Das CO_2-Problem** Exp.: Biolog. CO_2-Produktion und CO_2-Verbrauch

Analysieren

Grundlage des Projekts: Bildungsstandards Baden-Württemberg, Klasse 10. Fach Naturwissenschaft und Technik. Darstellung nach: U. Müller, Seminar für Schulpädagogik (Gymnasien), Heidelberg (Teil 1)

Aspekte des Themas	Hinweise	Vorausgehender Fachunterricht	Projekt: 3–4 Tage im zweiten Halbjahr	
Ozonzerstörung in der Stratosphäre, FCKW-Reduktion		Physik, Chemie, Erdkunde	**3) Das Ozonproblem** Exp.: Erzeugung, Eigenschaften, Abbau	Analysieren
Wirtschaftsordnung u.-politik; Nachhaltigkeit als Leitprinzip	• Möglichkeiten zu politischem Handeln • ökon., ökol. u. soziale Erfordernisse • Zukunftsfähigkeit	Gemeinschaftskunde	**4) Wie hängen Ökonomie, Ökologie und Politik zusammen?**	Analysieren
Kluft zwischen Wissen und Verhalten	Informationsverarbeitung: Sinne u. Wahrnehmung, Verhaltensdispositionen: evolutionär u. kulturell	Biologie, Psychologie	**5) Warum handeln wir oft gegen besseres Wissen?**	Analysieren
Kosmisches Gleichgewicht u. seine Gefährdung in religiöser u. ästhet. Erfahrung	• Aussagekraft von Symbolen, Mythen, Kunstwerken	Bildende Kunst, Musik, Deutsch (Latein, Griechisch), Religion	**6) Luft, Wasser, Himmel in Mythos und Kunst**	Analysieren
Sinne und Gefühle ansprechende Wahrnehmung	geschärfte Wahrnehmung von nichtoptischen Reizen (Duft, Wind, Geräusche, Boden)		**7) Aktion:** Schüler gehen nachts einzeln oder paarweise schweigend auf ausgewählter Strecke durch den Wald	Erleben
ethische Maßstäbe u. verantwortliches Handeln Natur und Mensch	• Naturverhältnis verschiedener Epochen u. Kulturen • ökol. Ethik: Begründungen und Konsequenzen • Schöpfungsbewusstsein	Religion, Ethik, Philosophie	**8) Warum w(s)ollen wir die Atmosphäre schützen?**	Ent-scheiden
Möglichkeiten zur Verringerung der Treibhausgase, Zielkonflikte	• Energiesparen: Haushalt (Heizung, Lebensmittel, Gebrauchsgüter) Verkehr • Regenerative Energien • Aktivitäten in unserer Stadt: Information, technische Maßnahmen, Förderprogramme für Bürger	Physik, Gemeinschaftskunde	**9) Was können wir tun?** Ich selbst und wir in unserer Schule, Familie und Stadt. Exp.: Solarenergie, Aktion: „Solarkocher für die 3. Welt", vgl. Dieckhoff/Roth 1996, 134 ff.	Handeln

Grundlage des Projekts: Bildungsstandards Baden-Württemberg, Klasse 10. Fach Naturwissenschaft und Technik. Darstellung nach: U. Müller, Seminar für Schulpädagogik (Gymnasien), Heidelberg (Teil 2)

Möglichkeiten des Unterrichts

24.5.2 Beiträge einzelner Fächer

Durch Zusammenarbeit der Fächer kann aus den spezifischen Einzelbeiträgen ein Gesamtbild der Umweltthematik bei den Schülern entstehen, z. B.:

- Biologie: Lebendige Systeme
- Geografie: Bewohnbare Erde
- Religion: Metaphysische Anbindung
- Deutsch und Kunst: Beschreiben der Wirklichkeit, Ausdruck von Gefühlen, ästhetische Erfahrung, Ästhetik der Natur
- Wirtschaftslehre: Ökonomie und Ökologie

Hinweise auf den Unterricht und auf Materialien finden sich in einer entsprechenden Rubrik des Literaturverzeichnisses am Ende dieses Beitrags.

24.6 Umweltethik

Umweltethik fragt, ob und warum der Mensch auf die Natur Rücksicht nehmen soll, wie diese Rücksichtnahme begründet wird und wie im Konfliktfall zu entscheiden ist (Güterabwägungen). Die Ausgangsfragen sind: Was ist mir wertvoll (Werte-Katalog), was stelle ich an die höchste Stelle (Werte-Hierarchie) und wie begründe ich meine Bewertung (Letztbegründung)?

Die Normierung menschlichen Handelns wird in den unterschiedlichen ethischen Systemen auf unterschiedliche Letztbegründungen bezogen.

Die Kenntnis der folgenden Grundpositionen ist Voraussetzung für die eigene Orientierung und den konsenssuchenden Diskurs in der pluralistischen Gesellschaft. Umweltrelevantes Verhalten kann verpflichtet sein

allen Menschen	anthropozentrische Ethik,
allem, was Leid empfindet	pathozentrische Ethik,
allem, was lebt	biozentrische Ethik,
allem, was ist	physiozentrische, holistische Ethik,
allem, was Gott geschaffen hat	theozentrische Ethik.

Diese glaubensmäßig oder glaubensähnlich geleiteten Letztbegründungen stehen konkurrierend nebeneinander. Die mächtigen Erkenntnis leitenden Grundüberzeugungen wollen sich nicht rational hinterfragen lassen. Erfahrungsgemäß lässt sich auf der Ebene vorletzter Begründungen leichter ein Konsens finden. Dies ist die Ebene grundlegender Werte wie Menschenwürde, Geschwisterlichkeit, Solidarität, Gerechtigkeit. Die UN-Beschlüsse zum Leitbild der nachhaltigen Entwicklung auf der Grundlage der Gerechtigkeit (s. o.) sind ein entscheidender Erfolg im globalen umweltethischen Diskurs.

Die anwendungsorientierte Ethik bietet auch methodische Hilfen, z. B. die „Vorzugsregel" für die Güter- und Übelabwägung im Konfliktfall: „Unter sonst gleichen Umständen ist bei Übeln, die unvermeidlich sind, das geringere dem größeren und das kürzer dauernde dem länger dauernden vorzuziehen." Außerhalb des ethischen Diskurses fragt man häufig nur: „Was bringt am schnellsten das meiste Geld bzw. die meisten Wähler?" Der ethische Diskurs muss dennoch versucht werden, weil globales Handeln nötig ist und weil die Zukunft ungewiss und weitgehend unerforschlich ist. Daraus folgt, dass statt starrer Positionen prinzipielle Offenheit, Toleranz und die Fähigkeit, Ambiguitäten auszuhalten, nötig sind (vgl. Beitrag 19: Moralerziehung).

Eine große Arbeit für unsere Zukunftsfähigkeit ist mit dem „Projekt Weltethos" geleistet worden, das die ethischen Gemeinsamkeiten der Weltreligionen ins Bewusstsein ihrer Mitglieder bringen will (Küng 2003; vgl. auch Kessler 1996; Gorke 1999).

Literatur

Alt, F. (2002). Der ökologische Jesus. Vertrauen in die Schöpfung. München: Riemann.

Altner, G. (1989). Ökologische Theologie. Perspektiven zur Orientierung. Stuttgart: Kreuz.

Becker, G. (2001). Urbane Umweltbildung im Kontext einer nachhaltigen Entwicklung. Theoretische Grundlagen und schulische Perspektiven. Opladen: Leske & Budrich.

Beyer, A. (Hrsg.) (2000). Nachhaltigkeit und Umweltbildung. Hamburg: Krämer.

Beyer, A. (Hrsg.) (2002). Biologisch-anthropologische Grundlagen einer Bildung für nachhaltige Entwicklung. Opladen: Leske & Budrich.

Bölts, H. (1995). Umwelterziehung. Grundlagen, Kritik und Modelle für die Praxis. Darmstadt: Wissenschaftliche Buchgesellschaft.

Bolscho, D., Seybold, H. (1996). Umweltbildung und ökologisches Lernen. Berlin: Cornelsen.

Bormann, I., Erben, F., de Haan, G. (Hrsg.) (2000). Schulprofil durch Öko-Audit. Hamburg: Krämer.

Brenner, A. (1996). Ökologie-Ethik. Leipzig: Reclam.

Calließ, I., Lob, R.E. (Hrsg.) (1987/88). Handbuch Praxis der Umwelt- und Friedenserziehung. Düsseldorf: Schwann.

Cornell, I. (1991). Mit Freude die Natur erleben. Naturerfahrungsspiele für alle. Mülheim: Verlag an der Ruhr.

Cube, F.v., Storch, V. (Hrsg.) (1988). Umweltpädagogik. Ansätze, Analysen, Ausblicke. Heidelberg: Schindele.

Datow, W. (2002). „Kommst du mit in den Garten?" In: Seminar 2/2002, S. 121 – 129.

Dieckhoff, K.H., Roth, J. (Hrsg.) (1996). Umweltkrise als Bildungschance, Tutzinger Stiftung zur Förderung der Umweltbildung. München: ökom verlag.

Dörner, B. (2003). Die Logik des Misslingens. Strategisches Denken in komplexen Situationen. Reinbek: Rowohlt.

Frank, N. (Hrsg.) (2002). Umweltkompetenz als neue Kulturtechnik. Donauwörth: Auer.

Gorke, M. (1999). Artensterben. Von der ökologischen Theorie zum Eigenwert der Natur. Stuttgart: Klett-Cotta.

Hellbrück, J., Fischer, M. (1999). Umweltpsychologie. Göttingen: Hogrefe.

Jüdes, U. (1995). Hat Umweltbildung eine Zukunft? In: Bitz, Finckh u.a. (Hrsg.) (1995). Runder Tisch Umweltbildung. Mainz: Arbeitsgemeinschaft Umweltbildung der Natur- und Umweltschutzverbände Rheinland-Pfalz. 14 – 27.

Jüdes, U. (1997). Nachhaltige Sprachverwirrung. Auf der Suche nach einer Theorie des Sustainable Development. In: Politische Ökologie 52, Juli/August; 26 – 29.

Kemper, A. (2000). Unverfügbare Natur. Ästhetik, Anthropologie und Ethik des Umweltschutzes. Frankfurt: Campus.

Kessler, H. (Hrsg.) (1996). Ökologisches Weltethos im Dialog der Kulturen und Religionen. Darmstadt: Wissenschaftliche Buchgesellschaft.

Literatur

Kleber, E.W. (1993). Grundzüge ökologischer Pädagogik. München: Juventa.

Kösters, W. (1993). Ökologische Zivilisierung. Verhalten in der Umweltkrise. Darmstadt: Wissenschaftliche Buchgesellschaft.

Kochanek, Pathe, Szyska (1996). Umweltzentren in Deutschland. München: Ökom.

Kükelhaus, H./ zur Lippe, R. (1992). Entfaltung der Sinne. Frankfurt: Fischer.

Küng, H. (2003). Projekt Weltethos. München: Piper.

Langner, A. (2001). Umweltkommunikation und das Leitbild einer zukunftsfähigen Konsumgesellschaft. Eine Sozialökonomische Analyse der Lebensstilansätze. Herzogenrath: Shaker.

Langner, F.S. (1998). Von der Umweltökonomie zur ökologischen Ökonomie. Zur Notwendigkeit eines Paradigmenwechsels. Berlin: viademica verlag.

Langner, T. (1996). Umweltkonzepte für Schulen. Halle: Unabhängiges Institut für Umweltfragen.

Mayer, J. (1997). Die Rolle der Umweltbildung im Leitbild nachhaltiger Entwicklung. In: Beyer, A. (1998). Nachhaltige Entwicklung und Umweltbildung. Hamburg: DGU.

Meyer-Abich, K.M. (1990). Aufstand für die Natur. Von der Umwelt zur Mitwelt. München: Hauser.

Pädagogisches Zentrum Rheinland-Pfalz (Hrsg.) (1993). PZ Information 2/ 93. Umwelterziehung: Mein lieber Baum... Fächerübergreifender Unterricht in der Grundschule. Bad Kreuznach: Pädagogisches Zentrum.

Peters, H. (2000). Volkswirtschaftslehre. Lernt gemeinsam handeln! Darmstadt: Winklers.

Rest-Hartjes, G. Trauerarbeit mit Kindern und Jugendlichen. In: Pädagogik 9/ 96, S. 14 – 17.

Rode, H., Bolscho, D., Dempsey, R. u.a. (2001). Umwelterziehung in der Schule. Zwischen Anspruch und Wirklichkeit. Ökologie und Erziehungswissenschaft. Band 8. Opladen: Leske & Budrich.

Schahn, J., Giesinger, Th. (Hrsg.) (1993).Psychologie für den Umweltschutz. Weinheim: Beltz.

Schlitt, M. (1992). Umweltethik. München: Schöningh.

Schweitzer, A. Werke aus dem Nachlass. Brüllmann, R., Grässer, E., Günzler, D. Die Weltanschauung der Ehrfurcht vor dem Leben. Kulturphilosophie III, 1/ 2 Teil. Autoren und Bearbeiter Günzler, C., Zürcher, J. München: Beck.

Treptow, E. (2001). Die erhabene Natur. Entwurf einer ökologischen Ästhetik. Würzburg: Königshausen und Neumann.

UNESCO-Verbindungsstelle für Umwelterziehung im Umweltbundesamt (Hrsg.) (1986).Die Einrichtungen außerschulischer Umwelterziehung in der Bundesrepublik Deutschland. Berlin: Umweltbundesamt.

Weizsäcker, E.U., Lovins, A.B., Hunter Lovins, L. (1997). Faktor vier. Doppelter Wohlstand – halbierter Naturverbrauch. Darmstadt: Wissenschaftliche Buchgesellschaft.

Wilson, E.O. (1997). Der Wert der Vielfalt. Die Bedrohung des Artenreichtums und das Überleben des Menschen. München: Piper.

Winkel, G. (1995). Umwelt und Bildung. Seelze-Velber: Kallmeyer.

Hinweise zum Unterricht in den einzelnen Fächern und auf Materialien finden sich in Bovet, G., Huvendiek, V. (Hrsg.) (2000). Leitfaden Schulpraxis. Berlin: Cornelsen. S. 489–493.
Ergänzungen: „Praxis der Naturwissenschaften. Biologie in der Schule": Heft 8, Dezember 2001 (Natur erfahren, Natur erleben). „Praxis der Naturwissenschaften. Chemie in der Schule": Heft 8, Dezember 2003 (Nachhaltige Entwicklung). „Geografie heute": Heft 180, Mai 2000 (Agenda 21); Heft 191, Juni 2001 (Energiewende); Heft 201, 2002 (Erde in Gefahr). Datow 2002 (Kommst du mit in den Garten?);Kemper 2000 (Ästhetik, Anthropologie, Ethik). Mayer, F., 2000 (Modelle); Treptow 2001 (ökologische Ästhetik).

25   Schulentwicklung als Aufgabe der Lehrerausbildung

Marianne Haun

25.1   Warum Schulentwicklung?

In Zeiten, in denen Institutionen einem starken Wandel ausgesetzt sind und in denen Seminare wie Schulen sich zu „lernenden Organisationen" entwickeln, die über eigene Profile nachdenken, gewinnt das Thema Schulentwicklung in der Ausbildung zunehmend an Bedeutung. Ist es doch Aufgabe der zweiten Phase, künftige Lehrerinnen und Lehrer auf die sich wandelnden Aufgaben in Schule und Unterricht und die damit einhergehende erweiterte Professionalisierung des Lehrerberufs adäquat vorzubereiten.

Welches Grundverständnis für Schulentwicklung sollen künftige Lehrerinnen und Lehrer bereits im Referendariat erwerben?
Um dieser Frage nachzugehen, wird zunächst das „Warum" von Schulentwicklung erörtert, bevor eine begriffliche Klärung erfolgt. Beispielhaft werden schulische Entwicklungsverläufe aufgezeigt, die Einstiegs- und Mitwirkungsmöglichkeiten für Lehrerinnen und Lehrer in der Ausbildung eröffnen.

Kolleginnen und Kollegen eines Innenstadtgymnasiums planen, bedingt durch rückläufige Schülerzahlen, am Pädagogischen Tag gemeinsam mit der Schulleitung Überlegungen anzustellen, das eigene Profil genauer zu bestimmen, mit dem Ziel, die Schule wieder attraktiver zu machen. An einem anderen Gymnasium entstand die Notwendigkeit, sich mit Faktoren des Klassenklimas zu beschäftigen und dabei wird die Frage nach dem Schulklima aufgeworfen.

Zwei von zahlreichen Beispielen, die Schulen veranlassen, eine Standortbestimmung ihrer pädagogischen Arbeit vorzunehmen, daraus Ziele für weiter gehende Maßnahmen abzuleiten und damit erste Schritte in Richtung Schulentwicklung zu gehen.

Aus der Dynamik gesellschaftlichen Umbruchs erwächst für Schulen zunehmend die Notwendigkeit, sich diesen Veränderungsprozessen zu stellen. So wurde in Deutschland in den 90er-Jahren Schulentwicklung zum Mittel der Wahl, den Rahmen für Bildungsreformen und in ihrem Gefolge notwendige Modernisierungen im Schulsystem zu schaffen. Der Begriff Schulentwicklung löste dabei den Begriff der Schulreform ab und beschreibt die Verlagerung bildungspolitischer Strukturveränderungen in die einzelne Schule, ein Weg also, der vom „Gesamtsystem zur Einzelschule" führte. (Meyer 1997) Daher ist auch häufig von innerer Schulentwicklung die Rede.

Damit ist gemeint, die Einzelschule an veränderte gesellschaftliche Verhältnisse anzupassen, gleichzeitig soll diese jedoch auch ihr Innenleben eigenständig und selbstbestimmt regeln, zu einer „erzieherischen Eigenstruktur" finden oder diese „gemeinsam statt einsam" im Miteinander des Kollegiums erfinden.

Warum Schulentwicklung?　　　　561

In Zeiten vor und nach PISA hat die Bildungspolitik Reformen auf den Weg gebracht, von deren Umsetzung die Einzelschule massiv tangiert wird.

International gesehen wird Deutschland Nachholbedarf in Sachen Schulentwicklung, welche die Verbesserung schulischer Arbeit und unterrichtlicher Ergebnisse zum Ziel hat, bescheinigt. (Burkhard/Eikenbusch in Pädagogik 11/02)

So lassen sich drei **wesentliche Grundmotive für Schulentwicklungen** unterscheiden:

- Dezentralisierung und damit einhergehende zunehmende organisatorische
  Eigenständigkeit der Schulen,
- Wandel der Lernkultur und
- Qualitätssicherung bzw. die Frage nach der „guten Schule".

25.1.1　Eigenständigkeit der Schulen

Bereits in der Denkschrift „Zukunft der Bildung – Schule der Zukunft" der Bildungskommission des Landes Nordrhein-Westfalen von 1995 ist die Rede von der
„teilautonomen Schule" als Abgrenzung zur verwalteten Schule. Die Erkenntnis
hat sich in bildungspolitischer Hinsicht durchgesetzt, dass überlieferte zentralis-
tische Steuerungsmodelle den komplexen Anforderungen in der Schule vor Ort
nicht mehr gerecht werden.

Dezentrale Steuerung und damit verbundene größere Handlungs- und Gestal-
tungsspielräume bezüglich innerer Schulangelegenheiten führen zu Vorstellungen, wie sie beispielsweise in Baden-Württemberg zunächst im Begriff innere
Schulentwicklung und gegenwärtig mit dem Begriff der „Operativ eigenständigen
Schule" gefasst werden.

Dieser Paradigmenwechsel wirkt sich mittlerweile in allen Bundesländern aus,
so werden Entscheidungen sowohl in Personal- als auch in Budgetfragen von der
Verwaltungsebene in die Schule hinein verlagert. Daher sind kompetente Schul-
leitungen sowie Lehrerinnen und Lehrer, die solch veränderte Aufgaben übernehmen, gefragt. Dies macht deutlich, warum das Thema Schulentwicklung zu
einer Aufgabe der Lehrerausbildung wird.

25.1.2　Wandel der Lernkultur

Bei der Frage nach der Gestaltung von Lehr- Lernprozessen zeichnen sich nicht
erst seit der PISA-Studie Veränderungen in Richtung auf Ganzheitlichkeit, Selbsttätigkeit und Kompetenzentwicklung ab. In einem als Wandel der Lernkultur zu
beschreibenden Prozess tritt Belehrung in den Hintergrund, Aneignung und
Förderung der Kompetenzen von Schülerinnen und Schülern werden zum Ziel.
(Arnold 2000)

Dabei wird im Anschluss an Ergebnisse internationaler Vergleichsuntersuchungen statt Inputsteuerung, wie sie durch Reformen von oben in Form von Er-
lassen und Lehrplanrevisionen verordnet wurden stärker die Outputsteuerung,
also die Überprüfung der tatsächlich erbrachten Schülerleistungen, in den Blick
genommen.

Die konkreten Verbesserungen der Lebens- und Lernbedingungen sollten nach H. Meyer erklärtes Ziel von Schulentwicklung sein, er betont damit in Anschluss an Hartmut von Hentigs Aussage: „Die Sachen klären – die Menschen stärken" den Faktor Mensch als Dreh- und Angelpunkt der schulischen Veränderungsbestrebungen.(Meyer 1997, S.49) Lernen, das sinnhaft ist und der Entfaltung menschlicher Fähigkeiten dient, orientiert sich am Leitbild der Lernenden Organisation (Senge 1996). In dieser Vision werden Schulen zu Lernenden Unternehmen (Fullan 1999), die nicht nur Einrichtungen sind, in denen Schülerinnen und Schüler lernen, sondern solche, die selber zum Lernen fähig sind.

25.1.3   Qualität von Unterricht und Schule

Die Frage nach der guten Schule wird zumeist auf den Aspekt „guter Unterricht" bezogen.

Die Rückbesinnung auf Unterricht als einem wesentlichen Faktor von Schule und die angemahnte Entwicklung und Sicherung der Unterrichtsqualität lassen Unterrichtsentwicklung zum Kern von Schulentwicklung werden. Maßstab für Schulentwicklung ist die Wirksamkeit von Lehr-Lernprozessen (Helmke 2002). Unter dem Begriff „pädagogische Schulentwicklung" betont vor allem Klippert (2000) das Primat der Unterrichtsentwicklung, das weniger die schulische Organisation als vielmehr die Verbesserung des Unterrichts zum Ziel hat. Erfolgreiche Qualitätssicherung von Schule und Unterricht setzt jedoch auch die innerschulische Kooperation, die gemeinsame Planung und Evaluation voraus. So bedarf es bei der Einführung von eigenverantwortlichem Lernen eines abgestimmten Vorgehens, wenn es nicht bei isolierten Einzelmaßnahmen bleiben soll.

25.2   Was ist Schulentwicklung?

Dass Veränderungsprozesse an Schulen bedingt durch die dargestellten Notwendigkeiten und Reformen unablässig sind, darüber besteht wenig Zweifel. Vielfach sind in Schulen Aktivitäten in Gang, deren bunte Vielfältigkeit zu einer Art neuer Unübersichtlichkeit geführt hat und die für diejenigen Kollegen, die nicht unmittelbar eingebunden sind, nur noch schwer zu erfassen ist. So entsteht aus dem Nebeneinander von Initiativen häufig der Wunsch, eine gemeinsame Linie zu finden, Aktivitäten zu verorten, Schwerpunkte zu setzen – dies wäre durch eine systematisch angelegte Schulentwicklung zu leisten.

Beispiel 1

„Wir haben viele unterschiedliche Initiativen an unserer Schule, angefangen von der Streitschlichtung über das Projekt „Trainingsraum", so der Bericht einer Kollegin bei einem ersten Treffen mit Prozessbegleitern. „Es hat sich bewährt, dass wir Unterrichtsstörungen und das Verhalten unserer Schülerinnen und Schüler zum gemeinsamen Thema im Kollegium gemacht haben. Auch Referendarinnen und Referendare hatten besonders in Klasse 8 und 9 häufig Disziplinprobleme. Es gab Handlungsbedarf. Anfangs waren viele Kolleginnen und

Was ist Schulentwicklung?

Kollegen sehr skeptisch. Sie befürchteten Gleichmacherei. Eine Gruppe von Lehrerinnen und Lehrern schaute sich in einer Hauptschule das Modell Trainingsraum an. Die klaren Regeln und Vereinbarungen überzeugten. Sie starteten einen Versuch."

„Unzufriedenheit mit den Schülerinnen und Schülern in Klasse 5 führte zu einer Initiative „Blick über den Tellerrand", bei der eine Kooperation mit der Grundschule entstand. Zunächst haben gegenseitige Hospitationen zum Ziel, Vorurteile über die jeweils andere Schulart abzubauen. Ein Team von Lehrerinnen und Lehrern startete in Anlehnung an die Grundschule in Klasse 5 Offene Unterrichtsformen. Mehrere Kolleginnen und Kollegen bereiteten gemeinsam Unterricht vor und arbeiteten fächerübergreifend zusammen. Der anfängliche Mehraufwand durch das Erstellen von Arbeitsmaterialien wurde nach einer gewissen Zeit durch Erleichterungen bei der Vorbereitung des Unterrichts ausgeglichen."

„Als wir am letzten Pädagogischen Tag eine Zusammenstellung unserer Aktivitäten versuchten, um das Profil unserer Schule näher zu bestimmen, da fiel es uns schwer, genau zu sagen, welchen Schwerpunkt wir besonders betonen wollen. Die verschiedenen Initiativen sind über die Jahre hinweg gewachsen und jetzt stellen wir fest, dass zunächst auseinander laufende Projekte durchaus in Verbindung kommen. So hat der sportliche Schwerpunkt Ähnlichkeiten mit den Ansätzen soziales Lernen, denn beide zielen auf Teamfähigkeit und Kooperation der Schülerinnen und Schüler untereinander ab. Daraus kann eine neue Qualität der Schule entstehen, die in Richtung Ganzheitlichkeit führt. Dies bleibt kein Schlagwort, sondern ist gelebte Realität. In unserer Schule wehrt man sich gegen zu viel Planung und Festlegen und betont den Aspekt des organischen Gewachsenen. Jetzt sind wir an einem Punkt angelangt, wo wir uns durch eine Bestandaufnahme einen Überblick über die verschiedenen Aktivitäten machen wollen, um dann gezielter weiter zu kommen."

Soweit der Bericht einer Lehrerin an einem Gymnasium beim ersten Treffen mit externen Beratern.

Reflexionsfrage: Welche der Initiativen spricht Sie am meisten an? Wo sehen Sie Mitwirkungsmöglichkeiten?

Die Frage, die hier gestellt werden kann, lautet: Handelt es sich bei diesem Beispiel um Schulentwicklung? Um die Frage zu beantworten, ist eine Klärung des Begriffes nötig.

In Anlehnung an das Drei-Wege-Modell von Rolff soll hier der Begriff Schulentwicklung als Systemzusammenhang von Unterrichtsentwicklung (UE), Organisationsentwicklung (OE) und Personalentwicklung (PE) verstanden werden. (Rolff 2000, S. 11) – siehe dazu Bild 25.1 auf der folgenden Seite.

Kerngeschäft von Schule ist der Unterricht, so ist ein Eckpunkt von Schulentwicklung die **Weiterentwicklung schulischer Lern- und Unterrichtskultur**, hier mit dem Begriff **Unterrichtentwicklung** bezeichnet.

Die von einer Schule als Ganzes angegangenen Veränderungen der Methoden in Richtung Schülerzentrierung und vermehrte Selbsttätigkeit ebenso wie die Einführung von Freiarbeit und Offenen Unterrichtsformen sind hierfür typische Beispiele.

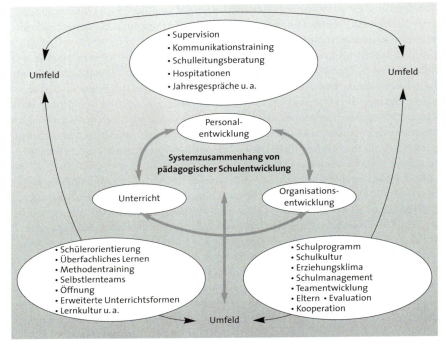

Bild 25.1: Drei-Wege-Modell der Schulentwicklung nach Rolff

Ein weiterer Dreh- und Angelpunkt ist mit dem Begriff **Organisationsentwicklung** gefasst, der die Strukturen und Zusammenhänge einer Organisation wie die der Schule beinhaltet. Zu grundlegenden Veränderungen auf organisatorisch-struktureller Ebene gehört die Schaffung von Arbeits- und Projektgruppen sowie die Bildung einer Steuergruppe, in deren Händen die Koordination des Schulentwicklungsprozesses liegt. (Rolff 2001)

Schließlich ist der dritte Eckpunkt schulischer Entwicklungsprozesse die **Personalentwicklung**, die eine systematische Förderung und Entwicklung des Personals, also der Kolleginnen und Kollegen einer Schule durch den Schulleiter, die Schulleiterin beinhaltet. Regelmäßig stattfindende Jahres- oder Zielvereinbarungsgespräche sind Instrumente der Personalentwicklung ebenso wie die gezielte Förderung einzelner Kollegen. Wesentlich ist es, den Systemzusammenhang der drei Eckpunkte im Blick zu behalten. Schulentwicklung kann primär auf die Weiterentwicklung des Unterrichts (UE) zielen. So ist der Weg an vielen Gymnasien, die mit der Einführung von neuen Unterrichtsformen (UE) den Weg der Schulentwicklung einschlagen. Hierzu bilden sich Arbeitsgruppen über die Fächer hinweg, die zusätzliche Absprachen, also neue Informations- und Kommunikationswege im Kollegium erfordern (OE). Somit entfalten Maßnahmen erst ihre volle Wirksamkeit, wenn die Schule als Ganzes von der Veränderungsbewegung

Was ist Schulentwicklung?

berührt wird, wenn auch Teamentwicklung und die Entwicklung der schulischen Organisation in den Blick genommen werden. Günstig ist es, mit einem Schwerpunkt zu beginnen und den Weg der Veränderung Schritt für Schritt zu gehen. Im Beispiel 1 war durch unterschiedliche Initiativen der Weg in einen systematischen Schulentwicklungsprozess bereitet.

25.3 Den Wandel auf den Weg bringen – Kernprozesse der Schulentwicklung

Schulentwicklung soll hier verstanden werden als ein gezielt geplanter Entwicklungsprozess, der von der Schule als Ganzes abgestimmt und getragen ist und bei dem unterschiedliche Teilaktivitäten koordiniert und gebündelt sind. Die systematische Ausrichtung der Aktivitäten an einer von allen Beteiligten festgelegten und gemeinsam vereinbarten Zielsetzung ist ebenso entscheidend. Dieser Schritt ist von dem Kollegium im oben erwähnten Beispiel als Notwendigkeit erkannt worden.

Entscheidet sich eine Schule für einen solchen Entwicklungsprozess, ist darauf hinzuweisen, dass dies auf der einen Seite Planung und konkrete Zielorientierung beinhaltet, auf der anderen Seite durch die Komplexität des Geschehen eher mit einer Reise vergleichbar ist, deren Weg durch Meilensteine, Stolpersteine und Unwägbarkeiten gekennzeichnet ist (Fullan 1999). Bedeutsam ist die Wahrnehmung von Wechselbeziehungen statt linearer Ursache-Wirkung-Ketten (Senge 1996).

Dabei kann es Ziel einer solchen Entwicklung sein, ein Schulprofil zu entwerfen, die Qualität des Unterrichts oder der Zusammenarbeit zu verbessern oder, wie bereits erwähnt, Disziplin- und Verhaltensprobleme im Kollegium gemeinsam anzugehen. Solche zunächst voneinander getrennten Aktivitäten können in einen systematischen Prozess münden, der als Schulentwicklung zu bezeichnen ist. Er lässt sich durch folgende drei Kernprozesse kennzeichnen:

1. Erfassen der Ausgangslage (Ist-Analyse)
2. Zielfindung: Festlegung der Ziele und Schwerpunktsetzung
3. Evaluation des Vorgehens.

Hinzu kommt in vielen Schulen die Bildung einer Steuergruppe, die neben der Schulleitung wichtige Koordinierungs- und Steuerungsaufgaben übernimmt. Auch besteht für Schulen das Angebot, sich durch externe Beratung im Prozess der Schulentwicklung durch Prozessbegleiter/innen begleiten zu lassen. Bevor die Kernprozesse näher erläutert werden, werden noch einige Voraussetzungen angesprochen.

Im Sinne der Wirksamkeit und Nachhaltigkeit gilt es, Betroffene zu Beteiligten zu machen, also im Kollegium Vorgehensweisen gemeinsam zu planen und abzustimmen. Der Schulleitung kommt dabei eine Schlüsselrolle zu. Der Schulleiter, die Schulleiterin ist in erster Linie für den Schulentwicklungsprozess verantwortlich. Im neuen Leitbild Schulleitung zeichnet sich analog zum bereits dargestelltem Paradigmenwechsel ein Wandel vom Verwalten zum Gestalten, von direktorialer zu partizipativer Schulleitung ab. (Schratz 2001, Schüssler 2001).

Um Teilbereiche der Schulentwicklung wie die Verbesserung und Weiterentwicklung der Unterrichtskultur auf den Weg zu bringen, müssen Zielvorstellungen im Innenraum einer Schule – also zwischen Schulleitung und Kollegium – entwickelt sowie Schritte der Umsetzung gemeinsam festgelegt werden. Denn Voraussetzung, den anstehenden Wandel in Organisationen zu vollziehen, sind neben dem individuellen Lernen Formen des gemeinsamen Lernens in Teams, um dem bislang noch vorherrschendem Einzelkämpfertum in der Institution Schule entgegenzuwirken.

So verstanden, beinhaltet Schulentwicklung einen Lernprozess, der aus Alltagsroutinen herausführen kann und bei dem es um Erfinden, Erproben und Erneuern geht. Es ist wichtig, die entsprechende Grundhaltung zu verdeutlichen, wenn ein Kollegium sich auf diesen Entwicklungsweg begibt. Darauf weist besonders Fullan hin, wenn er von der Unvorhersehbarkeit von Veränderungsprozessen in komplexen Systemen wie dem der Schule spricht (Fullan 1999).

Aus dieser Tatsache heraus ist eine gewisse Verunsicherung bei Lehrerinnen und Lehrern am Anfang dieses Weges zu beobachten. So ist unklar, was an Arbeitsaufwand und an Abweichen von bewährten Routinen auf ein Kollegium zukommt. Gestalten und Innovieren soll statt herkömmlichem Verwaltet-Werden breiteren Raum einnehmen, die darin enthaltenen vermehrten Beteiligungsmöglichkeiten sprechen viele Kolleginnen und Kollegen in ihrem pädagogischen Engagement an. Doch werden die zunehmenden Gestaltungsräume nicht nur als Chance zur aktiven Mitgestaltung erlebt, sie stoßen auch auf Skepsis und Widerstand: „Zu Beginn war es ein erheblicher Mehraufwand, mit Kollegen die Planung abzusprechen, aber inzwischen macht sich die Einsicht breit, dass Qualität ihren Preis hat", so eine Kollegin bei einem Pädagogischen Tag.

Um das Gelände von Schulentwicklung genauer zu markieren, sollen drei Kernprozesse im Folgenden genauer beschrieben und anhand von Beispielen verdeutlicht werden.

25.3.1 Die Erfassung der Ausgangslage: Ist-Analyse oder Bestandsaufnahme

Der klassische Einstieg für einen Schulentwicklungsprozess geschieht in der Regel durch die Erfassung der Ausgangslage. Als Grundsatz gilt: „Keine Maßnahme ohne Diagnose"(Rolff 1999) oder Standortbestimmung. Damit ist gemeint, dass, bevor Maßnahmen beschlossen werden, eine systematische Bestandsaufnahme der Ist-Situation einer Schule nötig ist. Hier können Stärken und Schwächen analysiert werden, aus denen sich dann Ziele und Schritte im weiteren Vorgehen ableiten lassen. Der Prozess der Diagnose und die Beschreibung des Gesamtbildes einer Schule in Form einer Ist-Analyse gelingt in der Regel am ehesten, wenn Unterstützung durch externe Berater, Moderatoren oder Prozessbegleiter gegeben ist, die über geeignete Methoden und Instrumente zur Erfassung des Ist-Zustandes verfügen.

Den Wandel auf den Weg bringen – Kernprozesse der Schulentwicklung

Diese Bestandsaufnahme lässt sich mithilfe von Instrumenten durchführen, die sich in der Organisationsentwicklung bewährt haben. Dazu gehören:

- Fragebogen wie das IFS-Barometer
- Stärken-Schwächen-Analyse
- Kraftfeldanalyse
- SOFT-Analyse

Das IFS-Barometer, das am Institut für Schulentwicklungsforschung Dortmund (1996) entwickelt wurde, eignet sich gut für schulische Bestandsaufnahmen. Es liegen umfangreiche Fragebögen sowohl für Lehrerinnen und Lehrer, Schülerinnen und Schüler sowie Eltern vor. Da zum IFS-Schulbarometer auch die so genannte IFS-Durchnittsschule mit Ergebnissen aus aktuellen IFS-Umfragen gehört, haben einzelne Schulen die Möglichkeit, sich mit Daten des jeweils repräsentativen Bundesdurchschnitts zu vergleichen. Eine anonyme Befragung kann für viele Kolleginnen und Kollegen zu Beginn eines Schulentwicklungsprozesses die Hemmschwelle herabsetzen, sich auf ein ungewohntes Vorgehen einzulassen.

Demgegenüber ist die SOFT-Analyse ein Instrument, das die diskursive Auseinandersetzung im Kollegium erfordert.

„SOFT" ist ein Akronym und steht für folgende Begriffe:

– **Gegenwartsaspekt** –	
Satifactions: Zufrieden stellende Ergebnisse – Was läuft an unserer Schule zufrieden stellend?	**F**aults: Schwächen, Missstände – Wo liegen persönliche Schwächen, Defizite in Bezug auf die gestellte Frage?
– **Zukunftsaspekt** –	
Opportunities: Chancen, Möglichkeiten Herausforderungen – Was wünsche ich mir in Bezug auf das Anliegen? Wo sehe ich Chancen?	**T**hreads: Bedrohungen, Gefährdungen – Was könnte mir schlimmstenfalls passieren? – Was macht mir Angst?

Entscheidet sich das Kollegium einer Schule für eine solche Analyse, so kann dies an einem Pädagogischen Tag geschehen. Dabei ist der Prozess genauso wichtig wie das Ergebnis, denn die dialogische Vorgehensweise ermöglicht Begegnung und Verständigung innerhalb eines Kollegiums über wesentliche pädagogische Fragen, die im Schulalltag in der Regel zu kurz kommen. Aus dem Ergebnis der SOFT-Analyse lassen sich Anhaltspunkte für die Bildung von schulischen Entwicklungsschwerpunkten ableiten, sie liefern wichtige Vorarbeit für die Zielfindung und Profilbildung.

Reflexionsfrage: Welches der aufgeführten Instrumente favorisieren Sie? Was ist Ihre Begründung?

25.3.2 Zielfindung: Entwürfe pädagogischer Landkarten – Leitbilder, Schulprofile und Schulprogramme

„1. Wir sind eine lernende Schule, die lebenslanges Lernen lehrt. Dazu brauchen wir Qualitätssicherung, regelmäßige Evaluation und gezielte Fortbildung der Mitarbeiter.
2. In der Erziehung unserer Schülerinnen und Schüler arbeiten Schule und Eltern eng zusammen.
3. Unsere Schulische Arbeit ist vom Grundprinzip her partnerschaftlich, kooperativ und auf aktive Lebensgestaltung hin ausgerichtet.
4. Unser Werteverständnis basiert auf der Erziehung zu Toleranz, Verantwortungsbewusstsein, Selbstständigkeit und Teamfähigkeit. Oberstes Ziel ist die Selbstverwirklichung des Einzelnen in sozialer Verantwortung.
5. Die Vermittlung von Wissen ist uns ebenso wichtig wie die individuelle Förderung vielfältiger Begabungen unserer Schülerinnen und Schüler.
6. Wir erziehen zum verantwortungsbewussten Umgang mit den Ressourcen der Erde und zur Achtung vor dem Leben."
(Auszug aus dem Leitbild deutscher Schulen in Nordamerika 2004)

> **Reflexionsfrage**: Welcher dieser Leitsätze findet Ihre unmittelbare Zustimmung? Wo haben Sie eher Schwierigkeiten?

Wie entstehen solche Leitbilder und wie findet eine Schule ihr Profil?
Dabei ist im Vorfeld auf der begrifflichen Ebene zu klären, ob ein Schulprofil, ein Schulprogramm oder ein Leitbild angesteuert werden soll.

Ein Schulprofil ist das, was in einer Schule an konkreten inhaltlich-fachlichen oder überfachlichen Schwerpunkten über die Jahre herangewachsen ist. So verleiht beispielsweise die Pflege der Neueren Sprachen und das Engagement von Teilen des Kollegiums, in dieser Richtung aktiv zu sein, also Schülerinnen und Schülern auf diesem Feld besondere pädagogische Angebote zu machen, einer Schule ihr spezifisches Profil. Dies zeichnet eine Schule nach außen hin aus und unterscheidet sie von der Nachbarschule.

Ein Leitbild soll Ausdruck des gemeinsamen Grundes und Zukunftswillens einer Schule sein. Es ist in der Regel kurz gefasst und kann einzelne Grundideen enthalten, die als oberste Zielebene für die Formulierung von Zielen und die Ableitung von Entwicklungsschwerpunkten dienen können. (Rolff 2000)

Das Schulprogramm enthält die pädagogische Grundausrichtung eines Kollegiums, es hat sich im Unterschied zu einem Schulprofil nicht über Jahre hinweg mehr oder weniger zufällig herausgebildet, sondern muss erst erarbeitet werden. Dabei geht es zunächst darum, die bereits vorhandenen schulischen Aktivitäten wie auf einer pädagogischen Landkarte zu verzeichnen (Bastian 1998). Die Auflistung der bisher gelaufenen Aktivitäten verschafft eine Übersicht und ist Voraussetzung für die Verständigung über das weitere Vorgehen.

Schulprogramme und Leitbilder von Schulen liegen mittlerweile in Kurz- und Langfassungen vor. Ihr Gegenstandsbereich umfasst Aktivitäten des Schullebens, der Kooperation mit inner- und außerschulischen Partnern und Initiativen. Da die Außenwirkung einer Schule und die Öffentlichkeitsarbeit in den letzten Jahren

Den Wandel auf den Weg bringen – Kernprozesse der Schulentwicklung 569

zunehmend an Bedeutung gewann, sind sie zumeist in ansprechender Form veröffentlicht und auch über das Internet zu finden. Vielfach werden neben Lehrerinnen und Lehrern auch Schülerinnen und Schüler sowie Eltern in den Prozess einbezogen. Die Vereinbarung auf ein gemeinsam erarbeitetes Leitbild gibt in der Regel einen verpflichtenden Ordnungsrahmen vor, der für alle am Schulleben Beteiligten bindenden Charakter hat.

Die Entwicklung eines Schulprogramms wird als Königsweg der Schulentwicklung bezeichnet und so haben einige Bundesländer die Erarbeitung eines Schulprogramms verordnet. Nicht nur in den betroffenen Schulen selbst, sondern auch in der Schulentwicklungsliteratur ist dieses Vorgehen, das als „Top down", also von oben gesteuert, bezeichnet wird, umstritten. Solche Verordnungen erzeugen nicht selten Gegenwind in den betroffenen Kollegien.

Trotz der begrifflichen Abgrenzung in der Literatur zu Schulentwicklung werden je nach Bundesland die Begriffe Leitbild oder Leitlinien, Schulprogramm und Schulprofil in der Praxis nicht immer trennscharf unterschieden, ja sogar synonym verwendet. Allen Begriffen gemeinsam ist die Besinnung auf die Formulierung der pädagogischen Zielsetzung einer Schule, sie dient damit als wichtige Grundlage für einen weiteren Kernprozess, den der Evaluation.

25.3.3 Evaluation und Qualitätssicherung

Vielfach wird Evaluation als die andere Seite der Medaille von Schulentwicklung bezeichnet. Bei Evaluation geht es einerseits um das Sammeln von Daten, Zahlen und Ziffern in quantitativer Form wie auch in qualitativer Form, als Zusammenstellung von Dokumenten, Unterrichtsskizzen und Berichten. Andererseits bedeutet Evaluation auch Bewertung, wobei es dabei um die Frage nach dem Erreichen von Standards wie auch um Stärken und Schwachstellen gehen kann.

Interne oder Selbstevaluation ist die von einer Schule selbst durchgeführte Form, wohingegen eine externe Evaluation oder Fremdevaluation durch Institutionen und/oder Personen von außen vorgenommen wird.

„Schulinterne Evaluation ist ein systematischer, kontinuierlicher Lern- und Arbeitsprozess, in dem vor Ort Informationen und Daten über das Lernen, den Unterricht und die Schule gesammelt werden, um aus ihnen Erkenntnisse zu gewinnen und sie begründet zu bewerten. Dies dient der Selbstreflexion der Arbeit, der Schulentwicklung, der Beteiligung von Betroffenen oder der Selbstkontrolle und Rechenschaft."(Eikenbusch 1998)

In dieser Definition wird nicht nur das „Was", sondern auch das „Wozu" eines solchen Vorgehens geklärt. Denn Ziel der Bemühungen ist es, dass Kolleginnen und Kollegen einer Schule die geleistete Arbeit einschätzen, einer kritischen Analyse unterziehen und daraus Schlüsse für die Verbesserung ihrer Arbeit und der Schule als Ganzes ziehen. Somit geht es bei Evaluation um die Frage nach unterrichtlicher und schulischer Qualität. Nur wenn der Sinn oder der Nutzen von Evaluation für die Beteiligten deutlich ist, können aus dem Vorgehen entsprechende Schritte zur Veränderung abgeleitet werden.

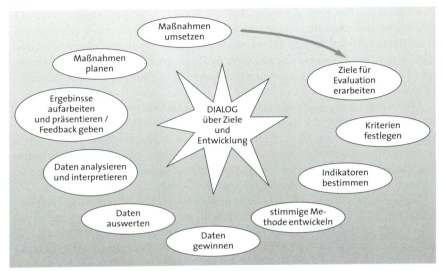

Bild 25.2: Evaluationskreislauf (nach Haun/Schrempf)

Evaluation ist nichts Einmaliges, sondern ein Prozess, der als eine Art Kreislauf zu beschreiben ist. In der praktischen Arbeit der Prozessbegleitung an Schulen hat sich folgende Schrittfolge bewährt (siehe auch Bild 25.2 oben):

- Zuerst müssen die **Ziele der Evaluation geklärt** sein, um daraus die Kriterien und Indikatoren, also die Messgrößen, zu bestimmen.
  Den Einsatz offener Unterrichtsformen zu evaluieren, war beispielsweise Ziel eines Gymnasiums, das sowohl gegenüber den Eltern als auch gegenüber Kollegen eine kritische Einschätzung vornehmen wollte.
- Abgeleitet von dem Ziel werden **Kriterien festge**legt, die über den Erfolg entscheiden sollten.
  Im Beispiel gehörten dazu Kriterien wie Akzeptanz der Schüler, Akzeptanz der Lehrer, Verbesserung der Unterrichtsergebnisse.
- Danach gilt es, die **Indikatoren festzulegen**. Soll das Vorgehen als erfolgreich gelten, wenn 50 % der Beteiligten die Unterrichtsform positiv einschätzen oder sind 70 % als Indikator für Erfolg festzulegen?
  Der intensive Dialog im Kollegium zur Klärung solcher Fragen ist Voraussetzung für die Arbeit am Thema Evaluation.
- Nachdem die Frage der geeigneten Methoden geklärt ist, kann die **Datenerhebung** beginnen. Federführend bei der Durchführung eines solchen Verfahrens kann die **Steuergruppe** sein. Sie organisiert die Auswertung und Rückspiegelung der Ergebnisse an die betroffenen Kollegen. Denn erst daraufhin können Maßnahmen der Verbesserung geplant werden. Der Evaluationskreislauf ist hier beendet und kann in eine neue Runde mit veränderter Fragestellung gehen.

Schulentwicklung konkret

Der Qualitätsverbesserung von Schule und Unterricht wird in Zukunft ein größeres Gewicht beigemessen. Daher werden Methoden der Selbstevaluation zur professionellen Grundausstattung von Lehrerinnen und Lehrern gehören.

Reflexionsfrage: Welchen Bereich Ihrer unterrichtlichen/außerunterrichtlichen Arbeit möchten Sie einer Evaluation unterziehen?

25.4 Schulentwicklung konkret

Ein weiteres Beispiel aus der Praxis soll den Blick auf wesentliche Entwicklungsschritte in einem Schulentwicklungsprozess lenken.

Beispiel 2

In einer Schule geht von einer kleinen Gruppe eine Initiative in Richtung Veränderung der unterrichtlichen Arbeit aus. Der Vorschlag wird in die Gesamtlehrerkonferenz eingebracht, Team-Kleingruppen ab Klasse 5 für das kommende Schuljahr zu bilden. Vom restlichen Kollegium wird das Vorgehen dieser Impulsgruppe als abgekartetes Spiel angesehen und daher abgelehnt.

Nach dem Scheitern der ersten Initiative ist es nötig, einen zweiten Anlauf zu nehmen, um die Veränderung auf den Weg zu bringen.

Nach wochenlangen heftigen Auseinandersetzungen im Kollegium gelingt es dem Schulleiter im Verbund mit dem Personalrat und einigen Kolleginnen und Kollegen durch zahlreiche Gespräche und Einbeziehen externer Berater die Thematik zu versachlichen und einen Pädagogischen Tag unter der Überschrift „Unser Pädagogisches Grundverständnis und Teambildung im Kollegium" zu stellen.

Die Impulsgruppe wird erweitert durch skeptische Vertreter des Kollegiums. Sie erhalten in einer Konferenz den Auftrag, einen Pädagogischen Tag vorzubereiten und durchzuführen.

Mithilfe externer Begleitung, die das Oberschulamt mit zwei Prozessbegleitern zur Verfügung stellt, wird in der Vorbereitungsgruppe die Struktur des Pädagogischen Tages erarbeitet und ein Vorgehen gewählt, das sich in den folgenden fünf Punkten als ineinander greifende Abfolge zusammenfassen lässt:

- Eine Bestandsaufnahme der Situation mündet in die
- Formulierung der Ziele, die als Grundlage für ein pädagogisches Leitbild dienen, aus dem
- schulische Entwicklungsfelder abgeleitet werden.
- Konkrete Schritte in Richtung Umsetzung im kommenden Schuljahr werden danach festgelegt und
- die Begleitung durch externe Berater wird beschlossen.

Mit einem solchen Vorgehen ist eine breite Beteiligung der Kolleginnen und Kollegen im Sinne des „Bottom up" möglich. Damit werden unterschiedliche Initiativen berücksichtigt, die gemeinsam im Kollegium zu entwickelnden Themen können von allen Kollegen gleichermaßen gewählt werden.

Die Steuergruppe leistet die Koordination und Zusammenführung der einzelnen Entwicklungsfelder und berät über weitere Schritte mit den externen Beratern. Sie ist neben der Schulleitung die entscheidende Größe, wenn es darum geht, die vielfältigen Aktivitäten zu bündeln und zu koordinieren.

Wären in der Steuergruppe nur Befürworter von Wandel und Erneuerung vertreten, so würde dies zu gewissen Einseitigkeiten im Vorgehen führen. Daher sind „Bremser" wie auch „Skeptiker" der Schulentwicklung in der Steuergruppe willkommen, denn es gilt, das gesamte Kollegium in seiner Unterschiedlichkeit in diesem Gremium zu repräsentieren.

In der Steuergruppe an einem Gymnasium führte beispielsweise das kritische Nachfragen und die Beharrlichkeit einer „Skeptikerin" dazu, dass der Pädagogische Tag um eine zusätzliche Diskussions- und Abstimmungsphase ergänzt wurde. Dieser Schritt erwies sich im Nachhinein als wesentlich für den Erfolg und die positive Resonanz des Tages im Kollegium.

Ein solch idealtypischer Verlauf ist nicht immer gegeben, er muss an die jeweils vor Ort herrschenden personellen und zeitlichen Rahmenbedingungen angepasst werden, dennoch lassen sich aus den skizzierten Schritten einige Faktoren ableiten, die zum Gelingen beitragen.

Gelingensbedingungen für Schulentwicklungsprozesse:

■ Breite Beteiligung des Kollegiums

■ Aktive Unterstützung durch die Schulleitung

■ Auftragserteilung durch das Kollegium

■ Wenn nötig, Ansprechen von Hindernissen und Stolpersteinen

■ Klärung der Ziele und Formulierung eines Leitbildes

■ Herunterbrechen der Ziele in machbare Entwicklungsfelder und konkrete Maßnahmen

■ Keine zu großen Umsetzungsschritte, eher kleine, kurz-oder mittelfristig umsetzbare, Erfolg versprechende Projekte als Meilensteine

■ Bildung einer Steuergruppe

■ Hinzuziehen externer Begleiter

■ Evaluation der Umsetzungsschritte

■ Balance zwischen Ziel- und Prozessorientierung

25.6 Mitwirkungsmöglichkeiten für Referendar/innen in der Ausbildung

„Die Beteiligung an Schulentwicklung zählt mittlerweile zu festen Erwartungen, die an Berufseinsteiger gerichtet werden." (Meyer 2002, S. 183)

Welche Qualifizierungsmöglichkeiten können künftige Lehrerinnen und Lehrern in der Ausbildung wahrnehmen, um solche Erwartungen zu erfüllen?

Bei der Beschäftigung mit Veränderungsprozessen lässt sich feststellen, dass fast alle wertvollen schulischen Veränderungen Fähigkeiten, Verhaltensweisen sowie Überzeugungen oder Erkenntnisse erfordern. (Fullan 1999)

Wenn es um die Frage des Was und Wie des Themas „Schulentwicklung am Seminar" geht, sind neben der Vermittlung von Inhalten und dem Erwerb von Wissen konkrete Erfahrungen einzubeziehen. Hier wird ein Weg skizziert, der die stärkere Zusammenarbeit von Schule und Seminar betont, ebenso eine Arbeits- und Aufgabenteilung zwischen dem Lernort Seminar und dem Lernort Schule. Dabei ist das Seminar für den Erwerb von Grundkenntnissen zuständig, sowie für die Reflexion der am Lernort Schule gemachten Erfahrungen. Daraus ergibt sich die Übersicht in Bild 25.3. Die aufgeführten Aspekte sollten nicht als statische Abfolge der einzelnen Punkte verstanden werden, sondern im Sinne einer dynamischen Pendelbewegung. Diese kann im Seminar prozesshaft und in Reflexionsschleifen verlaufen, anknüpfend an konkrete Erfahrungen aus dem Lernort Schule.

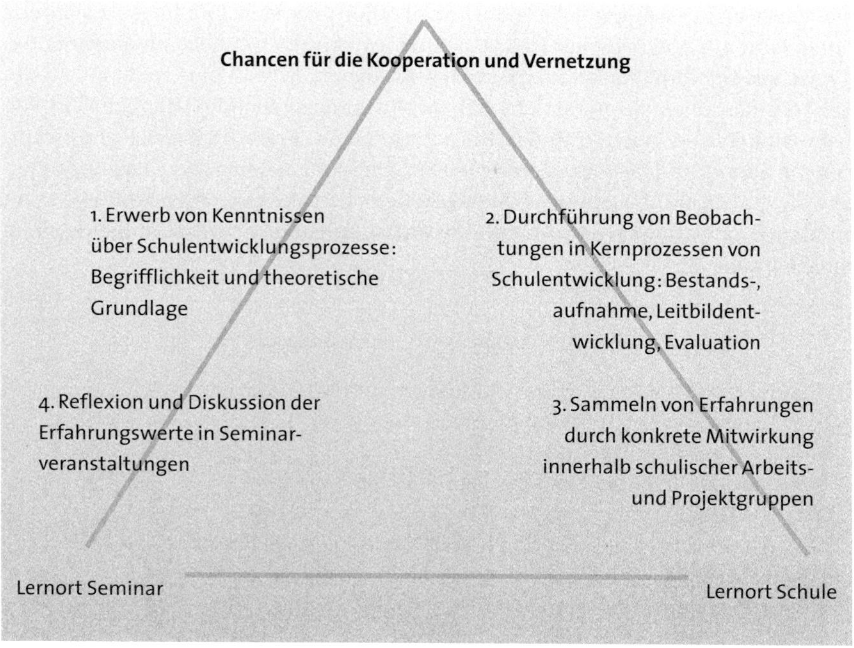

Chancen für die Kooperation und Vernetzung

1. Erwerb von Kenntnissen über Schulentwicklungsprozesse: Begrifflichkeit und theoretische Grundlage

2. Durchführung von Beobachtungen in Kernprozessen von Schulentwicklung: Bestands-, aufnahme, Leitbildentwicklung, Evaluation

4. Reflexion und Diskussion der Erfahrungswerte in Seminarveranstaltungen

3. Sammeln von Erfahrungen durch konkrete Mitwirkung innerhalb schulischer Arbeits- und Projektgruppen

Lernort Seminar   Lernort Schule

Bild 25.3: Kooperation und Vernetzung von Seminar und Schule

Wo – wie in Baden-Württemberg gegeben – Seminare als Didaktische Zentren explizit den Auftrag erhalten, bei Schulentwicklungsprozessen mitzuwirken, kann dies als Chance für verstärkte Kooperation zwischen Schule und Seminar genutzt werden. Gleichzeitig kann ein solches Vorgehen zur stärkeren Vernetzung der beiden Institutionen beitragen und damit die Qualität der Ausbildung verbessern.

25.6.1 Erwerb von Kenntnissen:

Referendarinnen und Referendare erwerben am Seminar Grundkenntnisse und ein Grundverständnis über Schule im Wandel. Dies kann die in Teil 2 beschriebenen Kernprozesse beinhalten. Wichtig ist hierbei, dass es sich bei der Behandlung des Themas im Seminar nicht um einseitig theoretisches Wissen handeln sollte, sondern der Schwerpunkt auf handlungs- und erfahrungsorientiertem Lernen liegt. (Meyer 2002) Günstig ist es, wenn hier auch Instrumente und Methoden der Schulentwicklung für die Analyse der Ausbildungssituation Anwendung finden. So eignen sich eine Stärken-Schwächen-Analyse wie auch andere Diagnoseinstrumente hervorragend für die Bestandsaufnahme der Ausbildungssituation am Seminar. Nach der inhaltlichen Auswertung und Zielformulierung für die weiteren Ausbildungsabschnitte kann die Übertragung des Instruments auf Prozesse der Schulentwicklung thematisiert werden.

25.6.2. Erfahrungen in Kernprozessen von Schulentwicklung

Üblicherweise gewinnen Referendar/innen schon im ersten Jahr ihrer Ausbildung einen ersten Einblick in das Thema Schulentwicklung, wenn sie an einem Pädagogischen Tag ihrer Ausbildungsschule teilnehmen. Dies ist eine recht gute Gelegenheit, das über die unterrichtliche Arbeit hinausgehende Tätigkeitsfeld von Lehrerinnen und Lehrern in den Blick zu nehmen. Erste Eindrücke und Erfahrungen über mögliche Veränderungs- und Gestaltungsfelder sowie Angelegenheiten, die die Schule als Ganzes betreffen, sollten noch im ersten Ausbildungsjahr im Seminar angesprochen und reflektiert werden. Folgende Fragestellungen können hilfreich sein:

Beobachtungsaufträge für einen Pädagogischen Tag

- Welche Strömungen/ Positionen im Kollegium werden erkennbar?
- Wie erfolgt die Verständigung /Konsensfindung?
- Wie werden Beschlüsse gefasst?
- Befindet sich Ihre Schule auf dem Weg der Schulentwicklung?
- Sind externe Begleiter eingesetzt?
- Welche Arbeitsgruppen/Projektgruppen/Steuergruppen sind an Ihrer Schule vorhanden?
- Wo haben Sie Interesse mitzuwirken?
- Gab es Einladungen/Angebote zur Mitarbeit?

Daneben sollte auch Raum für subjektive Eindrücke sein: „Was mir an dieser Schule gefällt/missfällt ... Wie ich die Stimmung im Kollegium wahrnehme ...". Dies kann Gegenstand von Aufzeichnungen im individuellen Portfolio sein.

Bei der Thematisierung im Seminar wird es nicht ausbleiben, die Grundstimmungen und die Kritik, die mancherorts durch Veränderungen hervorgerufen werden, zu thematisieren, ebenso wie das Spannungsfeld und mögliche Konflikte im Kollegium, die daraus erwachsen.

Da es sich bei dem Thema Schulentwicklung zumeist um ein Entwicklungsfeld handelt, können folgende Fragestellungen dazu dienen, dieses Feld zu erforschen.

- Welche Anlässe gibt es in der Schule für Schulentwicklung?
- Gibt es eine Arbeitsgruppe zur Unterrichtsentwicklung?
- Welche Initiativen, Aktivitäten existieren?
- Gibt es ein Leitbild?
- Wie sind neben den Kollegen, die Schüler/innen, Eltern eingebunden?
- Welche Formen der Mitarbeit sind für Sie von Interesse?

Aus solchen Erkundungsfragen könnten sich in einem weiteren Schritt konkrete Mitwirkungsmöglichkeiten ergeben.

25.6.3   Mitwirkungsmöglichkeiten am Lernort Schule

„In meiner Schule wurde ich gefragt, ob ich an einer Initiativgruppe zur Einführung eines Methodencurriculums mitarbeiten wollte. Ich ergriff die Möglichkeit, um die Kollegen kennen zu lernen und fühlte mich durch die Anfrage auch richtig ernst genommen", so die Aussage einer Referendarin im zweiten Ausbildungsjahr. Häufig ist eine solche Frage eine günstige Gelegenheit, über „learning by doing" einen Einstieg in die Arbeitsweise von Schulentwicklungsvorhaben am Lernort Schule zu finden.

Weitere Beispiele für Artikulationsmöglichkeiten am Lernort Schule sind:

- Tandem- oder Teamarbeit mit Kollegen/innen im Bereich Umsetzung einer wirkungsvollen Lehr-Lernkultur
- Konzeption, Planung und Umsetzung von Einzelschritten, wie beispielsweise bei der Einführung eines Methodencurriculums in Klasse 5 bis 7
- Auswertung und Evaluation der Maßnahmen
- Möglichkeit die Pädagogische Arbeit über ein schulisches Entwicklungsfeld zu schreiben.

25.6.4   Reflexion und Diskussion

Die aus der schulischen Praxis gewonnenen Erfahrungswerte gilt es im Seminar zu reflektieren, aus ihnen kann sich der Blick für das Mögliche und Machbare entwickeln, der nötig ist, um den aktiven Gestaltungsraum innerhalb einer Schule auszuloten. Somit dient die Auseinandersetzung mit „mentalen Modellen" (Senge 1996), mit Einstellungen, Haltungen, sowohl den eigenen wie auch den vorgefundenen einer persönlichen Standortbestimmung.

Die Person ist der Schlüssel zur Veränderung, somit legt die Lehrerausbildung den Grundstein für berufliche Lern- und Entwicklungsprozesse künftiger Lehrerinnen und Lehrer in Richtung auf individuelles Lernen, Teamlernen und damit auch in Richtung auf die Lernfähigkeit der Schule als Institution.

Welche Kompetenzen sollten im Rahmen der Ausbildung am Seminar grundgelegt werden, die für die Mitwirkung in Schulentwicklungsprozessen Voraussetzung sind und die ein verändertes Bild von Professionalität mitprägen?

Sowohl bei Oser (2001) als auch in den hessischen Standards der Ausbildung ist ein Bereich die Zusammenarbeit in der Schule. „Ein Berufs- und Schulleitbild zu formulieren und im alltäglichen Unterricht zu realisieren" (Oser 2001). Ebenso gilt es in der Ausbildung wie im professionellen Arbeiten Formen der Partizipation aufzubauen (Oelkers, Pädagogik 12/03). Im Referendariat sollten ausreichend Lerngelegenheiten geboten werden, methodische, kommunikative und für Veränderungsprozesse notwendige Kompetenzen sowie die dazu gehörenden Haltungen zu entwickeln. Dazu gehören:

■ Moderation,
■ Sitzungsmanagement,
■ Teamfähigkeit: Teamarbeit ist mehr als nur ein Pausenschwatz,
■ Offenheit gegenüber Veränderungsprozessen,
■ Ausschöpfen von Gestaltungsspielräumen.

Ansatzpunkt ist die Person. Wenn dies zutrifft, dann sollte der Ideenreichtum und die Gestaltungsfreude, die Referendarinnen und Referendare vielfach zu Beginn ihrer Ausbildung mitbringen, nicht abgebremst, sondern gefördert werden. Damit einher geht eine ermutigende Haltung gegenüber Erneuerungen, die Referendarinnen und Referendare als Partner in Sachen Innovation begreift, deren Potenzial und anderer Blick als Chance wahrgenommen werden kann, eingefahrene Wege durch neue zu ersetzen.

Eine solche praxisnahe und kompetenzorientierte Vorgehensweise lässt sich in ein Ausbildungsmodul Schulentwicklung fassen, das folgende Schwerpunkte enthält.

Ausbildungsmodul Schulentwicklung
■ Schule gestalten über den Unterricht hinaus
■ Grundbegriffe der Schulentwicklung erarbeiten und kennen lernen
■ Instrumente der Schulentwicklung erproben und einschätzen
■ Eine persönlichen Standortbestimmung durchführen
■ Ein individuelles pädagogisches Leitbild entwerfen und mit dem schulischen Leitbild abgleichen
■ Gestaltungsräume in schulischen Veränderungsprozessen erkunden und aktiv ausschöpfen
■ Möglichkeiten und Grenzen von Veränderungsmöglichkeiten erkennen
■ Formen der Projekt- und Teamarbeit im Kollegium erfahren und evaluieren

Reflexionsfrage: Welche Erwartungen haben Sie in Sachen Schulentwicklung an die Ausbildung?

Literatur

Abele, U., Haun-Just, M., Wolters, A. (1997). Über den Kongress hinaus. Die Rolle der Pädagogik und Psychologie in Seminarentwicklungsprozessen in B-W am Beispiel des Seminars Heilbronn. In: SEMINAR Heft 2/1997, S. 131-138

Arnold, E., et. al. (2000). Schulentwicklung und Wandel der pädagogischen Arbeit. Hamburg.

Arnold, R./Schüßler, I. (1998). Wandel der Lernkultur. Ideen und Bausteine für ein lebendiges Lernen. Darmstadt

Arnold, R. (2000). Leadership und Lernkulturwandel. Studienbrief SEM0110. Kaiserslautern.

Bastian, J. (Hg.). (1998). Pädagogische Schulentwicklung, Schulprogramm und Evaluation. Hamburg.

Burkhard, Ch., /Eickenbusch, G. (2002). Schulentwicklung international – eine Bilanz, in Pädagogik 11/02

Bildungskommission NRW (1995). Zukunft der Bildung – Die Schule der Zukunft. Denkschrift der Kommission „Zukunft der Bildung – Schule der Zukunft" beim Ministerpräsidenten des Landes Nordrhein-Westfalen, Neuwied: Luchterhand.

Beucke-Galm, M. (1997). Was Organisationsentwicklung zur Schulentwicklung beitragen kann. In SEMINAR, Heft 2/1997, S.98-104

Fleischer-Bickmann, W., Maritzen, N. (1998). Das Schulprogramm im Schulalltag, in Bastian, J. (Hg.), Pädagogische Schulentwicklung, S. 109-127

Fullan, M. (1999). Die Schule als Lernendes Unternehmen. Stuttgart.

Institut für Schulentwicklungsforschung (Hrsg.) (1998). IFS-Schulbarometer. Ein mehrperspektivisches Instrument zur Erfassung von Schulwirklichkeit, Dortmund.

Helmke, A. (2002). Unterrichtsqualität: Konzepte, Messung, Veränderung, Studienbrief SEM0900, Kaiserslautern.

Kiper, H., Meyer, H., Topsch, W. (2002). Einführung in die Schulpädagogik, Berlin.

Klippert, H. (2000). Pädagogische Schulentwicklung. Weinheim: Beltz.

Mäder, A. (1998). Was sind und wie werden Schulen/Seminare zu lernenden Organisationen? In: SEMINAR 1/1998, S. 113-138

Meyer, H. (1997). Schulpädagogik Band II: Für Fortgeschrittene, Berlin: Cornelsen.

Ders. (2002). Schulentwicklung, in: Kiper, H., Meyer, H., Topsch, W., Einführung in die Schulpädagogik, Berlin.

Oelkers, J. (2003). Wie man Schule entwickelt. Eine bildungspolitische Analyse nach PISA, Weinheim, Basel, Berlin: Beltz.

Oser, F. & Oelkers, J. (2001). Die Wirksamkeit der Lehrerbildungssysteme, Zürich.

Rolff, H.-G. (2000). Instrumente und Verfahren der Schulentwicklung, Studienbrief SEM0400 Fernstudium Schulmanagement, Kaiserslautern.

Ders. (2001). Schulentwicklung konkret, Steuergruppe, Bestandsaufnahme, Evaluation, Institut für schulische Fortbildung und schulpsychologische Beratung des Landes Rheinland-Pfalz (IFP), Velber: Friedrich.

Rolff, H.-G., Buhren, C.G., Lindau-Bank, D., Müller, S. (1999). Manual Schulentwicklung. Handlungskonzept zur pädagogischen Schulentwicklungsberatung (SchuB), Weinheim und Basel: Beltz.

Ruep, M. (1999). Innere Schulentwicklung. Theoretische Grundlagen und praktische Beispiele. Donauwörth: Auer.

Schratz, M. (2001). Pädagogisches Leadership, Studienbrief SEM0200, Kaiserslautern.

Senge, P. (1996). Die Fünfte Disziplin, Stuttgart.

Schüssler, I. (2000). Leadership und Lernkulturwandel II, Studienbrief SEM0120, Kaiserslautern.

Sachregister

A
Abbild-Didaktik 40, 46
Abbilden 219
Abfragen 315
Absinkmodell 35
Abstrahieren 219
Abwechslung 280
~ Unterricht 357
Abweichendes Verhalten 340
Adaption 207
Adressaten 131
ADS 349, 358
Aebli 48
Affektive Reaktion 181
Aggression 477, 481f., 484, 489
Akkomodation 206
Aktives Zuhören 329
Aktivierung 108, 411
Aktivität 358
Akzeptanz 412
Alleinarbeit 93
Allgemeinbildung 45, 129, 513
Alltagsweltsituationen 140
~wirklichkeit 125
Analogie 218, 224
Analyse, didaktische 42
Analysieren von Konflikten 413
Anchored instruction 228
Angepasste Leistungsanforderungen 282
Ängste 437
Angstkonditionierung 181
Anlage 256
Anregungsbedingungen 344
Anreizfunktion 297
Anreizsystem 395

Anspannung/Entspannung 357
Anstrengungsbereitschaft 219
Anthropogene Voraussetzung 32
Antipädagogik 445
Antriebskraft 206, 273
Apprenticeship, cognitive 228
Arbeit, eigenverantwortliche 403
~, selbständige 112
Arbeitsformen 92, 361
~gedächtnis 197
~losigkeit 430, 437
~technik 231
~verhalten 494
Ärger-Aggressionen 481
Armut 430
Assimilation 206
Attraktivitätsmodelle 436
Audiovisuelle Mittel 28
Aufgabe 213, 308
Aufgabenfelder 515
Aufgabenlösen 212, 218
Aufmerksamkeit 196
Aufrichtigkeit 356
Aufrufen 417
Ausbalancieren 92
Ausbildung 12, 513
Außerunterrichtliches Schulleben 362
Auswahl der Inhalte 108
~ der Unterrichtseinheiten 36
Auszeit 417 f.
Autokratischer Stil 374

Autonomie 539
Autoritärer Stil 374

B
Balance 45
Bandura 189
Beamer 162
Bedeutung, exemplarische 42
Bedeutungsdimensionen 43
~einheiten 196
Bedingungsanalyse 44
~gefüge von Schulleistungen 342
Beeinträchtigung, cerebrale 349
Begabung 249, 256
Begegnung, Prinzip der 541
Begegnungen, originale 288
Begriffslernen 157
Behalten 201
Behavioristische Lerntheorien 275
Belastung 352
Belohnen 417
Benachteiligte Elternhäuser 433
Benachteiligung der Mädchen 463
Beobachtung 20 f.. 118, 316
Beobachtungsgabe 115
~kompetenz 14
~lernen 189, 192
Beratung 29, 320 f., 337
Berechtigungen 295, 526 f.
Berichtsfunktion 297
Berliner Modell 18, 31
Berufliche Ausbildung 513

Berufsorientierende Inhalte 514
Beschäftigungssystem 522
Besprechung Klassenarbeiten 311
Beteiligung im Unterricht 393
Beurteilung des Unterrichts 506
Beurteilungspraxis 118
Bewertung 144, 309
~ Klassenarbeiten 309
Beziehungsaspekt 335
~fallen 468
Bezugsnormen 297ff., 303, 340
Bild 152, 154
Bildbetrachtung 155
Bildende Erfahrung 124
Bildsprache 155
Bildüberlegenheitseffekt 152
Bildung 45, 501 f.
~, formale 502 f.
~, höhere 460
~, kategoriale 40, 502
~, materiale 502 f.
~, reflexive 45
Bildungsauftrag von Schule 500
~begriff 40
~beratung 337
Bildungs-Delphi 232
Bildungserfahrungen 453
~inhalt 40, 514
~plan 37
~politik 500
~reform 459, 461
~system 501
~theoretische Didaktik 18, 39

~theorie 217, 502
~wert 217
~wesen 509
Bildverstehen 155
Binnendifferen-
zierung 258, 282
Biografische
Lebensphase 428
Biologisch-psycho-
logische Reifung
435
Blended Learning
173
Boettcher 62
Botschaften 369
Brainstorming 264

C
Cerebrale Beein-
trächtigung 349
Chancengleichheit
459
Charaktererzie-
hung 445
Chat 173
Chunks 196, 222
Cognitive appren-
ticeship 228
Cohn 63
Comenius 78
Computer 226 f.
Concept Mapping
157, 159

D
Dabeisein 410
Dale, Erfahrungs-
konzept 151
Darbietungsform
82
Datenbank 170
Dekontextua-
lisierung 221
Demokratie 444,
456 f.
Demokratische
Erziehung 125,
444
Demokratischer
Stil 374
Denkbrille 34
Denkfähigkeit 448
~muster bei Bera-
tung 324

~spiele 358
~strukturen 211
Determinanten,
persönlichkeits-
bezogene 276
Determination
256
Deweying,
Learning by 126
Diagnosefähigkeit
115
Diagnosen 342
Diagnostisches
Interview 242
Dialogischere
Formen 119
Dialogisches
Lernen 94
Didaktik 31
~, Berliner Modell
der 18
~, bildungstheo-
retische 18, 39
~, konstruk-
tivistische 54
~, kritisch-kom-
munikative 62
~, Strukturebenen
der 34
Didaktische
Analyse 42
~ Modelle 31
Didaktisches
Dreieck 31
Differenzierung
im Unterricht 91
~, Prinzip der 107
Dilemma, mora-
lisches 447
Dilemma-Diskus-
sionen (mora-
lische) 453, 455
Dirigierung 376
Dispositionen, per-
sonale 485
Distanz, räumliche
280
Distress 350
Disziplinierungs-
funktion 297
Disziplinkonflikte
477
Dokumentation 22,
119

Dreieck, didak-
tisches 31
Drei-Speicher-
Modell 195
Drogensucht 188
Duales System 513
Dynamische
Balance 45

E
Echtheit 356
Egozentrismus
209
Eigendynamik 398
Eigenständigkeit
der Schulen 561
Eigenverantwort-
liche Arbeit 403
Eindrucksnote 315
Einfühlendes Ver-
stehen 356
Einführungsphase
516
Einprägen 201
Einstellung 115,
453, 540
Einzelarbeit 93
Einzelner, Verant-
wortlichkeit 550
Einzelstunde,
Unterrichts-
planung 36, 38
Elaborieren 202
E-Learning 173
Elementaria 40 f.
Elementarstruktur
33
Eltern, Gespräche
327
~, Zusammenarbeit
236
Elternhäuser 433
Emotionale In-
telligenz 343
Emotional-moti-
vationale Kon-
ditionierung 179
Empathie 356
Empfänger 367
Engagement des
Lehrers 279
~, politisches 440
Enkodierungs-
spezifität 202

Entelechie 540
Entscheidungs-
prozess 383
Entscheidungs-
situationen 288
Entspannung 357,
361
Entwickelndes
Unterrichts-
gespräch 87 f.
Entwicklung mora-
lischer Urteils-
fähigkeit 446 ff.
~, Förderung einer
446
~, kognitive 208
~, moralische 445
~, nachhaltige 547
~, Stufen der
kognitiven 208
Entwicklungs-
bedingungen 485
~phase 435
~stand 37
Epochaltypische
Schlüsselpro-
bleme 41
Epochenunterricht
512
Erbanlagen 484
Erde, System 542
Erfahrung 208
~, bildende 124
~ der Schüler 357
Erfahrungsbegriff
49
~konzept nach
Dale 151
~schule 505
Erfolg und Misser-
folg, Lernen 484
Erfolge 252
Erfolgreiches
Unterrichten 76
Erfolgsbilanzen
529
~erlebnisse 343
~kontrollen 37
~motivierte
Schüler 283
Erinnern 202, 219
Erklärung von
Aggression 482,
484

Sachregister 581

Erlebnis der Natur 550
Ermahnen 185 f., 417
Erwerb von Wissen 231
Erzählen 84
Erziehung 184, 456, 501, 539
~ Demokratie 125, 444
Erziehungsauftrag 500, 512
~maßnahmen 363
~methoden 541
~stil 343, 432
~ziele 540
Eskalation 415
Europäische Bildungspolitik 500
Eustress 350
Evaluation 569
Exemplarische Bedeutung 42
Exemplarisches Lehren 42
~ Prinzip 40
Experiment von Watson 180
Experimentelles Problemlösen 125
Experimentieren 270
Expertise 222
Exploration 333
Extrinsisch motivierte Schüler 285

F
Fächerübergreifender Unterricht 123, 128
Fächerverbindender Unterricht 128, 553
Fächerverbund 129
Fachunterricht, Projekte im 132
Faktoren, gesellschaftliche 500
Fallanalyse 494

Fallbesprechungsgruppen 419
Familiale Sozialisation 276
Familie 343, 388, 404
Familienstrukturen 432
Fehler, logische 305
Fehlerquellen bei Noten 304
Feinplanung von Einzelstunden 36
Fertigkeit, handlungsbezogen 252
Filme als Lernmedien 164
Flexibilität 265
Flow 277
Flüssigkeit 265, 410
Foliengestaltung 162
Fördern von Kreativität 264
~ von Selbstständigkeit 238
Förderung einer Entwicklung 446
~, Prinzip der 107
Formale Bildung 217, 502 f.
Formal-logische Stufe 209
Formelle Gruppen 389
Formen, dialogischere 119
Fragebogen 567
Fragen 86
Fragend-gelenktes Verfahren 86 f.
Freiarbeit 93, 112
Freie Beobachtung 21
~ Schulen 512
Freiere Sozialformen 114
Freiräume, öffentliche 433
Freizeitangebote 433

Freizeitverhalten, Verregelung 433
Fremdbekräftigung 285
Fremdbewertung 381
Friedemann Schulz von Thun 369
Frieden mit der Natur 548
Frontalunterricht 77, 96
Frühentwicklung 436
Frustrations-Aggressions-Theorie 482
Führungsstile 373, 387
Fünf-Schritt-Lesetechnik 242
Fünfzackiger Stern 33
Funktionale Gebundenheit 224
Funktionen der Notengebung 295
~ der Unterrichtshospitation 15
~, gesellschaftliche 522

G
Ganzheit der Person 139
Ganzheitliches Lernen 551
Gardener 255
Gebundene Beobachtung 21
Gebundenheit, funktionale 224
Gedächtnis 195
~, sensorisches 196
Gedächtnismodell 200
~sspanne 196
Gedankliche Verarbeitung 198
Gefühle 180, 332
Gegenkonditionierung 180

Gegenwartsbedeutung 42
Gegliedertes Schulsystem 508
Gehirnstruktur 198
Gender 472
Gender Mainstreaming 470, 472
Generationenkonflikt 438
Generelle Problemlösestrategie 223
Gerechte-Gemeinschaft-Schulen 457
Gesamtkonzept, pädagogisches 124
Gesamtschule 510
Geschlechterbezogene Unterrichtsforschung 467
Gesellschaft, kultureller Grundbestand 519
Gesellschaftliche Faktoren 500
~ Funktionen 522
~ Praxisrelevanz im PU 135
~ Probleme 444
~ Rahmenbedingungen 105
Gespräch 322
~ mit Eltern 327
~ mit Kollegen 494
~ mit Schülern 321
Gesprächsform 85
~führung 320, 323
~runden Schulklasse 489
~strukturierung 333
Gestaltung der Unterrichts 279
Gewalt 477
Gewaltprävention 486, 491
Gewohnheitsbildung 187
Gliederung, horizontale 510

Gordon 419 ff.
Grafische Dokumentationsverfahren 28
Grobziele 37
Großformen, methodische 70
Grundbestand, kultureller 519
Grundbildung, wissenschaftspropädeutische 515
Grundfertigkeiten 220
Grundinformation, ökologische 550
Grundkurse 515
Gruppe 387, 389 ff., 530
Gruppenarbeit 92, 95
~dynamik 387, 402
~entwicklung, Phasen 391
~größe 97
~mobilisierung 410
~note 119
~prozess 97
~puzzle 143
~regeln 389
~rolle 405
~unterricht 95
Gudjons 69
Gültigkeit 301
GÜTE-Formel 240
Gütekriterien 76, 299
Guter Unterricht 74
Gutes Schulklima 487
Gymnasiale Oberstufe 517
Gymnasium 513

H
Haan 452
Halo-Effekt 305
Haltungen 527
Hamburger Modell 63 f.
Handarbeit 48

Handeln, solidarisches 48
Handlungsaufschub 414
~bezogene Fertigkeiten 252
~fähigkeiten 138
~orientierter Unterricht 210
~orientiertes Unterrichtskonzept 47
~orientierung 52, 124, 128
~planung 334
~produkt 143
~spielräume 237
Hausarbeit 93
Hausaufgaben 360
Heckhausen 274
Heftführung 240
Heimlicher Lehrplan 466
Helden, kleine 465
Hemmende Denkmuster 326
Hermeneutisches Modell 34
Heuristiken 223 f.
Hilflosigkeit 188
Hirnforschung 60
Hochbegabte 260 ff.
Höhere Bildung 460
~ Mädchenschulen 461
Horizontale Gliederung 510
Humboldt, von 501
Hyperaktivität 347
Hypertext 169

I
Identifikationsentwürfe 434
~muster 428
Identität 388
~, personale 405
Imaginär 57
Indirekte Beobachtung 20
Individuelle Bezugsnormen 299

~ präventive Strategien 492
Individuelles Lernen 93
Informationen, Zugang zu 437
Informationsaufnahme 152
Informelle Gruppen 390
Inhalte, Auswahl der 108
Inkongruenzsituationen 288
Inkubationszeit 270
Innere Differenzierung 91
~ Öffnung 123
Innovationskraft 127
Inszenieren 270
Inszenierungstechniken 70
Integration 527
Integrationsleistung 141, 144
Integrierendes Erklärungsmodell 484
Integrierte Gesamtschule 510
Integriertes Sprach- /Bildverstehen 153
Intelligenz 249, 255
~, emotionale 343
~, Messung 250
~quotienten 253
Intelligenztest 250
Intentionen 32
Interaktion 138, 166, 367
~, soziale 321
~, themenzentrierte 63
Interaktionsanalyse 19, 387, 391
~prozess 366
~spiel 72
Interdisziplinäre Kompetenz 139

Interdisziplinarität 142
Interessenorientierung 47
Internationale Leistungsvergleiche 506
Internet 167
Intervention 409, 413, 488
Interview, diagnostisches 242
Intrinsisch motiviert 285
Intrinsisches Anreizsystem 395

J
Jank 34, 36, 63
Jugend 428
Jugendforschung 428
~kultur 404, 437 f.
Jugendliche Käufer 434
Jugendliche, Aufwachsen 432
Jugendphase 438

K
Kategoriale Bildung 40, 502
Kategoriensysteme 22
Katharsis-Hypothese 483
Käufer, jugendlicher 434
Kausalattribuierung 379
Kernprozess Schulentwicklung 565
Kettler 461
Kinder als Konsumenten 434
Kinder und Jugendliche 432
Kindheit 428 f.
Klafki 39, 42, 64, 129, 502
Klasse als Lebensraum 404
~, schwierige 396, 399

Sachregister 583

Klassenarbeit 244, 307 f., 311
~bezogener Maßstab 303
~führung 396
~klima 392
~lehrer 363
~management 410
~unterricht 77, 91
~verband 516
Klassisches Konditionieren 179
Kleine Helden 465
Kleingruppenunterricht 95
Klientenzentrierte Beratung 333
Klima in Schulklassen 392
Klingberg 69
Klippert 403
Kloster-Didaktik 57
KMK 517
Knopf 488
Koedukation 459, 470
Kognition 219
Kognitive Entwicklung 208
Kognitive Lernpsychologie 48
~ Strukturen 206
Kognitiv-entwicklungsorientierte Ansatz 445
~ Stil 343
Kognitives Lernen 484
Kohlberg 446, 452
Köhler 212
Kollegen, Gespräche 494
Kollegialität 139
Kollektive Strategien 487
Kollektivnoten 317
Kommunikation 367
~ im Team 142
~ im Unterricht 331
Kommunikationsmodell 370

Kommunikative Kompetenzen 139
Kompetenzen, soziale 104
Kompetenzerwerb, Prinzip 107
Komplexe Probleme 226
Konditionieren, klassisches 179
~, operantes 182
~, emotionales motivationales 179
~, stellvertretendes 191
Konflikte 409, 413
~ zwischen Schülern 421
Konfliktlösung 361
Konformitätsdruck 389
Konkret-operationale Stufe 209
Konstanzer Trainingsmodell 418
Konstruktivismus 401
~, radikaler 61
Konstruktivistische Didaktik 54
Konsumenten, Kinder als 434
Kontext, Wachrufen des 203
Kontrollaufgaben 315
Kontrolle 376
Konzentrationsfähigkeit 280
~förderung 357
~mängel 347
~panne 347
~übungen 358
Konzepte Moralerziehung 445
~ Umwelterziehung 549
Kooperation 139, 573
~ und Solidarität, Prinzip der 107
Kooperative Arbeitsformen 361

~ Arbeitshaltung 115
~ Gesamtschule 510
Kooperatives Lernen 95, 399
~ Verfahren nach Gordon 420
Kooperierende Intervention 488
Kopfarbeit 48
Körpersprache 377
Korrektur 309
Kraftfeldanalyse 567
Kränkung 186
Krapp 274
Kreativität 249, 263
Kreativität fördern 264
Kreativität im Unterricht 266
Krebs 452
Kreidetafel 160
Kreisgespräch 87, 90
Kriteriumsorientierte Bezugsnormen 299
Kritische Theorie 39
Kritisch-kommunikative Didaktik 62
Kugellager 94
Kultureller Grundbestand einer Gesellschaft 519
Kulturelles Wissen 107
Kulturen 437
Kurzzeitgedächtnis 196
Kybernetisch-informationstheoretische Ansätze 62

L
Laissez-faire 374
Landerziehungsheim 512

Landesverfassung 501
Landkarten, pädagogische 568
Lange 461
Langzeitgedächtnis 198
Learning by Deweying 126
~ by doing 125
Leben mit Widersprüchen 442
Lebensbedingungen 339
~bezug 529
~hilfeschule 504
~lage 429
~phase, biografische 428
~ raum 388
~raum, Klasse 404
~stile 428
~weltbezug im PU 132
~weltsituationen 140
Lehren, exemplarisches 42
~, partizipatives 59
Lehrender, Rolle 98
~, Engagement 279
Lehreraktivität 106
~ausbildung 14, 560
~expressivität 358
~fortbildung 491
~rolle 12
Lehrer-Schüler-Interaktion 23
~tandem 418
~verhalten 278, 372, 383, 411
~verhaltensweisen 383
~zentrierung 105
Lehrgang 129
Lehrperson, Rolle 115
Lehrplan, heimlicher 466
Lehrplanvorgaben 131
Lehrvortrag 83

Leistung 529
~, mündliche 312
Leistungsanfor-
derungen, ange-
passte 282
~beurteilung 294,
361
~bewertung 118,
310
~förderung 493
~kurse 515
~motiv 343
~motivation 272,
281
~prinzip 295
~probleme 340
~schere 117
~schwierigkeiten
362
~standards 194
~unterschiede 275
~vergleiche, in-
ternationale 506
~verteilung 298
Leitbilder 504, 568
Leitfach 138
Leitmedien 37
Lenkende
Gesprächs-
führung 323
Lernbedingungen
258
~begriff 107
Lernen am Modell
484
~ an Erfolg und
Misserfolg 484
~ lernen 231
~ mit Bildern 154
~, dialogisches 94
~, exemplarisches
42
~, ganzheitliches
551
~, individuelles 93
~, kognitives 484
Lernen, koope-
ratives 95, 399
~, partizipatives 59
~, praktisches 210
~, Produktorien-
tierung 232
~, Prozessorien-
tierung 232

~, selbstgesteuert
104
~, selbstständig
237
~, situiert 227
~, sozial 142, 387
Lernende, Rolle
116
~, Selbstständigkeit
der 93
Lerner-Newsgroup
173
Lernform, prozess-
orientierte 130
Lernformen 139
~freude 393
~gruppe 388
~klima 278
~kultur 227, 561
~management 412
~medien, Filme
164
~medien, Texte 163
~methoden 178
~motivation 272,
274
~ort Schule 574
~orte 109, 520
~prinzip 129
~probleme 340
~prozesse, Unter-
stützung von 152
~psychologie,
kognitive 48
~software 168
~spiele 72, 358
~stoffwechsel 357
~strategien 231,
241
~struktur, negative
345
~tandem 171
~tempi 493
~theoretische Er-
klärung 484
~theorien, behavio-
ristische 275
~transfer 216
~umgebung 109,
166, 168, 277
~umwelt 109
~unterschiede 275
~ziele 307
Lesen (Bilder) 154

Lesetechnik 242
Lewin 373
Loben 185, 285
Logische Fehler
305
Löschung 182
Lyzeum 462

M
Mädchen, Benach-
teiligung 463
~, Bildungsziele
460
Mädchenschulen,
höhere 461
Mainstreaming,
Gender 470, 472
Maßstab, klassen-
bezogener 303
Materiale Bildung
502 f.
Materialien 117
Mediation 424
Medien 32, 342
~ im Unterricht
150
~, neue 168
~angebote 434
~verbund 167
Menschenführung
183
~rechte 540
Mesomethodik 70
Messung der In-
telligenz 250
Metakognition 225
Metakommuni-
kation 370
Methoden 139
~, interaktiv-kom-
munikative 143
~landschaft 59
~repertoire 115
Methodische
Gestaltung des
Unterrichts 279
~ Großformen 70
Meyer, Hilbert 34,
36, 47, 49, 63, 69
Meyers Struktur-
modell 70
Mikromethodik 70
Milgram-Experi-
ment 452

Mind Map 28
Mischka 391
Misserfolg 484
Misserfolge 252
Misserfolgsangst
283
~ängstlichkeit 284
~bilanzen 529
~erlebnisse 343
Missverständnisse
366, 370
Mitarbeitsbereit-
schaft 24
~verhalten 494
Mitbestimmung 41
Mitschüler 344
Mittel, audio-
visuelle 28
Mittel-Ziel-Analyse
223
Mittler 150
Mitwirkungsmög-
lichkeiten 572
Mobbing 421
Modell der Didak-
tik, Berliner 31
~, Hamburger 63 f.
~, Lernen am 484
~, didaktische 31
Moderations-
methode 90 f.
Moralentwicklung
449, 452
Moralerziehung
444 f., 454
Moralische Dilem-
ma 447, 453
~ Entwicklung 445
~ Urteilsfähigkeit
446, 448
~ Urteil 450
~ Urteilen 447
Moralphilosophie
452
Motiv 272
Motivation 219,
272, 394
Motivationale
Reaktionen 181
~ Tendenzen 265
Motivieren im
Unterricht 278
~, sachbezogenes
287

Sachregister 585

Motivierte Schüler 285
Multimedia 167
Multimediale Lernumgebungen 166
Multiperspektivität 140
Multiple Intelligenz 255
Mündliche Leistungen 312
Musik 433

N
Nachhaltigkeit 539, 547, 565
Nachricht 369
Narratives Protokoll 25
Natur, Erlebnis 550
~, Frieden mit 548
Naturvergessendes Verhalten 544
Negative Lernstruktur 345
Negative Verstärkung 182
Netzbasierte Systeme 168
Netzstrukturen 170
Netzwerk, propositionales 204
Neue Medien 168
Nichtversetzung 362
Nolting 411, 488
Normalverteilung 254, 298
Normen 390, 527
Normensystem 539
Noten, mündliche 312
~durchschnitt 302
~gebung 295, 302 ff., 306, 316
~gebung, Funktionen 295

O
Oberstufe, reformierte 515, 517
Objektivität 300

Offene Schule 125
~ Unterrichtsformen 123
Offener Unterricht 104, 118
~ Unterricht, Notengebung 316
Offenheit 39, 267
Öffentliche Freiräume 433
Öffnung, Schule 135
~ Unterricht 104
~, innere 123
Ökologie 550
Ökologische Bedingungen 435
~ Grundinformation 550
~ Unvernunft 545
~ Zivilisierung 546
Ökologisches Bildverstehen 155
Ökonomie 550
Ökopädagogik 550
Operantes Konditionieren 182
Operation 48
Ordnungsmaßnahmen 363
Organisationsentwicklung 56
Organisieren 112, 201
Originale Begegnungen 288
Originalität 265
Overhead-Folien 161

P
Pädagogische Landkarten 568
Pädagogischer Tag 574
Pädagogisches Gesamtkonzept 124
Pädagogisierung 431
Parallelgruppe 389
Partizipation 20
Partizipatives Lehren/Lernen 59

Partnerarbeit 94
Partner-Interview 94
Partnerschaftlicher Stil 374
Pawlow 179
PC 227
Peer-Mediation 457
Person, Ganzheit der 139
Personale Dispositionen 485
~ Identität 405
~ Intelligenz 255
Personalentwicklung 564
Personalisation 524, 539
Persönlichkeitsbezogene Determinanten 276
Persönlichkeitsbildung 523, 528
~entwicklung 529 f.
Personorientierung 45
Perspektive, soziale 448
Perspektivenschema Unterrichtsplanung 44
Perturbationen 55
Petermann 481
Peterßen 34
Pflichtbereich 516
Phasen Gruppenentwicklung 391
~ Gruppenprozess 97
Piaget 54, 206
PISA 215, 356, 433, 507, 561
Planarbeit 110
Planmäßigkeit 20
Planspiel 72
Planung 136
Planungsfähigkeiten 138
~netzwerk 57
~raster 49
Politisches Engagement 440

Positive Einstellung 115
~ Verstärkung 182
Postman 430
Pragma 124
Pragmatische Unterrichtsplanung 36
Praktisches Lernen 210
Präsentationsfähigkeit 377
Präsentieren 72, 82, 96
Präsenzsignale 412
Prävention 409 f.
Präventionskonzepte 479
Präventive Strategien 492
~s Lehrerverhalten 411
Praxis, Notengebung 306
Praxisrelevanz 135
Primarstufe 508
Prinzip der Begegnung 541
~ der Differenzierung 107
~ der Förderung 107
~ der Kooperation/ Solidarität 107
~ der Sinnhaftigkeit 107
~ des Wissens- / Kompetenzerwerbs 107
~, exemplarisches 40
Prinzipien erfolgreichen Unterrichtens 76
Problem 213
Problemanalysemodell 496
Probleme, authentische 221
~, gesellschaftliche 444
~, komplexe 226

~, Sensibilität für 265
Problemlösekompetenz 222
Problemlösen 195, 212, 218
~, experimentelles 125
Problemlösestrategien 223
Produktorientierung 48, 143, 232
Profil 250, 532
Projekt 112
Projekt- u.Fächerübergreifender Unterricht 123
Projektarbeit 126, 316
~begriff, enger 123
Projekte im Fachunterricht 132
Projektmethode 125
~pädagogik 123, 126
~skizze 131
~übergreifender Unterricht 123
~unterricht 512
~verständnis, weites 123, 127
~woche 127
Prophezeiungen, sich-selbst-erfüllende 384
Prophylaxe von Schulschwierigkeiten 355
Propositionales Netzwerk 204
Propositionen 204
Protokoll 25 f., 315
Prozedurales Wissen 231
Prozesse, aktuelle 486
Prozessorientierte Lernform 130
Prozessorientierung Lernen 232
Psychologische Tests 342

Psychosoziale Beratung 320
Pygmalion-Effekt 378, 384

Q
Qualifikation 526
Qualität 104, 562
Qualitätssicherung 569

R
Radikaler Konstruktivismus 61
Rahmenbedingungen 105, 129, 344
Räumliche Distanz 280
Reaktanz 192
Reaktion 179
Reaktionen auf Leistungsschwierigkeiten 362
~, affektive 181
~, motivationale 181
Realitätsbewusstsein 441
Rechenschaftsprinzip 410
Recycling 268
Referat 315
Referendariat 321, 560
Reflektierte Routinebildung 35
Reflexion vor Aktion im FU 135
Reflexive Bildung 45
~ Koedukation 459, 470
Reformierte Oberstufe 515
Reformpädagogik 48, 104, 123
Regelkreis 62
Regeln 390, 412, 488
Reich 54
Reifung 207
~, biologisch-psychologische 435

Reifungsansatz 445
Reihenfolgen-Effekte 305
Reiz 179
Reliabilität 300, 307
Religionen 437
Repräsentation von Wissen 203
Rezipientenhaltung 166
Risikofreude 267
Risikoumwelten 531
Rolff 564
Rolle der Lehrpeson 115
~ der Lernenden 116
~ des Lehrenden 98
Rollen 406
~konflikte 372
~spiele 72, 455
Routinebildung 35, 220
Rückgabe Klassenarbeiten 311
Rückmeldefunktion 296

S
Sachanalyse 46, 137
Sachbezogenes Motivieren 287
Sache 73
Sachlogik 46
~orientierung 45
~struktur 42
Sanktionen 390
Schätzskalen 24
Schemata 204
Schlüsselprobleme 41
Schlüsselqualifikationen 95, 399
Schriftliche Überprüfungen 306
~ Wiederholungen 244
Schulabschluss 527

~angst 393
~arten 508
~artwechsel 362
~bezogene Stressoren 352
Schule 344
~ im Wandel 573
~, Bildungsauftrag von 500
~, Erziehungsauftrag von 500
~, freie 511
~, Leitbilder 504
~, Lernort 574
~, offene 125
~, Öffnung 135
~, Qualität von 104, 562
~, Sozialisationswirkungen 525
~, Wirksamkeit 531
Schuleffektivität 536
Schulen, Eigenständigkeit 561
Schulentwicklung 459, 560
~, Kernprozesse 565
Schüler, Erfahrungen 357
~, erfolgsmotivierte 283
~, extrinsisch motivierte 285
~, Gespräche 321
~, intrinsisch motivierte 285
~, Konflikt 421
Schüleraktivität 106
~beobachtung 19
Schulerfolg 326, 346
Schülergespräch 87, 90
Schüler, misserfolgsängstliche 284
~leistungen 294, 506
~orientierung 52
~persönlichkeit 342

Sachregister 587

~programme 492
Schulgemeinde 387
~gesetze 501
~interne Lehrer-
fortbildung 491
Schulische
Belastung 352
~ Gewaltprä-
vention 486
Schulkarriere 529
~klasse 387, 489
~klasse, Klima 392
~klima 363, 487
~kultur 532 f., 535
~laufbahn 526
~laufbahnberatung
320, 362
~leben 362, 512
~leistungen, 298,
342
~leiter 533, 565
~pflicht 462
~praktikum 14
~profile 568
~programm 490,
568
~psychologische
Beratung 337
~qualität 506, 532
~reform, äußere
127
~schwierigkeiten
339, 355
~situation 450
~stress 350
~stufen 508
~system 508
~versagen 346
Schulz 45, 63
Schulz von 83, 369
Schulzeit 517
Schwierige Klasse
396, 399
Sekundarstufe I/II
Selbständige Ar-
beit 112
Selbstbestimmung
41, 289
~bewertung 380
~entfaltung 531
~entwicklung 55
~gesteuertes
Lernen 104

~konzept 380, 393
~organisation 138
~planung im PU
136
~reflexion 436
~regulation 356
~ständiges Lernen
237
~ständigkeit der
Lernenden 93,
238
~steuerung 193
~tätigkeit 47, 289
~überprüfung 144
~verantwortung
138
~wirksamkeit 354
Selektion 526
Sender 367
Sensibilität 265
Sensorisches
Gedächtnis 196
Sex 472
Shell-Studien 438
Sich-selbst-er-
füllende Pro-
phezeiungen 384
Simulationen 172
Sinndimensionen
45
Sinnesspezifische
Subsysteme 197
Sinnhaftigkeit,
Prinzip der 107
Situationsanalyse
414
~bewertungen 382
~faktoren 486
Situative Ver-
änderungen 489
Situierte Kognition
219
Situiertes Lernen
227
Sitzplan 28
Skinner 182
Skripte 204
Sockel-Qualifi-
kationen 522
SOFT-Analyse 567
Solidarität 41, 38,
107
Sonderaufgaben
417

Sorgfaltsgruppen
343
Soziale Bezugs-
norm 297
~ Interaktion 321
~ Kompetenzen
104
~ Perspektive 448
Soziales Lernen
142, 387
Sozialformen 70,
358
~, freiere 114
Sozialisation 519
Sozialisationsauf-
gaben 522
~bedingungen,
familiale 276
~instanz 519
~prozesse 539
~wirkungen der
Schule 525
Sozialisierungs-
funktion 296
Sozialkompetenz
95
~umwelten 530
~verhalten 192
Soziogramm 390
Soziokulturelle
Voraussetzungen
32
Spätentwickler
436
Spiel 72
Spielangebote 433
~freude 268
Sport 361, 433
Sprach- und Bild-
verstehen 153
Stand-alone-
Systeme 168
Stanford 402
Stationenlernen
111
Stellvertretende
Konditionierung
191
Stern, fünfzackiger
33
Stichwortprotokoll
25
Stil, autokratischer
374

~, autoritärer 374
~, demokratischer
374
~, jugendkultu-
reller 438
~, kognitiver 343
~, partnerschaft-
licher 374
Stillarbeit 93
Stimulierende
Lernumgebung
109
Stimulierung 446
Stoffzentriertheit
237
Stoppsignale 412
Störerverhalten
393
Störung 335, 416
Strafen 185
Strategien, indivi-
duell präventive
492
~, kollektive 487
Streitschlichtung
361, 424, 457
Stressbewältigung
360
Stressoren 352
Strichliste 22, 315
Strukturebenen
der Didaktik 34
Strukturen des
moralischen Ur-
teilens 447
~, kognitive 206
Strukturierte Be-
obachtung 21
Strukturiertheit,
hohe 113
Strukturierung
einer Unterrichts-
beobachtung 15
Strukturiso-
morphie 218
Strukturmodell des
Unterrichts 18
~ Sprach- und Bild-
verstehen 153
~ von Meyer 70
~, hermeneutisches
34
Studierfähigkeit
515

Sachregister

Stufe, formal-
logische 209
~, konkret-opera-
tionale 209
Stufen kognitiver
Entwicklung 208
~ der Moralent-
wicklung 449
Subsysteme 197
Supermarkt-
didaktik 57
Synapsen 198
System Erde 542
~, duales 513
Systemberatung
321
Systeme, netz-
basiert 168

T
Tadel 285
Tafelbilder 160,
269
Tag, Pädagogischer
574
Takt 160
Tandemarbeit 94
Täter-Opfer-Pro-
blematik 478
Tausch 373
Taxonomie 307
T.E.A.M.-Schule 49
Team 399
~, Kommunikation
im 142
~entwicklung,
Trainingskon-
zepte der 402
~fähigkeit 399
~-Teaching 138
Teilnehmende Be-
obachtung 20
Teilstrukturiertes
Protokoll 27
Teletutoring 173
Tendenzen, moti-
vationale 265
Terfurth 63
Test, psycholo-
gische 342
Testbatterie 250
~gütekriterien 299
Testtheorie 299
~-Training 246

Textarbeit 157
Texte als Lern-
medien 163
Thematik 37
Themenzentrierte
Interaktion 63,
387, 391
Theorie, Kritische
39
Theorie-Reflexion
18
Thorndike 182,
217
TIMSS 215, 506
Toleranz 540
Tradition 539
Träges Wissen
214 f.
Trainingskonzepte
Teamentwicklung
402
Trainingsmodell
35
~, Konstanzer 418
Trainingsunter-
richt 129
Transfer 216
~effekte 217
~forschung 218
~gelingen 220
Transformations-
prozess 136
Transparenz 316
Triebtheoretische
Erklärung 482
Typenkonzepte
373
Typische Schul-
situation 450
Typisierungen 378

U
Üben 239
Überdrussver-
meidung 411
Überforderung
282, 339
Überlappung 410
Überprüfungen,
schriftliche 306
Überwindung von
Barrieren 224
Umgang mit
Aggression 489

Umschüttversuch
208
Umsetzen 417
Umstrukturieren
224
Umwelt 256
~einflüsse 257
~erziehung 539,
549ff.
~ethik 557
~gerechtes Ver-
halten 549
~kompetenzen 552
~schädigendes Ver-
halten 543
Unkonzentriertheit
339
Unsicherheit 437
Unstrukturierte
Beobachtung 21
Unterforderung
281
Unterricht 493
~, abwechslungs-
reicher 357
~, Beteiligung im
393
~, Beurteilung des
506
Unterricht, Fächer-
übergreifender
123, 128
~, Fächerver-
bindender 128,
553
~, Gütekriterien
des 76
~, guter 74
~, handlungs-
orientierter 210
~, Kommunikation
im 331
~, Kreativität im
266
~, Leistungsbewer-
tung im Offenen
118
~, Medien im 150
~, methodische Ge-
staltung des 279
~, Motivieren im
278
~, Notengebung im
Offenen 316

~, Offener 104
~, Öffnung des 104
~, Projekt- und
Fächerüber-
greifender 123
~, Projektüber-
greifender 123
~, Strukturmodell
des 18
~, wahldifferen-
zierter 110
Unterrichten 205
~, Prinzipien des
erfolgreichen 76
Unterrichtsanalyse
18
~arrangements
283
~beobachtung 13,
15, 19
~bezogene
Aktivität 358
~einheiten, Aus-
wahl der 36
~entwicklung 563
~fluss 411
~formen, offene
123
~forschungen,
gechlechter-
bezogen 467
~gespräch, ent-
wickelndes 87 f.
~hospitation 12
~hospitation, Funk-
tionen der 15
~konzept, hand-
lungsorientiert
47
~methoden 68
~mittel 150
~planung 33
~planung einer
Einzelstunde 38
~planung, Perspek-
tivenschema 44
~planung, pragma-
tische 36
~qualität 506
~situation 372
~stil 278
~störungen 187
Unterstützung
Lernprozess 152

Sachregister 589

Unvernunft, ökologische 545
Urteil, Entwicklungsverlauf des moralischen 450
Urteilen, Strukturen des moralischen 447
Urteilsfähigkeit 453
~, Entwicklung moralische 446 ff.

V
Validität 301
Vandalismus 478
Veränderungen 117, 489
Veranschaulichung 152, 156
Verantwortlichkeit des Einzelnen 550
Verantwortung 116
Verantwortungsdiffusion 97
Verarbeitung, gedanklich 198
Verfahren 32
~ der Unterrichtsbeobachtung 19
~ nach Gordon, kooperatives 420
~, fragendgelenktes 86 f.
Vergessen 202 f.
Vergleichsgruppe 298
Verhalten, abweichendes 340
~, naturvergessendes 544
~, Umgang mit aggressivem 489
~, umweltgerechtes 549
~, umweltschädigendes 543
Verhaltensauffälligkeiten 340
~modifikation 183 f.
~probleme 362

~störungen 341
~symptome 350
~theorien, behavioristische 275
Verlaufsformen 73
~planung 37
Vermeidungsverhalten 187
Vermittlungsinstanz 520
Vernetzung 140, 573
Verregelung Freizeitverhalten 433
Verschuldung Jugendlicher 434
Verschwinden der Kindheit 429
Verständlichmacher 83
Verständnis 358
Verstärkung 182
Verstärkungslernen 169
Verstehen, einfühlendes 356
Vertrag machen 417
Viabilität 55
Videoaufzeichnung 28
Vielsinnlichkeit 139
Visual literacy 154
Visualisierung 22, 155 f.
Visualisierungsmethode 160
Voraussetzungen 105
~, anthropogene 32
~, soziokulturelle 32
Vormachen 72, 82
Vorteile von Visualisierung 156
Vortragsform 82

W
Wachrufen des Kontextes 203
Wagenschein 41
Wahlbereich 516

Wahldifferenzierter Unterricht 110
Wahrheit 57
Wahrnehmung 377, 453
Waldorfschulen 513
Wandel der Lernkultur 561
~, Schule im 573
Watson, Experiment 180
Watzlawick 367
Weibliche Attraktivitätsmodelle 436
Weimarer Republik 462
Weiterentwicklung der gymnasialen Oberstufe 517
Weites Projektverständnis 123
Werkunterrichtliches Projektverständnis 127
Werte 445, 527
Werteerziehung 547
Werthaltung 440
~klärung 445
~schätzung 355
Wettbewerbssituation 528
Widersprüche, Leben mit 442
Wiederholen 239, 241, 202
Wiederholungen, schriftliche 244
Wiederholungsgespräche 315
Wir-Gefühl 388
Wirklichkeitskonstruktionen 55
Wirksamkeit von Schule 531
Wirksamkeitsforschung 113
Wissen erwerben 231
~, kulturelles 107
~, prozedurales 231

~, Repräsentation von 203
~, träges 214 f.
Wissens- und Kompetenzerwerb, Prinzip des 107
Wissensbasis 107
Wissenschaftsbezug im FU 133
~orientierung 133
~propädeutische Grundbildung 515
~schule 504
Wisseneinheiten 204
~erwerb 104, 195
~transfer 216
Wohnumfeld 433
Wortprotokoll 26
Wühltischdidaktik 57

Z
Zeitumgang 435
Zensuren 144
Zensurengebung 267
Ziele 108
Ziele-Methoden-Matrix 74
Zielgerichtetheit 20
Zivilisierung, ökologische 546
Zufriedenheit von Lehrern 363
Zugang zu Informationen 437
Zugänglichkeit 42
Zügigkeit 410
Zuhören, aktives 329
Zukunftsaufgabe 539
~bedeutung 42
~sorgen 438
Zusammenarbeit mit Eltern 236
Zusammenleben, Formen des 437
Zuverlässigkeit 300

Ideen für Ihren Deutsch-Unterricht

Gerhard Eikenbusch
Qualität im Deutschunterricht
der Sekundarstufe I und II
240 Seiten mit Abb., Paperback
ISBN 3-589-21426-0

Ein fundierter Überblick über die Evaluationsdebatte und eine Fundgrube mit Vorschlägen für gelungenes Unterrichten.

„Hier schreibt ein Autor, der über ein gerütteltes Maß an Unterrichtserfahrung verfügt, der die verzweigte Debatte über Evaluation souverän überblickt und der auch fachdidaktisch auf dem Laufenden ist – ein seltener ‚Fall' also."

Albert Bremerich-Vos
in *Praxis Deutsch* 176/12 (2002)

Carsten Gansel
Moderne Kinder- und Jugendliteratur
Ein Praxishandbuch für den Unterricht
240 Seiten mit Abb., Paperback
ISBN 3-589-21152-0

Gerd Brenner (Hrsg.)
Die Fundgrube
für den Deutsch-Unterricht
ab Klasse 5
304 Seiten mit Abb., Paperback
ISBN 3-589-21054-0

Sybille Breilmann / Cordula Grunow / Michael Schopen (Hrsg.)
Computer, Internet & Co.
im Deutsch-Unterricht
ab Klasse 5
232 Seiten mit Abb., Paperback
ISBN 3-589-21654-9

Michael Kämper-van den Boogaart (Hrsg.)
Deutsch-Didaktik
Leitfaden für die Sekundarstufe I und II
320 Seiten, Paperback
ISBN 3-589-21642-5

Cornelsen Copy Center: Deutsch
jeweils 96 Seiten, Paperback

Renate Mann /
Beate Saßmann (Hrsg.)
Deutschunterricht: kreativ
jeweils 96 Seiten mit vielen Abb.,
Paperback

Kopiervorlagen für das 5./6. Schuljahr
ISBN 3-589-21598-4

Kopiervorlagen für das 7./8. Schuljahr
ISBN 3-589- 21648-4

Fragen Sie bitte
in Ihrer Buchhandlung!